常德市教育志

（1988—2010）

常德市地方志编纂委员会
常　德　市　教　育　局　编

方志出版社
Publishing House of Local Records

图书在版编目（CIP）数据

常德市教育志：1988—2010 / 常德市地方志编纂委员会，常德市教育局编. —北京：方志出版社，2018.5
ISBN 978-7-5144-3075-2

Ⅰ. ①常… Ⅱ. ①常… ②常… Ⅲ. ①地方教育 - 教育史 - 常德 - 1988-2010 Ⅳ. ①G527.643

中国版本图书馆 CIP 数据核字（2018）第 101241 号

常德市教育志（1988—2010）

编　　者：常德市地方志编纂委员会　常德市教育局
责任编辑：罗　滔

出 版 人：冀祥德
出 版 者：方志出版社
地址　北京市朝阳区潘家园东里 9 号（国家方志馆 4 层）
邮编　100021
网址　http://www.fzph.org
发　　行：方志出版社发行中心
电话（010）67110500
经　　销：各地新华书店
印　　刷：武陵区宏垣彩色印刷厂

开　　本：787×1092　1/16
印　　张：57
字　　数：1271 千字
版　　次：2018 年 5 月第 1 版　2018 年 5 月第 1 次印刷
印　　数：0001~1000 册

ISBN 978-7-5144-3075-2　**定价：468.00 元**

常德市地方志编纂委员会

《常德市教育志（1988—2010）》编纂委员会

主任委员

唐汇诰　常德市教育局党组书记、局长

副主任委员

李旺国　常德市教育局副局长

刘钦林　常德市教育局退休干部

委　　员

庹朝君　常德市教育局党组成员、副局长

施爱国　常德市教育局党组成员、副局长

陈　勇　市纪委驻市教育局纪检组组长、市教育局党组成员

苏宏元　常德市教育局党组成员、副局长

覃道勇　常德市教育局党组成员

李呈喜　常德市教育局主任督学

李健均　常德市教育局办公室主任

李建坤　常德市教育局行政法规科科长

李雅苹　常德市教育局人事科科长

左先进　常德市教育局计划财务科科长

李　军　常德市教育局基础教育科科长

陈少锋　常德市教育局职业教育与成人教育科科长

陈晓祥　常德市教育局体育卫生与艺术教育科科长

周国辉　常德市教育局教师培训与师范教育科科长

辛晓明　常德市教育局安全管理科科长

罗余平　常德市教育局离退休人员管理服务科（机关工会）科长

黄伟力　常德市教育局党风廉政建设办公室主任

陈昌国　常德市人民政府教育督导室主任

刘新春　常德市大中专毕业生就业办公室主任

李高松　常德市教育考试院院长

聂景文　常德市社会力量办学管理办公室主任
熊延海　常德市勤工俭学管理办公室主任
颜　军　常德市教育审计室主任
张　欣　常德市普通话培训测试站站长
覃业敏　常德市教育信息中心主任
张慧东　常德市学生资助管理中心主任
朱海静　常德市学前教育管理办公室主任
詹万平　常德中华职教社办公室主任
袁宗文　武陵区教育局局长
涂华军　鼎城区教育局局长
雷常元　汉寿县教育局局长
文继承　桃源县教育局局长
徐建新　临澧县教育局局长
廖琪宁　石门县教育局局长
龚德平　澧　县教育局局长
杨　成　安乡县教育局局长
蒋勇林　津市市教育局局长
谭志华　常德市经开区社会事务管理局局长
石朝仲　柳叶湖旅游度假区宣教局局长
王明金　西洞庭管理区教科文局局长
李跃明　西湖管理区教育局局长
李　宁　桃花源旅游管理区宣教局局长

常德市教育志（1988–2010）编辑部

主　　编

唐汇诰

副 主 编

李旺国　刘钦林（执行）

责任编辑

康建纯　彭兴杭　陆振清　肖世树　杨安怡

常德市教育志（1988–2010）审查验收人员

常德市方志审查专家

周　波　　常德市地方志办（市委党史办）副主任

江时宜　　常德市地方志评审委员会委员

方移洪　　常德市地方志评审委员会委员

官姿伶　　常德市地方志评审委员会委员

孟　韵　　常德市地方志办方志科科长

王　静　　常德市地方志办方志科主任科员

保密审查专家

高　节　　常德市国家保密局保密技术检查中心主任

常德市教育局志稿审查人员

张国雄　　常德市第一中学原校长

金旺喜　　常德市教育局原副局长

游进初　　常德市教育局原副局长

郑大金　　常德市教育局原副局长

罗余平　　常德市教育局老干科科长

凡　例

一、本志以马克思列宁主义、毛泽东思想、邓小平理论、“三个代表”重要思想、科学发展观、习近平新时代中国特色社会主义思想为指导，坚持辩证唯物主义和历史唯物主义的立场、观点和方法，遵循志书编纂原则和体例，较全面、系统、客观地记载常德市行政区域教育事业20多年的发展状况。

二、本志述、记、志、传、图、表、录等体裁并用，以志体为主，由凡例、图片、目录、概述、大事记、专志、附录、后记、前志勘误组成，以概述和大事记提纲挈领总揽全书。专志以类系事，以时为序，横排门类，纵述史实，设篇、章、节、目。

三、本志所用文体、文字、称谓、纪年、数字、注释、引文、计量单位、标点符号等，按照方志业务规定执行。采用规范的现代语体文和记述体，述而不论。概述采用论述体，有述有论；大事记采用编年体，兼以记事本末。

四、本志资料主要来源于市教育局、市各高校、市直各学校、各区县（市）教育局及省档案馆、市档案馆、市图书馆，部分资料由教育部门老同志提供。照片除署名外，余为市教育局提供。

五、本志以1988—2010年为时间断限，上承《常德地区志·教育志》下限，部分涉及全局性或连续性的事物适当上溯或下延。

六、因前志无大事记，本志将大事记补记至1949年7月常德解放时。

常德市教育局，位于武陵区武陵大道465号

2003年4月，教育部副部长王湛（左8）到常德考察教育工作

2007年4月，国家督学于芳（前排右1）率国家“两基”督导团考察临澧县教育工作

1989年4月6日，省委书记熊清泉（前排右3）考察鼎城区许家桥乡民族中学

2001年12月20日，湖南省城市工作会议期间，省委书记杨正午（左5）、省长张云川（右4）、省委副书记吴向东（右3）、常务副省长周伯华（左4）到常德市一中考察

1993年11月3日，副省长郑培民（左1）考察津市师范学校

2003年，副省长庞道沐（前）在临澧县一中新校址奠基仪式上讲话

2009年 6月 ，副省长郭开朗（前排左4）考察汉寿县一中高考考点

1999年，省长助理许云昭（左1）考察常德电视大学

2010年11月12日，省政协副主席刘晓（左3）考察常德职业技术学院

2003年10月3日，省民办教育协会会长刘玉娥（右3）到鼎城区淮阳中学考察并题词

1997年7月17日，国家教委师范司司长孟吉平（左4）考察鼎城区教师进修学校

2003年12月18日，教育部高教司司长张尧学（前排中）考察常德职业技术学院

2001年5月16日，省教育厅厅长蒋作斌（右3）考察常德市二中

2007年10月6日，省教育厅厅长张放平（左2）考察桃源师范学校

2009年10月13日，省教育厅副厅长葛建中（右2）到鼎城区花船庙小学检查合格学校建设

2010年，省教育厅副厅长王键（前排左4）考察湖南文理学院大学生创新创业孵化基地

1996年，市委书记吴定宪（前排中）考察常德市一中

2006年6月19日，市委书记武吉海（右4)到常德芷兰实验学校考察

2010年12月10日，市委书记卿渐伟（左6）考察常德市五中

2005年5月10日，市长陈君文（前排左3）考察常德师范学校

1994年10月，副市长刘昌进（左2）考察石门县中岭乡学校

2007年 5月 29日，市人大常委会副主任杨先平、市政府副市长张元英、市政协副主席万成贞和市教育局领导到常德市第一幼儿园小朋友欢庆“六一”

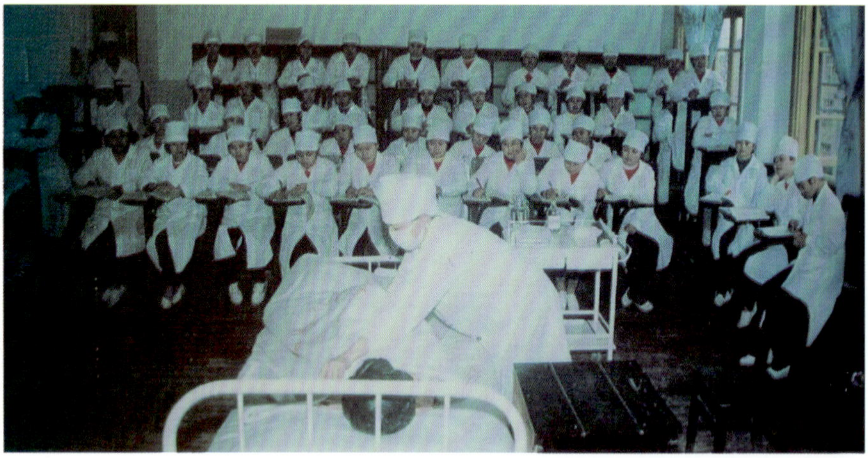

1992年，常德卫生学校护理专业班现场教学

1992年12月12日，常德市教育工会第一次代表大会全体代表合影

1993年，津市市聋哑学校部分师生在校门前合影

1993年4月，常德市轻化职业中专学校学生在校办教育服装厂实习

1994年 5月，泰国代表团访问常德高等专科学校

1994年 9月 24日，全国劳模、武陵区育英小学校长贺大国（主席台右3）到津市师范作报告

1997年6月，市委、市人大、市政府、市政协及市教育局领导和全市新评出的特级教师合影

1997年9月，鼎城区中河口镇扫盲识字课

1999年4月2日，百岁老红军向多本到石门一完小向学生进行爱国主义教育

2001年8月，全国中学生田径锦标赛在常德市一中举行

常德师范学院校区

常德师范高等专科学校建校初教学楼

常德基础大学建校初校门

湖南农学院常德分院教学楼

常德教育学院校门

常德戏剧学校校门

2003年5月，湖南文理学院历史发展图

2003年12月，武陵区北正街小学举行迎元旦文艺汇演

2004年 11月10日，常德市“十佳少先队员”“十佳少先队辅导员”“十佳少先队工作示范学校”的代表和领导合影

2007年6月6日，市委、市政府召开全市建设教育强市动员大会

2007年 9月 6日，常德市庆祝教师节暨捐资助学大会现场

2009年9月16日，桃源县枫树维吾尔族回族乡中学的舞蹈《美丽的察娜尔罕》被选送到长沙田汉大剧院，参加庆祝中华人民共和国成立六十周年文艺调演（胡治祥摄）

2012年 8月，常德师范和桃源师范合并搬迁新建项目建设启动会在常德师范学校举行

1989年11月，市教委主任李学林（前排左3）与班子成员和老领导合影

1996年，市教委主任刘顺甄(左3）和班子成员

2002年，市教育局局长何英满（左5）和班子成员

2004年，市教育局局长黎建平（左3）和班子成员

2010年10月，市教育局局长诸戈文（左4）和班子成员

2013年7月26日，市教育局召开《常德市教育志（1988—2010）》编修工作动员大会

2015年 10月15日，常德市教育志编委会分管领导和编纂办公室全体人员到原桃源师范学校调研考证，左起为彭兴杭、康建纯、刘钦林、杨安怡、陆振清、肖世树

2018年3月13日，《常德市教育志（1988—2010）》稿专家评审会在常德市教育局召开

2009年常德市城区学校分布图

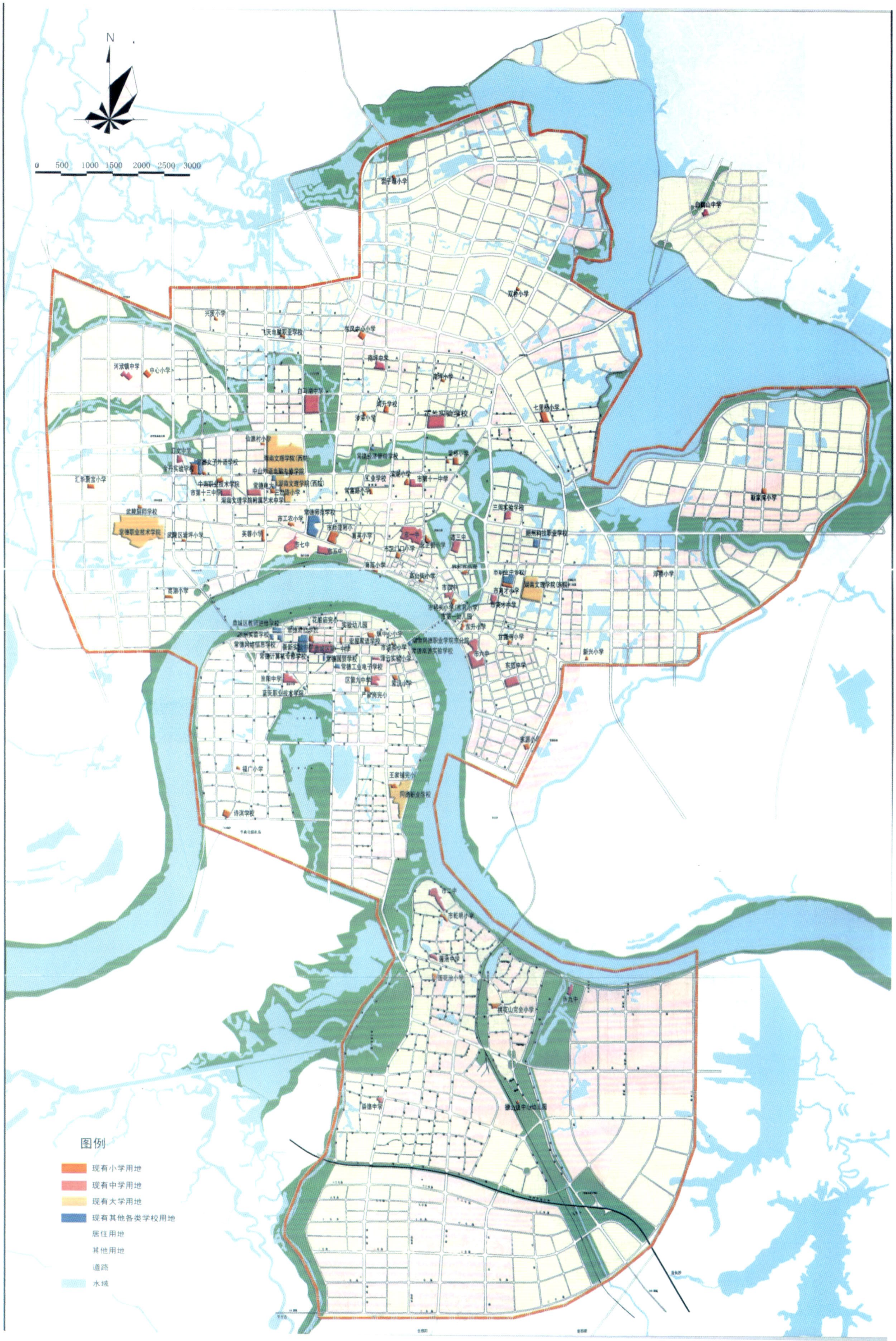

目　录

第四篇 中等职业教育

第五篇 普通高等教育

第六篇　成人教育

第七篇　特殊教育

第八篇　教师教育

第九篇　民办教育

第十篇　教育机构队伍

第十一篇　教育行政管理

附　录

Contents

Passage Three Ordinary high school education

Passage Four Secondary Vocational education

Passage Five Regular Higher Education

Passage Seven Special education for the disabled

Passage Eight Teachers' Education

Passage Nine Non-government funded education

Passage Ten Educational Institutions and Teams

Passage Eleven Educational Administration Management

Characters

Appendix

概 述

常德市位于湖南省西北部，1988 年 6 月撤地建市，辖武陵区、鼎城区、汉寿县、桃源县、临澧县、石门县、澧县、安乡县、津市市（慈利县划归新设立的大庸市管辖）；1992 年创办德山经济科技开发区（2010 年升格为国家级经济开发区后更名为常德经济技术开发区），1994 年建立柳叶湖旅游度假区，1999 年、2001 年西湖管理区、西洞庭管理区先后由国营农场改制建立。全市面积 18189.8 平方公里，2010 年户籍总人口 616.69 万人。

1988 年年底，常德市有幼儿园 283 所（其中教育部门办 115 所、其他部门办 168 所），4098 个班（其中小学附设学前班 3267 个），在园幼儿 89515 人，教职工 3419 人；普通小学 4838 所，教职工 33974 人，在校学生 662665 人；普通中学 469 所，教职工 20831 人，在校学生 259263 人，其中初中生 215757 人，高中生 43506 人；职业学校 79 所，教职工 1583 人（不含普通中专教职工人数）在校学生 20488 人；高等学校 3 所，教职工 748 人，在校学生 2379 人。

1988—2010 年是常德市教育快速发展时期。在市委、市政府领导下，常德市在“两基”达标建设，巩固发展“普九”成果，大力推行素质教育，深化教育改革，贯彻落实“常德教育 20 条”，全面改善办学条件，实施教育强校—强县—强市推进战略等方面均取得令人瞩目的成就，实现各类教育比较均衡协调的发展，基本形成一个体系健全、结构合理、规模适度的教育发展格局。截止到 2010 年年底，全市有幼儿园 762 所，其中教育部门办 68 所、集体办 7 所、民办 680 所、其他部门办 7 所，在园幼儿 108823 人，教职工 7260 人。普通小学 720 所、其中教育部门办 705 所，其他部门和社会力量办 15 所，另有教学点 139 个，在校学生 275193 人，教职工 19520 人。特教学校 3 所，在校学生 407 人（含普通小学随班就读学生 54 人），教职工 87 人。初中 247 所，在校学生 161801 人，专任教师 15290 人；高中 48 所（完全中学 18 所，高级中学 30 所），在校学生 99672 人，专任教师 6673 人。中等职业学校 65 所，在校学生 69190 人，教职工 4328 人。各级各类民办教育机构 852 个，普通高校 4 所（其中本科院校 1 所、高职院校 3 所），在校学生 19955 人，教职工，2971 人。

一、教育地位显著提高

（一）教育被摆在优先发展的战略地位

1988—2010 年，是常德市教育地位不断提高的时期。从 20 世纪 90 年代市委、市政府把“普九”作为教育工作的重中之重；2002年市委、市政府发布《关于加快教育事业发展的若干意见（教育20条）》，提出教育“必须超前发展，优先发展。”；到2007年市委、市政府在全省率先作出《关于建设教育强市的决定》，把发展教育摆在推动富裕文明和谐常德建设的战略地位。常德教育的地位得到显著提高，迎来了中华人民共和国成立以来最好的发展时期。

20世纪90年代，在“人民教育人民办，办好教育为人民”的大背景下，市委、市政府把“普九”作为重中之重，建立以党政一把手为第一责任人的集体领导体制，组织广大干部进村入户宣传《中华人民共和国义务教育法》（以下简称《义务教育法》），发动人民群众集资办学，全市形成全党重教，全民兴教的办学热潮；“两基”达标建设深入人心，群众办学热情高涨，自发投工投料，集资办学，有力支持了常德教育事业的发展。在全社会的大力支持下，1998年全市9个区县（市）和3个县级农场均顺利通过省和国家的“两基”验收，取得了“普九”的阶段性成果，常德基础教育实现一次重大跨越。

2001年12月，为贯彻国务院《关于基础教育改革与发展的决定》精神，进一步推动常德市基础教育快速、健康发展，市委、市政府作出《关于基础教育改革与发展的决定》（以下简称《决定》）。《决定》就常德市基础教育的适度超前发展、改革完善基础教育管理体制等提出了一系列改革与发展措施。为落实“在国务院领导下，由地方政府负责，分级管理，以县为主”的基础教育管理体制，《决定》对市、区县（市）和乡（镇）的教育管理责任进行了明确划分，从此，农村义务教育开始实现由农民为主负担向政府为主负担、由乡村为主举办向以县为主举办的重大转变，成为“人民教育人民办”转向“人民教育政府办”的明显标志。

为了更好地发挥教育在推进工业化、农业产业化、城镇化进程和两个文明建设中的基础性、先导性和全局性作用，2002年7月，市委、市政府出台《关于加快教育事业发展的若干意见（教育20条）》（以下简称《教育20条》）。这是市委、市政府为进一步扩大教育规模、优化教育结构、提升教育质量，实现常德教育跨越式发展而出台的一个重要文件。《教育20条》的出台，标志着常德教育由此迈上新的快车道。教育优先作为全面建设小康社会的一项重要工程，作为建设文明、开放、富裕新常德的一项重大举措，写进新一届市委和政府的工作报告。积极思考教育、认真谋划教育、优先发展教育、做大做强教育真正摆上各级党委、政府和教育行政领导的重要工作日程，全市上下又一次形成全党重教、全民兴教的浓厚氛围。同年11月22日，省人民政府办公厅专门发出通知，向各市（州）全文转发常德市的“教育20条”。《湖南日报》《中国教育报》《湖南教育》等多家媒体也派出采访团到常德，总结、推介常德落实教育优先地位、优化教育发展环境的经验。

为了把《教育20条》精神落到实处，市委、市政府除继续加大教育投入外，还在全省乃至全国率先推出一系列重大举措：

第一，设立地方助教日。为促进教育的均衡发展，帮助贫困学生享受平等教育的权利，在常德形成良好的社会助学氛围，2002 年 8 月 29 日，市第三届人大常委会第 36 次会议通过市人民政府提请将每年 9 月 8 日确定为全市助教日的议案，在全国率先以人大法定形式设立地方助教日；并设立专门的助学机构—“常德市教育捐赠中心” (2009 年更名为“常德市学生资助管理中心”)，负责发动、组织、管理社会各界对中小学校和中小学生的救助、捐赠。2002 年 9 月 7 日，在市委、市政府牵头组织的首次募捐活动中，市委、市政府主要领导出席并带头捐款，收到社会各界捐款 384 万元，在社会上产生强烈反响。2004 年，市政府在工作报告中，把开展助学行动作为向全市人民公开承诺的“十件实事”之一；在 2005 年全省教育工作会议上，市教育局局长黎建平就常德市开展助学行动的经验作典型发言，并由省政府向全省推广。到 2006 年，帮困助学工作纳入到各级政府为民办实事的内容，形成了各级政府拨专款助学、企事业单位捐资助学、公民个人结对助学的长效机制。

第二，督导考核县级党政领导干部教育工作实绩。2004 年 11 月，中共常德市委组织部、市教育局根据省政府、省委组织部和省政府教育督导室有关文件精神，经市委、市政府同意，在全省率先开展对县级政府和县级党政主要领导干部教育工作实绩实施督导考核工作，督导考核结果分为优秀、合格、不合格三个等次，并将其作为党政主要领导干部政绩考核的主要内容。这一举措对促进县级党政主要领导积极思考教育、认真谋划教育，把教育工作真正摆在优先发展的战略地位发挥了重要作用。在 2005 年的两项督导评估考核中，西湖管理区就因区财政向区一中统筹学杂费 90 万元被一票否决，认定为不合格等次，在全市引起强烈反响。

第三，在全省率先推出为教育保驾护航的六项制度。2004 年，市委、市政府为实施“教育优先”战略，按照《教育 20 条》精神，要求各级政府要从感情上、政策上、措施上真正关心和支持教育。同年 11 月，市委、市政府召开全市教育工作会议，提出继续实施教育优先工程，并在全省首次提出建设教育强市的构想，推出为教育保驾护航、优化教育环境的六项制度。一是检查备案制度。所有职能部门到学校进行各种检查、检测，必须事前向当地分管教育的党委或政府负责人备案，否则，学校有权拒绝。二是对学校实行挂牌保护制度。把学校作为重点保护单位，实行挂牌保护。任何单位和个人不得冲击校园，扰乱正常的教育教学秩序。三是对农村学校实行零收费制度。有关职能部门到农村中小学进行各种检查、检测时不收取任何费用。四是实行首查不罚制度。职能部门在第一次清查出学校存在问题时，不可动辄罚款，要指导纠正，明确整改期限。五是实行罚款集中制度。职能部门对学校的罚款金额纳入教育捐赠中心，用于资助贫困学生。六是实行责任追究制度。对违反上述规定，向学校搞“三乱” (乱收费、乱罚款、乱摊派) 的单位和个人，依照优化经济环境的有关规定，追究部门和负责人的责任并公开曝光。六项制度优化了教育发展环境，保证了学校正常的教学秩序，改变了过去学校负责人穷于应对各种检查的被动局面。

2007年是常德教育发展史上具有重要意义的一年。市委、市政府从全市经济社会发展的全局出发，在全省率先启动教育强市工作。在教育强市战略推动下，全市以促进教育均衡、保障教育公平、满足群众需求为目标。以科学发展观为指导，以改革创新为动力，掀起新一轮教育优先发展的热潮。这一年，市委、市政府几次召开常委会和常务会，就贯彻落实中共湖南省第九次党代会关于建设教育强市的精神进行专题研究。同年6月6日，出台《关于建设教育强市的决定》，明确到2012年初步建成教育强市，2015年全面实现教育强市目标。要求全市基本形成现代国民教育体系和终身教育体系，基本实现教育现代化，使全市综合实力保持全省领先水平。同年9月，在省委、省政府召开的全省建设教育强市工作会议上，市委书记武吉海作为全省唯一的市州代表作了经验介绍；《湖南教育》以“教育强市的期盼”为题，对常德推进教育强市建设进行了专访报导。

（二）教育投入稳步增长

常德撤区建市初期，教育的国拨经费严重不足。1989年教育预算内收入只有9494万元；加上村村办小学，乡乡办初中，摊子大、底子薄，教育要靠乡村代征的农村教育事业费附加（教育费附加是国家为扶持教育事业发展，计征用于教育事业的专项资金；教育费附加有城市教育费附加和农村教育事业费附加，其中农村教育事业费附加属于预算外收入。）、乡村企业的部分收入和农民出资、出物、出工助学以及学校自筹部分学杂费、校办工厂收入等来维持运转；但这些经费也仅仅能够解决人员经费和最基本的公用经费，中小学基础建设投入严重不足。全市“五个口子”（1986年，常德地区行政公署明确了向教育拨款的“五个口子”，一是年初基数加上地方财政增长的2%，二是机动财力的20%，三是乡镇财政收入的50%，四是城市维护建设费的15%，五是地方财政安排的基建费的20%。）教育经费落实不够理想，由于教育经费欠账太多，加上人头经费不断增长，公用经费的比例越来越小，部分学校难以为继。1995年，国家颁布《中华人民共和国教育法》（以下简称《教育法》），明确提出“两个比例”和“三个增长”，即：“财政性教育经费总额占当年国家国民生产总值的比例应当随着国民经济的发展和财政收入的增长逐步提高，全国各级财政支出总额中教育经费所占比例应当随着国民经济的发展逐步提高；各级人民政府财政拨款的增长应当高于财政经常性收入的增长，并使按在校学生人数平均的教育费用逐步增长，保证教师工资和学生人均公用经费逐步增长”。尽管如此，国拨经费依然严重不足，教育部门甚至不得不向学生收费发放教师工资。以1993—1997年为例，虽然全市财政性教育经费总支出从1993年的15407万元增长到1997年的28300万元，年均增长近20%，但对照法律条文和国家文件规定的精神看，教育投入的若干重要指标不仅远远达不到要求，而且呈逐年下滑之势。主要表现在：国家财政性教育经费的支出占国内生产总值的比例连续几年下滑，从1993年的1.21%下滑到1997年的0.94%，离4%的法律要求越来越远；教育支出占财政总支出的比例由1993年的23.45%下降到1997年的16.23%，国拨教育经费的增长低于财政收入的增长。因此，每年留给教师工资的硬缺口，需要向学生收取的部分越来越大，1998年全市向学生收取的教师工资额达7000多万元。严重违反《教育法》，激化了教育与社会的矛盾，既加重农民负担，又损害政府形象，引起市委、市政府的高度重视。

1998年12月，市政府发布《关于进一步发展基础教育的决定》，要求依法落实财政性教育经费，教育财政拨款的增长应当高于财政经常性收入的增长，并使按在校学生人数平均的教育费用逐步增长，保证学生人均公用经费逐步增长。教师工资由区县（市）政府统筹统支，并设立教师工资专户。为了消除因企业改制给原有厂矿企业子弟学校带来的影响，从1998年起，市政府分三批将长征、常纺、乾明、通用4所企业办学剥离，分别移交德山经济技术开发区和鼎城区政府教育部门主办。此后，又先后将东山峰农场子校、青峰煤矿子校移交给石门县政府，桃纺子校移交给桃源县政府，常纺子校移交给德山经济技术开发区，华南光学仪器厂子校移交给武陵区政府教育部门主办。同时，按照规定足额征收农村教育事业费附加，实行乡征县管教育用；按照依法、量力、适度的原则，继续搞好农村教育集资；教育经费由县级教育行政部门统一管理，教育的人、财、物、事四权不得下放到乡镇。有效控制了向学生收费发放教师工资的局面。

2001年12月，市委、市政府发布《关于基础教育改革与发展的决定》，要求增加教育投入，“建立‘财政保教师工资，以农村教育事业费附加为主保危房改造和改善办学条件，以杂费为主保学校公用经费’的‘一增三保’基础教育投入保障机制”；并“将教育经费落实情况列入县、乡党政主要领导政绩考核内容，作为任用的重要依据”。同时，要求“市县政府应调整支出结构，加大财政对教育的投入，依法保障教师工资足额发放，并由县级财政按照国家统一规定的工资项目和标准，通过银行打卡到教师个人。建立举报制度，对造成教师工资拖欠的，扣回上级转移支付资金，并追究主要领导的责任。以往拖欠的教师工资，力争在2002年内兑现，并防止发生新的拖欠。全市在两年内彻底消除用农村教育费附加发放教师工资的现象。”教育投入开始出现明显转机。

2002年国家开始实施的农村税费改革给教育经费的筹措带来巨大转变，是常德教育经费来源的重要分水岭。2002年是全面实施农村税费改革的第一年，为了弥补因税费改革农村教育费附加和政策性集资被取消带来的教育经费缺口，全市上下积极行动，采取多项措施，使全市教育经费的总量达到12.98亿元，比上年增加2.2亿元，增长17.38%，实现了保教师工资、保危房改造、保正常运转的“一增三保”目标。同年4月，全市9个区县（市）均实施教师工资由财政统一管理、银行打卡发放的办法，市财政局实行教师工资落实情况月报制度。为全市7000多名教师补发2000—2001年拖欠的增资工资，为农村教育费附加从工资发放中退出创造了条件，也为落实以农村教育费附加为主力保中小学危房改造和改善办学条件提供了坚实基础。

2005年，国务院下发《关于深化农村义务教育经费保障机制改革的通知》，要求按照“明确各级责任，中央地方共担，加大财政投入，提高保障水平，分步组织实施”的基本原则，逐步将农村义务教育全面纳入公共财政保障范围，建立“政府负责、分级管理、以县为主”的管理体制，实行中央和地方分项目、按比例分担的农村义务教育经费保障机制(简称“新机制”)。在国家和地方政府的努力下，常德市逐步建立起以国家财政拨款为主，多渠道筹措教育经费的体制。“新机制”的实施，彻底改变教育经费筹措的被动局面，全市教育事业费快速增长，到2010年，全市教育经费总量达到42.33亿元。

（三）办学条件明显改善

20世纪90年代开展的“两基”达标建设，使全市中小学办学条件有了较大改善。但“两基”验收的标准只是一个基本标准，尤其是在学校硬件上只是一个起码标准、低标准。大多数学校还只是基本解决“一无两有（无危房、有教室、有课桌凳)”问题；为达到办学条件一流的目标，市委、市政府实施一系列教育工程，使全市中小学办学条件得到根本改善，最好的房子是学校，最美的环境在学校成为现实。

一是中小学布局调整。20世纪70年代，农村基础教育大发展，出现村村办小学，甚至办七年制学校，乡乡办初中、高中的局面。为了改变教育摊子大、办学条件差的状况，20世纪80年代初，常德地区开始中小学布局调整工作。1989年起，根据普及九年义务教育的需要和人口变化的实际情况，常德市结合“两基”达标建设，加大中小学布局调整力度。对一些过于分散、办学条件差或布局不合理的农村中小学实施“撤、并、建、改”。“撤”，即撤销一批办学条件差、布点不合理的学校。“并”，即选择地点适中，交通方便，基础较好的学校几村联办。“建”，即集中资金把乡镇政府所在地学校（中心小学）建设好。“改”，即把部分村小改为教学点，由就近的小学代管，以方便低龄幼童就近入学。1989–2001年，全市用于改善办学条件的资金达15亿元，其中社会团体和群众捐集资近8亿元，新建和改建校舍140万平方米，新增校舍面积110万平方米，生均增加校舍面积1.4平方米。到2001年，全市中小学总数减少到1908所。

2002–2010年，全市继续实施中小学布局调整工作。2001年12月，市委、市政府发布《关于基础教育改革与发展的决定》，对中小学布局调整提出“小学就近入学，初中相对集中，优化教育资源配置的原则”和“到2010年，全市学校总数控制在1900所左右，基本形成‘小学联村，初中进镇，新设高中进城’的办学布局”的基本思路。这次调整结合中小学危房改造、农村寄宿制学校建设、合格学校建设、校安工程和初中工程进行。到2010年，全市中小学（含教学点）减少到1154所，其中小学720所，教学点139个，初中247所，普高48所。通过近20年的努力，全市中小学布局调整取得重要成果，学校布局总体上趋于合理；但在调整中也出现部分地区尤其是山区调整幅度过大，小学生因上学路途遥远，加重家长负担等问题。

二是中小学危房改造。中小学危房形成的主要原因有三个：一是大部分农村校舍始建于20世纪70年代，砖瓦材料均为自行烧制，质量较差，经过几十年的风雨侵蚀，主体风化，屋面腐朽；由于资金短缺，年久失修，形成相当多的危房。二是20世纪90年代中后期“两基”验收时，为达标新建扩建了部分校舍，由于单位工程造价偏低，部分新建和改扩建校舍质量差，形成新的危房。三是自然灾害（如洪涝、干旱导致房基下沉）导致危房增多。通过全面摸底评估，到2002年，全市有危房的中小学校达423所，危房面积34.2万平方米，其中D级危房项目277个，面积20.5万平方米，C级危房10.79万平方米，B级危房2.91万平方米，危房总面积占校舍总面积的5.3%。

2001年，教育部、国家计委、财政部下发《全国中小学危房改造实施管理办法》，要求“中小学危房改造工程项目管理实行以县为主，中央省市县分级管理，分级负责的体制”，并规定相应职责。2001—2002年为危房改造工程第一阶段，全市共投入资金7100万元，改造中小学危房面积31.22万平方米；筹集资金1.6亿元，新建校舍30.2万平方米。2003年，市政府将中小学危房改造纳入为民办实事的“十件实事”之一，完成中小学20.5万平方米D级危房改造。2005年，是全市农村中小学危房大规模改造的最后一年，也是农村寄宿制学校建设的启动年，全市结合寄宿制学校建设，启动建设项目244个，投入资金8000万元。2006年，国务院决定建立农村义务教育保障新机制，全市中小学校舍维修改造纳入经常性、制度化轨道，建立了中小学危房改造长效机制。

三是合格学校建设。常德市从2008年开始，决定用5年时间，将全市692所完全小学以上的义务教育学校建成合格学校。2008年是该工程启动年，全市列入省、市政府为民办实事建设项目学校49所，完成项目投资4963.2万元。

四是校安工程。2009年，国务院办公厅下发《关于印发全国中小学校舍安全工程实施方案的通知》。市委、市政府决定，从2009年开始，用5年时间，对全市地震重点监视防御区、洪涝灾害易发区、山体滑坡和泥石流等地质灾害易发区存在安全隐患的中小学校舍进行抗震加固，迁移避险，提高中小学校舍防灾能力。2009年全市完成对所有中小学校舍排查鉴定后，编制了五年（2009—2013）改建规划，规划总投资35.17亿元，规划改造校舍总面积529.32万平方米。截止到2010年底，全市中小学校安工程建设累计投入资金10.33亿元，改建校舍81.64万平方米。

五是初中工程。2007—2010年，第一期初中校舍改造工程涉及澧县、津市市、石门县、临澧县、桃源县5个县市共51个项目学校，投资5115万元，建设校舍62599平方米，改建运动场21000平方米。按照规划，2010—2014年实施第二期初中工程，安乡县、汉寿县、鼎城区以及第一期工程后期已经涵盖的桃源县、临澧县5个区县被纳入实施范围。

六是教育信息化工程。20世纪80年代后期，常德市教育信息化建设开始起步。1986年，现常德市一中等学校开始建立计算机教室，并在部分高中教学班开设BASIC语言课程。2000年起，全市教育信息化进入快速发展时期。2000年12月，市教委机关局域网和常德教育网建成开通。2001年下学期，市、县城区初中全面开设信息技术课。2003年，常德市被国家三部委（教育部、发展改革委、财政部）确定为首批全国农村中小学现代远程教育工程建设试点市之一，按照国家三部委试点工作方案规定，试点建设对象为农村乡

镇中心校及以下学校和教学点。全市有2192所农村中小学（含教学点）纳入试点建设。建设资金由财政负担，站点建设总投资为6547.2万元，中央和省专项补助2811.9万元，市财政落实配套资金3735.3万元。2004年9月底完成站点建设，10月份通过国家三部委验收。2005年，全市所有初中和农村中心完小以上学校全部开设信息技术课。到2011年年底，全市60%以上的中小学实现上网、近30%的教学班实现“班班通”，乡镇中心小学以上学校配备计算机教室和公共多媒体教室，全市教育信息化整体水平处于全省前列。

二、“两基”达标建设取得丰硕成果

1988–2001年，常德市始终把“两基”（基本普及九年义务教育、基本扫除青壮年文盲）达标建设、巩固发展“普九”成果作为教育工作的重中之重，取得丰硕成果，常德基础教育进入全省一流水平，实现了里程碑式的历史性跨越。

（一）制定、调整规划

20世纪50年代初期，常德地区的文盲占总人口的80%，基础教育的主要任务是扫除青壮年文盲和普及初等教育。经过30多年的努力，常德基础教育有了巨大发展，1985年基本普及初等教育。

1991年，市委、市政府根据省委和省政府关于普及九年义务教育的部署，制定《常德市普及九年义务教育规划》（以下简称规划），于同年5月经市人大常委会一届二十次会议审议通过，颁布施行。《规划》明确了全市实施九年义务教育的总目标：从1991年起分三步实施，90年代基本实现，2003年前全面完成。1993年2月，中共中央、国务院颁布《中国教育改革和发展纲要》（以下简称“纲要”），把基本普及九年义务教育、基本扫除青壮年文盲作为中国20世纪90年代教育发展的“重中之重”；同时要求“两基”要以县市为单位组织实施和验收，至此，“普九”扩展为“两基”。1993年4月，省委、省政府作出《关于加快普及九年义务教育的决定》。同年5月，全省贯彻实施《纲要》暨义务教育工作会议在长沙县召开，湖南实施“两基”工作明显加速。市委、市政府根据中央和省委、省政府一系列新的政策和要求，首次对1991年制定的《规划》进行调整，将全市全面完成“两基”达标的时间提前到2000年。

1996年2月，为适应全国“普九”形势发展的需要和落实国家教委在河北省石家庄市召开的12个省“普九”工作片会关于中部地区加快“普九”进度的会议精神，市二届人大常委会第22次会议根据市政府的意见，作出《关于调整常德市普及九年义务教育的决定》。按照第二次调整后的规划，安乡县、澧县、桃源县、鼎城区、汉寿县5个区县和西湖、西洞庭、贺家山3个农场及武陵区新划入的三乡一镇共9个单位（占全市人口的71.5%）将提前到1997年接受省政府和国家教委的“两基”验收。石门县和东山峰农场将于1998年接受验收。至此，全市的“两基”规划目标比1991年制定的规划目标提前了五年，比 1993 年调整后的目标提前了两年。

（二）组织实施

围绕“两基”达标，巩固发展“普九”成果，常德市主要从以下三个方面开展工作。

1.把“两基”达标建设作为全市教育发展的“重中之重”。1990—1998 年，市委、市政府始终把“两基”达标建设视为全市教育发展的头等大事，每年都召开全市教育工作会议，部署“两基”达标建设工作，推广典型经验，落实各级政府的办学责任。1990 年 12 月 14—16 日，市委、市政府在临澧县召开全市农村教育工作会议，各区、县 (市) 一把手及分管教育的区县 (市) 长、教委主任参加会议。省教委党组书记冯象钦、市委书记庞道沐到会并讲话。会议提出了“远学郴县、近学临澧”的口号。1993 年 5 月 10 日，市委书记庞道沐主持召开常委扩大会议，专题研究教育工作，明确各级党政一把手为教育第一责任人的要求，进一步落实“普九”重中之重的战略地位。1995 年 1 月 20 日，市委、市政府召开有区县 (市) 委书记和乡镇党委书记参加的全市教育工作会议，强调教育优先发展的战略地位，部署“两基”工作。市委书记吴定宪、市长张昌平等到会讲话。会上还将头版刊登有鼎城区蔡家岗乡《产值过亿元，教育不合格》报导的《常德日报》分发给与会人员，引起强烈震动。1998 年 3 月 11 日，市委、市政府召开教育工作会议，对 1997 年顺利通过“两基”验收的五个区、县和澧县官垸乡等 38 个“两基”工作先进乡镇，李学林等 51 名“两基功臣”予以表彰奖励。市委书记吴定宪就进一步巩固“两基”成果，实施素质教育作重要讲话。1998 年 12 月 18 日，市政府下发《关于进一步发展基础教育的决定》，明确了在全面实现“两基”的基础上，达到办学条件一流、管理水平一流、教育教学质量一流，努力使常德基础教育达到全省乃至全国领先水平的巩固发展“普九”成果的战略目标。

2.层层建立、落实责任体系。为把“两基”达标建设落到实处，全市建立以各级党政一把手为第一责任人的集体领导体制，主要负责有关教育重大问题的决策和协调；以分管领导和教委主任为直接责任人的分管体制，主要负责义务教育工作的组织和实施；以人大牵头，有关执法监督部门积极参与的监督体制，主要负责检查实施进度和各项措施的落实；以教育行政部门和中小学为主，社会各界共同配合的联动体制，主要负责学生入学及教育方针的落实和教育教学活动的实施，保证普及进度和教育质量。在这种责任体系下，全市出现人人议“两基”，处处抓“两基”，层层督“两基”的局面，形成领导力量集中，群众智慧集中，资金调度集中的“两基”达标建设高潮。

3.发动群众及社会各界捐（集）资办学。制约“两基”达标建设的最大难题是资金。在国拨教育经费严重不足的情况下，发动和依靠群众及社会各界投工投料、捐（集）资办学，是解决中小学基础设施建设投入严重不足的有效途径。临澧县在开展群众集资办学方面取得许多成功的经验，1990 年 12 月在临澧县召开的全市农村教育工作会议上，市委、市政府作出《关于学习临澧经验，大力发展农村教育的决定》，要求学习临澧县充分发动和依靠人民群众办教育，千方百计增加教育投入的经验。临澧会议后，全市掀起群众集资办学热潮。各级党政领导依法兴教的意识普遍增强，广大人民群众尊师重教的热情持续高涨。津市市从1991年起，全市干部职工每月从工资中拿出2元，村民每人每年拿出15~20元用于集资办学。石门县从1991年起，全县干部职工连续三年从每月的工资中拿出2元用来办教育。1991年全市共筹资3535万元，（其中群众集资2130万元），筹集钢材3501吨、木材4050立方米、水泥13521吨，改造危房3.3万平方米，新建校舍13万平方米。1996年，常德市“两基”达标建设明显加速，全市各级政府采取多项措施，发动群众捐（集）资办学，确保“两基”达标的资金投入。1996—1998年，全市为教育集资总额达2.25亿元，1996年、1997年、1998年全市教育预算外收入分别达到41372.9万元、48499.5万元、46888.6万元。教育预算外收入明显超过预算内收入。1991—2001年，全市累计用于学校建设的资金近15亿元。其中社会捐(集)资办学资金达76253.9万元。

（三）“两基”达标建设成果辉煌

1995年10月，临澧县、武陵区和津市市顺利通过国家教委和省政府组织的“两基”督导评估验收。其中，临澧县高标准实施“两基”的经验受到国家教委和李岚清副总理的充分肯定，中央电视台“神州风采”栏目组将临澧县高标准实施“两基”的成功经验摄制成专题片，在中央电视台六次滚动播出。

1997年9-10月，澧县、安乡县、桃源县、汉寿县、鼎城区五个区县和西湖、西洞庭、贺家山三个农场顺利通过全省“两基”评估验收。1998年10月，石门县“两基”工作经省政府“两基”验收团评估验收合格。至此，全市9个区县（市）和3个县级农场分三批顺利通过国家教委和省政府的“两基”验收，成为全面实现“两基”的地级市。临澧县、澧县先后被评为全国“两基”工作先进县。

（四）巩固发展“普九”成果

全面高标准实现“普九”是一个渐进的过程。验收达标只是“普九”的初级阶段，正如20世纪80年代中期普及初等教育验收合格后还有一个很长的巩固提高阶段一样，常德市“普九”达标后，仍有一个较长时间的巩固提高期，所以达标只能算一个阶段性成果。

为巩固发展“普九”成果，1998年12月，市政府发布《关于进一步发展基础教育的决定》，要求从1998年起到2002年，全市要“在全面实现‘两基’的基础上，进一步巩固、扩大成果，努力使常德基础教育的一些主要指标，在全省乃至全国处于领先地位，为提高国民素质和振兴常德经济打下良好基础”。根据国家教委《普通中小学教育督导评估工作指导纲要》和省教委有关通知要求，从1998年开始，全市全面开展“千百十”工程(即每年评估1000所左右规范化学校、100所左右示范性学校、10所左右名优特色学校)。到2001年年底，市县两级完成对全市所有学校的首轮评估。全市共认定市级名优学校32所，特色学校49所，示范性学校205所，15所普通高（完）中被评为市级规范化学校(小学、初中规范化学校由各区县认定)。

1999年1月，全省“普九”巩固、提高工作会议以临澧、澧县为现场召开。到2001年年底，全市9个区县（市）均通过一轮省级“普九”年检或素质教育实验县评估，成为全省首批完成年检的市（州）。临澧县、澧县、桃源县、鼎城区被评为湖南省“普九”年检先进单位，临澧县、武陵区、津市市、澧县被确定为全省素质教育实验县（区、市）。

三、教育改革不断深化

1988—2010年，常德市在开展素质教育、理顺办学管理体制、推行“三制改革”、加强师资队伍建设、实施课程改革等方面均取得重要成果，常德教育综合实力进入全省公认的一流水平。

（一）素质教育全面推进

常德市素质教育起步早，1994年8月15日，市委和市政府召开各区县 (市) 委书记、分管教育工作的区县 (市) 长、教委主任参加的教育工作会议。会议传达了全国第二次教育工作会议精神，研究部署全市普九工作及由“应试教育”向素质教育转轨问题。1996年5月，省政府批转省教委《关于推广汨罗经验的报告》。为贯彻省教委文件精神，市教委组织全市教师学习汨罗经验，开展素质教育大讨论，以转变广大教师的教育观念，依法规范办学行为，减轻学生过重课业负担。临澧县、津市市、武陵区在1995年完成“两基”验收的基础上，大力推行素质教育，1996年被省教委确定为全省素质教育示范县（全省22个）。

1998年4月，市政府办转发市教委《关于实施素质教育的意见》，明确指出“实施素质教育，是各级政府和全社会的共同责任，全社会都要更新教育观念，支持和鼓励中小学由‘应试教育’向‘素质教育’转轨”。同年12月，市教委出台《依法规范办学行为，大力推进素质教育的十项规定》，要求“各级教育行政部门和学校领导在基本实现‘两基’之后，要尽快把工作重点转移到全面实施素质教育上来。”针对学生课业负担普遍过重的现象，2000年3月，市教委发布《常德市减轻中小学生过重课业负担的十项规定》，就学生在校活动总量、课外作业量、集体和有偿补课、各类学科竞赛、学生用书管理等作出严格规定。为实施素质教育扫除障碍。

2000年6月、市委、市政府召开全市教育科技工作会议，全面部署推进素质教育、加强科技创新工作。市四大家领导吴定宪、程海波、莫道宏、周鸿翔、张元英、马桂迟出席会议并讲话。2001年8月，根据《中共中央、国务院关于深化教育改革全面推进素质教育的决定》精神，市委、市政府作出《关于全面推进素质教育，振兴常德教育事业的决定》（以下简称“决定”），以推动常德素质教育的全面实施。《决定》提出了常德市全面推进素质教育的发展目标：“到2010年基本形成各级各类教育结构合理、发展协调、相互衔接和沟通的、开放性的教育体系；不断提高受教育者的思想道德和科技文化素质，基本形成以德育为核心、以创新精神和实践能力为重点的素质教育模式。”

通过几年的探索，常德市形成了一条明晰的素质教育的基本思路：即以更新教育观念为先导，以依法规范办学行为为基础，以加强德育和减轻学生过重课业负担为突破口，以深化课堂教学改革、提高课堂教学质量和效益为重点，以优化育人环境，更新教学手段为条件，以构建素质教育运行机制为保障，以提高教师素质为根本，采取分阶段，有步骤，区域推进与典型引路、培育特色相结合的方法，在规范的基础上创新，在改革探索中发展；并在此基础上确定了三步走的战略构想：第一步，重点抓办学行为的规范；第二步，用3–5年的时间着力完善素质教育的运行机制；第三步，将素质教育的观念内化为广大教育工作者的自觉行动，真正形成学校有特色，教师有特点，学生有特长，生动活泼、百花争艳的局面。

在这条基本思路指导下，常德市实施素质教育形成自己的特色。一是实施“普九”和“普九”巩固工作抓得扎实，办学条件得到较大改善，普及程度高，且教育结构布局调整力度大，效果好，初步形成各类教育协调发展的良好格局。二是依法规范办学行为成效显著。依法规范办学行为是常德市全面推进素质教育整体战略中前一阶段的工作重点。到2001年，在全面落实课程计划、控制学生在校活动总量、减轻学生过重课业负担、严格控制教学用书、教育教学常规管理以及治理中小学乱收费等方面均取得好的效果。各级教育行政部门和学校领导依法治教、依法办学的法律意识明显增强，学校管理规范，走上了依法遵规办学的轨道。三是校园文化建设颇具特色，学校德育工作出现新的局面。四是以全面开设活动课程为切入点，学校气氛活跃，学生全面发展出现可喜局面。五是科研兴教意识逐步增强，教研教改逐渐形成风气。六是探索评价改革。1998年市教委就规定，小学生一律就近划块免试入学，义务教育阶段取消留级制度，禁止开除学生。2000年市教委又规定：小学除语文、数学外，其他课程不得统一组织考试。小学生学业成绩评定一律取消百分制，取消成绩通知单，统一改为学生素质综合评价手册；中学除毕业会考外，一律不得组织统一考试，严禁按考分给学生排队，任何单位不得给学校、班级和教师下达升学指标。

2001年教育部颁发《基础教育课程改革纲要（试行）》，新一轮课程改革在全国逐步铺开。同年5月，市教育局成立常德市基础教育课程改革实验领导小组。2002年，澧县率先成为湖南省首批新课程改革实验区；2003年秋季全市小学、初中全面进入新课改。同年3月，市教育局在澧县召开基础教育课程改革工作会，副市长张元英强调：常德作为全省首批整体推进的地区，要实施“快一步、高一层”战略，努力形成常德特色。2007年，全面启动普通高中课程改革。市教育局要求，把普通高中课程改革作为深化常德市基础教育课程改革、全面推进素质教育的核心内容和重要载体，立足常德实际，创造性地实施《普通高中课程改革方案（实验）》和各学科《课程标准（实验）》，围绕促进学生全面发展，探索实施素质教育新途径，努力提高普通高中教育质量，构建具有常德特色、充满活力的普通高中新课程体系。常德市推进素质教育取得良好效果，教育教学质量不断提高。2001—2010年高考录取率比全省平均水平高出7.28个百分点，2010年文理科总分均居全省第二名。

但素质教育在推行过程中也遇到巨大阻力，受传统文化影响，先进的评价理念在具体评价过程中难以落实；重分数轻能力、重课堂轻课外等现象仍然普遍存在；加上高考改革相对滞后，素质教育难以走向深入。

（二）办学管理体制逐步理顺

1984年10月，中共常德地委、行政公署在《关于加强和改革教育工作的决定》中指出："为了充分调动各级办学的积极性，从现在起，全区实行'四级办学''三级管理'体制。即地属师范学校（含附小）和师专培训部由地区办，地区管；县（市）属普通中学、职业学校、教师进修学校和农民中等职业学校由县（市）办，县（市）管；乡（镇）初中由乡（镇）办，乡（镇）管；小学由村办或几村联办，乡（镇）管"。到1988年，常德建立起了较为完善的教育体系，即村办小学、乡镇办中心小学和初中、县市办高中、地区办中专及高等学校的教育格局；这种办学管理体制明确了市、县、乡、村在教育发展中的责任和义务，调动了各级兴办教育的热情；但强调农村义务教育以村和乡镇负担为主，不仅加重农民负担，也不利于教育的均衡发展。

这种办学管理体制在20世纪90年代大规模实施"两基"达标建设时有所突破。1993年2月，中共中央、国务院颁布《中国教育改革和发展纲要》，要求"两基"要以县市为单位组织实施和验收。这一举措朝着教育均衡发展迈出可喜的一步，它加强了县市政府对义务教育的管理责任，促使县市政府在教育投入上向本县域内经济落后、教育基础相对较差的贫困地区倾斜。此后，在实施"两基"验收过程中，各区县（市）都从全局出发，调整规划，整体布局，组织实施，保证投入；层层建立责任制，保证了"两基"的顺利实施，取得了"两基"达标建设的决定性成果。

真正实现由"四级办学、三级管理"办学管理体制向"以县为主"的基础教育办学管理体制的转变始于2001年。2001年12月，为贯彻落实《国务院关于基础教育改革与发展的决定》的精神，市委、市政府出台《关于基础教育改革与发展的决定》（以下简称"决定"），明确要坚决按照国务院和省委、省政府的决定，确实落实"在国务院领导下，由地方政府负责，分级管理，以县为主的办学管理体制。"2002年6月，市委、市政府又召开全市改革完善农村义务教育管理体制工作会议，全面落实基础教育"在国务院领导下，由地方政府负责、分级管理、以县为主的管理体制"。突出"以县为主"，这是自1985年常德地区实行"四级办学、三级管理"体制以来，基础教育管理体制的一项重大改革。《决定》明确了各级政府要依法担负的发展基础教育的责任：市政府主要负责制订基础教育改革发展规划、政策措施，组织协调各方面力量发展基础教育；对贫困地区安排适当的财政转移支付资金和"国家贫困地区义务教育工程"专款的配套资金；将中小学校和青少年校外活动场地建设纳入基础设施建设统一规划，城镇扩建或建新的居民社区，按规定配套建设好中小学校。对直管中小学行使县级政府管理权限并履行相应责任。

县级政府对本地基础教育的管理和发展承担主要责任。负责统筹规划基础教育的发展，加强中小学建设；合理制定学校布局调整方案，并组织实施；统一管理基础教育经费，发放教师工资；统一管理中小学校长、教师。采取过硬措施，确保义务教育巩固提高，积极发展高中阶段教育和幼儿教育，加强示范学校建设，调动各方面力量发展基础教育。

乡镇政府承担相应的义务教育办学责任，根据国家规定筹措教育经费，用于乡、村两级中小学改善办学条件，提高教师待遇。乡、村两级建立“控流保学”责任制，确保义务教育阶段适龄儿童、少年完成九年义务教育；负责划拨新建、扩建校舍和生产劳动实践基地所必需的土地；维护学校的治安和师生的安全。

根据省政府有文件精神，从2002年起，乡镇不再设立专门的教育管理机构。乡镇在核定的编制内确定1~2名助手或干事协助乡镇长管理具体教育事务，原有乡镇联校并入中学或中心小学，中学或中心小学校长负责管理全乡镇的教育教学业务工作。到2003年，全市218个乡镇联校、片校全部撤销。全市基础教育管理体制改革基本到位。教育的人、财、物、事四权全部收归县一级政府管理，农村义务教育实现了由农民为主负担向政府为主负担、由乡村为主举办向以县为主举办的重大转变。

到2010年，全市学前教育形成“政府主导、社会参与、公民办并举”的办园格局；基础教育形成以“区县（市）为主”的管理体制；职业教育形成“分级负责、以县为主、政府统筹、社会参与”的管理体制；高等职业教育和成人高校形成由“省市共建共管、以市为主”的管理体制。同时积极发展民办教育，构建多元化的办学格局；并开始探讨打破乡镇区划，对教育划片管理的管理体制。

（三）人事制度改革逐步深入

1.民办教师退出历史舞台

20世纪70年代前后，基础教育大发展。由于“文化大革命”期间高师、中师未正常招生，以致中学不得不大量拔高使用教师，小学大量启用民办教师。经过几年的补充和调整，截止到1987年年底，常德地区中小学仍有民办教师21396人，其中小学民办教师19083人，占当年全地区小学教师总数的55.3%。民办教师是特定历史条件下的产物，他们扎根家乡，尽心尽力，支撑着常德基础教育的半壁江山，为常德基础教育发展作出了自己的贡献。为解决民办教师的“身份”问题，将合格的民办教师转为公办教师便提上了各级政府的议事日程。

民办教师转为公办教师主要采取三种形式：一是择优录用。1991—1994年，根据省教委有文件精神，全市共择优录用929名民办教师为公办教师。二是通过民师内招。1980—1996年，全市（常德地区）通过民师内招将7128名民办教师转为公办教师（含部分慈利县民办教师)。三是直接转为公办教师。1997 年，省人事厅和教育厅先后安排给常德市教育系统民转公指标 4000 个。1999 年 11 月，市教委、市人事局为全市最后 816 名合格民办教师办理“民转公”手续。至 1999 年年底，全市（含慈利县）有 12873 名民办教师通过择优录用、民师内招、“民转公”的方式成为公办教师，结束了常德市教育系统 30 多年任用民办教师的历史。

2.三制改革与人员精简分流

根据国家人事制度改革的有关精神，常德市从 1988 年起开始推行以校长负责制、教师聘任制和绩酬挂钩制为主要内容的人事制度改革。1988 年开始在临澧、安乡、桃源三县开展校长负责制试点，1992 年扩大至全市 7 个区县（市）的 80 所学校。

1996 年上半年，市教委召开全市教育人事工作会议，部署全市中小学内部管理体制改革工作。要求全市中小学普遍推行以校长负责制、教师聘任制和绩酬挂钩制为主要内容的“三制”改革。同年 8 月，市教委制定《关于市直中学推行“三制”改革的意见》，年底，全市中小学普遍实行校长负责制，各区县（市）中小学实行教师聘任制，90%的学校实行绩酬挂钩制。1998 年，市教委制订《关于在全市中小学全面推行“三制”改革的意见》，经市委、市政府同意，下半年开始在全市中小学和直属中专学校全面实施。

随着“三制改革”的逐步推行，中小学布局调整和在校学生大幅减少，中小学出现了部分富余人员。全市从 1993 年开始开展清退代课教师和分流富余人员的工作。市教委在编制管理与人员调配上坚持“把紧进口，放松出口，控制总量，提高素质”的原则，采取精简行政人员，清退代课人员，分流富余人员，充实教学人员等措施，严控编制。1993—1998 年全市清退代课教师和临时工 2100 余人。

1998—2003 年，随着教师聘任制的全面落实和乡镇联校与乡镇中学或小学的撤并工作全面完成，全市教职员中累计有 13453 人次在教师聘任中落聘。市教育局对富余人员主要采取五条措施进行安置：第一、对接近退休年龄（一般男 58 岁、女 53 岁）的落聘人员采取由本人申请、单位内退的办法处理；第二、对因病不能坚持工作的落聘人员，经指定的医院证明可以请病假，病假期间的待遇按病休的规定执行；第三、对因业务能力不适应而落聘的教师，经本人申请、单位同意，可以脱产学习，学习期间发职务工资。第四、对其他落聘人员一年内发职务工资，一年后仍落聘的按规定发最低生活费，不计算教龄；第五、拒聘人员允许本人辞职，本人不辞职的，限六个月内调出，调出之前发最低生活费，六个月仍未调出的，作自动离职处理。2003 年，市教育局严格按规定规范学校内设机构和岗位设置，严格控制学校非教学人员职数，使教学人员与非教学人员的比例进一步趋于合理。

四、 各类教育协调发展

（一）学前教育

1988—2010 年，学前教育快速发展。1988 年年底，全市有幼儿园 283 所（教育部门办 115 所、其他部门办 168 所），4098 个班（其中小学附设学前班 3267 个），在园幼儿 101670 名，教职工 3419 人，学龄前毛入园率 45%。20 世纪 90 年代，民办幼儿园开始兴起。2000 年前后，依靠社会力量发展学前教育的格局逐步形成，在国家大力发展民办教育的政策鼓励下，2005 年前后，民办幼儿园迅速崛起，成为全市学前教育的主力。到 2010 年年底，全市有幼儿园 1164 所，其中社会力量办 1089 所，教育部门办 75 所，在园幼儿 113551 名。为规范学前教育的发展，1996 年，市教委制定《常德市幼儿教育管理暂行标准（试行）》等文件，对社会办园提出明确要求。1997 年，市教委进一步加强对社会力量办园的规范管理，取缔一部分管理混乱和无证的“黑园”，加强对园长、教师的培训。2004 年，市教育局启动市级示范性幼儿园评估验收工作。2006 年，市教育局下发《关于加快幼儿教育改革与发展的意见》，明确了“县级以上教育行政部门负责审批各类学前教育机构的举办资格、颁发办园许可证，并定期复核审验”的责任。2010 年 10 月，市政府发布《关于学前教育改革和发展的意见》，同年 11 月，市教育局设立学前教育管理办公室。到 2010 年止，全市已创市级示范园 79 所，县区级示范园 100 多所。

（二）义务教育

1988 年年底，全市有普通小学 4838 所，专任教师 32266 名，在校学生 662665 名；初级中学 392 所（含其他部门办 20 所），专任教师 13611 名，在校学生 215757 名。20 世纪 80 年代中期，根据人口变化的实际情况，常德市开始实施中小学布局调整，到 2010 年年底，全市有普通小学 720 所，教学点 139 个，在校学生 275193 人，专任教师 18172 人。初中 247 所，在校学生 161801 人，专任教师 15290 人。义务教育阶段适龄儿童入学率 100%。1991—2001 年，市委、市政府把“两基”达标建设、巩固发展“普九”成果作为重中之重，1998 年，全市 9 个区县（市）和 3 个县级农场分三批顺利通过省和国家的“两基”验收。2001 年年底，全市各区县（市）均通过了一轮省级“普九”年检或素质教育实验县（市、区）评估。此后，全市九年义务教育进入协调、均衡发展时期，2006 年 5 月，全市中小学管理暨幼儿教育工作会在澧县召开，会议明确提出基础教育要把工作重点由学校外部条件转向内部管理，由规模扩张转向质量提升，由重点建设转向均衡发展。2007 年，市委、市政府作出《关于建设教育强市的决定》，再次提出要实行义务教育的均衡发展，重点加强农村基础教育设施建设。市政府通过实施中小学危房改造、合格学校建设、校安工程、初中工程、农村寄宿制学校建设、中小学现代远程教育建设等一系列重点工程，有效促进了城乡之间、校际之间、区域之内义务教育的均衡、协调发展。从 2005

年春季开始，全市开始实施“两免一补”政策。到2008年，全市城乡义务教育全部进入免费时代。

（三）普通高中教育

1988年，常德市有高中学校70所（其中完全中学50所，独立普通高中20所。在校学生43506人）。1991年起，市教委根据“义务教育管紧、高中阶段教育适当放活”的基本思路，鼓励企业参与办学，以弥补国拨教育经费的不足。2003年，市政府制定《常德市普通高中教育改革与发展规划》，市内各省级重点中学抓住生源高峰期的机遇，谋求新一轮发展。临澧县一中、石门县一中各征地500多亩整体搬迁，桃源县一中征地400亩建设新校区，澧县一中向周边发展，校园面积达到300多亩。优质教育资源的扩大，加快了高中教育的发展。当年全市初中毕业生升普高的比例达到47.62%。2008—2010年，全市初中毕业生升入高中阶段学校的比例连续三年达到91.5%，高出全省10多个百分点。全市普通高中教育逐步形成“文化立校，文明育人”的总体特色。从2006年开始，市直公办高中全部取消择校费，优质高中招生政策更加阳光透明。教育教学质量显著提高，2010年普通高校招生考试，录取率达89.1%。到2010年，全市有普通高中48所（完全中学18所、独立高中30所、省示范性普通高中12所），在校学生99672人。

（四）中等职业教育

1988年，全市有各类中等职业学校79所，在校学生24791人。1988年以来，市委市政府把发展职业教育作为推进工业化、农业产业化和城镇化建设的基础工程。1999年，市委、市政府出台《关于改革和发展职业教育的意见》。2001年3月，市长办公会决定将常德农业学校、常德卫生学校、常德机电工程学校合并创办常德高等职业技术学院。2007年，市政府制定职业教育“十一五”发展规划，提出要突出职业教育基础能力建设。2010年，市政府印发《关于进一步加快中等职业教育发展的意见》，对调整优化高中阶段教育结构布局、加强中等职业教育基础能力建设、深化中等职业教育各项改革、加大中等职业教育投入、优化中等职业教育发展环境等提出明确要求。经过多年探索，常德职业教育实现了五个转变：一是管理体制上由计划向市场转变；二是在办学体制上由国家部门办学向多元化办学转变；三是在办学方式上由单纯的学历教育向学历教育与职业培训相结合转变；四是在办学层次上由单纯中等职业教育向多层次的职业教育转变，形成以高等职业教育为龙头、中等职业教育为主体、初等、中等、高等相衔接的职业教育体系；五是在教学方式上由普通高中型向真正意义上的职业教育转变。到2010年，全市有中等职业学校65所，其中民办43所，在校学生69190人，中职学校招生人数占当年高中阶段招生总人数的42.24%。国家级重点中等职业学校11所，省级示范性中职学校7所，省级示范性县职教中心4个，省级精品专业13个，省级精品课程14门。

（五）特殊教育

新中国建立前，常德没有特殊教育学校。1956年8月，津市市聋人黄诗言倡办聋哑人业余学校，1959 年由津市市民政科接管，更名为津市市聋哑人红专学校。同年，常德市（即现武陵区）政府创办聋哑人业余文化学习班。“文化大革命”中，常德地区特殊教育基本中断。1989 年 9 月，省教委等五部门联合发文，同意恢复津市市聋哑人红专学校，并将学校更名为津市市聋哑学校。1992 年，市教委根据省教委等 8 单位联合下发的《关于发展湖南特殊教育若干意见》精神，要求在办好津市市聋哑学校的基础上，各区县（市）集中办特教班。同年，市教委对全市 7~18 岁盲聋哑和弱智儿童进行全面摸底，制订《常德市特殊教育发展规划》，把特殊教育纳入义务教育轨道。1996 年，创办安乡县特殊教育学校，新建桃源特殊教育学校，临澧县、鼎城区和武陵区办有特教班。1997 年，津市市聋哑学校有 8 个年级 11 个教学班，在校学生 165 人，为全省第三大规模的特教学校。2008 年 6 月 30 日，市委市政府批准市教育局在市城区新建常德市特殊教育学校的建议，2010 年，市教育局将常德市特殊教育学校的建设工作纳入全市“项目建设年”内容。2012 年 11 月，政府全额投入 1.24 亿元的常德市特殊教育学校校园工程全面竣工。到 2012 年年底，全市有特教学校 4 所，在校学生 512 人（包括普通中小学随班就读 67 人）。教职工 149 人，其中专任教师 127 人。

（六）教师教育

1988 年，常德市有教师培养学校 4 所，即常德师范专科学校、常德师范学校、桃源师范学校、津市师范学校。1997 年，经省教委批准，常德师范开始招收五年制大专层次初等教育专业学生。1999 年，省教委决定将三级师范向两级师范过渡，同年 7 月，经省教育厅同意撤销津市师范；常德师范、桃源师范开始转向中职教育，并根据教育发展需要扩大招收学前教育专业学生，培养幼儿教师。1988 年，常德市有教师培训机构 10 个，即常德师专培训部和各区县（市）教师进修学校。1989 年 3 月，市委、市政府决定“撤销常德师专培训部，就地建设常德教育学院”。2002 年，市政府在桃源师范设立“常德市小学教师培训中心”。到 2010 年底，常德市有教师培养学校 3 所，即湖南文理学院、常德师范、桃源师范；教师培训机构 11 个，即湖南文理学院继续教育学院、常德市小学教师培训中心和 9 个区县（市）的教师进修学校。1988—2010 年，全市师范院校共培养教师 32792 名，其中专科及以上学历 14793 人，中师学历 17999 人；培训教师 235763 人次。

2012 年，市政府根据学前教育发展的需要和教师教育的资源优势，决定将常德师范和桃源师范两校合并申办幼儿师范高等专科学校。2013 年 3 月通过省高校建设专家组评估，经省政府研究同意并报教育部备案：“撤销常德师范和桃源师范，成立湖南幼儿师范高等专科学校”。

（七）高等教育

1988 年，常德市有常德师范专科学校、常德高等专科学校、湖南农学院常德分院 3 所普通高等学校，在校学生 2379 人。1989 年，经省教委同意，湖南农学院常德分院成建制合并到常德高等专科学校；1993 年 6 月，常德师范专科学校更名为常德师范高等专科学校。1999 年 3 月，经教育部批准，常德师范高等专科学校与常德高等专科学校合并组建为常德师范学院。到 2001 年年底，先后有常德教育学院、常德城建职校、常德艺术学校并入常德师范学院。2002 年，由常德农校、常德机电工程学校和常德卫校组建成常德职业技术学院；地处津市市的湖南机电学校升格为湖南机电职业技术学院。2003 年 2 月，常德师范学院更名为湖南文理学院。2004 年 5 月，常德电脑专修大学（民办）经省政府批准升格为全日制普通高等职业院校，更名为湖南同德职业学院。2006 年，湖南机电职业技术学院主体迁往长沙。2010 年 1 月，经省政府批准、教育部备案，湖南高尔夫旅游职业学院在原湖南涉外经济学院清水湖校区（汉寿县）基础上建立，该校是一所民办全日制普通高等职业学院。是年，全市有普通高校 4 所，在校学生 36349 人，专任教师 1982 人。

（八）民办教育

常德民办教育 20 世纪 80 年代初逐步恢复，到 2010 年，已逐步形成比较完整的办学体系。1993 年，国务院发布《中国教育改革与发展纲要》，鼓励支持发展民办教育，常德市民办教育进入规模扩张时期。1996 年 5 月，市教育局成立社会力量办学管理办公室。1997 年，国务院颁布《社会力量办学条例》，常德社会力量办学热情进一步高涨。2003 年 5 月，市政府作出《关于促进民办教育发展的决定》。2004 年 4 月，市政府第 5 次常务会议明确提出对民办教育要制定特殊政策，营造特殊环境，采取特殊措施的要求。同年 5 月成立教育融资担保公司，为发展民办教育和开展教育招商引资进行融资担保。9 月，市政府专题办公会议决定从 2004 年起，市本级财政每年安排民办教育专项资金 300 万元。2005 年 6 月，市政府第 11 次常务会议要求对民办教育管理实行"三统一补"，即在师资、招生、教学上对民办学校和公办学校统一管理，对承担义务教育任务并执行义务教育收费标准的民办学校给予办学经费补助。2007 年起，市财政每年安排的民办教育发展专项资金由 300 万元增加到 600 万元，市财政两年内向湖南芷兰教育融资担保公司注入的资金由 1000 万元增加到 2000 万元。2010 年 10 月，市政府下发《关于加快学前教育改革与发展的意见》和《关于进一步加快中等职业教育发展的意见》，明确提出要实行"积极扶持民办幼儿园"；对中等职业教育要"进一步完善'政府主导、依靠企业、充分发挥行业作用、社会力量积极参与、公办民办共同发展'的管理体制"。到 2010 年年底，全市有各级各类民办教育机构 852 个（不含学前教育民办机构），在校（籍）学生（学员）18820 人。

（九）成人教育

1988—2010 年，常德市成人教育的发展大致分为两个阶段。1988—2001 年，主要是开展扫盲教育、职工职业技能培训、农民实用技术培训等。全市先后建立乡镇农校 217 所、职工学校 16 所、职工培训中心 9 个、高等教育函授站点 76 个、电大工作站 7 个。1995—1998 年，全市 9 个区县（市）的扫盲教育分三批接受省政府和国家教委组织的"两基"验收，全部合格。2001—2010 年，农民教育以乡、村两级农校为依托，大力开展农民实用技术培训。澧县中武乡、临澧县合口镇农校分别被评为全国先进乡农校和全国农村成人教育先进单位。到2010年，全市成人教育逐步实现“四个转变”，一是农村成人教育由以扫盲为重点转变到以农民综合素质提高为重点；二是在办学体制上由国家、部门举办转变为国家、部门、个人共同举办；三是在入学形式上，由原来的严进宽出转变为宽进严出和参加成人高考相结合；四是在学习内容上，干部职工学历教育从普通高等教育转变为高等职业技术教育。2010年，桃源县、澧县、石门县、津市市职教中心成为全市在建省级示范县职教中心。全市有成人高校2所；成人高等教育招生6847人，毕业5272人，在校学生13348人，专任教师86人。

五、教育强市稳步推进

2007年，市委、市政府在全省率先启动教育强市工作。在教育强市战略推动下，全市以促进教育均衡、保障教育公平、满足群众需求为目标，掀起新一轮教育优先发展的热潮。这一年，市委、市政府几次召开常委会和常务会，专题研究贯彻落实省第九次党代会会议精神，部署教育强市工作。同年6月6日，出台《关于建设教育强市的决定》（以下简称《决定》），明确到2012年初步建成教育强市，2015年全面实现教育强市目标。要求基本形成现代国民教育体系和终身教育体系，基本实现教育现代化，使全市综合实力保持全省领先水平。为保证教育的优先发展地位，《决定》提出建设教育强市必须坚持的“三个优先”：即必须坚持切实保证经济社会发展规划优先安排教育发展，财政资金优先保证教育投入，公共资源优先满足教育需求。随后，市委、市政府召开区县（市）委书记、区县（市）长和市直各单位主要负责人参加的全市建设教育强市动员大会，对建设教育强市工作进行全面动员和部署。同年9月，在省委、省政府召开的全省建设教育强市工作会上，市委书记武吉海作为全省唯一的市州代表进行了经验介绍；《湖南教育》以“教育强市的期盼”为题，对常德推进教育强市建设进行专访报导。

2008年，全市以全面推进教育强市建设为主线，以改革创新为动力，进一步落实教育优先地位，优化教育发展环境，增加教育有效投入，促进教育协调发展，提高教育整体水平，确保教育大局稳定。全市启动“五大计划”：即基础教育均衡发展计划、职业教育基础能力建设计划、教师整体素质提升计划、教育公平保障计划和终身教育整体推进计划。为落实“五大计划”，市委、市政府从六个方面落实教育强市工作。

第一，坚持依法依规增加教育投入。市委、市政府明确提出以落实教育投入政策为重点，按照“确保、增长、归位、提高、减负”的“十字方针”，切实做到教育经费“不打捆预算、不留政策性口子、不挤占教育费附加”。2008年全市预算内教育经费支出占财政总支出的比例比2007年提高1.23个百分点。全市全面落实了“两免一补”政策，并安排农村合格学校建设资金10586万元、“普九”债务化解资金8900万元、国家政策性助学配套资金3429万元、农村义务教育阶段新生课桌椅配套专项资金1650万元。按照同步考虑、体现优先的原则，确保教职工福利待遇的不断提高。2008 年将教职工津补贴纳入公务员津补贴改革的范围，实现教师津补贴与公务员津补贴同步发放，并将其列入财政预算。教育专项经费基本落实到位，做到专款专用。各区县（市）也依法依规，保障教育政策口子的投入，预算内教育经费均实现较大幅度增长。全市教育投入总量超过预期，共落实教育经费 32.49 亿元，比 2007 年增加 5.01 亿元，增长 18.24%；教育经费支出总额 32.41 亿元，比 2007 年增加 4.84 亿元，增长 17.60%。

第二，下大力推进义务教育均衡发展。2008 年，市委、市政府以合格学校建设为重点，全市开展“六改六配套”（六改即改危、改水、改厕、改食堂、改宿舍、改通校道路，六配套即配套图书、实验仪器、学生课桌椅、信息技术装备、体艺卫设施和校园文化设施）工程，并按照统一规划标准、统一考核要求、统一验收尺度的“三统一”原则，开展合格学校建设，力争五年内将全市所有规划学校（622 所）均建成合格学校。此外，本着“相对集中、方便入学”的原则，结合农村中小学危房改造、寄宿制学校建设、城镇扩容改造工程，进行合理的中小学布局调整，有效整合教育资源，为促进义务教育均衡发展打下良好的基础。

第三，进一步加快职业教育发展。市委、市政府将发展职业教育作为提升整个教育事业发展水平和提高人口素质、促进地方经济建设和全社会充分就业的重要手段；并以基础能力建设为重点，推动职业教育发展。市委、市政府出台《职业教育“十一五”发展规划》和《关于大力发展职业教育的决定》，对“十一五”期间全市职业教育发展进行全面部署。2008 年城市教育费附加用于职成教育的比例达 30%，公办职业院校人员经费落实到位。2007 年和 2008 年，市财政每年安排 600 万元职教专项经费（包括民办职业教育学校），用于实施本级职业教育基础能力重点建设项目，并向部分需要大力扶持的骨干高中等职业院校倾斜；2008 年市本级财政还安排 1800 万元用于资助贫困中职生。各区县（市）也加大对职业教育的投入，桃源县就投入 2600 万元用于职业中专基础能力建设。

第四，努力加强教师队伍建设。进一步理顺教师队伍管理体制，教育部门基本能履行教师的资格认定、招聘录用、职务评聘、培养培训、调配交流、档案管理、考核奖惩等管理职能。进一步完善了教师补充机制，全市每年按教师自然减员人数的 80%补充教师。正式启动教师交流制度，开展教师全员培训；并加大名师和名校长培养力度。全市教师队伍的整体素质不断提高，为建设教育强市打下较好的基础。各区县（市）均通过向社会公开招考的形式补充部分紧缺教师。

第五，加强教育强市制度建设。市建设教育强市领导小组研究决定，从 2008 年开始实施以下四项制度：一是对区县（市）年度目标考核管理制度。由市建设教育强市领导小组根据全市建设教育强市的总体安排和各区县（市）的创建规划，每年给各区县（市）下达具体的创建指标，年终进行考核验收，并纳入对区县（市）量化目标考核范围，被评为先进单位的，由市政府给予奖励；凡评为不合格单位的，两年内不得申报教育强县的评估验收。二是部门和单位落实建设教育强市工作责任情况年度考核制度。由建设教育强市领导小组根据各部门和单位的职能，确定具体的建设教育强市工作责任和定点联系到农村薄弱学校；并对其履行职责和联系学校的情况进行年度考核，纳入年度目标管理考核范围。三是定期调度制度。市建设教育强市领导小组每半年召开一次调度会议，及时掌握全市创建工作动态，研究解决创建工作中出现的新情况、新问题。四是专项督查制度。根据需要，不定期对建设教育强市的相关工作进行专项督查，发现问题，及时整改，并对有关问题进行通报。

在教育强市战略推动下，教育重点工作成绩显著。1.义务教育全部进入免费时代。继农村义务教育免收杂费之后，2008年，市政府将为城市义务教育阶段学生免除杂费列为为民办实事之一。全市共投入1838万元，其中中央投入资金549万元，省级财政投入412万元，市本级财政投入285万元，县级财政投入137万元。城市义务教育学生免费率达100%，全市义务教育全部进入免费时代。2.合格学校建设顺利通过省级验收。2008年省政府下达给常德市的义务教育阶段合格学校建设任务为49所，计划投入4963.2万元，实际投入5696.7万元，新建校舍62566平方米，按照省验收标准，全部通过验收。在合格学校建设中，一是强调科学规划，充分考虑当地人口变化趋势，建设项目的规模依据学生人数变化和学校发展要求，并适当超前；二是强调建设质量，对合格学校新建土建项目，均采用合法程序，杜绝“三无工程”和避免“三边工程”。津市市、澧县、石门县、桃源县等市县尤为突出。3.结束了义务教育阶段新生自带课桌椅的历史。为义务教育阶段新生免费提供课桌椅是市政府2008年为民办的“十件实事”之一，全市共投入资金1130.1万元，秋季开学时将所需课桌椅全部配发到位，完成率百分之百。4.“普九”债务化解取得阶段性成果。2008年在中央、省政府大力支持下，市、县两级政府共同努力，完成了债务清理、债务审计、债务锁定工作，大部分区县（市）运用上级补助资金，已偿还部分债务。桃源县通过调整财政支出结构，2008年年底完成“普九”债务化解工作。5.农村义务教育经费保障机制改革取得新进展。市县两级财政各项目资金足额安排、按时拨付形成制度。市教育局2008年上半年出台《关于认真做好农村义务教育阶段家庭经济困难寄宿生生活补助发放通知》，采取“界定范围、个人申报、三审确定、全程公开”的办法，认真组织贫困生生活补助费的发放工作。使此项工作达到“零投诉”的预期效果。在深入调研、广泛征求意见的基础上，同年下半年又出台《常德市农村中小学公用经费支出管理办法》，进一步规范和统一了农村义务教育阶段学校公用经费支出范围、学校公用经费预算标准、公用经费管理模式和管理工作要求。全市中小学收费行为进一步规范。

2009年，教育强市建设继续顺利推进。农村合格学校建设作为教育强市建设的标志性工程，2009年继续得到大力推进并取得重大进展。全市完成投入近2亿元，启动合格学校建设任务173所。其中，列入省级事实项目的37所和列入市政府为民办实事项目的50所学校全部完成。国家高度重视的中小学校舍安全工程全面启动并取得阶段性成果。

按照国务院和省政府的要求，常德市在2009年下半年启动中小学安全工程，计划用三年时间，对全市存在安全隐患的494.44万平方米的中小学校舍进行改造加固。工程启动以后，在市、县相关部门的支持下，对全市1270所学校8410栋校舍进行安全排查鉴定，以此为基础制定了三年建设规划；同时，市教育局争取国家专项资金1.64亿元（占到全省的58.58%）。全市通过整合资源项目和启动中央资金项目，共加固校舍148万平方米，完成总任务的30%。

2012年，为实施教育强市战略，全面推进常德教育事业科学发展，加快实现由教育大市向教育强市转变，人口大市向人力资源强市转变，为建设现代常德、幸福家园提供有力的人才保障和智力支撑，常德市出台《常德市建设教育强市规划纲要（2010—2020）》，确立了6个“坚持”：即“坚持把教育放在优先发展的战略地位；坚持把育人为本作为教育工作的根本要求；坚持把促进教育公平作为教育工作的基本政策；坚持把改革创新作为教育发展的强大动力；坚持把提高质量作为教育改革发展的核心任务；坚持以服务经济社会发展为目的”。提出了常德市2010—2020年的教育发展的战略目标：“到2015年，基本建成教育强市。力争做到事业发展快、保障能力强、队伍素质高、教育质量优、发展环境好。到2020年，基本形成完备的现代教育体系和教育发展支撑体系，基本实现教育现代化，基本建成学习型社会和人力资源强市，教育发展水平和综合实力进入全国先进行列。”

大 事 记

1949 年

7 月 23—31 日 常德境内各县市相继解放。

8 月 成立中国共产党常德地方委员会（以下简称地委）和常德区行政专员公署（以下简称专署）。专署设立文教科，任命府廷镇为科长，陈建三为副科长。

9 月 召开教师讲习会，为中小学开学复课作准备。244 名中学教师由专署集中在省立第四中学（现常德市第一中学）学习，小学教师由各县市组织学习。

10 月 1 日 中华人民共和国成立。下午有条件的学校和教育部门组织师生收听中华人民共和国成立现场实况广播。

10 月 组织全区中小学教师学习《中国人民政治协商会议共同纲领》。

是月 全区小学开始建立中国少年儿童队组织。

12 月 10 日 地委组织部发出《成立常德文教工作委员会的通知》，方用任书记，府廷镇任副书记，孙云英、牛迪义、王耀、韩芳宇任委员。

12 月 22 日—23 日 专署召开全区教联代表会议，到会代表 26 人。副专员孙云英参加会议。会议选举沈克家等 15 人为常德区教联筹委会委员，并选举沈克家、范群、张孝仁、刘承建、袁兰珍、徐福来 6 人为出席省教联筹备会议代表。

12 月 根据湖南省临时人民政府 12 月 2 日发布的《关于目前小学教育工作的几点指示》精神，专署对部分重点中、小学委派校长，学校迅速开学。在学校中公开中国共产党组织，开展建团、建队、成立学生会、建立进步的教工组织等工作。专署派沈克家任省立第四中学代理校长、徐福来任省立第四师范学校代理副校长、苏清卓任省立津市高级农业学校代理校长、刘金波任省立第十四中学代理校长。

冬 根据教育部 12 月 5 日《关于一九四九年冬季工作的指示》精神，全区农村普遍开展“以识字为主”的冬学运动。到 1950 年，全区参加冬学的达 5.53 万人。

是年 根据 12 月湖南省临时人民政府印发的《湖南省管理私立中学暂行办法》文件精神，全区对私立中学发给补助费。全区私立中等学校 39 所，解放时尚有 25 所。

是年 全区有省立第四师范学校、省立津市高级农业学校、省立第十一职业学校等 3 所中等专业学校。省立第十一职业学校约 600 人规模，1952 年合并到武汉水利电力学校。其余 2 所中专学校有学生 655 人，教师 84 人。已开学复课的普通中小学有完全中学 4 所，初级中学 21 所，高中学生 495 人，初中学生 4239 人，初高中教职员 508 人；完全小学

221 所，初级小学 2323 所，学生 11.75 万人，教职员 5678 人。适龄儿童入学率为 24%，全区人口中近 80%是文盲。

1950 年

4 月　全区学习贯彻省教育厅发布的《湖南省小学教育实施暂行办法》。

6 月 1 日—11 日　专署召开全区第一次教育行政会议，贯彻全国第一次教育工作会议和全省第一届教育行政会议精神，具体研究教育向工农开门，实行教育与生产劳动相结合，加强政治思想教育和精简课程等问题。参加会议的有各县、市教育科长，各中学校长。专员柴保中，副专员陈采夫，省教育厅副厅长孙仲启先后到会讲话。会议一致认为教育必须向工农开门，必须尽量发展工农补习教育，恢复和加强民教馆，组织和发展民办学校。

9 月　根据湖南省人民政府 9 月 21 日《关于小学教育的指示》精神，全区接办国民党政府办的公立小学 2217 所。接办后决定维持“公办民助”的方针。学校属当地人民政府领导，学校负责人由人民政府派任，学校财产一律归人民政府所有，学校经费由人民政府负责。原有教职员基本留任，教员待遇“只能就原有待遇适当提高，不得减低”。对全区 468 所私立小学（其中完全小学 27 所），实行“鼓励存在、协助维持”的政策。

9—12 月　根据全国第一次工农教育会议精神，全区大力开展工农业余教育。全区组织 830 名干部抓工农业余教育工作。当年有 5.5 万多人参加学习。专署成立工农教育办公室。

11 月　专署根据省政府 11 月 6 日关于小学教育“村学村办，乡学乡办”的指示精神，首先在常德县第八区南湖乡办“乡学乡办”点，为全省引路，受到省教育厅好评。

冬　全区各级各类教育工会组织师生积极投入抗美援朝的爱国运动。全区中等以上学校学生 434 人参军参干。

是年　各县、市和地直学校举办寒暑假教师学习会。教师轮训班学习共同纲领、新民主主义论、社会发展史、政治经济学和凯洛夫教育学等。

是年　专署报经省教育厅批复，同意廖鹏飞代理澧县中学校长，刘人鹤为私立澧江初级中学校长，周治绶为私立渔父初级中学校长。

1951 年

2 月 22 日　专署颁发《区、乡（镇）教育委员会暂行组织条例（草案）》及《联校长、中心学区校长工作暂行条例（草案）》。

2 月　新建湖南省卫生技术学校常德医士部，地址在东门外二铺街；同年 10 月更名为湖南省常德卫生技术学校。

是月　专署召开各县市教育科长、各中学校长联席会议，总结 1950 年工作，研究部署 1951 年上学期工作。会议认为，中等学校应注意和加强政治思想教育；加强和组织好教师的政治、业务学习；加强和指导好学生课外活动的校外活动；重视健康教育，做好保健工作。小学教育应加强“乡学乡办”的领导，完善“乡学乡办”体制；坚决纠正某些地方任意解聘教师，让小学教师打杂及长期搞中心工作的做法。

暑假 专署举办中学教师学习会，继续学习和贯彻新民主主义教育方针和为工农开门问题，539 人参加。

8 月 专署根据 7 月 13 日省政府《关于各级政府必须重视与保障教师的社会地位及必要的最低的物质待遇的指示》精神，要求各县、市政府广泛宣传，提高“作为人民教师是光荣的”认识；县、市各界人民代表会议，应有教师代表名额；每一学期或每一年应展开自下而上的评选“模范教师”、表彰先进活动，以激励教师的光荣感和责任感。

9 月 根据省教育厅 7 月 13 日关于“各级中学应大力争取工农子弟入学，公立中学助学金名额分配，工农子弟最低应占 50%”的精神，在全区开展了秋季劝学活动，动员工农子弟和失学青年入学，评助学金时，全区 80%的工农子弟获得助学金。

11 月 专署召开全区第三次教育工作会议，会议明确后段主要工作任务：(1) 农民业余教育。(2) 职工业余教育。(3) 稳定乡村小学教师情绪，有计划有步骤地发展小学教育。(4) 加强短期师资培训班工作，吸收高中以上的失学知识分子参加学习，培养大批中、小学教师后备军。(5) 加强中学的教学研究工作，建立听课制度，校长和教导主任每周至少听三至五节课。(6) 认真做好评选模范教师的工作。

1952 年

3 月 根据教育部陆续颁发的《幼儿园暂行规程（草案）》《小学暂行规程（草案）》《中学暂行规程（草案）》，全区加强对幼儿实施身心健康教育，对中、小学生实施智育、德育、体育、美育全面发展的教育。

6 月 15 日 专署在省立四师举办农民业余教育专任教师训练班，时间 3 个月。专署文教科科长兼任班主任。

是月 各级各类学校教职员调整工资，施行新的工资标准。

是月 组织全区首届初中会考，石门县中获第一名。

8 月 根据教育部、省教育厅指示精神，全区私立中、小学陆续由政府接办，改为公立。全区原有私立中等学校 25 所，私立小学 468 所（其中完全小学 27 所），除 1949 年解放时就已停办的中等学校 7 所，小学 8 所外，其余至 1956 年全部接办改为公立学校。

暑假 地委举办常德专区中学教师学习班，开展思想改造学习。全区结合“三反”、“五反”运动，在中、小学教职员中进行反对资产阶级思想腐蚀的教育和揭发批判资产阶级教育思想的斗争。

10—12 月 根据教育部《关于处理接受美国津贴的教会学校和其他教育机关的指示》和 10 月省教育厅关于“1952 年下学期起，将全省所有接受外资津贴的学校，由所在市县人民政府接办为公立学校”的指示精神，专署接管全区外资津贴学校6所，即常德市三德完全小学（美国）、懿德完全小学（美国）、启智小学（葡萄牙）、汉寿县城关镇养正小学（美国）、津市津兰小学（芬兰）、慈利县慈兰高等小学（芬兰）。

11月 湖南省行政区重新调整，撤销益阳专区，将益阳、桃江、安化、汉寿、沅江5县和益阳市并归常德专区。

12月5日 专署文教科举办全区扫盲干部业余教育专任教师训练班，时间一个月，522人参加学习。全区计划在1953年春完成扫除3万名青壮年农民文盲、4000名职工文盲和1200名城市劳动人民文盲的扫盲任务。

是年 经过三年经济恢复，全区各级各类教育均有发展。有普通中专4所，学生1589人，教职工151人。中学20所（其中完中3所），高中学生929人，初中学生11512人，教职工共947人。小学4726所（其中完全小学228所），学生317126人，教职工10713人。幼儿园39所，幼儿1179人，教职工80人。接受业余教育的学校学生：中学2340人，小学139817人，教职工3136人。

1953年

2月9日 省教育厅选定第四师范等3所中师为重点师范学校呈报中南教育部。

6月13日 省教育厅确定常德市第一中学为省重点中学。

7月24日—26日 专署举行全区中学生体育运动会。各县、市参赛运动员222人，其中女生61名。选拔出98名运动员代表常德专区参加湖南省体育运动会。

7月 组织全区第二届初中会考，石门县中获第一名。

8月 专署文教科召开第一次科学展览会，展出全区教师自制教具3542件。

9月 全区中、小学校在学生中普遍开展创“三好学生”活动。

冬 全区开展扫除文盲冬学活动，组织2923名干部和教师参加业余教育工作，参加中学学习533人，识字扫盲15.2万人。

是年 奉省教育厅令，省立第四师范学校更名为湖南省桃源师范学校，省立第四中学更名为常德市第一中学，常德县立简易师范学校升格为中师，更名为湖南省常德师范学校。

1954年

3月 根据省政府《关于整顿小学教师队伍的指示》精神，专署对语文、算术低于高小毕业程度者，年老力衰或耳聋眼花者，有严重传染病者等确实不能任教者，依据不同情况，或安排其升学、转业，或回乡生产，或停职休假，并发一定的生活补助费。全区调整工作1955年年底基本结束。

5月 根据国家体委、高教部、教育部等部委的联合指示精神，全区各类中学推行

"准备劳动与卫国"体育制度预备级的锻炼活动。

6 月 25 日 专署就常德师范学校《要求开办附属小学的报告》批复常德县政府，同意开办常德师范学校附属小学，校舍利用原大志中学的校舍加以修缮和改造。

7 月 根据 6 月 17 日高教部、教育部关于《开展学习保健工作的联合指示》精神，专署要求完全中学设立"校医室"，初等中学和城市大型小学设立"卫生室"，一般小学设"保健药箱"。各县、市都要成立"学校保健指导委员会"。

暑假 专署文教科举行县、市重点小学自制教具展览会，共展出自制教具 1785 件。

12 月 10 日—18 日 专署召开全区中等学校第三次教导主任会议，贯彻落实省教育厅《关于继续贯彻全面发展的教育方针，提高中学教育质量的几项意见》的指示精神。会议以常德市一中为现场，重点检查研究该校的学校管理和语文、数学两科教学工作。

是年 地委根据省委指示精神，决定在常德市建设东路筹建"常德干部文化学校"，由省委组织干部训练处领导，地委组织部主管。

是年 专署文教科两次组成视导组对澧县一中、常德市女中进行视导检查。

1955 年

7 月 各级各类学校原有供给制人员于是月起改行工资制。

8 月 19 日 根据省教育厅下达给常德专区 1955 年组织 3.2 万人学习的冬学任务计划，9 月 6 日专署转发《常德县人民委员会 1955 年冬学开办计划》，12 月 6 日，地委又批转常德专署文教科党组关于《加强领导，积极开展扫盲工作》的报告。

8 月 24 日—31 日 专署在常德市一中召开县、市业余教育专职干部和专职教师会议。学习贯彻中央关于干部业余教育的指示及文教工作的方针政策，传达参观江西、浙江等省干部文化教育的经验，检查和总结专区业余教育工作。

11 月 专署文教科党组向地委呈送《目前中等学校陆续发生学生退学的问题》的报告。地委将报告批转给各县、市委执行。

是年 根据教育部关于在县以下的地区及市辖区和不设区的市，设置一定数量的业余教育干部、教师的指示，各县市的区乡两级均配置业余教育专职干部 1 名，大的区乡 2 名。

是年 根据全国文学改革会议精神，全区各级各类学校特别是师范学校，开展推行简化汉字和推广普通话的工作。

1956 年

1 月 1 日 地委召开会议，对全区扫盲工作进行研究。地委第一书记孙云英及地委专署领导出席。会议要求城市中的青壮年文盲 1957 年扫除；干部队伍中的文盲 1958 年扫除；农民中的文盲，湖区两年扫除，山区四年扫除。

1 月 10 日 省教育厅批复同意常德专署《关于沅江县拟于 1956 年春发展民办小学，

实行春季始业问题的报告》。24 日，专署将省教育厅的批复转发至各县、市。

4 月 1 日 根据《国务院关于工资改革的决定》精神，教育系统实行工资改革。常德专区小学教师的工资增长幅度为 39%。

4 月 26 日 专署根据省教育厅指示，自该年秋季起，少数完全小学开办戴帽初中班。并选拔培训一批优秀小学教师担任初中课程的教学。

6 月 8 日 常德市召开全市首次扫盲积极分子大会，800 多人参加会议。会议评选出优秀教师和优秀学员 168 人，推选徐承绪等 6 人出席省扫盲积极分子大会。

8 月 津市聋人黄诗言在蚕桑厂倡导创办聋哑人“文化学习班”。

暑假 专署教育科在桃源师范、常德师范举办小学一年级语文教师标准语语音训练班。1957 年，各县、市利用寒暑假举办了所有小学语文教师训练班，以适应用新编小学语文课本汉语拼音的教学要求。

暑假 在全区中、小学教师中开展肃清暗藏的反革命分子的群众运动。全区中学教师集中在常德市一中参加肃反运动。错误处理了一部分教师。中共十一届三中全会以后，进行了清理复查。

11 月 6 日 专署向各县、市发布《关于民族教育的指示》。此前，地委派工作组对桃源县枫树维吾尔民族乡进行调查，并将调查结果于 9 月 25 日报告省委和中央。

12 月 24 日 根据教育部《关于评奖扫除文盲优秀教师、优秀工作者、优秀学员、先进单位的暂行办法》的精神，全区评选出 97 个（名）扫盲先进单位和先进代表，并出席 1957 年 1 月全省第一次扫盲工作积极分子代表会议。

冬 组织农民扫盲学习，全区有 120 万人参加。

是年 根据教育部的指示精神，推广运用苏联教育经验，专署发出“学习苏联，全面发展，面向学生，集体教学”的号召。全区教师学习凯洛夫的《教育学》、《心理学》、班主任工作经验，将百分制改为五分制等，批判杜威、胡适的实用主义教育思想。

是年 根据教育部和团中央指示，开始配备中学和师范学校团队干部，统一列入学校行政编制。

是年 第一个“五年计划”提前一年完成，全区教育事业得到发展。有普通中专 4 所，学生 2283 人，教职工 236 人。中学 26 所（其中完中 6 所），高中学生 2961 人，初中学生 18902 人，教职工 1200 人。小学 4114 所，学生 449417 人，教职工 11871 人。幼儿园 60 所，在园幼儿 4465 人，教职员 127 人。扫盲结业 59835 人，中学结业 465 人；扫盲在校生 442186 人，中学在校生 3058 人，中专在校生 5707 人。

1957 年

1 月 29 日 专署决定继续在桃源师范学校开办小学行政干部训练班。培训初级小学、完全小学校长、教导主任共 100 人，学期半年。

3月18日—23日 专署教育科推广澧县白衣乡扫盲工作的经验，组织各县、市扫盲专职干部和乡、社干部代表参观学习。

3月 全区教育战线学习毛泽东在《关于正确处理人民内部矛盾的问题》中提出的“我们的教育方针，应该使受教育者在德育、智育、体育几方面都得到发展，成为有社会主义觉悟的有文化的劳动者”的重要指示。

7月—12月 全区教育战线开展反右派斗争。共处理教师1976人，其中清理出队1583人。中共十一届三中全会以后，复查了1949人。

8月20日—21日 专署教育科召开全区函授工作会议，研究地、县（市）成立函授站和各师范院校函授部招生问题。

8月下旬 专署教育科召开全区中等学校校长会议，副专员沙成章在会上作《关于我区中等学校今年上半年工作回顾和下半年工作意见》的报告。

8月 全区贯彻执行教育部8月17日关于在中学和师范学校设置政治课的通知精神。除初中二年级每周1课时外，其余各年级均每周2课时。

10月中旬 专署教育科召开全区附设初中班的完全小学校长会议，重点研究如何进一步办好完小附设初中班的问题。

11月16日 专署发出《关于进一步动员小学学生入学及加强扫盲工作的紧急通知》。

11月28日 专署根据省人民委员会决定，在全区评出扫盲积极分子333人。并评出出席全省扫盲积极分子代表大会的先进单位3个，先进个人54人。先进单位是澧县白衣乡，常德县竹根谭乡，常德市梳子巷居委会。

1958年

3月20日 专署撤销教育科、文化科，成立文教科，任命谢式轩为科长，胡开材、李德贵为副科长。

3月 根据中共中央《关于开展反浪费反保守运动的指示》精神，全区各级各类学校相继开展“双反”（反浪费、反保守）运动，同时掀起搞臭资产阶级个人主义思想的批判运动，开展批判资产阶级教育思想、学术思想等一系列“兴无灭资”的思想斗争。运动中一批教学骨干和名老教师受到批判。

4月10日 专署文教科拟订《常德专区小学教育发展规划（草案）》。《规划（草案）》要求在一年内普及小学教育。各县、市学龄儿童的入学人数在4月底前要达到90%以上；下半年应届初小毕业生升高小的比例亦应达到90%以上。时全区学龄儿童约9 8万人，就学67万人，入学率为68%。根据省教育厅文件精神，专署决定大力发展民办小学，提倡厂（矿）办学，允许私人办学，并将公办小学从是年起逐步下放给农业社和群众办。城市小学实行二部制，山区、湖区可开办巡回小学和季节性、隔日制、半日制小学。

6—9月 全区各级各类学校学习贯彻社会主义建设总路线，向文化技术革命进军，掀起教育大跃进和教育大革命运动。一些中、小学并入附近的工厂农场、人民公社，半工半读。一些工厂、人民公社、机关、街道宣布办起了高等学校、中等专业学校、农业中学、普通中小学、幼儿园及红专大学、劳动大学等各种形式的学校，有的还宣布建立从幼儿园到高等学校的“教育体系”“教育网”，实现“人人劳动，人人学习”的“共产主义教育制度”。

7月 地委和专署根据上级指示精神，决定在常德市西门外创办常德师范专科学校。任命郭新贞、徐福来为副校长。9月17 日正式开学，常德始有正规高校。

8月 在实现人民公社化的高潮中，全区农村中学、小学下放给人民公社领导管理，不少农村学校合并集中，过军事化生活，学生住校学习、劳动和食宿。

9月22日 地委宣传部发出《关于在各级学校中开展人民公社化和全民大炼钢铁的宣传教育运动的通知》，全区广大师生迅速投入人民公社化宣传和大炼钢铁运动，至12月中旬，教学工作基本停顿。共炼出钢铁689吨。

9月30日 专署就《关于基本实现无文盲专区向省人民委员会报喜》：“全区17县市有青壮年249.8万人，原有文盲、半文盲188.3万人，到9月底止，扫除文盲140.9万人，非文盲已达到81%，特向省人民委员会报喜。”（后证实扫除文盲数据不实）。

9月 常德卫校升格，更名为湖南省常德医学专科学校，附设医士部、护士部。徐克钦任校长，艾育才任党委书记，招收大专生193人。1965年奉省厅命令停止使用湖南省常德医学专科学校校名，又改为湖南省常德卫生学校。

12月 常德市一中被评为全国第二次青年社会主义建设积极分子大会的先进集体，学生会主席傅光明出席大会，陈毅副总理授予锦旗。

是年 在党的“破除迷信，解放思想”的号召下，全区各级各类学校掀起了大办工厂、农场的热潮。几个月内，办工厂238个，办农场64个，农场面积18.3万亩，饲养家畜家禽4.3万多只，鱼158万尾，制作教具117555件。

1959年

3月12日 地委批转常德市《关于请予迅速解决我市全日制中学学生伙食费的紧急报告》，同意常德市提出的全日制中学学生每月每人7.5元的伙食费标准。

9月 创办石门师范学校、津市幼儿师范学校，设有中师班和初师班。

是月 高等院校招生，全国统考，常德市一中统考成绩跃居全省第一。

是月 全区试行中、小学10年制学制。

10月29日 地委召开宣传文教卫生会议，要求进一步加强党的领导，把全区教育工作推向一个新的更大的跃进的高潮。力争在1960年基本扫除青壮年中的文盲和半文盲，1962年彻底扫除文盲。是年冬要组织90%以上青壮年参加扫盲学习。

11月13日 地委转地委文教小组《关于全区宣传文教卫生工作会议情况的报告》。

全区各级学校开展了保卫“三面红旗”的学习运动。并结合教育工作的实际，开展了大辩论。同时在党内开展了“反右倾”运动。全区“反右倾”处理210人。

11月15日 专署发出《关于进一步巩固发展幼儿教育的通知》，通知指出，“要大力普及幼儿教育，力争队队有幼儿园，要求90%以上的幼儿园配齐辅导员、教养员”。

12月24日—27日 地委专署召开全区第一次社会主义建设先进单位和先进个人代表大会。大会选出文教卫战线先进集体56个、先进个人144人。

1960年

2月20日 省委在汉寿县召开中学政治工作现场会。省委宣传部部长徐天贵作《高举毛泽东思想红旗，为学校工作全面跃进，全面提高教育质量而努力》的报告，省教育厅厅长王乐天作《树雄心，立大志，为加速提高教育质量而奋斗》的报告。地委宣传部作《深入贯彻党的教育方针，全面提高教育质量》的汇报，中共汉寿县委作《我们是怎样领导教育工作的》情况介绍，汉寿一中党支部介绍了《加强党的领导，全面提高教育质量》的经验作法，还印发了常德市一中党支部等5所学校党组织书面发言材料。

2月 根据中央和省委指示精神，地委决定成立“中共常德地委业余教育委员会”。

3月下旬 地委在常德市召开大办中专、大专职工教育现场会。

3月 团地委号召全区青少年向刘文学学习，全区中、小学校广泛开展“学习刘文学，做毛主席的好孩子”的活动。

5月7日 地委批转常德专区教学改革委员会《关于常德市全日制中、小学校教学改革计划（草案）》。

5月 省委召开教育、卫生、文化、体育和新闻方面的社会主义建设先进单位和先进工作者代表大会。常德地区教育系统出席大会的先进单位有：常德市第一中学、常德市青阳阁幼儿园、常德县河伏完小、常德县农业中学、益阳市第一中学、益阳师范附小、益阳县第一中学、益阳新桥河完小、益阳县函授师范学校、津市干部业余学校、汉寿县第一中学、桃源县漳江完小、安乡县城东小学、澧县第一中学、南县明山联校、石门县城关完小、安化县梅城完小、安化县农校、桃江县第一中学、桃江县大桥塘农业中学、桃江县宝山完小、华容县第一中学、华容县城关完小、常德专区函授学校。

6月1日—11日 全国文教群英大会召开。大会授予桃源师范学校、常德市第一中学、澧县第一中学、常德师专函授部、常德市青阳阁幼儿园、澧县白衣乡天门村农民教育、石门县二都乡南台村为扫盲教育“全国先进单位”。

6月18日 地委批转地委文教小组《关于大力推广注音识字、突击扫除剩余文盲的情况和今后的意见的报告》。

下半年 根据教育部“大办民兵师是教育、训练青年的一种很好的形式”指示，全区中等以上学校进一步加强对民兵工作的领导。地直大中专学校和各县市第一中学大都建立了“民兵团”或“民兵营”，在重点学校配备武器，建立武装基干民兵组织。

10 月 16 日 地委批转专区教学改革委员会《关于当前教学改革的情况和今后意见向地委的报告》，报告提出：全日制中小学分三类分期分批向新学制过渡。第一类，可实验 10 年制新学制，把程度提高到现有大学一年级的水平。第二类，可以实验 10 年制，要求能够学完现行 12 年制的课程。第三类，则仍然实行现行的 12 年制。

12 月 5 日 地委宣传部发出《关于认真贯彻劳逸结合，大抓师生生活，促进师生健康的几点意见》。要求学校要抓好师生生活，加强伙食管理，大种蔬菜，大搞代食品，大养家禽家畜，使师生吃饱、吃好。坚持有劳有逸，切实关心师生健康。

1961 年

1 月 9 日—15 日 地委召开全区文教工作会议，总结三年大跃进的工作，贯彻执行以农业为基础和“调整、巩固、充实、提高”的八字方针。

1 月 15 日 专署发出《关于益阳市第三中学大治疾病，保护师生健康的通报》。《通报》指出：益阳市三中党支部对全校师生进行全面的疾病调查摸底，发现有 170 多人患有不同程度的水肿、肝炎等疾病，学校采取集中与分散治疗相结合的办法，病人恢复健康。

2 月 22 日 地委批转地委文教战线小组《关于从各级学校中抽调 22 万学生加强农业生产第一线的报告》，批示各县、市按照报告中的原则精神贯彻执行。3 月 20 日基本结束，全区抽调学生 24 万多人参加农业生产。

3 月 15 日 针对少数学校仅有 40%~50%学生到校学习的情况， 地委发出《关于迅速组织中小学学生入学的通知》。要求各县市委、公社党委、大队支部层层部署，采取措施，尽力帮助学生解决粮食、学费等具体问题，发动组织应该入学的学生及时入学。

6 月 29 日 地委文教战线小组发出《关于压缩在校学生、教职员工、医务人员、演员的意见》。

是月 专署决定停办石门师范、津市幼儿师范学校。

是年 专署文教科在关于《贯彻执行调整、巩固、充实、提高的八字方针的总结》中指出，全区压缩中师 2 所、中专 3 所，初级技校 17 所，暂时停办中学 34 所（其中放假 1 年的 12 所）。共动员师生约 10 万人开赴农业第一线。其中教师 769 人，中小学超龄生 14404 人，毕业生 5 万多人，其他约 3.5 万人；还将农业中学生全部改为四八制，计学生 8006 人，农村初中及附中 8 所改为半日制，计学生 1512 人。

1962 年

2 月 14 日 专署任命肖宗荣为专署文教科科长。

4 月—8 月 全区教育系统教职员工精简下放。4 月，地委分给教育系统精简任务 4384 人，占教职工总数的 15%，实际全区各级各类学校共精减教职工 6077 人。因精简过度，受到省人民委员会的批评。

6月 常德专区行政区范围重新调整。将益阳、沅江、桃江、南县、安化5县与益阳市划归益阳专区；华容划归岳阳专区；保留安乡、汉寿、澧县、常德、临澧、桃源、石门、慈利及常德市、津市市共10个县（市）。

8月20日 专署发出《关于1962年下学期全日制中、小学增收学杂费标准的通知》。《通知》规定，1962年下学期全日制中、小学的学杂费在省教育厅原规定收费标准之外，一律增收学杂费1元，以弥补工资缺额、民办公助专款和公办学校重点修缮费。

9月18日 专署批复：同意将常德女子中学改名为常德市第七中学。

1963年

3月 组织全区中、小学校以校为单位学习贯彻中共中央3月20日颁发的《全日制小学暂行工作条例（草案）》和《全日制中学暂行工作条例（草案）》。

3月—5月 全区各级各类学校普遍开展"学雷锋"活动和访贫问苦、忆苦思甜活动。向学生进行阶级和阶级斗争教育。掀起"学雷锋"、"创三好"的热潮。

9月29日 专署办公室发出《关于安乡县小学教师体罚或变相体罚学生通报》。

是年 调整教职工工资。

1964年

1月14日 省人民委员会批复《常德专员公署关于现有盲聋哑学校恢复招收附近县（市）和农村盲聋哑儿童入学问题的报告》，同意常德专区1964年招生30名，其中常德市15名、津市市15名。

1月27日 专署文教科向地委、省教育厅呈送《关于我区挪用教育经费，占用中小学校舍及教师编制情况》的报告，报告指出，全区不少县市挪用教育经费、占用校舍及教师编制的情况相当普遍而严重。1962—1963年，安乡等7个县市共占用教育经费28.24万元；汉寿等7个县市占用校舍215处，共37086平方米；全区10个县市共占用教师编制102人。为迅速制止这种现象，专署将桃源县三汉港公社占用校舍的严重情况通报全区，责成三汉港公社作出检查，并将占用的8间教学用房于8月底以前退还学校。

3月19日 地委派工作队到常德市一中开展社会主义教育运动的试点工作。

6月3日 专署发出《关于民办教育几个问题的批复》。批复指出：大力发展民办教育是贯彻中央关于教育事业两条腿走路方针的积极措施，其资金来源，除按照"谁读书，谁拿钱"的原则解决一部分外，还可以从以下几个方面酌情解决：（1）国家补助，根据1960年补助标准，按教职工数，中学每人全年补助120元；小学每人全年补助60元。（2）从国营企业、机关团体的福利费中提取一部分。（3）企业奖金中提取5%用于福利，再从福利费中提一分用于民办教育。

6月29日 专署根据省教育厅意见，同意将常德师专停办，改为常德教师进修学校，负责常德、益阳两个专区的初中教师进修任务。

7月19日 专署转发教育部《关于1964—1965年度五年一贯制小学教学改革实验工作的几点意见》，除原有桃师附小、常师附小、津市二完小、澧县城关完小等4所学校继续进行实验以外，还在慈利、安乡、汉寿、临澧、常德、石门6个县各新增1所县镇完全小学作为五年制实验学校。

暑假 各县、市召开中小学教师学习会，传达贯彻中央和省委有关文件精神，对教师进行阶级斗争形势教育，联系学校实际揭阶级斗争的盖子。部分教师受到错误清查和处理。

10月 地委批转地委业余教育委员会《关于开展半工半读，半耕半读教育试点工作向地委的报告》。专署成立耕读办公室。

下半年 根据毛泽东主席指示精神，全区各级各类学校掀起了向解放军学习的热潮，学习解放军“三八作风”“四个第一”“三大民主”“四好运动”的经验，并请解放军指战员到学校作报告。

是年 全区国拨教育经费934.83万元，地方财力补助25.2万元。

1965年

3月7日 全区各县、市相继成立耕读办公室，积极创办耕读中、小学校。到年底，全区农业中学发展到185所，在校学生104055人，教职工513人；半工半读中等技术学校18所，在校学生：初中474人，高中1716人；半耕半读小学教学点3837处，在校学生124215人，教职工3740人。

5月30日 专署发出《关于培训半耕半读农业中学和民办小学师资的通知》，委托常德教师进修学校培训农业中学教师150名，常德师范学校培训民办小学教师200名，桃源师范学校培训民办小学教师300名。培训时间3个月。

6月4日—7日 专署文教科、体委、团地委在常德市举办全区中学生田径运动会。

暑假 各县市组织中小学教师政治学习。

8月6日 省人民委员会批复，同意常德师范专科学校复办为半农半读师范专科学校，学制3年，规模400人。秋季招生200人。

8月16日 专署发出《关于同意划拨给常德师范专科学校生产基地及公路基地的批复》，同意常德师专与临澧县、石门县人民委员会的协议书，在太浮山划拨水平面土地373.5万平方米（其中临澧213.4万平方米、石门160.1万平方米）给常德师专。

1966年

5月7日 毛泽东主席发表《五七指示》。全区各级各类学校认真学习和贯彻执行《五七指示》精神。

5 月 16 日 中共中央发出《中国共产党中央委员会通知》。6 月 1 日《人民日报》发表“横扫一切牛鬼蛇神”的社论。“文化大革命”运动迅速席卷全区。地委派工作组进驻地直大、中专学校和常德市第一中学（7 月底工作组撤走），发动“文化大革命”。一些名老教师、党政领导和党团骨干被打成“走资派”“反动权威”“牛鬼蛇神”“黑鬼”，受到批斗。

7 月 根据中共中央、国务院批转教育部党组《关于改革高级中学招生办法的请示报告》和教育部《中小学招生、考试、毕业等问题的通知》文件精神，全区城乡中、小学各年级的学期考试，凡是没有举行的，一律不再举行；城市中小学毕业考试一律不举行，改由师生民主评定。

8—11 月 大、中学校部分红卫兵和教师，乘车和步行到北京或全国各地进行“大串联”，特别是 9 月 5 日中共中央发出大、中学生和教师“来京参观免费乘坐火车”“生活补助费和交通费由国家财政中开支”的规定后，全区出现“大串联”高潮。学校党政机关瘫痪，日常教学工作停顿。

是年 全国普通大中专校停止招生，学生在校参加“文化大革命”。

是年 全市有普通高校 2 所，学生 294 人。普通中专 4 所，学生 2030 人；半耕（工）半读中等技术学校 23 所，学生 1875 人。普通中学 82 所（其中完中 16 所），初中学生 36348 人，高中学生 5923 人；农业中学（初中）227 所，学生 21540 人。全日制小学 5257 所学生 614289 人；耕读小学教学点 2517 个，学生 108192 万人。盲聋哑小学 1 所，学生 27 人。幼儿园 49 所，在园幼儿 4761 人。业余初等中等教育，在校学员 235.52 万人，其中国家干部 20467 人、工人 22073 人、农民 231.27 万人。

1967 年

1 月 继上海“一月风暴”之后，全区各级各类学校进一步掀起批判资产阶级反动路线的热潮，解放军进驻地直大、中专学校和各县市第一中学。红卫兵组织分成对立两大派，成立各种形式的“造反”战团，占领学校办公室、会议室为据点，抄查“黑材料”，抢走图书和文件档案，揪斗“走资派”。各级各类学校党政机构被夺权或改组。

10 月 17 日 中共中央、国务院、中央军委、中央文革小组发出《关于按照系统实行革命大联合的通知》，全区各类学校两派群众组织开始搞“革命大联合”“革命三结合”，产生由干部、教员、工人、学生代表组成“学校革命委员会筹备小组”，负责维持学校工作。

12 月 全区各小学成立“红小兵”组织。

1968 年

5 月 3 日 地革委印发《关于常德地区复课闹革命的简况汇报》。汇报认为全区中小学复课闹革命的情况小学比中学好，专业学校比普通中学好，农村中学比城镇中学好，普通中学比农业中学好。

9月6日—10日 地革委政治工作组召开全区中、小学复课闹革命座谈会。10日，地革委批转《关于中、小学复课闹革命座谈会纪要》。

9月26日 成立地革委文卫组。黄光其（军方代表）任组长，曹华敏（军方代表）、沈亚任副组长。

9月 全区各级各类学校普遍复课。

是月 工人农民毛泽东思想宣传队相继进驻各级各类学校，进行斗、批、改，开展教育革命和清理阶级队伍的工作，实行工人阶级领导学校。

10月 地区和常德市在常德师范专科学校举办常德市区域大、中学校毛泽东思想学习班。17所大、中学校的教职员607人参加，时间一个半月，主要内容是深入发动群众深挖“阶级敌人”。

12月 桃源师范学校大部分教职员下放桃源农村锻炼，只留11人守校。该校校舍一部分及附属小学全部面积31亩，被桃源县革委会划给桃源县一中，桃源县一中原校舍包括108亩校园以27万元卖给桃源棉纺厂做生活区。

是年 常德医学专科学校96名学生毕业后，学校正式撤销。

1969年

1月5日—9日 地革委在慈利县宜冲桥公社召开全区教育革命经验交流会。各县市革委会分管教育的常委，文卫组负责人，工代会、农代会和基层贫下中农代表，以及农村教育革命先进社队学校的负责人，共150余人参加会议。

1月27日 地革委发出《关于成立常德共产主义劳动大学的通知》，决定将常德师专、常德农校、省供销合作干校合并为“常德共产主义劳动大学”。该校成立后，仅办一期短训班后即撤销，恢复各学校原来称谓。

是月 学习江西“撤庙赶和尚”经验。地直七所大、中专学校被砍；部分中、小学校被撤销。全区6392名中小学教师下放农村劳动。后公办学校和教育事业单位陆续恢复，下放的教师陆续调回学校。但城镇的民办中、小学均未恢复。

2月 各级各类学校实行工人、贫下中农对口管理。工厂（街道）与学校合一，公社与公社中学合一，大队与大队小学合一。学校革委会主任由工厂（街道）革委会主任或副主任兼任。农村由贫下中农“掺沙子”进入学校领导班子管理学校。全区各公社、各大队大力兴办高中、初中。年底，全区完全中学增至100所，初中学校增至615所。

3月8日 地革委转发地革委政工组关于《全区教育革命工作会议纪要》，纪要提出了1969年的主要工作任务：（1）巩固工人阶级、贫下中农在教育领域中的领导权。（2）认真贯彻毛主席的“五七指示”、进一步掀起教学改革的新高潮。（3）确实抓好教育事业发展规划。（4）农村小学下放到大队办。（5）加强教师队伍建设。（6）加强学校政治思想教育工作。

3 月 全地区改秋季招生为春季招生。小学学制由 6 年改为 5 年；中学学制由 6 年改为 4 年，即初高中各 2 年。

4 月 18 日 地革委发出《关于举办全区高中教师训练班的通知》。通知决定在常德共产主义劳动大学举办全区高中教师训练班。培训文科和理科教师共 304 人，时间 3 个月。

8 月 3 日—7 日 地革委政工组召开全区城镇中小学教育革命工作会议。会上地革委主任、常德军分区司令员景林作形势报告，地革委文教组负责人徐德友传达省革委地方中小学教育革命现场经验交流会会议精神。

10 月 各级各类学校掀起学习忠诚党的教育事业的钢铁战士艾祖信的活动。《人民日报》《湖南日报》专题报道艾祖信的事迹。省地教育行政部门在艾祖信所在的汉寿县石板滩中学办点，省出版社编写艾祖信的教育革命经验。艾祖信于 1984 年自杀。

1970 年

1 月—11 月 根据地革委的统一部署，各级各类学校开展“一打三反”（打击现行反革命破坏活动，反对贪污盗窃、投机倒把、铺张浪费）运动，批判“读书无用论”“劳动惩罚论”“劳动镀金论”等。全区被揪斗的中、小学教师 3213 人，其中定案 404 人。

6 月 5 日 省革委发出《关于大专、中专招生问题的通知》。决定 8 月招收大、中专新生，9 月 1 日开学。全区从现职工人、下乡及回乡知识青年、复员退伍军人、民办教师、赤脚医生中共招收大、中专生 1148 名，其中常德师专 158 名，常德卫校 400 名，常德农校 486 名。

12 月 10 日 根据中共中央通知精神，常德市区城内的大、中学校利用寒假或暑假分期分批进行野营拉练，野营拉练实行军事建制。

是年 各级各类学校积极开展学工、学农，学军活动，城市学校普遍办五七工厂，农村学校普遍办农场。

是年 各级各类学校响应毛泽东主席“深挖洞，广积粮，不称霸”的号召，积极参加战备劳动，城镇学校在校园内因地制宜修建防空洞。

是年 撤销地革委文卫组，成立常德地区革命委员会政工组文教组，徐德友任组长，曹华敖任副组长。

1971 年

3 月 26 日 常德师范学校为常德市举办校医培训班，共 20 人。10 月 6 日分配到常德市各中学任校医。

3 月 遵照省革委会指示，常德师范和桃源师范学校恢复。招收工农兵学员 1000 名

（各校500名），学制一年。

8月13日 中共中央批转《全国教育工作会议纪要》。全区教育战线学习纪要。纪要提出的“两个估计”后成为广大教师乃至广大知识分子的沉重精神枷锁。

9月23日 地革委政工组发出《关于成立常德地区教育革命领导小组的通知》。领导小组由傅勇任组长，刘佳时、杨汇泉任副组长。

9月27日 地革委教育组和文化组合并为文教组，彭展任组长，曹华敖、周文和任副组长。

9月 根据地革委指示，全区中、小学校开始恢复团的组织，中学成立团委会、小学以联校为单位成立团总支或团支部。

11月26日 省革委会政治工作组发出通知，决定撤销衡阳、常德、邵阳三个教学仪器供应管理站。由各地、市教育部门管理教学仪器。

12月29日—1972年1月7日 地革委和常德军分区共同举办全区青少年篮球运动会。

1972年

1月15日 地革委发出《关于常德农校1972年招生的通知》。通知决定常德农校1972年招生650名，实行教育、科研、生产三结合；劳模、学员、教师三结合。

2月 全区各级各类学校开展“批林整风”运动。

3月 恢复常德地区函授教学辅导站，配备13名函授教师。各县、市陆续恢复函授教学辅导站。

3—4月 外地14所高等院校在常德地区招收工农兵学员80名，其中出身工人、贫下中农的占82.5%，党团员占91.2%，相当高中文化的31人，相当初中文化的49人，此外，常德师专招生197人。

5月22日—27日 地革委、常德市革委在常德市召开地直、市群众办学经验交流会议。要求进一步落实毛主席教育革命的指示和《全国教育工作会议纪要》。传达贯彻全省群众办学经验，确定全区群众办学的发展规划，要求厂矿、农场、街道、企业事业单位在1000人以上的要单独办学，1000人以下可以联合办学。

6月15日 地革委发出《关于1972年中等师范学校招生的通知》，决定1972年常德师范学校招收新生600名。另常德卫校招收新生443名。

11月12日—12月10日 地革委政治部教育组，地区体委联合举办全区中、小学生田径运动会通讯赛。

是年 地革委教育组在常德市一中举办教育革命成果展览，每个县市各办1—2个展览室，展出各自的教育革命成果，各县、市和地直各条战线分期分批组织参观。

是年 成立常德地区革命委员会政治部教育组，彭展任组长，曹华敖任副组长。

1973 年

1 月 13 日—17 日 地革委政治部在安乡县召开全区教育革命经验交流会。部署地区第四个五年计划期间教育事业的发展规划 (草案) 和 1973 年的工作任务。

5 月 16 日 成立中共常德地委招生工作领导小组。

6 月 6 日 根据省教育局通知，全省中小学从 1974 年起由春季始业改为秋季始业。更改后，常德地区普通中小学校各年级在校学生均延长半年毕业。

6 月 地区根据国务院批转的《关于高等学校 1973 年招生工作的意见》，对两年前开始实行的推荐和选拔工农兵上大学的规定进行了修订，增加了文化考试的内容。文化考试由地区命题，县（市）负责组考。招生对象限于知青、青年农民、解放军等在“三大革命运动”中有两年以上实践经验的工农兵。

是月 地委决定恢复地区扫盲办公室，由地委宣传部副部长周歧贵兼任主任，各县市相继恢复扫盲业余教育机构。

8 月 3 日—13 日 湖南省青少年业余体校乒乓球赛委托常德地区在津市市举办。14 个地、市、州的青少年业余体校乒乓球代表队参加比赛。

8 月 《人民日报》转载《辽宁日报》的《一份发人深省的答卷》，抛出白卷英雄张铁生。全区教育战线学习。

是月 全区学校开展批判湘剧《园丁之歌》的运动。

9 月 9 日—14 日 全区业余教育现场经验交流会在澧县白衣公社召开。澧县白衣公社、临澧烽火公社、常德县港二口公社、桃源九溪公社土金大队、汉寿周文庙公社曹坪大队，石门县阳坪公社中坪大队，常德市护城公社燎原大队、津市镇电子管厂、常德纺织机械厂、浦沅机械厂等业余教育先进单位受到表彰。

9 月 20 日 地委发出《关于调整地直机关部分机构的通知》。决定撤销地革委政治部教育组、文化组、成立地革委文教局，肖宗荣任局长。

10 月 全区学校开展进一步“批林整风”运动，后延伸到批判孔子。

12 月 全区学校学习“朝农（辽宁省朝阳农学院）经验”，大搞开门办学。

是年 全区共招收大、中专学生 1408 人。

1974 年

1 月 8 日 地革委文教局和地区体委联合发文，强调加强学校体育工作，要求落实两课两操两活动，学生体育锻炼每天不少于 1 小时。

1 月 31 日 中共中央发出《河南省唐河县马振扶公社中学情况简报》。随即全国出现反击修正主义教育路线“回潮”的运动。常德地区各级各类学校组织实施检查。揭露所谓修正主义“回潮”“复辟”事件。地区派工作组在常德县二中办点。

1月 全区各级各类学习掀起批判“师道尊严”“横扫资产阶级复辟势力”“批判修正主义教育路线回潮”浪潮。许多教师被迫作检查、受批判。一些学校出现混乱局面。

6月26日 常德地区第一批5名援藏教师赴西藏协助工作：常德师范杨云芳、常德县高业忠、澧县熊绍斌、桃源县舒亮、汉寿县蔡德元。时间2年。

12月29日—1975年1月3日 地委召开全区教育革命经验交流会议。

是年 截至年底，全区有校办工厂180个，校办农场3091个，学农基地864公顷。全年学校勤工俭学收入102.71万元。

是年 全区教育经费1947.5万元。

1975年

1月19日 地革委发出《关于常德农校1975年招生的通知》，决定常德农校1975年春招收社来社去学员200名，招生对象主要是大队、生产队干部、四级农科网农民技术员，兽医站在职兽医及社队林场职工。

1月20日—2月3日 常德市教育局利用寒假组织全市1058名教师编成117个小分队下到常德地区四个县开展社会调查。

2月24日 地革委文教局和地区体委联合举办第三届全国运动会少年项目常德地区运动员选拔赛。

5月22日—26日 地革委文教局在临澧县珠日公社雨台学校召开全区小学教育座谈会，学习辽宁省朝阳农学院的教育革命经验，研究小学教育革命问题。

6月10日 地革委文教局向地委报告：鉴于局机关用房非常紧张，申请搬出地委机关，在常德市劳动街新建用房。新建用房于1977年底竣工。

6月下旬 地委宣传部、地革委农村办联合在临澧县召开全区农村业余教育工作会议，贯彻落实中央1975年四号文件关于“大力发展七二一工人大学，五七学校和工农业余教育”的指示。是年，浦沅工程机械厂创办全区第一所七二一工人大学；全区五七学校发展到14所，在校学生1745人，教职工140人。

7月 地委宣传部召开全区七二一工人大学工作会议，地委宣传部部长杨杰传达全省七二一工人大学教育革命经验交流会精神和地委对发展七二一大学的意见。是年，全区七二一大学发展到6所，在校学生169人，教职工24人。

9月 全国中学生分区排球赛在常德市举行。常德市一中获男子组第三名和女子乙组第一名。

10月12日—15日 地委宣传部召开全区工宣队经验交流会，会议主要总结交流工宣队参与领导文艺、教育、卫生革命的经验。

10月24日 省计委、省教育局联合发文，同意开办常德纺织机械厂技工学校。

10月31日 省革委批复同意地革委“常德师专在临澧县陈二公社创办分校”的报

告。征用400多亩山地为常德师专创办分校之用。

11月28日 地革委发文，决定新办湖南省农学院常德分院，校址设在常德县蔡家岗公社杉木岗，并成立分院筹备小组，詹顺初任组长。

是年 全区勤工俭学总收入256.7万元。其中校办工厂568个，纯收入35.9万元；校办农场4860个，共有学农基地3240公顷，纯收入114.9万元；其他收入106万元。

1976年

3月 全区普通中学普遍办专业班和短训班。3月下旬开始，由地革委文教局组织，采取地、县结合，以县、市为主的办法，编写一批农村五七学校以及普通中学专业班和短训班所用的专业教材。6月底修改定稿。

5月28日—31日 地革委文教局在澧县澧西公社艳洲学校召开全区“三算”结合教学和汉语拼音基本式教学座谈会。

7月 根据教育部和省教育局通知精神，选调安乡县潘能均、临澧县胡忠谦、石门县刘玉然、慈利县刘良元、桃源县舒亮（系第一批留藏）等6名教师援藏。

9月26日—29日 地委宣传部、地革委农村办召开全区五七大学教育经验交流会。

10月24日—11月4日 湖南省中小学教育革命会议在常德地区召开。中共常德县蔡家岗委员会、中共汉寿县石板滩中学总支委会、中共临澧县珠日公社雨台大队支委会等介绍教育革命经验。中共湖南省委宣传部部长王敬、省教育局副局长朱林森出席会议。

是年 全地区七二一大学发展到106所，在校学生5076人，教职工401人，兼职教师978人；五七大学（课程主要是农业中等技术类）发展到103所，在校学生11790人，教职工554人，兼职教师710人。各级业余教育学校347所，在校学生19716人，教职工339人，兼职教师1817人。

是年 常德地区有普通高校3所，学生699人；普通中专中技学校6所，学生2752人；普通中学2388所（其中完全中学521所），学生393778人（其中高中学生98762人）；小学3592所，学生927982人，入学率为98.6%；在园幼儿134856人。教职工人数大中专学校647人，中小学51573人，幼儿园27452人。

是年 全区学校勤工俭学收入401万元，其中校办工厂728个，收入45.96万元；校办农场5139个，面积9.7万亩，收入218.1万元；其他勤工俭学收入137万元。

是年 常德地区教育经费2056.7万元。

1977年

3月 各级各类学校开展中断了十年之久的学雷锋活动。

7月4日—18日 地革委文教局组织全区扫盲业余教育大检查。

7月 地革委文教局召开全区首届电化教学汇映经验交流会。

是月 经省革委批准，创办常德地区农业机械化学校。学校隶属常德地区农业机械管理局领导。

11月7日 地革委发出通知，决定成立常德地区招生委员会。

11月 全区教育战线掀起了批判“两个估计”的热潮。

11月21日—12月4日 全区各级各类学校“文化大革命”中进驻的工宣队全部撤出。

12月17日—19日 全国恢复高考制度后湖南省统一考试。考试分文理两类，省命题，县市（有的区、公社）设考场，地区阅卷。常德地区84877人报名，其中大学46445人；实际参考77119人，其中大学43240人。录取2730人，其中本科883人，大专437人，中专1410人。1978年高考全国统一命题考试。

1978年

5月 撤销“常德地区革命委员会教育革命领导小组”和下设的“教育革命办公室”，分别更名为“常德地区革命委员会文教局”和“文教局教学研究室”。同年，撤销“地革委扫盲业余教育办公室”和“七二一工人大学办公室”，在文教局下设“工农教育科”；恢复函授教育工作，由地区教师进修学校代管；安乡、津市开始创办教师进修学校。

8月9日 省教育局在桃源县召开全省中师教育座谈会，明确中师培养目标是“又红又专的小学师资”，在管理体制上，县办师范学校实行地、县双层领导，以地区为主。

10月 中共常德地委、地革委召开“文化大革命”后全区第一次教育战线先进单位和先进个人代表大会，对17个“教育革命红旗单位”和44名“模范教师”“模范班主任”“模范教育工作者”进行表彰。会议部署了平反冤假错案、落实知识分子政策工作。同时要求对教师队伍进行整顿、调整。并决定中学教师收归县以上教育行政部门管理，中小学实现党支部领导下的校长负责制，师范院校毕业生全部分配到学校任教，严禁抽调中小学教师改行做其他工作。

是年 中学学制改为5年（从秋季入学的新生开始，初中三年、高中二年），使用全国通用的第五套教材；原在校学生学制仍为4年，使用省编教材（1981年起，高中学制由2年向3年过渡，1983年高中学制全部恢复为3年）。

是年 常德地区文教局确定安乡县一中、常德县一中、桃源县一中、石门县一中、慈利县一中、常德市六中、津市市一中7所中学为地、县办重点中学。

1979年

2月 原常德市（现武陵区）在市四中创办常德基础大学，招收一个纺织专业班。

3月 常德地区成立工农教育委员会。

4月5日 地革委文教局、团地委、地总工会、地妇联联合下发《关于进一步加快我区扫盲步伐的几点意见》，要求全区青少年无盲率达到90%。

6 月 10—14 日 地革委文教局召开全区中小学思想政治工作会议，传达贯彻全国中小学思想政治教育工作座谈会和全省学校思想政治工作会议精神，着重讨论中小学思想政治工作如何加强“四项基本原则”教育的问题。

7 月 18 日 地革委文教局下发《关于进一步做好普及小学五年教育工作的意见》。

是月 广播电视大学常德地区工作站成立，归口文教局管理。两个专业首次招生 512 人（1984 年 10 月改为湖南省广播电视大学常德分校）。

8 月 常德市（今武陵区）三中停办高中部，基础大学迁至三中（1985 年基础大学收归常德地区管理）。

11 月 30 日 地革委常委听取桃江会议精神汇报，研究全区农村教育问题，决定从本年起，农业附加税的 25%如数拨给教育部门使用；各部门抽调的教师一律退回；寒暑假不得安排教师搞支农劳动；不准占用教师升级指标。

是年 湖南拖拉机制造厂技工学校（1957 年创办）改名为湖南省机械工业厅津市技工学校；常德农业机械化学校在西洞庭农场创办（后迁常德市区，更名为常德机电工程学校）；常德教育学院由文教局和师专双重领导改为由文教局直接领导。

是年 重新试行《中学生守则》，中小学开展“学雷锋，树新风”“创三好”及“五讲四美三热爱”活动。

是年统计 全区教育系统历次政治运动被清洗出队的教师共有 3843 人，其中反右中被划为右派的 1247 人，“反右倾”中被处理的 28 人，社教中被处理的 421 人，“文化大革命”中被处理的 1186 人，其他 961 人。到当年止，已复查 3400 人，收回安置 2578 人，其中右派 1209 人，“反右倾”中被处理的 14 人，社教中被处理的 277 人，“文化大革命”中被处理的 974 人，其他 104 人。

1980 年

4 月 中共常德地革委批转地革委文教局党组《关于以普及小学五年教育为重点，切实抓好农村教育的意见》，着手普及小学教育，调整教育事业发展计划。

4 月 22 日 撤销常德地区文教局，成立常德地区教育局。下设办公室、政工科、教育科、计财科、工农教育科。

是年 桃源师范、常德师范收归常德地区管理。

1981 年

1 月 20-28 日 全省中学生“三好杯”排球选拔赛在原常德市（今武陵区）举行。13 个地、市 100 多名运动员参加比赛。

5 月 26 日 常德地委、行政公署在桃源县三阳区召开群众办学现场会，要求各地发动群众投工投料，筹集资金；并要求公社、大队从企业收入、公积金、公益金中提取适当比例用于改善办学条件。

11 月 中央纪律检查委员会常务委员帅孟奇到汉寿一中、毓德铺中学视察，并向毓德铺中学捐款 5000 元。

是年起 小学由五年制向六年制过渡。

是年 地区教育局通过对全区中学公办教师进行文化考核，调整 517 名高中教师和 1667 名初中教师分别充实到相应的下一级学校任教，同时开展对中学教师的培训。

是年 全区基本完成扫除青少年和青壮年文盲任务，成人教育开始转向系统的文化与技术教育。地区教育局印发《常德地区农民业余小学办学章程（试行稿）》《常德地区工农教育专职干部工作职责（修订稿）》。

1982 年

1 月 常德行政公署成立职工教育管理委员会，下设办公室，归口地区教育局领导，开展职工文化补课教育。

1983 年

3 月 中共常德地委、行署发出《关于改革和加强农村教育若干问题的意见》，分县市提出普及初等教育的具体要求。普及标准为：学龄儿童入学率 98%，巩固率达 95%，毕业生合格率达 80%以上。

4 月 石门县罗坪乡蛟蛇溪小学教师覃申媛被授予全国“五讲四美为人师表”先进个人、全国优秀教师称号。湖南省委、省政府发出《关于开展向覃申媛同志学习活动的决定》。

9 月 常德地区教育局更名为地区行政公署教育处。

是年 全区职业技术教育有较大发展，有 11 所普通高中改办为职业高中，普通高中附设职业班 6 个，招收职中学生 1165 人。

是年 为掌握教师教学状况，从上年秋季起，全区通过对中小学教师进行文化专业考试、听课评课、检查教案作业以及调查走访等方式，对 2346 名高中教师、11523 名初中教师和 33748 名小学教师的教学能力进行分类。胜任和基本胜任教学的高中、初中、小学教师分别为 78.14%、69.51%和 68.2%，教学有困难或不能胜任教学的教师分别为 21.86%、30.49%和 31.8%。

是年统计 全区四个时期（指反右、“反右倾”、社教和“文化大革命”）共处理 3895 人，到该年已复查 3851 人，占 99%。其中出队 3178 人，已收回安排工作 2191 人。作退职退休安排 238 人，死亡抚恤 553 人。其他时间处理的 1855 人，已复查 1664 人，占 90%。其中已收回安排工作的 499 人，作退职退休安排的 219 人，死亡抚恤 146 人。至此，落实教师队伍政策的工作基本告一段落。

1984 年

2 月 行署教育处复名为地区教育局，地区职工教育办公室从教育局划出成为独立处级单位。

2 月—6 月 全区各类学校全面开展“五定”工作（定事业发展规划、定学校布局、定学校规模、定学校建设总体规划和平面布置、定学校建设步骤）。

6 月 常德地区教育局设立勤工俭学管理站。

7 月 成立常德地区高等教育自学考试指导委员会。

9 月 25—28 日 地委、行署在澧县召开全区教育工作会议，地委书记陈彰嘉、专员汪啸风到会讲话。会议提出到 1986 年全区普及初等教育，同时推行办学体制改革，实行地、县、乡、村四级办学，地县乡三级管理；改革中等教育结构，发展中等职业教育；合理调整中小学布局，大力改善办学条件。会后地委、行署下发《关于加强和改革教育工作的决定》。

12 月 5—18 日 受省人民政府委托，地区教育局组成 7 个验收分团 50 个小组，对澧县、临澧县、桃源县、慈利县、常德市（今武陵区）、津市和西洞庭农场普及初等教育进行检查验收，共抽查 476 所学校，全部合格。验收结果报省核查后，由省政府给各县市（场）颁发“普及初等教育合格证书”。

是年 经省政府批准，开始筹建津市师范学校（1988 年开始招生，1999 年停办）。

1985 年

4 月 16—19 日 省教育厅在石门县召开全省中小学勤工俭学现场经验交流会，要求年内全省 95%以上的中小学都要开展勤工俭学，省教育厅副厅长刘欣森与会。

8 月 全省第二届中学生田径运动会在桃源一中举行，374 名运动员参加比赛。

10 月 全国人大义务教育赴湘调查组在国家教委基教司副司长陈德珍带领下到常德视察，听取地委行署关于制订九年义务教育实施规划的情况汇报，并实地考察桃源县、常德市（今武陵区）、慈利县及常德师专，对常德的“普九”准备工作进行指导，并充分肯定常德的基础教育。

11 月 15 日 行署发文撤销地区教育局、职工教育办公室和行署办公室文教组，成立常德地区教育委员会，下设秘书科、人事科、普教科、计财科、职教科、师训科、成教科。行署副专员曾繁友兼任地区教委主任。

11 月下旬—12 月初 地区教委共抽调 163 人组成普及初等教育验收复查团，对常德县、汉寿县、安乡县、石门县及西湖、贺家山、东山峰三个农场进行验收，对 1984 年已验收的 7 个县（市）进行复查。除贺家山未能通过（1986 年验收合格）外，其余全部基本合格。

12月16日 地委、行署下发《关于普及九年制义务教育的实施意见》和《关于发展中等职业技术教育的实施意见》，要求全区1995年基本实现九年制义务教育，1990年职高招生人数达到高中阶段招生人数的50%。

是年 地区教委制订下发《全区教育事业1986—2000年发展规划》。

1986年

1月11—13日 地委、行署在桃源县召开分管教育的县（市）长、教委主任会议，地委副书记庞道沐、行署副专员曾繁友与会，部署“普九”及发展职业教育问题。

6月 为贯彻《中共中央关于教育体制改革的决定》，地教委制订《“七五”期间改革教育思想、教育内容和教育方法的指导意见》。

10月28—11月1日 全省第三次中心小学建设经验交流会在常德召开，会议研究了中心小学规范化建设问题，讨论修改《湖南省中心小学建设条例》。

是年 为巩固提高普及初等教育成果，地区教委重点抓了中心小学建设，年初组织人员赴黔阳、武冈学习取经；8月在澧县举办中心小学校长培训班；9月制定下发《合格中心小学标准》及《合格中心小学验收评分细则》。全区319个乡镇该年投资1849万元建设中心小学，扩充校园面积3838亩，322所中心小学达到“一无两有”（无危房、有教室、有课桌凳）标准。27所被授予合格中心小学匾牌。

1987年

3月 省政府在桃源县召开全省农村职业技术教育工作会，副省长王向天主持会议，推广卫生部门面向农村兴办职业技术教育的经验，强调发展职业技术教育要坚持以业务部门为主、面向农村、不包分配、联合办学。

是月 地教委下发《关于严肃纪律，进一步端正办学思想的若干意见》，并召开县（市）教委主任、重点中学校长会议研讨贯彻办法。

6月3–5日 地委、行署召开全区教育工作会议，重点研究职业教育问题，强调部门办学。各县（市）分管教育的副书记、副县（市）长及地直有关单位负责人参加，省委常委、副省长王向天、地委书记陈彰嘉到会讲话。

6月20—23日 地教委召开全区中、小学教师职务聘任工作会议，全面部署中小学教师职务评审、聘任工作。

10月初 国家教委第一副主任何东昌、湖南省副省长王向天视察常德教育，何东昌实地考察常德市一中、二职中、常德师范、常德县卫生职业中专、许家桥民族中学、桃源县卫生职业中学；并为常德市一中、常德市二职中和常德师范学校分别题写“发扬革命传统，培养德、智、体、美全面发展的人才”“扩大人才观念，办好职业技术学校”“人才的基础在小学，小学的质量在师范”的题词，并为常德高等专科学校题写校名。

11 月 9 日 国家教委批准“常德基础大学”更名为“常德高等专科学校”，并从 1988 年起在普通高等学校序列中补列，正式列入国家招生计划。

是年统计 通过对全区教育系统历次政治运动中受处理的 7545 人进一步复查，共平反纠正 5466 人，占受处理人数的 73.5%。其中，收回安排工作的 2327 人，退休退职安置 878 人，死亡抚恤 244 人，改变处理结论 1094 人，维持原处理结论 1680 人。

1988 年

4 月 地教委召开全区初中教育工作会，专题研究初中建设问题，讨论修改《示范初中标准》。

6 月 常德撤地建市，常德地区教育委员会更名为常德市教育委员会。慈利县划归大庸市（今张家界市），该年底慈利县教委转归今张家界市教委管辖。

10 月 28 日 市教委、市政协学委联合召开全市社会力量办学负责人会议，传达贯彻上级有关社会力量办学的文件精神，总结交流全市社会力量办学经验，会后印发《常德市社会力量办学会议纪要》。

11 月 成立中共常德市教委委员会。

是年 澧县被评为全国扫盲先进县；临澧、石门被评为全国勤工俭学先进县；汉寿县教师进修学校被省教委确定为教师继续教育试点校。

是年 全市开始开征农村教育事业费附加和城市教育费附加。

1989 年

3 月 25 日 市政府发文成立常德教育学院（前身为常德师专培训部），定为正处级单位，归口市教委管理。

3—5 月 市政府先后召开市长办公会、全市电话会，部署改造中小学危房工作；并以明传电报下发《加速改造中小学危房的通知》。至 5 月底，落实危改资金 1921.8 万元。

5 月 17—6 月 7 日 市区部分大中专学校和少数中学的部分学生上街游行。6 月 7 日凌晨 2 时左右，少数学生在常德沅水大桥静坐，交通为之阻断。经市委、市政府及公安、教育等部门耐心劝解，10 时左右交通恢复正常。

9 月 26—28 日 市委宣传部、市教委、文化局、团市委联合举办常德市首届中小学生文艺会演。

10 月 省电教馆在临澧县召开全省小语听说训练推广应用经验交流会，广东、云南等八个省市的代表列席会议并参加观摩活动。

11 月 11—13 日 市委在桃源县召开全市中小学思想政治工作经验交流会，市委副书记庞道沐等出席会议并讲话，各区县（市）委副书记、副区县（市）长及教委主任参加会议，会议就如何加强四项基本原则，反对资产阶级自由化问题进行了研究和部署。

是年 澧县澧澹乡被国家教委评为实施燎原计划的示范乡（全国 100 个）；常德市一中被评为全国体育锻炼达标先进单位；常德市一中、桃源县一中被评为全国体育传统校先进单位；常德师范学校被国家教委确定为 1990—1994 年第二周期联合国儿童教育基金会小学师资培训合作单位。

1990 年

2 月 20 日 市编制办发文，成立常德市教育委员会教育督导室。

4 月 1 日 台胞朱训先生捐赠 120 多万元修建的“朱训试验完全小学”（位于鼎城区黄土店镇桃花庵村）举行竣工移交仪式，市委副书记庞道沐出席捐赠仪式。

4 月 省小学教师继续教育经验交流研讨会在汉寿县召开，省教委向全省推介常德继续教育经验。

6 月 根据市政府办〔1990〕36 号文，城区普通中学、职业中学均收归市教委统一管理；武陵区只管理城区小学和郊区乡（镇）中小学。市属以上企业子弟学校也收归市教委管理。

8 月 7—14 日 常德市一中田径运动员刘艳在青岛举行的全国中学生运动会上，获女子跳远、100 米和 4×100 米接力 3 枚金牌。

8 月 市总工会和市编委分别下发《关于同意成立常德市教育工会的批复》《关于给常德市总工会教育工作委员会和卫生工会联合委员会配备专职专干的批复》（1992 年 12 月召开市教育工会第一次代表大会）。

9 月 22—26 日 省教委、省财政厅在桃源县召开全省农村学校勤工俭学现场会，推广桃源发展校园经济的经验。

11 月 中南六省小学教师继续教育现场会在常德召开。与会代表参观了各区县（市）教师进修学校。

12 月 14—16 日 市委、市政府在临澧县召开全市农村教育工作会议，各区、县（市）一把手及分管区县（市）长、教委主任参加。省教委党组书记冯象钦、市委书记庞道沐到会并讲话。会议提出了“远学郴县、近学临澧”的口号。会后市委、市政府下发《关于学习临澧经验，大力发展农村教育的决定》。

是年 临澧县被省政府授予“教育工作先进县”称号；安乡县、汉寿县被评为全省扫盲先进县；澧县方石坪乡被评为全省扫盲先进乡。

是年 市人大颁布《关于巩固和发展职业技术教育的决定》。

1991 年

2 月 25—26 日 市教委召开全市教育工作会，学习贯彻中共十三届七中全会精神。会议通过四项改革措施：组织城镇青年教师下县工作；改革初中招生办法；下大力气整顿社会力量办学；对市属中学实行经费综合定额包干制。

3月12—13日 市教委召开全市教育教学改革工作会，总结“七五”期间全市教育教学改革的成绩和基本经验，讨论通过《常德市“八五”期间教育教学改革指导意见》。会后，市教委下发《常德市“八五”期间教育教学改革指导意见》和《常德市普通中小学教学常规（试行)》两个文件。

5月13日 市政府召开全市儿童少年教育工作会，讨论《关于发展我市幼儿教育事业的意见》。

7月16日 市政府举行座谈会，欢迎常德市一中学生刘艳参加世界中学生田径比赛(在布达佩斯举行）载誉归来。她是湖南省第一个获世界冠军的在校学生（获100米和异程接力两枚金牌)。

10月21—22日 市教委召开全市中小学德育工作座谈会暨中小学思想品德评估工作会，市委副书记吴定宪、副市长刘昌进到会讲话。

11月 省教委对全省23个城市的69所中小学卫生工作进行检查，常德市获地级市组一等奖，津市市获县级市组二等奖。

是年 常德市遭受严重洪灾，1042所中小学校受到不同程度损坏，3万名中小学生无法正常学习，损失达4225万元。9月25日，广州市教委党委副书记陈万鹏等带着广州市教育系统募集的救灾物资运抵常德；10月25日，广东、山西两省教育部门对口支援常德灾区的物资分别送达有关县市。

是年 澧县被省教委授予“教育工作先进县”称号；澧县中武乡农校被评为全国先进乡农校；市一幼儿园等9所幼儿园获“湖南省幼儿教育先进集体”称号，43名幼师获“湖南省幼儿教育先进工作者”称号。

是年 市政府制订《常德市普及九年义务教育规划》，经市人大常委会一届20次会议审议通过，颁布施行。《规划》提出了“普九”的基本目标：从1991年起，分三步实施，20世纪末基本完成，21世纪初全面实现。

1992年

1月16-17日 市教委召开全市中小学校长、教师培训工作会，研究部署“八五”期间中小学校长岗位培训和教师队伍建设。

2月 经省教委批准，临澧县一中、澧县一中、常德市一中、桃源县一中四所重点中学为具有向部属重点高等院校保送学生资格的学校；常德市二中等35所中学为具有向普通高等学校保送学生资格的学校。

3月 省教委对全省重点中学进行五项工作大检查，常德市一中被确定为全省首批(八所）挂牌的重点中学。

是月 市教委下发《关于开展创特色学校、名优学校活动的通知》。该年常德市一中等7所学校被评为首批名优学校，武陵区东升小学等11所学校被评为特色学校。

4月13—25日 应日中教育交流协会邀请，省教委、省中小学幼儿教师奖励基金会赴日本参加中日邦交正常化20周年纪念活动，武陵区育英小学校长贺大国等4名代表参加。

6月 全国人大义务教育法执法检查组在全国人大常委、教科文卫委员会主任许嘉璐率领下到常德检查，听取市人大、市政府、市教委汇报；抽查了临澧县。对常德市九年义务教育法执法工作给予高度评价。

9月8日 市教委在芷园宾馆召开庆祝教师节暨常德市教师奖励基金会成立大会。会议选举市委书记庞道沐为常德市教师奖励基金会名誉理事长，副市长刘昌进为理事长，原常德行署副专员肖宗荣为常务副理事长，市教委副主任李铁如为秘书长。

11月 市教委对全市盲聋哑和弱智儿童进行普查，并起草《常德市特殊教育发展规划》，把特殊教育纳入义务教育轨道。

是年 全市共建成34所乡镇合格初中，237所合格中心小学，3所省级重点职业中专，12个基础教育先进乡（镇）。

是年 全市教育系统开始推行“三制改革”（即：校长负责制、教师聘任制、绩酬挂钩制）。开始实施《湖南省中小学生思想品德评价方案（试行）》。

是年 全市幼儿园开展注册登记工作，在册幼儿园3731个。

1993年

1月2日 出席市人大二届一次会议的25名教育系统人大代表联名发出《致新当选市长、副市长的建议信》，希望新一届市政府领导进一步加强对农村九年义务教育的领导与支持，增加对义务教育的投入。

5月10日 市委书记庞道沐主持召开常委扩大会议，专题研究教育工作，形成会议纪要。明确提出各级党政一把手为教育第一责任人，确保“普九”规划按期实现。会后，庞道沐带领教委、财政、计委、人事、劳动和市委调研室主要负责同志深入中小学调查研究，现场为部分中小学排忧解难。

6月6日 中央电视台《观察思考》节目播放在石门县拍摄的《奠基工程的呼唤》，引起广泛关注。此后，山东、辽宁、浙江、河南等地纷纷寄来信函和捐款。

6月15日 全市扫盲教育工作会召开，提出“向高标准无盲市”进军的口号。

9月21—23日 全市教育工作会议在芷园宾馆召开，各区县（市）委书记、分管教育的区县（市）长、教委主任、财政局长参加。市委书记庞道沐、市人大常委会主任熊奇生、市长吴定宪、市政协主席韩林安出席会议并讲话。会议通过《中共常德市委、常德市人民政府关于加快普及九年义务教育的决定》，将原以乡镇为单位的普九规划调整为以区县（市）为单位，“普九”进度由原来的2003年完成调整为2000年以前完成。

12月20日 市二届人大第五次常委会议听取市教委主任刘顺甄受市政府委托所作的

《关于常德市普及九年义务教育实施情况》的汇报，审议并通过市政府修订后的普九规划。

12月 市教委对规划在1993年前进入“普九”期的78个乡镇全面督查；并将督查结果在《常德日报》公布。57个乡镇合格或基本合格，21个乡镇问题较多，为不合格单位。

是年 澧县一中、临澧县一中被授予“湖南省重点中学”匾牌。

是年 育英小学校长贺大国，荣获湖南省首届“徐特立教育奖”，获奖金1万元；津市市二完小陈晓明、安乡一中彭训安被评为“全国优秀教师、全国教育系统劳动模范”。

1994年

1月15日 全国电教科学实验研讨会在武陵区育英小学召开，15个省市代表与会，国家电教馆和与会代表对育英小学“三三式电教结构”实验进行现场答辩，给予充分肯定。

5月12—14日 全省中学生田径运动会在常德市一中举行，常德市获甲组金牌总数第二名，团体总分第三名。

5月24—26日 湖南省重点中学建设工作会议在常德市召开，省委副书记杨正午、省政府副秘书长翁晖、省教委主任季益贵、副主任陈白玉及市四大家主要领导到会。会议总结交流了全省重点中学建设经验，讨论《湖南省重点中学管理办法》，为重新认定的21所省重点中学授予匾牌（常德市3所），参观常德市一中、澧县一中和临澧一中，对常德市重点中学的办学条件和办学水平给予高度评价。

8月9日 市政府常务会议专题研究城区学校布局问题，同意新建常德市第八中学（1998年一期建设工程完成后，改为国有民办的芷兰实验学校）。

8月15日 市委、市政府召开教育工作会，各区县（市）委书记，分管教育工作的区县（市）长、教委主任参加，市四大家主要领导出席。会议传达了全国第二次教育工作会议精神，研究常德市普九工作及由“应试教育”向素质教育转轨问题。

10月12—13日 市教委和市财政局联合在石门召开全市中小学勤工俭学现场暨经验交流会，贯彻落实市政府关于扶植勤工俭学的10条优惠政策和措施，提出“大力发展校办农业、稳步发展校办工业、加快发展校办第三产业”的工作思路。

10月20日 省教委组织对临澧县成人中专和桃源县成人中专办学水平进行评估。两所学校分别以100分和99.35分名列全省第一、二名。

11月25—29日 市人大、市政府组成验收团对安乡、鼎城1994年应完成“普九”任务的11个乡镇进行评估验收，9个乡镇合格，鼎城区蔡家岗乡、安乡县黄山头镇不合格。

是年 常德市第一幼儿园、汉寿县幼儿园被省教委授予“湖南省示范幼儿园”称号。

1995年

1月20日 市委、市政府召开有区县（市）委书记和乡镇党委书记参加的全市教育工作会议，强调教育优先发展的战略地位，进一步部署“两基”工作。市委书记吴定宪、市长张昌平等到会讲话。临澧县、津市市和武陵区三个当年应接受“两基”验收的区县（市）委书记在大会上做表态发言。会上还将头版刊登有鼎城区蔡家岗乡《产值过亿元，教育不合格》报道的《常德日报》分发给每个与会人员，引起强烈反响。

7月15—17日 湖南省第四届传统项目学校田径运动会在临澧一中举行，全省14个地州（市）58所学校的500多名运动员参加角逐。常德市有8所传统项目学校参加比赛，获地、市团体总分第三名。临澧一中获学校团体总分第二名。常德市一中男子排球队夺得冠军，实现在省六、七、八届运动会上男子排球的“三连冠”。

8月20日 市政府常务会议专题研究“普九”工作，就依法增加教育投入，确保教师工资，设立“普九”专项经费等问题作出决定。

8月28日 市政府发出“关于迅速修复水损学校、确保灾区中小学生按期开学的紧急通知”。市教委多方筹资300多万元，确保灾区学校按期开学。

10月 省政府“两基”评估验收团对津市、武陵、临澧“两基”工作进行评估验收，全部达到合格标准。其中临澧县高标准实现“两基”的经验，受到李岚清副总理和国家教委的肯定，中央电视台“神州风采”栏目拍摄的反映临澧县高标准实现“两基”的专题片六次滚动播出，在全国产生较大影响。

12月 市教委从市六中旁（红旗路）搬迁到武陵大道新址（465号）办公。

是年 临澧被评为“全省扫盲先进县”；鼎城区中河口镇、澧县洞市乡、桃源枫树维吾尔族回族乡被评为全省“扫除文盲先进单位”；临澧合口镇农民文化技术学校被评为“全国农村成人教育先进学校”。

是年 常德市食品职业中专、津市市职业中专被确定为国家级重点职业中学；澧县兰江职业中专、常德市轻化职业中专、石门县一职中被确定为省级重点职业中学。

1996年

1月 全省农村学校体育卫生工作会议在澧县召开，重点推介澧县实验小学开展大课间活动的经验。

2月 为加速“两基”进程，市二届人大第22次常委会根据市政府意见，作出《关于调整常德市普及九年义务教育规划的决定》，要求1998年全市全面实现“两基”。

3月12日 江泽民总书记视察常德，在澧县张公庙乡农民技术学校接见脱盲致富的“棉花大王”张登炎。

3月 市教委下发《关于全面推广汨罗经验，大力推行素质教育的决定》。

5月15日 市教委、市民政局、市残联联合在津市聋哑学校召开常德市特殊教育工作会议，学习贯彻市政府《关于发展特殊教育的若干意见》精神，明确了各有关部门的职责任务。

6 月 12 日 市政府常务会议专题研究全市大中专毕业生就业工作。为拓宽毕业生就业渠道，市政府下发明传电报，提出大中专毕业生就业工作的 8 条具体意见。

8 月 31—9 月 7 日 湖南省第八届运动会在常德市举行。全市 78 所学校 400 多名运动员参加，获金牌 102 块、银牌 68 块、铜牌 49 块。

9 月 9 日 市教委召开教师节庆祝大会，对被评为常德市“十佳校长”“十佳班主任”“十佳青年教师”的 30 名同志予以表彰奖励。

12 月 15—21 日 市教委组织对 46 所民办学校进行评估，优秀 7 所、良好 10 所、合格 26 所、不合格 3 所。

是年 桃源一中、汉寿一中被授予“湖南省重点中学”匾牌。

是年 全市宣布取消小学毕业升学考试，规定义务教育阶段不得留级，不得开除学生。

是年 市教委制定下发《常德市“九五”期间教育教学改革指导意见》。

1997 年

4 月 1 日 省委、省政府发出《关于表彰临澧县等 13 个“两基”工作先进县（市、区）和刘春林等 13 名“教育功臣”的通报》，临澧县被评为全国“两基”先进县，获奖金 20 万元；临澧县委书记刘春林被评为“教育功臣”。

12 月 25 日 国家教委作出《关于表彰全国普通高校招生和研究生招生工作先进集体和先进个人的决定》，常德市高校招生委员会办公室受到表彰（全国受表彰集体共 83 个）。

12 月 湖南省活动课、劳技（动）课建设经验交流会在临澧县召开，常德市教委介绍了《贯彻<课程计划>，落实活动课程，努力促进应试教育向素质教育转轨》的经验。

是年 市委、市政府确定该年为“教育年”“两基”攻坚年。临澧县、武陵区、津市市被省教委定为素质教育示范（实验）区县（市）。

是年 为巩固发展“两基”成果，进一步提高办学水平，市教委发文开展“千百十”工程，即从 1998 年起，全市每年创建 1000 所规范化管理学校，100 所合格学校，10 所名优特色学校。

是年 桃源县漳江小学副校长刘元禧获湖南省第二届“徐特立教育奖”。

1998 年

3 月 11 日 市委、市政府召开教育工作会，对 1997 年顺利通过“两基”验收的五个区、县和澧县官垸乡等 38 个“两基”工作先进乡镇、李学林等 51 名“两基功臣”予以表彰奖励。市委书记吴定宪等就进一步巩固“两基”成果，实施素质教育的问题作重要讲话。

3 月 17—19 日 省教委在澧县召开全省基础教育工作会，推介澧县高标准实现“两基”和加强学校管理、推行素质教育的经验，省教委副主任朱俊杰到会讲话。

3 月 30—4 月 2 日 省教委副主任李洪基率省教委高校体制改革方案评议专家组到常

德审议常德市高校体制改革方案。（5月，副市长杨光宏、市教委主任何英满到教育部汇报常德师专与常德高专合并申办常德师范学院的方案。10月，全国高校设置评议委员会到常德考察；12月17日评委投票表决全票通过；1999年3月教育部发文同意两校合并成立常德师范学院；同年9月26日，常德师范学院挂牌，结束了常德没有本科院校的历史，2003年常德师范学院更名为湖南文理学院）。

6月23—27日 国家扫盲验收团对石门县进行验收复查，石门县被评为全国扫盲先进县。

8月22—23日 教育部常务副部长吕福源、基教司司长李连宁、财务司副司长许琳等在副省长唐之享、省教委主任许云昭陪同下到安乡县考察洪涝灾情。

9月2日 中共中央政治局常委、国务院副总理李岚清，教育部部长陈至立到澧县余家台中学毛家岔临时教学点看望受灾师生，对常德市救灾保学工作给予充分肯定。

9月3日 江泽民同志在安乡视察灾情，专程到安造垸小望角大堤临时搭建的帐篷小学看望受灾师生。

10月8—13日 国家督学陈光亮率省“两基”验收团对石门县进行评估验收，宣布合格。至此，全市“两基”工作全部达到合格标准。

11月10—17日 省成人高校评估组对电大常德分校和电大津市分校进行评估，均达合格标准。电大常德分校被评为全省5所优秀学校之一。

12月18日 市政府下发《关于进一步发展基础教育的决定》，要求在全面实现“两基”的基础上，努力使常德基础教育达到全省乃至全国领先水平。同日，市政府办批转市教委《关于实施素质教育的意见》。市教委随后下发《依法规范办学行为，大力推进素质教育十项规定》。

12月 为支持企业改革，市政府决定将长征、常纺、乾明、通用4所企业办学剥离，分别移交德山开发区和鼎城区政府教育部门主办。此后，又先后有东山峰农场子校、青峰煤矿子校移交给石门，桃纺子校移交给桃源，常纺子校移交给德山开发区，华南光学仪器厂子校移交给武陵区教育部门主办；烟机厂子校因工厂搬迁撤销，学生全部进入城区就学。

是年 澧县被评为“全国两基工作先进县”，同时被确定为全省素质教育示范县。

是年 澧县如东乡枫林完小教师郑传岩、汉寿一中教师易化祥被评为全国模范教师。

1999年

1月13—16日 全省“普九”巩固提高工作会议在临澧召开，会议以临澧县、澧县为现场，重点推介常德巩固提高“两基”成果的经验，副省长唐之享等出席会议并讲话。

2月8日 市委、市政府下发《关于改革和发展职业教育的意见》。

3月16—17日 市教委召开高中教育专题会议，会后市政府批转市教委《关于普通高中教育改革和发展的意见》，要求各地调整普高布局，提高普高招生能力。

5月10日 常德师范学院5000多名师生举行游行，抗议以美国为首的北约轰炸我驻南斯拉夫大使馆。

5月24—27日 省卫生城市检查团重点抽查常德市一中和金丹实验小学学校健康教育工作，得分98.5分，再次名列全省学校健康教育第一名。至此，常德市学校健康教育在省检中实现“八连冠”。

5月 市政府决定，市直学校教师工资该月起由市财政局发放中心统一发放，从10月份起，市直学校会计、出纳由市财政局任命。

6月8—10日 市教委在澧县召开全市校园文化建设工作会议，参观澧县一中、枫林完小等11所学校，会议要求把校园文化建设作为中小学新一轮建设和发展的着力点，进一步提高办学水平。

6月21日 在全省社会办学表彰大会上，常德电脑专修大学，中山外语学校和新辉计算机学校受到省教委表彰，各得奖金3000元。

6月26日 经市委、市政府研究和省教育厅同意，撤销津市师范学校。

10月22—26日 教育部在无锡召开全国学校体育卫生工作会议，市教委主任何英满与会作题为《贯彻落实学校卫生工作条例，努力提高学校健康教育水平》的经验介绍。会上，临澧三中、桃源漳江小学被评为全国学校体育工作先进学校，常德市三中被评为全国学校卫生工作先进学校。

12月9日 国家招飞中心主任白力牛、省教委副主任李洪基为常德市第六中学授予“空军飞行学员早期培训基地”匾牌。

12月15—16日 全省受灾中小学校恢复重建“百校工程”总结表彰会在安乡县召开。据统计，1999年全市共投入4263万元，新建校舍5.2万平方米，维修校舍1.75万平方米，修复中小学校163所，新建（扩建）52所。

是年 市教委、市人事局为最后一批（816名）民办教师办理转为公办教师手续。鼎城区一中、石门县一中被授予“湖南省重点中学”匾牌。

2000年

3月7日 市教委为落实3月2日江泽民总书记《关于教育问题的谈话》精神，下发《常德市减轻中小学生过重课业负担的十项规定》，并于3月中旬组织全市“减负”专项督查。

3月—6月 市教委组织市直副处级以上学校领导班子“三讲”教育集中学习。

6月8日 《中国教育报》公布首批国家级重点职业学校。常德市境内的省机电学校、常德农校2所普通中专及津市职业中专、澧县职业中专、常德市职业中专、常德市食品职业中专、石门湘北职业中专榜上有名，总数在全省各市（州）排名第一。

6 月 8—9 日 市委、市政府召开全市教育科技工作会议，全面部署常德市推进素质教育、加强科技创新工作。市四大家领导吴定宪、程海波、莫道宏、周鸿翔、张元英、马桂迟出席会议并讲话。会后，市委、市政府下发《关于全面推进素质教育，振兴常德教育事业的决定》。

6 月 27 日 市教委下发《常德市 2000—2010 年中小学教师队伍建设规划》《常德市中小学教师继续教育实施意见》《常德市中小学教师提高学历培训的意见》《关于加强教师培训工作管理的通知》4 个文件。

7 月 教育部在北京召开全国德育工作会议，常德市一中被评为“全国中小学德育工作先进集体”。

8 月 8—12 日 市教委举办全市乡镇联校校长（教育办主任）和中学校长培训班，就端正办学思想、规范办学行为、治理中小学乱收费等开展培训。

12 月 12 日 市教委与香港国际文化教育基金会就电脑教室合作项目签约，由基金会出资 2200 万元，于 2001 年 3 月底前在常德市建成 70~100 间电脑教室，所需资金 3 年内由学校收费偿还。

12 月 26 日 常德教育信息港开通，这是全省第一家市（州）教育网站。

12 月 常德市被教育部师范教育司确定为全国中小学教师继续教育远程教学试点地区。

是年 大中专毕业生就业制度由计划分配转为自主择业。

是年 桃源县漆河中学教师王赛艳被评为全国教育系统劳动模范、汉寿县新兴乡联校教师朱枝元被评为全国教育系统先进工作者。

2001 年

1 月 9 日 市委、市政府下发《关于基础教育改革与发展的决定》。

2 月 15 日 市教委下发《常德市教育委员会关于全市普通高中毕业会考改革的意见》。

3 月 26 日 市长办公会决定将常德农校、常德卫校、常德机电工程学校合并，创办常德高等职业技术学院（12 月，省高校设置评议委员会来常评估。2002 年 5 月，省政府下文批准筹建常德职业技术学院。同年 12 月省专家组评估通过，2003 年 4 月由省政府发文批准正式成立）。

5 月 28 日 市教委召开普通中专招生工作会，根据省教育厅精神，从该年起，中专招生实行“市州统筹、学校录取、省里备案”的管理体制。

6 月 教育部、财政部和国家计委联合对“两基”工作先进单位和先进个人进行表彰，常德市受到表彰的单位有常德市教育委员会，个人有陈昌清、张文富、刘正岚、舒一平。

8 月 8—11 日 全国中学生田径锦标赛在常德市一中举行，来自全国 27 个省、市、自治区的 561 名运动员参加 72 个项目的比赛，国家教委原副主任邹时炎出席开幕式并代表全国中学生体协讲话。

8月 常德市教育委员会更名为常德市教育局。

9月4日 省委、省政府表彰“两基”先进工作典型，常德市获推进“两基”成就奖，澧县获“两基”工作先进单位称号。

是年 津市市一中、安乡县一中被授予“湖南省重点中学”匾牌。

是年 “跨世纪园丁工程”全面启动，全市确定国家级骨干教师培养对象38名，省级骨干教师培养对象162名，市级骨干教师培养对象511名。

是年 临澧县三中教师张金初获全国五一劳动奖章，并被授予省劳动模范称号。

2002年

3月12—14日 省教育工会第三届委员会第三次全会在常德市召开，市教育局被授予“民主管理先进单位及师德建设先进单位”称号，桃源、石门、津市市教育工会被评为全省教育工会先进单位。

5月 市教育局成立常德市基础教育课程改革实验领导小组，决定该年秋在澧县开始试点，2003年秋全市全面推行基础教育课程改革。

7月18日 市委、市政府下发《关于加快教育事业发展的若干意见》（简称“教育20条”），强调优化教育环境、扩大教育规模、提升教育质量，推动常德教育跨越式发展（11月22日，省政府办公厅将该文件全文转发至各市州，《湖南教育》《中国教育报》先后重点推介）。

9月26日 成立常德市民办教育协会，市政府原常务副市长钦时中任首届理事会会长，市社管办主任李呈喜任秘书长。

9月 市人大三届36次会议通过市政府关于提请每年9月8日为全市“助教日”的议案。市教育局成立“常德市教育捐赠中心”。第一个“助教日”收到社会各界捐助资金384万元。

11月11日 常德市一中、鼎城区牛鼻滩中学同时发生学生中毒事故，两校193名学生（其中市一中96人）住院抢救，惊动中央。由于各级领导高度重视，抢救得力，无一死亡。后查明两地均为人为投毒（毒鼠强），投毒主犯何钊诲（市一中食堂承包人）被判处死刑（牛鼻滩中学系学生报复投毒）。

是年 开始实施教师资格认证制度。市教育局对1994年1月1日以后参加教育工作的教师进行了首批认定，8698人获合格证书（1993年以前参加教育工作的4.6万多名中小学教师已于1997年3月进行资格过渡）。

是年 全市职业教育招生取消指令性计划，允许有条件的职业学校跨地域招生。

是年 全市取消农村教育事业费附加，由中央转移支付资金弥补因取消农村教育事业费附加带来的资金缺口。

2003 年

3 月 25 日 市教育局在澧县召开基础教育课程改革工作会，副市长张元英强调：常德市作为全省首批整体推进的地区，要实施“快一步、高一层”战略，努力形成常德特色。省教育厅副厅长朱俊杰到会讲话。

5 月 19 日 市政府下发《关于促进民办教育发展的决定》（简称民办教育 10 条）。

6 月 常德市七中被授予“湖南省重点中学”匾牌。

是年 全市共募集帮困助学资金 506 万元，结对助学 10829 人。市捐赠中心还对 1736 名因灾致困学生和 5755 名特困生进行一次性资助，共使 18320 名（其中义务教育阶段 16800 人）贫困学生得以顺利入学。

是年 常德市被教育部、发改委、财政部确定为全国农村中小学远程教育试点市。

2004 年

4 月 6 日 市政府召开第五次常务会议，专题研究民办教育发展问题，会议决定筹建专门融资担保公司，解决民办学校贷款难问题；各职能部门检查民办学校实行零收费首查不罚制度；构建公民办教育竞争互动的人才交流机制，公办学校和民办学校的教师可以双向流动；加大招教引资力度，对引资办学的有功人员按引资额 1%标准给予奖励。

5 月 省政府批准正式成立湖南同德职业学院，至此，常德市高等院校达到 5 所，分别是湖南文理学院、湖南机电职业技术学院、常德职业技术学院、常德广播电视大学、湖南同德职业学院。

8 月 常德市二中、常德市六中被授予“湖南省重点中学”匾牌。至此，常德市省级重点高中达到 12 所（8 月 29 日，市委常委议教会同意，将市二中、市六中、市七中、安乡县一中、津市一中 5 所新晋升的省重点中学升格为副处级事业单位。9 月 1 日，省教育厅将省重点高中名称统一变更为省示范性普通高级中学）。

11 月 市委、市政府召开全市教育工作会议，提出继续实施教育优先工程；并推出为教育保驾护航的六项制度，即：检查备案制度、挂牌保护制度、对农村学校零收费制度、首查不罚制度、罚款集中制度、责任追究制度。

12 月 27 日 湖南芷兰教育融资担保股份有限公司经省工商局注册成立，这是我国第一所教育担保机构，公司注册本金 1128 万元，重点支持和发展民办教育事业。

是年 市人民政府把开展助学活动作为向全市人民公开承诺的“十件实事”之一，建立以政府财政投入为主渠道，党政机关、企事业单位、社会各界及师生共同参与的捐资助学长效机制。先后募集助学资金 1873 万元，解决了 35895 名特困家庭学生入学困难问题，其做法和经验被省政府向全省推介。

是年 桃源县职业中专学校、常德信息科技学校（桃源师范学校）、安乡县职业中专学校、临澧县职业中专学校被教育部认定为国家级重点中等职业学校。至此，常德市国家级重点中专职业学校已达10所。

是年 教育督导考核工作进行重大改革，决定从2004年开始，对县级政府、党政主要领导干部教育工作实绩每年进行一次督导考核，督导考核结果分为优秀、合格、不合格三个等次。对当年督导考核优秀的给予通报表彰，对连续两年督导考核优秀的给予表彰奖励，连续三年不合格的在公务员考核中只能评为不称职等次。

2005年

6月7日 市政府召开第11次常务会议，重点研究教育工作，强调支持民办教育，对民办教育管理实行“三统一补”的政策措施，即：对民办学校在师资、招生、教学上和公办学校统一管理，对承担义务教育任务并执行义务教育收费标准的民办学校给予办学经费补助。

7月13日 市政府召开专门会议，专题研究筹建白马湖中学事宜，成立由副市长张元英任组长，国土、建设、财政、规划、编办等部门负责人为成员的筹建工作协调领导小组，启动征地拆迁、平面规划设计等工作。

12月8—9日 市教育局在临澧县召开全市中小学德育工作会议，副市长张元英作重要讲话，市委宣传部副部长兰枝云通报相关情况。会上18个单位交流了德育工作经验，并下发《关于积极推进中小学德育整体建设工程的通知》。

是年 湖南涉外经济学院清水湖校区在汉寿县太子庙镇落成并开始招生。至此，全市境内高等学校增至6所，即湖南文理学院、湖南机电职业技术学院（2006年迁长沙）、常德职业技术学院、常德广播电视大学、湖南同德职业学院、湖南涉外经济学院清水湖校区。

是年 全面启动对农村义务教育阶段贫困家庭学生逐步实行“两免一补”政策的工作，27.4万人次的学生享受该优惠政策，占全市义务教育阶段学生总数的24%，减免课本费、杂费、补助寄宿生生活费3100万元。

2006年

1月 在市人大四届四次会议上，“合并常德师范学校和桃源师范学校建设常德高等师范学校”被正式纳入《常德市国民经济和社会发展第十一个五年规划》，标志两校合并申办工作全面启动。

5月8日 根据省教育厅要求，经市政府研究决定，从该年秋季起，市一中举办的长怡实验中学停止招生，所有招聘教师改为国家编制，分批调入常德市第十一中学。其他区县（市）一中举办的各种民办学校实行“四独立”，不再共享公办高中资源，名校带民校办学模式全面停止初中招生。

5月17—18日 全市中小学管理暨幼儿教育工作会在澧县召开。会后，市教育局下发《关于加快幼儿教育改革和发展的若干意见》《关于进一步规范中小学办学行为的若干规定》两个文件。

11 月 1—12 月 20 日 市教育局下发《关于在全市教育系统开展交通安全专项整治行动的通知》，并在全市范围内对农用车、黑摩、黑的和报废车辆搭乘学生的情况、校车管理情况、学校门前交通秩序情况进行集中整治，取缔违规营运车辆 318 辆，查处非法营运校车 16 辆，取消 3 名校车司机的驾驶资格。

11 月 7 日 市政府召开由各区县（市）常务副区县（市）长、分管教育的副区县（市）长、教育局长及财政局长参加的全市农村义务教育经费保障机制改革工作会，学习传达全省专门会议精神，拟从 2007 年春季学期开始，将全市农村义务教育阶段学校全面纳入经费保障机制改革范围；所有农村义务教育阶段学生免交杂费，贫困学生可免交课本费；财政补助学校公用经费；校舍维修建立长效机制。

11 月 13 日 市劳动社会保障局、市教育局联合下发《常德市民办学校教师基本养老保险实施办法》，明确全市各类经过市教育行政主管部门批准成立的民办学校（在市教育行政主管部门实行了人事代理的）教师，均可凭市教育行政主管部门出具的证明，到市机关事业单位养老保险经办机构办理社会保险登记和申办手续，经确认后，比照公办教师参加基本养老保险。

12 月 12 日 省委组织部、省教育厅、省政府教育督导室下发《关于公布首批县级教育工作“两项督导评估考核”结果的通报》，临澧县政府教育工作和县级党政主要领导干部教育实绩被评定为优秀等次，石门、澧县、桃源三县被评为合格等次（12 月 17 日，省委、省政府召开总结表彰大会，临澧县获得 30 万元奖励）。

是年 根据课程改革要求，对初中学业考试、综合素质评价和高中招生均进行较大改革。初中学业考试调整了考试科目和考试形式，开展学生综合素质评价，评价分六大方面，以等级方式呈现；高中招生改变以升学考试科目分数简单相加作为唯一录取标准的做法，把综合素质作为重要参考，同时实行保送生、特长生招生制度。

是年 寄宿制学校建设被市政府列入“为民办十件实事”之一，年内共投入资金 6016 万元，完成建设项目 108 个、建筑面积达 11 万平方米，高标准完成预定任务。

是年 全市共筹措各类助学资金 3780 万元，救助学生 22 万人，其中免杂费 7.1 万人，免课本费 13.1 万人、免生活费 1.8 万人，全市义务教育阶段基本实现应助尽助的目标。

2007 年

3 月 15 日 市教育局召开全市普通高中课程改革动员大会，拉开常德市普通高中学校新课程改革的序幕。

5 月 17—30 日 省政府教育评估考核组对武陵区、鼎城区、汉寿县、津市市 4 个单位进行县级教育工作“两项督导评估”，武陵区、津市市被评为优秀等次，各获得 30 万元奖励；鼎城区、汉寿县被评为合格等次。

6月6日 市委、市政府召开各区县（市）委书记、区县（市）长和市直各单位主要负责人参加的全市建设教育强市动员大会，会议出台《关于建设教育强市的决定》。

7月4日 市委书记武吉海在凯悦大酒店主持召开民办教育专题办公会议，曹儒国、莫道宏等市领导，市委办、市政府办、市财政等相关部门和部分民办学校负责人出席会议。会议议定，从2007年开始，市财政每年安排民办教育发展的专项资金由300万元增加到600万元，同时两年内向芷兰教育融资担保公司注入资本金由1000万元增加至2000万元，市教育局社会力量办学管理办公室主任高配为副处级。

是年 全市初中毕业学业考试评价进行较大改革：在考试形式上，对政治、地理、历史实行开卷考试；在评价方式上，由毕业考试、综合素质评价和学业考查三部分组成，除语数外三科可以过渡性用分数形式呈现外，其余学科均以A、B、C、D的等次形式呈现；在招生办法上，改变以考试分数作为高中招生、特别是各区县（市）一中招生唯一录取依据的做法。

是年 全市普通高中办学水平评价进行重大改革：一是把高考升学率，特别是二本升学率作为了评价的重要指标；二是把增值因素，即学生在原有基础上的成绩提升幅度，作为评价的重要依据；三是引入社会评价，进一步完善普通高中办学行为不良记录档案制度和教学质量评价监测制度。

是年 常德市职业中专经省政府批准，更名为常德汽车机电学校，升格为正处级事业单位。

2008年

5月 四川汶川“5.12”大地震后，全市教育系统广大师生积极为四川地震灾区捐款捐物，其中市直学校学生累计捐款120多万元。

6月30日 市政府常务会议专题研究特殊教育，决定采取市区共建方式，在改扩建武陵区东郊中学基础上，新建常德特殊教育学校。

是年 继农村义务教育免收杂费之后，省政府将为城市义务教育阶段学生免除杂费列为为民办实事之一，市本级投入资金549万元，县级财政投入137万元，城市义务教育学生免费率达100%，全市义务教育全部实现免费。

是年 常德市被空军招飞局广空中心和省教育考试院评为市级特等奖，21名学生被空军航空大学录取为飞行学员，占全省录取人数的17.8%，其中女飞行学员4名，占全国女生录取人数的13%。

是年 为进一步推进全市教育强市工作，市建设教育强市领导小组决定：从2008年开始实施四项制度：一是对县市区年度目标管理考核制度，二是对部门和单位落实教育强市工作责任情况年度考核制度，三是定期调度制度，四是专项督查制度。

是年 市资源中心架构基本建成，初步建立起有240万条资源的教育资源网、15万册电子图书的电子图书平台、400种各类期刊的电子期刊平台和视频点播系统，各类资源总量近3T，资源建设水平在全省领先。

2009年

5月18日 市政府在鼎城区召开全市义务教育合格学校建设工作会议，并为全市首批评估验收合格的49所合格学校授牌（常德市2008年全面启动义务教育合格学校建设工作，市政府采取以奖代投的方式，对验收合格学校每校奖励10万元）。

5月26日 白马湖中学（后更名为常德外国语学校）奠基动工。

6月 按照中央、省里的统一部署，正式启动中小学校舍安全工程，对全市1270所学校的8410栋校舍进行安全排查鉴定，以此为基础制定三年建设规划。

7月8日 常德特殊学校举行奠基仪式（10月18日正式动工建设）。

11月 湖南高尔夫旅游职业学院正式通过省高等教育评审委员会评审。

是年 在2008年完成配套10万套课桌椅的基础上，2009年全市又投入1500万元，在秋季开学前为9.7万名义务教育阶段起始年级新生免费配套符合国家卫生标准的课桌椅。

2010年

1月13日 省政府下达《关于建立湖南高尔夫旅游职业学院的批复》，同意在湖南涉外经济学院清水湖校区的基础上，建立湖南高尔夫旅游职业学院，属专科层次的民办高职院校，纳入普通高校序列，由常德市主管，教育业务由省教育厅管理。

1月25日 市教育局下发《关于加强学校文化建设进一步深化素质教育的意见》，全面启动学校文化建设；并制定规划、方案，成立专家指导组，召开动员会，创办机关刊物《常德教育》。

是年 常德市高考综合成绩跻身全省第二，其中文科总分平均分超全省平均水平26.31分，理科超16.79分，二本以上上线率高出全省平均水平2.17个百分点。高中学业水平考试合格率、平均分继续保持全省领先水平。空军在常德市录取飞行学员人数居全省第一。

是年 全市投入资金1.77亿元，建成农村合格学校123所，所有合格学校建设项目顺利通过省、市实事办的考核验收，受到省、市政府的高度评价。

是年 全市省级示范性中职学校达到7所（常德工业学校、常德汽车机电学校、常德财经学校、临澧职业中专、澧县职业中专、津市职业中专、石门县湘北职业中专）。在建的省级示范性县职教中心4个（桃源县、澧县、石门县、津市市职教中心），共开设省级精品专业13个、省级精品课程14门。

第一篇　学前教育

1987 年，常德地区有幼儿园 338 所 (班)，其中教育部门办 19 所，其他部门和集体办共 319 所；在园幼儿 101670 人，其中全市各小学附设学前班 79428 人未计园班总数；学龄前三年毛入园率 45%左右。

1988 年开始，常德民办幼儿园 (班) 异军突起，并不断发展。21 世纪初，由于教育“放开两头” (即“学前教育、职业教育要放开”) 指令导向，依靠社会力量发展学前教育的格局很快形成。全市原则上只要求每区、县 (市) 办一所示范性公办幼儿园，原各区、县 (市) 举办的机关幼儿园勉力维持；因体制改革、职工重组，厂矿、企业原举办的幼儿园不得不关、停、并、转；小学附设幼儿班、学前班因弊端突出，后被“逐步取消”。省人民政府下文，学前教育出现的巨大空缺全由民办园填补。国家把学前教育推向市场的决定和对民办教育的政策鼓励，促进了民办幼儿园的崛起。国有民办、民办公助、民办联合、独立民办等各种办园形式不断涌现。此时，常德市学前教育“已形成以公办幼儿园为骨干和示范，以社会力量兴办幼儿园为主体”的发展格局。

在民办幼儿园兴起的初始阶段，市教委制定了系列的文件和规定条例，但不经注册许可任意举办幼儿园的现象比比皆是，民办幼儿园诸多弊病因利益驱动而派生，群众反映强烈。2009 年 10—11 月，《常德晚报》以“关注学前教育”为引题对民办幼儿园兴办过程中各种弊端作系列报道。群众反映和媒体宣传引起市党政领导对学前教育的高度重视，时任常德市市长陈文浩、市委副书记曹儒国等领导多次深入幼儿园调研，多次召集市教育局、市发改委、市住建局、市规划局、市财政局、市编制办、市卫生局、市物价局等相关职能部门研讨全市学前教育发展举措，并于 2010 年 10 月颁布《常德市人民政府关于加快学前教育改革和发展的意见》，《常德市人民政府关于加快学前教育改革和发展的意见》的总原则是调整思路、实行政府主导、社会参与、公办民办并举的发展原则。到 2010 年，全市有幼儿园 1164 所，其中社会力量办 (民办为主体) 1089 所，占全市幼儿园总数的 93.6%；教育部门办 75 所，占 6.4%。全市在园幼儿 113551 人；学前三年毛入园率达 72.9%，学前二年、一年毛入园率分别达 75%和 99.6%。

2011 年，市政府颁发《常德市发展学前教育三年行动计划 (2011—2013 年)》，市教育局制定了《关于加强普惠性民办幼儿园建设与管理的意见》。“三年行动计划”的实施，常德市各级政府加大了对学前教育投入，教育行政部门加强了对学前教育管理，使学前教育从市场的无序竞争逐渐步入以办园质量求生存的发展轨道。

第一章　办学形式

第一节　机关单位幼儿园

党政机关幼儿园兴办较早，一般建成于新中国成立初期。其中有的由当地教育行政部门主管，如常德地区 (市) 直属机关、澧县、临澧县、安乡县、津市等；有的由当地县政府直管，如常德县 (鼎城区)、桃源县、汉寿县等，全都建在所属党政机关所在地的城镇，是当地条件较好、保教相对规范的龙头幼儿园。其举办经费均为国家拨款，保教及管理人员为国家在编教职工。招生对象主要面向党政机关干部子女。1988 年，全市共有党政机关幼儿园 10 所，每县 (市) 各一所，在园幼儿约 3000 人，占全市幼儿总数的 3%左右。

1990 年，市教育"八五计划 (1991—1995 年)"出台，要求县以上教育行政部门恢复或新建 1 所三年制高标准示范性幼儿园，使其成为当地幼师培训中心、保教研究中心。各地为节省投资，原有的机关幼儿园便被改扩建为各区、县 (市) 高标准示范园。

21 世纪初，学前教育"放开"，社会化、市场化大潮兴起，各地机关幼儿园逐步走向市场。常德市直机关幼儿园 (常德市第一幼儿园前身)、澧县机关幼儿园 (澧洲幼儿园前身) 先后于 2002 年、2004 年实行国有民办制，其保教行管人员按"老人老办法、新人新政策"和自愿原则合理调配。

其中常德市第一幼儿园，位于常德市东门外水巷口，前身是常德地区专署托儿所 (1951—1958 年)，其后改为常德地区专署直属机关幼儿园 (1958—1988 年)，1988 年随地区改市更名为常德市直属机关幼儿园，1993 年 5 月改称常德市第一幼儿园。1994 年 5 月，该幼儿园经省教委检查验收，被评为全省首批、全市第一所示范性幼儿园。1997 年 6 月 1 日，幼儿园总造价 142 万的 1791 平方米幼儿新教学楼落成。2001 年，教师谈珊音乐课《赶花会》在湖南省中小学幼儿园音乐美术调研活动中获音乐组一等奖，郑琴、刘湘论文分别获省级二等奖，并在《学前教育研究》上刊登。2003 年幼儿园成为国家级"十五"科研课题基地园 (《幼儿园素质教育研究课题》之"现代幼儿英语教育与行为习惯培养研究")。

进入 21 世纪，市第一幼儿园由于设备老化、人员老化且负担沉重，园内各种矛盾频发及管理不善等原因，加上民办园兴起后产生的激烈生源竞争，生源逐年减少，到 2002 年在园幼儿不足百名，师生比为 1:3。常德市委、市政府对幼儿园进行内部运行机制改革，实行"国有国办，园长领办"。改制后幼儿园仍为国有事业单位，园长在园内通过公开竞聘产生，教职工通过全员竞聘上岗。2002 年 10 月，市委常委扩大会议明确了改革要求。

其后常务副市长陈文浩和分管教育的副市长张元英又对改革作出指示。2003 年市教育局组成了改革工作小组，确定改革后该园仍为国有事业单位，享受财政每年的定向补助，并实行园长领办制，所需人员由园长向社会招聘。园长在园内公开竞聘产生，由市教育局聘任，聘期三年，实行任期目标管理。根据幼儿园规模和国家编制标准，按需设岗，教职工实行全员竞聘。竞争上岗人员与园长签订聘任协议，实行绩酬挂钩。落聘人员按有关政策进行分流，按照“老人老办法，新人新政策”的原则安置；离退人员的工资、补贴由市社保、市财政打卡发放；其他人员在改革前的养老保险、医疗保险及住房公积金由市财政予以认可；受聘人员、落聘人员的基本工资由市财政按月拨付给幼儿园。幼儿园原有债务剥离，在教育费附加中解决。幼儿园的办园收益，除提高受聘人员福利待遇外，按一定比例用于幼儿园建设，确保幼儿园国有资产保值增值。市教育局定期对幼儿园进行审计。2003 年 12 月，原副园长郑琴同志竞聘为首任领办园长。改制后，市教育局赋予园长充分的办园自主权，包括决策指挥权、人事管理权、经费使用权、园舍园产管理权、幼儿招生权、收益回报权等六大职权。园长如果完成任期责任目标，年收入最高可以达到全园教职工平均工资的 3 倍。在任期目标责任书中，给园长规定了八项职责和义务，园长要确保幼儿园的安全稳定，同时交风险抵押金 3 万元。改制后市第一幼儿园轻装上阵，教职工的积极性得到充分调动，幼儿园步入良性循环，生源逐年上升，效益不断好转，条件不断完善，几近摘牌的省示范性幼儿园称号在 2008 年终又得到省教育厅重新认定。其后不断发挥示范辐射作用，办园规模达到 500 多名幼儿，成为全市幼教事业的龙头，经常接待各兄弟幼儿园参观、学习，并成为全省首批幼师培训基地园。

第二节　厂矿、企事业单位幼儿园

大型国有厂矿、企业、事业单位和部门为了解决本系统、本单位职工子女的入托、入园问题，自筹经费、自聘教师举办幼儿园。当时名为“其他部门办”幼儿园，其实属于公办幼儿园。1988 年，全市这类幼儿园有 168 所，约占全市幼儿园的 60%，在园幼儿约占全市在园幼儿总数的 65%。1990 年，石门电厂利用企业原有资源并投资 5 万元，新建 1 所建筑面积 200 余平方米的小型幼儿园。全市较有影响的“其他部门办”幼儿园还有常德烟厂幼儿园、华南厂幼儿园、浦沅机械厂幼儿园、常纺机幼儿园、常德市一中附属幼儿园、常德师范附属幼儿园、五强溪水电八局幼儿园等。

据 1990 年 10 月常德市教育局《关于对厂矿幼儿园视导情况的通报》，这些幼儿园起初依托原举办单位的人、财、物支持，办园条件相对较好，但由于主办单位管理人员的专业水平、保教水平参差不齐，普遍存在着环境布置不科学，设施不配套，教育教学小学化、成人化、形式化，一日活动的组织缺乏科学性和规范性。到 2000 年前后，随着市场经济的发展、企事业单位体制深化改革，这类幼儿园先后被关、停、并、转、卖，逐渐淡出市场。武陵区仅剩常德烟厂、华南光学仪器厂、浦沅机械厂、常德纺机厂、五强溪水电站、常德师范学校、常德市一中等少数企事业办幼儿园；2002 年，津市仅剩湘澧盐矿、湖南车桥厂、职业中专等 3 所企事业办幼儿园。

在常德市企业所办幼儿园中，常德芙蓉物业幼儿园（原名常德卷烟厂幼儿园）颇具特色。该幼儿园创建于 1991 年，1993 年 11 月正式招生。园舍占地面积 6300 平方米，建筑面积 4100 平方米。2004 年 11 月被省教育厅正式授牌为“湖南省示范幼儿园”。该幼儿园坚持“把最宝贵的东西给予孩子”的办园宗旨，把培养幼儿“健康又自信、礼貌会交往，好奇爱探索，独立能合作”作为目标，把“保育与教育相结合，启智与健体并重，素质与兴趣共培养，个体与群体齐关爱”作为特色，走到同行业的前列。全国总工会原副主席章瑞英、省长周伯华曾到园视察。日本八日市教育访问团曾两次慕名来园参观。幼儿园每年都被市、区教育局、卫生局、妇幼保健院评为“托幼机构先进单位”。该幼儿园的幼儿舞蹈多次获国家、省级大奖，连续 6 年获市幼儿舞蹈大赛“金奖”和“金鹰奖”。在每次大型文艺活动中，幼儿节目也一致获得领导和家长们的好评；幼儿美术作品多年来在全国、省、市各项书画大赛中多次获奖。

第三节 农村和城镇小学附设幼儿园（班）

为了解决广大农民和普通市民子女的入园问题，在教育主管部门的倡导下，20 世纪 80 年代前后，全市村级小学开始附设幼儿班或学前班，并渐成风气。市教育主管部门要求每个乡镇办好一所中心幼儿园。为此，许多乡镇中心小学因受资金限制大多就校园内附设幼儿园，谓之“XX 乡（镇）中心幼儿园”。乡镇中心园与中心校多为两块牌子、一个校园，幼儿园教职工由中心小学统筹安排，受中心小学领导。1988 年年末统计，全市小学附设幼儿班（园）有 3523 个，占全市幼儿园（班）总班数的 86%，在园幼儿占全市在园幼儿总数的 82%。1989 年下学期常德市教委对所辖 9 区县（市）城关镇的 45 所小学调查，发现每所小学校均办有附设学前班或幼儿班，最多的一校办有 4 个班（分别为小班、中班、大班、学前班）。1997 年，石门县有 440 所村级小学（含教学点）办有学前班或幼儿班，农村小学办班率达 96.02%。这类幼儿班或学前班利用小学空余教室上课，一室一班，条件极为简陋，尤以农村为甚。有些幼儿班生均建筑面积不足 1 平方米，幼儿自带课桌椅，没有就寝条件，不供应饮水、餐点。学前教育所必需设施及图书、教玩具极少，教师多由没有幼教资格证的民办教师、代课教师和小学富余教师担任。谈不上保育工作，教育教学其实是小学教育的低龄化。普遍以识字、算数、学拼音为主，辅以唱歌和游戏。多数有课本有作业。当时的小学之所以热衷附设学前班、幼儿班，一方面是社会的需要，另一方面也是学校出于创收、解决教职工福利的需要，还解决了一批小学富余教师工作岗位。小学附设学前班、幼儿班，既不能保证自身的基本保教质量，同时还越位挤占小学教学内容，不利幼儿身心发育，负面影响极大。

20 世纪 90 年代初期，全市各地教育主管部门对辖地小学附设幼儿班 (园) 进行了保育、教育、办班条件、师资培训等方面的规范管理。安乡、临澧、澧县、鼎城、桃源、汉寿等县区先后下发《关于城乡幼儿园的管理办法》、《关于收费标准的通知》、《城乡合格幼儿园 (班) 验收标准及细则》等文件，对小学附设幼儿班（园）进行重新登记、调整收费标准、建立幼师档案，并开展创合格幼儿园 (班) 活动。根据湘政办发〔2005〕43 号文精神，除部分农村小学确实需要保留学前班，乡镇中心小学、城市小学及社会力量办中小学一律不得再附设学前班、幼儿班。

第四节　民办幼儿园

20 世纪 90 年代前后，随着市场经济的发展壮大，常德市有人看到了学前教育的市场和商机，开始尝试私人办园。当时不须登记、不注册，不要办证，利用住房或租一块场地就可办园 (班)，如开店经商一样自负盈亏，自生自灭。起初私立园的办园条件普遍较差，多为作坊式的简易园或幼儿班，教育行政主管部门也没有将它们列入管理范畴，教育教学自然是自由发挥，有些仅仅起着看管孩子的作用。多数幼儿园存在着严重的小学化倾向。

1988 年，澧县第一所私立幼儿园兰江幼儿园开班；1992 年桃源县出现第一个登记注册的私立园盘塘镇新花幼儿园。1994 年，鼎城区已有 5 所作坊式私立园。

1995 年，武陵区下岗女工李红娟租用市博物馆场地办起了全市第一家较为正规的私立幼儿园——博物馆幼儿园；　1996 年转让给下岗幼师李惠明继续开办，办园规模达 5 个班约 150 名幼儿。同年，李红娟自筹资金 300 万元加上贷款 180 万元，建起全市第一家具有完全自有产权的标准化私立幼儿园——紫桥幼儿园。该园占地面积 0.55 公顷，设计规模 16 个班，可容纳 500 名幼儿，是当时该市最大、条件最好的私立园，一时入园幼儿踊跃。

1996 年，市教委制订《常德市幼儿教育管理暂行标准 (试行)》《常德市合格乡镇中心幼儿园标准 (试行)》《常德市幼儿卫生保健条例》，对社会办园提出了明确要求，并要求各类幼儿园进行两年一次的注册登记工作。1997 年国务院颁布《社会力量办学条例》。市教育局加强了对社会力量办园的规范管理，一些原处于“地下”“半地下”状态的私立幼儿园纷纷登记注册，逐渐走向规范化，但非法幼儿园在各地仍存在。

1999 年，商人王海平和芷兰住宅小区开发商合作，投资新建规模达 10 个班的紫兰幼儿园，次年开园，是当时条件较好的私立幼儿园。

1999 年，为加强对私立幼儿园的管理，澧县教育局制定《城关地区社会力量办园的督导评估标准》；临澧县教育局发布《关于清理整顿个体幼儿园的通知》并随即着手无证园的清理整顿。因企业改制、减负等原因，许多厂矿、企事业单位所办园不得不停办，有些人便通过买断、承包、租赁等方式将其改制为民办幼儿园。同年，石门县有 7 所民办园登记注册，其中楚江镇 6 所。同年 8 月，安乡县大鲸港镇中心幼儿园园长李友珍辞职，自筹资金 200 万元，在县城创办了全县最大、条件最好的私立园——安乡县城北幼儿园，设计规模 8 个班，当年招 7 个班，共 200 多名幼儿。同年 12 月，津市商业幼儿园拍卖给私人，并更名为“恒通幼儿园”。2000 年澧县有 37 所民办园登记注册，仅澧阳镇就有 14 所。

武陵区紫桥幼儿园始建于 1996 年 11 月，从开园时的 3 个班、50 余名幼儿，发展到后有 15 个班、500 余名幼儿。幼儿园的创办者是李红娟和丈夫姜志远。1996 年，夫妻俩因商业体制改革而下岗，他们自筹资金 500 余万元，在紫桥小区新建当时在全市条件最好的一所私立幼儿园。全园占地 8.3 亩、建筑面积 4000 平方米，教学设施先进、生活配套安全、功能结构合理、室内外环境优美、各类玩具丰富。紫桥幼儿园按照“靠精品求生存、靠特色求发展、靠服务求兴旺”的原则，以素质教育为基础，以艺术培养为龙头，开展幼儿园—家庭—社区互动、联动，培养孩子的爱心、责任心的特色教育，深得社会好评。2000 年，湖南省委副书记、省长周伯华曾来园视察。

21 世纪初，由于“学前教育、职业教育要放开”，国家把学前教育推向市场的决定和对民办教育的政策鼓励，促进了民办幼儿园的崛起。国有民办、民办公助、民办联合、独立民办等各种办园形式不断涌现。据《常德市教育事业统计资料 (2002—2003 年度初)》显示：2002 年，市域内桃源县、澧县、武陵区等区县民办园已有快速发展。全市 152 所幼儿园，社会力量办达 112 所，占 73%。武陵区民办紫桥幼儿园规模达 570 名；图书馆幼儿园、博物馆幼儿园等其规模都接近 300 名。市直第一幼儿园在这一年因生源不足难以为继，改制为国有民办。

2003 年，国务院办公厅转发教育部等部门联合下发的《关于幼儿教育改革与发展指导意见》，提出今后 5 年幼儿教育改革的总目标：“形成以公办幼儿园为骨干和示范，以社会力量兴办幼儿园为主体，公办与民办、正规与非正规教育相结合的发展格局。学前三年儿童受教育率达到 55%，学前一年儿童受教育率达到 80%。”据市教育局基教科 2004 年年终统计，全市共有学前教育机构 1726 个 (其中幼儿园 732 个，小学附设学前班 946 个，教学点 48 个)，在园幼儿 7 万余人，学前三年毛入园率达 71.2%，学前一年毛入园率达 93.4%；全市民办园占幼儿园总数的 70%；民办园幼儿占全市在园幼儿 72%。常德市提前 4 年达到国务院办公厅所发《意见》要求的学前教育发展格局。到 2009 年，全市共 779 所幼儿园，其中民办园 697 所，占全市幼儿园 89.5%，另外教育部门，其他部门、集体办共 82 所，仅占 10.5%。

2003 年，武陵区五强溪幼儿园引入蒙氏幼教 (英国蒙台梭利幼教模式)，其后全市出现以武陵区金摇篮蒙氏幼儿园为代表的一批蒙氏园，各幼儿园盛行一时办蒙氏班或挂上“蒙氏班”的头衔，或热衷于办各种实验班、兴趣班、特长班，以便开发更多的收费项目。

2008年6月，市教育局曾组织各区县社管办对辖地民办教育进行过一次全面调查，此时各地民办园发展迅猛，已成为学前教育的绝对主力。涌现了一批投入大、标准高的优秀民办园：2007年筹建、2008年开园的武陵区大地幼稚园，首期投资1000余万元，加盟引进台湾大地幼稚园的系统保教模式，设立2教1保（后增加到3教1保）、开三餐两点，幼儿年保教费近2万元，开全市民办高端园之先河；2007年筹建，2009年开园，首期投资达800万元的澧县金宇幼儿园，加盟央视"大风车儿童早期训练"项目，成为全市条件最好的平价民办园代表。

市场化的学前教育虽然解决了部分幼儿的入园难问题，但由于监管难度较大，不规范、不科学的保教行为比比皆是，尤以遍布各地的数百所"黑园"为甚。据统计，2008年7月，全市民办幼儿园未注册未办证的仍有732所，占民办幼儿园总数的52.5%；未注册未办证幼儿园在园幼儿28000人，占民办幼儿园总人数的30.2%，详情见表1-1-1。有些"黑园"办在废弃的厂房或阴暗的民居中，一个农村妇女或一个下岗大嫂在一间房里看管一群孩子，遑论保教，甚至连基本的食宿、如厕都很成问题。幼儿园之间也普遍存在形形色色的恶性竞争。为争抢生源，许多幼儿园增加了接送孩子的园车，虽然方便了家长，但园车质量档次普遍不高，且常常超载、超速，存在诸多安全隐患。归纳起来主要有环

表1-1-1　**2008年7月常德市无证民办园情况统计表**

县　区	民办学前教育机构所数			在园儿童人数		
	注册民办	无证民办	无证占%	注册民办	无证民办	无证占%
武陵区	90	28	23.7	10160	1200	10.7
鼎城区	55	121	68.8	6513	4859	42.7
津市市	22	31	58.5	2906	909	23.8
安乡县	82	122	59.8	5894	4945	45.6
汉寿县	63	115	64.6	8308	5610	40.3
临澧县	30	6	16.7	2226	315	12.4
澧　县	158	125	44.2	12549	3516	21.9
桃源县	99	155	61.0	11222	6048	36.3
石门县	68	29	29.9	5063	598	10.7
合　计	667	732	52.3	64841	28000	30.2

说明：数据来源于各区、县（市）教育局社管办；汉寿含西湖、鼎城含西洞庭、武陵含德山及市直

境、卫生不宜，大多租用民宅办幼儿园无户外活动场所，缺乏基本的保育教育设施；价格“放开”，收费无据可循，随举办者意愿而定；园址无规划、不合理，人口密集的区域幼儿园扎堆，不能保障孩子就近入园；接送幼儿的园车辆穿梭于大街小巷，有时超载达 2~3 倍，暗藏隐患；师资队伍素质参差不齐，学历合格率不到 50%，而且教师待遇差、无保障，队伍不稳定，有的幼儿园一年换几次教师，不能保证教学质量；教学内容和方法两个极端，有的实行“保姆式”，谈不上智力开发和促进幼儿身心健康成长，有的则为迎合部分家长“不让孩子输在起跑线上”的心理，越位抢占小学教学内容，违反教学和幼儿身心发展规律。城市幼儿入优质园较难且收费昂贵，入园的费用普遍超过上中小学甚至上大学费用。相对而言，城区幼儿“入园贵”“入好园难”的问题依然存在。

2009—2010 年度，常德市民办幼儿园 758 所、在园幼儿 72981 人、教职工 5319 人，分别占全市总数的 90.8%、76.2%、84.0%（见表 1-1-2）。

表 1-1-2　　2009—2010 年度全市公、民办幼儿园对比统计表

县区	学前教育机构数		在园幼儿数			教职工数		
	民办	公办及其他	民办	公办及其他	民办占%	民办	公办及其他	民办占%
安乡	36	4	6582	900	88.0	449	52	89.6
汉寿	103	5	10340	3247	76.1	716	233	75.4
澧县	109	19	11761	4147	73.9	763	141	84.4
临澧	28	19	2872	5363	34.9	169	110	60.6
桃源	122	5	12304	1470	89.3	782	54	93.5
石门	90	13	5595	2552	68.7	465	67	87.4
鼎城	92	2	9324	1425	86.7	591	56	91.3
武陵	154	7	11307	2562	81.5	1149	235	83.0
津市	24	3	2906	1164	71.4	235	65	78.3
合计	758	77	72981	22830	76.2	5319	1013	84.0

说明：数据来源于各区、县（市）教育局社管办；汉寿含西湖、鼎城含西洞庭、武陵含德山及市直

2011 年，“三年行动计划”开始实施，常德市各级教育行政部门加强了对学前教育的投入和管理，使学前教育从市场的无序竞争逐渐步入以办园质量求生存的发展轨道。

第二章　保教工作

第一节　保育与教育

一、工作职责、目标和原则

1996年国家教委发布《幼儿园工作规程》指出：幼儿园是对学龄前幼儿实施保育和教育的机构。从事保育和教育工作的人员分别称保育员和教师，统称保教员。

常德市幼儿园保育员的主要职责依照有关规定主要有：

①负责本班房舍、设备、环境的清洁卫生工作；

②在教师指导下，管理幼儿生活，并配合本班教师组织教育活动；

③在医务人员和本班教师指导下，严格执行幼儿园安全、卫生保健制度；

④妥善保管幼儿衣物和本班的设备、用具。

常德市幼儿园教师的主要职责依照有关规定主要有：

①观察了解幼儿，依据国家规定的幼儿园课程标准，结合本班幼儿的具体情况，制订和执行教育工作计划，完成教育任务；

②严格执行幼儿园安全、卫生保健制度，指导并配合保育员管理本班幼儿生活和做好卫生保健工作；

③与家长保持经常联系，了解幼儿家庭的教育环境，商讨符合幼儿特点的教育措施，共同配合完成教育任务；

④参加业务学习和幼儿教育研究活动；

⑤定期向园长汇报，接受其检查和指导。

幼儿园的任务是实行保育与教育相结合的原则，对幼儿实施体、智、德、美诸方面发展的教育，促进身心和谐发展。

常德市保育和教育的主要目标：

促进幼儿身体正常发育和机能的协调发展，增强体质。培养良好的生活习惯、卫生习惯和参加体育活动的兴趣。

发展幼儿智力，培养正确运用感官和运用语言交往的基本能力，增进对环境的认识，培养有益的兴趣和求知欲望，培养初步的动手能力。

萌发幼儿爱家乡、爱祖国、爱集体、爱劳动、爱科学的情感，培养诚实、自信、好问、友爱、勇敢、爱护公物、克服困难、讲礼貌、守纪律等良好的品德行为和习惯，以及活泼开朗的性格。

培养幼儿初步的感受美和表现美的情趣及能力。

幼儿园教育工作的原则：体、智、德、美诸方面的教育应互相渗透，有机结合。

遵循幼儿身心发展的规律，符合幼儿的年龄特点，注重个体差异，因人施教，引导幼儿个性健康发展。

面向全体幼儿，热爱幼儿，坚持积极鼓励、启发诱导的正面教育。

合理地综合组织各方面的教育内容，并渗透于幼儿一日生活的各项活动中，充分发挥各种教育手段的交互作用。

创设与教育相适应的良好环境，为幼儿提供活动和表现能力的机会与条件。

以游戏为基本活动，寓教育于各项活动之中。

二、学制与课程设置

常德市幼儿园学制依照《幼儿园工作规程》规定，幼儿园适龄幼儿为3~6周岁（或7周岁）。幼儿园一般为三年制，亦可设一年制或两年制的幼儿园（或称学前班）。幼儿园可分为全日制、半日制、定时制、季节制和寄宿制等。上述形式可分别设置，也可混合设置。

幼儿园规模以有利于幼儿身心健康，便于管理为原则，不宜过大。每班幼儿人数一般为：小班（3~4）周岁25人，中班（4~5）周岁30人，大班（5~6或7周岁）35人，混合班30人。学前幼儿班不超过40人。

寄宿制幼儿园每班幼儿人数酌减。幼儿园可按年龄分别编班，也可混合编班。

1981—2001年，实施《幼儿园教育纲要（试行草案）》，课程定型为语言、计算、音乐、体育、美术、常识、游戏、品德、卫生教育等，推行“三学六法”（要求教师学习教育学、心理学、卫生学；掌握语言教学法、计算教学法、尝试教学法、音乐教学法、美术教学法、体育教学法）。按年龄分大、中、小班确定教学内容与要求。学制一年、二年、三年不等。

2001—2009年，执行教育部《幼儿园教育指导纲要（试行）》（教基〔2001〕20号），要求从幼儿开始实施素质教育，倡导综合活动课程，将幼儿园课程划分为五大领域（健康、语言、社会、科学、艺术）。

2010—2011年，继续执行《幼儿园教育指导纲要（试行）》，倡导五大领域的多元整合资源包。

表1-2-1至表1-2-5为随机取得的2009年—2011年常德市部分幼儿园活动安排、教育教学计划及周教学活动表。

表 1-2-1　　　　武陵区中心幼儿园一日（冬季）活动安排表

班级 教学活动 时间	小　班	中　班	大　班
7：40—8：20	入园、晨检、晨间户外活动		
8：20—9：10 8：20—9：05 8：20—9：00	盥洗、早餐，餐后自选活动		
9：10—9：30 9：05—9：30 9：00—9：30	晨圈谈话	教育活动（分组、集体、区角）	
9：30—9：40	盥洗，如厕，喝水		
9：40—10：50	课间操，户外活动		
10：50—11：00	盥洗，如厕，喝水		
11：00—11：20 11：00—11：25 11：00—11：30	集体教育活动	教育活动（分组、集体、区角）	
11：20—11：50 11：25—11：50 11：30—11：50	盥洗，喝水，餐前活动		
11：50—12：40	午餐，餐后户外活动，区角活动		
12：40—14：30	盥洗、午检、午睡		
14：30—15：20	起床、盥洗，喝水，自选活动（韵律操等），午点		
15：20—15：50 15：20—16：0 015：20—16：00	区角活动	游戏馆（区角）自选活动	
15：50—16：10 16：00—16：15 16：00—16：20	盥洗，喝水，整理，坐圈谈话	盥洗，喝水，整理，坐圈谈话，区角活动	
16：10—17：10 16：15—17：10 16：20—17：10	离园活动，幼儿离园		

说明：1.此表活动安排针对白托幼儿园（所）。2.根据小、中、大班幼儿不同年龄的生理、心理特点，“一日活动”坚持动静结合、集体与个人自由结合及室内、外结合交替进行的原则在周课表中作合理调整安排。3.集体活动以游戏为主；中、大班教育课第一节以语言、科学知识为主，第二节以艺术（美、音）、健康（体育）、社会生活常识为主。4.凡小、中、大班活动内容相同时，“时间”一栏按小、中、大班顺序列有三个时段以对应其活动

表 1-2-2　　常德市第一幼儿园 2011 年上学期第一周(大、中班)、下学期第一周(小班)教育教学计划

类项		大班	中班	小班
星期一	上午	家（语言、社会）；数高楼（一）（艺术、社会）	我的家（语言、社会）；新的房子（艺术、社会）	我和纸人做游戏（一）科学、艺术）；我爱我的幼儿园（音乐游戏）
	下午	开火车（益智区游戏）；熊和石头（表演区游戏）	拼图（构建区）；春天来了（阅读区）	给娃娃喂饼干（益智区）；我爱我的幼儿园（音乐游戏）
星期二	上午	看看我们的城市、农村（社会、艺术）；我的自行车（一）（分享阅读）	神奇的沙发垫（健康、科学）沙滩上（一）（分享阅读）	猜猜我是谁（一）（健康、社会）；去幼儿园（阅读区）；我笑我高兴（益智区）
	下午	有趣的娃娃（益智区游戏）；三只小猪（表演区游戏）	转一圈、摸摸地（音乐游戏）	虫虫飞（音乐游戏）
星期三	上午	我家中的数字（科学、艺术）；有趣的报纸游戏（健康、社会）	我家搬进新楼房（语言、社会）；娃哈哈（艺术、社会）	贴标志（一）（科学、社会）（奥尔夫音乐）
	下午	切白菜（手指游戏）	制作帽子（美工区）；顽皮的风娃娃（表演区）	玩具找家（建构区）；小纸人（美工区）
星期四	上午	数高楼（二）（艺术、语言）	我家几口人（科学、语言）；母鸡和小鸭（节奏）（奥尔夫音乐）	小猫上幼儿园（一）（语言、社会）；开心娃娃（美工区）；去幼儿园（阅读区）
	下午	分享阅读（语言游戏）	沙滩上（二）（语言游戏）	跟着老师做游戏（体育游戏）

续表 1-2-2

类项		大班	中班	小班
星期五	上午	美丽的小区（语言、艺术）；咚咚锵（奥尔夫音乐）	家居介绍（社会、语言）；爸爸妈妈不在家（安全）	猜猜我是谁（二）（健康、社会）；多种多样的饼干（益智区）；开心娃娃（美工区）
	下午	矮人与巨人（一）（音乐游戏）	我的家（谈话活动）	去幼儿园（阅读区）；我来当爸爸妈妈（娃娃家）

表 1-2-3　　大地幼稚园丁香（中）班周活动安排（2011 年 9 月 26—30 日）

周重点	1.常规教育和安全教育 2.班级卫生、消毒的加强与维护 3.加强幼儿护理，尤其是特殊幼儿的照顾 4.秋季流行病的预防				
	星期一	星期二	星期三	星期四	星期五
上午	晨间活动：拍球 集体活动一：《56个民族是一家》 活动目标：知道我国是个多民族的国家，重点了解维吾尔族和藏族。 集体活动二：健康《幼儿园里的安全》 活动目标：能大胆大声说美语	晨前活动：大型玩具 集体活动一：主题《好看的书》 活动目标：了解书，并知道看书的礼仪 集体活动二：美语《unit2》 目标：能大胆大声说美语	晨前活动：拍球 集体活动：国庆主题活动 目标：用赛红歌的方式庆祝国庆节，培养孩子们从小热爱祖国的情感	晨间活动：钻爬 集体活动一：谈话《国庆趣事》 目标：能大胆讲述发生的事情，语言连贯 集体活动二：奥尔夫音乐《变变变》 活动目标：听辨声音长短	晨间活动：平衡能力 集体活动一：主题前预备 目标：了解主题情况 集体活动二：数学《目测计数》 目标：知道目测的方法，能快速地目测 7 以内的数，并能大胆表述
	早餐后：《天气播报》 中餐前：歌曲《红星闪闪》 餐后：手头玩具 睡前故事：迷路了 下午起床：美语欣赏	早餐后：《天气播报》 中餐前：歌曲《大中国》 餐后：手头玩具 睡前故事：小鸭学唱歌 下午起床：幼儿歌曲	早餐后：《天气播报》 中餐前：歌曲《大中国》 餐后：玩具睡前故事：老鼠娶新娘 下午起床：美语欣赏	早餐后：《天气播报》 中餐前：《猪小弟》 餐后：手头玩具 睡前故事：你是谁 下午起床：幼儿歌曲	早餐后：《天气播报》 中餐前：手指游戏《一家人》 餐后：手头玩具 睡前故事：快乐的一天 下午起床：美语欣赏

续表 1-2-3

	星期一	星期二	星期三	星期四	星期五
	游戏：小鸭捉鱼 目标：发展走爬等技能，提高身体的平衡能力	游戏：蜘蛛侠 目标：发展攀爬技能，增强上肢力量	游戏：小鸭捉鱼 目标：发展走爬等技能，提高身体的平衡能力	游戏：大型玩具 目标：能互相谦让，不推不挤	游戏：蜘蛛侠 目标：发展攀爬技能，增强上肢力量
下午	区角活动：科学区《图形对应》 离园活动：小小点歌台	区角活动：日常生活区《缝》 离园活动：美语沙龙	区角活动 离园活动：绘本欣赏《想飞的鸵鸟》	区角活动 离园活动：美工活动	区角活动 离园活动：小小故事大王
备注	家长配合事项：1、在家配合幼儿园并以身示范做好常规礼仪教育。2、配合老师给孩子带盆栽到幼儿园				

表 1-2-4　**石门县楚江幼儿园中一班第七周教学活动表（2010 年 10 月 11 日）**

本周教学重点	1.让幼儿学会朗诵儿歌《小蘑菇》，认识生字“太”“阳”，激发幼儿朗诵兴趣 2.学会短语“How old you ?”“I′m ××”，培养幼儿学习英语的兴趣						
教学活动安排	晨间诵读、活动		上　午			下　午	备注
	周一	儿歌诵读	晨检	语言：看图学儿歌《小蘑菇》理解儿歌内容，学习诵读儿歌	社会：逛动物园。让幼儿认识各种动物	洪恩英语：数字 one two three	
	周二	洪恩英语	数学：复习 1–4 以内的数，能准确地用数表示相应数量的物体	科学：有趣的耳朵 了解常见动物的耳朵的外形	美术：添画练习。《红苹果》，感受秋天丰收的喜悦	语言：故事《晨晨的房间》，培养幼儿正确的生活习惯	
	周三	儿歌诵读	语言：复习儿歌《小蘑菇》学习生字“太”“阳”	健康：保护耳朵。了解保护耳朵的重要性	音乐：歌曲《月亮婆婆》	英语：学唱《数字歌》	
	周四	游戏：《丢手绢》	数学：练习看图圈数 加深对 4 以内数的认识	科学：动物之最。了解几种动物的特殊本领和特点	美术：涂色练习《秋叶》，感受涂色的乐趣	语言：故事《独木桥上的羊》	

续表 1-2-4

	晨间诵读、活动		上午			下午	备注
教学活动安排	周五	三字经诵读	洪恩英语：学习短语“How old you?”“I´m××”	社会：常用电器。让幼儿知道它们的名称及用途	户外游戏活动：《体能大循环》	本周小结	
家园同步	家园指导	现在是红眼病的多发期，请家长注意孩子在家时的卫生习惯					
	家园配合	天气渐渐转凉，请家长在孩子的书包里准备两条毛巾，以便擦汗					
	个别幼儿	伍鸿烨小朋友真能干，会自己穿、脱衣裤和鞋子					

表 1-2-5　**武陵区德才幼儿园教学活动周计划（第二周）**

主题目标		1.学习并掌握本周所学知识。2。学会保护自己的眼睛。				
时间	节次	星期一	星期二	星期三	星期四	星期五
上午	第一节	语言识“笑”字《小蝌蚪找妈妈》	数学《热闹的春天》	英语 P2	语言识字“颜色”《春天畅想曲》	数学《蚂蚁搬救兵》
	第二节	健康与社会《粗粮营养好》	手指快算定数字“3、4”	拼音复习韵母“e、i”	科学《挖野菜》	手指快算写数字“4、5”
下午	第一节	美术《花花布料》	音乐《风吹柳树》	室内活动《顶球》	健康与社会《明亮的眼睛》	周末评比
游戏活动		顶球				
常规教育		学会自己保护眼睛				
教师寄语		愿孩子们有一个健康的身体。				

三、保教人员配备

1988 年起，市域内以民办幼儿园为主体的格局逐渐形成。大多数民办园规模小，在 6 个班以下；而且在“学前教育放开”的政策导向下，民办园开办不需经教育行政部门注册登记。除极少数公办园外，一般民办园或自行组合保教人员，或参照公办园标准（二教一保）配备保教人员，保教人员配备标准难以统一。1988 年《常德市教育事业统计资料》显示：当年全市幼儿园 283 所，4098 个班，在园幼儿 89515 名，每班平均 21.8 名幼儿；全市幼儿园教职工 4187 人，每班平均只 1.02 名教职工，离每班二教一保相差甚远。特别是全市 50 所农村幼儿园，共有 3419 个班，在园幼儿 69334 人，每班平均 20.2 名幼儿；共有教职工 2271 名，平均每个班不到 0.7 名教职工（当时农村小学附设幼儿园、班多，可能小学教师兼课者多）。从学历和岗位培训标准看，当年幼儿园从业人员同样缺口大。全市 4187 名幼儿园教职工，中师、高中毕业及以上 2128 人，中师、高中肄业及初师、初中毕业 1288 人，学历合格率勉强算 80%，受过岗位培训者只 637 人。

表 1-2-6　　教育部幼儿园教职工配备标准（暂行）

<table>
<tr><th rowspan="2">班级
职教</th><th rowspan="2">班级
幼儿数</th><th colspan="2">专任教师</th><th colspan="2">保育员</th><th rowspan="2">其他人员配备</th></tr>
<tr><th>全日制</th><th>半日制</th><th>全日制</th><th>半日制</th></tr>
<tr><td>小班
(3~4 岁)</td><td>20~25 人</td><td>2</td><td>2</td><td>1</td><td>有条件应配 1 名</td><td rowspan="4">1. 园长：6 个班以下的幼儿园设 1 名；6—9 个班的幼儿园不超过 2 名；10 个班及以上的幼儿园可设 3 名
2. 卫生保健员、炊事人员、财会人员、安保人员根据国家和地方有关规定配备</td></tr>
<tr><td>中班
(4~5 岁)</td><td>25~30 人</td><td>2</td><td>2</td><td>1</td><td>有条件应配 1 名</td></tr>
<tr><td>大班
(5~6）岁</td><td>30~35 人</td><td>2</td><td>2</td><td>1</td><td>有条件应配 1 名</td></tr>
<tr><td>混龄班</td><td>不超过 30 人</td><td>2</td><td>1~3</td><td>1</td><td>有条件应配 1 名</td></tr>
</table>

通过优胜劣汰的市场调整，到 2010 年，全市幼儿园从业人员学历等各项指标基本达到《规程》要求。当年全市幼儿园 762 所，3633 个班，在园幼儿 108823 人，平均每班 29.9 通过优胜劣汰的市场调整，到 2010 年，全市幼儿园从业人员学历等各项指标基本达到《规程》要求。当年全市幼儿园 762 所，3633 个班，在园幼儿 108823 人，平均每班 29.9 名幼儿；全市幼儿园教职工 7260 人（其中园长 818 人，专任教师 4171 人），每班平均有 2 名教职工。从学历看，幼儿园教职工中，研究生 4 人，本科毕业生 248 人，专科毕业生 2707 人，高中阶段（含中师、职校幼教专业毕业）1893 人，高中以下 137 人；有中学高级职称者 8 人、小学高级职称者 474 人，小学中、初级职称者 889 人（中小学教师转岗人员较多）。幼儿园从业人员文化程度明显比 1988 年高出很多。

2010 年开始，常德市实施“学前教育三年行动计划”，教育部 2013 年颁发《幼儿园教职工配备标准（暂行）》（见表 1-2-6），要求幼儿园应根据其类型和幼儿年龄、班级规模配备适宜的保教人员职数，以确保幼儿接受基本的、有质量的学前教育，促使幼儿健康成长。

表中职数配备为各级各类幼儿园的合格标准。各地可根据当地经济社会发展水平和学前教育发展的实际情况，制定适合本地的具体实施方案。

幼儿园应根据实际需要配备数量适宜的教职工，积极实行一岗多责，提高用人效益。

第二节　保教活动

一、宣传贯彻《幼儿园教育指导纲要（实行）》

2001 年 7 月，教育部颁发《幼儿园教育指导纲要（实行）》。这是改革开放以来我国第一份关于学前教育的纲领性文件。文件对学前教育的性质、教育教学内容与要求以及实施方案和评价方法等作了具体规定，使学前教育由无序竞争到有章可循。为贯彻落实《纲要》精神，市幼儿教育研究会在全市学前教育系统开展“端正办园思想，提高幼教质量”保教研究活动，并于当年 11 月，将市域内鼎城区许家桥回族·维吾尔族乡幼儿园和桃源县实验幼儿园等 16 所幼儿园及个人的典型经验印成《幼儿教育研究资料汇编》，在全市推广。

鼎城区许家桥回族维吾尔族乡幼儿园《以活动为主体、以特色为主导、努力培养幼儿特长》的办园经验收到好的教育效果。该园是一所民办幼儿园，长期坚持实施“三个一”(即一周一次家园联系，一日一次家长专访，一期一次幼儿园开放)，把幼儿园、家长和社会三方面的积极性调动起来，做到“办园有特色”；利用乡村丰富的自然资源，组织幼儿观察、欣赏大自然，引导幼儿提出问题，教师诱导、启发、解答问题，做到“活动有特色”，尊重幼儿的个体爱好，给幼儿提供活动条件，培养幼儿的“自主性”，“创造性”，使每个“幼儿有特长”。该园教育、保育质量高，引起媒体关注、宣传，吸引了十里八乡的家长送孩子来园就读。全园 173 名幼儿，其中 50%以上来自本园辖区以外。

桃源县实验幼儿园“以游戏为基本活动”，该园《利用结构游戏促进幼儿发展》的实验取得成功。其所谓“结构游戏”，就是让幼儿通过游戏掌握“多物一用”的基础上，由教师引导，让幼儿完成“一物多用、一物多玩”的活动。如教师指导幼儿搭建“小兔的家”，需要用积木作房顶、房门，圆形积竹作窗户，彩笔筒做烟囱，条形积竹作栅栏、马赛克铺房前小路等多种材料，这就是“多物一用”。为了让幼儿做到“一物多用”，即用同一种材料摆弄出不同结构形式的多种构件。如教师给幼儿若干根彩色塑料管，通过教师启发，让幼儿相互商讨，开动脑筋，幼儿能摆弄出：a.一根接一根摆放，可以形成一排排防护栏；b.一根插入一根的接插，可以形成一根根钢管和导管；c.不规则的交叉摆放，可以形成长方形、正方形、三角形等等图形，这就是“一物多用”。另外，教师指导幼儿从建造单个物体到单个物体组合成表示同一主题的群体，如分步让幼儿拼建大桥、汽车、楼房、各种小动物……然后，教师鼓励幼儿自己构思，要求把这些没有关联的单个物体连接成相互关联、相映生辉的整体。于是，汽车在大桥上行使、楼房矗立在桥头两侧，各种小动物聚集在江畔公园……将这一群体取名为“美丽的沅水大桥”。在此基础上，再进行命题构造，为幼儿提供必要的材料，要求全班幼儿围绕同一主题——我们的幼儿园，进行构建，促使幼儿联想积累的信息、寻求更多的结构方式表现主题。幼儿在创建过程中兴趣盎然，作品既有写实，也有创新，思维和动手能力在实践中得到发展。

桃源县实验幼儿园于1998年8月成立“结构游戏与幼儿发展”专门研究小组，制订研究目的、计划、内容和方法，并投入2万元专项资金，修建了近60平方米的玩水池，20多平方米的沙池2个，购置了大型积木、基塑、沙水盘、玩沙玩水器具50套、添置各类建筑图片30 多套，开设了可以容纳40余名幼儿同时游戏的结构游戏室。确定“实验班”和“普通班”（对照班）进行对比试验，历时两学年。2000年6月，对实验班和对照班分别进行选项测试，实验结果见表1-2-7。实验结果显示，实验班幼儿通过两年结构游戏教育，其结构机能、兴趣、大肌肉动用和小肌肉动作等指数明显高于对照班幼儿。该园还有一项调测显示，结构游戏有助于幼儿观察力、记忆力、思维想象力的发展。当教师在黑板上画一个“○”，向幼儿提问“像什么”时，普通班幼儿只能说出像太阳、纽扣、皮球等几种物体；实验班的幼儿则能说出像太阳、西瓜、车轮、橘子、乒乓球等几十种物体，其想象力和思维活跃程度大大超过普通班幼儿。该园《利用结构游戏，促进幼儿发展》的教育试验获省科研成果二等奖。

2002年6月，市教育局在桃源县举办全市学习《幼儿园教育指导纲要》现场观摩活动，各区县（市）幼教专干、幼儿园园长、教学骨干等200多人参加，共同探索新的教学模式。并于7月和12月两次组织全市幼儿园园长参加全省《纲要》培训班，各区县（市）也相继组织同类培训班，帮助广大幼教工作者不断改进教育方法。

表1-2-7　　**桃源县实验幼儿园结构游戏与幼儿发展对比统计表**

时间 \ 班级 \ 调测项目		结构机能（种/人均）	兴趣	大肌肉动作、小肌肉动作		
				优	中	差
实验前	实验班	1.7	58%	41.5%	37.1%	21.4%
	对照班	1.8	62%	56.7%	27.1%	15.6%
实验后	实验班	5.2	100%	83%	15.2%	1.8%
	对照班	2.6	81%	58%	26.5%	15.5%

2010年，鼎城区实验幼儿园闵捷、廖运先老师自制玩教具《世界杯开赛啦!》荣获“全国第二届幼儿园教师自制玩教具展评”一等奖；园长潘清平被评为全国“百佳园长”。

该园倡导“让儿童在快乐中成长”的办园理念，提出让“教育回归真实，让幼儿回归自然”的教育理念，坚持“幼儿为本、科学教养”的办园宗旨，形成了独特的园所文化——“绿色低碳、自然真实”。通过环境创设，让每一个活动室、每一面墙、每一扇门窗、每一个角落都能体现出幼儿园的“真实自然”的园所文化。

2012年11月，全市学前教育管理者及部分园长共29人参加湖南省《3~6岁儿童发展与学习指南》（以下简称《指南》）省级集中培训，次年省市又组织了多次《指南》培训，常德市被确定为全省三个首批实施《指南》实验区之一。

第三章　教师与管理

第一节　幼儿园工作人员

一、基本要求

常德市根据国家教委 1989 年 9 月和 1996 年 3 月发布的《幼儿园管理条例》《幼儿园工作规程》等有关规定，幼儿园工作人员应当拥护党的基本路线，热爱幼儿教育事业，爱护幼儿，努力学习专业知识和技能，提高文化专业水平，品德良好，为人师表，忠于职责，身体健康。

幼儿园园长、教师应当具备幼儿师范学校（包括职业学校幼儿教育专业）毕业程度，或者经教育行政部门考核合格。幼儿园园长还应当有一定的教育工作经验和组织管理能力，并获得幼儿园园长岗位培训合格证书。幼儿园园长由举办者任命或聘任。幼儿园教师必须具有《教师资格条例》规定的幼儿园教师资格。幼儿园教师实行聘任制。

幼儿园保育员应具有初中毕业以上学历，并受过幼儿保育职业培训。

幼儿园医务人员中，医师应按国家有关规定和程序取得医师资格；医生和护士应当具备中等卫生学校毕业学历，或取得卫生行政部门的资格认可。保健员应当具备高中毕业学历并受过幼儿保健职业培训。

幼儿园事务、炊事、安保等其他工作人员的资格参照政府的有关规定执行。

二、保教人员培训

1992 年 7 月 31 日至 8 月 2 日，市教委邀请上海市幼教专家赵赫等 3 人到常德市培训幼教专干和骨干教师。从此，市教育局对保教人员培训工作列入重要日程，利用暑期委托常德师范、桃源师范以及高等院校等对保教人员和幼儿园园长进行市、县岗位培训，“市培、县培”全面展开。 2011 年 7 月 2 日至 7 月 6 日，为期 5 天的市首届保育员职业培训班在湖南文理学院隆重开班。来自全市各区县市幼儿园在职的 100 名保育员参加培训。由市财政投入 10 万元专项资金，支持“市培”学前教育教师队伍。当时这在湖南省属首例，体现了市委、市政府对学前教育的高度重视。该次培训采取专家讲座、现场观摩、实践技能操作和理论考试等多种形式，采用全国职业资格通用教材，其内容包括保育员的职业道德及守则、婴幼儿生长发育的基本知识、意外事故的预防及处理、微生物的基础知识与消毒隔离、儿童心理健康、保育工作的技能技巧等。由市人力资源和社会劳动保障局考核鉴定。经考核鉴定合格者颁发全国通用的保育员国家职业资格证书。

表 1-3-1　　1988—2012 年津市市幼儿园师资队伍建设情况一览表

内容	1988—2001 年	2001—2009 年	2010—2012 年
师资来源	企业事业单位自主聘任	公办园由教育主管部门安排公办教师，兼聘合同教师；民办园面向社会招聘	公办园由教育主管部门安排公办教师，兼聘合同教师；民办园面向社会招聘
从业要求	具备中专及以上学历，有教师资格证，保育员接受培训。	具备中专及以上学历，有教师资格证，保育员接受培训	具备大专及以上学历，有教师资格证，保育员持证上岗
幼教管理	属企事业单位和教育主管部门双重管理	公办园属企事业单位和教育主管部门管理，民办园属教育主管部门和幼儿教育协会管理（业务指导）	2010-2011 年 6 月，社管办管理，2011 年 7 月学前办管理
幼师待遇	由企事业单位按中小学教师标准兑现	公办幼儿教师与中小学教师同等待遇，招聘教师按合同协议兑现待遇	公办幼儿教师与中小学教师同等待遇，招聘教师按合同协议兑现待遇
师资培训	教育主管部门统一安排培训，企事业单位负责经费	以活动代培训	每年组织国家级、省级、地市级、县市级免费培训，公办园和普惠性民办园优先
职称评定	由教育主管部门组织与中小学教师同等的职称评定	由幼儿园或教师个人直接到人事部门参加职称评定	由教育主管部门组织与中小学教师同等的职称评定

2011 年 7 月 24—28 日，全市幼儿园园长培训班在常德师范开班。来自全市各区、县（市）130 多名园长参加学习。市教育局副局长庹朝君、市民办教育协会常务副会长徐国清等就园长培训的意义和要求作了重要讲话。

2011 年 11 月 11 日，市教育局召开“幼儿教师国培计划”实施工作会议，正式启动幼师国培计划中的“置换脱产研修项目”。全市各区、县（市）培训股长、学前教育办主任参加会议。长沙师范学校送来 44 名置换幼师顶岗实习生到该市各区、县（市）幼儿园顶替参与培训的幼师，时间为 3 个月。

“置换脱产研修项目”是国家幼儿教师培训计划之一，全国首次启动该培训项目。培训对象主要是农村幼儿园的骨干教师，通过组织在校的高年级学前教育专业师范生或城镇幼儿园骨干教师到农村幼儿园顶岗实习支教，置换出农村幼儿园骨干教师到高等院校、幼儿师范专科学校和城市优质幼儿园进行为期 3 个月左右的脱产研修，全面提高幼儿教师教育水平、专业能力。

表 1–3–1 为 1988 年—2012 年津市市幼儿园师资队伍建设情况一览表。

第二节　管理机构

常德地区教委 1988 年 8 月《关于中小学幼儿园内部机构设置及编制问题的意见》（常地教字〔1988〕16）号指出：幼儿园内部机构及编制本着“精干、需要、效能”的原则来确定。幼儿园行政人员按园长、副园长和职员的职务分列。幼儿园保育员不属于行政人员之列。实验幼儿园和大、中、小班齐全，有 8 个以上幼儿班，在园幼儿 150 人以上的大型幼儿园，可配正副园长各 1 人，职员 1 人；有 4~7 个幼儿班，在园幼儿 100~149 人的中型幼儿园，可配正副园长 1~2 人，职员 1 人；其他幼儿园只配园长或副园长 1 人。企业办的幼儿园行政机构设置和编制，可参照执行。幼儿园行政人员，在实行园长负责制之前，一般实行任命制。区、县（市）教委直属幼儿园的正、副园长由区、县（市）教委考察任命。其他幼儿园行政人员由完全中学或区、乡联校考察任命，报区、县（市）教委备案。

1988 年起，民办幼儿园异军突起。教育主管部门要求民办园内部机构设置及编制报批，实际办不到，因为民办园经济独立，涉及人员经费开支。原地区教委〔1988〕16 号文只对少数公办园具有管控作用，民办园内部机构设置及编制是随举办者意愿确定的，一般行管人员少，保教人员职数也不足额，以节省经费支出。

表 1–1–2　　2009—2010 年度全市公、民办幼儿园对比统计表

年份	分管股室	人员编制	职能职责	备注
1988—1994 年上	教育组	秘书吴学勇等 4 人	管理公、民办幼儿园、培训机构审批，实施年度检查	
1994 年下—1996 年	成教办	主任魏金钧（兼社管办主任）等 4 人	管理企事业办学（含幼儿园）审批民办学校；关闭非法民办学校	
1997 年—1998 年	职成股	股长魏金钧（兼社管办主任）等 4 人		
1998 年底—2002 年	成教股	股长宋长生（兼社管办主任等 3 人	管理公、民办幼儿园、培训机构审批、实验年度检查	

续表 1-1-2

年份	分管股室	人员编制	职能职责	备注
2002 年—2003 年	教育股	股长宋绪益等 4 人	管理公、民办幼儿园、培训机构的审批，实施年度检查	2002 年撤销成教股
2003 年—2005 年上	教育股	股长宋绪益等 6 人		
2005 年下—2009 年 5 月	教育股	股长曾令秋等 6 人		
2009 年 5 月—2012 年 7 月	社管办	主任彭浩等 2 人	管理民办学校、公民办幼儿园，培训机构申报、审核，年度评估，协调，指导，监控教育教学	2011 年 7 月挂学前办牌
2012 年 8 月	教育股	股长廖元铟等 6 人	管理学前教育及普惠工程，评估学前教育水平，组织指导学前教育改革	学前办并入教育股

1988 年开始，市教委基教科、社管办（负责民办幼儿园）共同负责学前教育日常工作管理。2010 年 11 月，市教育局成立“常德市学前教育管理办公室”（简称“学前办”）负责学前教育管理工作，基教科不再分担学前教育管理。各区、县（市）教育局对学前教育管理各有安排，一般由教育股、社管办、职成股等分担。2011 年，为加强“学前教育三年行动计划”实施，市域临澧县、桃源县、石门县等设置了独立的学前教育管理办公室，与市教育局学前教育管理办公室工作衔接。表 1-3-2 为 1988—2012 年津市市教育局学前教育管理机构沿革一览表。

第三节　开展创合格幼儿园（班）活动

1990 年，全市创合格幼儿园（班）活动拉开序幕。根据《湖南省幼儿园办园标准》和《常德市示范幼儿园标准》，当年经验收，全市达到合格标准的城镇幼儿园 21 所，乡镇幼儿园 31 所。1991 年，市第一幼儿园等 9 所幼儿园获“湖南省幼儿教育先进集体”称号，43 名幼师获“湖南省幼儿教育先进工作者”称号。1993 年 9 月，市第一幼儿园、汉寿县中心幼儿园被湖南省授予省示范幼儿园荣誉。

步入 21 世纪，全市先后有 4 所幼儿园被湖南省教育主管部门评为省级示范性幼儿园：常德市第一幼儿园（前身为常德市直机关幼儿园，1993 年认定、2008 年重新认定）；常德芙蓉物业幼儿园（2004 年认定）；澧县澧洲幼儿园（前身为澧县机关幼儿园，2009 年认定）；鼎城实验幼儿园（前身为鼎城区机关幼儿园，2006 年认定）。其他区（县）机关幼儿园也先后被市教育主管部门评为市级示范性幼儿园，在本地起着示范带头作用。

2004 年，市教育局启动市级示范性幼儿园评估验收工作，并于 2005 年批准常师附属幼儿园、安乡县中心幼儿园、临澧县中心幼儿园、桃源县实验幼儿园、石门县楚江镇第一幼儿园等 5 所幼儿园为市级示范性幼儿园，市财政每年给予每园 2 万元奖励。之后，一年一度的市级示范园评估进入常态化。到 2009 年底，全市已有 43 所市级示范园。与此同时，各区县市也相应开展创区县市级示范性幼儿园活动。2004 年，武陵区人民政府教育督导室首次对武陵区第一批申报的 14 所幼儿园，按照办园条件、保教队伍、园务管理、保教质量四大方面进行了全面的评估，评出区级“示范性幼儿园”7 所（市第一幼儿园、市一中幼儿园、紫兰中英艺术幼儿园、紫桥幼儿园、滨湖幼儿园、新蕾幼儿园、美吉双语幼儿园）；“规范化幼儿园”4 所（龙昌双语艺术、北斗星、育才、皂果）；“合格幼儿园”2 所（芦山多乐、北站春蕾）。2005 年上半年，市教育局在武陵区召开全市幼教经验交流现场会，推进“各区县要着重办好 1 所示范园”的指导意见、推广社会办园经验。全市各区县（市）分管幼教的干部及幼儿园代表百余人参观了市城区第一幼儿园、紫桥幼儿园、紫兰幼儿园、市一中幼儿园等，并介绍它们的办园经验。到 2012 年止，全市先后已创市级示范园 79 所、区县级示范园 100 多所。争创市级、区县级示范性幼儿园活动，有效推动了各级各类幼儿园加强规范管理、积极改善办园条件，提高保教质量，推动了全市学前教育的大发展、大提升。表 1–3–3 为常德市市级示范幼儿园名册 (截至 2012 年)。

表 1–3–3　　常德市市级示范幼儿园名册（截至 2012 年）

区县(市)	幼儿园名单			
武陵区 18 所	常师附属幼儿园 五强幼儿园（已停办） 紫桥幼儿园 文博幼儿园 丹洲中心幼儿园	一中幼儿园 紫兰幼儿园 芦荻山乡多乐幼儿园 大地幼稚园	金摇篮幼儿园（文化宫） 华南幼儿园 卫门口幼儿园 旺宝贝幼儿园	星海幼儿园 南瓜布丁幼儿园 伟才幸福湾幼儿园 育才幼儿园 清华幼稚园 百灵鸟幼儿园
鼎城区 13 所	灌溪镇明星幼儿园 草坪阳光实验幼儿园 谢家铺镇阳光幼儿园 许家桥镇中心幼儿园	蔡家岗镇中心幼儿园 南源实验幼儿园 金鹰蒙氏幼儿园	韩公渡镇实验幼儿园 金色梯田幼儿园 美麟幼儿园	斗姆湖镇中心幼儿园、逆江坪乡欣新幼儿园、牛鼻滩镇中心幼儿园
安乡县 6 所	安乡县中心幼儿园 城北幼儿园	南区幼儿园 紫珑幼儿园		安丰乡中心幼儿园 小太阳幼儿园
汉寿县 7 所	汉寿县中心幼儿园 汉寿县机关幼儿园 酉港镇中心幼儿园	龙池实验中学幼儿园 沧港镇中心幼儿园		汉寿县新乔幼儿园 汉寿县安琪幼儿园

续表 1-3-3

区县(市)	幼儿园名单		
澧县 10 所	码头铺镇中心幼儿园 英才幼儿园 大堰垱幼儿园	红缨幼儿园 、珍珠幼儿园小渡口镇中心幼儿园张公庙镇蓝月亮幼儿园	金宇实验幼儿园 如东乡中心幼儿园 甘溪滩镇中心幼儿园
临澧县 7 所	临澧县中心幼儿园	合口镇中心幼儿园、杉板中心幼儿园、官亭乡中心幼儿园、烽火乡中心幼儿园	新安镇中心幼儿园 四新岗镇中心幼儿园
桃源县 7 所	桃源县实验幼儿园 小博士幼儿园 博爱幼儿园	帝娃幼儿园 漆河镇中心幼儿园	蓓蕾幼儿园 紫东伟才幼儿园
石门县 4 所	楚江镇第一幼儿园 宝峰幼儿园	楚江幼儿园	皂市镇中心幼儿园
津市市 2 所	火花幼儿园	津市大风车幼儿园	
西湖区 1 所	西湖管理区中心幼儿园		
西洞庭 1 所	西洞庭中心幼儿园		
经开区 2 所	新艺幼儿园	金鹰幼儿园	
柳叶湖 1 所	小哈佛幼稚园		

第四章 “三年行动计划”与普惠工程

第一节 “三年行动计划”出台与实施

一、“三年行动计划”出台

2009年前后，学前教育的诸多弊端已成为突出的社会问题和热点话题。2009年10—11月，《常德晚报》做了“关注学前教育”的系列报道，曝光了学前教育存在的乱办班、乱收费等诸多问题，引起社会广泛关注。是年11月，市教育局向市政府作了《关于学前教育情况的汇报》。2010年，国务院颁布《关于当前发展学前教育的若干意见》（“国十条”），湖南省颁布了《湖南省加快普及学前教育专项规划》和《关于加快学前教育发展的意见》等文件。市委、市政府对学前教育高度重视，市长陈文浩、市政协主席刘春林、市委副书记曹儒国、副市长万成贞等市领导曾多次深入幼儿园调研，多次召集市教育局、市发改委、市住建局、市规划局、市国土资源局、市财政局、市编办、市卫生局、市物价局等相关职能部门研讨全市学前教育发展举措，并于2010年10月颁布《常德市人民政府关于加快学前教育改革和发展的意见》（常政发〔2010〕17号）文件。文件就全市学前教育的规划、投入、管理、建设、师资及培训等方面提出具体要求。2010年11月市教育局设立“常德市学前教育管理办公室”（此前“学前教育”工作归属“基教科”），王林（女）为首任学前办主任（正科级）。次年，全市有临澧、桃源、石门3个县以及津市市（挂牌与社管办合署办公）设置了独立的学前教育管理办公室。

2011年1月召开的常德市五届人大四次会议主席团第三次会议上，市人大代表赵正乐领衔提出《关于促进我市学前教育健康发展的议案》被列为此次大会的一号议案。议案的要点是，全市学前教育机构应科学规划，加大投入力度，完善幼儿园的建设和管理。“一号议案”催生了“常德市发展学前教育三年行动计划”出台。

2011年8月，历经半年修订完善的纲领性文件《常德市发展学前教育三年行动计划（2011—2013年）》（常政办函〔2011〕90号）正式颁布。

二、“三年行动计划”的主要目标任务

各区县（市）政府根据《常德市发展学前教育三年行动计划》相应地编制了本地的“学前教育三年行动计划”。落实一号议案、

落实“三年行动计划”，成为这一时期各级政府办教育的主要任务。表1–4–1为常德市2011—2013年学前教育发展目标。

表 1-4-1　　常德市 2011-2013 年学前教育发展目标

年份 项目	2011 年	2012 年	2013 年
在园幼儿数	121291 人	132687 人	140370 人
3~5 周岁儿童	161506 人	170102 人	174373 人
学前三年入园率	75.1%	78.0%	80.5%
新增幼儿园数	49 所	76 所	60 所
新增入园学位	8157 个	11696 个	10018 人
新增专任教师	515 人	738 人	528 人

三、“三年行动计划”实施

2011 年 11 月 10 日，陈文浩市长带领编委、发改、教育、财政、人社、国土、住建、规划、物价等各职能部门负责人专题调研学前教育和“三年行动计划”的实施。强调“三个不能变”，即三年内公办和普惠性幼儿园达到全市幼儿园总数的 60%目标不能变；园舍的新建、改建、扩建的目标不能变，提高教师队伍素质不能变；政府的投入（每年 1000 万元）不能变。

1.加大财政投入力度

“三年行动计划”要求各级政府要将学前教育经费列入财政预算，新增教育经费要向学前教育倾斜，财政性学前教育经费在同级财政性教育经费中所占的比例 2011 年达到 3%、2012 年达到 4%、2013 年达到 5%；各级政府要设立学前教育发展专项经费，通过以奖代投的方式支持幼儿园的建设和发展。

2011—2012 年，全市学前教育经费总投入达到 3.81 亿元，其中 2011 年 1.23 亿元、2012 年达 2.58 亿元 (包括财政性投入 1.3 亿元)。大部分县学前教育经费占同级财政性教育经费预算的比例达到了 3% (2010 年前仅 1%)。

从 2011 年开始，市政府决定本级用以奖代投的方式，设立每年 1000 万元的学前教育专项资金；各区县 (市) 财政也要相应设立学前教育专项资金，从每年几十万到上百万元不等。2011 年除柳叶湖外，其他 12 个区县 (市) 都设立了学前教育专项资金，共 1049 万元 (其中汉寿 300 万元、澧县 100 万元)。

2.新建一批公办园、改造一批农村园

“三年行动计划”要求市城区 (武陵区、经开区、柳叶湖区) 建设 2 所以上公办示范性幼儿园。其他区县 (市) 在中心城区建设 1 所以上由政府主办、教育部门主管的示范性公办幼儿园；利用农村闲置教育资源或其他公共资源，通过改建、扩建、新建等方式每个乡镇建设 1 所公办乡镇中心幼儿园或村级幼儿园。三年内分期完成。

2011—2012 年，全市共争取国家项目资金 13018 万元，配套地方财政资金 9480 万元，合计约 2.25 亿元，实施乡镇公办幼儿园建设 117 所（其中列入“省为民办实事”项目有 25 所)。临澧县、津市、安乡县等共争取到 16 个“国家农村学前教育推进工程试点项目”，建成了一批示范引领、普及普惠的乡镇园，成为亮点工程。2013 年，全市再完成 89 所乡镇公办中心园的新建、改扩建项目。至此，全市基本实现 1 乡镇 1 公办中心园的目标。各区县都建成几所利用国家、省市项目资金新建的标准幼儿园，它们是各乡镇的亮点，是幼儿园的标杆，对其他幼儿园起着引领、推动和促进作用。另有八成左右的新建乡镇公办园，是共享小学校园、利用小学富余教室按幼儿园标准改建的。鼎城区按这种模式新建乡镇公办园，并按照“地面软化、环境美化、设施设备标准化”的要求统一标准、统一采购教玩具。武陵区在原桥头小学改建幼儿园于 2013 年已完成主体工程。通过三年行动，乡镇公办中心园已成为全市学前教育的一支重要力量。但是，仍有约三分之一左右的乡镇园存在着标准不高、公办性质不强（公有民办）等问题。多数乡镇公办园除了固定资产属于公有，多不享受财政拨款，办园形式也多为个人领办或承包，仍要以教养教、自负盈亏。有些公办园往往只有园长 1 人具有公办编制，其他人员多为招聘。

西洞庭中心幼儿园前身是西洞庭总场机关幼儿园，该园的发展及“三年行动计划”带来的变化，对了解常德市同类公办幼儿园是管中窥豹，略见一斑。该园成立于 1958 年 4 月，园址最初设于总场机关工会娱乐室，有大、中、小三个班级。1993 年，农场投资 220 万元，于中心完小西侧新扩建幼儿园。新建成园占地 0.87 公顷，教职员工 15 人，开设班级 5 个，在园幼儿 1995 年增加到 230 人。1996 年，农场又投资 40 多万元用于改善办园条件，扩建幼儿餐厅，新建幼儿多功能房，添置双层床、桌椅、音乐体育器材及绿化园林。

2000 年冬，西洞庭农场改制，幼儿园更名为西洞庭管理区中心幼儿园，隶属中心完小。到 2007 年开设班级 6 个，在园幼儿达 260 人，教学设备及课程也进一步科学化，新增了班级图书角、自然角、室外沙坑、玩水池，开展了幼儿资料建档工作。同年，中心幼儿园被评为“市级示范性幼儿园”。

2008 年，管理区投资 300 万元收并所有民办幼儿园，新建了一栋教学楼、透视围墙、文化诗墙和攀爬墙，铺设了 930 平方米的塑胶地毯操场和 30 米软跑道，建立了教师电子备课室，每个班都配备了多媒体设备。2009 年后，该园成为湖南省学前教育研究会成员单位并参与省级课题研究。课题组撰写的课题论文案例分析分别获得省、市一、二等奖。在“学前教育三年行动计划（2011—2013)”期间，该园硬件又得到进一步优化和完善。2011 年，新建了幼儿玩具场，添置了各种设备设施和室外大型玩具，更新了楼道走廊的墙饰内容，投资 180 万元新建一栋 1726 平方米的三层教学楼。该园是全区条件最好、规模最大的公办幼儿园，是全区开展各类教育、教研及幼师培训活动的中心。2012 年，该园占地面积为 8877 平方米，建筑面积 4114 平方米，开设 11 个班，教职工 34 名，在园幼儿 458 名。

3.建设一批小区配套园

“三年行动计划”要求各区县市每年新建一批普惠性质小区配套幼儿园，用以保证小区内及附近住户的幼儿入园。市城区 2011 年开始试点，建设 1~2 所，2012 年建 3~4 所，2013 年建 5~6 所。

市政府在小区建配套园的方案：政策优惠、开发商承建、教育部门接管、产权公有。在实际执行过程中，开发商虽然享受了以建园名目而获得的规划、用地、建设方面的政策优惠，但并没有将小区园的产权无偿移交政府，教育部门也没能全面接管，小区园多为社会办园者购买或租赁。有些需要办园的小区根本没按要求规划幼儿园。小区园普遍未达到国家规定的设计标准，也不都是普惠性质的，有些小区园甚至是贵族似的幼儿园收费，如武陵区芙蓉盛世小区的吉纽斯幼儿园、幸福湾小区的伟才国际幼儿园，每月每生仅收保教费就将近 2000 元。

4.清理整顿无证园

“三年行动计划”求各级政府每年开展 1~2 次清理整顿无证幼儿园联合执法行动，坚决取缔经整改不达标、存在严重安全隐患的无证幼儿园，至 2013 年要全面消除无证幼儿园。

2011 年，对全市所有幼儿园进行办园质量评估。对几百所不达标的幼儿园和非法园下达了整改通知书，或者直接予以取缔。澧县清理 116 所无证园、取缔 72 所；汉寿取缔 53 所；石门取缔 11 所、责令整改 46 所；津市和安乡各取缔 20 所；武陵区取缔 12 所。临澧、西湖在“三年行动”中通过严格执法，杜绝境内无无证园。西洞庭区坚持全力抓公办园建设，全区以区中心幼儿园为龙头，每所小学院子中都隔开建了一所相对独立的幼儿园，不仅没有“黑园”，连民办园也少有。是全市仅有的区域。还有一些无证黑园和不达标的简易园，受民办普惠园、乡镇公办园和其他正规园的挤压，也被市场自然淘汰。“三年行动”之后，全市无证园和不达标的幼儿园大幅减少。

5.招收公办幼师、加强师资队伍建设和科学保教指导

“三年行动计划”要求每年招收一部分公办幼师，分期分批免费培训一批园长、骨干教师、保育员、保健人员等，提高其科学保教水平。要求 2011—2013 年培训比例分别达到 30%、40%、50%。

自 1998 年国家对大中专毕业生取消统分后，全市十多年几乎没有补充公办幼师。2011 年全市开始启动公办幼师招收工作，当年有 8 个区县市共新招公办编制的幼师 75 名。津市、西洞庭各一次性解决现有公办幼儿园教师编制十几个。2012 年，全市新招公办编制的幼师 65 名 (其中安乡县、汉寿县、鼎城区、石门县分别新增公办幼师编制 20 名、13 名、11 名、10 名)。这些幼师充实到各乡镇公办中心园。

从 2011 年开始，国家全面启动幼儿园从业人员免费培训——简称“国培”。相应地

“省培”“市培”“县培”也全面展开。“国培”项目包括短期集中培训、置换脱产研修、示范性远程培训、示范性短期集中项目骨干教师培训、转岗培训、农村幼儿园保育员培训等。国家、省、市、县都将幼师培训纳入总体规划和师资培训体系，截至2012年，全市已培训园长、骨干教师和保育员4556人次（其中“国培”项目每年近千人次），占幼儿园教职工总人数的56%。

2011年3月，湖南省开展学前教育三年行动计划实施工作专项检查，市域澧县和临澧县被评为“湖南省积极推进学前教育三年行动计划县”。武陵区、西洞庭管理区被评为2012年度全省学前三年行动计划先进区县。

2011年全市幼儿园895所，3~5岁幼儿150244人，在园幼儿114453人，学前三年入园率76.2%；专任教师4，358人。到2013年，全市公办园和普惠性民办园占全市幼儿园比例基本达到60%，实现了“三年行动计划”制定的目标。

第二节 实施普惠工程

大力发展普惠性民办幼儿园，是常德市发展学前教育三年行动计划中的重点。所谓普惠性民办幼儿园是指符合幼儿园布局规划，除公办幼儿园、高收费的民办幼儿园之外，接受政府补助、面向大众、办园质量较高、接受政府指导价，提供公益性、普惠性服务的民办幼儿园。一般是在公办幼儿园未覆盖的区域设立或在现有民办园基础上改造、扩建。各级政府主要通过民办公助、以奖代补、委派园长、派驻公办幼师、减免租金、补助教师工资和公用经费补贴、建设项目支持、适当补助保教费等方式，对各类社会力量举办的幼儿园给予资金、人员、政策支持，积极引导和支持其提供普惠性服务。

市教育局、财政局联合制订《常德市学前教育发展专项资金管理办法》《关于加强普惠性民办幼儿园建设与管理的意见》等配套文件，加强普惠幼儿园的建设与管理。

2011年4月，全市开展首批普惠性幼儿园申报遴选工作，各区县市都十分重视，积极推选。武陵区有46所民办幼儿园申报普惠园。经过区教育局的遴选和公示，最后华南幼儿园、丹洲中心幼儿园等19所民办幼儿园成为武陵区首批普惠性幼儿园。扩建、改建这19所普惠园共投入资金721万元。

2011年12月31日，市城区首批普惠性民办幼儿园授牌仪式在武陵区人民政府会议室举行。市政府副市长万成贞，副秘书长陈智慧，市教育局局长诸戈文，武陵区委副书记、区长涂碧波出席授牌仪式。华南幼儿园等19所幼儿园成为全市、全省首批挂牌的普惠性幼儿园。

2012年，全市共兴建、改建普惠园60所，其中城区22所。

表 1-4-2　　2012 年度常德市学前教育基本情况统计表

区县（市）	学前教育机构数				在园幼儿人数				教职工人数		
	合计	公办	民办	其他	合计	公办	民办	其他	公办	民办	其他
	879	146	728	5	125509	34192	90622	695	1520	7561	101
市　直	1	1			569	569			74		
武陵区	89		85	4	12834		12229	605		1492	90
鼎城区	77	14	63		11978	2035	9943		151	835	
安乡县	67	17	50		8545	2218	6327		139	502	
汉寿县	96	9	87		17760	2915	14845		215	1079	
澧　县	201	15	186		22023	4543	17480		198	1252	
临澧县	55	22	33		10557	6778	3779		198	307	
桃源县	127	34	93		17958	7166	10792		40	757	
石门县	95	17	78		11675	3930	7745		174	662	
津市市	20	8	12		4858	3096	1762		247	158	
经开区	21	1	19	1	2842	64	2688	90	9	273	11
桃花源	10	1	9		738	41	697		4	45	
柳叶湖	6	1	5		744	76	668		12	79	
西湖区	8		8		1667		1667			120	
西洞庭	5	5			660	660			52		
贺家山	1	1			101	101			7		

说明：数据来源于各区、县（市）教育局社管办；汉寿含西湖、鼎城含西洞庭、武陵含德山及市直

根据相关文件规定，普惠性民办幼儿园须降低收费标准。市政府对市城区 22 所普惠性民办幼儿园按办园规模即班级数给予每班 1 万元的资金补贴，作为第一年的引导性补助资金。此后市政府还将采取以奖代补的方式，对挂牌认定的普惠园按评估认定等级，依据在园幼儿人数给予生均公用经费补贴，并将根据市教育局《关于加强普惠性民办幼儿园建设与管理的意见》，在各类从业人员培训、表彰奖励等方面给予扶持。

2012 年年初，市政府将学前教育普惠工程列入全市“为民办实事”8 大重点民生工程之一，确定为各地党政“一把手工程”，实行约谈问责；列入“教育强县（市、区）”和

“学前教育先进单位”年度考核的核心指标，未完成任务实行一票否决。

2012 年，全市学前三年毛入园率达到 76.2%，普惠性园点民办园比例达到 41%，两项指标均处于全省前列。时任市长陈文浩先后两次视察学前教育普惠工程建设项目，分别到石门县、汉寿县等地视察项目建设情况。很多区县 (市) 学前教育工作，都是由县长或区 (市) 长亲自部署、动员，重视程度可见一斑。如汉寿县举办了 2012 年“共沐七彩阳光、健康快乐成长”庆六一幼儿文艺会演活动，县五大家主要领导全程参与。桃源县县长唐汇诰亲自部署无证幼儿园清理整顿行动。西湖和桃花源管理区分别投入 400 万元各建设 1 所公办幼儿园。2012 津市利用国家学前教育推进工程项目资金，基本完成乡镇公办园建设。表 1–4–2 为 2012 年度常德市学前教育基本情况统计表。

第二篇　九年义务教育

1985 年 12 月，常德地委、行署颁发《关于普及九年义务教育的实施意见》，要求全地区 1995 年基本实现九年义务教育。1986 年经省政府核准，常德地区获普及初等教育合格证书。但因积重难返，1990 年以前，全地区（市）义务教育工作的重点仍在普及、巩固提高“普及初等教育”成果。

1991 年，常德市政府根据实际情况，制订《常德市普及九年义务教育规划》；是年 5 月，经市人大一届二十次会议审议通过，颁布实施。规划确定的总目标：从 1991 年起分三步实行，2000 年前基本实现“普九”，21 世纪初全面完成。

1993 年，市委、市政府按中央和省里的新精神，于当年 9 月召开全市教育工作会议，会议作出《中共常德市委、常德市人民政府关于加快普及九年义务教育的决定》，对 1991 年制订的《规划》作了调整，将原以乡镇为单位的“普九”规划调整为以区、县（市）为单位，“普九”进度由原来 2003 年完成调整为 2000 年以前完成。

1995—1998 年，全市 12 个区、县（市、场）先后分三批接受省政府和国家教委的“普九”评估验收，均认定合格。全市提前两年实现调整后的《规划》目标。

此后，为巩固提高、均衡发展“普九”成果，全市先后开展“千百十工程”、“千万工程”、建设教育强市和建设义务教育合格学校（重点在农村）等活动。至 2009 年，全市九年义务教育入学率、巩固率均达到 100%，合格率达到 99.5%；城乡九年义务教育均实现全免费。2008 年启动的义务教育合格学校建设按原定计划顺利推进，至 2010 年，全市 50%以上的中心完小、初中学校已通过省教育厅验收达到合格标准。建设教育强市取得重大进展，基础教育保持良好态势。市人大常委会组织人大代表测评，人民群众对教育的满意率达到 99.8%。市教育局被市政府评为“全市十佳人民满意机关”。

1993 年 2 月，中共中央、国务院颁发《中国教育改革和发展纲要》，1999 年 6 月颁发《关于深化教育改革，全面推进素质教育的决定》，总的精神是基础教育必须从“应试教育”转到“素质教育”的轨道上来，全面贯彻党的教育方针，全面提高教育质量，以适应改革开放和现代化建设的需要。

1998 年 12 月，常德市人民政府转发市教委《关于实施素质教育的意见》，要求统一对实施素质教育的认识，全社会都要更新教育观念，支持和鼓励中小学由“应试教育”向“素质教育”转轨，并设计了相应配套的制度。市教委随即又印发《依法规范办学行为，大力推进素质教育十项规定》。全市各区、县（市）教育行政部门、中小学校严格按市政府、市教委“意见”和“规定”实施。加强基础教育办学管理，以课程改革促素质教育、改进中小学德育工作、加强学校文化建设、建书香校园等成为全市中小学校主题活动。

1995—1998 年，临澧县、澧县、武陵区、津市被省教育厅确定为省素质教育实验县。1999 年临澧县被评为全省素质教育先进县。1998、1999 年《常德日报》连续以《风景这边独好——常德市一中素质教育回眸》《花儿为什么这样红?》为题报道常德市一中素质教育成果。

第一章　“普九”攻坚

第一节　修订规划

1985 年 12 月，常德地区普及初等教育之后，地委、行署发出《关于普及九年义务教育的实施意见》，提出 1995 年全区基本实现九年义务教育。但是，1990 年之前，全市义务教育工作的重点仍在巩固提高普及初等教育成果。因为当时“普初”验收标准较低，主要是两条：一是办学条件做到“一无两有”，即校校无危害，班班有教室，学生人人有课桌凳；二是普及程度达到两个 98%，即适龄儿童入学率达 98%，在校学生巩固率达 98%。这与国家《普九标准》存在一定差距，且许多地方当时在迎检时采取的是临时应急措施，农村小学办学条件和适龄儿童普及程度存在的问题，并未得到根本解决。

1990 年，全市学龄儿童入学率达 99.6%（城市达 100%，农村达 99.5%），普及初等教育的主要指标基本实现，办学条件得到相应改善。

1991 年，市政府制定《常德市普及九年义务教育规划》。《常德市普及九年义务教育规划》确定的总目标是：从 1991 年起分三步实施，2000 年前基本实现“普九”，21 世纪初全面完成。

1993 年，湖南省委、省政府颁发《关于加快普及九年义务教育的决定》，要求提高认识，增强加速普及九年义务教育的紧迫感；加强领导，把义务教育纳入法制化轨道。市委、市政府根据省文件精神，结合全市各区、县（市）实施《规划》的实际情况，对原《规划》作了滚动调整。调整后的分步目标是：

第一批：武陵区、津市市、贺家山原种场、西洞庭农场，1994 年进入普及期，1995 年完成。

第二批：临澧县、安乡县、汉寿县、西湖农场、东山峰农场，1994 年前后相继进入普及期，1998 年以前完成。

第三批：鼎城区、澧县、桃源县，1996—1997 年先后进入普及期，2000 年完成；石门县 2000 年基本普及。

1995 年 10 月，武陵区、津市市、临澧县经本市申报，顺利通过省政府组织“两基”督导评估验收，挂上“基本普及九年义务教育、基本扫除青壮年文盲合格县”匾牌。

三区、县（市）“两基”评估验收合格经验，增强了市政府再次调整全市“两基”目标实现的信心，决定时间整体提前。1996 年 2 月，市人大二届二十二次会议根据市政府提出的意见，作出《关于调整常德市普及九年义务教育规划的决定》。按照调整后的规划，安乡县、澧县、桃源县、鼎城区、汉寿县等 5 个区县和西湖、西洞庭、贺家山等 3 个农场及武陵区新划入的三乡一镇共 9 个单位（占全市人口总数的 71.5%）将于 1997 年接受省政府和国家教委的“两基”验收。石门县和东山峰农场将于 1998 年完成“两基”验收。这样，全市“两基”规划目标将提前两年完成，任务十分艰巨。

第二节　落实措施

一、建立责任体系

1993 年，全市“普九”工作进入快车道。市委、市政府为确保“普九”规划如期实现，作出决定：

建立以各级党政一把手为第一责任人的集体领导体制，负责有关“普九”重大问题的决策和协调；以分管领导和相应教委主任为直接责任人的分管体制，主要负责“普九”工作的组织和实施；以人大常委会牵头，有关执法监督部门积极参加的监督体制，负责检查实施进度和各项措施落实；以教育行政管理部门和中小学为主、社会各界共同配合的联动体制，主要负责学生入学、教育方针的落实和教育教学活动的实施，保证普及程度和教育质量。

强化组织和法制手段，把“普九”工作列为干部考察的重要内容。对抓“普九”不力或违反义务教育法规定的相关责任人，组织和执法部门严格执法，决不姑息。

二、调整学校布局

1986 年开始，全地区各县（市）根据地委、行署颁发的《关于普及九年义务教育的实施意见》和人口变化情况，开始调整中小学布局。把一些过于分散、布局不合理的中小学撤并、集中，使教学设备、教育经费和师资得到合理安排，以提高使用效益。全市小学由 1986 年的 5016 所（其中教育部门办 4927 所）逐年调减到 1998 年的 2641 所（其中教育部门办 2591 所），学校数只有原来的 52.3%；校均办学规模由原来的 158.3 人扩大到 213.6 人，是原来的 1.4 倍。初中由 1986 年的 384 所（其他部门办 20 所），调减到 1998 年的 273 所，减少 30%;校均其办学规模由原来的 557.7 人扩大到 728 人，增加 30%。这一举措，大量减少重复投资和师资调配。其中澧县人民政府、安乡县安福乡党委和政府调整学校布局、提高学校规模效益，积累了很好的经验。

三、增加经费投入

"普九"最大的困难是经费不足。1986年，常德成立"普九"规划组。经规划组测算，常德实现"普九"至少需额外投入10亿~12亿元（按当时物价计）。1985年，常德地区教育总支出仅7400万元，其中80%要支付教职工工资和起码的公务开支，用于学校基本建设所剩无几。为解决资金困难，市委、市政府主要采取两项措施：

第一，依法抓增加财政投入。1985年9月，湖南省委、省政府发布《贯彻中共中央关于教育体制改革的决定的意见》，提出为增加教育经费投入开辟"五个口子"，要求各地、州、市、县教育经费（每年）增长的比例要高于财政经常性收入增长比例的2%以上；开征城市维护建设税和城市教育费附加等。通过抓这些政策落实，1990年，全市财政用于教育的经费达1.16亿元；1992年增长到1.596亿元，增长37.7%；1993年增长到1.868亿元，又增长了18%，均高于同期财政增长比例2%以上。市教育局财务统计显示：1989—1998年的10年间，市财政对教育拨款累计达21.9亿余元（年均2.19亿元）；全市征收城乡教育附加税累计达8.16亿元，全用于"普九"。

第二，依法开展群众集资办学。在教育经费总支出以财政拨款为主的前提下，广泛开展"人民教育人民办"的宣传，"再穷不能穷教育，再苦不能苦孩子"成为人民群众的共识。群众捐资助学、投工献料建校形成热潮。石门县是省级贫困县，"普九"资金缺口大，群众捐资助学热情超常。该县夹山镇东红村村民杨昌龙捐款一万元助学，像这种情况还不少见；所街乡柳家台村覃道思等几名退休干部、教师自发成立"建校委员会"筹集资金10万元助学；壶瓶山镇杨家坪村江泽任，年过六旬，为修学校厕所捐款200元，为填平学校操场无偿拉砂石30多车。1995—1998年间，该县群众捐款助学达2,143万元。临澧县合口镇一位"五保"老人将自己捡废品积攒的200多元钱捐出助建村小学。汉寿县的干部群众在"普九"攻坚的1994—1997年间，共捐助筹措资金一亿余元改善办学条件。该县有的同志说："我们一年领10个月的工资（捐两个月工资助学）干十四个月的工作（"普九"攻坚加班加点时日多）。"安乡县编辑《远见卓识的人们》册子赞扬该县安康乡党委等一批重教、捐资助学的典型。市教育督导室编印《兴教丰碑》讴歌全市兴教、助教功臣的事迹。

1989—1998年全市实现"两基"目标期间，累计用于学校建设资金近15亿元，其中除石门县获得省财政贫困地区"普九"专项补助900多万元和全市累计约2000多万元省中小学维修费外，其余全是市财政投入（为主）和群众（含少数海外侨胞）捐助。

第三节 分批验收

根据湖南省人民政府湘政传电〔1995〕141号《关于对部分区、县（市）普及九年义务教育和扫除青壮年文盲工作进行评估验收的通知》精神，以省教委副主任张作功为团长的“湖南‘两基’评估验收团常德分团”于1995年10月12—25日到常德市先后对武陵区、津市市、临澧县的“两基”工作进行评估验收，均认定合格。其中临澧县高标准完成“两基”的经验，受到国家教委和国务院副总理李岚清的充分肯定。中央电视台“神州风采”栏目组将其经验摄制成专题片，在中央电视台六次滚动播出。临澧县被评为全国“两基”工作先进县。

按照常德市政府1996年调整后的“普九规划”，大量的迎检工作在1997年。为确保目标实现，市委、市政府将1997年确定为“常德的教育年”“‘普九’攻坚年”，旨在举全市之力，打好“两基”最后攻坚战。筹集资金、改善办学条件；确保适龄儿童、少年入学率、巩固率和完成率等硬指标摆在全市人民面前。领导的决心，群众的热情，保障打赢了这一场硬仗。

1997年3—4月，湖南省“两基”视导组对常德市申报验收的鼎城区、安乡县等九个区、县（场）“两基”工作考察视导。认为主要指标已达到或接近“两基”验收标准。接着，市“四大家”领导带队，对本年迎检的九个区、县（场）共536所学校进行全面督察；当年8月，市“四大家”领导带队，对全市有迎检任务的区、县（场）共201所学校进行第二次督察和预检评估。

是年9—10月，以省教委副主任蒋作斌为团长的湖南省“两基”验收团到常德市先后对安乡县、西洞庭农场、澧县、鼎城区、汉寿县、西湖农场、贺家山农场、桃源县的“两基”工作评估验收，均认定合格。澧县被评为全国“两基”工作先进县。

1998年3月，省教委视导组对常德市申报“两基”验收的石门县和东山峰农场视导检查，对存在的差距提出指导意见，并同意东山峰农场与石门县合并验收。同年6月，市领导带队对石门县和东山峰农场两单位合并验收的有关问题进行协调落实，对“两基”工作进行迎检督察。

是年10月8—13日，国家督学陈光亮带领湖南省“两基”验收团对石门县（含东山峰农场）“两基”工作评估验收。验收团采取重点抽查和面上考察相结合的方法，共重点抽查易家渡等6个乡镇53所中小学，评定评估验收合格。并对省级贫困县石门县能克服资金紧缺、人口居住分散等多重困难，完成“两基”这一具有划时代意义的工程，给予高度评价。

至此，常德市成为全省继长沙、株洲、湘潭之后全面实现“两基”的地级市。

第四节　巩固提高

实现“两基”只是初级目标。教育领域客观存在的地区差别、城乡差别、校际差别和受教育群体差别，以及由这些差别带来的教育发展不均衡现象依然存在。市委、市政府为巩固提高、均衡发展“普九”成果，先后开展“千百十工程”（即从1998年开始，连续3年每年创建1000所规范化学校、100所省级合格学校、10所名优特色学校）、“千万工程”（市、武陵区两级每年投入1000万元改造城区小学）和“加快推进义务教育合格学校建设”活动。“千百十工程”至2001年年底，市、县（区）两级已完成对全市所有学校的首轮评估。按照区、县（市）自查申报、市教育督导室组织人员评估、最后经市教育局局长办公会议审定通过的程序，全市共认定市级名优学校32所、特色学校49所、示范性学校205所，15所普通高（完）中被评为市级规范化学校。小学、初中规范化学校由各区、县（市）认定。“千万工程”进展顺利，城区小学教育得到较快发展。2008年启动的“加快推进义务教育合格学校建设”作为市委、市政府为民办实事项目，计划从2008年起5年内按湖南省义务教育学校办学标准共建622所合格学校。至2010年年底，已投入专项资金3.77亿元，全市50%以上的中心完小、初中学校已通过省教育厅验收达到合格标准。

1998年年底，市政府出台《关于进一步发展基础教育的决定》，提出从1998年至2002年，要抓住世纪之交的历史机遇，负重奋进，在全面实现“两基”的基础上，进一步巩固、扩大成果，努力使常德基础教育的主要指标在全省处于领先地位，达到办学条件一流、管理水平一流、教学质量一流的目标。

1999年1月，全省“普九”巩固提高工作会议以临澧县、澧县为现场召开。副省长唐之享，省长助理、省教委主任许云昭等出席会议并作重要讲话。临澧县、澧县有关领导分别在会上作经验介绍。会议充分肯定常德市抓“普九”巩固提高工作的做法和经验。

1995—1998年期间，临澧县、武陵区、津市市、澧县先后被列为全省素质教育实验县、区（市），占全省28个实验县总数的七分之一。1998年12月，市政府批转市教委《关于实施素质教育的意见》，要求全社会都要更新观念，推进“应试教育”向“素质教育”转轨。1999年5月，临澧县被评为全省素质教育先进县。

至2001年年底，全市在“两基”验收合格后，又全面接受了一轮省级“普九”年检或素质教育实验县（市、区）评估，成为全省首批完成年检的市（州）。

2002年2月，市委、市政府下发《关于加快教育事业发展的若干意见》（简称“教育20条”），再次强调巩固“普九”成果，优化教育环境、扩大教育规模、提升教育质量、推动常德教育跨越式发展。当年11月，省政府办公厅将此文件转发至各市、州；《中国教育报》《湖南教育》重点推介。

2007 年 6 月，市委、市政府在全省率先作出《关于建设教育强市的决定》，提出全市教育发展总体目标：教育发展环境优良，全社会关心支持教育发展的局面基本形成；相互衔接、结构合理、均衡协调、机制灵活、与地方经济社会发展相适应的教育体系基本建立；教育保障能力显著提高；学校布局更加合理，办学条件大幅改善，教育公平得到有效促进，教育质量稳步提升，学生综合素质明显提高。到 2015 年，基本实现教育现代化，全市教育综合实力保持全省领先水平，基本建成教育强市。

“建设教育强市”分解到九年义务教育的主要任务指标是：到 2010 年，小学、初中适龄人口入学率分别达到 100%和 99%以上，完成率均达到 96%以上，残疾儿童少年入学率达 90%左右，初中毕业生升高中阶段学校的比率达 90%以上。重点抓好农村合格学校建设，做到“六改六配套”（即危房、饮水、厕所、食堂、宿舍、通校道路的改造和图书、实验仪器、学生课桌椅、信息技术装备、体卫艺设施及校园文化建设设施的配套。）努力促进教育公平，严格落实“两免一补”（为贫困学生免费提供教科书、免除学杂费，适当补助贫困学生寄宿生活费）政策，确保义务教育阶段贫困学生应助尽助。保障进城务工人员子女正常接受义务教育，享受城镇学生同等待遇。

通过 8 年（1991—1998）“普九”攻坚，又经 12 年（1999—2010）巩固提高、均衡发展，全市义务教育保障能力、办学条件均得到显著提高和大幅改善。2010 年，适龄儿童、少年入学率和完成率均达到 100%；初中毕业生升高中阶段学校人数比例达 90.35%以上（其中升普高比例达 58.29%，升职高比例为 32.06%，部分学生在外地学校就读未计）。2007 年春季开始，全市农村义务教育阶段 48.2 万名学生均免除了杂费 570 万元，并对 13.2 万名贫困学生免除了课本费 770 万元，为 1.89 万名贫困学生寄宿生补助了生活费 240 万元；2008 年全市共投入资金 1383 万元为全市城乡义务教育阶段学生免费；到 2010 年，全市落实义务教育保障金 3.3 亿元，使全市 436，994 名义务教育阶段全体在校学生受益；小学一至三年级和初中各年级学生都免费用上了符合国家卫生标准的课桌椅。

1991—2010 年间，全市小学校舍危房改造 172.89 万平方米，新建校舍 131.21 万平方米。投入 5696.7 万元实施“六改六配套”工程。全市初步建立有 240 万条资源的教育资源网，15 万册电子图书平台，400 种各类电子期刊平台和视频点播系统，各类资源总量近 3T，基本满足现代化教学需要。

第二章　教育教学

第一节　学制与课程

一、学制

常德市1985年完成小学五年制改六年制。是年秋季起，全市小学新生入学实行六年制，初中实行三年制。1991年8月15日省七届人大常委会第二十四次会议通过《湖南省义务教育实施办法》，确定九年义务教育分为初等教育（6年）、初级中等教育（3年）两个阶段，实行六三学制。每年秋季招生。小学儿童入学年龄为6周岁；小学毕业不需升学考试直接升入初中学习。

二、课程

1988年至1992年春季，全市小学、初中均实施国家教委颁发的教学计划与课程设置标准。小学课程有：思想品德、语文、数学、社会、自然、体育、音乐、美术等科目。初中课程有：思想品德、语文、数学、外语、历史、地理、物理、化学、生物、体育、音乐、美术、劳动教育等。

从1993年秋季开学起，市全日制小学、初中的起始年级全面按照国家教委颁布的九年义务教育《课程方案》组织教学。新的《课程方案》包括教学大纲、课程计划和新教材三大部分。课程结构分学科课和活动课两大板块。学科以文化基础教育为主，以分科课为主，适当设置综合课。活动课在实施全面发展教育中与学科课相辅相成。原有课外活动或第二课堂活动上升到“课”的地位。而且活动课的比重占到整个义务教育阶段总课时的20%以上。这是新中国成立以来课程结构上的首次突破，是适应素质教育需要实施的重大变革。

（一）学科课程

小学阶段开设思想品德、语文、数学、社会、自然、体育、音乐、美术、劳动等九科；初中阶段开设思想政治、语文、数学、外语、历史、地理、物理、化学、生物、体育、音乐、美术、劳动技术等十三科。

（二）活动课程

课程计划设置晨会（夕会）、班团队活动、体育锻炼、科技文体活动、社会实践活动和校传统活动等。

活动课程设置的基本要求

晨会（夕会）：举行升旗仪式，进行时事政策和日常行为规范教育。教育学生热爱祖国，关心国家大事，遵守学生守则，养成良好的行为习惯。

班团队活动：有目的有计划地开展内容丰富、形式多样、生动活泼的集体活动，增强学生的组织观念和集体观念，培养学生自我管理和相互交往的能力。

体育锻炼：进行早操、课间操、眼保健操和其他体育锻炼，使学生增强体质，养成自觉锻炼身体的习惯。

科技文体活动：开展科技、文艺、体育等活动，由学生自行选择参加。使学生增强兴趣，拓宽知识，增长才干，发展特长。

社会实践活动：参加社会生产劳动和社会服务、社会调查、参观访问以及军事训练等活动，引导学生接触工农，了解社会，认识社会主义制度的优越性，增强热爱劳动人民的感情和社会责任感。

校传统活动：从学校实际出发，因地制宜地组织有教育意义的活动，包括国家重大节日、纪念日和民族传统节日以及学校自定的科技节、体育节、艺术节、远足等活动，引导学生在丰富多彩的活动中生动活泼地发展。

1994 年，省教委为贯彻落实国务院颁布的新工时制，根据国家教委教基（1994）14 号文件精神，对全省小学、中学课程（教学）计划进行了调整。当年秋季开学，全市小学、初中执行湖南省调整后九年义务教育“六三”学制全日制小学、初级中学课程计划（见表 2-2-1）。

表 2-2-1　　湖南省调整后九年义务教育“六、三”学制全日制中小学课程计划表

类项				小学						初中			课时合计		
				一年级	二年级	三年级	四年级	五年级	六年级	一年级	二年级	三年级	小学课时合计	初中课时合计	九年课时合计
国家规定课程	学科类课程	思想品德		1	1	1	1	1	1				204		404
		思想政治								2	2	2		200	
		语文		9	9	9	8	7	7	6	5	5	1666	534	2200
		数学		4	5	5	5	5	5	5	5	4★	986	468	1454
		外语	（Ⅰ）							3	3			204	204
			（Ⅱ）							4	4	4		400	400
		社会					2	2	2				204		557
		历史								2	2	2		200	

续表 2-2-1

类项			小学						初中			课时合计		
			一年级	二年级	三年级	四年级	五年级	六年级	一年级	二年级	三年级	小学课时合计	初中课时合计	九年课时合计
		地　理							3/2	2			153	
		自　然	1	1	1	1	2	2				272		685
		物　理								2	3		164	
		化　学									3		96	
		生　物							2/3	2			153	
		体　育	2	2	3	3	3	3	2	2	2	544	200	744
		音　乐	2	2	2	2	2	2	1	1	1	408	100	508
		美　术	2	2	2	2	2	2	1	1	1	408	100	508
		劳　动			1	1	1	1				136		336
		劳动技术							2	2	2		200	
		周学科课时	21	22	24	25	25	25	29★	29★	29★	4828	2772★	7600★
	活动类课程	晨会（夕会）	每天10分钟											
		班团活动	1	1	1	1	1	1	1	1	1	204	100	304
		科技文体活动	4	4	3	2	2	2	2	2	2	578	200	778
		周活动课时	5	5	4	3	3	3	3	3	3	782	300	1082
地方课程	时事教育、专题讲座		1	1	2	2	2	2	1	1	5	340	228★	568★
周课时总计			27	28	30	30	30	30	33	33	33	5950	3300★	9250★

说明："★"表示外语课按水平Ⅰ开设的课时数。如果外语课按水平Ⅱ开设，则初三数学周课时数为5；初一至初三学科周课时数都是30；初三地方安排课程课时数为1，地方安排课程初中合计为100课时，九年合计为440课时；初一至初三周课时总计数都为34节，初中课时合计为3400节，九年课时合计为9350节

1994年，常德市教委下发《关于全日制小学、初级中学活动类课程的实施意见》，将“活动课纳入教学常规管理，活动类课程都必须上课表，课节数要切实保证”。市教委成立由教育行政领导、教研人员和教学一线的骨干教师组成专题研究小组，解决活动课无教学大纲和教材的困难，编写一套《小学活动课丛书》，共有活动类六门课程的系统教学参考

资料，在全市试用，受到好评。1996年，该书由省教委普教处组织专家修订后交省教育出版社出版，在全省推广使用，后又编写《初中活动课》丛书，使全市义务教育阶段的活动课程全面开设。

1994年，市教委还组织部分有丰富教学经验的中学教师编写乡土教材《常德历史》初中一年二期使用、《常德地理》初中二年二期使用、《常德生物》初二年级使用。乡土教材的内容列入各年级的期考和结业会考。

2001年下学期起，市域小学、初中根据教育部和省教育厅统一要求，小学开设英语课，小学三至六年级和初中开设信息技术课。两课程安排执行省教育厅制定的两课课程安排表（见表2-2-2）。

表2-2-2 **两课课程安排表**

类项			小学				初中	
			三	四	五	六	一	二
国家规定课程	学科类课程	英语	4★	4★	2★/2	2★/2		
		信息技术			1	1	1	1
		语文	8	7	6	6		
	活动类课程	科技文体活动			1	1		
地方安排课程	时事教育、专题讲座		0	0	0	0	0	0
周课时总计			30	30	30	30	33	33

说明：1.本表依据湘教普字［1994］18号附件——“六三学制全日制小学、初级中学课程安排表”进行调整。2.本表只列出所涉年级调整科目课时,其它年级及科目课时按原定不变。3.本表带“★”号课时为短课时，每课时25~35分钟。4.“/”号表示每周长、短课时分配。5.小学三至六年级和初中一、二年级时事教育、专题讲座利用班团活动课时进行。

表2-2-3 **湖南省义务教育课程（实验）计划设置表**

类项	一年级	二年级	三年级	四年级	五年级	六年级	七年级	八年级	九年级	总课时	占课时比例(%)
品德与生活	3	3								696	7.30

续表 2-2-3

类项		一年级	二年级	三年级	四年级	五年级	六年级	七年级	八年级	九年级	总课时	占课时比例(%)
品德与社会				2	2	2	2					
思想品德								2	2	2		
语　文		9	9	7	6	6	6	5	5	5	2020	21.21
数　学		4	4	4	4	4	4	5	5	4	1322	13.88
生　物								2	2		408	4.28
物　理									2	3		
化　学										3		
历　史								2	2	2	346	3.63
地　理								2	2			
外　语				2	2	2	2	4	4	4	692	7.26
体　育		4	4	4	4	3	3				976	10.24
体育与健康								2	2	2		
音　乐		2	2	2	2	1	1	1	1	1	906	9.51
美　术		2	2	2	2	1	1	1	1	1		
综合实践活动	信息技术					1	1	1	1	1	867	9.10
	研究学习				1	1	1	1	1	1		
	社区服务与实践				每周各一节（可集中安排，也可分散安排）							
	劳技教育											
地方课程	开设两门课程待定				1	1	1	1	1	1	486	5.10
					1	1	1	1	1	1		
学校课程	学校自主开发或选用	2	2	2	2	2	2	1–2	1–2	2–1	556–593	5.83–6.22
周总课时数（节）		26	26	30	30	30	30	34	34	34	274	
学年总课时数(节)		910	910	1050	1050	1050	1050	1190	1190	1122	9522	

说明：1.表格内为各门课的周课时数，九年总课时按每学年 35 周上课时间计算。2.三至六年级英语课程按长短课时安排，每周 1 节长课，2 节短课，短课 20~25 分钟，长短课合并计算为 2 课时。3.七至九年级选择综合课程的学校，学校课程为 556 节，选择分科课程的为 593 节。

2003 年，根据国家教育部和湖南省教育厅部署安排，常德市课程改革进入整体推进阶段。2007 年，湖南省教育厅为适应义务教育课程改革的需要，根据教育部《基础教育课程改革纲要（试行）》和《义务教育课程设置实验方案》，结合本省社会经济和教育发展实际，修订《湖南省义务教育地方课程设置方案》（湘教发〔2007〕29 号），要求该方案从 2008 年秋季开始实施，常德市即照此执行，课程设置见表 2-2-3 湖南省义务教育课程（实验）计划设置表。

湖南省地方课程由两个部分构成，一是国家课程中由地方开发和管理的课程，主要包括九年义务教育阶段综合实践活动课程中的劳动与技术教育、绿色证书教育、研究性学习、信息技术教育、科技活动以及配合语文课教学的写字课程等。二是本省自主开发、管理的课程。

湖南省自主开发的地方课程设置为地方文化常识、生命与健康常识二门。根据教育部“综合实践活动的课时可与地方、学校自主使用的课时结合在一起使用”要求，小学阶段的科技活动使用地方课时。具体见表 2-2-4。

表 2-2-4　　地方课程设置表

类　项	三年级	四年级	五年级	六年级	七年级	八年级	九年级	备注
科技活动	1	1	1	1				
湖南地方文化常识					1	1		九年级空缺一课时，主要通过专题讲座等形式，加强学生的就业指导
生命与健康常识	1	1	1	1	1	1	1	

第二节　教学改革

1986 年，常德地区教委针对片面追求升学率的偏向、制定下发《改革教育思想、教育内容和方法的指导意见》。各区县（市）都制定相应的实施细则，逐步开始改革实验。到 1987 年，全市办起 50 多个实验班，围绕教学质量观、教学方法、教学渠道和内容、考试方法等课题开展实验研究。地区教科室开始对全市初中起始年级及有关科目实行标准化命题考试和对小学三年级语文、数学进行质量测评、分析、检查教学目标实施情况。为建立全市标准化考试模式、科学评估教学，进行探索。

市教委根据“三改”（改革教育思想、教育内容和方法）工作的步骤，1988 年至

1989年，重点抓教学方法的改革和教学质量的提高。1989年，全市开展小学数学“三算”结合和复式教学实验。全省推广的“小语听说训练”电化教学，常德市1988年率先试点，并在各区县（市）迅速推开，开展听说训练的学校达400多所。1989年10月，省电教馆以临澧县为现场，召开全省小语听说训练推广应用经验交流会。

市教委决定从1989年起，每两年召开一次全市教研教改经验交流暨成果表彰大会。1991年3月12—13日，市教委召开全市教育教学改革工作会议，总结全市“七五”期间（1986—1990年）教育教学改革的成绩，确立“以教师为主导，以学生为主体”的教学原则，突出学生在教学过程中的主体作用的基本经验，讨论通过《常德市“八五期间”教育教学改革指导意见》。意见提出以抓教学常规管理和研究为基础，以课题研究和教育实验为龙头，以教改成果和经验推广为重点，以教育教学质量评估为杠杆，以大面积、大幅度提高教育质量为目标，有计划、分层次、分阶段逐步推进的工作思路。

1991年3月，市教委颁发《常德市普通中小学教学常规》（常教字［1991］5号），此件发到全市每一位中小学教师，要求各地每学期对照学习检查一次。为落实《常规》，到1993年，市教委对全市进行八次教学视导，听课、抽查教案、检查学生作业、同教师座谈等，写出视导通报25份，并组织三次较大规模的落实教学常规的检查，表彰一批先进学校。

当年，市教委成立由市教科所牵头，有普教科、职教科和全市19所中小学参加的中小学素质教育研究课题组，开展为期三年的专题研究。其间，直接参与研究的教育行政领导、教研员、和骨干教师达160多人，参与实验的中小学生34个教学班共1800多人，编写出小学、初中、高中、职中四个层次的《学生素质目标与实施建议》35万字，《初中学生文化素质目标检测》丛书9本95万字，《小学生数学教学目标》25万字。该课题获湖南省第三届基础教育教研教改成果评审二等奖。

1992年4月，市教委召开全市第二届教改成果表彰暨教育学会第二届理事会，总结教改经验和成果，主要是初步建立小学、初中、高中、职中四个学段共35万字的《素质目标体系及实施建议》、初步制定《中小学生综合素质评价标准及实施办法》、编写《初中九个学科文化素质目标检测》丛书和《小学数学教学目标》。片面追求升学率的热度降温，一批中小学校已开始办出特色。比如桃源县漳江小学的脑珠算活动，武陵区育英小学技艺活动，津市二完小的书画活动，临澧三中的“双学”（学雷锋、学赖宁）活动和石门一中的“三个一”（学生人人会一件乐器、一种书法、一项文体特长）活动等等，得到社会的普遍赞誉。从1988年到1993年，全市组织各学科教研活动36次，约3000余人次教师参加；组织学生参加各种学科竞赛，全市参赛学生获全国一等奖25人，二等奖70人，三等奖330人。澧县一中学生周彪荣获1993年国际化学奥林匹克竞赛金牌。组织教师参加教学比武和论文、教案评选，评出优秀课40堂，优秀论文和优秀教案1412篇（本）。选送参加全省论文教案评选的360篇中，获一等奖25篇、二等奖95篇、三等奖210篇。各区县（市）和市直学校完成教研成果和教改经验共107项，其中获全省第二届、第三届教研成果和教改经验一等奖的有3项、二等奖的6项、三等奖的有11项，完成各类著作23部，学术论文110余篇，调查研究报告10余篇，编写各种教材、丛书13种。

1994年3月和1996年4月，市教委分别召开第三届和第四届教改经验交流和成果表彰会。这一阶段，全市重点抓《中小学素质教育研究与试验》《中小学活动课课程建设研究》两个带全局性的重大课题。前一课题在省第三届教改成果评选中被评为二等奖，后一课题研究成果由省教育出版社正式出版一套活动丛书。全市把落实新的《课程方案》，全面开设劳技课、活动课作为实施素质教育的一项重大举措来抓。1996年至2000年，全市在教改教研方面，开始出现“五个转变”，登上“两级台阶”。“五个转变”：一是领导工作重心由主要抓外部协调和硬件建设向注重教育内部管理和改革转变；二是教研工作指导思想开始由“应试教育”向素质教育转变；三是教研工作内容由单一的教材教法研究向注重教育教学整体改变；四是教研工作战术由盲目自发的散兵游勇式的单兵战、麻雀战、游击战向有目的、有计划、有组织、有领导的兵团式的阵地战、攻坚战转变；五是教研工作水平由单纯经验总结型向课题研究及教育实验转变。“两级台阶”即“七五”期间，基本完成了从“考研”（应考研究）迈上“教研”的台阶；“八五”期间初步实现了从经验总结型迈上课题研究型和教育实验型的台阶。

1997年至2001年间，为执行部颁《课程计划》，将素质教育理念落实在课堂教学之中，市教委加大教学指导力度，教研部门视导学校110多所，听课、查阅教案、走访师生、组织各类教研活动。经常性教研活动的开展，活跃了教学研究气氛，为教师提高教学水平提供平台，在省级教学比武中获奖教师有78人次。其中桃源架桥乡教师陈胜新获得全国小学思想品德课教学比武优质课奖；桃源师范附小罗玲、常德芷兰实验学校的周湘兵分别获得2001年小学语文、中学物理教学竞赛全国一等奖。学生学科竞赛，获省级奖励的有510人次，获得国家级奖励的469人次。1997年11月，市教育局在全国中小学实践教学及应用现代教育技术现场会上，作了题为《贯彻〈课程计划〉，落实活动课程，努力促进应试教育向素质教育转轨》的典型发言。

1997年，成立常德教育科研规划指导小组，负责全市教育科研工作的规划、管理与指导。“九五”期间全市基础教育领域承担省级、国家级课程课题7项，市级立项课题84项。

1998、2001年市教育局、教科所、教育学会先后组织召开常德市第五届、六届教研教改成果评奖表彰活动，共评出市级获奖成果143项。同时重点推广“三算教学”“复式教学”“注，提”“掌握数学”“中学语文单元整体教学”“初中英语‘三P’活动教学”实验，及“活动课程研究的理论与实践”等研究成果。2000年，市教委提出推进素质教育第二步战略目标——挺进课堂教学主战场，加快教研成果的转化力度，改进课堂教学。桃源县漆河中学《语文单元整体教学实验》、市教科所《初中英语“三P”活动教学实验》、武陵区育英小学《小学教学“三三式电化教学结构”实验》、临澧县新安镇中心小学《综合整体教学改革实验》等一大批课堂教学改革的成果，不仅在全市、全省产生较大影响，而且在全国有一定知名度。贺大国、王赛艳、苏哲高等课题主持人先后在全国性会议发言或被外省市请去讲学。全市还层层采取汇报课，公开课、示范课、比武课、下水课等多种形式的做法开展教改经验推广，强调实用性，反对形式主义。有段时间，教学比武搞得热闹，但参加比武的人总限于少数“尖子”，而且是“众人导演，一人表演”。“成功经验”往往别人学不到，自己也坚持不了。为了解决这个问题，市教委积极推广临澧县组织“三优联评”的经验：将课堂教学、教案及如何上好一堂课的教研论文三者结合起来评优，对促进全市广大教师理论联系实际起到示范作用。

2002 年，新一轮的基础教育课程改革实施。根据国家教育部统一部署，课改采取先试点，再逐步推开的战略。市教育局制定基础教育课程改革实施推广方案，确定 2002 年 4 月至 8 月为实验准备阶段。从 2002 年秋季开始，在澧县试点。教研教改围绕课改中心主要开展两个方面的工作：一是通过学术报告、研讨会、讲座、评课等多种形式，对新课改的目标、内容、重点、关键、评价、管理等方面进行广泛宣传。二是市教研员深入到澧县实验区进行调研，了解新课程的实施情况，对新教材在使用过程的一些问题与有关教师开展探讨，撰写了课改调研小结，为全面推进课改做好了准备。

2003 年秋，全市各区县（市）全面启动基础教育课程改革。市委、市政府成立以市委副书记曹儒国、副市长张元英为组长的课改领导小组，确定课改工作方案，由基教科、教科所具体负责联系，协助澧县培训骨干，组织教材搞好试点。市本级先后派出 20 多名骨干参加国家和省级的培训。同时，市教育局还组织编写《走进新课改》一书，发给广大教师人手一册，帮助他们解读《基础教育课程纲要》，使每个教师都深刻领会、明确新课程的“六个转变”：

一是课程功能的转变。从单纯注重知识传授转变为体现引导学生学会学习、学会生存、学会做人。二是课程结构的转变。改变课程结构过于强调学科本位、门类过多缺乏整合的现状，整体设计九年一贯制的课程门类和课时比例，并设置综合课程，以适应不同地区和学生发展的需要，体现课程结构的均衡性、综合性和选择性。三是课程内容的转变。强调改革课程内容“繁、难、偏、旧”和偏重书本知识的现状，加强课程内容与学习生活以及现代社会和科技发展的联系，关注学生的学习兴趣和经验，精选学生终身必备的基础知识和技能。四是课程实施的转变。改变课程实施过于强调接受学习、死记硬背、机械训练的现状，引导学生主动参与、乐于探究、勤于动手，培养学生搜集和处理信息的能力、获取新知识的能力、分析和解决问题的能力以及交流与合作的能力。五是课程评价的转变。改变课程评价过分强调甄别与选拔的功能，发挥评价促进学生发展，教师提高和改进教学实践的功能。六是课程政策的转变。改变课程管理过于集中的现状，实行国家、地方、学校三级课程管理，增强课程对地方、学校及学生的适应性。

全市各区县（市）都积极申报争取确定为省级课改实验区。新课程改革得到各级政府的高度重视，各区县（市）都成立专门机构，并以区县（市）政府名义下发课改实验方案。全市完成4万多名老师的“通识培训”任务。从2003年起连续三年暑假，市教育局在常德芷兰实验学校举办19个学科起始年级的骨干教师和相关学科教研员的培训班，以适应新课程改革。

2003年7月，省教育厅在娄底市娄星区召开全省课改经验交流会。会上，常德市教育局副局长尹开源作题为《审时度势全面推进课改实验》的经验发言，介绍全市课改主要经验：抓住机遇，率先提出一步到位的新课程推广目标；扎扎实实搞好培训，普及新课程理念；方方面面进行课改宣传，营造良好的课改氛围；注重推介澧县课改经验；坚持重点工作重点抓；建立党委政府为后盾，教育部门牵头，以起始年级老师为骨干，以样板学校为依托，以教育科研为先导的课改运行机制、推动课改向纵深发展。经验发言得到省教育厅领导的肯定和兄弟市（州）同行的高度评价。

2002年，全市围绕新课程改革，开展大量的教研活动和课题研究，取得丰硕的成果，在省级以上的赛课活动中，全市教师大都取得骄人的成绩，其中安乡县下渔口中心小学教师陈伏秋在全国音乐教师基本大赛中获一等奖；常德市长怡实验学校的教师李建军和桃源县一中的教师陈元香在全国初中数学青年教师说课比赛中获二、三等奖。在省级获得一等奖的有22人。2004年，在省级以上教学比武中，全市有44名参赛教师获得省级奖。2006年，选派教师参加化学、物理、数学等10多个学科的省级以上的教学、说课竞赛活动，共有34人获省级以上奖励，其中获省级一等奖以上奖项的有27名教师。2007年全市参加国家、省级教学大赛获奖教师达20多人次，其中澧县九澧实验中学的一堂比武课获国家一等奖。2008年，全市参加省级以上教学比武，共有26人次获省级一等奖以上奖励，其中化学、小学数学、小学语文、中学数学四个学科的比武课获全国一等奖。2009年，全市选派教师参加化学、物理、数学等学科的省级以上的教学、说课竞赛活动，共有20人获省级以上奖，其中物理参赛课获1项国家一等奖，小学品德参赛课获2项省特等奖。2010年，选派教师参加语文、数学、物理、政治、小学品德等学科省级以上的教学、说课竞赛活动，共有33人获省级以上奖，其中数学、历史、生物、美术等学科参赛课共获5项国家一等奖，另有27科次获省级一等奖。

2005年，省教育厅组织第一届湖南省基础教育教学成果评选，常德市有7项成果获奖。其中，武陵区教研室的“区域性推进校本课程建设，构建区域课改文化”等三项成果获二等奖，鼎城区江南实验中学的“中学生观察能力培养与作文教学”、桃源县教研室等单位的“小学语文自主、合作、探究学习方式研究”、常德师范附属小学的“立足课堂培养小学生创新精神”等教研成果获得三等奖。2007年，全市有7项课题研究成果在湖南省心理健康教育专题成果中获奖，占全省获奖总数的三分之一；全市有4个课题成果参与省教研重点课题研究成果评审，其中，津市市第二小学课题研究成果获一等奖，澧县教研室课题研究成果获二等奖，安乡县一中、汉寿县教研室课题研究成果获三等奖。2010 年 9 月，澧县教育规划课题管理工作经验在全省推广，澧县城关镇实验小学申报的《城镇小学快乐体育的研究与实践》课题研究成果在教育部基础教育教学评奖活动中评为二等奖。

市教育局在开展教研活动中，组织各校学生参加各种学科竞赛，为促进全市中小学生个性化发展积极搭建平台。

2002 年，市组织参加全国初中学生数学竞赛，39 人获一等奖，54 人获二等奖，97 人获三等奖；组织参加全国初中学生化学竞赛，18 人获一等奖，20 人获二等奖，21 人获三等奖。2004 年，全市小学生参加数学竞赛有 109 名获得国家级奖；初中数、理、化三科共 328 人获得国家级奖；另有 301 人在初中物理、生物、职教、研究性学习竞赛中获得省级奖。

市域各中、小学按照省、市基础教育课程改革工作部署、要求，广泛开展新课改的探索和研究，致力于深化教育改革，提高教学质量。如：市武陵区北正街小学开展《新课程实施中提高教师教学设计能力的研究》、《培养小学生自主学习能力的教学模式的研究》、《英语快乐教学模式》的探索和研究；市五中开展《中小学综合实践课程整体推进与常态化实施的研究》之子课题《综合实践活动课程的校本化实施策略研究》的课题研究等。各校还编写了校本教材和地方教材。市六中被省教科院基础教育研究所评为“湖南省中小学综合实践活动课程常态化实施先进校”。市北正街小学、市五中、市六中申报并被省教育厅批准为“湖南省基础教育课程改革样板校建设校”。

第三节 考试与评价

1985 年，常德地区教委作出规定：不准乱收学费，不准排挤打击差生，不准扩大留级面，不准随便增减课时，不准搞书山题海，不准搞频繁考试等。但时至 1988 年，片面追求升学率的倾向仍然没有从根本上改变，频繁考试现象比较普遍。

1989 年，全市教育教学改革全面展开，重点抓教育管理规范化，各地积极试行国家教委颁发的《中小学教学常规》。1991 年，市教委出台《常德市普通中小学教学常规》，其中 “教学过程管理”中的第 5 条考试项，作 6 条规定：

（1）考试考查是检验教学效果的重要手段。凡教学计划开设的课程都要进行考试或考查，除毕业会考和学科统考按规定进行外，学校每学期可进行期中、期末两次考试。市、县（市）根据需要，每年可对部分年级进行一次抽查或学年统考。

（2）考试命题要以大纲和教材为依据，着重考察基础知识和基本技能。试题不得超“纲”超“本”，要面向多数学生，不要偏难和偏易，同时要有一定梯度。

（3）考前复习要帮助学生查漏补缺，掌握知识结构体系，加深理解，增强运用能力，严禁猜题押宝。教师不得把考试范围指定太窄，更不准把考题暗示或泄露给学生。

（4）严肃考纪考风，严禁舞弊作假。考试的合题、监考、阅卷、统分等考务工作要严密组织，对违纪者要严肃处理。

（5）评卷要及时、公正，期中、期末考试后，教师要写出试卷分析。学生考试成绩要及时造册上报，统一存档。

（6）考查要把学生的学习态度和学习效果结合起来考虑，统一标准，认真评定。

《教学常规》的实施，有效地规范了全市中小学教学管理中有关考试、考查的规定。

1982 年，全市开始实行初中毕业会考，考试有水平（毕业）考试和选拔（升学）考试两种功能。会考科目为政治、语文、数学、外语、物理、化学、生物等 7 门课程。1989 年，常德市率先进行初中毕业升学考试加试体育术科的试点。1992 年加试体育术科在全市铺开，考试成绩（满分为 30 分）计入毕业会考成绩。1993 年，体育术科成绩计入中专升学总分。同年，初中毕业会考增加初二年级的历史、地理两科。历史、地理会考成绩计入升学总分。1993 年实施九年义务教学《课程方案》后，初二年级的毕业会考改为地理、生物两科，并历次列为初三年级毕业会考科目。

1993 年，市教委按国家教委《关于减轻义务教育阶段学生过重课业负担、全面提高教育质量的指示》精神，改革考试办法，严格控制考试科目与次数；学生的学习成绩应以平时考查为主；除初中毕业年级的毕业考试外，废止其他年级任何形式的统一考试；采取措施减少学生留级现象，并积极创造条件在义务教育阶段取消留级制度；改革初中招生制度，在基本普及初级中等教育的地方，学生读完小学后就近升入初中一年级学习，不另举行初中招生考试；按照全面贯彻教育方针，全面提高教育质量的要求，制定办法对学校办学水平进行评估；从德、能、勤、绩几方面，全面考核教师；根据德、智、体诸方面发展的要求，全面考查学生，鼓励学生生动活泼、主动地学习。任何部门和个人都不得单纯以学科考试成绩或升学率高低评价学校和教师。

市教委推行素质教育，落实新的《课程方案》，狠抓常规管理，加强教育科研，提高课堂教学质量，减轻学生课业负担，贯彻落实省教委《会考工作目标管理方案》和《考务工作细则》，不断加强初中毕业与升学会考管理，使会考工作进一步走上规范化、科学化轨道。1996 年，省教委对全省初中会考工作进行总评，常德市得分为 96 分，位居全省前 3 名。

从 2000 年起，湖南省初中毕业会考命题权下放到市州教委。市教委切实加强会考工作的领导，强化保密工作，规范考务程序，确保会考的性质不变，会考的功能不弱，会考的信度不低。当年常德市在全省初中毕业会考工作目标管理中获一等奖。

2002 年 12 月，教育部颁发《关于积极推进中小学评价与考试制度改革的通知》。市教育局按照《通知》精神，注重改革现行中小学评价考试制度与全面推进素质教育要求不相适应的现状，突出解决强调甄别与选拔功能，忽视改进与激励功能；注重学习成绩，忽视学生全面发展和个体差异；关注结果而忽视过程，评价方法单一等问题。探索健全的教师、学校评价制度。在普及九年义务教育的地区，公办学校实行义务教育阶段免试入学，民办和各类进行办学体制改革的小学、初中也不得以考试的分数为主选拔新生；初中升高中的考试与招生中，综合考虑学生的整体素质和个体差异，改变以升学考试科目成绩相加作为唯一录取标准的做法。积极探索和改革初中毕业会考工作，探索建立招生名额分配、优秀学生公开推荐等制度。认真做好初中、高中招生工作，严肃招生纪律、严格录取管理。要求各校严格执行招生计划、严格控制班额（55 人）、严格按时间要求进行录取，招生政策及结果向社会公开，自觉接受群众监督。

2006 年，市域初中毕业生学业考试，科目为语文、数学、英语、政治、物理、化学、历史、地理、生物和体育 10 大学科，地理和生物实行分科开卷考试，成绩以等级形式呈现。语文、数学、英语分值各 150 分，体育 30 分，其他科目各 100 分。语文考试时量 150 分钟，数学、英语各 120 分钟，其他科目各 90 分钟。组考采取全封闭命题，交换监考，集中评卷的方式。

2007 年，市教育局对初中毕业学业考试评价进行比较大的改革：第一、在考试形式上，政治、历史、地理、生物实行开卷考试，目的不是削弱这几科的教学，降低学习标准，而是要促进教师教和学生学的方式的转变，扭转死记硬背的状况；第二、在评价方式上，由毕业考试、综合素质评价、学科考查三部分组成，除语、数、外三科可以过渡性的用分数形式呈现外，其余学科全部以 A、B、C、D 的等级形式呈现，目的是要改变唯分数的过度竞争；第三，在招生办法上，改变以考试分数作为高中招生，特别是省级示范性高中招生唯一录取依据的做法。

2008 年，市本级初中毕业生学业水平考试有小幅调整：语文、数学、英语成绩以分数形式呈现，地理、生物、政治、历史、物理、化学、体育成绩以等级的形式呈现。语文、数学、英语考试时间各为 120 分钟，其他科目各 90 分钟。组考采取全封闭命题，各学校交换监考，评卷采取网上远程的方式进行。2010 年，评卷又改为集中进行。

市本级初中毕业生学业水平考查的科目有：物理、化学、生物实验操作和信息技术实际操作。

第四节　科技创新活动

20 世纪 80 年代中期开始，素质教育成为教育改革的重要内容。国家教委颁发的九年制义务教育《课程方案》对旧课程结构进行了重大改革，把“活动课”列入课程计划与“学科课”形成两个相辅相成的板块。市教委为落实《课程计划》，全面开设活动课程，组织力量编写了一套《小学活动课丛书》，其中将《科技文体》分为《科技》《文艺活动》《体育活动》三本，为广大教师提供了可供参考的活动课教材，有力地推动了学校科技活动的开展。2003 年，全市课程改革整体推进，“活动课程”改为“综合实践活动课程”。

2007 年，省教育厅修订《湖南省义务教育地方课程设置方案》（湘教发〔2007〕29 号），明确地方课程由两个部分构成，一是国家课程中由地方开发和管理的课程，主要包括九年义务教育阶段综合实践活动课程中的劳动与技术教育、绿色证书教育、研究性学习、信息技术教育、科技活动以及配合语文课教学的写字课程等。二是本省自主开发、管理的课程。科技活动在学校教育中受到高度的重视。

2002 年 5 月 8 日，市科学技术协会、市教育局、市文化局为落实国家科学技术部等 5 部委联合下发的《2001—2005 年中国青少年科学技术普及活动指导纲要》精神，决定成立“常德市青少年科技创新培训中心”。该中心由市科协、市教育局、市文化局三家联合举办，立足智力开发，启迪创新思维，为非营利性常设机构，总部设在市图书馆。市图书馆馆长为中心负责人，由市图书馆成立专门班子负责“中心”的日常管理，下设教务科和学生科，负责培训本市范围内青少年科技创新辅导教师及中、小学生。利用教师和学生业余时间及假期开展教学辅导，以激发和培养青少年的创新意识。

2002 年 6 月，由市教育局主管的 1991 年成立的“常德市青少年科技辅导员协会”更名为“常德市青少年科技教育协会”，以适应全面推进素质教育、培养青少年学生的创新精神和实践能力。

在市教育、科协等部门的共同努力下，充分发挥学校主渠道作用，推进全市青少年科技教育工作健康而有序地发展。全市有常德市一中、常德市二中、常德市六中、澧县一中、常德芷兰实验学校、常师附小等 10 多所学校成为省级青少年科技活动示范基地。其中，常德市二中还被中国少年科学院批准为“中国少年科学院示范基地”。

1988 年以来，常德地区（市）中小学生的科技创新活动取得了丰硕的成果。

1990 年，市中小学生科技创造发明作品参加全省青少年科技创造发明比赛，获一等奖 1 个，二等奖 1 个，三等奖 3 个。

1992 年，市中小学生科技创造发明作品参加全省比赛，荣获二等奖 2 个，三等奖 6 个。

1994 年，市教委举办首届青少年科技小发明小论文比赛，评出一等奖 6 个，二等奖 7 个，三等奖 25 个，并选送部分作品参加全省比赛，获二等奖 2 个，三等奖 8 个。

1996 年，市教委在全市中小学开展“爱科学、学科学、用科学”读书竞赛活动，评出科技小论文一等奖 5 篇，二等奖 11 篇，三等奖 15 篇，科技小发明作品一等奖 5 件，二等奖 13 件，三等奖 16 件。

2002 年，常德市二中在第 23 届湖南省青少年科技创新大赛中获得三银两铜的好成绩。同年 7 月，该校学生李芬设计的“数学万能板”和蔡晓笳发明的“单轨旋转式门窗”参加在天津举行的“全国第二届宋庆龄少年儿童发明奖”评奖，以其科学性、独创性、实用性强，顺利入围，并于当年 10 月赴京出席在人民大会堂举行的颁奖大会。

2003 年，常德市选送 50 件科技创新作品、30 幅科幻绘画、12 个优秀科技实践活动参加第二十四届湖南省青少年科技创新大赛，澧县一中学生丁勇的《不用裁判的军棋》获金奖；常德市二中学生史科琦、蔡奕鸣的作品获银奖；常德市一中、常德市二中荣获优秀组织奖；常德市二中何子尚老师获优秀园丁奖。

2004年，在湖南省第二十五届青少年科技创新大赛中，常德市共申报参赛项目208个，获奖总数39个，其中竞赛项目21个（一等奖2个，二等奖4个，三等奖15个），展示项目15个（一等奖2个，二等奖8个，三等奖5个），其他奖项3个（优秀组织奖2个，优秀科技教师奖1个）。澧县一中高二年级学生邹莉、李铭、夏扬3名学生创作的《自动水平调节工作台系列》荣获集体项目一等奖，并参加全国大赛；澧县一中高二年级卢一夫、高三年级徐图两名学生创作的《超等调制解调器》荣获集体项目一等奖；常德市一中《电脑机器人》活动小组荣获优秀科技活动一等奖并选送参加全国大赛；常德市七中初一年级学生虞慧友创作的《机械鱼》荣获科幻绘画一等奖；常德市一中、澧县一中荣获优秀组织奖。常德市一中、常德市市二中被评为“湖南省青少年科技活动先进集体”，澧县一中周爱华老师被评为国家级“优秀科技教师”。常德市一中参赛项目《农村中小型水库病态自动勘测装置》（辅导老师文军）获一等奖，实现了常德市青少年科技创新在国家级大赛一等奖项目零的突破。

2004年5月17—22日，根据省委宣传部、省科协统一部署，全市举办“2004年科技活动周”活动。5月18日上午，市教育局联合市科协、市环保局、市图书馆参加在步行街举办的“科普宣传一条街”活动。5月22日下午，市教育局邀请市科协社团部部长文尚武，在市一中为全市300多名青少年科技辅导老师和学生代表进行“青少年科技发明与创新动员会暨科学研究方法论讲座”。

2005年3月上旬，市教育局、市科协、市科技局、市环保局联合组织全市青少年科技创新大赛，将大赛评选出的优秀作品组队参加4月下旬全省第26届青少年科技创新大赛，获一等奖5个，二等奖8个，三等奖25个，其中有三项获奖作品推荐参加全国青少年科技创新大赛。同年5月20日，市教育局与市科协联合在常德市一中举办“全市青少年科技教育工作推进会暨辅导员培训”，常德市一中等3所学校在会上作经验发言，科技教育专家在会上作专题辅导报告。

2006年2月上旬，市教育局、市科协、市科技局、市环保局联合组织全市青少年科技创新大赛，共收到各类参赛作品381件，将评选出的优秀作品组队参加5月中旬第27届全省青少年科技创新大赛，获一等奖4个，二等奖15个，三等奖19个；获“十佳”活动奖1个，二等奖1个，三等奖1个。其中有4个项目参加全国大赛，澧县一中《通用型无待机功耗的多元遥控装置》获全国优秀项目三等奖；常师附小《小学生自护能力的调查研究》获全国优秀科技实践活动“十佳”，排名第六；市七中《多用途采矿车》和武陵区卫门口小学《新世纪脚踏车》分别获全国优秀少儿科幻绘画二等奖和三等奖。

2007年1月，市教育局和市科协联合举办2007年常德市青少年科技创新大赛，所选送的作品在第28届全省青少年科技创新大赛上，共荣获一等奖6项，二等奖13项，三等奖 18 项，优秀组织奖 3 个，优秀科技教师 1 名。全市有 6 所学校参加第 22 届全国青少年科技创新大赛，其中澧县一中宋萍同学的《一种基于视觉暂留效应的随振显示装置》（辅导老师周爱华、王喜云）、德山莲池中学瞿郁雯同学的《触摸可调节式水阀》（辅导老师吴昌云、杨丽惠）获竞赛类银奖；市五中马嘉豪同学的《海洋医生》（辅导老师甘霖）、芷兰实验学校朱妍同学的《风动力专线》（辅导老师李惠兵）、汉寿县罐头嘴中学彭玲同学的《沙漠之家》（辅导老师董成霞）等获科幻画二等奖；常师附小商标研究小组的《小商标，大世界》（辅导老师谢爱友、盛平、肖子义）获优秀科技实践活动三等奖；芷兰实验学校获优秀组织奖。

2008 年 1 月，市教育局、市科协联合举办“2008 年常德市青少年科技创新大赛”，在评选出的优秀作品中，选送一批参加第 29 届全省青少年科技大赛，荣获一等奖 6 项，二等奖 16 项，三等奖 18 项，优秀组织奖 3 个，优秀科技教师 1 名。7 月，常德市组织 8 所学校师生参加由中国科协、教育部、科技部、国家环保总局、共青团中央、新疆维吾尔自治区人民政府等共同主办的第 23 届全国青少年科技创新大赛和由中国科协、教育部、湖南省人民政府共同主办的第 8 届中国青少年机器人竞赛，均取得优异成绩，为湖南省代表团总成绩分别居全国第二和第五做出重要贡献。其中汉寿县五中曾纯同学的《希望号——高空水资源转换器》（辅导老师董成霞）荣获全国青少年科技创新大赛科幻绘画一等奖；德山莲池中学吴昌云、杨丽惠老师的《无线电智能锁》荣获全国青少年科技创新大赛科技辅导员发明项目一等奖；常德市二中王昱星、肖子璇、许冬京、伍友健、唐颖喆同学荣获中国青少年机器人竞赛《FLL 机器人挑战赛》初中组金奖（辅导老师周磊、李卫东）。澧县一中冯轲同学的《基于热效应的生化反应速率对比仪》（辅导老师周爱华、孙昌银、杜冬华）荣获全国青少年科技创新大赛竞赛作品二等奖；常德芷兰实验学校黄睿思同学的《水源热泵系统》（辅导老师李惠兵）荣获全国青少年科技创新大赛科幻绘画二等奖。常德长怡实验中学王黛玥同学的《玻璃钢塔硬铝电缆》（辅导老师周小慧）荣获全国青少年科技创新大赛科幻绘画三等奖；常德市二中熊银辉、陈俊宇、孙奥、范潺、周方遒同学荣获中国青少年机器人竞赛《FLL 机器人挑战赛》高中组铜牌（辅导老师周磊、李卫东）；常德市七中高斌、项垒、朱雷、蔡松廷同学荣获中国青少年机器人竞赛《VEX 机器人挑战赛》高中组铜牌（辅导老师覃毅、谭文举）；桃源县一中黄柯、于昕义同学荣获中国青少年机器人竞赛《机器人足球比赛》高中组铜牌（辅导老师刘俊杰）。

是年，在常德市科协第五次代表大会上，澧县一中周爱华老师被评为第五届“常德市科技之星”。

2009 年 4 月，湖南省举办第 30 届青少年科技创新大赛，常德市选送的作品共荣获一等奖 7 项，二等奖 13 项，三等奖 11 项，德山开发区莲池中学教师吴昌云获全省优秀科技教师奖。在第 24 届全国青少年科技创新大赛上，常德芷兰实验学校获得科幻绘画一等奖，常德市一中获得学生创新项目三等奖以及北大先锋青少年科技创新奖；芷兰实验学校的何子尚老师获得科技辅导员发明项目一等奖；德山莲池中学的杨丽慧老师获得科技辅导员发明项目三等奖。德山莲池中学吴昌云老师获得优秀科技辅导员评比单项奖二等奖和科技辅导员科教制作项目二等奖。常德市二中在美国德克萨斯州达拉斯市举行的2009VEX机器人世界锦标赛上，获得大赛优胜奖和最佳创意奖。市青少年科技教育协会被市教育学会评为先进协会。

2010年1月，市第八届青少年科技创新大赛举行，在评选出的优秀作品中选送一批参加第31届全省青少年科技创新大赛，荣获一等奖5项，二等奖12项，三等奖20项。

（说明：市、省、国家举办“青少年科技创新活动〈大赛〉”，初、高中学生同时参加。有的项目由同一学校同一教师辅导，初、高中学生共同完成，不便分述，故本节一并述说。在本志第三篇普通高中教育中不再安排章节述说此节相关内容）。

第三章 学校德育

第一节 教育内容

国家教委于1988年7月、8月先后颁发《小学德育纲要（试行)》、《中学德育大纲(试行)》。后又分别作了修订，并统称“大纲”，分别对小学、中学（指初中。高中德育在第三篇学校管理一章中述）德育教育内容作了原则规定。

小学德育教育内容：主要向学生进行以“爱祖国、爱人民、爱劳动、爱科学、爱社会主义”为基本内容的社会公德教育和有关社会常识教育（包括必要的生活常识、浅显的政治常识以及同小学生有关的法律常识)，着重教育学生心中有他人，心中有集体，心中有人民，心中有祖国；着重培养和训练学生逐步养成良好的道德品质和文明行为习惯。

初中学生德育教育的内容与小学生德育教育的“五爱”相衔接。主要是八个方面的教育：爱国主义教育，集体主义教育，社会主义教育，理想教育，道德教育，劳动教育，社会主义民主和遵纪守法教育，良好的个性心理品质教育。此外，还要随着经济、政治形势发展进行形势任务和时事政策教育。

市域各中小学校坚持把学校德育工作摆在素质教育的首位，将“思想政治素质是最重要的素质”落实到学校教育工作中的各个环节。

一、爱国主义教育。爱国是公民素质的首要。全市中小学校按照《湖南省中小学德育工作基本要求》，坚持开展以爱国为主体的教育活动。坚持每周一晨会升国旗、校长宣讲爱国精神；坚持重要会议唱国歌；教育小学生认识国旗、国徽，认识中国版图；1994年，开展百部爱国主义影片观摩活动等。地理课教学向学生宣讲中国地大物博，是世界四大文明古国之一，四大发明之地。通过具体数据、事列进行宣传，培养学生的爱国情感。

1995年，全市中小学开展纪念抗日战争和世界反法西斯战争胜利50周年读书活动、歌咏比赛；1997年、1999年开展“庆国庆?迎回归”（香港、澳门）等系列活动，让学生了解历史上中华民族曾遭受帝国主义的欺侮和中国人民进行的不屈不挠的英勇反抗；让学生知道我国与世界发达国家的经济水平还有很大差距，立志长大为建设家乡、振兴中华做贡献；知道我国是一个多民族的国家，各民族人民要互相尊重、平等相待，完成祖国统一大业是各民族的共同心愿。使学生逐步形成“祖国利益高于一切”的理念。

二、养成教育。市教委先后印发国家教委颁发的《小学生日常行为规范》《中学生日常行为规范》，发至全市中小学生人手一册，配合《小学生守则》《中学生守则》指导学生学习，让学生懂得自己作为一名学生应遵守的行为准则，养成良好的生活习惯。市教委还编印《常德市晨会活动课教材》，将其列入活动课程计划，以保障学生学习时间。周一晨会进行全校师生升国旗仪式，周二至周五的晨会（夕会）课，结合学生表现实际，进行日常行为规范教育。市五中编印有《综合实践活动集萃》小册子，归纳学生日常生活中的42个细节，均由学生自己谈经历和感受、明辨是非。如该册子第一篇《初中生花费知多少》课题报告，由该校367班、386班部分同学（共40余人）参与调查（含向家长问卷调查），然后写出调查报告。同学们阅读调查报告后引发反思：我每月的零花钱是不是多了一点，平常衣着是不是应该朴素一点等。从而，该校尚真、务实的校风在学生的日常生活中表现出来，生活上不攀比、不华丽，勤俭节约的生活习惯逐渐养成。

1995年5月，市直中学、厂矿子弟学校在市三中召开养成教育现场经验交流会，后编印《中小学养成教育经验汇编》，在全市中小学发行。

1997年，市教委颁发《关于在全市中小学开展“讲文明、树新风、争创文明学校、文明班级和文明学生”活动的通知》，在全市中小学校利用评价机制的杠杆作用促学生养成教育。“我是文明人”“千名教师进万家”“爱国守法，明礼诚信，团结友善，勤俭自强，敬业奉献”的公民基本道德规范在全市中小学师生中蔚然成风。

2008年，全市中小学配合市委、市政府创建“文明卫生城市”活动，开展“文明常德，我在行动”主题教育，相继组织“弘扬民族精神宣传月”、“保护母亲河”（武陵区穿紫河），“学习5·12大地震抗震英雄少年”演讲比赛等。市直学校学生累计为四川汶川地震灾区捐款120多万元。

三、学习榜样。1991年，全市中小学开展声势浩大的学雷锋宣传月活动；组织中小学参加全省“革命故事演讲比赛”，“红读”（红领巾读书）活动等。常德市学生代表以“爱我家乡”为主题的“红读”被评为全国先进集体。

各中小学校组织学生到本市域人文景点、革命前辈王尔琢、林伯渠、蒋翊武、宋教仁、丁玲等故居（公园）和抗战烈士陵园参观学习、祭扫墓地，对学生进行革命传统教育，使他们懂得革命胜利来之不易，更加珍惜今天的幸福。

2004年，市委宣传部、市教育局、市文联、团市委联合举办全市中小学师生“我看丁玲”（纪念丁玲一百周年诞辰）有奖征文活动。全市近30万名师生以“缅怀丁玲，追求进步”为主题，或散文，或诗歌，颂扬丁玲同志光辉的一生，激发师生爱国、爱民、积极向上的思想感情。组委会共收到征文10万多篇，评出优秀作品3000余篇。

四、学国学。国学是我们中华民族的瑰宝。2005年，市教育局印发《关于积极推进中小学德育建设工程的通知》，要求各学校重点抓好民族精神教育等。同年，全市中小学广泛开展道德名言诵读活动。引导中小学生从经典古诗文、文学名著、名人名言、成语典故、儿童歌谣中搜集整理道德名言，树立健康向上的人生理想和道德情操，形成良好的班风、校风和学风。各学校根据不同学段的学生编辑有“国学读本选”作为校本课程系列丛书供学生阅读。市五中编有《含英咀华》、市十一中辑录有《德育读本》；时任市教委副主任陈昌清还编撰《新编道德韵文》一书，该书30万字，由解放军文艺出版社出版印3万册，全市各中小学校都有订阅。这些《读本》按立志高远、爱国守法、勤奋学习、慎独自律、家庭教育、生活体验、立志报国等分类辑要，让学生与古代仁人志士对话，学习古人“立德、立功、立言”，“修身、齐家、治国、平天下”的远大理想和勤奋学习的精神。

五、学会劳动。1989年根据湖南省人民政府《关于进一步开展中小学勤工俭学活动的通知》精神，全市各中小学相继建立了城市以校办工厂为主、农村以校办农场为主的劳动和劳动技术教育实践基地。1992年，市人民政府转发市教委等部门《关于大力发展校办农业的意见》，规定生产劳动用地按小学生人均3厘、中学生人均4厘，农职中学生人均2分的标准划拨给学校，并办理土地使用手续，防止侵占学校土地的现象发生。据统计，全市中小学做到了城市学校均有工厂、农村学校都有农场的格局。学生通过实验基地养殖、种植，学到了劳动技术，受到思想锻炼，热爱集体、热爱劳动、珍惜劳动成果、爱护公物的良好思想品德普遍形成。同时，学生通过劳动为社会创造了可喜财富。据统计1988—2010年全市勤工俭学总收入（含工厂以及高中学校）达8.55亿元，这笔钱主要用于学校建设，小部分解决师生福利。

第二节　教育形式

课堂教育。1987年，新编的中学政治教材出版发行。从当年秋季起，全市从中学一年级开始执行新的思想政治课教学计划。开设公民、社会发展简史、中国社会主义建设常识、科学人生观、经济常识、政治常识等课程。1991年5月，教育部重新颁布《中学政治课教学计划试行草案》，要求对学生进行马克思列宁主义、毛泽东思想基础知识教育和共产主义道德品质教育。在初中一年级开设青少年修养，二年级开设法律常识，三年级开设社会发展简史。

1992年，国家教委颁发《全日制中学政治课教学大纲（试用稿）》，规定中学各年级的政治课一律统称“思想政治课”。新编教材按年级分上、下册或全一册。是年秋季，遵循“一套大纲、多套教材 ”的原则，市域各初中仍沿用原教材，1993年秋季，全市中小学起始年级开始执行九年义务教育《课程方案》，思想政治课统一使用九年义务教育新教材。

2001年，全市执行教育部印发的《九年义务教育小学思想品德课和初中思想政治课课程标准（修订）》。小学一、二年级加强文明礼貌、行为规范的养成教育，三至五年级增加关心他人的教育。在小学的教学内容和行为要求中，还增加“会与教师交换意见”“学会与人交流”“要自信，不自卑”等内容。对七年级的教学内容结构作出调整，把心理品质教育、道德教育与健康人格教育结合起来，以加强学生的品格修养。在课题上进一步突出品格修养的要求，把单课题式改为双课题式。如将“锻炼心理品质”改为“锻炼心理品质，加强品格修养”，“善于调节情绪”改为“善于调节情绪，保持乐观心态”。在教学内容和基本要求中，增加品格修养的内容。比如，在“锻炼心理品质”的教学内容中，加入

“青少年健康成长需要健康的人格；良好的心理品质有助于高尚品格和道德情操的培养”。八年级强调对学生进行富有成效的法制教育。增加“预防未成年人犯罪法”及自我保护的教学内容和要求，增加维护国家安全的教育。九年级加强国情、国策教育，课程结构作较大调整。将资本主义以前的简史部分合为一个单元；新增“社会主义是中国人民的历史选择”和“建设有中国特色社会主义”两个单元。增加 “三个代表”重要思想的基本内容；充实 “没有共产党就没有新中国”“我国的根本政治制度”“一国两制”“科教兴国战略”等国情国策方面的内容以及有关当今世界形势的知识。

2003 年，湖南省教育厅转发教育部《关于印发〈中学思想政治课贯彻党的十六大精神的指导意见〉》（湘教通〔2003〕84 号），市域中学政治课教师认真学习《指导意见》并予以贯彻落实。在教学中以教材为基础，紧密结合实际讲清教材的重点难点，讲清基本概念、基本观点，适度拓宽教材内容，发掘教材深度，做到源于教材，活于教材，以加深学生对教材的理解；用教材中的观点诠释社会热点，提高学生分析、解决实际问题的能力。 全市中小学政治课教师在教学中将政治课与社会实践、时政形势教育和团队、班级教育活动相衔接。将课本中的科学原理和社会生活联系起来，让学生理论联系实际，理解党的方针政策，认清形势，辨别是非，分清善恶，提高思想政治素质。

在各科文化课教学时，依据《教学大纲》（课程标准）要求，构建学科德育渗透总体框架，深挖教材中的德育因素，确定德育渗透要点，对学生进行思想品德教育。

发挥团、队组织作用。

一、学校共青团组织：1988 年 11 月，市教委和各区县（市）教委成立共青团工作委员会，负责学校共青团工作。1990 年，全市 40%的初中学校开设业余团校。

1991 年，共青团常德市委、市教委印发《常德市中学共青团工作暂行条例》（常团联字〔1991〕05 号），明确学校共青团的工作任务。从 1993 年开始，市教委团工委在对团员、青少年的教育活动中，注意引导他们将道德知识、情感和信念转化为具体的爱祖国、爱人民的实际行动。如：“我为园丁献爱心”“我为灾区同学献爱心”“手拉手，一帮一”“希望工程救助”“手拉手献爱心”“学雷锋手拉手，救灾保学”等活动。学校团组织普遍深入宣传邓小平建设有中国特色的社会主义理论，引导学生树立崇高理想，把个人奋斗目标融入建设有中国特色的社会主义伟大目标中去。

1997 年，市教委团工委在全市中小学开展以思想道德教育为主题的读书活动，并推荐市一中和武陵区育英小学参加全省中小学精神文明建设电视知识竞赛。市一中获中学组第三名。

1998 年，全市学校的共青团工作以党的十五大精神和邓小平教育理论为指针，面向全体学生，促进学生的全面发展，发挥共青团的优势和特点，配合学校德育工作开展活动。

1999 年，全市学校的团队工作以贯彻教育部《面向二十一世纪教育振兴行动计划》和第三次全教会精神为重点，以爱国主义教育和养成教育为主要内容。

进入21世纪，市教育局团工委根据团省委、省教委、省少工委《关于在新形势下积极推进中小学团队工作的意见》（湘团联〔1999〕8号）精神，从提高广大中小学生全面素质的战略高度出发，加强学校团组织建设，逐步形成和创建具有特色的工作品牌与工作方式。全市学校团组织广泛深入开展创“五四红旗团委”活动，紧紧围绕学校教育工作大局，组织开展新世纪读书活动、中学生“金钥匙”等系列科技活动；开展“保护母亲河行动”、全市中小学生环保征文、环保手抄报竞赛活动；开展青年志愿者集中奉献活动、“雷锋家乡青年志愿者服务日”活动；组织城区中小学生万余人在百米长布上签名宣誓告别“三室两厅”（电游室、录像室、桌球室、歌厅、舞厅）活动；开展远离毒品的教育，组织全市万余青少年“牢记历史，不忘国耻，拒绝毒品，珍爱生命”宣誓活动。

2003年，全市学校共青团工作把围绕《公民道德建设实施纲要》主题教育实践活动和创建文明城市、社会实践活动结合起来，广泛开展“弘扬雷锋精神公民道德实践月”活动，提高团员青少年的基本道德素质。

2006年，市学校共青团组织带领广大团员、青少年学生把学习胡锦涛总书记关于社会主义荣辱观的重要论述的学习，作为一项重要的任务，开展“八荣八耻”教育进校园、进课堂活动。

2010年，市教育局团工委，广泛开展争创“中学团建创新示范点”活动，与团市委共同制定《关于进一步加强和改进中学共青团工作的意见》，积极引导各校在学校文化建设、特色志愿活动、学生社团建设上打造自身品牌。

二、学校少先队组织：1990年，根据省、市团委的安排，常德市教委少工委在全市中小学广泛开展“学雷锋，学赖宁，学徐超明”活动，作为培养“四有”新人的主题。各区县（市）分别进行有计划，有步骤地掀起“学习赖宁，争做优秀少先队员”的高潮。

1991年，市少工委在全市开展 “做党的好孩子”读书读报活动。市教委少工委组织参加湖南省“革命故事演讲比赛”，小学组获一等奖，中学组获三等奖。1992年教育部组织开展“爱我中华，爱我家乡”红领巾读书读报活动，常德市被评为全国“红读”先进集体。1993年，常德市中小学组织百部爱国影片观摩活动、“十·一三”纪念活动。1994年，常德市举办“爱祖国、爱学校、爱老师”合唱比赛。各级少先队组织，每年坚持开展学雷锋、学模范英雄人物活动；继续开展以思想道德建设为主题的读书活动和“讲文明、树新风，争创文明学校，文明班级和文明学生”活动。在中小学生中形成爱党爱国、关心集体、尊敬老师、勤奋好学、团结互助、遵纪守法的良好风气。

1999年，市少先队组织利用建国五十周年，建队五十周年和澳门回归这些重大纪念庆祝活动的契机，在少年儿童中开展各种形式的爱国主义教育。各级团队组织通过开展重温入队誓词、升国旗、讲队史、征文等活动，强化对少年儿童的素质教育，不断深化中国少年雏鹰行动，引导少年儿童“自学、自理、自护、自律”。这一时期，各校少先队组织还重点开展道德规范和文明行为养成教育，开展告别“三室两厅”活动、环保教育活动、科普教育系列活动等。

进入新的世纪，市域学校少先队组织按照“把全体少年儿童组织起来受教育”的方针发展队的组织。各校少先队活动丰富多彩，升旗仪式、入队仪式、主题队会、少先队检阅式等教育活动经常、普及；开展“实现宏伟蓝图、做好全面准备”“新世纪我能行”“雏鹰争章”“手拉手”“民族精神代代传”等主题教育活动，广泛深入，并形成特色。

2006年，市各学校少先队组织主要推进的少先队品牌活动有：1.开展以“让世界充满爱——同心共建和谐社会”为主题，以爱国主义教育为核心，以养成良好的道德情操为重点的爱国主义教育读书活动；举办读书知识竞赛、摄影比赛、歌咏比赛等寓教于乐各种形式的活动。2.把17枚基础“雏鹰奖章”纳入综合实践课程和校本课程，深化“雏鹰争章”活动。3.以“城乡少年儿童手拉手”、“城市少年儿童与农民工子女手拉手”、“非留守儿童与留守儿童手拉手”为主题，深化“手拉手”活动。4.以体验教育为基本途径，深化“民族精神代代传”活动。5.继续开展以“节约一滴水、一度电、一张纸、一粒米”为主要内容的节约资源“四个一”活动。6.在提高少年儿童自护意识的基础上，开展喜闻乐见的安全教育活动。7.通过 “小发明、小制作、小论文”竞赛等形式，大力开展少年儿童科技创新活动。

班级管理。班级是学校建制的基本单位，班主任是学生班集体的教育者与组织者，是班级管理的责任人，也是学校德育工作队伍的主体。

1988年以来，常德各级人民政府和教育行政部门，高度重视加强德育队伍建设，教育行政部门制定《班主任岗位责任制》；举行班主任工作研讨会或经验交流会；实行班主任津贴；在对教师的评价方面，明确政治课教师和德育工作者专业技术职务评选的比例，同时每年进行优秀班主任，优秀少先队员辅导员和优秀校外辅导员的评选表彰，鼓励他们长期从事德育工作。

2004年，市中小学全面推行班级目标管理，市教育局印发《关于评选普通中小学优秀班集体的通知》（常教函〔2004〕93号），在全市中小学开展评选优秀班集体的活动。评选表彰200个班风好、班级管理好、学习风气浓、积极推行素质教育，班主任工作突出的优秀班集体，并把相关经验材料汇编成册，在全市中小学交流。

2007年，市教育局认真贯彻落实教育部《关于进一步加强班主任工作的意见》和《中小学班主任工作职责》，加强班主任队伍建设，建立健全班主任培训、选拔、任用制度，开展多种形式的班主任培训活动，总结推广班主任工作经验，培养和推介班主任典型。

德育评价。1990年，市教委制订《常德市学校德育工作评估方案》。方案包括德育地位、德育队伍、德育措施和德育效果四部分，共34条，每一条内容都有考核重点和评分标准。同时，还配套编印《中学生德育评估手册》和《小学生德育评估手册》。为衡量学校及学生思想政治工作，提供评估标准。

1991年，省教委印发《关于颁发中小学思想品德评价方案（试行）的通知》。市教委根据湘教字〔1991〕2号、5号文件精神，结合《常德市中小学德育工作评估方案》，在各区、县（市）部分学校进行试点。

1992年，市教委制定《中小学德育工作督导评估方案》。同时下发常教通字〔1992〕9号文件，开展德育评估，对评价范围、比例、步骤及要求做出严格规定。评价体系包括对学校工作的评价、对教师工作的评价和对学生的评价，改变以往单纯以分数定优劣的应试教育标准，把学生的思想品德的培养列为评价的重要内容。

2004年，市委办、市政府办印发《转发市文明委关于〈常德市中小学德育工作社会评价体系实施方案（试行）〉的通知》（常办通〔2004〕50号），在全市首次建立中小学德育工作社会评价体系并开始普遍实施。

2005年，市教育局印发《关于积极推进中小学德育整体建设工程的通知》（常教函〔2005〕154号），明确评价体系，重在改进和完善学生思想品德、教师师德和学校德育工作的评价办法。

2006年，市中小学实施学生综合素质评价制度，把道德品质、公民素质、学习能力、交流与合作、运动与健康、审美与表现等六个方面列入综合素质评价内容，采取综合性评语与等级的形式反映相联系的评价结果，把评价结果纳入到初中升高中的条件。中小学校普遍建立学生成长档案。2006年7月，全省改进和创新未成年人思想道德教育座谈会，推介常德市中小学德育社会评价工作的经验。

家庭、社区教育。1990年，常德市在90年代初开始以汉寿县为试点开展社区教育的探索和研究。到90年代中期，汉寿县形成党政主动牵头，部门积极配合，社会广泛参与的社区教育格局。这一经验不仅在全市得到推广，而且全国发行的《德育报》于1996年5月，以头版头条位置对此予以报道，在全国产生一定的影响。全市的家庭、社区教育主要在三个层面层开。1.全市城镇各中小学基本上都成立 “家长学校”和“家长委员会”，沟通家庭教育和学校教育。2.全市各中小学充分利用当地的文化馆、博物馆、革命历史纪念馆、纪念园地等作为德育基地，组织学生参观古代遗址和现代建设项目，使学生接受生动活泼的革命传统教育和养成教育。3.开展社会实践活动，服务社区。每年寒暑假，全市的城镇学校都要到学校所在地街道开展服务活动，进行法制、卫生知识的宣传。

市委、市政府以加强德育基地建设作为提高德育工作实效的突破口，一手抓德育资源的开发利用，一手抓现代化场馆的建设，在全市营造了一个良好的育人氛围。在广泛收集、整理历史资料和历代文物的基础上，先后建立常德市博物馆和澧县、津市、石门、安乡等区县（市）博物馆，开发桃源县桃花源，石门县夹山寺，澧县城头山史前文化遗址，德山书院等历史文化古迹；充分发挥常德孕育了宋教仁、蒋翊武、秋瑾等民主革命人士，培育了林伯渠、向警予、詹乐贫、王尔琢、黄鳌等革命先烈，以及丁玲、翦伯赞等著名作家和学者的人文现象；先后创建和修缮常德烈士公墓、林伯渠故居和丁玲故居；重点建设以革命先烈名字命名的津市翊武中学、汉寿县詹乐贫中学和临澧县黄鳌中学；委托文联创办《桃花源》文学期刊，设立丁玲文学奖。在谋划城市长远规划时，把德育基地建设纳入其中，建成以常德诗墙为龙头的常德城区文化走廊；以市文化宫、烈士公园、体育馆为中心的文体活动示范区；以柳叶湖水上运动为中心，太阳山电视发射转播台为主体的青少年娱乐休闲、旅游活动区等。

为加强和改进学校德育工作，市委、市政府加大统筹力度。对改革开放的伟大成就，党的基本路线方针，党的优良传统作风，各条战线涌现的先进典型，在《常德日报》、电视台、广播电台开辟“素质教育”专栏专题宣传，突出时代主旋律、引导和激发广大青少年奋发向上。

同时，加强文化市场整顿，一方面依法严厉打击“制黄”“贩黄”的刑事犯罪，整顿和清理全市的电影、音像、书刊市场；另一方面，严禁舞厅、酒吧、夜总会等娱乐场所接待 18 岁以下未成年人；距学校 200 米半径内不准开设电子游戏室、桌球室等；加强综合治理，把维护学校正常的教育教学秩序、保证师生人身安全，维护学校的合法权益作为社会治安综合治理的管理目标和领导责任制的重要内容之一；协助学校开展法制教育，中小学聘请学校所属派出所的公安干警担任学校的法制副校长和校外辅导员；由市委、市政府协调关心下一代协会、共青团、妇联、科协等社会各方面的力量，支持学校德育工作，建立符合素质教育的评价体系。

市委、市政府把学校德育工作纳入各级党委政府年度目标管理和党政领导政绩考核的重要内容。全市层层成立教育工作领导小组，制定定期研究德育工作的制度。要求在精神文明建设中十分重视教育工作，在教育工作中十分重视德育工作，坚持把学校德育工作摆上议事日程，抓紧抓实。2000 年 7 月，市委、市政府重视和加强学校德育工作领导的经验材料《切实加强德育工作领导，努力开创学校德育新局面》，在全国德育工作会议书面交流。

进入 21 世纪，市场经济体制的逐步建立和社会价值取向的日趋多元化，使学校德育工作面临新的形势和任务。常德市各级各类学校认真学习邓小平理论，努力实践“三个代表”重要思想，增强德育工作的针对性、时效性、实效性和可操作性，把依法治校与以德治校结合起来。大力开展《公民道德建设实施纲要》主题教育实践活动，把德育工作和城市创建活动结合起来，在活动中加强师生的传统美德和社会公德教育，提高师生的道德素质和综合素质。全市各部门联合加强对社区和学校周边环境治理，形成学校、社会、家庭紧密配合的德育工作机制。

2005 年，市教育局启动中小学德育整体建设“543”工程（即建立完善切合实际的目标体系、科学适宜的内容体系、形式多样的方法体系、行之有效的工作体系，激励发展的评价体系等 5 个体系，建立完善教书育人、管理育人、服务育人、环境育人等 4 个机制，建立完善学校、社会、家庭三结合网络）。开展“千名教师进万家”活动，引导教师广泛深入开展家访活动，增进学校与家庭、社会的沟通和理解，普及现代家庭教育理念，促进家长由经验育人向科学育人转变。

2007 年，市委、市政府作出“关于建设教育强市的决定”，再次明确推进素质教育要加强和改进青少年思想道德教育，坚持育人为本、德育为先，实施“德育整体建设工程”。社会各方面要为素质教育创造良好的条件，形成学校、家庭、社会紧密配合、全员育人、全程育人、全方位育人的格局。市教育局进一步完善学校、家庭、社会相结合的教育网络，层层成立家庭教育讲师团，开展多种形式的宣传、培训、评价活动，引导全社会关心支持参与中小学德育工作，形成齐抓共管的德育工作局面。

2010 年，开展系列主题教育活动。主要有学习雷锋宣传周活动、“我们的节日”(清明节、中秋节、国庆节等）主体活动；弘扬民族精神宣传月活动；良好行为习惯养成教育活动；诚实为本的诚信教育活动、学法懂法守法的法制宣传教育活动；各类安全宣传教育活动；以单亲家庭学生和行为有偏差学生及农村留守学生为重点的心理健康教育活动。

第三节　学校文化建设

1997 年 9 月，市教委印发《关于<常德市中小学校园文化建设基本要求>的通知》指出：加强校园文化建设是中小学精神文明建设的重要内容，也是育人的重要举措。要求各中小学：（1）应有校训、校徽和校歌。各中小学在教学区、办公区或校道旁等醒目位置制作美观的突显校风、教风和学风内容的永久性宣传标语（牌）。城区小学、乡镇初中和中心小学举行重大集体活动，要求学生佩校徽、唱校歌，有条件的还统一校服。（2）加强校园文化阵地建设。在校园醒目位置设置固定的宣传栏（包括橱窗、板报、墙报），宣传栏要精心设计，内容定时更换，使之成为反映学校风貌的窗口。教室要精心布置，做到庄重、美观、富有教育氛围。学校应设有广播站（室），定时播放政治时事、校园新闻等节目，开设专题讲座。省市重点中学应建立闭路电视系统，转播和录制电视节目。有条件的重点中学可创办校报或校刊。要充分利用教学楼、科教楼、运动场、校道旁等醒目位置和活动场所，制作一些永久性的大型宣传标语（牌），悬挂或张贴相关内容的名人画像和格言，营造浓厚的文化氛围。（3）要建立校史陈列室和荣誉室。省、市重点中学、名优学校、特色学校及有悠久办学历史的学校，要广泛征集校史资料，开辟校史陈列室；其他中小学应设立专门的荣誉室。新生入学和建校纪念日，应组织学生参观，进行校传统教育和爱校教育，增强学生的集体荣誉感。（4）积极组建校园文化社团，广泛开展校园文化活动。城区中小学、乡镇初中和中心小学应在学生中组建合唱团、乐队、舞蹈队、运动队和学生文学社等校园文化团体。每年举办一次全校性的艺术节、科技节和体育节活动。规模较小的农村小学也应从本校实际出发，在学生中成立书画、科技、体育、文艺兴趣小组，积极开展健康有益的读书活动、影视活动，用丰富多彩的校园文化占领课余阵地，抵制黄色污染。（5）努力创造优美的育人环境。要从学校实际出发，搞好校园净化、绿化、美化工作。硬化主要校道，绿化空坪隙地，做到地平沟通，整洁清新。校园绿化要逐步做到春有花，夏有荫、秋有景、冬有绿。要搞好教学场地及生活设施的维护。要特别注意寝室、厕所、食堂等公共场所的文明卫生，做到地面无垃圾，墙壁无污损、门窗无破烂。要积极争创无尘学校和无烟学校。在校园建设中，要讲究校舍的造型与装饰，既要实用又要美观，体现育人的特点。要考虑修建一些具有教学意义的文化景点，如读书亭、画廊、诗墙、名人题词、科技雕塑及生物园、科技园（包括天文台、气象观测站）等。省市级重点中学至少应有三处文化景点；城区学校、乡镇中学、中心小学至少应有两处文化景点；规模较小的农村小学应有一处文化景点。（6）优化语言环境，营造文明礼貌氛围。中小学活动场所应设置日常行为规范和文明礼貌用语宣传牌和警句格言宣传牌。中小学要推广使用普通话。校园内标牌、横幅、通知板报专栏及教学板书，都要使用规范文字。公共场所应有禁烟标志和卫生宣传标志。（7）校园内严禁打牌赌博，严禁黄色音像书刊流传，严禁毒品污染。（8）中小学严禁开展任何形式的封建迷信活动。

在全市实现“两基”的过程中，澧县、桃源县等地一些中小学校为美化校园，把瓷制的中国地图、世界地图、《中小学生守则》和《日常行为规范》贴在墙上，给人留下深刻的印象，尤其是澧县如东乡枫林小学师生动手创造的墙壁诗画和童话景点，有着巨大的文化感染力。市教委号召全市中小学把加强校园文化建设作为推行素质教育的一项重要工作来抓，多次组织区县（市）教育局领导和中小学校长到澧县一中、枫林小学、常德市二中等地参观学习，使全市校园景点建设出现你追我赶的局面。

校园文化创建过程中，部分学校注重物质层面的景点建设而缺乏精神层面的内涵挖掘。

1999 年 6 月，市教委在澧县召开校园文化建设现场经验交流会。引导全市中小学进一步理解校园文化的丰富内涵，把校园建设引向新的发展阶段。市教委副主任陈昌清在现场经验交流会上作题为《大力加强校园文化建设，努力营造素质教育良好育人环境》的总结讲话，对全市校园文化建设有特点的学校给予肯定。如：津市二完小长期重视课堂教学，涌现出文德训、曾昭华、陈晓明等一批优秀教师。新教师一进这所学校，受环境影响教学就不敢马虎。该校培养出一大批青年骨干教师。石门县一中文学社团的活动历史悠久，那里的学生在各种刊物上发表文章诗词就比较多等；再次强调加强校园文化建设，是巩固提高“普九”成果的需要，是充分开发和利用教育资源的需要，是全面实施素质教育的需要，也是教育由外延发展转向内涵发展的需要。并对怎样加强校园文化建设提出指导意见。

一大批条件较好的学校在优化美化校园环境的同时，积极弘扬自己的办学优势，努力形成各自的办学风格。优美文明的校园环境、内涵丰富的文化景点、历史悠久的办学传统，在教书育人中起着“润物细无声”的熏陶作用；丰富多彩的文学社团和校园文体活动，不仅增长学生的才干、发展个性特长，而且激发学生主动参与、自主发展的积极性，使学校德育工作变得生动活泼，富有成效。

2004年，市教育局开展征集校风、教风、学风文字表述内容活动。此次活动收集体现全市中小学先进办学理念和校园文化精神的相关资料、汇编成册，在全市中小学交流，进一步推动校园文化建设。

2010年，市教育局在全市开展以物质文化、活动文化、制度文化、精神文化为主要内容的学校文化建设，制定下发《常德市教育局关于加强学校文化建设，进一步深化素质教育的意见》（常教发〔2010〕7号），《常德市城区中小学校文化建设实施方案》（常教发〔2010〕8号），《关于成立城区学校文化建设领导小组和专家指导组的通知》（常教发〔2010〕9号）等三个文件特别指出：校园文化建设，重建设轻管理，重外延轻内涵，重物质轻文化的现象仍然存在，这已经成为制约均衡发展，影响素质教育的重要障碍。要求各级各类学校要把学校文化建设当作促进内涵发展的主要着力点来抓，当作推动均衡发展特别是薄弱学校跨越式发展的关键举措来抓，当作全面深化素质教育的重要途径来抓。提出学校文化建设四个方面的目标：1.校容校貌都要有新的变化。2.内部管理上新的台阶。3.办学理念有质的提升。4.学校特色有大的建树。进一步明确学校文化建设的内容：学校文化建设是一个复杂的系统工程和长期渐进的过程，现阶段重点从物质文化、活动文化、制度文化和精神文化这四个方面进行建设。

加强学校物质文化建设　通过校园环境表现出来，包括校园的地理位置、地形风貌、树木花卉、人文景观，还包括校园功能区划、建筑布局以及各种场地设施设备等。校园环境要做到“三化”，即净化、绿化、美化；体现“四性”，即科学性、教育性、艺术性、整体性。

加强学校活动文化建设　指发挥师生特长，体现学校办学自主性的各类文化活动。如科技、艺术、体育活动、各类主题教育活动、兴趣小组活动、文学社团活动、心理健康咨询活动、读书活动等。活动文化要遵循自主性、实践性、愉悦性、教育性原则，做到“五有”，即有计划、有方案、有记录、有成果、有总结；“四定”，即定人员、定地点、定时间、定内容；“三落实”，即组织落实、经费落实、设备落实。

加强学校制度文化建设　制度文化是学校文化的骨架，既具有法规性、组织性和秩序性，也具有教育性、民主性和激励性，是师生的行为指南。学校制度要体现“全”，做到事事有章可循；“细”，内容具体明确，操作性强；“严”，纪律严明，赏罚分明；“情”，体现人文关怀，人格尊重。

加强学校精神文化建设　精神文化是学校文化的核心，也是学校文化建设的最高层次。构建学校精神文化，对内要创设出一个积极健康、团结向上，影响师生价值取向、人格塑造、思维方式、精神面貌，道德情感等关系学校品质的教育环境和组织氛围，对外要体现学校的价值观念和目标追求，以及学校的精神风貌、个性特色和社会魅力。学校精神文化要通过校徽、校歌、校刊、校树、校花和校风、教风、学风宣传牌等物质载体表现出来，让师生耳濡目染，受到熏陶和激励。有条件的学校还可建立校史陈列室、荣誉室、国学馆，举办校史展览、校庆活动等，增强师生对学校精神文化的认同感和使命感，从而增强凝聚力和向心力。

市教育局要求把学校文化建设作为一项经常性工作，坚持不懈地开展下去，形成学校文化建设的长效机制。市教育局成立了学校文化建设工作领导小组，下设办公室，具体负责对学校文化建设工作的组织协调和监督检查。各区县（市）教育局、各学校也成立相关的组织机构，确保各项工作落到实处。市教育局把一份教育期刊——《常德教育》，一个电视专栏——《教育视点》，一个教育论坛——“校长论坛”当作文化建设的阵地和精品着力打造。各区县（市）教育局和各学校把学校文化建设与合格学校建设以及学校其他建设结合起来，把学校文化建设经费纳入财政和学校预算，在人、财、物等方面加大投入，给予物质保障。市教育局将学校文化建设纳入学校综合性检查评估的重要内容，定期调度、汇总工作情况。

在学校文化建设中，全市涌现出一批先进典型，如常德市四中的“明义文化”，芷兰学校的国学馆，市五中 2000 多人集体演奏葫芦丝、集体表演扇子舞，常师附小的书吧等。《常德教育》每期都推介 1~2 个学校文化建设的典型，既有常德芷兰实验学校这样的市直学校，也有澧县一中这样的县市区学校；既有城镇学校的典型，也有农村学校的典型，如汉寿县周文庙乡陈军堤小学学校文化建设的风采等。桃源县四中李世明校长在 2010 年全省普通高中校长论坛上作“文化引领、文化立校”的典型发言。

全市中小学校园文化建设成效显著。一是学校面貌发生可喜的变化。校园的绿化、美化、亮化与书香校园浑然一体；雕塑、文化长廊、国学馆与周边环境相得益彰。二是师生的精神风貌发生可喜的变化。校长温文尔雅，教师充满激情，学生朝气蓬勃。三是办学效果有质的提升。正朝着“一校一品牌，一生双爱好，爱好伴一生”的目标迈进。四是在省内外都产生一定影响。全市的学校文化建设得到市委书记卿渐伟和市委、市政府建设教育强市领导小组的充分肯定，也得到湖南省副省长郭开朗、省教育厅厅长张放平等领导的赞扬。河北省邯郸市教育局局长赵浩军一行到常德芷兰学校参观后，对常德市的学校文化建设赞不绝口。

第四章　体育、艺术、卫生、国防教育与少数民族教育

第一节　学校体育和艺术教育

一、体育艺术教学

课时安排

体育课时　20世纪90年代初，根据《学校体育工作条例》和国家教委1992年11月颁发的《九年义务教育全日制小学、初级中学课程计划（试行）》及省教委有关文件精神，市域九年义务教育阶段各年级每周设置体育2课时。1994年，实施《九年义务教育课程计划》，体育课程小学一、二年级每周2节，三至六年级每周3节；初中阶段七至九年级每周各2节。1995年，全市中小学实施学生综合素质评价制度，小学实行等级制，中学实行综合评价制，评价内容增加了学生身体素质、健康状况、心理特征等内容，与活动表现、竞赛成绩、心理特征、体检结果一并记入学生档案，反馈给家长，作为升学的重要依据。1997年，市教委又将九年义务教育课程作了适当调整，活动类课程增加了体育锻炼课程，小学一至三年级每周2节，四至六年级每周1节；初中阶段七至九年级在每周2节基础上各增加1节。2006年4月26日，市教育局根据《湖南省义务教育课程（实验）计划》和《关于保证中小学体育课时的通知》（简称《通知》）要求，在义务教育阶段，体育和健康教育课程占总课时的10.24%。小学一至四年级每周4课时，五至六年级每周3课时；初中七至九年级每周2课时。2007年下学期开始，根据《中共中央、国务院关于加强青少年体育增强青少年体质的意见》精神，全市小学一至二年级每周体育课4课时，小学三至六年级和初中每周各3课时；没有体育课的当天，学校在下午课后组织学生进行一小时集体体育锻炼并将其列入教学计划。农村中小学校受器材、场地、师资等条件限制，少数中小学曾一度无法按教材施教，上体育课经常只能是让学生打排球、篮球，尤其是初三，文化课借故挤占体育课的现象时有发生。

艺术课时　1991年，市教委针对部分学校在编排教学课程时，随意减少音乐和美术教学课时，甚至砍掉音乐和美术，改上数理化的不良现象，下发《关于贯彻执行义务教育课程计划，维护正常教学秩序的意见》，要求本市中小学校，开齐开足课程，不得随意砍掉任何课程或增减课时（包括学科课和活动课）。1997年，市教委依据湘教普字（1994）18号文件要求，将九年义务教育课程作了适当调整，小学一至六年级音乐、美术每周各2节；初中阶段七至九年级音乐、美术每周各1节。科技文体活动小学一至六年级和初中七

至九年级每周各 2 节。2002 年，市教育局根据省教育厅的相关文件精神，将九年义务教育课程又作了适当调整，小学一至四年级音乐、美术每周各 2 节；小学五至六年级和初中七至九年级音乐、美术每周各 1 节；综合活动课，小学一至六年级和初中七至九年级每周各 4 节。

体育艺术教材

体育教材　1988—2000 年，市域小学、初中体育教学通用湖南省教委体卫军训处和湖南省教育科学研究所合编教材《体育》。安排每个学季 2~3 个重点教学内容，全期课时 36 节，每学季 18 节。规定全期考核体育卫生基础知识一次（笔试），并附有全国统一的考核标准。进入二十一世纪，市域普通中学使用省编 2001 年 6 月出版的《体育与健康》，小学仍沿用原《体育》课本。《体育与健康》对体育提出了新的分类，即生活体育、健身体育、娱乐体育、技能体育、保健体育和民族传统体育；理论教学内容统一用板块和图示设计。

艺术教材　20 世纪 90 年代以前，市域中小学艺术教育没有统一教材，由音乐、美术教师根据国家教委颁布的《九年义务教育全日制小学音乐大纲（修订稿）》、《九年义务教育全日制初级中学音乐教学大纲（修订稿）》和《九年义务教育全日制小学美术教学大纲（试用修订版）》、《九年义务教育全日制初级中学美术教学大纲（试用修订版）》的要求自行安排教学内容。从 1990 年至 2000 年，市域小学、初中通用湖南省教委体卫艺军训处和湖南省教育科学研究所合编教材《音乐》和《美术》。2002 年，市域中小学校使用省编《音乐》和《美术》新的版本教材。

体育艺术教师

体育教师　《学校体育工作条例》规定，“小学每位体育教师每周任教 8 个教学班，每班每周 2 节体育课；中学每位体育教师每周任教 6 个教学班，每班每周 2 节体育课”。市内各区县（市）乡中小学按此标准配备专职体育教师（村级小学因规模小，只配备兼职体育教师）；市城区和各区县（市）直属中学配足体育专业大专以上学历的体育教师，部分完全小学也配有体育大专学历的体育教师。体育师资的来源，2000 年前，主要是国家分配大中专毕业生、聘用或内招民办教师。体育教师编职人数一直存在缺口。根据 2010 年年底常德市义务教育阶段学校体育基本情况统计，全市义务教育阶段学校 967 所，其中小学 720 所，初中学校（含九年一贯制学校）247 所。小学专职体育教师应配备 1019 人，实际配备 629 人，缺 390 人；初中专职体育教师应配备 549 人，实际配备 备 503 人，缺 46 人（以上教师配备数不含非专业学历兼职教师）。2009 年起向社会公开招聘。

艺术教师　20 世纪 90 年代前，艺术教师队伍存在三个问题：一是数量不足，二是水平不高，三是人心不稳。专业学校毕业的艺术教师严重缺乏，农村中小学几乎没有专职音乐、美术教师，一般由其他教师兼职。一些音乐和美术专业毕业的教师，由于学校片面追求升学率，轻视艺术教育，不少人弃教下海。为了彻底改变艺术老师队伍现状，市教委在

1994 年初的工作会议上强调艺术教育的重要性。要求各级教育部门包括学校领导应站在全面贯彻党的教育方针的高度，由应试教育向素质教育转变的高度去认识艺术教育的重要性。要求各级中小学校严格执行国家教委颁布的教学计划，不准停开艺术课；艺术课老师不准改行教其他课，确保专职专用，发挥特长。同时采取三项具体保障措施：一是同大中专院校挂钩选拔人才；二是拓宽培训渠道，重点培养；三是建立激励机制和落实相关政策，提高待遇，稳定队伍。要求各级各类学校确保艺术教师与其他教师同工同酬，在工作安排，奖金发放，职称评定等方面一视同仁。在各项艺术教育活动中，充分发挥其特长，提供舞台，创造条件，让其展示才华。由于措施得力，艺术教育教师流失率明显下降，教师学历合格率不断提高，教育质量逐年上升。但 2000 年以前，按《教育部关于进一步加强中小学艺术教育的意见》安排艺术课程，全市艺术教师缺编依然存在。根据 2010 年统计，全市义务教育阶段教学班 9974 个（其中小学 6853 个；初中 3121 个）。按规定，小学专职音乐教师应配备 681 人，实际配 309 人，缺 372 人；专职美术教师应配备 787 人，实际配 327 人，缺 460 人；初中专职音乐教师应配备 397 人，实际配 224 人，缺 173 人；初中专职美术教师应配备 306 人，实际配 219 人，缺 87 人（以上实际配教师数不含非专业学历的兼职教师）。

体育艺术教师培训

体育教师培训　根据《学校体育工作条例》第十九条“各级教育行政部门和学校应当有计划地安排体育教师进修培训”的规定，市域体育教师培训主要由各区县（市）教师进修学校利用寒暑假进行。此外，市教育局还根据国家和省教育厅的安排组织体育教师到有关大专院校进行集训。如 1990 年寒假期间，市教育局组织 40 多名体育教师参加由省体育教学研究会在怀化师专举办的全省中小学体育教师培训班学习。培训内容是学习《全日制中、小学体育大纲》和体育教材。2000 年后主要通过脱产进修、函授、自学考试、远程教育等形式进行体育教师培训。《体育与健康课程标准》颁布后，市教育局采取走出去、请进来和自己组织研讨相结合的方法进行体育教师业务学习。至 2010 年，全市 1691 名专职体育教师中，男 45 周岁、女 40 周岁以下的均先后参加了继续教育培训并取得培训证书。

艺术教师培训　主要由各区县（市）教师进修学校，利用寒暑假举办音乐、美术教师长、短期相结合的培训班，为农村中小学培养音乐、美术教师。1993 年 7 月，市教委选派了 2 名美术教师参加省教委举办的新教材培训班；1994 年，选派 5 名教师到武汉大学学习合唱指挥。这期间，只要省教育厅有计划去大专院校进修指标下达，市教育局立即转发通知给全市各区县（市）教育局选派艺术教师参加。如武陵区北正街小学先后派艺术教师去北京音乐学院、上海、武汉等相关院校学习、深造；市一中先后选派青年教师去上海、武汉学习；澧县教育局先后共选派 12 名骨干教师到湖南师大、吉首大学、怀化师专等高校的艺术系、科进修。1995—2010 年，常德本地的湖南文理学院、两所师范学校都定期组织中、小学音、体、美教师的短期培训，为全市培养了一支艺术教学教改的骨干队伍，使艺术教师队伍的整体素质有所提高。同时，市教育局及各区县（市）教育局还要求各学校通过“青蓝结对”、“名师工程”，充分发挥艺术学科带头人、骨干教师在青年教师中的传、帮、带作用，每个艺术教师每年的继续教育学时达 80 课时以上。通过各种形式培训，本市城镇中小学及乡镇中心学校都配备了足够的艺术专职教师，全市达到 1200 多名。他们都具备大学本科学历，完全达到国家规定标准，其中具有中学高级教师职称者达 189 名，中级职称 468 名，35 岁以下青年教师占半数以上。

体育艺术教学评优

体育教学评优　从 1989 年开始，全省每两年举办一次中小学体育教学评优活动，已形成常态。评优内容主要为中小学体育教学的课时计划（教案）、体育课的基本部分练习密度、学生学习积极性、教学效果等。市教委按省教委文件要求，制定方案、组织队伍，在省教委确定的教学评优活动的起始时间之前开展历时 3 个月的全市中小学体育教学评优活动。比赛设中学组、城镇小学组、农村小学组、室内体育课组共四个组别（从 2004 年开始，全省将健康教育列入教学评优活动，室内体育课被取消退出教学评优活动）。通过层层发动，各级各类学校、各区县（市）教委先后举行初级比赛，然后将本地每组第一名推荐参加全市评优。全市各组评出一等奖、二等奖、三等奖，各个组别的一等奖中第一名被推荐到参加当年全省中小学体育教学评优活动，通过连续多届举办此项活动，全市中小学共有 1500 多名体育教师先后参加了县、市、省评优活动，有效地促进了全市中、小学特别是农村中小学的体育教学。大部分教师能较熟练地应用“导入法”“启发法”“情景法”“发现法”、“问题法”“卡片法”以及“小群体教学法”等组织教学，收到很好的效果。传统的“说教式”的教学模式退出教学比武的课堂。全市参加湖南省中小学体育教学评优活动获一等奖的体育教师先后有陈鹏、周宇慧、李海军、喻智星、王金刚、陈康、罗建新、雷华丽、严波、胡润、王勇。

艺术教学评优　1993 年暑假省教委举办新《课程计划》和新教材培训班之后，市教委随即举办同类培训班，大讲艺术教育的重要意义，有计划地组织艺术教育示范课。通过观摩、互相听课评课、艺术教育成果展览、艺术教育教学比武、音乐和美术竞赛等形式使艺术教师受到 鼓舞和启发，业务能力和教学质量普遍提高。1997 年起，全市参加湖南省中小学综合能力、音乐、美术基本功选拔赛获一等奖的教师先后有刘湘、陈伏秋、谭真勇、邱章德、李惠兵、王斌。1997 年 10 月 28 日，安乡县下渔口中心小学教师陈伏秋代表湖南省参加在武汉举行的全国中小学音乐美术教师基本功竞赛，荣获全国一等奖。2005 年 9 月，市四中美术教师王斌代表湖南省在长沙参加全国音乐美术基本功比赛，获得全国二等奖。2007 年 6 月 10 日，全市推选各区县（市）评出的 6 堂中小学音乐美术录像课参加全省评比，获二等奖 2 个，三等奖 4 个，市教育局获优秀组织奖。2008 年 7 月 14—20 日，全市共选派 6 名选手参加在长沙举办的湖南省第五届中小学音乐美术教师基本功比赛，获 2 个一等奖，2 个二等奖，2 个三等奖。

体育艺术教学教研

体育教学教研　1994 年，全市教育系统开展体育优质课评选活动，通过层层选拔，有 3 名体育教师的论文分别评为一、二、三等奖。2001 年上半年，全市组织体育教师参加全省中小学体育教学论文比赛，获一等奖 3 篇、二等奖 3 篇、三等奖 3 篇，其中 5 篇论文被省教育厅选送参加全国第八届中学生运动会的科学论文征赛评选活动。2002 年 7 月，全市组织参加全省中小学体育与健康教育论文征集评选活动，共选送 9 篇论文参评，获一等奖 3 篇，二等奖 3 篇，三等奖 3 篇。常德芷兰实验学校阳桂秋、石门县一中陈云汉、覃友明、董泽斌等老师的论文获一等奖。2007 年湖南省基础教育小学“体育”、中学“体育与健康”学科举办论文评比，常德市陈云汉、杨多平、吴作仁等 23 名教师（含高中）撰写的 19 篇论文获一等奖 5 篇、二等奖 4 篇、三等奖 10 篇。2008 年 11 月，全市组织《体育与健康》新课程论文评比活动，各区、县（市）报来的 98 篇论文评出 20 篇优秀论文。这些论文基本上反映了全市体育课的教学业务水平。

体育考试　1989 年开始，全市各区县（市）全面实行初中毕业体育考试。考试内容：体育理论笔试（20%）和体育术科：100 米、立定跳远、铅球（共 30%），测试两大项总共满分 30 分，计入升学总分。1993 年以后初中毕业体育考试项目有 100 米跑、立定跳远、铅球，三项总共满分 30 分，计入升学总分。取消理论考试。2007 年，全市把体育考试和其他学科考试摆在同等位置，实行 A、B、C、D 等级评分制。2008 年 5 月初，市教育局下发《关于全市初中学生体育考试有关事项的通知》（常教通〔2008〕59 号），明确初中升学考试体育成绩按学生体育考试、平时锻炼情况考核、体质健康测试分别占 24%、16%、60%的比例记 100 分，与其他文化学科成绩一并记入升学考试成绩。

艺术教学教研　1994 年澧县教委成立中小学、幼儿园艺术教育学会，以区联校为单位成立艺术教研联组。县教研室选派有一技之长的教师担任艺术教学教研员。形成以县教研室为龙头、以教研联组为主体、以学校教研组为基础的教学研究网络。各教研组除认真组织教师学习音乐、美术学科大纲、疏通教材外，还重点研究“通过艺术教学，发展学生智力”“寓爱国主义教育于艺术教育之中”等 8 个专题。同年，市教委普教科组织全市开展学校艺术教育论文评选活动，共收到论文 30 篇，经评委认真评审，评出一等奖 4 个，二等奖 7 个，三等奖 13 个。2000 年 10 月 30 日至 11 月 8 日，市教委举行全市中小学及幼儿园音乐美术调教活动，各区县（市）及德山开发区、市直学校选送 60 多名音乐、美术课教师参加，共评出一等奖 12 个，二等奖 18 个，三等奖 30 个。2003 年 4 月下旬，市教育局开展全市学校艺术教育论文评选活动，共评出一等奖 9 篇，二等奖 12 篇，三等奖 19 篇，并选送 21 篇论文参加全省学校艺术教育论文评选，市二中邵芬、武陵区北正街小学唐佐逊获一等奖，临澧县实验小学熊志敏获二等奖，另有 9 篇论文获三等奖。2006 年 6 月上旬，组织全市艺术教育论文评选，选送排位前 30 名的作品参加全省艺术教育论文评优，获一等奖 1 篇，二等奖 6 篇，三等奖 14 篇。

二、体育艺术活动

体育活动　《学校体育工作条例》规定：保证学生每天有一个小时的体育活动时间(含体育课)。安乡县各学校常年坚持“两课、两操、两活动”，每年举办一次全县性中小学生田径和排球运动会；全县农村学生体育达标合格率88%，城关镇学生体育达标合格率达90%以上。

市域各学校根据本校实际，分别组建篮球、排球、乒乓球、田径运动队，校际间安排竞赛作为热身赛与市教育局组织竞赛相衔接。

阳光体育运动　2006年12月20日，市教育局、体育局根据教育部、国家体育总局、共青团中央下发《关于开展全国亿万学生阳光体育运动的通知》（教体艺〔2006〕6号）精神，提出力争用3年时间让全市85%以上的学校能全面实施《学生体质健康标准》，使90%左右的学生做到每天锻炼1小时，达到《学生体质健康标准》及格以上。2008年，市教育局制定《常德市学校阳光体育冬季长跑活动启动仪式方案》，从当年10月27日至2009年4月30日开展“我与祖国同行”为主题的冬季长跑活动。此后，市教育局把阳光体育活动作为一项常规工作来抓。绝大部分学校在醒目位置张贴“每天锻炼一小时，健康工作五十年、幸福生活一辈子”的标语，体育锻炼成为全体师生的自觉行为。2009年，全市选送8名青少年学生阳光体育运动优秀案例参加教育部组织的全国青少年学生阳光体育运动优秀案例评选，澧县一完小的《大课间系列活动》获得全国优秀A等奖。

“体育传统项目学校”活动　1989年，常德市一中获“全国体育传统项目学校”先进集体。1991年7月，全市举办首届传统项目学校运动会，共24所传统项目学校218名运动员参赛。有8人10项破省传统项目学校纪录，23人达国家二级运动员标准；小学组有3人达国家三级运动员标准。1993年8月，常德市一中被评为全国中学贯彻《学校体育工作条例》优秀学校。

1995年7月15—17日，临澧县成功承办湖南省第四届传统项目学校田径运动会。来自全省14个地州（市）58所学校500多名运动员参加35个项目的角逐。常德市共有8所传统项目学校参加比赛，获得地、市团体总分第三名。临澧县一中获学校团体总分第二名，桃源县一中获得学校团体总分第八名，临澧县一中、鼎城区一中、桃源县一中、石门县一中获得体育道德风尚奖。同年，临澧县一中获“全国体育传统项目学校”先进集体。1997年全市传统项目学校发展到67所，其中，中学37所、小学30所；省级66所、市级1所。2002年，桃源县漳江小学和桃源县一中被教育部和国家体育总局授予“全国体育传统项目学校”先进集体称号。是年，澧县一中被评为全国中学贯彻《学校体育工作条例》优秀学校。此后，传统项目学校每年进行一次评比，每两年进行一次调整。2004年4月，在省体育局和省教育厅组织的省级体育传统项目学校评估中，石门县一中自创的鉴定评价体系得到充分肯定和赞赏，在通报中予以表扬；澧县一中、鼎城区一中被评为省优秀体育传统项目学校。当年，市五中、临澧县城关完全小学和实验小学、石门县楚江镇一完小、澧县澧阳实验小学被定为全省轮滑运动试点学校。2006年11月，在省体育局、省教育厅联合组织的省级体育传统项目学校评估、申报验收中，桃源县一中、石门县一中、津市一中、澧县一中、鼎城区一中、安乡县一中被评为省优秀体育传统项目学校。至2010年，全市有省级传统项目学校10所，设立田径、乒乓球、排球、定向越野和游泳5个体育训练项目。常德市一中、津市一中、临澧县一中先后被定为省“培养体育优秀后备人才重点学校”。

实施课余训练0714工程 1992年4月，省体委、省教委联合下发《关于在全省中、小学实施课余训练“0714”工程的通知》，并制定了该工程实施方案。此项工程旨在全省中小学体育活动正常开展和普遍实施《中小学生体育合格标准》和《国家体育锻炼标准》的基础上，从中挑选7~14岁年龄阶段的学生，按照“体育希望之星”标准，利用课外活动时间，有组织、有计划地进行训练，重点培养体育人才。从1993年开始，全市中小学全面实施“0714”工程活动，涌现不少体育希望之星。2003年4—5月，市教育局和市体育局在所辖各区县（市）进行两次较大规模的选材，共初选学生450人，利用暑假集训250人，录取180人进市体校常年训练。同年8~9月，先后选拔149名运动员赴湘潭、株洲等地参加全省田径、游泳、体操等11个项目的比赛，共获金牌25枚，银牌17枚，铜牌15枚；其中体操队8名运动员夺得该项目金牌4枚，银牌4枚。

艺术活动 1993年4月，市教委举办“远大杯”少年儿童书画大赛。次年，与日本日中长江友好访问团举办“中日中小学生书画展”。1994年5月，全市开展以“爱祖国、爱湖南、爱家乡”为主题的中小学生合唱活动。市直有三所学校的合唱录像参加全省群众合唱节节目录像比赛并获奖。1996年8月31日至9月8日，湖南省八运会在常德市举行。市直学校有常德市一中、常德市五中、常德市六中、常德市七中、常德师范、常德市技工学校、北正街小学、东升小学、育英小学、滨湖小学等组织节目参加开幕式及文艺演出。1999年结合国庆五十周年和庆祝澳门回归开展全市中小学生“庆国庆·迎回归”系列活动，其中全市中小学“庆国庆·迎回归”现场书画表演活动的盛况在中央电视台新闻联播栏目滚动播出三次。2002年 4月开始，在全市中小学师生中开展优秀校园歌曲征集评选活动。全市共评出一等奖5首，二等奖10首，三等奖18首。同年，为庆祝全国第18个教师节和全市第一个助教日，9月8日晚市教育局在常德电视台主办主题为“托起明天的太阳”的电视文艺晚会。常德师范、常德市一中、常德市六中、常德市七中、武陵区卫门口小学、津市一中、石门一中、常德艺校、津市聋哑学校等参加晚会演出。2008年，市教育局和文化局联合下文要求市直和各区县（市）城关地区的中小学校开展“常德丝弦进课堂”活动。5月16—18日，全市206名音乐教师在常德市一中进行为期三天的丝弦知识培训。另外，还免费为各城区中小学生发放15万册丝弦知识课本。第二课堂是艺术教育活动的主要阵地。本市城镇中小学均成立了书法、绘画、舞蹈、器乐、声乐、手工制作等各种艺术兴趣小组，条件好的学校还开辟书法室、绘画室、排练室、声乐室、器乐室、艺术馆等活动场地。1994 年，桃源县、澧县、石门县获全省艺术教育先进县称号；尔后，常德市一中、桃源县九中、石门县二中，汉寿县詹乐贫中学、武陵区北正街小学、澧县城关一完小等先后获省“艺术教育先进学校”称号。2010 年 11 月，武陵区教育局，常德市七中，武陵区东升小学，获得全国“学校艺术教育工作先进单位”的称号。

三、体育艺术竞赛

（一）体育竞赛

1996 年起，市中学生田径运动会每两年举办一次。2006 年起，全市中小学乒乓球、排球、篮球比赛一般每年分别举办一次。羽毛球、足球等不定期举行。

乒乓球比赛　2006 年 8 月中旬，全市中小学生乒乓球比赛在市体育馆举行，9 个区县（市）120 名中小学生参加比赛。津市市获中学男子团体第一名，桃源县获中学女子团体第一名，石门县获小学组男、女第一名。2008 年 5 月 9—11 日，全市中小学生乒乓球比赛在市城区举行，130 名中小学生参赛。其中，初中男子、女子组冠军被津市市代表队攘夺；小学男子、女子组冠军被武陵区代表队夺得。2009 年 7 月 18~20 日，全市中小学乒乓球比赛在吉立乒乓球俱乐部举行，区县（市）120 名中小学生参加比赛。石门县代表队囊括小学男子组、女子组冠军。2010 年 4 月 20~24 日，全市中小学生乒乓球比赛在安乡县举行，各区县（市）150 名运动员参加比赛。石门县代表队夺得初中男子组、女子组冠军；武陵区代表队和安乡县代表队分别夺得小学男子组、女子组冠军。

排球比赛　2006 年 11 月 24—27 日，市直学校初中生排球赛在市五中和市七中举行.此次比赛共有男、女 14 支代表队参加。通过三天的紧张争夺，男、女冠军被市五中夺得。2008 年 12 月 3~5 日，市直学校初中排球比赛在市五中和市七中举行，共有男、女 16 支代表队参加。经过三天的紧张争夺，男、女冠军被市五中夺得；男子二、三名分别被十一中、芷兰实验学校夺得；女子二、三名分别被十三中、十一中夺得。2010 年 12 月 15~17 日，市直学校初中生排球比赛在市五中和市七中举行。此次比赛共有男、女 20 支代表队参加。男队一、二、三名分别被市五中、市四中、市十一中获得；女队一、二、三名分别被市五中、市四中、市七中夺得。

（二）艺术竞赛

市教委在市文化局配合下组织全市中小学生“一节多赛”艺术竞技活动。竞赛项目一般与省教育厅、省文化厅举办的竞赛项目相衔接。全市“一节多赛” 艺术节活动每三年组织一次，每两年分别组织一次文艺会演、书画展、书法美术摄影作品展、音乐、美术基本功或者是歌咏、合唱等竞赛。各区县（市）也相应组织“一节多赛”。各级各类学校每年都以“纪念日”为契机，举办文艺会演，经常开展以班级为单位学生艺术活动与竞赛。通过二十多年的实践，已经形成了常态。从 2000 年起，市直中学生每年组织一次“三独”

(独奏、独唱、独舞）竞赛活动。

1988—2010年，常德市教育局组织本市中小学幼儿园文艺展演活动、本市中小学幼儿园参加省教委（省教育厅）等组织的文艺展演活动、本市中小学师生参加全国艺术竞赛等情况见第三篇表3-3-2、表3-3-3、表3-3-4、表3-3-5、表3-3-6、表3-3-7。

第二节　学校卫生

一、卫生与健康教育

20世纪80年代，常德中、小学普遍没有单开卫生课程。一般学校多在“常识”课教学时渗透卫生教育内容，或者结合其他社会活动，根据青少年学生的生理特征及季节变化，不定期出版墙报、黑板报，举办有关卫生知识和预防流行病及传染病的知识讲座。

1990年，国务院颁布由国家教委、卫生部、财政部、人事部、劳动部、建设部共同拟定的《学校卫生工作条例》，明确要求：“学校应当把健康教育纳入教学计划，普通中小学必须开设健康教育课。”以此为里程碑，市域中小学生卫生健康教育教学进入新的发展时期。

1994年市教委根据国家教委课程调整意见，制定下发《关于认真贯彻执行义务教育课程计划，维护正常教育教学秩序的意见》，明确规定九年义务教育阶段各年级每周在科技文体课中安排0.5课时开设健康教育课，要求各地各校把健康教育课纳入学校总体教学计划，列入课表，不得挤占。为了帮助保健教师理解和掌握教学重点和难点，市教委翻印了《中小学生健康教育基本要求》《小学生健康教育大纲》《中学生健康教育大纲》《健康教育实际操作要点》《湖南省学校健康教育评价方案》等教材，并会同卫生防疫部门编写《中小学生健康教育读本》《中小学生健康教育知识问答》等参考资料。加强教学常规管理，把健康教育纳入学校目标管理、督导评估、教育科研等各项工作之中；并要求各学校结合各学科的特点，抓好健康教育的渗透教育，比如在生物课教学中渗透常见病预防知识教育，在体育课教学中渗透个人卫生习惯教育，在地理课教学中渗透环境卫生教育，在思想品德课中渗透心理卫生教育等。

1995年寒暑假，全市举办健康教育培训班，请教育、卫生、防疫部门的领导和专家讲授健康教育方面的业务知识。同时要求各区、县（市）以乡镇为单位成立健康教育教学联组，每月开展一次教研活动。通过培训学习，相关教师业务水平和教学质量都大幅度提高。全市有28堂健康教育课被评为省、市级优质课，42篇论文获国家级、省级优秀论文奖。

1996年，市教委要求全市中小学突出抓好健康教育实际操作训练，提高学生自我保健能力。在传授健康知识的同时，更重视学生的实际操作能力。按照《健康教育实际操作要点》的要求，教学时采取分组训练、个别指导、实物演示、教师示范、电视教学、实际操作等多种教学方法，帮助学生重点掌握正确的读、写、坐及刷牙的姿势，掌握身高、体重、视力、脉搏、血压、体温、肺活量测量方法及女生月经周期的计算方法和简单食谱。通过检测，本市中小学生健康教育实际操作合格率达98%。

全市各级学校在进行健康教育时，除课堂教学外，还结合本地本校的实际，举办墙报、黑板报，开辟健康专栏，每学期还举行一次卫生手抄报评选活动。有条件的学校利用闭路电视播放卫生科教片，在学生中普及防病知识，增强学生自我保健意识和能力。各学校还开展多形式、多内容的保健活动。如市三中开展“防近周”“营养日”“爱眼日”“爱牙日”等活动，以班为单位，开展眼保健操比赛。市一中开展卫生知识讲座和主题班会活动。市五中开展卫生征文活动。金丹小学开展卫生故事会活动。市六中开展爱卫知识抢答赛活动等。澧县各学校认真落实健康教育内容，学生卫生健康知识知晓率达95%以上，卫生行为形成率达85%以上。

1999年，市教委在常德市三中召开城区学校健康教育示范学校现场会，举办城区学校校长培训班。城区27所中小学校对照省颁《学校健康教育评价方案》的要求进行自查与评估，有11所学校为优秀级，优秀率达40.7%；有13所学校为良好级，良好率达48.1%。1999年市三中被评为全国学校卫生先进单位。

2000年1月5—7日，全省中小学健康教育现场经验交流会在澧县召开，各市（州）教委分管体育卫生工作的副主任、体卫科长及部分保健所（站）负责人等100多人与会。与会代表参观了澧县实验小学、澧县三完小、大坪中学等6所中小学校。

2002年3月25—29日，常德市教委承办全省学校体育、卫生与艺术教育工作会议。省教育厅副厅长王健、教育部体卫艺司副司长廖文科及各市（州）教育局分管局长，基教（体卫）科长、体卫专干共80人参加会议。会议参观了澧县、临澧县、武陵区及市直10所中小学校，听取市教育局学校体艺卫工作经验介绍。常德市的体、卫、艺工作得到与会人员充分肯定。

同年，10月20—23日，国家卫生城市检查团分6个小组对常德市城区卫生进行检查。市一中、武陵区卫门口小学、武陵区育英小学、常德财经学校列为检查范围，校校得满分。当年，常德市被认定全国文明卫生城市。

2003年，市教育局围绕抗击“非典”主题，做到学校“防非”工作“四个落实”，即组织领导落实、宣传教育落实、预防措施落实、检查督导落实，实现控制“非典”在学校发生的工作目标。市教育局被评为全市抗击“非典”先进单位。

2004年6月22—25日，全省学校卫生管理人员培训班在石门县举行。省教育厅副厅长王健出席开幕式并讲话，对石门县学校卫生工作和健康教育工作给予较高评价。

2005年11月2—4日，全省城市卫生检查组来常对市七中、卫门口小学的学校卫生工作和健康教育进行全面检查。常德市学校卫生再次取得全省第一名。

2006年9月19日，国家“防艾办”领导和专家来常开展为期一天半的检查和调研指导。市内学校“防艾”宣传教育进课堂，有计划、有教案、有考核的做法受到好评。

2008年在上半年和下半年两次巩固国家卫生城市工作检查中，常德市教育局及学校卫生工作的检查评分继续夺得全省第一名。

2010年，湖南省教育厅组织“关于开展学校预防艾滋病教育优秀教学征文评选活动”，市教育局选送五篇作品参评。澧县城关中学刘艳彬老师的《艾滋病病毒传播途径》、常德芷兰实验学校郭爱桂老师的《预防艾滋病》、市七中张广宇老师的《艾滋病的传播途径》被评为全省初中组一等奖；临澧县丁玲学校雷华清老师的《拒绝歧视，从我做起》被评为全省初中组二等奖；其中市七中张广宇、常德芷兰实验学校郭爱桂、临澧县丁玲学校雷华清的作品报送国家教育部参评均获全国三等奖。

在卫生与健康教育及卫生设施建设中，常德市采取“三结合”方法，加大工作力度，取得明显成效。

一是把健康教育与“普九”验收和学校等级评估工作结合起来。从1993年开始，全市在创合格学校的基础上开展创重点中学、名优学校、特色学校活动，在办学条件评估上加大学校卫生环境和卫生教育的权重，规定重点中学、名优学校和特色学校必须是卫生基础设施达标的学校。

二是把健康教育与创建文明卫生城市活动结合起来。全市各地教育部门把创建文明卫生城市活动作为推动学校卫生健康教育及卫生设施建设的契机，把城市学校建设成社区健康教育的示范。常德市城区中小学卫生器材配备达到了省颁一类标准，学校卫生创建工作连续十年获全省评比一等奖。

三是把健康教育与学校灾后重建工作结合起来。1997年，全市安排资金43万元作为重灾学校“改水”“改厕”专项经费。地处洞庭湖边沿的澧县、安乡、汉寿等重灾区加大了对学校厕所、食堂及饮水设施建设的力度。灾区师生的生活和卫生条件得到根本改善，确保大灾之年无大疫。

二、疾病预防与治疗

《学校卫生工作条例》要求：“学校应当积极做好近视眼、弱视、沙眼、龋齿、寄生虫、营养不良、贫血、脊柱弯曲、神经衰弱等学生常见疾病的群体预防和矫治工作。”围绕要求，全市主要作了三个方面工作。

一是建立学生常见病防治和监测网络。全市六县两区一市教育行政部门都建立了学校卫生管理机构，配备了专职管理干部，先后有澧县、石门、安乡、临澧、桃源等5个县成立了中小学卫生保健所。全市各级各类学校都设有卫生（校医）室或健康教育室，按要求配备了专兼职的管理人员和业务教师。鼎城区和武陵区被确定为常见病（视力）监测区。全市共建立32个常见病（视力）监测点校。各区县（市）每年进行一次学生常规体检，两个监测区每年进行一次学生体质抽样调查，32个监测点校每年进行两次专项检测。各级卫生防疫部门也设有专门机构，负责学生常见病的防治和监测工作。

二是建立健全学生卫生健康管理制度。各校根据《中小学生健康教育基本要求》普遍建立了饮水卫生制度、食品卫生制度、环境卫生制度、教学卫生制度、疾病防治制度和心理咨询制度等。1988 年开始实施建立学生体检建档工作，各学校健康教育室为每个学生建有一套健康档案。1993 年全市学生体检建档率达 98%。健康档案包括体质健康卡、素质教育评价手册、患病服药登记表、因病请假报告表、健康教育考试成绩登记表、个人卫生抽查情况记载表等内容。

三是配合防疫部门开展常见病和传染病的防治工作。1988 年，统一组织驱蛔 50000 人。1989 年市卫生防疫站与武陵区卫生防疫站联合对柴油机厂子弟学校 250 名学生开展了营养性贫血调查；同年，据石门县、汉寿县、津市市、武陵区统计共有 96736 人接受服药驱蛔治疗；9959 人接受灭头虱治疗；6599 人进行了疥疮治疗。为了控制学生近视眼发病率蔓延，市教委召开“防近”专题会议，要求各级教育行政部门要把保护学生视力、防治近视眼工作作为学校工作的重要内容之一，努力做到：“小学明显下降，初中稳中有降，高中新发病率有所控制。”要求各级各类学校要采取有力措施，制定具体方案，始终坚持以“预防为主”的方针。1992 年，对市城区眼镜市场进行专项整顿，改变劣质眼镜充斥市场、危害中小学生视力的配镜环境。同年，市教委、市防疫站对城区中小学生体质调研，结果是：小学女生视力不良率为 21.9%，男生视力不良率为 17.26%，女生高于男生 4.71 个百分点；初中女生为 62.03%，男生为 59.51%，女生高于男生 2.52 个百分点。1996 年，石门县中小学卫生保健所重点对学生视力低下，乙肝病毒携带率、贫血、血压、身高、坐高、肺活量和胸围等八个科目进行追踪检测，用统计学方法进行分析和研究，先后撰写了 20 篇专项论文和调查报告，有 4 篇论文在《中国学校卫生》《中国校医》《湖南体育与卫生》杂志上发表。其中《城乡中小学生乙肝病毒感染抽样调查与分析》获省级论文二等奖。同年，市卫生防疫站与武陵区卫生防疫站联合在市一中、武陵区东升小学，对 7~14 岁学生开展了甲状腺肿大调查及尿碘测定，共抽查 323 人，其中甲状腺肿大 42 人，肿大率为 14%。1997 年，市教委进行了体育与健康教育论文评选工作，选送以预防常见病为议题的 8 篇论文参加全省评选，获 3 个一等奖，2 个二等奖，3 个三等奖。市六中校医杨冰清撰写的《常德市六中学生视力监测统计分析》的论文获全国三等奖。2000 年，市四中发生疑似麻疹疫情，采用紧急预防接种丙种球蛋白被动免疫，控制了该疫情暴发流行。同年，在“9·20”爱牙日活动中，组织发放爱牙、护牙，防龋宣传资料 4 万份，增强学生爱牙、护牙、防龋的保健意识。同年，市卫生防疫站引进氟化泡沫防龋新技术，在市城区部分学 校中应用收到防治效果。

通过卫生健康教育与疾病预防治疗，全市中小学生的健康水平有了明显提高。抽样调查显示：一是中小学生形态发育水平有了明显提高，身高、体重、胸围明显增长，“长躯型”体型有所改变。1997 年与 1985 年相比，全市中学生身高平均增长 1.39 厘米，体重平均增加 1.7 公斤。二是身体素质总体水平呈上升趋势，速度、力量等素质指标有提高。1998 年市城区初中体育术科测试合格率达 96.3%，比 1994 年和 1996 年分别高出 4.1 个百分点和 2.3 个百分点。三是学生常见病和地方病有所遏制。1996 年对比 1988 年检测，全市龋齿患病率下降 3.5 个百分点，蛔虫患病率下降 2.1 个百分点，沙眼患病率下降 2.8 个百分点。

三、食品卫生安全

2000 年 1 月，省教委在澧县召开全省中小学健康教育现场经验交流会。市教委领导借此机会召集本地与会代表在讨论时再次要求：一是各区县（市）教育行政部门和学校要确定专人负责学校食品卫生工作，根据本地实际，制订预防各种肠道传染病和食物中毒的各项措施；二是要加强学校健康教育，在学校普及预防肠道传染病及食物中毒的卫生知识，增强师生员工的卫生防病意识；三是要严格按照《食品卫生法》的要求，加强学校食堂工作的管理，尤其要严格执行从业人员身体健康检查制度，把好食物采购关，切实改善学校食堂环境卫生；四是要协助卫生行政部门，加强学校饮食卫生的检查督导工作。安乡县教委协同卫生部门，召开学校防疫及安全稳定工作会议，制定《安乡县学校食堂卫生规范》，规定每季度开展一次学校食堂卫生和饮水卫生的检查和安全工作监督。

2002 年 11 月 11 日，常德市一中 95 名师生、鼎城区牛鼻滩镇中学 98 名学生同时发生食物中毒。省领导文选德、李贻衡、周时昌和常德市长陈君文等亲临现场周密组织，及时抢救中毒人员，无一人死亡。经公安机关立案侦破，两校均系人为投“毒鼠强”所致。犯罪嫌疑人很快落网，受到应有惩罚。此事引起市教育部门高度警惕。市教育局先后下发《关于进一步加强学校安全工作的意见》《学校食堂建设基本要求》《学校卫生工作基本要求》，强调建立学校食堂卫生工作安全责任制和责任追究制，把学校食品卫生工作纳入学校年终目标考核指标，实行一票否决制。

2006 年 9 月 24 日和 27 日，桃源县一中和常德外事专修学校先后发生学生因食霉变食物中毒，由于处理及时未造成人员死亡。事件发生后，市教育局随即主持召开全市学校安全工作会议，布置学校安全尤其是食品卫生安全工作。强调学校食堂食品采购、加工、贮存和出售做到制度化、规范化，做到定点采购、索证公示，建立信用档案。年底，省教育厅、卫生厅联合组成全省学校食品卫生安全检查组到常德检查，先后重点查访市一中、桃源县四中，桃源县陬市镇中心小学的食品卫生安全工作，总的情况较好，对个别学校存放过期食品、调味品提出了整改要求。

2007 年 3 月，市直学校分管食品卫生工作的副校长、总务主任、炊事班工作人员共 100 多人参加食品卫生知识培训。培训结束经考试，合格率达 95.6%。同年 10 月，全省产品质量与食品安全专项整治工作现场会在常德芷兰实验学校召开。年底，卫生部副部长佘靖、商务部副部长徐息和先后到芷兰实验学校考察调研学校食品卫生工作和猪肉质量安全整治工作，对该校食品质量管理均表示满意。

2010 年 2 月，市域内各级各类学校都组织开展食品安全教育“三个一”活动：即组织举办一期食品安全知识讲座，召开一次以食品安全为主题的班队会，召开一次食品安全教育家长会（或致家长的一封信），不断提高广大师生和家长的食品安全意识，增强安全防范能力。10 月，为加强学校食品安全信用体系建设工作，市教育局特组建“常德市教育局学校食品安全信用体系建设领导小组”。市教育局局长诸戈文和分管副局长庹朝君，分别任组长、副组长。市教育局学校食品安全信用体系建设领导小组设在市教育局体卫艺科，由科长周国辉兼办公室主任，负责学校食品安全信用体系建设日常工作。市教育局按照《学校食堂卫生许可量化评分表》和《学校经常性卫生监督量化评分表》的要求，依据《中华人民共和国食品安全法》及相关法律规定，制定《常德市学校食品安全信用体系建设制度（试用)》印发给全市各区、县（市）学校施行。

第三节　学校国防教育

一、小学国防教育

1990 年始，市教委按湖南省《国防教育条例》和有关文件精神，全市各地小学普遍开展了形式多样的国防教育，并形成制度。

1994 年，市教委成立学校国防教育领导小组，由市教委副主任陈昌清任组长，明确基教科体卫专干具体负责此项工作。随后，各区县（市）教育行政部门相应成立专门组织机构，安排专人负责，确定每年召开一次联席会议，对年度国防教育进行部署，对课时确定、教材内容、教学方法作了具体安排。本市各小学每周安排 0.5 课时在科技活动或团队活动中完成国防教育教学任务，年平均时数为 10 课时。1995 年，全市各地小学使用在国家教委国防教育办公室和全军总参谋部政治宣传部指导下编写的《国防教育》（小学一至三年级组 1 本，四至六年级组 1 本）。

1997 年，根据国家教委学校国防教育办公室要求，《国防教育》编委会重新编修一套《国防教育》（小学各年级各 1 本）。全市各地小学根据实际情况新旧两套教材选用。在教学过程中，运用投影、幻灯、电视录像、现场演示，使教学内容更加丰富、形象和直观。坚持课堂教学与课外活动相结合，在抓好授课的同时，还组织学生参观人防工程、军事器械，开展各种竞赛活动。聘请老红军、战斗英雄、军分区和武装部的官兵来学校讲故事、讲国防教育基本知识。同时，将国防教育知识与防灾、抗震知识相结合，授予学生战时防核、防生化武器的知识和防突发性事故的应变能力，战时、平时都能用上。除此之外，还多次组织与国防教育有关的活动，如“国防教育宣传月”活动，国防教育知识窗、国防教育手抄报竞赛、国防教育征文比赛、国防教育知识抢答赛，参观展览，祭扫英烈公墓，组织学生进行人防教育与防震抗灾演练活动等，以提高学生的国防意识和自我保护能力。

进入21世纪后，国家相继颁布《中华人民共和国国防法》和《中华人民共和国国防教育法》，对学校国防教育作了更加明确的规定。全市各级教育行政部门和学校依法把国防教育纳入整体教育目标，坚持每学期对国防教育进行检查考核，形成常态。

二、初中国防教育

1990年，遵照省人大十次会议通过颁发的《湖南省国防教育条例》规定，全市各级教育行政部门组织学校认真落实国防教育计划，各中小学校利用周会、团队活动，开展国防教育活动。是年，全市国防教育现场经验交流会在汉寿县举行。

1994年，按《条例》和有关文件要求，全市初中每周安排0.5课时并入科技活动或团队活动中，保障国防教育年平均总数20课时。使用补充教材《国防教育》（初中）。

1997年，《国防教育》编委会在原来的基础上，又编写初中一至三年级各一本国防教育教材，与原《国防教育》（初中）教材同时并存。市各初中学校结合本校实际情况可选择使用。在开展国防教育活动中，全市各区县（市）各学校逐步形成了一套行之有效、形象直观、生动活泼的教学方法。规模较大的学校采用启发式的“讲、看、做、练、评”的教学法，充分运用录像、电影、幻灯、挂图、自制CAI课件等多种电教手段。有的中学坚持融合教学法，把国防教育渗透到相关学科教学，起到相得益彰的效果。如讲核武器杀伤破坏因素的光辐射、冲击波、电磁脉冲时，与物理课中的冲击波、压强、大气压等知识紧密联系；讲化学、生物武器部分时，与化学、生物课程中的一氧化碳、氯气、氨气、有机磷农药、微生物、传染病、昆虫等知识紧密联系。教育学生要有备战思想和临战意识，提高如何判断和处理现实生活与战争时期有机磷中毒、氯气中毒、食品中毒、消防等解决实际问题的能力。有的中学从实际出发，把军分区、武装部教官请进来或让学生走出去，把课堂授课与组织学生外出参观相结合，使国防教育课上得生动、活泼。除此之外，市教育局还与相关单位组织国防教育知识演讲赛、国防教育知识抢答赛、国防教育手抄报竞赛、国防教育有奖征文、“国防教育宣传月”活动、国防教育参观展览、观看国防教育影片、组织学生进行人防教育与防震救灾演练活动相结合等。各中学充分利用第二课堂，组织学生开展国防教育知识主题班会，利用多媒体音像组织专题讲座，组织自编国防教育知识黑板报、墙报、手抄小报、摄影、绘画，组织参观人防工事等，做到每年都有新的教育形式。

2002年年初，市教育局把人防教育纳入学校素质教育目标管理评估体系。要求全市各级各类学校把人防教育列入教学计划，安排课时，明确教师，确定教学内容，组织专项考核。为支持学校开展人防教育，市人防办免费为市直、县城区100多所学校发放人防教育参考书《人防知识与技能》4800多册、音像辅导资料《永远的蓝天》500多盒。

2004年4月至9月，市教育局在市直中小学生中开展国防教育系列活动：一是国防教育读书活动（4月至5月）；二是国防教育知识竞赛活动，竞赛内容为省里编印的《湖南省“军谊杯”国防教育竞赛资料题》，竞赛活动以学校为单位组织，采取抢答式或开卷答题式任其选择。

2006年7月，市教育局、常德军分区联合组织全市中学生国防知识抢答赛活动，汉寿县获全市团体总分第一名。7月下旬，汉寿县组队代表常德市参加国防知识电视抢答赛获全省第二名。

三、体育、卫生、艺术及国防教育管理

20世纪80年代初期，常德地区教育局普教科配有1名学校体育卫生专职干部和1名学校德育专职干部，负责区域内所属学校的体育卫生和艺术教育管理工作。

1989年6月，常德地区教育局更名为“常德市教育委员会”。1991年市教委普教科加挂体育卫生科牌子，合署办公。许辉利、张可明负责具体工作。

2000年11月，市教委机构进行调整，体卫艺科从基教科分离出来，单独成立体卫艺科，黄锐为第一任科长，副主任科员蒋德生及毛南方协助工作。其职责为全市学校体育、卫生、艺术教育、国防教育和综合治理工作。尔后机构及人员有调整。

为了加强学校体育卫生和艺术教育工作领导，全市教育系统成立了专门的学校体育、卫生和艺术教育工作领导小组。市教育局领导小组由局长任组长，分管副局长任副组长，各相关业务科室负责人为成员，由体卫艺科牵头负责。各区县（市）教育行政部门也相应设置了体卫艺股和中小学卫生保健所（站），配备专职干部，负责本地区学校体育、卫生、艺术、国防教育工作。各区县（市）体委、卫生局和卫生防疫站、文化局、人武部也有相应科室和专职干部负责学校体、卫、艺和国防教育工作，形成以领导小组为核心，体卫艺科（股）为主导，学校抓落实，其他部门协同的领导工作机制。

市教育局以教育部颁发的《学校体育工作条例》和《学校卫生工作条例》、《学校艺术教育工作规程》、《湖南省国防教育条例》为准则，制定《常德市中小学体育卫生艺术教育工作目标管理考核方案》及其《实施细则》，每年对全市学校体育、卫生、艺术、和国防教育工作纳入年度岗位目标考核范畴。

第四节　少数民族教育

一、概况

常德市是一个散杂多民族地区。1990年，全市有33个民族，其中少数民族43万多人，约占全市总人口的8%，主要的少数民族有土家族、回族、维吾尔族等。2000年，全市有少数民族46万多人，约占全市总人口的8%，其中土家族人口占全省土家族人口的15.37%，回族人口占全省回族人口的38.75%，维吾尔族人口占全省维吾尔族人口的

72.02%。2010年，全市有46个民族，其中少数民族人口47万多人，约占全市总人口的8%。土家族是常德地区的土著民族，主要集居在石门县，约40万多人（其教育情况见第十二篇石门县）；回族和维吾尔族主要在沅水下游的桃源县、武陵区、鼎城区、汉寿县等地，其祖先主要是由军旅奉调而进入常德，后历代又有人迁来。

1987年，常德地区有桃源县枫树维吾尔族回族乡、桃源县青林回族维吾尔族乡、鼎城区许家桥回族维吾尔族乡、汉寿县毛家滩回族维吾尔族乡等4个少数民族乡。4个乡各有一所民族中学（普通初中），共有学生3048人，教职工182人，另有民族小学5所，均属九年义务教育阶段学校。这4个少数民族乡历来重视教育，如桃源县枫树维吾尔族回族乡中学是桃源县创办最早、规模最大的一所民族中学，其前身为清朝光绪年间翦奎午（著名历史学家翦伯赞的父亲）创办的“镇南学堂”。

1988年至2010年，上级领导多次来常德市视察少数民族乡学校。1989年4月6日，湖南省委书记熊清泉、副省长卓康宁一行到鼎城区许家桥乡民族中学视察办学情况，了解少数民族子女入学与升学情况等，并亲笔为许家桥中学题词：“办好普教，发展职教，为建设四化繁荣民族经济培养四有人才”。2000年10月，全国人大常委会副委员长铁木尔·达瓦买提一行视察桃源县青林回族维吾尔族乡学校，对少数民族学校的教育教学给予充分肯定，并赠送图书。2010年5月，湖南省委常委、工委书记陈肇雄和世界500强企业之一的丹麦马士基集团总裁戴维·J·R一行到桃源县青林回族维吾尔族乡中学，为希望学校揭牌（该校为马士基希望学校），马士基集团并捐赠50万元修建学校教学楼。

2010年，常德市4个少数民族乡有九年义务教育阶段学校10所，详情见表2–4–1。4个少数民族乡的中学（其中3所为九年一贯制学校）有学生2492人，4所学校占地面积12万多平方米，学校建筑面积4万多平方米，4校基本情况见表2–4–2。

二、学校建设与发展

（一）桃源县枫树维吾尔族回族乡中学

1988年，学校有图书3340册，价值24531元，教学仪器价值约36万多元。2010年，有图书17850册，价值31万多元，教学仪器价值约145万多元。学校有能容纳1200人的教学楼，容纳2000人就餐的食堂，容纳1500人就寝的学生宿舍；办公楼、科教楼整齐规范，各功能室齐备；有占地10000平方米的运动场，300米环形跑道。体育器材、仪电设备、多功能教室等均达到合格学校标准，有养殖基地和30多亩种植基地。

学校1999年1月被常德市教育委员会授予“示范性初级中学”，2004年2月被常德市教育局授予“名优学校”称号，2006年12月被常德市综治委授予“安全文明校园”，2009年9月被常德市教育局授予“全市中小学勤工俭学示范基地”。

（二）桃源县青林回族维吾尔族乡中学

1988年，学校有图书8013册，价值52300元，教学仪器价值约15000元。2010年，

表 2-4-1　　2010 年常德市 4 个少数民族乡九年义务教育阶段学校所数统计表

地　　点	九年一贯制学校	初级中学	中心完小	村小	合计
桃源县枫树维吾尔族回族乡	1			2	3
桃源县青林回族维吾尔族乡		1	1	2	4
鼎城区许家桥回族维吾尔族乡	1				1
汉寿县毛家滩回族维吾尔族乡	1			1	2
总　　计	3	1	1	5	10

表 2-4-2　　2010 年常德市少数民族乡中学基本情况统计表

学　校　名　称	学生人数	少数民族学生人数	教职工人数	学校面积（平方米）	学校建筑面积（平方米）
桃源县枫树维吾尔族回族乡中学	1012	286	74	42355	12215
桃源县青林回族维吾尔族乡中学	350	113	55	12416	6948
鼎城区许家桥回族维吾尔族乡中学	480	160		30000	10000
汉寿县毛家滩回族维吾尔族乡中学	650		52	44022	12000

说明：汉寿县毛家滩回族维吾尔族乡中学教职工人数为专职教师人数

教育教学设施齐全，有图书 20154 册，价值 178500 元，教学仪器价值约 590000 元，其中电教仪器 123 件，价值 32 万余元，常规仪器 3020 件，价值 27 万余元。

（三）鼎城区许家桥回族维吾尔族乡中学

1990 年起，学校以深化内部改革为动力，办学水平不断提高，学校曾连续 7 次获得区级“教书育人先进单位”荣誉，特别 1999 年至 2001 年，学校先后被评为市级“示范学校”、“名优学校”“全面推进素质教育先进单位”。学校十分重视校园文化建设，建起了许多诗墙，并建有 250 米环形跑道的田径场与水泥球场，有学生劳动实践基地 35 亩。

2005 年，学校被湖南省教育厅、省环境保护局评为“省级绿色学校”。2008 年，“合格化”学校验收合格，获省级优秀单位，并为全省“合格化”学校创建提供现场。

（四）汉寿县毛家滩回族维吾尔族乡中学

1989 年，学校修建总长为 650 米的围墙，重建校门于东北角。1991 年到 1992 年间，学校发动群众投资和教师集资，第三栋两室一厅总面积为 1300 多平方米的教工宿舍大楼建成。1993 年，学校建起了教学实验园，内设有物理、生化实验室 2 个，物理生化仪器室 3 个。1995 年底，学校一栋 1730 平方米的高标准教学大楼落成。2004 年 8 月，学校完成了800多平方米的三用堂修建工程，打了一口45米深的水井，修了一个可装水30吨的水塔；2010年，一座四层共1500平方米的科教楼拔地而起，拥有生物、化学、物理整体实验室和56台电脑的信息技术教室，并建有可容纳160人开会、学习的多媒体教室一间。学校并不断优化校园环境，改善办学条件，创造具有少数民族独特风味的文化氛围，以优秀的校园文化加强对学生的熏染，张扬学生个性，彰显学校特色。2001年至2010年，学校连续十年被评为县目标管理先进单位，其中2005年、2008年，该校目标管理考核评估名列全县第一。2008年，学校被评为省级合格学校。

三、教育教学活动

常德市少数民族乡学校的教学计划均按省、市教育行政部门文件规定执行。主要教材按市、县教育行政部门规定采用部编或省编教材；同时，各校根据本乡少数民族传统和特点编有校本教材、开设校本课程、组织课外活动。

（一）桃源县枫树维吾尔族回族乡中学

2010年，学校有教职工74人。20世纪80年代开始，学校办学水平不断提高，教育教学质量稳步提升，该校毕业生后经高中学习先后有李杰军、翦杰等11人考上清华大学或北京大学，其中，2003年，庄皓、庄大杰、庄兴明三人同时以优异成绩考上清华大学，时有“枫树三庄，闻名三湘”的美谈。

学校立足本土，开发《枫“碑”回眸》校本教材；2010年，撰写编印校本教研教材《维回汉和睦一家》，全书8章13万字；每周开设具有自己民族特色的校本课程1节；学校还定期开设维文兴趣学习班；办有刊物《枫叶文学》。学校毽球队在省民族运动会上获第三名；利用大课间组织学生跳维吾尔族舞；学校每年举行一次艺术节，艺术作品彰显民族文化个性，每年举行一次民族舞蹈比赛，维回民族舞蹈艺术精华代代相传，2009年，学生舞蹈《美丽的察娜尔罕》在长沙田汉大剧院演出获优秀奖。

（二）桃源县青林回族维吾尔族乡中学

2010年，学校有教职工55人，其中专任老师46人，高级教师8人。学校搜集、整理、编写了回族维吾尔族校本教材，并开设了课程；利用广播、橱窗宣传栏、学生手抄报等形式，介绍少数民族的风俗习惯等。学校请当地少数民族老者为学生介绍回族维吾尔族的生产、生活情况。2010年，学校创建全县第一所乡村学校少年宫，成立了书法、美术、音乐、舞蹈、体育等多个兴趣小组，开展了丰富多彩的课外活动。

该校毕业的学生经高中学习后有肖世标、马云飞、马华丽、曾波、林琦松、俞晨殊，江梦姣等考上清华大学或北京大学。1980年该校毕业的戴道清，现为中山大学数学与计算机学院院长，博士生导师，德国柏林洪堡大学客座教授。

（三）鼎城区许家桥回族维吾尔族乡中学

学校有一支素质优良、结构合理的教师队伍，30余名教师在区级以上教学比武中获奖。1995 年王喜云被湖南省教委、省人事厅授予“湖南省优秀教师”称号，2001 年廖学杰被湖南省教育厅、省人事厅授予“湖南省优秀教师” 称号，2004 年王志敏被共青团湖南省委授予“湖南省优秀少先队辅导员”称号。

在教育改革与发展的过程中，学校确立“追求一流质量，办好窗口学校”的办学目标，强化了“立足基础求和谐，全面发展育特长”的办学理念，弘扬了“崇德敬业，严纪乐群”的校训精神，注重了校风、教风、学风的建设和营造，并以建设高素质的教师队伍为突破口，在全面推进素质教育的道路上稳步前进。2000 年，许家桥中心校被共青团中央评为“全国红旗手大队”；2001 年，学校校刊《心蕾》被中国教育学会中学语文专业委员会评为“全国优秀校刊”；2003 年，湖南省教育科学研究院授予学校“湖南省基础教育教学研究实验学校”铜牌；2004 年，小学部《雏鹰》文学社被评为湖南省首届十佳百优文学社；2006 年，学校被湖南省教育科学研究院评为“基础教育改革实验先进单位”。

1989 年，学生李莉获全国“蓓蕾杯”作文大赛一等奖；1995 年，王权、王丹获全国小学生数学奥赛二等奖；2001 年，陈自立参加由中国教育学会、中学数学专业委员会举办的“TI 杯全国初中数学竞赛”获一等奖；2004 年，王坤参加由全国中学数学专业委员会举办的全国初中数学竞赛获一等奖；2010 年，蒯聪、钱雨晴参加由湖南省教育学会、省写作学会、省作家协会举办的湖南省“金味杯”第六届小学生作文竞赛获一等奖。

该校毕业生徐超与杨伟，经高中学习后，在 2000 年与 2002 年考上清华大学。

（四）汉寿县毛家滩回族维吾尔族乡中学

2010 年，学校有专任教师 52 名，其中高级教师 12 名，中学一级教师 25 名，有市级骨干教师 3 人。学历合格率为 100%。学校遵循教育教学规律，抓教学常规管理，结合《教师职业道德规范》和《中小学生日常行为规范》，出台《毛家滩中心学校管理制度汇编》，并以此作为教师工作和学生学习的指南。学校加强教学研究，形成教改特色，提高了教育教学质量，先后有 200 余篇教师的论文或课题获国家、省、市、县级以上奖励，或在市级以上刊物发表。2004 年，学校提出了“以安全文明教育为依托，突出德育首位”的德育工作思路，把创建“安全文明校园”作为学校特色创建和德育教育的突破口和立足点，树立自己的品牌。2006 年下半年，中学顺利通过了“湖南省安全文明校园”验收。

2000 年起，学校经过省、市、县三级督导评估达标，被评为省级合格中学、市级示范性初级中学，先后获得“省级安全文明校园”“常德市基础教育先进单位”“汉寿县教学研究先进单位”等荣誉称号。学校在县中小学生运动会上，一直处于全县前十名水平。

（说明：由于九年义务教育阶段初中与完全中学的初中重叠，又缺乏必要的资料，故本章的“体育、艺术、卫生、国防教育”节目中的有关数据包含有第三篇普通高中教育相应内容，如体育教师参加省、市培训人数，体育传统项目学校数，常见疾病监测人数以及体育、艺术、卫生、国防教育管理机构等，故第三篇不再述说。）

第五章 劳动技术教育与勤工俭学

第一节 教材与教学

一、省统编教材

1989 年秋季开始，常德市九年义务教育阶段学校采用湖南省教委编写的小学和初中劳动技术教育课教材（试行稿），学生人手一册。

1995 年，全市小学劳动技术课教学使用湖南省教委 1994 年重新编写的湖南省九年义务教育小学《劳动》教材（实验本）。教材全套共 8 册，小学三至六年级每学期教学一册。教材根据国家教委颁发的教学大纲，突出操作训练，着重技术点的教学，图文并茂，有利于学生学习和教师教学。全市初中使用湖南省教委 1994 年编写的湖南省九年义务教育初中《劳动技术》实验课教材，全套共 9 册。初一年级教材内容为《园林花卉》《食品加工》《简易木工》；初二年级教材内容为《饲养技术》《实用修理技术》《缝纫基础》；初三年级教材内容为《农作物栽培与良种繁育》《家用电工》《电子技术》。

统编教材的使用，克服了以往劳动技术教育课教学的随意性。

二、自编乡土教材

根据国家教委〔1987〕教初字 010 号“关于颁发《全日制小学劳动课大纲（试行草案）》的通知”“一纲多本”“地、县教育部门和学校还可以适当编写乡土补充教材”“自行安排教学内容上课”的意见，1990 年，常德市各地中小学结合本地校办工厂、校办农场生产实际，由市教委（教育局）基教、勤管部门组织协调，自行编写劳动技术教育教材或有关教学补充资料。1992 年桃源县马鬃岭镇中学编写的《生猪绿色饲养与疾病预防》、石门县罗坪乡中学编写的《有机茶手工制作技巧》、西洞庭一中编写的《朝鲜蓟种子育苗技术研究》、澧县双龙乡中学编写的《牛奶湖畔话双龙》等本土教材，应用于教学与实践，使学生学会和掌握了一些基本的生产劳动技能及农业科学知识。2009 年鼎城区港二口镇中心小学编写的《劳动与实践》、牛鼻难镇中学编写的《绿色蔬菜我来种》、汉寿县鸭子港中学编写的《网箱养鱼技巧》等教材，突出本地自然、经济特点，体现了劳动和劳动技术教学特色与办学活力，提高了学生的基本素质和学科兴趣。

三、教学安排

国家教委〔1987〕教初字 010 号《全日制小学劳动课大纲》（试行草案）通知，全日制小学五年制和六年制均从三年级起每周增开一节劳动课（原每周2节）。小学一、二年级则通过各科教学、常规训练、班队活动、课外活动和家庭家务劳动等多种途径渗透劳动教育。

全日制初中劳动技术课，每学年2周，每周按4课时安排，3年共计144课时。

劳动技术课教学可以集中安排（例如以办农场为主的农村学校要考虑农作物的生长季节性，本校无校办工厂需借用学校周边工厂作实验教学的学校等），也可分散进行。各校结合上级教育主管部门制订的教学计划自行合理调整。

四、师资调配和培训

中小学劳动课的实践性、思想性和技能性都较强，其教学工作需选择教育思想端正、知识面较广、动手能力较强的教师担任。小学阶段的劳动课教学一般由班主任教师兼任。一所完全小学一般配备1~2名以指导基地生产为主的专职教师，并负责基地生产的通盘课划与管理。初中阶段的劳动技术课教学以专职教师为主，班主任配合。

劳动技术课教师的调配和培训由学校和区、县（市）教育行政部门负责，列入教师进修工作计划。培训的内容主要是教育思想、技术与技能，以确保通过劳动课教学和实践，达到提高学生思想素质和基地经济效益的目的。

第二节　劳动技术教育基地建设

一、以工为主的城镇学校校办企业

20世纪80年代，常德地区校办产业稳步发展，工厂产品多达200余种，产品技术含量高，产量产值逐年增长，产品市场辐射全国以至国外。市一中校办工厂生产的学生课桌椅在常德地区各县（市）、区的中小学供不应求，年均销售额达300多万元；石门县教育服装厂生产的学生装（校服）及工厂、商店职工工作服等年均销售量达8万多套，市七中校办工厂生产的交流电动机、五中校办工厂生产的电焊机、市四中校办工厂生产的电器开关等远销东南亚各国。各校办工厂产品年均销售额均超过500万元。市十一中校办工厂生产的卷烟机配件（核扫描仪）销售到全国各大、中、小型卷烟厂，年均获利润200多万元。另外，各县（市）区大部分城镇学校都办有规模不等的印刷厂，主要生产学生使用的作业本、教师备课本、办公用纸等，以满足本辖区学校需求。津市教育印刷厂1985年兴办，该厂拥有国内先进印刷及装订抄本生产设备，能独立进行平面设计，全部完成书刊、画册、海报、包装、手抄本等产品生产，是常德校办印刷行业知名企业，年生产各类印刷品30余种，并与省内10多家出版社、文化设计公司、大型商场及加工企业常年保持友好合作关系，年均创利润250万元。

1993 年 2 月，常德市五中电焊机厂被湖南省教委确定为全省首批重点校办工厂（全省共 9 家）。1995 年工厂经济效益创历史最高水平，向学校上缴利润 22 万元。20 世纪 90 年代末期随着市场竞争的加剧，工厂经营情况逐年下滑。2004 年 3 月，经学校职代会审议通过，聘请专人领办校办工厂。2007 年，学校和专人在学校职代会监督下达成协议，对校办工厂除土地外的固定资产实行买断，工人的工资费用一次性交付给工厂全体职代会代表。2011 年 10 月经学校教职工代表大会审议通过《关于同意常德市五中校办工厂（常德市电焊机厂）改制的决议》，遂后工厂为私营。

二、以农为主的校办农场

1990 年 3 月 15 日，常德市勤工俭学工作会议在桃源县召开。会议讨论并通过市教委制订的《农村中小学生产实践基地达标及考核办法（试行）》，提出力争在 3~5 年内实现全市每所农村中小学都建立生产劳动实践基地，每个乡（镇）建立至少 1~2 个有规模、有技术、有带动力的达标基地。会议向全市推介桃源县马鬃岭镇中学、汉寿县西竺山联校基地建设先进经验；同时指出一些地方组织学生参加勤工俭学活动忽视对学生进行劳动教育为主要任务、盲目追求经济效益的偏向。同年 9 月 24—27 日，湖南省教委、省财政厅联合在桃源县召开全省学农基地建设现场会。省财政厅厅长王克英、省教委副主任曾繁友出席会议并讲话。来自全省的与会 200 多名代表参观了桃源县马鬃岭镇中学、黄婆店乡中学、基隆乡中学、三阳港镇中学、红岩小学、官家洲小学等学校勤工俭学基地。当年，桃源县实现校校有勤工俭学实验基地，其充分发挥勤工俭学教育效益、经济效益和社会效益的经验受到湖南省教委、省财政厅的表彰。

至 1991 年年底，常德市校办农业有了新的发展。桃源县、汉寿县、石门县、津市、临澧县、澧县、鼎城区等 7 个县、区（市）农村中小学勤工俭学基地面积已达到湖南省教育委员会规定的标准，受到省教委、省国土管理局的表彰。

为进一步落实中小学勤工俭学基地建设，促进全市校办农业均衡发展，1992 年 2 月，常德市人民政府转发市教委等部门“《关于大力发展校办农业的意见》通知”（常政办发〔1992〕7 号文)。通知要求：对尚未落实勤工俭学生产基地面积的部分农村中小学，各有关乡（镇)、村要依据湘政发〔1989〕44 号、湘教勤字〔1990〕01 号文件精神积极予以落实。生产劳动用地要按小学生人均 3 厘、中学生人均 4 厘、农职中学生人均 2 分的标准划拨给学校，并办理土地使用手续，防止侵占学校土地的现象发生。并要求各乡（镇)、村要把校园生产基地的基础设施建设纳入当地农田基本建设统一规划，实行山、水、田、林、路综合治理，依靠乡（镇)、村集体投工投料，逐步完善配套，以达到基地标准，增强抵御自然灾害的能力。同时要求各区县（市）要切实抓好 1~2 个种养示范乡（镇）和一批中小学种养示范场，真正把勤工俭学生产基地办成育人创收基地、优良品种推广和科技示范中心，以促进校办农业的全面发展。

至 1992 年年底，常德市农村勤工俭学基地面积由 1988 年的 20750 亩发展到 29098.5 亩，净增土地面积 8348.5 亩，生均 4.1 厘，超过省里规定的标准。全市劳动基地 5641 个（含第三产业服务点），超过全市中小学校总数（含一校多点）。

1993 年 2 月，湖南省教育委员会、湖南省国土管理局联合发布“关于表彰第二批农村中小学勤工俭学基地面积达标县（市）和农村中小学勤工俭学基地建设先进单位的通报”。常德市有安乡县、武陵区、贺家山原种场、西洞庭农场等列入农村中小学勤工俭学基地面积达标县、区（场）。至此，常德市各县、区（市、场）农村中小学勤工俭学基地面积均达到湖南省教委规定的标准，提前实现常德市教委 1990 年 3 月提出的“力争在 3~5 年内实现全市每所农村中小学建立生产劳动基地”的目标。是年，常德市勤工俭学管理站、安乡县国土管理局、常德市武陵区国土管理局等被省教委授予农村勤工俭学基地建设先进单位。经申报，湖南省教委组织严格考核审查，桃源县马鬃岭中学校办农场、汉寿县西竺山乡联校水产养殖场被定为全省首批“勤工俭学重点农场”（全省共 10 个）。

1993 年起，石门县大胆调整商业服务网点，将原把“眼光盯住学生”变为“盯向社会”，服务社会，各类服务网点达 230 多家。县城各学校一次性新建门面 120 多个，服务项目由饮食、文具，发展到百货、五金建材、文印交通、加工修理、理发摄影、工艺美术等，应有尽有，初步形成商场气势。

1997 年 2 月，湖南省勤工俭学工作处在桃源县召开全省第三产业管理大会，与会代表 160 多人参观了桃源一中学校食堂、商店、养猪场。石门县教育局、桃源一中等单位代表在大会作典型发言。

2002 年 11 月 1—3 日，常德市教育局在石门县召开全市勤工俭学基地建设现场会。市政府分管教育工作的副市长张元英到会讲话，市教育局局长何英满总结全市学校基地建设工作取得的成绩和存在的问题。针对农村学校布局调整后出现资产闲置、流失、基地被占用等现象，市教育局提出强化管理、合理开发的要求。石门县教育局、桃源县教育局、澧县教育局等单位在大会作典型发言。石门县早在 1991 年就对全县学校基地和产业网点办好了土地公证、营业执照及收费和卫生许可证，并进入档案，做到手续、文档“双保险”，保障学校基地、资产不流失。石门县根据山区“南暖北寒”的地理、气候条件，确立“南桔北茶”的发展思路，实现了“南部生均三株桔、北部生均一亩茶”的格局。与会 70 多名代表参观了石门县三板中学蜜橘繁育基地。

2009 年，常德市为落实湘教发〔2005〕112 号文件精神，在全市开展农村中小学创建劳动实践市级示范基地建设评选活动，首批市级示范基地授牌表彰大会于当年 10 月在桃源县召开，全市 60 多位校长代表参加会议。桃源县马鬃岭镇中学、枫树乡中学、汉寿县罐头嘴镇中学、鼎城区中河口中学等校长在大会典型发言。省教育厅装备处（管理全省勤工俭学工作部门）处长李建新为示范基地单位授牌。

2009—2010 年，常德市两届共评选出桃源县枫树乡中学农场等 39 个市级生产劳动示范基地。市教育局每年从教育附加专项列支20万元，奖励示范基地学校。常德市教育局开展农村中小学劳动实践创建“示范基地”评选活动，促进了全市农村中小学开发、创建基地热潮，全市涌现一批标准高、特色明显、效益显著的劳动基地。汉寿县罐头嘴镇中学劳动基地、津市灵泉镇中心小学劳动基地被湖南省教育厅评为全省农村中小学劳动实践基地建设先进单位。2009—2010年，常德市教育局连续两年被评为全省中小学劳动实践基地建设先进单位。

第三节　勤工俭学

组织中小学生参加劳动和劳动技术教育，培养了学生热爱劳动、珍惜劳动成果、勤俭节约的思想感情。同时，创造了可观的经济效益，用于改善办学条件和师生的福利待遇，促进教育事业的发展。

一、学生综合素质提高

常德市一中在开展勤工俭学活动中，采取四项措施突出学生思想品德教育：一是加强基地建设，开辟劳动和劳动技术教育场所;二是根据劳技课教材，制定教学计划，避免以劳代教；三是落实和稳定劳动技术课教师，与文化课教师同等待遇；四是建立劳技教育教师和职工的考核制度，奖罚分明。学生中热爱集体、爱护公物、热爱劳动、珍惜劳动成果的思想品德形成风尚，为全面实施素质教育实行了大突破，学校多次被常德市文明办评为先进单位。

桃源县马鬃岭乡中学充分利用勤工俭学基地，加强学生的劳动与劳动技术教育，为当地发展庭院经济培养了一批实用技术人才。该乡庭院经济协会中有80名会员都是该校毕业的学生，对发展当地经济起了促进作用。该校毕业生董朝辉，毕业返乡后利用在学校学习的种植、养殖技术，专心致志搞庭院栽培、养殖，成为远近闻名的致富能手。

地处城区的武陵区泽远小学、紫桥小学，克服学校寸土寸金的困难，两校结合校园文化建设，开辟学农基地，分别建成规划合理、布局新颖、特色鲜明的实践教育基地，种植和培育适宜各年级段学生认知、感知常见植物10多种。生活在城市的学生不仅看到而且亲手种植多种植物，同时美化了校园环境，提升了学校品味，为学校文化建设增添色彩。

石门县罗坪乡中学地处湘西北大山深处，学校劳动实践基地因地制宜，向学生传授和实践有机茶栽培技术技能，使学生掌握了茶叶的栽培、手工制茶等技术。基地种植的茶叶无污染、口感好，市场价格高。该县所街乡寨坪小学栽培的柑橘亩产超过万斤；九伙坪乡中心小学运用地膜种植玉米亩产达700多公斤。两所学校均荣获石门县科委、农业局授予的“科技高产奖”。

二、经济效益增长快

1988 年，常德市人民政府提出勤工俭学作为全市经济工作的一个组成部分，要求市政府所属国土、计划、经济、财政等有关部门要把勤工俭学筹划好、安排好，积极予以扶持和指导；要求教育部门积极组织和引导学校根据当地自然条件和经济特点，宜工则工，宜农则农；有条件的学校经县以上教育主管部门批准，也可以开展商业、服务业等第三产业活动。

该年，湖南省勤工俭学年纯收入突破 500 万元的地市共 6 个，常德市以 764 万元领先入列；全省年纯收入突破百万元的县 13 个，常德市有桃源县（160 万元）、临澧县（107 万元）、石门县（103 万元）入列；全省年纯收入突破 30 万元的校办工厂 7 个，常德市五中校办工厂（37 万元）、临澧县一中校办工厂（31 万元）入列。

1989 年，全省校办农业年纯收入增加超过 100 万元的地、市共 5 个，常德市入列。

1990 年，全省勤工俭学年纯收入突破千万元的地市共 10 个，其中包括常德市。此后，常德市勤工俭学纯收入一直呈上升趋势。到 2010 年，全市勤工俭学年收入（含校办工厂、校办农场、校办第三产业）达 8486.25 万元（各年总收入见表二：《1988—2010 年常德市勤工俭学基本情况统计表》）。

常德市 1988—2010 年间累计勤工俭学收入达 10.011 亿元，其中 85.3%用于补充教育经费，改善办学条件。其余用作家庭贫困学生助学和学校集体福利、教职工政策性补贴及上缴税金。

第六章　学校管理

第一节　办学与管理体制

1985年9月，湖南省委、省政府发布《关于贯彻〈中共中央关于教育体制改革的决定〉的意见》，决定实行地、县、乡、村四级办学和地、县、乡三级管理的中小学教育管理体制。把发展基础教育的责任交给地方，至此，市域基本形成村办一至四年级小学、联村办高年级或完全小学，乡镇办中心小学，区县（市）办中学的办学格局。

进入20世纪90年代后，随着社会主义市场经济体制改革的深入，社会力量办学得到迅速发展，政府包揽办学的局面逐步被打破。这一时期，全市和全省各地一样，认真落实“积极鼓励、大力支持、正确引导、加强管理”的方针，积极探索以政府办学为主体、社会各界共同办学的基础教育办学与管理体制。

1994年12月，省政府召开全省教育工作会议，全面贯彻落实《中国教育改革和发展纲要》，加强办学体制改革，形成政府办学为主，多种力量参与，多种形式办学的新体制。重点是充分挖掘办学潜力，改革和完善教育经费管理体制，将预算内教育经费归口到县一级政府管理。

1997年，国务院发布《社会力量办学条例》。以此为标志，市域小学教育与全省同步，进入以政府为主，多元办学的新时期，民办小学成为小学教育的重要组成部分。至2000年底，全市有其他部门办、民办的小学46所，教学点6个（均不含集体办），在校学生13168人，教职工705人。

2001年4月，湖南省政府办转发省教育厅《关于中小学办学体制改革的意见》，要求各地积极稳妥地进行以政府办学为主体，公办学校与民办学校共同发展的办学体制改革。同年12月，省教育厅颁布《湖南省社会力量办学暂行管理办法》，进一步明确了社会力量办学资格、应具备的条件和申报程序等。2002年，全市共有民办小学10所，在校学生5859人，占全市小学生人数的1.2%；共有民办初中11所，在校学生6924人，占全市初中学生人数的2.4%。

市教育局积极鼓励、倡导、实践办学体制上的创新。一是试办国有民办学校。1996年创办的常德芷兰实验学校，实行董事会领导下的校长负责制；二是以重点中学为依托的民办学校。由1999年的一所（常德市一中长怡实验中学），发展到2001年的7所；三是产业集团参与办学。常德泽云产业集团创办鸿升实验学校和泽云小学。办学体制的改革与实践，调动社会各方面的积极性，逐步形成以政府办学为主，公办学校与民办学校共同发展的格局，不断满足人民群众日益增长的教育需求。

2002年6月，市委、市政府召开全市改革完善农村义务教育管理体制工作会议，全面落实基础教育“在国务院领导下，由地方政府负责、分级管理、以县为主的管理体制”。突出“以县为主”，这是对1985年实行“四级办学、三级管理”体制的纠正。

县级政府对本地基础教育的管理和发展承担主要责任。负责统筹规划基础教育的发展，加强中小学建设；合理制定学校布局调整方案，并组织实施；统一管理基础教育经费，发放教师工资；统一管理中小学校长、教师；采取过硬措施，确保义务教育巩固提高。2003年，全市“以县为主”的义务教育管理体制得到落实，教育的“人、财、物、事”四权全部收归县一级政府管理，农村义务教育经费由政府为主负担。教师基本工资全部由市、县财政按月足额发放，教师待遇不断提高。

乡镇政府承担相应的义务教育办学责任，根据国家规定筹措教育经费，用于乡、村两级中小学改善办学条件。乡、村两级建立“控流保学”责任制，确保义务教育阶段适龄儿童、少年完成九年义务教育；负责划拨新建、扩建校舍和生产劳动实践基地所必需的土地；维护学校的治安和师生的安全。

根据湘政办发〔2002〕44号文件精神，2003年起，全市乡镇不再设立专门的教育管理机构，乡镇在核定的行政编制内确定1~2名助理或干事协助乡镇长管理教育具体事务。原有乡镇联校并入中学或中心小学，中学或中心小学校长负责管理全乡镇的教育教学业务工作。年底，津市市、武陵区、汉寿县、临澧县、澧县等县市区已完成联校撤并工作。全市218个乡镇联校，片校全部撤并，校长责任制和目标管理全面推行，竞争上岗，择优聘任的用人机制初步形成，精简和效能的原则得到了很好的体现。

2002年是全面实施农村税费改革的第一年，市政府为弥补因税费改革农村教育费附加和政策性集资被取消带来的教育经费缺口，采取多种措施，使全市教育经费的总量达到12.5亿元，比上年增加2.2亿元，增长17.38%，实现保教师工资、保危房改造、保正常运转的“一增三保”目标。根据农村税费改革的实际和上级有关精神，2002年全市中小学启动新一轮布局调整工作。市教育局制订布局调整方案，并要求各区县（市）将乡镇学校绘制成布局规划图交市教育局审查备案。全年全市共调减中小学178所。桃源县、澧县、津市市、石门县四个县市的学校布局调整工作成绩突出，受到省财政厅、省教育厅奖励。

2004年，全市“以县为主”的教育管理体制得到巩固与完善，教育投入机制进一步健全，实现“保工资、保运转、保安全”；自2002年启动的第三轮中小学布局调整以来，共撤并小学501所和248个教学点，合并中学14所。全市中小学布局基本趋于合理。津市和临澧县中小学布局调整工作受到省教育厅表彰。

2004年2月，省教育厅、省编办、省公安厅、省发展改革委、省财政厅、省劳动保障厅、省物价局等七家单位联合颁发《湖南省进城务工就业农民子女接受义务教育实施办法》，指出“进城务工就业农民应按流入地政府规定，依法送予其在流入地共同居住的子女或其他被监护人入学，接受并完成规定年限义务教育。”常德市政府、市教育局先后发文作出规定：将流动人口教育纳入本地教育事业发展规划，保障流动人口享有与常住人口平等接受义务教育的权力；各区、县（市）教育主管部门将全日制公办中小学作为流动人口子女接受义务教育的接纳主体，按照相对就近入学原则确定各片区接受持居住证的流动人口子女的学校；凡符合规定条件的学生由教育主管部门统筹安排在公办学校就读，把在义务教育阶段公办学校就读的流动人口子女，纳入享受义务教育经费保障机制的对象，全面免除学杂费，与当地学生同等对待，不得加收任何费用；流动人口子女在义务教育阶段学校就读期间，享受“两同等，两优先”：在教育教学、学校管理上同等待遇；对学生学籍管理、评优评先、考试竞赛、文体活动、入团入队等方面，与本地学生同等安排。助学帮困优先安排流动人口子女，在家校联系上优先考虑；建立教师与流动人口子女谈心制度，缓解流动人口子女因陌生环境而产生的心理压力。

市教育局把落实进城务工就业农民子女义务教育阶段就学管理纳入对区、县（市）和市直学校的年度考核指标。凡出现管理不到位、信息采集不详实、政策保障不落实的情况，除全市通报限期整改外，还将取消年度评优、评先资格。

市域内进入市城区（武陵区）就读义务阶段学校的务工就业农民子女是主体。2001—2010 年，每年进入武陵区就读一至六年级农民子女有近 1000 人，常年在籍学生有 4000 余人；升入市直初中阶段学习的除城区当年小学毕业生（含务工农民子女）外，每年另有近 200 名外地小学毕业生转入市直中学就读。其他区、县（市）利用中小学布局调整契机，对城关镇地区学校扩容，以接纳进城务工农民子女就读。石门县楚江镇第三完小不仅办学规模翻番，而且教学设备、校园环境一流，接受进城务工农民子女就读最多。

全市接受进城务工就业农民子女就读义务阶段学校工作广大群众满意，零投诉，受到省教育厅、教育部肯定。

2005 年，市教育局建立办学行为不良记录档案，区县（市）教育局对义务教育阶段的示范学校建立相应的制度，促进示范学校率先端正办学思想，规范教育教学行为，全面推进素质教育，努力办好让人民群众满意的基础教育。

2006 年，根据省教育厅湘教发〔2005〕126 号、湘教发〔2008〕22 号文件精神，市政府研究决定，从当年秋季起，名校带民校停止招生。由常德市一中举办的长怡实验中学停止招生。其他区县市一中也都按照省教育厅文件精神，先后拿出落实方案。

1988—2010 年常德市普通中小学的学校数、在校学生数、教职工数等基本数据见表 2–6–1。

1988—2010 年常德市小学专任教师、中学专任教师学历职称情况见表 2–6–2 和 2–6–3。

表 2-6-1

1988—2010 年常德市普通中小学基本数据统计表

年份	全市总人口（万人）	普通中学									普通小学			
		学校数				在校学生人数		教职工人数			学校数	在校学生人数	教职工人数	
		初中		高中		初中	高中	初、高中总数	其中				总数	其中专任教师
		独立初中	九年一贯制	完全中学	高级中学				初中专任教师	高中专任教师				
1988	609.26	392		57	20	215757	43506	20831	13611	3158	4838	662665	33974	32266
1989	551.51	351		49	16	198281	36960	19372	12936	2795	4091	536840	29937	28502
1990	569.03	345		47	17	200847	36551	19666	13188	2741	3999	495701	29153	27759
1991	569.16	341		42	19	198366	38610	19782	13359	2975	3916	472038	28539	27103
1992	571.61	329		41	19	186613	37726	19745	13431	2948	3810	459189	27934	26676
1993	574.17	318		41	20	180717	34311	19556	13481	2924	3622	465487	27667	26667
1994	577.8	302		41	18	183031	36870	19455	13581	2911	3433	477500	27618	26671
1995	582.1	285		38	17	184353	38091	19504	13609	3040	3220	505629	27458	26494
1996	585.8	274		36	17	181780	39915	19664	13712	3157	3020	541760	27861	26858
1997	589.83	269		34	19	186447	41491	19737	13419	3199	2789	580490	27990	26940
1998	593.32	273		33	20	199747	43264	19805	13532	3318	2641	564168	28222	27111
1999	595.03	275		31	18	218521	45969	20522	14183	3449	2495	529205	28084	26699
2000	592.26	269		33	17	255825	52448	21511	14791	3659	2203	498691	27484	26238
2001	595.29	250	28	35	20	284178	66119	23309	15856	4078	1908	466723	25819	24863

续表 2-6-1

年份	全市总人口（万人）	普通中学									普通小学			
		学校数				在校学生人数		教职工人数			学校数	在校学生人数	教职工人数	
		初中		高中		初中	高中	初、高中总数	其中				总数	其中专任教师
		独立初中	九年一贯制	完全中学	高级中学				初中专任教师	高中专任教师				
2002	596.03	236	40	34	21	303617	83744	24683	16559	4600	1732	414049	24638	23781
2003	598.18	231	39	33	21	293786	99227	25346	16540	5244	1588	377299	22551	21853
2004	601.05	223	43	33	20	262200	111197	25539	16096	5797	1407	349170	21718	20934
2005	601.05	219	39	28	26	225862	120699	25748	15775	6250	1223	323320	21199	20414
2006	602.41	208	44	26	32	203119	120941	25958	15580	6639	1051	307894	20783	19914
2007	607.75	253		31	29	194510	116064	25746	15358	6753	920	296323	20182	19400
2008	611.99	246		26	32	184832	110468	25974	15108	6895	840	285390	20151	18835
2009	614.19	245		21	34	175459	102154	26299	15316	6799	784	278335	19929	18627
2010	616.69	247		18	30	161801	99672	26065	15290	6673	720	275193	19520	18172

说明：①1988 年数据含慈利县。②此表中数据来自常德市教委（局）统计资料

表 2-6-2　**1988—2010 年常德市小学专任教师学历职称人数情况一览表**

年份	小学									
	专任教师总数	学历				职称				
		本科及以上	专科	中师高中	中师高中以下	高级	小一级	小二级	小三级	未评
1988	32266			11042	7297	1427 另 8 人	5654	3418		
1989	28502			22863	4833	2062	9510	10596	1921	4413
1990	27759			22296	4810	2035	9495	10544		3777
1991	27103			23156	3947	1958	8942	10230	1851	4122
1992	26676			23192	3484	1874	9060	10806	1625	3311
1993	26667			23474	3193	2042	11066	9621	1202	
1994	26671			23780	2891	2750	13768	7239	624	2290
1995	26494			23940	2564	3638	15264	5602	383	1607
1996	26858			25020	1838	5392	15819	3874	337	1436
1997	26940			25705	1235	6844	16168	2531	94	1285
1998	27111			26498	613	8841	14966	2003	116	1185
1999	26699			26276	432	10244	1330	1790	81	1254
2000	26238			25967	271	11373	12155	1785	107	818
2001	24863			24583	280	11928	11027	1337	85	486
2002	23781			23522	259	12063	10235	1053	62	368
2003	21853			21561		11336（另有中学高级 58 人）	9384	740	37	298
2004	20934			20723		11361（另 19）	8821	453	28	241
2005	20414			20163		11869（另 55）	7910	331	30	219
2006	19914			19821		12968（另 28）	6324	298	42	254
2007	19400	其中本专科共 1879		19821		13991（另 32）	4876	191	42	254
2008	18835	其中本专科共 14186		18773		14108（另 50）	4223	150	8	296
2009	18627	其中本专科共 14462		18596		14098（另 56）	3952	134	9	378
2010	18172	其中本专科共 14586		18136		13788（另 77）	3758	130	11	408

注明：①本、专科教师数包含在中师、高中以上人员中。②高级职称中的“另”指具有中学高级职称人员。③本表中数据来自常德市教委（局）统计资料

表 2-6-3　1988-2010 年常德市初级中学专任教师学历职称情况一览表

年份	初级中学								
	专任教师数	学历			职称				
		本科及以上	专科	专科（不含）以下	高级	中级	中二级	中三级	未评
1988	13611	220	4312						
1989	12936	252	4832	7082	62	2090	5317	2733	2734
1990	13188	372	5491		59	2120	5310		2475
1991	13359	348	6404		54	1912	5070	3263	3060
1992	13431	401	6821		59	1831	5585	3367	2589
1993	13481	387	7196		73	1938	6282	3035	2153
1994	13581	405	7739		95	2324	7150	2162	1850
1995	13609	485	8290		116	2609	7545	1572	1767
1996	13712	584	9845		111	3341	7240	1240	1780
1997	13419	841	10594		140	4037	6710	852	1680
1998	13532	1130	10749		138	4958	6201	826	1409
1999	14183	1557	11160		174	5779	5896	767	1567
2000	14791	1878	11519		215	6446	6042	788	1300
2001	15856	2391	12190		310	6992	6372	883	1299
2002	16559	2813	12327		339	7407	6803	936	1074
2003	16540	3358	12051		398	7616	6792	1734（含未评职称）	
2004	16096	3869	11373		467	7779	6644	1026（含未评职称）	
2005	15775	4883	10210		527	8067	6283	898（含未评职称）	
2006	15580	6083	8994		696	8317	5840	772（含未评职称）	
2007	15358	7106	7840		780	8464	5424	690（含未评职称）	
2008	15108	7873	6926		884	8679	4803	742（含未评职称）	
2009	15316	9015	6011		1054	8841	4687	734（含未评职称）	
2010	15290	9599	5451		1233	8888	4431	738（含未评职称）	

说明：本表中数据来自常德市教委（局）统计资料

第二节　规范办学行为

一、规范教学管理

1988年以后，有些地方的教育行政部门和普通中小学违反国家有关规定，为追求升学率和搞创收，或不按规定开课设节；或不按规定报批擅自停课；或未经批准举办跨地区、跨省市的竞赛、教研、学术活动；或以行政手段强制学校和师生订购各类报刊、资料乃至生活用品、学习用品、纪念品等，严重干扰了学校正常的教学秩序，社会影响极坏。为此，市教委根据省委、省政府和省教育厅先后颁布的《湖南省义务教育实施办法》，加强全市各学校教育教学管理，规范中小学办学行为，努力提高教育教学质量。

1991年，市教委在积极推进九年义务教育和素质教育的同时，狠抓教学常规管理。3月，颁发《常德市普通中小学教学常规》，发至全市每一位中小学教师，并要求各地每学期对照学习检查一次。市教委组织三次较大规模的落实教学常规的检查，表彰一批先进单位。把落实教学常规当作大面积提高教育教学质量的前提条件和规范办学行为的基础工程。

1993年7月，省教委下发《关于进一步加强普通中小学管理有关问题的通知》，明确要求：1.以普通中小学为主要参加对象的各类竞赛活动，必须坚持小型、分散、校内为主的原则，由学生自愿报名参加，并经上级教育主管部门同意后方可举行；2.举办普通中小学生参加的夏（冬）令营和各种文艺比赛等活动，亦应按竞赛活动的审批手续办理；3.除法定的节假日和课程计划明文规定的放假时间外，各普通中小学必须保证正常的教学时间，确保课程计划按时完成；4.普通中小学各类教研、学术活动应遵循学校、县（市）组织为主的原则，以不影响正常的教学为前提，讲求实效、反对形式主义；5.对进入普通中小学的报刊、资料和学生的生活、学习用品，禁止以行政手段规定学校和师生订购，禁止以任何借口下达指标和摊派任务；6.对小学课本以外的其他用书，包括寒暑假作业以及进入小学生书包的其他读物，必须坚持学生自愿选订选购的原则；7.普通小学招生、升（留）级、转学、休学、毕业等，必须严格执行省、市（地）、县有关普通小学学籍管理的规定。

二、治理教育乱收费

1994年，国家开始实行分税制改革，逐步取消农村教育费附加和教育集资，各地农村财政拨教育经费锐减，导致农村中小学必要的经费短缺，有的地方甚至教师不能按月领取工资，因而出现乱收费现象，在全社会产生强烈反响，引起各级党委和政府的高度重视。治理教育乱收费行动在全市各地学校持续而深入地展开。

1997年8月，湖南省物价局、省财政厅、省教委联合下发《湖南省义务教育学校收费管理暂行实施办法》，明确义务教育收费项目和标准。

2000年，常德市执行湖南省委办公厅、省政府办公厅下发《关于进一步规范中小学收费工作的通知》精神，强调义务教育阶段学校收杂费要严格按照省定项目标准执行；代收部分按省定项目、市（州）定标准执行。各县（市）区政府和有关部门不得擅自增加收费项目和提高收费标准，否则一律视为乱收费，坚决予以清退。同时，要求各地依法落实财政对教育的投入，严格禁止向学校乱摊派、乱罚款和向学校、学生“搭车收费”。

2001年，常德市各级政府加大财政对教育投入的力度，同时，市教育局不断强化审计监督，保证教育投入的正常支出。全市实行教师工资由财政统一管理，银行打卡发放；市财政局实行教师工资落实情况月报制度，并为全市7000多名教师补发2000年—2001年拖欠的增资工资，扭转农村部分学校拖欠教师工资的现象。

市教育局为认真贯彻落实教育部、省教育厅《关于加强基础教育办学管理若干问题的通知》精神，修订完善原市教委下发的《依法规范办学行为十项规定》和《减轻中小学课业负担的十项规定》，印发《关于严禁集体补课暨乱收费的紧急通知》，督促各区县（市）教育局认真组织专项清理。

2003年3月，省教育厅发出《关于规范中小学教辅资料和教育书刊等订购行为的通知》。同年8月，常德市物价局、市财政局、市教育局发出《关于我市2003年秋季中小学教育收费有关问题的通知》（常价费〔2003〕95号）。《通知》就中小学教育收费有关9个问题作出明确规定。一是义务教育阶段收费。杂费部分分为农村和城区两个标准，代收费划分为应缴部分和自愿部分，应缴部分由必定课本费、音像教材费、作业本费和其他四项组成。自愿部分由寄宿费、搭餐费、单车寄存费、借读费等八项组成，均有具体说明和收取标准。二是普通高中教育收费。学费：省级重点中学1000元，一般中学城区800元，农村550元；代收费分为应缴部分和自愿部分。应缴部分包括必订课本费、音像教材费和作业本费三部分；自愿部分由寄宿费、搭餐费、单车费等七项组成，均有具体说明和收取标准。择校费：省、市级重点中学允许招收一定的择校生，并实行“限人数、限分数、限钱数”的三限政策。三是职业高中收费。项目由学杂费、书籍课本费和住宿费三项组成，均有具体说明和收取标准。四是民办学校及部门、单位、企业办学校的收费，由省物价局另行核定收费标准，按通知规定执行。五是整顿和规范学校代收费。严禁擅自设立代收费项目、提高代收费标准和扩大代收费范围，严禁将自愿性收费变为强制性收费。六是严肃收费纪律。重申：（1）各地无权设立中小学收费项目和制定收费标准，各区县（市）中小学收费文件必须报市备案；（2）除本通知规定的收费项目和标准外，一律不得再以其他名义向学生收取其他任何费用；（3）义务教育阶段实验班和特长班学生，不得额外收取其他任何费用；（4）不准向学生收取“口子费”和类似“口子费”的任何费用；（5）学校的学杂费、借读费收入不准用于教职工工资、津贴、福利和基建开支；（6）农村税费改革后不准向学生及其家长进行其他集资、不准对农村税实行随读代征；（7）学生人身保险，由学生或其家长自愿向保险公司购买；（8）“教师奖励基金”必须坚持学生自愿原则，不得强制收取。七是全面实行教育收费公示制度。各地各中小学要将本地本校按本通知规定的各种收费项目标准，在秋季开学前进行全面公示，公示面要求达到100%。对不按规定进行收费公示或实际收费与公示项目标准不符的，要以乱收费论处，学校及家长可以拒缴。八是落实教育经费投放。（1）保障教职工工资的及时足额发放；（2）安排好学校危房改造专项资金投放，保证危改资金需要；（3）落实教育经费由县统筹统管的财政体制，严禁将教育经费的硬缺口留给乡镇、教育部门和学校；（4）杂费中除用于电教和仪器设备、图书购置的费用外（比例不超过10%），其余部分要全部留给学校按规定用途使用，乡镇联校不得再集中统一使用。九是加强对教育收费的监督检查。（1）制止和纠正地方政府擅自出台收费项目、提高收费标准和扩大收费范围的行为；（2）查处和纠正有关部门和各级各类学校的乱收费行为；（3）查处和纠正搭车收费收税，强制学生订阅教辅资料、报刊书籍、学具和音像制品的行为；（4）查处和纠正通过擅自设立校中校和举办实验班、特长班乱收费的行为；（5）查处和纠正与学生就读和考试成绩挂钩的强行捐资助学行为。检查采取下查一级和县市区交叉检查的方法进行，检查出来的非法所得，无论作何用途或是否已经使用，一律无条件清退给学生，的确无法清退的要收缴市财政。

2003年，市中小学危房改造列入了市政府向全市人民郑重承诺的十件实事之一。实行政府统筹，全面推进，全市圆满完成20.5万平方米D级危房改造任务。职能部门到学校乱检查、乱摊派、乱罚款的现象减少，学校发展环境好转。澧县、临澧县对城镇重点学校实行了挂牌保护。

2004年11月，市委、市政府召开全市教育工作会议，提出继续实施教育优先工程努力建设教育强市的目标，并推出了为教育护航的六项制度：一是检查备案制度。二是对学校实行挂牌保护制度。三是对农村学校实行零收费制度。四是实行首查不罚制度。五是实行罚款集中制度。六是实行责任追究制度。对违反上述规定，向学校搞“三乱”的单位和个人，依照优化经济环境的有关规定，追究部门和责任人的责任，并公开曝光。

2005年秋季，市城区12所市直中小学实施电子信息化收费试点工作。电子信息化收费建立在非税征管系统之内，通过网络实现学校、银行、非税局及其他职能部门的适时联结，让学校的每项收费、学生的每一笔缴费都能通过电子手段完成。试点表明，电子信息化收费提高收费的透明度，有利于加强对学校收费的监督，群众反响甚好。市教育局决定，从2006年春季开始，电子信息化收费推广到市城区所有学校，以后逐步推广到各区县（市）城区中小学。市中小学实行电子信息化收费是全国首创，省、市有关媒体作了报道。

2006年10月31日，湖南省政府召开全省农村义务教育经费保障机制改革工作电视电话会。会议明确，全省农村义务教育阶段学校全面进入经费保障机制改革范围，所有农村义务教育阶段学生免交杂费，贫困学生还可以免交课本费，财政补助学校公用经费，校舍维修建立长效机制。市委、市政府对此项工作高度重视，迅速开会研究实施方案。市财政对当年应配套的117万元资金及时下拨，对来年的配套资金作出预算安排。同时，要求各区县（市）人民政府对资金的落实实行区县（市）长负责制，确保分担资金按时足额拨付到位。

市教育局2006年下发《关于进一步规范中小学办学行为的若干规定》，就学校规范办学行为作出具体规定，其中，再次重申禁止学校乱收费。

2008年上半年，常德市教育局出台《关于认真做好农村义务教育阶段经济困难家庭寄宿生生活补助发放通知》，采取“界定范围、个人申报、三审确定、全程公开”，认真组织贫困生生活补助费的发放工作。此项工作达到“零投诉”预期效果。下半年，市教育局又出台《常德市农村中小学公用经费支出管理暂行办法》进一步规范和统一农村义务教育阶段学校人头经费支出范围，学校公用经费预算标准，公用经费管理模式和管理工作要求。全市中小学收费行为进一步规范。 市教育局将收费设为学校工作的高压线，全面落实教育收费公示制与责任追究制，并将教育收费情况纳入学校工作年度考核的重要内容，实行一票否决。

第三篇　普通高中教育

1988年，常德市有高中学校77所（其中完全中学57所，普通高级中学20所），在校学生43506人，校均565人（全市总人口600万左右徘徊）。省政府要求控制高中规模，每10万人口范围办一所高中。几经调整，到1994年，全市有高中学校59所（其中完全中学41所，普通高级中学18所），在校学生36870人，校均625人。2004年，省政府下发《关于加快普通高中教育改革与发展的意见》（湘政府办发〔2004〕20号），要求原则上每所高中覆盖人口在10万人以上，办学规模不低于18个班。公办高中学校数原则上不再增加，主要依靠挖掘现有学校潜力，扩大办学规模。逐步实施完全中学高初中剥离。市域高中布点又相继作了调整。到2010年，全市共有高中48所（其中完全中学18所，高级中学30所），在校学生99672人，校均2076.5人。

为贯彻国务院批转的《教育部关于办好一批重点中小学的试行方案》，1984年11月，湖南省教育厅召开重点中学建设研讨会。会议确定全省建设重点中学55所（常德市一中、汉寿县一中、澧县一中、临澧县一中在列），其中优先扶助的重点中学22所，常德市一中、澧县一中列其中。1994年5月26日，全省重点（实验）中学建设工作会议在常德市召开，省委副书记杨正午为湖南师大附中等20所省级重点中学授牌，市域常德市一中、临澧县一中、澧县一中列其中。常德市一中张国雄校长在会上作“加强教师常规管理，提高教师全面素质”经验介绍。

2003年4月，省教育厅印发《湖南省重点高中管理办法》。指出：省级重点高中必须模范执行国家的教育方针和有关法律法规，按照“改革、实验、示范，高质量、有特色、现代化”的要求办学。省级重点高中在学校评优、三好学生（优秀学生干部）评选和教师职务评审指标、学费标准方面享有政策支持。

2004年7月，省教育厅湘教通〔2004〕222号文通知，从当年9月1日起，省重点高中名称变更为省示范性普通高级中学，“湖南省重点中学”牌匾字样变更为“湖南省示范性普通高级中学”。到当年止，市域先后有常德市一中、临澧县一中、澧县一中、桃源县一中、汉寿县一中，石门县一中、鼎城区一中、津市市一中、安乡县一中、常德市七中、常德市二中及常德市六中等12所高中被授予湖南省重点中学（省示范性普通高级中学）匾牌。

市教育局2004年8月发文《关于启动省示范性普通高级中学建设有关事项通知》，主要强调三点：名称变更、重点高中扶助薄弱高中建设、进一步规范办学行为。

市委、市政府《关于加快教育事业发展的若干意见》（简称“教育 20 条”）（常发〔2002〕5 号），从扩大教育规模、培养名牌学校，不断增加教育投入等 20 个方面提出了“十五”（2001—2005）期间全市教育发展的具体指标，如全市应届初中毕业生升入高中阶段学校的比例要达到 85%以上、常德市一中等各区、县（市）第一中学在校学生达到 5000 人左右；全市要有 2~3 所高中学校达到国家级重点示范高中的标准，15 所高中进入省级重点（示范性高中）行列；教育支出占财政支出的比例每年要递增一个百分点等等。

20 世纪 90 年代，为矫正片面追求升学率的“应试教育”弊端，“素质教育”作为一种对应的新的教育理念成为中国基础教育改革的主题词。直至 2006 年 6 月 29 日第十届全国人大常委会第二十二次会议修订通过《中华人民共和国义务教育法》，“素质教育”作为国家意志写入法律条文。

课程是国家意志的体现，有什么样的课程就会培养什么样的人才。要推进素质教育，课程改革是关键。

市域高中教育，紧跟全国第六次（1985—1991 年）、第七次（1992—1998 年）、第八次（1999 年起）课程改革。改革的突出表现是确立“一纲多本”的课程方略，改变我国基础教育多年来只有“学科课”、“必修课”模式，增设“选修课”、“活动课”类，以尊重学生的“个性发展”、培养知识经济社会所需各类人才。市委、市政府及市教委先后颁发《关于进一步发展基础教育的决定》（常政发〔1998〕24 号）、《关于基础教育改革与发展的决定》（常发〔2001〕8 号）、《常德市普通高中新课程教育教学管理指导意见》（常教发〔2008〕19 号）等一系列文件，根据国家和省政府教育改革相关政策，对域内教育课程改革进行宏观调控和具体指导。

课程改革促进了教师整体素质提高。广大教师为适应课程改革和新设课程教学需要，不断再学习，争取更高学历。1988 年，全市高中专任教师 3158 人，本科及以上学历 863 人，占 27.3%；专科及以下学历占 72.7%。到 2010 年，全市高中专任教师 6673 人，本科及以上学历 6424 人（其中 87 人硕士研究生毕业），占 96.3%，其中 1703 人获高级职称、2484 人获中级职称，分别占总人数 25.5%和 37.2%。

高考紧跟课程改革而改变方法。

1989 年，取消原实行的高考预考，实施高中学生毕业会考（考高中阶段的 9 门文化课，）这样可减轻学生少参加一次统考的负担。

1991 年，本市参与全省高考改革试点（经国家教委批准），打破原来高考分文、理科两类做法。考试科目分四组。

1994 年，高考实行“3+2”模式。其中“3”指文、理科必考的语、数、外 3 科；“2”指文科增考政治、历史，理科增考物理、化学各 2 科。

2001 年，市域高考实行“3+X”模式。其中“3”指文、理科必考的语、数、外 3 科；“X”表示综合科，文科含历史、地理、政治，理科含物理、化学、生物。

高考是高中教育乃至整个基础教育的收官之役。1989—2010 年，全市高考成绩一直保持在全省前列。这期间，全市高中毕业生通过高考被录入各类大中专院校（含各类职业院校、民办高校）学习的共 293412 人，各年录取率超全省平均录取率 2~7 个百分点。其中 2004 年全市录取率达 78.82%，高出全省平均录取率 7.43 个百分点；2010 年高考全市上线人数突破万人大关（10008 人），上线率高出全省总上线率 2.17 个百分点，录取率达 89.1%，高考成绩跻身全省第二。1989—1993 年，常德市一中、汉寿县一中、澧县一中、临澧县一中、桃源县一中等因教学质量高，相继取得向部属重点高校保送学生资格。全市另有 33 所普通高中学校具有向普通高校保送学生的资格。2010 年 9 月，省教育厅确认常德市一中为“湖南省课程改革样板校”。

第一章　学制、课程设置与改革

第一节　学制与课程设置

常德市普通高中学制从 1983 年至今，均为三年。

1989 年，市各普通高中沿用以前的课程设置。高一开设：语文、数学、外语、物理、化学、政治、历史、体育、音乐、劳动技术。高二分文理科班，文科不开物理、化学、生物课；理科不开地理、历史课。政治、语文、数学、外语、体育、劳动技术六科在高中三个年级均为必修课。

第二节　课程改革

20 世纪 90 年代全面启动的新课程改革，针对旧的课程内容存在“繁、难、偏、旧”的状况，着眼于从功能、目标、课型、管理方式等方面进行革新，培养学生的创新能力，开创教材教学新局面。主要体现：

第一，确定三维目标。把原来教学目标单一（知识与技能）的课堂变为目标多维（知识与技能、过程与方法、情感态度与价值观）的课堂。

第二，开设综合化课程。设置跨学科的综合课程，把一些专门的学科合并为综合课，如生物、物理、化学合称“科学”；历史、地理合称“历史与社会”等。

第三，推行“一纲多本”的教材体系，建立国家、地方、学校三级课程管理制度，结束以往“一个大纲、一套教材”的历史。

第四，实行弹性课程管理。新课程设必修和选修课，以培养学生的创新精神和实践能力，尊重学生的个性特点，满足每个学生终生发展的需要；同时，也有利于发挥教师的积极性、主动性和创造性，兼顾师生的差异性。

第五，建立新的评价与考试制度。实施素质教育，以培养学生的创新精神和实践能力为核心，注重学生的全面发展，重视学生的个性差异，关注教学过程，激发学生潜能发展。改变长期以来的考试科目分数简单相加作为唯一标准、片面追求升学率的价值评估体系。课程改革分时段和区域，探索进行。

1990年，国家教委在1981年制定的普通高中教学计划的基础上重新修订颁发《现行普通高中教学计划的调整意见》（以下简称《调整意见》）（〔1990〕教基004）和《关于改革高考科目设置的通知》，省教委决定全省普通高中从1990年秋季入学的新生起，一律实行《调整意见》。常德市普通高中按湖南省调整后的普通高中教学计划（见表3-1-1）安排课时。

1990—1993年，市域普通高中教学按《调整意见》安排教学计划：全年52周，其中教学时间40周（高一、高二年级每学年上课34周，复习考试2周，劳动技术教育4周；高三年级上课24周，复习考试12周，劳动技术教育4周），假期（包括寒暑假期、节假日和农忙假）10~11周，机动时间1~2周。

调整后的课程结构由学科课程和活动课程两部分组成。学科课程分为必修和选修两类；活动课程包括课外活动和社会实践活动。必修课程开设：政治、语文、数学、外语、物理、化学、生物、历史、地理、体育和劳动技术共11科。选修课分两种。一种是单课性选修，在高一、高二年级开设；另一种是分科性选修，分文科、理科、艺术、体育、劳动与技术六类课程，在高三年级选设。

高一、高二年级单科性选修课的开设可根据学校条件、学生的要求和社会需要而定。可以另设新课程，也可以就必修课的某一门或几门开设加深加宽的选修课，还可以开设职业技术选修课，供学生自由选择。高三分科性选修，即在文科、理科、外语、艺术、体育、职业技术等方面有所侧重的选修。政治、语文、数学、体育、劳动技术五科在高中三个年级均为必修课。外语、物理、化学、生物、历史、地理等科在高一、高二年级为必修课。与原教学计划相比较，数、外、物、化等必修课的课时有所减少；历史、地理和生物的课时略有增加。历史课的教学大纲增加中国近现代史的内容。其他必修课的教学，大纲适当降低教学要求。调整后的教学大纲是必修课教学的依据，也是会考、教学评估和高考的依据。有些学科还要根据调整后的教学大纲重编教材。时事教育是高中思想教育的重要组成部分，每周1课时，可举办时事讲座，也可以开办时事广播。单科性的选修课在高一年级每周3课时；高二年级每周4课时。分科性选修课在高三年级开设。各类选修课的课时数控制在以下范围内：物理4~6；化学3~5；生物2~4；历史4~6；地理4~6；外语3~5；体育2~3；职业技术4~6；艺术2~3。学校结合实际在规定课时内可自行安排教学。

表 3-1-1　　湖南省调整后的普通高中教学计划（1990 年）　　单位：节

学科 \ 周课时 \ 年级	高一	高二	高三	授课总时数
政　治	2	2	2	184
语　文	4	4	5	392
数　学	5	4	5	426
外　语	5	4		306
物　理	3	3		204
化　学	3	3		204
生　物		3		102
历　史	2	2		136
地　理	2	2		102
体　育	2	2	2	184
劳动技术	每学年 4 周	每学年 4 周	每学年 4 周	432
社会实践活动	每学年安排 2 周。在劳动技术课、课外活动或学科教学活动的时间内进行。			
每周必修课总课时数	29	27	14	2240
选修课	3	4	16	
课外活动	6（体育锻炼：3，其他：3）	6（体育锻炼：3，其他：3）	6（体育锻炼：3 其他：3）	
每周活动总量	38	37	36	

说明：各学校可根据场地、器材和师资等条件安排体育和体育锻炼活动，但二者每周总量不应少于 5 节

课外活动包括体育锻炼，知识讲座，科技活动，各类兴趣小组活动，校班会，时事教育等。课外活动时间不得进行补课和辅导。社会实践活动按国家教委（87 教中字 011 号）文件规定实行，每学年安排两周，或分散使用，或集中使用。计算机课的开设，由各校根据自己的条件决定。

根据国家教委、省教委的统一部署，从 1989 年起，全省普通高中取消高考预选，实

施毕业会考制度（兼容原高中毕业考试和高考预选考试）。考试科目包括高中阶段教学计划规定开设的9门文化课。

经国家教委批准，1991年，湖南省进行高考改革试点，改变历来高考文理分科的模式，考试科目设置分为四组，各组考试科目：

第一组：政治、语文、历史、外语；

第二组：数学、语文、物理、外语；

第三组：数学、化学、生物、外语；

第四组：数学、语文、地理、外语。

这次高考改革试点，学生普遍反映无所适从，权当一次探索。

1994年，市域高考按上级部署，实行3+2考试模式。“3”为语、数、外3科，文、理科必考科目。文科另增加政治、历史，理科增加物理、化学。这期间课程设置有所变化，高一年级开设：语文、数学、外语、政治、历史、地理、物理、化学、体育为必修课；音乐、美术为单科性选修课。高二分文、理科。文科开设：语文、数学、外语、政治、历史、地理、体育、实践活动为必修课，音乐、美术为选修课；理科开设:语文、数学、外语、物理、化学、生物、体育、实践活动等为必修课程，音乐、美术为选修课。高三开设的课程同高二。

1994年，市教委转发省教委《关于印发<实行新工时制对高中教学计划进行调整的意见>的通知》（湘教普字〔1994〕18号），要求各高中学校结合国家教委的文件一并贯彻执行。湖南省实行新工时制后调整的普通高中教学计划见表3-1-2。

1996年，国家教委颁布《全日制普通高级中学课程计划（试验）》，规定高中阶段开设：思想政治、语文、数学、外语、物理、化学、生物、历史、地理、体育、艺术（或音乐、美术）、劳动技术等科目。这个计划首次将普通高中作为一个独立学段提出培养目标，建立由学科类课程和活动类课程组成的课程结构，周课程总量为33课时。

2000年，国家教委对《全日制普通高级中学课程计划（试验）》进行修订，颁布《全日制普通高级中学课程计划（试验修订稿）》，2001年秋季起，逐步实施。常德市三中列为全省“综合高中”改革试点学校（全省共8所）。根据《课程计划（试验修订稿）》，普通高中必修课设：思想政治、语文、数学、外语、物理、化学、生物、历史、地理、信息技术、体育和保健、艺术以及综合实践活动；选修课开设：数学、物理、化学、生物、历史、地理、信息技术7门学科，以及地方和学校开设的课程。

2001年，市域高考实行3+X考试模式。“3”同样是语、数、外三科，“X”表示综合科。文科综合包含历史、地理、政治；理科综合含物理、化学、生物。同年，常德市根据省教育厅颁发的《课程计划（试验修订稿）》方案，决定从秋季开学起，全市普通高中起始年级全部执行此课程计划，使用“普通高级中学新课程方案”中规定的教材；高二、高三年级仍执行原普通高中教学计划，但已使用新大纲和新教材的学科须继续沿用。

高中二年级语文、外语、生物课使用“普通高级中学新课程方案”中规定的新教材。同时，要求各校积极创造条件，开设好信息技术教育和综合实践活动课程。

表 3-1-2 **湖南省实行新工时制后调整的普通高中教学计划（1994 年）** 单位：节

课程	高一	高二	高三	授课总时数
政治	2	2	2	184
语文	4	4	5/4	380
数学	4	4	5	392
外语	4/5	4		289
物理	1	3/2		187
化学	3/2	3		187
生物	1	2		102
历史	2	2		136
地理	2	1		102
体育	2	2	2	184
艺术（音乐、美术）	1	1		68
劳动技术	每学年 4 周，共 12 周。			
社会实践活动	每学年安排 2 周。在劳动技术课或学科教学活动的时间内安排。			
每周必修课总时数	28	28/27	14/13	2211
选修课	2	2/3	17/16	
课外活动	4 （体育锻炼 2，其他 2）	同左	同左	
周活动总量	34	34	34	

在时间安排上，全年 52 周，其中教学时间 40 周；假期（包括寒暑假、节假日和农忙假）10~11 周；机动时间 1~2 周。各学年按 40 周教学时间安排：高一、高二年级每学年

上课 35 周，复习考试 3 周，社会实践和劳动技术教育 2 周；高三年级上课 26 周，复习考试 12 周，社会实践和劳动技术教育 2 周，每周按 5 天安排教学，周课时总量 34 课时左右，每课时 45 分钟。课外体育锻炼及其他课外活动不包含在课时总量中（见表 3-1-3）。

表 3-1-3　**常德市普通高中课程设置表（2001 年）**　单位：节

课程			周课时累计 *	必修、选修授课时数	总授课时数
学科	思想政治	必修	6	192	192
	语　文	必修	12	384	384
	外　语	必修	12	384	384
	数　学	必修	8	280	332-384
		必修	2~4	52~104	
	信息技术	必修	2	70	70-140
		必修	2	70	
	物　理	必修	4.5	158	158-306
		必修	5	148	
	化　学	必修	4	140	140-271
		必修	4.5	131	
	生　物	必修	3	105	105-183
		必修	3	78	
	历　史	必修	3	105	105-236
		必修	4.5	131	
	地　理	必修	3	105	105-109
		必修	4	104	
	体育和保健	必修	6	192	192
	艺　术（音乐、美术）	必修	3	96	96
综合实践活动	研究性学习	必修	9	288	288
	劳动技术教育	必修	每学年 1 周（可集中安排，可分散安排）		
	社区服务	必修	一般应利用校外时间安排		
	社区服务	必修	每学年 1 周（可集中安排，可分散安排）		
地方和学校选修课			11~19	340~566	

表 3-1-4　　**湖南省全日制普通高中课程计划设置表（2003 年）**　　单位：节

课　程			周课时累计 *	必修、选修授课时数	总授课时数
学科	思想政治	必修	6	184	184
	语文	必修	12	368	368
	外语	必修	12	368	368
	数学	必修	8	280	324~368
		必修	2~4	44~88	
	信息技术	必修	2	70	70~140
		必修	2	70	
	物理	必修	4.5	158	158~294
		必修	5	136	
	化学	必修	4	140	140~259
		必修	4.5	119	
	生物	必修	3	105	105~171
		必修	3	66	
	历史	必修	3	105	105~228
		必修	4.5	123	
	地理	必修	3	105	105~193
		必修	4	88	
	体育和保健	必修	6	184	184
	艺术（音乐、美术）	必修	3	92	92
综合实践活动	研究性学习	必修	9	276	276
	劳动技术教育	必修	每学年 1 周（可集中安排，可分散安排）		
	社区服务	必修	一般应利用校外时间安排		
	社区服务	必修	每学年 1 周（可集中安排，可分散安排）		
地方和学校选修课			11~19	340~566	

2002年7月4日，省教育厅印发《湖南省全日制普通高级中学课程计划》。从2002年秋季起，本市高一、高二年级一律执行新印发的《课程计划》，高三年级仍按原教学计划执行。（课程计划课程设置见表3-1-4）

从2003年起，高考时间提前一个月（即每年6月7、8日举行），教育部重新修订《全日制普通高级中学课程计划》，调整课时。必修课、选修课以及地方和学校所开设的课程仍同前。

常德市按教育部重新修订《全日制普通高级中学课程计划》执行。

2006年，市教育局转发省教育厅关于启动普通高中新课程改革的通知，教学课程计划沿用2003年重新修订的《全日制普通高级中学课程计划》（见表3-1-4）。从2007年秋季起，全市普通高中一年级全面启动课程改革实验。

2008年，市教育局根据教育部《基础教育课程改革纲要（试行）》（教基〔2001〕17号）、《普通高中课程方案（实验）》（教基〔2003〕6号）和省教育厅《关于实施普通高中新课程试验工作的指导意见》（湘教发〔2007〕11号）等文件的有关要求，结合本市实际，制订《常德市普通高中新课程教育教学管理指导意见》（常教发〔2008〕19号），主要内容有：

一、课程方案

（一）教学总量。每学年52周，其中教学时间40周，社会实践1周，假期（含寒、暑假、节假日和农忙假）11周。每学期教学时间20周，分两段安排课程，每段10周，其中9周授课，1周复习考试。

（二）每周课时。每周5天，每天7课时，每课时45分钟。另外，每天安排课外活动1课时（含班团活动、艺术体育活动、科技社团活动），保证学生每天有1小时体育活动时间（含体育课）。

（三）学习模块。模块是每一科目、某一特定内容构成的相对完整的学习单元，每一科目由若干模块组成。模块之间既相互独立，又反映学科内容的逻辑关系。一般按每周4学时安排，可在一个学段内完成。每个模块通常为36学时，学生学习一个模块并通过考核，可获得2学分（其中体育与健康、音乐、美术每个模块原则上18学时，相当于1学分）。

（四）课程安排。必修课程主要安排高一年级和高二年级进行，其中高一年级必修课程学分为78学分左右，高二年级为32分左右，高三年级为6分以上。选修课程主要安排在高二年级和高三年级进行，高一年级为2分左右，高二年级、高三年级均为13分以上。

（五）开课方式。原则上要求按课程方案确定的模块序列组织教学。系列之间、模块之间、专题之间有递进关系的课程，应按顺序开设；没有递进关系的，开课顺序由学校自主确定，报区县市教育行政部门备案。历史、地理、生物科目可以采取学段对开的形式，也可以采取连续对开的形式，由学校自主确定，报区、县（市）教育行政部门备案。

（六）实施方案。学校课程实施方案的形成，一是成立课程指导委员会；二是成立学科课程小组；三是各学科组结合本学科组实际提出适合本校学科特点的课程开设方案；四是形成本校的课程预开设计划；五是学生进行选课；六是学校根据实际调整，形成课程实施方案，依此制定课程表。

二、综合实践活动

（一）课程内容

1.研究性学习活动。学生基于自身兴趣，在教师指导下确定研究专题，包括文献研究、观察报告、项目设计、科学实验、社会调查、考察报告等。

2.社区服务。社区服务是学生课外时间为社区提供的公益性义务服务。内容主要包括：与环保卫生等有关的公益劳动、各种大型活动的义务劳动及其他志愿者活动；开展法制、环保、卫生、科技等多方面的宣传活动；开展为特殊人群（如经济困难人口和残疾人等）送温暖活动；参加社区依照民间风俗习惯所开展的活动等。

3.社会实践。社会实践内容主要包括：（1）社会各行各业的体验性活动；（2）学校传统活动、值周班活动或社团、成人仪式教育等；（3）外出参观、考察、访问或生存（设定困难）锻炼。

（二）课时安排及学分累计

1.研究性学习活动。研究性学习活动的学时可以集中使用，也可分散安排，平均每周3学时，还需要由学生自己安排课余时间进行。学生在高中阶段完成不少于3课题的研究，三年共获得15个必修学分。

2.社区服务。高中三年累计完成10个工作日的社区服务，每个工作日不少于5小时，利用课余时间，分散安排，三年共获得2学分。

3.社会实践。高中三年每学年安排1周（按5个工作日计算）社会实践。其中军训不少于7天。三年共获得6学分，每学年2学分。

三、校本课程

（一）课程内容。校本课程的内容包括：科学探索、社会文化、语言修养、心理健康、劳动技能、艺术体育、学术讲座等。

（二）课时安排。校本课程选修课时为108课时，6个学分。原则上安排在高二、高三年级开设，每个年级3学分。

四、学生选课

（一）选课原则。1.规定性原则。2.科学性原则。3.因材施教原则。4.学生为主原则。

（二）选课程序。1.学校成立选课指导小组，编写《选课指导手册》。2.学校公布预开设课程方案，对学生选课进行相关培训。3.学生在老师指导下选课。4.学校根据学生选课情况确定实际开课方案。

（三）选课要求。1.准备高中毕业后就业的学生选课：应修习规定的必修（包括必选）模块，获得116学分；再根据兴趣、爱好和就业志向，从选修模块中选修，至少获得22学分；从学校课程选修中至少获得6学分。2.希望在人文学科方向进一步学习的学生的选课：应先修习规定的必修（包括必选）模块，获得116学分，学校课程获得至少6学分。从相关科目选修模块中选修至少41学分。3.希望在理工学科方向进一步学习的学生的选课：应先修习规定的必修（包括必选）模块，获得116学分，学校课程获得至少6学分。从相关科目选修模块中选修至少47学分。

详见表3–1–5《常德市普通高中课程安排指导表》。

五、学分管理

（一）学分认定条件。1.学科类课程。修习该模块的学时达到规定要求（占总修习课时的5/6以上）。模块考试（考查）合格。2.综合实践活动。（1）研究性学习活动：有符合要求的课题研究方案；有完整的研究过程并有记录；有课时保证，每学分不少于12学时；由学生自主选择和自由完成；有课题研究成果；有学生自评、学生互评及教师评价记录。（2）社区服务：学生参与社区服务的活动计划、总结；社区服务包括学生服务对象(机构或个人)、活动日期、服务的总时间、服务项目或内容、服务对象的简短评语及联系方式；三年内参加社区服务不少于10个工作日。（3）社会实践：学生的活动计划、记录、总结；学校或相关单位提供的证明材料；每学年参加社会实践的时间不少于1周。3.选修课程。学生的学习时间达到规定标准，学生的学习过程及其表现良好，学生参加考核成绩合格。4.模块免修。学生在社会认证机构获得的技术技能证书或奖励（如各种竞赛名次、资格等级证书）原则上可换算成学分。学生提出申请，学校学分认定委员会审定，可以计入相关课程学分，或给予学生在该课程的免听或免修。体育与健康。综合实践活动不得申请免修。5.考试不及格的处理。考试不及格的学生原则上应重修。学校可给予学生一次补考的机会。补考不及格的学生可以重修该模块，在达到必修学分要求的前提下，允许学生跨科目或领域选修其他模块。

（二）学分认定程序。1.学生按要求学完一个模块的课程，向学校学分认定委员会提出学分认定申请，并提交相应的证明材料。2.综合实践活动指导老师根据学分认定条件，提出对学生学分认定的初步意见。3.学校学分认定委员会对学生申请和任课教师提出的初步意见进行审核，作出认定结论，并由学分认定委员会主任签署意见。4.“同意认定”学生学分的，应在学校范围内公示。“不予认定”的，要书面通知学生并告之原因。5.学生对学校作出的学分认定意见如有异议，可在公示或接到通知之日起15日内向学校学分认定委员会提出复议要求。学分认定委员会自接到学生复议要求之日起 15 日内进行复议，及时给学生书面回复，并做好思想工作。6.学校对学分“不予认定”的学生，应根据原因指导学生补足学时、重考、重修或改修其他课程模块。但必修课程不得改修。7、学分认定工作一般在每个学段结束时进行，学校应及时将学分认定情况分别记入学生学分档案。

（三）学分管理办法。1.学分认定委员会实行校长负责制。2.在省内学校之间转学的，学分互认。3.学校不得以学分奖励学生。4.由于休学等原因造成学习过程间断的，其学分及有关材料可连续计算或使用。

六、综合素质评价

（一）评价内容。学生综合素质评价包括道德品质、公民素养、学习能力、交流与合作、运动与健康、审美与表现等六个方面内容。

（二）评价办法。1.学校成立学生综合素质评价工作领导小组具体组织实施评价工作，审定评价结果，受理咨询、申诉和复议申请。2.每学期组织一次学生综合素质评价，毕业时综合每学期评价情况，形成高中阶段学生综合素质等级。3.学校应为每个学生建立成长记录袋。4.在高中学生综合素质评价实施过程中，注意多种评价方式的使用，以取得最佳评价效果。5.在学期末和毕业前，学校应以书面形式将评价结果通知学生本人及家长。若学生及家长对评价结果有异议，可通过正常的途径和程序向当地教育行政主管部门反映。

（三）评价结果的表述

根据综合素质的不同内容和表现特点，对评价结果采取不同的等级呈现方式。“道德品质”“公民素养”的评价结果以合格、不合格两个等级呈现；“学习能力”“交流与合作”“运动与健康”“审美与表现”的评价结果各以 A、B、C、D 四个等级呈现，相当于优秀、良好、合格、不合格四个层次。对不合格等级的评价要慎重。学生综合素质形成性评价结果以“学生综合素质发展记录袋”的形式呈现，以写实性文字描述为主，提供实证材料等对学生的基本素质进行评价。

七、毕业资格

凡是有普通高中学籍的学生，在规定修业年限内，德育考核合格以上，参加全市高中学业水平考试成绩合格，每学年在每个学习领域获得一定学分，三年内获得必修学分 116 分，其中语文、外语、数学各 10 学分，思想政治 8 学分，历史、地理、物理、化学、生物各 6 学分，技术 8 学分，音乐 3 学分，体育与健康 11 学分，美术 3 学分，综合实践活动 23 学分，选修学分 28 分以上，其中选修二至少获得 6 学分，总学分达到 144 分以上者准予毕业。科目学业修习状况用学分登记，科目修习考核用等级报告学业成绩。学生毕业资格由学校认定，并经区县（市）教育行政部门审核后报市教育行政部门核发毕业证书。毕业证书由学校加盖公章和上级教育行政部门加盖验证钢印。

表 3-1-5

常德市普通高中课程安排指导表（2008 年）

学习领域	科目	第一学年		第二学年				第三学年			
				文科		理科		文科		理科	
		第一学期	第二学期	第一学期	第二学期	第一学期	第二学期	第一学期	第二学期	第一学期	第二学期
语言与文学	语文	必修 1 必修 2	必修 3 必修 4	必修 5 文章写作与修改（必修）	中国古代诗歌与散文欣赏（选修） 新闻阅读与实践（选修）	必修 5 文章写作与修改（选修）	中国古代诗歌与散文欣赏（选修） 新闻阅读与实践（选修）	中国文化经典阅读（选修） 外国小说欣赏（选修）	总复习	中国文化经典阅读（选修） 外国小说欣赏（选修）	总复习
	英语	必修 1 必修 2	必修 3 必修 4	必修 5 必修 6	选修 7 选修 8	必修 5 选修 6	选修 7 选修 8	选修 9 选修 10 选修 11		等候 9 选修 10 选修 11	
数学	数学	必修 1 必修 2	必修 3 必修 4	必修 5 选修 1-1	选修 1-2 选修 4-4 选修 4-7	必修 5 选修 2-1	选修 2-2 选修 2-3			选修 4-1 选修 4-4 选修 4-5 选修 4-7	
人文与社会	思想政治	必修 1	必修 2	必修 3	必修 4 选修 3	必修 3	必修 4	选修 5			
	历史	必修 1	必修 2	必修 3	选修 1	必修 3		选修 3			
	地理	必修 1	必修 2	必修 3	选修 3	必修 3		选修 5			
科学	物理	必修 1	必修 2	选修 1-1		选修 3-1（必选） 选修 3-2	选修 3-4			选修 3-5	

表 3-1-5

学习领域	科目	第一学年		第二学年				第三学年			
				文科		理科		文科		理科	
		第一学期	第二学期	第一学期	第二学期	第一学期	第二学期	第一学期	第二学期	第一学期	第二学期
	化学	必修 1	必修 2	选修 1		选修 1（必选）	选修 4			选修 5	
	生物	必修 1	必修 2	必修 3		必修 3	选修 1			选修 3	
技术	信息技术	信息技术基础	选修 2	选修 3		选修 3					
	通用技术	必修 1	必修 1	必修 2		必修 2	自选 1 个模块				
艺术	美术	美术鉴赏（必选）	绘画（必选）	书法（必选）	自选 1 个模块	书法（必选）	自选 1 个模块				
	音乐	音乐鉴赏（必选）	音乐鉴赏（必选）	唱歌（必选）	自选 1 个模块	唱歌（必选）	自选 1 个模块	自选 1 个模块		自选 1 个模块	
体育与健康	体育与健康	体育与健康课程必修 11 个模块，其中健康教育专题必修 1 个模块，田径运动必修 1 个模块，其他项目可根据学校的条件、教师的专项特点和学生所选兴趣来选择，无顺序要求，可自主选择									
综合类实践活动	研究性学习	学校可根据学校实际和学生申报情况确定修习内容，平均每周 3 课时，其中课堂教学 1 课时，其余 2 课时可集中使用，也可分散安排									
	社区服务	参加 5 个工作日以上，课余时间，分散安排									
	社会实践	开课前 1 周时间学生军训		参加 5 个工作日以上，可集中安排，也可分散安排							
校本课程		学校根据当地社会、经济、科技文化发展的需要和学生的兴趣，开设若干选修模块，每周 2 课时									

八、班级管理

（一）实施新课程班级实行教学班与行政班并存，行政班管理为主、教学班管理为辅的班级管理模式。

（二）行政班是学生学习的基本单位，行政班设立班主任和成立班委会。

（三）教学班要设立科代表或教学班班委会。任课教师负责教学班的管理责任。

（四）学校根据实际情况制订学生走班选修管理办法。

第二章　教学管理与教学研究

第一节　教学常规管理

市教育局把落实教学常规当作大面积提高教育教学质量的前提条件和基础工程。1991年3月，市教委出台《常德市普通中小学教学常规》，以文件形式铅印5万余份，发至全市每位中小学教师，按“教学常规”要求每年组织全市的检查评比，将检查结果发通报，奖励优秀，使文件精神得到落实。

《教学常规》对教学工作从基本教学原则、教学计划管理、教学过程管理、第二课堂活动、经常性教研工作等五个方面提出要求和规定。

一、基本教学原则

基本教学原则4条：全面发展的方向性原则；教师为主导、学生为主体的原则；知识结构和认知结构统一的原则；因材施教的原则。

二、教学计划管理

分为学校教学工作计划、教研组教学工作计划、任课教师教学工作计划。

学校教学工作计划一般包括教学工作的指导思想、目的要求、主要工作任务和措施、主要活动安排等内容、每学期制订一次，由校长或教导（务）处起草，校务会或教师大会讨论通过，期初公布，期中、期末检查执行情况。

教研组教学工作计划根据学校教学工作计划制订，包括本学科学期教学的目的和要求、教学任务和进度、主要教研活动安排等。由教研组长起草，本组老师讨论通过经学校教务处审查后执行。

任课教师教学工作计划均根据学校和教研组教学工作计划要求，在钻研大纲，通读教材和了解学生学习基础的前提下，制订出学科教学计划。学科教学计划一般包括：1.教学任务与目标；2. 教材内容的基本分析（含重点、难点等）及删、补意见与教学进度安排；3.学生双基能力与非智力因素的基本分析；4.完成教学任务的措施；5.教学改革的大体设想。教师学科教学计划一般写在备课本前面，以便学校领导检查和平时教学对照落实。

三、教学过程管理

教学过程管理即对教学过程的备课、上课、作业批改、课外辅导、考试考查五个环节作出具体的规定。

（一）备课。强调备课是上课的必要准备，不备课上讲台是渎职行为；备课要写教案，教案应包括：1.教学目的、要求。2.教材重点、难点。3.教学步骤与讲练时间安排。4、主要教学方法。5.板书设计。6.课内外作业内容。

（二）上课。强调上课要做到不迟到、不早退、不拖堂。无特殊情况应按课表上课。未经领导批准，教师不得擅自停课、调课或请他人代课。对教师课堂教学行为，包括教学内容、教学形式、教学语言、板书、组织教学、仪表教态、布置作业等均予以规范。

（三）作业批改。作业批改的主要要求有：作业批改要认真仔细、评价要恰当、作业批改要及时、要做好作业批改记载和讲评等。

（四）课外辅导。课外辅导的重点对象是差生和缺课的学生，辅导形式应以个别辅导为主。辅导要及时，尽量利用课余时间分散进行，但不得将学生长时间留校，也不得占用假期集体办补课班。课外辅导要有目的、有计划、有重点，加强针对性，讲求实效。

（五）考试考查。主要是：凡教学计划开设的课程都要进行考试或考查，除毕业会考和学科统考按规定进行外，学校每学期可进行期中、期末两次考试；考试命题要以大纲和教材为依据，试题不得超“纲”超“本”；严肃考纪考风，严禁舞弊作假；考查要把学生的学习态度和学习效果结合起来考虑，统一标准，认真评定。

四、第二课堂活动主要要求

各级学校都要积极创造条件开展第二课堂活动；开展第二课堂活动，要根据学校师资和条件，因地制宜，形式力求多样，内容要与学生年龄、知识特点相适应；活动要有目的、有计划地进行，要定时间（列入课表）、定内容、定指导老师。

五、经常性教研工作主要要求

学校每周至少保证半天或一个晚上为教研活动时间，定期开展经常性教学研究活动；老师要加强教育理论学习，经常阅读专业书刊，努力提高业务素质和教学水平，每期要写教育教学经验总结或专题论文；教师要积极承担各种形式的研究课题，坚持相互听课评课；青年教师要虚心向有经验的教师学习，中、老年教师要热情关心青年教师的成长，老、中、青年教师要互相取长补短，相互促进；教师应积极推广教研教改成果，开展教改实验和课题研究，探索教育教学规律，推进教学改革。

1998年，市教委印发《依法规范办学行为，大力推进素质教育十项规定》（常教〔1998〕17号），重申加强教学常规管理。

2002年市教育局进一步修订完善原市教委印发的《依法规范办学行为，大力推进素质教育十项规定》（常教〔1998〕17号）和《减轻中小学生过重课业负担的十项规定》文件，对各学校开课设节、活动总量、教学用书、课堂教学、学籍管理、招生考试、学科竞赛等问题作出明确具体的规定，进一步规范中小学办学行为。

第二节　教学研究

新课程（实验）实施主要涉及教材、教师、学生、教学组织等因素。以教育科研促课程改革，解决普通高中新课程实施过程中的难点和重点，是教育科学研究的主体目标。

一、建立各级教育教学科研组织

1997 年，常德市成立教育科研规划指导小组，负责全市教育科研工作的规划、管理与指导。

（一）市教育科学研究院（简称“市教科院”，其组织机构变迁详见本志第十篇第三章第一节“科研机构”。下同）。市教科院下设有中学教研室，负责全市中学（含初中）所有科目教学教研的规划和管理科研课题，推进课程改革，指导课堂教学。

（二）各区、县（市）教育局均设有教育科学研究室（简称教研室），按学科配备教研员，负责所在区、县（市）教育教学研究，指导新课程改革实施。

（三）各普通高中学校都成立学校课程改革指导委员会，常设办事机构为教学科学研究室（简称教科室）。教科室下设各学科课程小组，负责本学科的开课方案（包括学科及模块、教学时间、任课教师、选修课注意事项等）。校长是学校课程改革的第一责任人，全面负责学校课程改革的实施。

（四）市教育专业委员会（简称“市教育学会”）。市教育学会是群众性学术团体，下设中小学所有教学科目专业委员会（如中学语文专委会、中学数学专委会等）共 20 个。专委会一般 2~3 年举办一次学会年会，开展教学研讨、教学培训等工作。到 1986 年，全市各区、县（市）都成立了与市教育学会对应的区、县（市）教育学会，其会员一般是各学校各学科骨干教师，针对新课程实验中的难点和重点，不定期开展教学研讨活动。

二、开展各种形式的教学研究活动。

（一）组织新课程实验教师培训。为使广大教师适应新课改教学要求，坚持“全员培训”和“先培训、后上岗，不培训、不上岗”的原则。2001 年，新一轮基础教育课改实验全面启动，市教育局在常德芷兰实验学校举办 19 个学科 1800 名骨干教师参加的培训班。市教育局下发“把握教育发展趋势”“抓住课程改革机遇”“优化高中课程结构”“加强综合课程建设”“完善校本教研”“坚持教学研究先行”等二十条教育教学研究工作的书面指导意见，以使广大教师理解、接受和积极参加新课程实验，创造性地实施新课程。2007 年暑期，市教育局举办全市普通高中课程改革学科培训班，共 14 个学科分 9 期 17 个班 2445 名课改起始年级教师参加培训。

各区、县（市）教育局、教研室利用寒暑假也相继举办新课程改革（实验）教师培训班。2006年—2010年，安乡组织所有实施新课改的教师、学校管理人员接受培训达10000人次以上（含九年义务制学校教师），不少教师多次参加培训；该县还创办教育系统发行的刊物《安乡教研》，至2010年已刊行105期。石门县除本县组织教师培训，还送160名骨干教师和学科带头人参加市、省培训 。

（二）开展教科课题研究。2000—2010年，全市国家级课题立项8项，省级课题立项达169项，95%均已如期结题。市级课题研究无统计数字。市教委副主任陈昌清、市教科所所长刘茂林等12人主编的《活动课教师指导用书》共7本，160余万字，1996年由湖南教育出版社出版发行，被省教委列入中小学教师用书。陈昌清主编的《活动课程理论与实践》一书，受到原国家教委副主任、教育部总督学柳斌高度评价，认为该书“在理论上的系统性和实践上的针对性都是比较强的，对当前活动课程的研究和发展具有十分重要的参考指导意义”。

1988—2010年，市教科院主持课题研究达17项，其中院长黄利华主持的《开发和利用普通高中课程资源的研究与实践》、教研员肖焕之主持的《中学生信息技术水平分层评价的研究》、教研员刘忠义主持的《常德市特级教师教育教学思想研究》和《中学语文课案教学研究》等属省级教科院规划课题。

常德市一中是全市普通高中新课程实验样板学校。1990年，该校提出“加强基础课、调整必修课、增加选修课、上好劳技课、提高体艺课”的改革思路，把“全面发展，学有特长”作为学校育人总目标。语文科汤登仲老师主持的“高中语文三维教学实验与研究”、高一化学科开展的“分层教学”教改实践等，为推动全市高中新课改树立样本。学校创办的校刊《铎声》，对学校的教学改革起引导作用；《三月》文学社激发学生的写作激情，促进语文教学发挥辅助功能。2004年，《铎声》被评为湖南省优秀中学报刊，《三月》在全省1153个文学社团中脱颖而出，被评为湖南省“首届中小学‘十佳社团’”。2001年，常德市一中被全国教育科学规划领导小组办公室确定为“全国教育科学教育部重点课题子课题研究单位”。当年，该校《利用教育音像促进素质教育的方法与途径》《利用多媒体技术优化物理教学过程提高教学质量和效率》被教育部评为重点课题优秀子课题。

2002年，澧县被省教育厅确定为省级基础教育课程改革试验区（常德市唯一）。1995—2010年，全县共承担国家级课题2项，省、市级课题38项，95%按期结题。2010年9月，全省“教育科学规划课题研究经验交流暨成果观摩会”以澧县为现场召开，县教育局长赵传柏和澧县一中校长赵绪清分别以“以国家和省级课题为引领，整体推进我县教育科研上水平”“建设会思考的学校”为题在大会介绍经验，被省教育厅党组成员、省教科院院长姜正国概括为“教育科研澧县经验”。

（三）上示范课，开展教学比武活动。新课改的落脚点在课堂教学和活动课操作。1989年，市教育局、市教科所组织全市专职教研员在澧县一中召开别开生面的教研工作会议，与师生座谈，上“下水课”。市教育局副局长陈昌清、市教科所所长刘茂林、澧县教研室主任吴家驹、临澧县教研室主任朱宏志、石门县教研室主任周泽树等，分别走上讲台给学生上课。参加听课的有学生、各区、县（市）教育局分管教学的副局长、教研室主任和教学一线的骨干教师代表。课后通过共同研讨，提出上好一堂课的四条标准：教学目的明确、教学思路清晰、课堂气氛活跃、教学效果明显。这四条标准得到广大教师的认同，作为教师备课、上课、评课的主要依据。

1993 年—2010 年，常德市一中共举办 18 届青年教师“红杏奖”教学比武。期间，8 科 11 人获省级教学比武一等奖。1998 年 9 月，该校陈继红参加全国第三届物理青年教师教学大赛获高中组一等奖第一名。1998 年桃源县举办“万名教师达标晋级课堂教学比武”(含九年制学校教师)，提出“课堂不仅要让学生掌握知识，而且要让学生把知识转化为能力，达到‘学了知识能用、会用、用得好’”的课堂教学标准。1998—2010 年，安乡县共组织课堂教学比武 16 次，4000 人次以上教师参加，先后有 2506 人次获奖；县一中青年数学教师廖华、张丽，物理教师万丽，县五中物理教师杨海等参加全省青年教师新课程课堂教学大赛均获一等奖；其中廖华执教的高中数学《正态分布》获全省第一名，并代表湖南参加全国第五届“卡西欧杯”青年数学教师教学比武获一等奖。

（四）编写地方和校本教材。全市各级教研机构和学校组织广大教研员和教师积极开展地方和校本教材的编写。1988—2010 年，市教科院教研员主编、参编的地方教材、教辅读本达 200 多种。教研员刘忠义主编的《中学生心理健康教育自助读本》（高三年级分册)，教研员陈延军编写的《中国历史》和《世界历史》教师参考用书，市教科院院长黄利华主编的《新课程同步辅导丛书》等，供全市普通高中学校开设活动课教学用书。

常德市一中结合本校实际，先后编写《演讲及演讲稿的写作》《数学学习中的探究与思考》《英语视听说》《科学思维常识》《饮食文化漫读》《网页设计》《智能机器人创新设计》《乒乓球》《生态文明校园行》等涉及普通高中八个学习领域所有学科 55 种校本教材供学生自主选择修习。

农村地区高中学校则结合农村建设和发展的实际开发课程资源。鼎城区牛鼻滩中学编写了《绿色蔬菜我来种》《劳动与实践》桃源县、汉寿县、石门县、西洞庭一中等各自编写了《土壤肥料》《服装设计与制作》《农村修理》《农作物栽培》《种植与养殖》《朝鲜蓟种子育苗技术研究》等多种地方校本教材。(其中部分与九年制学校共用)。

第三章　体育、艺术、卫生与国防教育

由于九年义务教育阶段初中与完全中学的初中重叠，形成“你中有我，我中有你”的状况，又缺乏必要的资料分割或不可分割，本章节中有些内容及数据和九年义务教育相应内容缠混一起，故有些内容第二篇已述，第三篇不再述说。

第一节　体育与艺术教学

一、教材与课时

1988—2000 年，市域普通高中体育教学使用省教委体卫军训处与省教科所合编的《体育》课本。该教材是根据国家教委 1987 年制定颁发的《全日制中学体育教学大纲》和人教社出版的《中学体育教材》（教师用书）编写的。2002 开始，普通高中与初中共用湖南教育出版社出版的《体育与健康》（试用课本）。此教材根据教育部 2001 年制定的“体育与健康（7~12 年级）课程标准”编写，对体育首次提出新的分类：生活体育、健身体育、娱乐体育、技能体育、保健体育和民族传统体育，理论教学内容统一用板块（附图示）设计。全市高中阶段体育课每周均安排 2 节，为必修课。高三年级体育作为选修课每周开 2~3 节（只对选修学生）。

艺术（或音乐、美术）教学在 20 世纪 90 年代以前全市中学没有统编教材，由艺术（或音乐、美术）教师根据国家教委制定颁布的“教学大纲”要求自定内容进行教学。2000 年以后，高中与九年义务教育阶段学生共用湖南省教委体卫军训处与省教科所合编的《音乐》、《美术》课本，集中在高一、二年级重点选择中外名曲、名画、指导欣赏。每周安排一课时。高三年级没有安排艺术课教学，但作为单科选修科目，每周安排 2~3 课时教学指导（只对选修学生）。

二、教师与培训

高中体育与艺术（或音乐、美术）教学一般安排具有相关专业大专毕业的老师担任。2010 年《常德市教育事业统计资料》显示，当年全市有高中学校 48 所（其中完中 18 所，普高 30 所）共有教学班 1709 个。全市有高中“体育与健康、艺术、音乐、美术”专职教师 616 名（其中体育 332 人，艺术 11 人，音乐 149 人，美术 124 人）。总体看，专职教师不缺。

我国第七次（1986—1996 年）课程改革，改变多年来只有“学科课”“必修课”的模式，增加了“选修课”、“活动课”，推动了教材多样化，使学生在普遍达到基本要求的前提下，实现有个性的发展，在开设必修课的同时，设置丰富多样的选修课程。这种大背景要求所有的教师都必须接受培训，接受再学习。

1990 年寒假，市教育局组织 40 多名体育教师参加由省体育教学研究会在怀化师专举办的体育教师培训班，学习《全日制中、小学体育大纲》和体育教材；2007 年 7 月，市教育局组织 142 名高中体育教师在常德芷兰实验学校举办新一轮《体育与健康》课程改革培训，特邀著名专家季浏教授作《高中体育与健康课程理念解读》和本市石门县五中特级教师陈云汉作《高中体育健康课程选项与模块教学》讲座。

在“青蓝结对”“名师工程”活动中，高中艺术（音乐、美术）教师作为学科带头人为县城镇和农村中小学培育音乐、美术教师发挥了传、帮、带作用。

三、教学与教研

1989 年开始，省、市、县相继开展体育艺术优质课、论文评优活动。到 2010 年，全市有 1500 多名体育教师（含九年义务制学校教师）先后参加县、市、省举办的教学和论文评优。汉寿县一中袁松红、石门县五中陈云汉和覃友明、董泽武等上百人次教师获体育优质课奖和优秀论文奖。其中袁松红老师组织的《小群体学习法》实验课，改变过去“老师教、学生学”的模式，让学生在课堂教学过程中组成小群体，自选组长，根据教学内容自由选择教学方法，自由交流，由学生自评、互评。这种教学方法在 1991 年全省第二届中小学体育教学评优活动中推广；袁松红获全省中学组一等奖。2001 年上半年，全市组织体育教师参加全省中小学体育教学论文比赛，获一、二、三等奖的论文各有 3 篇。2002 年 7 月，全市组织参加全省中小学体育与健康论文征集评优，获一、二、三等奖的论文各有 3 篇，其中常德芷兰实验学校阳桂秋、石门县五中陈云汉和覃友明、董泽武等的论文获一等奖。

2008 年 11 月，全市组织《体育与健康》新课程论文评比，共收到各区、县（市）报来的论文 98 篇，其中 20 篇评为优秀。

四、体育艺术设施

体育设施　20 世纪 90 年代起，全市实施体教结合，由各级政府每年拨款为学校添置体育设施。在教育经费十分紧缺的情况下，市教育局坚持拨付专项资金，逐年加大对学校体育设施的建设和改造力度。2007 年，全市共投入资金 6800 多万元，用于各学校学生体育活动场馆建设和体育教育器材的维修添置。2010 年底，全市有义务教育阶段学校 967 所（其中小学 720 所、初中学校含九年一贯制学校 247 所）。中小学体育活动场地和器材配备基本情况调查统计表明：1、小学体育场地达标学校 309 所，未达标学校 457 所。其中田径场地达标学校 320 所，未达标学校 446 所；篮球场达标学校 319 所，未达标学校

447 所；排球场达标学校 253 所，未达标学校 513 所；器械体操区（游戏区）达标学校 301 所，未达标学校 465 所。小学体育器材配备达标学校 208 所，基本达标学校（按达标数量的 60%认定）148 所，未达标学校 343 所。2、初中体育场地达标学校 198 所，未达标学校 56 所。其中：田径场地达标学校 210 所，未达标学校 44 所；篮球场达标学校 243 所，未达标学校 11 所；排球场地达标学校 213 所，未达标学校 41 所；器械体操区（游戏区）达标学校 205 所，未达标学校 49 所。体育器材配备达标学校 147 所，基本达标学校（按达标数量的 60%认定）96 所，未达标学校 31 所。全市仍有部分中小学校运动场馆和体育教学器材有待改善。

艺术设施　20 世纪 90 年代，全市各级政府每年划拨一定数量的专款为学校添置艺术设施。如澧县，共投入资金 180 多万元，开辟校外艺术教育基地 150 个，建立小摄影室 80 个，小美术室 95 个，小工艺室 67 个。全县部分中小学已开始建设艺术活动楼，购买钢琴 10 台，风琴 500 多台，电子琴 200 多台，收录机 300 多部，照相机 150 多部，幻灯机 400 多台，录放机 120 多部，从而保证了部分学校艺术教育的基本需要。桃源县几年内共添置钢琴 4 台，风琴 960 余台，电子琴 300 多台，组建校园管弦乐队 30 多支。该县城区小学 90%以上的学生基本上配备了笛子、口琴、二胡和画板，有的学生还自备了笙、杨琴、手风琴等高档乐器。2000 年前，市域城镇中小学校的配套建设基本能满足学生教学需要，村小的建设则相对滞后。2010 年底，根据市义务教育阶段学校艺术方面的器材统计表明：1、小学美术器材配备达标学校 155 所，基本达标学校 142 所，未达标学校 415 所。2、初中美术器材配备达标学校 146 所，基本达标学校 65 所，未达标学校 43 所。3、小学音乐器材配备达标（按国家教育部颁发音乐器材配备目录要求配齐，下同）学校 151 所，基本达标（按达标器材数量的 60%认定为基本达标学校）198 所，未达标 364 所。4、初中音乐器材配备达标学校 146 所，基本达标 68 所，未达标 40 所。

五、体育、艺术活动

基础课程改革，活动课和选修课加大了基础课中的权重，促进了学校体育、艺术活动鼎盛。

20 世纪 90 年代开始，全市中小学保证学生每天有一小时的体育活动时间（含体育课）。安乡县各学校常年坚持“两课、两操、两活动”，每年举办一次全县性中小学田径和排球运动会，校校都有乒乓球桌和篮、排球场及田径运动场。全市各学校根据本校实际，分别组建有篮球、排球、乒乓球和田径运动队，经常开展班级间、校际间竞赛；每年举办一次体育运动会或体育艺术节，显示出学校的蓬勃生气。

“体育传统项目学校”活动的开展，突显各学校体育活动特色。在省教委体卫处统一策划下，该活动每两年进行一次调整。到 2010 年，全市有省级体育传统项目学校 10 所：

田径项目：临澧县一中、鼎城区一中、汉寿县一中、桃源县一中、澧县一中、石门县一中、津市市一中、常德芷兰实验学校；

乒乓球：石门县一中、安乡县一中；

排球：常德市一中、澧县一中、安乡县一中；

定向越野项目：常德芷兰实验学校。

常德市一中、临澧县一中还被省教委定为“湖南省培养体育运动后备人才重点学校”。2004年以后的6、7年间，临澧县一中为北京大学、北京体育大学等高校输送体育后备人才160多名。其中运动健将1名，一级运动员多名，二级运动员50多名；1996年以后的10多年，该校参加市中学生田径运动会获甲、乙团体总分“九连冠”；2005年临澧一中被评为“全国群众体育活动”先进单位和“全国学校贯彻《学校体育工作条例》”优秀学校。

第二课堂是艺术教育活动的主要阵地。全市城镇中小学都成立了书法、绘画、舞蹈、器乐、声乐等兴趣小组。

1994年，常德市一中等6所学校被评为全省艺术教育先进单位；桃源县、澧县、石门县被评为全省艺术教育先进县。

六、体育竞赛

（一）中学生田径运动会

从1996年开始，全市每两年举行一次中学生田径运动会。到2010年，全市共举办八届。运动会由市教育行政部门主办，市体育行政部门协办，各区、县（市）和市直中学轮流承办。常德市一中、津市市一中、桃源县一中、临澧县一中、澧县一中和常德芷兰实验学校等先后承办过一届或多届全市中学生田径运动会。

2011年8月，全国中学生田径锦标赛在常德市第一中学举行，有27个省、市、自治区的561名运动员参加72个项目的比赛。

（二）市直中学生田径运动会

市直中学田径运动会每两年一次，一般与全市中学生田径运动会错开举行。由市教育局、市体育局联合主办，市直中学轮流承办。常德市一中（承办一、二、三、四届）、常德体育活动中心（承办五、六届）、常德市芷兰实验学校（2005年10月）、常德市六中（2007年11月）、常德市三中（2009年10月）、常德市二中（2011年10月）先后承办市直中学生田径运动会。

（三）全市中学生球类比赛

从2006年起， 全市中小学乒乓球、排球、篮球比赛一般每年分别举办一次，羽毛球、足球等不定期举行。

乒乓球比赛　2006年8月全市中、小学乒乓球比赛在市体育馆举行，9个区、县（市）120名中小学生参赛。津市市、桃源县、分别获中学男、女团体第一名。

2008年5月，全市中、小学共130名学生在市城区举行乒乓球比赛。高中男、女组冠军分别被桃源县代表队和武陵区代表队夺得。

2009 年 7 月，全市中、小学乒乓球比赛在市城区吉立乒乓球俱乐部举行，区、县（市）120 名学生参加比赛。津市市代表队和鼎城区代表队分别获得高中男子组、女子组冠军。

2010 年 4 月，全市中小学生乒乓球比赛在安乡县举行。全市区、县（市）150 名学生参加比赛。津市市代表队和安乡县代表队分别夺得高中男子组、女子组冠军。

篮球比赛　1997 年 11 月，常德市直中学生篮球比赛由常德市一中、常德市六中承办。通过 7 天角逐，常德市二中、常德市七中分别获高中男、女组冠军。

2005 年 12 月 5—10 日，全市省级示范性普通高中 11 支男子篮球代表队集聚石门县一中进行首届篮球赛。石门县一中、汉寿县一中、常德市一中分别获前一、二、三名。

2007 年 11 月，全市省级示范性普通高中 12 支男子篮球代表队集聚常德市一中举行篮球赛。常德市六中、常德市一中、临澧县一中分别获前一、二、三名。

（四）市中学生参加省级以上体育竞赛

全省比赛　1992 年 5 月，常德市组队参加在湖南师大举行的全省中学生田径运动会，获 2 金、3 银、3 铜奖牌。

1992 年 8 月，常德市一中女子排球队参加全省少年排球赛获冠军。

1993 年 2 月，澧县一中女子排球队参加全省中学生“长炼杯”排球赛，获冠军。1994 年 5 月，参加湖南省中学生田径运动会，常德市列甲组共 20 名运动员参加 17 项比赛，获金牌 8 枚，居全省第二；团体甲组总分列全省第三。

1998 年 7—8 月，全省中学生排球赛在常德市鼎城区举行，常德市一中男队获第二名；安乡县一中男队获第三名、女队获第二名；澧县一中男队获第四名、女队获第三名。

2002 年 2 月，湖南省中学生篮球赛在衡阳市二中举行。常德市一中代表队参赛获第五名。

2004 年 5 月，全省中学生田径运动会在宁乡一中举行。常德市以临澧县一中为主组队（常德市一中、常德芷兰实验学校、桃源县一中、津市一中、汉寿县一中选拔部分运动员）参赛，获金牌 3 枚，男子 4x100 米接力和男子 400 米跨栏等两项破全省中学生田径运动会纪录；获团体总分第三名，并获体育道德风尚奖。

2005 年 7 月，常德市七中代表常德市参加全省首届中学生军用枪射击锦标赛，获女子精度射击团体总分第一名、女子速度射击团体总分第二名。

2006 年 4 月，常德市一中、临澧县一中代表常德市到岳阳临湘二中参加全省培养体育后备人才试点校田径运动会，临澧县一中获全省第二名，常德市一中获全省第十一名。

2008 年 11 月，全省中学生田径运动会在湖南师大附中举行。常德市选拔 25 名运动员参加比赛，获 5 金、7 银、10 铜奖牌；女子代表队获全省总分第二名，男子获团体总分第三名。

2009 年，全市组团参加全省中学生田径锦标赛，获 3 金、4 银、7 铜；桃源县一中、澧县一中、常德市一中因成绩优异获直接参加下届省中学生田径锦标赛资格。

2010 年 10 月—11 月，常德市组团参加全省中学生田径运动会获 3 金、6 银、6 铜奖牌，团体总分第四。

全国比赛　1990 年，常德市一中学生刘艳参加在青岛举行的全国中学生田径运动会获 100 米、跳远、4x100 米接力 3 枚金牌。

1992 年，常德市一中学生刘艳参加在岳阳举行的全国中学生田径运动会夺得跳远、100 米、4x100 米接力、4x400 米接力、4 枚金牌。

2002 年 8 月，临澧县一中学生邵红梅代表湖南参加第八届全国中学生运动会，获女子 800 米第四名，女子 4x400 米接力第六名。

2005 年 8 月，全国第九届中学生运动会在郑州市举行。临澧县一中黄悠然获女子组 400 米金牌。

2009 年 8 月，临澧县一中学生雷诗琪代表湖南参加全国第十届中学生运动会，获女子 400 米第四名，女子 4×400 米接力第二名。

国际比赛　1991 年 5 月，常德市一中学生刘艳列入国家队参加在匈牙利举行的世界中学生田径锦标赛获女子 100 米、女子 1000 米异程接力 2 枚金牌。

2008 年 3 月，石门县一中学生丁雪列入国家队参加在马耳他举行的世界中学生乒乓球锦标赛获女子单打、双打 2 枚金牌。

2009 年 9 月，临澧县一中学生雷诗琪列入国家队在爱沙尼亚参加世界中学生田径锦标赛，获女子 400 米和女子组 1000 米异程接力赛 2 枚金牌。

常德市省属重点（示范性高中）学校体育设施情况见表 3–3–1。

七、艺术展演及竞赛

1988—2010 年，常德市教育局组织本市中小学幼儿园文艺展演活动 35 次（见表 3–3–2、表 3–3–3、表 3–3–4），本市中小学幼儿园参加省教委（省教育厅）等组织的文艺展演活动 30 次（见表 3–3–5），本市中小学师生参加全国艺术竞赛 5 次（见表 3–3–6）。

表 3-3-1

常德市省重点（示范性）高级中学校体育设施一览表

设备名称数量学校	300、400米田径场		田径风雨场		体育馆		形体房		健身房		力量房		足球场		室外篮球场		室外排球场		室外乒乓球台		室内乒乓球台		室内羽毛球场		室外门球（网）场		室外乒乓球台		室外羽毛球场	
	数量	启用时间	数量	启用时间	数量	启用时间	数量	启用时间	数量	启用时间	数量	启用时间	数量	启用时间	数量	启用时间	数量	启用时间	数量	启用时间	数量	启用时间	数量	启用时间	数量	启用时间	数量	启用时间	数量	启用时间
常德市一中	1	2001	1	1991	1	2001	1	1990	1	1990	1	2001	1	2001	6	1991	4	1991	12	2001	10	2001	4	2001	2	1998	12	2005	4	2005
临澧县一中	1	2006	1	2006					1	2010	1	2006	1	2007	12	2007	12	2007	4	2010	15	2006	2	2010			30	2007	18	2007
澧县一中	1	2005	1	2005	1	1991	1	1991	2	2009	2	2005	1	2005	8	2004	12	2004			4	2003	2	2003	1		20	2005		
桃源县一中	1	2006	1	2006					2	2010	2	2009	1	2006	10	2009	2	2009	1	2004	14	2006	4	2006	1	2002				
汉寿县一中	1	2011											1	2011	4	1999					15	1995				2010				
石门县一中	1	2009	1	2009			2	2004	1	2004			1	2009	10	2004	6	2004	18	2004			1	2009	2	2004	12	2009	3	2004
鼎城区一中	1	2012	1	2012			1	2012	2	2009			1	2012	9	2012	6	2012	4	2007	20	2012	4	2012	1	2007				
津市市一中	1	2001	1	2001	1	1990			2	2005	1	2010	1	2001	8	2005	2	2000	2	2001	4	2001	4	1998	1	2001				
安乡县一中	1	2004			1	2010					1	2010	1	2004	5	2004	5	2004			10	2010					13	2001		
常德市七中	1	2002	1	2002	1	2003			1	2003			1	2002	8	2008	5	2010	2	2006	10	2003	3	2003			9	2010		

续表 3-3-1

设备名称数量学校	300、400米田径场		田径风雨场		体育馆		形体房		健身房		力量房		足球场		室外篮球场		室外排球场		室外乒乓球台		室内乒乓球台		室内羽毛球场		室外门球（网）场		室外乒乓球台		室外羽毛球场	
	数量	启用时间	数量	启用时间	数量	启用时间	数量	启用时间	数量	启用时间	数量	启用时间	数量	启用时间	数量	启用时间	数量	启用时间	数量	启用时间	数量	启用时间	数量	启用时间	数量	启用时间	数量	启用时间	数量	启用时间
常德市二中	1	2010	1	2010	1	2014	1	2010					1	2010	6	2014							3	2010			40	2010	2	2010
常德市六中	1	2005	1	2005			1	2001	1	2002	1	2005	1	2005	6	2005	4	2005	2	2012	33	2012			2	2006			4	2003

说明：1.省级示范性高中学校以湖南省教委授牌时间先后为序排列；　2.根据湖南省教育厅决定，2004 年 9 月 1 日起“省重点中学”改为“省示范性普通高中”；　3.表内部分场地含套用

表 3-3-2　　1989—2009 年常德市中小学文艺汇演情况一览表

时间	地点	活动主题	演出节目	获奖情况							
				一等奖	二等奖	三等奖	先进集体	优秀辅导	优秀演员	优秀节目	优秀组织奖
1989.9	滨湖影剧院	首届中小学文艺调演	112 个				14 个	14 名	21 名	48 个	
1992.5	天声影剧院	厂矿子弟学校文艺会演	20 个	3 个	5 个	12 个					
1996.4	常德电视台	校园之光	16 个								
1998.5	常德师范	“六一文明之声”演唱会	9 个	2 个	4 个	3 个	2 个				
1998.6	滨湖影剧院	“求学者之歌”文艺会演	46 个	13 个	20 个	13 个					
1999.9	常德电视台	“庆国庆　迎回归”文艺会演	16 个								
2000.9	常德电视台	科技体育艺术节文艺会演	16 个	9 个	18 个	27 个	4 个			54 个	5 个
2001.5	工人文化宫	“庆‘六一’做世纪小主人”	16 个								
2002.9	常德电视台	“托起明天太阳”文艺晚会	16 个								
2005.5	步行街广场	城区学校庆“六一”文艺会演	14 个	8 个	6 个						
2009.9	工人文化宫	“庆国庆”文艺会演	15 个	2 个							
2009.9	常德电视台	全市中小学生常德丝弦晚会	15 个	1 个							

表 3-3-3

1990—2010 年常德市中小学书法绘画摄影作品展览一览表

时间	地点	活动主题	送选作品	获奖情况						
				一等奖	二等奖	三等奖	优秀辅导员	优秀作品	优秀组织奖	备注
1990.4	市教委	首届少儿书画展览	201 幅				14 名	67 幅	3 个	
1999.9	市博物馆	“庆国庆迎回归”书画作品展览	3000 幅					400 幅		
2002.3	市教育局	“绿色家园”	300 幅	35 幅	81 幅	103 幅				
2004.8	市教育局	全市中小学书法绘画作品比赛	300 幅	56 幅	79 幅	98 幅				
2005.7	书画院	全市中小学书法绘画作品比赛	1500 幅					300 幅		
2007.3	市七中	全市中小学书法绘画摄影作品展评	850 幅	25 幅	265 幅	180 幅				
2008.5	书画院	全市中小学生书法绘画作品比赛	500 幅	16 名	30 名	50 名				
2010.6	书画院	“御品德山杯”中小学生书法、绘画、摄影作品比赛	900 幅	120 名	180 名	300 名				

表 3-3-4

1991—2009 年常德市艺术教育展演活动一览表

时间	地点	活动主题	演出节目及获奖			参赛作品及获奖			参赛论文及获奖			音乐美术课调教			先进单位	优秀组织
			一等奖	二等奖	三等奖	一等奖	二等奖	三等奖	一等奖	二等奖	三等奖	一等奖	二等奖	三等奖		
1991.10	市教委	全市首届中小学幼儿园艺术节	44 个			67 个									9 个	
1994.2	市教委	全市第二届中小学幼儿园艺术节	33 个	31 个	36 个	47 个	105 个	124 个	4 篇	7 篇	13 篇				9 个	
1997.4	市教委	全市第三届中小学幼儿园艺术节	37 个												9 个	3 个
2000.10	市教委	全市中小学幼儿园科技、体育艺术节	9 个	18 个	27 个							14 个	18 个	29 个	4 个	5 个
2003.5	市教育局	全市第一届中小学生艺术展演活动	18 个	24 个	23 个	33 个	63 个	207 个								
2006.4	市教育局	全市第二届中小学生艺术展演活动	21 个	23 个	33 个				14 篇	25 篇	29 篇					
2009.4	市教育局	全市第三届中小学生艺术展演活动	15 个	15 个	21 个	70 个	83 个	78 个								

表 3-3-5

2002—2010 年常德市中小学三独比赛情况一览表

时间	地点	活动主题	参赛人数	获奖情况			
				一等奖	二等奖	三等奖	备注
2002.7	常德市七中	全市中小学独奏、独唱、独舞比赛	236 人	65 个	78 个	93 个	
2004.7	常德市七中	全市中学独奏、独唱、独舞比赛	230 人	62 个	75 个	93 个	
2005.7	常德市七中	全市中学独奏、独唱、独舞比赛	272 人	72 个	94 个	106 个	
2006.7	常德市七中	全市中小学艺术比赛	483 人	106 个	125 个	200 个	
2007.7	常德市七中	全市中学独奏、独唱、独舞比赛	218 人	73 个	73 个	72 个	
2008.7	常德市七中	全市中学独奏、独唱、独舞比赛	247 人	61 个	82 个	98 个	
2009.7	常德市七中	全市中学生“三独”比赛	236 人	66 个	133 个	67 个	
2010.7	常德市七中	全市中学生“三独”比赛	410 人	99 个	145 个	157 个	

表 3-3-6　1990—2010 年常德市中小学幼儿园参加全省艺术竞赛情况一览表

时间	主办单位	活动主题	参赛数目	获奖情况					
				一等奖	二等奖	三等奖	优秀指导教师	优秀组织奖	团体总分
1990.5	省教委	全省少儿书画作品展览	42 幅		4 个	6 个		1 个	
1990.9	省教委	全省音乐节盒带比赛	16 盒	3 个	5 个	8 个			
1991.6	省教委	全省中小学生艺术节文艺调演	6 个						全省第三名
1992.5	岳阳市	全省厂矿子弟学校文艺调演	3 个	1 个	2 个				
1996.7	湘潭市	湖南省第二届重点中学文艺会演	10 个	1 个	1 个	8 个			
1997.6	省教委	全省中小学音乐、美信课调教比赛	6 个	2 个	1 个	3 个			全省第三名
1997.9	省教委	全省第三届中小学生幼儿园艺术节文艺调演	5 个	3 个	1 个	1 个			全省第二名
1998.4	省教委	全省合唱节目录像比赛	4 盒	2 个		2 个			全省第一名
1998.6	省教委	全省社会力量办学民办学校文艺会演	2 个	2 个					
1999.7	株洲市	全省第三届重点中学文艺会演	5 个	1 个	2 个	2 个			全省第三名
2000.10	省教委	全省职业中专艺术作品展评	10 件	3 件	3 件	4 件			
2000.10	省教委	全省职业中专文艺会演	2 个	1 个		1 个			
2001.11	教育电视台	全省首届中小学生“三独”比赛	18 人	13 个	5 个			1	
2002.7	省教育厅	全省中小学音乐、美术教师基本功选拔赛	8 人	4 个	4 个				
2002.10	常德市	全省中小学生“三独“比赛	21 人	7 个	10 个	4 个			
2003.9	省教育厅	全省中小学生艺术展演活动	31 幅		16 幅	7 幅			

续表 3-3-6

时间	主办单位	活动主题	参赛数目	获奖情况					
				一等奖	二等奖	三等奖	优秀指导教师	优秀组织奖	团体总分
2003.9	省教育厅	全省中小学生艺术展演活动	10 个		2 个	8 个			
2004.10	湘潭市	全省中学生“海韵琴行杯”“三独”比赛	15 人		9 个				
2005.7	长沙市	全省中小学音乐、美术教师基本功比赛	8 人	3 个	2 个	3 个			
2005.10	郴洲市	全省中学生“三独”比赛	12 人	4 个	8 个				
2005.10	省教育厅	全省中小学生书法绘画作品展评	300 幅	10 幅	70 幅	183 幅	14 人	1 个	
2006.9	省艺术委员会	全省第二届中小学生艺术教育展演活动		5 个	4 个	20 个			
2006.10	省教育厅	全省中学生“三独”比赛							
2007.6	省教育厅	全省中小学音乐、美术录像课比赛			2 个	3 个		1 个	
2007.9	省教育厅	全省中小学书法绘画摄影作品展评		15 个	70 个	115 个	11 人	1 个	
2007.10	省教育厅	全省中学生“三独”比赛		3 个	6 个	3 个	4 人	1 个	
2008.7	省教育厅	全省中小学音乐、美术教师基本功比赛		2 个	3 个	2 个			
2008.11	省教育厅	全省中学生“三独”比赛		3 个	5 个	4 个	5 人	1 个	
2009.11	省教育厅	全省中学生“三独”比赛		4 个	6 个	3 个	9 人	1 个	
2010.11	省教育厅	全省中学生“三独”比赛							

表 3-3-7

1988—2010 年常德市参加全国艺术竞赛情况一览表

时间	主办单位	活动主题	参加单位	参加节目	参赛选手	指导老师	获奖情况			优秀组织奖
							一等奖	二等奖	三等奖	
1998.4	国家教委	全国中小学生文艺汇演	常德市一中	合唱“雨丝”		余芳菲 胡诗宏			1个	
2002.10	教育部	全国中小学音乐、美术基本功选拔赛	安乡县下渔口中心小学	基本功	陈伏秋	市教育局	1个			
2005.9	教育部	全国中小学音乐、美术基本功选拔赛	常德市四中	基本功	王　斌	市教育局		1个		
2007.2	教育部	全国第二届中小学生艺术展演活动	临澧县教育局 武陵区教育局	20余幅作品积节目		临澧县教育局 武陵区教育局		2个	3个	临澧县教育局 武陵区教育局
2009.9	教育部	全国师范专业教师现场教学比武课	常德师范	教学比武（舞蹈）	孔　丽	金庆玲		1个		

说明：由于资料缺乏，以上表中统计内容九年义务教育阶段学校与普通高中学校难以分离

第二节 卫生与健康

一、卫生与健康教育

20世纪80年代，高中阶段没有专开卫生健康课。一般学校根据青少年生理特征和季节变化，不定期出黑板报、墙报，或在流行传染病期间举办专题讲座，宣传卫生保健知识。

1990年，国务院颁布《学校卫生工作条例》，明确要求“学校应当把健康教育纳入教学计划，普通中小学必须开设健康教育课。”

1996年，国家教委颁布《全日制普通高级中学课程计划（试验）》，将“体育和保健”作为高中阶段必修课列入教学计划，并规定“健康教育专题必修一个模块（原则上18学时）”作为学生高中阶段综合素质评价和毕业资格认定元素。市教委翻印《中学生健康教育大纲》、《健康教育操作要点》，要求全市中小学采取分组训练、个别指导、实物演示、教师示范等多种方法提高学生自我保健能力，帮助学生重点掌握正确的读、写、坐及刷牙的姿势，掌握身高 、体重、视力、脉搏、血压、体温、肺活量等测量方法及女生月经周期的计算方法和应注意的饮食。

1997年开始，各中学开展多种形式、内容丰富的保健活动。常德市一中开展卫生知识讲座和主题班会活动；常德市三中开展“防近（视）日”“爱眼日”“爱牙日”“营养日”等活动；常德市六中开展“爱卫知识抢答赛”活动等。

1999年，市教委在常德市三中召开城区学校健康教育现场会，举办城区学校校长“健康教育”培训班。当年，常德市三中被评为全国学校卫生先进单位。

2002年以后，常德市在开展创建全国文明卫生城市活动中（常德市一中、常德市六中、常德市七中等学校先后被列为检查范围），市直学校卫生受到国家城市卫生检查团高度评价；连续多次被省城市卫生组检查认定为全省学校（含九年义务教育学校）卫生第一。

各类学校采取有力措施，制定具体方案，同防疫部门配合，坚持以“预防为主”，落实建立制度、健康教育、普查群治工作。1992年，依据《湖南省验光与眼镜业管理办法》，对市城区眼镜市场进行专项整顿，改变了劣质眼镜充斥市场、危害中小学生视力的配镜环境。同年，市教委、市防疫站对城区中小学生体质调研，眼睛视力不良率高中女生为75.42%，男生为65.8%。

2010年，省教育厅组织“关于开展学校防艾滋病教育优秀教学活动征文评选”，常德市六中罗合根的《艾滋病的预防——对血液传播途径的认识》获全省高中组二等奖（本市另有九年义务教育学校多名教师获奖）。

二、体质健康调查研究

20 世纪 80 年代中期开始，常德市作为全省三个调测点之一（另有长沙市、湘西自治州）配合国家教委、体育总局、卫生部和国家民委、科技部开展 5 年一次的全国体质健康状况调查研究。本志记事时限期，共进行了调测工作 5 次。

1990—1995 年，全市以常德市一中、常德市六中、鼎城区一中等为监测点（另有九年义务教育学校和高校为监测范围，下同）。监测项目按 1985 年确定的范围不变。市教委和市防疫站联合组成 35 人的学生体质调研工作队，先后两次对常德市一中等 8 所城乡中小学和高校 5000 多名学生进行检测，结果显示：1995 年与 1990 年比较，市域大、中、小学生形态发育水平有所提高，身高、体重、胸围明显增长，身体素质总体水平呈上升趋势。

2000 年，根据国家教委等部门通知精神和相关实施细则，市域将常德市一中、鼎城区一中等学校汉族学生定为监测对象，监测项目：形态（身高、体重、胸围）、机能（血压、脉搏、肺活量）、身体素质（50 米跑、立定跳远、立位体前屈、引体向上、斜身引体、屈腿仰卧起坐、握力、50 米×8 往返跑、800 米跑、1000 米跑）和健康水平（视力、龋齿、血红蛋白、女生月经初期、男生首次遗精、粪蛔虫卵）等 20 条项。检测结果：学生体形发育明显上升，肺活量呈下降趋势，身体素质下降。2005 年按以上监测对象和项目再一次进行检测，其结果大体相当，但学生近视患病率、龋齿患病率有上升趋势；乡村男女学生蛔虫感染率下降。

2010 年，按 2000 年确定的监测对象和项目进行检测，其结果：市域内汉族学生身高增长呈加速趋势，乡村学生的身高增长速度明显比城市学生增长快，反映城乡学生身高发育差别缩小；男生体重增加幅度大于女生；学生的胸围为负增长（城市女生除外），反映总体胸廓发育与身高、体重发育增长不成正比（缺少锻炼）；城乡男女肺活量平均增长值有所提高；运动速度呈下降趋势；力量下滑态势得到缓解；柔韧素质呈延续增长趋势；耐力均有明显提高；近视患病率上升快，龋齿患病有所缓解；城乡男女学生蛔虫感染率有所控制。

第三节　高中国防教育

1989 年，市委宣传部、市教委、常德市军分区政治部联合下达《国防教育实施意见》，并在汉寿县试点。汉寿县各中学把国防教育列入政治课内容，纳入团队、班级活动计划。是年，湖南省国防教育现场观摩会在汉寿县召开，推广常德市的经验。

1999 年 8 月 5 日，省教委、省军区联合颁发《关于一九九九年度学生军训和国防教育的通知》（湘教通〔1999〕124 号），要求从当年起，所有高级中学每年都必须开展军训工作，军训时间原则上要求每年9月份新生入学时进行，时间为1个星期，军训只在高一进行。军训主要对学生进行人民战争思想、战备形势和军队条令、条例有关内容教育和实际训练；学习兵种一般常识，三防知识和一般战术原则；进行队列和步枪射击训练。学生军训所需的枪支、弹药，由各区县（市）人武部提供；学生军训所需军事教员原则上按每班1~2名配备，由各区县（市）人武部门调整安排。通过军训，使学生不仅初步了解现代战争的基本特点，掌握一般的军事知识和技术，而且使学生接受爱国主义教育，树立“居安思危”意识，激发爱军习武、献身国防的思想感情，培养吃苦耐劳精神，增强集体观念，加强组织纪律性。

2001年，《中华人民共和国国防教育法》颁布，学生军训的有关法规日臻完善。“国防教育法”要求各类高级中学阶段学校（含职业高中）军训都要采取集中训练方式。市教育局要求各高级中学（职中、中专）结合学校实际，认真贯彻实施并落实《高级中学学生军事训练教学大纲》，全面开展好高中新生军训工作。军训包括集中军事训练和军事知识讲座两部分，时间为7~14天，教学内容包括国防法规、共同条令、单兵战术、轻武器射击、战伤救护、识图用图、军事科技、现代国防、高技术战争知识等，教学总课时98课时，安排不足14天的学校可根据实施情况酌情减少，但不得少于7个教学日。2002年全市开展学生军训工作的高中（职中、中专）学校有57所，41000多名高中（职中、中专）学生接受了为期7~10天的军事训练。鼎城区一中被省军区、省教育厅评为全省学生军训先进单位。常德市一中校长贺家勇和澧县一中校长彭湘云被评为全省军训先进个人。

2003年，教育部，解放军总参谋部、总政治部联合颁发《高级中学学生军事训练教学大纲》，规定军事训练是普通高中和各类中等职业学校学生学习的必修内容，是学校实施素质教育的重要环节。2004年7月16日，湖南省首届中学生“军谊杯”国防知识大奖赛经过激烈的角逐，在省教育电视台收官。本市中学生代表队在大赛中获得全省第六名。

2008年7月25日，市教育局下发《关于做好2008年市直高级中学新生军训工作的通知》。《通知》要求各参训学校制定好2008年军训工作计划，全面落实训练内容，规范军训模式，提高训练质量，确保人员、时间、内容“三落实”；各参训学校要建立军训工作管理队伍，要坚持领导监督检查，班主任跟班训练，主动协助教官完成教学任务，在军训结束时，各参训学校都要开展一次内部军训汇报表演活动；各参训学校要牢固树立“安全第一”的意识，做好学生管理、后勤保障、食宿卫生、医疗服务等工作，确保学生的饮食与人身安全。同时，要注重军训结束后的总结工作，把军训成果的巩固与爱国主义、集体主义、国防观念的培养结合起来，通过“行为规范达标”“主题班会”“军训征文”“军训图片展”“教官、学生、家长、教师谈军训”等形式不断巩固、发扬军训成果，让学生把军训中所受到的好思想、好传统教育带到学校学习、生活中。

2009年，全市高级中学和中等职业学校统一使用2008年3月经教育部国防教育办公室审定通过，由解放军总参谋部所属“中国人民解放军军事谊文出版社”出版的高级中学国防教育《军事理论知识与军事训练》教材。

军训过程总的来看，学生接受军事训练，收获大，“官兵”关系融洽。军训结束时往往依依惜别。但2006年军训工作中，有个别学校对选聘的教官资格审核不严，管理不到位，造成不良影响。2006年市教育局及时下发《关于进一步加强高中阶段学校新生军训管理的紧急通知》，明确要求各地各学校在教官选聘时，必须严格把关，要通过教官所在单位，详细了解其思想、工作、作风等方面的情况，切实选聘思想好、能力强、肯吃苦、关爱学生的优秀现役军人或退伍军人担任教官。

高中（含职高）新生入学开展军训已成为常态。

第四章　劳动技术教育与勤工俭学

第一节　劳动技术教育

一、教材

1990年以前，常德市普通高中学校受教师、教材、场地限制和“片面追求升学率”影响，一般没有开设劳动技术课。1990年，市教育委员会根据省教委“普通高中开设劳动技术课、纳入教学计划、列入课表，并把劳动技术课的教学实绩作为考查学校办学指导思想、评估学校教学工作的重要内容之一”的决定，制订《常德市1991—1996普通中学劳动技术教育规划》。规划要求，首先在有条件的学校试点，总结经验，然后以点带面，达到《大纲》要求。是年秋季开学，在临澧一中，澧县一中、汉寿一中等学校试开劳动技术课，使用省教育出版社出版的省编《劳动技术（试用)》教材，给学生介绍一些工农业生产的基础知识，科学管理常识，学习日常生活、生产用具的使用、保养及维修的基本技能。1991年，高中劳动技术课使用省教委组织修改后的劳动技术教育教材。该教材分城市版和农村版，各版本结合城乡生产生活实际，调整了原教材内容。

2000年，全市高中学校使用省教委再次修订的《普通高中劳动技术课教材》。教材内容为：高一《机械制图》《计算机制图》《办公自动化》《土壤肥料》；高二《钳工》《服装设计与制作》《农业高产技术》；高三《电子制作与设计》《汽车驾驶》《农机修理》。是年，全市高中学校普遍开设劳动技术课，使用省修订后的教材。

二、教学课时

高中劳动技术课的教学每学年安排四周（每周按6天、每天6课时计），三年共432课时。考虑高三学生迎接高考，其劳动技术课教学任务一般在高一、二年级完成，且可以集中，也可以分散进行。各学校根据整个高中阶段的教学计划，结合本地工农业生产实际灵活安排。

三、教师调配

劳动技术课教师来源有三：①从本校教师中选派具有一定专长和实践能力的人员担任或兼任；②从校办工厂、农场（实验基地）人员中选拔具有一定劳动技能和文化水平的职工进行短期培训后专任劳技课教师；③从当地科技部门聘请技术人员或具有某方面专长的人员担任兼职教师。1994年，市政府颁发常政发〔1994〕13号文件，制订勤工俭学优惠政策，鼓励有一技之长的学校在职职工和学有专长的大中专毕业生到校办工厂、农场工作，这有利于解决劳动技术课师资来源。

四、教学场地与教学方法

一般高中学校安排有两个以上专用劳动技术课教学室，重点高中学校有3~4个专用教学室。按教学班人数做到人手一件劳动操作工具。另外，校办工厂、农场承担一部分劳技实践教学任务。

围绕劳动技术课的教学目的，针对劳动技术课实践性强的特点，学校一般采取渐进式和探讨式两种教学模式。

渐进式：即运用课节特定实物（植物或工具）和多媒体教学手段，教师先作示范，演示实物生成过程，使学生对学习产生兴趣，然后由学生模仿教师的示范动作进行实际操作练习，逐步掌握操作技能。最后教师归纳总结，让学生掌握正确的操作技能，并进一步引导学生创新，做到“模创相生”。

探讨式：教师结合教材内容，联系生产、生活实际，有针 对性地提出问题，引导学生思考、探讨，然后引导学生讨论，商定解决问题的合理方案、方法，最后让学生实际操作，得出解决问题的正确方法。

两种方法，各显其宜，从实践到理论，从理论到实践，使学生对实物的生成（劳动的成果）有深刻的理解和记忆，受益终身。

1990年，常德市一中建立必修课、选修课、劳技课三结合的课程体系，由“应试教育”转向全面提高学生素质的轨道。1993年6月，该校初、高中毕业生举行缝纫、制图、英文、打字、剪纸等四种劳技操作表演，成绩良好，一般能掌握3~4种劳动技能。常德市七中郭宜中的“花卉扦插繁殖”在中国教育学会中小学劳动技术教育专业委员会优质课评选中获二等奖。

1992年11月，省教委在澧县召开全省中小学劳动和劳动技术课教学经验交流会。大会表扬了澧县一中、澧县大围乡中学、汉寿一中、临澧一中等全省共11所中学的劳动技术课教学工作。1997年12月，省教委在临澧县召开全省活动课、劳动技术课教学经验交流会。大会对临澧县课程改革取得的经验给予高度评价。

2005年，常德市被教育部基础教育司评为全国劳动技术教育先进单位（湖南另有长沙、岳阳、湘潭三市在列）。

第二节　勤工俭学

一、组织领导

1990 年 1 月，常德市成立了以副市长刘昌进为组长、市政府副秘书长王德盛、市教委主任刘顺甄为副组长，张宜红等 13 位有关部门负责人为组员的“常德市勤工俭学领导小组”。全市各区、县（市）也相应成立了有地方政府领导和教育行政部门等负责人参加的勤工俭学管理机构。各级勤工俭学管理机构是学校勤工俭学的主管部门，其职责主要是贯彻执行党的教育方针和国家的有关政策，拟定有关规章、制度和实施细则，指导保障勤工俭学工作有序开展。

二、校办企业管理

各学校在校长的领导下，由学校派政治思想好，有一定文化、技术水平，懂教育的管理干部，技术人员和必需的固定工人（以上人员包括校办企业负责人可以外聘）组成校办工厂、农场、校办第三产业生产、经营基本队伍，开展生产经营活动，指导学生生产实习。

根据常政发〔1994〕13 号《关于大力发展中小学勤工俭学的意见》，对中小学校办工厂、农场、校办第三产业吸收外单位投资联合兴办的企业，实行“税前分利，各自纳税”的办法，即：凡为本校教学、科研服务的产品，学校所获校办企业利润部分，免征产品税、增值税、营业税；非本校教学、科研服务产品及商业、服务等第三产业照章纳税（交税有困难的学校可向税务部门申请经同意可以定期减免）。外单位在校办企业投资所获利润则不享受税收优惠政策，按国家全民所有制工业企业管理政策照章纳税。

三、校办企业的兴革

1988 年，全市各高中学校校办企业已普遍建立并投入生产。常德市一中校办工厂生产学生用课桌椅、常德市三中印刷厂、常德市六中创办的“常德市教学仪器厂”、石门县一中印刷厂等，为学校创收、改善办学条件。安乡县一中校办工厂开发的低温冷镀工艺独领风骚，为本县三线机厂生产加工的零部件，为该厂减少了从外地购买零配件所需运输费用和差价支出，节约成本 20%。常德市七中校办工厂生产的交流电动机，临澧县一中校办工厂生产的 BTS-2 电流电压继电器远销东南亚各国。BTS-2 电流电压继电器填补了国内空白。

1994 年 10 月，常德市教委与市财政局联合在石门县召开全市中小学勤工俭学现场经验交流会。副市长、市勤工俭学领导小组组长刘昌进作《解放思想，拓宽门路，促进全市勤工俭学大发展》的讲话，强调贯彻落实市政府关于扶持勤工俭学的十条优惠政策（即常政发〔1994〕13号文件精神），提出“全市要消灭勤工俭学收入‘空白学校’。省重点中学年纯收入要达到50万元以上，市重点中学年纯收入要达到30万元以上。要涌现一批年纯收入达40万元的完中，20万元的初中，5万元的小学”，“效益指标每年要保持在10%~15%幅度递进。”会议确定全市中小学勤工俭学发展思路：大力发展校办农业，稳步发展校办工业，加快发展校办第三产业，努力促进全市中小学勤工俭学工作上台阶，出特色。

1996年，市教委先后制订《常德市勤工俭学1996—2000年发展规划》、《常德市教育委员会关于加强校办第三产业管理的若干规定》，特别提出“校办第三产业是我市勤工俭学的支柱产业”，必须面向市场，加快发展。同时指出校办第三产业要实行营业场地、从业人员、卫生要求、质量价格和财务管理“五规范”；要求校办第三产业必须经县级勤工俭学管理部门考核合格、颁发“校内经营许可证”后方可经营，集体经营的面要达到60%以上，以纠正部分乡镇中小学校办第三产业甩手承包的乱象。

桃源县一中对校办第三产业（学校食堂、商店、养猪场）实行“学校统管，专业经营，集体创收”的经验得到市、省教育部门的充分肯定。1998年4月8—9日，省教育厅装备处（主管全省勤工俭学工作）在桃源县召开全省校办第三产业规范管理现场会。桃源县一中校办第三产业的管理经验在大会推介。会议要求全省各地都要按桃源县一中校办第三产业的管理模式办一所试点学校。会后，全省各地、州、市教委和学校先后有20多批次、400多人到桃源县一中参观学习。1998年底，常德市校办第三产业网点由1988年的664个（当年全市教育部门办中小学总数为5235所）发展到2536个（当年全市教育部门办中小学总数2917所），年纯收入由124万元增至2210万元，占全年勤工俭学总收入的比例由40.4%提升至65%。（以上统计数据含九年义务制学校。由于历史的原因，全市勤工俭学各种数据均未按小学、初中、高中层次分开统计。至此次修志，时过境迁，各种数据已无法分类剥离。）

《1988年至2010年常德市勤工俭学基本情况统计表》（见本志《第二篇·第四章　劳动技术教育与勤工俭学》附表二）显示：常德市勤工俭学工业年利润从1999年的422万元开始下滑，至2010年只有119.72万元；第三产业年利润从1992年的888.22万元开始呈上升趋势，到2010年达7065.69万元，实现了常德市教委1996年提出的“校办第三产业是我市勤工俭学的支柱产业”规划。校办工业主要集中在城镇普通高中学校，出现利润下滑的原因有三：第一，随着我国社会主义市场经济快速发展，社会上高新技术生产取代校办工厂产品，校办工厂产品失去市场，有的校办工厂合作伙伴因资不抵债而破产，校办工厂跟随停办；第二，随着我国市场经济体制的不断完善，政府取消了对校办工厂部分产品减免税收的优惠政策，而个别地方政府则将学校勤工俭学利润抵减教职工工资拨款，挫伤了学校开展勤工俭学的积极性；第三，我国经济形势不断好转，政府财政加大了对教育的投资，学校重大工程建设、教职工的福利等都纳入了各级财政预算，减小了学校经费压力，使部分学校和部门负责人对勤工俭学的观念发生转变，认为抓勤工俭学费已无必要，不如不搞。

面对新形势，2005 年、2006 年，教育部先后在云南、贵州召开全国农村中小学勤工俭学会议，提出“农村中小学开展勤工俭学在农村义务教育发展中具有不可替代的重要作用”。市勤工俭学管理部门根据云南、贵州会议的精神，结合常德地方实际，提出“大力调整发展校办农业，改造发展校办工业，改革发展校办第三产业”的工作思路。校办农业以优质、高效、健康、绿色产品为主，实行种、养、加（工）相结合，产、供、销一条龙的发展模式；校办工厂坚持以市场为导向，以求精不求全的原则，依靠科技进步，加快技术改造和创新，鼓励校办企业实行股份制改造、资产重组、转换经营机制；校办第三产业坚持以人为本，以规范行为、服务师生为主体，引进专业公司，对学校后勤消费实行社会化管理，遏制校园不正当经营盈利行为。这些措施，有效规避了校办产业市场风险，取得了稳固的服务和经济效益。2010 年，全市勤工俭学总收入达 8486.25 万元，校办产业固定资产达 7630.96 万元，创历史新高。

第五章　学校管理

第一节　管理体制

传统的中学管理体制是：校长实行任命制，即各区、县（市）教育局任命辖区内中学校长；市直中学校长由市教育局任命。各中学根据其规模大小和工作需要，设中层管理机构：办公室、人事处、教务处、学生（政教）处、后勤处、团委、工会等（其中人事处一般不设，其人事工作由办公室办理）。中层机构负责人人选由学校领导研究并进行全校教职工投票（民意测验），由校领导（集中在校长）最后研究确定，报上级教育行政部门备案。教务处以下设若干教研组、备课组；后勤处以下可设财务室、炊事班等；有的学校财务室直接由校长或分管财务工作的副校长领导。普通中学一般不对应行政级别，但教育行政部门在任命书记、校长时按行政正科级安排人选。

1994 年 7 月，常德市委依据省政府颁发《关于分期分批办好重点中小学的几点意见》研究决定：市域内省级重点中学（省示范性普通高级中学）与行政副处级单位对等，其书记、校长二人享受副处级待遇（有的学校书记、校长由一人担任）。市直其他中学（含独立初中）与行政正科级单位对等，其校长、书记（含副职）分别享受正、副科级待遇。各区县（市）其他高级中学书记、校长享受正科级待遇（不含独立初中和九年一贯制学校）。

1992 年开始，全市教育系统进行“三制”（校长负责制、教师聘任制、绩酬挂钩制）改革试点，首先由津市、安乡县起步。1998 年 8 月，经市人民政府同意转发市教委《关于在全市中小学全面推行“三制”改革的意见》，当年全市中小学推行 (石门县、德山开发区除外)。其基本做法：

一是上下结合选校长。采取组织考察与教师推选相结合的办法，按差额提出候选人，交教师评议表决，以得票多的应聘为校长。二是双向选择聘任教师。主要程序：学校公布教师定编数—教师提出应聘申请—择优聘任—公布聘任结果及签订聘约四个环节。三是改革经费管理和奖金分配办法，实行一包一挂钩。“一包”指改经费由原来的“统包统管”为“总额包干”。即按照学校规模和财政政策，统筹安排预算内外经费，以学年为单位，一次性包干到学校，实行超支不补、节余留用，自求平衡。“一挂钩”指教师的奖金与工作实绩挂钩，实行校内结构工资制。在保证教师基本工资的前提下，把国家发的奖金部分和校内勤工俭学的福利部分捆在一起，作为学校奖金基数，改平均分配为校长根据教职工德、能、勤、绩的考核情况拉开档次分配到人。校内结构工资制方案由校长主持校务会议制定，校职代会通过执行。

通过推行“三制”改革，全市教育战线基本上达到启动内部活力，优化队伍结构、提高工作效率的目的。至 1998 年年底全市共 42867 名教职工参与聘任，受聘教职工 41402 人，落聘 1465 人，落聘率 3.4％；全市共精简乡联校行管人员 317 人，清退代课教师 1146 人。促使人们转变“教育是铁饭碗”、“保险箱”的旧观念；纠正以前干多干少一个样，干好干坏一个样，甚至干与不干一个样的不合理现象。

依法规范办学行为是全市全面推进素质教育整体战略中前一段的工作重点。1998 年市教委颁发《依法规范办学行为，大力推进素质教育十项规定》（常教〔1998〕17 号）。全市全面落实课程计划、控制学生在校活动总量。围绕考试科目开课设节、挤占节假日加班加点、学生课业负担过重的现象得到遏制。各地严格控制教学用书，狠抓教育教学常规管理以及治理中小学乱收费等方面的工作力度大、效果好。各级教育行政部门和学校领导依法治教、依法办学的法律意识明显增强、绝大多数学校管理规范，逐步走上依法遵规办学的轨道。

2001 年，市教育局落实市委、市政府《关于基础教育改革发展的决定》（常发〔2001〕8 号），积极鼓励、倡导、实践办学体制上的创新：1.试办国有民办学校。1996 年创办的常德芷兰实验学校，实行董事会领导下的校长负责制，隶属于市教育局；2.以重点中学为依托的民办学校由 1999 年的 1 所，发展到 2001 年的 7 所。

2001 年，市教育局对全市中小学教师队伍现状及编制配备情况进行全面调查和测算，形成《关于我市中小学教师队伍建设有关问题的调查报告》和《常德市“十五”期间中小学教师精简分流实施意见》，进一步完善教师聘任办法，加大聘任力度。当年，全市共落聘 1566 人，占教师总数的 3.1%；健全和完善校长的产生机制和监督体系，校长产生由委派、任命逐步过渡到公开选拔和民主选举，仅安乡县通过公选或民选方式就选拔 54 名中小学校长。各地还进一步健全教代会和教师大会制度、公开述职制度、校务公开制度、民主评议干部制度和校长任期审计制度，加强对校长工作的监督和管理，定期对校长任期工作进行考核。

2002 年下半年，市教育局以常德市二中为全市事业单位人事制度改革试点校。在实行教职工聘任上岗的基础上，率先推行校长民选，改校长委任制为聘任制。并实行任期目标管理。

2003 年上半年，召开全市中小学核编定岗工作会议，对全市教师编制进行全面的调查摸底，以此为基础提出核编方案。下半年，全市中小学教师精减分流工作稳步进行。武陵区、汉寿县、桃源县等大部分区县（市）按要求完成教师精简分流任务。按照事业单位人事制度改革的要求，在市直属单位率先进行 “三定两改”（定编、定岗、定员和改革以往“教师归国家所有，由政府统一安排工作，学校长期使用”的僵化制度为“教育人才全社会共有共享，教师与学校双向选择，学校择优录用”）为主要内容的人事制度改革。

通过内部管理体制改革，全市学校内部管理工作取得明显成效：一是构建竞争机制，提高教职工整体素质。通过分流，对一些不合格教师转换岗位，还有的作落聘处理。二是合理配置教育资源，缓解农村和偏远地区教师紧缺的矛盾。如桃源县由于聘任制的实施，城关镇有 58 名教师转到偏远农村学校任教。三是精简机构，提高办学效益。学校内设机构的“消肿”和人员编制 配置“从严从紧”，促进办学效益的提高。四是搞活内部运行机制，提高教师的积极性。实施聘任制和绩效工资制后，出现教师能进能出，待遇能高能低，职务能上能下的新局面。2004 年 4 月，教育部人事司、《中国教育报》社、湖南省教育厅的领导来常调研，对常德教育人事制度改革的基本经验给予充分肯定和高度评价。山东青岛胶南市、湖北黄石市、湖南郴州等地的教育行政领导先后到常德学习考察。

2004 年，湖南省政府办公厅颁发《关于加快普通高中教育改革与发展的意见》（湘政办发〔2004〕20 号），教育体制改革进一步深化。市教育局积极稳妥地推进公办学校改制，全市逐步形成公办高中和民办高中共同发展的格局，完全中学的初中、高中剥离，全年改制高中阶段学校 8 所，为鼎城区第三中学、第四中学、第七中学、安乡县成人中专、第二中学、第四中学，汉寿县第二中学、第五中学。通过招教引资启动新建学校 1 所，即石门县瑜远中学。

第二节　学校分类管理

市域内普通高中学校分为三类：即省级示范性高中、市级示范性高中和一般高中三类。

一、省级重点中学（省属示范性高级中学）

1988 年，全市有原省教委和地区教委确定的省级重点中学 4 所、即：常德市一中、澧县一中、临澧县一中、汉寿县一中。地、县级重点中学 6 所，即：安乡县一中、桃源县一中、常德县一中（武陵中学）、石门县一中、常德市六中、津市市一中。1992 年，湖南省教委对全省重点中学进行“五项工作大检查”。按照 1991 年湖南省重点中学工作会议正式确定的省级重点中学“改革、实验、示范、有特色、现代化”的建设思路，省教委决定重新分批认定“湖南省重点中学”。全省首批重新认定 8 所省级重点中学中，常德市一中名列第四，并授牌。

1994 年 5 月，湖南省重点（实验）中学建设工作会议在常德市召开。会议总结交流全省重点（实验）中学建设的经验，会议代表参观常德市一中、临澧县一中、澧县一中，对常德市重点中学的办学条件、办学水平给予高度的评价。会上，中共湖南省委副书记杨正午为重新认定的省级重点中学授予“湖南省重点中学” 匾牌，常德市一中、临澧县一中、澧县一中列其中。常德市一中校长张国雄在会上作“加强教师常规管理，提高教师全面素质”经验介绍。

1996 年 6 月，桃源县一中、汉寿县一中被授予“湖南省重点中学”匾牌；1999 年，鼎城区一中、石门县一中成为省级重点中学；2001 年，安乡县一中、津市市一中成为省级重点中学。

2002年，市政府、市教育局选择部分基础较好的普通高中，启动第二轮“创重”工作。市教育局确定常德市二中、常德市六中、常德市七中、安乡县五中、澧县二中、澧县六中、桃源县九中、西洞庭一中作为第二批“创重”学校。其中常德市二中、常德市六中、常德市七中于4月向省教育厅申报。6月，省教育厅组织专家组对3所学校进行调研考察，初步确认基本达到省级重点中学标准，并提出整改意见。市委副书记曹儒国、市人大副主任李学林，市政府副市长张元英等及市教育局领导先后多次对3校的内部管理和教育教学工作进行专项督查。12月，省重点中学评审委员会对3所学校进行正式评估，一致认为3校已基本符合省重点中学标准，同意提请省教育厅审批挂牌。2003年，常德市七中挂牌。2004年，常德市二中、常德市六中挂牌。自此，全市共有12所“省级重点中学”（均为副处级事业单位）。

2004年9月1日起，省“重点高中”更名为“省示范性高中”，“湖南省重点中学”牌匾字样变更为“湖南省示范性普通高级中学”（湘教通〔2004〕222号）。全市12所省级重点中学相应更名。

省教育厅对挂牌三年以上的省重点中学（示范性普通高级中学）定期进行督导评估。

2005年12月13日，省教育厅印发《湖南省示范性普通高级中学管理办法》，对示范性普通高级中学在办学思想、办学条件、教师队伍、领导班子、办学水平和办学特色等五个方面的管理工作作出了明确规定。

2006年，根据省教育厅湘教发〔2005〕126号、湘教发〔2006〕22号文件精神，要求1999—2006年期间，依托省级重点高中举办的民办初中一律停止招生。市政府研究决定从当年秋季起，由常德市一中举办的长怡实验中学停止招生。其他区县（市）一中也按照此精神，拿出落实方案。安乡县一中举办的潺陵实验中学、汉寿县一中举办的龙阳实验中学、澧县一中举办的九澧实验中学、津市市一中举办的澧兰实验中学、鼎城区一中举办的景新实验中学，从当年起停止初中招生。桃源县一中举办的文昌实验中学改为独立公办初中。临澧县一中举办的丁玲学校、石门县一中举办的澧澜实验中学实现“四独立”，不再共享公办高中资源。

2009年，市六中（省级示范高中）因高中学业水平考试合格率不达标，被省教育厅取消省级示范性高中“匾牌”。

二、市级示范性普通高中

1992年起，全市启动名优特色学校的创建与示范工作。1998年，市“两基”验收结束后，全市集中力量开展“千百十”（即从1998年起，连续三年，每年创建1000所规范化管理学校，100所合格学校，10所名优特色学校）工程，以此巩固、提高“两基”成果，提升常德教育整体水平。1999年，市教委召开全市名优特色学校创建工作研讨会，研究创建工作的指导思想和工作思路，推动名优特色学校上水平，作示范。通过 1994 年和 1998 年两批评估验收，全市命名挂牌常德市一中等 12 所名优学校，10 所特色学校（含九年义务教育学校）。

2003 年，市教育局根据湖南省政府教育督导室《关于印发〈湖南省普通中小学校督导评估工作纲要〉的通知》（湘政教督〔2003〕2 号）精神，印发市政府教育督导室制订的《常德市普通中小学督导评估实施方案》（常教发〔2003〕36 号）。实施方案总分为 100 分。按评估得分，分为四个等级，即：95 分~100 分者，为示范性学校，80 分~95 分者，为规范化学校，60 分~80 分者，为合格学校，不足 60 分者，为薄弱学校。实施方案对普通高中和完全中学、普通初中、普通小学（含完小和初小）三级学校，分别按办学思想与办学行为、领导班子与教师队伍、办学条件、学校管理、教育质量等五大项工作内容，制定出评分细则及记分办法，开展新一轮中小学办学水平评估工作，促进全市基础教育持续健康发展。

通过督导评估，至 2008 年，全市共认定市级示范性普通高中 25 所，其中，市直学校有：市三中、芷兰实验学校；鼎城区：五中、六中、淮阳中学；津市市：二中、三中；安乡县：二中、五中；汉寿县：三中；澧县：二中、三中、四中、六中；临澧县：二中、四中；桃源县：二中、三中、四中、八中、九中；石门县：五中、六中、瑜远中学；西洞庭一中。

2008 年，市教育局为进一步贯彻落实教育部《基础教育课程改革纲要（试行）》（教基〔2001〕17 号）和《关于积极推进中小学评价与考试制度改革的通知》（教基〔2002〕26 号）精神，促进普通高中教育又好又快的发展，决定对全市普通高中办学水平实施监控与评价，印发《常德市普通高中教育教学质量评估细则》（常教发〔2008〕40 号）。《细则》根据办学行为、文化成绩、全面发展三大指标，从课程计划、课业负担、招生行为、教学管理、高考、学业水平考试、文化领域、竞赛活动等八项工作，制定出考核要点和评分细则。市教育局每三年对总体办学水平进行一次综合考核评价；每学年对教育教学质量进行一次考核评价。按省级示范性高中、市级示范性高中和一般高中三类，分别评出优秀、合格和不合格等次。全市普通高中办学水平和教育教学质量评价结果及时向社会公布，对综合评定为优秀等次的学校给予表彰奖励，不合格等次的学校责令限期整改，限期整改不合格则令其停办。监控与评价结果的运用。促进普通高中学校树立正确的教育观和质量观，全面推进素质教育，全面提高教育教学质量。

三、一般普通高中

至 2008 年，全市共有高中 58 所，其中省示范性高中 12 所，市级示范高中 25 所，一般普通高中 22 所。1994 年，全市集中力量抓重点中学建设，其他普通高中学校也分别结合各自的实际，挖掘办学潜力，狠抓各项建设和管理，逐步走出办学困境。

2003年，市教育局印发《常德市普通中小学校督导评估实施方案》，加强对一般普通高中的管理与建设。2007年，市委、市政府全面启动建设教育强市工作。市教育局随即制定普通高中发展规划和调整布局，制定普通高中建设标准，倡导建设节约型、效益型普通高中，合理配置教育资源，在师资配置、生源质量、经费投入上加大对一般普通高中的扶持力度，促进普通高中均衡发展。对普通高中学校办学水平的评价进行改革，突出增值因素，即“看起点，比进步”，把学生在原有基础上的提高作为一个重要标准，以学生的进步衡量办学的水平，促进和激励一般普通高中学校加强内部管理，提高教育教学质量。

2008年，市教育局制定《常德市普通高中教育教学质量评价细则》，对普通高中学校进行分类实施监控与评价，调动普通高中学校教师和学生的积极性，激活发展潜能，振奋精神，增强信心。

2010年，常德市的高考成绩跻身全省第二，其中文科总平均分超过全省平均水平26.31分，理科超过16.79分；二本以上的上线人数突破万人大关（10008人），上线率高出全省水平2.17个百分点；600分以上高分考生突破千人大关（1109人），占全省的11.93%。高中学业水平考试实现新跨越，合格率、平均分继续保持全省领先优势，平均合格率达81.54%，平均总分772.74分。（满分900分）。

附：常德市普通高中基本情况统计表（1988—2010年）

表3-5-1　　常德市普通高中教师基本情况表（1988—2010）

年份	高级中学								
	专任教师人数	学历			职称				
		本科及以上	专科	专科以下	高级	中级	中二级	中三级	未评
1988	3158	863	1959	336					
1989	2795	852	1668	248	407	855	750	271	512
1990	2741	904	1629		397	828	781		360
1991	2975	1143	1652		401	795	866	384	529
1992	2948	1166	1616		344	773	1137	251	443
1993	2924	1234			369	817	1248	166	324
1994	2911	1342			406	946	1216	114	229
1995	3040	1432			428	1057	1206	81	268
1996	3157	1546			482	1143	1182	67	283
1997	3199	1655			487	1287	1087	48	290

续表 3-5-1

年份	高级中学								
	专任教师人数	学历			职称				
		本科及以上	专科	专科以下	高级	中级	中二级	中三级	未评
1998	3318	1856			497	1420	1063	94	244
1999	3449	2144			552	1563	973	106	255
2000	3659	2394			602	1678	1086	88	205
2001	4078	2739			618	1778	1302	101	279
2002	4600	3293			805	1961	1431	126	277
2003	5244	3912			863	2076	1674	631(含未评职称)	
2004	5797	4660			942	2197	2049	609(含未评职称)	
2005	6250	5279			1048	2431	2276	495(含未评职称)	
2006	6639	5907			1218	2544	2513	562(含未评职称)	
2007	6753	6181			1374	2604	2354	420(含未评职称)	
2008	6895	6422			1503	2697	2337	358(含未评职称)	
2009	6799	6417			1564	2564	2326	345(含未评职称)	
2010	6673	6423			1703	2484	2167	319(含未评职称)	

说明：本表中数据来自常德市教委（局）历年统计资料

第三节　学生管理

一、学籍管理

从1987年起，全区高中毕业证书必须由学校依据学生学籍花名册审查盖章后统一到常德地区教委普教科验印。

1990年，市教委按省教委印发的《湖南省普通中学学生学籍管理办法》，对全市高级中学的办学规模、办班规模进行调整。学校按规定的招生计划和招生办法录取学生，学生在办理报到、注册时，应填写全省统一式样的学生花名册、学籍表和学籍卡。学生办理报到注册手续后即取得学籍和统一编制的学号。学生须在户口所在地就读。特殊原因需到非户口所在地学校寄读者，应由各区县（市）教育行政部门制定相应的管理办法，并报市教委备案。高中新生的《学生花名册》、学生异动名册报市教委备案。学校不得招收已经毕业或结业的学生复读。私立中学学生不得转入公办中学；职业中学学生不得转入普通中学；非重点中学学生一般不得转入重点中学；学校不得无故拒收正常转学的学生，也不得接收没有转学手续的学生就读。学生因病不能坚持学习，需持县以上医院病情诊断证明书，提出申请，经校长批准，可以休学。学生患有严重传染病，应令其休学。学生请假时间累计超过全学期 1/3 者，应劝其休学。学生休学，由学校发给休学证书。休学期为一年，因特殊原因可延续一年，如仍不能复学者，高中学生由学校发给肄业证书，不再复学。因特殊情况要求退学的，经校长批准，报县、市教育行政部门备案，发给统一式样的肄业证书。高三年级学生不实行留级制度。

1991 年，市教委加强普教常规管理，制定《普教工作测评细则》《常德市市直中学、厂矿学校教学、学籍管理测评细则》等规章制度，努力做到学校学籍管理规范化、科学化。

1992 年，市教委贯彻省教委文件精神，加强高中学生学籍管理，严格把好“三关”（“招生备案关”“高中会考关”“毕业证发放关”），对超招学生作出不给学号、不准参加全省会考、不发毕业证书的硬性规定。对前两年超计划招生的学校采取收取高中发展基金的惩罚性措施。一度泛滥的超计划、超班额招生现象得到了有效制止。在毕业证书发放过程中，市教委严明纪律，坚持标准，采取学生名册和毕业证书一一对应，逐一验印的办法，验印结束后，及时将毕业证钢印封存，有效地抵制各种不正之风。

1993 年 7 月 20 日，省教委下发《关于进一步加强普通中小学管理有关问题的通知》，规定普通中小学招生、升（留）级、转学、休学、毕业等，严格按相关文件精神办理。市教委严格执行省有关规定管理，对未经批准擅自招收的自费生以及未按规定而转学、休学、复学的学生，各级教育行政部门不得承认其学籍，由此引起的一切后果由有关责任人承担。特别是区县（市）与区县（市）之间、与地（州、市）之间的转学，教育行政部门要严格把关，按规定履行相应的手续。各级学校毕业证书要按有关规定发放，加强管理，以维护毕业证书的信誉。如发现伪造毕业证书的事件，要认真追查、严肃处理，直接追究有关人员的法律责任。

2003 年，省教育厅印发《湖南省普通高中学生学籍管理暂行办法》，对学生的奖惩作出明确规定，重申 1990 年、1993 年、1997 年教育行政部门下发的有关中学生学籍管理条款。2003 年，省教育厅修订印发《湖南省普通高中学生学籍管理办法》（湘教发〔2003〕52 号），明确高级中学（含完全中学高中部）招生，由当地教育行政部门统一组织考试，按德、智、体、美全面衡量，择优录取学生，高级中学设班计划和招生人数由学校拟定，报主管教育行政部门批准。完全高中学校办班规模不得少于 12 个班，独立高中不得少于 18 个班；完全中学（含初中）、独立高中办学总规模不得超过 60 个班，班额不得超过 55 人。但市域省、市级重点中学（示范性高中），大都超过办学总规模，有的在校学生超过 5000 人，班额多的在 80 人以上。据统计，2006 年鼎城二中最大班额 85 人、鼎城八中最大班额 85 人，安乡五中最大班额 89 人，汉寿五中最大班额 92 人，澧县六中最大班额 81 人。

2005年10月25日，市教育局根据《湖南省普通高中学生学籍管理暂行办法》精神，印发《关于加强普通高中学籍管理的通知》（常教函〔2005〕141号），对有关事项作出规定：一是完善新生备案制度。普通高中新生在录取学校办理报到、注册手续后，经市、县教育局审查备案，确定统一学籍号，并在学籍表、学籍卡上加盖“常德市教育局学籍专印”，方可取得常德市普通高中学生学籍；建立新生备案数据库信息，作为普通高中学生学籍异动、高考报名、毕业证书核查的依据；未取得学籍的学生，市教育局不核发毕业证书。二是规范学籍异动手续。1.转学按下列程序办理：转入学校开出接收证—转出学校开出转学证—区县（市）教育局审核—市教育局审核盖章（本县市区内学校之间转学除外）—转入学校办理入学手续。学生不得无正当原因随意转学或因择校而跨县市转学；学校不得招收外校在籍学生来校寄读或借读，不得以转学为名，变相接收往届毕业生来校复读。2.正常转学、休学（复学）、留级的学生由学校凭该生原学籍号在教育行政部门备案，并取得新的学籍号。3.对极个别严重违反校纪校规、影响特别坏的学生可勒令退学、开除学籍，但必须事先经区县（市）教育局学籍管理部门批准，同时告知学生及其家长有向教育行政主管部门申诉的权利。三是严格毕业证书管理。严格按照《湖南省普通高中学生学籍管理暂行办法》规定的4项条件审核，无学籍或已取消学籍的学生不发给毕业证书。无正当理由既不参加全市高三水平检测考试，又未参加全省高考专业联考或外省专业考试的学生，视为在校学期未满三年，不发给毕业证书。四是严格控制重复教育。学校不得以任何形式招收已经毕业的学生来校复读，严禁公办高中学校举办任何形式的高考复读班；严禁弄虚作假将往届生当应届生报名参加高考；严禁张贴任何招收复读生的广告信息。五是严肃学籍管理纪律。对普通高中学校违反学籍管理办法，争抢生源、扰乱招生秩序的行为以及任何形式的重复教育行为，将记入高中学校办学行为不良记录档案，定期予以通报，并与省示范高中督导评估、学校及校长评先评优挂钩，对情节严重、影响极坏的，要实行责任追究。

2007年3月6日，市教育局针对部分市直学校在接收插班学生过程中，违反有关规定，涉嫌争抢优质生源的情况，印发《关于进一步加强学籍管理的函》。重申，凡转入学生必须按照以下程序进行：原就读学校开出转学证—原就读学校主管教育行政部门盖章—市教育局审核盖章。否则，市教育局不承认其学籍，学生不能以转入学校应届高中毕业生身份参加高考，只能以原就读学校毕业生或社会青年身份参加高考。

二、奖励与处罚

市区各学校按照1990年湖南省教委下发的《湖南省普通中学学生学籍管理办法》，实行学生奖惩。学生在德、智、体等方面表现突出者，予以奖励。学校奖励分单项奖（含优秀奖、优胜奖、各种积极分子）、三好学生奖、优秀学生干部奖等。学生在德、智、体诸方面均表现突出者，可分别评为学校、区县（市）、地（州、市）、省“三好学生”。上一级“三好学生”必须在下一级“三好学生”中评选。凡评为省、地（州、市）两级“三好学生”者，分别发给统一制发的“三好学生”证书。学生干部德、智、体全面发展、工作成绩突出者，可评为优秀学生干部。“优秀学生干部”也按学校、区县（市）、地（州、市）、省逐级评定，上一级“优秀学生干部”必须在下一级“优秀学生干部”中评选。凡被评为省、地（州、市）两级“优秀学生干部”的，分别发给统一制定的“优秀学生干部”证书。

学生在思想、学习、工作、文体或劳动等某一方面表现突出者，可评单项奖。单项奖分为优秀奖、优胜奖和各种积极分子。校级以上奖励均应记入学生档案和学校文书档案。市域各学校每年均开展评选表彰“三好学生”和“优秀学生干部”活动，成为奖励优秀学生的主要方式。

对犯有错误的学生，坚持耐心教育，做好细致的思想政治工作，热情帮助他们改正错误，必要时进行适当的批评和处分。对于极少数犯有较严重错误的学生，视其错误性质、程度和认识错误的态度分别给予警告、记过、记大过、留校察看（留校察看时间一般为半年）等处分；对于极个别屡教不改，影响特别坏的高中学生可勒令退学、开除学籍。警告处分由教导主任批准；记过和记大过处分由校长批准；留校察看须经校长办公会（规模小的学校可开全体教师会议）研究决定；勒令退学、开除学籍者由学校提出，经县以上教育行政部门批准，批准部门需报上级教育行政部门备案。受警告、记过、记大过、留校察看处分的学生，经过一段时间的教育后，如能深刻认识错误，确有进步的，撤销其处分。凡给予记过以上处分的学生，其处分决定放入学生档案；撤销处分后，将处分决定和有关材料从学生档案中退出，连同撤销处分的决定存入学校文书档案。高中毕业生政审材料应如实填写学生在高中阶段何时受何种处分及何时撤销处分的情况。

三、思想政治教育

（一）思想政治课

1989年，市教委根据省教委下发的《关于深化中学思想政治课和小学思想品德课教学改革工作的通知》，全市中学从初中一年级到高中三年级都按照国家教委制定的中学思想政治课程设置方案开设新的思想政治课程。高中一年级开设《科学人生观》、高中二年级《经济常识》、高中三年级《政治常识》。1991年秋季，高中各年级的政 治课改为每周3课时，其中1课时用于时事教育。1992年，国家教委颁发《全日制中学政治课教学大纲（试用稿）》，规定中学各年级的政治课一律统称“思想政治课”。新编教材按年级分上、下册或全一册。是年秋季，遵循“一套大纲、多套教材 ”的原则，全市高中学校一、二年级使用新编第一、二册教材，高三使用新编第三册教材，完成新旧教材的过渡，并进行教学方式方法和成绩考核办法的改革。

1993年，国家教委制定《全日制高级中学思想政治教学大纲（试用）》，对课时和内容作了调整和修改，高一为《经济常识》，高二为《哲学常识》，高三为《政治常识》。思想政治课教育方法是：遵循由基本事实导出基本理论的原则，不求理论体系上的系统和完整，让学生明理、导行即可。

2004 年 3 月 2 日，教育部印发《普通高中思想政治课标准（实验）》，提出高中思想政治课的总目标：

让学生知道中国共产党是中国特色社会主义事业的领导核心，马克思列宁主义、毛泽东思想、邓小平理论和“三个代表”重要思想是中国共产党的指导思想；了解中国特色社会主义现代化建设常识；学习运用马克思主义基本观点和方法观察问题、分析问题、解决问题；具备在现代社会生活中应有的自主、自立、自强的能力和态度；具有爱国主义、集体主义和社会主义思想情感；初步形成正确的世界观、人生观和价值观，为终身发展奠定思想政治素质基础。

高中思想政治课采取模块式的组织形态，分为必修和选修两部分。各课程模块的内容相对独立，实行学分管理。

1.必修课。共 4 个模块：

①经济生活；②政治生活；③文化生活；④生活与哲学。①~③个模块围绕经济、政治、文化生活设置；第④个模块以马克思主义哲学常识为主要内容。这四个模块整体规划小学、初中、高中阶段德育课程体系，是思想政治课程的重要内容。

2.选修课。共 6 个模块：

①科学社会主义常识；②经济学常识；③国家和国际组织常识；④科学思维常识⑤生活中的法律常识；⑥公民道德与伦理常识。

选修课程模块的设置，把先进性要求与广泛性要求结合起来，既着眼于学生升学的需要，又考虑到学生毕业后的就业需求；既体现本课程作为德育课程的特有性质，又反映课程在人文与社会学习领域中的特有价值。

选修课各学校可自编校本教材，也可以对必修课模块内容加深或拓展。市域各高中学校一般编有校本教材，尤以公民道德（传统美德）方面读本多。

（二）德育工作

1988 年国家教委颁发“中学德育大纲”以下简称《大纲》（试行）。1995 年对该“大纲”试行的情况作了总结和必要的修订，颁发《关于正式颁发中学德育大纲的通知》。“大纲”指出：“德育即对学生进行政治、思想、道德和心理品质教育。它对坚持学校的社会主义性质、保证人才培养的正确政治方向，促进学生全面发展，起着主导的决定性作用。”

《大纲》对高中阶段德育目标和内容作了锁定。

主要目标：培养学生热爱祖国，报效祖国的精神，拥护党在社会主义初级阶段的基本路线；初步树立为建设有中国特色的社会主义现代化事业奋斗的理想志向和正确的人生观，具有公民的社会责任感；自觉遵守社会公德和宪法、法律；养成良好的劳动习惯、健康文明的生活方式和科学的思想方法，具有自尊自爱、自立自强、开拓进取、坚毅勇敢等心理品质和一定的道德评价能力、自我教育能力。

主要内容是八个方面的教育：爱国主义教育、集体主义教育、马克思主义常识和社会主义教育、理想教育、道德教育、劳动和社会实践教育、社会主义民主观念和遵纪守法的教育、良好个性心理品质的教育。

市域各普通高中学校把德育工作当作是“牵一发而动全身”的工作重视，建立由校长任组长的“德育工作领导小组”，组建以学校党委（总支）为统领、学生科（政教科）为核心、班主任为骨干、共青团及学生会指导教师为主体的学校德育工作的网络，全方位开展对学生的德育工作。各校根据《中学德育大纲实施意见》，制定《德育工作总体规划》《班主任工作条例》《学生德育评估办法》《学生奖惩条例》等德育工作目标及规章制度，使德育工作有队伍、有目标、有计划、有检查。各校十分注意把对学生的法制教育和高中学生德育工作实施结合起来，增强学生遵纪守法、文明做人的自觉性，并根据不同年级的学生具体情况，提出不同内容、要求和措施，对学生加强公民意识的培养。

1996 年，市直学校组织年满 18 周岁学生面对国旗宣誓的成人仪式。此后，市教委不断完善这一活动，使之制度化、固定化并推广到全市九个区县（市）的全体中学生。每年“五四”青年节前后，全市各中学都组织开展 18 岁成人仪式教育活动。活动分 16 岁公民意识教育、成人教育预备期志愿服务、18 岁成人宣誓仪式三个环节进行，引导学生树立成才报国的理想，增强中学生的公民意识和社会责任感。

市域内一些有条件的高中学校，每年均举办一期党的基础知识培训班，对积极要求进步的学生进行党的宗旨、纪律、任务等基本知识以及怎样做一名共产党员的知识教育，并从优秀的高三毕业生中发展一批学生党员。常德市一中 1994 年成立“青年党校”，至 2010 年，共发展朱井冈岗、张滨、李予湘等学生党员 143 名。

各校还利用校会、军训等专题教育方式加强安全教育、国防教育、禁毒知识教育；适时地安排班级召开以思想道德建设为题的班会并出黑板报。利用班会组织学生学习《中学生日常行为规范》和《中学生守则》，并讨论制定执行班级公约及《中学生一日常规》。各校每周星期一早晨 7：30 举行升国旗仪式，由校领导作国旗下讲话，对学生进行爱国、爱校、爱家乡教育及其他主题教育。各学校加强校园文化建设，注重环境育人。1997 年，《中国教育报》登载介绍常德市一中校园文化建设的文章《让墙壁也说话》。

2005 年，为进一步贯彻《中共中央国务院关于进一步加强和改进未成年人思想道德建设的若干意见》精神，落实省教育厅《关于积极推进中小学德育整体建设工程实施的通知》（湘教发〔2004〕72 号）要求，市教育局印发《关于积极推进中小学德育整体建设工程的通知》（常教函〔2005〕154 号），决定在全市中小学校实施“543”工程，即建立完善切合实际的目标体系、科学适宜的内容体系、形式多样的方法体系、行之有效的工作体系，激励发展的评价体系等5个体系；建立完善教书育人、管理育人、服务育人、环境育人等4个机制；建立完善学校、社会、家庭三结合网络。全市各校组织开展以社区服务、社会实践、城市创建、献爱心送温暖为内容的青年志愿者服务活动。系列活动增强了中小学生的公德意识、服务意识、劳动意识和团队意识。同年，全市中小学实施中小学生综合素质评价制度，把道德品质、公民素质、学习能力、交流与合作、运动与健康、审美与表现等六个方面列入综合素质评价内容，采取综合性评语与等级的形式反映评价结果，把评价结果列入升学的条件。全市各中学普遍建立学生成长档案。

2010年，市域各学校结合实际开展系列主题教育活动。主要有：学习雷锋宣传周活动、重大节日纪念庆祝活动、弘扬民族精神宣传月活动、良好行为习惯养成教育活动、诚实为本的诚信教育活动、知法懂法守法的法制宣传教育活动、各类安全宣传教育活动，以及心理健康教育活动等，形成政治思想教育的新常态。

第四篇　中等职业教育

常德中等职业教育自1983年起迅速发展。1988年，全市有农业中学、职业中学、普通中专学校、中等师范学校、技工学校等各类中等职业学校共79所，在校学生24791人。同年4月，常德市第三职业中学、津市第二职业中学、澧县职业中学被湖南省教委评为全省首批重点中等职业学校。1990年，常德市人大通过《关于巩固和发展职业技术教育的决定》；常德市政府为市属中专学校安排专项资金用于加强学校建设。1991年，省教委对各地（州、市）职业技术教育工作实行目标管理，经考评，常德市被评为唯一的先进单位。

1993年，经省政府批准，常德农业学校、常德卫生学校被确定为省部级重点中专学校。1990—1995年，国家教委对湖南省认定三批共53所省级重点职业高中，常德市有6所在列。

1996年，《中华人民共和国职业教育法》颁布，常德市职教改革不断深化，一是在政府统筹、教委主管、部门联办的基础上加大社会力量办学力度，全市51所职业中学（不含中专和技校），教育部门办18所，部门联办19所，社会力量办14所。二是改革办学形式，实行职前职后、长短结合和“上挂横联下辐射”办学，大力开展短期培训。三是调整专业设置，在稳定并办好主体长线专业的同时，适应社会和市场，拓宽职中招生专业。四是加速重点职业高中建设，调整职业学校布局，增强职业学校办学能力。五是开展职业高中综合评估，提高办学水平，使全市的职业学校教育走上规范化办学的轨道。六是市、县两级教委分别设立职教科和职教组，实施目标管理。是年，全市有15所职业高中通过省教委评估验收，定为合格以上职业高中；全市中等职业学校毕业9431人，招生13820人，在校学生40336人，中职招生人数占当年高中阶段招生总人数的48.17%。

1999年，市委、市政府以1号文件的形式出台《中共常德市委、常德市人民政府关于改革和发展职业教育的意见》。2000年6月，《中国教育报》公布首批国家级重点中等职业学校名单，常德市有湖南省机电学校、常德农业学校、津市职业中专、澧县职业中专、常德市职业中专、常德市食品职业中专、石门湘北职业中专等7所学校上榜，常德市上榜学校数在全省地市中排名第一。是年，常德市有普通中专和职业中学共51所，毕业9583人，招生12421人，中职招生人数占当年高中阶段招生总人数的35.72 %。

2001年，常德市委、市政府作出《关于基础教育改革发展的决定》，决定中明确提出“突出发展职业技术教育”和“建立就业准入制度”。 3月，常德市市长办公会决定将常德农业学校、常德卫生学校、常德机电工程学校合并创办常德高等职业技术学院。6月，常德市政府召开全市职业教育工作会议，主要是遏制职教滑坡和县（市）办好示范性职业学校两项内容。

2003年起，常德市的普通中专、成人中专、职业中专及其他机构附设中职班均合并为中等职业教育统计。是年，全市有中等职业学校59所，毕业10819人，招生24936人，中职招生人数占当年高中阶段招生总人数的38.38%。

2004年，常德市政协在广泛调研的基础上，就职业技术教育发展问题，专门以主席会议建议案的形式递送市委、市政府。2005年5月至6月，市委宣传部、市纪委、市教育局等多个部门联合印发通知公告文件三个，制止中职不正当招生行为，规范招生秩序。是年，常德市有中等职业学校63所，其中国家级重点中等职业学校10所，省级示范性中等职业学校9所。

2007年，常德市政府制定职业教育“十一五”发展规划，规划突出职业教育基础能力建设问题，确定常德市职业教育体系，重点规划中央财政、省财政和市财政支持的职业教育基础能力重点建设项目院校。市政府还专题研究常德职业技术学院、常德工业学校、常德财经中等专业学校、常德市职业中专4所院校“十一五”发展规划，并下发市政府专题会议纪要。各区县（市）也重点规划市示范性中等职业学校和示范性县级职教中心、示范性乡镇农校建设项目学校的建设。8月，常德市职业教育与成人教育协会成立，协会首届理事单位72个。是年，全市有中等职业学校77所，毕业22916人，招生33442人，中职招生人数占当年高中阶段招生总人数的46.50%。

2010年，常德市政府根据《国家中长期教育改革和发展规划纲要（2010—2020）》和《中共湖南省委湖南省人民政府关于大力发展农村中等职业教育的意见》精神，结合本市实际，正式印发《关于进一步加快中等职业教育发展的意见》。文件对调整优化高中阶段教育结构布局、加强中等职业教育基础能力建设、深化中等职业教育各项改革、加大中等职业教育投入、优化中等职业教育发展环境等提出明确的要求，为常德市进一步加快中等职业教育的发展提供了政策保障。是年，全市有中等职业学校65所，其中，教育部门办17所，非教育部门办5所，民办43所。毕业学生21418人，招生26373人，在校学生69190人，中职学校招生人数占当年高中阶段招生总人数的42.24 %。全市有常德工业学校、常德汽车机电学校、常德财经中等专业学校、临澧职业中专、澧县职业中专、湘北职业中专、津市职业中专等7所在建的省级示范性中职学校，有桃源县职教中心、澧县职教中心、石门职教中心、津市职教中心等4个在建的省级示范性县职教中心；有省级精品专业13个，省级精品课程14门。澧县职业中专、桃源县职业中专被教育部列为国家中等职业教育改革发展示范学校，安乡县职业中专、汉寿县职业中专进入国家中等职业教育基础能力建设规划二期项目。

1988—2010年，常德市中职教育共毕业学生290511人，招生438349人，中职招生人数占高中阶段招生总人数的42.87%。此期间，常德市的中等职业教育为提高全市教育文化水平和劳动力就业水平、加速常德市经济建设和城镇化进程起到了重要作用。

第一章　教育教学

第一节　专业设置

1988年至1995年，常德市各类中等职业技术教育的专业设置为适应社会和市场发展需要，在稳定并办好主体长线专业的同时，不断调整和拓宽。1993年，国家教委颁布《关于印发<关于普通中等专业学校专业设置的原则意见>的通知》，规定专业设置的原则、专业设置管理的职责、专业设置的审批权限，加强对中专学校专业设置的管理。此期间，常德市各类中等职业技术学校的专业设置发展情况分述如下。

普通中专学校。1995年，全市有常德农校、常德卫校、常德农机校、常德供销学校、常德艺术学校、常德财经中等专业学校、湖南省机电学校等10所普通中专学校（含3所中等师范学校）。共开设专业59个。各校均在其传统专业的基础上对专业设置进行了必要的调整。如常德农校，20世纪90年代初，共设有专业9个：农业作物栽培、庭院经济作物栽培、植物保护、经济作物栽培、农村综合经营、农业经济管理、水产养殖、畜牧兽医、农业财会等，实现了种、养、管、综合等农业门类较齐全的专业设置。1992年新开设涉外经营、计算机应用专业。1993年开设果蔬花卉、中草药栽培与加工、农畜产品加工、机电设备维修专业。1995年开设土地规划与管理、乡镇企业管理专业。通过调整，形成种植、养殖、经营管理、综合应用四大专业体系，横跨农、林、牧、渔、工、商、财、管（理）多个领域的专业特征。常德财经中等专业学校原开设财务会计、电算会计、财政、税务、审计5个专业，1995年调整为财税、财会、计算机与财会、审计、计算机信息管理5个专业。常德艺术学校从单一的戏曲专业，发展到拥有群文、声乐、器乐、舞蹈、美术、戏曲表演、戏曲器乐、公关礼仪、艺术教育等八个专业，成为湘西北地区艺术门类齐全的一所中等艺术学校。

职业高中（含职业中专）学校。1995年，全市有职业高中学校54所。这段时期，职业高中的专业设置，在以往开设家经、家电、财会、机械、建筑、轻纺、服装、食品、烹饪等30多个专业的基础上，又相继新开设保安、公关、礼仪、雕塑、计算机、音乐、旅游服务等新型专业。到1995年，全市职业高中共有主体专业和长、短线专业40多个。如常德市食品职业中专（原名常德市第三职业中学，1990年6月更名，同时，仍保留常德市第三职业中学的牌子），从1989年至1991年，学校在原有专业的基础上，先后增设食品分析、食品工艺、食品机械、环境保护、食品包装等专业；1992年，为适应国家经济结构调整和人才需求变化，学校逐步淘汰滞后的专业，开设的专业调整为建筑设计、环境检测、电算会计、烹饪、现代设计、电子技术、酿造、医药、食品机械等。1995年7月，市一职中并入常德市食品职业中专学校后，学校主要开设食品工程、电算会计、铁路管理等8个专业。常德市轻化职业中专（原名常德市第二职业中学，1989年6月更名），学校首届设置纺机保全、印染、棉织、针织、化工、塑料加工、工艺美术七个专业。1989年始，学校逐步淘汰了滞后专业，先后开办服装设计、文秘、汽车修理、计算机应用、电算会计等新专业，以培养经济建设急需的市场紧俏的应用型人才。

技工学校。1995年，全市有技工学校5所，曾开设工种专业60余个，常设工种专业20余个。如常德市技工学校曾开设工种专业有棉纺、商储、市场营销、财会、车工、钳工、电工、烹饪、微机应用、公路工程等。津市市技工学校曾开设工种专业有烹饪、纺织、工商服务、电子、蚊香、造纸、电工等，常设工种专业有钳工、服装、旅游服务、化工等。

1996年起，常德市逐步加强对中职学校招生专业的管理。各类中等职业技术教育学校（不含中师、卫校）专业设置从实际出发，优先安排对社会需求量大的实用性专业，专业名称须规范。职业中专班招生专业必须是湖南省教委已经审批的专业，才能申报招生计划；电视中专班招生专业必须是市教委同意设点的学校才能申报招生计划；职业高中班招生专业必须是经市教委同意的学校才能申报招生计划。各校设置的专业主要有电算会计、财会、金融、市场营销、办公自动化、电脑文秘、中英文秘、文秘、计算机及应用、汽车修理、机电、家用电器、电子电器、电工、工艺美术、服装、烹饪、农村家庭经营、家政、外贸英语、幼师、工商行政管理、宾馆服务管理、旅游与宾馆服务、财经文秘、装饰雕塑、陶瓷医术、工艺绘画、公关礼仪、英语等40多个。

2000年，教育部颁发《关于印发〈中等职业学校专业目录〉和〈关于中等职业学校专业设置管理的原则意见〉的通知》。通知指出：文件适应于实施高中阶段学历教育的各类中等职业学校。常德市各中职学校按《目录》所列专业名称招生。是年，全市有中等专业学校10所，职业高中学校（含职业中专）41所，另有21个电视中专点，共设置专业64个。其中，新设置专业有计算机辅助设计、计算机信息、电脑网络工程、电脑通讯、畜牧兽医、电脑营销管理、金融保险、投资经济管理、法律、电脑、城镇规划、建工预算、庭院经济、社区医学、家政护理、高级电子工程、机械制造、焊接工艺、园林绿化、现代种植等近20个。

2002年，常德市6所职业学校建成首批省级重点专业建设点，即常德工业学校的电子技术应用专业、常德市职业中专的文秘专业、常德信息工程学校的计算机及应用专业、桃源职业中专的电子电器应用与维修专业、澧县职业中专的机电设备安装与维修专业、临澧县职业中专的服装制作与营销专业。

2003年，常德市教育局印发《关于加强首批省级重点专业点建设的通知》，要求各定点学校以省级重点专业建设为契机，加大工作力度、管理力度和投入强度，力争通过三年时间的努力，建成一批在全省有影响、水平高、信誉高的品牌专业。同时，市教育局建立重点专业建设情况年报（汇报）制度，加强指导和管理。同年，市教育局确定首批市级重点建设专业。即湘北职业中专的服装专业、常德师范学校和桃源师范学校的旅游专业、常德师范幼儿教育专业、常德财经中等专业学校的财会专业、安乡二职中、汉寿职业中专的工艺美术专业。

2005 年，为杜绝不具备基本办学条件的专业挂牌招生的现象，市教育局颁发了《常德市中等职业院校专业审核办法》。2006 年 3 月，市教育局组织专家对 69 所职业学校申报新设专业进行审核。并印发《关于职业院校新设专业审核备案结果的通报》。经审核，同意新开办的专业为 2 个，同意试办的专业为 33 个。

2007 年，常德市各中职学校专业结构调整力度加大。全市面向第二产业的新设专业达到 6 个，招生人数达到 6974 人，其中模具设计与制造专业 2333 人、数控技术应用 705 人，面向第三产业招生 26144 人，其中电子电器应用与维修 1564 人，会计 1586 人，计算机应用 8195 人，就业指向不明的专业招生数较 2006 年明显下降。当年，专业设置审核备案进一步加强。常德市教育局印发了《关于职业院校专业设置审核备案的通知》和《关于印发〈常德市中等职业专业学校 15 个专业开设基本条件〉的通知》，所附的 15 个专业是电子技术应用、电子电器应用与维修、机电设备安装与维修、焊接、机械加工技术、商务英语、商务日语、计算机及应用、电子商务、模具设计与制造、服装设计与工艺、汽车运用与维修、旅游服务与管理、电子与信息技术、现代物流信息技术等。并制定常德市中等职业学校专业审核评估方案，实行分校分专业审核评定。5 月，组织专家对 31 所学校申报的 50 个专业进行专业审核评估，评估结果：同意开办的专业 36 个，同意试办的专业 10 个，同意限期建设的专业 10 个，并在《常德日报》上公布。

为加强专业设置的审核备案管理，2008 年上半年，常德市教育局职成科组织对 2007 年试办专业和 2008 年新设专业进行现场考察评估。2007 年试办专业列入现场复核的有 16 个，复核结果为：由试办转为正式开办的 11 个，继续试办的 5 个；2008 年申报新设专业的学校 12 所，专业 16 个，列入现场考察的专业 10 个，考察结果：同意开办的 5 个，同意试办的 3 个，不同意开办的 2 个。是年，常德市中职教育学校申报“十一五”省级重点建设项目，入围省级精品专业 3 个，即常德高职院的护理、常德汽车机电学校的汽车运用与维修、澧县职业中专的机电设备安装与维修。

2009 年，常德市中职教育学校申报“十一五”省级重点建设项目，入围省级精品专业 4 个，即常德外事职业学校的文秘专业，临澧职业中专的机械加工技术、湘北职业中专的机电设备安装与维护、津市职业中专的服装设计与工艺。

经过 2007—2009 年三年努力，常德市已有省级职教精品专业 13 个，其中中职 12 个，占湖南全省中职入围比例的 14.1%。

2009 年 5 月，市教育局对部分学校 2008 年试办专业、2009 年申请的新专业进行审核。全市职业学校面向生产、服务行业第一线的专业有所增加和创新，正式开办的有湖南同德职院的水产养殖、常德东方职业技术学校和桃源机电成人中专的机械加工技术、常德财经学校的数控技术应用和金融事务、常德计算机职业学校的动漫设计等，同意试办一年的有桃源职业中专的种植、石门信息管理职校的服装制作与营销、常德师范学校和文理学院附属艺术职校的群众文化艺术等。

2010 年 4 月，市教育局对部分学校 2009 年试办、2010 年申请新办的专业进行审核。结果同意开办的专业 12 个，同意试办一年的专业 9 个，不同意开办的专业为 3 个。大部分职业学校专业设置更加注重结合本地农村经济发展实际，培养农村经济社会发展迫切需要的实用技能型人才。如桃源县职业中专正式开办现代农艺技术专业、汉寿县职业中专正式开办农业机械使用与维护专业和农村电气技术专业，还有部分学校试办果蔬花卉生产技术专业和农村经济综合管理等专业。

第二节　专业教学

一、课程设置

2000 年以前，常德中等职业教育学校课程按办学类型的不同分别开设，分述如下。

（一）普通中专学校。开设普通课、专业基础课和专业课三类课程。普通课开设有政治、语文、数学、外语、体育等课程，各校亦有区别，如工科、农科、医科类学校还开设有物理、化学、生物课程，艺校则不开设数学、外语课程。专业基础课和专业课各校按所设置专业开设。如常德卫生学校“卫生医士”专业，基础课为生物学、卫生分析化学、解剖学及组织胚胎学、生物化学、微生物学及寄生虫学、病理学、药理学及毒理学基础；临床课为中医学基本常识及针灸学、内科学、外科学、传染病学、五官科学；专业课为流行病学及传染病管理、劳动卫生及职业病学、环境卫生学、营养及食品卫生学、儿童少年卫生学、卫生统计学。

（二）职业高中学校。开设文化课和专业课。无论什么专业，都要开设政治、语文、数学、体育。其他文化课根据专业需要设置，如农、林、食品、卫生专业开设化学、生物；机械、电器专业开设物理；财会、美术专业开设历史、地理等。

（三）技工学校。开设本校相关工种（专业）的文化、技术理论课，注重基本知识、基本理论、基本技能的教学，以教学实习为主。

1994 年，湖南省教委职成处下发《关于加强英语和计算机应用教学的通知》。常德市各职业技术学校普遍开设英语和计算机应用课程。

1995 年，湖南省教委颁发《关于实行中等职业学校学生计算机应用水平等级考试制度的通知》，决定从 1995 年开始实行，对象为全省普通中专、职业中专、电视中专、职业高中学生。常德市亦遂行此项制度。

1996 年，常德市教委实施湖南省教委决定，对全市普通中专、职业高中学生实行英语应用等级考试，每年举行一次，对象为全体在校学生，分为一、二、三级。中专学生达标等级为二级（相当于大学一级水平），职业中专、职业高中学生达标等级为一级（相当于大学英语预备级）。

2000 年，教育部颁发《关于制定中等职业技术学校教学计划的原则意见》，提出中等职业技术学校课程分为文化基础课和专业课程两大类。常德市中专学校和职业中学在教育教学中基本统一。2003 年起，普通中专学校、职业中专学校和职业高中学校统称为中等职业学校。

2007 年 8 月，常德市政府在调查研究的基础上，协调有关部门制定职业教育“十一五”发展规划，并以常政发〔2007〕7 号文件印发。规划突出职业教育基础能力建设这个中心，确定到“十一五”（2006—2010 年）期末，基本建成以国家紧俏技能人才培养专业为基础的学历教育与技能培训骨干职业教育体系；重点规划中央财政、省财政和市财政支持的职业教育基础能力重点建设项目院校。

常德市中等职业教育学校申报“十一五”省级重点建设项目，经过 2007—2009 年三年努力，有省级精品课程 12 门入围，即常德工业学校的“电脑主板维修技术”、常德旅游学校的“计算机应用基础”“导游实务”，常德汽车机电学校的“汽车发动机制造与维修”，常德财经中等专业学校的“企业财务会计”“机械制图与 AutoCAD”“会计电算化”，澧县职业中专的“机械制图”“电气控制与 PC 原理及应用”“女装设计”，津市职业中专的“电子与电子技术”“电气控制与 PCL 原理及应用”。

2009 年，教育部颁发《关于制定中等职业学校教学计划的原则意见》，常德市中等职业学校课程按照意见设置为公共基础课程和专业技能课程两类。公共基础课程包括德育课、文化课、体育与健康课、艺术课及其他选修课程。其中德育课、语文、数学、外语(英语等)、计算机应用基础课、体育与健康课、艺术（或音乐、美术）等公共基础课为必修课，学生应达到国家规定的基本要求。专业技能课程的任务是培养学生掌握必要的专业知识和比较熟练的职业技能，提高学生就业、创业能力和适应职业变化的能力。同时按照相应职业岗位（群）的能力要求，采用基础平台加专门化方向的课程结构，设置专业技能课程。

二、教材

中等专业学校的教材选用，依专业不同，所选用的教材也不同；其专业的要求不同，所用的教材也不一样；所招学生的层次不同，其教材也有所区别（如普招学生与成招学生、高中生与初中生、四年制与三年制等部分课程）；但公共文化基础课，基本大同小异；根据学生毕业后，知识应用领域的要求和中专学生应具备的理论知识来选择教材。

20 世纪 80 年代末至 90 年代初，常德市普通中专学校所使用的教材主要是国家教委、省教委统编教材，部分专业的个别课程为适应学生的文化素质和实际需要，使用行业主管部门组织相关学校专家、学者共同编写的教材。1990 年以后，常德市普通中专学校在教材的使用上逐步规范，无论是文化课教材还是专业课教材，均采用全国普通中等专业学校统编教材。学校根据“编”“选”并重、突出实用、内容先进、协调配套等原则，结合学生使用效果和在社会实践应用情况由学校教务科来选用与订购。如常德农校使用的文化课教材和专业课教材，都按农业部的要求使用了由农业出版社出版的统编教材。

1994 年，随着模块教学改革的展开，常德各中专学校组织力量自编部分模块教学教材。如常德农校自编教材主要有：朱治平主编的《语文》（四册），湖南教育出版社出版；刘思慎主编的《畜禽疾病防治》，湖南教育出版社出版；邢献忠主编的《畜禽繁育基础》，湖南教育出版社出版；张静逸、刘思慎主编的《畜禽养殖》，内部劳动技术教材；陈明阳主编的《淡水养殖》，内部劳动技术教材；石友松主编的《作物栽培学》（南方本），农业出版社出版；魏吉和主编的《土壤肥料学》，湖南科技出版社出版；谢正光主编的《农业应用技术》，湖南科技出版社出版；陈源泉主编的《英语》，湖南教育出版社出版。

1988 年，常德市职业高中的文化课一般采用“职业高中教材（人教版）”。专业课教材在国家无统编教材之前，农村家庭经营、畜牧、食品加工、财会、文书、工艺美术等十一个专业采用省编专业教材，其他工科类无统编教材的，采用技工学校的专业教材（劳人版），其他专业采用普通中专学校相关专业教材。1991 年，常德市职业高中、职业中专和电视中专秋季入学的新生，首次使用省教委统一颁发的语文、数学、物理、化学 4 门课程的教学大纲和省编教材，结束了职业高中开办近 10 年没有统一的文化课教学大纲、教学要求和教材的局面。1999 年，湖南省对中等职业学校文化课教材中的第二、三产业的专业课教学计划进行全面修订，对普通中专和职业高中的文化课教材“合流”。

2000 年，由于中专学校和职业中学在教育教学中基本统一，湖南省教育厅对普通中专学校、职业中专学校、职业高中学校的文化课教材实行“合流”，统一为中等职业教育基础课教材。

2004 年，湖南省教育厅颁发《关于深化职业教育管理制度改革，进一步扩大职业院校办学自主权的意见》。意见提出：建立职业教育教材审定遴选机制，积极推进教材多样化。根据职业教育公共课教材相对集中的特点，重点在公共课教材上推进教材多样化，省教育厅按照多样化的原则公布职业教育公共课教材目录，由学校自主选用；根据职业教育专业多、专业课教材多、用量少的特点，逐步建立专业课优秀教材推荐书目，为学校选用教材提供服务。全市中职学校贯彻落实意见，积极进行课程体系和教学内容改革的探索，加强现代教育技术的运用和教学方法的改革。在课程设置上，采取“宽基础，活模块”的方式，选用正规实用教材，不断开发新教材，通过增删取舍，慎重而又灵活地运用教材，开设选修课。各校还组织教师编写校本教材，使用校本教材进行教学。如常德汽车机电学校组织教师编写语、数、英校本教材进行教学，各个专业还根据学生特点，编写《技能训练与考核手册》，并按其要求分模块、有步骤地进行训练和考核。再如，常德工业学校教师编写的教材由正规出版社出版，胡蔚蓝编写《计算机应用基础 XP》中央广播电视大学出版社；邓科、胡蔚蓝编写《计算机应用基础与案例教程》国防科技大学出版社；张原、陈建平编写《电工技术与技能训练》电子科技大学出版社；宋祥弟、陈建平、符　敏编写《电机与控制》北京邮电大学出版社；宋祥弟编写《电子技术基础》北京邮电大学出版社；毛志强编写《计算机基础公共教程》国防科技大学出版社；钟良编写《车工工艺学》湖南大学出版社；周迎编写《体育与健康》同济大学出版社；欧阳文丽 、陈子、李林蔚编写《英语口语》的校本教材。

2010 年，常德市教育局职成科进一步规范中等职业学校教材的使用和管理，要求各中等职业学校必须在省教育厅颁布的中等职业教育教材征订目录内选用教材，不得以任何理由拒绝使用中等职业教育国家规划教材，甚至不开设德育课和文化课。严把中等职业学校教材准入关，全市各中等职业学校教材统一由市教育局职成科组织征订和审核，坚决杜绝盗版盗印教材进入课堂。德育课教材一年级一学期为《职业教育生涯规划》，一年级二学期为《职业道德与法律》，二年级一学期为《经济政治与社会》，二年级二学期为《哲学与人生》。另有《安全教育、环境教育、廉洁教育、毒品及艾滋病预防教育读本》为省编教材，要求在校学生人手一册。文化基础课程中语文、英语、计算机应用基础课教材征订高等教育出版社出版的教材，数学征订人教出版社的教材；二年级语文、数学、英语使用高等教育出版社出版的教材。

三、教学方法

1988—1993 年，常德市各中专学校、职业中专学校、职业高中学校进行一系列的教学改革。主要是加强教学管理，稳定教学秩序，对所有专业课（含劳动课）、专业基础课、文化课的教学严格按教学大纲组织教学。1994 年开始，常德市中等职业技术学校开始模块教学的试点工作，并取得初步成效。模块教学即打破传统的老三段和按学科体系制定教学计划的模式，以岗位能力为核心设置教学模块，按教学模块设计教学单元，调整课程内容，着力培养学生胜任某一岗位工作所必需的全面素质和综合能力。1995 年，常德市教委出台《常德市职业中学（中专）教学常规》，对职业中学的教学工作提出具体的基本规范。在专业教学中，要求学科教学应把传授知识与发展智力、培养能力结合起来；教师应善于运用提示、设疑、解惑等方法激发学生的求知欲和学习兴趣，培养学生学习的主动性、独立性和创造性，让学生学得生动活泼；教学坚持循序渐进、理论联系实际的原则，使学科的知识结构与学生的认知结构统一起来，着力发展学生的认知水平。

1998 年至 2004 年间，全市中职学校积极进行现代教育技术的运用和教学方法的改革。如常德市职业中专学校在教学方法改革上采用 “案例教学”、“现场教学”、“模拟教学”等方法。又如澧县职业中专学校在教学方法改革上，大力推进“多重循环教学法”、“分层次教学法”，还研究推广具有本校特色“讨论式”“竞赛式”“讲座式”等多种教学方法。各校均大力推进电教化教学，充分运用多媒体、网络资源等现代教育技术手段在教学中的作用。“模块教学”、“案例教学”和“现场教学”等多种教学方法的改革，有效地加强学生技能训练，提高技能水平，达到“教得活、学得实、过得关”的教学目的。2009年，各中职学校加强课程体系建设，修订主体专业人才培养方案，突出专业技能对专业课程设置的导向和整合功能。各校在专业课程教学的教学中突出项目式教学，遵循“教、学、做合一”的原则，开展新一轮教学方法改革的探索和研究，其中“探究式学习”以任务驱动为突破口，让学生在动手中学习，在操作中训练，强调“让学生动起来”教学理念，变无效课堂为有效课堂，变有效课堂为高效课堂。

四、教学研究及成果

1988—2000年，常德市中等职业技术教育学校积极开展教育科学研究，不断取得新的成果。2000年之前，因普通中专学校与职业高中学校的文化课尚未“合流”，教学管理亦有差别，所以，这两类学校教学研究及成果各有不同，分叙如下。

普通中专学校的教学研究以专业教学改革为重点，开展专业技术教育培训和编写相配套的专业课教材。常德农业学校和常德卫生学校均取得多项成果。

常德农业学校长期坚持面向农业、面向农村、面向农民的办学方向，鼓励教职工开展教学研究活动。1988年，专业教师就开展教研活动十八项，取得一定成绩。如吴启契、谢正光老师合作的“常德地区昆虫资源调查”1988年获得常德地区科技进步三等奖；陈革副研究员的论文《活动甲烷微菌的分离和性状》在《BLOLOGLCAL ABSTRACTS》杂志1988年第6期上发表；黄祖一老师的棉花85-13-5-1新品种，编印成栽培资料推广到6个省70多个点。1990年，常德农校植保教研室主动与市烟草公司合作，承担了《烟蚜自然带毒率》《烟青虫的损失测定》《烟蚜经济阀值的测定》三个科研课题，并取得初步成果，得到了市烟草公司和湖南农学院有关人员的肯定；畜牧教研室承担主编的省职高教材《畜禽疾病防治》与《畜禽繁育基础》两书经审定由湖南教育出版社正式出版，该室编写的《畜禽养殖》《淡水养殖》两书作为全市中学劳动技术教材发行使用。1991年，经国家农业部验收，定为全国农业中专“A等三级学校”。同时评为全省四所试点学校第一名。1992年10月，省教委、省计委组成的全省中专学校办学水平评估专家组，对常德农校的办学条件、教学改革等55个条目进行了严格的逐项测评，所得总分位于全省106所全日制中专学校的前列。1993年，学校被湖南省人民政府批准为省部级重点中专学校。1994年5月，农业部和国家计委确定在常德农校建设优质棉栽培技术培训中心。国家共在全国6所农业中专学校新建6个优质棉栽培技术培训中心，常德农校是湖南省唯一入选学校，也是长江以南唯一的一所。并被农业部授予“全国中等农业教育改革先进单位”称号。

1995 年，林盛章、陈益元等老师带领学生较好地完成了市科委下达的“石远 321”棉的丰产和品比二项试验任务；张仕来老师获“湖南省烟草病虫害调查研究科技进步一等奖”。1996 年 10 月，省农业厅组织的全省农业中专模块教学研讨会在常德农校召开，并向全省推广常德农校的经验。由于常德农校在教改方面的突出成绩，全国农业中专教学指导委员会增补常德农校为全国六所能力教育体系改革试点学校之一；是年 11 月，常德农校出台《常德农校科研工作管理办法》，在科研机构的设置、科研经费管理、课题管理、科研工作量的计算、科研成果及论文奖励政策等方面做出明确规定，促进科研工作的开展。由常德农校参与承担的农业部 95 期间重点教育研究课题《市场经济条件下农业中专发展对策研究的探讨》， 1997 年 6 月通过中南片组农业教育专家的鉴定并申请国家鉴定。1998 年，常德农校主持的“农业中专农学专业模块教学研究”获省职教科研成果二等奖；由常德农校主编的语文模块教材再版面向全国发行；常德农校引种日本优良梨树品种“幸水梨”并开展棚架式栽培技术研究，是年 8 月通过湖南省科委组织的鉴定，并被省科委列为跨世纪种苗工程项目。2000 年 5 月 31 日，国家教育部授予常德农校“国家级重点中等职业学校(中专)”称号。

常德卫生学校为培养实用型人才，1989 年打破传统教学模式，创办了护士改革试点班。1990 年，全省解剖学会年会在常德卫校召开，“人体神经系统概况”人体标本获中专组一等奖。1991 年，省卫生厅在本校召开护士专业试点改革现场会，肯定和推广了该校以教学内容改革和加强实践教学环节为主要内容的改革经验；湖南省教委、计委组织对全省 107 所普通中专办学水平评估，1992 年 10 月，省评估复评组评定得分 90.13 分，对办学水平给予了充分肯定，其评价要点为“有一支素质较高的师资队伍，走上了制度化、规范化、科学化的教学管理轨道，有一个好的领导班子，办学改革和教育教学改革成绩显著”，同意定为 A 类学校。1991 年，省卫生厅“确认常德卫校医士、中医士、卫生医士、护士、卫生检验士五个主体专业”。为提高教学质量，重新修订医士类、护士类、检验类共 8 个专业和电大医疗专业的教学计划。1992 年，常德卫校在一些学科和项目上居全省中专学校领先地位。在全省中等卫校 23 个学科协作组活动中，在六个学科中作为组长单位牵头；在较近编写的中等卫校统编教科书中，在生理学、化学、护理学和卫生学四门学科中任主编；1993 年下半年，省教委、省计委将学校定为 A 类学校，同时确定为省部级重点学校。1996 年根据卫生部的要求，全力做好了贯彻“双新”（部颁新的教学计划和教学大纲）和实施目标教学的方案，以强有力的措施推行了教学方法和方式的改革。1996 年，在省卫生厅组织全省目标教学检查评估中获 98 分，受通报表彰，从此，“目标教学”成为以后教师教学的重要方式。1998 年，省卫生厅组织全省中等卫校目标教学教案与授课录像评比，教案获总分第一名，送评的 10 份教案，有 3 份获一等奖，4 份获二等奖。送评 2 份授课录像，一个获二等奖，一个获三等奖。1996 年，省卫生厅科教处组织全省 4 年制护理教材编写，指定蔡光斗等 13 位教师参加 13 门教材的编写，其中微寄主编蔡光斗、英语副主编杨丽华。

1988—2000 年，常德市各职业高中（中专）学校在市教科所职教室指导下，通过联组形式开展教学教研活动。这一时期的教研工作，主要突出抓教育教学管理，落实“职教常规”，全面提高教育教学质量；抓教研教改，认真开展课题研究，培养适应市场变化和科技进步需要的人才素质这个重点，在实践环节教学中摸索新路子；抓教研队伍建设，建立健全教研网络，各区、县（市）在教研室安排专职职教教研员，将全市职业中学（专）的有关基础课和一些开设面较大的专业，组建十多个市级教研联组。全市各职业高中（中专）学校先后建立起教科室，加强教学管理和落实教研计划，组织开展教师教改经验交流、评选优秀论文和教案，组织学生技能大赛，举办专业教师说课活动，积极申报开展课题研究。

常德市职业中专学校 1992 年参与市教委组织的“中小学素质教育研究与实验”的课题研究，学校作为该课题的职业高中组成员，承担学生思想品德教育的子课题研究，并确定服装 5 班为试点班级。该课题 1993 年分别被评为省级教研成果二等奖、市级教研成果一等奖，学校受到表彰。1994 年，参与由市教科所主持的《常德市职业高中教学常规的研究与应用》课题研究工作，同时，由副校长柳衍全等七人组成课题小组，开始进行《电工专业建设的探索》课题研究工作。以上两项课题研究成果在 1995 年 12 月均被评为市职教科研成果一等奖，在 1996 年 1 月均被评为省职教科研成果二等奖。是年，学校应邀参加全省职业高中教研座谈会，其经验材料《加强职教教研，深化职教改革》在会上交流。学校教学经验材料《面向市场办学，培养合格人才》在《湖南职教》1995 年专刊第二期上刊登。当年，柳衍全等五人开展《政治课教学改革的探索》课题研究工作，该课题的研究成果 1998 年分别被评为省、市职教科研成果三等奖。1998 年 12 月，由黄明星等教师承担并完成的教研课题，在中国职教学会组织的 1998 年重点教研课题结题评选中荣获一等奖。学校多次被评为全市教研工作先进单位。学校承担和完成的《中等职校职业指导的关键在于形成学生的职业理念》教研课题，在中职职教学会组织的 1999 年教研重点课题结题评选中荣获二等奖。2000 年，学校承担并完成的《关于中等职教课程改革的探讨》、《教师评价中存在的问题及对策》的科研课题在中国职教学会职高委教学研究会重点教研课题结题评选中分获二、三等奖。

常德工业学校，1992 年参与市教委组织的“中小学素质教育研究与实验”的课题研究，学校为该课题的职中组成员，由副校长刘安民组成的课题小组承担子课题“职中（中专）语文文化才智素质研究”。学校被确定为素质教育实验学校，工业发酵班被确定为试点班。该课题于 1993 年 12 月获省第二届教研教改成果二等奖。同年，学校被评为常德市素质教育先进单位。1988 年，该校家电专业的学生叶士军制作的“煤气灶自动灭火警报器”、杨文制作的“自行车自动雨衣架”分别获得市青少年科技小发明一、二等奖，叶士军还获得省级三等奖。

汉寿县第一职业中学开展的《职业学校培养学生敬业意识的研究与实践》课题研究，荣获“湖南省第二届职业教育成果奖”三等奖；鼎城区常德女子职业中等专业学校研究出的“五个合一”，即教室、车间合一，变一室一用为一室两用；学生、工人合一，学生在生产实习时，既是一个学习者，又是一个生产者；教师、师傅合一，教师在讲台上是教师，在车间则是师傅；作品、商品合一，学生在实习工厂把原料做成成品后，直接推向市场，变成商品；育人、创收合一，使学生实习变消耗型为赢利型的教学模式，在区属各中职学校推广；桃源县职业中专开展《中等职业教育模块式课程研究》等。

1998 年，在市教委副主任徐国清主持下，完成了常德市承担的省级科研课题《职业教育投资效益的研究》任务，其调查报告在全国发行的《职业与技术》期刊 12 期发表。

2000 年，由于中专学校和职业中学在教育教学中基本统一。常德市根据湖南省教育厅的通知，将原普通中专各教学研究分会和职业高中各校际教研联组合并，成立“常德市中等职业教育教研联组”，并制订《常德市职业教育专业教研联组章程》。常德市中等职业教育学校组建专业教研联组 13 个，分别为：语文、数学、英语学科教研联组；财经商贸类、文秘、服装、计算机应用、电子电器类、旅游、机电安装与维修、工艺美术专业教研联组，职业指导与就业、教学管理教研联组（后又成立学生管理联组）。各教研联组明确有主持学校、主持人和组长。13 个教研联组的成员由全市中职学校的 183 名教学骨干、管理人员担任。教研联组工作在市教科所（院）和市职教中心教研联组的领导下，结合本市学校实际，开展教学研讨、教学比武和技能竞赛等。教研联组活动成为全市职业教育群众性教育科研工作的重要平台。

2000 年起，常德市中职学校教育科研不断取得新成果。如澧县职业中专学校，为教科室配备专兼职教研人员 38 人，成立学科教研组和科研课题组，长期不断地开展教研、科研工作，研究探讨出与模块教学配套的“分合式”教学模式，确保技能模块教学落到实处。学校组织教师编写各专业通用的校本教材 3 种，相关专业使用的校本教材 9 种。学校承担的《电子电器专业职业素质教学模式的研究与实验》获省级一等奖、《职校生就业超前指导的探讨与实验》和《黑白电视机演示实验研究》获省级三等奖，另有多项研究成果获市级教育教研成果奖。

2000 年 12 月，常德市职业中专学校完成了《关于中等职教课程改革的探讨》《教师评价中存在的问题及对策》两个科研课题，并在中国职教学会职高委教学研究会重点教研课题结题评选中分获二、三等奖。1999 年、2000 年学校连续被评为全市职业教育教研工作先进单位；2002 年 5 月，省教育厅经严格考核评选，授予学校“湖南省中等职业学校教学工作优秀学校”称号。2010 年，服装专业高业志、孙宏美等老师主持的“‘主题教学法’在中职‘服装设计’课程教学中的运用”由市教科院批准确立为市 2010 年度立项课题。

2008 年，常德工业学校滕伟老师主持的《中职学校电子专业数学教学内容的配套研究》获市级立项，并被确定为省级重点研究课题，同时，学校参与研究国家级课题1个。2011年，宋祥弟主持的《中职电子专业实训课项目教学的应用研究》、滕伟主持的《中职学校电子专业数学教学内容的配套研究》课题结题。

常德市教科所（院）职业技术教研室教研员经常深入中职学校调查研究，及时总结推广教学科研成果，具体指导中等职业学校开展教学和科技活动，使各中职学校教改教研工作均得到加强。

第三节　实践教学

一、实习实训

1988年起，常德市中等职业学校开始把学生实际操作能力的培养、狠抓实践环节的教学指导放在重要位置。普通中专学校普遍开展课堂教学与实践教学相结合的教育教学改革。1991年，常德卫校由于办学改革和教育教学改革成绩显著，被湖南省教委、计委组织评估后，定为A类学校。其改革经验得到肯定和推广，在全省中专学校产生了较大影响。常德农校为了贯彻农业部“中等农校加强实践教学，为当地农业生产服务”（“扬林会议”）精神，进一步转变办学观念、深化教学改革，采取多项措施加强实践性教学工作：专业实践课独成体系，使传统的劳动课，实验实习和教学实习得到了扩展和深化，保证理论教学与实践教学时间之比切实达到1:1，重点专业的理论教学与实践教学时间之比更是达到了1:1.2，从而使学生的专业操作能力不断提高，达到熟能生巧的目的。一是增加实践教学的时间和各班技能训练的基地面积，使理论教学与实践教学时间之比切实达到了1:1；二是办好一个以实践教学为主体的教改试点班；三是进一步加强校内外实践基地建设；四是制定技能考核标准，把劳动课作为一门课列入课表，对实践考核不及格者要进行补考，从而使实践性教学在制度上得到保证。

常德市教委1990年颁发《常德市职业高中管理暂行规定》，其中，对实习教学的组织与管理作出明确规定。各职业高中（中专）学校加强实习工作的领导和组织、制定实习纪律、实行实习考核和成绩评定，使实习实训工作逐步走向规范。职业高中（中专）学校在教学上，强调坚持理论联系实际，坚持以“技能培训”为主的教学过程，让学生既动脑又动手，做到理论教学与技能训练相结合，文化课与专业课相结合，素质教育与创新教育相结合。

1995年，湖南省教委颁发《职业高中40个专业技能训练大纲》，与1993年颁发的《湖南省职业高级中学50个专业教学计划》相配套，成为常德市各职业高中（中专）学校组织实践性教学、衡量实践性教学质量、编写专业技能训练教程、实施专业技能考核、装备实验实习教学设施和配备实验实习指导教师的重要依据。1998年10月，常德市教委组织职业学校教师讨论、制定了《常德市中等职业学校学生操作技能考核标准》，经与市劳动局共同审定，10月底颁发执行。

2007年10月，常德市委组织部、市劳动和社会保障局、总工会、教育局、科技局联合组织了常德市第一届职业技能竞赛决赛，全市有14所中职学校49名学生、6位教师参加了数控车工、普通车工、钳工3个项目的决赛，18名中职学校学生获奖，其中常德市技工学校舒军、常德市职业技术学院曹勇、黄勇3名同学分别取得了普通车工、数控车工、钳工第一名的好成绩。常德职业技术学院、湖南同德职业学院、常德市技工学校等8所职业院校获得团体优胜奖。

2008年，湖南省教育厅、省劳动和社会保障厅等有关厅委联合组织，全面启动了湖南省职业院校技能竞赛工作，并在省会长沙分春、冬两季举行了全省职业院校职业技能竞赛。4月，常德市教育局、市劳动和社会保障局及市财政局联合在常德工业学校、常德汽车机电学校、常德技工学校、常德旅游学校举行了全市中等职业学校学生5个专业6个项目的技能竞赛。常德市16所学校55名选手参加竞赛，共评选出一等奖12个、二等奖10个、三等奖13个。常德市代表团4月底参加2008年湖南省职业院校春季技能竞赛，获得了一等奖2个、二等奖6个、三等奖4个、优秀奖4个。常德团体总分名列全省第6，荣获三等奖。澧县职业中专学校的向朝朝、余梦元和桃源县职业中专的陈忠、雷昌波四位学生代表湖南参加全国竞赛，均获三等奖。11月，市教育局在湖南同德职业学院、常德汽车机电学校、常德旅游学校、常德财经中等专业学校举行全市职业院校冬季技能竞赛。全市20个代表队81名选手参加了4个专业5个项目的决赛，共评出一等奖21名、二等奖27名、三等奖33名。11月中旬组织15名优秀选手到市里统一进行了集训。11月下旬，常德市代表团参加全省职业院校冬季技能竞赛，获得二等奖5个、三等奖9个。常德团体总分名列全省第4，获省三等奖。

2008年，常德市职业院校参加全省职业能力考试的学生，上半年有10116人次，下半年有6935人次，其中获得有关部门颁发的计算机应用能力等级证书的6556人，英语应用能力等级证书的5262人，全国信息化工程师岗位技能证书的670人。

2009年上半年和下半年，按照全省统一部署和安排，常德市教育局分别组织全市职业院校春、秋两季职业技能竞赛，同时选派优秀选手参加全省竞赛。上半年全市共有26所学校120名选手参加了4个专业13个项目的比赛，共评出一等奖21个，二等奖28个，三等奖46个。下半年全市共有29所学校125名选手参加4个专业6个项目的比赛，共评出9个团体奖、2个组织奖、4个优秀赛点奖、125名个人奖（其中一等奖27个，二等奖35个，三等奖43个，优秀奖20个）。上半年全市选派42名选手参加全省春季技能竞赛，获一等奖2个，二等奖5个，三等奖7个，团体总分位列全省第4名，荣获三等奖。下半年全市选派15名选手参加全省秋季技能竞赛，3人获一等奖，5人获二等奖，4人获三等奖，团体总分位列全省第3名，荣获二等奖。从省、市竞赛结果看，无论是参赛面还是参赛成绩都较上年有新的成绩和进步，实现历史性突破。同年6月常德财经中等专业学校选派的2名学生代表湖南省参加全国技能大赛，获三等奖。

2009年度，常德市共有35所职业学校参加全省统一组织的职业能力考试。其中，上半年19所职业学校6576人次参加中职英语、中职计算机、信息化办公认证、Office办公软件考试，有4506人次合格，合格率为69%。其中有1160人获得中职英语应用能力考试合格证书，3027人获得中职计算机应用能力考试合格证书，319人获得信息化办公工程师认证证书。下半年26所职业学校5083人次参加中职英语、中职计算机、信息化办公认证、Office办公软件考试，有4657人次合格，合格率为91%。其中有3010人获得中职英语应用能力考试合格证书，1202人获得中职计算机应用能力考试合格证书，445人获得信息化办公工程师认证证书。

2010年，常德市根据湖南省教育厅有关要求，启动职业院校学生专业技能抽查。2010年12月，首先在开办机械加工类、计算机应用类两个专业大类的38所中职学校，组织670名学生参加全市专业技能抽查。其中机械加工类参加抽查学校21所，学生255人，参考率100%，达到合格标准的175人，合格率68.6%；计算机应用类抽查学校35所，学生415人，有34所学校405名学生参加抽查，参考率97.6%，达到合格标准的357人，合格率88.1%。

2010年4月，由市教育局和市教科院联合组织职业技能竞赛，全市36所学校277名选手参加5个专业19个项目的比赛，共评出8个团体奖、7个组织奖、6个优秀赛点奖、182名个人奖。选派赴省参赛的42名中职选手，团体总分位列全省14个市州的第4名，获三等奖。

2010年上半年，常德市有21所职业学校6900人次报名参加湖南省职业院校职业能力考试。其中，参加中职英语能力应用考试的1582人，合格747人，合格率为47%；参加中职计算机应用能力考试的5013人，合格3819人，合格率为76%；参加信息化办公软件考试的99人，合格79人，合格率为80%；参加Office办公软件考试的206人，合格64人，合格率为31%。2010下半年，全市有20所职业学校4910人次报名参加湖南省职业院校职业能力考试。其中，中职英语能力应用3326人，中职计算机应用1379人，信息化办公软件175人，网页设计30人。

二、基地建设

1988年以来，常德市各级各类中等职业学校的实践教学基地建设相继得到加强，陆续建起实习、实训室及校办工厂（农场）。如常德农校，1988年，学校已基本建成“五园三场”（即果园、茶园、牧草园、中草药园、作物标本园、农场、猪场、奶羊场）和“三室一站”（即兽医诊断室、农机室、温室、气象观测站）。为进一步加强校内外实践基地建设，首先是把学校农牧场办成种、养、加一体的综合性实践基地，使之成为各种模式致富的样板和良种基地，有力促进了本地农业生产的发展；其次是以邻近学校的河洑区作为学校的校外教学基地。1992年，学校新建兽医院、植物医院等教学实践场所。学校还自筹资金新建了语音实验室、电教室、农业经济模拟实验室、实用技术实验室等。1993年，学校又建起特种水产养殖场，并试养成功；还建起苗木花卉园，改造扩建养鸡场等，实践教学基地进一步扩大，种类不断增多。1995年至1996年两年中，尽管学校资金紧张，但仍挤出200多万元投入到教学设备的添置及教学基地的建设上，先后重建了二个电脑室，一个电脑操作预备室，一个电教室。另外还扩充了语音室，添置了50多台显微镜、85件测量仪器，补充了气象、农作、牧医等实验室的仪器设备，通过集资、贷款等渠道筹措资金近十万元建成了食品加工厂，酸奶、豆奶厂等。在校内基地建设中，常德农校从有限的资金中挤出钱来倾斜给基地建设，建立较完备的实验实习场所。1994年，投资30万元建起鸡场；1995年投资6万元扩建甲鱼繁殖场5亩，完成 “中日友好梨园”的棚架建设；1995年投资20万元完成中草药标本园、农作标本园、葡萄园的搬迁与建设；投资100多万的棉培大楼完工交付使用；1997年投资10万元新建气象观测园和5个塑料大棚，使主干专业的实验实习场所日趋完善。2000年，常德农校投资5万元在花卉园建成地灌设施；投资70万元购进586计算机100台，建成3个多媒体教室、财会模拟室、电子阅览室；新增图书、光碟3万册（盘）；用10万元进行仪器的添置更新等。常德农校还在海南黄华水产公司、海南农垦总局、海南伊甸园农业山庄、龙洲农场股份有限公司、广州军区海南生产基地、深圳农科中心、湖北京山水产养殖场、湖南省棉科所、永顺国家医药总局扶贫药材场、常德市农科所、澧县张公庙万亩棉花丰产片、石门黑山羊养殖场、湖南涔澹农场、临澧县太平养鸡场等30多处建立校外教学、科研、生产实习基地，为实践性教学的开展提供充分的保障，为培养学生的实践技能和综合能力提供良好的条件。

常德市职业高中（中专）学校，一是大力加强校内实践教学基地建设。在市、县财政大力扶持下，致力建设专业实验室、专业实训室和创办实习工厂（农场）。如常德市职业中专学校，1991年学校创办服装实习工厂，市勤工俭学管理站投资30万元购置设备，明确其为全市中小学校校服定点生产厂家。组织服装等专业学生在工厂生产中进行专业技能实习，创造了良好的经济效益。到1997年底，学校已先后建成计算机、电子技术、电工工艺、服装制图、缝制工艺、语音等专业实验室20余个，基本可以满足各专业教学需要。1998年至2004年间，学校共投入资金300余万元购置教学实验设备，新建成多媒体教学、计算机、汽修、制冷等专业实验室16个。2008年，学校投入近500万元建设全省一流的5600平方米的汽修专业实训大楼工程，投入95万多元改进汽修、服装和电子专业实训室建设，投入近10万元加强校园网络等教学基础设施设备建设。至2008年，学校拥有各类图书21503册，多媒体教室5个，语音室1个，计算机350台，教室电教设备76台，网络建设设备总值20万元。2009年，学校完成了汽修专业90万元的设备招标，添置了一批学生实训急需的设备。并在学校办学经费紧张的情况下投入8万元购置8台旧车和一批汽修检测设备、维修工具，用于汽修专业学生实训。

二是各校大力加强校外实习（实训）基地建设。如澧县职业中专学校，至1996年先后建立校外实习（实训）基地27个。从1997年起，校外实习（实训）基地从县向县外、省外扩展，校外实习（实训）基地增加到32个。学校开办的每个专业均有固定的实习基地，主要有：湖南车桥厂、华南光电仪器厂、奥丰制衣有限公司、湖南芙蓉大酒店、澧县良种养殖场、澧县农业银行等。校外实习（实训）基地的建立，充分满足学生实习的需求，有效地提高学生的动手操作能力。

常德市政府积极支持各校争取中央财政和省财政下拨的职教专项资金用于实习（实训）基地建设。2006年，常德工业学校电子电工及自动控制专业实习基地项目，经财政部和教育部评审通过，中央财政支持150万元。2008年，常德财经中等专业学校数控技术应用专业顺利入围2008年度中央财政支持的职业教育实训基地建设项目。2010年，是"十一五"湖南省级重点建设项目布点最后一年，常德市在原有基础上继续大力加强职业教育基础能力建设，督促指导相关职业院校组织实施已经入围的省级"十一五"重点项目建设，大部分骨干中职学校办学条件有明显改善，特别是学生实习实训场地和设施设备逐步配套完善。2011年，入围中央财政支持的职业教育重点专业实训基地建设项目3个，即湖南同德职业学院的机电设备安装与维修，获国家资金支持400万、临澧县职业中专的机械制造与加工，获国家资金支持180万、汉寿县职业中专的电子技术应用，获国家资金支持160万。到2012年，常德市中职教育入围国家、省级重点建设项目数量与质量在全省已处于领先位置。

第四节　德育工作

1989年秋季起，全市各普通中专学校按湖南省教委指示，开设《马克思原著选编》，讲授两年，每周2课时。政治课教学时数占整个修业年限内总课时的10%~15%。1989级各专业还开设《中国革命和社会主义建设》，文科专业加开《哲学》和《政治经济学》；农、工、医类专业开设《马克思主义基本原理》。1990年12月，湖南省教委对全省中等专业学校89级学生的政治理论课教学进行统一考试，常德供销学校《辩证唯物主义与历史唯物主义》科目平均成绩居全省第一名。1994年，省教委颁发《关于调整和改进普通中等专业学校政治课教学的通知》后，全市各中专学校认真贯彻落实。

常德市普通中专学校的德育工作取得了一些可喜成果。如常德农校实施循序渐进的思想品德教育，推行"做人教育"即"养成教育"，主要是进行中华民族优良传统道德教育，引导学生做文明礼貌、遵纪守法的人；"共同理想教育"，引导学生自觉坚持四项基本原则，树立成为祖国栋梁的雄心壮志；"共产主义理想教育"，引导学生树立正确的人生观、价值观。为此，常德农校着重抓三件事：一是开展各种健康有益的活动。利用各种政治节日和传统节日，开展歌颂党、歌颂社会主义祖国的文艺晚会、歌咏比赛、演讲比赛、书法比赛、绘画比赛、知识竞赛等。二是实施“三四五六工程”。即“三爱”：爱国、爱校、爱专业；“四讲”：注重修养讲公德、尊敬师长讲礼貌、言行举止讲文明、教室寝室讲整洁；“五不”：不迟到旷课、不乱扔乱吐、不说脏话痞话、不滋事起哄、不浪费水电和粮食；“六禁止”：禁止赌博、禁止酗酒、禁止打架、禁止考试作弊、禁止损坏公物、禁止看黄色书刊录像。三是该校还广泛组织寓教于“导”的多种活动，在创新上下功夫。为帮助青年学生培养政治素质，自己教育自己，端正政治方向，该校经常组织以“四有”为主题的社团活动，让学生向社会学习、向实践学习、向人民学习，在活动中经受锻炼。1988 年暑假，学校开展社会实践建设营活动，共有 243 名学生组成 8 个分队 70 个小组分赴全区 8 个县 130 个乡镇、266 个村，进行农村咨询 250 多次，进行社会调查 122 次，岗位学习 34 人次，义务劳动 15 次，开展 4 项有意义的科学实验，指导近 20 个乡镇晚稻病虫防治，指导近千亩柑橘钻心虫、二百亩柿红蜘蛛、柿铃虫等的防治工作，这些活动使学生增长才干，锤炼思想，受到社会各界的好评，团市委授予常德农校“文明青年活动先进单位”称号。常德农校组织学生开展实践活动的情况，在全省产生很好的影响。《湖南日报》1988 年 7 月 2 日、《湖南团讯》第 7 期、《常德市学校团队通讯》第 1 期分别予以介绍。

1990 年，常德市在全省率先制定《职业高中管理暂行规定》。《规定》对职业高中德育工作做出明确要求八条：第一条是加强思想政治工作的领导，认真贯彻执行《中共中央关于改革和加强中小学德育工作的通知》，认真贯彻落实国家教委颁发的《中学德育大纲》、《中学生日常行为规范》。第二条是建立健全德育工作队伍，充分发挥学校各职能部门和工会、共青团、学生会在德育方面的作用以及党员、团员和积极分子的骨干作用。第三条是上好政治课，加强职业道德、专业思想、劳动就业教育。第四条是充分发挥班主任老师在德育工作中的重要作用。第五条是寓思想教育于各科教学之中。第六条是做好学校、社会、家庭三结合教育。第七条是建立升、降国旗制度。第八条是认真做好德育评估工作。

常德市各职业高中（中专）学校将德育工作放在学校一切工作的首位，根据学校双文明建设的总体方案，制定切实可行的德育工作具体方案。各校均成立由学校主要领导任组长的德育工作领导小组，制定健全的工作制度与计划，分阶段、分层次、有重点地开展各项教育，不断改善学校的环境和办学条件，形成浓厚的文化氛围，发挥环境育人作用。政治课教学是学校德育工作的主渠道，各校均切实加强政治课教学。如澧县职业中专：一是按教学计划和教学大纲开足政治课时。二是改革政治课教学，以爱国主义教育、职业道德和行为规范教育、心理健康教育和法制教育为重点，把课堂教学与社会调查结合起来，把政治理论学习与规范德育行为结合起来，把分班上课与集中讲座结合起来，努力提高政治课教学效果。三是把政治课成绩纳入德育量化评价。四是全方位渗透，即把德育渗透到各专业学科教学和学校工作的各个方面。

常德汽车机电学校坚持以人为本，以德育人，紧扣职业教育的培养目标，结合职教特点，把学校德育工作落到实处。在发挥德育课的主渠道作用的同时，坚持长期开展“三创”（创文明班级、文明寝室、文明个人）活动，开展形式多样的以文体活动为主的德育活动，寓教于乐。从1986年开始，该校与武警常德支队结成对子开展警民共建文明学校活动，成立“共建”领导小组，支队选派优秀战士担任学校各班辅导，双方紧密配合，定期开展军训、劳动建校、普法宣传、走访慰问、联欢等活动，产生了强烈社会反响，市委宣传部及团市委的简报，常德电视台、电台以及《中国教育报》《湖南日报》《法制日报》等分别予以报道。

常德市教委（教育局）有计划地组织中等职业学校开展以德育为主题的演讲比赛、作文竞赛、文艺会演、体育竞赛及社会实践活动。1998年4月，在常德市教委副主任徐国清的带领下，石门县二所职业中专学校50多名师生到石门县磨市镇木瓜村开展智力扶贫社会实践活动，分发农业科技资料2000多份，修理家电20多台（件），缝补衣服34件，接受农民咨询上百人次。学生在活动中得到锻炼，加深服务社会、服务人民的思想感情。1998年7月，常德市遭受百年不遇的特大洪涝灾害，全市职业学校受损达718.2万元，职业学校有17名教师因溃院造成家庭财产损失达50万元。在灾害面前，全市各职业学校组织教师积极参加抗灾救灾活动，各校师生以不同形式向灾区捐款。9—10月，在全市职业中学内，举办“我爱我的专业”作文竞赛活动，通过层层选拔，有69篇作文在市里参加复赛，其中10篇被评为一等奖，并推荐参加全国第三届职业学校作文大赛评选，10篇被评为二等奖，10篇被评为三等奖。通过这次竞赛，提高了学生的写作能力和巩固了学生的专业思想，起到了很好的作用。市教委在2000年10至11月举办常德市职业学校首届文化艺术节，历时两个月，学校参与面达100%，学生达80%以上，共制作艺术品5000多件，文艺会演20余场（台）。在这次活动中，市教委共收集优秀艺术作品78件，集中优秀文艺节目18个，并进行公开展示和文艺调演，市四大家领导和文化宣传部门的领导到场进行指导和观看，给予高度评价。

2005年，常德市教育局转发教育部《中等职业学校德育大纲》和《中等职业学校学生心理健康教育指导纲要》。全市各中等职业学校组织教职工认真学习，并按照《大纲》和《指导纲要》的要求，进一步加强和改进了中等职业学校的德育工作。

常德工业学校按照“全员育人”理念，不断强化对学生的德育引导。一是加强队伍建设。充分发挥学校学生会和团委会的作用，开展学生干部基本知识培训，努力引导学生进行自我管理、自我约束；通过班主任工作经验交流，主题班会竞赛等加强班主任队伍的培养，提高班主任的德育工作水平。二是全力打造育人环境。利用主题班会、升旗等活动对学生进行网络文明教育、心理健康教育、行为习惯教育、理想前途教育；利用文化墙阵地，对学生进行行为习惯与校纪校规教育，增强了学生的法制观念，确保学校安全平安。三是开展丰富多彩的校园文化活动。通过运动会、校园文化艺术节、学雷锋、书香人生读书月等系列活动，丰富学生的课余文化生活，陶冶学生情操，培养良好行为习惯。学校建立了领导联系班级制度、行管干部联系学生制度、班主任联系家长制度、问题学生责任制度、学生德育考评制度，使德育工作形成了网络。“三全”德育模式（全员育人、全面育人、全程育人模式）在学校形成格局。卓伯泉、游百春两同志的德育论文《中等职业学校“三全德育”的构建与实施》获得湖南省第三届职业教育教研教改成果二等奖。

第二章　教　师

第一节　管理与培训

一、教师管理

1988 年，常德市中等职业教育学校的教师管理，由不同类型学校主管部门管理。职业高中学校，由各区县（市）教育行政部门管理。是年，全市各类中等职业学校有教职工 3084 人，其中，专任教师 1809 人。

1990 年，常德市教委颁发《常德市职业高中管理暂行规定》，对教师队伍的管理和建设进行规范：职业高中学校教师编制按每班 5 人配备（示范性职业高中按每班 6 人配备），其中专业课教师按每班 3 人配备（含实习指导教师），专业课教师如有不足，应有稳定的兼职教师（兼职教师不得超过专业课教师总数的 20%），文化课教师应全部是在编教师;教师要按照《中小学教师职业道德规范》做到爱党爱国、为人师表、爱生敬业、遵纪守法；

学校制定较全面的教职工岗位责任制，并根据岗位责任制对教职工进行德、能、勤、量、绩的考核，考核结果与教师经济利益挂钩，作为年终评先的重要依据。各区县（市）教育行政部门加强对职业学校教师的管理，注重把教师队伍建设作为突出大事来抓。一是严把教师调动关，坚持文化课教师只调进不调出，专业课教师择优调入；二是狠抓教师转岗培训，学历达标；三是建立竞争上岗的聘任机制。

1991 年以来，常德各中职学校普遍制定《常规教学管理细则》，完善《教师工作质量考核办法》等制度。学校成立教学督导组，随机听课评课，组织理论教学与实践教学比武活动，使教师工作考核制度化、规范化、经常化，从而调动了教师钻研教学的积极性，促进了教学质量的提高。

1996 年 4 月，常德市教委制定《关于实施〈中小学教师职业道德规范〉的若干规定》，同时下发《关于在全市教育战线开展“学〈规范〉、讲师德、树形象”活动的通知》（常教通字〔1996〕23 号）。

2004—2006 年，常德市各职业高中（中专）学校参加市教育局开展的“师德师风年”活动，逐步完善教师考核评价制度和监督、奖惩制度。

为搞好师资队伍建设，常德市职业高中（中专）学校普遍制定《教师队伍建设发展规划》，把对教师的引进、培训、管理等从学校层面以制度的形式予以明确，保证教师队伍建设的良性发展。

1988—2010 年，常德市中等职业教育学校教职工人数及专任教师人数情况见表 4–2–1。

表 4-2-1 1988—2010 年常德市中等职业教育学校教职工情况统计表

年份	学校数	教职工人数	专任教师人数
1988	79	3084	1809
1989	69	3422	1982
1990	77	3506	2080
1991	79	3784	2257
1992	81	4072	2475
1993	84	4263	2605
1994	84	4205	2548
1995	70	4033	2449
1996	69	3958	2480
1997	70	4317	2701
1998	69	4195	2632
1999	58	4015	2467
2000	51	3575	2238
2001	45	3276	1981
2002	39	3030	1927
2003	59	4397	2815
2004	60	4378	2844
2005	65	4236	2087
2006	69	4326	2878
2007	77	4680	3086
2008	73	4489	2926
2009	66	4670	2981
2010	65	4328	2832

说明：2003 年起，普通中专、成人中专、职业中专及其他机构附设中职班均合并为中等职业教育统计

二、教师培训

1988年以来，常德市各职业高中（中专）学校重视对教师进行继续教育，积极开展以青年教师为重点的全员培训。一是鼓励教师积极参加脱产或业余形式的学历培训，加强专业技能培养，做好本职工作。二是通过内部培养与外部培训相结合的方式，采取多种形式开展各类短期培训和系统培训。外部培训的形式主要是根据教学需要安排教师到企业、院校、设备生产厂家或上级业务主管部门举办的培训班接受业务培训。三是选送教师参加上级举办的继续教育培训。四是组织教师进行校本培训。

1998年3月6—9日，常德市职业学校50多名具有中级职称的教师，参加湖南省劳动与社会保障厅在常德市劳动局举办的专业技能等级考核员培训。7月29日，省劳动与社会保障厅发文认定苏哲贵等52名教师为国家职业技能鉴定考评员，成为常德市职业学校的首批专业技能鉴定人员。

1999年2月，常德市委、市政府颁发《关于改革和发展职业教育的意见》（常发〔1999〕1号），要求全市建立一支数量足够、素质优良、结构合理、专兼结合的职教师资队伍。到2000年，普通中专学校的教师要100%达到学历要求，示范性职业学校、骨干技工学校教师要有80%达到学历要求，其他职业学校教师要有60%以上达到学历要求。40岁以下的专业课教师，要具有与所授专业课相应的技术职称和实践技能，实习指导教师要具有相应的职业资格或中级以上等级证书。为贯彻落实意见精神，市教委印发《1999年常德市职业高中师资培训计划》（常教通〔1999〕25号），决定对全市职教系统管理干部和教师进行有目标、有计划、有组织的培训。培训分为省级培训和市级培训两类，参加省级培训的为：各区、县（市）主管职教的教育局长和职业学校校长；40岁以下的学历未达大学本科毕业的教师；被调整到本人所学专业之外的专业教师；所教专业及知识更新较快需要培训提高的教师；省、市级学科带头人和骨干教师；新参加工作的青年教师和非师范专业毕业的教师。参加市级培训的为：职教管理干部。当年全市组织100余名校长、教师赴省参加13个专业班的培训。

2000年，随着全市全面启动实施“湖南省中小学教师继续教育工程”，全市职教系统管理干部和教师继续教育得到进一步加强，每年均组织干部、教师参加省级培训和市级培训。

2003年，常德市教育局安排石门湘北职业中专潘文清等27人参加全省职成教骨干资师培训。

2004年，常德市选派常德工业学校校长卓伯泉、桃源县职业中专骨干教师庄拥军、澧县职业中专骨干教师周乾静三名骨干教师到德国参加首届中德职教教师联合培训。

2007年，常德市推进 中职学校“双师型”师资队伍建设，积极组织实施中央财政支持的中职专业骨干教师培训计划，争取培训经费47万元，培训专业教师47人；实施省级专业带头人选拔培养计划，澧县职业中专学校电子电器应用与维修专业胡军等13名教师入选省级专业带头人项目；实施紧缺专业特聘教师资助计划，争取资金13万元；推行专业教师校本培训计划，“双师型”和“复合型”教师不断涌现，约有60%以上的文化课教师能兼任2~3门相关文化基础课和专业基础课，有80%以上的专业课教师能胜任3~4门专业课教学。本年，全市职业院校选派356名专业教师到教育部、省教育厅职教教师培训中心以及相关企业参加培训。2月，常德市职业教育与成人教育协会组织CEAC项目教师培训认证培训班，共有24所学校的49名教师参加培训。

2008年暑假，市教育局组织全市11所国家级重点职业学校和省级示范性职校的校长参加省教育厅在益阳举办的全省职业院校校长培训班。下半年，全市分别选送桃源职业中专学校彭志敏等33名专业骨干教师参加了国家级中职专业骨干教师培训。6月下旬至7月中旬，市教育局举办一期职业院校教师普通话水平测试培训班，参加首期培训的教师有47人。

2010年，常德市先后组织22名教师参加国家级中职骨干教师培训，组织114名教师参加三期省级骨干教师培训。此外，还分别以常德财经中等专业学校和湖南同德职院为基地，正式启动市本级骨干教师培训，参训学员达70余人。

第二节　职称及学历结构

1990年，常德市有农职中学63所，共有教职工1959人，其中专任教师1326人，专任教师中，有高级职称的54人，中级职称的352人，两项占专任教师总数的30.6%；有普通中专学校9所，共有教职工1264人，其中专任教师619人，专任教师中有高级职称的74人，中级职称的238人，两项占专任教师总数的50.4%。

1988—1996年期间，常德市中职学校不断加强师资队伍建设，虽然取得一定成绩，但还不能达到省教育厅的要求。按省教育厅的要求，专业课教师应占专任教师的60%，常德市只占54.7%；具有中、高级职称的教师应占专任教师的50%，常德市只占46%。为改变这一状况，全市各中职学校以建设高质量师资队伍为目标，分阶段制定并实施师资队伍建设规划。到2005年，全市各级各类职业学校共有教职工4397人，其中专任教师2815人（文化课教师1084人，专业课教师1731人，专业课教师占专任教师总数的61.5%，具有本科学历的教师1772人，学历合格率达68%，其中公办职业学校教师学历合格率达72.4%，民办职业学校教师学历合格率达48.6%；专任教师中具有高级职称的有481人，具有中级职称的有1073人，中、高级职称的教师占专任教师的55%；全市“双师型”教师的比例为23%。

2010年，常德市有中等职业学校65所，共有专任教师2832人。专任教师中，大学本科毕业及以上学历的有2286人，占专任教师的80.72%。专任教师中有高级教师473人，占16.7%，有中级职称的有1171人，占41.35%。

第三章　学校管理

第一节　管理体制

1988 年，常德市按照国务院办公厅 1987 年 1 月转发的国家教委等部门《关于全国职业技术教育工作会议的情况报告》的要求，大力改革对职业教育领导和管理。除实行垂直管理的行业外，其他职业技术学校均由市政府和区、县（市）政府负责统筹管理。是年，全市有普通中专学校（含中等师范学校）9 所、职业中学 65 所、技工学校 5 所。常德市 1988 年各类中职学校基本情况见表 4–3–1、表 4–3–2、表 4–3–3。

表 4–3–1　　1988 年常德市普通中专学校一览表

学校名称	主管部门	创办时间	主要专业	在校学生人数	校址
常德农业学校	市农村部	1905 年 8 月	农学、畜牧、经作、财会、综合经营	795	武陵区
桃源师范学校	市教委	1912 年 8 月	普通师范	1645	桃源县
常德师范学校	市教委	1947 年 7 月	普通师范	1709	武陵区
常德卫生学校	市卫生局	1951 年 2 月	卫生医士、护士、卫生检验、中医士	1092	武陵区
常德供销学校	市供销社	1955 年 7 月	商企管理、工业财会、商业财务	615	武陵区
湖南包装食品机械学校	省机械厅	1975 年	食品机械、包装机械、食品工艺	1372	津市市
常德市农机校	市农业局	1977 年 7 月	农机化、财会、建筑	570	武陵区
常德市戏曲学校	市文化局	1978 年 10 月	地方戏曲表演	40	武陵区
津市师范学校	市教委	1987 年	普通师范	186	津市市

表 4-3-2　　1988 年常德市职业中学一览表

学校名称	主办单位	创办时间	主要专业	在校学生人数
安乡县一职中	安乡县教委	1983 年 9 月	水产、畜牧	290
安乡县二职中	安乡县教委	1985 年 9 月	家电、化工	487
汉寿县一职中	汉寿县教委	1987 年 8 月	财会、工美	303
汉寿县洋陶湖职中	汉寿洋陶湖农场	1986 年 8 月	纺织	188
澧县一职中	澧县教委	1983 年 8 月	养殖、机修	640
澧县兰江职中	澧县教委	1984 年 8 月	机电	520
澧县中等卫生职业学校	澧县卫生局	1986 年 8 月	乡村医生	200
澧县中等供销职业学校	澧县供销社	1987 年 8 月	财会	50
澧县中等粮食职业学校	澧县粮食局	1987 年 8 月	农副产品	90
常德县一职中	常德县教委	1984 年 8 月	建筑、文书、美术	715
常德县石公桥职中	常德县石公桥镇	1985 年 8 月	家电	124
常德县河洑镇职中	常德县河洑镇	1985 年 8 月	财会	113
常德县中等供销职业学校	常德县供销社	1987 年 9 月	财会	99
常德县中等粮食职业学校	常德县粮食局	1987 年 9 月	粮食储藏	36
常德县园艺场职中	常德县园艺场	1987 年 9 月	果树	100
常德县渔场职中	常德县渔场	1987 年 9 月	水产	35
常德县林场职中	常德县林场	1985 年 9 月	林业	26
常德建筑技术学校	常德县私立	1987 年 9 月	建筑	100
临澧县一职中	临澧县教委	1983 年 9 月	农经、水产	532
临澧县中等卫生职业学校	临澧县卫生局	1987 年 9 月	乡村医生	73
临澧县新安职中	临澧县新安镇	1984 年 9 月	工民建	229
临澧县财贸职中	临澧县财委	1986 年 9 月	财会	175
临澧县经委职中	临澧县经委	1986 年 9 月	机电	135
桃源县一职中	桃源县教委	1983 年 9 月	农作、林果	363

表 4-3-2

学校名称	主办单位	创办时间	主要专业	在校学生人数
桃源县二职中	桃源县教委	1985 年 9 月	水产	332
桃源县渔父职中	桃源县教委	1986 年 9 月	机电、建筑	413
桃源纺织印染厂职中	桃源纺织印染厂	1986 年 9 月	纺织	61
桃源县中等卫生职业学校	桃源县卫生局	1986 年 8 月	乡村医生	159
桃源县中等供销职业学校	桃源县供销社	1986 年 9 月	财会	138
石门县一职中	石门县教委	1983 年 8 月	农作、林果	395
石门县二职中	石门县教委	1984 年 8 月	机电、电力	290
石门县中等卫生职业学校	石门县卫生局	1987 年 8 月	中医士	65
石门县中等供销职业学校	石门县供销社	1987 年 8 月	企业管理	60
石门县中等粮食职业学校	石门县粮食局	1987 年 8 月	食品加工	56
常德市一职中	常德市教委	1983 年 4 月	财会、机械	401
常德市二职中	常德市教委	1985 年 8 月	纺织、化工	756
常德市三职中	常德市教委	1986 年 6 月	食品	575
常德市四职中	常德市教委	1983 年 9 月	果蔬、家电	205
七一机械厂职中	七一机械厂	1985 年 9 月	机械加工	161
常德纺织机械厂职中	常德纺织机械厂	1985 年 9 月	机械加工	70
华南光学仪器厂职中	华南光学仪器厂	1986 年 9 月	机械加工	46
常德纺织厂职中	常德纺织厂	1985 年 9 月	棉纺织	66
常德工艺美术学校（市）	私立	1988 年 9 月	工艺美术	150
津市一职中	津市市教委	1987 年 9 月	纺织	299
津市二职中	津市市教委	1984 年 9 月	建筑	434
津市三职中	津市市教委	1986 年 9 月	卫生	291

说明：根据 1988 年常德市教育事业统计资料：1988 年全市现有农、职业中学 70 所，其中初中 15 所，普中附设农职班 4 所为农职校，职业高中为 51 所。因当年“地改市”，慈利县划归张家界市，故本表未列慈利县 5 所职业高中

表 4-3-3　　1988 年常德市技工学校一览表

学校名称	主管部门	创办时间	在校学生人数
常德市技工学校	市人事劳动局	1982 年 10 月	1451
常德纺织机械厂技工学校	常德纺织机械厂	1976 年 10 月	154
浦沅工程机械厂技工学校	浦沅工程机械厂		367
华南光学仪器厂技工学校	华南光学仪器厂	1981 年 8 月	187
津市市技工学校	津市市劳动局	1987 年 1 月	409

1989 年 4 月，常德市中等城乡建设职业技术学校成立，学校前身是 1984 年 10 月常德地区建设委员会成立的“建设部远距离教育中心湖南函授分站常德地区辅导站”。学校成立同时加挂“常德市建设委员会成人教育中心”“湖南省城乡建设电视中专学校常德分校”的牌子，撤销原辅导站。承担常德市建委系统的职业技术教育、成人学历教育、在职人员的专业技术培训和继续教育三大任务。校址设在常德市西郊护城乡高车村。

1990 年，常德市在全省率先制定《职业高中管理暂行规定》，共十章五十条。《暂行规定》明确：职业高中实行政府领导，多种形式办学，教育部门管理的办学管理体制。区、县（市）教委明确一名领导分管，教委职教组负责日常管理，主要做好学校建立、招生、专业设置、教师选派与培训、教学管理、并协同有关方面做好人事调配、经费分配以及其他有关工作。

1989—1990 年常德市 10 所职业中学改为职业中专。即:临澧县财贸职业中学改为临澧县财贸职业中专学校；临澧县公交职业中学改为临澧县工业职业中专学校；津市第二职业中学改为津市职业中专学校；澧县兰江职业中学改为澧县职业中专学校；津市第一职业中学开设造纸职业中专班；常德市鼎城区职业中学改为鼎城区职业中专学校；常德市第二职业中学改为常德市轻化职业中专学校；常德市第三职业中学改为常德市食品职业中专学校；常德市粮食职工中专学校开办财会、粮油储检职业中专班；常德市设立供销职业中专。1991 年，东山峰农场创办职业高中（开设农艺专业）。1990—1992 年，鼎城区职业中专、常德市食品职业中专、津市市职业中专三所职中被国家教委认定为“省级重点职业高级中学”。

1994 年 12 月，湖南省第八届人民代表大会常务委员会第十二次会议通过《湖南省职业教育条例》。条例对职业教育的管理职责、办学、教育教学、教师等提出具体要求。其中明确：教育行政部门统筹管理本行政区域内的职业教育工作，管理学历教育的职业学校，规划职业学校的布局，负责办学水平的评估督导、教学业务指导和学历认定，指导办好重点职业学校；劳动行政部门综合管理本行政区域内的职业培训工作，负责技工学校的管理和督导；各行业主管机构在同级教育、劳动、计划行政部门指导下，负责制定本行业职业教育工作计划，管理所属职业学校和职业培训机构，组织本行业职业教育的评估督导；职业教育实行国家、行业、企业事业单位和社会多形式、多层次办学，并以行业、企业事业单位办学为主；地区、自治州、设区的市应当根据需要有计划地将部分普通中学改为职业学校，并办好重点职业学校。常德市对境内职业学校按《条例》要求实施管理。同年 9 月，常德戏曲学校更名为常德艺术学校，12 月学校升格为正处级事业单位。是年，学校选定新校址，征地 42 亩新建。

1995 年，常德市根据教育部、湖南省教委对重点职中的评估要求，以及全市教育工作会议上提出的任务，加速重点职中建设步伐。当年，津市职业中专学校和常德市食品职业中专学校被国家教委认定为首批国家级重点职业高级中学；常德市轻化职业中专学校、安乡县第一职业中学、石门县第一职业中学被国家教委认定为第三批省级重点职业高中。

1996 年 5 月，常德市委、市政府在澧县召开全市示范性职业学校建设会议，传达落实省委书记王茂林关于办好职业教育的指示精神，决定在 3 年内建好 10 所示范性职业学校。常德市的市、县两级党政负责人出任全市 10 所示范性职业学校的挂点领导：常德市轻化职业中专学校为王孝忠、常德市食品职业中专学校为刘昌进、安乡县第二职业中学为徐万发、汉寿县第一职业中学为刘本之、澧县职业中专学校为李学林、鼎城区职业中专学校为王启林、临澧县职业中专学校为刘正岚、桃源县第二职业中学为胡宗清、石门县湘北职业中专学校为陈文浩、津市职业中专学校为肖朝进。同年，常德市食品职业中专学校改制为常德工业学校，常德市编委发文明确其为正处级事业单位。

1994—1997 年，常德市调整职业学校布局，共撤销办学效益不高的职业学校 8 所，即常德市七一职业高中、常德市棉纺职业高中、华南职业高中、兴华职业高中、津市政协职业高中、涔澹职业高中、东山峰职业高中、石门供销学校；对 11 所职业学校进行调整合并，即常德市一职中合并到市食品职业中专，澧县一职中合并到澧县职业中专，津市一职中合并到津市职业中专，桃源一职中合并到桃源二职中，临澧财贸职业中专和工业职业中专合并成临澧县职业中专，石门二职中与石门二中合并成综合高中后于 1996 年改办为湘北职业中专；停止 6 所卫校招生，即安乡卫校、汉寿卫校、澧县卫校、临澧卫校、石门卫校、津市卫校；新增加鼎城华侨艺术学校。1997 年，常德供销学校更名为常德信息工程学校。

1997 年，常德市的职业教育工作在全省自 1991 年实施目标管理以来，连续第七年获得先进单位的光荣称号。

1998 年 3 月，省教委发文同意桃源二职中改为桃源县职业中等专业学校、常德市轻化职业中专学校更名为常德市职业中等专业学校、常德市粮食职工中等专业学校加挂常德市工商贸易职业中等专业学校校牌。至此，常德市的职业中专学校达 13 所。是年，省教委认定澧县职业中专、石门湘北职业中专、鼎城职业中专、津市职业中专、常德市职业中专、桃源职业中专、临澧一职中7所学校为合格示范性职业学校。鼎城职业中专、临澧一职中、安乡一职中、石门职业中专4所学校成为全省现代农业新技术推广示范工程的基地学校。省教委批复同意常德电脑学校改名为常德电脑专修大学，内设职业中专部，学校可以颁发职业中专文凭。

1999年2月，《中共常德市委、常德市人民政府关于改革和发展职业教育的意见》（常发〔1999〕1号）文件下发。5月，市教委同意将石门县预备役学校撤销，在原址上兴办石门县第二职业中学。6月30日，津市师范学校正式停办。11月，市教委同意安乡县教育局撤销安乡县一职中并入安乡县二职中。6月，在全省社会办学表彰大会上，常德电脑专修大学，中山外语学校和新辉计算机学校受到省教委表彰，各得奖金3000元。是年，常德信息工程学校加挂常德市第三中学校牌。

2000年6月，常德市的湖南省机电学校、常德农业学校、津市职业中专、澧县职业中专、常德市职业中专、常德市食品职业中专、石门湘北职业中专共7所学校被《中国教育报》公布为首批国家级重点中等职业学校。常德信息工程学校与常德市三中合并，组建新的常德市第三中学，常德信息工程学校牌继续保留，学校同时招收高中生、初中生和普通中专生。是年，常德市有中等职业学校51所，基本情况见表4-3-4。

表4-3-4　　2000年常德市中等职业学校一览表

学校名称	学校性质	主管部门	主要专业	在校学生
湖南机电学校	部门办	省机电局	工科、财经、管理	3111
常德工业学校	教育部门办	市教委	工科、财经、管理、艺术	1011
常德机电工程学校	部门办	市机电局	工科、财经、管理	1156
常德信息工程学校	部门办	市供销社	工科、财经、管理	1458
常德农业学校	部门办	市农业局	工科、农科、财经、管理	2086
常德财经中等专业学校	部门办	市财政局	财税、财务会计、审计	1567
常德卫校	部门办	市卫生局	医科	1578
常德艺术学校	部门办	市文化局	艺术、管理	736
常德师范学校	教育部门办	市教委	普师、幼师、工科、艺术	1372
桃源师范学校	教育部门办	市教委	普师、幼师、体育、艺术	1201
鼎城区职业中专	教育部门办	区教委	电子电器、电算会计、计算机应用、美术	

续表 4-3-4

学校名称	学校性质	主管部门	主要专业	在校学生
鼎城区女子职业中专	教育部门办	区教委	电算会计、电脑文秘、服装、旅游公关	
鼎城区机电工程学校	部门办	区机电局	计算机应用、汽车修理、旅游、机电	
鼎城区建校	民办	区教委	工民建、工程文秘、冷暖工程、电脑英语	
鼎城区汽车工程学校	部门办	区农机局	电脑网络工程、汽车电子工程、视频监控工程、高级电子工程	
鼎城区经贸学校	民办	区教委	电算会计、计算机应用	
鼎城区临江职校	民办	区教委	电子电器、电工、计算机应用	
津市职业中专	教育部门办	津市市教委	服装、计算机应用、电算会计、电子电器、电工、烹饪	843
安乡县一职中	教育部门办	县教委	园林绿化、家电、电算会计、办公自动化、农村经济管理	525
汉寿县一职中	教育部门办	县教委	电子技术、电算会计、物管、汽车修理、服装、庭园经济	
汉寿县二职中	教育部门办	县教委	计算机应用、旅游、医护	
澧县职业中专	教育部门办	县教委	电子电器、计算机应用、电算会计、机电、服装、烹饪	
澧县卫生学校	部门办	县卫生局	医疗保健、家政护理	
澧县劳动职校	部门办	县劳动局	计算机应用、电算会计、机电	
澧县计算机学校	民办	县教委	计算机应用、计算机辅助设计	
澧县九澧科技学校	民办	县教委	文秘	
澧县翊武外国语学校	民办	县教委	英语	
桃源县职业中专	教育部门办	县教委	电子电器、计算机应用、电工、电算会计、汽驾与维修	
桃源县三职中	教育部门办	县教委	计算机应用、电算会计、机电、家电、文秘、企业管理	
桃源县渔父职业中专	教育部门办	县教委		
桃源县卫生学校	部门办	县教委		
桃源县农机职中	部门办	县教委	汽驾与维修、电工、文秘	

续表 4-3-4

学校名称	学校性质	主管部门	主要专业	在校学生
桃源县纺织职中	部门办	桃纺厂	纺织、服装	
临澧职业中专	教育部门办	县教委	英语、旅游	990
石门县职业中专	教育部门办	县教委	家电、办公自动化、农家经	
湘北职业中专	教育部门办	县教委	计算机应用、家电、英语、	
石门县二职中	教育部门办	县教委	保安、现代种植、汽驾与维修	
常德市职业中专	教育部门办	市教委	计算机应用、汽驾与维修、服装、电工电子、电算会计	
常德市城建学校	部门办	市建委	工民建、园林绿化、城镇规划、水电安装	
常德市女子外语学校	民办	市教委	外贸英语、	
常德市中山外语学校	民办	市教委	英语	
常德工艺美术学校	民办	市教委	工艺绘画、雕塑、建筑艺术、艺术陶瓷	
常德市湘北外语学校	民办	市教委	英语	
常德市光明电子学校	民办	市教委	文秘、家用电器	
常德朗州科技学校	民办	市教委	计算机应用、电子电器、中英文秘	
常德电子技术学校	民办	市教委	计算机应用、电脑文秘、家用电器、电子电器、制冷与应用	
常德市交通旅游学校	民办	市教委		
常德市武陵艺术学校	民办	市教委		
常德电脑学校	民办	市教委	计算机应用	
浦沅机械技工学校	部门办	浦沅厂	计算机应用、电子技术	

2001 年湖南省教育工作会议确定，整个中等职业教育的管理由省、市两级统筹；省、市办普通中专，市、县办职业高中，市属普通中专学校在办学权属和人、财、物管理权限未变的情况下，将教学业务改由市州教委管理；省属普通中专学校按服务面向和办学科类，分别采取“留、并、转”等形式进行调整。

2001 年初，常德市市长办公会议决定将常德农校、常德卫校、常德机电工程学校合并，创办常德职业技术学院。9 月，根据中共常德市委和省建设厅批复，常德市中等城乡建设职业技术学校并入常德师范学院，所有在校未毕业学生转入常德市农业机械化学校相同专业就读。12 月，湖南省高校设置评议委员会对常德职业技术学院创办进行评估。2002 年 5 月，湖南省政府下文批准筹建常德职业技术学院。同年 12 月省专家组评估通过，2003 年 4 月由湖南省政府发文批准正式成立。

2002 年，全市职教招生取消指令性计划，允许有条件的职业学校跨地域招生。5 月，湖南省劳动和社会保障厅将常德市劳动技校改为常德市第十一中学、桃源县技校与该县职业中专合并，对桃纺技校予以注销。同年，津市教育局将津市职业中专、津市电大、津市技校三校合并，率先成立常德市第一个职成教育集团，为常德市职成教育整合教育资源、扩大办学规模进行探路。

2003 年，常德市贯彻执行湖南省颁发的《关于规范职业技术学历教育若干问题的通知》（湘教发〔2003〕17 号）精神，从当年起，由市教育局每年在《常德日报》上公布具有学历教育招生资格的职业技术院校名单；建立职业技术学校招生广告审核备案制度；规范职业技术学校名称；规范中等职业技术学历教育专业设置；职业技术院校不得借联合办学的名义设立分校、校外办学点，或将高层次学历教育安排在低层次学历教育学校进行教学活动，职业技术学院从 2006 年起，不再举办中等职业技术学历教育。

2003 年 1 月，常德艺术学校成建制并入常德师范学院，更名为常德师范学院艺术中学；同年，常德师范学校加挂常德旅游学校牌；次年，桃源师范学校加挂常德信息科技学校牌。

2003—2004 年，常德市有 10 所中等职业学校被教育部认定为国家级重点中等职业学校，即常德工业学校、常德市职业中专学校、常德旅游学校（常德师范学校）、常德财经中等专业学校、澧县职业中专学校、石门湘北职业中专学校、桃源县职业中专学校、常德信息科技学校（桃源师范学校）、安乡县职业中专学校、临澧县职业中专学校。

2005 年，常德市根据 2004 年湖南省教育厅文件《关于深化职业教育管理制度改革，进一步扩大职业院校办学自主权的意见》精神，辖区内省属普通中专学校招生、学籍管理、学生电子注册、教育教学等各项业务工作归属市教育局管理。

2007 年，常德市人民政府颁发《关于大力发展职业教育的决定》，明确继续完善“政府主导、依靠企业、充分发挥行业作用、社会力量积极参与，公办与民办共同发展”的多元办学格局和“在国务院领导下，分级管理、地方为主、政府统筹、社会参与”的管理体制。

2009 年，常德信息工程学校停止招收普通中专生。

2010 年，常德市有中等职业学校 65 所，基本情况见表 4–3–5。1988—2010 年，常德市中等职业教育基本情况见表 4–3–6。

表 4-3-5　　2010年常德市中等职业学校一览表

学校名称	学校性质	主管部门	主要专业	在校学生人数
常德外事职业学校	民办	区教育局	文秘、模具、汽修	1952
常德计算机职业学校	民办	区教育局	模具、动漫、计算机应用	1436
常德科技职业学校	民办	区教育局	模具	186
常德国贸职业学校	民办	区教育局	电子电器	297
常德工业电子技术学校	民办	区教育局	电子技术	327
常德蓝天职业技术学校	民办	区教育局	模具	468
常德网络信息职业学校	民办	区教育局	计算机网络技术	509
常德汽车技术学校	部门办	区农机局	汽修	104
安乡县职业中专	公办	县教育局	服装、机电	1941
安乡县创维职业学校	民办	县教育局	计算机应用、物流	765
安乡县成人中专学校	公办	县教育局		公办
汉寿县职业中专	民办	县教育局	模具设计与制造、电子技术	1653
汉寿县飞翔职业学校	民办	县教育局	机械加工、文秘计算机	757
汉寿县拓潮职业学校	民办	县教育局	电子信息与技术	720
汉寿县湘大职业技术学校	民办	县教育局	计算机与应用、商务文秘	667
汉寿县世伟职业技术学校	民办	县教育局		0
湖南涉外中等职业技术学校	民办	县教育局	高尔夫与旅游酒店管理	191
澧县职业中专学校	公办	县教育局	机电设备安装与维修、电子电器应用与维修	6277
澧县电子信息工程职业学校	民办	县教育局	电子电器应用与维修、计算机应用	509
澧县城头山职业技术学校	民办	县教育局	模具加工与制作、电子电工	850
澧县翊武职业外事学校	民办	县教育局	商务英语、物流管理	85
澧县科技职业学校	民办	县教育局	商务外语(日语)	233
澧县计算机职业学校	民办	县教育局	计算机等	795
常德澧州商务职业学校	民办	县教育局	服装设计与工艺	645
临澧县职业中专	公办	县教育局	服装、机电、电子	1455

续表 4-3-5

学校名称	学校性质	主管部门	主要专业	在校学生人数
临澧县女子职业技术学校	民办	县教育局	商务英语	325
桃源县职业中专	公办	县教育局	数控、模具、机电、电子	3620
桃源县机电成人中等专业学校	民办	县教育局	电子技术应用	618
桃源创才科技职业学校	民办	县教育局	电子技术应用、计算机应用	420
桃源武陵职业技术学校	民办	县教育局	电子技术应用、模具设计与制造	1018
湘北职业中专学校	公办	县教育局	计算机、机电、会计、旅游	1858
石门县新科电子学校	民办	县教育局	电子电工、计算机	784
石门县经贸职业技术学校	民办	县教育局	旅游服务与管理、计算机及应用	1538
石门县科技职业技术学校	民办	县教育局	计算机应用、文秘	152
石门县民族职校	民办	县教育局	模具设计与制造	190
石门信息管理职业技术学校	民办	县教育局	服装设计与营销、电子电器维修与应用、	848
津市职业中专学校	公办	津市市教育局	服装设计与工艺、模具设计与制造	1878
湖南机电职业技术学院中职部	公办	省、市教育局	电子商务、电子技术应用	1801
同德职业学院中职部	民办	市教育局	计算机网络技术、	1901
常德英才电脑外语学校	民办	市教育局	电子商务、电子应用技术	326
常德工艺美术学校	民办	市教育局	模具设计、会计	108
常德女子外语学校	民办	市教育局	商务英语	1129
常德中山外语职业学校	民办	市教育局	商务英语	1113
常德朗州科技学校	民办	市教育局	计算机应用、模具	655
常德经济管理学校	民办	市教育局	计算机应用	760
常德环球旅游职业技术学校	民办	市教育局	旅游服务与管理	980
常德德才科技职业学校	民办	市教育局	电子商务、电子电器应用与维修、计算机应用	1178
常德鸿志职业技术学校	民办	市教育局	主板芯片及维修	1300
常德长采理工职业学校	民办	市教育局		633
常德湘北外国语学校	民办	市教育局		340

续表 4-3-5

学校名称	学校性质	主管部门	主要专业	在校学生人数
常德模具数控技术学校	民办	市教育局		128
常德英杰职业技术学校	民办	市教育局	旅游服务与管理	422
常德东方职业技术学校	民办	市教育局	烹饪、机械加工	130
常德职业技术学院中职部	公办	市教育局	护理与药学	2047
常德工业学校	公办	市教育局	电子类、机械加工类	1186
常德汽车机电学校	公办	市教育局	汽修、服装、电子、模具	1900
湖南文理学院附属艺术职业学校	公办	市教育局	舞蹈表演、群众文化艺术	160
常德现代技术职业学校	公办	市教育局	计算机及应用	406
常德财经中等专业学校	公办	市财政局	模具设计、会计	2760
常德师范学校	公办	市教育局	群众文化艺术、幼儿教育	3279
桃源师范学校	公办	市教育局	幼儿教育、航空服务	1334
浦沅职业中专	企业办	浦沅厂	数控技术、钳工、焊工	3100
常德市武陵农业广电学校	部门办	市农业局	电脑艺术设计	40

表 4-3-6　　1988-2010 年常德市中等职业教育基本情况统计表

年份	学校总数	毕业人数	招生人数	在校学生数	教职工人数	专任教师人数	中职招生比例
1988	79	5912	11566	24791	3084	1809	45.82%
1989	69	7232	10861	25558	3422	1982	45.83%
1990	77	7726	11319	26768	3506	2080	44.88%
1991	79	8040	12559	28629	3784	2257	47.47%
1992	81	8089	14470	32452	4072	2475	52.26%
1993	84	8259	15752	34665	4263	2605	55.57%
1994	84	8386	13413	34195	4205	2548	46.74%
1995	70	10376	14569	33777	4033	2449	49.24%
1996	69	9431	13817	34303	3958	2480	48.17%

续表 4-3-6

年份	学校总数	毕业人数	招生人数	在校学生数	教职工人数	专任教师人数	中职招生比例
1997	70	9828	16271	37912	4317	2701	50.38%
1998	69	11845	15765	39238	4195	2632	48.66%
1999	58	10374	13113	36182	4015	2467	42.75%
2000	51	9583	12421	33261	3575	2238	35.72%
2001	45	10148	15909	34098	3276	1981	35.05%
2002	39	9139	17824	39434	3030	1927	32.70%
2003	59	10819	24936	53776	4397	2815	38.40%
2004	60	13791	31668	67406	4378	2844	42.48%
2005	65	16324	31941	72466	4236	2087	40.61%
2006	69	19907	28432	77267	4326	2878	40.89%
2007	77	22916	33442	88196	4680	3086	46.50%
2008	73	24702	24536	71418	4489	2926	38.56%
2009	66	25959	26583	68907	4670	2981	43.35%
2010	65	21418	26373	69190	4328	2832	42.24%

说明：2003 年起，普通中专、成人中专、职业中专及其他机构附设中职班均合并为中等职业教育统计

第二节　管理办法

一、内部管理体制改革

1989 年初开始，常德市各职业高中学校试行内部分配机制改革，制定并实施 “课时岗位津贴发放办法”“工作量试行办法”“工作成绩考核办法”等制度，试行校内福利、奖金与教师工作量、工作态度、工作成绩挂钩，尝试引入竞争机制。

1993 年常德市各中小学校贯彻人事部、教委关于工资改革的文件精神，实行由职务等级工资与岗位津贴组成的结构工资制。各中职学校为此制定并试行 “工资构成中津贴部分的实施方案”。此次工资改革把专业技术（行政）职务的级别和工资挂钩，把工作成绩和工资挂钩。

1998 年下学期开始，各中职学校贯彻常德市教委《关于在全市中小学校全面推行

“三制”改革的意见》，实行校长负责制、教师聘任制和绩酬挂钩制。同时，各校大力推进民主管理，实行校务公开，定期召开职工代表大会讨论和决定重大事情，发动群众参与监督。

2003 年，常德市各中职学校全面推行聘用制度改革。教职工与学校签订岗位聘用合同，处、室中层干部实行公开竞聘上岗，在竞聘演讲、民主测评、民主推荐的基础上，产生学校新的中层管理队伍。

2007 年，常德市人民政府颁发《关于大力发展职业教育的决定》（常政发〔2007〕6 号），明确“鼓励职业院校积极探索学校内部双层管理体制改革，充分发挥专业管理层级及教职员工经营专业资源的积极性。深化职业院校内部收入分配改革，将教职工收入与学校发展、所聘岗位及个人贡献挂钩”；“深化公办职业院校以人事分配制度改革为重点的内部管理体制改革。中等职业学校实行校长负责制和教师聘任制”；“完善职业院校人才培养水平和专业建设水平评价体系，以毕业生的职业道德素质、专业技能水平、就业率和就业质量为核心指标，以学校的办学定位、人才培养模式、专业建设、教师队伍、办学条件、教学方法和管理水平为主要指标，建立学校人才培养水平和专业建设水平分级评价制度，评价结果向社会公布，引导社会合理选择就读学校，并作为教育行政主管部门管理学校的重要依据”。《决定》为全市中等职业学校深化内部管理体制改革起到了促进作用。

二、人事管理

1990 年，常德市教委出台《职业高中管理暂行规定》明确：职业高中实行党支部领导下的校长负责制。内部管理实行校、处两级制，行政人员按校长、副校长、主任、副主任和职员的职务分列。城镇职业高中 12 个（三年制，下同）教学班以上，在校学生 480 人以上，农村职业高中 9 个教学班以上，在校学生 360 人以上，部门主办的职业高中 6 个教学班以上，在校学生 240 人以上，一般设教导处、总务处、生产实习处。规模在 15 个教学班以上的学校可设立政教处。学校可配备正副校长 1 至 2 人，包括专职支部书记 2 至 3 人（规模在 15 个教学班以上的可配备 3 至 4 人）。各处设正副主任 1 至 2 人。以上人员都必须在学校行政总编制内进行配备。学校共青团、工会，按有关规定设置。没有设立政教处的学校，明确专人主管此方面的工作。

1992 年下半年起，常德市职业高中的机构设置和人事管理，按照当年 7 月湖南省机构编制工作领导小组办公室和省教委联合颁发的《湖南省职业高中机构设置和人员编制标准的意见（试行）》文件执行。文件规定职业高中规模在 15 个班以上的，一般配备校级干部 3 人，下设办公室、教导处、生产实习处和总务处，各处配备正副主任和相应的工作人员；学校规模为 15 个班的，配备校级干部 2~3 人，机构和工作人员适当减少。教职员编制标准为：工农医类，按每班平均配 6~6.5 人；文科类，按每班平均配 5.5~6 人。专任教师中，专业课教师（包括实习指导教师）占教职工总数的 60%。

2009 年，湖南省机构编制委员会办公室、教育厅、财政厅联合颁发《湖南省中等职业学校机构编制标准（试行）》，中等职业学校校级党政领导职数根据学生人数规模确定。学生人数在 3000 人以下的，校级党政领导职数不超过 5 名；学生人数在 3000 人以上的，校级党政领导职数不超过 7 名。中等职业学校内设党政管理机构按学生人数控制，学生人数在 3000 人以下的不超过 6 个；3000~5000 人的不超过 7 个；5000~8000 人的不超过 7 个；8000 人以上的不超过 9 个。内设党政管理机构领导职数按 1~2 名配备。中等职业学校各类专业的生员比分别是：工农医卫类为 11:1，商贸财经类为 14.5:1，文化艺术与体育类为 7:1。获得国家级示范性中等职业学校建设单位资格的学校，人员编制数可在核定编制总数基础上上浮 5%；获得省级示范性中等职业学校建设单位资格的学校，人员编制数可在核定编制总数基础上上浮 3%；上浮编制的部分仅用于教师引进。中等职业学校人员编制结构中，教师编制数不得低于学校编制总数的 85%。常德市各中等职业学校按此要求核定编制、配备人员。

1988—1999 年技工学校、1988—2002 年常德市中等专业学校、职业中学的教职工人数及专任教师人数情况见表 4-3-7、4-3-8、4-3-9，后续情况见表 4-3-6。

表 4-3-7　　1988-1999 年常德市技工学校基本情况统计表

年度	学校所数	毕业生人数	招生人数	在校学生人数	教职工人数	其中专任教师人数
1988	5	888	1216	2568	250	138
1989	5	1022	986	2460	318	138
1990	5	1006	1037	2605	283	135
1991	6	1229	1167	3000	425	212
1992	8	1049	1130	2824	355	177
1993	8	1059	779	2200	449	229
1994	6	898	1132	2645	428	220
1995	6	1195	1431	2647	387	195
1996	6	1218	1106	2440	366	183
1997	6	1412	1131	2254	360	203
1998	5	883	648	2143	281	150
1999	3	823	665	1495	230	152

表 4-3-8　　1988-2002 年常德市中等专业学校基本情况统计表

年份	学校数	毕业生人数	招生人数	在校学生人数	教职工人数	专任教师人数
1988	9	2279	3421	8024	1299	628
1989	9	2043	2745	8692	1308	654
1990	9	2969	2627	8250	1264	619
1991	9	3169	2705	7545	1279	643
1992	9	2621	3017	8134	1317	649
1993	9	2629	3536	9032	1274	648
1994	10	1993	4198	10878	1350	673
1995	10	2618	4726	12774	1384	701
1996	11	2871	4434	14270	1368	719
1997	11	4048	5080	14933	1543	802
1998	11	4686	5504	15997	1537	813
1999	10	4037	4780	16170	1472	738
2000	10	4162	3662	15279	1456	759
2001	10	5692	6461	15286	1449	780
2002	6	4315	7178	16953	1214	696

表 4-3-9　　1988-2002 年常德市职业中学基本情况统计表

年份	学校数	毕业生人数	招生人数	在校学生人数	教职工人数	专任教师人数
1988	65	2745	6929	14199	1535	1043
1989	55	4167	7130	14406	1796	1190
1990	63	3751	7655	15913	1959	1326
1991	64	3642	8687	18084	2080	1402
1992	64	4419	10323	21494	2400	1649
1993	67	4571	11437	23433	2540	1728
1994	68	5495	8083	20672	2427	1655

续表 4-3-9

年份	学校数	毕业生人数	招生人数	在校学生人数	教职工人数	专任教师人数
1995	54	6563	8412	18356	2262	1553
1996	52	5342	8277	17593	2224	1578
1997	53	4368	10060	20725	2414	1696
1998	53	6276	9613	21098	2377	1669
1999	45	5514	7668	18517	2313	1577
2000	41	5421	8759	17982	2119	1479
2001	35	4456	9448	18812	1827	1201
2002	33	4824	10646	22481	1816	1231

三、学生管理

1990 年，常德市教委发布的《职业高中管理暂行规定》中明确：职业高中招收新生，由教育行政部门的对应届初中毕业生组织统一考试。录取新生持录取通知书按学校规定的入学日期报到，办理注册后，方可取得学籍。新生开学三天后不报到者，取消入学资格。职业高中学籍由学校、区、县（市）教委和市教委共同管理。学校对所有在校学生必须建立市或区、县（市）教委统一规定的学籍档案。学生档案中的有关材料必须按要求，分学期由班主任、科任教师如实填写，严禁弄虚作假。学生休学，由学校发给休学证明，休学时间一般为一学年。因特殊情况不能按时复学，经校长批准，可将休学时间延续一学年。休学期满无特殊情况超过两周不复学者，作为自动离校处理，取消学籍。学生一期连续旷课十天以上或累计旷课十五天以上者，作自动离校论处。每学年文化课和专业课考试科目通过补考仍有四科不及格者，作劝其退学处理。凡经校长同意的申请退学者，学校可根据其实际学习年限发给肄业证书。学生不得任意转学。职业高中学生不得转入职业中专、电视中专和普通高中，职业高中不得接受普通高中、职业中专、电视中专和私立职业高中学生转入就读。学年考试或评定成绩经补考仍有两门考试科目不及格者，应予留级。凡连续两次留级者应予以辞退。辞退学生不得发给肄业证书。

学校每学期评定一次“三好学生”“优秀学生干部”“优秀团员”，给予精神和物质奖励。市和区、县（市）教委每学年评定一次“三好学生”“优秀学生干部”，给予精神奖励。对违反《中学生守则》、《中学生日常行为规范》和犯有其他错误屡教不改者，视其所犯错误的性质、情节轻重和认错态度，学校分别给予“警告”“严重警告”“记过”“记大过”“留校察看”“勒令退学”“开除学籍”等处分。对受“警告”“严重警告”“记过”“记大过”“留校察看”处分的学生，如本人能深刻认识其错误，认真吸取教训，改正错误，确有进步表现，经本人申请，学校行政会议研究批准，可撤销处分后，将有关处分材料从该生档案中撤出，存入学校文书档案中。

学生在校学完教学计划规定的各门课程，修业期满，操行、学业、体育均合格，准予毕业，发给毕业证书。受“记过”以上处分未撤销者，不予毕业。毕业考试科目有一科不及格者，未参加毕业实习或毕业实习不合格者，均不得毕业。单科节约考试第一次补考不及格者，毕业时允许再补考一次，仍不及格者，只发给肄业证书。转入或留级到相关专业班级的学生，应修完该专业的主要学科并考试合格，方可毕业。职业高中毕业证书由市教委统一印制，统一验印。

1995 年，常德市中等职业教育学校学生毕业证书发放，按照湖南省第八届人民代表大会常务委员会第十二次会议通过的《湖南省职业教育条例》规定：普通中专、职业中专、职业高中和高等职业学校毕业生，由学校发给经省教育行政部门验印的毕业证书；技工学校和高级技工班毕业、结业生由学校发给有省劳动行政部门验印的毕业证书或者结业证书。

1995 年起，常德市普通中专学校学生学籍管理实行计算机管理，首次进入计算机管理的是 93、94、95 级学生，以后每年录取的新生均采用计算机注册，并对学籍处理（升留级、处分、转学、奖惩、成绩记载等）、毕业证验印、毕业生去向等全过程实行计算机管理。

1999 年，常德市教委结合省教委有关规定，制定《常德市职业高中类学校学生学籍管理规定》（常教通〔1999〕97 号）。《学籍管理规定》分为十章三十七条，在入学与注册、成绩考核、纪律考勤、升级与留级、休学与复学、转学与转专业、退学、奖励与处分、毕业与结业等方面，做出详尽规定。该《规定》归口市教委职教科和区县（市）教育局职教股管理，从 1999 年 8 月 25 日起实施。

2005 年，常德市教育局转发省教育厅《关于中等职业学校学生入学电子注册、毕业生电子注册、毕业证书发放的有关问题的通知》（常教函〔2005〕72 号）。按通知要求，为防止买卖文凭，杜绝假文凭，方便毕业生就业特别是到省外就业，方便用人单位查询专业设置、在校生、毕业生等情况，从 2005 年起，常德市普通中专学校、职业中专学校、职业高中学校以及职业技术学院、独立设置的成人高等学校举办的中等职业教育，均实行全省统一的学生入学电子注册、毕业生电子注册、毕业证书发放制度。中职学生入学信息、学籍异动信息、毕业生注册信息均通过湖南教育网向社会公布。学生入学电子注册、毕业生电子注册、毕业证书发放工作实行省、市、县市区、学校四级管理，以学校和县市区为基础，市统筹，省宏观管理。各校还对通知提出的电子注册系统的使用、有关信息录入、注册信息的核准与管理、报盘时间、毕业证书发放等工作要求予以认真落实。

1988—1999 年技工学校、1988—2002 年常德市中等专业学校、职业中学的在校学生人数见表 4-3-7、4-3-8、4-3-9，后续情况见表 4-3-6。

四、财务后勤管理

1990年，常德市教委制定的《职业高中管理暂行规定》中明确职业高中学校财务实行：（1）学校每年编制经费收支计划，报上级主管部门审批后，认真执行预算管理；（2）学校的费用开支要定员定额，严格按照国家规定的项目标准管理，不办理无预算、超预算、超标准的开支，严格审批制度，超越审批权限的开支要坚决拒绝付款；（3）收入管理：收取学杂费（含专业实习费），学校必须按照教委和物价局联合规定的项目和标准收取，严禁乱收费。联办经费按学校与联办单位协议规定收取。校办工厂（农场）及勤工俭学收入必须交学校总务处统一管理。教育行政部门或财政拨给学校的补助费、维修费、奖励费、开办费等，要专款专用。学校所有收入都要实行凭据收款，开具正式收款收据；（4）学校要严格执行会计出纳分工负责制，按规模按规定配齐会计工作人员。会计工作人员必须遵守《会计法》的各项规定，坚守工作岗位，按照《档案法》的规定，及时整理好财务档案，交学校档案室统一保管；（5）财产管理：学校的土地（指使用权）、房屋、设备是国家财产，属学校使用，不得擅自出租、交换、出售给外单位或个人。学校要确定专职财产保管员，财务室必须建立健全固定资产账册，严格核算和管理。凡购买或调入的固定资产，如图书、教学仪器、体卫器材、课桌椅、办公用品等，都应由保管员分类登记入账。建立采购、验收、保管、领用、调配、维修、报损、报废等各项管理制度。各类实物做到账物相符。建立校产定期清理和赔偿制度，每个学期结束时，根据学校财产分类账卡进行清点，对失职或无故损坏者，应根据情况责令赔偿。要坚持勤俭办学艰苦奋斗原则，积极修旧利废，反对铺张浪费；（6）学校要制定相应的制度，采取必要的措施，放火、防盗、防毒和防其他意外事故的发生，确保师生员工的生命和学校、个人财产的安全。（7）学校环境：校舍布局要合理，教学区、生活区、运动区、生产实习基地要基本分开。教室环境安静，光线充足，通风良好。对现有校舍必须加强保护与维修，保证地面平整，门窗玻璃齐全，排水畅通，围墙完整。搞好学校绿化，绿化覆盖率不少于25%。逐步建成花园式的学校。学校环境布置要简朴美观。

第三节　招生制度改革

1988年，常德市普通中专学校的招生制度进一步改革。按照国家教委颁发的《普通中等专业学校招生暂行规定》，中专招生来源计划分为国家任务、委托培养、自费生三种，纳入国家任务部分的学生，毕业后实行国家计划指导下，本人选报志愿，学校推荐，用人单位录用的制度。委培生则由用人单位委托招生，委托单位按议定合同向学校交纳一定数量的培养费，毕业生按合同规定到委托单位工作。此外，还可以在国家计划外招收少数自费生，学生向学校交纳一定数量的培养费，毕业后可由学校推荐就业，也可自谋职业。实行三种招生计划，改变过去统招统分的制度。

1988 年起，湖南广播电视大学、长沙市电视中专学校、湖南广播电视大学城乡建设中专分校，分别在常德市条件具备的职业高中对口开办电视中专班，招收应届初中毕业生，学制 3 年，开设民用建筑、农村家庭经营等 11 个专业。

1989 年，常德市职业高中招生工作按照湖南省教委精神进行两项改革：一是实行统一考试，单独划定录取线，按学生志愿从高分到低分择优录取。改变过去先由重点普高录取，再由一般普高选录，最后由职业高中录取的不合理办法。二是农业类职业高中和农科专业实行定向招生。招生指标由县市分配到乡镇，以乡镇划定录取线，由乡镇政府根据本乡镇经济和社会发展需要、学生志愿、学生家庭生产条件，择优推荐，招生学校审定录取，这样就把培养人才、帮助学生家庭致富，促进当地经济发展紧密结合起来。

1989—1991 年，常德市普通中专和技工学校的招生一直执行国家计划，分别由单独招收初中毕业生，试招少量高中毕业生，然后到同时招收初、高中毕业生。到 1991 年，基本招生初中毕业生。

1992 年，常德市普通中专招生工作根据湖南省有关精神进行 6 项改革：一是中专招生计划新列国家任务收费计划。招收的收费生，国家统一分配，学费每生每年交 1200~1500 元。这一措施对挖掘中专学校办学潜力起了促进作用。二是招生与分配挂钩，实行定向培养。学生根据企业需要招收，毕业后分配到联办企业。三是引导初中毕业生合理分流。当时初中生热衷于报考中专，在一定程度上影响普通高中新生质量，也造成职业高中生源不足。主要措施：（1）对毕业生升学志愿的填报，实行普通中专、普通高中、职业高中三类学校限报两类，其中普通高中和职业高中不能互相跨报的办法。（2）按类填报中专志愿，通过志愿的合理碰撞，为普通高中和职业高中分流一批优秀生和一部分生源。四是改革招生考试办法。中专招生考试依然是与初中毕业会考合并，以初中毕业会考成绩作为中专招生的文化成绩依据，不再进行其他预考。这对减轻学生考试负担，增强毕业会考信誉，统一高中阶段各类学校的起点，产生积极影响。五是扩大招收音体美特长生的比例。六是改革美术、艺术、体育类学校的招生管理。在招生对象、专业初试、文化考试、特招等方面作出新的要求。

1993 年，常德市中专招生开始“并轨”，即改革计划形式，把过去公费、定向收费、委培、自费 4 种形式合并为一种“国家任务”计划形式，对各学校招生只下达一种“国家任务”招生计划。

1997 年，常德市中专招生“并轨”改革又有几项突破：（1）取消非应届直升生不能报考中专学校。（2）改革收费制度。改变过去学生上学由国家包下来的办法，取消过去按公费、定向、委培、自费几种不同类别的收费标准，实行统一的收费标准。（3）改变过去毕业生完全由国家统一分配的办法，实行在国家方针政策指导下，一部分学生由国家安排就业，多数学生通过推荐就业、双向选择、自由就业。（4）招生学校可在年度招生计划基础上超招3%，超招计划由学校掌握。（5）取消过去初中毕业生报考志愿只能填报四类（农林水地矿、工商财、医卫、师范）中的一类，不能跨类填报的规定，改为考生可以跨类填报志愿。

2000年，为遏制中等职业教育滑坡，常德市各职业学校招生做到“三个落实”，即招生宣传落实、招生责任落实、招生规范落实。全市各校加大招生宣传力度，印发招生宣传手册；在新闻媒体上公布具备招生资格的学校名单；放宽学生报考职业学校的条件等，中等职业教育下滑趋势得到有效遏制。

2002年，常德市与全省同步，改革中等职业教育招生办法，招生实行“注册制”，初中毕业生可以持初中毕业证书直接到招生学校报名入学。

2005年，湖南省教育厅组织开发《湖南省中等职业学校学生管理系统》软件，建立学生入学电子注册和毕业生电子注册制度。当年，常德市各中等职业学校完成2005届中职毕业生和中职新生入学的电子注册工作。

2008年，常德市教育局下发《关于做好2008年中等职业学校新生注册和全国中等职业学校学生信息管理系统应用工作的通知》（常教通〔2008〕103号），要求各县市区中职学校严格按省教育厅《转发教育部关于做好2008年中等职业学校招生工作的通知》（湘教发〔2008〕52号）精神，规范新生注册程序。信息系统实行一级审核制度（县市区审核），一定做到认真、严谨，确保数据真实、准确、完整，杜绝出现虚报、错报和漏报现象。如发现弄虚作假的现象，将追究直接责任人和相关领导的责任。各地要采取切实有效措施，坚决杜绝虚假注册、多头注册现象，并及时上报新生注册信息、在校学生学籍异动信息、学生资助信息。对不如实上报学生信息、弄虚作假的学校，一经查实，将取消学校整体资助资格，学生应享受的国家助学金由学校自行承担，同时，取消下一年度的招生资格，并依法依规严惩有关责任人。通知还就相关工作做出翔实安排。

1988—1999年技工学校、1988—2002年常德市中等专业学校、职业中学的招生和毕业人数见表4-3-7、4-3-8、4-3-9，后续情况见表4-3-6。

第四节　就业制度改革

一、供需见面、双向选择、自主择业

常德市普通中专学校在学生分配及就业工作中，着力推进人才走向市场，学生自主择业，社会择优录用。1997年中等职业学校招生就业并轨之前，主要做了三件事。一是对国家任务公费生和收费生，采取计划导向、学生择业、学校推荐的办法。二是对定向生和委培生，主要采取学校与计划部门、用人单位相结合落实定向培养和委托培养的合同。三是对自费不包分配生，主要采取学校推荐，自主择业和劳务输出相结合的办法就业。如常

德农校1992年、1993年毕业的496名学生，都通过各种渠道得以就业。其中自费不包分配毕业生经过学校推荐和双向选择，招聘到新疆生产建设兵团就有112人。1997年招生就业并轨之后，常德农校通过供需见面、双向选择、自主择业等多种途径，保证了毕业生就业工作的落实。

1997年招生就业并轨之后，常德各普通中专学校通过供需见面、双向选择、自主择业等多种途径，保证了毕业生就业工作的落实。如2000年常德农校有近700人毕业，是毕业生人数较多的一年。常德农校通过信息网络推荐，派专人到沿海地区联络推荐，发动教职工与用人单位联系推荐等形式，在短时间内打通学生实习就业的路子，使2000年学生的实习就业安排率达到80%。余下的毕业生也通过自主择业、自主创业等方式实现就业。

常德市中等职业学校毕业生就业，按照1995年湖南省第八届人民代表大会常务委员会第十二次会议通过《湖南省职业教育条例》规定：职业学校毕业生，除国家规定分配的外，坚持面向社会，公平竞争，自主择业，择优录用。毕业生与用人单位已签订就业合同的用人单位与毕业生均须履行合同。

为促进学生就业，加强毕业生就业工作，多数职业中专、职业高中学校从1990年起，就设立就业处（实习就业处）具体负责职业指导和就业工作。各校根据行业发展趋势和就业市场需求，不断完善就业管理和服务水平。通过以综合职业能力培养为抓手，提升学生就业竞争力；以职业指导为载体，促进学生就业观念转变；以供需见面会为平台，搭建学生就业成才通道，力求使每位学生有多次就业的机会。多形式的就业举措和全方位的就业网络，使一批批职业道德好、技术过硬、能吃苦耐劳的毕业生深受用人单位青睐，还有许多学生自主创业成功。

二、厂校挂钩、订单培养、无缝对接

在加强毕业生就业工作中，中职学校大力拓宽联合办学路子，走产教结合的道路。

常德工业学校自开办以来，累计培养毕业生10000多人。学校先后与北京、广州、深圳、上海以及本地的30多家企业签订就业协议，学生的就业率达到95%以上，得到社会的广泛赞扬。培养输送出去的毕业生中，有相当一部分已经成为各行业、各部门中的骨干力量。1999年3月，常德电视台对学校毕业生就业工作进行跟踪采访，并在新闻中以“常德工业学校开辟就业渠道”为题进行报道。同年4月1日，《常德日报》又以《常德工业学校毕业生好俏》为题在头版进行报道。2000年6月5日，《常德日报》刊该本报记者的文章《搭上“升学—就业”直通车》，介绍常德工业学校的办学特色。1999年至2002年，该校被市教育局评为“毕业生就业工作信得过单位”，同时被确定为教育部重点研究课题《职业指导和创业教育的研究与实验》实验学校。2003年6月25日，《常德日报》以《感激母校》为题，对该校毕业生就业工作进行报道。2005年6月2日，《常德日报》又以《圆你升学求职梦》为题对该校打造品牌的情况进行报道。2005年起，常德工业学校积极探索订单培养、冠名培养、工学交替、资源共享、产学合作等多种校企合作形式，对各专业覆盖的工位及其知识结构，技能层次和工作待遇等进行市场分析，对过去的就业实习定点单位进行全面梳理，把学生就业方向调整为技术管理工位和名优企业，全面实施“定单式”培养。先后与人本集团、重庆国人啤酒集团、北京万吉大丰和、深圳智邦公司、深圳富士康、苏州华硕、北京金悦等多家企业在酒店管理、市场营销、模具制造等领域签订联合办学、订单培养协议，形成了校企合作的有效机制，为学生建立广泛而优质的就业基地，拓宽了学生的就业渠道，促进了学生优质就业。同时，通过校企合作，引入企业岗位技能标准，建立新的课程体系；引入企业人才标准和人才培养模式，探索新的教育培训体系；引入企业资源，如资金、设备、技术、师资、教材等，增强学校教学实力。让学校成为企业的学校，让企业成为学校的企业，真正实现学生技能培养与一线岗位的零距离对接，提升了该校学生的就业竞争力。基本上确保该校学生100%找到满意的就业岗位。

常德市轻化职业中专（后更名为常德市职业中专学校及常德汽车机电学校）大力拓宽联合办学路子，走产教结合的道路。该校从1992年起，开展劳务输出工作，把劳务输出和毕业实习、就业安置结合起来。每年数次安排已毕业和即将毕业的学生到沿海地区及国内各大中城市的企事业单位从事技术性或服务性劳务，解决学生招得进、留得住、推得出的问题。1994年，该校与广东惠阳联想电脑集团公司建立人才协作关系，由联想公司指导并支持学校开办计算机应用专业，负责接收学生实习和毕业生录用安置，当年就选派26名学生到该公司实习。该校在6年内先后向联想公司输送300多名学生实习并就业，双方协作关系保持较长时期的稳定。1998年，该校生产实习处更名为实习就业安置处，充实人员，加强领导，与全国各地劳务市场和人才交流机构及几十个企事业单位建立协作关系，及时了解掌握市场用工情况和人才信息，妥善安置本校毕业学生。1998—2010年，学校共推荐安置学生就业1600人，安置率达93%，安置单位主要集中在广东、上海、江苏、福建等沿海经济发达地区。1998年至2004年间，该校先后与深圳富士康电脑公司、广东顺德电子厂、昆山富士康公司等10家企业建立学生毕业实习和就业协作关系，为这些单位进行“定单式”员工培训。2008年该校新增北京万吉大丰和、常德云锦集团等新的合作伙伴，先后与常德四维汽修厂、大众汽修厂、东莞联泰制衣有限公司签订校企合作协议，拓展学生顶岗实习的渠道。该校还建立实习就业学生的电子档案，使就业指导工作进一步做到信息化、规范化。2009年，该校再增苏州汽车车桥厂、深圳比亚迪汽车有限公司实习就业基地。汽修专业的学生全部对口安置。此外，该校组织召开多次就业指导报告会，实施第二次、第三次再安置60多人次，对所有顶岗实习学生实行跟踪服务，及时处理学生在实习过程中出现的问题，就业安置工作步入规范化、良性运行的轨道。2010年，学校与安徽华菱汽车股份有限公司等企业初步达成合作的共识。

澧县职业中专学校组织教师编写指导职校生就业创业的校本教材——《走向成功》。该教材由中国国际广播电台出版社出版，面向全国发行。学校自 1994 年起，先后在广州、深圳、上海、西安、北京等大城市建立就业网点。全国有 46 家大中型企业与该校建立密切的实习与招工用人协作关系。学校还每年举办一次毕业生供需见面会，邀请国内外用人单位来校招聘毕业生。1998 年起，学校在省外事部门的协助下，有计划地向塞浦路斯、日本、新加坡等国家和中国香港地区输送毕业生。该校毕业生就业率达 98%。

第五篇　普通高等教育

1988 年，常德市有常德师范专科学校、常德高等专科学校、湖南农学院常德分院 3 所普通高等专科学校，在校学生 2379 人，专任教师 385 人。是年，常德师范专科学校被国家教委评为“全国优秀师专”。1989 年，经湖南省教委同意，湖南农学院常德分院成建制合并到常德高等专科学校;同年，常德市人民政府发文将引进高教培训中心并入常德高等专科学校。1993 年 6 月常德师范专科学校改名为常德师范高等专科学校。1993 年起，常德市两所普通高校不断加强专业建设。常德高等专科学校不断调整专业设置，拓宽专业口径，常德师范高等专科学校开始突破师范性。1998 年常德高等专科学校被国家教委列为“国家高等工程专科专业教改试点单位”。1999 年 3 月，经教育部批准，常德师范高等专科学校和常德高等专科学校合并升本科，组建常德师范学院。常德师范学院是一所多学科全日制普通本科院校。2002 年，经湖南省人民政府批准，常德师范学院举办芙蓉学院，芙蓉学院是教育部确认的实施全日制普通高等本科学历教育的独立学院。到 2003 年 1 月，先后有常德教育学院、常德城建职校、常德艺术学校并入常德师范学院。2003 年 2 月，常德师范学院更名为湖南文理学院。4 月，经省政府批准、教育部备案，原常德农业学校、常德卫生学校和常德机电工程学校合并升格为常德职业技术学院；同年，地处津市市的湖南机电学校升格为湖南机电职业技术学院。2004 年 5 月，民办学校常德电脑专修大学经省政府批准、教育部备案升格为全日制普通高等职业学校——湖南同德职业学院。2006 年，湖南机电职业技术学院主体迁往长沙。2010 年 1 月，经省政府批准、教育部备案，湖南高尔夫旅游职业学院在原湖南涉外经济学院清水湖校区基础上建立，该校是一所民办全日制普通高等职业学院。是年，全市有普通高校 4 所，其中本科 1 所，独立学院 1 所（不计校数）；在校学生 36349 人，其中本科 19955 人；教职工 2971 人，其中专任教师 1982 人，具有硕士以上学位者 790 人；图书 311 万册，教学仪器设备价值 23153 万元，教学行政用房 613461 平方米。

2013 年 4 月，常德师范学校和桃源师范学校合并升格为湖南幼儿师范高等专科学校。2014 年 6 月，民办高校湖南同德职业学院升格为本科，更名为湖南应用技术学院。

第一章 教 学

第一节 学制与专业

一、学制

常德市的普通高等学校根据国家教育部门文件规定，专科学制 1991 年以前有二年和三年两种，1991 年以后均为三年；本科学制为四年；常德职业技术学院、湖南同德职业学院、湖南高尔夫旅游职业学院和湖南幼儿师范高等专科学校在初中毕业生中招收的五年制大专生学制为五年。

二、专业及专业建设

1988 年，第三次全国高等教育工作会议强调教育教学改革，湖南高等教育随之增强了改革力度，并确定以专业建设为龙头。要求专业建设要随着社会的发展以及经济结构的不断调整，优化专业结构，使之与社会经济发展的需求相适应，并不断提高学科专业的建设水平。1993 年，湖南省教委出台《湖南普通高等学校专业设置暂行管理办法》，对专业设置的原则、条件、审批程序及纪律等作出了详细规定。办法强调专业设置要注意社会和高等学校自身的发展需要，并使专业办出特色，要新增一些湖南经济建设急需的短线、空白专业点，基本形成合理的学科专业结构体系。随后省教委制定《关于加强专业设置宏观管理，进一步搞好专业设置工作》的文件，强调要提高质量，优化结构，提高效益，拓宽专业面，重点放在完善现有专业的办学条件，努力提高专业建设的质量上。

1989 年，常德市两所专科学校共开设专业 13 个。2010 年，常德市四所高校开设本科专业 41 个，专科专业 54 个；本科专业中有国家级特色专业 2 个，湖南省特色专业 6 个。

1988 年，常德高专有电气系，纺织系，食品系共 3 个系，有电气专业、纺织专业、食品专业共 3 个专业。1989 年省教委批复同意增设机械制造工艺与设备、养殖两个专业。到 1992 年时共有四个系，普招专业发展到 8 个，即工业电气自动化、棉纺织工程、机械制造工艺与设备、食品工程、食品发酵、食品分析、农学、养殖。

1993 年，常德师专为了适应市场经济新形势和为本地经济建设服务，在专业设置上开始突破师范性。是年，在中文系设置文秘专业；1994 年在地理系设置国土管理专业；1995 年在物理系设置应用电子技术专业；1996 年计算机教育专业正式招生。至此，常德师专全日制专科的专业设置已达 10 个系，13 个专业。学校在培养应用型、复合型人才方面有了新的突破。

常德高专面对计划经济向市场经济过渡和高校招生逐步“并轨”，不包分配的形势，压缩或停招不急需的专业，新设一些社会急需且有条件办的专业，拓宽专业口径，改革课程体系和教学内容，增强人才培养的适应性。1993—1996 年，学校先后增设了汽车制造与维修等 18 个专业，停招了食品分析等专业，其间于 1994 年将食品工程系改为轻化工程系，1996 年在马列主义教学研究部基础上组建了社会科学系。并于 1996 年开始实行按大类招生。初步形成了以工为主，文、理、农、法配套的专业体系。

2006—2010 年，湖南文理学院主动适应地方经济社会发展需要，以市场为导向，科学规划专业结构，改造传统专业，探索新兴专业，发展应用专业，扶植优势专业，建设特色专业，努力打造自己的专业品牌。到 2010 年，学校设有 17 个学院和一个独立学院—芙蓉学院；有 41 个本科专业（新增 5 个应用型本科专业），3 个专科专业，涵盖文、理、工、农、史、法、经、管、教九大学科门类。专业设置情况见表 5-1-1。

表 5-1-1　　2010 年湖南文理学院专业设置一览表

学院		专业设置						
序号	名称	序号	名称	代码	学科门类	授予学位	首招时间	师范标示
01	经济与管理学院	1	国际经济与贸易	020102	经济学	经济学	2001	
		2	市场营销	110202	管理学	管理学	2006	
		3	会计学	110203	管理学	管理学	2009	
02	法学院	1	法学	030101	法学	法学	2001	
		2	思想政治教育	030404	法学	法学	2000	S
03	体育学院	1	体育教育	040201	教育学	教育学	2001	S
		2	社会体育	040203	教育学	教育学	2006	
04	文史学院	1	汉语言文学	050101	文学	文学	1999	J
		2	新闻学	050301	文学	文学	2005	
		3	历史学	060101	历史学	历史学	1999	J
05	外国语学院	1	英语	050201	文学	文学	1999	J
		2	日语	050207	文学	文学	2004	J
06	音乐学院	1	音乐学	050401	文学	文学	2002	J
		2	舞蹈编导	050410	文学	文学	2007	
	音乐学院	3	音乐表演	专科				

续表 5-1-1

学院		专业设置						
序号	名　称	序号	名　称	代码	学科门类	授予学位	首招时间	师范标示
07	美术学院	1	美术学	050406	文学	文学	2001	J
		2	艺术设计	050408	文学	文学	2003	
		3	动画	050418	文学	文学	2008	
		4	服装设计	专科				
08	数学与计算科学学院	1	数学与应用数学	070101	理学	理学	1999	J
		2	信息与计算科学	070102	理学	理学	2003	
09	物理与电子科学学院	1	物理学	070201	理学	理学	1999	J
		2	电子信息科学与技术	071201	理学	理学	2000	
		3	教育技术学	040104	教育学	理学	2003	J
10	化学化工学院	1	化学	070301	理学	理学	1999	J
		2	应用化学	070302	理学	理学	2001	
		3	材料科学与工程	080205Y	工学	工学	2009	
11	生命科学学院	1	生物科学	070401	理学	理学	1999	J
		2	农学	090101	农学	农学	2000	
		3	动物科学	090501	农学	农学	2002	
		4	食品科学与工程	081401	工学	工学	2008	
12	资源环境与旅游学院	1	地理科学	070701	理学	理学	2000	J
		2	旅游管理	110206	管理学	管理学	2004	
13	机械工程学院	1	机械设计制造及其自动化	080301	工学	工学	1999	
		2	机械电子工程	080307	工学	工学	2003	
14	电气与信息工程学院	1	自动化	080602	工学	工学	1999	
		2	通信工程	080604	工学	工学	2003	
		3	建筑电气与智能化	080712	工学	工学	2010	
		4	应用电子技术	专科			09招生	
15	计算机科学与技术学院	1	计算机科学与技术	080605	工学	工学	1999	
		2	信息管理与信息系统	110102	管理学	管理学	2005	J

续表 5-1-1

学院		专业设置						
序号	名称	序号	名称	代码	学科门类	授予学位	首招时间	师范标示
		3	网络工程	080613	工学	工学	2006	
16	土木建筑工程学院	1	土木工程	080703	工学	工学	2001	
		2	城市规划	080702	工学	工学	2004	

2002 年起，常德市新建的普通高等学校都根据市场需求与变化，不断新增和调整专业。

2003 年，湖南机电职业技术学院开展人才市场调查，各系部举办专业建设研讨班，组织专家、学者举行专业建设论证会。学院以机、电类专业为主，经营、生化及文科类专业协调发展，设置大专专业 19 个。同年，将计算机软件技术、应用电子技术、模具设计与制造 3 个专业上报省级改革试点专业。学院确定将电路分析、机械制图等 7 门课程作为精品课程开发，充实力量，加大扶植力度。

2004 年，湖南同德职业学院设置 8 个专业，根据市场的需求与变化，不断新增和调整专业，2005 年，开办“机电设备维修与管理”专业，2006 年开办“计算机辅助设计与制造”专业。其中“机电设备维修与管理”专业是学院重点建设的特色专业，2010 年“计算机辅

助设计与制造（数控技术）专业”被列为“数控技术应用领域国家紧缺人才培养培训基地”； 2011 年“机电设备维修与管理专业”被确定为“中央财政支持项目”，2013 年，“机械设计制造及其自动化专业”被省教育厅确定为“申请本科的重点专业”。是年，学院设置的专业增加到 23 个，停招了“计算机信息管理”和“文秘”2 个专业。

常德职业技术学院的专业设置及变化情况见表 5-1-2；湖南高尔夫旅游职业学院的专业设置及变化情况见表 5-1-3。

表 5-1-2　　常德职业技术学院专业设置一览表

专业代码	姓　名	所属系部	国控专业审批部门	三年制备案时间	五年制备案时间	中高连备案时间	招生状态
630201	护理专业	护理系	省卫生厅	2002	2000	2003	
630202	助产专业	护理系	省卫生厅	2002	2004	2004	
580102	机械制造与自动化专业	机电系	省教育厅	2012			
580103	数控技术专业	机电系	省教育厅	2008			

续表 5-1-2

专业代码	姓 名	所属系部	国控专业审批部门	三年制备案时间	五年制备案时间	中高连备案时间	招生状态
580106	模具设计与制造专业	机电系	省教育厅	2005			
580201	机电一体化技术专业	机电系	省教育厅	2002	2002		
610207	新型纺织机电技术专业	机电系	省教育厅	2009			2012 年报告撤销
610204	服装设计专业	经管系	省教育厅	2012			
660108	商务英语专业	经管系	省教育厅	2005			停招、2012 报告撤销
660109	旅游英语专业	经管系	省教育厅	2002			停招
660112	文秘专业	经管系	省教育厅	2004			停招
670112	广告设计与制作专业	经管系	省教育厅	2007			2012 年报告撤销
620204	会计电算化专业	经管系	省教育厅	2004			
620401	市场营销专业	经管系	省教育厅	2007			
620405	电子商务专业	经管系	省教育厅	2005	2005		
620501	工商企业管理专业	经管系	省教育厅	2003	2003		
640106	酒店管理专业	经管系	省教育厅	2005	2005		2012 年报告保留
510101	作物生产技术专业	农林系	省教育厅		2002		停招
510108	烟草栽培技术专业	农林系	省教育厅	2009			2012 年报告撤销
510113	绿色食品生产与营销专业	农林系	省教育厅	2011			停招
510202	园林技术专业	农林系	省教育厅	2002	2002		
510301	畜牧兽医专业	农林系	省教育厅	2002	2002		
510401	水产养殖技术专业	农林系	省教育厅	2009			
510501	农作物经济管理专业	农林系	省教育厅	2002	2000		停招
530101	生物技术及应用专业	农林系	省教育厅	2007			停招
580402	汽车检测与维修技术专业	汽车系	省教育厅	2004	2004		
580405	汽车技术服务与营销专业	汽车系	省教育厅	2011			

续表 5-1-2

专业代码	姓　名	所属系部	国控专业审批部门	三年制备案时间	五年制备案时间	中高连备案时间	招生状态
560301	建筑工程技术专业	土建系	省教育厅	2002	2002		
560401	建筑设备工程技术	土建系	省教育厅	2010			
560502	工程造价专业	土建系	省教育厅	2013			
560503	建筑经济管理专业	土建系	省教育厅	2007			
590101	计算机应用技术专业	现教中心	省教育厅	2002	2002		2012年报告撤销
590102	计算机网络技术专业	现教中心	省教育厅	2003	2003		2012年报告保留
590108	软件技术专业	现教中心	省教育厅	2002			
590110	动漫设计与制作专业	现教中心	省教育厅	2009			2012年报告保留
590202	应用电子技术专业	现教中心	省教育厅	2010			
530302	生物制药技术专业	药学系	省教育厅	2007			
630301	药学专业	药学系	省卫生厅	2004	2004	2004	
630101	临床医学专业	医学系	教育部	2002	2000		
630401	医疗检验技术专业	医学系	省卫生厅	2012			
630408	医疗美容技术专业	医学系	省卫生厅	2004	2004		
650304	心理咨询专业	医学系	省教育厅	2003			停招

表 5-1-3　　**湖南高尔夫旅游职业学院专业设置一览表**

时间	专业名称	所属系部	备注
2010年	运动训练	高尔夫系	新增
	工商企业管理		新增
	园林工程技术		新增
	酒店管理	管理系	新增
	涉外旅游		新增
	机电一体化	机电系	新增
	合计:6个专业		

续表 5-1-3

时间	专业名称	所属系部	备注
2011 年	高尔夫运动技术与管理	高尔夫运动系	新增
	运动训练		
	旅游管理	管理系	新增
	工商企业管理		
	酒店管理		
	涉外旅游		
	高尔夫服务与管理		新增
	高尔夫球场建造与维护	工程系	新增
	园林工程技术		
	机电一体化		
	应用英语	外语系	新增
	应用日语		新增
	合计:12 个专业		
2012 年	高尔夫运动技术与管理	运动系	
	运动训练		
	旅游管理	管理系	
	工商企业管理		
	酒店管理		
	涉外旅游		
	高尔夫服务与管理		
	高尔夫球场建造与维护	工程系	
	园林工程技术		
	机电一体化		
	建筑工程管理		新增
	应用英语	外语系	
	应用日语		
	合计:13 个专业		

第二节　教学改革

1992年开始，常德市高等学校在专业建设的带动下，教育教学改革围绕培养适应有中国特色社会主义建设要求的新型人才而广泛开展，在课程建设、教研室建设、教材建设、教改研究、教学方法改革等诸多方面均取得明显成绩。

一、课程建设

1988年开始，常德师专加强了重点课程建设，相继建成校级重点课程13门，中文系的古典文学被定为省级重点课程，并于1996年1月通过了省级专家评估组的验收。

1992年，常德高专调整专业设置，优化专业课程组合、更新教学内容，建设了工业电气自动化等一批重点专业和机械制造工艺与设备等一批重点课程。1993年，机械制造工艺与设备专业定为全国高等工程专科学校专业教学改革首批试点专业。在认真搞好首批试点专业的同时，学校各专业课程根据各自的特点和学校的条件，大胆改革，大胆实验，探索具有专科特色的人才培养模式和面向21世纪的课程结构和教学内容体系，重点专业和大多数主干课程先后拟定或修改了改革培养方案。教师们发表论文800余篇，获得省级优秀教学成果二等奖两个，三等奖三个，有两人获得省教委优秀高教论文奖，三个高教研究项目获省教委批准立项。

1997年7月，湖南省教委批准“湖南省普通高等教育面向21世纪教学内容和课程体系改革计划”第一批立项项目，其中重点资助项目有常德师专刘孟初参加的“师范高等专科学校素质教育目标和课程设置”。一般资助项目有常德师专主持、刘平政负责的“师专人文社科类专业素质教育研究”，学校蔡新华参加的“师专物理专业教学体系的研究与实践”。

常德师范学院及后来的湖南文理学院课程建设，取得了多项成果，见表5–1–4。

2003年，湖南机电职业技术学院加强教学管理的制度化建设。清理教学管理的制度、规定、办法，按照大学教学管理要求，修订或重订了《教学工作规范》《教学事故与差错认定及处理办法》《大学生学籍管理实施办法》等8个教学管理文件，强化实践教学。修订大纲、计划，调整课程方案，缩减理论深度；扩大实践课时比例，适当降低考试难度，严格教考分离与升留级制，激发学生学习兴趣。理论课时与实践课时按1:1的比例分配，全年共完成实习实训班周747个。实施“三证制”毕业方案、加强专业和职业技能等级培训与考证工作，有800多人（以毕业生为主）拿到相关专业（工种）的职业技能等级证。全年投入150万元用于实习实训厂、场建设，新建电子商务实训室、电气实训机房等5个实习实训室，充实完善了现代制造技术中心、现代控制技术中心、化学分析测试中心等3个实验中心（室）。

表 5-1-4　　　　　　　　　　省级教学质量工程建设项目

项目名称		项目来源	所属单位	项目负责人	批准文号
教学团队	大学语文团队	省教育厅	文史学院	佘丹清	湘教通〔2010〕127 号
	教生物学基础课程团队	省教育厅	生命科学学院	王文龙	
精品课程	材料力学课程	省教育厅	土木建筑工程学院	吴　晓	湘教通〔2010〕111 号
	动物生产学课程	省教育厅	生命科学学院	李淑红	
	自动控制理论课程	省教育厅	电气与信息工程学院	潘湘高	
教学名师	齐　恒	省教育厅	教务处		湘教通〔2010〕255 号
青年教师教学能手	聂会平	省教育厅	经济与管理学院		湘教通〔2010〕314 号
	曾立荣	省教育厅	法学院		
	张立丽	省教育厅	芙蓉学院		
优秀教研室	地理科学教研室	省教育厅	资源环境与旅游学院		湘教通〔2010〕421 号
	农学教研室	省教育厅	生命科学学院		
	计算机基础教研室	省教育厅	计算机科学与技术学院		
优秀实习基地	湖南文理学院桃源县第一中学实习基地	省教育厅	资源环境与旅游学院		湘教通〔2010〕433 号

常德职业技术学院以《教育部关于全面提高高等职业教育教学质量的若干意见》（教高〔2006〕16 号）文件为指导，先后印发了《常德职业技术学院关于进一步加强专业建设的意见》（常职院〔2011〕1 号）、《常德职业技术学院课程改革实施方案》（常职院〔2011〕37 号）、《常德职业技术学院关于加强共享型专业教学资源建设的通知》（常职院〔2012〕78 号）等文件，成立了学院课程改革指导小组。

2007 年，该校《机械制图》课程被评定为省级精品课程，2008 年《护理基本技术》课程被评定为国家级精品课程、《药用植物鉴别技术》课程被评定为省级精品课程。

2010 年 9 月学院对体育教学进行改革，成立体育俱乐部，形成以学院各处室负责院单项体育俱乐部日常工作为核心的俱乐部体育教学运行机制，体育俱乐部制教学改革逐步将体育教学纳入了全院育人的视域之中，让每一位学生找到一种自己喜爱并适合的运动项目，满足学生个性化的需要。

2011 年 1 月学院印发《常德职业技术学院思想政治理论课程改革方案》，提出创立“三位一体”教学模式，变传统的单一课堂教学为理论教学、实践教学、学生德育活动三位一体的立体教学，切实提高思想政治理论课教学效果，充分发挥思想政治理论课在学院德育工作中主渠道、主阵地的作用，实现对学生思想道德素质的全面、全程培养。

2011 年 5 月学院第一轮课改全面启动，截止到 2013 年 10 月，共立项课程 61 门，其中，2011 年上学期立项 29 门，2012 年上学期 19 门，2012 年下学期 13 门。立项的 61 门课程中，有 24 门课程的教学方案通过验收，15 课程完成了首轮实施并通过验收，见表 5–1–5。

2012 年 12 月，常德职业技术学院对专业级教学资源库与课程级教学资源库建设作了整体规划与安排：2013 年度在学院八个专业（护理、药学、临床医学、园林技术、汽车检测与维修技术、建筑工程技术，机电一体化技术和会计电算化）和 15 门最先通过课程设计验收的学院课改项目中试点开展，并对所有已建成的教学资源库进行管理和应用，要求每年有 20%的更新。

湖南高尔夫旅游职业学院从 2010 年开始，全院所有专业将综合素质课程列入人才培养方案中，成为课程开设的一个重要部分，切实加强了学生综合素质的培养，在很大程度上提高了学生的综合素质。并提出了“2+3+5”的人才培养模式，即各专业所开设课程由三大类型所组成，分别为综合素质类课程、应用外语类课程、专业类课程，其教学学时所占比例分别为 20%、30%、50%。旨在加强学生综合素质的同时，大力提高学生的英语应用能力。在经过了两年时间的探索之后，进一步完善了综合素质类课程与应用外语类课程的开设，使这两类课程的开设更趋合理。

二、教材

常德市的高校在使用教材上，首先是选用国家教育部统编教材、规划教材与重点教材；其次是根据省内市内特点及人才培养要求，有组织地编写教材。

1996 年 3 月，湖南省教委发布 1990 年—1994 年度全省普通高校优秀教材（人文社科类）获奖情况通报，常德师专地理系董明辉编的《人文地理学》获二等奖。

2012 年至 2013 年，湖南同德职业学院适应当地经济建设发展，与企业合作编写教材 17 本，为企业及时培养一批急需人才。开发教材情况见表 5–1–6。

2013 年，湖南高尔夫旅游职业学院孙跃、蒋小丰主编高尔夫系列实用教材出版 13 本，其中《高尔夫球童实务》被定为职业教育国家“十二五”规划教材。

表 5-1-5

常德职业技术学院立项课改情况一览表

序号	课程名称	所在系部	所属专业	课程负责人	总课时	立项时间	设计课程通过时间	首轮实施时间	授课对象	实施通过时间	备注
1	内科护理	护理系	护理	高清源	156	2011年5月	2011年12月				
2	护理基本技术	护理系	护理	庄华英	156	2011年5月	2011年12月	2012年下学期–2013年上学期	护理大专11级	2013年6月优秀	
3	外科护理	护理系	护理	叶志香	156	2011年5月	2012年5月	2012年下学期–2013年上学期	护理大专1107班	2013年6月优秀	
4	护理药理学	医学系	护理	周四喜	72	2011年5月	2013年1月				
5	健康评估	医学系	护理	姜海斌	72	2011年5月	2013年1月				
6	妇产科护理	护理系	护理	丁郭平	48	2012年6月					
7	急诊护理	护理系	护理	缪礼红	36	2012年6月	2013年1月				
8	儿科护理	护理系	护理	米棋	48	2012年6月					
9	药物制剂技术	药学系	药学	刘汉	180	2011年5月	2012年5月	2012年下学期	药大11级	2013年6月良好	
10	药用植物鉴别技术	药学系	药学	樊青玲	88	2011年5月	2013年1月	2013年上学期			
11	药物应用技能	药学系	药学(生产方向)	谭敏	132	2012年6月					
12	药物检验技术	药学系	药学(生产方向)	佘金民	120	2012年6月					
13	中药调剂技术	药学系	药学(营销方向)	任旻琼	120	2012年12月					含实训2周

续表 5-1-5

序号	课程名称	所在系部	所属专业	课程负责人	总课时	立项时间	设计课程通过时间	首轮实施时间	授课对象	实施通过时间	备注
14	制药设备与工艺	药学系	药学(生产方向)	刘宏伟	72	2012年12月					
15	药品营销技术	药学系	药学(营销方向)	刘宗华	72	2012年12月					
16	中药炮制技术	药学系	药学(营销方向)	王虹	72	2012年12月					
17	药物商品技术	药学系	药学(营销方向)	王玉霞	84	2012年12月					含实训2周
18	人体解剖学	医学系	临床医学	澎湃	136	2011年5月	2012年5月	2012年下学期	临大1207班	2013年1月优秀	
19	妇产科学	医学系	临床医学	徐维	68	2011年5月	2012年5月	2013年上学期		2013年6月优秀	
20	药理学	医学系	临床医学	覃红艳	90	2011年5月	2012年5月	2013年上学期		2013年6月优秀	
21	临床诊断基本技能	医学系	临床医学	聂景蓉	162	2011年5月	2012年5月	2012年下学期	临大1101班	2013年1月良好	
22	内科学	医学系	临床医学	聂景蓉	150	2012年6月					含精神病学
23	外科学	医学系	临床医学	黄启有	144	2012年6月					
24	生理学	医学系	临床医学	黄英	85	2012年6月	2013年1月				
25	病理学与病理生理学	医学系	临床医学	李雪兰	90	2012年6月	2013年1月	2013年上学期	临大12级	2013年6月优秀	

续表 5-1-5

序号	课程名称	所在系部	所属专业	课程负责人	总课时	立项时间	设计课程通过时间	首轮实施时间	授课对象	实施通过时间	备注
26	病原生物学与免疫学	医学系	临床医学	张艳平	90	2012年6月	2013年1月	2013年上学期	临大12级	2013年6月优秀	
27	儿科学	医学系	临床医学	文诗琪	60	2012年6月	2013年1月				
28	传染病学	医学系	临床医学	金娟	54	2012年12月					
29	医疗美容技术	医学系	医学美容技术	陶琼	60	2012年12月					
30	财务管理	经济与管理系	会计电算化	盛锦春	114	2011年5月					含实训1周
31	审计基础与实务	经济与管理	会计电算化	周嘉	120	2011年5月					含实训1周
32	财务会计	经济与管理系	会计电算化	胡云慧	152	2011年5月					含实训1周
33	市场营销实务与策划	经济与管理系	工商企业管理	刘军棋	112	2011年5月					含实训2周
34	电子商务概论	经济与管理系	电子商务	胡开炽	64	2011年5月					
35	冲压模具设计与制造	机电工程系	模具设计与制造	谭锋	176	2011年5月	2012年5月				无专业
36	电工电子技术	机电工程系	机电一体化技术	孙梅	108	2012年6月					
37	机械制造技术	机电工程系	机电一体化技术	李谭喜	132	2012年6月					
38	机械制图	机电工程系	机电一体化技术	李金兰	168	2012年6月					

续表 5-1-5

序号	课程名称	所在系部	所属专业	课程负责人	总课时	立项时间	设计课程通过时间	首轮实施时间	授课对象	实施通过时间	备注
39	机床电气控制技术	机电工程系	机电一体化技术	龚文杨	104	2012年12月					
40	液压传动与气动技术	机电工程系	机电一体化技术SMT方向)	肖丽华	78	2012年12月					
41	机电设备可编程控制技术	机电工程系	机电一体化技术	杨建中	130	2012年12月					
42	汽车发动机原理与维修技术	汽车工程系	汽车检测与维修技术	文有华	252	2012年6月					
43	汽车底盘原理与维修技术	汽车工程系	汽车检测与维修技术	武小林	252	2012年6月					
44	汽车电器设备与维修技术	汽车工程系	汽车检测与维修技术	邵家云	180	2012年12月					
45	汽车整形与美容技术	汽车工程系	汽车检测与维修技术	王德云	180	2012年12月					
46	建筑施工测量	土建系	建筑工程技术	卢滔	64	2011年5月	2012年5月	2012年下学期	建工大专1101-1103班	2013年1月优秀	
47	建筑材料检测与应用	土建系	建筑工程技术	高飞	64	2011年5月	2012年5月	2012年下学期	建大12级	2013年6月合格	
48	建筑工程结构施工图识读	土建系	建筑工程技术	李寅	72	2011年5月	2012年5月	2013年上学期	建大12级	2013年6月合格	
49	建筑构造与识图	土建系	建筑工程技术	陈翔	120	2011年5月	2012年5月	2012年下学期	建筑大专1201-1203班	2013年1月优秀	
50	建筑施工技术	土建系	建筑工程技术	蒋春平	296	2012年6月					

续表 5-1-5

序号	课程名称	所在系部	所属专业	课程负责人	总课时	立项时间	设计课程通过时间	首轮实施时间	授课对象	实施通过时间	备注
51	建筑工程计量与计价	土建系	建筑工程技术	彭飞	144	2012年6月					
52	建筑施工组织与管理	土建系	建筑工程技术	徐新平	180	2012年12月					
53	园林植物识别与应用	农林工程系	园林技术	梁继华	80	2011年5月					
54	园林植物生产技术	农林工程系	园林技术	步洪凤	128	2011年5月					
55	园林设计	农林工程系	园林技术	顾建中	112	2011年5月					
56	园林绿地养护技术	农林工程系	园林技术	吴志明	128	2011年5月					
57	园林种苗生产技术	农林工程系	园林技术	顾振华	128	2011年5月					
58	计算机应用基础	现代教育技术中心		罗雅丽	48	2012年6月	2013年1月	2013年上学期	大专12级	2013年6月优秀	
59	思想政治理论	思政课部		熊小林	272	2011年5月	2012年5月	2012年下学期至2013年上学期	大专12级	2013年6月合格	
60	英语	国际教育部		刘琢	128	2012年6月					
61	体育	学生处		韩杰、熊召友	120	2011年5月	2012年5月	2012学年	一年级学生		

三、教学方法与研究

1990年起，常德师专全面启动教学改革，成果颇丰。1990年2月，湖南省教委颁发高等学校优秀教学成果奖：刘赤符的“中文专业科学化系列训练法”获国家级优秀奖；费清英、刘光梅、熊莘耕“半日见习制”获省级二等奖；盛正华“师专教材建设”获省级三等奖。1991年1月，为全面贯彻党的教育方针，常德师专把劳动教育纳入教学计划，使学生的劳动课做到领导、课时、任务、考核“四落实”。学校成立学生劳动课小组，组长刘泗海，副组长史燮文、涂生禹。5月，《常德师专学报》改名为《武陵学刊》，第一期出版。学校举行首届青年助教教学比武。10月，开始举行讲师系列观摩课活动，全校有52名讲师参加，推出12名代表参加全校观摩课的竞赛。10月16日，《中国教育报》报道学校加强师范技能培养，建立第二学籍，实行学分制的改革措施。1994年1月，92’湖南省优秀教学成果评选结果揭晓：常德师专熊莘耕、夏应祥、刘廉泉、涂生禹、樊启毅的《教学管理的规范化建设》获省级二等奖，郑又成、杜乃鑫、王恩灿、卢秉利的《加强马克思主义原著的学习，改进马克思主义理论教学》和汤一春的《引导探索教学法》获省级三等奖。1996年4月，常德师专受省教委和省语委委托，承办了全省首届普通话水平测试员培训班，参加培训的学员来自全省各地，共48人，结业有40人达到国家二级乙等以上水平，17人获得省级测试员资格。1997年7月，省教委公布1997年湖南省教学成果奖。常德师专田晋音、刘梦初、田皓、雪晓红、成慧慧的“师范高等专科学校推广普通话系统工程建设”和杜乃鑫、王恩灿、罗世云、张芙华、熊成群的“新时期大学德育教育改革的探索与实践”获二等奖；陈致远的“常德地方史教学实践与研究”和陈学驹、樊启毅、熊莘耕、刘廉泉的“高等教育教学方法改革”获三等奖。

常德高专从1992年开始，不断优化专业课程组合，以更新教学内容为核心，以建设一批重点专业、重点课程为龙头，进行了一系列教学领域的改革。在综合素质教育和实践环节方面，把思想品德素质、专业素质、文化素质、身体素质、心理素质等诸方面教育贯穿于教育教学的全过程，在抓好课堂教学的同时，广泛开展第二课堂活动，并突出抓好社会实践教育环节。校党委、行政切实把教学改革放在学校一切工作的核心位置，抓紧建章立制，深入开展各项教育教学活动，千方百计压缩行政开支，增加教学经费投入，树立尊师重教的良好风气，形成人人关心支持教学，全校上下集中精力抓教学的良好氛围。（1）加强对教学工作的领导。校党政联席会议每年专题研究两次教学工作，学校定期召开教学工作会议，每月开一次教务工作例会，建立了领导和各职能部门领导联系教学单位制度和参与教学活动制度。同时，鼓励系部领导在教学第一线挑大梁，定期开展教学成果评选，重奖教学科研有功人员，对学术带头人和教学骨干发放特殊津贴，要求各职能部门和服务部门搞好主动服务，提高服务水平。（2）坚持不断开展教学研究。为了加强教学研究，学校设有高教研究室和督导室，建立了31个教研室。先后召开全校性教育教学研究会两

表 5-1-6　**湖南同德职业学院校企合作开发教材一览表**

序号	专业名称	合作企业名称	共同开发教材名称	教材出版时间（年月）	教材类别(公开发行、校本)	作者（企业）	作者（学院）
1	计算机辅助设计与制造	湖南百特集团	AutoCAD2012 基础教程	2013 年 6 月	公开发行		徐少贵
2	机电设备维修与管理	常德市鼎城区升湘机械有限公司	数控编辑与操作–车　铣	2011 年 8 月	校本教材	张　威	谢辅轩
3	机电设备维修与管理	常德中联重科液压有限公司	数字电子产品的分析与制作	2011 年 8 月	校本教材		林英辉
4	电脑艺术设计	常德市楚天广告有限公司	PHOTPSHOP CS5 实例教程	2012 年 5 月	公开发行		王红兵
5	机电设备维修与管理	常德灌溪机器集团	电工技术项目教程	2012 年 6 月	校本教材		林英辉
6	机电设备维修与管理	常德三一重工股份有限公司	三一企业文化与管理	2012 年 8 月	校本教材	吴永东等	杨万新
7	机电设备维修与管理	常德市荣程机械有限公司	数控火焰切割技术	2012 年 9 月	校本教材	陈红英	谢辅轩
8	机电设备维修与管理	瑞益机电设备有限公司	单片机技术	2012 年 7 月	校本教材	罗　峰	唐文耀
9	机电设备维修与管理	常德市佳通机械有限公司	数控加工中心与数控铣技术	2012 年 8 月	校本教材	邱兴桂	谢辅轩
10	机电设备维修与管理	瑞益机电设备有限公司	变频器原理与应用	2012 年 9 月	校本教材	杨春华	唐文耀
11	机电设备维修与管理	常德正工工程机械有限公司	FANUC-OIM 数控加工中心技术	2012 年 8 月	校本教材	张　勇	谢辅轩
12	机电设备维修与管理	博泰机械制造有限公司	华中 HNC—21M 加工中心技术	2012 年 8 月	校本教材	杨　斌	蒋双庆
13	机电设备维修与管理	常德市佳通机械有限公司	数控自动编程加工技术	2012 年 8 月	校本教材	黄求安	谢辅轩
14	机电设备维修与管理	瑞益机电设备有限公司	电子产品的分析与制作教学引导文	2012 年 10 月	校本教材		周炜
15	机电设备维修与管理	常德灌溪机器集团	模拟电子产品的分析与制作教学引导文	2013 年 10 月	校本教材		燕彩华
16	机电设备维修与管理	常德灌溪机器集团	数字电子产品的分析与制作教学引导文	2013 年 10 月	校本教材		林英辉
17	行政管理		容易读错写错汉字测试训练		校本教材		杨振华

次，制订了教研室制度及教案作业批改检查制度，对每位教师建立教学档案。1996年上学期，开展了为期35天的教研室工作评估及优秀教研室评选活动。（3）大力加强校舍设备和实习基地建设。这一时期，学校新征土地62亩，新建了两栋学生宿舍、一栋实验楼、一座校办工厂和两栋教工宿舍，建筑面积近1.5万平方米，同时还添置了200台计算机等大批教学设施设备，311门必修课中有55%使用了投影、幻灯、录放像机、语音室和多媒体教学软件等现代化教学手段。计算机中心与常德信息港联了网。图书馆藏书达到133460册，仪器设备总值达到650万元。校内实习基地除有金工实习工厂一座和实验室30个以外，还有电教中心、计算机中心、生化实验中心、服装工艺实习中心等。校外实习基地方面，签有书面协议的产学合作工厂有常德卷烟厂等20个以上。（4）加强教学管理和教学改革。这一时期，常德高专先后下发教学管理文件80余个，进行了一系列教学基本文件建设，并对22个专业的教学计划都进行了修订，对教学管理和学籍管理进行了一系列改革。为了实现培养目标，办出专科特色，在纺织专业“三三制厂校合作教育实验”之后又在“机械制造工艺与设备”专业进行了“五大环节产学合作教育模式”实验。

湖南文理学院坚持以教学为中心，大力推进教学管理与改革。每两年召开一次教学科技工作大会，制定了《关于实施本科教学质量与教学改革工程的若干意见》，成立了实施“质量工程”领导小组。2006—2010年先后获得省级以上教学研究项目66项，获得省级教学成果奖10项，获得国家级教学质量工程建设项目3项、省级项目58项。（1）加强专业和课程内涵建设。学院通过广泛市场调研，在人才培养适应性研究基础上，进行专业结构调整，进一步优化了专业结构，更加贴近社会需求。努力提高课程质量，打造课程品牌，营造专业优势，建立了标准课程—重点课程—精品课程三层逐级提高的金字塔式的课程建设结构。有14门湖南省精品课程，“文艺鉴赏学”被列为国家级精品课程。以题库系统建设为突破口，通过教考分离，进一步落实课程教学内容。针对网络教学平台迅速发展的形势，以申报省级精品课程为契机，购买了部分国家精品课程资源，使学院以团体VIP会员身份加入中国高等学校教学资源网。（2）改革人才培养模式。根据社会发展需求，学院修订形成了2010版人才培养方案。该培养方案勇于创新，大胆改革，加大教育实习等实践环节比重，改革公共基础课教学内容和教学方式，尝试实施三学期制，即专辟一个夏季学期用于学生集中实践、素质拓展、英语听说训练等课程教学，构建相对独立的实践教学体系。为进一步强化学生素质，切实落实“创新+创业”“素质+特长”的人才培养目标，先后组织了数学建模、电子设计竞赛、程序设计大赛等各种竞赛，并积极组织参加了各种省级竞赛，举办了挑战杯课外学术科技作品竞赛、大学生暑期“三下乡”、师范职业技能竞赛等活动，积极开展“大学生职业生涯规划大赛”“大学生优秀创业团队大赛”等创新创业教育和实践活动，稳步提高人才培养质量。（3）深入开展院内教学评估。学院进一步完善了“三三三”教学管理和监控体系，在强化现有课程体系与教学内容的评价制度、课堂教学评估制度、实践教学评估制度、领导和教师听课制度、同行评议制度、学生信息反馈制度以及教学督导制度建设的基础上，进一步推行了学生选教、评教制度。同时，按照省教育厅《关于高等学校专业与课程建设评估方案》，深入开展专业、课程的年度专项院内评估，强化了三级教学质量管理责任制。（4）整章建制、狠抓教学过程规范管理。修订或新建了一系列规章制度，

表 5-1-7　　省级教学改革课题立项项目

课题名称	项目来源	项目所属单位	课题负责人
研究性学习能力培养模式的多维构建——“语言学概论”教学改革研究	省教育厅	文史学院	甘智林
中国民族声乐多声部教学研究	省教育厅	音乐学院	胡晓瑛
基于大学生应用能力培养的地方高校思想政治理论课教学研究	省教育厅	教务处	杨建华
高校专业结构优化与交叉学科专业建设研究与实践	省教育厅	校办	郭国强
高校毕业论文选题系统网络交互平台的研究与实现	省教育厅	计算机科学与技术学院	邓志宏
结合网络教学培养创新人才的高校教学模式改革探讨	省教育厅	物理与电子科学学院	王兴柱
以促进高校教师专业发展为导向的教学评价体系的建构与实践	省教育厅	督评中心	罗兴文
比较理论在高校工科课程设计教学改革中的应用研究	省教育厅	计算机科学与技术学院	周慧灿
“三强”型村镇规划人才培养的探索与实践	省教育厅	土木建筑工程学院	吴　晓

进一步深化校院两级教学管理。开展全校性听评课活动及系列教学比武、教学观摩活动，全面改革了教材发行模式。通过致考生公开信、反高科技作弊视频、高科技反舞弊设备、现场监测、现场抓捕、开通举报电话、举报邮箱等措施，严肃了考风考纪。湖南文理学院省级教学改革课题立项项目及1999—2010年省级以上教学成果奖见表5-1-7、5-1-8。

表 5-1-8　　1999-2010 年湖南文理学院省级以上教学成果奖一览表

序号	成果名称	主要完成人	授奖单位	获奖等级	获奖时间
1	大学素质教育“文艺鉴赏学”课程的构建与实践	魏　饴、江正云、成慧芳、许连军、李哲练	省教育厅	二等奖	2001-3-6

续表 5-1-8

序号	成果名称	主要完成人	授奖单位	获奖等级	获奖时间
2	写作教学流派的创建	刘赤符	省教育厅	二等奖	2001-3-6
3	结合地方经济建设实践，深化经济地理教学改革	齐　恒、董明辉	省教育厅	三等奖	2001-3-6
4	中学语文素质教育与创新能力的培养	刘赤符	省教育厅	一等奖	2003-3-21
5	新建地方本科院校办学模式的探索与实践	黎大志、杨万柱、魏　饴、姚春梅、张龙庭	省教育厅	一等奖	2004-11-19
			教育部	二等奖	2005-8-30
6	新时期高师中文专业与中学语文教学的对接研究	刘赤符、吴传飞、肖小勇、郑正良、汤登仲	省教育厅	三等奖	2004-11-19
7	新建本科院校教学质量管理体系的研究与实践	魏　饴、姚春梅、朱　强、蔡明山、陈　勇	省教育厅	一等奖	2006-11-22
8	四导结合，构建大学生和谐发展新机制	李达轩、熊青平、曾凡东、熊丽霞、刘春花	省教育厅	一等奖	2006-11-22
9	地方高校生物基础“531”实验教学体系改革研究与实践	熊大胜、王文龙、廖德岗、罗玉双、席在星	省教育厅	一等奖	2006-11-22
10	地方高校机械类专业应用型人才培养模式的创新与实践	杨万柱、郭惠昕、肖伟跃、廖德岗、倪桂林	省教育厅	三等奖	2006-11-22
11	高师生教师职业技能培养新模式的构建与实践	齐　恒、魏　饴、李宝斌、刘赤符、王　云	省教育厅	三等奖	2009-4-5
12	网络环境下大学生英语教师的学习策略指导与学生自主学习能力的培养	陈　勇、熊　欣、赵碧华、李海军、丁　文	省教育厅	三等奖	2009-4-5
13	音乐学专业特色培育和课程建设的探索与实践	吴修林、张　霞、欧阳义怀、毛自平、田正铁	省教育厅	三等奖	2009-4-5
14	构建植物学实践教学新体系培养学生科技创新能力的研究与实践	彭友林、王　云、罗梅兰、李　丽、赵东海	省教育厅	三等奖	2009-4-5

续表 5-1-8

序号	成果名称	主要完成人	授奖单位	获奖等级	获奖时间
15	地方高校土木工程专业“三维一体”教学新体系的探索与实践	吴　晓、胡圣军、李宝斌、吴　扬、杨立军	省教育厅	三等奖	2009-4-5
16	提高中学校长培训质量教学模式的研究与实践	叶　进、向多林、崔泽云、刘　琼、李海军	省教育厅	三等奖	2009-4-5
17	“知识、阅读、表达”三位一体的大学语文教学探索与实践	佘丹清、魏　饴、夏子科、许辉妮、李　琳	省教育厅	二等奖	2010-10-14
18	电气信息基础实验“一四三”实验教学体系的探索与实践	王南兰、李　敏、李晓峰、齐　恒、陈日新	省教育厅	三等奖	2010-10-14
19	地方高校法学综合模拟实训教学学生实务能力培养的探索与实践	刘潇潇、郭晶梅、杨　成、樊安红、李进平	省教育厅	三等奖	2010-10-14
20	构建“一、三、三”实践教学新体系，实践产、学、研合作育人模式—地方本科院校动物科学专业实践教学创新	李淑红、王京仁、韩　庆、黄春红、李　娜	省教育厅	三等奖	2010-10-14
21	地方院校“学研结合”教学新模式的研究与实践	刘春花、魏　饴、齐　恒、王　云、杨建华	省教育厅	三等奖	2010-10-14
22	建立“1+2”培养模式　实施多层面驱动体——面向工程实践的大学生电子设计能力培养研究与实践	王文虎、李建奇、曾进辉、李建英、孔玲爽	省教育厅	三等奖	2010-10-14

湖南同德职业学院 1998 年开始有组织地开展教学科研，2000 年以后，围绕教学中心推进教育教学改革，做了大量工作。2004 年升为大专后，教育科研经费增加，每年在 8 万元左右。2012 年开始，为了实现升本目标，两年教学科研经费均在 100 万元以上。2011—2013 年，学院教师在省市两级主持有教研项目 44 项，见表 5-1-9。

表 5-1-9　　湖南同德职业学院教师主持教研项目一览表

序号	年份	主持人	项目名称	立项单位	项目编号	级别
1	2013	管天球	大湘西地区高校现代农业人才培养创新体系建设研究（重大委托）	湖南省哲学社会科学规划办	13WTA26	省部级
2	2013	罗玉双	高职农林专业631实践教学课程体系研究与实践	湖南省教育科学规划办	XJK013CZY 068	省部级
3	2013	聂作财	六业贯通人才培养模式下的高职软件技术专业课程体系构建研究	湖南省教育科学规划办	XJK013CZY 075	省部级
4	2013	刘晓林	高职院校“六业相贯通”与人才培养模式的研究与实践	湖南省教育厅	湘教通〔2013〕429	市厅级
5	2009	罗友付	物流管理专业人才培养模式研究	湖南省教育厅科技处	09C1236	市厅级
6	2011	杨振华	高职院校学生易读错写错汉字测试系统的研究	湖南省教育厅	11C0886	市厅级
7	2011	李　萌	高职物流管理专业实训教学研究	湖南省教育厅科技处	11C0889	市厅级
8	2011	王红兵	高职电脑艺术设计专业实训教学改革研究	湖南省教育厅科技处	11C0888	市厅级
9	2013	王文龙	园林技术专业校内实训基地建设与校园绿化相结合的研究与实践	湖南省教育厅职成处（教改项目）	http://www.worlduc.com/SpaceShow/Index.aspx?uid=415095	市厅级
10	2013	刘晓林	“六业相贯通”人才培养模式的研究与实践	湖南省教育厅职成处（教改项目）	http://www.worlduc.com/SpaceShow/Index.aspx?uid=415096	市厅级
11	2013	吴睿辉	湘西北区域产业结构与高职院校专业设置对接现状研究	湖南省教育厅职成处（青年专项）	http://www.worlduc.com/SpaceShow/Index.aspx?uid=415097	市厅级
12	2011	徐　山	高职园林专业工学一体化教学改革模式研究与实践	常德市科技局	2011ZD01	市厅级
13	2011	曾　强	特色体育对高职院校学生技能训练的功能研究教育	常德市科技局	2011ZD02	市厅级
14	2011	周　玮	PLC技术的教学研究	常德市科技局	2011ZD08	市厅级

续表 5-1-9

序号	年份	主持人	项目名称	立项单位	项目编号	级别
15	2011	杨华丽	采取行之有效的措施，提高高职外语教学质量	常德市科技局	2011ZD09	市厅级
16	2012	刘金玉	高职贫困生就业压力、心理状况与应对方式的相关研究	湖南省高校大学生心理健康教育研究会	12B12	市厅级
17	2012	白辑武	浅析不同体育教学方式对学生心理健康和社会适应能力影响	常德市科技局	2012ZD01	市厅级
18	2012	杨明红	小软件在教学中的辅助应用与探究	常德市科技局	2012ZD04	市厅级
19	2012	伍　杜	高职酒店管理校企联合模式研究	常德市科技局	2012ZD05	市厅级
20	2012	李　洋	机电设备维修与管理专业技能训练研究	常德市科技局	2012ZD08	市厅级
21	2012	林英辉	机电专业项目课程教具开发与制造	常德市科技局	2012ZD10	市厅级
22	2012	吴树青	高职高专大学英语教学策略研究	常德市科技局	2012ZD12	市厅级
23	2012	刘虹利	高职英语教学中文化意识培养研究	常德市科技局	2012ZD13	市厅级
24	2012	全　快	大学计算机基础课程理实一体化教学模式的问题及对策研究	常德市科技局	2012ZD14	市厅级
25	2012	曹春丽	湖湘文化装饰纹样在室内设计中的应用研究	常德市科技局	2012ZD11	市厅级
26	2013	周尚义	高职大学语文课程体系构建与教材建设综合研究	常德市科技局	2013ZD07	市厅级
27	2013	周文阔	湖南省高职院校教师成长模式案例研究	常德市科技局	2013ZD08	市厅级
28	2013	谢　芳	高职院校产学合作教育问题与对策研究	常德市科技局	2013ZD15	市厅级
29	2013	彭进香	高职院校计算机类实践教学课程体系改革研究	常德市科技局	2013ZD16	市厅级
30	2013	张　莉	高职《办公自动化设备的使用与维护》课程一体化教学研究	常德市科技局	2013ZD20	市厅级

续表 5-1-9

序号	年份	主持人	项目名称	立项单位	项目编号	级别
31	2013	文　凯	移动互联网时代高校软件工程专业人才培养模式研究	常德市科技局	2013ZD21	市厅级
32	2013	郑燕妮	基于电子商务平台下的大学生自主创业模式	常德市科技局	2013ZD22	市厅级
33	2013	陈　琰	以项目为纽带的计算机应用技术人才培养模式与实践	常德市科技局	2013ZD23	市厅级
34	2013	钟莲珍	常德市高职院校会计人才培养研究	常德市科技局	2013ZD27	市厅级
35	2013	彭正银	湘西北英语教育现状与战略研究	常德市科技局	2013ZD34	市厅级
36	2013	郭俊兰	高职高专英语写作教学中常见问题研究	常德市科技局	2013ZD35	市厅级
37	2013	周志伟	高职相关专业生态学与风水学结合的课程开发研究	常德市科技局	2013ZD05	市厅级
38	2013	孟祥林	高阶英语语法与长难句理解	常德市科技局	2013ZD36	市厅级
39	2013	李昕宇	高职高专影视制作相关专业工作室制教学模式研究	常德市科技局	2013ZD38	市厅级
40	2013	叶登玉	湘西北传统民居文化在现代环艺设计中的应用研究	常德市科技局	2013ZD39	市厅级
41	2013	冯宗友	搭建水产养殖三个平台实现学生六业相互贯通	常德市科技局	2013ZD50	市厅级
42	2013	周润苗	ASP.NET 开发技术中的 MVC 框架教学研究	常德市科技局	2013ZD18	市厅级
43	2013	郑　琴	设计图表现法在植物造景设计图中的应用研究	常德市科技局	2013ZD48	市厅级
44	2013	周兰英	善德文化在当代人文教育中的应用研究	常德市科技局	2013ZD03	市厅级

湖南同德职业学院围绕教学改革，主要采取了以下四项措施。（1）2006 年开始实行学分制。根据不同专业设置学分，有的专业需要修满 140 分，如机电；有的只需修满 80 多分，如外语。而且通过实践，学生有创新、有成果，还可以加计学分，实行“弹性学分”制，修满学分即可毕业。2009 年，社会科学系来自贵州贫困地区学生朱德勇挑灯写作，学院领导作出特殊规定允许他晚熄灯。两年中，他笔耕不辍，很快修满学分提前毕

业。现在成为湖南著名网络作家，已出版专著十多本。（2）实行“任务驱动”式教学法。主要是让学生带着问题学，培养学生分析问题解决问题的能力，提升学生创造力和实践能力。原影视多媒体专业学生熊建权，在老师“如果你将来创造一个影视多媒体企业，你该怎么学习”的诱导下，除课堂学习知识外，还阅读了大量的有关书籍与资料。走出去到电视台进行实践，掌握了多方面的知识和技能。后来担任学院电视台台长，很有成绩。后来他自己创立了湖南影视多媒体有限公司，公司资产从几十万元发展到了几百万元，常德市很多单位组织宣传推介。（3）组织教学竞赛。为调动师生教育教学积极性，真正把主要精力放在教育教学上来，从 2007 年开始，学院开展了教“一堂课”“一堂专业课”“精彩一课”“精彩一作”等多次教学竞赛。同时通过让学生评教，让教师评学，推动了全院教育教学水平的提高，教师高作梅、何曦、王红兵、邓英、刘海宏、全快多次在教学比赛中取得一二三名，学生很喜欢听他们的课，其他教师也受到了教益。（4）积极开展评比评估活动。每年市教育局代表省教育厅进行的年检评估，学院都进行认真的准备，做到一丝不苟，一项不漏，实事求是。从 1996 年开始，每年都是优秀等次，而且在常德排名第一。2007 年国家教育部组织对该院进行人才培养工作水平评估获顺利通过。2012 年国家教育部再次对学院进行人才培养工作评估，又获顺利通过。

湖南同德职业学院经常自加压力，组织各种评比竞赛，进行技术能手比武，比如中英文录入比武，选手们经常打破本校记录，英文最高可以每分钟录入 200 多个字，中文可以录入 180 多个字。2009—2010 年，学生在湖南省教育厅组织的职业院校技能竞赛中，有 42 位学生获奖。

湖南机电职业技术学院 2003 年电气工程系主持的“项目驱动”教学法，研究注重学生专业技能的未来应用，在中高电子 0201 班实验取得成功，该班就业对口率和就业质量都很高。计算机科学系与基础科学系共同主持研究的课题《高职物理远程教学的研究与实践》，被列入中国物理学会与中国教育学会规划课题，得到国家资助。计算机科学系教师的课件制作分获常德市竞赛一个一等奖和一个二等奖。机械工程系学生模具协会为桃源运达公司设计制造了 9 套冲压模具。电气工程系学生电工协会和电子技术协会开发研制的电子万年历和电脑自控打铃仪具有一定的市场价值。

湖南高尔夫旅游职业学院 2010 年起对大学英语课程实施分层教学，以高考英语分数为基准，将全校的大专学生按英语成绩进行排名，共分成 A、B、C 三个等级，并针对不同等级学生的英语水平制定相应的教学内容、采用不同的教学方法进行教学，真正做到了因材施教。通过采用分层教学的教学方式，学生学习英语的积极性得到了较大的提高，真正让学生学到了东西。2012 年下学期开始，对全院学生课程考核成绩评定方式进行改革。课程考核成绩由课堂考勤考核、过程性考核（包括过程测试、教学互动、课堂讨论、课程作业、问题解答、学习状况、能力评估等）和期末考核共三项组成。三项在考核成绩中所占比例为 3:4:3；单独开设的技能、实践类课程考核成绩由课堂考勤考核与过程性考核组成，其比例为3:7。通过对学生课程考核成绩评定方式的改革，大大提高了学生的到课率，调动了学生课堂学习的积极性，减少了考试舞弊现象。

四、对外交流

1990年以后，常德师专随着我国改革开放政策的深入贯彻执行，积极开展对外交流活动。先后有美国、泰国、英国、新加坡、日本、澳大利亚的11批外国考察团到学校访问，学校优美的环境、优良的校风给外国友人留下了良好的印象，有的外宾还向学校捐赠了图书，与学校建立了经常性友好关系。1995年10月，校长许成林应邀参加常德市政府代表团前往日本滋贺县八日市访问考察。

湖南文理学院（前常德师范学院）十分重视对外开放，重视与不同国家、地区的合作以及不同文化之间的交流，逐步向开放式办学迈进。初步统计，2001年到2010年，该校共开展国际交往活动43次。活动主要方面：一是努力搭建国际交流平台。2010年11月，该校赴杭州参加世界大学校长联合会东北亚分会，与来自日本、韩国、蒙古等14个国家和地区的40所高校的校长、机构负责人取得了联系。同时，原有的8所国（境）外友好学校又增至10所。二是大力推进学生出国项目。三是积极做好教师出国研修项目。2010年3月首批3位教师前往英国胡弗汉顿大学研修，6月份顺利归国返校。日语专业唐莉雅老师在赴日研修三个月后顺利返校。四是努力做好外事接待工作。仅2010年，该校就本着热情友好、内外有别、对等节约的原则，接待了来自美国、英国、日本、韩国的来访团组15批次，近40余人，巩固和建立了教育合作与交流关系。还为常德市友好城市日本东近江市研修生福山良孝提供了短期汉语教学服务。

常德高等职业技术学院随着办学规模的逐步扩大，师资队伍及专业建设不断加强，积极探索和开展对外交流与合作项目。2004年，学院邀请爱尔兰卡洛理工学院校长迈克.麦可瑞和美国康奈尔大学博士生导师余龙喜教授到校讲学。2008年以来，学院与新加坡、德国有关高校进行了师资培训交流，与老挝、柬埔寨等东盟国家建立了合作关系。

2009年10月，湖南同德职业学院院长李少夫随省教育考察团考察了欧洲职业教育，回院均作了考察报告。2010年9月，董事长齐淑兰随市教育考察团考察了美国、加拿大，2011年5月考察了英国和南美等国家的教育工作。2009年3月，世界汉诗协会常德分会在湖南同德职业学院成立；2010年4月，举行首届会员大会及诗词讲座。

2010年 4月，韩国大邱工业大学李元总长到湖南高尔夫旅游职业学院考察，同意与该校结为姊妹学校，并就联合办学与该校签订协议书。2011年3月，新西兰高尔夫职业学院来人到湖南高尔夫旅游职业学院参观访问。

五、对台交流

2008年10月，湖南同德职业学院院长李少夫考察了台湾教育。2010年4月，台湾著名社会活动家陆炳文先生来校发表演讲，并题词“同心同德”；2010 年 11 月，陆炳文来校作《职业教育乃和谐社会张本》学术报告；2011 年 9 月陆炳文又来校作《蔡元培在辛亥革命中的作用》学术报告。报告深受与会者好评。2011 年 10 月，在济南召开的全国民办高等职业教育研讨会上，李少夫与台湾一高校达成交流协议， 2012 年至 2013 年，湖南同德职业学院先后分选派 4 位优秀学生赴台学习，学生在台学习时间一期或一年，学院资助学杂费，学生只出生活费，学生均感到收获不小。

2010 年，湖南高尔夫旅游职业学院聘请台湾著名高尔夫职业教练骆建发先生到校进行为期一星期的讲学和专业交流。

第三节　教学设施

1978 年起，常德师专对教学实验和各种管理设备、图书等硬件建设逐渐加大投入。1991 年，教务和财务实现计算机管理，同年 9 月闭路电视建成开通。1993 年“常德师专教育电台”开播；1996 年投资近四十万元的图书馆和食堂计算机管理系统正式投入运行。特别是对教学仪器设备的投入年年增加。到 1999 年合并升本前夕，馆藏图书 42 万册。固定资产总值 6000 万元。教学仪器设备 1100 万元。

常德高专的前身是始建于 1978 年 10 月的常德基础大学。1986 年 6 月，搬迁至市东郊乡楠竹山。通过一年多的艰苦努力，至 1988 年夏天，新校址第一期工程初步竣工，9 月 1 日学生正式在新址上课。1990 年又新征土地 56 亩，修建了校门前水泥路和 400 米环形跑道，第一期工程日趋配套。

湖南文理学院至 2010 年，拥有 2 个省级重点实验室，3 个省级哲学社会科学研究基地，1 个省级产学研合作示范基地和 1 个基础课示范实验室以及多个省级教学科研与实习训练平台。学校生物学基础实验室、电气信息基础实验室被列为湖南省普通高等学校基础课示范实验室，动物学实验室被列为湖南省普通高校重点实验室。学校坚持校县、校企合作，与地方共建校外实习基地 138 个，校内实习训练场所 20 个。

2010 年，常德市 4 所普通高校有图书 311 万册，仪器价值 23153 万元，教学用房 613461 平方米，各校情况见表 5-1-10。2007—2010 年常德市普通高校图书、仪器、教学用房情况见表 5-1-11。

表 5-1-10　**2010 年常德市普通高校图书仪器教学用房情况一览表**

学　校	图书数（万册）	仪器价值（万元）	教学用房（平方米）
湖南文理学院	127	8219	198202

续表 5-1-10

学　校	图书数（万册）	仪器价值（万元）	教学用房（平方米）
湖南文理学院芙蓉学院	37	3095	66549
常德职业技术学院	70	7121	150253
湖南同德职业学院	67	4123	138730
湖南高尔夫旅游职业学院	10	595	59727

表 5-1-11　　2007—2010 年常德市普通高校图书仪器教学用房情况一览表

年　度	图书数（万册）	仪器价值（万元）	教学用房（平方米）
2007	244	17483	435243
2008	256	18191	484226
2009	291	20971	570458
2010	311	23153	613461

2012 年，常德职业技术学院有实验基地 24 个，建筑面积 58566 平方米，教学设备 5483 台（套），其中大型设备 211 台（套），设备总价值 7498 万元，见表 5-1-12，有设备专职管理员 115 名；图书 756677 册，价值 1708 万元，见表 5-1-13。教学基地 152 处。

表 5-1-12

常德职业技术学院实验室 2012 年统计表

序号	实践基地名称	面向专业		被列为实训基地项目		建筑面积（平方米）	设备数（台套）			实训项目	
		总数（个）	主要专业	支持部门	批准时间（年）		设备总值（万元）	设备总数	大型设备数	总数（个）	主要项目
合计	基地数	24				58566.51	7498.012	5483	211	1720	
1	机电第一实训中心	4	数控技术(580103)、模具设计与制造(580106)、机电一体化技术(580201)、汽车检测与维修技术(580402)	其他	2003.1	1800.00	611.100	128	60	11	普车，普铣，钳工，焊工，磨工，冲压，注塑，数控车床，加工中心，线切割机床、电火花机床等
2	护理实训中心	2	护理(630201)、临床医学(630101)	国家级	2007.1	2905.00	501.300	633	16	156	铺床法，注射法，中心给氧法，口腔护理，静脉输血法，灌肠法，鼻饲法，无菌技术操作，口腔护理，超声雾化吸入法，洗手法及多媒体教学等
3	临床教学病房（附一、附二医院）	4	护理(630201)、临床医学(630101)、医疗美容技术(630408)、药学(630301)	其他	2007.1	17113.51	3141.143	453	34	32	内科护理基本技术，外科护理基本技术，妇产科护理基本技术，儿科护理基本技术，传染科护理基本技术，急救技术等

续表 5-1-12

序号	实践基地名称	面向专业		被列为实训基地项目		建筑面积（平方米）	设备数（台套）			实训项目	
		总数（个）	主要专业	支持部门	批准时间（年）		设备总值（万元）	设备总数	大型设备数	总数（个）	主要项目
4	药品生产实训室	1	药学(630301)	其他	2006.1	1332.00	48.416	94	3	25	常规制剂的制备、药品调剂、药品保管养护、药物应用指导
5	药品调剂实训室	1	药学(630301)	其他	2011.1	550.00	4.500	5	0	36	药品调剂、用药指导
6	建筑实训中心	2	建筑工程技术(560301)、建筑经济管理(560503)	其他	2010.1	4536.00	299.500	786	3	7	识图与构造工程、施工技术操作实训、施工组织与管理实训施工测量实训、计量与计价实训、材料检测实验
7	常德职院驾驶学校	1	汽车检测与维修技术(580402)	其他	2003.1	3000.00	300.450	55	30	1	汽车驾驶
8	会计电算化实训室	3	会计电算化(620204)、电子商务(620405)、工商企业管理(620501)	其他	2008.1	160.00	46.300	100	0	20	系统管理、基础档案设置、总账系统初始设置、总账子系统的日常业务处理、原始凭证的填写等
9	语言实训室	2	工商企业管理(620501)、酒店管理(640106)	其他	2005.1	80.00	59.500	112	0	2	普通话训练，英语口语练习

续表 5-1-12

序号	实践基地名称	面向专业		被列为实训基地项目		建筑面积（平方米）	设备数（台套）			实训项目	
		总数（个）	主要专业	支持部门	批准时间（年）		设备总值（万元）	设备总数	大型设备数	总数（个）	主要项目
10	机电第二实训中心	4	数控技术(580103)、模具设计与制造(580106)、机电一体化技术(580201)、汽车检测与维修技术(580402)	其他	2006.1	2920.00	346.435	426	1	12	电工技术、电子技术实验、模具设计与制造、电工实训、电力拖动、PLC 实训等
11	医疗美容技术技能实训中心	1	医疗美容技术(630408)	其他	2005.1	258.00	45.300	117	0	92	医疗美容技术机能实训
12	生物技术综合实验室	2	水产养殖技术(510401)、畜牧兽医(510301)	其他	2003.1	330.00	97.000	86	2	231	各种病理标本和组织切片的观察、饲料及食品中常规养分的测定、临床常见动物疾病的诊治、外产科手术操作技术等
13	园林生产综合实训基地	1	园林技术(510202)	其他	2005.1	8613.00	80.100	45	2	68	花卉生产、室内观叶植物生产盆景造型、观赏桃花种质资源保存、园林绿地养护，园林苗木生产等
14	会计手工模拟实训室	1	会计电算化(620204)	其他	2009.1	80.00	46.300	50	0	50	会计手工做账

续表 5-1-12

序号	实践基地名称	面向专业		被列为实训基地项目		建筑面积（平方米）	设备数（台套）			实训项目	
		总数（个）	主要专业	支持部门	批准时间（年）		设备总值（万元）	设备总数	大型设备数	总数（个）	主要项目
15	药品营销实训室	1	药学(630301)	其他	2008.1	1500.00	168.340	132	1	32	药品营销、生药的鉴定、中药材炮制
16	临床医学实训中心	4	临床医学(630101)、医疗美容技术(630408)、护理(630201)、药学(630301)	其他	2002.1	1848.00	567.760	472	5	421	临床基本技能实训
17	形体实训室	1	酒店管理(640106)	其他	2003.1	122.00	5.500	1	0	3	舞蹈训练，形体训练，健美操训练
18	计算机实训中心	2	计算机网络技术(590102)、软件技术(590108)	其他	2003.1	1440.00	341.050	872	1	5	网络工程、Asp.net 程序设计、数据结构、C# 程序设计计算机广域网技术实验
19	汽修实训中心	1	汽车检测与维修技术(580402)	其他	2010.1	5200.00	383.990	58	20	12	汽车电器原理与维修等专业核心技能课程的一体化教学、现场教学
20	药品检验实训室	1	药学(630301)	其他	2004.1	1413.00	95.252	365	3	27	药物成分和含量提取、鉴定和检验、化学仪器存放和维护
21	基础医学实训中心	4	临床医学(630101)、医疗美容技术(630408)、护理(630201)、药学(630301)	其他	2002.1	2086.00	183.276	151	30	123	医学基础机能实验实训

续表 5-1-12

序号	实践基地名称	面向专业		被列为实训基地项目		建筑面积（平方米）	设备数（台套）			实训项目	
		总数（个）	主要专业	支持部门	批准时间（年）		设备总值（万元）	设备总数	大型设备数	总数（个）	主要项目
22	园林综合实训实验室	1	园林技术(510202)	其他	2003.1	1120.00	82.000	212	0	274	园林制图作业评析、插花材料的剪切与处理，土壤样品的采集与制备；园林效果图的制作(photoshop、3Dmax)，工程预决算，制作招投标书等
23	电子商务模拟实训室	2	电子商务(620405)、工商企业管理(620501)	其他	2005.1	80.00	18.500	50	0	50	网络营销，电子商务网页制作，网上支付与结算，网络信息的收集与处理，电子商务实务
24	广告艺术与制作实训中心	1	广告设计与制作(670112)	其他	2003.1	80.00	25.000	80	0	30	平面图像处理、平面图像制作、广告艺术设计、设计素描、手工绘画等、服装设计

表 5-1-13　　常德职业技术学院图书资料一览表

年份（年）	图书总册数（册）	图书总价值（万元）	逐年增加图书册数（册）	逐年增加图书价值（万元）
2002	271919	489.45	41548	87.33
2003	313467	576.78	54891	104.29
2004	368358	681.09	66625	119.93
2005	434983	801.02	83737	159.1
2006	518720	960.12	66433	166.08
2007	585153	1126.2	52396	157.19
2008	637549	1283.39	30200	105.7
2009	667749	1389.09	33000	118.8
2010	700749	1507.89	33251	119.7
2011	734000	1627.59	22577	81.1
2012	756577	1708.69	22791	90.1

湖南同德职业学院的前身是计算机培训学校，1994 年教学设施以 50 台计算机为主，到 1998 年，专业增多，特别是开设了机电专业，逐步向机电设施倾斜，先添置手工机床，后来添置上百万元的先进数控机床。2013 年已有计算机 2500 多台。教育教学设施设备见表 5-1-14。

表 5-1-14　　教育教学设施设备一览表

序号	实验室名称	实验室总量	建设时间	设备经费（万元）	设备数
1	计算机应用实训室	2	1994	20	42
2	计算机应用实训室	4	1995	44	81
3	计算机应用实训室	5	1996	66	165
4	计算机应用实训室	14	1997	161.88	426
5	计算机应用实训室	15	1998	168.75	450
6	计算机应用实训室	17	1999	182.4	480
7	计算机应用实训室	18	2000	203.3	535

续表 5-1-14

序号	实验室名称	实验室总量	建设时间	设备经费（万元）	设备数
8	计算机应用实训室	19	2001	221.6	582
9	计算机应用实训室	19	2002	237.12	621
10	计算机应用实训室	19	2003	256.03	665
11	计算机应用实训室	20	2004	267	712
12	计算机应用实训室	21	2005	287.28	756
13	计算机应用实训室	22	2006	312.36	822
14	语音室	1	2006	22.800	206
15	平面设计实训室（201）	2	2006	18.751	54
16	计算机应用实训室（实 402）	1	2006	22.233	48
17	计算机应用实训室（307 西院）	1	2006	69.000	120
18	网络管理实训室	2	2006	100.774	330
19	软件开发实训室（新校区 27 栋 2 楼）	3	2006	19.160	52
20	计算机组装维护实训室	2	2006	37.716	98
21	办公设备实训室	2	2007	19.906	47
22	画室（五楼教）	1	2007	11.760	41
23	影视多媒体实训室（427 教）	1	2007	11.838	24
24	电算会计实训室（实训楼 202/403）	2	2007	71.460	162
25	拍卖典当实训室	1	2007	30.000	62
26	电视机组装与维护实训室（118 教）	2	2007	127.690	1，140
27	电子综合实训室（120 教）	2	2007	57.626	242
28	数控加工与仿真实训室（2）	2	2007	100.570	264
29	铣工与特种加工实训室	2	2007	118.382	166
30	模拟法庭	1	2008	9.750	20
31	平面设计实训室（302）	1	2008	18.752	54
32	影视编辑实训室（四楼教）	1	2008	24.398	95
33	建筑装饰施工实训室	1	2008	182.065	128
34	建筑装饰材料实训室	1	2008	27.020	130

续表 5-1-14

序号	实验室名称	实验室总量	建设时间	设备经费（万元）	设备数
35	手工做账实训室	1	2008	16.000	55
36	计算机应用实训室	1	2008	15.131	48
37	电子商务实训室（106 教）	1	2008	21.036	49
38	网页制作实训室（108 教）	1	2008	27.145	64
39	网页制作实训室（110 教）	1	2008	15.705	36
40	焊工实训室	1	2008	10.763	20
41	秘书工作实训室	1	2009	5.755	6
42	计算机应用实训室	1	2009	24.750	55
43	计算机应用实训室	1	2009	23.650	55
44	雕塑实训室（新教楼）	1	2009	20.412	38
45	平面广告设计实训室	1	2009	25.000	15
46	室内设计实训室（303）	1	2009	21.755	53
47	物流管理实训室（西院）	1	2009	22.894	35
48	计算机应用实训室	1	2009	33.680	102
49	计算机应用实训室	1	2009	17.507	37
50	单片机项目开发实训室（502）	1	2009	21.471	47
51	车工实训室	1	2009	102.035	78
52	钳工实训室	1	2009	17.510	180
53	电子电工实训室（308 西院）	1	2009	25.043	105
54	二维动画设计实训室（实训 101）	1	2010	21.685	49
55	三维动画设计实训室（104 教）	1	2010	27.930	47
56	影视演播实训室	1	2010	61.730	130
57	网络工程实训室（202 教）	1	2010	48.416	73
58	软件开发实训室	1	2010	21.855	47
59	软件开发实训室	1	2010	24.195	57
60	汽车检修实训工厂	1	2010	329.582	217
61	多媒体教室	1	2010	18.30	59

续表 5-1-14

序号	实验室名称	实验室总量	建设时间	设备经费（万元）	设备数
62	机加工校办工厂	1	2010	847.320	190
63	手工做账实训室	1	2011	15.000	60
64	酒店管理实训室	1	2011	278.650	530
65	办公自动化实训室	1	2012	99.198	230
66	形体礼仪实训室（教学楼 224）	1	2012	5.560	16
67	体育器材实训室	1	2012	54.680	150
68	模型制作实训室（新校区 23 栋）	1	2012	6.446	38
69	艺术设计展厅	1	2012	5.500	15
70	多媒体投影室	1	2012	16.027	56
71	生物基础实验室（新校区四楼）	1	2012	15.243	32
72	理化分析实验室（新校区四楼）	1	2012	22.922	110
73	园林规划设计实训室	1	2012	103.800	45
74	机具保管室（新校区四楼）	1	2012	10.217	10
75	水产养殖专业实验室（新校区四楼）	1	2012	11.325	63
76	植物保护实训室（新校区四楼）	1	2012	9.000	38
77	水产标本室（新校区四楼）	1	2012	8.000	37
78	多媒体教室	1	2012	31.830	112
79	综合布线实训室	1	2012	18.500	45
80	软件测试实训室	1	2012	19.160	52
81	数据库开发实训室	1	2012	16.450	54
82	电器设备管理实训室（教学楼 116）	1	2012	15.000	56
83	机床电控实训室（教学楼 122）	1	2012	41.200	18
84	电器装配实训室（教学楼 124）	1	2012	25.600	46
85	电子制作实训室（教学楼 201）	1	2012	12.205	128
86	电动机拆装实训室	1	2012	22.022	100
87	机械制图实训室（教学楼 204/205）	1	2012	5.770	55
88	ARM 嵌入式实训室（教学楼 207）	1	2012	14.500	30

续表 5-1-14

序号	实验室名称	实验室总量	建设时间	设备经费(万元)	设备数
89	模具拆装实训室（教学楼 209）	1	2012	15.000	25
90	网络可编程控制器实训室（教学楼 221）	1	2012	37.929	104
91	PLC 技术实训室	1	2012	26.730	56
92	自动控制实训室（教学楼 225）	1	2012	45.975	43
93	测绘实训室	1	2012	44.050	24
94	液压与气压传动实训室	1	2012	40.680	50
95	数控机床维修实训室	1	2012	56.000	7
96	汽车发动机模拟实训室	1	2012	22.332	23
97	汽车底盘模拟实验室	1	2012	45.000	25
98	汽车电器示教系统实验室（新教学楼 103）	1	2012	1.914	13
99	机械原理与机械设计实验室	1	2012	38.98	11
100	机电传动与控制实验室	1	2012	60.000	4
101	互换性测量技术实验室	1	2012	10.835	8
102	工程力学实验室	1	2012	29.9	13

1994 年，学校成立时没有图书，没有图书室。1995 年有了资料室，存放学校资料，开始购进图书。1998 年，学校有了阅览室，购进图书逐年增多，并接收了捐赠书籍，且增加了电子阅览室。2003 年升专之前，阅览室初具规模，2005 年，图书达 12 万多册，种类增多，质量提高，根据升专要求，达到了当时学生数要求的标准。经过不断发展，特别是 2013 年根据“升本”要求，学院 17000 平方米的图书馆落成，成为学院标志性建筑，82 万余册图书上架，图书总价值 2967 万元，图书数量质量种类达到了空前未有程度。学院 2005—2013 年图书情况统计表见表 5-1-15。

表 5-1-15　　**湖南同德职业学院 2005-2013 年图书情况统计表**

年份	购进图书（册）	杂志（种）	数字资源	价值（元）
2005	20506	30		512890
2006	20703	32		579940
2007	29125	35		874100

续表 5-1-15

年份	购进图书（册）	杂志（种）	数字资源	价值（元）
2008	29564	42		1035165
2009	29875	51		1076128
2010	30642	63		1134754
2011	31412	84		1194856
2012	54856	124		2170384
2013	468504	154	万方、读秀若干个数据库及20万电子图书	21093171
总计	822100			29671388

湖南高尔夫旅游职业学院实验室建设情况见表 5-1-16，图书资料情况见表 5-1-17。

表 5-1-16　　**湖南高尔夫旅游职业学院实验室情况表**

实验室名称	面积（平方米）	竣工时间	建造经费（万元）	设备经费（万元）
机械实训中心	2600	2006 年		410
挥杆影像分析实验室	60	2011 年		12
模拟高尔夫球场实验室	30	2011 年		16
建筑工程实训中心	400	2012 年		110
机电工程实验室	360	2012 年		30
园林工程实验室	40	2012 年		10
模拟导游实训室	170	2012 年		85
茶艺实训室	60	2012 年		5
酒店客房实训室	120	2012 年		2

表 5-1-17　湖南高尔夫旅游职业学院 2009-2012 年图书资料情况表

年份	纸本图书				电子图书		现刊	
	总数量（册）	价值（万元）	新增数量（册）	新增价值（万元）	总数量（册）	价值（万元）	数量（种）	价值（万元）
2009	94653	209.2	0	0	9000	5.0	95	
2010	94653	209.2	0	0	9000	5.0	70	
2011	94653	209.2	0	0	9000	5.0	202	2.7
2012	104480	243.3	9827	34.1	9000	5.0	238	3.1

湖南高尔夫旅游职业学院的实践教学基地有 12 个。校内有清水湖国际会议中心，建筑工程实训中心，机械实训中心，清水湖高尔夫球会等 4 个；校外有湖南高尔夫旅游职业学院大汉汽车实训基地，湖南高尔夫旅游职业学院北京鸿禧实训基地，湖南高尔夫旅游职业学院惠州罗浮山实训基地，湖南高尔夫旅游职业学院顺发千岛湖旅游实训基地，湖南高尔夫旅游职业学院上海巴黎春天新世纪大酒店实训基地，湖南高尔夫旅游职业学院桃花源国际高尔夫实训基地，湖南高尔夫旅游职业学院北湖九号实训基地，湖南高尔夫旅游职业学院三亚美高美酒店实训基地等 8 个。

第二章　科　研

第一节　科研机构、队伍与管理

一、科研机构

1991 年，湖南省召开首次全省高校科技工作会议。会议系统地总结了改革开放以来全省高校科技工作经验。科研作为高校“两个中心”（教学、科研）之一的地位逐步形成共识。

1988—1998 年，常德师专和常德高专均安排一位副校长和教务处一位副处长分管科研工作，教务处有科研科长，各教学系设有若干教研室。

2003 年，湖南文理学院及前常德师范学院设有科研处，全面负责学校科研项目、科研经费、科研成果的管理和信息化建设以及产学研结合事宜。设有学科建设处，负责服务区域经济发展，制定“十二五”学科发展规划，抓好学科建设“亮点”工程，推进学科队伍建设，完善科技创新平台体系，严格内部管理，完善学科建设支撑体系。同时，学校还专门设立了产学研办公室，负责打造校区产学研合作创新平台，认真谋划、组织和协调校区产学研项目对接工作，联络和组织学校对外产学研工作。此外，学校还不断健全和完善校院两级科技管理工作机制，设有若干学科基地平台和学术创新团队，积极拓宽工作思路，有效整合优势科技资源，扎实推进科技工作。学校拥有湖南普通高等学校产学研示范基地、湖南省环洞庭湖社会发展研究基地、湖南省城市文化研究基地等科研平台。学校深入推进校地校企产学研合作，建立了多个产学研合作基地。

2002 年，常德职业技术学院日常科研工作由教务处教研科分担。2007 年始，学院成立科研处，科研处有工作人员 4 人，负责科研文件的制订、全院年度科研计划的拟订、各级各类科研信息的收集、课题的申报、立项课题的管理、立项课题的结题、科研成果的申报以及与科研工作有关的对外联系等项工作。为使科研职能的履行落到实处，学院成立了由学院院长为组长的科研工作领导小组和院长为主任、各类专家教授为成员的学术委员会，负责全院科研、校企合作等重大学术问题的决策。

2004—2006 年，湖南同德职业学院的科研工作由教务处负责，2006 年 7 月，学院组建科研处，由人事处副处长兼任科研处副处长。2010 年暑假，将科研处工作从人事处分出，交原技术与工程系主任兼管，系主任兼任科研处副处长。2013 年 7 月，学院建立了“1 处 9 所 18 室”科研机构。1 处为科研处，聘请国家二级教授熊大胜任科技处处长，杨万新任科技处副处长，并新增一名硕士研究生到科技处办公室工作。9 所是：善卷文化研究所， 南方木本粮油研究所，生物能源研究所，水产养殖技术研究所，湘西北经济研究所，湘西北地区城乡协调发展研究所， 数控技术应用研究所，农业机电研究所，民间艺术与新农村审美文化研究所。18个教学研究室：计算机辅助设计与制造研究室，机电设备维修与管理研究室，汽车检测与维修研究室，物流管理研究室，财务管理研究室，市场营销研究室，酒店管理研究室，商务英语研究室，园林技术研究室，水产养殖研究室，软件技术研究室，计算机应用研究室，信息管理研究室，电脑艺术设计研究室，影视多媒体研究室，建筑装饰技术研究室，法律事务研究室，行政管理研究室。

2010年新建的湖南高尔夫旅游职业学院设置科研处，其主要工作是制定科研管理办法，鼓励教师积极参与科研活动，促进教学与科研的有机结合；组织教师进行各级各类项目的申报、管理立项项目，并负责做好项目结题的监督工作，保证项目的顺利完成；做好科研成果登记、管理、报奖等工作，加快成果的推广应用；组织申报、评审、鉴定校级科研项目，鼓励学校青年教师自主开展各种基础研究和应用研究类项目，为争取纵向科研项目和横向课题做好准备工作；配合教师做好专利申请工作，负责管理各种专利，推动专利成果转化为生产力。

二、科研队伍

1988年，常德市三所普通高校有教师385人，其中教授3人，副教授82人。2003—2005年度常德市四所普通高校科技人力情况见表5-2-1。

表5-2-1　　2003—2005年度常德市各高校科技人力统计表

代码	单位	2003年	2004年		2005年	
		科技人力	科技人力	博士学位	科技人力	博士学位
10549	湖南文理学院	347	333	10	352	10
13033	湖南机电职业技术学院	203	213	0	327	0
13039	常德职业技术学院	268	274	0	336	0
13809	湖南同德职业学院	75	115	0	116	0
	合　计	893	935	10	1131	10

说明：摘自《湖南省教育志（1978~2002年）》793~794页

2010年，湖南文理学院有专任教师822人，硕士及以上学位者479人。有省级及以上学科基地平台12个、校级学术创新团队2个、校级学术创新团队建设对象等科研团队3个，具体情况见表5-2-2、5-2-3、5-2-4。

表 5-2-2　　　　湖南文理学院省级及以上学科基地平台一览表

类　别	名　称
国家基地平台	国家大学生文化素质教育基地
国家基地平台	国家 Linux 技术培训与推广中心
国家基地平台	全国大学英语教学改革试点单位
国家基地平台	国家制造业信息化培训中心—三维 CAD 教育培训基地
湖南省社科研究基地	环洞庭湖区域发展研究基地
湖南省社科研究基地	城市文化研究基地
湖南省社科研究基地	农村居民社会化发展研究基地
湖南省高校产学研合作示范基地	水生生物资源开发与利用研发基地
湖南省重点实验室（立项建设）	光电信息集成与光学制造技术
湖南省示范实验室	电气信息基础
湖南省高校重点实验室	动物学
湖南省科普基地	生命与环境资源科普基地

表 5-2-3　　　　校级学术创新团队表

团队名称	负责人	依托学科
现代机构学及 CAD 研究团队	罗佑新	机械设计及理论
环洞庭湖水域水生资源保育研究团队	杨品红	生物学

表 5-2-4　　　　校级学术创新团队建设对象一览表

团队名称	负责人	依托学科
微分方程与动力系统研究团队	刘炳文	数学
文艺学研究团队	佘丹青	中国语言文学
空间预应力碳纤维索网结构力学性能研究团队	吴　晓	土木工程

2010 年，常德职业技术学院有专职教师 540 人，其中有博士、硕士学位的教师 136 人。2013 年，学院有博士、硕士学位的教师 162 人，有正高职称教师 38 人，副高职称教

师 146 人，有湖南省高校教学名师 2 名，省级教学团队 3 个。

2010 开始，湖南同德职业学院的科研人员年年增加。2010 年，学院有博士、硕士学位的教师 61 人。2013 年，学院博士 13 人，硕士 105 人，有正高职称教师 24 人，副高职称教师 38 人，有湖南省专业学科带头人 1 人。正高级学科带头人的研究方向具体见表 5-2-5。

表 5-2-5　湖南同德职业学院 2013 年正高级学科带头人一览表

姓　名	职　称	招生专业	研究方向
张森林	教授	车辆工程	特种车辆应用技术,汽车服务工程
管天球	教授	油茶学	油茶产业,油茶分析,木本粮油论
熊大胜	教授	生物学	生物资源
晏初宏	教授	机械原理	机械传动,科学和工程计算
何解定	教授	经济学	区域经济发展问题研究
王文龙	教授	植物学	木本粮油产业
邹永常	教授	汉语言文学	中国现代文学
朱道忠	教授	哲学	政治教育
刘晓林	教授	文学	古典文学
彭正银	教授	英语	英美文学、文化与翻译
李凯中	教授	经济管理	农村经济
童自觉	教授	历史学	世界史、宗教
周尚义	教授	汉语言文学	汉语言文学
陈文斌	教授	产业经济、政治教育	产业经济、政治教育
向多林	教授	汉语言文学	古代汉语文字
刘良国	教授	水生动物遗传与发育	水生动物遗传与发育
梅晓勇	教授	计算机软件与理论	计算机软件
潘梅森	教授	计算机应用技术	计算机应用技术
王文彬	教授	动物学	水产动物病害学
肖丽华	教授	纺织工程	纺织工程
潘湘高	教授	自动化	控制理论与控制工程,自动化控制技术,计算机控制技术应用

续表 5-2-5

姓　名	职　称	招生专业	研究方向
栗建新	教授	化机	传感器、控制系统
杨继荣	教授、研究员	机械制造	机械产品绿色设计与制造理论及集对分析理论在机械加工中的应用
杨斌文	教授	自动控制技术	自动控制技术

2010—2013 年，湖南高尔夫旅游职业学院科研处两人，处长 1 人，工作人员 1 人。

三、科研管理

1984 年起，湖南省高等学校的科研工作逐步实行合同制。2001 年，省教育厅制定《湖南省教育厅科学研究项目管理办法》，办法要求，一是突出管理工作重点。省教育厅科技处集中力量加强对重点项目和优秀青年项目的管理，一般项目委托学校科研管理部门管理。二是强调专家的作用。重点项目和优秀青年项目由省教育厅组织专家评审确定，一般项目委托各高校学术委员会评审。三是加强过程管理。

1998 年 4 月，常德师专召开二届六次教代会。讨论通过了《关于进一步加强教学，突出教学中心地位的若干意见》和《常德师专科研成果奖励条例》等文件。

1999 年，常德师范学院成立时，省级以上在研课题才 5 项，到账经费仅 8 万元；省级以上学术带头人仅 2 人，学校科技经费投入不到 30 万元；国际三大检索系统收录的论文才 2 篇。在这种情况下，学校召开了并校之后第一个高规格会议——首届科技大会，分析形势，提出目标，号召全体老师站在“科教兴国”的高度，强化本科意识，积极投入科研。会上，学校出台了两个有关科技激励政策的文件，一个是《科技成果奖励办法》，一是《科技工作量计算办法》。按照这两个文件精神，学校所有教职工写论文、做课题，都可以相应地折算成工作量计酬，最高可计酬 12 万元；而凡获省部级以上奖励的、凡在国家一级刊物上发表论文的，还可以获得学校相应奖励，最高可获奖金 12 万元。即一项好的成果，有可能多次计酬或受奖。按照这两件文件精神，会上当场发放了 23 万多科研工作量酬金和资金。除采取以上激励措施外，学校还大大增加对科研的投入。学校设立个科研基金，重点是扶持 35 岁以下的讲师，学校规定，凡申请到国家级课题，学校 1:1:5 配套，省级课题，学校 1:1 配套；老师们在国家级重点刊物上发论文，学校资助版面费。为营造出一种你争我赶比科研气氛，每个月，学校将老师们的科研情况公布一次。不到两年，全校至少有 300 名以上的老师手头上有课题；有 90 多名青年教师在攻读在职硕士；学校的科研投入也达到了 100 万元。全校出版中文类著作 17 部，发表论文 323 篇，其中有 15 篇被 SCI、EI 等收录；科研立项 107 项，获省部级奖 5 项；学校破天荒有了 4 项国家级的科研立项。2001 年 7 月，中国教育报发表了记者李伦娥《常德师院：科研奖励出实招》的报道。

2002 年开始，常德职业技术学院先后出台了《常德职业技术学院学术委员会章程》《常德职业技术学院科研工作管理办法》《常德职业技术学院科技工作报酬核算及科技成果奖励办法》《常德职业技术学院院级课题申报及管理办法》等一系列科研工作的文件。每年年底，科研处对全院科研工作进行一次统计，并以“科研工作报酬”的形式予以奖励。仅 2008 年度，学院“科研工作报酬”就达 20 余万元。2008 年度学院共投入科研经费 165 万元，占学费收入的 5.3%。常德职业技术学院立项课题配套经费安排见表 5-2-6。同时，学院采取四项措施，深入推进学院科研工作。（1）推行教授讲座制。每位教授每年举行学术讲座 1-2 场。这样既可发挥教授的学术带头作用，也可促进教授本身的学习提高。（2）制订科研工作年度工作计划和《常德职业技术学院“十一五”科研工作发展规划》。（3）加强课题管理。要求所有立项课题举行开题报告，所有立项课题都实行全人员、全过程、全要素的“三全”管理办法（4）保障科研经费立项课题经费专款专用，立项课题配套经费按学院相关规定足额、及时划拨到位。

表 5-2-6　　**常德职业技术学院立项课题配套经费一览表**

<table>
<tr><td>国家级课题</td><td>1:2</td></tr>
<tr><td>国家其他部委课题</td><td>1:1.5</td></tr>
<tr><td>省级课题</td><td>1:1.5</td></tr>
<tr><td>省其他厅局级课题</td><td>1:1</td></tr>
<tr><td>市级课题</td><td>1:1</td></tr>
<tr><td rowspan="3">各类政府部门自筹经费课题，或计划外课题</td><td>国家级课题每项资助 0.5 万元（社会科学）、1 万元（自然科学）</td></tr>
<tr><td>省部级课题每项资助 0.3 万元（社会科学）、0.5 万元（自然科学）</td></tr>
<tr><td>厅市级课题每项资助 0.1 万元（社会科学）、0.2 万元（自然科学）</td></tr>
<tr><td>院级课题</td><td>每项资助 0.2~0.5 万元</td></tr>
</table>

2009 年前，湖南同德职业学院科研处在科研课题申报与科研成果奖励等方面，用教务处教师管理文件行事，没有单独行文建制。2010 年科研处行文《教学系工作量化考核细则》《教师教育教学工作奖惩细则》《湖南同德职业学院教研科研成果奖励管理办法》等，将教育科研列入教师工作量化考核范畴，占教师工作量的 30%；2011 年在原管理文件的基础上新增《湖南同德职业学院科研项目经费管理办法》；2012 年将科研工作从教学

工作量化考核中单列出来，单列行文《湖南同德职业学院科研工作量化管理办法》并新增《湖南同德职业学院学术规范及违规处理办法（试行）》和《湖南同德职业学院科研教研工作及其经费管理暂行办法（征求意见稿）》，使科研管理工作进一步规范化，2013年科技处在前各年行文的基础上，根据试行情况行文《湖南同德职业学院科研工作及其经费管理暂行办法》。2013年，湖南同德职业学院制定了科技处工作职责，规定做好11项工作。

湖南高尔夫旅游职业学院制订了《湖南高尔夫旅游职业学院教科研奖励办法暂行规定》，暂行规定有总则、课题配套经费及成果奖、著作教材奖、论文奖、教研教改奖、应用成果奖、附则等共七章22条。

第二节　科研工作

一、重点学科建设

湖南文理学院高度重视学科建设。根据湖南省七大战略性新兴产业发展和区域经济社会发展需要，立足学校实际，制定了《“十二五”学科发展规划》，理清了学科发展的思路。出台了《以学科发展促进专业建设、提高人才培养质量的实施方案》，推进学科布局与专业结构调整、科学研究与教学研究融合，提高创新型应用型人才培养质量。学校现拥有4个省级重点建设学科，1个国家级教学团队，3个省级教学团队，1个省级创新团队。学科队伍建设取得明显成效，有2名湖南省高校学科带头人培养对象通过验收，有6人入选湖南省新世纪121人才工程，有11人入选常德市十百千人才工程；“环洞庭湖生物资源保育与利用”学术团队成功申报湖南省高校学术创新团队，实现了省级学术创新团队零的突破。

学校首批重点建设一级学科有机械工程（机械工程学院）、生物学（生命科学学院）、中国语言文学（文史学院）、物理学（物理与电子科学学院）、地理学（资源环境与旅游学院）等5个，二级试点建设学科4个（见表5–2–7）。2007年，湖南文理学院重点学科情况见表5–2–8。

表5–2–7　　**二级试点建设学科一览表**

二级试点建设学科	所属一级学科	促进专业
结构工程	土木工程	土木工程、城市规划
企业管理	工商管理	市场营销、会计学、国际经济与贸易、信息管理与信息系统
控制理论与控制工程	控制科学与工程	自动化、通信工程、电子信息科学与技术

续表 5-2-7

二级试点建设学科	所属一级学科	促进专业
材料物理与化学	材料科学与工程	材料科学与工程、化学、应用化学、物理学 音乐学艺术音乐学、舞蹈编导

表 5-2-8　　2007 年湖南文理学院学科建设一览表

学科名称	所在系部	系部负责人	学科负责人
控制科学与控制工程	电气系	李晓峰	李晓峰
自然地理学	地理与旅游系	董明辉	董明辉
分析化学	化学化工系	孙元喜	孙元喜
计算机科学与技术	计算机系	郭国强	郭国强
基础数学	数学系	樊启毅	周惊雷
马克思主义哲学	政史系	曹卫平	郑又成
英语语言文学	外语系	熊云甫	熊云甫

湖南同德职业学院的机械与电气工程为省级重点建设（培育）学科 。根据技术应用型本科院校的定位以及服务地方经济社会的要求，机械与电气工程学科确立了三个研究方向，即机械设计及应用、机电控制系统研究与开发、机器视觉及智能系统。形成“以教学研究为先导、科学研究为牵引、实验室建设为重点、学科建设为支撑”的人才培养思路。2013 年，该系有专任教师 58 人，其中教授 8 人、副教授 20 人、高级工程师 8 人；专任教师中具有博士、硕士学位者 18 人，全国优秀教师 1 人，省级优秀教师 1 人，省级专业带头人 1 人，省级精品课程负责人 1 人，常德市技能能手 1 名，院级专业带头人 2 人。近年，教师承担机电方向科研、教研课题 21 项。其中，省教育厅科技处科学研究项目 5 项，省教科院教育科学规划课题 1 项，常德市科技局教、科研课题 15 项。获得湖南省二等奖 1 项、在《科技传播》《电子制作》等学术刊物上发表论文 10 多篇。

二、课题研究

1999—2010 年，常德市普通高校科研立项 795 个，获专利 53 项。

常德师专以教学带科研，以科研促教学，积极鼓励教师开展各科科研活动。1990—1998 年，全校教师发表论文 2000 多篇，其中省级学术刊物上发表 300 多篇，国家一级学术刊物上发表（包括复印、转载、索引）265 篇，公开出版的专著和教材 37 部。

1999—2010 年，常德师范学院及后湖南文理学院不断健全和完善校院两级科技管理工作机制，积极拓宽工作思路，有效整合优势科技资源，扎实推进了科技工作。学校教师主持完成多个国家基金科研项目和省部级科研项目，公开发表科研论文4500多篇，获得发明专利和新型实用专利等30项。2006—2010年，湖南文理学院获得国家社科基金、国家自科基金、科技部、农业部和教育部重点资助项目10多项，科技研发进账经费突破1000万元，有影响的科研成果逐年增多，获得省科技进步奖、省社科成果奖以及市厅级科技成果奖220多项。湖南文理学院1999—2010年度科研立项汇总表见表5-2-9，成果汇总表见表5-2-10。

表5-2-9　　湖南文理学院1999—2010年度科研立项汇总表

立项类别 / 年度	国家自科基金	国家社科基金	教育部规划课题	教育部人文社科	教育部科学技术	其他国家级	省自科基金	省社科基金	省科技计划	省教育厅	其他省级	市级项目	校级项目	总数
1999	0	1	0	0	0	1	0	0	0	5	0	9	39	55
2000	0	1	0	0	1	0	7	14	2	30	0	8	47	110
2001	0	3	1	0	2	1	2	4	1	25	5	13	43	100
2002	1	0	0	0	2	1	1	5	0	27	7	2	31	77
2003	2	0	1	0	1	1	2	5	3	18	1	5	44	83
2004	0	0	0	0	0	1	2	6	1	29	8	5	81	133
2005	0	0	0	0	0	1	5	6	0	26	1	3	141	183
2006	0	0	0	0	0	2	6	5	1	43	9	10	213	289
2007	0	1	1	0	0	0	7	6	2	32	0	0	31	80
2008	1	0	0	0	0	1	4	2	7	32	9	6	53	115
2009	1	1	0	1	0	2	1	5	14	41	5	11	69	151
2010	1	1	0	1	1	0	4	14	14	38	13	39	84	210

表 5-2-10　　湖南文理学院 1999—2010 年度科技成果汇总表

成果类别 / 年度	获奖成果								鉴定成果	著作及教材	授权专利		论文				
	国家教学成果奖	省科技进步奖	省优秀社科成果奖	省教学成果奖	市科技进步奖	市优秀社科成果奖	作品奖	其他奖项			发明	实用新型	SCI	EI	ISTP	新华文摘等	人大复印资料
1999	0	8	2	0	1	0	4	11	–	31	1	0	0	1	0	0	11
2000	0	1	0	3	1	0	0	5	–	17	–	–	5	1	0	1	10
2001	0	0	0	4	0	0	1	14	9	48	–	–	1	0	0	1	20
2002	0	0	3	0	2	0	9	17	7	33	–	–	14	8	0	9	7
2003	0	1	2	2	2	22	6	7	3	18	2	1	11	9	0	1	8
2004	0	0	0	2	4	0	16	39	9	45	3	2	6	3	0	2	7
2005	1	0	1	0	7	0	0	10	8	20	3	2	7	4	2	0	10
2006	0	1	2	4	1	14	0	25	3	20	0	6	19	16	0	0	9
2007	0	0	0	0	2	0	0	28	1	28	1	7	25	25	0	0	7
2008	0	4	1	6	0	0	6	81	2	39	2	1	20	43	6	0	2
2009	0	1	0	9	0	7	7	22	1	25	2	2	25	83	30	0	2
2010	0	0	1	6	3	0	3	1	5	15	2	4	25	83	56	81	3

2003—2013 年，常德职业技术学院获准湖南省科技厅立项课题 14 项，常德市科技局课题 33 项；获常德市科技进步奖一等奖 1 项，二等奖 4 项，三等奖 7 项，第八届湖南省医学科技奖三等奖 1 项；获国家专利 12 项。

2011—2013 年，湖南同德职业学院教师主持科研项目 57 项，其中管天球教授主持的《湖南油茶良种良法、高产高效关键技术的推广》获 2013 年国家科技部星火计划重点项目。2006—2011 年有 5 项湖南省教育厅下达的科研课题结题。

湖南机电职业技术学院 2003 年启动各类规划课题 33 个，当年已完成研究课题 19 个。学院教师公开发表论文 41 篇，其中属国家级 18 篇、省级 23 篇；各级各类学术会议及年会交流评奖论文 33 篇，其中获国家级奖励 7 篇；主编、参编教材 7 本；参与各级各类教研、科研竞赛获奖 7 项次。经省新闻出版局批准，《湖南机电职业技术学院学报》已按季度试刊三期，共刊发文章 57 篇。

三、科技开发

1992 年，湖南省出台《湖南省科教兴农校县挂钩管理办法》；同年 6 月，由省经委、省教委、省科委联合成立湖南省产学研联合开发工程协调办公室。

常德市普通高等学校在计划经济年代，办学单纯依靠上级拨款和学费收入。1992 年，常德高专出台《进一步深化学校改革二十条》，成立了“生物工程研究所”等 7 个研究所，成立了科技开发总公司、劳动服务公司和生命链酒厂等几个科技开发实体，开始实施“2670 科技兴乡工程”，在农牧系蔡家岗老校址创立科技开发实验基地。1992 年 5 月，常德师专成立常德师专计算机科技服务公司。1993 年 2 月，常德高专出台《常德高专科技开发及创收管理办法》。1994 年 6 月，常德师专成立名特动植物综合开发研究所及经济蛙类研究所。1996 年 4 月，常德高专出台《职业中专管理办法》，当年下半年全校招收计算机应用、服装设计与制作等 7 个职业中专班共 220 多人。1997 年 6 月，常德高专获准举办高教自学考试社会助学辅导班，首次招收计算机信息管理专业两个班共 60 人。当时学校开展这些活动，经济收入并不太多，主要是为社会提供服务，同时也培养了教职员工的市场经济意识，打破了计划经济条件下的办学模式。1998 年 4 月，常德师专李文健副教授主持的《湖南棘腹蛙的人工繁殖研究》项目获 1998 年度湖南省教委科技进步二等奖。

常德职业技术学院先后成立有“常德市桃花研究所”“常德湘西北微创腔镜研究所”“常德市德天特种经济动物研究所”，组建相关科研团队积极开展相关研究及成果转化工作，成效显著。（1）积极开展科技特派员工作。①徐兆林副教授连续几年作为科技特派员，积极配合澧县复兴厂镇成立了“澧县复兴厂苹果柚专业合作社”，协助合作社注册了“复润”商标，产品成功打入香港市场、并成为 2010 全国“两会”招待用水果，2012 年获得农业部“农产品地理标志登记”与“绿色食品证书”，产值由亩产 3000 元增加到万元以上。被列为 2013 年市科技特派员工作现场考察单位。②王燕教授对桃花品种资源及其应用现状、景观效果进行了考察，针对桃花源景区发展需要引进“花果两用型”桃花品种 10 个；根据桃花源景观及苗木生产打造需要，繁殖桃花新品种 20 个共 30000 株；并对桃花应用及景观打造进行了相关研究，初步完成 3 个特色桃花景观的规划；对桃花源 100 亩桃花苗圃的建设进行了论证和规划；与中南林业科技大学刘为东教授就“桃花花期调节”的机理进行科技攻关，取得良好成绩，2013 年 10 月，反季节“秋桃花”盛开常德。③高惠林教授与临澧联发种养专业合作社合作，开展“人放天养”林地养鸡、虫草养鸡等技术推广工作，推广农户 135 户，制定了“人放天养”养鸡标准化生产技术规程；通过了无公害农产品产地认证；2011 年 4 月被列入临澧县农业标准化园区项目建设单位；5 月被评为湖南省第二批农民专业合作社示范社；6 月“人放天养”土鸡蛋获第四届中国湖南畜牧渔业暨饲料工业博览会参展产品金奖。（2）开展科技下乡服务工作，充分发挥“12396 科技服务”平台与学院科技人员的专业优势，开展科技服务与科技咨询工作。任国冀、倪必林、顾振华、王燕、王朝晖、顾建中、黄白红、唐必会等专家团的服务工作被常德晚报等新闻媒体多次报道。（3）科技研究与成果推广转化。①王燕主持的“红机木花叶病毒病发生规律及防治对策”研究成果获常德市科技进步二等奖，填补了此项研究的国内空白。②机电工程系张森林教授2003年以来获得国家发明专利6项，其中“智能节电控制装置”是受常德市灯泡厂之托研发的新产品。2005年产品投入生产，当年获利60万元。③王前光老师与桃源县源林豪猪养殖合作社、桃源县野生动植物保护管理站联合开展《豪猪规模化养殖关键技术研究》，与桃源县源林豪猪养殖合作社签订了《科研项目合作协议书》，与桃源县野生动植物保护管理站签订了《产学研合作协议书》，成功开展了豪猪解剖生理、肠道微生物及豪猪营养等方面的研究，取得一定成果，2013年4月CCTV7“科技苑”栏目组采访了课题组主要研究成员。④张森林主持的2010年市科技计划项目《棉花拔梗机的推广应用》，与市农机研究所开展了小型拔棉梗机配套技术研究， 正在进行专利转化，在单行拔梗机研制成功的基础上双行拔梗机基本研制成功，并启动了打捆、切碎等配套技术研究。⑤农林工程系和湖南省“湘穗种业有限公司”进行产学研合作，建立了校内外生产实训基地，为农林类专业学生实习，教师科研提供了平台。到目前为止，共同研发油菜新品种4个，国审油菜品种常油杂61，省审品种常油杂72和油菜不育系6918A、常油杂83。学院获常德市“2009年粮食新产品展示先进单位”称号；2010年在学院试验田进行的新产品展示，获常德市“油菜高产新品种展示先进单位”二等奖。⑥朱家万主持的市科技计划项目《经脐单孔腹腔镜胆囊切除手术研究》2009年获市科技进步二等奖，2010年获第八届省医学科技进步奖三等奖，填补了常德市此奖项的空白，并获得实用新型专利；单孔腹腔镜技术在学院附二医院常规开展，完成手术400余例，并已成功开展胆囊、阑尾、胆囊联合阑尾、疝气、肝囊肿、肠粘连、肾囊肿、精索静脉曲张、输尿管结石及卵巢囊肿、子宫肌瘤切除等的单孔腹腔镜手术，受益近500人。学院受邀到上海、南京、南昌、成都、昆明等地进行学术交流，到湘潭、浏阳、安化、慈利等地指导推广单孔腹腔镜技术。⑦向国红主持的2007年省科技计划项目《洞庭湖区园林植物多样性及保护与利用研究》2009年获市科技进步三等奖。⑧2010年王朝晖主持的以2006年常德市科技局指导性科技计划项目和2006年院级科技计划项目为支撑的研究成果《洞庭湖棉区主要气象因子对棉纤维品质及产量形状优化模型的研究》获得了常德市科技进步二等奖，并与湖南省棉花研究所合作进行技术推广。⑨顾建中主持的以2005年常德市科技局指导性科技计划和2007年省科技厅科研课题为支撑的《常德野生观赏树木选择、扩繁与推广研究》获得了2011年度的市科技进步成果三等奖；该项目调查并摸清了常德野生观赏树木的家底，编写了野生观赏树木名录，重点选择多种开发应用潜力大的野生观赏树木，对潜力巨大的野生观赏树木进行了扩繁与推广，对指导全市园林植物养护有很大的作用。⑩杨丽主持的以2008年市级课题和2008年院级科研课题为支撑的《月嫂护理影响母婴健康的调查与实践》获得了2011年度的市科技进步成果三等奖。向国红教授与湖南省湘穗种业、常德市农科所协同创新选育推广油菜新品种、新技术，主持选育出品质优、产量高、含油丰富及抗倒性强的国审品种常油杂 61、省审品种常油杂 72、常油杂 83 等杂交油菜新品种及优质不育系 6918A，3238A。主持的《优质高油高产油菜新品种选育及丰产技术研究与应用》2012 年获得常德市科技进步奖一等奖。（4）积极开展各类实用人才培训工作，服务乡村建设。学院组织科技人员对接澧县如东乡，以苗木花卉产业为龙头，全方位开展技术服务。把课堂搬到田间地头，开办了苗木产业技能班，现有正式学员 35 人。发挥学院职教培训集团的优势，利用学院人才优势与科技力量，陆续开展了常德市“养殖能手”培训班、常德市“种植能手”培训班、常德市“水产养殖”培训班、常德市“企业职工高级经营管理人才”培训班等多个培训项目，为地方培养各类急需实用型人才和技术能手。

湖南同德职业学院认真贯彻“科教兴校”战略，努力探索科技经济一体化的新路子，尝试科技服务于经济和社会发展的工作方式，发挥科技对经济的支撑作用。加大科技项目实施力度，科技成果转化应用步伐不断加快；万亩油茶科技园区初具规模，示范带动作用正在显现。2011 年全院科技立项 6 项， 2012 年立项 3 项， 2013 年立项 4 项，教育科研立项 2 项，2013 年油茶高效农业园区被科技部首批确定为全国二十一个国家农业科技园区之一，2013 年获省科技进步奖二等奖。2010—2013 年，学院教师获国家知识产权局准授权授理专利 39 项，详见表 5-2-11）。

表 5-2-11　　湖南同德职业学院教师获准授权授理专利情况一览表

序号	专利人	专利名称	时间	授权单位	授理或授权专利号
1	张森林	小型拔梗机	2010	国家知识产权局	ZL201020185682.5
2	夏纯迅	免模免振建筑模网泡沫混凝土墙体	2010	国家知识产权局	ZL201020114845.0
3	林英辉	农村家用蓄水池水位自动控制器	2012	国家知识产权局	ZL201220514039.1
4	张森林	芦苇收割机	2012	国家知识产权局	ZL201220482786.1
5	管天球	一种活动式油茶籽采收网套及其使用方法	2011	国家知识产权局	ZL201110430938.3
6	管天球	一种猪饲料用的中草药添加剂	2012	国家知识产权局	ZL201210389826.2
7	管天球	一种再生生态草食动物饲料	2012	国家知识产权局	ZL201210390608.0
8	管天球	一种优质油茶大苗的培育方法	2012	国家知识产权局	ZL201210438964.5
9	管天球	一种水肥一体化喷灌装置	2012	国家知识产权局	ZL201220526917.1

续表 5-2-11

序号	专利人	专利名称	时间	授权单位	授理或授权专利号
10	管天球	一种儿童专用茶油	2012	国家知识产权局	ZL201210158813.4
11	管天球	一种富角鲨烯茶油的制备方法	2012	国家知识产权局	ZL201210137618.3
12	管天球	一种孕妇专用茶油及其加工工艺	2012	国家知识产权局	ZL201210157660.1
13	管天球	一种茶饼高蛋白饲料	2012	国家知识产权局	ZL201210131898.7
14	管天球	一种油茶籽自动收籽装置	2012	国家知识产权局	ZL201220190696.5
15	管天球	一种高效油茶林的营造方法	2012	国家知识产权局	ZL201210295124.8
16	管天球	一种老年人专用茶油及其制备方法	2012	国家知识产权局	ZL201210295294.6
17	管天球	一种培育生态蝇为油茶授粉的方法	2012	国家知识产权局	ZL201210294957.2
18	管天球	一种补钙保健茶油	2012	国家知识产权局	ZL201210158389.3
19	管天球	一种茶饼蛋白质和茶皂素一次性提取工艺	2012	国家知识产权局	ZL201210162889.4
20	管天球	一种富茶多酚茶油的制备方法	2012	国家知识产权局	ZL201210137641.2
21	管天球	一种富维生素 E 茶油	2012	国家知识产权局	ZL201210137094.8
22	管天球	一种富硒茶油	2012	国家知识产权局	ZL201210137102.9
23	管天球	一种减肥专用茶油及其加工工艺	2012	国家知识产权局	ZL201210158308.X
24	管天球	一种茶饼生产的有机肥	2012	国家知识产权局	ZL201210137151.2
25	管天球	一种中草药生态家禽饲料	2012	国家知识产权局	ZL201210137095.2
26	管天球	一种猪饲料	2012	国家知识产权局	ZL201210390621.6
27	管天球	一种油茶化妆品	2012	国家知识产权局	ZL201210390623.5
28	管天球	一种茶多酚保健茶油	2013	国家知识产权局	ZL201310335176.8
29	管天球	一种润肺油茶蜂蜜	2013	国家知识产权局	ZL201310334397.3
30	管天球	一种护肝油茶蜂蜜	2013	国家知识产权局	ZL201310335186.1
31	管天球	一种推拿按摩专用茶油	2013	国家知识产权局	ZL201310334112.6
32	管天球	一种降火油茶蜂蜜	2013	国家知识产权局	ZL201310261251.0

续表 5-2-11

序号	专利人	专利名称	时间	授权单位	授理或授权专利号
33	管天球	一种刺葡萄酒的酿制方法	2013	国家知识产权局	ZL201310029956.X
34	管天球	一种刺葡萄的繁殖方法	2013	国家知识产权局	ZL201310029771.9
35	管天球	一种产后妇女专用茶油	2013	国家知识产权局	ZL201310231112.3
36	管天球	一种儿童茶油专用护肤品	2013	国家知识产权局	ZL201310261107.7
37	管天球	一种茶壳活性炭的制备方法	2013	国家知识产权局	ZL201310213806.9
38	管天球	一种茶壳檀香的制备方法	2013	国家知识产权局	ZL201310212959.7
39	管天球	一种茶壳蚊香的制备方法	2013	国家知识产权局	ZL201310215023.X

第三章　思想政治教育与稳定工作

第一节　学生思想政治工作

常德市普通高等学校的学生思想政治工作在湖南省委及湖南省教育厅统一部署下，由常德市委宣传部管理。各校党委注重做好学生思想政治工作，发挥党在高校的核心领导作用。高校充分利用“马列理论课”和“思想品德课”，帮助学生牢固树立共产主义的世界观、人生观和价值观。学校大力开展精神文明建设，在学生中开展创文明班级、文明寝室、做文明学生和青年志愿者支援灾区扶贫帮困等各种活动，加强对学生社会公德、职业道德和家庭美德教育，培养学生高尚的道德品质和良好的道德情操。同时还开展丰富多彩的校园文化活动、体育活动和课外科技活动。通过形势教育、演讲比赛、文艺会演及各种体育竞赛，对学生进行爱国主义、社会主义和集体主义教育，寓教于乐。

1989 年开始，常德师专党委认真贯彻落实全国高校党建工作会议精神和中共中央关于进一步加强和改进学校德育工作的意见，坚持把德育工作放在首位，不断探索育新途径，增强德育教育的有效性，取得了显著效果：一是见义勇为，无私奉献的多。出现了大学生勇扑火场、排除险情和勇斗歹徒，舍身护校的先进典型。二是助人为乐，好人好事多。全校学生共购爱心券 1 万余元，捐赠助学基金 8000 余元。1991—1998 年，受到同学集体捐助的学生达 50 多人，累计金额 5 万多元。1994—1998 年，师生向遭受水灾流域、贫困山区、特困企业捐款共计 40.02 万元，衣被 3437 件。三是政治上要求进步的人多。学生自发成立学习党章、学习邓小平理论自学小组，1991—1998 年发展学生党员 828 人。四是学习刻苦的人多。1992 年起学生自发参加本科自考，1995 年首届毕业，仅中文系就有 108 人拿到了本科文凭；1997 年中文系 240 余名毕业生中有 220 名获本科自考文凭，全校参加本科自考人数逾千人。1992 年全国师专英语专业水平考试，该校名列全省总分第一。全省英语三级水平考试，该校合格率连续几年名列全省师专前茅。1995 年 12 月 16 日，党委书记刘平政在全省高校党建工作会议上作了典型发言。

1989 年 10 月，常德师专制定《常德师专学生思想政治品德考核标准（试行稿）》，共二十条。

1990 年，常德师专办马列原著试点班，深入开展马克思主义理论教育。学校采取典型引路，点面结合的方法组织全校师生学马列原著活动。同年，常德师专在全校学生开展了“人生路标”十本书的读书活动，共收到学习心得 250 篇，挑选了 20 篇送省参加评选，其中 5 篇获一等奖，9 篇获二等奖，在全省 25 所专科学校名列第二，还获得组织奖。常德师专党校被省高校工委授予全省高校先进党校称号。是年 6 月 4 日，常德市委委托市委宣传部、市教委在学校召开大中专学生纪念鸦片战争一百五十周年报告会。全市七所大中专学校的四百余名学生到会，常德师专历史系陈颖老师作题为《勿忘国耻，勿忘奉献》的主题报告。

1991年10月，常德高专召开首届团代会和学代会，进一步完善了学生管理办法。学校十分注重对学生进行立志成才的教育，向全体教工响亮地提出“教书育人、管理育人、服务育人”。要求全体教职工要为人师表，言传身教，学校各级领导干部率先垂范，无私奉献，淡泊名利，宁静致远。同年，常德师专党委书记宁望林赴沈阳参加全国师范院校工作座谈会，散发了《坚持德育为首，加强学生自管，努力探索德育工作新路子》和《我校普遍开设马列原著课的做法的体会》两份交流材料。1995年，中共中央宣传部、国家教委、共青团中央联合授予常德师专学生社会实践志愿服务队为全国先进单位。

湖南文理学院十分重视大学生思想政治工作。每次省委召开关于加强和改进大学生思想政治教育工作会议后，学校都要认真学习传达精神，研究具体贯彻意见。（1）深入开展形式多样的思想政治教育。学校认真组织开展了大学生社会主义核心价值观教育、大学生文明养成教育工作、毕业生文明离校教育和新生入学教育工作。（2）加强工作制度建设。按照中央、省里的有关精神，学工部修订完善了原有工作制度，并新拟定了湖南文理学院《大学生思想道德素质提升工程实施意见》《学生工作条例》《教学院学生工作考核办法》《班主任工作条例》、《辅导员考评办法》、《学生伤害事故处理办法》等6项制度和规定，为学生的教育和管理工作制度化、规范化奠定了坚实基础。（3）大力开展学风建设月活动。学校强化日常管理，加强学生早晚自习和课堂考勤。积极组织开展考纪考风教育，全国大型考试和期末考试前认真开展考纪考风教育。积极为学生考研、考公务员、选调生提供周到服务，经常组织学生开展考研、考公务员知识讲座。注重学生综合素质能力的培养。（4）进一步完善“奖、贷、助、补、减、勤”的资助体系。学校认真落实国家资助政策，积极引导贫困学生成人成才。在对贫困生大力开展经济资助的同时，通过开展励志、感恩、诚信教育等多种方式，增强学生诚信意识和社会责任感。2010年学生助学贷款还贷率100%，并作为优秀典型向全省推广。（5）扎实推进心理健康教育工作。学校不断完善咨询室软硬件条件建设，切实抓好“五早”预警机制和“五个一”危机干预机制，建立三支稳定的、高素质的心理健康教育队伍。加大心理健康教育和咨询力度，提升学生心理健康水平，及时识别了有自杀倾向等严重心理疾患的心理预警学生，并成功进行危机干预。（6）扎实开展创先争优活动。学校制定了《发展党员工作细则》，充分发挥党校育人作用，确保党员发展与现有学生人数保持适当比例；坚持标准，严格程序，注重学生党员培养，学校有6名学生党员被省委教育工委评为优秀学生党员。2010年学校还成功举办了全国地方高校德育研究会年会及学术研讨会。

常德职业技术学院为全面贯彻中共中央国务院《关于进一步加强和改进大学生思想道德建设的若干意见》精神，用先进文化引导校园精神文明建设，提高校园文化品位，丰富学生校园文化生活，营造良好育人氛围，努力提高大学生的综合素质。团委紧紧围绕学院党委的中心工作，通过丰富多彩的科技、文化活动，倡导优良学风，全面活跃校园文化生活，充分展示青年学生追求真知，勤奋好学的精神面貌，加强学生动手能力、创新意识、实践能力的培养，提高广大学生的人文素质和艺术修养，努力构建和谐的育人环境，营造健康、高雅的校园文化氛围。

常德职业技术学院2002年开展了“青春风”校园个性服装秀、校园歌手大赛、校园辩论赛、“魅力青春 无限精彩”舞蹈大赛等活动。2003年开展了“青春风”第二届校园个性服装秀、校园歌手大赛、校园辩论赛、象棋争霸赛和“魅力青春 无限精彩”舞蹈大赛。2004年开展了“青春风”第三届校园个性服装秀、校园十佳歌手大赛、“辩证看、理性说”校园辩论赛和“魅力青春 无限精彩”第二届舞蹈大赛。2005年开展了“魅力校园、绿色环保”环保服装大赛、“我们的节日”社团文化汇报演出、“在党旗下成长”合唱比赛和常德职业技术学院校庆文艺会演活动。2006年开展了美文朗诵大赛、播音主持大赛、“心里有话向党说”演讲赛、“在党旗下成长”合唱比赛、“五月歌会”合唱比赛和小品话剧大赛。2007年开展了诗词吟诵大赛、“倡导志愿服务，构建和谐常德”、大学生主题演讲赛、建团八十五周年文艺会演、喜迎十七大征文、演讲比赛、“庆国庆”百人歌咏比赛和2008年金鼠狂欢元旦游园会活动。2008开展了第六届校园文化艺术节、常德高校联盟才艺大赛、叶脉书签制作大赛、点钞大赛、护理操作、车工技能赛等，“光荣与梦想”大学生演讲赛、青春旋律——校园欢歌迎奥运、器乐大赛、首届社团文化艺术节和元旦游园会活动。2009开展了技能大赛、校园主持人大赛、“职业道德”演讲赛、舞蹈大赛、525–大学生心理健康节、“我的未来我做主”情景剧和“携手共进，畅想未来”海报设计大赛活动。2010年开展了技能大赛、校园主持人大赛、“职业道德”演讲赛、舞蹈大赛、5·25–大学生心理健康节、“我的未来我做主”情景剧和“携手共进，畅想未来”海报设计大赛活动。2011年开展了爱国主义教育演讲、校园十佳歌手大赛、“强国之路?青春使命”五四青年节征文、大学生创业计划大赛、优秀青年志愿者、团队典型报告会、舞艺大赛、“美丽校园，我的家”，书画、美术、工艺品、摄影大赛和学生团体艺术节活动。2012年开展了象棋争霸赛、校园十佳歌手比赛、建团九十周年纪念会暨大型诗歌朗诵、“舞动青春”舞蹈大赛、社团文化艺术节和“关爱行动”志愿者服务活动。2013年学院以“迎院庆，学雷锋，倡新风”为主题，先后开展了“青春梦想”技能大比武活动、“青春?中国梦”风采主持人大赛、“中国梦·职院梦”十佳歌手大赛、“复兴之路”红色之旅活动和“展青春力量，舞职院风采”舞蹈大赛等系列活动。

常德职业技术学院团委坚持把开展社会实践活动与学生思想政治教育相结合、与学生专业特点相结合、与学生课外学术科技活动和创业行动相结合、与优秀大学生的培养相结合、与地方经济和社会发展的实际需求相结合的基本思路，在充分发挥学院科研优势、利用所学专业为地方经济和社会发展做贡献的过程中，使学生的综合素质特别是科研能力、实践能力和创新精神得到了深刻的锤炼，努力实现与素质教育的对接。学院根据团中央、团省委等对大学生大力服务“三农”，开展暑期“三下乡”社会实践的总体要求，结合学院实际情况，紧扣活动主题，本着“受教育、长才干、做贡献”的原则，围绕" 实践激扬青春志，奋斗成就中国梦" 为主题，每年暑期期间组织多支志愿服务队开展“三下乡”社会实践活动，主要内容是服务新农村建设，围绕现代农业发展、新型农民成长、开展大学生科技服务、基层医疗卫生服务等多种形式和内容的社会实践活动。通过发放宣传单、问卷调查、座谈访问、结对帮扶、义务问诊等多种形式进行社会实践。

湖南同德职业学院切实加强和改进学校思想教育工作，充分调动广大思想政治教育工作者的积极性、主动性和创造性，学院成立了学生会、团委会、社团管理中心，共同组织和协调学生管理工作。学生思想政治教育工作主要涉及学校精神文明建设、创优评先活动、学生稳定工作、辅导员队伍建设及培训工作。近几年来，先后组织参加了全省辅导员专题培训及上岗培训，评选优秀辅导员、先进个人，以及 2012 年开始的首届辅导员职业技能竞赛，学院学生思想政治教育工作取得可喜成果。2010 年 7 月，学生朱攀被省教育工委评为湖南省优秀学生共产党员。（1）加强学校精神文明建设。在校园文化建设中，学院从治理脏、乱、差入手，绿化、美化校园，开展创建文明寝室、文明食堂、文明班级。校园精神文明包括办公室建设、教学教风建设、文明道德建设、校园文化建设、校园秩序管理、卫生绿化工作等，院领导组织学生工作处、教务处、后勤处、保卫处等职能部门协同作战，齐抓共管。通过文明创建活动，营造优美的学习环境，良好的校风、学风，约束和改变大学生的不良行为。为加强大学生精神文明建设工作的规范化和科学性，做到有章可循有法可依。2002 年，省教育厅下发《湖南省文明高等学校评估方案》后，学院 2007 年通过检查评估，2013 年学院迎接专升本人才培养评估，再次获得好评。（2）开展创优评先活动。2009 年起，学院以国家奖、助学金政策为指导、以扶贫、扶学、扶优为原则，采取公平、公正的评选方式，对贫困学生予以鼓励，对优秀学生予以表彰。为激励学生努力学习，全面提高自身素质和创新能力，只要学生敢于创新，勇于创新，他们所提出的创新思想、创新理念，学院都会给他们提供优越的条件，帮助他们来实现。2012 年，学院毕业生中有 3000 多人自主创业成功。毕业生刘平，开办飞达物流等三家公司，有资产 5000 余万元；毕业生秦兰，开办养猪场，带动一方百姓致富；毕业生李子良，在广州开办电脑公司有资产千万元，借给学校 200 万元资金常年周转使用，以感谢学校培养。(3) 组织学生志愿者活动、学习洪战辉活动、捐资助学活动等。2007 年，创立青年志愿者协会，协会每年组织志愿者去敬老院、孤儿院送温暖，做义务劳动；通过网络宣传、张贴海报等方法大力宣传保护母亲河；为贫困地区以及灾区捐献物资等。特别是每年两次的义务献血活动，青年志愿者们除了认真组织外，自己还积极带头参与。在学习宣传洪战辉先进事迹过程中，学院利用电视、墙报等形式，让学生畅谈体会和感想，造成了巨大声势。学院还组织全院师生签名活动，各班召开主题班会及征文比赛。

湖南同德职业学院注重利用学生社团、组织活动，来丰富学生生活，锻炼学生，教育引导学生。学院原来13个学生协会，2013年发展到63个，3000多人参加。学生社团可分为五种类型：第一类是学术科技类，如徜徉文学社、财会、英语、书法、美术工艺、机械研发、计算机等协会；第二类是文化娱乐类（包括文化艺术类、表演艺术类），如街舞、武术、交谊舞、曲艺爱好、魔音团Bbox、嘻哈笑星、苗族文化爱好者等协会；第三类是社会实践类，如竹乐、创业、自由行、户外旅行等协会；第四类是体育竞技类，如长跑爱好者、轮滑、散打、羽毛球、篮球、足球、棋艺等协会；第五类是志愿服务类，如青年志愿者协会。这些学生社团每年举行大小活动200多场，各具特色，精彩纷呈。这些活动具有公益性、自主性、灵活性、趣味性、实践性、传承性、规模性、内涵性。这些社团，充分展示学生个性特长，引导学生积极参加社会实践、关爱和关注弱势群体，展现出当代大学生的青春风采。社团中的计算机、街舞、心理咨询、礼仪等八个协会先后获省级优秀协会荣誉称号。社团管理中心获得2011年第四届"全国高校优秀社团管理组织奖"荣誉称号（全国仅十名）、计算机协会、普通话推广协会获得2011年第四届"全国高校优秀社团荣誉称号"、武术协会获得2011年第四届"全国高校特殊鼓励社团奖"荣誉称号。2012（第五届）全国高校优秀社团评选活动，学院学生社团管理中心获"全国高校优秀社联奖"。武术协会获"全国武术表演类社团特别奖"（全国仅三所高校获奖）、计算机协会、竹乐协会、普通话推广协会获"全国高校优秀社团"荣誉称号。

湖南高尔夫旅游职业学院为加强学生精神文明建设，开展系列学生活动。主要有新生文化艺术节、五四青年节、爱国主义教育等，学院各系部师生群策群力，将活动组织得丰富多彩。学院鼓励学生参加"青春九十年，报国永争先"为主题的大中专学生志愿者暑期社会实践活动，积极组织老师同学进行文化、科技、卫生"三下乡"，活动后及时总结评奖。2013年上半年，学院党校举办第六期入党积极分子培训班。综合学员平时学习、讨论、实践、出勤等过程中的表现以及考试成绩，对周芸芸等十二名学员授予"优秀学员"称号。

第二节　稳定工作

一、建设平安校园

1988年，常德师范专科学校曾一度出现个别学生贴大、小字报，散布资产阶级自由化的现象。学校领导高度重视，及时采取摆事实讲道理，以理服人的方法，耐心细致地进行教育，维护了学校的安定局面。

1989年5月17日至6月7日由于全国大气候的影响，市区高校出现了动荡，部分大中专学校和少数中学部分学生，走上街头游行。6月7日凌晨2时左右，常德师范专科学校数百名学生在常德沅水大桥静坐，黎明时，常德高等专科学校几十名学生也加入其中，交通为之阻断。经市委、市政府及公安、教育等部门耐心工作，10时左右学生撤退，交通恢复正常。接着，常德师范专科学校及时作出《立即停止游行、示威、声援的八项规定》，发表《致学生家长的公开信》等，以此向学生及其家长说明事实真相，表明学校态度，并动员300多名干部、教师深入课堂、寝室，先后找学生个别谈话3600多人次，稳定了大多数学生的情绪。与此同时，学校排除干扰，坚持班班有教师坚持上课。经过艰苦细致的思想政治工作，学校工作迅速恢复正常。

常德高专党委坚持疏导教育和正面引导，最大限度地减缓了政治风波对学校的冲击，保持了学校的基本稳定，学校没有停一天课。

1989年7月，湖南省公安厅发文同意在常德师范专科学校建立常德市武陵区公安局白马湖派出所。

湖南文理学院采取多种措施，建设平安校园、和谐校园，确保学校稳定。在教职工方面，一是提高教职工待遇，改善生活环境。二是关心教职工住房问题，通过校工会组织教职工团购以解决教职工住房困难。三是关心青年教职工成长，《绩效工资实施办法》在绩点上进一步向青年教师倾斜。四是从政治上、生活上全方位关心老同志，提高老同志的生活补贴待遇，让老同志们老有所养，老有所为，老有所学，老有所乐。

湖南文理学院注重加强安全宣传教育，提高师生安全防范意识。对每年的新生进行安全教育讲座，定期印发防火防盗防骗等警示牌，大力开展群防群治活动。实行分校区管理，各校区设立24小时报警电话，实行保卫干部24小时接处警制度和护卫队24小时站岗执勤巡逻制度。坚持情报信息收集制度，扎实做好特护期和重要活动及节假日的安全保卫工作，进一步完善突发事件应急处理预案，加强校内常住人口、暂住人口管理，构建学校安防监控体系，落实消防工作措施。通过艰苦细致的工作，这些年学校未发生群体性事件、进京到省集体上访事件、危害国家安全案件、重特大交通事故、火灾事故、重特大安全责任事故及可防性刑事治安事件，确保了校园安全稳定。

常德职业技术学院对安全稳定工作十分重视，逐步建立健全维护安全稳定工作领导组织机构，负责对安全稳定的工作协调、检查指导和考核验收等工作。2006年10月，调整学院综治维稳领导小组，办公室设在学保处；成立综治维稳管理中心和信访维稳组、调解转化组、人口管理组、治安联防组、帮教矫正组“一中心五网络”组织机构。2008年3月，对综治维稳领导小组进行调整，改选“一中心五网络”组织机构成员，成立学院各系(院)、处室二级单位维护稳定工作小组。2010年4月，根据省教育工委《转发中共教育部党组关于建立健全维护高校稳定工作体系的意见》精神，调整学院综治维稳领导小组及工作小组。2013年3月，根据教育部、公安部《关于开展“平安高校”建设活动的通知》精神和《湖南省“平安高校”建设基本标准》的要求，成立学院“平安高校”建设领导小组，办公室设在学保处，推进平安校园建设的开展。

常德职业技术学院组建时，保卫处编制数为 33 人，其中在编 13 人，外聘 20 人。2005 年 5 月，保卫处与学生处合并，安全保卫编有 47 人，其中处室 5 人，门卫 20 人，巡逻 14 人，楼栋保卫 14 人。2006 年 3 月，学院成立护卫队，重新聘请 18 名退伍军人，负责学院的门卫执勤、院区巡逻工作。10 月，按照常德市公安局的指示和要求，组建三岔路派出所驻常德职业技术学院警务室，武陵区公安局安排 2 名民警到学院警务室工作，负责学院内治安防控和案件处理工作。2008 年元月，改散护卫队，由常德市保安公司派遣 24 名保安，负责学院的门卫执勤和院区巡逻工作。2010 年 9 月，学院学生警卫大队成立，由土建系、护理系、医学系、药学系的学生共 160 人，组成 4 个中队，成为协助学院搞好内部安全保卫，内部治安管理和内部综合治理的有生力量。2013 年 10 月，学保处安保工作人员共 43 人，其中处室 7 人，保安 21 名，楼栋保安 15 人。学院历年来，还相继建立维稳信息员队伍、义务消防员队伍、家属安全委员会、应急小分队协助开展，形成了专职与兼职相结合的安全保卫队伍。

常德职业技术学院注重安全稳定工作制度建设。学院组建后，根据学院的实际和开展工作的具体要求，对全院各个工作环节的各项制度以安全为标准进行整理、修订和补充，有较为规范、完善的校园管理规定和治安管理制度、值班制度、防火安全工作制度、学生宿舍管理制度、饮食安全制度、重点部位、要害部位安全管理制度、校园网络安全管理制度等，建立年度安全工作规划及检查、监督、考核、评比、奖惩等各项制度。2005 年 7 月，学院贯彻落实《湖南省预防和处置群体性事件实施办法》的通知精神，制定《常德职业技术学院预防和处置群体性事件实施办法》。9 月，对全院实行全封闭式管理，规范教学和生活秩序，维护学院安全稳定。2006 年 11 月，学院修订《常德职业技术学院预防和处置群体性突发事件工作预案》，制定《常德职业技术学院紧急突发事件防控方案》和《常德职业技术学院灭火和应急疏散预案》。每个预案中都明确组织机构、职责分工和防范、排查、调处、预警、处置、善后的工作程序，一旦发生突发事件立即启动预案。2007 年 9 月，学院对中专和大专学生实行分层次管理，对大专生实行开放式管理，对中专生继续实行封闭式管理，增强学生自我管理的能力。2008 年 3 月，建立《常德职业技术学院安全工作责任制和责任追究制》，与学院各二级单位签订《年度社会治安综合治理目标管理责任状》，建立《常德业技术学院综治维稳工作考核考评细则》；10 月，结合学院实际制定《常德职业技术学院意外伤害事件应急管理处置预案》。2010 年 5 月，学院相继建立完善几个敏感时期的防控预案。2011 年 5 月，制定《常德职业技术学院防灾避险应急演练方案》。9 月，学院制定《新疆吐鲁番地区普通高校毕业生来常培训期间安全维稳应急预案》和《学员手册》。2012 年 9 月，制定《常德职业技术学院预防师生举行非法涉日游行示威的应急预案》。2013 年 5 月，对学院组建以来的安全稳定工作制度进行补充完善，对缺失的制度进行增补，把综合治理、维护稳定、消防安全、校园治安等制度汇编成册。结合需要重新修订了火灾防范、突发治安事件、突发不稳定事件、突发公共卫生事件、计算机网络事件、重大人员伤亡等各种应急预案，明确各级领导的岗位责任，以及应急处置的措施和步骤。学院组建以来，逐步建立以“校园110”为中心的快速反应机制，实行院领导值周、中层干部值班、保安和楼栋保卫24小时执勤，后勤系统、学生系统和保卫系统专项值班的联动机制，形成“三位一体”防控体系，建成学院平安稳定的坚实防护墙。

常德职业技术学院组建以来，本着“教育在先，预防在前”的原则，把加强法制教育、增强师生法制观念作为一项重要任务来抓。2005年，学院编发《防盗知识手册》、《交通安全知识手册》、《安全防火知识手册》和《大学生心理健康知识手册》。2006年，改进法制教育模式，采取声像教学、广播宣传、守法论坛、专题演讲、心理咨询、节目熏陶等六种方法，在全院深入开展学法用法守法教育系列活动。2007年7月，学保处组织编写《常德职业技术学院学生管理与安全教育教材》，作为新生入学教育的主要内容。从2011年起，运用现代传播媒介与传统宣传形式相结合的方式，对广大师生进行防火、防食物中毒、防溺水、防雷电、防交通事故、防其他突发事件等教育系列活动和各种安全知识竞赛，每年新生开学的入学教育都要认真学习《大学生安全教育》读本。3年来，学院组织较大规模培训40余次，消防知识讲座14次，法制、消防专题演出8次，每年组织近100名学生参与禁毒志愿者活动。通过全方位、全过程、全员参与的“三全教育”，提高师生的安全意识和防护能力。

常德职业技术学院注重加强 “物防”“技防”建设。截至2004年年底，投入200多万元用于消防设施建设，全院重点部位安装红外线报警器，定期检查安全设施并及时整改。 2005至2008年，学院相继投入30多万元，在全院安装红外线电视网络监控系统，共有电视监控设备一套，拥有摄像机10个，红外线主机4台，报警探头80个，对学院大门、图书馆、财务室等46个重点要害部位进行有效监控。学院以后每年投入近15万元，做好学院教学、实验和办公楼的安防设施的维修和完善。2009年，投入53万元，对学院灭火器及消防设施进行更换和维护，对7栋公寓大门进行翻修，对756个学生寝室安装防盗门。2010年，学院按照科学标准界定73个重点要害部位，先后投入 100多万元建成校园视频监控系统、校园报警系统、电子巡更系统和图书馆门禁系统；2012年，又投入10 余万元，在第一教学楼200间教室安装了监控探头，对校园监控系统升级维护。截止到2013年10月，学院内红外线对射69组，有可视监控画面192个，视频存盘时间达一个月，重点要害部位巡视或监控装置的安装率达 100%。学院以人防为主、物防为辅、技防为方向的治安防控体系基本形成，极大地提高了学院整体治安防控水平。

常德职业技术学院不断创新安全稳定工作模式，成功经验在省市得到推广，起到了示范作用。2003年起，学院连续10年实现无刑事案件、无重大治安案件、无重大责任事故、无群体性突发事件建设目标，为学院跃升发展，成功创建省级示范性高职院校创造稳定的校园环境，良好的治安环境，规范的法治环境，安全的学习环境；2004—2006年，学院连续三年被评为常德市武陵区社会治安综合治理先进单位；2007年被常德市评为文保工作先进单位；2008年被常德市武陵区评为社会治安综合治理模范单位；2009年，学院《院所共建平安校园》的经验在常德日报上进行报道；2010-2011年被常德市评为内部安全保卫工作红旗单位；2012年被常德市评为文保工作先进单位；2013年，在湖南省教育工委组织“平安高校”评建会上做了《真抓实干，倾力打造平安和谐校园》的典型发言，被省教育厅批准为湖南省“平安高校”立项建设单位。

湖南同德职业学院成立维稳办，努力为广大教职工和青年学生营造良好的工作、学习和生活环境。主要采取措施：一是建立健全工作机制。学院成立了安全综治工作领导小组，责任到位。二是提高警惕，防范打击敌对势力，坚持24小时值班制，落实了值班责任制和领导带班制度，夜间增加了护校队值班，负责值班巡逻。三是重视校园周边治安治理，不定期对学校及周边进行隐患排查，发现问题及时整改。强化门卫管理，坚决杜绝外来车辆、人员随意出入校园。四是预防为主，落实到位。充分利用宣传栏、电视讲话等方式对学生进行防火、防盗、防食物中毒、防交通事故、防拐骗、防溺水、爱路护路等安全教育活动及演练活动。通过演习活动和平时的训练，师生的安全意识和逃生自救能力及自我防护能力明显提高。

二、资助困难学生

常德市各高等院校认真落实国家资助政策，完善“奖、贷、助、补、减、勤”的资助体系。各校一是加大优秀学生奖励力度，二是加大贫困学生资助力度，积极鼓励引导学生成人成才。

1994年5月27日，市委书记庞道沐，市委常委、副市长钦时中，市委常委、宣传部长蒯定勋，副市长刘昌进、杨万柱等召集市委办、政府办、宣传部、市教委、市计委、市建委、财政局、电业局、公安局、粮食局、工商局、武陵区委等部门和单位的领导到常德师专现场办公。为学校特困生解决特困补助费2万元，减免学校部分水电增容费，解决为学校供应优质大米等一些实际问题。

1996年1月，常德师专召开部分学生代表会，发放湖南省人民政府专项资助特困学生的寒衣150件。

湖南文理学院坚持“不让一个学生因为家庭贫困而失学”，认真按政策给学生落实国家奖学金、励志奖学金、助学金及助学贷款，在校内设立了300多个勤工助学岗位。学校还主动联系企事业单位，拓宽资助渠道，争取各类贷学金、奖励基金和困难补助（见表5-3-1）。

湖南同德职业学院成立学生资助工作领导小组和学生资助管理中心。学生资助工作领导小组组长由院长李少夫担任，副组长由分管学生工作的副院长担任，成员有学生处长、教务处副处长、团委书记、财务科长和学生干部代表若干人组成，全面负责学院的学生资助工作。为了使学生资助工作落到实处，学院又同时成立了学生资助管理中心，具体负责和处理学生资助管理方面的日常工作，并确定了一名副院长和一名老师为学生资助管理中心专职人员。

表 5-3-1　　1999—2010 年学校学生工作基本数据

项目 数据 年	学生人数（当年实际招生到校人数）	奖学金		助学金		助学贷款		勤工俭学	
		人次	金额（万元）	人次	金额（万元）	人数	金额（万元）	岗位数	金额（万元）
1999	1641								
2000	2832								
2001	2577								
2002	2854							110	10
2003	3445							418	15
2004	3443					800	324.5	321	15.3
2005	2797	498	398.4	410	105.3	551	305.3	290	15
2006	2523	521	416.8	436	130.4	632	316.4	394	20
2007	3232	368	190.9	2419	483.8	644	365.8	516	20.441
2008	3099	354	184.5	2394	478.8	550	317.8	410	20
2009	3381	396	205.8	2445	489	638	650.55	300	20
2010	3253	428	221.8	2649	529.8	582	336.81	310	30
合计	35077	2565	1618.2	10753	2217.1	4397	2617.16	3069	165.741

湖南同德职业学院为确保学生资助公开、公平、公正，根据有关规定，成立家庭经济困难学生认定工作领导小组和班级家庭经济困难学生认定评议小组。班级认定评议小组由班主任任组长，学生干部、学生代表为成员，负责班上贫困生认定的民主评议工作。学院认定工作领导小组负责贫困学生的资格审查、认定、公示和贫困生档案库的建立，不定期地随机抽选一定比例的贫困生进行抽查，切实保证学生资助管理工作有规、有序地开展。

湖南同德职业学院多措并举，确保应助尽助。学院综合运用对家庭经济困难学生“奖、贷、助、补、缓、免”的资助政策，建立了生源地助学贷款为主导，以奖学金、助学金、特困补助、爱心基金、勤工助学，社会捐助等多种形式为补充的助学体系，使家庭经济困难学生能够顺利入学，并帮助他们克服学习和生活上的困难，努力营造平安和谐校园。（1）绿色通道：学院农村学生较多，每学年开学之初，有近 400 名学生缴纳学费有一定困难，学院采取先入学后想办法的原则，开通绿色通道，保证学生正常入学。（2）

国家奖助学金：2007 年至 2013 年，学院先后有 41 名学生获得了国家奖学金，奖学金 8000 元；有 1226 名学生获得国家励志奖学金，奖学金 5000 元；有 9368 人次获得国家助学金，平均每人 2000 元。见表 5-3-2。（3）生源地助学贷款：积极向学生宣传生源地助学贷款的好处；主动为学生办理生源地助学贷款手续；及时向学生传递生源地助学贷款信息。生源地助学贷款已步入规范化轨道。2008 年至今已成功为家庭经济困难学生办理生源地助学贷款 1544 人。（4）社会捐资助学：学院十分重视社会捐资助学活动，每年常德移动、联通、市工商联、企业老板和社会各界人士都纷纷给学院捐赠助学款，解决部分困难学生的学费问题。市教育局局长诸戈文就先后给学院贫困学生捐资 6 万元。（5）勤工助学：勤工助学活动经常化，每年暑假在自愿的原则下就业处组织部分学生打暑假工，时间一般 1~2 个月。如 2010 年暑假，学院分 7 批先后安排了 2000 多名学生分别到上海、深圳等地开展勤工助学活动，平均收入 4000 多元。2013 年暑假组织近 2000 学生外出勤工助学，平均收入 5000 元。勤工助学收入较高的学生达到了 7000 多元，解决了部分学费和生活费，也培养了学生实际工作能力。每年寒暑假学院还组织部分家庭贫困学生在学院做一些力所能及的工作，学校给予生活费和学费补助。节假日学院团委和学生协会组织学生打工，开展勤工助学活动。（6）互助基金会资助：为了化解学生中的风险，资助困难学生，1998 年学院就成立了互助基金会（2011 年 1 月更名为湖南同德职业学院善德基金会），现有资金 100 多万元。对学生意外伤害，家庭生活困难和治病等方面有困难的学生给予资助。互助基金会资金主要来自社会各界人士的捐赠和师生的捐款。贵州籍学生付俊因肾移植，学校基金会一次性资助人民币 2 万元。2008—2013 年，基金会共资助家庭经

表 5-3-2　　**2007—2013 年国家奖奖助学金一览表**

时间	国家奖学金		国家励志奖学金		国家助学金	
	人数	金额元/人	人数	金额元/人	人数	金额元/人
2007 年	11	8000	190	5000	1331	2000
2008 年	6	8000	172	5000	1248	2000
2009 年	4	8000	128	5000	1011	2000
2010 年	5	8000	155	5000	1230	2000
2011 年	5	8000	165	5000	1389	2000
2012 年	5	8000	190	5000	1524	2000
2013 年	5	8000	226	5000	1635	2000
合计	41		1226		9368	

济困难学生1280多人，总经费达50多万元。（7）减免学费：对品学兼优家庭经济困难学生一次性减免学费，激励这些学生热爱学校，奋发成才。2008—2013年，减免1500多人的学费，总额达到450万元。（8）校内设爱心助学岗位：学院食堂、商店、学生公寓楼、校办实习工厂等设爱心助学岗位，组织部分家庭经济困难学生在校内爱心助学岗做一些力所能及的工作，学院发给生活补助，帮助他们渡过难关，解决生活困难等实际问题。

湖南同德职业学院2010年—2012年连续三年评为市级资助工作先进单位。

第三节　队伍建设

常德市各普通高校坚持教书育人、管理育人、服务育人、环境育人，逐步形成了在校党委的领导下，以辅导员教师队伍为主体，以后勤队伍为辅，以专职政工干部为骨干，专兼结合，党、政、工、团、学生会齐抓共管的学生思想政治工作大网络，学校教职员工齐心合力育人。各校认真贯彻《教育部关于加强高等学校辅导员班主任队伍建设的意见》以及全国辅导员队伍建设工作会议精神，以科学发展观为指导，切实加强思想政治教育队伍建设，提升辅导员队伍的素质。

湖南文理学院思想政治工作和稳定工作由一名党委副书记和一名副校长牵头，宣传部、学工办、团委、武装保卫处分工负责，在各学院由党总支副书记牵头、学工部、团总支具体负责，对进一步加强大学生思想政治教育工作和稳定工作有安排，有部署，有工作责任制。在此基础上，学校切实加强了学生干部队伍、辅导员队伍建设和保卫干部与护卫队员队伍建设。

常德职业技术学院于2006年制定《常德职业技术学院辅导员管理暂行规定》，并于9月1日起实行。在第四章“辅导员培养、管理与考核”中明确规定了学院坚持选拔、使用、培养、管理相结合的原则，加强对辅导员的管理。学生处和各系（院）必须高度重视辅导员的思想道德建设和组织建设，经常研究辅导员工作。专职辅导员要入住学生宿舍，深入学生教室、寝室、关心学生学习和生活，了解学生思想动态，开展经常性的思想政治工作，引导学生正确处理各种问题。学院建立由学生处牵头，组成学生工作信息网络，辅导员要充分发挥信息收集和沟通功能，及时、准确向有关部门反映学生思想动态。学院形成了科学的辅导员选拔配备机制，努力构建了辅导员队伍建设的长效机制，不断提高了辅导员队伍的政治素质和业务能力。学院每年选拔优秀教师、干部和优秀本科毕业生（逐步过渡到硕士研究生）充实专职辅导员队伍，根据实际配备一定数量的专职辅导员。同时各系（院）干部、教师要按照实际情况和要求实行联班制或导师制。要求从2013年开始，在3年内晋升职称的必须是现职辅导员或班主任，3年以后晋升职称的必须担任3年以上时间的辅导员或者班主任，晋升前要有学生处对其担任辅导员或班主任的考评意见。

常德职业技术学院不断健全完善辅导员培训体制，统一组织辅导员进行政策法规、教育学、心理学以及其他所必须具备的专业知识培训。新任辅导员必须通过学院组织的岗前培训，获得上岗资格。学院将辅导员的培训工作纳入学院师资培训计划，每年组织 1~2 期辅导员培训班。学院每年召开一次辅导员工作会议，每学期召开一次学生思想政治工作和学生管理科学研讨会，不定期为辅导员举办专题讲座。学院不定期组织辅导员在岗培训工作，不断提高其政治理论素养和政策水平，提高其组织管理水平和工作本领。学院每年设立辅导员专项培训经费和研修经费，用于辅导员培训和研修工作。

常德职业技术学院建立有效的辅导员评比表彰机制，在学校组织的评选活动中，对一线辅导员给予倾斜，鼓励、支持辅导员开展学生工作理论研究，定向资助一批研究课题。每学年由学院组织一次辅导员评优表彰工作，学生处汇总院系月、年考核结果，依次排队，按照全院辅导员总数的 15%评选优秀辅导员，按当年行政嘉奖表彰标准进行表彰。辅导员要加强理论和业务学习，加强对学生工作的科学研究，每学年必须提交学生工作管理经验文章及研究论文一篇以上，学院组织交流、评奖并帮助发表。辅导员对所带学生的工作情况每期要进行一次书面总结，学生处抽查，系（院）存档。

湖南同德职业学院的辅导员配备坚持以专职为主、专兼结合，确保每个系都配有一定数量的专职辅导员，专职辅导员岗位的师生比总体不低于 1:200 的比例，同时每个教学班配备一名班主任。学院严把辅导员招聘关。辅导员的主要工作职责是帮助学生树立正确的世界观、人生观、价值观，确立在中国共产党的领导下走中国特色社会主义道路、实现中华民族伟大复兴的共同理想和坚定信念，积极引导学生不断追求更高的目标，使先进分子树立共产主义远大理想。经常与学生谈心，多了解他们的思想动态，关注他们的生活，让学生养成良好的心理品质和自尊、自爱、自律、自强的优良品格，增强学生克服困难、经受考验、承受挫折的能力。针对学生关心的热点问题，及时进行教育和引导，化解矛盾冲突，参与处理有关突发事件，落实好对经济困难学生的资助工作。以班级为主体，发挥学生班集体在大学生思想政治教育中的组织力量。指导和培养一批强有力的班、团干部队伍，不放弃一个学生，通过班、团干部及时了解班级情况，让学生能在大学生活里感受温暖。

湖南同德职业学院在辅导员队伍建设方面设立专项经费，主要用于辅导员队伍的培养培训。（1）全面强化辅导员队伍培训。建立辅导员“先培训、后上岗”的准入制度，学院新任职辅导员要参加省教育厅组织的岗前培训，取得结业证书后方可上岗。实行辅导员轮训制度，学院辅导员每三年接受一轮省级以上专业培训或骨干培训。组织开展优秀辅导员国内外学术交流和社会实践考察活动，选送优秀辅导员骨干到境内外参加短期访问交流、中长期国际合作培训和研修，为辅导员专业化、职业化发展创造条件。学院开展辅导员培训工作，组织辅导员每年参加一次院内学术交流活动。辅导员在任职三年内至少取得一项与学生工作相关的职业资格证书。（2）加强高等学校辅导员工作研究。学院设立辅导员科研项目，并提供必要的经费，用于学生工作研究。（3）全面实施辅导员在职攻读学位提升工程。鼓励具有本科以上学历、工作两年以上的优秀辅导员攻读思想政治教育及相关专业的硕士学位和博士学位。（4）学院重视辅导员的个人发展，畅通辅导员的职业出路，创造条件鼓励辅导员向专业化、职业化方向发展。学院党委组织部门、学生工作部门、思想政治管理部门和所在系党政领导要科学制订辅导员的培养计划，将优秀辅导员作为后备干部的重要来源。（5）学院把辅导员培训、培养纳入学院师资队伍建设整体规划，依照学院教师培养的有关规定，确保辅导员队伍的培训、培养与专任教师享受同等待遇。

第四章　体育、卫生与国防教育

常德市各高等院校注重建立健全体育、卫生与国防教育制度，体育、卫生与国防教育工作均安排有副校长分管。学校按要求开设体育课，组织学生课外体育锻炼，每年举行学校田径运动会，开展丰富多彩的课外体育活动和比赛。各校建有医务室，定期进行卫生宣传，严格卫生和食品安全管理。每年开学，组织新生军事训练，进行国防教育；认真开展征兵工作，鼓励学生应征入伍。

第一节　体　育

一、体育教学

常德市各高校体育教学内容仍然以田径、篮球、排球和武术为主。各校还根据学生的特点和兴趣爱好选择有健美操、体育舞蹈、羽毛球等运动项目和体育与健康知识等作为教学内容。运动实践课教学依然是体育教学的基本形式。

常德高专组建初期投资兴建风雨操场和400米环形跑道及四个水泥球场。

常德职业技术学院组建后成立体育教学组，隶属于学院理科基础部，2006年成立体育教学部，2008年归属于公共课部，2009年体育教学改革，成立体育俱乐部。有专职体育教师13人，担负学院的体育教学和活动工作。2002—2004年，学院投入6000多万元，建设有东南球场一个，东运动场一个，风雨操场（室内运动场）一个，乒乓球场一个，西南球场（标准篮球场和排球场）一个，院内运动场总面积36600多平方米。2012年开始建设一个多功能综合体育文化活动中心，总面积20000多平方米。截止到2013年，学院内有400米田径场2个，标准足球场2个，室内篮球场1个，室外篮球场20个，室内羽毛球场8个，室外排球场6个，室内乒乓球台30张，室外乒乓球台30张，健美操房3间， 形体训练房4间，武术训练房1间，体操房1个，健身房2个，为体育教学、训练及课外体育活动提供了良好的硬件设施。

2010年，学院制定《常德职业技术学院课程改革实施方案》，对体育课和体育活动进行改革，出台《常德职业技术学院关于成立学院体育俱乐部的通知》，对体育课程进行整体设计，改变传统的体育课教学模式为“体育俱乐部”教学模式，建立以学院各处室负责院单项体育俱乐部日常工作为核心的俱乐部制体育教学运行机制。在教学内容上，根据体育课程基本要求，结合学院现有条件，选择篮球、排球、足球、乒乓球、羽毛球、健美操、形体、武术、田径等九项运动作为体育课程教学内容。在教学形式上包括：选项教学，学生两学年必须选修1~2门（一学年选修一次）运动技能，每周参加一次由院俱乐部组织的专项教学，每次二课时。课外活动，在校学生必须选择参加一个单项俱乐部，每周参加一次以上本俱乐部的课外活动。学院单项俱乐部组织全院性竞赛（联赛）活动，各系、各学生协会组织代表队参赛。学院体育运动队是俱乐部为参加省市及校际大学生体育比赛而组建的学院代表队。在教学方法与手段上，充分发挥学生主体作用，激励学生自主锻炼、自我管理，掌握正确的锻炼方法，养成良好的锻炼习惯，形成全院生动活泼的群体活动局面，全面落实《国家学生体质健康标准》。面向全体学生实现"三自主"（自主选择项目、自主选择教师、自主选择时间）教学，营造生动、活泼的体育教学气氛。加大信息技术在教学及管理中的应用，利用网络建立比较完善的学生（俱乐部会员）管理系统，大力推广视频教学，提高教学效率。在教学组织机构设置上，体育俱乐部负责课程的日常教学与管理工作。体育俱乐部实行院系二级管理。学院各行政部门承担一个单项俱乐部的建设和管理工作，负责体育课程的教学组织，各系部协助俱乐部组织学生开展各项活动。学院成立九个单项俱乐部，由职能处室牵头、系部协助建设。各单项俱乐部开展选项教学、组织体育活动，教务处、学保处做好指导与协调工作。

湖南高尔夫旅游职业学院运动系、管理系，每周专业体育2课时，体能训练2课时；外语系、机械系，体育课每周2课时；五年制大专每周体育4课时。2012—2013年，运动系一年级每周大学体育2课时，二年级体能训练2课时；管理系一年级每周大学体育2课时，二年级体能训练2课时；五年制大专每周体育课4课时。近年，学院陆续引进了体育教育专业人才，2013年，学院有体育教师15人，其中硕士研究生11人，本科生4人；副教授1人，讲师8人，助教6人，能满足学校的体育教学需要。

二、体育活动、体育竞赛及体育评估

常德市各高校成立多个体育协会，组织学生开展了丰富多彩的课外体育活动和比赛。每年组织学校田径运动会、篮球赛、体育舞蹈比赛、足球赛、乒乓球赛、网球赛等全校性的比赛活动；组队参加省大学生运动会。

1989年11月，常德师专在湖南省大学生田径运动会上荣获乙组团体总分第四名，15名参赛队员共获6枚金牌，5枚银牌，3枚铜牌，破2项省大学生田径赛纪录。

1991年11月，常德师专代表队在湖南省大学生田径运动会上获专科组团队第七名（共二十五个队），男子团体总分第七名，获金牌2枚，银牌1枚，铜牌5枚，破3项省大学生运动会纪录，体育系杜谷华获女子五千米竞走金牌并打破省大学生运动会纪录。

1995年11月，常德师专在省第五届大学生运动会上，获金牌8枚，银牌7枚，铜牌6枚。打破二项省大学生运动会纪录。夺得乙组女子团体总分第二名，男子团体总分第七名，男女团体总分第四名以及丙组男子团体总分第四名。

1996年8月，湖南省第八届体育运动会开幕式在常德市体育中心隆重举行，常德师专九百多名学生在开幕式上成功地完成了文体表演的序幕和上篇的演出。

2010年，湖南文理学院学生参加省级以上体育比赛获奖获前三名13个，其中第一名9个（见表5-4-1）。

表5-4-1　2010年湖南文理学院学生参加省级以上体育比赛获前三名统计表

赛事名称	地点	参赛人员	项目	组别	获奖情况
“拓普杯”WSDA.WCDA体育舞蹈锦标赛	吉首	杨友元 王淑云	慢三	学生	第二名
“拓普杯”WSDA.WCDA体育舞蹈锦标赛	湖南吉首	杨友元 王淑云	北京平四	学生	第四名
“拓普杯”WSDA.WCDA体育舞蹈锦标赛	湖南吉首	金　婷 王淑云	吉特巴	学生	第三名
湖南省大学生足球比赛	湘潭大学	校女子足球队	足球团体	学生女子组	第二名
湖南“红宝石”杯WSDA.WCDA体育舞蹈锦标赛	湖南长沙	杨友元 杨　芹	湖南快四	学生	第一名
湖南“红宝石”杯WSDA.WCDA体育舞蹈锦标赛	湖南长沙	杨友元 杨　芹	慢四	学生	第一名
湖南“红宝石”杯WSDA.WCDA体育舞蹈锦标赛	湖南长沙	杨友元 杨　芹	北京平四	学生	第一名
湖南“红宝石”杯WSDA.WCDA体育舞蹈锦标赛	湖南长沙	谭敏强 潘　煜	慢三	学生	第一名
湖南“红宝石”杯WSDA.WCDA体育舞蹈锦标赛	湖南长沙	谭敏强 潘　煜	吉特巴	学生	第一名
湖南“红宝石”杯WSDA.WCDA体育舞蹈锦标赛	湖南长沙	谭敏强 潘　煜	伦巴	学生	第一名
湖南“红宝石”杯WSDA.WCDA体育舞蹈锦标赛	湖南长沙	谭敏强 潘　煜	快三	学生	第二名
中国北京“怀柔”杯WSDA.WCDA第三届全国体育舞蹈锦标赛	中国北京	王　璇	伦巴恰恰	学生	第一名
中国北京“怀柔”杯WSDA.WCDA第三届全国体育舞蹈锦标赛	中国北京	谭敏强 曾　媛	吉特巴	学生	第一名
中国北京“怀柔”杯WSDA.WCDA第三届全国体育舞蹈锦标赛	中国北京	谭敏强 曾　媛	交谊舞新人	学生	第一名

常德职业技术学院2003—2013年举办10届田径运动会，在竞赛人数、竞赛项目、竞赛水平上，都逐年上升。

2007—2013年，常德职业技术学院参加湖南省高校学生体育运动会竞赛11次，取得团体前六名名次7个，单项前六名名次61个。

2005年12月，由省教育厅组织部分高校体育专家分组对常德职业技术学院等38所普通高校贯彻《学校体育工作条例》的情况进行一次专项评估。评估组通过听汇报、查资料、访谈、听课、看体育场馆与体育器材等方式，对受评高校进行了综合考评计分。2006年，常德职业技术学院在省教育厅组织的贯彻《学校体育工作条例》情况评估过程中经过审定达到了优秀标准。

2006年，常德职业技术学院根据教育部、国家体育总局《大学生体质健康标准》，开始进行大学生体质健康测试工作。2006—2010年测试结果见表5-4-2。

表5-4-2 **2006-2010年常德职业技术学院学生体质健康测试结果统计表**

年份	学生人数	达标人数	达标优秀率	达标良好率	达标及格率
2006	7856人	6850人	1.4%	12.6%	85.8%
2007	8125人	8115人	2.5%	14.3%	80.1%
2008	7890人	7880人	2.1%	13.8%	82.6%
2009	7512人	7500人	1.6%	12.6%	84.5%
2010	6786人	6438人	0.6%	14.5%	79.8%

湖南同德职业学院根据学校实际，积极开展课外体育活动，提高学生课外锻炼的积极性和终身体育活动的能力。学院要求全体学生及教师每天下午第七节课到操场参加体育活动。2004年起，先后成立乒乓球、羽毛球、篮球、排球、足球、武术、健美操、台球、跆拳道、长跑、网球等协会，各协会定期开展活动。

2002年起，学院每年举行一次学生田径运动会，每年举行一次篮球、排球、足球、乒乓球比赛，定期举行跳绳、拔河等比赛。2005年起定期举办越野长跑比赛，至2013年，已举办17届。

2005年组建院田径、篮球、排球、乒乓球代表队，常年坚持训练，代表学院参加省、市级比赛。

2012—2013年，湖南高尔夫旅游职业学院组队参加三次省级高尔夫邀请赛;2013年9月， 学院组队参加中国大学生高尔夫锦标赛，获团体第六名，运动训练2011-03班刘珍同学获女子第五名，运动训练2011—02班蔡璐同学获男子个人比杆第八名。

第二节 卫 生

常德市各高校认真贯彻落实教育部卫生部《学校卫生工作条例》、教育部《高等学校医疗保健机构工作规程》等文件精神，保障师生身体健康。

一、医疗保健

湖南文理学院在校区与常德市第一中医院合办有白马湖医院，专门为师生健康服务。同时，学校每年新生入学都要体检，每年新生入学教育中都有卫生常识课，学校各部门各单位都有严格的卫生清扫制度，每年学生有体检抽查，教职工有全面体检。

2003 年，常德职业技术学院建立医务室。为加强学校疾病的预防控制与食品卫生安全，不断健全学校应对突发公共卫生事件的长效管理机制，维护学校师生员工身心健康与校园安定和谐，学院医务室作为公共卫生事业的重要组成部分，是保护和促进广大教师和青年学生身心健康的重要机构，也是保障教学科研、稳定教学秩序、推动学校发展的重要力量。学院非常重视院医务室的建设，从 2003 年起，学院安排附二医院全面负责学院医务室建设工作。院医务室现有诊疗室、治疗室、观察室、输液室，可同时容纳 20 多人就诊。药房备有常用的内、外科、皮肤科用药品。医务室开展了普通内科、外科门诊治疗和疫情监测、报告。

2003 年开始，院医务室面向全体师生员工贯彻预防为主的工作方针，树立为教学服务、为提高师生健康水平服务的工作宗旨；有效地监测了学校人群的健康状况，开展了学校健康教育，对学校常见病和传染病的防治做了大量基础性工作，并对影响学校人群健康的有害因素实施了卫生监督；对患病体弱学生实施了医疗照顾，对不能处理的危重及疑难病例，及时转上级医疗机构诊治；举办了健康教育讲座，增强学生自我保健能力，促进学生养成健康的生活方式和良好的卫生习惯；贯彻执行了传染病防治法规，做好了校内传染病预防和管理的相关工作。院医务室认真做好了传染病、流行病、突发公共卫生事件的预防工作，遵照学院制定的《学校突发公共卫生事件应急预案》认真落实疫情报告；每年举办一次预防艾滋病宣传周活动，举办一期健康教育宣传栏，向师生宣传基本医学常识及常见传染病的防治知识；有针对性强化特定时期和特定人群传染病防控措施，并使之落实到系，落实到班级，落实到宿舍，落实到岗位，落实到每个人，切实防止呼吸道、肠道传染病疫情在学校暴发流行。

2005 年，湖南高尔夫旅游职业学院设立医务室，有医生一名，助理医生二名，专业护士一名，设有标准的药房、诊断室、治疗室和留观室，备有三百余种常用药，氧气瓶及高压消毒设备一应俱齐，值班司机和救护车 24 小时随时待命。

二、食品安全监督

2008 年 8 月，常德职业技术学院根据常德市食品安全委员会《2008 年全市食品安全专项整治工作方案》和常德市教育局《学校食品安全专项整治工作方案》的要求，制订《常德职业技术学院食品安全卫生安全专项整治工作方案》。方案明确学院食品卫生安全专项整治要达到的目标，成立学院食品安全专项整治工作领导小组。组长由副院长陈昌元担任，副组长由后勤处处长王超君担任，根据方案规定，学院实行食品安全日报告制度，每日 16：00 前，将学院安全情况上报市教育局。学院还认真落实整治措施，每月对专项整治工作进展情况进行小结并向市教育局汇报。2011 年 9 月，学院重新调整了学生食堂工作领导小组，由院长杨文明任组长，分管院长黄镇才为副组长，设置了食堂考核监督工作组、伙食管理委员会、食品采购组，配备了专职管理与工作人员；进一步明确工作职责，学院院长是食品安全第一责任人，后勤管理处、后勤服务公司负责人是食堂工作直接负责人。

湖南同德职业学院从 1994 年起，坚持食堂不对外承包，想要承包食堂的校外人员很多，学院坚决谢绝，坚持自己经营，充分运用民办机制，将食品安全工作运于掌控之中。由于学院自己经营，完全可以掌握主动权，不谋求盈利，在市场价格上涨时，伙食不涨价，市场价格下滑时，适度调价。学院时刻绷紧食品安全弦，切实做到“三到位”。2008 年，学院在西校区修建了可容纳 8000 人就餐的新食堂后， 2009 年，在东校区拆除了原有的三个旧食堂，投入 700 万元，建设了 12000 平方米宽敞明亮、通风向阳，同时可容纳上万人就餐的饮食中心，在 20 分钟内全院学生即可用餐完毕。同时拆除烧煤灶具、烟囱，铺设了燃气管道，确保操作场地环境安全。二是配齐大量设施设备，投入 15 万元资金购进全自动洗碗机、消毒洁具和统一的餐具，学生不需要自带碗筷，餐具每顿饭后消毒，学生吃得舒心、用得放心，同时购买大量防蝇、防蟑、防鼠、防虫设备，做到无菌无污染，食堂坚持不超标使用添加剂，保证“绿色饮食”。三是采购优质食品，学校没有自行打井或自引水源，坚持使用优质水源，多年来，一直使用常德市自来水四厂经多次过滤的消过毒的干净自来水，米、油等食品到具有资质的大型企业定点采购，签订安全合同，确保了各类食品在源头上的绝对安全。

湖南高尔夫旅游职业学院自创办开始，在后勤社会化管理方面打破常规、租赁承包、互相竞争，做了许多有益的探索。

三、卫生管理

湖南文理学院在后勤处设有绿化环卫科，负责学校绿化和环境卫生等工作。

常德职业技术学院从 2004 年起成立学院爱国卫生运动领导小组，虽经多次人员调整，但领导小组人员组成格局不变，一直是由学院院长担任组长，副院长三人担任副组长，相关处室正职为成员。2010 年 2 月，学院爱卫会正式颁布《常德职业技术学院环境卫生管理制度》。《制度》规定，院爱国卫生运动委员会对全院校园环境及卫生保洁工作实施监督管理，并做好学院爱国卫生工作，其日常工作由后勤管理处负责。后勤公司承担校园卫生保洁和垃圾清运、除四害等项服务工作；后勤管理处对全院的卫生工作进行监督管理，组织卫生大检查，并将检查情况进行通报。2011年11月，为贯彻落实国务院《关于加强爱国卫生工作的决定》及湖南省、常德市政府爱国卫生有关规定，学院制订出台《常德职业技术学院爱国卫生工作条例（修订版)》。院爱卫会由学院办公室、后勤管理处、组织人事处、学生保卫处、监察处、工会、后勤公司、附属医院、团委及各院系等单位组成。学院附属医院和后勤管理处（爱卫办）为学院内疫情与中毒事故第一接报点。2012年，学院出台《卫生保洁作业标准》，迈开了环境卫生管理工作精细化的新步伐。

湖南同德职业学院的公共卫生实行班主任岗位责任制，主管老师带领师生会同劳卫部干部每天进行卫生检查，做好教室、卫生区的清洁，认真填写卫生检查记录，每周进行一次全校性的卫生大扫除，认真开展学校卫生工作的检查评比。每年举行一次“健康教育宣传月”活动，以广播、讲座、宣传栏、主题班会形式进行宣传教育活动，倡导师生坚持晨练和眼保健操，不断提高师生身体素质。对师生传染病的防治，积极配合防疫部门做好工作，发现疫情及时上报，同时采取有效措施，切断传播途径。师生每年进行一次体检。对体检中发现有各种疾病的师生，及时通知本人到医院进行复诊和治疗。健全学校卫生工作档案。卫生工作建档立卷，做到系统化、经常化、规范化，科学化。多年来该院没有暴发群体性疾病，也没发生过大的疾病。

湖南高尔夫旅游职业学院严格执行国家教育委员会颁布的《学校卫生管理条例》。监测学生健康状况；对学生进行健康教育，培养学生良好的卫生习惯；改善学校卫生环境和教学卫生条件；加强对传染病、学生常见病的预防和治疗。学校教学建筑、环境噪声、室内微小气候、采光、照明等环境质量以及黑板、课桌椅的设置均符合国家有关标准，新建、改建、扩建校舍，其选址、设计均按国家卫生标准执行，并取得当地卫生行政部门的许可。竣工验收有当地卫生行政部门参加。学生公寓每间均有相应的洗漱、洗澡间，洗澡间每天有三个时间段为学生供应热水，同时每间公寓为学生提供符合卫生标准的饮用水和饮水机。学校建立了学生健康管理制度。每年新生入学对学生进行了体格检查，建立学生体质健康卡片，纳入学生档案。对体格检查中发现学生有器质性疾病的，配合学生家长做好转诊治疗。学校配有医务所，可以处理一般伤病事故。

第三节　国防教育

一、学生军训

常德市各高校认真贯彻落实《国务院办公厅、中央军委办公厅转发教育部总参谋部总政治部关于在普通高等学校和高级中学开展学生军事训练工作的意见的通知》（国办发〔2001〕48号）、《湖南省教育厅、省军区司令部、政治部关于在高等学校和高级中学开展学生军训工作意见的通知》（湘政发〔2002〕25号）等文件精神，全面认真抓好学生军训工作。

湖南文理学院国防教育由一名副院长分管，武装保卫部具体负责。每年新生军训，武装部提前准备，周密安排，制定新生军训工作方案、军事训练科目实施计划、军训日程安排表和阅兵式工作实施细则，抽调军事素质过硬的干部担任军训教官。同时，武装保卫部积极组织学生参加省大学生军用枪射击比赛，做好复转退伍军人、参战军人和军烈属在重大节假日的慰问等工作。

2005年6月，常德职业技术学院人民武装部成立，其主要职能是会同教育部门加强军事课程建设，组织开展学生军事技能训练、军事理论等国防教育活动；协调落实“拥军优属，拥军爱民”工作，组织开展相关活动；组织教职工开展国防教育活动；会同毕业生就业工作部门落实兵役机关交办的学生兵员征集工作；负责民兵训练、国防动员、预备役登记和报名工作；负责人民防空教育及设施的管理与维护工作。

2006年4月，学院参加全国学生军训工作办公室、教育部国防教育办公室组织全国首次大学生军训知识竞赛、征文活动。学院王军辉同学的《军训感悟》和杨梅同学的《绿色的艺术人生》分别荣获二、三等奖。

2007年5月，根据教育部、总参谋部、总政治部《关于在普通高等学校和高级中学开展学生军事训练工作的意见》和《普通高等学校军事课教学大纲》要求，结合学院学生军训实际情况，由学院武装部牵头，钟键、刘西贵主编《大学生军训教程》，被列入“十一五”普通高等学校创新系列教材。常德职业技术学院2003—2010年大学生军训情况见表5-4-3。

表5-4-3　　2003-2010年常德职业技术学院大学生军训情况表

年份	参训人数	军训天数	编中队数	教官数	所用教材	军训经费（万元）
2003	2174	10	35	36	统编	11
2004	2210	10	37	38	统编	12
2005	2549	10	40	41	统编	12
2006	2742	10	45	46	统编	13
2007	2883	10	45	46	自编	13
2008	3105	10	48	49	自编	13.5
2009	2923	7	47	48	自编	13.5
2010	3016	7	47	48	自编	13.5

2004年，湖南同德职业学院在不断加强与校园文化建设的过程中，军训工作也随着不同层次的学生，有不一样的要求。学院的学生在军训工作面临四个背景，一是学校合并组建以来第一次在校内军训，对校内军训的组织工作缺乏经验。二是在军训时间选择上，正值酷暑时期，军训安全压力较大，并且面临着部分学生接受军训的同时，其他年级学生还在校进行期末考试，校园实际情况比较复杂。三是军训的对象是大一新生，可能出现态度疲软、不服从管理以及对军训的抵触情绪。四是基于两校区办学的现实，军训工作也分两校区举行，加大了军训组织管理的难度。针对这些特点和可能出现的困难，学院领导小组认真领会关于切实组织好学生军训工作的指示精神，从思想动员到训练管理，从领导关怀到后勤保障都做了周密的安排，保证每一届学生军训的顺利完成，实现了“安全第一、效果良好”的总体设想。结合学院实际工作安排，以及气候炎热的特点，区武装部以“实事求是，科学筹划，训练基本达标，确保军训安全”为指导思想，周密设计学生军训的日程安排。训练时间为8：00—11：30，16：30—17：20，19：00—20：30，避开了中午最热的时段，体现了以人为本的育人理念。2005—2013年，湖南同德职业学院新生军训进行顺利。

湖南高尔夫旅游职业学院学生军训工作以增强学生国防观念、加强对学生纪律教育、培养学生集体意识、规范学生日常行为为目的，使学生在政治素质、思想素质、身体素质、自我管理能力以及协作精神等方面得到全面锻炼和提高。对教官、对指导员（辅导员与班主任老师）、对学员都有明确要求。如对指导员的要求有7条：①率先垂范、为人师表， 严格规范自己在学生面前的穿着和言行，为各位同学树立良好的榜样，起到模范带头作用，认真组织本连学员学习学校规章制度和开展有益活动。达到“团结、紧张、严肃、活泼”的目的。②跟班作业，及时掌握学员思想动态，认真做好学员思想政治工作，真诚地关心爱护学员。③积极配合连长做好军训工作，做好后勤保障工作，加强与连长的沟通和交流。④做好新生的入学教育工作，特别是内务整理工作。⑤严格遵守学校的规章制度和军训作息时间。⑥认真完成上级布置的各项任务。⑦搞好军训评比。

二、征兵工作

湖南文理学院认真开展征兵工作。为高质量地完成每年的征兵任务，武装部将有关征兵文件分发到各教学院，并通过宣传横幅、校园网、校园电视台，各种会议等多种形式广泛宣传发动，鼓励大学生积极响应国家号召，投笔从戎。为确保向部队输送优秀兵源，武装部对入伍对象高标准、严要求，严把质量关。市征兵办和接兵部队干部对该校的征兵工作和应征对象给予了很高的评价。

2003年以来，常德职业技术学院始终把征兵过程中的宣传工作作为加强大学生国防教育的有效措施，为在全院营造当兵光荣的浓厚氛围，感染大学生积极履行公民兵役义务，踊跃报名应征。

第五章　教　师

第一节　队伍建设

1988 年，常德市 3 所普通高等学校有专任教师 385 人，其中教授 3 人，副教授 82 人。随着高等教育的不断发展，建设高水平师资队伍成为创建高水平大学的关键，常德市普通高校始终把师资队伍建设作为工作重点，紧抓不放。2010 年，常德市 4 所普通高校有专任教师 1982 人，有硕士以上学位者 790 人。1988—2010 年常德市普通高等学校教师情况见表 5-5-1。

表 5-5-1　　1988—2010 年常德市普通高校教师统计表

年份	学校所数	教职工总数	专任教师数	教授人数	副教授人数	硕士及以上学位人数	备注
1988	3	748	385	3	82		
1989	2	755	368	2	86		
1990	2	766	347	1	81		
1991	2	769	362	2	77		
1992	2	773	394	1	91		
1993	2	796	392	2	104		
1994	2	793	391	5	128		
1995	2	800	405	7	146		
1996	2	823	441	7	149		
1997	2	807	435	8	147		
1998	2	834	472	9	158		
1999	1	922	497	14	160		
2000	1	953	535	18	169		
2001	1	966	585	27	205		
2002	3	1328	761	36	259		常德职业技术学院、湖南机电职业技术学院建立并招生

续表 5-5-1

年份	学校所数	教职工总数	专任教师数	教授人数	副教授人数	硕士及以上学位人数	备注
2003	4	963					湖南同德职业学院建立并招生
2004	4	2151	1284	57	395		湖南文理学院芙蓉学院为独立学院，不计校数、下同
2005	3	2150	1302	78	393		湖南机电职业学校专科部迁长沙
2006	3	2304	1368				
2007	3	1813	1702			580	
2008	3	2531	1691			695	
2009	3	2817	2007			577	
2010	4	2971	1982			790	湖南高尔夫旅游职业学院成立并招生

1987 年是改革开放后第一次评高级职称，常德地区普通高校教师队伍不仅数量上得到了适时补充，学历和职称层次也大有提高。1992 年开始，职称评定每年进行，形成机制。

1988 年 12 月 23 日，常德师专隆重召开首次专业技术职务聘任大会。全校有 332 人具备专业技术职务任职资格，除少数离退休外，有 323 人受聘。其中高级职务 65 名，中级职务 163 名，初级职务 95 名。

1989 年 4 月，常德师专贯彻中共中央《关于改革和加强中小学德育工作的通知》精神，决定从 4 月下旬起在全校师生员工中开展师德教育和职业道德教育。

20 世纪 90 年代初，常德师专有高级职称教师 56 人，其中 50 岁以上的 49 人，占 87.5%，而 40 岁以下的没有一个。青年教师中有研究生学历的仅 5 人。面对教师队伍“断层”的威胁，学校进一步加强了师资队伍建设，特别是加强对青年教师的培养。学校除每年选送少量教师外出培训进修外，重点是抓好教师的在职培训提高，鼓励教师提高学历层次。一方面鼓励教师进修，参加函授学习的 9 人，参加函授研究生班的 27 人，利用假期参加各种学术研讨会或进修班的达数百人次；另一方面让中青年教师脱产进修，参加短期培训的 12 人，补本科学历的 19 人，参加助教进修班的 16 人，参加研究生学位班的 12 人，选派 11 名国内访问或研究学者。1990 年到 1998 年先后选派了七名教师赴美、泰、新加坡等国进修、任教或进行文化交流。到 1998 年，常德师专高级职称教师已达 126 人，其中 40 岁以下的有 14 人，占 12%，具有研究生学历的教师 22 人，补研究生学历的青年教师 17 人，有三批共 18 名青年教师被确定为湖南省青年骨干教师和学科带头人培养对象，基本上消除了教师队伍的“断层”现象。是年，常德师专在职教职工486人，其中专任教师280人，教师中有教授7人，副教授106人。

常德高专坚持一手抓培养提高，一手抓引进吸收。教师队伍的学历、职称、年龄结构日趋合理。学校制定了《青年教师培养办法》《教师校外兼职兼课暂行规定》，原则通过了《教师工作量试行办法》《教职工奖惩办法》等，1996年学校又制定包括解决住房、安排配偶等优惠政策吸引研究生来校工作。学校设立教师奖励基金，鼓励教师争当骨干教师和学术带头人。在入党提干、住房分配、子女就业、配偶调动等方面对优秀教师给予优先。到1998年，学校有在职教职工348人，其中专任教师192人，教师中有教授2人，副教授52人。

湖南文理学院既重视对高层次人才的考察引进，也重视在职教师的培训提高。学校研究制定了《关于进一步加强师资队伍建设的若干办法》，对高层次人才引进、教师培养提高等做出了新规定。学校为做好人才稳定工作，着力解决高层次人才的实际困难和问题，还出台了安置高层次人才配偶的办法，对已取得博士学位的教师分别给予10至12万元的奖励，取得硕士学位的分别给予5000至1万元的奖励。学院在人事处专门设有师资科，对教师队伍建设进行归口管理。同时，采取四项措施，强化师资队伍建设。一是按学科专业规划培养、调配师资。根据学院整合和专业调整的实际，重点引培工科类、财经类师资，转向培训部分理科类、人文社科类师资；促进理科、文科类师资在原有优势的基础上注重应用性研究，形成地方特色；艺术类师资从交叉性与边缘性着手，强化应用艺术类师资的培养。二是加强对中、青年教师的培养。实施“青年教师导师制”，全面推行中老年教师对青年教师“一帮一”活动。设立青年教师科技专项资助，支持和鼓励青年教师提高学术研究能力和水平。注重教师的继续教育，加强中青年教师职业发展指导。每年安排专项经费支持教师脱产攻读博士或硕士学位，支持副高以上职称教师做访问学者，支持学科带头人和学术骨干脱产进修和出国访学。三是重点培养、引进高层次人才。围绕省级重点建设学科、省级重点实验室、各类创新平台，实施“科技创新团队建设计划”，设立配套基金，制定相关政策，支持创新团队的运作。加速推进高水平学术带头人队伍建设和引进，在重点学科内遴选具有发展潜力的优秀学术骨干到国内外深造，造就一批进入学科前沿的学术带头人。大力引进国内外高水平博士研究生，注重引进必要的外籍教师。四是进一步加强师德师风建设。加强职业道德教育和理想信念教育，增强广大教师教书育人的责任感和使命感。建立师德师风评价体系，制定师德建设有关规定，将师德表现作为教师考核、聘任（聘用）和评价的首要内容。形成良好学术道德和学术风气，克服学术浮躁，查处学术不端行为。

2003年开始，湖南文理学院在职称工作方面，在对各类人员按岗位按比例核算和控制的基础上，进行每年度高教系列专业技术职务的材料准备、申报、公示、评审以及归档工作，组织专业技术人员的继续教育培训，与市人事局协商组织教师参加计算机培训。仅

2010年学校就有7人获教授、1人获研究员、17人获副教授任职资格，9人获高级实验师等副高任职资格。

1987—2010年，师资队伍结构与素质得到明显改善。学院有112人评为教授（见表5-5-2），12人获曾宪梓教育基金奖（见表5-5-3），11人被评为全国优秀教师（见表5-5-4），11人享受政府特殊津贴（见表5-5-5）。2010年，学院有教授92人，博士学位者49人。

表5-5-2　　**1987—2010年湖南文理学院教授职称评定情况表**

姓名	专业	职称	评定时间	备注	姓名	专业	职称	评定时间	备注
盛正华	物理	教授	1987.12	已故	杨品红	水产	研究员	1999.8	
胡力文	中文	教授	1988.6	已退休	郑长城	土建	教授	1999.12	
徐　行	数学	教授	1988.6	已退休	董明辉	地理	教授	2000.7	
刘赤符	中文	教授	1993.7	已退休	陈致远	历史	教授	2000.8	
刘廉泉	化学	教授	1994.7	已退休	彭友林	生物	教授	2000.8	
应雨田	中文	教授	1994.7	已退休	孙元喜	化学	教授	2000.8	
陈清泉	农学	教授	1994.7	已退休	熊大胜	生物	教授	2000.8	退休
韩隆福	历史	教授	1995.7	已退休	余富林	英语	教授	2001.6	退休
魏　饴	中文	教授	1996.7		张大顺	化学	教授	2001.7	
李兆群	中文	教授	1997.7	已退休	肖伟跃	机械	教授	2001.7	
杨斌文	电气	教授	1987.7	已退休	郑又成	历史	教授	2001.7	
李达轩	中文	教授	1999.7	调出	桂乃磐	机械	教授	2001.7	退休
李诗平	英语	教授	1999.7		杨万柱	高教管理	教授	2002.8	已故
张文刚	中文	教授	2002.8		刘　静	体育	教授	2005.9	
李晓峰	电气	教授	2002.8		邹永常	中文	教授	2005.9	
郭国强	计算机	教授	2002.8		陈　勇	英语	教授	2005.9	
梁颂成	中文	教授	2002.8		张美华	思政	教授	2005.9	
曹卫平	政治	教授	2002.8		周尚义	中文	教授	2005.9	
曾伯平	生物	教授	2002.8		周诗彪	中文	教授	2005.9	
刘北平	化工	教授	2003.8		罗烈雷	机械	教授	2005.9	

续表 5-5-2

姓 名	专业	职称	评定时间	备注	姓 名	专业	职称	评定时间	备注
张健华	动物	教授	2003.8		廖德刚	机械	教授	2005.9	
夏维福	生物	教授	2003.8		欧阳义怀	艺术	教授	2005.9	退休
童自觉	历史	教授	2003.8		刘　平	化学	教授	2005.9	
蔡新华	物理	教授	2003.8		石子球	高教管理	教授	2006.10	
王文龙	生物	教授	2004.9		田绍登	美术	教授	2006.10	调出
王文初	体育	教授	2004.9		刘潇潇	法学	教授	2006.10	
刘孟初	中文	教授	2004.9	调出	刘春花	教育学	教授	2006.10	
张龙庭	机械	教授	2004.9		邱德润	电气	教授	2006.10	退休
吴　晓	土建	教授	2004.9		佘丹清	中文	教授	2006.10	
罗佑新	机械	教授	2004.9		杨江河	物电	教授	2006.10	
姚春梅	物理	教授	2004.9		周谷珍	化学	教授	2006.10	
郭　虹	中文	教授	2004.9		侯必新	农学	教授	2006.10	
夏子科	中文	教授	2004.9		程新奇	生物	教授	2006.10	
曹光荣	财经	教授	2004.9	调出	詹晓希	体育	教授	2006.10	
谭长贵	管理	主任编审	2004.9		叶　进	高教管理	教授	2007.10	
王东仁	生物	教授	2005.9		吴修林	音乐	教授	2008.11	
王建君	电气	教授	2005.9		周双娥	思政	教授	2008.11	
李　敏	物理	教授	2005.9		任明慧	数学	教授	2008.11	
李　峰	生物	教授	2005.9		熊万明	数学	教授	2008.11	
齐　恒	地理	教授	2005.9		文会军	土建	教授	2008.11	
卢基林	化学	教授	2007.10		潘梅森	计算机	教授	2009.12	
田　晧	中文	教授	2007.10		车晓毅	机械	教授	2009.12	
李淑红	动物	教授	2007.10		肖辉海	生物	教授	2009.12	
刘春晖	管理	教授	2007.10		刘良国	生物	教授	2009.12	
杨继荣	机械	教授	2007.10		肖小勇	管理学	教授	2009.12	
彭乐群	教学	教授	2007.10		黄向阳	思政	教授	2009.12	
雷明全	经济	教授	2007.10		杨如曙	物理	教授	2010.11	

续表 5-5-2

姓 名	专业	职称	评定时间	备注	姓 名	专业	职称	评定时间	备注
蒯大秋	机械	教授	2007.10	退休	熊　云	英语	教授	2010.11	
漆跃辉	艺术	教授	2007.10		黄北翔	体育	教授	2010.11	
熊　英	历史	教授	2007.10		刘　锋	体育	教授	2010.11	
潘湘高	电气	教授	2007.10		席金菊	计算机	教授	2010.11	
刘琼	计算机	教授	2008.11		陈端吕	地理	教授	2010.11	
颜君彪	计算机	教授	2008.11		龙永福	物电	教授	2010.11	
陈召国	机械	教授	2008.11		曾　言	高教管理	研究员	2010.11	
樊启毅	数学	教授	2009.12		唐圣松	医学	教授	2003.7	2010年调入
刘炳文	数学	教授	2009.12						

表 5-5-3　　湖南文理学院获曾宪梓教育基金奖教师名单

获奖教师姓　名	专业技术职称	获奖名称等次	获奖年度（时间）
刘赤符	教　授	高等师范专科学校教师2等奖	1994.12
刘廉泉	教　授	高等师范专科学校教师3等奖	1994.12
熊莘耕	教　授	高等师范专科学校教师3等奖	1994.12
胡力文	教　授	高等师范专科学校教师3等奖	1994.12
应雨田	教　授	高等师范专科学校教师3等奖	1994.12
戴成森	副教授	高等师范专科学校教师3等奖	1994.12
汤一春	副教授	高等师范专科学校教师3等奖	1994.12
韩隆福	教　授	高等师范专科学校教师3等奖	1997.12
钟益林	教　授	高等师范专科学校教师3等奖	1997.12
魏　饴	教　授	高等师范专科学校教师3等奖	1997.12
李达轩	教　授	高等师范专科学校教师3等奖	1999.12
雷宏江	副教授	高等师范专科学校教师3等奖	1999.12

表 5-5-4 湖南文理学院被评为全国优秀教师名单（截至 2010 年 12 月 31 日）

教师姓名	专业技术职称	授予全国优秀教师时间	备注
朱传宏	高级实验师	1986 年	全国高校实验室先进工作者
陈清泉	教　授	1989 年 9 月	全国优秀教师
胡力文	教　授	1989 年 9 月	全国优秀教师
徐晓涛	副教授	1989 年 9 月	全国优秀教师
刘赤符	教　授	1991 年 9 月	全国优秀教师
胡南云	副教授	1991 年 9 月	全国优秀教师
许成林	副教授	1995 年 9 月	全国优秀教育工作者
应雨田	教　授	1998 年 9 月	全国优秀教师
李文健	教　授	2001 年 9 月	全国优秀教师（调出）
彭友林	教　授	2004 年 9 月	全国优秀教师
董明辉	教　授	2007 年 9 月	全国优秀教师

表 5-5-5 湖南文理学院享受政府特殊津贴的教师名单

教师姓名	专业技术职称	享受津贴的起止时间
刘赤符	教授	1992 年 10 月起享受国务院特殊津贴
胡力文	教授	1992 年 10 月起享受国务院特殊津贴；2011 年 8 月病故
胡南云	副教授	1992 年 10 月起享受国务院特殊津贴
陈清泉	教授	1992 年 10 月起享受国务院特殊津贴；2013 年 3 月病故
应雨田	教授	1993 年 10 月起享受国务院特殊津贴
刘廉泉	教授	1993 年 10 月起享受国务院特殊津贴
魏　饴	教授	1993 年 10 月起享受国务院特殊津贴
刘安民	高级工程师	1993 年 10 月起享受国务院特殊津贴
易荣富	副教授	1993 年 10 月起享受国务院特殊津贴
杨品红	研究员	2001 年 6 月起享受国务院特殊津贴
熊大胜	教授	2009 年 4 月起享受国务院特殊津贴

21 世纪前十年，常德市先后新建 4 所普通高校，各校针对各自实际情况，采取有效措施，加强师资队伍建设。

2003 年，常德职业技术学院初建时，师资力量较薄弱，学院采取以“培训为主、择优聘用、精选兼职、确保重点”的办法建设师资队伍。一是全员培训。2003 年 9 月，学院聘请省内高校教授对教师进行了三个月的全员培训，主要内容为高等教育学、心理学、高校教师职业道德、高教法规等。二是鼓励教师在职进修。学院出台了优惠政策，每年拨出 100 万元专款鼓励教师在职读研、读博提高学历水平，安排教师在职进修。2012 年，常德职业技术学院攻读硕士、博士学位的有 91 人，访问学者 10 人，在职进修的 15 人。三是引进了一批骨干教师和实践指导教师。从企事业单位一线技术人员中，聘请了兼职教师 136 人，引进和聘用硕士毕业生等优秀人才 70 人，同时还聘请了法国国家科学院高级科学家余成龙博士为学院客座教授。2013 年，学院有教师 585 人，其中正高职称 40 人，副高职称 138 人，具有博士或硕士学位的教师 172 人。有湖南省高校教学名师 2 名，省级教学团队 3 个，省级专业带头人 3 名，常德市“十百千”人才 20 人。

2003 年，湖南机电职业技术学院有教师 296 人，其中从各高校应届毕业生中招聘引进新教师 25 名，从企业工程技术人员中聘用实习实训指导教师 16 名，从高级讲师平转副教授 36 名。学院加强教师的“外引内培”工作，先后选派 20 多名教师参加教育厅组织的专业技能继续教育培训；选送 50 多名教师参加劳动厅组织的高级技师培训；选送 25 名教师参加劳动厅组织的国家考评员资格培训；选送 5 名教师分别到有关高校接受普通话测试员培训和专业培训；另有 2 名教师下工厂进行为期半年的上岗生产实训。学院为普及推广计算机应用，对全体教师进行了多媒体课件制作培训，对管理岗位人员进行了相关办公软件培训。完成了 130 名教师的高校教师资格证专业能力与水平考试。组织所有教师的普通话培训与测试。组织学术讲座，营造学术氛围，提高队伍素质，聘请校外专家、学者举办讲座 3 场。“金秋十月学术月”活动期间，校内教师举办学术讲座共 9 场次。

2004 年，湖南同德职业学院有 220 多名专任教师和 40 多名兼职教师。学院根据教育改革发展和教师队伍建设实际，坚持“面向全员、突出骨干、倾斜一线”的方针，以“新理念、新课程、新技术和师德教育”为重点内容，不断加大继续教育工作力度，不断提高教师师德和业务水平，积极打造一支高素质、专业化的教师队伍。建校至 2013 年，已累计进行新课程教师培训 27 人，新技术教师培训 47 人，骨干教师培训 236 人，信息模块教师培训 640 人，新教师培训 460 人，班主任培训 285 人，寒暑假集中培训 1724 人（次），积极分子培训 360 余人。同时，积极开展教研活动，组织教学经验交流，教育教学质量逐步提高，得到了社会称赞和教育主管部门的充分肯定。

湖南同德职业学院高度重视教师队伍建设和管理。到 2008 年底，学院有中高级职称教师 34 人，初级职称教师 56 人。2013 年，学院专、兼职教师中有正教授 41 人，副教授 91 人，占专任教师的 38.48%，在教师中，博士 17 人，博士后 1 人，硕士 105 人，讲师

58 人，教师总数 386 人。

学院教师队伍管理实行全员聘用制、结构工资制和岗位责任制。为了给教师工作学习、生活营造良好的环境和条件，让教师感受到大家庭的温暖，使教师留得住，扎下根，热爱学院，安心工作，学院坚持做到五个到位。一是尊重教师的民主权利做到位，每年召开一次职代会，广泛征求教师的意见，认真研究教师提案中反映的问题；二是倾听教师的心声做到位，学院建立定期或不定期的来访接待制度，认真倾听他们的心声，了解他们的困难和诉求，与教师真诚平等相处；三是关心教师的生活做到位，学院建立同德基金会，对有困难的教师进行帮困和救助；四是落实教师待遇做到位，教师工资按月发放，全面落实教师养老保险和医保政策，解除教师后顾之忧；五是教师住房解决到位，学院为长期在校工作的教师安排住房、免租金，尽量为他们创造良好的居住环境，感受家的温馨，开心工作。

湖南同德职业学院还通过多种途径加强对教师的思想政治教育，教育引导他们坚定正确的政治方向，忠诚党的教育事业。在学校发展的三个时期，学校始终把培养教师政治合格放在首位，从常德电脑技术学校时期成立党支部，到常德电脑专修大学时期成立党总支，到湖南同德职业学院时期成立党委，学校在发展，党的建设也不断得到加强，教师党员从常德电脑技术学校时期不足 10 人，到 2013 年已达 140 余人。

2006—2012 年，湖南同德职业学院有 8 位教师获湖南省优秀教师、优秀辅导员称号。2004 年，董事长齐淑兰获全国“巾帼建功”标兵和全国“三八红旗手”，院长李少夫被评为“湖南省职业教育与成人教育先进个人”。2005 年，李少夫被评为全国“温暖工程先进个人”，全院有 42 人次先后获得省、市、区教学竞赛中的各类奖项。2010 年，李少夫获“全国第二届黄炎培杰出校长奖”，2011 年，齐淑兰获省委、省政府第三届“优秀中国特色社会主义事业建设者”称号，李少夫被评为“湖南省民办学校优秀校长”， 2012 年，齐淑兰被授予“湖南省民办学校优秀举办者”称号。

2010 年，湖南高尔夫旅游职业学院有专任教师 62 人。2010—2013 年，学院派出 10 多名教师参加国家和省级骨干教师培训，不断组织中青年教师参加省市继续教育培训。学院十分注重提高教师政治待遇和经济待遇，学院先后出台两个文件，对教师的工资待遇作出明确具体的规定。学院为所有教职工按规定购买了五险一金。2010—2013 年，教职工工资待遇年增长为 10%，并作制度规定下来。2011 年学院出台了《湖高旅教师专业技术职务申报评聘工作的暂行规定》，成立了职评领导小组专门负责此项工作。2012 年初级评聘 9 人，中级评聘 16 人，高级评聘 2 人。2013 年有专任教师 113 人，其中正高职称 5 人，副高职称 13 人。

第二节 聘请外籍教师

1988 年 2 月 12 日，常德师专聘请的第一位外籍教师来校；后升本的常德师范学院每年都聘请了英语外籍教师，他们分别来自美国、英国、德国、澳大利亚、比利时等国，聘期一般一到两年。外教 YASMINE 被湖南省教委评为 1996 年优秀外教，荣获第二届“芙蓉奖”，1997 年 4 月，赴长沙参加颁奖大会。

2003—2010 年，湖南文理学院先后聘请了美国、加拿大、西班牙、英国、日本、澳大利亚、德国、俄罗斯和爱尔兰等 9 国的教师 89 人（次）来校任教。

2003 年，湖南同德职业学院为提高学生商务英语水平和专业技能，开始引进外籍教师到校任教，至 2010 年已有 2 名外籍教师到校教授英语。

常德各高校在聘请外籍教师时，严格按照国家有关文件规定进行，并高度重视外管工作，定期向上级部门汇报外教在校工作情况，接受上级部门检查与督导。

湖南文理学院在抓外教引进、完善外教管理、扩大聘用效益的同时，十分注重对外教的服务工作。一是满足教学院需要，外教聘请及时到位。二是加强合同管理，进一步完善各项管理规章。三是充分发挥外籍专家的作用，力争取得最佳聘用效益。除安排承担正常的教学任务外，积极鼓励外教参加相关学院的学术活动和课外活动。四是增强服务意识，努力提高服务水平，让外教在学校工作、生活得更好。

2003 年，湖南同德职业学院聘请的加拿大籍外教安东尼，60 多岁，英语水平高，与学生关系融洽，2005 年 7 月，安东尼回国前，将两年所得工资 6 万多元全部资助给学院贫困学生，在校内引起轰动。

第六章　招生就业与留学生

第一节　招生就业

1988—2010年，常德市普通高校共招学生96089人，毕业学生60564人。每年学生人数情况见表5-6-1。

2002年3月，常德市大中专毕业生就业供需见面会在常德师范学院举行。

表5-6-1　　1988—2010年常德市普通高校学生人数统计表

年份	学校所数	毕业生数	招生数	在校学生数	备　注
1988	3	1155	941	2379	
1989	2	779	970	2550	
1990	2	862	961	2637	
1991	2	924	981	2694	
1992	2	817	1216	3093	
1993	2	952	1501	3641	
1994	2	904	1484	4184	
1995	2	1185	1495	4490	
1996	2	1450	1508	4541	
1997	2	1462	1614	4691	
1998	2	1500	1785	4904	
1999	1	1493	2699	6101	
2000	1	1542	3080	7639	
2001	1	1774	2605	8423	
2002	3	1032	4035	11575	常德职业技术学院、湖南机电职业技术学院组建并招生
2003	4	2617	5126	14059	湖南同德职业学院组建并招生
2004	4	2132	7067	19388	湖南文理学院芙蓉学院为独立学院，不计校数、下同

续表 5-6-1

年份	学校所数	毕业生数	招生数	在校学生数	备　　注
2005	3	3329	5798	19135	湖南机电职业学校专科部迁往长沙
2006	3	5060	7393	21872	
2007	3	5422	8059	25799	
2008	3	7244	12304	29299	
2009	3	7988	12077	34638	
2010	4	8941	11390	36349	湖南高尔夫旅游职业学院成立并招生

各校招生就业管理方面情况分述如下。

湖南文理学院及前常德师范学院招生就业管理方面，一是积极争取招生计划，认真开展招生宣传工作，精心组织好省外艺术类专业考试、美术专业统考和体育特长生测试等“三类”考试，切实搞好招生录取工作。2010 年学校在省内考生骤减近 10 万人、省内三本生源严重不足的情况下，共录取新生 5626 人，超计划录取 346 人。二是积极做好毕业生就业工作。学校做好就业指导和就业咨询工作，组织开展以“大学毕业生到基层、西部和国家最需要的地方就业创业”为主题的思想教育活动，积极搭建毕业生就业平台，推进毕业生就业信息化建设，开展大学生创新创业教育与实践活动，搞好特殊群体毕业生就业帮扶工作，推进就业工作体制改革和机制创新。学校广泛与企业、事业单位联系，建立就业见习基地，加强就业市场建设，推进就业信息化建设，每年举办“毕业生供需见面会”和各类中小型招聘会，积极搭建就业平台。2004 年学校获准招收港澳台学生。2010 年学校被评为湖南省就业工作优秀单位。湖南文理学院（含芙蓉学院）2003—2010 年招生就业人数情况见表 5-6-2。

表 5-6-2　　**湖南文理学院（含芙蓉学院）历年招生就业人数统计表**

年份	录取人数（人）				到校人数（人）				毕业生人数（人）				在校生人数（人）			
	专科	二本	三本	小计	专科	二本	三本	小计	专科	二本	三本	小计	专科	二本	三本	小计
2003	340	3084	264	3688	310	2913	213	3436	1077	1498	0	2575	1153	8502	550	10205
2004	308	3189	208	3705	188	3073	208	3438	602	1719	0	2321	739	9856	758	11353
2005	195	2868	685	3748	132	2645	632	3409	242	2310	0	2552	629	10191	1390	12210
2006	0	2577	1268	3845	0	2433	1252	3685	218	2531	0	3086	327	11562	2292	14181
2007	122	3216	1285	4623	82	3068	1228	4378	190	2909	183	3282	261	11311	3297	14869

续表 5-6-2

年份	录取人数（人）				到校人数（人）				毕业生人数（人）				在校生人数（人）			
	专科	二本	三本	小计	专科	二本	三本	小计	专科	二本	三本	小计	专科	二本	三本	小计
2008	130	3149	2233	5512	99	3007	2151	5257	129	3008	198	3335	228	11269	5221	16718
2009	201	3309	2252	5762	164	3217	2162	5543	0	2640	624	3264	383	11789	6688	18860
2010	61	3332	2232	5626	38	3218	2070	5326	124	2501	1222	3847	288	12448	7367	20103

湖南机电职业技术学院坚持以人才培养为中心，以就业为导向，促进专业创特色，质量上水平的办学理念。2003 年，学院面向全国 15 个省、市、区招生，到校新生 2192 人，超过计划 9.6%，当年各类在校生 5150 人，应届毕业生 746 人，就业安置 671 人，一次性就业率 90%。新生入学人数和在校生人数均创历史新高。国家奖学金和助学贷款政策的实施保证了贫困学生都能完成学业。

常德职业技术学院 2002—2010 年度招生人数见统计表 5-6-3。

表 5-6-3　　常德职业技术学院 2002-2010 年度招生人数统计表

年　度	三年制中专	五年制高职	三年制大专	总计	初中生源比例	高中生源比例
2002	1133	376	277	1786	84.49%	15.51%
2003	1557	1316	522	3395	84.62%	15.38%
2004	1884	1770	1258	4912	74.39%	25.61%
2005	727	2433	1976	5136	61.53%	38.47%
2006	1754	1076	1886	4716	60.01%	39.99%
2007	261	607	2466	3334	26.03%	73.97%
2008	136	316	2484	2936	15.40%	84.60%
2009	70	363	3103	3536	12.25%	87.75%
2010	195	442	2614	3251	19.59%	80.41%

说明：招生人数以当年秋季实际注册人数为准，不包含中高连读学生、插班生、旁听生

2004 年，湖南同德职业学院正式升格为全日制普通高职专科院校，纳入国家计划内统一招生行列，当年招收计划内统招生 112 人，同年，招收中高连读大专生 523 人。随着学院办学层次的提高，招生规模呈迅速增长趋势，2008 年起，每年招生在 1500 人以上，到 2011 年，招生人数近 2500 人。虽然从 2010 年开始，全国应考生源大幅下滑，招生竞

争日趋激烈，到2013年，学校招生规模仍保持在2000人以上。招生专业也从当初的两个专业（计算机应用技术和行政管理）发展到2013年的28个专业（方向）。2004—2013年，学院大专毕业生18843人，中专毕业生8466人，由于大专生全部是统招生，有部分毕业生毕业后就回生源地就业了，有50%毕业生去了长三角、珠三角等经济发达地区，有30%毕业生在湖南省就业，有20%毕业生回生源地就业。2008年金融危机后，部分专业就业比较困难，为了安置好广大毕业生，学校就业处通过专场招聘会、大型招聘会，与常德市人社局合作召开招聘会等形式，为毕业生提供工作岗位。广大毕业生基本上都能找到一份工作，每年湖南省教育厅发布的高校毕业生初次就业率排名，学校都名列前茅。湖南同德职业学院2003—2013年学生招生、毕业人数情况见表5-6-4、表5-6-5。

湖南高尔夫旅游职业学院2010招生342名。

表5-6-4　　湖南同德职业学院2003–2013年招生就业情况

时间	中专	五年制大专	助学自考大专	学历文凭大专	国家计划内统招大专	中高连读大专
2003年	986	362	552	161	74	
2004年	1134	345			112	523
2005年	944	359			735	
2006年	1443	358			1277	
2007年	765	409			1449	
2008年	515	334			1753	
2009年	277	239			1519	
2010年	269	332			1677	
2011年	204	557			2456	
2012年	140	253			2257	
2013年	53	285			2186	

表5-6-5　　湖南同德职业学院2004–2013年学生毕业人数情况表

年度＼人数	大专毕业生人数	中专毕业生人数	总人数
2004年	635	784	1419
2005年	735	700	1435

续表 5-6-5

年度＼人数	大专毕业生人数	中专毕业生人数	总人数
2006 年	1277	980	2257
2007 年	1449	1124	2573
2008 年	2115	932	3047
2009 年	1852	1351	3203
2010 年	2023	750	2773
2011 年	2804	505	3309
2012 年	2646	221	2867
2013 年	2520	260	2780
合　计	21377	11380	32717

第二节　留学生

一、接受留学生

湖南文理学院按照国家教育部“扩大规模，优化结构，保证质量，规范管理”的发展来华留学生教育的 16 字工作方针，把发展留学生教育列为一项重点工作。不仅开辟了网上招生渠道，还主动与相关留学机构密切配合，积极联系留学生招生较好的兄弟院校，寻求新的招生途径，先后与国外多所高校建立了合作关系，2004 年获准招收外国留学生。2004—2010 年，湖南文理学院共接受来自美国、南非、日本、荷兰、泰国等 5 国的 22 名学生来校留学。2010 年印尼北京语言文化学院院长陈鸿辉先生应邀来湖南文理学院考察，双方又达成了互派留学生的意向。

常德职业技术学院为进一步加大对外交流与合作力度，推动中国与东盟“双十万学生流动计划”，提高湖南省职业教育国际化水平，在常德市委市政府的支持下，向省教育厅提出留学生办学点的申请，重点向东盟国家招收来华留学生。省教育厅于 2013 年 4 月正式批准该院成为来华留学生招生单位。学院将国际教育部和国际交流合作处合署办公，成立了由院长担任组长的来华留学生工作领导小组。国际教育部（国际交流合作处）安排工作人员 31 名，其中行政管理人员 7 名，汉语言教师 4 名，双语教师 21 名（其中一名教师属行政人员兼对外交流翻译）。2013 年，该院曾先后派人前往印度尼西亚和泰国等东盟国家进行招生宣传，签订了多个留学生教育合作协议，建立了稳定的留学生招生基地。为扩大学院在国外的影响，加大招生宣传力度，该院还在校园网和北京来华留学生网上建立了招生专栏，专栏设有英语、老挝语、柬埔寨语和越南语四国语言宣传版。截至 2013 年 12 月，有 1 名来自哈萨克斯坦、1 名来自美国、4 名来自巴基斯坦、2 名来自尼日利亚，共 8 名学生来校留学学习。

二、选派出国留学生

2010 年，湖南文理学院首次启动赴韩留学项目，首次有 7 个专业的学生出国留学。为提高学生英语沟通能力、独立生活能力，拓展学生国际视野，增强学生就业竞争力。同年，该校还启动了学生赴美带薪实习项目，23 名学生通过面试。

2012 年 9 月，湖南高尔夫旅游职业学院选派运动系两位学生赴韩国加耶大学进行本科深造。2013 年 9 月选派 2011 级外语系日语班两位学生赴日本九州共立大学进行本科深造，主修经济经营专业。

第七章　学校管理

第一节　办学管理体制及学校领导班子

一、办学管理体制

1988 年，常德市 3 所公办普通高等专科学校属省政府和市政府双重领导，湖南省教委主管业务。日常行政工作由市教育委员会（教育局）管理，市教委（教育局）专设高教科办理具体事宜。

1999 年成功升本后的常德师范学院及后湖南文理学院为省办省管高校，学校为正厅级。

常德职业技术学院是 2003 年湖南省人民政府批准、教育部备案，常德市人民政府主办、湖南省教育厅业务主管的一所全日制普通高等学校。学院于 2001 年开始筹建，为原常德农业学校、常德卫生学校、常德机电工程学校三所国有公办普通中专学校合并组建而成。学校行政级别为副厅级。

湖南机电职业技术学院是 2003 年经湖南省政府批准、教育部备案的全日制普通高等学校，湖南省教育厅业务主管。学院于 2001 年在湖南省机电学校基础上开始筹建。学校行政级别为副厅级。

湖南文理学院、常德职业技术学院、湖南机电职业技术学院是国有公办高校，学校实行党委领导下的院长负责制。各高校在落实党委领导下的院长负责制、坚持依法行政原则的基础上，积极转变观念，落实民主管理的各项措施，构建了“党委领导、校长负责、教授治学、民主管理”的现代高校管理体制。

湖南同德职业学院于 2004 年由原常德电脑技术学校升格建成。学校系李少夫、齐淑兰夫妇独资办学。

湖南高尔夫旅游职业学院是 2010 年经湖南省人民政府批准、教育部备案的一所全日制高等职业学院，是全国唯一一所以高尔夫旅游命名的专业类院校。学院是在原湖南涉外经济学院清水湖校区基础上建立。学院由湖南新猎鹰集团公司全额出资兴办。

湖南同德职业学院和湖南高尔夫旅游职业学院均为民办高校，学校属常德市委和市政府管理，省教育厅主管业务。学校实行董事会领导下的院长负责制。

二、学校领导班子

湖南文理学院领导班子成员由中共湖南省委任命。常德职业技术学院党委书记由中共湖南省委任命，院长由省政府任命。湖南机电职业技术学院领导班子由湖南省机械工业厅任命。

（一）湖南文理学院

1988—2010 年湖南文理学院及其前常德师范学院、常德师专、常德高专、常德教育学院学校领导成员任职时间，见表 5-7-1 至表 5-7-5。

表 5-7-1　　常德师专 1988—1999 年学校领导成员任期表

姓　名	职　　务	任职时间
李正春	党委副书记纪委书记	1984.1—1990.1 1990.1—1994.7
盛正华	校　长	1984.1—1990.1
匡镜秋	党委书记	1984.1—1990.1
许成林	副校长党委副书记、校长	1984.1—1985.5 1990.1—1999.7
费清英	副校长	1984.1—1990.1
夏应祥	副校长	1984.1—1993.2
刘泗海	纪委书记、副校长	1985.2—1986.2（兼） 1985.7—1998.9
刘昌松	纪委书记	1986.2—1991.8
杜乃鑫	党委副书记	1987.9—1999.7
覃光文	副校长	1990.6—1998.9
宁望林	党委书记	1990.9—1993.3
刘廉泉	副校长	1991.5—1998.9
刘平政	党委书记	1994.3—1999.7
魏　饴	副校长	1998.9—1999.7
李达轩	副校长	1998.9—1999.7
史燮文	纪委书记、副校长	1996.10—1998.9 1998.9—1999.7
刘炳忠	纪委书记	1998.9—1999.7

表 5-7-2 常德高专 1988—1999 年学校领导成员任期表

姓　名	职　　务	任 职 时 间
闵安稳	常德高专党委书记	1987.11-1999.7
罗圭玉	常德高专纪委书记 常德高专工会主席	1987.11-1992.3 1992.3-1999.7
蔡渭娟	常德基础大学副校长	1987.8-1989.6
曾银科	常德基础大学副校长	1987.10-1989.4
刘伊文	常德高专党委副书记、校长	1989.9-1992.12
李冰成	常德高专党委副书记 纪委书记	1989.9-1994.7 1992.3-1994.7
黄费智	常德高专副校长	1989.9-1991.8
李克明	常德高专副校长	1989.9-1991.8 1992.12-1999.7
刘安民	常德高专党委副书记、校长	1991.9-1992.12 1992.12-1999.7
廖云鹏	常德高专副校长	1991.5-1999.7
石子球	常德高专党委副书记	1995.5-1999.7
雷光瑛	常德高专副校长	1995.5-1997.4
李敏	常德高专副校长	1998.9-1999.7
孔繁松	常德高专副校长	1998.9-1999.7

表 5-7-3 常德教育学院 1988—1999 年学校领导成员任期表

姓　名	职　　务	任 职 时 间
胡德长	常德师专培训部党总支书记	1986.9 —1990.2
李成之	常德教育学院党委书记	1990.2 —1993.7
蒯又鸣	常德教育学院副院长	1990.2 —1993.7
罗建国	常德教育学院党委书记、院长	1993.7—1999.7
叶　进	常德教育学院副院长	1993.7—1999.7
杨祖新	常德教育学院副院长	1993.7 —1999.7
廖嘉铭	常德教育学院副院长	1994.2 —1999.7
肖兴明	常德教育学院副院长	1997.3 —1999.7

表 5-7-4　　常德师范学院 1999—2003 年学校领导成员任期表

姓　名	职　　务	任 职 时 间
杨万柱	党委书记	1999.7—2003.3
朱有志	党委副书记、院长	1999.7—2001.9
石子球	党委委员、纪委书记	1999.7—2003.3
周清明	党委委员、副院长	1999.7—2000.12
许成林	正厅级督导	1999.8—2003.3
刘平政	党委副书记 正厅级督导	1999.6—2000.12 2000.12—2003.3 退休
魏　饴	院长助理 党委委员、副院长	1999.7—2000.12 2000.12—2003.3
李　敏	院长助理 党委委员、副院长	1999.7—2001.6 2001.6—2003.3
李达轩	院长助理 党委委员、副院长	1999.7—2001.6 2001.6—2003.3
张大顺	院长助理	2003.1—2004.6 调离
刘安民	副厅级督导	1999.7—2001.4
杜乃鑫	副厅级督导	1999.7—2002.10

表 5-7-5　　湖南文理学院 2003—2010 年学校领导成员任期表

姓　名	性别	所任职务	任职时间	专业技术职　　称
杨万柱	男	党委书记	2003.3—2007.10	教　授
曹光荣	男	党委书记	2007.10—	教　授
黎大志	男	党委副书记、院长	2003.3—2008.4	教　授
石子球	男	党委副书记、纪委书记 党委副书记	2003.3——2005.1 2005.1—	教　授
周国忠	男	党委副书记	2006.12—	高级政工师
魏　饴	男	党委委员、副院长 党委副书记、院长	2003.3—2008.5 2008.6—	教　授
李　敏	男	党委委员、副院长	2003.3—	教　授
李达轩	男	党委委员、副院长	2003.3—	教　授

续表 5-7-5

姓　名	性别	所任职务	任职时间	专业技术职　称
张大顺	男	党委委员、副院长	2006.6——	教　授
龚作奇	男	党委委员、纪委书记 党委委员、副院长	2005..1—2008.12 2008.12—	副教授
姚春梅	女	党委委员、副院长	2006.6—	教　授
李克明	男	工会主席、 副厅级督导	2003.3—2004.6 2004.6—2009.4 退休	副教授
刘孟初	男	副厅级督导 工会主席	2006.6—2009.3 2009.3—	教　授
郭国强	男	校长助理	2008.7—	教　授

（二）常德职业技术学院

常德职业技术学院 2003—2010 年学校领导成员任期情况见表 5-7-6。

表 5-7-6　　常德职业技术学院 2003—2010 年学校领导成员任期表

姓　名	性别	所任职务	任职时间
李大平	男	党委书记	2003.7—
张大顺	男	党委副书记、院长	2003.7—2006.6
田时洪	男	党委副书记	2003.7—2008.3
罗古城	男	纪委书记	2003.7—
		党委副书记	2008.11—
杨文明	男	党委委员、副院长	2003.7—2006.12
		党委副书记、院长	2007.1—
钟　健	男	党委委员、副院长	2003.7—
		工会主席	2008.11—
朱发仁	男	党委委员、副院长	2003.7—
陈昌元	男	党委委员、工会主席	2003.7—2008.11
李敏捷	男	党委委员、副院长	2008.3—
黄镇才	男	党委委员、副院长	2008.3—
朱明瑶	女	副院长	2010.10—
张　钠	男	党委委员、院长助理	2008.11—
袁菊文	女	党委委员	2008.11—

第二节　内部管理

一、内部管理体制改革

常德师专1990年制定了各级各类人员的岗位职责，分级管理，职责明确。1994年制定了《常德师专工作职责》，明确规定了学校各部门、各单位的职责范围。校党委、行政抓大事，定目标，下任务，由各职能科室、各系组织实施，有职、有责、有权，初步理顺了各方面的工作。1991年初已初步完善了财物管理、学生管理、教学管理等制度，并集结成册。1993年4月，学校提出了《关于内部管理体制改革的若干意见》。1994年年底制定了《常德师专考核工作暂行规定》。1995年12月制定《常德师专党政领导会议制度》。在1996年全省师专校长协作会上，学校编印的《教学管理文件汇编》，受到与会代表的重视和好评。

常德师专于1990年8月和1991年11月两次对校内中层机构进行改革和调整。经批准，确定校内设办公室（校办、党办合署办公）、组织人事处、宣传处、教务处、总务处、学生工作处、成人教育部，另设保卫科、派出所（合署办公），计财科。随着机构的变动，中层干部班子调整面较大的有两次，1990年10月至1991年1月为第一次，1996年4月为第二次。经过调整，中层班子成员共77人，平均年龄由原来的49岁下降到43岁，大专文化程度以上的占95%。十个系和教学管理服务部门的行政一把手均配备了副高以上人员。合并升本时，常德师专为全国首批优秀师专、全省高校校园文明先进单位、全省高校后勤工作先进单位、省级园林式单位和省级文明卫生单位。

常德高专在易地新建、三校合并、两次升格、列入普通高校序列期间，各方面的管理日趋规范化、科学化，教学质量不断提高，社会影响逐步扩大。1993年下半年开始，常德高专围绕着“面向市场、服务市场、理顺关系、优化结构、发展规模、保证质量、加强管理、提高效益”的基本思路大胆进行改革探求。一是改革管理模式。学校内部在纵向关系上实行校、系两级管理，简政放权，扩大系（部）自主权；在横向关系上，依据学校行政、教学科研、校办产业及后勤服务各部分不同的职能和特点，采取不同的管理模式，实行“一校两制”。二是改革人事制度。推行编制和工资总额包干制，实行固定编制与流动编制统筹使用。在妥善分流、合理设岗的基础上，实行全员聘任聘用和满负荷工作。三是改革校内分配体制。贯彻按劳分配原则，合理拉开分配差距。改革方案出台后，学校采取了一系列配套措施，学校教风越来越好，涌现出了杨斌文等一批教书育人、乐于奉献的优秀教师。

湖南文理学院积极构建现代大学管理制度。深入稳健推行校院两级管理体制改革，强化教学院二级办学实体的地位；加强学术管理，建立学校、院、教研室三级管理体制，正确处理行政权力与学术权力的关系，大力实施基层学术组织改革，建立基层学术组织负责人制度，充分发挥教研室在学校教学、科研及社会服务中的学术作用。规范行政管理，强化民主管理，进一步健全和完善教代会制度，充分发挥民主党派、无党派人士和各级人大代表、政协委员的作用，坚持依法治校，推进校务公开，形成科学决策、规范管理、有效管理的机制。保护教师的合法权益，充分发挥广大教师参与学校管理和民主监督的作用。学校除整合办学资源，降低办学成本，多次对校内机构设置进行调整之外，还实行校、院两级分配体制，对后勤、继续教育学院和独立学院实行目标管理，这样进一步调动了二级单位办学自主权和工作积极性、主动性。

湖南机电职业技术学院机构设置与内部管理。2003 年，按照高等院校管理体制和机构设置要求，学院设置两办、一室、七处、六系、一部和一个法人公司，共 18 个二级机构。年初进行干部人事制度改革，公布领导职数和应聘条件，全院有 40 名同志参与竞聘，经过严格的组织程序，有 36 名同志应聘出任学院中层领导干部。紧接着学院实行劳动用工制度改革，公布岗位职责和应聘条件，本人自愿、双向选择，聘用人员一律与学院签订聘用合同。对落聘人员做了妥善安置。加强系部建设，根据学院专业特点和优势，设置机械工程系、电气工程系、计算机科学系、经济管理系、生物化工系、基础科学系、成人教育部等“六系一部”共七个教学系部、该年，学院重点加强系部建设，明确系部在教学组织、学生管理、工作落实与考核、专业建设、招生就业、产业创收、收入分配等方面的主体地位。系部的管理实体性质基本形成。

常德职业技术学院 2001 年开始筹建， 2002 年 8 月，原三校人财物进行实质性合并，注销原三校法人资格，学院一个章子对外，一个班子统管人财物及学院建设和发展全局。除临时党委成员外，所有全体原三校领导干部均免去原职，在“三定”方案确定后，重新竞聘上岗。三校完成了大融合，为学院内涵和可持续发展消除了体制障碍。学院党委紧紧抓住高校人事制度改革的核心，进行“三定一聘”，即定编，定岗，定职责，实行教师聘任制和全员聘用合同制，坚持“按需设岗，公开招聘，平等竞争，择优聘任，严格考核，合同管理”的 24 字方针，推出了以“淡化身份、竞争上岗、择优聘用、能上能下”为核心的“七级岗位聘任制”，建立起了人员编制上能进能出，职位上能上能下、待遇上能高能低的人事管理体制。2002 年 8 月，通过竞聘，原三校共有科级干部近百名，竞聘上岗后行管中层为 21 名，教辅和教学系部中层为 33 名，三校原有科级干部有近一半人从领导岗位上落聘。是年，学校开始招收大专新生。

常德职业技术学院于 2002 年推行了以“全员聘任制”为核心的第一轮人事制度改革，打破了“铁饭碗”，解决了人员“能进能出”的问题；2003 年推行了以“岗位聘任制”为主要内容的第二轮人事制度改革，将薪酬与绩效挂钩，解决了分配上的“能高能低”问题。同时，实施了“岗位聘任、期满辞职”的干部管理体制改革。

2003 年 4 月省政府批准常德职业技术学院正式成立；11 月省编委正式批准学院内设

机构的设置。学院采取民主推荐、组织考察、公开竞聘、党委研究的办法，调整了学院二层机构，54 人次（每个报 2 个志愿）竞聘 17 个正职岗位，135 人次（每人报二个志愿）竞聘 39 个副职职位。一批思想素质好、业务水平高、工作能力强的中青年干部充实到了学院基层领导岗位上来，为学院的发展增添了活力。2008 年 5 月学院中层干部竞聘上岗，经过制定方案、公布职位、个人申报、资格审查、笔试考试、民主推荐、民主测评、确定考察对象、组织考察、决定任命的整个程序，学院共聘任中层干部 4 人，其中副处级干部 4 人。

常德职业技术学院制定了一系列的津贴分配的规章制度和改革方案：《常德职业技术学院 2002 年教职工津贴分配方案》、《常德职业技术学院 2004 年岗位管理试行方案》、《常德职业技术学院引进人才优惠政策》、《常德职业技术学院 2006 年学生辅导员管理暂行规定》、《常德职业技术学院 2006 年岗位管理相关政策调整意见》。

常德职业技术学院实施院系二级管理，在合理和适度放权的基础上，管理重心放在系一级，从管理体制上把原来属于学院职能部门的一部分决策权下移， 不断增强系一级的职能， 强化其在二级管理体制中的重要地位。在日常管理上，学院建立健全了各项规章制度，并积极推行了量化目标管理，制定了量化与定性的考核标准和实施细则，建立了学院、处室、系部及下属单位大考核网络。在解决好谁来考核、考核什么、怎样考核的前提下，实行了日考核、月考核、季考核、年考核，并以此作为奖金、津贴发放，年终评先评优，职务职称聘任的基础，使上岗人员珍惜岗位，竞争向上。在教学管理上，学院按相近的专业群设置了教学管理单位，将教学管理的重心下移到系。处室代表学院实行宏观调控和管理，从根本上改变了过去中专教学的管理体制。在财务管理上，学院树立勤俭办学的观念，根据工作的实际需要来科学的制定院内各单位的年度预算，严格按学院财务预算计划开支。要求各部门、各单位对经费使用科学预算，严格管理，超支不补。经过以上措施，学院的各项管理都逐步走上规范化轨道。

湖南高尔夫旅游职业学院加强内部管理体制改革，各项制度不断完善， 2010—2012 年学院制订有关制度或办法 34 项，其中人事管理制度 22 项。

二、财务管理

1990 年 6 月，常德师专行文将《常德师专财务管理制度（汇编）》印发全校贯彻执行。汇编共汇集学校各项财务管理制度 16 个，87 章 363 条。国家教委审计局和省教委审计处分别在《教育审计简报》第 31 期和第二期上给予了肯定和推介。

2006—2010 年，湖南文理学院在行政、人事、财务管理方面，深入推进校院两级管理体制、人事、财务资产、后勤服务等方面的管理体制改革，启动了“三定”工作，拟定了人员编制管理与核算办法，对部分机构进行了调整，对绩效工资发放办法进行了多次修订和完善，逐步理顺学校管理体制，构建学校科学发展机制。学校通过积极争取省市各级政府支持，大力推行管理改革，努力降低运行成本，增加办学收益，使学校净资产由2005年的3.5亿元提高到6亿元，债务由2007年底的4.67亿元降至2.67亿元，债务结构也得到了较大改善。同时学校持续关注和积极改善民生，及时兑现并稳步提高教职工绩效工资，积极搭建青年教师成长成才平台，制定并落实了一系列奖励激励政策。学校发展呈现出良好势头，使财务困难制约学校发展的状况得到根本性缓解，为成功实现“三个转型”，又好又快发展提供了经济支撑。学校被授予“省级文明标兵单位”。

常德职业技术学院建院初期，投入大量资金进行了基础设施建设和教学仪器设备的采购。随着学院规模的稳定，学院利用财政和社会保障政策，逐步提高广大教职工待遇，建院10年来，教职工人均收入水平由2002年的2.13万元提升到2013年的5.56万元，增长2.16倍。

常德职业技术学院加强财务管理制度建设。(1)改革公务用车制度，实行市场化的用车机制。2004年上半年，常德职业技术学院率先在全省同类学校中探索公务用车制度改革。在广泛的、集体的、反复的、认真研究的基础上，学院制定了稳妥推进公车改革的方案。首先是原有车辆公开拍卖。对原有的6辆公务用车，学院坚持“公开、公平、公正”的原则，实行市场评估、公开拍卖，程序规范、操作透明。其次是公务用车经费包干。改革公务交通费管理制度，实行公务交通费总额包干制度。学院领导层面按照“近程货币化，远程市场化”的原则，车改后常德市区范围内的公务交通，实行限额货币补贴，超支不补，节约留用。离开市区的公务及重大应急交通，则通过市场化租车或乘坐公共交通解决。行政处室和系部的交通费，根据工作性质和工作职能的不同，核定交通费包干标准，实行切块包干。 学院的公务用车改革取得了较好的效果。车改后，学院没有一辆公车，学院对外租用3辆大巴车免费接送教职工上下班，全年费用仅18万元。在政策实行初期，院领导和各处室系部用车主要租用原驾驶员竞拍车辆和社会车辆。随着学院教职工收入不断提高，学院领导都购买了私车上下班。全院交通费补贴不到40万元。通过公车改革，节约各项费用支出40%，学院公务用车总开支从车改前的100余万元下降到目前的60余万元，极大节约了公务用车开支。另一方面，从源头上遏制了不正之风。杜绝了公车私用、公车滥用、维修回扣等不良现象，促进了干部的廉洁自律，群众反映好。(2)财务预算管理。学院自2003年开始组建，在经历了一段规模扩张、改善办学条件的大干快上时期后，从2006年开始逐步探索财务预算管理，特别是从2008年起，面临生源总量逐步下降的趋势，学院实现了从规模扩张向提升内涵发展模式的转变。学院把加强财务预算管理、建立内部控制体系、化解财务风险作为合理配置调控资源、提高核心竞争力的重要手段，在财务预算管理上主要把握了四点。一是准确预测招生人数。根据“量入为出，收支平衡”的预算原则，预算编制应以收入作为起点。首先结合预算年度内国家对高职院校的政策变化、社会生源总量、学校的竞争力和内部环境如师资、教学设施设备等资源因素，认真分析测算，提出一个相对准确的招生计划。根据招生计划，结合新生的实际报到率、在校学生近年的缴费率等，确定学院总体收入状况，从而保证了收入预算的准确性，保证各项支出预算的可行性，保证预算执行的严肃性。二是保证教职工经济待遇。学院按照“一要吃饭、二要建设、三要发展”的要求，把人员经费预算作为重中之重考虑。三是全员共同参与预算管理，使预算管理建立在全体教职工共同参与的基础之上，最大限度地实现预算职能。四是强化预算执行。学院强化预算的刚性约束，保证预算的严肃性、有效性。（3）强化领导，建立机制。学院年度预算等大额度资金调度和使用必须经学院领导班子集体研究决定；学院党委书记、院长不直接分管财务，由分管财务的副院长实行“一支笔”把关。（4）完善制度，严格内控。学院建立了较为科学、系统、全面的财务管理制度和内部控制监督制约机制，制定了涵盖财务预算管理、年度经费支出预算、经费切块包干、教学耗材及教学用多媒体设备管理、实验实训室建设及教学仪器设备购置等系列制度。为了规范各项经费的开支和各项收入的收缴工作，学院先后出台了一系列财务管理制度：《常德职业技术学院乱收费责任追究制度》（2006年5月16日）、《常德职业技术学院经费切块包干方案实施办法》（2006年6月13日）、《常德职业技术学院财务管理试行办法》[常职院〔2007〕34号]　、《常德职业技术学院科研经费使用管理办法》（2009年2月18日）、《常德职业技术学院关于进一步加强财务管理的通知》[常职院〔2011〕80号]。通过强化学院经济责任追究制，使学院领导及各部门和单位负责人按照分工负责的原则，自觉负起财务管理风险的控制责任。同时，学院实行财务公开，利用一年一度的“双代”会，向教职工代表通报全年学院重大财务情况，接受教职工的监督，提高财务管理的透明度。（5）加强二级单位的财务监管。财务管理以及财务风险防控的重点始终放在开源节流、增收节支和结构调整上。

湖南同德职业学院前为常德电脑技术学校。1994年，经常德市教育局批准，李少夫举办“常德电脑技术学校”，当时原始资金仅为100万元，经过四年的苦心办学，为社会培训了急需的电脑应用型人才，得到社会各界的关注和政府的支持。随后李少夫又筹措资金1000万元办学，1998年，经湖南省政府批准将其更名为“常德电脑专修大学”，1999年被列为湖南省高等教育国家学历文凭考试试点学校，学校在常德已具一定的规模。2004年5月，经湖南省政府批准，教育部备案，学校更名为“湖南同德职业学院”，成为培育多类型人才的高等职业专科学校，学生来自全国各地，李少夫更是多方筹资，不仅将学院的合理回报全部用于学院的基础设施建设中，而且自办的企业收入2000万元也投入到学院的办学条件建设中。当地政府积极支持学院的发展，先后落实财政拨款4900万元，到2013年学院总资产已达5.6个亿，已具备本科办学的基础和能力。

湖南同德职业学院收入来源主要是提供教育服务收入即学杂费收入，每年在5000万元左右；其次是捐赠收入，社会捐赠是学院重要的筹资方式，由于企业及社会捐赠呈逐年增加趋势，为学院发展提供了重要支持，每年在100万元以上；第三是财政拨款收入，政府支持比重逐年增加，尤其是专项拨款比重增加，2012学年度较2011学年度增加2000

多万元，其中专项投入1600万元。

湖南高尔夫旅游职业学院制订有财务管理制度，制度有13章66条。

三、后勤管理改革

1988年3月29日，常德地区劳动人事局同意成立常德师专劳动服务公司，性质为独立经营、独立核算、自负盈亏的集体所有制企业。1994年6月，常德师专成立劳动服务公司（集体企业，不定级）、宿舍管理办公室（不定级，归口学生处）、教学楼管理办公室（不定级，归口教务处）。1995年，湖南省高校工委、省教委授予常德师专后勤工作先进单位称号，总务处被评为全省高校先进总务处，膳食服务中心被评为高校总务系统先进单位。

2002年6月，常德职业技术学院实行后勤社会化改革，正式注册成立常德职业技术学院（筹）华业后勤产业股份有限责任公司。明确了“依托学院，明晰产权，独立法人，企业化管理”的基本运作原则。公司实行董事会领导下的总经理负责制。同时引进了明成、卓强等社会化经营的公司，采取向社会招商的办法引进资金，由开发商投资建设了3.6万多平方米的公寓和食堂。2012年6月，经学院党委研究，在原后勤公司的基础上，将原后勤处部分管理职能协调整合后，更名为新的后勤管理处。

2008—2012年，为解决后勤服务设施老化等问题，学院对后勤服务设施累计改造投入资金达到了960万元。2010年，学院投资 130万元，对小吃街进行异地搬迁重建，较好地解决了原场地布局不合理、经营管理存在安全隐患等问题；为适应职业培训的需求，学院投资200多万元，将原1号及3号学生公寓（北面）改造为培训服务场所；为承接新疆吐鲁番地区100名大学毕业生来学院接受为期两年的培训任务，学院投资240万元建立了专门的住宿、教学场所和清真餐厅，为新疆班学员提供热情、周到的服务。为解决学生公寓用热水难的问题，2010年底，学院投资120万元建起了公寓热水系统，极大地方便了学生。

常德职业技术学院还积极探索后勤改革，采取了许多有益措施。（1）严格食堂监管，坚持食堂大宗物资采购制度。（2）加强水电维修服务，推进节约型校园建设。推广节能新技术，逐步淘汰现有高能耗用水设施，推广使用节能灯和节水冲厕等设备，成功地接受了省、国家级节水型城市检查。2010年学院荣获湖南省“节水型单位”称号。（3）发挥育人作用，提高公寓服务水平。完善公寓门窗及监控系统设施，引进公寓智能保险柜和投币洗衣房，建起了公寓热水系统，为学生创造一个稳定、文明、和谐的居住环境。加大公寓设施改造力度。2011年暑假学院投资60余万元将6、7、8号公寓宿舍门全部更换为丁级防盗门，从2012年下半年起分三个阶段投资300万元逐步对家具进行更换。（4）探索服务新模式，加强卫生绿化监管。

2003年，湖南机电职业技术学院加快后勤社会化改革，科学管理和经营学院后勤事业。组建学院产业公司（即物业管理公司），分流原后勤职工 7 名。公司具有独立法人资格，经济全脱钩，自主经营，独立核算，自负盈亏。投资 40 万元进行电力扩容和输送电设施改造。筹资 300 多万元新建一栋高标准学生公寓。2003 年 10 月，省政府高校后勤社会化改革办对学院后勤改革工作进行了检查验收。

湖南同德职业学院坚持食堂不对外承包，实行规范化、制度化、科学化管理，2013 年 5 月被评为全省首批 30 个学校“示范食堂”之一，受到表彰。

湖南高尔夫旅游职业学院在后勤社会化方面进行积极探索。一是打破常规、租赁承包、互相竞争。该院的后勤工作主要包括两大部分，一部分是学院创办的第三产业即 33 个出租店面，这一部分产业经营权与所有权分离，由承包人自主经营，学院只收承包款，这样既减轻了学院负担，又保证了学院有固定的收入，而且承包人又为国家贡献税收。另一部分是校内对师生服务的二个食堂全部走向社会化，为了引进竞争机制，分别承包给不同业主，用市场手段搞活学院食堂服务，这样承包人不得不以上好的质量、优惠的价格来赢得师生认可。

第六篇　成人教育

1977年起，常德地区成人教育从抓扫盲班和业余小学、业余中学开始转向兴办乡镇农民文化技术学校、农民中等专业学校、职工中等专业学校及教师进修学校；同时，中共常德地委党校及各县委党校分别改制为成人学校。广播电视大学和农业广播电视学校相继开办，1983年，湖南广播电视大学常德分校创立。1984年，常德地区高等教育自学考试指导委员会成立。1985年，常德地区教育委员会设立成人教育科统一管理全区成人教育工作，原地区职教办同时与之合并。同年，成人大中专学校开始招生，统一考试和录取。1987年，常德地区有成人初等学校2290所，在校学生112935人；成人中学53所，在校学生3813人；成人中专学校26所，在校学生8714人；成人高校4所，在校学生2676人。至此，常德地区成人教育建立起从初等到中等、高等的完整体系。但1986年全地区文盲及半文盲率有所回升，当年全地区259.37万青壮年中，有文盲及半文盲17.45万人，占6.7%。

1988年开始，常德市成人教育在扫盲教育、农民实用技术培训、职工文化补课、职工职业技能培训和岗位培训、中等专业教育、高等教育等方面全面且有重点的稳步推进。1995年3月下旬，江泽民总书记来常德视察，在澧县张公庙乡农校接见脱盲致富的“棉花大王”张登炎，对常德的扫盲工作予以肯定和鼓励。是年，常德市教委表彰成人教育先进单位各类共60个。1998年，全市9个区县（市）先后全部接受省政府扫盲评估验收合格，实现扫盲工作历史性跨越。全市先后有澧县、石门县、桃源县漳江镇铁船堰村被评为全国扫盲工

作先进单位；安乡县、汉寿县、临澧县及澧县永丰村农校被省政府评为扫盲工作先进单位。同期，全市职工教育以职工学校和职工培训中心为依托，开展职工在岗培训、转岗培训和干部职工的学历教育。“九五”期间职工岗位培训率达到45%。常德烟厂职工培训中心、常德电业局职工培训中心被评为全省职工教育先进单位，津市总工会职校和澧县总工会职校被评为全国先进工会职校。干部教育形成多类型、多层次、多种形式的教育培训体系。到2000年，全市先后建立乡镇农校217所，职工学校16所，职工培训中心9个，高等教育函授站点76个，电大工作站7个；农职学校校舍面积109560平方米，教学设施、仪器设备总体价值753万元。

2001年开始，成人远程教育快速发展，全市成人教育不断深化与提升。农民教育以乡、村两级农校为依托，大力开展农民实用技术培训，农民的综合素质得到一定程度的提

高。澧县中武乡、临澧县合口镇农校分别被评为全国先进乡农校和全国农村成人教育先进单位。

1988—2002 年，常德市成人初等教育累计毕业 515940 人，其中脱盲 229461 人；中等教育毕业 77313 人；高等教育毕业 21579 人。这一时期，成人教育为提高常德全民素质、促进常德经济和社会发展发挥了重要作用。

2003 年，由于社会的不断发展，根据上级要求，常德市成人中专及其他机构附设的中职班均与普通中专、职业中专合并为中等职业教育统计。2005 年，常德市农村劳动力转移培训阳光工程领导小组办公室印发《阳光工程量化考核办法》与《实施 2005 年阳光工程工作意见》，加强农村劳动力转移培训，使 80%以上受训农民实现转移就业，增加农民收入。2003—2010 年，常德市成人高校毕业 40739 人。

2010 年，桃源县、澧县、石门县、津市市职教中心为全市在建省级示范县职教中心。全市有成人高校 2 所；成人高等教育招生 6847 人，毕业 5272 人，在校学生 13348 人；有专任教师 86 人。

第一章　农民教育

第一节　初等教育

常德市农民初等教育主要内容是扫除文盲、小学文化学习与农业技术培训。这些教学活动一般利用农民业余时间在当地乡村农校所设的扫盲班、小学班、农业技术培训班进行。20 世纪 90 年代，由于常德市的“基本普及九年义务教育”、“基本扫除青壮年文盲”评估验收合格，并经过几年提高，农民初等教育规模逐渐减小。2003 年，农民初等教育基本结束。

1988—2002 年，全市农民初等教育累计 506980 人达到学习要求，其中女性占 54.8%，基本情况见表 6–1–1。

一、扫除文盲

1987 年，常德地区有扫盲学校 65 所， 7524 人脱盲，招生 634 人，在校 832 人。学员均是用业余形式完成学业。有专任教师 65 人、兼任教师 6 人。

1988 年 2 月，国务院第四次颁布《扫除文盲工作条例》，新的农民脱盲标准是认识 1500 个字，能看通俗报刊，记简单账目，写简单便条。扫除文盲的范围从青少年扩大到青壮年。1989 年开始，常德市政府和教育部门实行“双线”承包责任制，把扫盲纳入各级领导的责任目标，全市扫除文盲工作进入一个新的阶段。各地在组织文化普查，摸清文

表 6-1-1 1988—2002 年常德市农民初等教育基本情况统计表

年度	学校所数	毕业生数	招生数	在校学生	专任教师	兼任教师
1988	3664	86967	106248	133843	646	7534
1989	2914	123551	94544	108837	1382	5006
1990	2779	107447	71246	77693	1244	3944
1991	713	42628	30379	33952	291	2317
1992	1196	34957	25803	29882	1109	1640
1993	571	20067	19174	21222	104	1688
1994	561	13430	14096	15769	659	2633
1995	880	25406	33246	40239	755	3379
1996	973	17876	21337	31890	480	2304
1997	910	8990	8403	12492	1693	4178
1998	356	5573	444	16690	1163	2950
1999	175	5120	1334	4650	112	38
2000	177	5188	1480	8724	559	3380
2001	91	8453	9100	6600	106	994
2002	35	1329		1282	66	

盲底子的基础上，层层恢复建立扫盲工作协调领导小组，制定规划，落实措施，通过利用乡规民约，实行奖惩挂钩，采取集中学习与分散辅导相结合，学文化与学政治、学科学结合，堵盲、扫盲与巩固提高结合等办法，推动扫盲工作稳步开展。1990 年，第四次人口普查时，常德市有青壮年文盲 121241 人，文盲率为 4.25%。是年，全市按照上级部署和要求，利用国际扫盲年的机会促进扫盲工作。2 月，市政府办公室发出《关于表彰 1989 年度全市扫盲先进单位和先进工作者的通报》，分别对澧县、临澧县、汉寿县 3 个县，澧县方石坪乡等 31 个乡镇以及汪崇春等 108 名个人进行表彰。同时，在开展社会主义教育的乡镇，把扫盲作为社会主义教育工作的任务之一，要求所进驻的村开展扫盲。6 月，市政府又批转市教委《关于进一步抓好农村扫除文盲工作的意见》。各乡（镇）、村成立扫盲组织和办事机构，配备专（兼）职人员，健全行政首长扫盲负责制。当年，汉寿县被评为全省扫除文盲先进县，澧县方石坪乡、临澧县文家乡被评为全省扫除文盲先进乡，常德市教委成人教育科干部罗余平、汉寿县岩嘴乡成人教育专干丁承才、汉寿县株木山乡成人教育专干李德保、澧县教委教育组干部韩先贵、澧县红湖区联校扫盲专干王先武、临澧县衍

嗣庵镇人民政府副镇长祝百川、临澧县四新岗镇教育办主任陈长清、安乡县教委成人教育组干部李学文、桃源县三望坡乡成人教育专干何绍枝、鼎城区教委成教组专干沈修昌、鼎城区石公桥办事处联校长徐国泰、津市市李家铺乡农校副校长廖可群等 12 人被评为全省扫除文盲先进工作者。

1988—1990 年，常德市年均有扫盲学校 1254 所，年均安排专职教师 656 人、兼职教师 2131 人。三年累计脱盲 72986 人，平均每年脱盲 24329 人。 1991—1993 年，全市累计脱盲 80557 人，平均每年脱盲 26852 人。此后，全市对已脱盲的人员继续进行脱盲后的巩固提高教育。桃源县等地继续开展村级扫盲达标活动，堵住扫盲死角，促进平衡发展。其经验在全省得到肯定和推广。到 1993 年全市青壮年中的非文盲率已达 98%以上。

1993 年，国家教委把基本扫除青壮年文盲、基本普及九年义务教育纳入“两基”评估验收，以县市为单位组织实施。1994 年，常德市对 1949 年 10 月 1 日后至 1979 年 12 月 31 日出生的青壮年进行调查，文盲及半文盲有 42904 人，文盲率为 1.5%，具体情况见表 6–1–2。

表 1–1–2　　2009—2010 年度全市公、民办幼儿园对比统计表

单位	青壮年总人数	小学毕业文化程度以上人数	第四次人口普查（1990 年）			近三年脱盲人数	现有文盲、半文盲人数	非文盲率（%）
			文盲人数	其中丧能人数	非文盲率（%）			
合计	2855129	2733888	121241	6444	95.75	78337	42904	98.50
安乡县	263399	251849	11550	430	95.62	7758	3792	98.56
汉寿县	314061	294737	19324	273	93.85	17181	2143	99.32
澧　县	460550	446551	13999	684	96.96	4834	9165	98.01
鼎城区	465501	451379	14122	1070	96.97	6920	7202	98.45
临澧县	240478	227487	12991	597	94.60	8378	4613	98.08
桃源县	465125	446410	18715	845	95.98	15692	3023	99.35
石门县	334943	309808	23135	2129	92.50	14377	10758	96.79
武陵区	165025	164017	1008	214	99.39	51	957	99.42
津市市	117184	113123	4061	190	96.53	3135	926	99.21
德山开发区	28863	28527	336	12	98.84	11	325	98.87

1995 年 2 月，常德市教委表彰成人教育先进单位，其中文盲普查工作先进单位有武陵区教委成教组、桃源县教委成教组、澧县教委成教组、鼎城区教委成教组、汉寿县教委

成教组；扫盲教育工作先进单位有鼎城区教委成教组、临澧县教委成教组、桃源县教委成教组、石门县教委成教组。同年10月，临澧县、武陵区、津市市通过省政府组织的“两基”督导评估验收，挂上“基本普及九年义务教育、基本扫除青壮年文盲合格县”的匾牌。其中，临澧县高标准实施“两基”的经验受到国家教委和李岚清副总理的充分肯定，中央电视台“神州风采”栏目组摄制成专题片在中央电视台六次滚动播出，在全国产生较大影响。是年，常德市澧县涧市乡、鼎城区中河口镇、桃源县枫树维吾尔族回族乡被省教委评为全省扫除文盲先进单位，安乡县教育局成教办副主任罗才杰、安乡县安尤乡成教专干王和荣、汉寿县朱家铺镇成教专干龚子建、澧县如东乡成教专干王永湘、澧县中武乡农校校长胡四清、鼎城区石公桥办事处成教专干石瑞明、鼎城区教委副主任陈大明、临澧县教育局成教组长庞建湘、桃源县城郊区联校成教专干舒振华、桃源县桃花源区成教专干张华林、石门县皂市镇成教专干张大儒、石门县易家渡镇成教专干涂金生、武陵区教育局副科级干部熊育志、津市市教育局扫盲专干孟庆永等14人被省教委评为全省扫除文盲先进工作者。

1997年常德市继续加大扫盲力度，全年有扫盲学校869所，安排专职教师1543人、兼职教师3579人，脱盲6890人。9至10月，澧县、安乡县、桃源县、汉寿县、鼎城区五个区县和西湖、西洞庭、贺家山三个农场等8个单位通过全省“两基”评估验收。

1998年，常德市委、市政府对“普及九年义务教育和扫除青壮年文盲先进单位”予以通报表彰。有安乡县安丰乡、安德乡、下渔口镇、安凝乡，汉寿县毛家滩回族维吾尔乡、鸭子港乡、西竺山乡、军山铺乡、崔家桥乡、聂家桥乡、新兴乡，澧县官垸乡、澧阳镇、大坪乡、道河乡、永丰乡、大堰垱镇、张公庙镇、小渡口镇，鼎城区灌溪镇、草坪镇、双桥坪镇、镇德桥镇、蔡家岗镇、黑山嘴镇、白鹤山乡，桃源县漆河镇、热市镇、马鬃岭乡、双溪口乡、桃花源镇、九溪乡、三阳港镇、剪市镇，武陵区河洑镇、西洞庭农场四分场、西湖农场二分场、贺家山农场大洲分场等38个单位受到表彰。

1994—1998年，常德市累计脱盲75918人，其中女性42676人，占56.2%。1998年10月，石门县“两基”工作经省政府“两基”验收团评估验收合格。至此，全市9个区县（市）和3个县级农场分三批均通过省和国家的“两基”评估验收，成为全面实现“两基”的地级市。临澧县、澧县先后被评为全国“两基”工作先进县，全市“普九”工作经验多次在全省和全国推介。

1999—2002年，全市扫盲仍在部分地方抓紧进行，四年间累计脱盲15734人。随着文盲率的不断下降，扫盲工作量逐渐减少，2002年，有扫盲班35个，在校学生1282人，安排专职教师66人。2003年，常德市扫盲工作基本结束。表6-1-3为1988—2002年扫盲基本情况统计表。

表 6-1-3　　1988—2002 年扫盲基本情况统计表

年度	学校所数	毕业人数	招生人数	在校学生	专职教工	专任教师	兼任教师
1988	337	12584	6474	8462	197	107	1046
1989	1516	28283	26086	31858	1933	920	2717
1990	1909	32119	34733	35101	2250	942	2630
1991	658	37799	27468	29339	622	253	2148
1992	576	24173	15417	17423	717	570	1139
1993	475	18585	17711	19594	490	90	1581
1994	481	11189	10704	12339	994	605	2496
1995	762	22055	31310	35787	1972	752	3135
1996	787	14487	14936	26509	1516	409	1962
1997	869	6890	3573	9722	2570	1543	3975
1998	349	5573	444	13920	2482	1137	2883
1999	175	5120	1334	4650	247	112	38
2000	137	4107	1480	5439	1468	467	3224
2001	84	5168	6300	3800	980	80	900
2002	35	1329		1282	98	66	

二、小学文化学习

常德市农民小学文化学习是农民用业余时间，在乡村农校小学班学习小学主要文化课程，以基本达到小学毕业文化程度。1988—2001 年，小学班累计招生 89918 人；累计毕业 85727 人，其中女性占 46.1%。详见表 6-1-4。

三、农业技术培训

常德地区对农民进行农业技术培训始于 1979 年，主要是利用农民业余时间通过乡镇农校进行。乡镇农校根据当地农业生产需要适时举办农业技术培训班。1988—1990 年，常德市的初等农业技术培训主要有种植、农产品储存与加工、果树、食用菌、科学养鸡、科学养猪、科学养羊、科学养牛淡水养殖、农作物病虫害防治等。1988—1990 年全市累计培训农民 191794 人。

表 6-1-4　　1988—2001 年农民小学班基本情况统计表

年度	学校所数	毕业人数	招生人数	在校学生	专职教工	专任教师	兼任教师
1988	999	18540	28668	38979	1504	231	2399
1989	368	22788	21784	22803	376	1	419
1990	46	11857	4347	4347	46	21	134
1991	55	4829	3911	4613	110	38	169
1992	620	10784	10386	12459	564	539	501
1993	96	1482	1463	1628	27	14	107
1994	80	2241	3392	3430	76	54	137
1995	118	3351	1936	4452	3	3	244
1996	186	3389	6401	5381	211	71	342
1997	41	2100	4830	2770	253	150	203
1998	7			2770	93	26	67
1999							
2000	40	1081		3285	248	92	156
2001	7	3285	2800	2800	120	26	94

第二节　中等教育

一、乡（镇）农民文化技术学校

1979 年，全国农村经济体制改革发生重大变化，农民教育工作也随之发生变化，此时，常德地区乡（镇）农民文化技术学校应运而生。乡（镇）农民文化技术学校简称乡镇农校。乡镇农校在指导思想上坚持为农民的勤劳致富服务，为发展农村经济服务；内容上坚持政治、文化、技术三结合，以技术教育为主；办学形式上以固定学校为主。常德地区乡镇农校由当地教育部门开办和管理，一般设在本地乡镇中学或乡镇联校。1984 年，常德地区开始大办乡镇农校。1988 年，全市乡镇农校有技术班 2328 个，在校学员 86402 人，教职工 1952 人，其中专任教师 308 人，另有兼任教师 4089 人。另同时继续举办中小学文化补课班。

1988 年起，常德市乡镇农校成为开展农村扫盲和农民文化技术教育的重要阵地。办好乡镇农校是九十年代实现“两基”的重要条件之一。1989 年起，各地在大力开展扫盲教育和提高农民文化水平的同时，大力加强乡镇农校建设，把农民技术教育的重点放在乡镇农校上。全市乡镇农校开设种植、农产品储存与加工、机电维修、家用电器维修、果树、会计、食用菌、畜牧、淡水养殖、乡镇企业管理、农技推广、水利等 28 个专业。

1989 年 6 月，常德市教委在临澧县的文家、四新岗和澧县的中武、方石坪四所乡农校召开扫盲及乡镇农校建设流动现场会，推广其合格乡镇农校建设经验，全面铺开合格乡镇农校建设活动。

1990 年 10 月，常德市教委转发澧县制定的《示范乡镇农校验收细则》，以此作为示范乡镇农校建设标准。全市随即开始在创建合格乡镇农校的基础上，积极开展创建示范乡镇农校活动。临澧县通过分析农民素质的现状、合格农校的现状和前段教育部门主管农校的现状，不断深化办学认识，并采取加强领导力量，落实办学经费，建立激励机制，改善办学条件等措施，使该县乡镇农校建设一年一大步，跃上新的台阶。全县 17 个乡镇不仅全部建起了农校，而且还涌现出一批突出典型。1991—1993 年，经市教委和省教委分别检查验收，全市先后有 26 所乡镇农校达到省颁示范乡镇农校标准。这些农校大部分在省市教委验收评估合格以后，继续努力不松劲，一方面积极为农村培训人才、传授技术，一方面通过加强生产基地管理增加农校收入。这样，既满足广大农民脱贫致富的需要，也为农校自身的发展壮大进行有益探索，为各地的乡镇农校起到龙头和示范的作用。1991 年澧县中武乡农校被评为全国先进乡农校。1993 年 6 月，常德市教委在该乡召开示范乡农校推广实用技术研讨会。

1993 年，湖南省政府为加强乡镇农校建设，促进农民教育与农村经济的结合，出台《湖南省乡镇农校建设合格县（市、区）标准》及《湖南省乡镇农校建设合格县（市、区）标准认定办法》。《标准》从组织领导、办学条件、教育管理与办学效益三个方面对各地创建农民文化技术学校合格县（市、区）提出要求，并就政府统筹、部门协作、经费投入、教学场地、管理人员和师资队伍、仪器设备、教学管理、办学效益等做出具体规定。《认定办法》从基本要求、认定程序、具体认定办法、认定结果等方面提出操作要求，并注意重点检查和一般检查、定量考核与定性考核相结合。常德市在贯彻落实这一精神时，大力推进示范乡镇农校建设，并以办学水平评估为契机，改善办学条件，完善内部管理，提高教育质量和办学效益。由于开展创合格乡镇农校和创示范乡镇农校活动，较好地解决了校舍、基地、师资等具体问题，使乡镇农校不断得到发展和提高。此外，全市各地还主要以全日制小学为依托，加强村农民文化技术学校的建设，配齐乡镇成教专干与乡镇农校教师。全市各区县（市）教委按照国家教育部的要求：60 万人以下的成教组配 2~3 人，60 万人以上的配备 3~4 名人员；乡联校配备 1 名成教专干；乡镇农校配备 1 名校长，2 名文化课教师，1 名专业课教师；村级农校校长由村小校长兼任，再由村配备 1 名群师。扫盲和农村成人教育经费按照国务院《扫除文盲工作条例》和常德市政府有关文件规定实施，主要有四条渠道，即区县（市）财政每年安排不低于财政总收入 0.3%经费用于扫盲和农村成人教育工作；县、乡教育事业费要安排不低于本级财政总额的 2%用于扫盲和农村成人教育；农村征收的教育费附加要安排不低于总额的 5%用于扫盲和农村成人教育；教育部门应拿出义务教育补助费的一部分和农业人口人平 0.06 元用于农村成人教育和扫盲工作。

1994 年，常德市各地示范乡镇农校建设各显特色。10 月，参加常德市农村成人教育工作会议的代表专程到安乡县安尤乡农校参观。另外，临澧县的文家、修梅、合口等乡镇农校也多次接受各级领导和外地人员前来参观、学习。但也有一些乡镇未能把农校建设纳入议事日程，不仅没有开展有效的教育培训，而且连固定的办学场地和基本的办学条件也没有。1995 年，市教委组织调查全市乡镇农校的建设情况，调查评级标准是按办学条件、培训情况和办学经济效益三项内容分好、一般、差、无四个等级，基本达到省颁合格标准以上者为好，达 60%以上者为一般，达 60%以下者为差，完全未办者为无。调查结果见表 6-1-5，市教委将此调查结果全市通报，促使各地对照先进找差距，结合实际找原因，努力克服困难，采取得力措施，尽快把这类学校办好。

表 6-1-5　　**1994 年常德市乡镇农校建设情况统计表**

单位	乡镇场个数	已经办学	办学条件			培训情况				办学经济效益				完全未办
			好	一般	差	好	一般	差	无	好	一般	差	无	
安乡县	23	21	2	11	8	4	9	8		2	8	6	5	2
汉寿县	33	22	5	8	9	6	6	8	2	4	6	4	8	11
澧　县	39	35	7	18	10	2	12	11	10	3	3	6	23	4
鼎城区	45	43	9	31	3	6	29	8		12	18	5	8	2
临澧县	17	17	8	5	4	2	7	8		2	6	9		
桃源县	59	57	8	28	21	13	35	6	3	5	13	10	29	2
石门县	43	43	5	14	24	3	22	18		1	16	24		
武陵区	3	3	1	2		1	2				3			
津市市	9	8	3	2	3	2	5	1		1	1	2	4	1
德山区	1	1		1				1				1		
全市合计	272	250	48	120	82	39	127	69	15	30	76	67	77	22
占百分比		91.9	17.6	44.1	30.1	14.3	46.7	25.4	5.5	11.0	27.9	24.6	28.3	8.1

1995年2月，常德市教委表彰成人教育先进单位，其中，全市有23所乡（镇）农校被评为先进乡（镇）农校，为安乡县的安尤乡农校、下渔口镇农校，汉寿县的围堤湖乡农校、罐头嘴乡农校、西竺山乡农校，澧县的中武乡农校、雷公塔镇农校、如东乡农校、大坪乡农校，鼎城区的长茅岭乡农校、中河口乡农校、冲天湖乡农校、雷公庙乡农校，临澧县的修梅镇农校、合口镇农校，桃源县的菖蒲乡农校、郝坪乡农校、寺坪乡农校、陬市镇农校，石门县的花薮乡农校、白云桥乡农校、易家渡镇农校，津市市的新洲镇农校。

1998年，在全市迎接“两基”验收中，乡镇农校这块农民教育阵地，已在各区县(市）全面兴建并通过验收，全部达到合格标准，一部分农校标准还建得比较高，达到示范性农校硬件要求。“两基”验收后，常德市农村成人教育工作以乡、村两级农校为依托，加大对农民实用技术培训的力度，为农村经济建设培养大批实用人才和致富能手。但随着农村教育改革进行和教育大环境的变革，农村成人教育受到一定程度的冲击。一是原有的五所县级农民中专中有临澧和汉寿两所农民中专和职业中专合并，鼎城农民中专加挂鼎城三中的校牌；二是一部分独立农校由于缺乏人员管理和活动经费，活动已无法开展；三是农村教育改革以后，乡镇联校撤并，成教专职岗位被取消。这些情况严重影响到乡镇农校的发展，引起市政府及教育主管部门的高度重视。

2000年12月和2001年12月，市教育局分别对鼎城区、桃源县、澧县、汉寿县等区县（市）申报的11所示范性乡镇农校组织评估验收，其中桃源县陬市镇、杨溪桥乡、架桥乡农校，鼎城区韩公渡乡农校，澧县金罗镇农校，汉寿毛家滩乡农校达到示范性乡镇农校验收标准要求，予以确认。

2002年，常德市贯彻落实《湖南省人民政府办公厅关于大力发展职业教育和成人教育的通知》（湘政发〔2001〕45号）精神，加大农村成人教育在实用技术培训上的力度，以乡镇农校建设和农民实用技术培训为重点，大力发展农村成人教育，积极探索农村成人教育的新路。一是继续开展农校建设合格县的评估活动，加快乡镇农校建设步伐；二是开展示范性农校和特色农校创建活动，不断提高农校办学水平，充分发挥农校的示范作用，使农校形成各自的特色；三是抓好农民的科技培训，主要采取开展科技培训活动，派农技员推介农业生产中的新成果、新发明，帮助农民及时掌握新知识、新技术、新信息，提高农村从业人员的综合素质；四是探索乡镇农校办学的新路子，把农校办成两个实体，即知识传授、科技示范、技术推广的教育实体和具有一定生产经营能力的经济实体。各乡镇农校建立“农业科技示范园”，紧密结合农村经济发展和经济结构调整，运用农业高新技术，突出实用性、实效性和示范性。在这方面，澧县中武农校和桃源县沙坪农校走出一条切实可行的路子，成为乡镇农校发展的领头羊。

2004年，湖南省委、省政府颁发《关于进一步加强农村教育工作的决定》，文件提出：坚持农村基础教育、职业教育和成人教育“三教统筹”，充分发挥农村学校的综合功能，提高办学效益；以农业类高等院校为龙头，以职业高中为骨干，以乡镇农校为基础，建设职业教育技术培训、技术开发推广网络；大力实施农村现代远程教育工程，提高农村教育质量和效益等多项决定。常德市各区县（市）加快农村成人教育体系建设。常德市还出台实施农村劳动力转移培训“阳光工程”，当年享受“阳光工程”的人员达5000人。全市重点扶持10个农村劳动力转移就业培训基地。

2005年，常德市委、市政府贯彻党的十六大精神，推动富民政策的落实，出台一系列关于劳动力转移、农村实用技术培训的政策与措施。各区县（市）均积极贯彻执行。如汉寿县委、县政府先后出台《农村教育工作若干意见》和《关于加强农村实用技术培训工作的意见》，并成立以县委副书记杨开政为组长的“两项培训”工作领导小组，对全县各乡镇农校进行全面检查，发现问题提出整改意见。全县充分利用乡镇农校设备设施，发挥其在县域农村产业结构调整中的教育功能，办学、办班面达100%，农村劳动力培训率达到34.5%，培训就业或再就业2350人，每家农户至少有一人通过培训掌握了一项实用技术，60%以上的乡镇、村干部掌握了相应专业技术知识，具备传播和运用新技术的能力。同时，该县还进一步完善成人教育网络，对各乡镇农民技术学校进行重点督查，并对部分村的成人教育阵地进行规范，在汉寿县职业中专学校又加挂“汉寿县成人教育中心”的牌子，从而建立起从村到乡镇到县的一套完整的成人教育体系。

2006年起，市教育局贯彻落实市委、市政府建设社会主义新农村的总体要求和工作部署，不断整合职业教育与成人教育资源，加强农民教育阵地建设，协助有关部门大力开展农民教育培训活动。根据“政府主导，部门合作，依托学校，乡镇联动”的运作模式，各区县（市）集中力量重点办好1所以上骨干中职学校和若干所乡镇农校，以此为依托，建设好县级职教中心。并把县级职教中心定位为县域内中、初等职业教育、职业技能培训、劳动力转移培训、就业与再就业培训、农村实用技术培训的领导、统筹、管理、协调中心。2007—2008年，桃源县、石门县、津市市三县（市）政府统筹协调，县直相关职能部门包括教育、发改、农业、劳动、人事等部门和乡镇政府及乡镇农校等十多家单位联合，分别以桃源县职业中专、石门湘北职业中专和津市职业中专为依托，组建县级职教中心。经湖南省专家组现场考察和评审，这三个县级职教中心，分别于2007年和2008年正式入围省级重点建设项目。2009年，全市除武陵区政府无职教职能外，其他8个区县（市）均已建立县级职教中心。同年，澧县、临澧县、汉寿县三个县级职教中心正式申报为省级示范性县职教中心。全市有澧县张公庙镇农校、小渡口镇农校、金罗镇农校，津市市灵泉镇农校，石门县皂市镇农校、夹山镇农校共6所乡镇农校成为省级示范性乡镇农校重点建设单位。2007年起，这6所乡镇农校每年都举办农村实用技术培训班10个以上，参训人数均在1500人左右。每年年初和年底，6所乡镇农校还根据农民外出打工的需要，组织农民集中培训学习，这些学习均收到较好效果。

2006—2008年，全市各地许多职业学校和乡镇农校根据农村劳动力转移的需要，分别组织开展大量形式多样的教育培训活动。其中桃源县3年参加各类短期培训的学员达

21万多人次。

乡镇农校在提高农民文化水平方面发挥了重要作用。1988年，常德市乡镇农校除了继续扫盲和开办小学班外，还继续开办农民中学文化补课班，主要是对“文化大革命”中的农村中学生进行文化补课，实施学历认证，考试合格者颁发合格证书。1988—2002年，全市农民通过乡镇农校文化补课，累计9292人达到中学文化水平，其中女性3931人，占42.4%，基本情况见表6-1-6。

表6-1-6　**1988—2002年常德市农民中学基本情况统计表**

年度	学校所数	其中高中所数	毕业生数	招生数	在校学生	专职教工	专任教师	兼任教师
1988	8	0	141	50	349	22	14	12
1989	16	2	702	990	1055	46	20	33
1990	23	8	282	599	790	62	28	53
1991	11	0	727	1276	1276	192	47	66
1992	30	3	2340	3372	3575	199	157	69
1993	25	2	911	1737	2293	109	76	65
1994	19	2	451	1273	1896	128	60	117
1995	18	0	2084	822	822	243	95	148
1996	4	4	169	557	1047	98	72	12
1997	5	5	315	671	1509	144	96	37
1998	9	8	273	294	585	106	66	24
1999	7	7	240	573	1264	180	117	5
2000	2	2	387	608	1027	179	129	50
2001	1	1	110	379	602	86	75	11
2002	1	1	160	379	607	86	75	11

二、县办农民中等专业学校

县办农民中等专业学校简称县（区）农民中专，源自20世纪70年代初县办共产主义劳动大学和五七大学，20世纪80年代中后期由省政府或省教委批准成立。1988年，常德市有鼎城区农民中专、汉寿县农民中专、临澧县农民中专、桃源县农民中专、安乡县农民中专共5所。20世纪90年代初期起，经省教委批准，各校又陆续改名为县成人中专学校或加挂县成人中专牌子。常德市各农民中专学校专业设置主要有农学、林学、畜牧、果林等。招生对象为常德市有初中毕业文化者，学制二到三年，大部分学生是脱产学习。教材使用主要是国家教委和省教委编印的职业高中教材。学生按要求完成学业且考试合格，颁发中专学历证书。国家不分配工作，学生自主择业。1991 年《湖南教育旬刊》贯体谦的“汉寿县农民中专为什么越办越红火”一文摘录，“七年来，汉寿县农民中专先后为七县两市培养了 648 名毕业生，其中有 473 人担任了县、乡、村基层干部和科技骨干，201 人获得助理农艺师和农民技术员职 称，有 217 人成为专业户、万元户和科技示范户，有 8 人分别获得农牧渔业部科技进步成果奖和省科技成果奖，有 1 人被授予全国‘三八红旗手’和省劳动模范的 光荣称号。学校每年创产值 15 万元。通过推广农村实用技术，创直接经济效益达 300 万元”

1995 年 2 月，常德市教委表彰成人教育先进单位，其中，对成人中专学校类的临澧县成人中专学校和桃源县成人中专学校予以表彰。

表 6-1-7　**1988—2002 年常德市五县（区）农民中专基本情况统计表**

年度	学校所数	毕业人数	招生人数	在校学生	其中全脱产	专任教师	兼任教师
1988	5	423	594	1024	1024	93	10
1989	5	357	551	918	918	102	17
1990	5	319	569	1151	1099	128	6
1991	5	404	696	1342	1342	136	
1992	5	373	846	1558	1161	138	4
1993	5	546	931	1740	1690	155	11
1994	5	564	822	1500	1500	223	148
1995	5	522	893	1701		170	8
1996	5	734	1338	2130	1945	183	
1997	5	571	1227	2272	2102	195	
1998	5	381	767	1346	1346	133	
1999	5	285	788	1667	1667	214	
2000	5	810	1100	1840		171	
2001	3	314	622	1183	1183	99	
2002	2	314	733	1318	1318	81	

2001—2003 年，全市 5 所农民中专学校陆续与本县（区）中等职业学校或其他学校合并，或改校名。1988—2002 年，5 所农民中专共招生 12477 人，毕业 6917 人。基本情况见表 6-1-7。

三、湖南农业广播电视学校常德市分校

1988 年 3 月，根据国家教委、农业部联合颁发（88）教成字 005 号文件精神，经湖南省政府研究决定，原中央农业广播电视学校湖南省分校改为湖南省农业广播电视学校，之后，常德地区和辖内的各县市分校均分别改为湖南省农业广播电视学校常德地区分校和某某县分校。1988 年 10 月，常德撤区建市，学校更名为“湖南省农业广播电视学校常德市分校”（以下简称“农广校”）。所辖县级分校，一并更名。

1989 年 10 月，湖南省农村经济委员会和湖南省教委根据 005 号文件精神，联合发文(湘农经字〔1989〕027 号)，决定将原中央农业广播电视学校湖南省会计分校与省农业广播电视学校合并。因此，1991 年 7 月 16 日，常德市农村经济委员会研究决定，市农广分校与市农业会计函校指导站合并，改“双轨制”为“单轨制”，合署办公实行“八统一”的管理，即领导和干部统一分工，统一工作计划，统一招生，统一学籍管理，统一教学和教材管理，统一财务管理，统一使用设备，统一部署检查总结工作。根据市农经委的决定，全市各区县（市）农场分校在当年 10 月底前全部合并。

1981—2002 年，常德市农广校实行“农广工作领导小组、农广校校务会归口市委农村工作部管理”的管理体制。“农广工作领导小组”（全称为：常德市农业广播电视工作领导小组）由市级领导同志担任组长，成员构成有相关涉教、涉农部门。在不同年份，参与领导小组的成员单位数量不等，一般有 10 多家，多时有 20 多家。如：市委组织部、市计委、市财政局、市人事局、市农业局、市林业局、市广播电视局、市乡镇企业局、市教育局、市科技局、市水利局、市工农教育办、常德农校、市科协、团市委、市妇联、市农科所等。

在市委、市政府重视和支持下，农广校的实体建设逐年得到加强。到 2001 年，全市农广校系统已拥有固定办学场地及校舍建筑面积 4289 平方米，其中教学用房 375 平方米，办公用房 519 平方米，生活用房 3385 平方米，其他用房 60 平方米。另租校舍 2090 平方米，兼用校舍 200 平方米。拥有各种电教设备 91 台（件），其中摄像机 4 台，录放像机 25 台，电视机、收录机 54 台。有各种录音录像带 3871 盘，图书资料 28710 册。有实验基地 413 亩。办学设备价值总额为 70.54 万元。市分校有场地和校舍总面积 755 平方米，有电脑、传真机、复印机、速印机、电视机、专用车辆等，财产总价值 25 万元。

常德市农广校系统，为解决师资问题，各区县（市）农广分校与县委组织部“干训”股、县职教办、县科协等部门联合起来，整合教育资源，还积极争取当地党委、政府的重视与支持，在辖区选派得力的师资人员，充实农广校师资队伍。逐步改善农广校“老师在

中央，学员在四方，师生不见面”的情况。到2001年，全市农广校有专职办学干部和辅导教师75人，其中，专职教师26人，辅导员28人，行政管理人员19人，工勤人员2人。聘兼职辅导员214人。专职办学人员中大专以上学历者64人，中级职称者25人。

常德市农广校及所辖各区县（市）农广分校，围绕中等专业学历教育（函授、全脱产），中专后继续教育（专科、本科），“双下”（年龄40以下，学历初中和初小以下）农村干部培训教育，采用多种形式招生，使一批批农民和农村干部享受到专业知识的教育。

1988—2003年，常德市所辖各区县（市）农广校，按照湖南省农广校年度统开专业设置的安排，开办相关专业，进行中专学历教育与中专后继续教育（专科、本科）。先后共开设各类专业29个。如对2002级中等专业的学员，共开设12个专业，即：高效农作物生产、高效果树生产、畜牧兽医、农村电气化、计算机应用、财务会计、现代乡村综合管理、人口与计划生育管理、电脑文秘、旅游服务、家政服务及管理。

1996年9月，中共常德市委组织部下发《关于印发〈1997—2000年常德市村级干部队伍培训工作规划〉的通知》，要求全市村级干部文化水平在2000年前，达到中专以上程度的面不低于60%，其中：70%以上的农村党支部书记和乡镇企业法人代表具有正式中专学历。这就成为当时常德市农广分校和各区县（市）、农场分校的主要培训任务。

学籍管理是农广校教学工作管理的十分重要的一个环节，是办好远距离成人教育，提高教学质量的关键。常德市农广校认真贯彻执行《湖南省农业广播电视学校学员学籍管理办法》，把搞好学籍管理工作列入各级办学单位的一项重要议事日程，做到有领导分管，有位置，有措施，有布置，有检查。同时，市农广校及各区县（市）农场分校注重教育质量的管理，严抓考试和补考，严格执行监考规则，严肃考场纪律，有效防止弄虚作假、徇私舞弊情况的发生。

1988—2002年，常德市农广校及各区县（市）农场分校与华中农大、三峡大学、武汉水利电力大学、四川农大、湘潭大学、湖南农大等高等院校“联姻”，先后举办函授大专班14个，开设专业10个，有1930人学成毕业。1995年，1997年，1998年还与原常德高专、光明职校、常德农校、琼源外校等联合开办全日制中专班，开设有《农村经济管理》《机电》《电算会计》《计算机应用》《电脑文秘》等专业，注册学员303人。

1999—2001年，常德市农广校及各区县（市）农场分校，按照省校的安排，对中专后继续教育的教学管理主要做了六个方面的工作。一是在“学习形式”上加强管理，就是运用广播电视（录音、录像）手段，采用业余或半脱产在岗学习形式，根据不同的专业，对专业课程教学时间安排和学时分配做出详细规定；二是在“课程设置”上加强管理，即对相关专业的课程设置不得缺少。如农业推广专业，开齐哲学原理、农村法规、农村社会学、农业生态基础、市场营销管理、农业政策、合作制理论与实践、农业推广心理基础、农业推广学、农业推广技能、农业推广项目管理与评价、农业推广实践、种植新技术、养殖新技术、水产新技术等15门课程；三是严格按照“教学活动形式与教学要求”抓管理，就是各分校组建教学班，组织学员利用中央校制作的声像教材授课，辅导时间、自学时数按规定落实；四是在学生实践上加强管理，即按照专业实践课程教学要求，组织学员实习，并写出毕业实习报告；五是按省校的“教学要求”做到：教学中把声像教学、辅导教学、实践教学、自学各环节有机统一起来，以大纲为标准，以教材为基础，提高学员的能力和素质；六是精心组织考试与考核，按省校统考的安排，组织学员参考，考试及阅卷的办法和要求，严格按《中央农业广播电视学校考试办法》执行。

1981—2002 年，常德农广校及各区县（市）农场分校共培训“双下”农村干部学员 7531 人；农村中职招生培训人数为 13781 人；示范班培训人数为 54969 人；培训农村经济大户 7828 个；举办“科普教育”、“农村实用技术培训教育”等各种培训班 1427 期，培训人员达 80 多万人；中专毕业学生 18127 人；结业学员 10317 人；大专毕业学员 1930 人。

2003 年 10 月，常德市成立“农民教育工作办公室”，原常德市农广校设立的领导小组自然消亡，对外仍保留“湖南省农业广播电视学校常德市分校”牌子。其机构为具有行政管理职能的副处级事业单位，归口市委农村工作部管理（常编发〔2003〕18 号文）。其主要职能是：贯彻执行中央、省有关农民教育培训工作的方针政策；研究并提出本市农民教育培训发展战略、政策意见；检查监督农民教育培训政策贯彻落实情况；负责全市农民教育培训的组织、协调、综合、监督与管理。由此，常德市农广校从 1981—2003 年的对农民实施以中等专业学历教育为主的阶段，转为 2003—2010 年的对农民实施以“授业传道”教育培训为主的阶段。

2003—2010 年，常德市农教办每年围绕“十个方面”的工作实施教育培训管理。即：“发展规划”“年度教育培训计划”“综合教育资源”“培训基地管理”“创办简报”“农民教育培训网站”“督导、检查”“协调、服务”“自身建设”“年度目标考核”。

2003—2007 年，常德市农民教育培训的对象，主要是从事种植业、养殖业、加工业的农民。2007—2010 年，农民教育培训的对象，主要是务工的农民和在家从事“支柱产业”（橘橙、蔬菜、葡萄、甲鱼、茶叶等）生产的农民。如在务工农民中不间断地进行“农劳转移培训”，围绕促进“支柱产业”的发展，向在家务农的农民进行相关技术的培训。

2003 年起，常德市农教办坚持把培育“观念新、有文化、懂技术、会经营、讲文明”的新型农民作为教育培训的目标，按照“统一规划、整合资源、归口管理、分级负责、实效实用”的原则，把握“文化知识”“科技知识”“农村经营管理知识”“农村政策法规”“职业技能”“农民思想道德”6 个重点内容开展农民教育培训。2005 年起，常德市农教办为适应现代农业发展和新农村建设的需要，开展的主要培训有：农村经纪人教育培训、现代物流教育培训、种植业技术培训、农机科技教育培训、营林科技教育培训、养殖业技术培训、农民专业合作社法定代表人培训、农村饮水安全经营业主培训、青年农民创业致富培训、农村妇女致富技能培训、农业企业争资争项能力培训、农村法律法规培训、农民工子女艺术培训、农村劳动力转移就业培训、农民计算机操作员培训、新型职业农民培训、农业企业管理人才教育培训、农村贫困农民教育培训等。

2003—2010年，常德市农教办开展农民培训的主要模式有5种。（1）市、县农教办与农业综合开发办、扶贫办、劳动就业人才培训机构等多家支农专项资金管理部门，联合形成的“项目管理型办班模式”。（2）由行政主管部门主办，市县农教办指导与配合，按照年初培训计划与任务展开的农民教育培训办班的“行政推动主导型办班模式”。（3）市农教办和各区、县（市）农教办配合地方党委、政府不同时期的工作重点，组织对农民培训教育，所形成的“围绕中心及时性办班模式”。（4）市、县农教办物色办学条件好的农民教育培训基地，实施“创办基地集中办班模式”。（5）常德市农教办于2004年通过市政府信息管理中心的支持，建立起的“农民教育在线”网站，为农民教育培训提供新的平台。2008年，该网站荣获“中国农业网站百强”之称号，并更名为“农民教育培训”。

2003—2010年，由于常德市农民教育的方式、方法灵活多样，且以市、县级农教办创办基地办班模式为主，故从事农民教育培训工作的师资主要是基地院校明确的专职或兼职的教师。据各区县（市）农教办统计，全市农教办系统共有专职教师148人，兼职教师1164人。其中有中级职称者490人，高级职称者134人。

2003—2007年，市财政安排市农教办仅人头经费与办公经费，没有安排专项农民教育培训经费。2008年起，市财政每年安排200万元专项教育培训经费，并列入年度财政预算，从而确保了农教工作的正常开展。2003—2010年，全市累积培训农民近200万人次，农民受到教育培训的面达到30%以上。

表6-1-8、表6-1-9、表6-1-10、表6-1-11分别为1988—2008年间，津市市农广校、临澧县农广校、桃源县农广校、汉寿县农广校中专招生毕业人数及专业设置一览表。

表6-1-8　　**1988—2008年津市市农广校基本情况情况一览表**

年度	招生学员人数	毕业学员人数	专业
1988	34	34	水产（五期）
1988	28	28	农经（三期）
1988	72	72	农学（四期）
1988	86	86	果树（四期）
1989	50	—	果树（六期）
1990	35	—	经济管理
1990	37	—	乡镇工业会计
1990	106	85	农技推广（七期）

续表 6-1-8

年度	招生学员人数	毕业学员人数	专业
1991	46	—	乡镇企业管理
1991	47	—	乡镇企业管理
1992	43	—	水利工程
1992	82	82	农学
1993	17	17	会计、统计与审计
1993	30	17	农学
1994	30	30	财务会计
1994	21	13	企业经营管理
1995	54	37	财务会计
1996	53	—	企业经营管理
1997	56	42	财务会计
1998	51	28	现代乡村管理
1999	32	—	现代乡村管理
2001	34	34	农村经济管理
2002	55	55	计生
2002	14	14	农村经济管理
2007	50	50	现代乡村综合管理
2008	50	50	现代乡村综合管理
合计	1397	—	

表 6-1-9　**1988 年—1999 年临澧县农广校招生与开设专业情况一览表**

年　度	招生学员人数	专　业
1988	291	乡企管理、畜牧、水产
1989	214	食品加工、果树
1990	132	农技推广
1991	145	淡水养鱼、林业、乡企管理

续表 6-1-9

年　度	招生学员人数	专　业
1992	211	乡企管理
1994	135	乡企管理
1995	165	乡企管理
1996	125	乡企管理
1997	116	乡企管理
1998	159	乡企管理
1999	161	农　学
合　计	2095	—

表 6-1-10　　1988—2008 年桃源县农广校基本情况一览表

年　度	招生学员人数	毕业学员人数
1988	616	231
1989	457	195
1990	743	290
1991	664	252
1992	243	200
1993	256	177
1994	237	201
1995	161	120
1996	212	60
1997	101	40
1998	—	—
1999	—	—
2000	—	—
2001	—	—
2002	60	45

续表 6-1-10

年　度	招生学员人数	毕业学员人数
2003	—	—
2004	—	—
2005	—	—
2006	77	75
2007	123	103
2008	71	25
合　计	7048	3169

表 6-1-11　　1988—2008 年汉寿县农广校基本情况一览表

年 度	招收学员人数	毕业学员人数	专业设置
1988	217	131	畜牧、乡镇企业管理、淡水养殖
1989	224	123	农学、果树、农产品贮藏与加工
1990	263	159	农技推广
1991	289	176	农学、果树、畜牧兽医、乡镇企业管理
1992	273	190	农学、乡企、畜牧兽医、果树、水利、乡工会
1993	174	106	蔬菜、乡企管
1994	122	77	乡工会计、乡企管
1995	137	89	农学、乡企管
1996	146	85	乡企管
1997	134	84	乡企管
1998	112	55	农学
合　计	3021	1713	

第二章 职工教育

第一节 职工文化补课

20世纪80年代初期，常德地区国营工厂、国有企业和部分集体工厂、集体企业为了提高职工文化水平，开始对职工进行文化补课，主要对象是“文化大革命”中的中小学毕业生，通过文化补课对他们重新进行学历认证，考试合格者颁发合格证书。1993年，常德市职工初等教育的文化补课结束；2002年，常德市职工中学教育结束。

1988—1993年，常德市职工初等教育的文化补课共招生9870人；毕业9028人，其中女性占11.6%。职工学习主要是通过业余函授形式进行。基本情况见表6-2-1。

表6-2-1 **1988—1993年常德市职工初等教育文化补课基本情况统计表**

年度	学校所数	毕业生数	招生数	在校学生	专职教工	专任教师	兼任教师
1988	32	491	692	1012	60	43	43
1989	43	1592	2612	2772	144	68	103
1990	29	2165	1324	3435	87	30	111
1991	21	4372	4806	4806	229	66	172
1992	7	314	366	671	46	32	17
1993	1	24	—	—	—	—	—

表6-2-2 **1988—1993年常德市职工中学基本情况统计表**

年度	学校所数	其中高中所数	毕业生数	招生数	在校学生	专职教工	专任教师	兼任教师
1988	22	21	1884	1460	1813	192	117	53
1989	14	11	1152	1014	1253	96	74	28
1990	11	11	985	863	2174	161	129	48
1991	5	4	363	420	420	24	16	36
1992	1	1	116	182	182	4	4	14

续表 6-2-2

年度	学校所数	其中高中所数	毕业生数	招生数	在校学生	专职教工	专任教师	兼任教师
1993	1	1	124	124	124	8	4	7
1994	1	1	154	154	154	12	4	8
1995	3	0	430	430	430	24	12	18
1996	7	7	542	554	938	85	36	49
1997	3	3	210	520	725	68	30	38
1998	3	3	187	491	971	91	36	55
1999	—	—	—	—	—	—	—	—
2000	4	4	407	704	1311	160	143	17
2001	4	4	704	570	805	75	70	8

1987 年，常德市有职工中学 50 所，其中高中 45 所，毕业 3792 人，招生 3179 人，其中脱产为 1106 人，在校学员 3659 人。1988—2001 年，常德市职工中学共招生 7486 人；毕业 7258 人，其中女性占 57.1%。职工学习方式脱产占 51.4%，函授占 48.6%。基本情况见表 6-2-2。

第二节　中级技术培训与岗位培训

一、中级技术培训

常德市职工教育，随着 20 世纪 80 年代中期“双补”（文化补课和技术补课）任务的全面完成，全市职工教育的重点随之转移。1988 年，职工中级技术培训被列为全市职工教育的重点之一。

随着企业经营机制的转移和企业内部改革的不断深化，职工中级技术培训掀起热潮，“过去是我办你学下指标，现在是你学我办服好务”，主动适应社会主义市场经济发展需要，克服困难，把握机遇，不断加强职工教育的各项基础建设，做好经费筹措和舆论宣传工作，不断推动职工中级技术培训工作开展。如津市总工会职工学校，一直探索职工教育的新路子，从明确服务对象，改进服务内容，广辟服务途径入手，一方面开展各种大中专学历教育班以充分利用校舍；另一方面敞开大门，面向社会开办各种类型的培训班以应社会急需，深得社会好评。1991 年，津市总工会职工学校被评为“全国职工教育先进单位”。

1991 年 5 月和 1992 年 10 月，市教委先后在津市和澧县召开全市职工教育经验交流和研讨会议。会议通过参观津市总工会职工学校、湖南汽车车桥厂职工学校和涔澹农场成人培训基地三个现场，听取部分先进单位的经验介绍，全面回顾总结全市职工中级技术培训的经验。取得许多较好的经验主要有：一是根据生产需要，制定中级技术培训的规划，有步骤有重点地开展这项工作。二是多种形式办学，有企业办学、部门办学、部门联合办学；有脱产的、半脱产的，也有业余、自学的等等。三是切实解决师资和教材问题。在缺乏统一教材的情况下，各单位采取“购、借、选、编”等办法，自己解决教材困难；通过引进、调配、聘请、培训多种渠道解决师资困难。四是培训与使用结合，提高经济效益。通过两次会议，有力推动职工中级技术培训工作进一步向前发展。

二、岗位培训

1989 年，常德市遵照国务院“把开展岗位培训作为成人教育的重点”，“这是成人教育的一项重大改革”的指示精神，按照“积极试点，稳步发展，保证质量，逐步完善”的原则，依靠各部门各行业和各厂矿企事业单位，开展各类形式的岗位必备的专业知识和技术的培训。

1991 年，常德市按照湖南省颁发的《关于职工“八五”期间开展岗位培训和建立岗位培训制度的实施意见》要求，坚持“积极稳妥、突出重点、保证质量、注重实效、逐步完善、形成制度”的工作方针对职工进行岗位培训。岗位培训工作分为两个阶段：用 2~3 年的时间，抓好岗位规范的制定、培训大纲和教材编审及资格性岗位培训的试点工作；第二阶段，用两年时间，在前段的基础上，逐步扩大岗位培训的规范，基本确定和实行“先培训，后就业；先培训，后上岗”，在重要、关键、主要岗位实行持证上岗的制度。全市各行业、各单位都进行了岗位规范的制定工作。各单位在岗位培训中，把提高职工能力放在突出位置，采取各种培训形式。如“示范式训练”，即先由师傅示范，学徒、新工人边看边做；“指导式训练”，即先学理论，后由学员按所学理论要求进行操作实践，教师从旁观察指导；“实践式训练”，即广泛开展岗位练兵、技术竞赛与比武等。采取这些形式培训，与生产实际结合较紧，针对性强，受训面广，切实提高了职工各种操作技能、提高了培训实效。一些工厂把岗位培训与岗位成长结合在一起，开展“爱岗、达标、争优、成长”活动，有效地促进职工岗位素质的提高。常德卷烟厂 1981—1990 年累计教育投资 300 余万元，企业效益提高显著，1990 年上缴利税 7.1 亿元，为 1980 年的 10.3 倍。1991 年 6 月，首届全国职工教育表彰大会在北京召开，常德卷烟厂被评选为“全国职工教育先进单位”受到表彰。1993 年起，全市岗位培训步入正规化轨道。

1995 年起，随着企业转换机制和“减员增效”举措出台，大批职工下岗。为让下岗职工尽快具备切合市场需要的技能素质，迅速走上新的岗位，再就业培训成为职工技能教育的重要内容。1998 年 5 月，湖南省教委召开教育为再就业工程服务动员会议，并把开展第三产业和种养业等实用技术培训作为职业教育为再就业工程服务的主要内容。常德市各职工中专学校、技工学校、职业中专学校和职业中学利用学校资源，免费为下岗工人开展培训活动。津市职工学校是全省为下岗工人办班最早的学校之一，每年培训下岗职工达2000名。津市经验在全国进行推广，受到全国总工会的嘉奖。

2001—2004年，常德市把加强职业技能培训，努力提高劳动者素质作为就业和再就业工作的基础工程来抓，取得明显成效。三年间，常德市职工教育以职工学校和企业职工培训中心为依托，大力开展岗前、岗后、转岗和下岗再就业职工培训，共培训职工18.6万人，培训合格率达91%，其中，下岗失业人员培训4.2万人，培训后就业率达83%。企业职工全员培训率达41.2%。为使职业技能培训工作步入健康有序的发展轨道，市劳动和社会保障部门坚持每年5月，组织开展“职业技能宣传月”活动，10月，组织开展“职业技能竞赛月”活动。同时，利用广播、电视、报刊、网络等各种新闻媒体广泛宣传学历证书与职业资格证书并重制度，宣传劳动预备制度与就业准入制度。全市职业培训机构采取自培、委培、外出深造和引进等多种方式，提高培训教师综合素质。全市拥有各类培训教师1150人，其中，大学以上学历的552人，占48%；大专学历的483人，占42%。中级技能者580人，高级技能者130人。各类培训机构普遍加大实习实训设施投入。劳动保障部门自有6000多平方米培训大楼，800多平方米的实习实训场地，500套课桌椅，60台电脑、300套电子、电工、电焊等设备。华南光电仪器厂技工学校投资50多万元，添置106台电脑，15台车、铣床和96个钳工实习台。2002年，市政府颁布《常德市劳动合同管理办法》，明确规定各类技术工种从业人员必须持证上岗。并加大对企业劳动用工的监督检查，对违规招用技术工种从业人员的单位，责令改正并依法予以行政处罚。三年间，共清退无证上岗人员2400人。

经过几年发展，全市职业培训呈现出三大显著特征。一是培训形式灵活多样，基本形成初、中、高级培训梯次相结合，长、中、短期培训学制相结合，应急培训与常规培训相结合，普及培训与提高培训相结合的格局。二是培训内容丰富多样，全市职业培训机构根据市场需求，组织开展下岗失业人员再就业培训、创业培训、农村劳动力转移培训、劳动预备制培训、企业职工培训及技工培训等多种类型的职业技能培训。三是培训网络基本上形成以职业学校、技工学校、就业培训中心为龙头，企业职工培训中心为主体，民办职业培训机构为补充的培训网络。到2010年，全市新增劳动力职业培训的比例达到80%以上，在职职工年培训率达到40%，下岗职工培训率达到90%。

第三节　中等专业教育

1981年开始，职工中等专业教育成为职工教育的重要途径之一。

常德市的职工中等专业学校主要是由商业、二轻、粮食、供销、卫生、水电、经委、公安等部门举办，招收本行业具有初中毕业文化并有两年工龄的正式干部、职工，年龄一般不超过35岁。1986年起实行全国成人中专统一招生后，学校招生经过严格的文化考试，择优录取。所开专业根据本行业实际需要确定，教学计划结合职工教育的特点，参照全日制普通中等专业学校同类专业的教学计划制定。学制一般为二至三年，其管理以所属业务部门为主，教育行政部门在业务上进行指导。学生学完教学计划规定的全部课程，考试及格，发给其所学专业的毕业证书，国家承认其学历。

1988年，常德市有职工中专学校11所，干部中专学校1所，即鼎城区卫生职工中等专业学校、常德市商业职工中等专业学校、常德市粮食职工中等专业学校、澧县经济职工中等专业学校、农业银行常德职工中等专业学校、常德市林业职工中等专业学校、中国纺织总公司常德职工中等专业学校、安乡县卫生职工中等专业学校、常德市供销职工中等专业学校、津市食品职工中等专业学校、常德财会职工中等专业学校、常德市公安干部学校。

1989年以后，常德市职工中专学校普遍面临生源紧缺和经费不足等实际困难，各校主动适应新的发展形势，积极拓宽办学门路，逐步由过去的面向本部门本系统办学转到面向全社会办学，由单一的学历教育向多层次、多功能的办学模式转变，由坐等学生上门求学到主动寻访、广泛动员开发生源，办学思想和作风都出现许多变化。特别是1991年通过组织迎接评估活动，使各校的办学面貌出现新的改观。当年11月25日到12月2日，市教委根据省教委湘教成字〔1991〕10号文件精神，在学校自评的基础上，对全市9所职工中专进行评估复查，结果有常德粮食职工中专、常德财会职工中专、安乡县卫生职工中专、鼎城卫生职工中专被评为最佳等级，常德信用合作职工中专、常德供销职工中专、常德商业职工中专、常德林业职工中专被评为合格，澧县经济中专评为基本合格。1992年，常德财会职工中专、常德粮食职工中专被评为全省职工教育先进学校。

1988—2002年间，由于各行业改革不断深化，职工中等专业学校也不断调整。1990年，中国纺织总公司常德职工中等专业学校、津市食品职工中等专业学校停办。1994年，常德财会职工中等专业学校改为普通中专。1998年，鼎城区卫生职工中等专业学校、安乡县卫生职工中等专业学校、澧县经济职工中等专业学校停办。2000年，常德市粮食职工中等专业学校、常德市供销职工中等专业学校停办。到2002年，常德市职工中专学校只剩下3所。

常德市公安干部学校属常德市公安局主管。1993—2002年累计招生1623人，毕业904人。2002年未招生，毕业93人，在校学生156人，均为全脱产；有教职工11人，其中专职教师4人，兼职教师6人。常德市公安干部学校基本情况入本节一并统计。

1995年2月，常德市教委表彰成人教育先进单位，9所职工（干部）学校受表彰，为常德市司法干部学校、常德市总工会职工学校、常德烟厂职工培训中心、安乡县总工会职工学校、澧县总工会职工学校、津市市总工会职工学校、湘澧盐矿职工学校、石门县农业机械化学校、武陵区农业机械化学校。

2003年起，常德市成人中专、普通中专、职业中专及其他机构附设中职班均合并到中等职业教育统计。

1988—2002 年，常德市职工中专学校共招生 15359 人，其中全脱产 12831 人，占招生人数的 83.5%；毕业职工 13779 人。基本情况见表 6-2-3.

表 6-2-3　　1988—2002 年常德市职工中专教育基本情况统计表

年度	学校所数	毕业生数	招生数	其中全脱产	在校学生	专任教师	兼任教师
1988	12	319	772	772	2284	231	47
1989	12	622	963	963	2552	242	42
1990	12	648	829	829	2140	232	30
1991	13	843	1132	1132	2791	221	39
1992	10	914	1089	1089	2862	228	73
1993	13	919	1673	1519	3646	258	85
1994	11	1127	1225	1228	3734	247	13
1995	11	627	1210		2878	248	76
1996	11	1242	1461	1158	3226	266	83
1997	11	2609	1711	1313	4815	268	22
1998	11	1539	1698	1698	4323	189	
1999	11	1047	424	424	1853	245	8
2000	11	938	566	100	1711	144	45
2001	4	232	292	292	725	59	10
2002	3	153	314	314	716	46	10

第三章　成人高等教育

第一节　高等函授教育

常德地区的高等函授教育始于20世纪50年代，当时主要是在职教师教育培训。1988年，常德市有高等函授教育站（点）8家，此后迅速发展，2002年已有76家。其中有：中南大学、中南财经大学、北京航空航天大学、上海财经大学、湖南大学（财院）、北京信息工程学院、湘潭工学院、湖北农学院、湘潭大学、湖南财经高等专科学校、湖南省经济管理干部学院、三峡大学、国防科大、中央民族大学、湖南工程学院、湖北师范学院、湖南师范大学、华中师范大学、北京邮电学院等高校均在常德设立函授站。函授站（点）是举办函授教育的普通高等学校，对函授进行教学辅导、思想政治教育和组织管理的机构。函授站（点）的大量建立与发展，大大提高了函授教学效益和资源利用率，对满足广大在职人员尽快提高学历起到了很大作用，成为常德市成人高等教育的重要组成部分，有力地推动了常德市成人高等教育的发展。但是，由于观念、管理、资金等种种原因，高函教育管理不规范，无证办学、无条件办学，乱招生、乱办班、乱发文凭、乱收费“四乱”现象有时非常严重，社会反响强烈，严重影响常德高函教育的声誉。

为确保常德市高函教育健康、稳定、有序的发展，2002年，全市重点进行高函站（点）的清理整顿。一是召开全市高函教育工作会议，对高函教育的发展提出明确要求；二是出台《常德市教育局关于加强高函教育站（点）管理与建设的意见》的文件；三是组织三次高函站（点）的检查，取消了18个条件不合格和管理不规范的高函站（点）的办学资格，高函站（点）从76家减少为58家，同时对部分问题较为严重的高函站（点）责令整改，并将高函站（点）检查结果进行通报。通过一年的努力，全市高函教育的问题得到有效整改，高函教育的管理得到进一步规范。

2003年，常德市教育局根据省教育厅湘教〔2003〕89号和常教函〔2003〕61号文件精神，于11月对全市52个高等函授教育辅导站进行年检，对新申报的17个函授站进行考察。经局长办公会研究，并报省教育厅审核批准，确认中南财经政法大学、北京航空航天大学、上海财经大学常德财校函授站，长江大学、三峡大学常德外事专修学院函授站，长江大学津市电大函授站，湖南生物机电职业技术学院常德农广校函授站，中南大学常德中山外语电脑专修学院函授站，中南大学、湖南中医学院常德职业技术学院函授站，湖南农业大学常德市农村合作金融培训中心函授站，湖南科技大学省机电职业技术学院函授站，湘潭大学常德市国税局函授站，湖南财经高等专科学校临澧县财政局函授站，湖南财经高等专科学校汉寿县财政局函授站，吉首大学、湖南农业大学常德育才会计学校函授站，湖南商学院常德财经中等专业学校函授站，湖南商学院常德女子职业技术学校函授站，湖南商学院津市电大函授站，长沙大学常德市外事旅游学校函授站，湖南城市学院常德市电子技术学校函授站，湖南师范大学常德司法干校函授站，湖南文理学院、湖南第一师范澧县教师进修学校函授站，湖南文理学院临澧县教师进修学校函授站，湖南文理学院常德市教师进修学校函授站，湖南文理学院汉寿县教师进修学校函授站，湖南文理学院安乡县教师进修学校函授站，湖南农业大学常德富达电脑学校函授站，湖南文理学院桃源县委党校函授站，湖南文理学院鼎城区委党校函授站，湖南文理学院津市市委党校函授站，湖南文理学院石门县教师进修学校函授站，湖南第一师范桃源师范学校函授站，南华大学常德外事专修学院函授站等36个函授站为合格函授站。同意湖北孝感学院常德网络科技学校函授站、湖南工业职业技术学院常德鼎城国贸学校函授站、湖南冶金职业技术学院临江科技学校函授站、湖南信息职业技术学院常德女子职业技术学校函授站、湖南工业职业技术学院鼎城网络信息学校函授站、长沙工业职工大学常德市总工会职校函授站、湖南石化职大常德农村金融职工培训中心函授站、湖南有色金属职工大学常德网络科技学校函授站、湖南农业大学省机电职业技术学院函授站、湖南文理学院汉寿县委党校函授站、湖南科技大学常德经济管理学校函授站、湖南文理学院常德计算机专修学院函授站、湖南文理学院常德朗州科技学校函授站、湖南农业大学常德湘北外国语学校函授站、中南林学院常德市建设培训中心函授站等15个函授站为新设高函站。责令湘潭大学华智成人培训中心函授站、湖南工程学院常德信息技术学校函授站、湖南文理学院常德英才成人培训中心函授站、湖南经济管理干部学院常德网络科技学校函授站等4个高函站限期整改。决定停办、撤销吉首大学安乡电大工作站函授站、湖南农业大学安乡电大工作站函授站、三峡大学津市电大函授站、湖北师范学院常德外事专修学院函授站、湖南商学院常德农行职工中专函授站、湖南农业大学常德电大函授站、湖南科技大学常德农行职工中专函授站等7个高函站。

2006年11月29日至12月1日，市教育局高等函授教育年检检查小组对湖南商学院常德财校函授站等54家高等函授站进行年检。在检查过程中专家组深入各高函站采取逐个听汇报、查看资料、考察条件、逐项评分、小组综合、交流意见等步骤和办法，进行了客观的评价，并形成了初步结论。合格46个，限期整改1个，注销4个，待审查3个。另外，湖南科技职业技术学院汉寿拓潮职业技术学校函授站、大众传媒职业技术学院常德国贸职业学校函授站、湖南现代物流职业技术学院常德外事职业技术学校函授站、湘南学院常德华智科技培训学校函授站、湖南理工学院常德华智科技培训学校函授站、长沙理工大学常德女子职业技术学校函授站、湖南文理学院常德中山现代职业技术学校函授站、湖南师范大学常德临江科技学校函授站等8个高函站为2006年新申报高函站。

2010年，常德市教育局职成科按照省教育厅《转发教育部关于加强成人高等教育招生和办学秩序管理的通知》要求，规范成人高等教育的办学行为。以《湖南省教育厅关于印发<湖南省高等职业学校、成人高等学校及省外高校（在湘）函授教育辅导站管理办法>的通知》（湘教发〔2005〕102号）为依据，完善和执行高函站年检审核和新站设立备案制度，严把设站准入关，加强对已设高函站的监管。2010年，市教育局对本市辖区内设立的50个函授站（包括省教育厅高教处主管的33个函授站、省教育厅职成处主管的17个函授站）进行年检，认定41个函授站为合格，9个函授站暂时保留。年检结果见表6-3-1。

表6-3-1　　常德市2010年高等教育函授站年检结果

函授站名称	办学地址	站长姓名	开设专业	学历层次	在籍学生人数	设站单位	市教育局年检意见
湘潭大学常德华智培训函授站	常德市图书馆	熊文华	经济管理、法律	专科 本科	204	常德华智培训中心	合格
湖南理工学院常德华智培训函授站	常德市图书馆	熊文华	经济管理、法律	专科 本科	305	常德华智培训中心	合格
湘南学院常德华智培训函授站	常德市图书馆	熊文华	经济管理、法律	专科 本科	206	常德华智培训中心	合格
湖南农业大学湘北现代职业学校函授站	常德东门皇经阁	聂兴平	商务英语	专科 本科		常德湘北现代职业学校	保留
湖南农业大学常德科技职业学校函授站	常德市东门农村培训中心	彭其海	经济管理	专科	178	常德科技职业学校	合格
湖南文理学院朗州科技学校函授站	常德三闾庆丰社区	彭志刚	计算机应用	专科 本科	200	常德朗州科技学校	合格
湖南农业大学常德育才函授站	常德市战备桥	雷　杰	计算机、会计电算化、英语、	专科	183	常德育才学校	合格
吉首大学常德育才函授站	常德市战备桥	雷　杰	计算机、会计电算化、英语、	专科	168	常德育才学校	合格
湖南文理学院常德武陵区教师进修学校函授站	常德建设西路	贾明丽	汉语言、初等及学前教育	专科		常德武陵区教师进修学校	保留
中南大学常德中山外语学校函授站	常德市洞庭大道西段	左　平	英语、国际贸易	专科 本科	401	常德中山外语学校	合格
长沙理工大学常德女子外校函授站	常德市武陵开发区	王　俊	商务英语	专科	272	常德女子外校	合格
中南林业科技大学常德建设培训中心函授站	常德市武陵大道中段	朱一民	建筑工程	专科 本科	172	常德华智培训中心	合格

续表 6-3-1

函授站名称	办学地址	站长姓名	开设专业	学历层次	在籍学生人数	设站单位	市教育局年检意见
中南林业科技大学武陵区劳动培训中心函授站	常德市洞庭大道中段	熊育志	经济管理、物业管理	专科 本科	173	武陵区劳动培训中心	合格
湖南文理学院常德计算机职业学校函授站	常德鼎城区武陵路	周本成	计算机应用	专科	232	常德计算机职业学校	合格
湖南文理学院澧县教师进修学校函授站	澧县教师进修学校	谭平阶	汉语言、初等及学前教育	专科 本科		澧县教师进修学校	保留
湖南文理学院汉寿县教师进修学校函授站	汉寿县教师进修学校	刘新荣	汉语言、初等及学前教育	专科 本科	146	汉寿县教师进修学校	合格
湖南文理学院汉寿县委党校函授站	汉寿县委党校	李红辉	汉语言、初等及学前教育	专科 本科	118	汉寿县委党校	合格
湖南文理学院安乡县教师进修学校函授站	安乡县教师进修学校	金永祥	汉语言、初等及学前教育	专科 本科		安乡县教师进修学校	保留
湖南文理学院桃源县教师进修学校函授站	桃源县教师进修学校	喻俊伟	汉语言、初等及学前教育	专科 本科	128	桃源县教师进修学校	合格
湖南商学院常德财经学校函授站	常德财经学校	曾　勤	会计学	专科 本科	101	常德财经学校	合格
长沙大学常德财经学校函授站	常德财经学校	曾　勤	会计学	专科 本科	109	常德财经学校	合格
湖南文理学院石门县教师进修学校函授站	石门县教师进修学校	梁　勇	汉语言、初等及学前教育	专科 本科	130	石门县教师进修学校	合格
湖南商学院常德女子外校函授站	常德女子外校	王　俊	外语	专科 本科	285	常德女子外校	合格
湖南文理学院临澧县教师进修学校函授站	澧县教师进修学校	汤厚林	汉语言文学	专科	203	澧县教师进修学校	合格
湖南工程学院常德湘沅职业培训学校函授站	常德洞庭大道西段广安大楼	胡代新	经管、会计、土木工程	专科 本科	305	常德湘沅职业培训学校	合格
中南大学常德职业技术学院函授站	常德市人民中路	宋道沙	护理	专科 本科		常德职业技术学院	保留
湖南文理学院常德德才科技职业学校函授站	常德电大校内	刘思德	经管、会计	专科 本科	150	常德德才科技职业学校	合格
湖南师范大学常德环球旅游学校函授站	常德市青年东路	刘　振	计算机文秘	专科 本科	120	常德环球旅游学校	合格

续表 6-3-1

函授站名称	办学地址	站长姓名	开设专业	学历层次	在籍学生人数	设站单位	市教育局年检意见
湖南中医药大学康普药业汉寿培训中心函授站	汉寿太子庙工业园	谭文会	药学	专科 本科	110	康普药业汉寿培训中心	合格
湖南文理学院常德中山外语学校函授站	常德市洞庭大道西段长源路	左　平	商务英语	专科 本科	350	常德中山外语学校	合格
湖南文理学院常德鸿志职业技术学校函授站	常德德山苏家渡	陈集中	计算机、文秘	专科	230	常德鸿志职业技术学校	合格
湖南商学院常德师范学校函授站	常德市人民西路	郭立纯	财会	专科 本科		常德师范学校	合格
长沙师范专科学校常德师范学校函授站	常德市人民西路	郭立纯	计算机科学与技术、电子商务	专科 本科	205	常德师范学校	合格
长江大学常德外事职业学校函授站	常德市青年东路	夏吉祥	经济管理	本科	138	常德外事职业学校	合格
北京航空航天大学常德财校函授站	常德财经学校	曾　勤	财务会计电算化、计算机信息管理	专科	281	常德财经学校	合格
湖南纺织职工大学常德德才科技学校函授站	常德电大校内	刘思德	计算机技术	专科	106	常德德才科技学校	合格
长沙工业职工大学常德总工会函授站	常德市青年南路	邓元辉	经济管理、会计电算化、法律事务	专科	100	常德市职工学校	合格
湖南工程职业学院鼎城网络信息学校函授站	常德武陵镇德安路	彭　力	文秘、计算机网络技术	专科	113	鼎城网络信息学校	合格
湖南工业职业技术学院鼎城国贸学校函授站	常德武陵镇鼎城路	杨树华	商务英语	专科		鼎城国贸学校	保留
湖南大众传媒学院鼎城国贸学校函授站	常德武陵镇鼎城路	杨树华	商务英语、市场营销、文秘	专科		鼎城国贸学校	保留
湖南有色金属职工大学常德网络科技学校函授站	常德芷兰小区	王海平	文秘、工程造价、工商企业管理、机械制造自动化、计算机信息管理	专科 本科		常德网络科技学校	保留
湖南科技职院汉寿拓潮职业学校函授站	汉寿拓潮职业学校	汪　勇	经济管理、计算机及应用	专科 本科	224	汉寿拓潮职业学校	合格
中国财经政法大学常德财经学校函授站	常德财经学校	曾　勤	会计学	本科	209	常德财经学校	合格

续表 6-3-1

函授站名称	办学地址	站长姓名	开设专业	学历层次	在籍学生人数	设站单位	市教育局年检意见
长江大学津市函授站	津市电大	邹润生	护理学、临床医学	专科 本科	159	津市电大	合格
湖南生物机电职业学院常德农广校函授站	常德市农广校	龚　维	农业经济管理、畜牧兽医、机械制造与自动化、数控技术、模具设计与制造、机电一体化、计算机应用技术、文秘	专科	117	常德市农广校	合格
湖南现代物流职业技术学院常德现代科技职业学校函授站	常德市东门农村培训中心	彭其海	会计电算化、经济管理、计算机信息管理、市场营销、物流管理	专科 本科	105	常德现代科技职业学校	合格
湖南科技大学汉寿拓潮职业学校函授站	汉寿拓潮职业学校	汪　勇	汉语言、初等及学前教育	专科 本科	116	汉寿拓潮职业学校	合格
郴州职业技术学院常德外事职业学校函授站	常德市青年东路	夏吉祥	电子商务	专科	172	常德外事职业学校	合格
湖南冶金职业技术学院常德临江英语培训学校函授站	常德武陵镇临沅路	王宏远	文秘、计算机技术	专科		常德临江英语培训学校	保留
常德职业技术学院常德市飞天电脑学校函授站	常德市武陵区南坪岗	赵晋生	商务英语、电子商务、计算机应用技术	专科	196	常德市飞天电脑学校	合格

第二节　成人高校

常德第一所成人高校是 1975 年浦沅工程机械厂创办的七.二一工人大学。1987 年，常德地区有成人高校 4 所，毕业学员 1102 人，招生 972 人，在校 2676 人，其中全脱产 1848 人，函授业余学习 828 人。1988 年，常德市有成人高校 5 所，即湖南电大常德分校、湖南电大津市分校、省机械厅职工大学浦沅工程机械厂分校、湖南汽车车轿厂分校、常德教育学院。另外还有常德师专和常德高专两所普通高校设有成人教育部，未计校数。1993 年减少浦沅工程机械厂职大分校，1993 年全市成人高校基本情况见表 6-3-2；1997 年减少湖南汽车车轿厂分校；1999 年，常德教育学院并入常德师范学院，更名为常德师范学院成教学院，继续承担成人高等教育任务，不计校数，2008 年再更名为湖南文理学院继续教育学院。2010 年，常德市有湖南电大常德分校和湖南电大津市分校两所成人高校。

表 6-3-2　　1993 年全市成人高校基本情况一览表

学校名称	主管部门	毕业生数	招生数	在校学生数		另有其他学生			专职教工数		兼任教师
				合计	其中全脱产	结业	招生	在校	合计	其中专任教师	
常德教育学院	市教委	877	512	1542	545	529	602	263	131	131	57
常德电大分校	市教委	365		608		173			57	57	11
津市电大分校	津市教委	400	430	727		356	356		39	39	
湖南汽车车桥厂分校	省机械厅	92	34	107	73		230	230	18	18	36
浦沅工程机械厂职大分校	省机械厅	20	48	100			16	33	17	15	10

1986 年，湖南省开始实行全国各类成人高校统一招生，常德根据国家教委和省教委指示精神，按照"深化改革，保证质量，严明纪律"的指导思想，积极发动生源，严密组织考试，认真执行各项招生政策和规定，顺利完成了每年的成人高招任务。

1988—2010 年，常德市成人高校累计招生 75730 人，毕业 62318 人。1988—2010 年常德市成人高校基本情况见表 6-3-3。

表 6-3-3　　1988—2010 年常德市成人高校基本情况统计表

年度	学校所数	毕业生数	招生数	在校学生	其中全脱产	专职教工	专任教师	兼任教师
1988	5	1305	2578	4411	2520	134	69	203
1989	5	359	719	4062	2288	132	68	227
1990	5	1396	819	3542	1936	143	69	237
1991	5	2145	1605	2486	549	138	65	179
1992	5	781	715	1855	374	136	53	45
1993	4	1277	942	2429	545	131	55	57
1994	4	726	435	3777	501	145	75	195
1995	4	1938	1050	4579	1747	131	80	144

续表 6-3-3

年度	学校所数	毕业生数	招生数	在校学生	其中全脱产	专职教工	专任教师	兼任教师
1996	4	2729	824	1753	818	128	62	
1997	3	420	919	1718	844	122	56	83
1998	3	1058	1307	3453	797	159	73	135
1999	3	797	2189	4776	1290	142	72	38
2000	2	1245	5074	9496	617	85	35	34
2001	2	1968	5585	12621	416	84	45	60
2002	2	3435	5458	12071	2689	88	35	89
2003	2	4185	6251	13512	13512	91	39	
2004	2	4320	5959	12565	12565	97	44	
2005	2	5318	5968	12109	12109	96	44	
2006	2	7115	4721	9715	9715	96	44	
2007	2	1742	2980	8035	8035	298	298	
2008	2	4100	6689	15768	15768	85	85	
2009	2	8687	6096	12991	12991	85	85	
2010	2	5272	6847	13348	13348	86	86	

第三节　广播电视大学

一、概况

常德地区的广播电视教育始于 1979 年。1987 年毕业 937 人，招生 952 人。1988 年，常德市有湖南广播电视大学常德分校和湖南广播电视大学津市分校（以下简称津市电大）两所成人高校。2001 年 8 月，湖南广播电视大学常德分校更名为常德广播电视大学（以下简称常德电大）。常德电大行政上隶属于常德市委、市政府，归口常德市教育局管理，教学业务上接受湖南广播电视大学指导，下辖武陵、鼎城、桃源、汉寿、临澧、石门、澧县、安乡 8 个区县电大分校，构成分级办学、分级管理、资源共享的办学系统。学校占地面积 47 亩，建筑面积 23613 平方米，固定资产 2188 万元，在编及离退休教职员工 72 人。津市电大成立于 1988 年，学校隶属于津市市政府管理，教学业务上接受湖南广播电视大学指导。学校占地面积 156 亩，建筑面积 40000 平方米，固定资产 1600 万元，在编教职员工 42 人。

常德市电大教育形成了学历教育与非学历教育并行，多层次、多形式、多规格的开放办学格局。1988—2010 年，共招收中专、大专、本科、研究生各层次的学员 4 万多人，涵盖文、理、工、农、经、法、艺、医、教育、管理 10 大类 60 多个专业，培养各层次的毕业生 36210 人（见表 6-3-4、表 6-3-5），非学历培训仅常德电大有 63201 人（见表 6-3-6）。

表 6-3-4　　　　1988—2010 常德电大毕业生情况一览表

年别	普招	成招	注册生	开放专科	开放本科	中南本科	中南专科	奥鹏	校内中专高职	合计
1988 年	79	469								548
1989 年		591								591
1990 年	260	961								1221
1991 年	36	460								496
1992 年		405								405
1993 年		309							34	343
1994 年		322							7	329
1995 年	78	963							17	1058
1996 年	161	1341							90	1592
1997 年	160	123							58	341
1998 年	142	176	252						122	692
1999 年	131	182	187						36	536
2000 年	96	313	400						91	900
2001 年	105	529	854		71				32	1591
2002 年	135	1562	213	156	239				28	2333
2003 年	83	1022		68	510	60			95	1838
2004 年	34	1143		319	534	156			203	2389
2005 年		703		1221	653				434	3011
2006 年		17		388	1141				123	1669

续表 6-3-4

年别	普招	成招	注册生	开放专科	开放本科	中南本科	中南专科	奥鹏	校内中专高职	合计
2007 年		382		407	450	124		37	199	1599
2008 年		312		281	355	167	87	38	427	1667
2009 年		112		320	472	33	71		155	1163
2010 年		46		695	468	523	967	20	160	2879
合计	1500	12443	1906	3855	4893	1063	1125	95	2311	29191

表 6-3-5　　1988—2010 年津市电大基本情况统计表

年份	专业数	招生人数	其中招生大专人数	毕业生人数	在校学生人数	教职工人数	其中专职教师人数	备注
1988	4	261	219	0	261	7	7	中专 42
1989	4	37	37	0	298	10	10	
1990	4	57	57	0	355	12	12	
1991	9	331	131	261	425	28	15	中专 200
1992	9	142	142	37	530	30	16	
1993	10	202	202	57	675	30	18	
1994	7	609	609	320	953	25	18	
1995	6	573	573	140	1380	25	18	
1996	6	296	296	200	1470	26	20	
1997	6	150	150	599	1018	26	20	
1998	6	220	220	568	666	35	29	
1999	6	157	157	290	527	35	30	
2000	6	497	497	145	870	35	30	
2001	7	658	658	210	1310	35	30	
2002	7	552	524	150	1701	35	30	
2003	8	477	409	490	1685	37	30	
2004	8	505	407	650	1530	37	30	
2005	6	415	204	549	1390	38	31	

续表 6-3-5

年份	专业数	招生人数	其中招生大专人数	毕业生人数	在校学生人数	教职工人数	其中专职教师人数	备注
2006	9	410	246	469	1325	39	32	
2007	9	597	519	495	1380	39	32	
2008	9	504	442	407	1595	41	34	
2009	9	648	534	400	1732	41	34	
2010	9	707	610	582	1580	42	35	

表 6-3-6　　1988—2010 常德电大非学历教育情况一览表

年　别	项　目　名　称	培训人数
1991 年-1993 年	财会人员电脑培训	61
	财会职称人员单科培训	22
1993 年-1995 年	职称英语考试培训（高级）	1200
	职称英语考试培训（中级）	2000
	会计证培训	1000
	高考补习	300
	施工证培训	200
	粤语证培训	100
1995 年-1998 年	高考补习	300
	电算会计证及会计证培训	600
	电工证培训	100
1998 年-2000 年	电算会计证培训	300
	会计证培训	300
	保险代理人资格考试	2500
2001 年-2003 年	保险代理人资格考试	2500
	计算机、英语等级考试	1000
2004 年	英特尔未来教育师资培训	1000
	保险代理人资格考试	970

续表 6-3-6

年别	项目名称	培训人数
2004 年	计算机、英语等级考试	1500
	保险兼业代理机构从业人员培训	343
	国家室内设计师、施工项目经理资质认证培训	80
	银行高管人员培训	646
2005 年	英特尔未来教育师资培训	806
	保险代理人资格考试	2580
	计算机、英语等级考试	1220
	迪士尼少儿英语	200
2006 年	英特尔未来教育师资培训	813
	保险代理人资格考试	3569
	涉外国家安全与保密知识培训	220
2007 年	英特尔未来教育师资培训	635
	保险代理人资格考试	2418
	车船税代收代缴业务培训	143
	人民银行业务培训	124
2008 年	英特尔未来教育师资培训	801
	保险代理人资格考试	9519
2009 年	英特尔未来教育师资培训	805
	保险代理人资格考试	8658
	全国导游人员资格考试	623
2010 年	英特尔未来教育师资培训	700
	保险代理人资格考试	9633
	全国导游人员资格考试	553
	常德市特岗教师及新聘教师上岗培训	99
	湖南省国培计划中西部农村中小学骨干教师远程培训	1300
	社区课堂	760

1988—2010年，常德电大受市级及以上表彰奖励47次，其中1998年，湖南省教育委员会组织对全省电大分校办学水平进行评估，常德电大被评为“优秀学校”；2007年，被中央电教馆评为“英特尔未来教育项目应用成果展示活动地市级优秀组织管理奖”。津市电大在1998年湖南省教委、2005年湖南省教育厅、2010年湖南电大组织的办学水平评估中均为合格；2006年被湖南电大授予“2006年度湖南电大优秀毕业论文评选活动优秀组织奖”。

二、教学与研究

（一）学制。成人业余专科班为二年脱产、三年业余；普通全日制专科班为三年脱产；开放教育的本科和专科所有专业实行学分制，注册后在八年内修完规定学分，即可毕业。

（二）专业。常德电大和津市电大开设的专业有电子工程、机械制造工艺及设备、计算机信息管理、汉语言文学、法律、法律事务、财务会计、财会电算化、工业企业经营管理、财政与税收、文秘、电子商务、经济信息管理、小学教育、英语教育、语文教育、经济管理秘书、工艺美术、电子技术及应用、计算机应用、信息工程、工商管理、国际贸易、汉语言文学（师范方向）、法学、行政管理、数控技术、电子商务、计算机信息管理等。

（三）课程。常德电大和津市电大在各个不同时期开设的所有专业均按照中央电大和湖南电大的教学计划及专业设置执行。各专业的课程模块分别由公共基础课、专业基础课、专业课、通识课构成。

（四）教材。常德电大和津市电大严格按照“五统一”原则实施教材管理，统设、统服与省开课程教材统一订购率在90%以上，教材到位时间确保在5日内，及时发放率达100%。两校的成人业余专科班、普通全日制专科班、开放教育专、本科班所使用的全部教材，均使用中央广播电视大学出版社、高等教育出版社等正规出版社出版发行的教材。并且由湖南电大教材中心统一征订与管理。

（五）教学改革及成果。常德电大进行教学模式创新，效果显著。教学模式创新主要在三个方面：一是课程教学模式改革。工商管理专业责任教师以市场营销学课程教学实践为基础，分析传统案例教学模式的不足，提出传统案例教学模式向全程案例教学模式的转变。在此模式指导下，2007级春季工商管理专科学生胡安平编写的案例《刘总的困惑》获2010年中央广播电视大学工商管理专业案例设计与分析大赛一等奖。二是实践教学模式改革。英语专业责任教师尝试将研究性学习引入集中实践环节，初步形成了“一个中心”、“两个阶段”、“三种评价”的开放教育英语专业集中实践环节123教学模式。即坚持以学生为中心，结合分散研究和集中研究两个研究阶段，综合运用学生评价、生生互评和教师评价三种评价方式的开放教育英语专业集中实践环节教学模式。三是小专业教学模式改革。小专业由于人数少，教学组织相对比较难。金融专业责任教师以金融学专业为例初步构建小专业“三位一体框架导图”。该“导图”充分利用小专业人少的优势，注重引导效能，发挥系统优势，简化教学环节，创新教学途径，改变小专业教学举步维艰的局面。

津市电大深入开展教学方法改革，在面授辅导、网上教学、实践教学、支持服务等方面取得了较好成绩，促进了教学质量的提高。学校还积极参加省校组织的各类教学教研及各种竞赛活动。2006 年 9 月 30 日，该校参加湖南电大的组织开放教育本科优秀毕业论文评选，曾春燕老师指导的学生康祖杰的论文获得湖南电大一等奖，并作为第一名上报中央电大参编全国电大优秀论文集；学生汪元林的毕业论文获得省电大三等奖。2007 年，法学专业学员汪春华参加全国电大系统案例分析作品大赛，其作品《审理企业破产案例中确认企业分立无效案》又获省电大三等奖。2009 年，学校参加湖南电大第四届多媒体课件大赛，张爱华老师的《赵树理评价问题与农村写作》、曾春燕老师的《破产法》、辜慧老师的《企业集团财务战略》、管宏娟老师的《地址解析协议 ARP》、吕磊老师的 《计算机硬件系统》等作品获得了湖南电大的三等奖。

（六）教育科研改革及成果。常德电大 2003 年举行“常德电大试点项目理论研讨及论文研讨会”，共收到论文 22 篇，其中有 6 篇论文在省级刊物上发表。这一次的研讨，是学校教师第一次对远程教育和试点项目从理论到实践上进行的探讨。2004 年底，在湖南省远距离教育研究会与省电大联合召开的“湖南省远距离教育研究会 2004 年度开放教育论坛暨学术年会”上，学校获论文组织奖，6 位教师的论文获奖，并有两项校级课题结题通过。在 2005 年省电大编辑的《探索·创新·发展——2005 年湖南广播电视大学现代远程开放教育论坛及学术年会论文选集》中，学校 10 篇论文收编其中。2005 年 3 月，学校将 1999 年开放教育试点以来的研究成果，共 28 篇论文汇编成书，定名为《开放教育实践与思考》，由吉林科学技术出版社公开出版发行。该书所编选的全市电大 14 位教师的远研论文，都曾在省级以上的刊物上公开发表。

津市电大的科研工作紧紧围绕着人才培养模式改革和开放教育的试点以及社区教育和终身教育体系的构建展开和进行。2009 年，教师施静军的《如何发挥县级电大在新农村建设中的作用》一文作为优秀论文在 2009 年湖南现代远程教育论坛宣读；2010 年 12 月由张爱华主持、龙英彪参与的湖南电大校级课题《冯至与京派关系》申报立项；2005 年以来，学校教师在国家级、省级刊物上发表论文 37 篇。

1987 年 10 月，湖南省远距离教育研究会成立，常德电大分校在请示常德地区社科联和地区教委后，于 10 月 27 日向各电大站，教学班发出通知，筹备成立湖南省远距离教育研究会常德分会。1988 年 8 月，经湖南省远距离教育研究会批准，湖南省远距离教育研究会常德分会成立。分会首批发展会员 35 人，通过选举产生了第一届常务理事会，由推选的 26 名会员组成，修改并通过《湖南省远距离教育研究会常德分会关于实施〈湖南省远距离教育研究会章程〉的细则》。成立大会上，学校远研分会同时召开首届学术报告会，有 8 位同志宣读论文。大会收审有较高质量的远研论文 11 篇，汇编成《湖南省远距离教育研究会常德分会首届学术讨论会论文集》。1990 年 11 月，常德分会第二届学术年会召开。年会收审 13 篇学术论文，汇编成《湖南省远距离教育研究会常德分会 1990 年学术年会论文集》。2000 年 6 月 15 日，“湖南省远距离研究会常德分会第二次代表大会暨论文颁奖大会”召开。大会进行换届选举，编成《湖南远距离教育研究会常德分会论文集》，共收审有较高质量的远研论文 11 篇。2010 年 12 月 10 日，常德电大举行第三届远研会暨论文颁奖大会，共收到学术论文 42 篇，经评审小组评定，评出优秀论文 6 篇。

三、办学途径

（一）1987 年，常德电大分校与常德地区乡镇企业局就开办乡镇企业管理教学班的问题达成协议，教学班专科学制三年，全脱产学习，由分校主办，办班地址在分校校内，分校负责教学班的日常管理，教学计划的执行，提供食宿条件等；乡企局负责招生、毕业生的安排和录用，检查、指导教学班的工作等。1988 年 8 月，学校与常德市二轻职校签订联合开办“湖南电大常德分校直属 1988 级电大财会班”的协议书，进行成功合作。

（二）开办电视中专班。根据 1988 年湖南省教委文件（湘教职字〔1988〕5 号）文件精神，为充分利用广播电视覆盖面大、教学手段先进的优势，常德电大向地区教委汇报，申办电视中专班。1988 年 6 月 18 日，常德地区教育委员会与常德分校联合发文（常地教字〔1988〕13 号和常电大字〔1988〕03 号）文件，提出开办电视中专班的实施意见。常德电大各办学单位于当年招收应届初中毕业生，培养家电、机械、会计、工艺美术、幼师、家庭经营、服装、农产品加工、食品加工等专业的技术与管理人才，毕业后不包分配。分校本部于 1991 年开办电视中专班，首届开设财务会计专业，组建 1 个班，招收学生 34 人。

（三）1995 年，常德电大根据城区一些行政事业单位财政、财务人员接受本科教育的需要，与湖南商学院联系，积极申办成人高考录取的会计本科班。1995 年 8 月，常德电大与湖南商学院签订建立湖南商学院常德函授站的协议，并报请市教委审批备案。1996 年 6 月，湖南商学院“专升本”函授站正式挂牌，这是常德电大开放办学、联合办学的一次尝试，也是常德电大成立以来开办的第一个“专升本”试点教学班，招收财会专业学员 40 人。

（四）注册视听生。1996 年，教育部批准中央电大注册“视听生”教育项目试点，湖南电大于当年被列入第二批注册视听生工作试点单位。8 月 20 日，市教委、常德电大召开全市注册“视听生”试点工作会议，传达上级精神，部署常德市试点工作。9 月 15 日，学校向市属各电大站发出通知，成立“高等专科注册视听生教育常德教学辅导站”，负责全市注册“视听生”教育的教学组织、教学管理、学籍管理、考试管理和直属教学点的具体管理。当年，全市共组织有效生源 1038 人，超额完成省电大下达的 800 名计划指标。2000 年是学校招收注册视听生的最后一届，全市共招生 265 人，完成了它的历史使命。

从 1996 年到 2000 年，学校注册“视听生”教育陆续开办了财务会计、法律、市场营销、小学教育（文史方向、理科方向）、应用电子技术、会计与统计核算、英语 8 个专业，共招收学生 3461 名，毕业 1906 名，按上级电大“免试入学，宽进严出”的要求，积极组织生源，认真落实教学环节，严格进行考试管理，合格率仍达 55%以上。

（五）1996 年 9 月，常德电大与常德地税局联合开办常德地税系统干部电视大专班，组班 3 个，招收学员 138 人。

（六）1999 年 6 月 30 日，常德电大向省电大递交了《电大开放教育试点申报表》，首次申报计算机科学与技术和法学两个本科专业。7 月 5 日，常德市教委向省教委和省电大递交《关于请求批准常德电大申办“人才模式改革和开放教育试点”项目研究工作的报告》，同意常德电大申报计算机和法学两个本科专业。7 月 23 日，学校与省校签订《湖南广播电视大学人才培养模式改革和开放教育试点项目研究工作协议书》；2000 年 6 月 20 日，签订申办开放教育会计学、金融学本科专业，申办开放教育专科计算机、小学教育专业的协议书；同年 12 月 27 日，签订增开英语本科专业、金融专科专业协议书。2004 年，学校又成功申办汉语言文学、教育管理、数学与应用数学本科专业。

（七）2000 年，常德电大开始筹划办“成招”本科脱产教育之事。2000 年 3 月 30 日，学校在征得市教委同意调剂部分成招生源到电大学习后，向省教委递交《关于恳请解决我校成招本科计划指标的请示》。这一要求得到了上级的支持。从 2001 年到 2003 年，常德电大连续招收了三届“专本续读生”，开办专业为计算机，共招生 67 人。

（八）申请试点高职专科教育。从 1988 年开办电视中专教育开始，学校中等职业教育陆续开办了财会、工企管、家电维修、英语、电算会计、旅游、旅游服务、中英文秘、机电、机电设备维修、计算机等 10 多个专业，培养了大批中专毕业生。随着社会发展需要，高等职业技术教育勃然兴起，学校于 2000 年 4 月 10 日向省电大递交了《关于申请试点高职班及专业的报告》。从 2001 年到 2004 年，学校连续招收四届高职班学生，开办专业有计算机应用、计算机英语两个专业，共招生 181 人。

（九）开办普通专科专业。常德电大从 1986 年开始，开办普通高考录取的普招专科班，1988 年招收 260 人，是历史高峰。1990 年至 1992 年因故未招。普通专科班招生一直持续到 2002 年，因为政策和计划等方面的限制，方予停办，普通专科班共毕业 1500 人。开办以来，学校陆续开设了财会、审计、汉语言、英语、文秘、金融、电子商务、工业与民用建筑、计算机与应用、机械、机电工程等专业。这些设置的专业，既是常德经济社会发展的需要，也是学生兴趣和就业发展的需要。

（十）网络教育。2002 年，常德电大与中南大学网络教育学院进行合作办学，开办汉语言和法学两个本科专业。从 2002 年至 2010 年，共开设汉语言、法学、工商管理、会计、计算机、土木工程、行政管理等专业，招收专、本科学员 3554 人。与中南大学的合作办学，是学校在专业设置、办学途径、合作模式上的又一次成功的拓展。

（十一）中等职业教育。2004年5月19日，湖南省教育厅03号函作出《关于湖南广播电视大学招收普通中专学生有关事项的批复》，规定“市州电大分校不得以省电大附属中专名义招生，各市州电大分校招收普通中专学生，必须先到当地市州教育局申请设置独立的中等专业学校，待批准后方可招生”。根据省教育厅精神，学校从发展远景考虑，按多途径、多格局、多层次的办学思路，分别向市编委和市教育局递交《关于成立“常德现代技术职业学校”的报告》，7月12日，市编委13号文下发《关于常德广播电视大学加挂常德现代技术职业学校牌子的批复》，同意学校加挂常德现代技术职业学校牌子，一个机构、两块牌子，其机构性质、人员编制等均维持不变。8月17日，常德市教育局下发《常德市教育局关于同意常德广播电视大学加挂常德现代技术职业学校校牌的批复》，同意加挂“常德现代技术职业学校”校牌，主要开设电子商务、计算机及应用、会计、商务英语、文秘、机电技术应用等专业，招收初中毕业生，学制三年，执行省编中等职业学校教学大纲和教学计划。

（十二）常德电大举办非学历教育培训。1991年3月到1993年5月为第一阶段，由学校教务科兼管。1992年，学校开办第一期财会人员电脑培训班，参加人员61人，开办财会职称人员单科培训班，参训人员22人。1993年5月至1995年11月为第二阶段，培训工作进入规范管理阶段。1993年9月4日，学校行文成立了培训科、开放办。这期间，与市人事局合作，举办职称英语考试培训，培训高级参考人员1200人，中级2000人，举办会计证培训约1000人，举办高考补习班，培训约300人，施工证培训约200人，粤语证培训约100人。1995年11月至1998年7月为第三阶段。高考补习班培训300人，电算会计证及会计证共培训600人，电工证培训100人。1998年底至2000年底为第四阶段，培训电算会计证和会计证人员各300人，组织保险代理人资格考试2500人次。

2001年至2010年是学校非学历教育工作稳步向前发展的时期。无论是培训项目的拓展还是培训规模的扩大，都取得一定的实绩。学校在主办学历教育的同时，按照“一主多元”的发展思路，也一直在积极探索非学历教育的路子。

1.政策性培训渐成品牌。（1）保险代理人资格考试。从1999年6月开始至今，累计约5万人次。至2007年底，基本上实行的是笔试。2008年2月，经湖南省保监局和省电大批准，学校成立常德保险考试机考中心，并相应成立领导小组和考点办公室，步入“无纸化”考试轨道。近10年的全国保险代理人资格考试组织，无论是笔试还是机考，组考规模与服务质量都排在全省前列。（2）中小学教师英特尔未来教育师资培训。2004年开始组织培训，省教育厅给学校分配的计划是3400人，至2010年，学校累计培训4975人。近6年时间，学校组织的这项培训已具特色：一是每年800人左右的规模，都是超额完成任务，成全省之冠。二是争取到市教育局强力支持，切实解决实际问题。如每年由市教育局发文，分配指标到各县至中、小学，为学校组织培训予以推力；从2008年始，每位教师培训、生活费用近300元，全部由市教育局下拨经费解决。2007年，受教育部委托，英特尔有限公司与中央电教馆共同举办“2007 英特尔未来教育项目应用成果展示活动”，在全国 42 个地市级优秀组织管理奖获奖名单中，常德市教育局和常德广播电视大学是湖南省唯一获奖者。（3）“国培计划”中西部农村骨干教师远程培训，涵盖初中、小学各个学科，2010 年全市培训 1300 人。

2.社会化培训走出路子。学校非学历教育起步以来，先后组织过英语、计算机等级培训、电脑会计资格证培训、海关报关员培训、监理工程师培训、公务员考试培训、证券从业人员资格报名考试、车船税代收代缴业务培训、人民银行职员专业素质培训等。2004 年开始，学校根据社会需求，瞄准在职硕士研究生学历提升项目。2004 年 3 月，学校与湖南大学签订协议，开办 MPA 公共管理硕士在职研究生班，招收学员 35 人，有 34 人于 2007 年毕业；2005 年 2 月，学校与华中科技大学签订协议，开办计算机专业硕士在职研究生班，招收学员 28 人，于 2006 年 5 月开班；2007 年 5 月，学校与华中师范大学签订协议，拟办数学、英语、语文、教育管理硕士在职研究生班。2008 年 5 月，市教育局以常教函（2008）2 号文件发文，确定学校为华中师范大学在常德中学教师在职攻读教育硕士研究生学位教学点，开办数学、英语、语文教育硕士在职研究生班，招收学员 53 人。市教育局对此项工作也给予积极的支持，除开会、发文对中学教师提出要求外，还出台了奖励政策：中学教师参加常德电大举办的在职硕士研究生班培训学习，拿到硕士学位者，奖励 5000 元。2009 年至 2010 年，学校借鉴柳州等外省、市经验，争取市教育局支持，启动“中国教育网中小学校长远程教育培训”项目，共培训全市义务教育阶段中小学校级领导及后备干部 1551 人，注册率达 100%；结业人数为 1451 人，结业率为 94%；结业为“优秀”等级的有 696 人、“良好”等级的有 694 人，两项共计 90%。2009 年，全国导游人员资格考试在学校设立常德考点，当年有 623 人参考。

（十三）社区教育。2010 年，学校以贯彻落实省委、省政府文件《关于推进终身教育和学习型社会建设的意见》精神为契机，大力推进常德市终身教育和学习型社会建设。2010 年 4 月，市人民政府副市长万成贞召集市委组织部、市委编办、市委农村工作部、市财政局、市人力资源和社会保障局、市教育局等单位负责人，在常德电大召开市长专题会议，研究在常德电大挂牌“常德社区大学”等工作。同时，学校积极开展实验，把附近的长家山社区作为试点单位，与其签订社区教育协议。发放 200 多份居民调查问卷了解居民学习需求，通过问卷分析确定 2010 年—2011 年主要课程 12 门，确定学习时间、学习地点，根据问卷调查在学校内开设常德社区课堂。社区课堂实行长开课程与短开课程相结合，长开班有计算机使用、健身操，每周上一次，举办中老年保健知识讲座短期班。2010 年社区课堂上课的人数达到 760 人，其中舞蹈 372 人，健身操 388 人。

四、教学设施

常德电大有教学楼 3 栋，教学办公综合楼 1 栋，建筑面积共 11629 平方米，见表 6–

3–7。常德电大根据教学实际需要，建有计算机机房、多媒体教室、电子演播室等场地设施，主要承担本校开放教育的面授教学、教学实验、终结性考试，以及非学历继续教育培训和导游资格证、保险代理人从业资格证等社会化培训考试。常德电大计算机及多媒体教室设备建设情况见表 6–3–8。

表 6–3–7　　常德电大教学、办公楼情况一览表

修建时间	名称	建筑面积（平方米）	造价（万元）
1989—1990	教学楼	2416	64.2
1998	教学综合楼（办公楼）	2673	178
2002	东教学综合楼	2133	140.6
2006—2008	科教楼	4407	407.2
合计		11629	790

表 6–3–8　　常德电大计算机及多媒体教室设备建设情况一览表

时间	计算机	多媒体教室和网络机房	网络
1998	机房电脑 100 台	英语语音室（42 座）	
1999		多媒体教室（50 台“586”） 音像阅览室 网络控制中心	建成校园互联网
2001		双向视频演播室（70 多座）	接通高速网，提升校园网速几十倍
2002	机房电脑 300 台	网络机房 1 间（50 台品牌机） 电子演播室 2 间 电子视听阅览室 2 间	电大在线平台
2003		网络机房 2 间 组网实验室	
2010	办公电脑升级	多媒体教室达 12 间 网络机房达 6 间	校园网网络设备升级，出口宽带 200 兆

津市电大有实验室（楼）4 栋，建筑面积 7059 平方米，设备经费 690 万元，见表 6–3–9。1988 年、2000 年、2010 年学校的图书、计算机及多媒体教室数见表 6–3–10。

津市电大根据教学实际需要，实践教学基地校内校外均有。校内有语音室、计算机机房、多媒体教室、会计模拟实验室等；校外有津市职业中专学校、津市市第五中学、津市

市德源联合会计师事务所津市分所、津市市新洲法庭、津市新华工厂、津市市劳动和社会保障局就业培训处、津市市朝宏油泵有限公司等。校内的基地承担本校对口专业的实践环节教学、教学实验、实习任务等；校外教学实践基地，承担专业性较强的课程现场教学实习和毕业实习。

表 6-3-9　　津市电大实验室（楼）情况一览表

名　称	面积（m^2）	竣工时间	建造经费（万元）	设备经费（万元）	备　注
实验楼	1700	1990 年	50	100	
模具实训楼	966	2006 年	100	90	北区机房
服装、电子实训楼	3048	2008 年	350	300	
机械加工厂	1345	2010 年	120	200	

表 6-3-10　　津市电大图书、计算机及多媒体教室数变化一览表

时　间	藏书册数	计算机台数	多媒体教室间数
1988 年	20000	0	0
2000 年	30000	100	1
2010 年	50000	225	2

五、教师队伍建设

常德电大教师队伍建设始终坚持满足专业需要、选拔优秀人才，岗位压担培养。（1）从数量结构上保证需要。一是学校按要求分阶段配齐各专业责任教师。2002 年下学期至 2003 年上学期，学校对已开设的汉语、英语、会计、法学、计算机、教育管理、金融等 7 个开放教育本、专科专业各配备一名本专业本科毕业、中级职称以上的责任教师；2003 年下学期至 2004 年上学期，各专业配齐 2 名责任教师。学校专业责任教师平均年龄 30 出头，有 3 人已获取在职研究生硕士学位，有 6 人在职攻读华中科技大学、华中师范大学、湖南大学的在职硕士研究生，7 人相继获得高校讲师职称。二是解决课程辅导教师问题。辅导教师在现代远程教育中主要担负着具体课程集中面授辅导和个别辅导的教学任务。学校从两方着手建设：其一充实专职教师队伍，2004 年，从湖南师大，湖南文理学院引进英语教师、数学教师、计算机教师，从有关单位调来会计教师和中文教师，2006 年从湘潭大学、湖南师大引进会计教师、工商管理教师、汉语言教师，加上原有专职教师，总数

达到20名。其二稳定兼职教师队伍。学校从湖南文理学院、常德市委党校、常德师范学校、常德市司法局、常德市财政局等单位聘请一批熟悉电大教育，工作责任心强，富有教学经验，具有中、高级职称的兼职教师。从数量上稳定在40~50人的规模。三是解决专业管理教师及管理职责问题。根据学校开放教育办学规模，管理队伍数量上保证在15~20人左右，其中专业管理教师10名左右，其他管理人员5名左右。2004年，学校组织教务科、开放办有关管理工作人员，对开放教育各项管理工作进行全面系统的梳理，建立健全140个规章制度、管理办法、操作规范，同年9月形成《常德广播电视大学开放教育管理制度汇编》，分为招生管理、教务管理、教学管理、学生管理、电教管理、县站管理等六篇。这本管理制度结集，不仅有对各项管理工作的规定、办法，而且有各块工作的基本框架，如招生工作流程图、考试管理工作流程图、学籍管理流程图、教学管理组织结构图、教学管理流程图、专业责任教师、专业管理教师、课程辅导教师工作流程图等。（2）组织多种培训，提高教师专业素质。学校或请省电大科研处、远研所专家来校指导，或学校有关领导主讲，或安排教学、技术方面的专家辅导，分别对责任教师，专、兼职辅导教师，管理教师、技术人员进行多批次培训。主要有：开放教育理论培训，重点探索远程开放教育教学模式；导学课培训，通过观看省校优秀导学课光盘，组织导学课竞赛等方式，力促责任教师能运用现代技术手段进行导学辅导，并能起到专业示范作用；多媒体课件、专业网页制作培训，要求责任教师能制作课件并运用课件进行辅导。再是通过模式研究提高教师科研水平，通过实践探索增强教师教管能力。

津市电大1988年有专任教师5人，其中高级职称1人，中级职称3人；2000年有专任教师27人，其中高级职称8人，中级职称13人；2010年有专任教师33人，其中高级职称12人，中级职称17人。学校坚持从校内选聘优秀教师出国进修或到国内高校培训学习，采取多途径、多形式开展教师的继续教育工作。2006年学校先后选派副校长刘建军，专业课教师郝琼专赴德国马格德堡大学考察与进修，学习德国先进的职业教育管理经验和机电技术应用专业方面的新技术、新理论、新方法；2008年7月至8月，学校选派李海教师到厦门集美大学参加模具设计与制造、数控技术应用等专业的国家级骨干教师培训，获得了《PRO/E软件使用高级证》、《三维CAD应用工程师证书》、《数控铣床工技师职业合格证书》等培训结业证。这些外派教师学成归来后，从事专职的教学、管理、技术、科研工作。

六、常德电大系统建设

常德电大下辖全市区县电大分校共8个，分别是桃源、石门、临澧、汉寿、澧县、安乡、鼎城、武陵。这些电大分校都是当地成人高等教育办学的主要力量。2009年10月，根据常编办《关于县级电大教育机构设置有关事项的通知》，区县电大工作站可更名为常德广播电视大学××县（区）分校，与区县教师进修学校合并，一个机构、两块牌子，正科级级别，并由一名副校长专职负责电大教育工作。这一举措极大地增强县级电大办学的整体实力。

常德电大对于系统建设一直十分重视。一是规范管理。主要是制度、行为和过程的规范。制定《常德广播电视大学关于建立校外教学站（点）的若干规定》，对县站、教学点办学资格、教学管理技术队伍、办学场地及设施设备等作出明确规定；制定了《常德广播电视大学开放教育教学点的工作职责》，要求各站、点按上级电大统一规定进行招生宣传和生源组织，严格执行上级电大教学管理实行“五统一”的规定；出台《常德广播电视大学关于开展开放教育教学点督导与检查的管理规定》，从形成性考核、毕业论文、教学资源使用、学籍考试等方面提出了检查督导的要求；制定《常德电大教学点教学工作检查内容与要求》，突出推进开放教育教学模式与教学管理模式的检查内容，特别强调学生远程自主学习培训、教师导学辅导、学生上网学习、完成平时作业、完成毕业论文等教学环节的落实。二是培训指导。第一，会议培训明确办学方向，形成系统建设共识。常德电大每年的全市电大教育工作会，招生工作会，每学期初的教学工作会，期末的考务工作会，旨在统一思想和认识，明确目标和任务。第二，教师培训指导教学工作，提高专业水平。分校教务科组织各专业责任教师下到各县站，进行毕业论文集体指导和本科毕业论文答辩指导，同时培训各电大站毕业论文指导教师。第三，模式培训树立远程教育理念，推进试点改革。分校组织各电大站教学和管理的负责人，就远程教育的理念、模式进行培训，推进各电大站教学与管理的改革。第四，技术培训掌握现代信息技术，培养上网操作能力。2005 年和 2006 年，教务科两次组织各电大站教学负责人到分校机房，就电大的在线学习平台和教务系统的使用等问题进行培训。三是督导落实。学校对于县站的管理，督导与检查是一个重要的方面。按学校制定的督导与检查的规定，分校每学期下县站进行一至两次教学检查与督导。按《常德电大教学点教学工作检查内容与要求》制订表格，逐项检查，采取现场评价，发文通报，督促整改等方式，力求检查与督导的效果。

七、校园建设

1988 年 3 月 26 日，常德地委副书记庞道沐同志和行署副专员曾繁友及地区教委第一副主任李学林等一行 6 人，到常德电大召开现场办公会，专题研究学校基建计划与经费落实问题。1988 年 12 月 26 日，常德市委、市政府在常德电大召开市长办公会，就修建教学楼事项进行专题研究。常德市委副书记庞道沐、副市长李江、市政府副秘书长许成林、调研员朱荷池、市教委副主任陈昌清、市教委成教科长王振华、市财政局行财科长黄大轩等同志与会。常德电大教学楼于 1989 年动工，1990 年竣工，总投资 64 万多元，实际建筑面积 2416 平方米，校园面积达 13.16 亩。

1995 年 12 月，常德电大向市政府递交《关于恳切要求紧急解决我校土地征用费的请示》，1996 年 5 月，张昌平市长来常德电大实地视察。1996 年年底，由张昌平市长亲自批示督办的解决电大征地办学困难的 30 万元专项经费下拨学校。

从 1993 年到 1997 年，常德电大征地两次后，校园面积达 26.5 亩；修建教工宿舍一栋，建筑面积 2279 平方米；筹备修建教学综合楼一栋，完成了建楼必需的征地、基建计划，规划设计、动工资金等事项，还完成了水增容，电增容、校园围墙、学生临时宿舍改造等配套工程，固定资产总投资近 286 万元。

1998 年，学校投资近 120 万元（土地补偿费），新征土地 9.246 亩，校园面积扩大到 35.746 亩；投资 178 万元新建教学综合楼一栋，建筑面积 2673 平方米；投入资金 17 万元购置 586 电脑 40 台，微机房电脑总数达 100 台；投入资金 40 万元，建成高标准 42 座英语语音室，购置了全套电类理工实验设备，新添图书、资料 1 万册；投资近 10 万元，将教学楼维修一新，在新建土地上修建了花园，种植了各种花草树木，整个校园变得清新、整洁、美丽。

1998 年 11 月，常德市计委下发《关于常德电视大学扩建工程可行性研究报告的批复》，原则上同意学校的扩建工程报告，扩建工程建筑面积 3900 平方米，其中学生宿舍 2400 平方米，学生食堂 1500 平方米，总投资 340 万元，资金由电大自筹解决。1999 年 10 月，学生宿舍和学生食堂动工修建，2000 年 5 月竣工，总投资 281 万多元，建筑面积 3665 平方米。

2000 年 6 月，市计委 149 号文件，给学校下达修建田径运动场的计划通知，9 月，市规划局给学校颁发“建设用地规划许可证”。此次征地 11.086 亩，校园面积达 46.832 亩。

2002 年，投资 140 多万元，在学校东面新建一栋教学综合楼，建筑面积 2133 平方米，作为开放教育办学的主楼。

2004 年，学校投入资金近 340 万元在学校的正北面新建一栋学生公寓，总面积 3958 平方米；投资 20 多万元，新建 4 个篮球场、1 个羽毛球场、1 个排球场。

2006 年上半年，学校向常德市发展和改革委员会递交修建科教楼的可行性研究报告，5 月，发改委 150 号文件予以批复，原则同意修建科教楼的报告；同月，学校又向发改委递交《关于申报常德广播电视大学新建科教楼的基建计划的请示》，6 月，发改委下发《常德市发展和改革委员会关于下达常德市广播电视大学新建科教楼年度投资计划的通知》，同意学校实施所报项目建设，项目总面积 4300 平方米，总投资 420 万元，并下达 2006 年度投资计划 200 万元，资金来源由城市教育附加专项和学校自筹解决。科教楼从 2006 年 12 月开始动工，到 2008 年 1 月竣工，建筑面积 4407 平方米，投资近 410 万元。

2007 年，学校投资 105 万元，拆除 1991 年建于校园南面的老校门，面向芙蓉大道，在校园的西面修建新校门和传达室，新建 260 米长的钢化玻璃透视围墙，70 米长的高标准文化长廊及校园文化广场；投资 28 万元，新增绿化面积 4000 平方米；投资 33 万元，新添一批学生用桌椅等教学设施设备。2008 年，学校投资 60 万元，对老教学楼进行全面的翻新改造，10 月份竣工投入使用。从 1985 年 8 月第一次征地 3.71 亩开始，到 2000 年最后一次征地结束，校园面积经过6次扩展，近50亩的校园业已定型；从1986年8月第一栋教工宿舍楼竣工，到2007年10月新校门的落成和玻璃透视围墙的圈定，校园建设的主要任务基本完成。

第四节　自学考试

1984 年7月，常德行政公署决定成立常德地区高等教育自学考试指导委员会；9月，湖南省首次开考，常德地区有4668人参加考试。自学考试采用施考分科、学分累计的方式逐步完成学业。1988—2006年考籍档案的形式主要为纸质档案，2006年湖南省高等教育自学考试网上管理信息系统投入应用，实现了档案无纸化、网络化的考籍管理。

1988—2004年，常德市各区县均有500名以上考生报考，各区县都设有考点。2005后社会型考生逐渐萎缩。 2006年起，所有社会型考生都集中到市直参加考试。全日制自考始于1993年，主要生源集中在湖南文理学院和常德职业技术学院。

1988—2010年常德市共有515836人次报名参加了自学考试，共有18097名社会型考生毕业，其中本科7080人。

常德市自学考试考生数量根据社会发展需要和考生学习需要而形成。1988年至1999年考生数量逐年增加，到1999年达全市顶峰44631人，从2000年以后，考生又逐年递减。

1988—1999年，常德市自学考试高等教育和中专教育并存。期间，报名为310652人，毕业9548人，详见表6-3-11。毕业生中本科1169人，占12.24%，专科6263人，占65.59%，中专2116人，占22.16%。平均每年报名25888人，平均每年毕业796人。

2000—2007年，常德市自学考试只有高等教育。期间，报名为170819人，毕业9230人，详见表6-3-12。毕业生中本科975人，占10.56%，专科8255人，占89.44%。平均每年报名21352人，平均每年毕业1154人。

2008—2010年，常德市自学考试只有高等教育。期间，报名为38061人，其中社会型报名10773人，全日制报名27288人；毕业754人，详见表6-3-13。毕业生中本科580人，占76.92%，专科174人，占23.08%。平均每年报名12687人，平均每年毕业251人。

表6-3-11　　**1988—1999年自学考试报名人数及毕业人数统计表**

年份	高等教育部分							中专部分	
	报名人数			毕业人数					
	上半年	下半年	全年	上半年	下半年	全年	其中本科	报名人数	毕业人数
1988	10028	8219	18247	315	354	669		876	0

续表 6-3-11

年份	高等教育部分							中专部分	
	报名人数			毕业人数					
	上半年	下半年	全年	上半年	下半年	全年	其中本科	报名人数	毕业人数
1989	8463	7695	16158	288	196	484		126	1
1990	8421	9817	18238	163	172	335		27	1
1991	10622	11786	22408	147	164	311	21	0	5
1992	12545	11755	24300	139	234	373	24		
1993	10824	10898	21722	180	278	458			
1994	12785	11661	24446	216	173	389	49		
1995	12821	13113	25934	329	280	609	183		
1996	15937	15329	31266	467	323	790	292	7380	1140
1997			17932			357			
1998	21146	20528	41674	755	470	1225	494	2386	1335
1999	23060	21571	44631	898	534	1432	675	1310	781
合计	44206	42099	306956	1653	1004	7432	1169	3696	2116

表 6-3-12　2000 年至 2007 年自学考试报名人数及毕业人数统计表

年份	报名人数			毕业人数			
	上半年	下半年	全年	上半年	下半年	全年	其中本科
2000	21382	19898	41280	947	634	1581	780
2001	17798	14596	32394	1199	1480	2679	1236
2002	11524	15506	27030	886	1197	2083	837
2003	14935	15351	30286	263	316	579	311
2004			16813			800	
2005	6800	5684	12484	300	389	689	420
2006	3217	2718	5935	240	234	474	320
2007	2427	2170	4597	186	159	345	235
合计	12444	10572	170819	726	782	9230	975

表 6-3-13　　2008—2010 年自学考试报名人数及毕业人数统计表

年份	报名人数总计	社会型报名人数			全日制报名人数			毕业人数	
		上半年	下半年	全年	上半年	下半年	全年	全年	其中本科
2008	14377	2061	1740	3801	7076	3500	10576	203	134
2009	11288	1809	1722	3531	3824	3933	7757	208	143
2010	12396	1896	1545	3441	5284	3671	8955	343	303
合计	38061	5766	5007	10773	16184	11104	27288	754	580

第七篇　特殊教育

中华人民共和国成立前，常德没有特殊教育学校。1956 年 8 月，津市聋人黄诗言倡办聋哑人业余学校；1959 年，学校由津市市民政科接管，更名为“津市市聋哑人红专学校”。同年，常德市（即现武陵区）政府创办聋哑人业余文化学习班。“文化大革命”中，常德地区特殊教育一度中断。

1989 年 3 月，津市市人民政府根据常德市教委意见，向湖南省教委请示开办津市市聋哑学校；9 月，省教委、省财政厅、省民政厅、省卫生厅、省残联联合发文，同意开办津市市聋哑学校，省财政厅拨款 50 万元在原津市市看守所基础上建校。1990 年秋，津市市聋哑学校在全市招收 7~18 岁聋哑新生 27 人。1992 年，市教委贯彻 1990 年 8 月省政府办公厅批转的省教委、省残联等 8 个单位联合下发的《关于发展湖南特殊教育若干意见》，要求在办好津市市聋哑学校的基础上，各区县（市）集中办特教班。同年，市教委对全市 7~18 岁盲聋哑和弱智儿童进行全面摸底，并在此基础上制订了《常德市特殊教育发展规划》，把特殊教育纳入义务教育轨道。1993 年，有安乡县、汉寿县、临澧县、鼎城区、常德市三中举办特教班。是年，全市有特教学校 1 所，特教班 9 个，在校学生 850 人。1995 年 10 月，津市市聋哑学校作为常德市第一批接受湖南省普九验收的必检单位，参检验收合格。

1996 年 5 月，常德市特殊教育工作会议在津市市聋哑学校召开，会议确定全市特殊教育的目标任务；10 月，市政府办公室印发《常德市发展特殊教育的若干规定》。同年，安乡县特殊教育学校正式创办、招生开学；桃源特殊教育学校动工兴建，先后投资 200 多万元，次年建成招收新生；另临澧县、鼎城区和武陵区办有特教班。1997 年，全市 3 所特校有学生 386 人；其中津市市聋哑学校有 8 个年级 11 个教学班，在校学生 165 人，为全省第三大规模的特教学校。2000 年，全市 3 所特教学校有学生 329 人，另在普通中小学随班就读学生 441 人。

2008 年 4 月，市教育局对全市特殊教育进行专题调研，提出新建常德市特殊教育学校的意见。6 月 30 日，市委、市政府召开专题研究，“同意在市城区新建常德市特殊教育学校。建设方式采取市、区共建的办法，在武陵区东郊中学基础上改建”。2010 年，市教育局将常德市特校的建设工作纳入全市“项目建设年”内容。2011 年 9 月，常德市特校第一期工程建设顺利完工，开始招生开学；2012 年 11 月，常德市特校校园工程建设全面竣工，建筑面积 31027 平方米，市政府全额投入 1.24 亿元。

2011年10月津市市聋哑学校更名为津市市特殊教育学校。2012年，全市有特殊教育学校4所，在校残疾学生512人（包括普通中小学随班就读67人）。教职工149人，其中专任教师127人。全市特殊教育学校占地面积87699平方米，生均建筑面积90.98平方米，图书11200册。

第一章　教育教学

第一节　教　学

一、学制

1990年津市市聋哑学校开始招生，学制六年，结业后要求达到小学毕业水平；1996年学制改为九年，结业后要求达到初中毕业水平。桃源特校1997年开始招生，学制为六年。安乡特校的学制经历3次变化，1996年至2008年，学校只开设小学班，学制六年，2008年至2011年，学校增设初中班，学制为九年，2011年9月，由于聋哑学生人数减少，学校停办初中班，回复到小学六年学制。

津市市聋哑学校、桃源特校、安乡县特校属县（市）级特校，3所特校除设置聋哑部外，先后设置语训部与增智部，根据听力语言残疾、智力残疾儿童的身体、心理特点，对他们进行全面的知识与能力教育，修复残疾造成的缺陷，使他们成为能适应社会、并能自食其力。

2008年前，全市3所特教学校，招收对象主要为听障、中轻度智障儿童，且初中阶段教育处于滞后状态，不能满足义务教育阶段特殊教育孩子入学需求，高中阶段和职业教育体系没有建立，和全省其他地市的特殊教育相比还存在一定的差距。2011年9月，常德市特校一期工程竣工，试招学生47人，2012年正式招生。该校分为启聪部和益智部。启聪部按照“聋幼儿学前康复—聋生义务教育（康复指导）—聋生高中阶段教育（职业培训）—进入高等院校就读（职业培训）—就业”的模式开展教育活动；益智部按照“康复训练—培智义务教育（康复指导）—培智职业培训—就业”的模式开展教育活动。其规划中的学制包括“学前教育”“九年义务教育”“高中教育”三个阶段。

二、课程与教材

全市各特教学校按照教育部规定，开全课程，开足课时。聋教部（常德市特校为“启聪部”），小学阶段课程执行聋校课程设置方案，开设思想品德、语文、数学、自然常识、社会常识、律动，体育，美工，劳技等课程，初中阶段增加理科、英语（安乡特校因为师资不足，未开设英语课程)。使用教材主要为教育部统一印发的人教版《全日制聋校实验教材》。各特校智障班（常德市特校为“益智部”），开设的课程有生活、社会运动、保健、实用语文、实用数学、科普信息、技术、感知运动、言语沟通、行为、音乐等。使用的教材主要是教育部统一颁发的人教版《全日制培智学校教材》。津市市聋哑学校还使用了浙江科学技术出版社《快乐生活》，上海教育出版社《辅读教材》及学校校本教材。常德市特校还使用了浙江科学技术出版社的浙江达敏教材。各校康复班均根据弱智少儿的生理和心理特点开设课程，主要有：认识、沟通、感官知觉、粗大动作、精细动作、生活自理等。特教学校课表在课程及内容安排上有其特点，见表 7-1-1、表 7-1-2、表 7-1-3。

表 7-1-1　　**安乡县特殊教育学校聋（1）班课程表（2010 年）**

时间	星期一	星期二	星期三	星期四	星期五
第一节	数学	语文	数学	语文	语文
第二节	语文	语文	语文	语文	数学
第三节	语文	数学	语文	数学	品德
第四节	故事	语训	美术	体育	体育
第五节	品德	律动	律动	语训	美术
第六节			讲座		

说明：讲座课单周进行安全法制法纪教育，双周进行健康教育

表 7-1-2　　**常德市特殊教育学校 2012 年启聪部一年级 2 班课程表**

时间	星期一	星期二	星期三	星期四	星期五
第一节	数学	数学	数学	数学	语文
第二节	语文	语文	数学	语文	数学
第三节	语文	语文	品德社会	语文	语文
第四节	写字	沟通交往	语文	劳动技能	律动
第五节	品德生活	课外活动	美术	课外活动	数学自习
第六节	体育锻炼	课外活动	体育	课外活动	周会

表 7-1-3　　常德市特殊教育学校 2012 年益智部三年级课程表

时间	星期一	星期二	星期三	星期四	星期五
第一节	生活语文	生活数学	生活语文	生活语文	生活数学
第二节	生活数学	生活语文	生活数学	生活数学	生活语文
第三节	音乐康复	劳动技能	运动保健	运动保健	运动保健
第四节	生活适应	音乐康复	绘画手工	畅游律动	劳动技能
第五节	绘画手工	生活适应	语言训练	语言训练	绘画手工
第六节	艺术休闲	畅游律动	畅游律动	艺术休闲	周会

三、职业技能

津市市聋哑学校是全市第一所特教学校，在教学中除了对学生进行文化知识的传授，还积极开展职业技能训练，使残疾学生学有所长，掌握基本生存本领。该校先后办了涂料生产、车辆修理、粉笔生产、缝纫、花木、电工、印刷等职业技术专业。1994 年还兴办挂毯厂，并将该厂作为学生实验基地。学校所生产的挂毯曾远销河北、北京等省市及韩国、日本、东南亚等地。该校年年被评为津市市“勤工俭学先进单位”。1995 年，该校首届 12 名聋生毕业，大部分进入澧县洪湖福利印刷厂工作。

2001 年 10 月，国务院办公厅转发教育部等部门《关于“十五”期间进一步推进特殊教育改革和发展的意见》，明确要求“大力加强劳动技能和职业教育，把加强劳动技能教育和多种形式、各种层次的职业教育放在重要位置，切实让学生掌握一定的职业技能，为将来平等、充分参与社会生活，适应社会需求创造条件”。常德市各特校按照上级要求，把劳动技能和职业教育落实到学校工作中，培养学生的职业技能，提高学生的综合素质。

安乡特校在开展职业教育中，一是从入学开始，为每个学生量身定制学习专业，如电脑、美容美发、摄影制作、十字绣、花木工等，并把这些专业的学习贯穿于平时的教育教学过程中；二是本着多层次、多渠道、面向社会培养人才的原则，适时调整课程内容，以适应工作岗位的需要；三是聘请校外专业人员来校，给学生进行培训，另外学校采取与本地企业、门店，理发店、照相馆等联合办学的模式，让学生走向社会实践，这种职业教育培训方式，事半功倍；四是积极与县市残联及相关厂商联系，努力为学生就业提供条件和指导。该校开办到 2012 年，有 50 多名毕业生已就业或自己创业，成为自食其力的劳动者，部分学生还步入较高收入人群，如毕业生肖朝刚自开一家蛋糕店，年收入 5 万元以上。

桃源特校采取多项措施，加强劳动技能教育和职业教育。一是在校园里开辟菜园和养猪场，对学生开展养殖、栽培技术培训；二是在市、县残联的帮助下，有 40 余名学生先参加按摩、美容、烹饪培训，然后就业。他们中绝大部分有稳定工作，有的月收入2000多元；三是在私企业主的帮助下，置办20台针织加工机，采取边学习边工作的方式，对大龄学生开展针织加工培训。这些做法，让学生学到实用技术，基本上解决大龄学生就业问题。

四、文艺体育

全市各特教学校除上好文艺体育课程外，还根据青少年儿童特点，组织多种特教学生喜爱的文艺体育活动和竞赛，这不仅促进了学生发展，还丰富学生生活，同时也培养学生热爱集体、积极向上、自强自尊等良好的道德行为和个性心理品质。全市各特教学校每年都安排有体育竞赛和文艺展示，同时组织学生参加上级组织的文体活动。

1990年，由津市市聋哑学校教师段玉霞指导的聋生刘金红主演的舞蹈《哑童梦幻曲》获湖南省第二届中小学幼儿园文艺调演一等奖。1997年，由教师黄生辉、黄智编导，学生彭琳等主演的舞蹈《难忘同胞情》获湖南省中小学幼儿园艺术节文艺调演一等奖。由黄智、龙足军教师指导的王孝鑫、彭琳的书画作品获省金奖；彭琳的书画作品还获得全国“世纪之星少儿书画大展”特别奖，并录入《中国世纪之星少儿书画展精品集》。2002年由教师黄生辉编导的舞蹈《欢乐中国年》获湖南省学校艺术节一等奖。2004年，安乡特校学生谭娇的手工作品《风铃》在首届全国特殊教育学校美术作品大赛中获得三等奖；同年，在长沙盲聋学校举行的湖南省第五届特殊教育学校体育节上，津市市聋哑学校获得团体总分第八名。2006年，桃源特校学生舞蹈《心愿》、安乡特校舞蹈《小兵学武艺》在湖南省残疾学生文艺会演中均获三等奖。2007年，以津市市聋哑学校聋生为班底的聋人男子篮球队，取得湖南省第七届残疾人运动会男子篮球赛第四名。2010年，安乡特校学生王梦、张阳在湖南省第八届残疾人运动会上荣获三枚银牌。2011年，安乡特校情景剧《日记风波》获省特教学生艺术会演二等奖。2012年，安乡特校学生邓兴洲设计的电脑游戏《手语连连看》获得省青少年科技创新大赛一等奖，曾娟在省首届残疾人形体艺术大赛中荣获两个一等奖，彭佳荣获一个三等奖，一个优秀奖。另外，安乡县特校的学生还有多幅绘画作品在《我们爱科学》《少年心世界》《求知报》等杂志上公开发表。

五、教学方法

特殊教育既有与普通学校相同的常规教学方法，又有其特殊教育的教学方法。如教聋哑学生发音，教师采用师生共对发音镜、学生触摸教师喉部等方法来学习。

2000年以前，由于受教学理念、办学条件等方面的局限，市内各特教学校的教师普遍存在过于注重知识传授，过于强调学科本位，在教学方法上，受传统教学方法的影响，主要以讲授法、谈话法、练习法为主。这些教学方法的运用，有助于学生形成知识的系统性，利于较快掌握概念及基本技能的培养，但也存在过于强调学生接受性学习，死记硬背、机械式训练等弊端，大大限制了学生主观能动性的发挥，尤其是有的教师没有根据特殊教育的特点组织教学，学生的学习效率不高。2000年以后，全市各特教学校的教学方法随着教育理念的更新，特教经验的丰富，逐步形成常规教学方法与特殊教育教学方法相结合的多元化体系。如对听障学生采用演示法、参观法、实验法、发现法与双语教学法、视觉教学法、情境教学法相结合等；对智障学生采用讲授法、谈话法、演示法、练习法、直观呈现法、实践法与直观教学法、游戏教学法、多种感官教学法、分层教学法相结合；对自闭症儿童采用演示法、参观法、强化法、呈现法与结构化教学法、应用行为分析法相结合等。有的特校还开展个别化教育的探索。

进入21世纪，多媒体设备逐步在各类学校中普及，全市各特教学校也普遍采取措施，推广应用现代化的多媒体教学方法，推进特殊教育教学标准化建设，努力缩小与普通教育间的差距。全市各特教学校积极争取地方财政的投入，添置多媒体教学设备，并加大对教师先进教学理念和现代化课堂教学手段应用的指导培训。教师在教学方法上有了很大的突破，逐步将多媒体教学、演示教学、合作探究式教学等现代教学方法，广泛运用到教学中。特别是多媒体教学，课程资源丰富，直观、生动，非常适合聋哑孩子和智障孩子。这些教学方法不仅对残疾学生传授知识非常有效，而且在开发残疾学生的智力、培养残疾学生的能力方面具有传统教学无法比拟的优势。安乡特校学生洪辰辰经过语言康复训练后，在湖南省第二届康复明星大赛上获优秀奖，2011年，她回到普通学校就读，融入了正常孩子的生活。

六、教学研究

常德市各特教学校的教学研究，按照省特教学会年度工作安排和县市教育局管理规章与评价为指导，根据各校教学实际开展形式多样的教研活动。2003年至2008年，常德市承办大型教研活动三次：2003年，津市市聋哑学校承办省特殊教育学会湘北片区教研活动；2004年，安乡特校承办省特殊教育学会湘北片区教研活动；2008年，津市市聋哑学校再次承办省特殊教育学会湘北片区教研活动。常德市各特教学校教研活动主要有教学比武，听课评课，学习特殊教学理念，学习讨论特教教学中的热点问题，观看优秀课堂教学实录，开展校本培训、课题研究和撰写教研论文等。安乡特校坚持领导深入课堂了解教学情况，以“备、教、批、考、辅”为主线，每月对教案、课件、作业进行督导，并开展展示与交流活动。在校本培训方面，开展自学、互帮，集中学习、外派学习（每年每人一次以上到兄弟特校或专业研究机构学习）。每年至少召开两次教学育人经验交流会，两次学习心得交流会，每年组织一次全员教学比武，一次“授、说、评”大型教研活动。在校本教研方面，各部门每周固定一节课时间开展教研活动，进行小课题研讨、教育教法研讨等。在开展课程改革上，深入开展主题教学，改进主题教学形式与内容，编写和完善校本课程，开展具有特色的活动文化建设，收效明显。

2009 年，桃源特校教师张燕、黄惠、陈茅的作品《荷叶圆圆》获中央电教馆组织的第十三届全国多媒体教育软件课例一等奖；教师龚旭波等的《动物音乐会》课件获省电教馆和省科协组织的多媒体软件比赛一等奖。2010 年，安乡特校教师裴媛执教的数学课《认识钟面》获湖南省婴、幼、特科学教育活动录像课比武一等奖；桃源特校教师高钰云等合作的课件《谁拿什么做什么》和教师孟燕等合作的课件《小壁虎借尾巴》均获省电教馆多媒体软件评选一等奖，吴海燕等老师的课件《打电话》获二等奖。

在课题研究方面，联系特校实际，有明显收效。全市各特校承担省教育学会“十一五”“十二五”《聋生心理健康教育研究》《特教学校班级文化建设研究》等规划课题的研究。2009 年，安乡特校课题《听障学生语言环境多样化构建的研究》在常德市教科院立项。各特教学校通过开展教育教学研究，不仅解决了工作中的实际问题，还使教师能不断更新教学理念，了解和掌握教学新策略，引导教师从经验型向专业型、科研型转。

在教研论文发表和获奖方面，常德市特校收获颇丰。1999 年，津市市聋哑学校教师杨松柏的《教师着装建议》一文，在《人民教育》杂志发表；2007 年，桃源特校谭一胜老师的论文获省基教所论文评选二等奖。2008 年，桃源特校黄惠老师的论文在中国教育学会特教分会组织的特教论文大赛中获三等奖，孔雀屏老师的论文被省特教研究会评为一等奖，孟燕老师论文评为二等奖；津市市聋哑学校教师杨芳、严伟的论文均获省教科院论文评选一等奖。2009 年，桃源特校卢建刚、黄惠老师的论文在省特教专业委员会组织的教研论文评选中均获一等奖；教师熊枝柳注重对残障儿童的心理研究，论文《智障儿童心理健康教育心得》获市教科院论文评选二等奖。2010 年，桃源特校教师在省特教学会组织的教研论文评选中，高钰云获一等奖，卢建刚、孟艳、文菲菲获二等奖。常德市特教学校建校时间不长，但教师的教学论文和教案获得诸多荣誉，2011 年，在湖南省教育学会特殊教育专业委员会组织的论文和教案比赛中，龚旭波、朱永祥、魏巍、熊娟、陶丽萍 5 名教师获一等奖，王雪、梁晖、尹璐、刘晴 4 名教师获二等奖。

通过这些教研活动，教师素质得到明显提升，尤其是青年教师。2000 年，津市市聋哑学校青年教师莫妮获首届湖南省特殊教育学校青年教师教学基本功比赛一等奖，安乡特校教师刘凤霞荣获湖南省特殊教育学会湘北片青年教师语文课比武三等奖。2003 年，津市市聋哑学校教师李敏被评为“湖南省特殊教育工作先进个人”。 2012 年，安乡特校教师陈红喜被中央电视台评为“最受关注教师”。 津市市聋哑学校教师杨芳曾为省委书记张春贤、常德市市长陈文浩担任手语翻译，还被聘请为常德市电视台新闻频道《常德旅游》栏目手语主持人。

第二节　德育工作和学生管理

一、德育工作

常德市各特教学校在德育工作中，确立以爱国主义教育为核心，以日常行为规范的养成教育为主题，以培养学生的良好道德素质和道德情感为目标，同时根据特教学生因为身体某部位机能缺陷或损伤而产生的特殊心理和特点，加强学生心理健康教育和辅导。各特校在学生教育的工作中，采取了多种方式，形成了各自的特色，取得了较好的效果。

津市市聋哑学校以“勤诚勇毅，残而有为”为校训，以“文明勤奋，爱校向上”为校风，以“博学精思，学艺求生”为学风，以“敬业务本，爱生奉献”为教风，以“自尊自信 自强 自立”为培养宗旨。立足于“以文化知识为主体，以体艺、劳技为两翼，以培养学生良好行为习惯为载体，以学生掌握一技之长为根本目的”的办学方向。该校对学生进行教育时，一是集体教育与个别教育相结合，强化个别教育；二是学校教育与家庭教育相结合，强化家庭教育；三是提高认识与行为规范训练相结合，强化行为规范训练。同时针对特教学生自卑心理，强化人生价值观教育，针对特教学生“主观”“臆断”的片面认识，强化正确的世界观教育；针对特教学生缺乏文明行为习惯，强化文明礼貌教育。注意充分发挥德育工作队伍的示范作用，环境的熏陶作用，在治疗学生生理疾病过程中注重心理治疗。

安乡特校根据聋哑学生思想活跃、善模仿，兴趣广泛但性格较敏感、自卑、辨别能力差的特点，在对学生的教育上，强调变封闭为开放，变训导为疏通，变管理为自理，加强与学生个别沟通，要求全体教职工结合各自工作特点做德育工作，以自己的行为影响学生，教育学生。德育工作中，强化德育活动的载体作用，通过活动教育学生。学校结合县“创文明卫生城市”的号召，开展“文明礼仪之花”评选活动，“讲文明、守秩序”的文明行走活动，还组建了志愿者师生队伍，主动为社区居民提供多方面的服务，切实提高学生的文明素养。学校针对学生法制观念不强的情况，通过办法制宣传栏、请派出所民警进行法制专题讲座、学生办法制手抄报等途径，使学生知法守法；学校为引导学生实践“雷锋精神”，开展“学雷锋，知感恩”活动，组建了班级自愿环保服务小组，看望敬老院病人，开展感恩母亲等活动等；学校还多次开展了“禁第一支烟”“禁毒签名”“爱鸟护鸟”等活动，通过形式多样的德育活动来细化学生思想工作，塑造学生健全人格，提高教育效果。学校还成立舞蹈兴趣小组，美术兴趣小组，体育兴趣小组等，引导学生在课余开展有益身心的活动，通过丰富的课外活动来陶冶学生的情操，发展学生的个性特长。同时对特教学生德育工作进行探索，桃源特校教师熊枝柳撰写的《上帝咬过的苹果》，在2007年市教育局组织的中小学德育案例评选活动中获二等奖。

二、学生管理

常德市各特殊教育学校分为全封闭式寄宿制和走读寄宿式两种管理模式。桃源特校为全封闭寄宿制模式，其他学校为走读+寄宿式模式。

在学生管理上，各校坚持“以人为本”的管理观念，以全面提高残疾学生素质为宗旨，以培养残疾学生树立自尊、自信、自立、自强的精神和社会适应能力为主要目标。学校每年与学生、家长签订安全责任状，全面落实安全责任制，切实维护教学秩序的稳定。学校把建立良好班风校风结合起来，加强对学生常规管理，为使教师对班级管理的努力和措施发挥应有的效果，每学期开学初，要求各班班主任拟定好班主任工作计划，从健全班级管理制度，制定详细的学生日常行为规范和课堂规范、班级活动的开展等方面着手规划，落实班级日常管理。每个学期，学校还对各班日常管理工作进行考核评比，从卫生、纪律、两操、着装等逐项评分，一周一评，一月一结，对表现优秀的班级授予流动红旗予以表扬，对表现欠佳的班集体提出要求，通过加强班级日常管理，增强对学生日常行为规范的引导，学生都能较好的自觉遵守校纪班规。常德市特校为保障学生安全，学校所有楼房均安有安全防护隐形网。

根据残疾学生的特殊性，各特校在对学生进行管理的过程中，高度重视对学生的生活辅导及学习能力的指导。生活方面的辅导，各班班主任及生活教师着重加强对智障学生及低年级聋生的生活自理能力训练，从吃饭、穿衣、洗澡，到简单的劳动，如扫地、洗碗，都进行训练，以提高学生适应学校生活的能力。学习方面的指导，教师一方面协助学生了解自己的学习能力，培养学习兴趣，另一方面协助学生选择个别化训练项目，发展个性特长。除了日常管理和教学外，学校还要求每位教师在生活上要像父母一样照顾学生，在心理和生活上要像医生一样指导学生，给学生无微不至的关爱，使学生在快乐的充满成就感的学习、生活环境中健康成长。

2001 年，津市市聋哑学校学生彭琳、向慧在校经过 9 年学习，考入长沙特殊职业技术学院，成为常德第一批聋人大学生。2008 年 6 月，安乡特校 接受“两项督导评估考核”（县年鉴》《常德市教育事业统计资料》、常德市教育局文档及常德市各特校上报资料级政府教育工作督导评估和县级党政主要领导干部教育实绩督导考核）省级检查评估组来校检查，国家督学杨国旗高度评价该校为“安乡一大亮点”。

1990—2012 年常德市特殊教育学生人数等情况见表 7–1–4。

表 7-1-4　　1990—2012 年常德市特殊教育学生统计表

年份	学校所数	教学班数	毕业人数	招生人数	特校在校学生人数	随班就读人数
1990	1			27	27	
1991	1				62	
1992	1				85	765
1993	1				78	
1994	1				98	
1995	1				103	
1996	2				125	
1997	3		33		148	
1998	3		11		156	
1999	3		10		172	
2000	3		12		204	
2001	3		5		329	441
2002	3		17		217	
2003	3	23	38	74	307	403
2004	3	21	13	74	319	
2005	3	23	20	37	322	
2006	3	24	51	50	350	
2007	3	25	56	78	494	71
2008	3	24	68	127	604	161
2009	3	25	32	53	450	85
2010	3	24	44	57	407	54
2011	4	31	37	96	454	77
2012	4	40	39	118	512	67

说明：本表数据来自《常德年鉴》《常德市统计年鉴》《常德市教育事业统计资料》、常德市教育局文档及常德市各特校上报资料

第三节　康复教育

一、措施

康复教育是特殊教育学校承担的对聋哑、智障学生进行义务教育外的一项重要工作任务。1996 年 5 月，“常德市聋儿语训部”在津市市聋哑学校挂牌成立，首开常德市特教学校康复教育先河 。桃源特校 1998 年设置语训部，2003 年 9 月创办“桃源县智力障碍儿童康复训练中心”（即培智部），率先在全市招收智力缺陷儿童，开展康复训练。该校运用“生活化”教育理念，合理设置校本课程，运用现代教育技术手段，培养学生运动、感知、认知、生活自理等方面能力。2010 年 3 月，常德市残联定该校为“抢救性康复定点机构”，开始举办 0~6 岁贫困残疾儿童抢救性康复训练。安乡特校一直重视对学生进行康复教育，2009 年、2010 年学校先后承担湖南省语训康复项目和湖南省智障儿童抢救性康复项目。常德市各特教学校康复教育的主要措施有：一是为每位新生进行听力筛查，每学期对学生进行 1 次听力测试，根据学生听力损伤程度，确定语言康复方案；二是为每个学生配备一套语言康复训练器，对 3~6 岁聋儿进行口语康复强化训练；三是智障儿童主要开展感觉统合训练和运动功能康复训练；四是在实际操作中，注重训练与诊断相结合，集体教学与个别训练相结合，课堂教学与课外训练相结合，学校训练与家庭支持相结合；五是对学生语训进行个案记录、分析和总结。表 7–1–5 为安乡特校智残儿童康复训练第一周的课程表。

表 7–1–5　　安乡县特殊教育学校智力残疾儿童康复训练课程表

时间/活动形式		星期一	星期二	星期三	星期四	星期五
第一节	集体训练	圆圈活动	圆圈活动	圆圈活动	圆圈活动	圆圈活动
第二节	主题训练	我能指出我的老师	男老师，女老师	跟老师问好	老师教我洗手	指出老师的鼻子
第三节	集体训练	感官知觉	认知	沟通	生活自理	社会技能
第四节	集体训练	感官知觉	认知	沟通	生活自理	社会技能
第五节	小组训练	粗大运动	精细运动	美工	唱游	桌面活动
第六节	小组训练	粗大运动	精细运动	律动	桌面活动	游戏活动
第七节	个别训练	个别训练	个别训练	个别训练	个别训练	个别训练

津市市聋哑学校语训部使用中国聋儿康复研究中心编写的《听障儿童综合活动示范教学指导》教材，教学形式分为集体课和个训课。

桃源特校语言康复训练设施比较完善，语训部采用湖南省聋儿康复中心教材，采用“主题教学”模式，依据“聋不等于哑”的理念，以“恢复聋儿语言，开口说话”为教学目标，开设主题、口舌操、数学等6门课程，对6岁以下具有一定残余听力的聋童开展语言康复训练。后学校大胆探索，开发一套校本教材。培智部综合采用北京、深圳、杭州等地教材，采用“主题教学”模式，以“适应生活”为教学目标，开设生活语文、生活数学、唱游与律动、语言、运动、生活技能、手工绘画、舞蹈等课程，对智力残疾儿童开展智力康复训练。2010年3月开始，学校先后主办“国家福利彩票基金项目0~6岁贫困残疾儿童抢救性康复训练项目”“湖南省政府为民办实事0~6岁贫困残疾儿童抢救性康复训练项目”语训班、智力班7个，采用自编教材、“主题教学”模式，开设生活、运动、社会、认知等课程，开展残疾儿童学前教育，先后培训学生70余名。

安乡特校语训班根据《听力语言康复“十一五”实施方案》开设涵盖健康、语言社会、科学、艺术五大领域的课程，教学形式分为集体课和个训课。

常德市特校具有完善的康复设施、设备，开设脑瘫儿童动作训练、感觉统合训练、言语沟通训练、精细动作训练、情绪与行为康复、戏剧康复训练等课程，采取个别训练与集体学习、学校教育与家庭康复相结合的方式进行训练。

二、效果

常德市各特殊教育学校从1997年起开展康复教育，取得较好的效果。

1998年5月，津市市聋哑学校受训聋儿陈梓走出无声世界，进入石门县青峰煤矿子校学习。2010年，语训部王海霜等4名聋儿走出无声世界，进入津市市五小等学校学习。

1998—2012年，桃源特校语训班对60多名3~6岁有残余听力聋童进行康复训练，其中近30名聋童重返有声世界，进入普通小学就读。智力康复训练工作开展成绩显著，经过训练的30余名学生，在身体素质、心理素质和生活自理能力等方面均有明显提高。2011年，该校10余名康复儿童参加桃源县幼儿园“庆六一文艺演出”，当台上康复幼儿对台下家长张口叫出“爸爸好妈妈好”时，台下家长热泪盈眶，全场一片啜泣之声。

安乡特校到2012年对110名6岁以下听障儿童及智障儿童的康复教育，效果明显。培智部6岁以下的智障孩子由以前的不合群，没有纪律观念、生活自理能力差，经过康复教育，能听从老师的指令，主动和他人进行简单的语言交流。大部分孩子能自己用勺子吃饭、上厕所、穿、脱一般的衣服和鞋袜等，其中20多名康复程度好的6岁以下的智障孩子能够到特教学校上学，适应没有父母陪读的全日制特校生活学习。2011年，智障学生朴宇哲由于康复情况良好，回到安宏乡唐家铺普通小学读书。

常德市特校办学条件优越，康复教育效果显著。首批招收的康复学生经过一年半的训练，语训班的五名幼儿口语能力提高很快，能够读懂简单的唇语，佩戴助听器后可以和人简单交流；脑瘫儿童的运动能力进步明显，其中3名学生从2011年9月进校时几乎不能独立行走，一年后能独立行走，不需要家长陪读；1名学生的前庭觉取得较好的训练效果，有方向感，身体协调能力加强，可以稳步行走；1名脑瘫儿童通过运动功能康复室坐姿训练，矫正不良姿势，克服身体偏瘫。

第二章 管 理

第一节 学校管理

一、行政管理

常德市各特殊教育学校按照教育部1998年12月颁发的《特殊教育学校暂行规程》进行管理。学校行政事务管理，按照《特殊教育学校暂行规程》中的“分级管理、分工负责”的原则，特殊教育学校在当地人民政府领导下实施教育工作。各特校接受教育行政部门和上级主管部门的检查、监督、指导，如实报告工作，反映情况。学年末，学校向主管教育行政部门报告工作，重大问题随时报告。全市各特校实行校长负责制，校长全面负责学校的教学和其他行政工作。学校按编制设校长、副校长（安乡特校未设），依法对学校进行管理。内设办公室、教务、总务等工作机构，协助校领导做好分管的事务工作。学校成立工会、共青团、少先队等群众组织，建立健全教职工代表会议制度，加强对学校民主管理和民主监督。

津市市聋哑学校属津市教育局直管的股级单位，学校行政领导班子由津市市教育局任免，实行校长任期目标责任考核。1990年11月任命刘宝熙为首任校长、余宗柏为首任党支部书记；1996年2月，刘宝熙退居二线，任命杨世望为校长，余宗柏为书记；1998年2月，杨世望调离，罗国兴任校长，黄继禄任书记；2007年，罗国兴调离，王焕元任校长，姜求贤任书记。建校以来，历届领导班子持续建立目标管理制度，实行校长—二层机构—教研组—班主任层级管理，逐步规范备、教、批、辅、考教学流程管理和对学生的教育管理，制定了班级管理评分办法，学生生活自理能力评价等方案。学校充分发挥语文、数学、体育、综艺四个教研组的作用，常年开展教学研究、教学比武、集体备课、教案评选、手语竞赛等活动，以此激发教师的工作热情。学校结合自身实际，制定教职工绩效工资考核办法，调动全校教职工工作的积极性。学校实施常态化的教师培训工作，每年均组织开展形式多样的培训活动，通过培训，教师的业务水平得到明显提升，师资优势辐射到全市。近年来，为常德、安乡、桃源特校培训教师5批30人次。

桃源特校属桃源县教育局直管的股级单位，学校行政领导班子由县教育局任免。1997年9月至2002年7月任命张桃珍为校长；2002年8月至2010年3月任命黄惠为校长；2010年3月起任命彭敏为校长。学校依据《桃源县教育局管理规章与评价》，结合学校实际，制定完善各项规章制度，使每人的工作有明确的依据与尺度。教学秩序管理重点是教学教研、教学秩序检查、考勤和教学质量评价的管理。教师队伍管理重点在注重师德师风建设和以教研促教师专业水平、业务能力的提高。后勤、财务、仪器等工作为学校的教育工作做好保障性服务。

安乡特校的行政人员由安乡县城关镇中学任命、考核。1996 年 9 月至 2004 年 8 月任命周碧兰为校长；2004 年 9 月起任命张登平为校长。1996 年 9 月至 2000 年 8 月学校行政领导只设校长 1 人，2000 年 9 月增设后勤主任一职。2009 年 9 月增设政教主任一职，2012 年 9 月起，学校内部机构人员为校长一人，政工主任、教务主任、后勤主任各一人。学校行政管理主要隶属于安乡县城关镇中学，各项管理制度按城关镇中学制度执行。

常德市特殊教育学校由常德市教育局主管，校行政领导由常德市教育局任命。2011 年 9 月任命龙明忠为校长，李云界、田泽玉为副校长，肖春桃为副科级纪检委员兼工会主席。校内设办公室、教导处、总务处三个机构，其中教务处下设益智部与启聪部。

全市各特校在管理中，进行长期艰苦细致的工作，均获得上级主管部门和社会的认可。1996 年，津市市聋哑学校在常德市“八五”残疾人事业工作会上被评为先进单位；1998 年，《常德日报》以《走进无声世界》为题报道该校办学事迹；2007 年、2010 年，该校先后两次被评为“湖南省残疾人工作先进单位”。学校曾作为三湘特教名校被《湖南特教》《湖南教育》杂志推荐。中央电视台、湖南电视台、美国洛杉矶熊猫电视台、《人民教育》《中国教育报》《湖南日报》等媒体多次报道该校的办学成就。2008 年，学校被省教育厅、民政厅、残联评为湖南省特殊教育先进单位。

桃源特校多次受到上级表彰奖励。2005 年度，被市教育局评为“勤工俭学工作先进单位”；2011 年，被省特教学会评为“残疾人工作先进单位”。《湖南日报》《常德日报》湖南电视台经视频道、常德电视台等媒体曾多次对该校办学成果予以报道。

安乡特校创办以来，先后被评为安乡县城关中学“全面工作先进单位”，县“扶残助残工作先进单位”，常德市“巾帼文明岗”，常德市“模范残疾人之家”，湖南省“五好关协”，湖南省“三八红旗集体”等荣誉称号。中央电视台、湖南电视台、湖南教育电视台、常德电视台、常德电台、常德日报等十多家媒体对该校的办学成果和教师们教书育人的事迹予以了报道。

二、经费

津市市聋哑学校成立之初，省财政厅拨款 50 万元。1999 年起，常德市政府决定，每年由常德市财政补助 20 万元，后追加每年至 30 万元。2004 年，常德市教育局拨款 30 万元，用于教学楼、综合楼建设及教学设备、办公经费等开支。学校人员经费由津市市财政负担。2010 年中央财政拨款 280 万元，学校新建了学生宿舍楼，并配套采购了教学仪器设备。

安乡特校经费来源，一是教师工资由县财政拨付，同时，县财政每年拨付少量的公用补助经费；二是社会团体捐资助学。1996 年至 1999 年，学校每期向学生收取 150 元学杂费。2000年起，学校实行免费入学。2007年国家向义务教育阶段学生实行两免一补后，财政按普通中小学标准依据学生人数拨付公用经费，数额较小。从2008年开始，财政每年年底拨付5万元，用于解决学校基础设施和基本运转的费用。在社会团体捐资助学方面，主要依靠教育局在每年的全国助残日期间组织全县中小学师生开展扶助残疾，活动所得捐款全部用补助学校公用经费的不足。1998年，水灾后学校重建，外地有上海帝威斯企业发展有限公司捐助15万元，作家张贤亮捐助2万元。

桃源特校创办初期，由于多种原因，没有固定资金来源，办学经费非常紧张，一度面临停办的困境。2002年以后，办学条件逐步改善，不仅剥离了建校债务70余万元，而且县财政开始每年拨付资金10万元。学校还通过助残活动募集到一定资金，平均每年在15万左右。2010年，学校办学经费构成为：县财政每年按每生500元标准拨付公用经费，常德市财政每年向学校拨付30万元，市教育局捐赠中心给予学校每年3至6万元的学生生活补助费，另外，社会助残活动也能募集到一定的资金用于补充办学经费的不足。

常德市特校作为市委市政府落实省为民办实事的重要工程之一，总投资1.24亿元。资金来源为中央预算内投资380万元，市财政安排1.2027亿元。教师工资、办公经费由市财政全额拨付，学生除享受义务教育待遇外，每生每天补助生活费6元。

特教学校的教育工作者另有特教津贴，为其基本工资的15%，常德市1990年开始执行。

三、学校建设及设备添置

常德市各特殊教育学校创办初期至1999年，教学场地、教学设施与仪器设备均较为简陋。2000年以后，随着教育投入增加，教学用地、用房与仪器设备逐步得到扩展、更新和完善。

津市市聋哑学校在1990年建校初期，校舍为在原津市市看守所建筑改建，条件很差。1993年9月，新教学楼建成交付使用，有18间教室，建筑面积1320平方米，办学条件得到较大改善。到2010年，学校占地12000平方米，建筑面积5000平方米，有图书12000册，聋儿集体语训器材一套，配备有师生阅览室、书画室、实验室、电脑室、多媒体教室、语训室、律动室、集体活动室、运动康复室、游戏室。学生学习、生活设施齐全，文化建设美观大方。

安乡特校在1996年学校初办时，只有一个教学班，用城关书院洲小学的五间简陋房子作为教室，教学条件比较艰苦。1998年7月24日，安乡县安造垸在洪灾中溃堤，离溃堤口仅200米的安乡特校被洪水冲毁，学校变为废墟。1999年9月，学校搬到由安乡县教育行政部门拨款、企业和个人捐助建成的书院洲新校园。校园占地3500平方米，教学楼建筑面积1800平方米。到2011年，学校得到较大发展。校园占地5200平方米，新建3500平方米的综合楼，扩充了电脑室、语训室、多媒体教室、律动室、个训室等，新增

“启音博士”、“启聪博士”等一批康复设施，各种检测，康复专用设备和电教设备达到100多台（套），软硬件实现量和质的跨越。

桃源特校于1997年9月建成招生，在市、县两级党委和政府以及桃源县有关部门的高度重视和大力支持下，学校办学条件逐步得到改善。到2011年，学校占地面积8600平方米，建筑面积4400平方米，学校康复大楼在建。学校聋哑部、语训部、增智部均有单独院落，各种教育教学设施齐全，其中，教室14间，寝室18间，单训室7间，感统室1间，电脑室2间，多媒体教室1间，舞蹈室1间，图书室1间，音乐教室1间，集体活动室3间，有图书2000册。学校各类教育教学设备比较齐全，总价值达100万元。

常德市特校是市教育局主管的全额拨款事业单位，2008年9月立项，2009年开始修建，2011年9月开始招生教学。学校净用地85亩，建筑面积31027平方米，包括聋生教学楼、科训楼、宿舍楼，智障生教学楼、科训楼、宿舍楼、体艺楼，教师周转房，食堂，综合楼及相关配套设施。每间教室都配有国内最先进的交互式电子白板和多媒体讲台；学生宿舍公寓式标准，每间均配有卫生间、盥洗池、空调、衣柜、直饮水和空气能热水器。学校设有面积300平方米的图书阅览室，配备27150册图书。学校配备各类教学设备、科训设备、康复训练及检测设备等价值达400余万元。

第二节　教　师

一、配备组成

全市4所特教学校建校时间不同，教师配备组成也有所不同。

津市市聋哑学校建校初期，教师主要由教育行政部门从普通学校教师中调配和从应届师范毕业生中分配而组成，并实行“先培训，后上岗”的制度。到2012年，有在职教师56人，其中中学高级教师3人，小学高级教师47人，35岁以上教师46人，35岁以下教师10人，党员教师15人，特殊教育专业毕业教师13人。教师中有全国优秀班主任1人，省级骨干教师3人，常德十大杰出教师1人，4名教师获省特教系统先进个人，有1名教师获全省特殊教育青年教师教学基本功比武一等奖。另有退休教师15人。

桃源特校2012年在职教师26人，其中特殊教育专业教师8人，高级职称教师1人，中级职称教师9人，教师学历合格率为100%。学校坚持“教研兴校”理念，投入大量人力物力，为教师新建专业发展阶梯，锻造出一支素质优良的教师队伍，各部门都涌现出学科带头人。近五年来，学校教师有70多篇（件、堂）论文、课件、公开课获得省级以上奖励。

安乡特校的教职工由初办时的4人，专职教师2人，到2012年增加到16人，专任教师13人，其中小学高级职称13人，学校16名教职工中，女教师有14人。全校5名共产党员，全部为女性，女教师中本科学历 5 人，大专学历 5 人，学历全部达标，她们撰写教研论文先后有 40 余人次获上级奖励，有 6 人在省市级教研活动中上示范课。女教师中有一人获得湖南省“五四青年奖章”荣誉称号，一人被评为县“三八红旗手”，一人被评为县“优秀青年教师”，一人当选为全省手语测试员。这个教师群体，被评为常德市巾帼文明岗。

常德市特教学校高起点办学，大规模招生，为满足学校师资需求，经市委、市政府同意，市编办、市人社局、市教育局批准，由市编办、市人社局、市教育局和特校共同参与，采取直接面试的方式招聘西南师大免费师范生、重庆师大本科应届毕业生、南京特殊教育职业技术学院专科应届毕业生等特殊教育专业的大学毕业生 44 人。到 2012 年，全校共有教职工 61 人，其中专任教师 54 人，学历结构为研究生学历 1 人，本科学历 20 人，专科学历 33 人，教师队伍呈现年轻化、专业化的特点。

2012 年，常德市 4 所特教学校共有教职工 149 人，其中专任教师 127 人。所有教师具备国家规定的相应教师资格或任职条件，其学历构成为：本科学历 46 人，专科学历 75 人；专业技术职务构成为：中学高级职称 11 人，小学高级职称 49 人，初级职称 24 人。

二、培训

常德市各特教学校认真学习国家教委、中国残联 1996 年 5 月 9 日印发的《残疾儿童少年义务教育“九五”实施方案》，严格按照方案中“各地教育行政部门应将在职特教师资培训工作纳为当地教师培训计划，不断提高他们的特殊教育专业水平和教学能力，特殊教育学校要积极开展教学研究活动，调配到特殊教育学校的普通学校教师及应届师范毕业生，实行‘先培训，后上岗’的制度”的要求执行。各特校在市、县教育行政部门的部署下，开展以师德师风建设、学历提高、特教专业、继续教育、特教课程改革等为内容的教师培训活动，不断提高特教教师的专业水平和业务能力。

1989 年，津市市聋哑学校选送两名教师到特殊教育师资培训学校长沙市湘江师范培训三个月。1990 年学校开办后，学校 14 名教师分批次被派往湘江师范学校进行培训。除此之外，学校还先后选送教师到本省的长沙、湘潭等地，外省的武汉、西安、香港等地和境外的越南等地培训，给教师“充电”的空间、发展的机会。骨干教师外出培训回校后，又对本校教师进行培训，为教师的智慧和才能发挥搭建平台，更好的发掘教师的潜能，激发教师的内在动力。

桃源特校非常重视教师的专业成长，长期不间断地进行师德建设、专业培训，每周结合例会进行一次教师专业理论培训，每周各部门开展一次专业研讨，教务处每学期举办两次以上的专家讲座。组织教师参加省特教学会、县教育局、教师进修学校组织的各种培训和各级各类的公开课、示范课、比武课。学校利用学生放月假，全体一线教学人员到长沙特校跟班学习一周，学习先进的教育理念，构建与兄弟学校的交流平台，先后派出 3 名一线教师，赴上海英华特殊教育培训中心参加培训。学校积极开展教育教学科研，落实“教研兴校”的理念，让教师在科研中提高专业水平和教育教学能力。学校承担的省级课题《聋生心理健康教育研究》顺利结题。

安乡特校创办以来，一直高度重视教师培训工作，长期坚持以教师的成长和发展作为教师队伍建设的根本出发点和落脚点，鼓励教师参加继续教育、学术交流、学历提高、计算机应用等多种培训。2000 年起，学校教师通过函授学习、电大学习、自学考试等多种途径提高学历水平，到 2003 年，学校所有教师全部达到专科学历以上，学历合格率达 100%。2006 年，学校 50 岁以下的教师参加普通话培训，普通话水平普遍达到二级乙等，有 80%的教师还达到二级甲等。2009 年，学校组织教师参加县教育局组织的电脑高级培训，通过率达 100%。近年来，学校组织教师每年外出学习交流次数达 30 人次以上，有市级培训、省级培训和国家级培训。通过培训，教师树立了正确的教育观念，并且不断完善知识结构，把握住特教课程的改革和教学改革的最新动态，促进学校教学质量的不断提高。

常德市特校针对新教师多的实际，采取请进来与走出去相结合的培训方式，教师内练基本功，外学经验。2011—2013 年，先后请特殊教育领域知名专家，华东师范大学博士黄昭鸣、北京师范大学肖非、重庆师范大学教授张文京等，以及知名特校校长共 10 余人，来校对新教师进行培训。同时，对内苦练教师内功，对外积极学习先进经验。一方面，组织教师到市内普通小学及幼儿园听课学习，掌握九年义务教育阶段及学前教育的基本教学内容及方法；另一方面，组织教师外出，到市内外特殊教育学校参观、考察和培训，全校教师参加培训率为 100%。

第八篇　教师教育

20 世纪 80 年代初，在“文化大革命”中受到重创的教师教育经过拨乱反正，逐步恢复正常。由于“文化大革命”期间高师、中师未正常招生，以致中学大量拔高使用小学教师，小学大量启用民办教师，尽管经过几年的补充和调整，但到 1987 年底，常德地区中小学还有民办教师 21396 人，其中小学民办教师 19083 人，占当年全地区小学教师人数的 55.3%；普通中学专任教师学历合格率仅 23.1%。加速培养中小学合格教师成为这个时期教师教育工作的突出任务。

1988 年，常德市有教师培养学校 4 所，即常德师范专科学校、常德师范学校、桃源师范学校、津市师范学校。常德师专时为全省重点建设的 9 所师范专科学校之一，学校主要为湘西北地区培养农村中学合格师资，3 所中师主要为常德市和张家界市培养小学及幼儿园师资。1988 年，常德师专被国家教委评为全国首批 26 所优秀师专之一；常德师范和桃源师范因“为基础教育培养合格师资”“成绩显著”，先后于 1988 年和 1991 年受到国家教委表彰和奖励。

20 世纪 90 年代后期，随着计划生育政策效果显现，小学教师需求量逐年下降；同时因社会发展，对提高小学教师的学历也有了新的要求。1997 年，经湖南省教委批准，常德师范开始招收五年制大专层次初等教育专业学生。1999 年省教委决定将三级师范向二级师范过渡，小学师资主要由高等师范院校开设的初等教育专业培养，次年全省中专普师停止招生。1999 年 3 月，常德师专和常德高专合并升本为常德师范学院，同年常德教育学院并入。常德师范学院成为一所多学科全日制普通本科院校。6 月，常德市人民政府研究报省教育厅同意撤销津市师范；常德师范、桃源师范开始转向中职教育，并根据教育发展需要扩大招收学前教育专业学生，培养幼儿教师。1999 年年底，全市最后一批民办教师全部转正。2003 年 2 月，常德师范学院更名为湖南文理学院。2006 年 2 月，省教育厅发文确定“常德小学和幼儿园教师培养基地（含常德师范学校、桃源师范学校）”，为“承担大专层次小学和幼儿园教师培养基地”和“中专层次幼儿园教师培养基地”。

1988 年，常德市有教师培训机构 10 所，即常德师专培训部和常德市 9 所区县（市）教师进修学校。1989 年 3 月，常德市委、市政府决定“撤销常德师专培训部，就地建设常德教育学院”；同年，常德师范学校被国家教委确定为 1990—1994 年第二周期联合国儿童教育基金会小学师资培训合作项目单位。20 世纪 80 年代后期，常德市中小学教师继续教育工作启动，常德市人民政府和教育主管部门极其重视，尤其对区县（市）教师进修学校的建设，要求各区县（市）政府将其作为“两基”验收的重要内容进行考核，定期研究，加大投入，并认真组织各类培训。1990年4月，湖南省小学教师继续教育经验交流研讨会在汉寿县召开，省教委向全省推介常德市继续教育工作的经验。1999年，常德教育学院更名为常德师范学院成人教育学院，后又更名为湖南文理学院成人教育学院。

2002年，常德市人民政府为了加强全市小学教师继续教育工作，将“常德市小学教师培训中心”设在桃源师范学校。2004年7月，常德市教育局印发《常德市新一轮中小学教师继续教育工作指导意见》和《常德市新一轮中小学教师继续教育全员岗位培训实施办法》，两个文件对全市2004—2008年中小学教师培训提出了目标任务和具体要求，对提高教师师德和业务水平、建设教师终身学习体系、加强教师队伍建设起到重要作用。2008年，湖南文理学院成人教育学院更名为湖南文理学院继续教育学院。

1988—2010年，全市师范院校共培养教师32792名，其中专科及以上学历14793人，中师学历17999人；培训教师235763人次。2010年，全市普通中小学教师学历合格率为97.1%，为普及九年制义务教育和实现教育强市奠定了坚实基础。

2012年，常德市人民政府根据国家积极发展学前教育的部署和常德市中师教育资源优势，将常德师范和桃源师范两校合并申办幼儿师范高等专科学校，并积极向湖南省政府报告。在市委市政府的大力支持下，新校建在武陵区高泗路。2013年3月，学校通过湖南省高校建设专家组评估，4月湖南省政府研究同意并报教育部备案，“撤销常德师范和桃源师范，成立湖南幼儿师范高等专科学校”。同年秋，湖南幼儿师范高等专科学校首开的初等教育、学前教育等5个专业开始招生。

第一章　教师培养

第一节　学制与教学计划

一、学制

（一）高等师范。常德师专招收高中毕业生。1991年前，专科学制根据不同专业有二年制和三年制两种，1991年后均为三年，主要培养初中层次的各科教师。1999年7月，常德师专与常德高专合并升本科后，学校命名为常德师范学院，本科学制为四年，主要培养中学教师。2003年2月，学校更名为湖南文理学院，学校绝大部分专业为本科层次教育，学制为四年。

（二）中等师范。常德师范、桃源师范、津市师范的普师专业和幼师专业招收初中毕业生，学制为三年。1991年，湖南省教委根据国家教委有关精神，普师学制由三年改为四年。3所中师学校都招收了四年制学生。但两年后又因1992年经国家教委、省教委批准在湖南一师开办五年制小学教师大专班，国家教委决定恢复中师三年制学制、常德市普师四年制学制即终止，继续三年制学制，直至2000年全省普师停招。

1980—1996年，为解决小学民办教师问题，根据小学教育的实际需要，省教委从中等专业学校招生指标中，每年划出一定数量的指标，招收在职民办教师，学制二年。常德师范、桃源师范从1980年开始，津市师范从1988年开始均招收民办教师，1996年全市停止招收。

1997年9月开始，常德师范经省教委批准开办大专层次初等教育专业，挂靠常德师专发放毕业证书。招收初中毕业生，实行五年制学制，采取“三·二”分段式培养模式，即前3年学习中师课程，加强小学教师基本功训练，使其具备担任小学各科教学的基本理论和基本技能；后2年分文史、数理、体艺（体育、音乐、美术），实行专修，使其达到大学专科的文化与专业程度。

1988年，桃源师范受长沙师范委托，招收2个幼师函授班，属于成人教育，学制二年。1990年，常德师范、桃源师范经省教委同意开办幼师专业，招收初中毕业生，学制三年，培养幼儿师资。

二、教学计划

（一）高等师范。常德师专根据国家教委颁发的师范院校专业标准开设课程。1991年以后，按照省教委印发的《关于深化师范专科教育改革的意见》，开始在部分专业实行主辅修制：要求部分学生在主修专业达到二年制专科规格的基础上，辅修另一专业主干课程，使学生既能胜任农村中学一门文化基础课程教学，又具有兼教另一门课程的基本能力。从1992年开始学校全面修订教学计划，调整课程结构，加强师范生职业技能训练，拓宽专业应用，规范政治理论与思想品德课的教学。学校在政教、历史、体育三个专业实行了主辅修，同时还把劳动教育纳入教学计划。在实行主修专业的不再开设专业选修课程，辅修专业主干课程按文科600课时、理科700课时开课。在政教等公共课程中按主修主业二年教学计划开设，其中理科政治课增设二门计120课时，体育课开设四个学期，增加组织初中学生开展体育活动的内容；职业技能训练和劳动技术教育等内容、时间按三年专业标准执行。辅修专业的所有课程按主修专业课程同样要求组织教学，进行考核，成绩不合格者，不准予毕业。

（二）中等师范。1988—1996年，国家教委和湖南省教委对三年制中等师范教学计划进行了多次调整，常德师范、桃源师范、津市师范在市教委指导下严格执行新的调整计划，同时，三所中师根据上级要求、结合学校和本地实际积极进行探索。

1989年开始，常德市三所中师根据国家教委《三年制中等师范学校教学方案（试行）》规定，努力探求建立必修课、选修课、课外活动和教育实践四大块有机结合的教学新模式。一是调整必修课时数。减少数学、物理、化学、生物的教学时数，删减理科教材中“高、深、难”的内容及各科教材中重复的初中内容，适当增加教育专业课和教材教法课的教学时数。二是增加急需的教学内容。政治课增加法律常识、教师职业道德和国情教育；语文课增加农村应用文和普通话、三笔字训练；物理课增加小学电教设备知识、家用电器维修、摄像常识；化学、生物课增加土壤、化肥、农药常识及生态与环境知识；体育课增加形体训练等，1996 年起增设生产劳动技术课。三是开设实用选修课。如教育统计初步、小学复式教学、小学教育科研方法、口语、书法（写字）、音乐欣赏与舞蹈训练、工艺美术、环境保护、乡土史地、电教基础等。桃源师范学校增设环境教育课，增强学生环境保护意识。学校 1993 年被省教委评为“湖南省环境教育先进单位”。四是继续实行音乐、美术选修。普师三年制音乐、美术学科实行“二·一”分段，前两年必修，后一年选修一科，增加课时。五是加强课外活动和教育实践活动。三所学校在中师开设的 14 门学科均成立课外活动小组，每个学生参加一、二个小组活动，还广泛开展讲座及各类竞赛活动，以拓宽学生知识面，增强适应小学教育教学工作的本领。民师班在校学习一年，回乡教育实习或顶班教学一年；普师班分阶段教育见习、插教、教育实习，时间 8—10 周。学生在校每期一周生产劳动，集中或分散（或利用寒暑假）搞社会调查，了解社会，让学生树立扎根农村的理想。

常德市三所中师贯彻执行国家教委教学方案大同小异。1990 年 9 月，桃源师范印发《关于贯彻执行〈实施国家教委《三年制中等师范学校教学方案（试行）》的细则（试行）〉的通知》，通知中明确“突破了中师只开设必修课的单一教学模式，建立了一个以课堂教学为主，必修课、选修课、课外活动和教育实践有机结合的整体教学结构”。《通知》中全学程时间安排、必修课教学计划、选修课教学计划、课外活动教学计划、学生周活动总量见表 8-1-1 至表 8-1-5。

1991 年湖南省教委根据国家教委有关精神，决定将中师学制由三年改为四年，并制定《湖南省四年制中等师范学校教学计划（试行）》，实行必修课和选修课相结合、课内活动和课外活动相结合，逐步建立起有必修课、选修课、课外活动与社会实践四部分组成的新的教育教学体系，使学生在校期间有较充裕的时间，加强政治和文化科学知识的学习，加强教育实习，在德、智、体、美、劳诸方面得到全面发展，为当一名合格的小学教师打下坚实的基础。常德师范、桃源师范和津市师范招收四年制学生后，开始加强教学实践环节。三所学校都加强了实习基地建设。常德师范除有一所附属小学外，还在市区确定了多所小学作为实习学校。桃源师范办有一所附属小学，还在城区确定 2 所、农村确定 5 所小学作为实习学校。常德师范和桃源师范各办有一间印刷厂，桃源师范有一个小农场，均可供学生实习实践之用。

表 8-1-1　　湖南省桃源师范学校全学程时间安排表　　单位：周

类别		一年级	二年级	三年级	总计
教学活动	上课	35	34	30	100
	复习、考试	3	3	3	
教育实践		1	2	6	9
机动		1	1	1	3
小计		40	40	40	120
寒暑假　节假日		12	12	12	36
合计		52	52	52	156

表 8-1-2　　湖南省桃源师范学校必修课教学计划表　　单位：课时

项　类		一年级		二年级		三年级		上课时数
		一学期	二学期	一学期	二学期	一学期	二学期	
政治	马克思主义哲学		2	2				70
	中国革命史				2			34
	国情教育讲座	1						16
	政治经济学常识				2			30
	法律基础知识	1						16
	教师职业道德						1	14
	小学思想品德教法						1	13
语文	文选与习作	5	5	4	4	4	4	427
	书法	1	1					35
	普通话训练	1	1					35
	语文基础知识			2	2			66
	小学语文教法					2	2	60
数学	代数与初等函数	3	3	3	3			207
	立体几何解析几何	2	2	2	2			138
	小数基础理论教法					4	4	120

续表 8-1-2

项类		一年级		二年级		三年级		上课时数
		一学期	二学期	一学期	二学期	一学期	二学期	
文化	历史			3	3			99
	地理					2	2	60
	物理学	3	3	2	2			173
	化学	2	2	2	2			138
	生物学	2	2	2				84
专业	少儿卫生学				2			30
	小学心理学教程	3	3					105
	小学教育学教程			2	2	2	2	126
	音乐及教学法	2	2	2	2	2	2	196
	体育及教学法	2	2	2	2	2	2	196
	美术及教学法	2	2	2	2	2	2	196
	劳动技术基础					3	3	90
	小学电化教育					1	1	30
周上课总时数		30	30	30	30	26	26	

表 8-1-3　　湖南省桃源师范学校选修课教学教学计划表

学年	学科类别	科目名称	周课时	说明
第一学年	文化类	英语	2	1.英语必选修 2.其余的集中在一个课时开设，每生选一门
	艺体类	音乐知识与技能训练	1	
		艺术体操	1	
		体育技能	1	
		美术技能	1	
第二学年	文化类	英语	2	1.英语一半人选修、另一半人选修音乐（儿童歌舞编导）体育、美术中任一项。 2.所有选修课集中在一个下午开设
		农村应用文	上期 1	
		儿童文学	下期 1	
		环境保护	1	

续表 8-1-3

学年	学科类别	科目名称	周课时	说明
	教育类	教育统计	1	
	艺体类	音乐知识与技能训练	1	
		少儿歌舞编导	2	
		体育技能	2	
		美术技能	2	
第三学年	文化类	英语	2	1.所有选修课集中在一个下午开设。 2.简易微积分，音乐、美术每生任选一门，集中两个课时开设，其他每生任选一门。
	艺体类	简易微积分	1	
		乡土史地	1	
		古代汉语	1	
	教育类	小学教育科研方法	1	
	艺术类	音乐知识技能训练	1	
		少儿歌舞编导	2	
		体育技能	2	
		美术技能	2	

表 8-1-4　　**湖南省桃源师范学校课外活动教学计划表**

一年级			二年级			三年级		
名称	周课时	每学期总课时	名称	周课时	每学期总课时	名称	周课时	每学期总课时
文字创作	2	36	文学创作	2	36	文学创作	2	32
推普	2	36	推普	2	36	推普	2	32
摄影	2	36	气象观测	2	36	小数竞赛研究	2	32
珠算	2	36	无线电	2	36	家电维修	2	32
生物	2	36	微机基础	2	36	音乐	2	32
政治	2	36	音乐	2	36	体育	2	32
音乐	2	36	体育	2	36	美术	2	32
体育	2	36	美术	2	36	环境保护教育	2	32

续表 8-1-4

一年级			二年级			三年级		
名 称	周课时	每学期总课时	名 称	周课时	每学期总课时	名 称	周课时	每学期总课时
美术	2	36						

说明：1.课外活动集中一次开设；2.各教研组可另成立一定量的课外兴趣小组，其活动不排入课表，一般安排在第七节课进行

表 8-1-5　　湖南省桃源师范学校学生周活动总量统计表

项类	一年级		二年级		三年级		上课总时数	各科占总时数百分比
	一学期	二学期	一学期	二学期	一学期	二学期		
政治	2	2	2	2	2	2	196	5.9
语文	7	7	6	6	6	6	623	18.6
数学	5	5	5	5	4	4	461	13.8
物理	3	3	2	2			173	5.2
化学	2	2	2	2			138	4.1
生物	2	2	2	2			138	4.1
心理学	3	2					105	3.1
教育学			2	2	2	2	126	3.8
历史			3	3			102	3.1
地理					2	2	58	1.7
音乐	2	2	2	2	2	2	196	5.9
体育	2	2	2	2	2	2	196	5.9
美术	2	2	2	2	2	2	196	5.9
劳技					3	3	87	2.6
电教					1	1	29	0.9
必修课时数	30	30	30	30	26	26	2824	84.5
选修课	3	3	3	3	4	4	323	9.6
课外活动	2	2	2	2	2	2	196	5.9
周活动总量	35	35	35	35	32	32	3343	100.0

1992 年湖南省教委根据基础教育改革和发展的需要，经国家教委批准在湖南第一师范首批进行培养大专程度的小学教师，招收初中毕业生，学制五年，并于 1995 年制定了五年制教学计划。常德师范 1997 年开始招收五年制大专班，按此教学计划执行。

1994 年 4 月，省教委颁发《湖南省中等师范学校三年制教学计划（修订）》，规定中师的培养目标是热爱社会主义祖国，热爱中国共产党，热爱小学教育事业，树立马克思主义基本观点，具有良好的社会公德和教师职业道德，有艰苦奋斗和求实创新精神，掌握从事小学教育工作必备的文化知识、技能和初步的生产劳动技能，具有健康体魄的全面发展的小学教师。根据这个培养目标，常德市三所中师学校的课程设置调整为：

（一）必修课。开设政治、语文、数学、物理、化学、生物学、（包括少年儿童生理卫生）、心理学教程、小学教育学教程、历史、地理、音乐及音乐教法、体育及体育教法、美术及美术教法、劳动技术、舞蹈等课程。

（二）选修课。学校根据师范性、时代性、专业性、实践性等原则，结合学校师资和设备状况开设若干选修课。保证每个学生每学期至少选修 1–2 门课程。尽量达到选修课时为必修课时的 7%~15%的要求。

（三）课外活动。课外活动每周不少于 2 课时，统一排入课表。学校提供必要的设备和场地，尽量让每个学生参加自己喜爱的活动；学校认真做好课外活动计划，切实保证时间，科学地确定内容，精心地组织，努力使课外活动具有科学性、系列性和师范性。

（四）教育实践。教育实践包括参观小学、小学教育调查、教育见习和毕业实习。每个学生安排时间为 10 周。

（五）生产劳动。生产劳动时间为第一、第二学年各一周，第三学年不另作安排。生产劳动可与劳动技术课结合进行。

1994 年下半年开始，全市中师学校进一步调整专业结构，根据学校实际，除开设原有的专业课程外，新设专业不断增加。常德师范新增计算机应用、英语专业，打破了原有的专业结构，将专业扩展到 8 个：初等教育、艺术、艺术幼师、英语、计算机应用、美术设计、公关文秘和旅游服务与管理。桃源师范 1997 年 4 月，经省教委批准新开艺术教育专业班，面向常德市、张家界市招生，学制三年；1998 年 9 月，经省教委、计委批准，新开办美术教育专业班，学制三年；1999 年 9 月，经省市教委、计委批准，新开办体育教育中专班，学制三年。这些新开专业，学校均按照省教委组织编写的中等专业学校各专业教学计划开课。

1998 年全市中师学校为适应素质教育要求，开始建立教学基本功考核制度。主要内容为：一是中师学生在校期间必须通过普通话、钢笔字、毛笔字、粉笔字、简笔画、现代教育技术 6 项教学基本功考核；二是对学生教学基本功考核纳入学校教学管理和学籍管理范围，将以上 6 项考核内容分布在相应学年进行。学生如有一项教学基本功考核不合格，则视为一科必修课考试不合格，经补考仍不合格者，不发给教学基本功考核合格证，缓发毕业证，肄业一年后回校补考，合格后才能发给教学基本功考核合格证和毕业证；三是加大区县（市）教育行政部门的管理力度，由区县（市）教育行政部门组织考核，成绩合格的学生分别由区县（市）教委发放统一印制的《合格证》。将职前培养和职后培训有机结合，使学生毕业后持证上岗。同年2月，市教育行政部门根据省教委的指示，规定在全市中师学生中实行计算机应用水平等级考试。中等师范学校的在校学生从1996级起，均需通过计算机应用水平考试，否则，不颁发毕业证书。是年，全市中师学校都增设了计算机应用课。

第二节　教学与学生教学基本功训练

一、教学

1985年5月《中共中央关于教育体制改革的决定》发布后，教学改革向纵深发展。常德师专为了适应农村基础教育发展需要，在教学中实行主辅修制改革；为了强化师范职业技能训练，1991年学校成立基础课教学部，设艺术教研室、教育科学教研室、大学语文教研室，负责全校“三笔字”、普通话等七项师范职业技能的教学与训练，纳入第二学籍管理，实行学分制；学校加强教学实践环节，改进教育实习。1991年学校制定了实习工作条例。为了便于集中安排与管理，1993年调整了实习时间，变春秋两季实习为秋季集中实习。

常德市三所中师学校坚持以教学为中心，认真贯彻中师培养目标。努力培养学生从事小学教育教学的能力，特别是担任多学科教学的能力。根据常德市不少山区小学还是一人一校的特点，各师范学校结合学校师资和设备状况，加强选修课的教学，改革教学方法，制定各种教学方案，采取研讨式、实践式教学法，培养学生的自学能力、创造思维能力和实际操作能力。

1989年开始，三所中师学校贯彻《实施国家教委〈三年制中等师范学校教学方案(试行)〉》的精神，并根据《湖南省三年制中等师范学校教学计划（试行)》设置课程实施教学，必修课、选修课、课外活动统一排入课表。

1991年，三所中师根据当地基础教育的实际进行教学计划的调整，尝试减少必修课的分量，增加选修课的比重，以拓宽中师生的知识面，发展学生广泛的兴趣和特长；加强教育实践的指导和组织。教育实践是中等师范学校思想教育、文化知识、教育理论的综合实践课。三所中师学校都把教育实践当做学生在教学活动中所获得的知识和技能转化为自己的思想品德和教育教学能力的重要环节。在普师生中一、二年级组织学生参观小学、组织见习插教、寒暑假组织小学教育调查，三年级组织教育实习。每个学生安排至少10周时间进行教育教学实习。开设内容丰富的课外活动，丰富学生的知识，发展学生的爱好、特长和个性，培养师范生的多种能力。各个学校做到了课外活动每周不少于2课时。桃源师范学校成立了20多个，常德师范学校成立了30多个课外活动小组。学校将课外活动时间统一排入课表，并由学校提供设备和场地，尽量让每个学生参加自己喜欢的活动。每所学校都安排得力的教师，做好课外活动计划，科学地确定内容，精心地组织，使学生在课外活动中丰富知识，特长和爱好得到培养。

这期间全市三所中师必选课及部分选修课基本上使用人民教育出版社的教材，部分选修课使用自选教材或自编教材。

1989年，省教委根据《湖南省中等师范学校二年制（招收小学民办教师班级）教学计划》专门编写了一套民师班教材，1990年编写完毕。这套教材从民师班学员实际出发，又紧扣国家教委新的三年制教学方案，包括《小学语文教学法》等各科教学法及《教育实验》、《中外著名教育家教育思想》、《普通话训练》、《写字教程》、《音乐》、《美术》、《体育》等21种。三所中师学校1990年开始在民师班使用这套教材。

参加全省中师会考。1990年6月，为提高中师教育质量，省教委决定举行全省中师毕业班（含在校民师班）学生部分学科会考。会考科目：普师班为语文、美术、劳动技术基础、教师职业道德；民师班为小学语文教学法、劳动技术基础、教师职业道德。考试命题、制卷、阅卷均由省教委统一组织进行。通过会考，加强教学管理，统一教学计划、教学内容、教学进度，克服教学上的各行其是；促使教师认真教，学生认真学，提高教学质量。全市三所中师学校根据会考的要求，认真组织教学，并积极参加会考，在各次会考中都取得了很好的成绩。其中津市师范学校1990年和1991年连续两次在全省32所中师会考中成绩名列前茅。

1996年，三所中师根据省教委文件精神，积极开展“园丁科技教育行动”，培养学生的科技意识和科技能力。桃源师范学校全年开设6门科技选修课，5门科技活动课，组织学生开展系列的科技制作与科技实践活动；组织科技讲座8堂，各班出科技专题板报2期，学校组织科技手抄报展评2次。1997年，湖南省教委组织全省中师生园丁科技知识决赛，桃源师范学校获第四名。同年11月，湖南省教委举办湖南省中师首届科技“小创造、小发明、小制作”展评。常德市三所中师29件作品获等级奖，常德师范7件，桃源师范13件，津市师范9件。获一等奖作品3件：常德师范教师王永建制作的“声光灵敏电流仪”，津市师范教师关宏树制作的“异步磁动机”，桃源师范教师屠家孝指导学生向家艳制作的“氢电子云模拟示教仪”。

进入21世纪，随着学校的全面转轨，学生的就业方向也发生了根本变化，学生只有具备良好的专业素质、过硬的专业技能和扎实的基本功，才能应对用人单位激烈的挑战和竞争。为夯实学生基础，提升学生竞争实力，中师学校十分注重学生基本功和专业技能的培养，在课程开设方面不断进行调整，以适应人才培养的需要。从2001年起，常德师范和桃源师范在专业的设置、课程的开设上进行改革和调整，加强了语、数、外等文化基础课的教学，增加了专业课的比重，调整了实践课的比例，并对任课教师进行调配和加强，部分学科还聘请了校外兼职教师。2002年，两校教务科对各专业的教学计划进行重新修订，砍掉了已经过时的课程，进一步增加了专业课的课时比例，加强学生基本技能的培养。2003年，根据人才市场需求，两校再次对教学计划进行修订，在对各专业的教学计划、课程设置及课时比例进行调整的基础上，根据用人单位对毕业生的要求，对三年级计算机、英语专业的课程设置进行了更大的调整，加大了计算机应用、实用英语、电子电工等技能课的教学与训练。通过几年的调整，学校课程设置更加适应市场对人才的需求。

二、学生教学基本功训练

（一）普通话教学与说话训练

1.推广普通话和普通话教学

推广普通话和普通话教学一直是常德师范院校语文教学工作的重点。

1988年，桃源师范学校制订了《桃源师范推广普通话总体规划》并开始实施。1991年底，湖南省教委对全省31所中师推普进行检查；1992年5月，经国家语委抽查，常德市三所中师全达到合格要求；1993年5月，省语委对先进单位和个人予以表彰，常德师范为先进单位，常德师范李英、杨志华、杨冬娥、董海泉，桃源师范朱皓、张先涛、陈文河，津市师范周秋菊、黄继军、郑正良等教师为先进个人。

1993年10月，省教委组织专家对全省十四所院校的推广普通话工作进行检查评估，常德师专等五所学校被评为推广普通话先进学校，获省教委通报表彰。1994年2月，国家语委、国家教委对全国师范专科学校普及普通话工作抽查，常德师专达到“优秀”标准。

1995年4月，常德市教委与常德师专联合举办常德市首届中小学教师普通话辅导员培训班。

2000年前，中师语文教材分为《文选与写作》、《语文基础知识》。《语文基础知识》第一册的内容就是对学生进行普通话训练。桃源师范在加强字、词、句、篇、章教学的同时，强化汉语拼音、普通话的训练；常德师范实施中师生能力过关制，把当好小学教师的能力分解为12项基本功，把学好普通话列为首项要过关的项目，并把它与学生升留级挂钩，与评优评先挂钩。1995年，国家语委开始实施普通话水平测试工作。常德师范和桃源师范也开始了对普通话教师的培训工作，1995年7月和1996年7月，两校分别派教师参加当时常德师专举办的“常德市推广普通话教师培训班”；1996年10月，常德师范学校杨冬娥、桃源师范学校徐秋林参加国家语委举办的“第五期国家级普通话水平测试员培训班”，获国家级普通话水平测试员资格；1998年4月，常德师范学校孔茜、桃源师范学校周启山参加国家语委举办的“第十七期国家级普通话水平测试员培训班”，获国家级普通话水平测试员资格；此后，常德师范、桃源师范和津市师范不断派教师参加湖南省普通话水平测试员培训班，共有18人获得省级普通话水平测试员资格。这些国家级、省级普通话水平测试员不仅对三所中师推广普通话起到了不可替代的作用，而且也是那时期常德市中小学和各行业推广普通话的骨干力量。

1999年下半年起，常德市开始面向全市中小学教师进行普通话水平测试，常德师范和桃源师范迅速响应，并在一年级学生中开设《普通话训练》课程，学生学习一年之后参加市普通话水平测试站组织的普通话水平测试。2004年11月18日，常德市中职学校学生“语言艺术节”在桃源师范举行，桃源师范和常德师范分获团体总分第一、二名。

2.说话训练

桃源师范从1986年下期将学生读报改为讲报，课内进行“一分钟语言训练”，“五分钟辩论训练”，1988年起课内进行“五分钟演讲训练”。常德师范1990年调进了这方面的专业人才，并在教学计划中开设了《口语训练》课。三所中师均从1995年开始在学生中开设《教师口语》课。使用省编《教师口语》教材进行教学。

（二）汉字书写规范化与“三笔字”训练

1995年，常德师专三年级全体同学，参加了国家语委办、共青团中央宣传部、《语言文字报》社联合主办的“一九九五年全国语音文字规范知识竞赛”，获先进集体奖，并有52名学生获奖，其中一等奖2名。

三所中师为了促进学生练习三笔字，都为每位学生配备了一块小黑板，要求学生在规定的时间练习粉笔字，每天都安排展出并进行评比；每学期都开展钢笔字、毛笔字书写竞赛，形成了练习三笔字的热潮。1993年10月，三校组织学生参加在津市师范举办的湘北片中师学生语文教学基本功五项全能比武，比武设全能一等奖5名，听、说、读、写、书设第一名。常德师范彭岚、梁娟、肖长春，桃源师范李杰获五项全能一等奖；梁娟获朗读比赛第一名，桃源师范程洪波获“三笔字”第一名。1995年6月，桃源师范学校组织1000多名学生参加“全国语言文字规范化知识竞赛”，获组织奖；1997年1月，桃源师范参加国家语言文字工作委员会主办的“首届全国规范汉字书写大赛”获先进集体奖，21人获等级奖；同年4月，桃源师范组织学生参加全国中师生硬笔书法大赛，18人获奖。

1998年6月，常德市教委对三所中师普师三年级毕业生的普通话、毛笔字、钢笔字、粉笔字、简笔画五项教学基本功进行了抽查。

（三）其他基本功训练

为了突出中师办学的师范特点，克服师范教育中学化的不良倾向，桃源师范于1985年在全省率先制订了《中师生专业基本功训练内容与要求》《中师生专业基本功过关实施细则》《中师生专业基本功过关登记册》（以下分别简称《训练内容与要求》《过关实施细则》《过关登记册》），分学期明确基本功项目和过关要求，由科任教师逐项考核登记，作为评定学生学业成绩的重要依据。1987年5月副校长彭定满在国家教委召开的“全国农村中等师范教育改革座谈会”上，介绍了学校实行《训练内容与要求》《过关实施细则》及《过关登记册》的情况，受到与会代表好评。1988年11月《中国教育报》记者采访后，在该报刊出了《说唱弹跳写画样样都得会，桃源师范强调学生练好基本功》的专题报道。1989年，根据试行情况，对实施细则作了修改，铅印成小册子，师生人手一册。1995年，省教育厅发出“双推”工作检查的通知，学校组织了考核，860名普师、民师学生全部应试，平均分数为89.71分，年底省教育厅验收，学校被评为省“双推”工作先进单位。

常德师范在1988年1月就制定了《中师生能力过关实施细则》，规定了中师生必备的能力项目：⑴三千常用字；⑵粉笔字；⑶普通话；⑷视唱简谱；⑸风琴弹唱合一；⑹指挥儿童广播操；⑺眼保健操；⑻指挥队列操练；⑼写美术字；⑽画静物、写生；⑾教儿童舞蹈；⑿做小学常识课本上的实验等十二项能力。并规定必须过关的能力项目，一律以一科成绩对待；该年级应过关而未过关的项目，视做一科成绩不及格，必须补考；补考不及格，作为升留级科目对待；毕业时有该过关而未过关的能力项目，不能发毕业证，需一年后回校补考及格再发毕业证。1988年9月，学校将《中师生能力过关实施细则》中的必备能力补充至十六项，正式开始对学生实行能力过关考核。

津市师范在1988年开办伊始就制定《中师生能力过关实施细则》，并在全体学生中实行学生基本功过关考核。

第三节　实习和实践

1988年3月，为了加强对中师学生教育实习和教学能力的初步训练，培养合格小学师资，常德地区教委印发《关于改革我区中等师范教育实习的意见》文件，文件明确中师教育实习必须改革，学生原则上回本县市参加教育实习；实习点校应以各乡中心小学为主；中师生回本县市实习具体工作由中师学校会同县市教委共同负责；由地教委师训科与中师学校组成全区中师学校实习领导小组。此后中师学校和各县市教委均按照此要求遵照执行。

常德师专为了加强教育实习，建立和扩充教育实习基地，1990年起在全市各区县（市）分批建立了20所教育实习基地学校。1991年学校制定了实习工作条例。1993年调整了实习时间，变春秋两季实习为秋季集中实习，1995年，常德师专教育实习基地桃源县马鬃岭中学、临澧县合口镇中学被评为全省优秀教育实习基地。

全市三所中师学校在2000年以前，普师专业、幼师专业、初等教育专业学生实习工作是学校教学工作的重点之一。普师学生在三年二期进行一个月的集中实习。常德师范的初等教育专业学生安排2次实习，分别在三年二期和五年二期各进行一个月的集中实习。桃源师范1993年以前实习都在县城几所小学进行，从1993年开始，学校改过去单一的县城学校实习为县城、乡镇、农村小学多类学校实习。桃源县的漳江小学、渔父小学、三阳镇中心小学、桃花源中心小学、尧河小学（农村）、三阳镇袁家坪小学（农村）、桃花源镇黄土小学（农村）都是学校的教育实习基地。每年都有一部分学生参加农村小学教学实习。

进入职业教育时期后，常德师范和桃源师范都将初等教育和学前教育学生实习实训工作提高到一个前所未有的高度，并专门设立招生就业联络科，为各专业学生联系实习实训地点，教务科负责组织学生实习实训的各种指导。2000 年以后，学生的实习实训工作逐渐发展为“顶岗实习”。学前教育专业学生在校学习两年半，在幼儿园“顶岗实习”半年。为了加强学生实践学习，提高学生能力素质，常德师范共建设校外教育实习实训基地 59 个，桃源师范共建设校外教育实习实训基地 36 个。

第四节　德　育

1990 年 10 月，全省师专系统学生思想政治工作研讨会在常德师专召开，各师专分管此项工作的负责同志参加。会议就学生思想政治工作系统化、科学化和师范化作了充分讨论，并决定由常德师专对讨论意见修订整理，成文上报。1994 年 4 月 26 日，常德包装制品总厂党委书记、厂长、工会主席、保卫科长一行四人带着一面“烈火见真情，救火风格高”的锦旗和 1000 元现金到常德师专，感谢蔡振宇、黎军、李军、于宗林等 25 名学生于 4 月 25 日下午四时左右为他们厂扑灭火灾的行为。这几位学生又将慰问现金 1000 元转赠给了“希望工程”。

1995 年 12 月 16 日，常德师范专科学校党委书记刘平政在全省高校党建工作会议上作典型发言，介绍学校德育工作经验。

1999 年常德师范学院建立学生代表大会和团员代表大会制度，实行学生自我管理，成立院系两级学生社团 50 多个，在每年 5 至 6 月举行长达两个多月的文化艺术节，每学年举办两期入党积极分子培训班，每年 5 月举行“学风月”活动和大学生辩论赛、学生文明寝室创建等活动，实行本科生导师制，寓导于教，使教书育人紧密结合，开展与重点大学联合培养优秀本科生的活动，采取励志与扶贫相结合，关心帮助贫困学生，积极开展社会实践活动，努力提高大学生的综合素质。

学校更名为湖南文理学院后，在抓大学生的德育时，注重做了六个方面工作。一是深入开展形式多样的思想政治教育。学校认真组织开展了大学生社会主义核心价值观教育、大学生文明养成教育、新生入学教育和毕业生文明离校教育。二是加强工作制度建设。按照中央、省里的有关精神，学工部修订完善了原有工作制度，2003 年以后新拟定了湖南文理学院《大学生思想道德素质提升工程实施意见》《学生工作条例》《学生工作考核办法》《班主任工作条例》《辅导员考评办法》《学生伤害事故处理办法》6 项制度和规定，为学生的教育和管理工作制度化、规范化奠定了坚实基础。三是大力开展学风建设月活动。学校强化日常管理，加强学生早晚自习和课堂考勤。积极组织开展考纪考风教育，全国大型考试和期末考试前认真开展考纪考风教育。积极为学生考研、考公务员、选调生提供周到服务，经常组织学生开展考研、考公务员知识讲座。注重学生综合素质能力的培养。四是进一步完善“奖、贷、助、补、减、勤”的资助体系。学校认真落实国家资助政策，积极引导贫困学生成人成才。在对贫困生大力开展经济资助的同时，通过开展励志、感恩、诚信教育等多种方式，增强学生诚信意识和社会责任感。2010 年学生助学贷款还贷率 100％，并作为优秀典型向全省推广。五是扎实推进心理健康教育工作。学校不断完善咨询室软硬件条件建设，切实抓好“五早”预警机制和“五个一”危机干预机制，建立三支稳定的、高素质的心理健康教育队伍。加大心理健康教育和咨询力度，提升学生心理健康水平，及时识别了有自杀倾向等严重心理疾患的心理预警学生，并成功进行危机干预。六是扎实开展创先争优活动。学校制定了《发展党员工作细则》，充分发挥党校育人作用，确保党员发展与现有学生人数保持适当比例；坚持标准，严格程序，注重学生党员培养，学校有 6 名学生党员被省委教育工委评为优秀学生党员。2010 年学校还成功举办了全国地方高校德育研究会年会及学术研讨会。

常德师范学校着重建立德育工作规范，相继制订和完善《常德师范学校学生管理条例》《常德师范学校学生纪律细则》《常德师范学校班主任岗位责任制》，对班集体、团支部、班主任工作和学生操行实行量化管理；每班劳动课由全期零散开设改为集中一周安排；学生干部实行选任制和轮换制相结合；建立校长接待日制度；尝试全员思想政治工作责任制，形成专兼结合、全员负责、优质高效的德育工作网络，学校连年被评为文明单位。20 世纪 90 年代开始，学校全面贯彻《中共中央关于进一步加强和改进学校德育工作的若干意见》、《爱国主义教育实施纲要》和《中师德育大纲》，先后制定《常德师范学校学生德育工作条例》《常德师范学校班主任工作管理办法》《常德师范学校学生安全教育工作方案》《常德师范学校学生文明礼仪规范》《常德师范学校学生综合测评办法》《常德师范学校学生会干部管理条例》《常德师范学校学生奖惩条例》《常德师范学校星级文明教、寝室文化建设实施方案及评比办法》《常德师范学校先进个人评比办法》等一系列规章制度，学校德育工作沿着制度化、规范化、有序化的方向推进。“学高为师，身正为范”作为校训悬挂各教室；每天晚上各班组织收看新闻联播；每周星期一全校举行升国旗仪式；学生干部实行挂牌服务；每学年开学初进行新生军训；大力推动寝室文化建设；校园卫生开展早中晚“三保洁”；提高班主任待遇；学生科、团委会面向学生建立广播站、业余党校、心理咨询室、校园电视台、学生通讯社，组织学生开展读书竞赛活动、进行军事训练等。2004 年，学校团委被团省委授予第五届“雷锋家乡学雷锋”志愿者服务优秀集体光荣称号；艺术部团总支被评为湖南省“五四”红旗团支部（总支）；2006 年，学校被评为湖南省“学生管理工作先进单位”。

桃源师范学校自 1992 年开始，根据学生思想状况和《中师德育大纲》要求，学校制定德育实施方案。方案规定对学生展开系列教育。将对学生进行思想、情感、人生观、价值观和世界观的教育与引导分解成若干个单元，落实到每个学期、年级的每一次教育活动中，同时把这些教育内容与形势教育结合起来。既紧密联系实际，又自成系列。在学生管理教育方面，学校采取了多种途径和措施。一是完善教育网络。在党委领导下，由一名副书记或副校长分管德育工作，团委会、学生科和班主任组成专职政工队伍，全面负责学生的教育和管理工作，重点发挥科任教师和其他教工管理育人、教学育人、服务育人、环境育人的职能作用，形成思想教育网络。二是坚持德育渗透。除了思想品德课及政治课以外，其他学科结合教材内容和学生思想实际，渗透德育内容。把政治课正面渗透和学科潜移默化结合起来，促使学生树立正确的世界观、人生观和价值观。三是注重社会实践。主要通过六种途径开展教育活动：教育实习，为民服务，社会调查，军训，劳动，社会实践周。 四是开展丰富多彩、健康有益的校园文化活动。主要形式是：开展各种征文、朗诵、演讲、书法、智力竞赛；召开主题班会，和小学生交朋友；主办墙报、黑板报、手抄报、小记者管理广播室；每年举行一至二次美展、文艺晚会和校田径运动会等。让学生在“游泳”中学会游泳，在实际活动中陶冶情操，受到思想教育和实际锻炼。五是实行封闭式管理。为抵御社会不良风气对学生的影响，为学生营造一个比较安静的学习环境，学校从1995年开始实行封闭式管理。除双休日外，其他时间没有特殊情况，学生不经请假不可以随意出校门，以减少学生与社会闲散人员接触的机会，降低社会不良现象给学校教育带来的负面影响。六是加强学生干部队伍建设。按照认真选拔、精心培养、严格管理、大胆使用的方针，学校注意加强学生干部队伍建设，提高学生自我管理能力和水平。1995年开始，学校改革学生会、团委会干部的选拔办法，采取自荐推荐、跟班锻炼、公开竞选、群众评议、学生科审批的办法，把一批工作积极主动、责任心强、能抓善管的学生推上学生干部岗位。七是表彰先进。包括表彰先进班集体、团支部、三好学生、优秀团员、优秀学生干部、先进班集体等，三好学生、优秀学生干部的表彰每期一次，其余一年一次。八是开辟疏通渠道，建立学校、师生、学校与家长互动沟通平台。一是建立学生代表大会制度；二是建立领导值周、接待日制度。校科级干部轮流值周发表国旗下讲话，对学生进行训导；三是建立学生科、班主任与学生家长联系制度。

从1988年开始，桃源师范在学生中建立各种政治学习小组380多个，举办业余团校、党校，发展党员150余名，团员近800名，100余人次被评为省、市三好学生。校团委1991年被评为常德市先进团委和文明青年活动先进单位。常德电视台多次报道学校德育工作的特色和学校开展形势教育及加强学生思想教育的情况。常德市委宣传部、市直工委、市教委于1989年3月在学校召开市直宣教战线形势教育现场会； 1990年2月和6月湖南人民广播电台分别播放学校学雷锋活动和国情教育的新闻；《湖南日报》1990年4月刊登学校组织学雷锋活动的情况。

1995年7月1日至4日，桃源师范学校所在的桃源县城突遭百年未遇的特大洪水袭击，全校一片汪洋，学校停电停水，通信中断，学校有学生、教师及家属近千人。学校党委行政带领全体教职工积极转移教学设备器材，同时把全体学生转移到教学楼三楼以上。学校仅有的饮用水只供学生，炊事员在礼堂的舞台上给学生架锅做饭，解决学生吃饭饮水问题。晚上学校安排校科干部、班主任老师到教室里陪伴值班、照管学生。常德市教委领导及时指挥，并派人送款物到校救灾；7月4日洪水稍退，学校又动员中青年教师组织船只将学生一批批全部安全送回家。学校千方百计保护学生安全，这次水灾无一人伤亡。

1998年3月5日，共青团湖南省委授予学校团委湖南省第二届“雷锋家乡学雷锋主题活动”先进单位称号；10月，共青团常德市委授予学校团委1998年常德市“大中专学生志愿者暑假文化、科技、卫生三下乡活动”先进单位；年底，共青团常德市委授予学校团委1998年度常德市“先进团组织”称号；2000年—2005年，校团委先后四次被共青团常德市委授予全市“共青团工作”先进单位称号；2006年4月，参加团市委组织的首届大中专院校学生团体文化艺术节系列活动，校团委获“优秀组织奖”和“五四红旗团委”称号；2007年12月21日，湖南省职成教学会中职分会德育教学与职业指导研究会授予学校2007年度“德育工作先进单位”称号；2008年4月30日，共青团湖南省委授予学校团委2007年湖南省“五·四红旗团委”称号；2009年5月4日，共青团常德市委授予学校团委常德市“五·四红旗团委”称号。

第五节　艺术与体育

一、艺术

（一）艺术教学

全市四所师范院校根据教学计划和教学大纲要求，把音乐、美术作为培养学生能力的必修课，认真开课设节，要求学生毕业后能胜任中小学的音乐、美术教学工作。学校均配足合格的音乐、美术教师，加强音乐、美术教学，开展音乐、美术的课余艺术活动，促进学生全面发展。

常德师专音乐系、美术系是为农村中学培养专业课程教师；学校的其他学系在教学计划中均将音乐、美术课程作为重要课程安排，课时比例较重。

为保证学生上课的场地设施，1988年常德师范新建1810平方米的音乐楼，有琴房127间、钢琴198台，电子钢琴教室3间、电子钢琴84台，音乐教室11间，舞蹈教室9间。桃源师范建有一栋音乐教学大楼。有钢琴、风琴275台；电子钢琴教室1间，电子钢琴30台；音乐教室5间、舞蹈教室2间，共2100平方米。桃源师范美术楼设有美术展室2间。画室3间，美术器材室2间。常德师范美术楼有手工教室1间、基础画室3间、国画室1间、幼儿园仿真实训室1间、蒙特梭利实训室1间。

三所中师学校在艺术课程教学上，音乐课从音乐理论基础开始，加强琴法课教学与练习，使师范生做到能弹唱合一。美术课在重视美术理论教学的基础上，加强简笔画和写生练习。为提高师范生的教学能力，三所中师学校都开设了音乐教学法和美术教学法课。并在二、三年级组织学生到小学进行音乐、美术见习插教和实习。

1998 年 11 月，湖南省教委师范处对全省中师美术教学进行评估。评估结果常德师范 98 分列第 2，桃源师范 96.9 分列第 10；常德师范梁平、杨雅丽，桃源师范赵庸进、王其芳被评为优秀美术课教师。

中专普师停招后，桃源师范 2000 年经省教育厅同意开办音乐、美术专业高职大专班各一个。这批学生毕业后在各县教育局的教师招聘中大部分被录用为小学音乐、美术专业教师。

（二）艺术活动

湖南省教委 1994 年组织湖南省第三届中师学生美术、书法展评，1997 年组织湖南省第四届中师学生美术、书法、工艺作品展评。常德市三所中师参选结果见表 8–1–6 和表 8–1–7。

表 8–1–6　**湖南省第三届中师学生美术、书法作品展览常德中师参选结果**

学校	一等奖		二等奖		三等奖		合计
	美术作品	书法作品	美术作品	书法作品	美术作品	书法作品	
常德师范		1	6		6		13
桃源师范	1		3	1	3	1	9
津市师范			2	1	2	1	6

说明：美术作品一等奖获得者为桃源师范戴欣依；书法作品一等奖者获得者常德师范陈亚利

表 8–1–7　**湖南省第四届中师学生美术、书法、工艺作品展览常德中师参选结果**

学校	一等奖			二等奖			三等奖			合计
	绘画	书法	工艺	绘画	书法	工艺	绘画	书法	工艺	
常德师范	1	2	1	2		1	3		3	13
桃源师范	2	2	1	2	1	1	4		3	16
津市师范	2		1	2			3	2	3	13

说明：美术作品一等奖获得者为常德师范童欢，桃源师范王文、夏美艳，津市师范柏礼妮、王丽容；书法作品一等奖者获得者常德师范粟峰、伍征宇，桃源师范王振华、章仕远；工艺作品一等奖获得者为常德师范龚丽华等，桃源师范宋阳、津市师范周蓉蓉

1996年10月，湖南省教委组织湖南省第四届中师艺术节文艺调演，全省31所中师169个节目分片预赛，推选出47个节目到长沙会演。常德市三所中师4个节目参加汇演：桃源师范学校节目1个，获一等奖；常德师范学校节目2个，获二等奖1个、三等奖1个；津市师范节目1个，获三等奖。

常德市教委1997年5月组织常德市首届中师生书法美术作品展评，在三所中师作品中评出一等奖、二等奖作品64幅：常德师范一等奖9幅，二等奖11幅；桃源师范一等奖7幅，二等奖18幅；津市师范一等奖4幅，二等奖15幅。

常德师范从1993年开始，学校每年12月都举办一次校园文化艺术节，大多数学生都有上舞台表演的机会；每年举办一次美术作品展、书法作品展；每年年底举行"新年献春联"活动。1992年春，600名学生参加"常德市首届经技贸洽谈会暨桃花源游园会"开幕式文艺表演，受到好评；1993年7月，参加湘北片中师学生文艺会演，管乐合奏《茶山情》获一等奖，常德丝弦获二等奖；同年12月，常德市委组织纪念毛泽东100周年诞辰大型文艺晚会，学校参演节目获演出特等奖。1996年参加湖南省第四届中师艺术节，学校获精神文明奖；器乐合奏《将军令》获二等奖、男声独唱《乌苏里船歌》获三等奖。1996年8月，省八运动会在常德举行，学校500名学生参加开幕式大型文体表演，120名团员参加志愿服务活动，均受到好评和奖励。2007年10月，受"宋庆龄基金会"邀请、文化部指派，学校26名师生组成"湖南省艺术学校访问团"，由校长带队赴台湾演出。

桃源师范从1992年开始在校内举办"校园十佳歌手"大赛，至2011年共举办20届；每年12月底举办一次元旦文艺会演和美术作品展览；1997年开始，每年5–6月举办学生声乐、器乐、舞蹈"三星杯"比赛。1990年11月，参加湖南省第二届中师学生美术书法作品展评，10幅作品获奖，其中柏秋锋的国画《山村炊烟》、邹晓慧的素描《女教师》、姚争为的书法作品均获一等奖，学校获优秀集体奖；1991年，选送作品参加国家教委主办的全国中师美术、书法作品展览，学生石建红获"工艺"鼓励奖；1993年3月，学校在"桃花源游园会开幕式"上表演的《仙女织锦》大型舞蹈，受到与会来宾高度赞扬，《人民日报·海外版》刊登三张大幅照片；1995年，学生阎冲、黄培翼参加团市委组织的常德市青年歌手卡拉OK大赛，分获一二等奖；1996年10月，桃源师范根据1995年学校遭受特大洪水的纪实，自创自编的舞蹈"红烛情"参加湖南省第四届中师文艺调演获一等奖，舞蹈中师爱生、生敬师的场景，在场观众无不热泪盈眶；1997年"红烛情"节目代表市教育系统两次参加市"庆香港回归"调演，均获一等奖。2006年4月，参加团市委组织的首届大中专院校学生团体文化艺术节系列活动，其中健美操比赛获一等奖；彭兰芳、裴文娟、胡志辉分别获十佳歌手比赛第2、4、9名；李连杰获原创作品展书法比赛一等奖；校舞蹈协会获得 "常德市十大明星学生团体"称号。

二、体育

（一）体育教学

常德师专设有体育教育系，其他专业按规定开设体育课，并加强体育教学工作。1990年，学校根据《学校体育工作条例》的精神，调整体育课程教学大纲，按国家体委颁发的《高等学校体育工作暂行规定（试行）》，一、二、三年级每周开设体育课2课时，三年共210课时。进入21世纪后，学校贯彻《全国普通高等学校体育课程教学指导纲要》精神，结合体育教学实际，把体育课程设置为必修课、选修课、理论课、保健课和校选课五个“课程模块”，一二年级开设体育课程四个学期共计144课时，三年及以上开设体育选修课。课时中安排10%的理论教学内容，以提高学生的认知能力。严格体育考试，凡体育考试不合格者，达不到《学生体质健康标准》者，必须重修。学校更名为湖南文理学院后，更加突出素质教育，以育人为最高目标，以奠定学生终身体育基础为宗旨，以厚基础、宽口径、有特色为原则，以健身、休闲、娱乐和社交体育为基本体育任务，努力培养学生从事体育锻炼的意识、习惯和能力。学校在抓基本建设的同时，兴建风雨操场以改善体育教学场地等。学校每年11月在学校体育场举行学生运动会。

1997年12月，湖南省中师体育年会在桃源师范学校举行，桃源师范学校探索总结的“中师生体育教学能力模块训练法”受到与会者一致好评，理事会决定在全省中师推广，并被确定为全省中师体育学科评估学生能力抽测内容之一。

1998年11月，湖南省教委师范处对全省中师体育教学进行评估。评估结果常德师范97分列第5，桃源师范96.9分列第6；常德师范杨先锦、王光霞，桃源师范艾丽娜、鲁美英、康建纯被评为优秀体育课教师。

三所中师学校严格按照部颁中师体育教材和国家体育锻炼标准开展体育教学。在加强体育教学的同时，根据中师特点，以田径为基础，以增强学生体质为宗旨，每年举办一次田径运动会，积极开展球类、体操、基本队列、口令、武术、儿童体育游戏等教学活动。中师体育课程在教授体育锻炼知识的同时，向学生教授体育教学法，培养学生组织开展小学体育活动的能力及体育教学能力。

1996年，常德师范学校投资600多万元修建3153平方米的体育馆，设座位2000余个。同年，桃源师范学校投资200多万元的风雨操场兼会堂竣工启用。

1999年，桃源师范学校经省市教委、计委批准，新开办体育教育中专班，按省教委组织编写的普通中专教学计划开课，为农村小学培养合格的体育教师。

（二）体育活动与竞赛

1988—2000年，湖南省教委组织了4次全省中师学生体育运动会，常德市3所中师学校参赛成绩见表8-1-8。

1994年11月，常德市大中专体育协会组织常德市首届大中专学校田径运动会，三所中师的团体总分及名次为：常德师范 137 分，第一名；桃源师范 77 分，第四名；津市师范 63 分，第五名。常德师范学生田建云独摘男子 100 米、200 米、400 米 3 块金牌。

常德师范学校 1992 年 5 月承办湖南省中等师范学校学生第二届运动会。全省 32 所中师学校派出 721 名师生参加，大会圆满成功。1993 年 10 月，学生何娟参加湖南省中专生越野赛，获得女子组第 6 名。1998 年 5 月，学校派队参加第四届省中师学生田径运动会，胡奎香获得铁饼第三名、并打破省中师运动会纪录。2011 年 10 月，参加常德市 2011 年度市直学校秋季田径运动会，获团体总分第一名，并获“体育道德风尚奖”。

表 8-1-8　　**湖南省第 1–4 届中师学生运动会常德中师成绩一览表**

届次	时间	地点	参加学校数	常德师范	桃源师范	津市师范
第 1 届	1989 年 7 月	湖南三师	31	田径男子总分第 2 名	田径男子总分第 4 名、女子总分第 4 名，学校团体总分第 4 名。金牌 2 块	
第 2 届	1992 年 5 月	常德师范	32	精神文明代表队。田径男子总分第 12 名、女子总分第 11 名	田径男子总分第 6 名、女子总分第 12 名	田径男子总分第 17 名、女子总分第 14 名
第 3 届	1995 年 5 月	冷水江师范	31	田径男子总分第 4 名、女子总分第 5 名。体育道德风尚奖	田径女子总分第 6 名。健美操六人第 6 名	
第 4 届	1998 年 5 月	岳阳师范	31	体育道德风尚奖田径团体总分第 14 名。	健美操男子双人第 2 名。体育道德风尚奖。田径团体总分第 21 名	田径团体总分第 30 名

桃源师范学校每年秋季举办一次田径运动会。2011 年，学校举办了第 58 届校田径运动会。学校从 1978 年开始，按学年度结合教学定期举行小型多样的体育竞赛活动：9 月为新生广播操比赛，10 月为校运会，11 月为班级排球赛，12 月至次年 1 月为象征性长跑；3 月为三年级司口令及儿童韵律操比赛，4 月为乒乓球比赛，5 月为班级篮球赛，6 月为短跑通讯赛。1989 年 7 月在衡阳举行的首届中师田径运动会上，学校获得男女团体总分第四名和学校团体总分第四名，获奖杯 2 个、金牌 2 块、银牌 4 块、铜牌 2 块；学生邓文、张立荣获二级运动员加分标准，有邓文、牟宏英分别创男子 110 米栏和女子铅球二项省中师运动会纪录；　1995 年 5 月，校田径队和健美操队赴冷水江师范参加湖南省第三届中师学生运动会，女子 4×100 米接力、女子跳远、女子 800 米、男子铁饼均破省中师运动

会记录，黎碧荣在女子跳远比赛中以5.23米的成绩达国家二级运动员标准。

桃源师范学校1978年起积极开展学生体育达标活动，有效地增强了学生体质。学校明确规定，学生体育未达标不能评为“三好学生”。学校1991年、1993年、1996年连续三次被湖南省体委、省教委联合检查后评为“施行《国家体育锻炼标准》”先进单位。1999年1月，国家体育总局、教育部授予桃源师范学校“推行《国家体育锻炼标准施行办法》全国先进单位”称号。

第六节　教学改革与研究

一、高师教学改革与研究

1988年起，常德师专根据省教委《关于深化师范专科教育改革的意见》精神，进行一系列教学改革：一是坚持德育为首，努力探索德育新途径；二是成立基础部，实行第二学籍管理；三是修订教学计划，调整课程结构。制定七门技能训练课的教学大纲，编印五本训练教材。规范政治理论与思想品德课的教学。其中政教、历史、体育三个专业实行了主辅修；四是开展教学比武和督导。1992年3月学校制定《教学督导制实施方案》，成立了教学督导团；五是改进教育实习，建立和扩充教育实习基地。学校明确一位副校长和教务处一位副处长分管教学科研工作，教务处设有科研科长，各系教研组改为教研室，开展争创优秀教研室活动。1995年先后有中文系现代汉语教研室、地理系部门地理教研室、数学系数学分析教研室被评为省级优秀教研室。学校加强重点课程建设，建成校级重点课程13门，中文系的古典文学被定为省级重点课程，并于1996年元月通过省级专家评估组的验收。学校以教学带科研，以科研促教学，积极鼓励教师开展各科科研活动。1990—1998年，全校教师发表论文2000多篇，其中省级学术刊物上发表300多篇，在国家一级学术刊物上发表（包括复印、转载、索引）265篇，公开出版的专著和教材37部。学校先后有十个项目获省级优秀教学成果奖，其中二等奖2个，三等奖3个。有2人获得省教委优秀高教论文奖，3个高教研究项目获省教委批准立项。

1999年起，常德师范学院坚持以教学为中心，大力推进教学管理与改革。每两年召开一次教学科技工作大会，制定《关于实施本科教学质量与教学改革工程的若干意见》，成立实施“质量工程”领导小组。2006—2010五年先后获得省级以上教学研究项目66项，获得省级教学成果奖10项，获得国家级教学质量工程建设项目3项、省级项目58项。

改革人才培养模式。根据社会发展需求，学校修订2010版人才培养方案。该培养方案加大教育实习等实践环节比重，改革公共基础课教学内容和教学方式，尝试实施三学期制，即专辟一个夏季学期用于学生集中实践、素质拓展、英语听说训练等课程教学，构建相对独立的实践教学体系。为进一步强化学生素质，切实落实“创新+创业”“素质+特长”的人才培养目标，先后组织数学建模、电子设计竞赛、程序设计大赛等各种竞赛，并组织参加各种省级竞赛，举办挑战杯课外学术科技作品竞赛、大学生暑期“三下乡”、师范职业技能竞赛等活动，开展“大学生职业生涯规划大赛”“大学生优秀创业团队大赛”等创新创业教育和实践活动，以提高人才培养质量。

深入开展院内教学评估。学校完善教学管理和监控体系，在强化现有课程体系与教学内容的评价制度、课堂教学评估制度、实践教学评估制度、领导和教师听课制度、同行评议制度、学生信息反馈制度以及教学督导制度建设的基础上，推行学生选教、评教制度。同时，按照省教育厅《关于高等学校专业与课程建设评估方案》，深入开展专业、课程的年度专项院内评估，强化三级教学质量管理责任制。

湖南文理学院坚持科研立校。2006—2010 五年中获得国家社科基金、国家自科基金、科技部、农业部和教育部重点资助项目 10 多项，科技研发进账经费突破 1000 万元；获得省科技进步奖、省社科成果奖以及市厅级科技成果奖 220 多项。学校现拥有 4 个省级重点建设学科，1 个国家级教学团队，3 个省级教学团队，1 个省级创新团队。

二、中师教学研究和教学改革

（一）教学研究

20 世纪 80 年代中后期，常德市的中师学校积极鼓励支持教师开展教学研究和教育科研。1984 年 1 月，省教育厅制定下发《关于全省中等师范学校建立各学科教研联组的若干规定》，成立各学科教研联组。中师学校的各学科都成立教研组，教师分别加入全省语文、数学、政治、教育及心理、物理、化学、生物、音乐、体育、美术及推广普通话教研联组并参加活动。1989 年 1 月，湖南省师范教育研究会成立。1995 年 7 月省中师教育研究室成立。三所中师学校先后有方伟杰、仓道沅、彭定满、康建纯、何登法、李文健等 20 多位教师担任全国、全省性教学研究会的理事长、副理事长。1988-2000 年，湖南省教委组织中师师生教学竞赛活动主要有两个途径，一是省教委直接组织，二是全省分为 5 个片，分片组织。常德市和益阳市为湘北片，共有 5 所中师学校。

省中师各教研联组组织各学科教学人员学习部颁教学计划和教学大纲，研究讨论教材，统筹安排教材，编写教学参考资料；组织各学科人员进行教学研究活动，探索师范教学规律，开展学术交流，召开全省性的学术会议和教学经验交流会议，推广有指导意义的教学经验；还对学科教师进行培训，组织教学检查和学生成绩考核等。全市各中师学校教师在省教研联组的领导下组织各种教学研究活动。

教师教学竞赛。1990 年，桃源师范王艳获湘北片数学教学竞赛一等奖；张志华获湘北片青年教师化学优质课竞赛一等奖；常德师范周展鹏、桃源师范杨兴获湘北片体育教学竞赛二等奖。1991 年，桃源师范熊小林获全省中师青年政治教师教学竞赛一等奖，桃源师范王艳获全省中师数学课堂教学竞赛二等奖，桃源师范杨国亮获湘北片物理教学竞赛一等奖。1993 年，常德师范董习德获湘北片生物青年教师比武课二等奖。1997 年 1 月，桃源师范学校张道才的《小学数学微格教育讲解技能》录像课获省中师数学研究会一等奖。

表 8-1-9　　1994 年湖南省中师、县（市）教师进校教师教育教学论文评选常德市获奖表

获奖等级	论文题目	姓名	工作单位
一等奖	中等师范学校学生体育心理特点研究	康建纯	桃源师范
	在化学教学中加强环境教育的初步尝试	张志华	桃源师范
	寓言教学与思维训练	邹爱兵	鼎城区进校
二等奖	中师教育科研要面向小学	高　渊	桃源师范
	运用“二分法”分类，避免排列组合同问题中重复与避漏	刘建春	鼎城区进校
	小学语文古诗教学谈	董海泉	常德师范
	小学课堂教学结构探微	贺修民	安乡县进校
三等奖	中师生学习适应性诊断与指导的研究	高　渊 郭铁成	桃源师范
	中师生全程式作文系列训练初探	彭兴杭	桃源师范
	试论继续教育班学员的学习思维	杨铮传	澧县进校
	以目标教学为调控手段求教学实践课整体优化	成慧敏	石门县进校

1990 年，由湖南省教委师范处和湖南省中师教育研究会合编的《湖南省中等师范学校教育论文集（二）》，常德市中师 6 篇文章入编：即桃源师范学校的“面向农村小学　深化教育改革”，常德师范学校的“锐意改革　不断进取”，常德师范卓伯泉的“谈谈中师政治课教学的师范性”，桃源师范王清宇的“小学数学教学中要渗透辩证思想”，桃源师范高渊的“针对中师特点　加速实验室建设”，常德师范张国平的“用不定方程解‘算数’中的有关问题”。

1994 年，湖南省教育委员会组织中师、县（市）教师进校教师教育教学论文评选，全省 111 所学校积极参与，收到论文 346 篇，评出一等奖 16 篇、二等奖 34 篇、三等奖 49 篇。常德市 11 篇获奖，其中一等奖 3 篇。具体情况见表 8-1-9。

1998 年 6 月湖南省教委组织湖南省中等师范学校、教育学院、教师进修学校教学教研论文评比，共评出一等奖论文 40 篇，二等奖论文 108 篇，三等奖论文 324 篇。常德市 39 篇获奖，其中一等奖 4 篇。具体情况见表 8-1-10。

表 8-1-10　1998年湖南省师范教育教学教研论文评选常德市获奖情况表

获奖等级	论文题目	姓名	工作单位
一等奖	中师教育学课堂教学培养教学能力“四步模式”探讨	邱林	常德师范
	小学数学教材教学“三结合”教学法的实践与理论	张道才	桃源师范
	中考体育对中师新生体质影响特点研究	康建纯	桃源师范
	反馈教学与思维训练	张开基等	鼎城区进校
二等奖	充分认识文字表达训练的重要性	张力	常德师范
	“尝试作文批改法”的动因与实践	龙熙银	桃源师范
	语感教学初探	王永炎	常德师范
	中师生心理素质教育的实验研究	高渊等	桃源师范
	素质教育实施过程中的几个误区	唐熙娥	津市师范
	课堂教学的目标与举例	钟兴华	常德师范
	引进微格教学的实践与认识	吴仲秋等	澧县进校
	思维流及其基本规律对继续教育教学的启示	黄敏	武陵区进校
	说课?上课听课?评课	袁小平等	武陵区进校
	数学教学中讲解语言的修辞运用原则	孙桂秋	桃源县进校
	初中英语新教材教学面面观	肖昌宗	鼎城区进校
	关于数学素质教育教学原则的思考	潘能钧	安乡县进校
三等奖	中学英语师资培训改革初探	牛张莉	常德教育学院
	中学语文教学要大力加强口语能力的培养	龙雍生等	常德教育学院
	更新观念实施素质教育	戴述美	津市师范
	浅谈中师历史教材中阅读材料的运用	雷志元	津市师范
	强化数学建模意识,发展学生数学素质	黄祖军	桃源师范
	运用引导发现法教学　训练学生发现性思维	李晓渊	津市师范
	排列组合应用题的解题策略	杨少宽	常德师范
	中师生学习心理素质的现状与对策研究	郭铁成等	桃源师范
	浅谈学习迁移规律在地理教学中的运用	刘新荣	汉寿县进校
	指导学员真读书　培养学员真能力	周德威	汉寿县进校

续表 8-1-10

获奖等级	论文题目	姓名	工作单位
三等奖	朗读技能训练教学的基本模式初探	王文海	澧县进校
	小学语文课堂教学中实施素质教育问题诌议	张小平	临澧县进校
	以教法之“巧”促学法之“活”变“学会”为“会学”	成慧敏	石门县进校
	培养观察力　提高作文水平	杨玉秀	桃源县进校
	充分、必要、充要条件和集合判别法	陈德英	澧县进校
	浅谈校长自我素质修养	吴泽凡	临澧县进校
	小学继续教育对象社会化与微格教学	张显峰	临澧县进校
	关于继续教育模式研究的思考	张圣华	石门县进校
	谈谈第二轮继续教育的原则与要求	张圣华	石门县进校
	用健康的心理再造生命的绿洲	张翼	汉寿县进校
	教学模式与小学教师继续教育模式	袁小平等	武陵区进校
	铅球落地的力学浅析	邓学莲	鼎城区进校
	论素质教育在美术学科中的渗透	戴宝荣	桃源县进校

1994 年 12 月，常德市教委组织全市中师、教师进修学校教师论文评选，评出优秀论文 57 篇。其中常德师范 9 篇，桃源师范 12 篇，津市师范 7 篇，常德市各教师进修学校 29 篇。

常德师范学校在 1988 年至 2011 年间，学校教师公开发表论文、作品 900 余篇，参编教材、教参和著作 100 余部；多名教师的录像课在全国、全省教学竞赛中获奖。1988 年“全国深化改革加强中师建设座谈会”在湖南省召开，学校受检得到赞扬；1990 年“全国加速师范院校标准化建设，培养合格中小学教师座谈会”代表来校参观，给予学校高度评价；1991 年，全国二十五个省市（区）中师语文教研会在学校举行；1991 年全省中师校长研修班、1995 年全省中师微格教学培训班在学校开办。副校长王永炎主持的《运用录像教学手段培训小学语文教师——教学改革实验研究》，在国家教委师范司组织的“1996 年度全国师范院校基础教育改革实验研究项目优秀成果评选”中获三等奖，奖金 5000 元。2006 年、2011 年教师顾国荣的两项课题先后被省教育科学规划办和教育部评为立项课题（见表 8-1-11）。

桃源师范学校在 1988 至 1995 年间，学校鼓励教师以研促教、以教带研，数学高级讲师王清宇发表小学数学教学法小论文 24 篇。1996 年至 2000 年间，学校要求教师教研一体，在做好教学工作同时，高级和中级职称者每年至少发表一篇教研论文，学校予奖励，未达要求者年终考核扣5分；学校每年12月举行教师教研论文展评和论文报告会。学校对教学研究和教育科研经费予以保证。其间，有高渊和郭铁成主持的《中师生心理健康发展和素质培养研究》课题在国家教委师范司立项并结题，有省级立项课题《中师心理健康教育的理论与实践研究》、《影响中师生学习的心理要素分析与教育对策研究》2项并结题，另有市级立项课题2项，校级立项课题26项。教研成果获全国性奖励6项，获省级奖励11项。市级以上刊物发表论文作品151篇，市级以上论文获奖149篇。其中语文教师龙熙银的“冲破藩篱，善待教材”在《人民教育》1999年第4期发表。物理教师杨国亮5篇论文在重要刊物发表：“象电荷与象”发表在《物理通报》1993年第11期，1994年被俄罗斯《PE-ФЕРАТИВНЫЙ ЖУРНАЛ》第7期转载，“验证牛顿第二定律的改进”发表在《物理实验》1996年第5期，“小试管的$\bar{P} \geq P_{水}$时亦能上升”发表在《物理通报》1997年第11期，“再论‘电风’与烛焰的偏向问题”发表在《物理通报》1998年第9期，“打点计时器的缺陷对两个学生实验的影响”发表在《物理实验》2001年第6期。体育教师康建纯在连续两届全国中师体育教师论文评选中，两次大会报告并获一等奖，2000年受人民教育出版社邀请编写《“园丁工程”全国小学体育教师培训教材》。

2001—2011年，桃源师范学校实施课题带动战略，促进学校发展。期间，学校取得国家级立项课题2项，省级立项课题4项（见表8-1-11），市级立项课题及国家级省级子课题共12项。教师在各级刊物上发表的论文及获奖的论文577篇。其中化学教师张志华的《化学实验教学中的学生心理及教学策略》发表后，被中国人民大学书报资料中心复印报刊资料2011年第10期全文转载；正高级语文教师龙熙银出版个人专著4本，多次受人民教育出版社之邀编写教材和教师参考书。通过课题研究不仅促进了学校工作，而且还使教师素质得到全面提升，期间，康建纯、龙熙银被常德市委、市政府授予有突出贡献的专家称号，8人被评为特级教师（其中桃师附小3人）。

（二）教学改革

1988年以来，在全国改革开放的新形势下，全市三所中师不断加大教育教学改革力度，结合实际，以教学为中心，大力推进各项教育教学改革。一是改革教学计划。在必修课中适当减少理、化、生、史、地等学科的教学时数，加强语、数、政等基础课和教育学、心理学、教材教法等专业课的教学，增设“三笔字”和舞蹈课等选修课，加强课外活动。二是改革教学方法。各学科教研组设计各种教学方案，采取启发式、研讨式和实践式教学法，培养学生的自学能力、创造思维能力和实际操作能力。常德师范和桃源师范都建起了多个微格教室，以培养学生实际教学能力。1995年12月，常德师范还承办了全省中师学校微格教学师资培训班。三是改革考试方法，常德师范、桃源师范和津市师范先后制定了学生基本功过关测试办法，减少文化课考试门类，增加基本功考核内容，将能力考核成绩列入学业成绩册。四是改革教育实习制度。三所学校都建有教育实习基地，改过去三年级集中实习为一年级见习、二年级试教、三年级实习；五是改革奖学金制度。三所学校在改革奖学金制度时都强调从思想政治表现、学业成绩、能力考核、实习成绩、专业特长等方面综合评定，促使学生全面发展。

表 8-1-11　　两所中师 2001—2011 年国家级省级立项课题情况表

立项时间	课题类型	课题名称	主持人单位姓名	课题资助	结题时间及成果
2002 年	全国教育科学"十五"规划青年专项课题	学习策略指导与小学生学习方法的转变	桃源师范郭铁成		2008 年全国教育科学规划办准予结题
2002 年	湖南省教育科学"十五"规划重点资助课题	小学教师继续教育的实践与理论研究	桃源师范康建纯	2.5 万元	2006 年结题；2007 年获省优秀成果二等奖。
2002 年	湖南省教育科学"十五"规划一般资助课题	小学生学习策略指导实验研究	桃源师范郭铁成	1.0 万元	2007 年结题；2007 年获省优秀成果二等奖
2002 年	湖南省教育科学"十五"规划自筹经费课题	职业学校学生职业素质培养研究	桃源师范周咏波		2007 年结题
2006 年	湖南省教育科学"十一五"规划一般课题	湖南农村小学师资状况调查及对策研究	常德师范顾国荣		2009 年结题 2009 年获省优秀成果一等奖
2009 年	湖南省教育科学"十一五"规划一般课题	小学骨干教师科研能力提升对策研究	桃源师范郭铁成	1.0 万元	2011 年结题，2011 年获省优秀成果一等奖
2011 年	国家社科基金"十二五"规划教育学一般课题	幼儿教师职业准入标准研究	桃源师范刘钦林	12.0 万元	研究中
2011 年	教育部"十二五"规划重点课题	农村幼儿教师供给保障机制研究	常德师范顾国荣	3.0 万元	研究中

常德师范、桃源师范在教学中突出师范专业特点，对任课教师实行"五查"，即查集体备课记录、查教案、查课堂教学、查作业批改、查下班辅导。并采取评课、评教和严格学籍管理等措施。为提高教师业务水平，学校每年组织教师开展分层次最佳课比武，青年教师上汇报课、插教课，进行基本功比赛。从 1985 年开始，两校全力推广"自学、质疑、精讲、练习"八字教学法，教学整体水平大幅提高，涌现出一批学科带头人和教学骨干。这一时期，大批教师的论文、作品和教研课获奖。

2001 年，常德师范学校在中师普师停招后，主动面向市场及时调整办学思路，实行全面开放，多维发展。积极探索师范教育与职业教育兼容，基础教育与成人教育共同发展的新路，学校积极扩充专业设置，创办民办公助学校，建立成人学历教育基地。首批招收五年制初等教育专业。学校打破传统观念，以专业必需的技能为基础，充分发挥学生的兴趣特长，以求一技之长。同时，注重培养学生适应社会的能力。建立以必修课为基础，以选修课为主体的课程体系，压缩必修课，丰富选修课，各专业除开设必需的基础课程外，重点开发选修课。学生可根据自己的实际，扬长避短，不修或少修自己不适应的课程，多修自己想学、有能力学的课程。在修满相应学分后，可提前参加工作。2003 年，学校加挂“常德旅游学校”校牌，并申报国家重点中等职业学校，次年 4 月获得教育部终审认定。推行职业资格考试，学校陆续设立摄影师考点，国家劳动部计算机高新技术考试站（ATA），国家科技部考试点。2004 年，计算机高新技术考试内容纳入课程体系；5 月，计算机专业学生 276 人参加认证考试，被湖南省劳动技术鉴定中心树为全省职业考试站的典型；12 月，该校 45 名学生参加摄影师考试，过关率达 98%。

2002 年，桃源师范认真组织教师学习《基础教育课程改革纲要》，鼓励教师以课程教学为突破口，积极探索教学改革。广大教师积极运用启发式、研究式、探究式等先进教学方法进行教学，并取得重要成果。2003 年学校设有高职大专班 3 个（音乐、美术、体育各一个班），另有中职 7 个专业。学校大胆进行课程改革，根据市场对人才的需求，对所开设的两个层次 8 个专业的教学计划、课程设置及课时比例进行调整，加大了训练与实践课时。同时，积极组织青年教师“新秀杯”教学比武、语文教师说课比赛，倡导现代教学技术的运用，组织部分教师制作课件进行多媒体教学，以提高教学质量。2004 年 5 月，学校经市教育局批准加挂“常德信息科技学校”校牌。学校职教专业由原来的 8 个调整为 7 个，分别是幼师教育、音乐、工艺美术、商务外语、旅游服务与管理、计算机及应用、电子应用技术。学校根据生源实际和市场需要，调整各专业课程设置和课时分配，坚持“文化知识合格、基本功扎实、专业技能过硬”的原则，制定新的教学计划。调整后，学生普通话、计算机、英语三证合格考试安排在二年一期开始，二年二期完成。专业技能训练从一年一期开始，逐步加重比例。2005 年 1 月 12 日：教育部行文，确定学校为“国家级重点中等职业学校”。学校针对职业教育特点，进一步强化学生技能训练和考证意识，把考取职业技能证书作为衡量学生职业技能水平的标准，与有关部门协作，为学生考证创造条件。是年，普通话水平测试，组织 779 名学生报考，96 名达到二级甲等、498 名达到二级乙等；全国英语等级考试，组织 84 名学生报考，57 名口试或笔试合格，11 名拿到相应等级证书；组织旅游专业 32 名学生参加全国导游资格证考试。在计算机高新技术等级考试中，非计算机专业学生 210 人参加考试，209 人合格，合格率达到 99.5%。改革考试考核方式，文化理论课程实行网上考试，节省了大量人力、物力和财力；基本功和专业技能实行现场实际操作，依据专业不同，对学生逐个进行实际操作、现场表演过关考核。

第七节　探索开放的教师培养体系

1996 年 9 月第五次全国师范教育工作会议召开。会议指出：要充分发挥各级各类师范院校培养培训教师的主渠道作用及非师范院校培养培训在职教师的积极作用。1999 年 3 月教育部印发《关于师范院校布局调整的几点意见》，鼓励一批高水平的综合大学参与培养中小学教师。是年湖南省教委借高校扩招之机，决定小学师资由师大、师专开设的初等教育专业培养，一举完成全省从三级师范向两级师范的过渡，实现了历史性的跨越。同时调整全省师范院校结构布局。

2001 年常德师范学院、桃源师范学校参加省教育厅的招标，经过专家评估通过，9 月 14 日湖南省教育厅以湘教通〔2001〕143 号发出《关于确认湖南大学等 18 所院校为中小学骨干教师省级培训基地的通知》。常德师范学院、桃源师范学校同时被省教育厅批准为“省级中小学骨干教师培训基地”。

2001 年 3 月 3 日，常德市教委根据湖南省教育厅关于“加快我省在职中小学教师学历提升培训步伐，全面实施中小学教师继续教育工程”的精神，确定桃源师范学校为常德市小学教师专科学历培训点，招生指标挂靠湖南一师，学习形式以函授为主，集中辅导为辅，实行学分制，学习时间三年。2002 年 1 月，桃源师范招收小学教师进修高等师范专科初等教育专业免试入学学员 1060 人。常德师范开始招收幼师大专班、计算机及应用大专班。

2002 年，教育部在《关于“十五”期间教师教育改革与发展的意见》中，明确提出了“以现有师范院校为主体，其他高等院校共同参与，培养和培训相衔接，建立体现终身教育思想的、开放的教师教育体系”。自此，常德的中小学教师队伍除了可以从省内几所师范院校毕业生中选拔外，还可以从国内非师范类高等院校的优秀毕业生中选拔新人。这些毕业生经过一定时间的教育学、心理学培训和专门的教育实习实践获得相应从教资格证书后就可应聘任教。

2003 年常德师范学院更名为湖南文理学院后，虽已成为一所多学科全日制普通本科院校，但仍然还有部分专业担负着培养培训基础教育师资的任务。

2005 年湖南省政府办公厅转发省教育厅《关于进一步加强中小学教师培养工作的意见》，决定从 2006 年起每年招收一定数量的优秀初中毕业生，适当减免学杂费并给予一定的生活补贴，为农村特别是贫困乡镇以下小学培养五年制大专层次的教师。享受该项目资助的学生必须履行协议规定，毕业后回协议县市乡镇以下小学服务 5 年以上。同年湖南省教育厅根据教育部的要求，开展了小学教师培养工作专项评估。并以湘教通（2006）38 号发出《关于小学和幼儿园教师培养工作专项评估结果的通报》。常德市的常德师范和桃源师范两校共同接受评估，被确定为承担大专层次小学和幼儿园教师培养工作评估合格的学校和基地，成为此次评估中全省 5 所合格的学校和基地之一。同时通报中还确定两校为中专层次幼儿园教师培养工作评估合格的基地。后因两校合并在即，经市教育局协商同意，桃源师范以进行教师培训为主，招收大专学生指标全部放在常德师范学校就读。自 2006 年至 2010 年常德师范共招收定向培养 5 年制小学教师 712 名，非定向毕业生 639 名。

第二章　教师培训

第一节　培训机构及培训情况

一、湖南文理学院继续教育学院

2010 年，常德市有成人高等师范教育院校一所，即湖南文理学院继续教育学院，学院属湖南省教育厅管理。其作为成人高等教育培训机构曾几次更名。

1989 年 3 月，中共常德市委、市人民政府根据湖南省教委的有关意见，“撤销常德师专培训部，就地建设常德教育学院”，并将市高函站、中函站迁入常德教育学院合署办公。学校为正处级事业单位，定编 77 人，隶属常德市教委管理。学院位于武陵区洞庭大道西段新三岔路旁，占地面积 70 多亩。

1990 年 3 月 12 日　中国电视师范学院常德教学管理站和湖南教育学院常德函授站成立，均设在常德教育学院院内。

常德教育学院建立后一直到 1999 年 7 月并入常德师范学院期间，始终担负着全市培训（培养）中小学师资的任务。1989 年至 1999 年共培训（培养）具有本科学历的教师 400 多人，专科学历教师 7000 多人。

1996 年 11 月，常德市编委办下文撤销原常德市高函站、中函站，其人员编制全部并入常德教育学院，同意加挂“常德市中、小学教师培训中心”的牌子。常德教育学院没有在国家教委备案“批牌”，多年来坚持采取多种模式办学，主要靠借鸡生蛋，借牌招生。

1999 年 7 月，湖南省政府在《关于建立常德师范学院的通知》中指示：“决定将常德教育学院并入新组建的常德师范学院”。教育学院并入时，有在职教职工 63 人（不含退休 22 人），其中教学人员 35 人，具有副高以上专业技术职务者 15 人、中级职称者 13 人。学院处级领导 5 人，即党委书记兼院长 1 人，副院长 4 人。二层行管科室 7 个，专业教学科（组）5 个。建筑面积 16000 平方米，馆藏图书 3.5 万册，教学实验仪器 40 多万元。

2001 年常德师范学院被省教育厅确定为省级中学和小学骨干教师培训基地之一，承担中小学骨干教师省级培训任务。

2003 年 2 月，在原常德教育学院院址组建湖南文理学院成人教育学院。2005 年 7 月，搬迁至湖南文理学院东校区；2007 年 8 月，再次搬迁至湖南文理学院本部老校区。2008 年 2 月，湖南文理学院成人教育学院更名湖南文理学院继续教育学院。

学院采用多种层次、多种形式和多种类型办学。

在学历教育方面，有成人教育、自学助考和普通教育三类。其中普通教育主要有基础教育师资班和引进外地高校研究生班。基础教育师资班于1999年成立时秉承原常德教育学院的传统举办，2003年停办。四年共有专科毕业生600余人；引进外地高校研究生班2个，共毕业研究生120余人。

在非学历教育方面，学院是省市级骨干教师培训基地，担负着各种培训任务。主要有继续教育和短期培训两类。一是面向基础教育的师资培训。先后开办了省级骨干（高中）教师培训班、市级骨干教师培训班、中小学教师继续教育培训班、中学校长培训班、中小学班主任教师培训班等，自成立至2010年共培训结业约35000人次；二是短期培训。主要有职业资格培训、英语口语培训等。2009年10月，湖南文理学院继续教育学院被湖南省教育厅评为“湖南省中小学教师继续教育工作先进单位”。

二、常德市小学教师培训中心

2001年9月，湖南省教育厅根据《关于小学骨干教师省级培训基地申报的通知》精神，组织专家对各院校提供的申报材料进行认真评审和实地考察，确认桃源师范学校等18所院校为“湖南省中小学骨干教师培训基地”，承担中小学骨干教师省级培训任务，常德市人民政府则决定由桃源师范学校承担常德市小学教师培训任务。2002年2月，市委、市政府同意，市编委印发《关于桃源师范学校加挂常德市小学教师培训中心牌子批复》文件，学校开始承担全市小学教师提高学历层次、小学骨干教师、县级培训机构教师、小学技能学科、新课程教师和教育管理干部的培训任务和省市幼儿园师资培训任务。

2001—2012年，常德市小学教师培训中心共承担小学和幼儿园各类教师培训83批次，共培训学员7436人次。培训中心作为第一师范教学点，2001年至2005年对全市小学教师进行提高学历培训，有2021人参加，1874人获初等教育专科文凭。全市小学教师专科及以上学历2001年为21.5%，2005年为61.8%，增加人数为6576人，常德市小学教师培训中心贡献率为28.5%。

常德市小学教师培训中心根据省市教育主管部门的要求，以提高小学教师和幼儿教师的知识能力和教育教学能力水平为培训目标，培训工作严格执行培训计划，切实加强对各类对象的培训和管理。学员在培训过程中不仅获得更多的新知识、新信息，而且使自己教育教学能力和组织领导能力得到提升。省教育厅多次组织对培训基地的评估，常德市小学教师培训中心各项指标都名列前茅。常德市小学教师培训中心培训经验曾五次在全省有关会议上交流。2001年第5期《湖南小学教师》杂志刊文专门推介该中心英语师资培训的经验；2001年12月《湖南省中小学教师继续教育工程资料汇编》以《营造三种氛围，当好三个角色》为题，介绍其开展骨干教师省级培训的经验；2003年《中小学教师继续教育》杂志以《实施431工程，提高骨干教师科研素质》为题介绍其骨干教师培训过程中的课题研究教学新模式；2004年《中小学教师继续教育》第二期以《中心搭台，共同唱戏》为题介绍其继续教育的成果；《中外教学研究》杂志第11期以《五管齐下狠练内功，培训一个带动一片》为题介绍其农村小学英语、计算机骨干教师省级培训的经验。常德市小学教师培训中心多次受表彰，2007 年 1 月，被湖南省中小学继续教育指导中心评为“湖南省中小学教师继续教育资源工作先进单位”；2009 年 10 月，被湖南省教育厅评为“湖南省中小学教师继续教育工作先进单位”。

表 8-2-1　　常德市小学教师培训中心 2001—2012 年培训情况统计表

类别		级别	类计	2001	2002	2003	2004	2005	2006	2007	2008	2009	2010	2011	2012
幼儿园转岗教师培训		国家级	611											280	331
农村幼儿园保育员培训		国家级	160												160
幼儿园骨干教师培训		省级	97											97	
		市级	138											49	89
幼儿园园长培训		省级	150											50	100
		市级	53												53
小学骨干教师培训	语文	省级	117	37	80										
		市级	541	35				47	142	117	70			130	
	数学	省级	78	35	43										
		市级	354	33				50	95	46	59			71	
	英语	省级	211				211								
		市级	183	70							86			27	
	音乐	市级	90			48							42		
	美术	市级	77			34							43		
	体育	市级	85			41							44		
	思品	省级	51		51										
		市级	111						43	47				21	
	多媒体课件制作	市级	93								47		46		
	信息技术	市级	81		37	44									
	计算机	市级	206				206								
	科学	市级	104							46	39			19	
	心理健康	市级	199									71	40	42	46

续表 8-2-1

类别		级别	类计	2001	2002	2003	2004	2005	2006	2007	2008	2009	2010	2011	2012
教师技能培训	音乐	市级	32				32								
	体育	市级	30				30								
	美术	市级	30				30								
幼儿教师资格证培训		市级	118											65	53
小学幼儿园教师资格培训		市级	240								103	87	50		
小学教师资格培训		市级	215						72	67				42	34
新聘、特岗教师培训		市级	196											84	112
农村小学英语骨干教师培训		市级	53									53			
农村小学信息技术骨干教师培训		市级	52									52			
小学骨干班主任培训		市级	97									97			
小学校长高级班培训		市级	41											21	20
小学校长提高班培训		市级	44		44										
小学校长研修班培训		市级	356			84	68	32	33	35	43	41			20
职业院校普通话教师培训		市级	91								50	41			
小学教师进修高师专科初等教育专业培训		市级	2021	961	1060										
小学骨干教师高级研修班		市级	30												30
合　计			7436	1171	1315	251	577	129	385	358	497	442	265	998	1048

2011—2012 年，常德市小学教师培训中心承担了两项国家级培训任务，即幼儿园“转岗教师”培训和农村幼儿园保育员培训，共培训幼儿园转岗教师 611 名，农村幼儿园

保育员160名。学校培训工作在省教育厅组织的专家评估中被评定为优秀等次，学校并被评为2011年湖南省“幼儿教师国家级培训计划”实施工作先进单位。常德市小学教师培训中心2001—2012年培训情况见表8-2-1。

三、区县（市）教师进修学校

常德市共有教师进修学校9所，每个区县（市）一所，分别在1983年和1985年省教育厅组织的检查验收中合格。

1990年省教委颁发《关于进一步加强县（市）教师进修学校建设的意见》后，市、县两级政府和教育行政部门更加重视进修学校的建设，加大经费投入，给每个学校添置图书、资料、仪器设备，配齐教师和管理人员。在当年省教委组织的复查评估中，常德各县市（区）教师进修学校全部达到省教委提出的进修学校建设的基本标准。这次复查评估，省政府表彰全省25所进修学校，常德市有汉寿县、澧县、临澧县三所进修学校被评为先进学校。同年11月，中南六省小学教师继续教育现场会在常德召开。与会代表参观了全市9所教师进修学校，代表们给予“学校环境优美，教学设备齐全，教学、生活设备配套，学校管理得法”的评价。同年，常德市鼎城区教师进修学校根据省教委的安排为西藏灵芝地区举办在职小学教师汉语培训班一期，培训学员36名。该批学员经考试和考核，全部获得毕业证书和专业合格证书。

临澧县教师进修学校各项工作多次获得上级有关部门的嘉奖，先后被评为“湖南省先进教师进修学校”“湖南省中小学教师信息技术教育培训测试工作先进单位”“湖南省中小学教师继续教育宣传工作先进单位”“湖南省中小学教师远程培训先进单位”“常德市普通话测试优秀测试点”“常德市中小学教师远程培训先进单位”。1992年，中南六省师训工作会议曾在该校召开现场会。

武陵区教师进修学校先后获得“师训工作先进单位”“湖南省先进教师进修学校”“湖南省教师进修学校教学质量评估先进单位”“省级函授教育管理优秀单位”“湖南省语言文字工作先进集体”“全省远程师训工作先进培训机构”“省、市级普通话优秀测试站”等光荣称号。

安乡县教师进修学校的管理工作多次受到上级主管部门的表彰。1996年学校被省教委评为“湖南省教师进修学校复查评估先进单位”；1999年学校档案室被省档案局评为“省一级档案室”；2005年学校工会被市总工会评为“模范职工之家”；2006年学校工会被省教育厅授予“优秀基层工会”荣誉称号；2008年学校被省教育厅评为全省6所示范性县级教师培训机构之一。

澧县教师进修学校是省教育厅首批组织检查验收合格的县级教师进修学校之一。1999年6月20日，国家教委继续教育考察团在国家教委中小学教师继续教育办公室主任叶九成的率领下到澧县教师进修学校考察，高度称赞澧县的中小学教师继续教育工作：认为

“措施得力，效果很好”。由于澧县教师继续教育工作在全省走在前列，2000年湖南省中小学教师继续教育工作会议、湖南省语言文字工作会议、湖南省教师进修学校校长协作会议均在该校举行。2005年，该校经省政府综合考评，成为全省首批5所示范性县级教师培训机构之一。2005年6月，澧县编委正式行文，将县教师进修学校、教学研究室、教育电视台、教学仪器站进行功能和资源整合，组建“澧县教师学习与资源中心”。

鼎城区教师进修学校1992年经省教委验收评估为省级先进教师进修学校；1996年被评为省级教育教学先进单位，考核得分96.7分，名列全省第一。

2009年，武陵区教育局、石门县教育局被湖南省教育厅评为“湖南省中小学教师继续教育工作先进单位”。

2010年常德市各区县（市）教师进修学校基本情况见表8-2-2，1988—2002年常德市进修学校学生人数见表8-2-3，1988—2010年常德市各区县（市）教师进修学校培训教师情况见表8-2-4。

表8-2-2　**2010年常德市各区县（市）教师进修学校基本情况一览表**

学校名称	校园面积（平方米）	校舍面积（平方米）	教职工	专任教师	图书（万册）	价值（万元）	备注
安乡县教师进修学校	5630	73273	32	15	0.3	26	与电大、奥鹏教育工作站合办
汉寿县教师进修学校	10502	3489	34	25	2.12	9.4	又名教师培训中心
澧县教师进修学校	16675	6000	35	26	2.5	26.5	与教研室、教育电台、教学仪器站合并又名教师学习与资源中心
鼎城区教师进修学校	26680	15000	34	19	1.8	30	与电大、江南实验中学合办
临澧县教师进修学校	16008	4876	32	28	1.16	2.2	与电大合办
桃源县教师进修学校	34000	7485	154	150	3.5	40.6	与电大、县实验小学合并
石门县教师进修学校	2335	4025	30	26	6.8	25.1	与电大、新世纪实验学校合办
津市市教师进修学校	133400	3000	10	7	5.0	20	与津市市职业中专合并
武陵区教师进修学校	2983	3100	29	25	2.3	40.5	与电大、武陵社区学院合办

说明：本表澧县、石门县、津市市三所进修学校的校园面积、校舍面积两项数据均为1990年的数据。其他为2010年数据

表 8-2-3　　1988—2002 年常德市进修学校学生人数统计表

年度	学校所数	毕业生数	其中全脱产	招生数	其中全脱产	在校学生	其中全脱产	函授业余	另有在校其他学生
1988	10	2007	135	3340	309	7428	958	6470	953
1989	9	1753	309	520	254	5773	636	5137	589
1990	9	1439	268	2068	396	4447	705	3742	
1991	9	1255	286	1140	575	3803	1055	2748	535
1992	9	1337	484	426	366	2696	1113	1583	971
1993	9	1454	553	32	32	1414	94	1320	1313
1994	9	637	75	1711	248	2612	248	2364	3340
1995	9	587		1418		3125			764
1996	9	957	280	2289	110	4129	466	3663	
1997	9	2734		1425		2648			
1998	9	1105	155	947	345	1774	408	1306	310
1999	9	789	789	1049	1049	2020	2020		1342
2000	9	2104	1068	2732		3391		3391	
2001	7	1568	1568	2290	2290	3526	3526		
2002	8	1531	1531	1915	1915	4192	4192		

说明：资料来源于常德市教育事业统计资料。1988 年统计数据含慈利县进修学校；2001 年起，函授业余入成人教育统计；2003 年起，成人中专合并为中等职业教育统计

表 8-2-4　1988—2010 年常德市各区县（市）教师进修学校培训教师情况统计表

年份	鼎城区	汉寿	武陵区	安乡县	临澧	津市	石门	澧县	桃源	合计
1988	362	1260	100		147	213	180	320	260	2842
1989	358	1125	144		385	167	165	224	327	2895
1990	357	1148	150		125	269	170	143	332	2694
1991	1271	1015	100		264	60	178	278	278	3444
1992	1060	1023	200		307	212	240	266	392	3700

续表 8-2-4

年份	鼎城区	汉寿	武陵区	安乡县	临澧	津市	石门	澧县	桃源	合计
1993	1208	1104	250		143	158	240	200		3303
1994	1108	1058	262		300	122	230	432	2144	5656
1995	350	1147	250		126	584	250	185	2514	5406
1996	394	935	400		1104	1092	310	286	2692	7213
1997	280	1149	949		837	869	152	145	2576	6957
1998	402	1406	989		528	599	160	3745	2238	10067
1999	624	889	964		764	608	162	180	2528	6719
2000	574	1231	1801	552	1176	813	200	111	2801	9259
2001	564	2392	1616	676	1045	1057	410	94	759	8613
2002	604	1352	2465	2390	1132	1230	310	45	1339	10867
2003	660	3019	3212	2544	798	652	320	3641	3312	18158
2004	1526	1999	743	555	220	584	320	248	2308	8503
2005	2247	2015	959	849	1161	533	320	80	1741	9905
2006	1354	2537	2441	2224	1199	498	420	453	6491	17617
2007	1524	1608	918	698	1053	557	280	1886	3809	12333
2008	1737	1083	1412	1317	859	490	300	173	2248	9619
2009	591	1112	533	565	572	365	230	4094	1459	9521
2010	1229	462	981	650	461	448	215	12555	1055	18056
合计	20384	32069	21839	13020	14706	12180	5762	29784	43603	193347

说明：数据来源于各区县（市）进修学校上报市教育局报表

第二节　中小学教师继续教育

1988 年，常德市汉寿县被湖南省教委确定为教师学历后继续教育的试点。1990 年 5 月湖南省教委下发《关于积极稳步地开展中小学教师继续教育的意见》，1991 年 3 月，省教委发出《关于进一步搞好小学教师继续教育工作的通知》，常德市小学教师继续教育工作从 1993 年开始全面展开。同时，中学教师继续教育计划也已在全市开始实施。在常德教育学院，全市先后有 400 多名教师通过继续教育取得本科文凭，有 500 多名教师取得大学专科文凭。

1990—1994年，常德师范学校利用本校师资和联合国儿童教育基金会提供的5万美元的办公、教学设备，举办了6期小学教师培训班，共培训小学音乐、体育、语文 数学、复式教学、自然教师240名。

1999年3月，国务院批准转发教育部“面向二十一世纪教育振兴行动计划”，以培养二十一世纪合格教师为目标的“跨世纪园丁工程”开始启动。1999年9月，为贯彻第三次全国教育工作会议精神，教育部召开“全国中小学教师继续教育工作会议”，会议提出：“中小学教师继续教育要面向全体教师，以提高实施素质教育的能力和水平为重点，以提高教师队伍素质为根本目的”，全面部署实施“面向二十一世纪中小学教师继续教育工程”，并颁发中小学教师参加继续教育的有关规定，中小学教师继续教育进入一个新的历史阶段。

2000年6月，常德市教委拟定下发《常德市2000—2010年中小学教师队伍建设规划》《常德市中小学教师继续教育实施意见》《常德市中小学教师提高学历培训的意见》《关于加强教师培训工作管理的通知》4个文件。同年12月，常德市被国家教育部师范教育司确定为全国中小学教师继续教育远程教学试点地区。

2001年5月教育部决定在全国范围内实施中小学教师继续教育工程，颁发《关于印发〈中小学教师继续教育工程方案〉（1999—2002）及其实施意见的通知》，标志着第一轮中小学教师继续教育工程启动。常德市教育局及时转发了省教育厅印发的《湖南省实施中小学教师继续教育规定》，并对全市继续教育的目标任务、内容要求、组织管理、条件保障、考试奖惩等方面做出了明确规定。

常德市教委在下发的《常德市2000—2010年中小学教师队伍建设规划》中，宣布全面启动全市跨世纪园丁工程。2001年，全市确定市级及以上骨干教师培训对象711名，其中国家级培训38名，省级培训162名，市级培训511名。要求到2010年，全市培养市级以上骨干教师1000名、县级骨干教师5000名左右。

2003年常德市教育局转发了省人民政府办公厅转发省教育厅《关于进一步加强教师队伍建设意见的通知》，提出加强市教育行政部门对教师继续教育的统筹，逐步建立以校本培训为基础、现代远程教育为依托、课程改革为核心、学分制为手段、任职学校、培训机构和行政部门共同管理，岗位培训与学历提高培训相结合的中小学教师继续教育模式。

2004年，全国启动新一轮中小学教师继续教育。为全面推动新一轮中小学教师继续教育工作，常德市教育局先后制订《常德市新一轮中小学教师继续教育工作指导意见》《常德市中小学校本培训指导意见》《常德市中小学骨干教师培训和评选办法》《常德市中小学校本培训学分管理办法》《常德市小学教师第三周期继续教育教学计划》等一系列文件。9月，召开全市中小学教师继续教育工作会议，对2004—2008年的全市中小学教师继续教育工作进行了全面部署。自此，一个以校本培训为基础，以县（市、区）培训为关键，以省、市、县、校为四级培训网络，以“师德、新课程、新技术”为重点的新一轮中小学教师继续教育全面展开。常德市教育局在《常德市新一轮中小学教师继续教育工作指导意见》中明确新一轮中小学教师继续教育的主要目标和任务：一是切实加强中小学骨干教师的培养的管理。通过组织专题培训、教育考察、利用远程教育手段、进行跟踪指导和开展教育科研等方式，促进其更新教育观念，开阔眼界，增长新知识，提高教育技术应用能力和科研能力，真正发挥骨干和带头作用；二是组织中小学短缺学科骨干教师培训；三是全面开展中小学教师新一轮岗位培训；四是进一步加强中小学校长培训。要求每一位教师在新一轮继续教育中都能参加不少于240学时的在职非学历进修，每一位进入新课程教学的教师都要接受不少于40学时的岗位培训。

2009年，市教育局组织专家认定市级骨干教师高中72人，初中172人，小学245人。区县（市）培训校长3058人次。

2010年全市开展了新一轮中小学教师继续教育全员岗位培训。培训依托教育部和省教育厅中小学继续教育网，主要采取现代远程教育培训的形式进行。全市首批参加培训的中小学教师共9937人，于2011年5月结业。

常德市教育局特别注意加强中小学校长队伍建设，以逐步提高中小学校长专业化水平为目标，以现代远程教育为依托，以校本培训为基础，全市统筹，分级负责，分层培训，旨在建立一支数量足够，素质优良的中小学教师管理队伍。2010年全市举办千名校长现代远程培训，共培训义务教育阶段中小学校校级领导及后备干部1551人，注册率达100%，结业人数为1451人，结业率为94%，获“优秀”等级的有696人，“良好”等级的694人，两项共占90%。2004年至2010年，全市利用培训机构举办中小学校长脱产培训。共举办中学校长培训班7期，培训中学校长330人，举办小学校长9期，培训校长336人。

2006年11月7日—12月31日，常德市教育局首次组织18名教师赴美国进行培训。2008年1月-3月，市教育局组织18名英语教师赴美国进行为期两个月的专业培训。

第三节 教学与教研

一、教学

1991年，省教育厅制定《湖南省小学教师继续教育教学计划》，编写了13本教材，同时还借鉴外地经验，制定《湖南省小学教师继续教育实施办法》。

全市教师培训机构在按省厅规定教材组织教学的同时，还自编教材，请专家教授介绍教育教学的新理念，新思想。根据国家教育部的培训大纲要求设置培训课程。做到教育理念讲授、研究和教育考察、跟班实践各占百分之五十。

常德市小学教师培训中心为搞好培训教学，首先从培训者抓起，加强培训者培训。学校举办较大规模的培训者培训 6 次，参加教师 150 余人次，学校根据上级安排先后组织 9 批 58 人参加了国家级、省级和市级培训者培训。通过培训提高了教师视点，加深了底蕴，增强了内力。

常德市小学教师培训中心为了拓宽培训学员的视野，扩展知识水平，提高教育教学能力，在教学组织上培训中心采取请进来和走出去两种形式。首先是请在全国或省内有影响的专家、教授授课。2001 年 9 月至 2002 年 9 月，聘请了知名专家教授燕国材、赖汉屏、石鸥、冉茂芹、顾松麒、贾腊生、王中年、刘齐平、赵雄辉、薛根生、李志宏、申建春等 20 多人来校讲学授课；其次是带学员走出去观摩学习、参观、听课和跟班学习。每期骨干教师培训班都安排学员到市内名优学校观摩学习和听课。市级小学校长培训班每期都安排到江苏昆山的省级重点小学或者深圳市罗湖区的名优学校跟班实习。

培训中心对小学教师培训模式进行了全面探索，在教学组织上采取以下四个模式，效果显著。(1) 对小学骨干教师培训提出了“五管齐下狠抓内功，训练一个带动一片”的模式。五管齐下具体为：一是夯实专业基础理论，二是强化学员专业技能训练，三是转变学员教育教学观念，四是提高学员教育科研水平，五是发展小学教育实践能力。骨干教师素质提高了，从而发挥骨干教师的辐射作用，能培训一个带动一片。(2) 对小学英语教师培训提出了“以人为本，按需培训”的原则。其有三个模式：一是三维课程模式，三个维度是：教育观念与职业道德维度；学科知识技能维度；学科教学理论与教学技能维度。二是发展性模式，其操作策略为：主动参与、合作学习、体验成功、差异发展。三是人本管理模式。(3) 对小学校长培训提出了“搭建交流平台，实施参与式培训”的模式。其包括五个环节：一是从互相认识、介绍新朋友开始走进参与式培训；二是以大家感兴趣的问题为“切入点”，定期分主题进行研讨；三是与专家面对面座谈，进行互动式探讨；四是加强实践环节，实现理论与观念的内化；五是重视经验交流，在交流和分享中实现自我提高。(4) 为提高小学骨干教师科研素质，提出了“431 工程”模式，指在骨干教师省、市级培训中，抓住四个环节，每个环节落实 3 个“1”的目标。一是集中培训期间落实 3 个“1”——理论奠定。即上好一个完整系列的小学教育科研方法课；学员选好一个研究课题，制定研究方案，填好立项申报表；开好一个教研教改经验交流会。二是分散研修期间落实好 3 个“1”——实践探究。即做好一个课题的研究；写好一个质量较高的课题研究报告；作好一个分散研修鉴定。三是返校研修期间落实好 3 个“1”——反思提升。即开好一个教改经验和成果交流会；组织好一场结业论文答辩；组织好一次优秀论文评选。四是结业后自我发展期间落实好 3 个“1”——自主发展。即建立一个跟踪服务系统；形成一个科研协作网；编印一本学员优秀论文集。

小学教师省级培训班集中培训结束时，每个学员都交了质量较高的课题研究方案及其立项申报表，从答辩情况看，学员基本上掌握了课题研究的原理和方法，部分学员出去不久就成为当地的教育科研骨干。如学员刘友仁在培训期间设计的《小学生研究性学习的实践与探索》课题批准立项，学员李娟一年内发表教学论文6篇。

二、教研

湖南文理学院继续教育学院是湖南省高教学会成教专业委员会的理事单位，全面参与省成教学会的研究和实践活动。先后承担《师范类成教专升本函授教学模式研究》、《成教函授站教学质量管理研究与实践》等10余项省级科研课题，并有《中学校长培训教育模式研究》、《加入WTO后成人高教改革研究》等3项成果获院级教学科研成果奖。围绕教学改革，组织编写了成教公共课系列教材公开出版。12年来，在《光明日报》理论版、《成人教育》等国家级核心报刊和省级报刊上发表学术论文90余篇，出版专著和教材10多本。

1994年，湖南省教育委员会组织全省中师、县（市）教师进修学校教师教育教学论文评选，常德市11篇获奖；1998年6月，湖南省教委组织湖南省中等师范学校、教育学院、教师进修学校教学教研论文评比，常德市39篇获奖。具体情况见表8-1-9、表8-1-10。

1994年12月常德市教委组织全市中师、教师进修学校教师论文评选，评出优秀论文57篇。其中鼎城区进校7篇，桃源县进校2篇，武陵区进校3篇，津市市进校1篇，安乡县进校3篇，汉寿县进校4篇，石门县进校5篇，临澧县进校3篇，澧县进校1篇，三所中师28篇。

桃源师范学校作为省级培训基地和市级小学教师培训中心，2001—2011年，学校承担国家级教育科研课题1项，省级教育科研课题2项，省级课题均已结题，并获省级科研成果一、二等奖各一项。教师发表小学教师继续教育相关论文33篇，其中国家级刊物发表15篇，有2篇分别获得国家级二、三等奖；省级刊物发表17篇，有8篇分别获得省级一、二等奖。

各区县教师进修学校的教研工作也得到了深入开展。

鼎城区教师进修学校以“质量立校，科研兴校，特色强校”为办学理念，积极推进基础教育课程改革，1995年以素质教育为中心的“启明星”课题研究受到省师资培训中心的肯定。课题组撰写的论文《反馈教学与思维训练》在1997年8月全国小学语文、数学教学艺术大奖赛中获一等奖。课题组指导的武陵镇中心小学龙跃华老师，参加省观摩课教学比武活动中，获二等奖；课题组指导的花船庙小学胡丽老师，1996年省级首届微格教学技能比赛中获一等奖。张开基老师所撰写的论文《重视教师的继续教育》，1997年7月25日在《人民日报》发表。1988年以来，全校教师在国家、省、市报刊或学术论文上发表和获奖的教研论文300多篇。该校主持的“观察与写作”研究课题，2005年被评为省级三等奖、市级一等奖。省教育科学十一五规划课题《课堂教学中优化学生学习活动的研究》取得了较为丰富的研究成果，已通过中期评估，准备结题；《家校合作指导孩子文明习惯养成的研究》课题被省教育学会列为“十二五”家庭教育科研立项课题，其课题方案被省教育学会家庭教育专业委员会评为优秀研究课题方案。自2007年起，学校的教研工作年年被区教育局评为先进单位。

武陵区教师进修学校教师撰写的30多篇文章在省级报刊发表。1993年，龙萍老师撰写的《浅谈愉快教育对发散思维的促进作用》获全省师训中心小学数学骨干教师论文一等奖。袁小平老师撰写的心理学方面的文章在刊物《父母必读》上发表。

汉寿县教师进修学校学术氛围浓厚，教研成果丰硕。1988至2010年，学校先后完成《小学教师培训类别》、《计算机培训研究》等国家级调研与研究课题三个，并写出结题报告。全校教师有25人发表市级以上论文190余篇，著书出刊80余本。特级教师肖家气当选为国家教育家协会理事，荣获曾宪梓教师奖励基金奖，其专著《教书育人新钥匙》由珠海出版社2009年12月出版发行；《小学数学客观题解法与训练》1989年1月由湖南少年儿童出版社出版；公开发表的教育教学论文有数十篇之多。教师谢凋资1992年参与了湖南、黑龙江、辽宁、安徽等五省教师培训教材《小学教材的原著分析》的编写，1993年作为主要编写人员参与编写湖南小学教师《继续教育试用教材》。崔新友的教育专著《小学语文教育学》（内部教材），1995年由湖南教育出版社出版；《教师伦理学》1993年由中南工业大学出版社出版。教师周德威在省和国家级教育刊物发表论文20余篇，独著、合著教育专著6部，其论文《我的语文课堂教学技能培训六课时》2002年在《中小学教师培训》刊物上发表，2000年，被中国教育学会中语会课堂研究中心聘为理事，被中国语文报刊协会课堂教学研究会聘为研究员。伍彬华历时三年参与国家级子课题《同步资源建设·八年级语文》从开题到结题的研究；陈露《语文教学中的‘生本观’》，钟先利《现代远程教育的开放性问题分析》，梅晓燕《提高数学素养的几点尝试》，刘霖《建构式高中英语阅读教学模式初探》，夏顺利《网络信息传播特点及其对和谐生活建设的影响》，马绘霞《浅谈音乐教育的功能》等论文在《中外教学研究》《教师.》《湖南教育》等国家、省级刊物发表或获奖。

桃源县教师进修学校由教师邹本惠主持的2002年课题《注音识字，提前读写》获得全国语委科研成果一等奖；由刘志明、邹本惠主持的《信息技术环境下小语教学改革》2009年8月获得国家级科研成果二等奖；由邹波武校长主持、葛国清老师主研的《县级教师培训机构新一轮继续教育培训模式研究》课题于2010年10月获得湖南省中小学继续教育专项科研成果二等奖。

第四节　各类教师培训

一、幼儿园师资培训

（一）幼儿园园长岗位培训

1997 年省幼教师资培训中心组织幼儿园园长培训，常德市有 3 名示范幼儿园园长参加培训。

1996 年到 2010 年全市有 579 名幼儿园园长在市小学教师培训中心和各县市（区）教师进修学校参加培训。

2011 年，常德市小学教师培训中心举办市级幼儿园园长培训班 1 期，全市各县共 53 名园长参加了培训；还根据省教育厅的安排举办省级幼儿园园长培训班 1 期，全省 50 名幼儿园园长参加培训。

2012 年，常德市小学教师培训中心根据省教育厅的安排，举办省级幼儿园园长任职资格培训班 1 期，全省各地（州）市 100 名幼儿园园长参加培训。

（二）幼儿园教师培训

在加强中小学教师培训的同时，对幼儿教师和保育员的培训也列入继续教育工程。1988 年至 2010 年全市各教师进修学校先后培训幼儿教师和保育员 818 名。

2010 年《国务院关于当前发展学前教育的若干意见》颁布后，常德市加大了幼儿教师和保育员的培训力度。常德市小学教师培训中心举办幼儿教师任职资格培训班 3 期，培训学员 166 名；举办幼儿园骨干教师培训班 2 期，培训学员 138 名；举办湖南省幼儿园“转岗教师”培训班 3 期，培训学员 611 名；举办湖南省农村幼儿园保育员培训班 2 期，培训学员 160 名。

二、小学师资培训

1988—2000 年，小学教师培训包括提高学历培训、小学校长培训、骨干教师培训、各学科教师培训、任职资格培训，主要在常德教育学院和各县市（区）教师进修学校进行。全市各县市（区）进修学校通过函授、“三沟通”、脱产进修等形式培训小学教师。

2001—2012 年，常德市小学教师培训中心主要承担全市小学教师提高学历培训、任职资格培训、技能课教师培训、骨干教师市级培训、小学校长培训、小学骨干班主任培训等任务，培训情况见表 8–2–1；常德市小学教师培训中心还根据省教育厅安排，举办骨干教师省级培训班 8 期，培训学员 457 名。小学教师继续教育其他培训在各区县（市）教师进修学校进行。

三、中学师资培训

1990 年下期，常德教育学院在省教委的支持下，建立湖南教育学院函授站。1991 年下期起，分期分批举办全市中学校长（骨干教师）岗位培训（提高）班。学院每年举办两期，每期集训 2—3 个月，由学院发给岗位培训合格结业证书。“八五”期间办班 9 期，培训中、小学校长（骨干教师）800 多人；“九五”期间办中学校长培训班 7 期，培训学员 330 多人。

1992 年初，常德教育学院与湖南广播电视大学、湖南师范大学建立教学点。先后有 400 多名教师通过培训取得了本科文凭，有 500 多名教师取得了大学专科文凭。9 月，常德市教委按照国家教委和省教委有关文件精神，在常德教育学院开通了函授、卫电、自考“三沟通”培训中学教师新系列，旨在加快中学教师培训步伐，提高教师的文化素质和业务水平，确保“普九”工作顺利完成。“三沟通”培训中学教师，分设本科语文、数学两个专业，专科中文、数学、政治、英语、生物、历史、地理、物理、化学、音乐、体育、美术 12 个专业。

1992—1993 年，为迅速解决中学教师学历达标的问题，学院在省教委的指导下，开设函授、自考、卫电“三沟通”教学班，两年共招收学历进修学员 7100 多人，学制三年。这些学员相继于 1995 年 7 月、1996 年 7 月修业期满，考试（查）成绩合格，分别由湖南师大、湖南电大颁发（专科或本科）毕业证书。

1993 年 9 月，常德教育学院与华中师范大学成人教育学院联合建立常德教学点。

1994 年 10 月至 1999 年 10 月，根据湖南省教委招生办的有关文件精神，学院依托省广播电视大学的“牌子”，定向招收电大师资班。学院连续五年从参加全国高考的教职工子女中招收学生 494 人，学制三年。毕业后补充到其所在县（市）的中学教师队伍。1999 年 7 月—2003 年培训点设在常德师范学院成教部。2003—2010 年，培训点设在湖南文理学院继续教育学院。

四、高校教师培训

20 世纪 80 年代初期起，常德师专既重视对高层次人才的考察引进，也重视在职教师的培训提高。学校研究制定了《关于进一步加强师资队伍建设的若干办法》，对高层次人才引进、教师培养提高等做出了新规定。学校除每年选送少量有培养前途的教师外出培训进修外，重点是抓好教师的在职培训提高，鼓励教师提高学历层次。学校设立教师奖励基金，鼓励教师争当骨干教师和学术带头人。90 年代初学校高级职称教师仅有 56 人，其中 50 岁以上的 49 人，占 87.5%，而 40 岁以下的没有一个。青年教师中有研究生学历的也只有 5 人。面对教师队伍“断层”的威胁，学校进一步加强了师资队伍建设，特别是加强对青年教师的培养。一方面鼓励教师业余进修：参加函授学习的 9 人，参加函授研究生班的

27 人，利用假期参加各种学术研讨会或进修班的达数百人次；另一方面让中青年教师脱产进修，参加短期培训的 12 人，补本科学历的 19 人，参加助教进修班的 16 人，参加研究生学位班的 12 人，选派 11 名国内访问或研究学者。到 1998 年，具有研究生学历的教师 22 人，补研究生学历的青年教师 17 人。学校每年派出大批教师到国内外重点高校进修培训，或在职攻读硕士、博士学位，同时加强对读博读研、访学、课程进修教师的审批和管理。学校还十分重视选派教师出国。1990 年到 1998 年先后选派 7 名教师赴美、泰、新加坡等国进修、任教或进行文化交流。学校为了鼓励本校教师在职进修或脱产培训，决定对已取得博士学位的教师分别给予 10 万至 12 万元的奖励，取得硕士学位的分别给予 5000 至 1 万元的奖励。

第三章　管　理

第一节　管理体制及改革

一、管理体制

（一）　高等师范和教育学院

1988 年，常德师专为省市共管，以省教育厅管理为主。1990 年初，学校升格为副厅级建制，实行党委领导下的校长负责制。同年 2 月，湖南省政府任命许成林为校长，9 月省委任命宁望林为校党委书记。同时，常德市委、市政府对校级领导班子进行了调整，先后任命许成林、杜乃鑫为党委副书记，任命夏应祥、刘泗海、覃光文、刘廉泉为副校长。1993 年 3 月，宁望林调离。1994 年 3 月，省委任命刘平政为校党委书记。

常德市委、市政府、市教育局对高等教育和高校管理体制改革高度重视。1998 年，根据湖南省高校管理体制和布局结构调整总体规划，经过湖南省教育委员会和常德市人民政府组织有关专家进行多方面可行性论证后，向湖南省政府和教育部提出了将常德师专和常德高专两校合并申办本科院校的方案。1998 年 9 月全国高校设置评议委员会专家组经过评审通过。1999 年 3 月，教育部下发《关于同意常德师范高等专科学校与常德高等专科学校合并建立常德师范学院的通知》，7 月 13 日，湖南省政府下达《关于建立常德师范学院的通知》。同时，中共湖南省委、省政府分别下文，配备了常德师范学院党委、行政领导班子。9 月，正式成立常德师范学院。学校为一所师范教育与非师范教育并重的省属多科性本科大学。湖南省政府下达的《关于建立常德师范学院的通知》中明确：学院建立之初，全日制在校生规模定为 4500 人，以师范教育为主，实行本专科教育并存，随以后教育规模的扩大，逐步向以本科教育为主转化。学院主要面向全省培养培训普通中学教师和中等职业技术教育文化课教师及常德市专科层次小学教师。学院实行省市共建共管，以省为主管理的体制。学院内部实行党委领导下的校长负责制。

2003 年 2 月，经教育部批准湖南省人民政府决定，常德师范学院更名为湖南文理学院，由湖南省教育厅管理。学校党委书记、校长分别由省委、省政府任命。

常德教育学院是 1989 年 3 月常德市人民政府遵照湖南省教委的有关指示精神撤销常德师专培训部组建而成的一所成人高校。由省政府向国家教委申报备案未果。在申报期间，以常德市管理为主。其党委书记、院长分别由常德市委、市政府任命。1999 年 7 月，并入常德师范学院。

（二）中等师范和教师进修学校

1988—1994年，常德师范、桃源师范和津市师范三所中师学校由省市共管，以市管为主，由市教委主管。其党委书记、学校校长分别由常德市委、市政府任命。学校内部实行校长负责制。

各县市（区）教师进修学校由各县市（区）教育局管理。实行校长负责制。其书记、校长分别由县市（区）委、县政府任命。

20世纪80年代中后期，湖南省教委本着有利于学校直接有效地贯彻国家关于师范教育的方针、有利于对全省师资队伍统筹规划、有利于理顺培养和培训关系、有利于师范院校接受教育行政部门的规范化管理、有利于师范院校区别与普通院校，办出师范特色的原则，进一步改革管理体制。1986年湖南省教委在《关于加强中小学师资队伍建设的意见》中明确：中师以地（市）为主管理，省里负责教学用房、学生生活用房和运动场地的建设；地市提供建设用地，负责中师的教师生活用房、行政办公用房和教学设备建设；学校负责校内道路交通、环境美化及一些零星小型配套建设。

这段时间省教育行政部门对师范院校的管理，表现在学校建设规模、学制、招生计划，招生范围的确定，办学经费的拨给。

1994年湖南省教委对中等师范学校的管理体制进行调整，确定常德师范、桃源师范、津市师范由常德市直接管理，省教委只对这些学校实行宏观管理。其具体管理职责是：确定办学规模和学制；制定招生计划和招生政策；颁布教学计划；组织编写和审定教材；组织全省性教学督导评估；颁发毕业证书。地市的管理职责是：学校领导的配备任免；干部、教师的调整；包干经费的拨给；学校的标准化建设规划等。此后，三所中师学校由常德市教育局主管，内部实行校长负责制。

二、内部管理及改革

（一）高等师范

20世纪80年代末期开始，常德市的师范院校就开始了内部管理体制改革。各师范院校均开始尝试实行以人事制度为突破口的学校内部管理体制改革，结合新工资制度的实施，在校内实行校长负责制、教师聘任制、工资总额包干制及结构工资制。

常德师专从1990年开始实行分级管理，明确职责。制定了各级各类人员的岗位职责，1994年制定了《常德师专工作职责》，明确规定了学校各部门、各单位的职责范围。校党委、行政抓大事，定目标，下任务，由各职能科室、各系组织实施，有职、有责、有权、初步理顺了各方面的工作。

1991年年初已初步完善了财物管理、学生管理、教学管理等制度，并集结成册。1993年4月，学校提出《关于内部管理体制改革的若干意见》，1994年底制定了《常德师专考核工作暂行规定》。1995年12月制定了《常德师专党政领导会议制度》，编印《教学管理文件汇编》。其内部管理逐步走向科学化、规范化。

学校于 1990 年 8 月和 1991 年 11 月两次对校内中层机构进行改革和调整，经批准，最后确定校内设办公室（校办、党办合署办公）、组织人事处、宣传处、教务处、总务处、学生工作处、成人教育部，另设保卫科、派出所（合署办公），计财科。随着机构的变动，中层干部班子调整面较大的有两次，1990 年 10 月至 1991 年 1 月为第一次，1996 年 4 月为第二次。经过调整，中层班子成员共 77 人，平均年龄由原来的 49 岁下降到 43 岁，大专文化程度以上的占 95%。十个系和教学管理服务部门的行政一把手均配备了副高以上职称人员。

1999 年升本后，常德师范学院按照“巩固基础学科，加强优势学科，扶持新兴学科”的思想，和“厚基础，宽口径，强能力，高素质”的原则，调整和优化了专业设置，加强了学科建设，对部分重复较多，互补性不强的专业进行了合并和调整。

2003 年学校更名为湖南文理学院后，院党委、行政立即着手人事管理、分配管理和后勤管理体制的改革，转换运行机制。2006—2010 年五年，深入推进校院两级管理体制、人事、财务资产、后勤服务等方面的管理体制改革，启动了“三定”工作，拟定了人员编制管理与核算办法，对部分机构进行了调整，对绩效工资发放办法进行修订和完善，逐步理顺学校管理体制，构建学校科学发展机制。学校通过积极争取省市各级政府支持，大力推行管理改革，努力降低运行成本，增加办学收益，使学校净资产由 2005 年的 3.5 亿元提高到 2010 年的 6 亿元，债务由 2007 年年底的 4.67 亿元降至 2.67 亿元，债务结构也得到了较大改善。同时学校持续关注和积极改善民生，及时兑现并稳步提高教职工绩效工资，积极搭建青年教师成长成才平台，制定并落实了一系列奖励激励政策。由于内部管理改革有成效，2010 年湖南文理学院被授予“省级文明标兵单位”。

（二）中等师范

1988 年起，三所中师学校作为市属正处级事业单位，设置校长一名，党委书记一名（个别学校一段时间由校长兼任），教学副校长一名，后勤副校长一名，纪委书记一名，工会主席一名。

内部机构设办公室、教务科、财务后勤（总务）科（桃源师范设行政科）、学生科、保卫科、监察室、工会办公室。2000 年后，常德师范和桃源师范开始设招生就业联络科。桃源师范和常德师范各办有一所附属小学。附属小学为市属正科级事业单位，隶属市教育行政部门和学校双重管理。人员编制、调配，建设经费、人头经费、办公经费由市教育行政部门管理；干部任命由学校本部党委管理。

常德市三所中师学校于 1994 年开始实行校长负责制、教师聘任制和工资总额包干制及结构工资制的改革。校长全面负责学校的各项工作，并对教师实行择优聘任，对落聘的教师调任教辅工作或学校后勤做服务工作。在工资分配中，实行行管、教辅、教学人员各部分人员分块包干，并按系数计算，按工作量进行分配。

1998 年 8 月，根据市教育局安排，三所中师学校全面推行校长负责制、绩酬挂钩制、教师聘任制，简称“三制”改革。一是实行校长负责制。由市政府市长聘任各校校长，进一步明确了校长的权利和责任；二是实行绩酬挂钩制。学校在工资总额中提取工资的30%作为教师的活工资，每月末或年末对工作质量进行考核后再行分配；三是实行教师聘任制。由市人事局和教育局制定聘任合同书，由校长与教职工签订聘任合同。聘任制在教师、教辅、管理和工勤人员中全面执行。如桃源师范学校2004年4月实行教职员工全员聘任上岗。全校行管、教师、工勤岗位设岗132个，125人竞聘上岗，聘期3年。空缺7人，5人退养。同时实行绩酬挂钩制等内部分配改革制度，实行目标责任制管理，制定了单位、个人工作目标和教师工作量，以考核结果兑现奖惩，并实行超工作量有奖，真正做到分配上干多干少不一样，干好干坏不一样。“三制”改革在一定程度上调动了教职工的积极性，增强了学校的办学活力。

2002年，桃源师范学校加挂“常德市小学教师培训中心”牌子，两块牌子一套人马，学校设立培训部，专门负责抓培训工作。常德师范为适应自主办学的需要，学校调整教学管理模式，建立教学部。针对专业增加，办学规模扩大的现实，2002年初，学校下移教学管理重心，成立基础、英语、计算机、艺术四个教学部，教学部与科室平行，下设教研组，实行教导合一。教导科对教学部进行综合、协调、指导、监督。2008年，艺术部撤销，成立师范部、旅游部和计算机部；2010年，旅游部和计算机部合并为职教部；2012年，师范部拆分为初等教育部和学前教育部。

2005年底，常德市政府根据教育发展需要，向省政府提出申办常德高等师范学校，此项目经常德市第四届人民代表大会第四次会议审议通过，纳入常德市十一五发展规划。2011年8月，常德市教育局给“常德师范学校、桃源师范学校合并新建湖南幼儿高等师范专科学校（筹）办学规模”予批复，同意“办学规模暂定为全日制在校学生5000人，教师继续教育每年2500人次”。

第二节　教　师

一、概况

常德市贯彻落实《国家中长期人才发展规划纲要》和《国家中长期教育改革和发展规划纲要》精神，牢固树立人才资源是教育发展第一资源的观念。具体做法：增加师资总量，夯实人才基础；优化师资结构，增添队伍活力；加强师资培训，提升教师素质。

（一）高等师范

20世纪80年代起，常德师专一直高度重视师资队伍建设，1999年专升本改为常德师范学院后，师资队伍无论是数量、质量、结构都与本科教学工作评估标准相差甚远。为此，学院党委、行政提出“控制总量、优化结构、提高质量”的原则，实施人才强校战略，采取“一引二送三培”的措施，并实施教授工程和青年教师培训工程。

2003年更名为湖南文理学院后，学校在人事处专门设有师资科，对教师队伍建设进行归口管理。学校着力提升师资队伍水平，采取了一系列措施。一是按学科专业规划培养、调配师资。根据学院整合和专业调整的实际，重点引培工科类、财经类师资，转向培训部分理科类、人文社科类师资；促进理科、文科类师资在原有优势的基础上注重应用性研究，形成地方特色；艺术类师资从交叉性与边缘性着手，强化应用艺术类师资的培养。二是加强对中、青年教师的培养。实施“青年教师导师制”，全面推行中老年教师对青年教师“一帮一”活动。设立青年教师科技专项资助，支持和鼓励青年教师提高学术研究能力和水平。注重教师的继续教育，加强中青年教师职业发展指导。每年安排几百万专项经费支持教师脱产攻读博士或硕士学位，支持副高以上职称教师做访问学者，支持学科带头人和学术骨干脱产进修和出国访学。三是重点建设高层次人才队伍。围绕省级重点建设学科、省级重点实验室、各类创新平台，实施“科技创新团队建设计划”，设立配套基金，制定相关政策，支持创新团队的运作。加速推进高水平学术带头人队伍建设，在重点学科内遴选具有发展潜力的优秀学术骨干到国内外深造，造就一批进入学科前沿的学术带头人。大力引进国内外高水平博士研究生。四是进一步加强师德师风建设。加强职业道德教育和理想信念教育，增强广大教师教书育人的责任感和使命感。建立师德师风评价体系，制定师德建设有关规定，将师德表现作为教师考核、聘任（聘用）和评价的首要内容。形成良好学术道德和学术风气，克服学术浮躁，查处学术不端行为。

（二）中等师范

常德市对市属三所中师学校的师资管理极其重视。20世纪80年代后期，市教育行政部门就根据省教委中师“三定”会议的精神，要求各学校配齐各学科专业教师，以增加师资总量，夯实人才基础。市编制部门给编，市财政部门给经费让各学校进人。这几年，市教育部门每年都专门派人配合学校到省内外师范高校去选配教师。

1988年，首次中等专业学校职称评定工作中，市人事部门给三所学校分配足额的中高级指标，让三所学校专业技术人员评定职称，以改善几所学校的师资结构。三所学校共评定高级讲师33名，讲师97名，并全部兑现了职称工资。以后，每年的职称评定工作，市人事部门都给三所师范学校足额的高、中级职务指标，让符合条件的专技人员能及时评定职称。

20世纪90年代起，常德市中师学校积极参加全省特级教师评选，到2010年，特级教师常德师范有2人，桃源师范有5人；另常师附小有5人，桃师附小有3人。评定职称和评选特级教师，不仅改善了教师职务结构，还调动了教师的工作积极性。

为了提高师范学校教师的整体素质，市教育行政部门加强对师范学校教师继续教育工作。1994年以后每年安排足额的培训经费下拨学校认真组织教师的继续教育。三所中师都相继制定教师培训目标。桃源师范学校在1996年制定《九五期间教师培训规划》，计划从1996年起，到2000年要建立起一支素质优良、结构合理、相对稳定的教师队伍。2001年，学校制定了《桃源师范学校“十五”教师培训规划》，安排专门用于教师培训的经费，为学校发展储备师资。

三所中师除了组织教师积极参加政治学习，听形势报告，观看有关录像，以提高教师思想政治素质和师德水平外，学校还专门推出了教师培训的具体措施：一是每年安排一定经费用于教师培训。如桃源师范计划每年15万元；二是组织教师外出学习培训：常德师范至2010年底，有50余名教师由学校安排外出学习深造；桃源师范2000年以来，学校不断安排教师外出参加各种课程培训、专业培训、研究生课程班学习。2001年，组织18位教师分别参加湖北大学、湖南师范大学的研究生课程班学习；选派8名教师参加湖南省师资培训中心组织的培训者培训；派出2名教师参加湘潭大学计算机分校举办的计算机图形、图像处理软件的培训；2002年，又组织10位教研组长到浏阳师范、宁乡师范等学校参观考察。选派33人外出参加各种培训或对口年会；2003年，又选派15位教师参加了国家级骨干教师培训者培训或省级业务培训；2005年，共选派28位中青年教师参加国家、省市级培训或教研活动；2008年，选派21位教师外出参加各级培训学习。2009年，选派3名教师参加国家级骨干教师培训。此外，学校每年还为青年教师、各类骨干教师提升业务水平提供学习、参观与交流的机会和条件；三是开展校本培训。几所中师学校为了提高本校教师的师德水平，转变教师的教育教学理念，根据市教育局的安排，一般在学校寒暑假组织举办学习班，进行校本培训。如桃源师范2000年为了让教师及时了解课程改革的主要精神，帮助教师建立新的教育教学理念，转变教学方式和方法，构建新的评价体系，学校通过暑假教师学习班，集中学习，联系实际讨论交流，聆听专家讲座等，对教职员工进行了通识培训。引导教师反思自己的教育教学行为，提高了教师的教育理论水平，增强了行管人员的服务意识，转换角色；四是安排教师到用人单位跟班学习、到企业实习。为了进一步提高教师的专业技能，满足新开专业的师资需要，桃源师范学校与有关企业联系，安排了部分教师到企业生产一线进行培训，培训返校后，自编教材、开设新课。另外还安排一部分教师带队在企业实习，既当管理者，又是学习者，提高了这些教师的实际操作能力，教学更切合实际，深受学生欢迎。

二、学历合格率、职务结构及年龄结构

（一）高等师范

1988年，常德师专有教职工460人，其中专任教师253人，占55.0%；专任教师全部具有全日制本科以上学历；其中具有副高以上职称教师57人，占22.5%。到1999年成立常德师范学院时学校有教职工923人，其中专任教师497人，占53.8%；专任教师中具有副高以上职称教师171人，占34.4%。2003年更名为湖南文理学院后有教职工963人，其中专任教师644人，占66.8%，其中具有副高以上职称教师297人，占专任教师的46.1%；

到 2010 年湖南文理学院有教职工 1298 人， 其中专任教师 822 人，占 63.3%；专任教师全部具有全日制本科以上学历，其中具有硕士、博士学位教师 479 人，占 58.3%；专任教师中有教授 115 人，副教授 396 人，两项职称人数占 62.1%；随着学校的发展、扩大，其师资队伍的结构与素质得到极大改善。1988—2010 年教职工职务结构情况见表 8-3-1。

（二）中等师范

1988 年三所中师学校有教职工 399 人，其中专任教师 212 人，占 53.1%；具有高级讲师职称 20 人，占 9.4%，具有讲师职称 84 人，占 39.6%；1999 年津市师范停办后，两所中师学校有教职工 325 人，其中专任教师 170 人，占 52.3%；专任教师中具有高级讲师职称 50 人，占 29.4%；具有讲师职称 73 人，占专任教师的 42.9%。

2010 年，常德师范和桃源师范两校有教职工 357 人，其中专任教师 192 人，占 53.8%；专任教师中有硕士研究生 27 人，大学本科学历 161 人，专科学历 4 人；专任教师中高级讲师职称者 70 人，占 36.4%；中级职称者 47 人，占 24.4%。教师队伍的职务结构逐步趋于合理。两所中师的专任教师中，30 岁以下的 67 人，占 34.9%，31~40 岁的有 70 人，占 36.5%，41~50 岁的有 43 人，占 22.4%，51~60 岁的有 12 人，占 6.2%。两校专任教师的年龄结构基本合理。1988—2010 年常德市师范院校教职工职称结构情况见表 8-3-1。

表 8-3-1 **1988—2010 年常德市师范院校教职工职称结构情况统计表** 单位：人

年份	湖南文理学院				常德师范				桃源师范				津市师范			
	教职工数	专任教师	专任教师中		教职工数	专任教师	专任教师中		教职工数	专任教师	专任教师中		教职工数	专任教师	专任教师中	
			正高	副高			高级	中级			高级	中级			高级	中级
1988	460	253	3	54	201	98	8	46	175	98	10	28	23	16	2	10
1989	447	229	2	52	200	97	15	44	169	116	16	36	42	28	2	10
1990	455	207	1	47	190	93	13	40	152	90	11	31	43	29	1	10
1991	457	223	2	47	165	93	14	40	154	90	9	33	56	29	1	6
1992	458	254	1	61	180	88	14	39	154	88	7	34	61	34	1	7
1993	455	241	2	24	182	86	12	37	154	89	10	28	60	34	4	7
1994	456	245	4	88	180	85	26	35	144	85	12	27	57	31	5	7
1995	455	247	6	102	185	90	16	44	147	88	14	28	60	34	8	8
1996	457	264	6	101	162	79	18	44	150	86	12	41	61	45	8	17
1997	479	268	7	102	182	85	17	57	145	90	27	35	71	54	13	23
1998	486	280	7	106	178	81	24	37	146	92	32	36	67	54	13	26

续表 8-3-1

年份	湖南文理学院				常德师范				桃源师范				津市师范			
	教职工数	专任教师	专任教师中		教职工数	专任教师	专任教师中		教职工数	专任教师	专任教师中		教职工数	专任教师	专任教师中	
			正高	副高			高级	中级			高级	中级			高级	中级
1999	923	497	11	160	184	83	21	37	141	87	29	36				
2000	953	535	18	169	175	90	28	40	136	80	29	32				
2001	966	585	27	205	168	83	26	38	156	80	29	31				
2002	1012	589	36	200	172	90	28	33	130	78	33	29				
2003	963	644	40	217	194	121	42	46	136	88	34	25				
2004	1287	759	51	227	194	120	43	46	135	91	37	20				
2005	1448	858	72	254	194	120	40	36	137	94	35	19				
2006	1565	913			202	122	40	36	141	99	41	15				
2007	852	830			199	103	36	20	140	99	40	14				
2008	1339	812			212	113	42	25	146	81	21	21				
2009	1322	820			167	149	66	39	146	81	22	20				
2010	1298	822	115	396	216	112	45	25	141	80	25	22				

三、师德建设

1990 年随着我国建设有中国特色社会主义文化事业的发展，对教师的职业道德提出了更高的要求，加强师德建设成为提高教师队伍的整体素质中的重要内容。常德市教育行政部门在师范院校认真组织教师职业道德教育。教师职业道德教育主要内容包括：政治理论，教育方针、政策，法律法规，教师职业道德规范以及教育伦理、教育心理、健康教育等有关方面的内容。全市师范院校教师纷纷开展读书活动和演讲比赛，在教师队伍中进行社会主义思想教育和世界观、人生观、价值观教育。

1997 年，常德市教委发布教师行为规范“十七不准”，全市师范院校认真学习教师职业道德规范和市教委“十七不准”，在教职工中开展“讲师德，树形象”活动，以提高教师为人师表，教书育人的自觉性。

2000 年 3 月，省教委颁发《关于进一步加强教师职业道德建设的意见》，市教委转发全市师范院校，要求各校结合学习《中华人民共和国教师法》《中等职业学校教师职业道德规范（试行）》，进一步突出师德建设，充分发挥教师教书育人的作用。

2003 年，省教育厅《关于进一步加强教师队伍建设意见的通知》下发后，全市师范院校教师掀起学习贯彻“三个代表”重要思想的高潮，紧密联系教育和教师的实际，全面落实《公民道德建设实施纲要》和教师职业道德规范，以敬业、奉献和爱国教育为重点开展了形式多样的师德教育活动。市人事部门和教育行政部门在教师晋职、晋级、评优、评先中，实行职业道德“一票否决”制。师范院校教师处处为人师表，教书育人水平大大提高。

常德市委、市政府每年教师节评选先进教师和优秀教育工作者。1988—2010 年，三所中师有 30 多人被评为国家、省、市级优秀教师和优秀教育工作者。

第三节　招生与就业

一、师范院校的招生及改革

（一）高等师范

常德师专 1988 年至 1999 年 7 月，全部实行国家计划内通过高考招收高中毕业生。其中 1990 年以后为了有利于培养学生的专业思想，实行按考生第一、第二志愿录取的办法，凡未填报师范志愿者不予录取。随着全省师范院校办学规模的逐渐扩大，学校招生也逐年增加，由 1988 年招收 716 人，到 1999 年招收 2699 人。招生人数是 1988 年的三倍多。

1999 年学校专升本后，更名常德师范学院。学院在加强本省范围内招生的同时，招生面扩大到 22 个省市。2002 年，学院普通全日制在校生人数已达 9746 人。学院在校生的规模和结构方面，基本实现了从专科教育向本科教育的过渡。

2003 年学校更名为湖南文理学院后，积极争取招生计划，认真开展招生宣传工作，精心组织好省外艺术类专业考试、美术专业统考和体育特长生测试等“三类”考试，切实搞好招生录取工作。2010 年学校在省内考生骤减近 10 万人、省内三本生源严重不足的情况下，共录取新生 5626 人，超计划录取 346 人。到 2004 年，学校面向全国 31 个省、市、自治区招生，并获准招收外国留学生和港澳台学生。到 2010 年在校全日制本科生达 20000 余人。

（二）中等师范

1988 年至 1999 年三所中师学校的招生主要由省招生办统一下达招生计划，招收初中毕业生，学制三年，为农村小学培养合格的师资。其中为了解决民办教师问题，从 1988 年开始，到 1996 年每年由省招生办下达计划招收适量的民办教师学员，学制 2 年，为一部分民办教师提供深造和转为公办教师的机会。1988 年至 1996 年三所中师共招收民办教师学员 4284 人，见表 8-3-2。

表 8-3-2　　全市中师 1988—1996 年招收民办教师统计表

年份	常德师范	桃源师范	津市师范	合计
1988	155	155	93	403
1989	216	217	93	526
1990	210	210	90	510
1991	203	202	120	525
1992	162	183	80	425
1993	216	218	92	526
1994	180	180	90	450
1995	180	189	90	459
1996	180	190	90	460
合计	1702	1744	838	4284

说明：上表数据来源《常德市教育统计资料》

1990 年 4 月，省教委下发《关于落实中师在民族地区定向招生有关问题的通知》，对中师在少数民族地区、贫困山区乡镇实行按需定向招生工作作出规定。全市三所中师每年在常德市和张家界市少数民族地区、贫困山区乡镇录取学生。实行招生指标定向到乡镇，按乡镇划线择优录取 1~2 名。同年 7 月，三所中师学校根据省招委、省教委的决定改革招生录取办法，增加面试，按志愿划线，同批参加录取，凡没有填写师范志愿的考生不予录取。

1993 年，全省进一步改革中等师范学校招生办法，为保证生源质量，改革和完善中师招收音、体、美特长生政策，鼓励有较好素质的优秀初中毕业生到中师学习。三所中师学校继续招收具有音、体、美特长学生，并进行必要改革。具体办法是由毕业学校推荐，县初试、复试，其特长成绩乘以 100%的系数后计入总分参加录取。在录取过程中，上线的特长生优先抛档，优先录取。是年，经省教育厅批准，桃源师范新增旅游专业；1996 年，新增文秘专业和计算机应用专业。

1997 年 9 月开始，常德师范开始招收大专层次初等教育专业（挂靠常德师专发放毕业证书），在常德市和张家界市招收初中毕业生，实行五年制学制。是年，经省教育厅批准，桃源师范新增音乐专业；1998 年，新增美术专业；1999 年，新增体育专业。

2000 年全省中等师范停止招收普师学生。

2001 年 5 月省教育厅发出《关于 2001 年普通中等专业学校招生工作的通知》，要求全省中等师范学校按普通中等专业学校招生并轨的政策，实行“市州统筹、学校录取、省里备案”的体制。该年，招生计划是国家任务，但各学校根据社会需要和培养能力确定招生计划和招生专业，上报省教育考试院向社会公布。常德师范招收5年制初等教育专业学生1100多人，是常德市中专学校招生最多的学校。

2001年起，常德师范和桃源师范根据教育发展需要，积极拓展办学领域，扩大办学规模，提高办学层次。是年，常德师范在保留师范教育的同时，新增计算机及应用、艺术、文秘公关、旅游服务与管理、英语5个专业；桃源师范扩大招收学前教育专业学生，新增英语专业；2002—2003年，经湖南省教委批准，常德师范和桃源师范新增五年制大专专业有学前教育、音乐教育、美术教育、体育教育、电脑美术、计算机及应用、商务英语、旅游英语，五年制大专班学生学籍挂靠在高校。2006—2009年，两校新增酒店服务与管理、群众艺术、航空与外事服务、物流管理、主机板维修等专业。

表8-3-3　1997—2010年常德师范学校初等教育五年制大专班招生统计表

时间	招生人数			备注
	计划内	计划外	总数	
1997	98		98	挂靠常德师范高等专科学校
1998	98		98	挂靠常德师范高等专科学校
1999	203		203	挂靠常德师院学院
2000	184		184	挂靠常德师院学院
2001	79		79	挂靠常德师院学院
2002	92		92	挂靠常德师院学院
2003	74		74	挂靠湖南文理学院
2004	102		102	挂靠湖南文理学院
2005	318		318	挂靠湖南文理学院
2006	174(省定向)	328(非定向)	502	挂靠湖南一师
2007	183(省定向)	311(非定向)	494	挂靠湖南一师
2008	102(省定向)		102	挂靠湖南一师
2009	83(省定向)		83	挂靠湖南一师
2010	170市州计划		170	挂靠湖南一师

2006年起，常德师范根据教育部、湖南省教育厅的要求，继续开展小学教师定向培养工作。每年招收一定数量的优秀初中毕业生，适当减免学杂费并给予一定的生活补贴，为农村特别是贫困乡镇以下小学培养五年制大专层次的教师。1997—2010年常德师范学校初等教育五年制大专班招生情况见表8-3-3。

二、师范院校毕业生就业政策及改革

（一）转换就业制度

2000年以前，师范院校的毕业生除接受委托培养、自费不包分配学生外，应届毕业生一般按省市大中专毕业生分配计划由省市教育行政部门统一分配工作。其中1994年以后省里开始在师范高校实行“计划切块、供需见面”，毕业生和用人单位“双向选择”的试点。常德师范学院1998、1999年就开始让学生参加毕业生“自主择业，双向选择”大会，推动毕业生就业。常德师范和桃源师范两校为了保证毕业生就业，分别经市编委和市教育局同意，在校内设置招生就业指导办公室；常德师范1999年，桃源师范2000年由市编委批准在校内设置招生就业联络科。

2000年大中专毕业生分配制度终止。常德市人民政府办公室发出《关于认真做好大中专毕业生就业工作的通知》（常政电〔2000〕111号），标志着几十年来大中专毕业生就业由国家统一分配制度的终止。2001年5月12日常德市教育局在常德师范学院举办首次大中专毕业生就业市场活动。与会用人单位302家，公布毕业生计划1432家，会上签就业协议达300多个毕业生，达成双边考察协议900多人。标志常德市毕业生自主就业制度正式启动。师范院校大中专毕业生实行在国家方针政策指导下，通过人才劳务市场，采取“双向选择、自主择业”。

常德师范学院积极做好毕业生就业工作。学校在学生毕业前期开展就业指导和就业咨询工作。组织开展以“大学毕业生到基层、西部和国家最需要的地方就业创业”为主题的思想教育活动，搞好特殊群体毕业生就业帮扶工作。更名为湖南文理学院后，推进就业工作体制改革和机制创新，加强就业市场建设，推进就业信息化建设，每年举办“毕业生供需见面会”和各类中小型招聘会，积极搭建就业平台。2010年学校被评为湖南省就业工作优秀单位。

（二）供需见面、双向选择、自主择业

2000年以前，常德师范和桃源师范学校主要招收普师专业学生，毕业生统招统分，学校就业工作压力很小，一般来说学生毕业时学校只需要发放派遣证。2000年以后，毕业生就业工作难度骤然加大。为了搞好毕业生的就业工作，学校重视对毕业生的就业指导，努力转变毕业生的就业观，通过就业指导课、毕业生就业讲座等方式，让毕业生了解就业的相关政策，帮助他们建立“先就业，后择业”的就业观。从2000年开始，两校就通过多种途径，联系全国各地多家用人单位，采取供需见面、双向选择的方式安排学生就

业，让学生自主择业。常德师范2001年7月，与常德市教育局组成联合考察组，远赴新疆喀什、和田两地考察毕业生就业市场；并与喀什、和田两地初步达成合作意向，向喀什地区提供200名毕业生，五年内每年向和田地区输送60名大专生、40名中专生。招就科积极联系，在华北、华东、华南等经济发达地区新建了多个毕业生就业网点。为了让学生找到适合自己的工作，学校允许每位毕业生有三次选择用人单位的权利，毕业生一般都能找到自己比较满意的工作，仅2001、2002两年间，学校就提供了3500多个岗位供923名毕业生选择，就业率高达98%以上。常德市毕业生就业工作评估，学校多次名列第一，2003年，学校被评为“湖南省毕业生就业工作先进单位”。

表8-3-4　**1988–2010年常德市师范院校招生及毕业生人数一览表**

年份	湖南文理学院			常德师范			桃源师范			津市师范		
	毕业人数	招生人数	在校人数	毕业人数	招生人数	在校人数	毕业人数	招生人数	在校人数	毕业人数	招生人数	在校人数
1988	883	716	1354	366	578	1709	312	552	1645		186	186
1989	611	690	1824	561	558	1704	573	387	1452		183	369
1990	642	681	1851	828	530	1405	288	498	1165	94	180	458
1991	714	681	1817	696	464	1172	496	513	1173	188	200	470
1992	521	812	2108	533	509	1144	497	462	1142	179	204	495
1993	677	876	2306	373	506	1270	443	430	1129	211	233	519
1994	601	872	2564	415	614	1464	420	464	1171	161	310	666
1995	794	873	2639	462	566	1231	439	597	1268	216	257	587
1996	873	888	2644	392	546	1382	396	573	1434	229	278	636
1997	965	921	2703	441	479	1419	460	510	1481	187	306	752
1998	821	1015	2750	560	507	1357	587	479	1372	257	220	707
1999	1493	2699	6101	373	336	1553	376	428	1651			
2000	1542	3080	7639	551	400	1372	629	231	1201			
2001	1774	2605	8435	571	979	1667	571	606	1200			
2002	1032	2928	10348	437	1273	2552	395	766	1422			
2003	2617	3443	10945	229	882	2201	271	559	1587			
2004	2132	3450	11938	1111	943	2033	411	988	2141			
2005	2593	3417	12842	1070	1137	3083	594	951	2103			

续表 8-3-4

年份	湖南文理学院			常德师范			桃源师范			津市师范		
	毕业人数	招生人数	在校人数	毕业人数	招生人数	在校人数	毕业人数	招生人数	在校人数	毕业人数	招生人数	在校人数
2006	3090	3822	14181	721	1161	3343	432	503	1910			
2007	3104	3233	11677	999	1023	3367	625	596	1793			
2008	3720	5254	16726	596	747	3350	764	344	1489			
2009	2683	3381	12540	835	899	3278	377	368	1097			
2010	2930	3255	12800	797	830	3142	449	189	707			

桃源师范学校从 2001 年开始，联系到常德市、张家界市、长沙和广东省等地的二十多家用人单位，采取供需见面、双向选择的方式安排学生就业，让学生自主择业；招就科积极联系，在北京、上海、深圳等地新建了多个毕业生就业网点。为了保证学生毕业后能顺利就业，学校采取多种办学模式：一是“厂校挂钩、订单培养”。2003 年，学校与柏拉图、联能科技（香港）有限公司等用人单位建立了厂校合作关系，为毕业生提供了充足的就业岗位，实现了“订单培养”。并先后与湘鄂情酒店管理集团、柏拉图电子（香港）有限公司、联能科技（深圳）有限公司、富士康科技集团、北京华学联盟文化教育咨询有限公司、广东正祥和人力资源公司、深圳金大物流有限责任公司、深圳智邦企业管理顾问有限责任公司、湖南省政府驻东莞办事处大中专毕业生就业办等企业和机构联合办学，逐步建立起稳定的毕业生就业网络。二是“校企合作、无缝对接”。“与用人单位实行零距离对接”是学校探索的适合学校发展的职业教育之路。2004 年 6 月 11 日，柏拉图电子（香港）有限公司在学校举行隆重的扶贫助学捐赠仪式，总经理邱聪进先生代表公司捐赠 10 万元，资助学校 50 名贫困学生，并承诺每年安排学校 800 名毕业生到该公司就业。市政府和市教育局领导参加了其合同签字仪式。这种模式为学校贫困学生求学提供了资金保证，密切了学校与企业的关系，为实现毕业生稳定就业提供了保证。表 8-3-4 为 1988—2010 年常德市师范院校招生及毕业生人数一览表。

第四节　经费与设备

1988 年以来，全市逐步加大了对师范院校的经费投入，改善学校教学与生活用房设施建设。

（一）高等师范

常德师范学院专升本后，学院建设投资力度加大。常德市政府 3 年时间投入 5000 万元资金用于办校条件和环境改善。新征土地115亩，扩大了校园面积；建成15894平方米科研和学生生活设施、购置教学仪器设备和图书资料、新建教学大楼一栋、实验大楼一栋、图书馆一栋、风雨操场一个，规模迅速扩大，到2003年更名为湖南文理学院。

2010年湖南文理学院占地面积1791亩，校舍建筑总面积45万平方米。有馆藏纸质图书127万册，纸质中外文期刊11万册，教学科研仪器设备总值12528万元。

（二）中等师范

全市三所中师学校自1984年省教委中师“三定”（定办学方向、定学校规模、定建设规划）会议以后，制定了校园建设总体规划，由省市两级共同投资建设，并根据《中等师范学校校舍规划面积定额》规定，精心设计，严密施工加快校舍和设施设备建设。

常德师范学校到1990年底新建扩建了实验楼、音乐楼、图书馆、办公楼、学生宿舍、教工宿舍、运动场等教学、生活设施，总建筑面积达到3.42万平方米，校舍面积120亩。学校实行环境美化，建有10个花园，占地4000平方米，种植花草树木2000种10000株；还建有温室、假山喷泉、人民教师塑像；1992年，学校大力改善教学环境，投资1400万，建设面积达3000平方米的教学大楼一栋；1993年投资5万元修建了一条高标准校中心大道。共建设有76间（种）实验实训室，各种教学仪器设备共计2353种，31042件，设备总值1940.95万元。其中，物理实验室5间、化学实验室3间、生物实验室3间、天文观测台1个、微格教室8间、电钢教室3间（电子钢琴84台）、琴房2栋（钢琴198台）、音乐教室11间、舞蹈教室9间、手工教室1间、基础画室3间、国画室1间、幼儿园仿真实训室1间、蒙特梭利实训室1间、奥尔夫音乐实训室1间、心理咨询室1间、语音室4间、餐饮实训室1间、客房实训室1间、计算机机房10间、综合布线室1间、计算机组装室1间、电子实验室1间、专用多媒体教室7间、电子图书阅览室1间、多功能体育馆1座、风雨操场1个（配备有篮球、排球、羽毛球、乒乓球、体操器材等设备）。到2010年，学校图书馆藏书共计48396种、276968册（其中纸质图书246968册、电子图书30000册）。

桃源师范学校1988年前后投入基建维修和征地经费525万元，其中省市投资435万元、自筹90万元，用于征地34亩，改建危房、新建校舍2.6万平方米。其中新建教学楼三栋，建筑面积5126平方米；音乐楼一栋，建筑面积1640平方米；理化图书大楼一栋，建筑面积4700平方米；学生宿舍三栋，建筑面积5500平方米；食堂、餐厅、浴室一套，建筑面积2616平方米；教工宿舍三栋，建筑面积4900平方米。修建水泥校道600米，改造下水管道500米，安装了一级供电线路，修建了400米的环形跑道。1988年，湖南省教委授予学校“实验室仪器工作先进集体”称号。2002年，学校占地102亩，学校总建筑面积达到5.3万平方米，校园环境优美、设施设备先进。有电脑350台、电脑房6个、多媒体教室4个、语音实验室2个、电子实验室2个、计算机主板维修实验室1个、56座电子钢琴教室1个、钢琴55架，图书馆藏书达15万册，其他电教设备器材价值500余万元。

津市师范学校1988年建成后，由常德市政府接管。市政府加大投资进行配套设施建设。1989年修建教工宿舍一栋、学生宿舍一栋；1991年又修建学生宿舍一栋；1992年完成田径运动场建设，1993年修建实验大楼。总建筑面积达到17000平方米。校园面积150亩；教学、生活设施基本配套。

1988—1994年，常德市三所中师的办学经费主要由省教育主管部门下拨建设费用，人头经费由市财政拨给。从1995年起，全省规定，中等师范学校的正常办学经费、人头经费按照学生每生每年不少于2000元的标准，由市财政按照每年招生计划数，如数下拨给学校，以后根据物价上涨指数逐年有所增加。离退休人员经费按实际需要单列。同时同意学校招收计划内自费生、委培生，按照湘教计〔1992〕76号文件，按学年度收取学费，收取的学费全部用于学校的标准化建设。自此，三所中师学校办学经费主要由常德市财政解决。其人头经费由市财政统筹发放。其办学经费的来源主要有两部分构成：一是市财政按生均拨款；二是各学校招生的学费收入自筹一部分。同时，各学校还因地制宜开展勤工俭学，发展校办产业，以提高学校自我发展能力，改善教职工福利待遇。常德师范和桃源师范学校都兴办校办印刷厂，改建校园门面出租等项目。各级政府对中师的校办产业给予政策上的倾斜，减免税费，其收入主要用于解决中师学校办学经费不足的问题。

第九篇　民办教育

常德民办教育自20世纪80年代初开始逐步恢复，随着改革开放的不断深入，民办教育办学规模迅速扩大，办学门类日渐齐全，办学条件大为改善，教育质量稳步提高，到2010年，已形成比较完整的办学体系。其发展可大致分为两个阶段：

第一阶段（1978-2003年），即从1978年中共十一届三中全会召开到国家《民办教育促进法》颁布之前，为恢复发展、规模扩张阶段。这一时期社会力量办学应运而生，办学机构大多是高考补习和文化技能培训学校。1988年10月，市教委、市政协文教卫体委联合召开全市社会力量办学负责人会议，传达贯彻上级有关精神，总结交流工作经验，会后印发《常德市社会力量办学会议纪要》。随后，常德工艺美术学校、常德女子外语学校、常德湘北外国语学校等一批民办学校相继开办，这批学校与最早于1980年成立、此后不断发展壮大的常德育才会计学校等培训补习学校一道，共同扛起常德民办教育的大旗。

1992年9月，本着“控制规模、加强管理、正确引导”的原则，市教委对全市普通高中及社会力量举办的高考补习学校（班）进行清理整顿，对符合政策规定、具备办学条件的高考补习学校（班）注册登记，对不具备办学条件、不符合政策规定的勒令停办。到1992年年底，全市社会力量办班由1991年的25个下降到14个，复读生人数由1991年的5539人下降到3114人，1993年又比1992年减少1500多人。1993年，国务院印发《中国教育改革与发展纲要》，明确鼓励支持发展民办教育，激发了一批有志之士投身民办教育的热情。1993年，李少夫、齐淑兰夫妇创办的常德电脑技术学校（今湖南应用技术学院）、左平创办的常德中山外语电脑专修学院、彭治权创办的常德淮阳中学相继成立；民办教育机构开始涉猎基础教育和学前教育；同年，随着淮阳中学筹资170多万元建起自己的教学楼，结束了民办学校靠租赁校舍办学的历史。1995年年初，省教委出台《民办学校审批暂行规定》，同年3月1日，市教委下发《关于清理整顿民办学校的实施意见》，在4月份前对全市现有的民办学校（包括已批和未批的）进行一次全面清理整顿。清理整顿的主要内容包括：办学方向是否符合党和国家的教育方针；办学条件是否基本达到国办同类学校标准；内部管理是否基本符合教育主管部门对同类学校的要求；民办学校开办是否严格按《民办学校审批暂行规定》报批等4个方面。通过清理整顿，促使民办学校“办学宗旨明确，学校校名规范，条件符合标准，审批手续齐全”。至1995年，全市有基础教育、职成教育、自考辅导、高考补习等办学机构46个，在校学生10210人，教职工1157人，其中专职教师486人，兼职教师320人，学校建筑面积132414平方米，教学仪器设备价值483.62万元，图书12.17万册，学校固定资产3149.87万元。

1996年5月，市教委成立社管办，对全市民办学校重新核发办学许可证。同年12月，市教育局通过对民办学校全面评估，共评出优秀学校7所，良好学校10所，合格学校26所，不合格学校2所。对不合格学校责令其停止招生。

1997年以后，随着国务院《社会力量办学条例》颁布，全市社会力量办学热情进一步高涨，办学领域不断扩大，办学层次逐步提高，初步形成从基础教育到中、高等职业教育，从学前教育到各类文化艺术培训的比较完整的办学格局。1999年6月，在全省社会力量办学表彰大会上，常德电脑专修大学、中山外语学校、新辉计算机学校受到省教委表彰。2002年2月，市政府授予李少夫、彭治权、汤金城、周本成等4位优秀民办学校举办者“教育功臣”称号。2002年7月，市委、市政府印发《关于加快教育事业发展的若干意见》，2003年5月，市政府作出《关于促进民办教育发展的决定》，均对加快发展民办教育提出具体要求，对促进全市民办教育发展起到巨大推动作用。到2003年年底，全市有各类民办教育机构636个，在校学生73763人，教职工5179人，固定资产4.77亿元。民办教育在层次上涵盖了从学前教育到高等教育的所有领域，在形式上有个人独办、部门创办、国有民办、个人领办、名校带民校、公办学校改制等。全市学前教育已基本实行民办，中等职业教育在校学生民办占40%以上，高中阶段教育在校学生民办占14%，民办教育机构在校学生占全市各类学校在校学生总量的8.9%，比全省平均水平高出5个多百分点，全市民办教育各项指标在全省均处于领先水平。

第二阶段（2004-2010）为依法促进、规范发展阶段。2004年，国家颁布《民办教育促进法》，民办教育管理逐步走上规范化、制度化轨道。民办教育开始由最初的规模发展向规范发展、优质发展转变，由满足教育的补充性需求向满足群众的选择性需求转变。2004年4月，时任市长陈君文主持召开市政府第5次常务会议，明确提出对民办教育要制定特殊政策，营造特殊环境，采取特殊措施。同年5月的市长办公会又决定成立教育融资担保公司，为发展民办教育和开展教育招商引资提供融资担保。9月，市政府召开专题办公会议，进一步明确对民办学校新建、改建、扩建工程减免相关规费的优惠政策。市政府还决定从该年起，市本级财政每年安排民办教育专项资金300万元。2005年6月，市政府第11次常务会议专题研究教育工作，要求对民办教育管理实行“三统一补”，即在师资、招生、教学上对民办学校和公办学校统一管理，对承担义务教育任务并执行义务教育收费标准的民办学校给予办学经费补助。2007年6月，市委、市政府作出《关于建设教育强市的决定》，7月，市委书记武吉海主持召开民办教育专题办公会议，决定从该年起，市财政每年安排的民办教育发展专项资金由300万元增加到600万元（2011年又增加到700万元），采取以奖代投的方式，鼓励支持民办学校做优做强。同时决定市财政向湖南芷兰教育融资担保公司注入的资金两年内由1000万元增加到2000万元，教育费附加中用于发展职业教育的经费要适当增加对民办教育的投入。

2010年1月13日，省政府下达《关于建立湖南高尔夫旅游职业学院的批复》，同意在湖南涉外经济学院清水湖校区的基础上建立湖南高尔夫旅游职业学院（专科层次的高等职业学校），纳入普通高等学校序列，由常德市主管，教育业务由省教育厅管理。学院全日制在校学生规模暂定为4500人，招收高中教育毕业生，学制3年。这是常德境内设立的第二所民办高职学院。

2010年10月，市政府同时下发《关于加快学前教育改革与发展的意见》和《关于进一步加快中等职业教育发展的意见》，明确提出“积极扶持民办幼儿园”，对中等职业教育要“进一步完善‘政府主导、依靠企业、充分发挥行业作用、社会力量积极参与、公办民办共同发展’的管理体制”。到2010年年底，全市有各级各类民办教育机构852个，在校（籍）学生188820人。其中高职学院2所，在校学生6945人；民办中职学校37所，在籍学生24396人；民办普通高中12所，初中12所，小学4所，在校中小学生44215人；民办幼儿园604个，在园幼儿70078 人；民办培训机构181 个，年培训学员43186人。民办中等学历教育（普高和职高）在校学生44073人，占整个高中阶段学历教育在校学生（168862人）的26.1%。

表9-1　　2010年常德市民办教育基本情况统计表

类别＼项目	高等教育	普通高中教育	职业高中教育	初中阶段教育	小学阶段教育	幼儿园教育	技能或其他短期培训	小计
目前在籍生总数(人)	6945	19677	24396	15059	9479	70078	43186	188820
本年招生总数(人)	3223	7441	8242	6786	2311	27671	51638	107312
累计毕业或结业生数(人)	22356	62015	82920	14229	8129	221405	172734	583788
本年毕业生总数(人)	2855	6961	9733	3566	961	21975	22710	68761
专职教师总数(人)	454	1349	1090	934	279	3281	1067	8454
兼职老师总数(人)	94	89	153	18	11	472	495	1332
其他人员总数(人)	180	280	327	176	14	1372	374	2723
自有校园总面积(亩)	2354	1115.3	2495.01	431.5	104.7	1866.87	31.17	8398.55
租赁校园总面积(亩)		85	473.6	346.6	4	602.5	266.104	1777.804
自有校舍总面积(M^2)	317850	374465	656864	152856	39965	304632	22839.3	1869471.4
租赁校舍总面积(M^2)		27707	158696	97792.2		161999	103209	549402.38
学校资产总价值(万元)	23673	24085.2	59453.1	41345	8238	43621.5	9221.08	209636.85

续表 9-1

项目 类别	高等教育	普通高中教育	职业高中教育	初中阶段教育	小学阶段教育	幼儿园教育	技能或其他短期培训	小计
教学仪器设备（万元）	2608	3274.06	9052.8	4499	213	5549.28	10540	35736.09
教室及实验室（间）	265	548	855	563	134	4004	1382	7751
图书杂志总数（册）	534900	386174	447400	190964	31001	480141	101844	2172424
学生宿舍（M^2）	66528	106050	197549	59918.6	19240	95532	7716	552533.82
学生食堂（M^2）	7300	33680	52516	25649.1	51002	34542	13100	171887.09
运动场地（M^2）	42668	117481	192694	120215	19600	306509	45568	844735
党员总数（人）	429	453	310	241	37	197	144	1811
机构总数（所）	2	12	37	12	4	604	181	852

第一章　管理体制

第一节　管理机构

一、机构沿革

（一）市级民办教育管理机构。1991 年 6 月，市教委决定设立社会办学管理办公室（属临时性的二层机构），具体负责各类社会力量办学的管理工作。1996 年 4 月 15 日，市编委批复同意在市教育局设立二层机构——市社会力量办学管理办公室，定编 2 人。2001 年 11 月 27 日，市政府同意市教育局下设具有行政管理职能的二层事业机构——社管办，正科级，编制 4 人，主任、副主任各 1 人，均经机关组织二层骨干竞争上岗。2008 年 3 月，市编委同意市社管办主任高配为副处级。

（二）区县（市）民办教育管理机构。2001 年以后，随着社会力量办学事业的蓬勃发展，各区县（市）教育局社会力量办学管理机构也逐步建立和完善。最初各地大多是几块牌子，一套人马。到 2010 年年底，武陵区、汉寿县、澧县、桃源县、石门县教育局成立了专门的社会力量办学管理机构，其他区县（市）教育局也相继成立相应的管理机构。

（三）市民办教育协会。为了切实维护民办教育举办者、教育者和受教育者的合法权益，进一步促进民办教育事业健康发展，2002 年 8 月 2 日，市教育局申请成立“常德市民办教育协会”，同年 8 月 7 日，市民间组织管理局批复同意成立常德市民办教育协会。

同年9月26日，市民办教育协会召开成立大会，市政府原常务副市长、巡视员钦时中当选协会首届理事会会长，李呈喜当选常务副会长、法人代表兼秘书长。副市长张元英当选名誉会长，万成贞当选名誉副会长。

二、职能职责

（一）市教育行政部门社管办职责。根据市政府办2001年11月印发的《常德市教育局职能配置、内设机构和人员编制规定》，市社会力量办学管理办公室为市教育局管理的具有行政管理职能的直属事业单位。其主要职能是负责指导和管理全市社会力量办学工作，拟定社会力量办学的地方性规章和政策；负责社会力量申报举办的各类非学历教育机构和社会助学机构的审核汇总工作；负责社会力量举办学历教育学校的申报审核工作；协助组织办学质量评估、验收考核工作；协调、指导、检查、监控社会力量办学的教育教学管理工作；监控社会力量办学的经费管理，协助有关单位做好财务审计工作。各区县（市）教育局社会力量管理机构的职责与市社管办职责大致相同。

（二）市民办教育协会工作职责。市民办教育协会以《中华人民共和国民办教育促进法》等相关法律法规为准则，紧紧围绕“服务、维权、管理、自律、促进”的办会宗旨，依法办会，为政府出台扶持发展民办教育的政策措施建言献策，为会员单位争取政策扶持、排忧解难。

第二节　管理法规

1988年以来，市委、市政府为了促进民办教育规范健康发展，先后出台以下政策法规文件：

2002年7月18日，市委、市政府印发《关于加快教育事业发展的若干意见》（简称“教育20条”）。明确提出要加快发展民办教育，要求“按照学前教育全面开放，义务教育以政府办学为主、社会力量办学为补充，高中阶段以上教育积极鼓励社会力量办学的思路，形成多元办学的新格局”。要“大力支持企事业单位、社会团体和个人以独资、合资、合作等多种形式办学”“积极开展引资办学，鼓励市外企业和投资商来常兴办教育”。

2003年5月29日，市政府作出《关于促进民办教育发展的决定》。就鼓励多种形式发展民办教育、推动公办学校改制、多渠道筹措民办教育发展基金等十个方面（简称民办教育10条）提出一系列政策措施。这是常德市首次以政府名义出台支持和促进民办教育发展的法规性文件。

2004年10月15日，市政府印发关于民办教育发展有关问题的第78次专题会议纪要。对民办学校建校过程中相关规费减免、民办学校资金管理、成立市教育融资担保公司、民办学校校办工厂税收优惠政策及民办学校收取学杂费使用票据等7个问题提出了具体解决办法。

2005 年 6 月 16 日，市政府印发第 11 次常务会议纪要。6 月 7 日，市长陈君文主持召开市政府第 11 次常务会议，听取市教育局长黎建平关于教育工作的情况汇报，就“教育 20 条”和“民办教育 10 条”颁布实施以来，教育事业发展的一系列政策措施落实问题再次进行专题研究。会议纪要明确提出，为支持民办教育发展，对民办学校的举办，要在全面落实 2004 年第 78 次专题会议纪要规定（对民办学校的兴建、改建、扩建工程，减免报建规费，劳保基金按 1%征收，其余部分缓交，其他各项规费全免）的基础上，进一步加大支持力度。对民办学校免征价格调节基金；将民办学校纳入非税收入发票供给范围；研究制定民办学校建校用地由政府全送的具体政策。对民办教育的管理，实行“三统一补”的政策措施。撤除公办学校教师和民办学校教师双向流动的制度障碍，对公办学校教师实行“老人老办法，新人新机制”，公办学校的编制和人员经费实行包干管理，对具有公办身份的教师流动到民办学校的，继续保留其身份。对民办教育的发展，要进一步拓展空间，主动拿出一部分普高资源，特别是优质资源，吸引民资办学。市本级和各区县（市）两年内至少拿出 1 所普通高中进行民办改制。

2006 年 10 月 13 日，市劳动和社会保障局、市教育局联合印发《常德市民办学校教师基本养老保险实施办法》。明确提出参保范围是经市教育行政主管部门批准成立的各类民办学校，参保对象是在市教育主管部门实行人事代理的各类民办学校教师。同时对办理程序、保险金缴纳、个人账户、保险待遇及管理与监督等都作具体规定。该办法体现了民办学校教师与公办学校教师具有同等法律地位，依法享有与公办学校教师同等权利的精神，对于保障民办学校教师退休后的基本生活，维护教师合法权益，保持社会稳定起到积极作用。

2007 年 6 月 6 日，市委、市政府印发《关于建设教育强市的决定》，明确要求“积极发展民办教育”。提出要“进一步落实促进民办教育发展的各项政策，构建多元化办学格局。以发展非义务教育和扩大优质教育资源为重点，积极发展民办学前教育和高中阶段教育，重点发展中等职业教育，全市非义务教育民办学校在校学生人数占非义务教育阶段在校学生总数的 50%左右。增加民办教育专项资金基数，加大对民办教育的扶持力度，鼓励民办学校自建校园校舍，改善办学条件。加强民办学校教师队伍建设，促进公办、民办学校教师融通，鼓励示范公办学校在教师交流、学校管理、教学科研上对口支援民办学校发展。在民办学校中推行品牌战略，鼓励和帮助民办学校找准特色定位，形成一校一品。重点扶持民办职业教育，特别是在特色专业建设资金投入上给予大力支持。”

2007 年 7 月 4 日，市委书记武吉海主持召开民办教育专题办公会议，议定 4 个具体事项：1.从 2007 年起，市财政每年安排的民办教育发展专项资金由 300 万元增加到 600 万元，主要用于对民办职业教育学校专业能力建设和对优秀民办学校的以奖代投；2.市财政向湖南芷兰教育融资担保公司注入的资金两年内由 1000 万元增加到 2000 万元；3.市教育费附加中用于发展职业教育的经费要适当增加对民办职业教育的投入；4.市教育局社管办主任高配为副处级。

2009 年 9 月 1 日，市财政局、教育局正式印发修订的《常德市民办教育发展专项资金管理办法》。明确提出，专项资金主要用于市城区的民办高校、中等职业学校、高级中学、义务教育阶段学校学前教育机构的建设项目支出和奖励项目支出以及市委、市政府确定的有关促进民办教育发展的专项支出，专项资金实行以奖代补的原则，重点支持创建国家、省、市级示范学校、精品专业、精品课程项目，支持民办学校教师队伍建设，奖励民办学校参加当年教育行政主管部门组织的各项竞赛活动的获奖单位和个人，支持工业强市发展急需技能人才培养的专业项目，引导各类民办学校为本地社会经济建设服务。

2010 年 10 月 11 日，市政府印发《关于加快学前教育改革与发展的意见》和《关于进一步加快中等职业教育发展的意见》，要求积极扶持民办幼儿园，各级政府对民办幼儿园与公办幼儿园在审批注册、分等定级、表彰奖励等方面一视同仁，与中小学在建设规划、土地供给、费用减免等方面一视同仁。对投入非财政性资金建设合格的幼儿园，政府给予一定的奖励性补助。对合格民办幼儿园，按办园规模和达标程度给予一定资金支持。教育部门要加强对民办幼儿园保教工作的管理、指导、服务和监督；税务部门对民办幼儿园房屋租赁等税费按有关政策规定给予优惠；公共事业部门按中小学标准收取民办幼儿园水、电、气、房租等费用。要求深化中等职业学校办学和管理体制改革。进一步完善“政府主导、依靠企业、充分发挥行业作用、社会力量积极参与、公办民办共同发展”的多元办学格局和“分级负责、以县为主、政府统筹、社会参与”的管理体制。

第三节　管理办法

一、设立民办学校的审批程序与办法

根据国家有关法律法规规定，民办学校的设置标准参照同级同类公办学校的设置标准执行。举办学历教育、学前教育、自考助学及其他文化教育的民办学校，由县级以上人民政府教育行政部门按照国家规定的审批权限审批；举办实施以职业技能为主的职业资格培训、职业技能培训的民办学校，由县级以上人民政府人力资源和社会保障部门按照国家规定的权限审批，并抄送同级教育行政部门备案。2006 年 11 月出台的湖南省实施《中华人民共和国民办教育促进法》办法规定：高级中等学历教育学校，由设区的市州政府教育行政部门审批；中级职业技能培训的民办职业培训机构，由设区的市州政府人力资源和社会保障行政部门审批。初级中等以下学历教育学校、幼儿教育机构，由县级政府教育行政部门审批；初级职业技能和非技术岗位的民办职业培训机构，由县级政府人力资源和社会保障部门审批。2010 年，市及区县（市）各级教育行政部门对民办学校设立的审批程序已

纳入政府行政许可项目，由所在单位设在政务中心的行政许可窗口具体负责履行和办理行政审批许可手续。申请设立实施学历教育的民办学校，审批机关受理申请后，组织专家委员会评议，由专家委员会提出咨询意见。对批准设立的民办学校，审批机关颁发办学许可证，并将学校名称及其章程向社会公告。

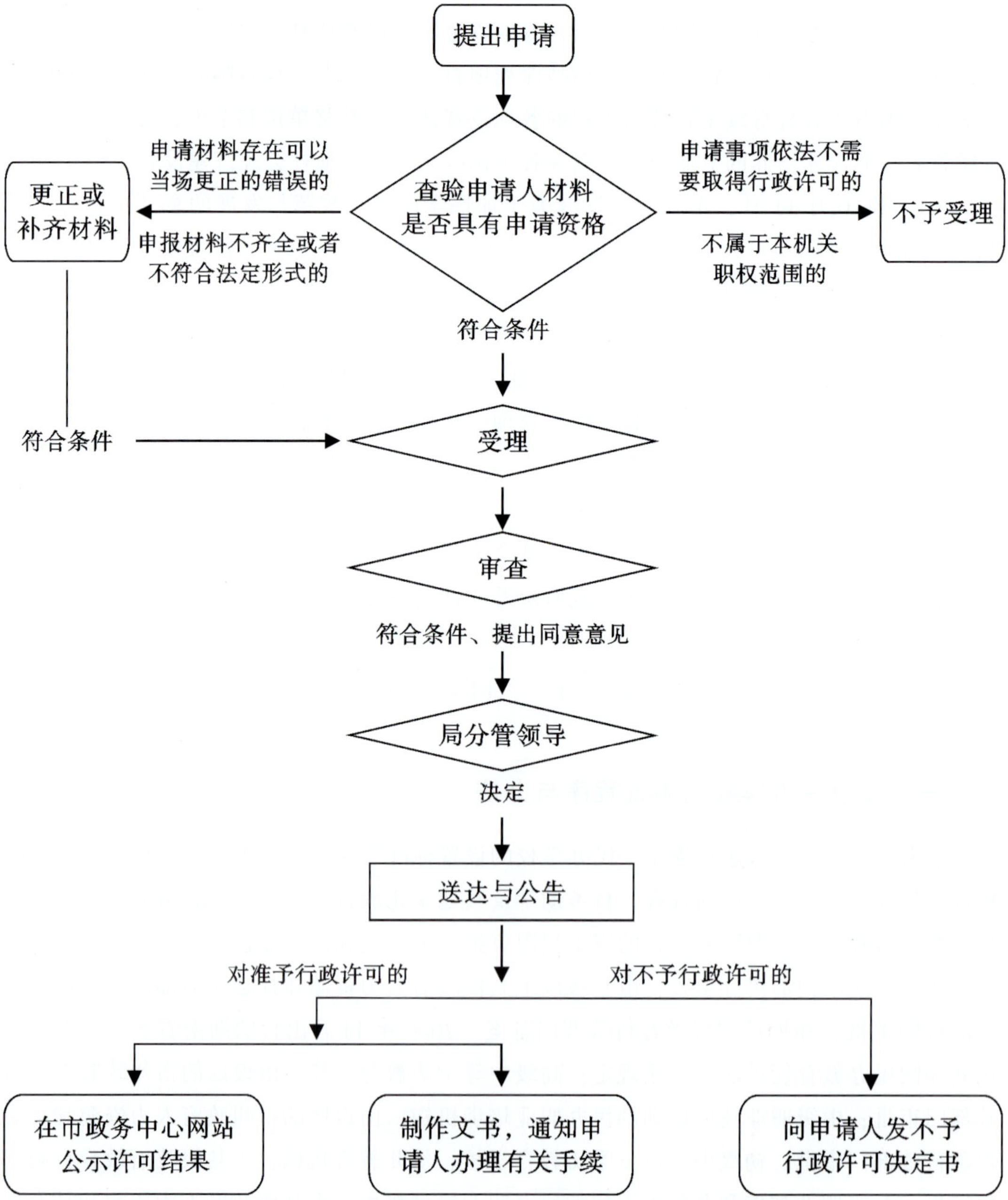

民办学校的设立、分立、合并和变更流程图（高中阶段学校）

常德市人民政府政务服务中心政务服务指南
窗口单位：常德市教育局行政许可办公室

表 9-2

事项名称	民办学校的设立、分立、合并和变更审批（高中阶段学校）
事项类别	行政许可事项
办事依据	1.《中华人民共和国民办教育促进法》 2.《中华人民共和国民办教育促进法实施条例》
受理机构	市政务中心教育局窗口行政许可办公室
决定机构	市教育局
办理条件	1.设立 1.1　举办民办学校的社会组织，应当具有法人资格。 1.1.1　举办民办学校的个人，应当具有政治权利和完全民事行为能力； 1.1.2　民办学校应当具备法人条件。 1.2　设立民办学校应当符合当地教育发展的需求，具备教育法和其他有关法律、法规规定的条件。 1.2.1　民办学校的设置标准参照同级同类公办学校的设置标准执行。 1.3　有明确的办学方向和培养目标，教学大纲规范，师资符合条件，满足教学要求。 1.4　联合举办民办学校的，应当签订联合办学协议，明确办学宗旨、培养目标以及各方的出资数额、方式和权利、义务等。 1.5　公办学校参与举办的民办学校应当具有独立的法人资格，具有与公办学校相分离的校园和基本教育教学设施，实行独立的财务会计制度，独立招生，独立颁发学业证书。 1.6　实施义务教育的公办学校不得转为民办学校。 1.7　有满足办学所需的资金和稳定的经费来源，并能独立承担民事责任。 2.分立、合并 2.1 民办学校的分立、合并，在进行财务清算后，由学校理事会或者董事会研究同意并书面报审批机关批准。 3.变更 3.1 民办学校举办者的变更,在进行财务清算后，经学校理事会或者董事会同意，并书面报审批机关核准。 3.2　民办学校名称、层次、类别的变更，由学校理事会或者董事会研究同意并书面报审批机关批准。

续表 9–2

事项名称	民办学校的设立、分立、合并和变更审批（高中阶段学校）
申请材料	1.设立 1.1　申请筹设民办学校，举办者应当向审批机关提交下列材料： 1.1.1 申办报告，内容应当主要包括：举办者、培养目标、办学规模、办学层次、办学形式、办学条件、内部管理体制、经费筹措与管理使用等； 1.1.2　举办者的姓名、住址或者名称、地址； 1.1.3　资产来源、资金数额及有效证明文件，并载明产权； 1.1.4　属捐赠性质的校产须提交捐赠协议，载明捐赠人的姓名、所捐资产的数额、用途和管理方法及相关有效证明文件。 1.2　申请正式设立民办学校的，举办者应当向审批机关提交下列材料： 1.2.1　筹设批准书； 1.2.2　筹设情况报告； 1.2.3　学校章程、首届学校理事会、董事会或者其他决策机构组成人员名单； 1.2.4　学校资产的有效证明文件； 1.2.5　校长、教师、财会人员的资格证明文件。 1.3　具备办学条件，达到设置标准的，可以直接申请正式设立，并应当提交筹设时提交的全部材料及申请正式设立时提交材料的后三项。 2.分立、合并和变更 2.1　举办者申请报告。 2.2　具有合法的学校财务清算报告。 2.3　学校理事会、董事会研究结果。 2.4　有关协议及个人材料
办理程序	1.受理 1.1　岗位责任人： 市政务中心教育局窗口行政许可办公室工作人员； 1.2　岗位职责及权限： 对申请人提交的申请材料进行齐全性、真实性、合法性审查，并根据下列情况分别作出处理； 1.2.1　申请事项依法不需要取得行政许可的，应当即时告知申请人不受理； 1.2.2　申请事项依法不属于本行政机关职权范围的，应当即时作出不予受理的决定，并告知申请人向有关行政机关申请； 1.2.3　申请材料存在可以当场更正的错误的，应当允许申请人当场更正； 1.2.4　申请材料不齐全或者不符合法定形式的，应当当场一次告知申请人需要补正的全部内容（窗口须留存备查一份），逾期不告知的，自收到申请材料之日起即为受理； 1.2.5 申请事项属于本行政机关职权范围，申请材料齐全、符合法定形式，或者

续表 9-2

办理程序	申请人按照本行政机关的要求提交全部补正申请材料的，应当受理行政许可申请； 1.2.6　对行政许可申请进行审查时，发现行政许可事项直接关系他人重大利益的，应当告知该利害关系人。申请人、利害关系人有权进行陈述和申辩。应当听取申请人、利害关系人的意见； 1.2.7　受理或者不予受理行政许可申请，应当出具加盖本行政机关专用印章和注明日期的书面凭证。 1.3　期限：即时。 2.审查 2.1　岗位责任人： 市政务中心教育局窗口行政许可办公室工作人员及局社管办工作人员 2.2　岗位职责及权限： 2.2.1　根据申请人提交的材料内容和有关法律法规，按照所申报学校相应的设置标准组织相关业务部门及专家进行现场核查； 2.2.2　对符合许可条件的，提出同意意见，对不符合条件的，提出不同意见及理由，根据需要与有关规定开会研究，报分管局领导审定。 2.3　期限：10 个工作日。 3.决定 3.1　岗位责任人： 局分管领导。 3.2　岗位职责及权限： 3.2.1　按照行政许可条件、标准对受理审查意见进行审定； 3.2.2　对符合法定条件、标准的在审批表上签署同意的意见；不符合法定条件、标准的，签署不予许可的意见，并注明理由。 3.3　期限：3 个工作日。 4.送达与公告 4.1　岗位责任人： 市政务中心教育局窗口行政许可办公室工作人员。 4.2　岗位职责及权限： 4.2.1　对准予行政许可的，通知申请人办理有关手续，领取筹设、正式设立、分立、合并、变更批复；制作送达许可文书，并在市政务中心网站上公示许可结果； 4.2.2　对不予行政许可的，向申请人发出不予行政许可决定书，并说明理由，同时告知申请人享有申请行政复议或提起行政诉讼的权利； 4.2.3　按照档案管理规定将材料整理归档。 4.3　期限：2 个工作日。
法定期限	1.申请筹设的受理之日起 30 日内。 2.申请正式设立、分立、合并、变更民办学校的，审批机关应当自受理之日起三个月内以书面形式答复。

二、民办学校的日常监督与管理

市、区县（市）两级教育行政部门对民办学校的日常监管主要体现在以下三个方面：

（一）宏观指导。按照国家教育政策法规的规定，对民办学校提出教书育人的工作任务与要求。年初召开年度工作会议，总结上年度工作，提出本年度工作要求，并对通过考核评估评选出来的先进单位和个人进行表彰奖励。

（二）组织评估。根据实际工作需要，教育行政部门对民办学校春秋两季开学工作情况、日常教育教学常规执行情况及其他经过布置需要落实的情况组织专项检查或调研。每年组织一次年度办学情况评估检查。为加强民办学校建设，实行规范管理，促进民办学校教育质量和办学水平不断提高，推进民办学校健康有序发展，省教育厅于2006年11月印发了《湖南省民办学校年度办学情况检查细则（试行）》，决定在全省进一步规范民办学校年检评估制度。按照“分级管理，分级负责”的原则，民办本科高等院校、本科院校所办独立学院由省教育厅负责年度办学情况检查；民办高等职业技术学院、民办高等非学历专修学院由所属教育行政部门进行年度办学情况检查；其他各类经教育行政部门审批取得办学许可证的民办学校（教育机构），按有关规定由所属教育行政部门进行年度办学情况检查。年检结果分优秀、合格、整改、停办四个等级。每年各级教育行政部门都要将年检结果通过当地主要媒体向社会公开，同时作为发放办学许可证的依据；并与招生、收费、评先等挂钩。2007–2010年，市、县两级教育行政部门每年都按有关年检评估细则要求，组织全市民办学校的年检评估工作，并通过《常德日报》《常德晚报》等新闻媒体进行公告。

（三）开展相关活动。结合实际需要，教育行政部门经常组织民办学校校长、教师参加培训，开展经验交流；组织学生参加各类技能竞赛、比武等活动，促进民办学校提高办学质量，争创办学特色，扩大办学声誉和影响。

第二章　办学格局与效益

第一节　办学主体

（一）举办者个人出资创办。凡是具有政治权利和完全民事行为能力的公民个人，都可以举办民办学校。随着国家鼓励支持民办教育的政策法规逐步配套完善，公民个人出资举办民办学校的积极性逐步高涨。自20世纪80年代以来，公民个人独资或多个股东联合出资创办的民办学校不断涌现。到2010年，全市852个民办教育机构中80%以上的学校属于此类情况。

（二）社会组织或社会团体筹资兴办。如1980年9月创办的第一所民办培训机构——常德育才会计学校就是由民进常德市委创办和主管的。2003年创办的鸿志中等职业技术学校也是以市老科协教育分会的名义创办的。

（三）公办学校改制，实行国有民办或个人领办。随着教育体制改革的不断深化，为了挖掘办学潜力，增强办学活力，盘活教育资源，从20世纪末期开始，常德市陆续有部分原由政府投资兴办的公办普通高中学校实行办学体制改革，有的改为国有民办；有的实行个人领办；还有的采取引进民营企业集团对学校实行全权领办。这种办学体制和管理体制的改变，加大了学校管理者或领办者的责任，激活了内部运行机制，提高了学校办学质量和效益；同时也减轻了政府财政压力，收到了较好的办学效果。1998年创办的常德芷兰实验学校就是常德市城区实行国有民办体制办学的成功典型。此外，安乡县三中、四中，汉寿县二中、五中，鼎城区三中等学校采取个人领办的形式。津市市三中则是由益阳高平教育集团出资领办20年。

（四）名校带民校。20世纪末至21世纪初，全市大部分省级重点中学相继以名校带民校的形式，利用学校现有资源办起一所民办普通中学，目的是为缓解人民群众对优质教育资源的需求，解决择校矛盾。这类学校由于在师资、条件和办学水平等方面具有自身特色和优势，受到社会青睐，招生十分火爆；但由于这类学校大多属义务教育阶段的初中学校，相对较高的收费标准，在一定程度上违背了国家义务教育的公平原则，加重了老百姓的负担，规避了政府应尽的办学责任。2006年5月，根据省教育厅要求，经市政府研究决定，从该年秋季起，市一中举办的长怡实验中学停止招生，所有招聘教师改为国家编制，分批调入常德市第十一中学。其他区县（市）一中举办的各种民办学校实行“四独立”，不再共享公办高中资源，名校带民校办学模式全面停止初中招生。

第二节　办学形式

到2010年，常德市民办教育办学形式大体可分以下三类：

（一）普通教育与职业教育。普通教育涵盖学前教育、小学教育、初中、高中教育。据统计，2010年全市经过审批的民办幼儿教育机构有604个，在园幼儿7万余名，加上其他未经审批的民办园，总数达680个，在园幼儿8.4万余名。学前教育民办园已占全市幼儿园总数的89.2 %，在园幼儿占77.8%。普通小学4所，在校学生9479名；普通初中12所，在校学生15059名；普通高中12所，在校学生19677名。职业教育涵盖中等职业教育和高等职业教育两大类，全市有民办中职学校37所，在籍学生24396名，民办高职学院2所，在籍学生6945名。

（二）学历教育与非学历教育。除了以上所列普通中小学教育和中高等职业教育属学历教育外，还有一部分民办培训机构主要进行非学历教育的中短期培训活动。其中文化教育类培训由教育行政部门负责审批，职业技能培训机构由人力资源和社会保障部门负责审批。2010年全市由市、县两级教育行政部门审批的文化教育类培训机构共181个，参训学员43186人次。

（三）全日制教学与函授、自考及其他业余短期培训。除学历教育学校均属全日制教学外，其他培训学校的招生对象有在校中小学生和面向社会招收的成人，学习形式一般是利用节假日、双休日进行中短期业余培训。

第三节　办学效益及荣誉

到2010年，常德市民办教育在国家政策的鼓励和市委、市政府的大力支持下，经过30多年的持续发展，形成了比较完整的办学体系，产生明显的社会效益：一是在国家教育经费不足的情况下，补充了公办教育的不足；二是激活了教育内部运行机制，推动了办学体制改革；三是盘活了优质教育资源，基本满足了人民群众的选择性教育需求，受到社会的肯定。

1999年6月21日，在全省社会力量办学表彰大会上，常德电脑专修大学、中山外语学校和新辉计算机学校受到省教委表彰，各得奖金3000元。

2004年9月2日，全省扶持民办教育“双十佳”表彰大会在长沙召开。市长陈君文、鼎城区委书记吴生元被评为全省民办教育“十佳”个人；市教育局被评为省扶持民办教育“十佳”单位。会上，陈君文市长还作为省“十佳”个人代表做了发言。

2005年10月24日，在市民办教育协会主办、市电视台、常德日报社协办的全市扶持民办教育“双十佳”评选活动中，市国土资源局、物价局、地税局、广播电视局，鼎城区委、区政府，汉寿县教育局、物价局，澧县国土资源局，石门县教育局，武陵区建设局获市扶持民办教育“十佳单位”奖牌和10000元奖金。汉寿县委书记杨先平 、鼎城区区长车德斌、市规划局局长李迪伟、安乡县委副书记唐汇元、澧县县委副书记孟凡英、临澧县委副书记黎卫平、石门县委副书记王振华、武陵区政府副区长杨新辉、津市市政府副市长张伟莉、桃源县国土资源局局长朱自权获市扶持民办教育“十佳个人”荣誉证书和3000元奖金。

2006年10月25日，在省民办教育协会、省教育基金会、湖南日报社、湖南电视台四家联合举办的全省民办教育双十佳评选活动中，同德职业学院被评为全省“十佳民办学校”，淮阳中学校长彭治权获全省“十佳民办学校举办者”称号。

2007年，在省人事厅和教育厅组织的“评选表彰湖南省民办教育先进单位、杰出贡献者和先进个人”活动中，市民办教育协会会长钦时中被评为全省民办教育杰出贡献者，淮阳中学被评为全省民办教育先进单位；市教育局局长黎建平、中山外语电脑专修学院院长左平、女子外语职业学校校长王俊、剑桥外语培训学校校长高方华、鸿升实验学校举办者汤陆明、计算机专修学院举办者何秉霖、诗淇双语学校举办者周本成、汉寿生源学校校长何圣元、石门瑜远中学举办者吴文瑜等10人被评为全省民办教育先进个人。

第十篇　教育机构队伍

第一章　教育机构沿革

1985年11月由原常德地区教育局、职工教育办和行署办文教组合并组建常德地区教育委员会。1988年6月，常德撤地建市，常德地区教育委员会更名为常德市教育委员会。2001年8月，常德市教育委员会更名为常德市教育局。

第一节　市级教育管理机构

常德市教育（委员会）局是常德市人民政府主管全市教育事业和语言文字工作的行政职能部门。（委）局主要负责人和行政领导班子成员分别由市人大和市人民政府任命。

一、常德（地区）市教育（科、组、处、委）局历届行政领导班子名录（1949.8–2010.12）

常德专员公署教育科		（第一任　1949.8–1951.6）
科　长	府廷镇	（1949.8–1951.6 调离）
副科长	陈建三	（1949.8–1951.6）
副科长	胡开材	（1950.3–1951.3）
常德专员公署文教科		（第二任　1951.7–1955.4）
科　长	陈建三	（1951.7–1955.4 调离）
副科长	胡开材	（1951.7–1955.4）
副科长	罗祥生	（1954.8–1955.4）
常德专员公署教育科		（第三任　1955.5–1958.4）
科　长	（缺）	
副科长	罗祥生	（1955.5–1958.4）
副科长	胡开材	（1955.5–1958.4）

副科长	李德贵	（1957.9–1958.4）

常德专员公署文教科		（第四任　1958.5–1958.9）
科　长	谢式轩	（1958.4–1958.9 调离）
第一副科长	李德贵	（1958.4–）
副科长	胡开材	（1958.4–）

常德专员公署文教科		（第五任　1958.10–1960.6）
科　长	彭长清	（1958.10–1960.6 调离）
第一副科长	李德贵	（续任–1959.2）
副科长	胡开材	（续任）
副科长	夏光武	（1960.2–）
副科长	申明新	（1960.5–）

常德专员公署文教科		（第六任　1960.11–1962.1）
科　长	罗　轩	（196011–1961.6 调离）
副科长	胡开材	（续任　　　）
副科长	夏光武	（续任　　　）
副科长	申明新	（续任–1962.1 调离）

常德专员公署文教科		（第七任　1962.2–1966.12）
科　长	肖宗荣	（1962.2–1966.12）
副科长	胡开材	（续任　　　）
副科长	夏光武	（续任–1962.9 调离）
副科长	刘志宇	（1963.2–）

常德专员公署文教科		（第八任　1967.1–1968.8）
科　长	贾玉璋	（1966.12–1967.6 调离）
副科长	刘志宇	（续任–1973.3 调离）
副科长	胡开材	（续任–1968 退休）

常德地区革命委员会筹备小组文卫组		（第九任 1968.9–1970.9）
组　长	黄克其	（军代表）（1968.9–1970.9）
副组长	曹华敖	（军代表）（1968.9–1970.9）

副组长	沈　亚	（1968.9–1970.9）
副组长	刘元其	（1970.1–1970.9）

常德地区革命委员会政治部教育组　（第十任 1970.10–1971.9）

组　长	徐德友	（1970.9–1971.9）
副组长	曹华敖	（1970.9–1971.9）

常德地区革命委员会政治工作组文教组　（第十一任 1971.10–1973.8）

组　长	彭　展	（1971.9–1973.9）
副组长	曹华敖	（续任–1973.9）
副组长	周文和	（1972.2–1974.5）

常德地区革命委员会文教局　（第十二任 1973.9–1979.8）

局　长	肖宗荣	（1973.9–1979.8）
副局长	彭　展	（1973.9–1979.8）
副局长	周文和	（1973.9–1974.5）
副局长	陈锡纯	（1974.5–1978.3）
副局长	夏绍彬	（1976.12–1979.8）
副局长	万振湘	（1977.12–1979.8）

常德地区文教局　（第十三任 1979.8–1980.7）

局　长	肖宗荣	（1979.8–1980.8）
副局长	彭　展	（1979.8–1980.8）
副局长	夏绍彬	（1979.8–1980.8）
副局长	万振湘	（1979.8–1980.8）
副局长	盛和钧	（1979.12–1980.8）

常德地区教育局　（第十四任 1980.8–1981.12）

局　长	肖宗荣	（1980.8–1981.12）
副局长	彭　展	（1980.8–）
副局长	夏绍彬	（1980.8–）
副局长	姚珍友	（1981.2–1981.12）

常德地区教育局		（第十五任　1982.1–1983.8）
局　长	姚珍友	（1983.9–1983.12 调离）
副局长	彭　展	（续任–1983.9）
副局长	夏绍彬	（续任–1983.9）
副局长	熊永林	（1982.5–1983.9）

常德地区行政公署教育处		（第十六任　1983.9–1983.12）
处　长	姚珍友	（1983.9–1983.12 调离）
副处长	罗　力	（1983.9–1983.12）
副处长	闵安稳	（1983.9–1983.12）
副处长	孙大忠	（1983.9–1983.12）
副处长	谢春开	（1983.12–1983.12）

常德地区教育局		（第十七任　1984.1–1984.8）
局　长	（缺）	
副局长	罗　力	（1984.1–）
副局长	闵安稳	（1984.1–）
副局长	谢春开	（1984.1–）
副局长	孙大忠	（1984.1–1984.2 调离）

常德地区教育局		（第十八任　1984.9–1985.11）
局　长	方伟杰	（1984.9–1985.11）
副局长	陈昌清	（1984.9–1985.11）
副局长	罗　力	（续任–1985.12）
副局长	谢春开	（续任–1985.11）
副局长	闵安稳	（续任–1984.10 调离）

常德地区（市）教育委员会		（第十九任　1985.12–1988.9）
主　任	曾繁友（兼）	（1985.11–1988.9）
第一副主任	李学林	（1985.12–1988.9）
副主任	陈昌清	（1985.11–1988.9）
副主任	谢春开	（1985.11–1988.9）
副主任	胡生斌	（1985.11–1988.9）

常德市教育委员会（第二十任　1988.9–1989.12）

主　任	李学林	（1988.9–1989.12 调离）
副主任	李铁如	（1989.9–　　　）
副主任	陈昌清	（1988.9–　　　　）
副主任	谢春开	（续任–1989.12 调离）
副主任	胡生斌	（续任–1988.10）
副主任	徐国清	（1989.8–　　）（民建）
专职委员	胡生斌	（1988.10–）

常德市教育委员会（第二十一任 1989.12–1997.3）

主　任	刘顺甄	（1989.12–1997.3 调离）
副主任	李铁如	（续任–1994.11 离任）
副主任 正处级督学	陈昌清	（续任–　　　　）
副主任	徐国清	（续任–　　　　）（民建）
副主任	赵治政	（1994.12–　　　）
副主任	金旺喜	（1995.4–　　　）
工会主席	雷子贵	（1992.9–　　　）
专职委员	胡生斌	（续任–1994.12）

常德市教育委员会（第二十二任　1997.3–1997.4）

主　任	缺	
副主任	赵治政	（续任）
副主任正处级督学	陈昌清	（续任）
副主任	金旺喜	（续任）
副主任	徐国清	（续任）（民建）
工会主席	雷子贵	（续任）

常德市教育委员会（第二十三任 1997.5–2001.8）

主　任	何英满	（1997.5–2001.8）
副主任　正处级督学	赵治政	（续任–2001.1）
副主任、正处级督学	陈昌清	（续任–2001.1）
副主任　正处级督学	金旺喜	（续任–2001.8）
副主任、正处级督学	黎建平	（2001.1–2001.8）
副主任	徐国清	（续任–2001.8）（民建）

副主任	尹开源	（2001.1–2001.8）
工会主席副处级督学	雷子贵	（续任–2000.6）
工会主席	王海清	（2000.6–2001.8）

常德市教育局（第二十四任 2001.8–2003.2）

局　长	何英满	（2001.8–2003.2 上调）
副局长、正处级督学	金旺喜	（2001.8–　　）
副局长、正处级督学	黎建平	（2001.8–2003.2）
副局长	万成贞	（2001.8–2003.1 调离）（民进）
副局长	尹开源	（2001.8–　　）
工会主席	王海清	（续任–　　）

常德市教育局（第二十五任 2003.3–2009.9）

局　长　正处级督学	黎建平	（2003.3–2009.9 上调　）
副局长、正处级督学	金旺喜	（续任–2006.7 离任　）
副局长、正处级督学	游进初	（2003.6–2007.9 离任　）
副局长　正处级督学	郑大金	（2006.6–2009.9　）
副局长	尹开源	（续任–2003.11 调离）
副局长	李旺国	（2004.2–2009.9）（无党派）
副局长 副处级督学	庹朝君	（2005.1–2009.9　）
副局长	施爱国	（2006.10–2009.9　）
副局长	苏宏元	（2008.11–2009.9　）
工会主席	王海清	（续任–2004.8）
工会主席	夏桃清	（2004.9–2009.9　）

常德市教育局　（第二十六任）（2009.10–2010.12）

局　长	诸戈文	（2009.10–2010.12）
副局长　主任督学	郑大金	（续任–2010.12　）
副局长	李旺国	（续任–2010.12　）
副局长	庹朝君	（续任–2010.12　）
副局长	施爱国	（续任–2010.12　）
副局长	苏宏元	（续任–2010.12　）
工会主席	夏桃清	（续任–2010.12　）

二、市教育局的主要工作和职责范围

1988–2010年，局（委）机关的主要职能职责随形势的发展发生了一些细微的变化，但总体上一致。2001–2010年，根据常政办发〔2001〕59号文件，局机关职能职责是

1. 贯彻落实国家教育工作的方针、政策和法律、法规、规章，研究拟定全市教育的规范性文件和规章制度，并监督执行。

2. 研究提出全市教育改革与发展战略和教育事业发展规划，拟定教育体制改革的意见以及教育发展的重点、结构、速度、指导并协调实施工作。

3. 统筹管理市本级教育经费和上级对我市的教育拨款；参与拟定筹措教育经费、教育拨款、教育基建投资的政策规定；监测全市教育经费的投入和使用情况；按有关规定管理香港、澳门特别行政区和台湾地区以及国外政府和组织对我市的教育援助和教育贷款；指导编制并负责汇总上报全市各级各类教育经费年度预决算。

4. 管理全市学前教育、基础教育、特殊教育、普通高等和中等专业教育、职业技术教育、成人教育、扫除文盲、社会力量办学、自学考试和继续教育等工作，协调各部门、各区县（市）有关教育工作；按有关规定承办中等教育各类学校的设置、更名、撤销与调整的审核、报批工作；指导、协调全市少数民族教育工作。

5. 管理直属学校和直属教育事业单位；领导和指导直属学校和直属事业单位党的建设、宣传、统战和群团工作；协助考察、管理直属处级单位领导班子和领导干部；负责直属科级事业单位领导班子和领导干部的考核、管理、任免、思想教育及有关培训工作。

6. 规划和指导全市教育体制和办学体制改革，组织指导教育内部人事制度改革，建立和完善适应社会主义市场经济需要的教育体制及运行机制。

7. 规划并指导各级各类学校的思想政治教育工作、德育工作、体育卫生与艺术教育及国防教育工作。

8. 主管全市教师工作。会同有关部门制定全市教育系统有关劳动工资、人事管理方面的政策和规章制度并组织实施；负责规划并指导全市各级各类学校教师和教育行政干部队伍建设工作；管理全市教师奖励、录用审核、职务评审、教师资格认定、出国（境）留学人员资格审核和呈报、教师职业道德教育及市属中小学和大中专学校教师调配、劳动工资、考核、教师退休、评残、人事档案管理工作；协助编制部门管理中小学编制。

9. 统筹管理普通和成人大中专学校招生、研究生招生，选拔招飞学员及直属中学招生工作；会同有关部门制定全市大中专学校和中小学招生计划，并组织实施；归口管理普通大中专毕业生就业工作，负责指导大中专毕业生就业及签发就业报到证，拟定大中专毕业生就业政策并组织实施；负责组织管理普通大中专毕业生就业供需见面和双向选择活动；按有关规定管理择业期内普通大中专毕业生档案。

10. 负责指导管理全市各级各类学校勤工俭学及电教仪器装备工作。

11. 归口管理全市教师奖励基金会工作；指导与教育有关的学会、协会等社团组织工作；归口管理全市教育系统对外交流、援助与合作工作。

12. 负责全市教育基本信息的统计、分析及发布工作。

13. 负责教育系统信息技术教育、校校通工程和校园网络的开发、建设管理工作。

14. 指导管理全市教育系统的纪检、监察和内部审计工作，负责市属学校和直属事业单位的纪检、监察和审计监督。

15. 归口管理和指导全市的教育督导工作，负责全市语言文字的管理、改革工作和推广普通话工作。

16. 承办市委、市人民政府交办的其他事项。

三、市教育局内部机构设置及职能

（一）机构设置及变化

1988 年 6 月，委机关内部设置机构 8 个，即：秘书科、人事科、成人教育科、普教科、计划财务科、师资培训科、职业技术教育科、监察室。

1988 年 9 月，根据常编办发〔1988〕57 号文件，委机关新增监察室，11 月设立市教委纪律检查委员会。

1989 年 5 月，根据常编办直〔1989〕47 号文件，成立常德市大中专毕业生分配办公室和常德市成人大中专学校招生办公室。

1990 年 2 月，根据常编办〔1990〕19 号文件，设立常德市教育委员会教育督导室。5 月，根据常编办直〔1990〕30 号文件，成立中共常德市教委委员会办公室，与人事科合署办公。根据常编办直〔1990〕39 号文件，保留职教科（加挂中专科牌子），撤销职业技术教学研究室，其工作职能连同事业编制和现有人员一并划入常德市教学研究室；同时将市教学研究室更名为市教育科学研究所。6 月，师训科更名为师范科。8 月，成立市教委武装部（为正科级内设机构）。11 月，根据常编办直〔1990〕75 号文件，市教委秘书科更名为办公室。

1991 年 4 月，根据常编办直〔1991〕18 号文件，市教委增设审计科（与教育督导室合署办公）；7 月，根据常编办直〔1991〕57 号文件，市教委普教科加挂体育卫生科牌子。

1992 年，成立常德市首届教育工会。

截止到 1996 年机构改革前，委机关内设行政科室共 11 个，即：办公室、人事科（党委办）、武装部、普教（体卫）科、成教科、计划财务科、职教科、师范科、监察室、纪检会、督导室（审计科）。直属事业机构 8 个，即：勤管站（加挂教育工业公司牌子）、自考办、分配办、招生办、教科所、高函站、中函站、仪器站（电教馆）。群（社）团组织 2 个，即：工会、教师奖励基金会。

1996 年 4 月机构改革，根据市编办有关文件，市教委机关实施“三定”（定内设机构、定职责职能、定人员编制）后，委机关内设行政科室9个，即：办公室（加挂政策法规科牌子）、人事科（加挂老干科牌子）、党委办（加挂武装部牌子）、普教（体卫）科、计划财务科、成教科、职教科、师范科、纪检监察室（纪委）。直属机构6个，即勤管站、自考办、分配办、招生办、社管办、教育审计室。支持体系3个，即督导室、教科所、仪器站（电教馆）。群（社）组织2个，即工会、教师奖励基金会。同年11月根据常编办直〔1996〕83号文件，市高师、中师函授站撤销。

2000年，成立市普通话测试站、市教育信息中心。

2001年8月，常德市教委更名为常德市教育局，为正处级单位。局机关内设行政科（室）8个，即：办公室（加挂法制科牌子）、基础教育科、职业教育与成人教育科、体育卫生与艺术教育科、教师培训与师范教育科（加挂高等教育科、市语言文字工作委员会办公室牌子）、计划财务科、组织人事科、监察室（与纪委合署办公）。具有行政管理职能的直属机构6个，即市就业办（由市分配办更名，加挂市人才交流中心牌子）、市招考办（由市招生办和市自考办合并组建）、市勤管办（由市勤管站更名）、市教育审计室（事业性审计机构改为行政性审计机构）、市社管办、市政府教育督导室（由市教委教育督导室更名）。机关直属二级事业单位4个，即教科所、仪器站（电教馆）、普通话测试站、市教育信息中心。群（社）团组织4个，即教育工会、教师奖励基金会、关心下一代协会、市老科协教育分会。2002年，成立市教育捐赠中心，为机关内直属二级事业单位（2004年7月更名为市中小学救助受援捐赠中心）。截止到2010年底，市教育局机关具有行政职能的内设科（室）为8个（2008年撤销监察室）。

（二）内设机构的职能职责

1.办公室（加挂法制科牌子）

综合协调局机关重要政务、事务、负责局长办公会等重要会议的组织安排并督办；负责新闻宣传、文秘、信息、信访、稳定、提案建议办理、档案、保密、督查、机关财务以及机关行政事务管理工作。负责全市教育改革与发展战略研究并就重大问题进行政策调研；起草有关教育的地方性规范性文件；协调和指导全市教育行政执法、执法监督工作，承办市本级教育行政复议、行政诉讼工作；指导全市教育行政复议、行政诉讼工作。

2.基础教育科（简称基教科）

综合管理和指导全市基础教育、特殊教育、幼儿教育工作和重点推动九年义务教育、扫除青壮年文盲工作；归口管理省市示范（重点）中学、幼儿园建设和报批认定工作；参与制定全市基础教育发展规划；组织指导基础教育体制和教育教学改革；归口管理中小学教材、配套用书、音像制品、图书建设和现代教育技术工作；组织贯彻《课程方案》和教学计划，检查全市基础教育质量，组织实施中学会考、统考；指导中小学德育、法制教育、推广普通话等工作；指导协调全市少数民族教育工作；管理全市普通高中和市属学校中小学生学籍；负责学校团队工作和科技创造发明的管理；组织、协调有关基础教育的教学研究工作；参与中小学布局调整、教学仪器设备配备、教师和校长队伍建设；负责联系直属单位有关基础教育的业务工作；指导社会力量举办的基础教育各类学校及教育机构的业务工作。

3.职业教育与成人教育科（简称职成科）

统筹管理中等职业教育和成人文化技术教育工作；归口管理独立设置的成人高等教育学校；拟定职业教育评估标准，组织职业学校和成人学校教育教学质量考核、评估工作；规划并指导职业和成人教育教学改革；负责中等职业学校和独立设置的高等职业技术学校、成人高等教育学校的专业设置、调整、教材建设的审核报批及学历、学籍管理工作；指导职业和成人教育学校德育工作；协调并指导全市农村、城市职业教育综合改革及职工基础文化教育；参与职业和成人教育学校、职工学校的设置、调整和教师队伍建设工作；参与拟定全市中等职业教育招生计划，组织指导职业技术学校生产实习和产业开发及科技推广工作；指导社会力量举办的各类职业教育学校和职工学校的业务工作及职业证书考试。

4.体育卫生与艺术教育科（简称体卫艺科）

宏观指导学校体育、卫生健康和艺术教育工作。拟订有关体育、卫生、艺术教育的指导性文件并指导实施；指导、协调学校及学生参加体育竞赛和艺术教育等交流活动；指导和协调学校国防教育和学生军训工作；指导督促市直学校安全保卫、综合治理等工作。

5.教师培训与师范教育科（简称师范科，加挂高等教育、市语言文字工作委员会办公室牌子）

规划和指导中小学教师培训工作；负责教师学历达标规划的拟定和实施；组织实施中小学教师继续教育（含计算机等级考试）；负责教育系统教师、中小学校长、幼儿园园长和其他管理人员业务培训工作；负责各级各类学校学科带头人和青年骨干教师培训工作；负责组织新教师入门培训工作；综合管理全市中等师范教育，联系协调全市高校工作；归口管理全市高等职业技术学校、中等师范学校和区县（市）教师进修学校的有关工作；配合有关科室推动师范教育教学改革；参与拟定全市师范教育和高等教育工作发展规划并组织实施；主管全市语言文字工作。

6.计划财务科（简称计财科）

负责拟定全市教育事业发展规划；指导中小学布局调整；拟定全市大中专及中小学招生计划；承办全市普通高等教育、成人高等教育需由上级主管部门审批的机构设置、调整、更名的审核、报批工作；贯彻落实上级有关教育经费筹措及管理的政策和规定；归口管理全市教育经费，会同有关部门管理上级和市本级教育专款、各种外资和国内捐赠款；编制市直教育单位经费的年度预决算；负责市本级经费的筹措、落实和管理；监控全市教育经费投入、执行情况和教师工资发放情况；会同有关部门审批市属学校总体建设规划，编制全市教育基建投资年度计划，拟定直属学校年度基建投资计划并组织实施；检查和指导改造中小学危房；负责直属学校和其他直属单位的国有资产管理并监督资本运营，协同有关部门组织实施政府采购；负责现代化教育技术装备建设；负责有关税务、财务检查等协调工作；会同有关部门规范中小学校收费标准；负责全市教育基本信息的统计、分析、发布和事业发展监测；参与教育信息化建设。

7.组织人事科（简称人事科）

宏观指导全市教育系统机构编制、人事、劳动工资及人事档案的管理工作；统筹规划并指导学校教师和教育行政干部队伍建设工作；拟定有关政策和具体办法，推动学校内部人事、劳动管理体制和分配制度的改革；负责全市教师奖励、录用考核、教师退休、评残、人事档案管理工作；负责局机关及直属单位的离退休人员的管理服务工作和教师奖励基金会、市老年科技工作者协会教育分会的日常工作；协助局党委管理和指导局机关和直属单位党的建设、宣传和统战工作；协助考察、管理直属处级单位领导班子和领导干部；负责直属科级单位领导班子和领导干部的考核、管理、任免、思想教育及干部教育工作。

8.纪委

负责监督检查党和国家的路线、方针、法规、决议在全市教育系统的执行情况；指导全市教育系统党的纪律检查工作和行政监察工作；协助局党委抓好党风廉政建设；负责对党员、干部进行党性、党风、党纪和政纪、法纪教育；按照党组织隶属关系和干部管理权限，检查和处理教育系统党的组织和党员、干部违反党纪和政纪的案件，承办违反党纪、政纪案件的调查和处分审批工作；受理党员、干部的检举、控告和申诉；监察本局机关工作人员和直属单位委任人员的工作。

四、市教育局直属单位

（一）直属单位的增、撤和名称的调整

1988年6月常德撤地建市后，根据市编办有关文件，市教育委员会的下列直属事业单位的名称也作了相应的调整。

常德地区招生办、自考办、职业技术教研室（与常德地区职业技术教育科一套人员）、勤管站、仪器站（与常德地区电化教育馆两块牌子、一套人员）、教研室、高师函授站、中师函授电视教育站这8个直属单位的属地名称均将“常德地区”更换为“常德市”。

1987年11月，经国家教委批准，常德基础大学更名为常德高等专科学校；1989年3月，成立常德教育学院，归口市教委管理；5月，湖南农学院常德分院、常德引进高教培训中心成建制并入常德高等专科学校，实行省市共管、以市为重点管理体制，由市教委管理；5月，成立常德市大中专毕业生分配办公室和常德市成人大中专学校招生办公室。

1990年3月，成立中国电视师范学院常德教学管理站和湖南教育学院常德函授站。同年6月，市教委对地改市上报的武陵区城区中学（一中、二中、三中、四中、五中、六中、七中）和三所职中开始实施直接管理。8月，原武陵区食品职业中专（三职中）、轻化工职业中专（二职中）分别更名为常德市食品职业中专、常德市轻化工职业中专。同

年，撤销常德市职业技术教学研究室，其工作职能连同事业编制和人员一并划入市教研室。市教研室同时更名为常德市教育科学研究所。

1992年8月，成立常德市教师奖励基金会。同年10月，常德市教育工会成立。1995年3月，市一中升格为副处级教育事业单位。同年6月，市第一职业中学与市食品职业中专合并。

1996年4月，市教委机关机构改革，实施“三定”后，直属机构调整为6个，即：市勤管站（加挂市教育工业公司牌子）、市自考办、市分配办、市招生办、市社管办、市教育审计室。委属二级事业单位3个，即：市教科所、市教学仪器站（电教馆）、市教育督导室。群（社）团组织2个，即：市教育工会、市教师奖励基金会。

1996年6月，市食品职业中专更名为常德市工业学校，列入普通中专系列，仍归口市教委主管，业务上接受省教委指导。同年9月，市工业学校升格为正处级教育事业单位。11月，常德教育学院加挂“常德市中小学教师培训中心”牌子，撤销“常德市高师函授站”和“常德市中师函授站”，“两站”的行政管理职能由市教委师范科承担，业务工作由常德教育学院承担。

1998年3月，常德市轻化工职业中专更名为常德市职业中专（2007年8月更名为常德市汽车机电学校，并升格为正处级教育事业单位）。同年8月，经市政府批准，正在兴建的常德市第八中学（原拟名）改为国有民办，更名为常德市芷兰实验学校（2001年建成招生，由市教委管理）。

1999年6月津市师范学校撤销。同年9月，根据教育部《关于同意常德师范高等专科学校与常德高等专科学校合并建立常德师范学院的通知》，常德师范学院正式挂牌成立。同年10月，常德市普通话测试站成立。12月，根据省政府通知，常德教育学院并入新组建的常德师范学院。

2000年6月，市信息工程学校与市三中合并组建新的常德市第三中学（原信息工程学校的牌子保留）；市粮食职工中专与市六中合并组建新的市第六中学；市技工学校改为普通中学并更名为常德市第十一中学；武陵区护城中学收市办市管，更名为常德市第十三中学。同年10月，成立常德市教育信息中心。

2001年8月，市教委更名为市教育局，局机关实行科室负责人竞争上岗。同年11月，由市教育局管理且具有行政职能的直属机构为6个，即：市就业办（加挂市人才交流中心牌子）、市招考办、市勤管办、市教育审计室、市社管办、市政府教育督导室。其他直属机构4个，即：市教育科学研究所、市教学仪器站（电教馆）、常德市教育信息中心、市普通话测试站。群（社）团组织2个，即：市教育工会、市教师奖励基金会。

2001年8月，湖南广播电视大学常德分校更名为常德广播电视大学。同年10月，成立常德市老科协教育分会、常德市关心下一代工作委员会。2002年9月，成立市教育捐赠中心（牌子加挂在计财科）。2003年1月，常德艺术学校并入常德师范学院。同年2

月，常德师范学院更名为湖南文理学院（由省厅主管）；4月，常德职业技术学院成立（同时撤销原常德卫生学校、常德农业学校和常德机电工程学校建制）；6月，湖南机电职业技术学院成立（由省厅主管，校址在津市市）。

2004年5月，湖南同德职业学院成立（民办），由市教育局主管；9月，常德市二中、六中、七中均升格为副处级教育事业单位。2005年7月15日，根据城区学校布局规划，经市政府同意，决定新建常德市白马湖中学。2007年8月，市教科所更名为市教育科学研究院并升格为副处级事业单位。2008年11月，设立常德市特殊教育学校，为市教育局主管的全额拨款的教育事业单位。同年12月，经市委常委研究，原拟名的常德市白马湖中学更名为常德市外国语学校，并由原“政府送土地引资办学”形式兴建改为由政府投资兴建，学校性质改为公办。

截止到2010年底，常德市教育局直属且具有行政职能的事业单位6个（市就业办、市招考办、市勤管办、市社管办、市教育审计室、市政府教育督导室）；其他直属事业单位5个 [市教育科学研究院、市教学仪器站（电教馆）、市教育信息中心、市普通话测试站、市学生资助管理中心]；群（社）团组织4个（市教育工会、市教师奖励基金会、市老科协教育分会、市关心下一代工作委员会）。直属市教育局主管的学校共21所 [常德职业技术学院、常德电大、同德职业学院（民办）；常德市一中、二中、三中、四中、五中、六中、七中、十一中、十三中、芷兰实验学校、市汽车机电学校、市工业学校，常德师范、桃源师范，常师附小、桃师附小，市特教学校，市第一幼儿园。

（二）具有行政职能的直属事业单位

由市教育局管理，且具有行政职能的直属事业单位6个，管理人员实行公务员制度。

1.市大中专毕业生就业办公室（简称市就业办，加挂市教育人才交流中心牌子），正科级。负责全市大中专毕业生、毕业研究生就业指导工作；指导和推动毕业生就业制度改革；负责毕业生就业信息收集、发布工作；组织管理普通大中专毕业生就业见面和双向选择活动；负责指导全市大中专毕业生的思想教育及择业期内大中专毕业生的档案管理工作；负责教育系统人才交流和交流人员的档案管理工作。

2.市招生考试委员会办公室（简称市招考办），正科级。负责全市普通高校、成人高校、中等专业学校、研究生招生考试及选拔飞行学员工作；拟定并监督执行招生考试工作的有关规定；参与研究制定全市大中专学校招生工作年度计划并组织实施；管理全市高等教育、中等专业教育自学考试工作，拟定自学考试地方性规章，负责全市高教、中专自考宣传、报名、组考工作；拟定并向省呈报中等专业教育开考专业及课程设置计划，组织命题、制卷、评卷、确定指导学校，协调指导和检查监督考试工作；负责考生考籍及单科合格证书、毕业证书颁发等管理工作；管理各级各类自学考试辅导学校、班、点的工作；为考生提供自考教材和资料。

3.市社会力量办学管理办公室（简称市社管办），正科级。负责指导和管理全市的社会力量办学工作，拟定社会力量办学的地方性规章和政策；负责社会力量申报举办的各类非学历教育机构和社会助学机构的汇总审核工作；负责社会力量举办学历教育学校的申报审核工作；协助组织办学质量评估、验收考核工作；协调、指导、检查、监控社会力量办学的教育教学管理工作；监控社会力量办学的经费管理，协助有关单位做好财务审计工作。

4.市勤工俭学管理办公室（简称勤管办），正科级，负责组织拟定和实施全市勤工俭学长远规划和年度计划；指导各区县（市）开展勤工俭学工作；负责组织和指导学校开展劳动和劳动技术教育；负责全市勤工俭学队伍的管理、培训及全市勤工俭学统计工作；指导和管理市直校办企业。

5.市教育审计室，正科级。负责贯彻执行关于教育审计工作的暂行规定；组织实施对全市教育系统财务、经营活动的监督、检查与咨询服务；负责对市直教育单位有关人员的离任审计工作；促进经济民主管理与监督；检查和指导区县（市）教育局的审计工作。

6.市人民政府教育督导室（简称市教育督导室）正科级。由市人民政府授权执行国家监督任务，对下级政府和教育行政部门及学校贯彻执行党和国家教育方针、政策、法律、法规情况进行监督；代表市政府评估下级政府、教育行政部门和学校及办学单位的教育管理水平和教育质量；对教育工作中带有全局性、方向性的问题进行调查研究，为政府对教育进行决策提供依据；指导县级教育督导工作。

（三）其他直属事业单位及主要职责

1.市普通话测试站　负责规划和指导全市推广普通话工作，组织开展普通话培训与测试；负责管理和指导全市普通话的社会应用；负责管理全市各普通话测试点工作；负责全市普通话测试员队伍建设；组织开展普通话培训测试科学研究；组织全市“全国推广普通话宣传周”活动；协助市语委办做好其他语言文字工作。

2.市教学仪器站（电教馆）　负责全市中小学教育技术装备、实验教学、电化教育和教育技术研究以及农村中小学现代远程教育工作，制订其发展规划、装备标准及管理办法，并组织实施；负责中小学教育技术环境和信息化环境的建设、管理、应用、评价和统计工作，开展实验教学、电化教学、农村中小学现代远程教育的应用研究和教师培训，开发、推广应用教学资源；负责信息技术学科课程建设，信息技术与其它学科课程整合教学的研究等工作。

3.市教育信息中心　负责推进规范指导区县（市）教育网络、各类学校校园网、应用系统建设和中小学信息技术课程条件建设；负责市教育城域网、市教育局机关局域网建设、维护和市直学校校园网建设；负责市教育信息网、教育资源等门户网站和教育数据库与相关应用系统建设维护、信息资源采集、开发和更新；负责教育局行政办公系统、视频会议系统的建设、维护与应用；负责教育系统信息网络安全和网站前置审核的有关工作；负责组织对信息技术与网络管理人员进行业务培训；负责贯彻落实教育部信息中心、省教育厅信息中心和市政府信息办等部门的指示精神；完成教育局交办的其他工作。

4.市教育科学研究院　制定全市教育教学研究规划并组织实施；开展普通中小学和职业技术教学研究工作；根据有关政策编辑（编写）和发行地方教材、学报、学刊等教育教学资料；及时收集、整理、发布教育信息；指导全市各级各类学校教育科研和教学研究工作。指导与教育教学研究有关的学会、协会工作。完成市委、市政府和市教育局交办的其他工作。

5.市学生资助管理中心　负责发动、组织、接受社会各界对中小学校和中小学生的救助和捐赠；协同有关职能部门统筹安排中央财政和省、市财政确定的中小学助学金、免费发放教科书经费，并对其使用情况进行监督、检查；负责中等职业学校学生国家助学金管理、生源地信用贷款管理及贷后管理、资助政策宣传；协调指导全市中小学开展助学活动。

（四）群（社）团机构主要工作

1.市教育工会　承办教育工会的日常工作，发挥党政与教职工的桥梁纽带作用。督促做好校务公开、教代会工作，制定教育工会及教代会组织的工作目标、考评细则、定期检查落实；协助掌握教职工队伍建设情况，促进师德师风建设，培养、发现、推广先进典型；组织开展群众文化及扶贫帮困活动；负责市直教育单位的妇女工作和计划生育工作；负责企业双联工作和机关联系社区创建等相关工作；负责本局机关工会的日常工作及活动开展；完成领导交办的其他工作。

2. 市教师奖励基金会　筹措、管理和使用基金，奖励优秀教师和先进教育工作者；开展“爱烛行动”“救助特困教师”；组织开展优秀教师“园丁之家”活动；宣传优秀教师、先进教育工作者及为发展教育事业在尊师重教方面做出突出贡献的先进集体和个人；指导区县（市）基金会代表处的工作。

3. 市关心下一代工作委员会　引导青少年树立正确的世界观、人生观、价值观，养成高尚的思想品质和良好的道德情操；加强青少年的身心健康教育、法制教育，引导他们遵纪守法，依法保护自己；做好失足青少年的帮教工作；广泛开展捐资助学、扶贫帮困活动，大力关爱青少年中的特殊（弱势）群体，努力创造条件为青少年办实事，做好事、解难事。

4. 市老科协市直教育分会　落实市委提出的“保健康，献余热，促和谐”的方针，积极发挥老教育工作者的作用，努力办好本局老科协事业；团结全市教育系统退（离）休教育工作者，为全市教育改革和发展献计献策。加强全市教育系统退（离）休科学技术工作者之间的联系和协作，沟通信息、交流经验。在市老科协的指导和市教育局的领导下，配合有关科室，围绕教育改革发展和全面实施素质教育，在教研教改、师资培训和发展社会力量办学等方面做一些力所能及的拾遗补阙工作。

第二节　区县（市）、乡镇教育管理机构

一、区县（市）教育行政管理机构

1988 年，各区县（市）的教育行政管理机构是教育委员会，1994 年 9 月相继更名为教育局，是主管本区县（市）教育事业和语言文字工作的政府职能部门。教委（教育局）主任（局长）由所属区县（市）人民政府任命。

1988–1994 年 8 月，各区县（市）教育委员会内设机构一般有 11~13 个，即：办公室、人事组（政工股）、普教组（股）、计财组（股）、职教组（股）、成教组（股）、招生办、自考办、督导室、审计组（室）、勤管站、教育工会、老干办等。2002–2010 年，各区县（市）教育局全面实施机构改革，调整、撤并了相关股（室），精简了机关工作人员。机构改革后的局机关内设股（室）一般有 6~7 个，即：办公室、教育股、人事股、计财股，纪检监察室、学前办、教育工会等。具有行政职能的直属单位 5 个，即：招考办、勤管办、社管办、督导室、审计室。

二、乡镇教育行政管理机构

乡镇教育行政管理机构是乡镇联校或教育办，区、县域较大的设有区（片）联校或教育办。联校（教育办）主要负责人由区县（市）教育局任命。

1988—2001 年期间，区（片）、乡镇联校（教育办）一般设有联校长（主任）、人事专干、业务专干（普教专干、小学辅导员）、业教专干（成教专干）、会计、工会主席等行政管理人员 5~9 人。

2002 年，根据省政府有关文件精神，乡镇不再设立专门的教育管理机构，乡镇在核定的行政编制内确定 1~2 名助理或干事协助乡（镇）长管理具体教育事务，原乡镇联校并入中学或中心小学，中学或中心小学的校长负责管理全乡镇的教育教学业务工作。中学或中心小学一般设校长 1 名，副校长 2 名、办公室主任、教务主任、总务主任、政教主任各 1 名。2003 年 8 月全市各区县（市）教育系统基本完成撤销乡镇联校（教育办）、组建新的乡镇一级教育管理机构的工作。

第二章　党群组织与社会团体

第一节　党委与基层党组织

一、中共常德市教育局委员会组织沿革

1973 年 9 月 22 日正式成立中共常德地区革命委员会文教局党组，1980 年 5 月 12 日更名为中共常德地区教育局党组，1983 年 9 月 10 日更名为中共常德地区行政公署教育处党组，1984 年 2 月 10 日复名为中共常德地区教育局党组，1985 年 11 月 15 日更名为中共常德地区教育委员会党组。1988 年 6 月，常德撤地建市，相应更名为中共常德市教育委员会党组；1988 年 11 月，根据中共常德市委常干〔1988〕66 号文件成立中共常德市教委委员会。2001 年 9 月，根据常通字〔2001〕21 号文件，中共常德市教委委员会更名为中共常德市教育局委员会。中共常德市教育局委员会（党组）负责全市教育系统党务工作，负责贯彻执行党和国家的路线、方针、政策及法规；负责市直教育单位党的建设和纪律监督。

中共常德（地区）市教育（委）局党（组）委历届班子成员名录

（1973.9—2010.12）

中共常德地区革命委员会文教局党组（1973.9—1980.8）

书　　记　　肖宗荣（1973.9—1980.8）
党组成员　　彭　展（1973.9—1980.8）
党组成员　　周文和（1973.9—1974.5）
党组成员　　陈锡纯（1974.5—1978.3）
党组成员　　夏绍彬（1976.12—1980.8）
党组成员　　万振湘（1977.12—1980.8）
党组成员　　盛和钧（1979.12—1980.8）

中共常德地区教育局党组（1980.8—1982.6）

书　　记　　肖宗荣（1980.8—1982.6）
党组成员　　彭　展（1980.8—1982.6）
党组成员　　夏绍彬（1980.8—1982.6）

党组成员　姚珍友（1981.2—1982.6）
党组成员　熊永林（1982.5—1982.6）

中共常德地区教育局党组（1982.6—1983.8）

书　　记　姚珍友（1982.6—1983.9）
党组成员　彭　展（续任—1983.9）
党组成员　夏绍彬（续任—1983.9）
党组成员　熊永林（续任—1983.9）

中共常德地区行政公署教育处党组（1983.9—1983.12）

书　　记　姚珍友（1983.9—1983.12 调离）
副 书 记　罗　力（1983.9—1983.12）
党组成员　闵安稳（1983.9—1983.12）
党组成员　孙大忠（1983.9—1983.12）
党组成员　谢春开（1983.12 任—1984.1）
纪检组长　夏绍彬（1983.9—1983.12）

中共常德地区教育局党组（1984.1—1984.8）

书　　记　罗　力（1984.1—1984.9）
党组成员　闵安稳（1984.1—1984.8）
党组成员　谢春开（1984.1—1984.8）
党组成员　孙大忠（1984.1—1984.2 调离）
党组成员　夏绍彬（续任—1984.8 ）

中共常德地区教育局党组（1984.9—1985.11）

书　　记　方伟杰（1984.9—1985.11）
副 书 记　陈昌清（1984.9—1985.11）
党组成员　罗　力（1984.9—1985.12）
党组成员　谢春开（续任—1985.11　）
党组成员　闵安稳（续任—1984.10 调离）
纪检组长　夏绍彬（续任—1985.12）

中共常德地区（市）教育委员会党组（1985.12—1988.9）

书　　记　缺

第一副书记　李学林（1985.12—1988.9）
副 书 记　陈昌清（1985.11—1988.9）
党组成员　谢春开（1985.11—1988.9）
党组成员　胡生斌（1985.11—1988.9）

中共常德市教育委员会党组（1988.9—1988.10）

书　　记　李学林（1988.9—1988.10）
副 书 记　陈昌清（续任—1988.10　）
党组成员　谢春开（续任—1988.10）
党组成员　胡生斌（续任—1988.10）

中共常德市教委委员会（1988.11—1989.12）

书　　记　李学林（1988.11—1989.12 调离）
副 书 记　李铁如（1989.9—1989.12）
副 书 记　陈昌清（1988.11—1989.12　　）
党组成员　谢春开（1988.11—1989.12　　）（纪委书记 任期至 1989.11）
党组成员　蔡正海（1989.11 任—1989.12 ）（1989.11 任纪委书记）

中共常德市教委委员会（1990.1—1996.12）

书　　记　刘顺甄（1990.1—1996.12 ）
副 书 记　李铁如（续任—1994.12 ）
副 书 记　赵治政（1994.12—1996.12）
副 书 记　陈昌清（续任—1991.5）
党委委员　谢春开（续任—1990.1 调离）
党委委员　陈昌清（1991.5—1996.12　）
党委委员　金旺喜（1995.4—1996.12　）
党委委员　蔡正海（续任—1996.12　　）（纪委书记）
党委委员　雷子贵（1993.3—1996.12　）

中共常德市教委委员会（1997.1—1997.3）

书　　记　缺
副 书 记　赵治政（续任—1997.3　　）
党委委员　陈昌清（续任—1997.3　　）
党委委员　金旺喜（续任—1997.3　　）

党委委员　蔡正海（续任—1997.3　）（纪委书记）
党委委员　雷子贵（续任—1997.3　）

中共常德市教委委员会（1997.4—2001.8　）

书　　记　何英满（1997.4—2001.8）
副书记　赵治政（续任—2001.1）
党委委员　陈昌清（续任—2001.1）
党委委员　金旺喜（续任—2001.8）
党委委员　黎建平（2001.2—2001.8）
党委委员　尹开源（2000.1—2001.8　）
党委委员　蔡正海（续任—2001.1）（纪委书记 任期至 2000.9）
党委委员　游进初（2001.1—2001.8）（2000.9 任纪委书记）
党委委员　雷子贵（续任—2000.6）
党委委员　王海清（2000.6—2001.8）

中共常德市教育局委员会（2001.8—2002.10）

书　　记　何英满（续任—2002.10）
副书记　金旺喜（2001.8—2002.10　）
副书记　黎建平（2001.8—2002.10）
党委委员　尹开源（续任—2002.10　）
党委委员　游进初（续任—2002.10　）（纪委书记）
党委委员　王海清（续任—2002.10　）

中共常德市教育局委员会（2002.10—2009.9）

书　　记　黎建平　（2002.10—2009.9 调离）
副书记　金旺喜　（续任—2006.7 离任　）
副书记　游进初　（2006.6—2007.9 离任）
副书记　郑大金　（2006.6—2009.9　　）
党委委员　尹开源　（续任—2003.11 调离）
党委委员　游进初　（续任—2007.9 离任）（纪委书记 任期至 2003.6）
党委委员　庹朝君　（2005.1—2009.9　　）
党委委员　施爱国　（2005.8—2009.9　　）
党委委员　王海清　（续任—2009.9　　）（2003.6 任纪委书记）
党委委员　夏桃清　（续任—2009.9　　）

党委委员　　苏宏元　　　(2008.11—2009.9)

中共常德市教育局委员会（2009.9—2010.12）

党委书记　　诸戈文　　　(2009.9—2010.12)
党委副书记　郑大金　　　(续任—2010.12)
党委委员　　王海清　　　(续任—2010.12)（纪委书记）
党委委员　　庹朝君　　　(续任—2010.12)
党委委员　　施爱国　　　(续任—2010.12)
党委委员　　夏桃清　　　(续任—2010.12)
党委委员　　苏宏元　　　(续任—2010.12)

二、基层党组织

1988 年 11 月，市教委党委直辖四个基层党委（常德师专、常德高专、常德师范、桃源师范），六个独立党支部（市教委机关、电大常德分校、津市师范、市仪器站、常德引进高教培训中心、常德教师进修学院），管理党员 774 人。

1989 年，市直机关幼儿园党支部移交市教委党委接管（1993 年 4 月更名为市一幼儿园党支部）。1990 年 6 月，原武陵区管理的七所普通中学（一中、二中、三中、四中、五中、六中、七中）和三所职业中学收归市教委管理。市教委党委直辖的基层党组织增加三个独立总支部、七个独立支部。截至 1990 年 12 月底，市属教育事业单位党员 1177 人。

1991—2010 年，为适应教育形势发展和学校工作需要，党的基层组织机构也随之进行相应调整。1991 年 1 月，电大常德分校成立党委；同年 3 月，市教委机关党支部改为党总支部（2010 年 1 月经中共常德市直机关工委研究同意，成立中共常德市教育局机关委员会）；津市师范成立党总支部；1992—2009 年，先后有常德教育学院、市一中、二中、三中、六中、七中、常德工业学校、常德汽车机电学校、市十一中九所学校由原党（总）支部改为党委；市四中、五中由原党支部改为党总支部；1999 年 9 月，常德师专和常德高专合并成立常德师范学院，由省厅主管，不再属市教委（教育局）党委管辖。

市教委（教育局）党委根据上级精神，要求有条件的民办学校成立党的基层组织，加强党对民办学校的领导。1999 年以来，市城区民办学校中，先后有芷兰实验学校、中山外语职业学院、鸿志职业学校、汇文中学、电脑专修大学、经济管理学校、大雅音乐学校、女子外语学校、工艺美术学校、环球旅游职业技术学校、朗州科技学校、英才中学、东方职业技术学校、德才科技职业学校、海乘职业学校等成立党委或党支部。

至 2010 年年底，市教育局党委直辖的公办教育事业单位基层党委 12 个（市教育局机关、常德师范、桃源师范、常德电大、常德工业学校、常德汽车机电学校、市一中、二中、三中、六中、七中、十一中）；独立党总支部 2 个（市四中、五中）；独立党支部 5 个

（市教科院、教学仪器站、十三中、特教学校、一幼儿园），党员1655人。民办学校中，有基层党委1个，党支部14个，党员264人。

第二节　党务活动

1988年以来，中共常德市（教委）教育局党委围绕党在各个时期的中心工作，组织开展党风廉政建设、作风建设、师德师风建设、保持共产党员先进性教育等活动，为提高广大党员的思想素质，保持和发扬党员的先锋模范作用，促进常德教育健康发展发挥了重要作用。

1989年春夏之交北京和其他一些城市发生政治风波，市教委党委把保持社会稳定当作头等大事，维护了学校正常秩序。风波过后，教委党委迅速成立清理清查领导小组，对市直教育系统风波期间的情况进行清理。在以事实为依据的前提下，对相关人员作了相应处理。根据上级党委精神，市教委党委组织在全市教育系统开展反和平演变教育、社会主义思想教育、民主集中制和党性教育活动；在全市各学校开展“消除精神污染、扫除文化垃圾、净化育人环境”活动。制定《关于加强机关廉政建设的十项规定》和《常德市市直教育系统民主评议党员工作意见》。

1993年10月《中华人民共和国教师法》（以下简称《教师法》）颁布实施，市教委党委采取多种形式宣传《教师法》，组织全市教育系统学习贯彻《教师法》；同时根据上级有关文件精神，组织市直中学开展“三制改革”（校长负责制、教师聘任制、绩酬挂钩制）试点工作。

1997年，完成市属10个教育事业单位领导班子的换届工作，调整班子成员19人。举办市直中学校长及新一届领导班子成员培训班。

1998年，市教委党委配合省委、市委组织部门对市直教育系统9个副处级以上领导班子进行调整，共调整班子成员29人。组建常德工业学校新的校级领导班子。加强了对市属中学、幼儿园、教科所、仪器站及机关科室负责人的调整、补充和管理工作。市属中学调整补充班子成员5名；机关调整补充并任免科级干部15名；批准常德师范学校科级干部聘任制实施方案，选拔推荐副处级后备干部41名。是年，研究制定《常德市教委领导班子思想作风建设方案》及与之配套的相关制度。同时，协助市委完成市工业学校党委成立及常德电大分校、教育学院、常德师范、桃源师范等单位党委委员的补选工作；完成市直中学、幼儿园、仪器站及机关一支部的换届工作。继续开展“党建先锋工程”活动，督促党员教师在日常教育教学，特别是抗洪救灾工作中发挥先锋模范作用。局机关党员干部实行挂牌办公、公开办事。继续开展“一帮一、献爱心”活动，为石门县磨市镇木瓜村学生捐款6310元，救助学生64名。

1999年5月，市教委党委下发《关于建立市直教育系统干部、教师学习考核制度的通知》。7 月，根据市委、市政法委关于《常德市处理“法轮功”问题领导小组会议纪要》精神，在市直教育系统开展清理取缔邪教“法轮功”的工作。市直教育系统有 12 个单位 45 人（其中党员 15 人）参加过邪教“法轮功”练习，共收缴邪教“法轮功”有关书籍、资料、录音录像带、图片、服装等 1008 件（本）；各单位落实了帮教、包保责任，确保无一进京上省上访。

2001 年 5 月，市教委党委制定《常德市区县（市）教育局及乡镇联校“三个代表”重要思想学习教育活动实施方案》《常德市中小学教师“三个代表”重要思想学习教育活动实施方案》。利用暑假举办“三个代表”学习班，通过集中听专家辅导报告，大会典型发言，组织讨论，撰写学习笔记和心得体会等形式，提高了广大干部教师的思想理论水平，“三个代表”重要思想深入人心。

2003 年上半年，市教育局党委组织在全市教育系统党员干部教师中开展“保持共产党员先进性”教育活动。同年 8–10 月，在市直教育系统组工干部中，开展学习贯彻“三个代表”重要思想，以公道正派为主要内容的“树组工干部形象”集中学习教育活动。完成市直教育系统 11 个独立科级单位党组织换届选举。

2004 年 4 月，市教育局党委制定《关于开展“立党为公”“执政为民”专题学习教育活动的方案》《关于开展争创“五好”班子，争做“四型”干部活动的规划》；并组织开展一系列学习活动，把文件精神落到实处。

2005—2007 年，全市教育系统开展创建学习型机关活动，党员干部自编“十七大”知识测试答卷，以考促学；开展社会主义荣辱观、社会主义新农村建设专题学习讨论，组织机关公务员参加素质大赛，举办市直教育系统文艺会演。2007 年 5 月，为深入开展“双争”（争创“五好”班子，争做“四型”干部）活动，市教育局党委制定《市直教育系统“双争”活动实施方案》。同年 10 月，市教育局党委制订《市教育局机关学习贯彻党的十七大精神实施方案》。

2008 年 4 月，市教育局党委制定《常德市教育局科级干部轮岗交流和竞争上岗实施方案》《关于在市直教育系统开展“讲党性、重品行、作表率、树教育人事干部新形象”》活动实施方案。四川汶川发生“5·12”大地震后，局党委在教师党员中开展“交特殊党费，献一片爱心”活动，市直学校共交纳特殊党费 20 多万元。

2009 年 7 月，局党委制定《市教育局深入学习实践科学发展观活动整改落实方案》；同年 9 月，制订《常德市市直中等职业学校和中小学校开展深入学习实践科学发展观活动实施方案》《关于建立常德市市直中等职业学校和中小学深入学习实践科学发展观活动领导联系点的工作方案》。

2010 年，在全市教育系统开展“创先争优”活动。活动以“推进教育改革、服务教育强市、办人民满意学校”为主题，领导小组召开全市动员大会，活动分公开承诺、领导点评、群众评议、评选表彰四个环节。市直教育系统 8 个基层党组织，60 名党员受到局党委表彰。

第三节　教育工会

一、组织沿革：

1986年10月，市教委（原地教委）成立机关工会，刘志成任副主席。1990年6月26日，市教委召开机关工会会员大会，选举产生第二届机关工会委员会，舒仁彪任机关工会主席。1992年12月12日，召开市教育工会第一次代表大会，大会选举产生第一届市教育工会委员会，雷子贵为主席，舒仁彪为副主席。1995年，经市教育工会第二次代表大会选举并报市总工会批复，李毅华为第二届委员会委员，副主席兼机关工会主席。2001年8月，市总工会下达批复，免去雷子贵市教育工会主席、委员职务，同意替补王海清为市教育工会委员、主席。同年，市教育工会召开第二届二次会议选举并报市总工会批复，焦碧云为第二届委员会委员、副主席兼机关工会主席。2004年9月，市总工会下达批复，免去王海清教育工会主席、委员职务，替补夏桃清为市教育工会委员、主席。2005年8月，市教育工会召开第三次代表大会进行换届选举。夏桃清为工会主席，焦碧云为副主席。2008年，经市教育工会第三届二次会议选举并报市总工会批复，谢代武为市教育工会第三届委员会委员、副主席兼机关工会主席。

表10-2-1　　1986—2010年市教育工会主席、局机关工会主席

时间	市教育工会主席	局机关工会主席
1986.10—1990.6		刘志成（副）
1990.6—1992.12		舒仁彪
1992.12—2001.8	雷子贵	舒仁彪（1992.12—1995） 李毅华（1995—2001.8）
2001.8—2004.9	王海清	焦碧云（2001.8）
2004.9—2010.12	夏桃清	焦碧云（2005.8—2008） 谢代武（2008—2010.12）

二、自身建设

（一）组织建设。市教育工会自成立以来，在教委（局）党委领导下，各级工会组织不断健全，做到有编制、有人员、有经费、有办公场地、有牌子。工会主席均进党委（党组）享受同级班子副职待遇。至2010年年底，市教育工会辖9个区县（市）教育工会、

18个直属基层工会，会员83471人。按照边组建、边规范发展的原则，加强民办学校的工会组织建设，至2010年年底，直属12所民办学校（不含培训机构），全部建立工会组织。

（二）队伍建设。1990年以来，市教育工会围绕“创建学习型组织，争做学习型会员”目标，定期举办工会主席、工会干部、女工干部业务培训，组织参加省教育工会、市总工会举办的相关业务培训。市、县教育工会及时对已到届的学校教育工会进行换届选举，并结合学校领导班子换届，将一批热心工会工作，年富力强的干部充实到工会领导岗位。及时调整工会委员、工会小组长及工会干事人选，使工会队伍趋于年轻化、专业化。

（三）阵地建设。1990年以来，市教育工会开展创模建家工作，各基层工会按照“八有”（有机构、有牌子、有队伍、有制度、有阵地、有经费、有档案、有活动）、“六好”（党政重视支持好、组织网络建设好、基础建设扎实好、制度健全落实好、履行职能效果好、各项活动开展好）、“五个一”（把握一个关键——争取资源和手段，紧扣一个中心——主动融入发展大局，抓住一个核心——维护职工合法权益，突出一个根本——服务职工群众，夯实一个基础——加强基层工会组织建设），开展建家工作，并积极创建省、市级模范教职工之家，至2010年年底，全市已有国家级模范职工之家1个，省级模范职工之家10个，市级模范职工之家64个。

三、工会活动

1990—2010年，市教育工会在促进校务公开，加强师德师风建设，培养、发现、推广先进典型，组织开展群众文体及扶贫帮困活动，开展企业双联和机关联系社区创建等方面开展一系列活动，充分发挥了党政与教职工的桥梁纽带作用。

1991年，为激发广大青年教师爱岗敬业热情，市教育工会举办全市青年教师“教书育人”演讲比赛；并推荐石门县青年教师成慧慧代表常德市赴省参赛，一举夺魁。是年，组织全市教师参加省教委、省教育工会开展评选省教育世家（三代以上均有成员从事教育工作，其中需有一人曾获省级以上优秀教师、先进教育工作者称号）活动，桃源县教研室方顺煌一家、津市市第三完小王渫一家获此殊荣。

为培养教师遵纪守法意识，提高广大教师的教育教学基本功，1992—1993年，市教育工会组织各基层工会开展“学三法”（教师法、教育法、劳动法）、“学规范、讲师德、树形象”及“三育人”（教书育人、服务育人、管理育人）活动。与相关部门联合组织开展教师三字一话（画）、百堂优质课、园丁杯、育英杯教师教学大比武、电脑操作赛等系列活动。1993年，组织教师开展“三爱”（爱国、爱岗、爱生）演讲赛。

1994年，召开部分区县（市）教育工会主席座谈会，讨论通过“常德市教工乐园”标准。决定从该年6月开始，在全市开展创合格“教工乐园”活动。同年11月，在常德师专举行全市教育系统首届“康乐杯”老年人门球赛。1995年，在常德师范学校举行全市教育系统第二届“康乐杯”老年人门球赛和市直教育单位职工乒乓球赛。同年12月6–

7日，全省学校民主管理经验交流会在澧县教工之家召开，市教育工会被评为学校民主管理先进单位。是年，市教育工会出台《教育工会干部岗位职责》。

1996年、1998年全市遭受特大洪涝灾害，近千户教师家园被毁，市教育工会争取募捐救灾款近400万元和大批棉被、衣物、粮食等物资，及时发放给受灾教师。在灾后重建中，各基层工会采取送资金、送技术、找门路等办法，组织灾区教师生产自救，教师队伍稳定。

1997年1月17日，以市五中为现场，召开全市兴办教职工消费合作社研讨会。会议确定“因校制宜，让利教师”的办社宗旨，要求各城镇70人以上的基层工会办好一个教职工消费合作社，从源头采购日常生活消费品，无利或微利销售给教职工，全市全年建起合作社60多家。

1999年8月，市教育工会编印《教育工会工作经验汇编》，选登各地经验文章21篇计20多万字。8月8日，市教委、市教育工会联合下发《关于推行校务公开工作的意见》，要求各学校必须将学校规划、管理制度、财务账目、教师招聘、招生等十项内容进行公开。

2001年，制定下发《常德市教育系统校务公开检查测评表》，采用百分比的量化标准将校务公开归纳为“四化”，即：机构专门化、制度规范化、内容具体化、形式多样化；并纳入单位年终目标管理考评。同年10月12日，市教育局，市教育工会联合举办全市教师“学章程、讲师德、树新风”演讲比赛。

2002年，承办省教育工会三届委员会第三次全体会议。市教育局被授予全省“民主管理先进单位及师德建设先进单位”称号。是年，在市一中举办“常德市首届教职工健身操大赛”，15支代表队300多名教职工参加比赛。常德师范和桃源县代表队获一等奖。

2003年，在全市教育系统开展“以公民道德为基础，以家庭美德、社会公德为重点、以建设文明、平等、和睦、稳定家庭和小区”为目标的家庭文化系列活动和“远离牌桌、崇尚运动、珍视健康”全民健身活动。2004年，是全市教育系统师德师风建设年，也是“正行风、树形象、创满意”行风建设年，全市各级教育工会动员广大教职工参与“如何做人民满意教师”为主题的活动。6月举办全市教职工演讲、征文比赛，开展帮困助教、送课下乡活动。

2005年，市教育工会主办的“教缘师缘网”于5月1日正式开通，举办全市教职工太极拳表演赛和首届课件制作大赛。同年5月，在市直教育单位举办“如何保持共产党员先进性”为主题的在职教师“双非”比赛（非中文专业的普通话比赛、非英语专业的英语演讲比赛），重新修订《学校民主管理工作考评细则》《学校教职工代表大会工作情况评价方案》。

2006年，印发《常德市学校教职工代表大会工作情况考评细则》，是年12月组织全市“学校教职工代表大会工作情况评价”活动。开展市直教育单位“慈善一日捐”活动，筹集扶贫资金175万元，对3350名特困教职工、生病住院职工走访慰问。

2007年，重新明确市校务公开领导小组。同年11月，在市一中召开校务公开现场会。是年，全市各级教育工会动员广大教职工参与以“创学习型社会、学习型组织、学习型家庭”为主题的活动；开展师德师风建设。在省教育工会组织的师德建设优秀调研成果评选中，石门一中刘宏友的《只要学生满意，工作再苦也甜》获二等奖，武陵区东升小学欧熊飞的《师德之我见》、安乡县城北中学刘业庆的《关于当前中小学教师师德师风的调查报告》获三等奖。7月，在全省师德师风演讲比赛中，澧县一中邹琳芳获一等奖。

2008年，新修订的《中小学教师职业道德规范》（以下简称《规范》）颁布，市教育局、市教育工会在全市教职工中掀起“学《规范》，树师表形象”热潮。通过举办培训班、报告会、座谈会、知识竞赛等形式，引导教职工学习《规范》扬师德，对照《规范》找差距，参照《规范》定制度，使《规范》要求成为教职工教书育人的行为准则和自觉行动。

2009年，市教育工会在全市教育系统开展“学习实践科学发展观，加强教师队伍建设”师德师风知识竞赛，表彰了22名师德先进个人，市七中陈龙珍等4人被评为省级师德先进个人。为庆祝新中国成立60周年，组织了教职工文艺会演。市教育工会组织以常德师范学校教职工为主，市教育局部分干部参加的合唱团，参加市委市政府举办的“歌唱祖国大型群众歌咏晚会”，演唱的“彩虹”获第一名。

2010年，全市各级教育工会进一步加强学校校务公开，并将这项工作纳入开学工作、合格学校验收等检查评估内容。是年，市教育工会组织市直教育单位教职工排球赛。在市直教育单位开展“五好文明家庭”创建活动，罗先凤等579户家庭被评为“五好文明家庭”。举办全市教育工会工作论坛，收到论文52篇；谢代武撰写的《坚持教代会制度是强化学校民主管理的必要途径》一文获“中国教育实践与研究论坛”征文大赛一等奖，并被《现代教育理论与实践指导全书》刊载。

第四节　共青团与少先队组织

一、中国共产主义青年团

1988年11月，共青团常德市第一次代表大会选举产生团市委，市教委和各区县（市）教委相继成立团工委。

1989年，团市委、市教委团工委按照团中央、国家教委、中国科协、农牧渔业部四单位印发的《关于在中学开展实践教育活动的意见》精神，在全市实施《中学实践教育活动推进计划》，按照“一个目标、两个理想、两种素质”要求，坚持活动内容的思想性、实践性、教育性，以促进学生思想道德水平的提高。1990年，团市委与市教委团工委召开联席会议，下发《常德市1990年度中学实践教育活动推进计划》，组织全市20万中学生参加各种实践活动。实践教育活动以农村普通中学为重点，临澧、澧县为重点县，各区县（市）建立1个示范乡（镇）和1所示范学校。

是年，市教委团工委组织全市中小学开展“学雷锋、学赖宁、学徐超明”和“满意在常德，美化在校园”活动，在全市中学生中开展“创十佳”争先创优活动。组织开展为亚运会、为灾区、为困难学生捐款活动，各类捐款达30万元。

1991年，团市委、市教委印发《常德市中学共青团工作暂行条例》，明确了中学共青团工作的性质：中学共青团工作是学校教育的重要组成部分，是全面落实党的教育方针的不可缺少的重要方面。中学团组织是团结教育青少年学生的核心，是党联系青少年学生的桥梁和纽带。同时明确了学校共青团的组织设置：团员在三人以上的学校可建立团支部；初二年级以上各班建立团支部；乡、镇中学以上建立团的基层委员会（团总支）；基层团委下设若干团支部（团总支），团支部下设若干团小组。中学团委（总支），设书记一人（由学校政教处主任兼任），副书记一至二人，下设组织、宣传等职能部门。

1992—1996年，市教委团工委以学习宣传邓小平视察南方讲话精神和进行“我与改革同命运”主题教育活动为重点，在广大团员中加强团化教育。组织开展“学雷锋、学赖宁、守规范”“爱我中华，爱我家乡”为主题的“红读”活动及“五四”青年教师联欢、文艺调演、书法比赛等活动。召开了全市学校团队工作经验交流会。各校团委（总支）在对青少年学生进行爱国主义教育的同时，开展希望工程救助等活动。1996年，市直学校组织年满18周岁学生面对国旗宣誓成人仪式。这项活动此后推广到全市。

1997年，全市中小学开展以思想道德教育为主题的读书活动，推荐市一中和武陵区育英小学参加全省中小学精神文明建设电视知识竞赛，市一中获中学组第三名，市教委团工委获优秀组织奖。同年，市委宣传部、市文化局联合开展“读百种图书，做四有新人”故事演讲活动，市教委团工委推选市六中刘洽、武陵区育才小学曹桂芝参加全省少年儿童故事演讲比赛，刘洽获中学组第一名，曹桂芝获小学组第二名，常德市总成绩列全省第一。

1998年，组织部分学校参加1998年元宵文艺演出；选拔市一中，桃源县九中、武陵区北正街小学、澧县澧阳镇一完小等4所学校参加全省中小学生声乐比赛，市一中和武陵区北正街小学的合唱获一等奖，桃源县九中和澧县澧阳镇一完小获三等奖。各校以班、校为单位，层层开展群众性歌咏比赛，举办歌咏比赛2876场。参加团省委、省教委等几家单位联合举办的“岳阳楼杯”少年儿童综艺大赛。是年夏，常德遭受特大洪涝灾害，受灾学校1213所，受灾学生5万余人。市教委团工委组织全市中小学生参加“手拉手，献爱心”教育支灾活动，共向灾区捐款71.3万元，衣物文具2.7万余件。

1999年，全市学校团队工作以贯彻教育部《面向二十一世纪教育振兴行动计划》和第三次全教会精神为重点，以爱国主义教育和养成教育为主要内容开展一系列活动。一是以重大节日、纪念日为契机，开展爱国主义教育系列活动。主要活动有：围绕“3.5学雷锋奉献日”，通过举办主题团会、资助贫困学生、讲述雷锋故事、背诵雷锋名言等方式弘扬雷锋精神；参加全省“走英模之路”演讲赛；围绕纪念“五四”运动80周年，组织各校参加团省市委组织的系列活动；组队参加省中学生纪念“五四”运动80周年演讲比赛；参加团市委举办的“电力杯迈向新世纪”主题征文活动；参加“安盾杯迈向新世纪”演讲大赛；围绕中华人民共和国成立50周年、澳门回归和新世纪的到来，开展“庆国庆、迎回归、迎接新世纪”系列活动；组织全市中小学文艺调演、书画摄影作品展，组织全市中小学生观看影片《国歌》等。二是以培养创新人才为目标，对团员青少年学生进行科技和法制知识教育。市教委团工委与市信息工程学校团委联合举办全市中学生“迈向新世纪”电脑知识竞赛和中学生电脑知识夏令营活动；与市司法局、法制办等单位联合召开学校法制教育工作现场会。

进入21世纪，市教育局团工委根据团省委、省教委、省少工委《关于在新形势下积极推进中小学团队工作的意见》精神，从提高中小学生全面素质的战略高度出发，加强学校团组织建设，逐步形成具有特色的工作品牌与工作方式。2000年，全市学校团组织开展创“五四红旗团委”系列活动，一是举办新世纪读书活动、18岁成人仪式、中学生“金钥匙”等系列活动，着力提高青少年素质；二是实施“绿色希望工程”，开展“保护母亲河行动”，组织全市中小学生环保征文、环保手抄报竞赛等系列活动；三是引导青少年参与社会主义精神文明建设，开展青年志愿者集中奉献活动、“雷锋家乡青年志愿者服务日”等活动；四是实施《未成年人保护法》，组织城区万余中小学生在百米长布上签名告别“三室两厅”（桌球室、电子游戏室、录像室、歌舞厅、卡拉OK厅）、和“牢记历史、不忘国耻、拒绝毒品、珍爱生命”宣誓活动。

2001年9月，市教育局局长何英满，团市委书记熊文辉主持召开学校团队工作联席会议，会议决定：1.加强市教育局团工委建设，团工委书记由基教科负责人担任，职教科明确一名干部担任副书记。2.加强学校团组织建设，配齐配强团委书记和少先队辅导员；公办学校设专职团委书记和专门工作机构，民办学校设专职团委书记。3.加强市少工委建设。市教育局由分管基教的副局长担任少工委副主任，基教科长为委员。选派优秀青年教师担任中学团委书记、少先队辅导员。

2003—2006年，团工委围绕《公民道德建设实施纲要》，持续开展主题教育实践活动、创建文明城市活动和“弘扬雷锋精神公民道德实践月”活动。中学生业余党校、团校积极探索团员、青年学生参加社会实践，社区服务的有效机制，以“雷锋家乡学雷锋”活动、“青年志愿者服务”活动和社会实践为重点，引导团员走进社区、服务社区，宣传科学知识，反对迷信邪教，防止毒品、邪教进校园。

2008年，“5·12”大地震后，市教育局团工委组织团员青年为地震灾区捐款，市直学校捐款120多万元。

2009年是团市委确定的基层团建创新年。团市委出台《常德市中学团建创新试点工作方案》。12月3日，在桃源九中召开全市中学团建试点工作现场会，启动“阳光心理，健康成长—12355 校园行”活动。团省委书记陈雪梦对此给予高度评价，要求在全省推广。是年，市教育局团工委加大团建创新工作力度，一是普遍对团委领导班子进行改选和增补，落实市直中学团委书记的政治和经济待遇。二是开展“文明常德，我在行动”“迈入青春门，走好成人路”“向国旗敬礼，做一个有道德的人”网上签名寄语等系列主题教育活动。三是创新工作机制，加强对团队工作的管理；举办心理健康教师培训班，邀请团中央《知心姐姐》杂志社专家举办心理健康教育巡回报告会，200 多所学校的家长和老师听取报告。制作“常德教育·国旗飘飘”网页，建立教育系统团干 QQ 群，团建工作水平得到提升，教育局团工委被团市委评为红旗单位。

二、中国少年先锋队

少先队实行各级共青团组织和教育行政部门双重管理体制。具体工作由学校党委（支部）领导。每个少先队大队一般配一名辅导员。

1990 年，根据省、市团委安排，市教委少工委在全市中小学开展“学雷锋、学赖宁、学徐超明”活动。6 月 1 日，常德市召开首次少代会，表彰 268 名优秀少先队员和少先队优秀辅导员、46 个少先大队和中队。其中 25 名获全国“学赖宁奖章”，215 名获省级奖章。35 个中队以上单位获省先进集体称号，7 名辅导员获全国优秀指导奖，21 名辅导员获省级奖，4 个大队、7 个中队被全国少工委评为“红旗大队”“红旗中队”。

1991—1994 年，市少工委在全市开展“做党的好孩子”“爱我中华，爱我家乡”读书读报活动、百部爱国影片观摩活动和“爱祖国、爱学校、爱老师”合唱比赛。被评为全国“红读”先进集体。

1999 年，全市少先队组织以新中国成立五十周年、建队五十周年和澳门回归庆祝活动为契机，开展爱国主义教育，并把爱国主义教育同提高少年儿童全面素质相结合，开展道德规范和文明行为养成教育，重温入队誓词、升国旗、讲队史等活动，开展中国少年雏鹰行动，引导少年儿童“自学、自理、自护、自律”，促进少先队工作健康发展。

进入新世纪，按照素质教育的要求，各学校建有队室、鼓号队，有条件的学校建立了红领巾广播台、少年军校、体验教育基地。为全面贯彻落实中共中央、国务院《关于进一步加强和改进未成年人思想道德建设的若干意见》精神，市少工委与市教育局共同开展每年一次的“十佳少先队员”“十佳少先队辅导员”“十佳少先队志愿辅导员”“十佳少先队工作示范学校”的评选和表彰活动。

2004 年 11 月，团市委、市少工委、市教育局组织全市 200 多名少先队辅导员在市委党校参加为期 3 天的培训交流活动，市委副书记戴军勇为培训班资料集《琢玉集》《树集》题词。省少工委主任、团省委副书记李晖，市少工委名誉主任、市政府副市长张元英出席开班仪式并讲话。省少工委副主任、团省委少年部部长张建军，市委组织部常务副部长彭明建，市文明办副主任王子平，市教育局副局长游进初，市少工委主任、团市委副书记蒋颖群，市少工委副书记、常德日报社副社长丁兴宇等出席开班仪式。张建军、蒋颖群及老教育工作者贺大国等作专题讲座，武陵区北正街小学辅导员孔永平等15人介绍经验，武陵区育英小学152班少先队员进行主题中队会汇报表演，陈曦等10名市“十佳少先队员”、周敏等10名市“十佳少先队辅导员”、武陵区芙蓉路小学等10所市“十佳少先队工作示范学校”受到表彰。

2006年起，市教育局少工委为贯彻落实第五次全国少代会提出的工作任务，按照“全队抓基层，全队抓落实”的工作思路，认真实施《2006—2010年少先队重点工作推进计划》，以体验教育为基本途径开展实践教育活动，在全市中小学加强少先队大、中、小队建设，发挥少先队在班集体建设及综合实践活动课程中的重要作用；开展“快乐中队”“特色小队”“优秀红领巾社团”评选表彰活动；把加强农村乡镇中心校少先队组织建设作为活跃农村少先队的重要措施，逐步达到“有组织、有阵地、有活动、有队伍、有机制”的标准。以“手拉手”“雏鹰争章”“争当科技小能手”“争当文明小使者”活动为载体，引导农村少先队员积极参与。把引导初中少先队员争取加入共青团作为中学少先队工作的重点，围绕青春期知识、法律知识教育、志愿服务活动等开展主题活动，开办少年团校，加强入团前教育，协助团组织开展“推优入团”工作。

2007—2010年，全市学校少先队工作逐步建立“三纳入”管理体系，即纳入教育行政部门的规划管理范畴，纳入学校教育教学机制，纳入办学质量评估标准。主要活动有：以“让世界充满爱·同心共建和谐社会”为主题，以爱国主义教育为核心，以养成良好道德情操为重点的读书活动。以“城乡少年儿童手拉手”“城市少年儿童与农民工子女手拉手”“非留守儿童与留守儿童手拉手”为主，深化“手拉手”活动。以体验教育为基本途径，深化“民族精神代代传”活动，继续开展“节约一滴水、一度电、一张纸、一粒米”“四个一”活动。在提高少年儿童自护意识的基础上，开展喜闻乐见的安全教育活动。开展“小发明、小制作、小论文”竞赛等创新活动。

第五节　教师奖励基金会

常德市教师奖励基金会1991年9月开始筹建，1992年8月正式建立，属公募基金会。从2005年起下设9个区县（市）代表处。基金会的登记管理机关是省民政厅，业务主管单位是市教育局，办公地点在市教育局机关，登记原始基金1000万元。至2010年年底，本级基金1834万元，9个区县（市）代表处基金合计3058万元。

一、机构、人员

（一）基金会的建立和届期

根据省中小学幼儿教师奖励基金会第一次理事会纪要精神，1991年9月2日，市委书记庞道沐主持召开市委办公会议，决定筹建市教师奖励基金会，并委托市教育委员会负责筹备。1992 年 5 月 20 日，中国人民银行湖南省分行批复同意成立常德市教师奖励基金会，同年 8 月 25 日，省民政厅批复同意注册登记。市教师奖励基金会获准成立，成为全省第一个市级教师奖励基金会。

1992 年 9 月 8 日，市教师奖励基金会成立大会暨第一次理事会在芷园宾馆举行。会议听取了市教委关于基金会筹备工作情况的汇报，选举产生第一届理事会，审议通过《常德市教师奖励基金会章程》《常德市教师奖励基金会基金募集和管理使用办法》。

基金会 1992 年首次登记后，又经历三次重新登记。1997 年 5 月，根据《国务院办公厅转发民政部关于清理整顿社会团体意见的通知》精神，中国人民银行总行决定对基金会进行全面清理整顿。市教师奖励基金会经过清理整顿，同年 9 月 28 日，中国人民银行湖南省分行批复："经审查符合保留条件，同意保留"。省民政厅 12 月 1 日也作出"符合保留条件，同意换发新证"的批复。1999 年上半年，根据省民政厅《关于做好社会团体年度检查和重新登记工作的通知》精神，结合 1998 年年度检查情况，市教师奖励基金会又进行了重新登记。2004 年 11 月，根据国务院颁布的《基金会管理条例》，进行了换证登记。

1992 年，基金会成立组建理事会时没有"届"的概念，没有规定理事的任期。从 1992 年 8 月召开第一次理事会起，每年召开一次理事会，到 2004 年 3 月共召开 13 次理事会。2005 年 3 月召开理事会时，根据国务院《基金会管理条例》规定修改了章程，规定理事每届任期 5 年，重新改选了理事会。此次理事会改称第十四届理事会第一次会议，2009 年 3 月召开第十四届理事会第五次会议。2010 年 3 月召开的理事会议改称第四届理事会第六次会议。2011 年 3 月理事会换届，改称第五届理事会第一次会议。

(二) 理事会人数和理事长、法定代表人、秘书长

基金会从第一次理事会到 2004 年 3 月第十三次理事会没有理事人数限制，理事人数少时 51 人，多时 67 人。理事来源有市政府分管教育工作的领导，聘请的退休老领导，有关部门、企业负责人，区县（市）分管教育工作的区县（市）长、教育局负责人。2005 年 3 月理事会修改章程，规定理事会人数为 5 至 25 人，第十四届一次理事会至第六次理事会理事人数为 18 人。

基金会的理事长，从第一次理事会到 2004 年 3 月第十三次理事会，由市政府分管教育工作的副市长兼任，2004 年 3 月，国务院颁布《基金会管理条例》，规定基金会理事长、副理事长和秘书长不得由现职国家工作人员兼任，从 2005 年 3 月至 2011 年 3 月由市政协原主席刘昌进担任理事长。基金会法定代表人从第一次理事会开始，由兼任副理事长的市教委主任（教育局长）担任。2005 年 3 月开始，根据国务院《基金会管理条例》关于理事长是基金会的法定代表人的规定，由刘昌进担任。秘书长从第一届理事会至 2011 年 3 月第五届一次理事会之前由原市教委副主任李铁如担任，之后由市教育局原副局长金旺喜接任。

表 10-2-2　　历届基金会理事长、法人代表、秘书长

时　间	理事长	时　间	法人代表	时　间	秘书长
1992.8—1998.1	刘昌进	1992.8—1997.5	刘顺甄	1992.8—2011.3	李铁如
1998.1—1999.2	杨光宏	1997.5—2004.3	何英满	2011.3—	金旺喜
1999.2—2000.1	刘春林	2004.3—2005.3	黎建平		
2000.1—2005.3	张元英	2005.3—2011.3	刘昌进		
2005.3—2011.3	刘昌进				

（三）代表机构

市教师奖励基金会建立后不久，全市九个区县（市）先后建立教师奖励基金会。2004年国务院《基金会管理条例》颁布后，因多数区县（市）原始基金达不到重新登记换证要求，九个区县（市）基金会在2005-2006年间全部转为常德市教师奖励基金会代表处，成为非独立法人机构。代表处接受市教师奖励基金会的指导，其基金的募集、管理和使用自行运作。

二、基金会性质、宗旨、业务范围和章程

市教师奖励基金会属于公募基金会。其宗旨是根据国家法律法规，募集教师奖励基金，表彰奖励优秀教师，救助特困教师，弘扬尊师重教的社会风尚，推动全社会关心和支持教育事业，促进教育事业和谐发展。基金会公益活动的业务范围：1.筹集基金，其来源有政府及部门的拨款，接受企事业单位、社会团体和个人捐赠；2.管理基金，按照“合法、安全、有效”的原则，实现基金的保值增值；3.按照基金会的宗旨使用基金；4.指导区县（市）基金会代表处的工作。

市教师奖励基金会的章程，从1992年产生到2011年3月第五届一次理事会，经过三次修订。1992年9月8日第一次理事会通过的章程，有总则、性质、任务、基金、领导机构、附则共六章二十条，对基金会的性质、宗旨、业务范围、基金的来源和用途、理事会理事的产生及理事会领导的设置作出规定；但未确定理事会人数、理事的任期，未明确法定代表人。

1999年2月8日，基金会第八次理事会根据民政部《社会团体章程示范文本》的规定对章程进行第一次修订，修订的章程共五章三十四条，明确理事每届任期为5年，法定代表人由担任副理事长的市教委主任担任，明确了资产管理使用原则。2005年3月10日召开第十四届理事会第一次会议，根据国务院《基金会管理条例》规定和民政部新印发的《基金会章程示范文本》要求，对章程进行第二次修订，对基金会的宗旨、业务范围、组织机构、议事决策程序、财产的管理使用等方面进行了详细说明和限制性规定，明确理事

长为法定代表人。2011 年 3 月 10 日第五届一次理事会对章程进行第三次修订，增加开展“爱烛行动”救助特困教师等内容。

三、经费筹措及管理

1992—2010 年，基金会共筹措基金 2616 万余元，主要来源是政府及部门的支持、社会捐赠和基金增值三个方面。

（一）政府及部门支持。1992—2010 年，市财政和市教委共拨款 567 万元。市财政从 1992 年开始每年拨款 10 万元，后增加至 20 万元，先后拨款 387 万元。市教育局 1992 年提供 10 万元注册资金，先后拨款 180 万元。市总工会、市民政局、市人社局也给予了经费上的支持。

（二）社会捐赠。为筹措基金，1992 年 2 月 14 日，市教委向各区县（市）教委和市直学校发出《关于募集教师奖励基金的通知》，发动全市教育系统师生员工捐款，教职工每人每月 1 元，学生每人每学期 1 元。1992 年 9 月 5 日，市委办、市政府办下发《关于募集常德市教师奖励基金会基金的通知》，号召各区县（市）和市直单位干部职工捐赠，干部每人 10 元，职工每人 5 元，企事业单位除个人捐赠外，单位也捐款。至 1993 年 12 月，基金会共收到捐款 87 万余元，其中单位 15 万元，个人 72 万元。1993—1994 年，基金会号召大中小学新生家长每人捐款 1 元。从 1995 年起，全市大中小学学生家长分春秋两季每次捐款 1~2 元，区县（市）学生家长春季捐款上交市基金会，秋季捐款留在本区县（市）基金会（代表处）。1992—2010 年，市教师奖励基金会共募集 1496 万元。

（三）基金投放增值。基金会按照“合法、安全、有效”的原则，通过信托投资公司、证券公司、借款给学校等渠道投放增值，至 2010 年共获增值收入 553 万元。

基金会 1992 年设立独立银行账户，基金自行管理、使用。基金会从建会起先后制定《常德市教师奖励基金会基金募集和管理使用办法》《常德市教师奖励基金会基金管理暂行办法》等规章，依照国家有关法律法规、基金会章程和内部管理规章管理、使用基金。区县（市）代表处的基金自行管理、使用，基金会定期对其组织检查和审计。

四、业务活动

根据基金会《章程》关于基金会宗旨和业务范围的规定，基金会主要是面向教师队伍搞好服务。1992—2004 年，主要公益活动项目是奖励优秀教师和教育工作者；开展优秀教师“园丁之家”活动；宣传优秀教师事迹；表彰奖励尊师重教先进集体和个人；2005 年起增加对市级学科带头人的资助项目；2009 年起增加“爱烛行动”救助特困教师项目。1992—2010 年，基金会用于公益活动的总支出为 738.93 万元。

（一）奖励优秀教师和教育工作者。主要是协助政府和教育行政部门开展奖励活动，大奖年设综合奖，表彰奖励优秀教师和教育工作者；非大奖年设单项奖，表彰奖励优秀校长、优秀班主任、优秀青年教师、师德标兵、先进德育工作者、农村教育突出贡献者等。除与教育行政部门设立奖项外，基金会还先后与常德卷烟厂联合设立“芙蓉杯优秀青年教师奖”，与常德啤酒厂联合设立“华人杯优秀班主任奖”，与人保财险公司联合设立“PICC杯优秀校长”奖，由企业出资给予奖励。1994年，基金会还奖励尊师重教先进乡镇党政干部46名，由基金会向受奖人每人发奖金500元。至2010年底，共奖励优秀教师和教育工作者等2697人。

（二）开展优秀教师“园丁之家”活动。基金会将优秀教师“园丁之家”活动作为奖励优秀教师的一种方式，通过组织优秀教师外出参观考察，给优秀教师提供交流平台，以帮助他们开阔视野，愉悦心情。1992—2010年，基金会先后组织990余人参加“园丁之家”活动。

（三）开展“爱烛行动”救助特困教师活动。2009年，根据省教育基金会的倡导，基金会增设救助特困教师的公益项目。2009年底，省教育基金会在常德救助了26名特困教师，每人发放救助金2万元；市基金会配套救助26人，每人发放救助金5000元。2010年市本级救助特困教师40人，慰问教师50人。

（四）参加救灾活动。1998年常德遭受特大洪灾，基金会出资16万元慰问受灾教师，2003年，出资10万元，支援受灾学校重建。

（五）宣传优秀教师事迹。为宣传优秀教师，扩大优秀教师的影响，基金会每年配合表彰奖励优秀教师活动，在新闻媒体专题宣传优秀教师事迹。1994年组织优秀教师巡回报告团到区县（市）巡回报告；1995年、2007年编印《优秀教师名录》；2000年与市委宣传部、市教委联合评选“教育好新闻”奖等。

五、获奖情况

基金会分别于1995年、1996年、1997年、1998年、2000年被评为全省教育基金会工作先进单位，肖宗荣、刘顺甄、何英满、李铁如等被评为先进个人。2000年，省教师奖励（教育）基金会召开全省教师奖励（教育）基金会首届经验交流会。常德市教师奖励基金会副理事长兼秘书长在会上作典型发言，受到省基金会领导充分肯定。其发言稿被编入《教师奖励（教育）基金会指南》一书，在全省发行。

第六节　老科技工作者协会

一、组织机构

常德市老科学技术工作者协会市直教育分会（简称“市老科协教育分会”）于2001年10月19日成立。它是以市教育局和市直学校单位离退休教师及教育行管干部为主体的社会团体，挂靠市教育局，接受市老科协的工作指导。

分会“章程”规定：凡身体较好，热爱教育事业，乐于奉献，承认本会章程，执行本会决议的市直教育单位具有中级以上专业技术职务的退（离）休教师和教育科研人员，长期从事教育行政管理工作科级以上的退（离）休人员，经本人申请，分会理事会审查批准，均可成为本会会员。会员因年岁高或身体差不能参加正常活动时，经本人申请可予退会。连续两年不参加活动的，视为自动退会。按“章程”规定：分会每4年召开一次会员大会或会员代表大会，选举产生理事会，理事会协商产生常务理事、正副会长、正副秘书长。第一届（2001—2003）名誉会长何英满、黎建平，会长陈昌清，副会长蔡正海、张国雄、刘茂林，秘书长周国辉，副秘书长唐治汉、覃道勇。第二届（2004—2007年）名誉会长李铁如，会长赵治政、陈昌清，副会长蔡正海、张国雄、刘茂林，钟吉红，秘书长朱华林、周国辉，副秘书长唐治汉。第三届（2008—2012年）人员与第二届基本相同。各学校（或单位）会员人数在5人以上即成立活动小组，分会理事任小组长。

分会成立之初共7个活动小组，会员33名。至2012年12月，共有活动小组16个，会员222名。其中本专科以上学历会员占96.2%，中高级职称会员占83.6%，科级干部21人，正副处级干部各4人，副厅级干部1人。

二、主要活动

（一）调研督导活动

2002年3月，会长陈昌清等14人组成督导组对武陵区南坪中学、河洑中学、丹洲中学等七所中学进行调研视导，为教育行政部门加强对初级中学的管理、促进城区教育质量整体提高提供参考。2005年5月，与市民办教育协会组成专家队伍，对湖南同德职业学院、淮阳中学、外事专修学院等10所民办学校进行调研视导，视导报告送教育局领导决策参考。2007年，市一中活动小组受本校委托到湘西古丈县一中听课评课，交流教学和管理经验。2007年5月，分会对市直9所中学1430名学生的思想、学习状况进行问卷调查，形成《市城区初中学生思想学习状况调查报告》。2008年4月，受分管教育的副市长万成贞委托，会长陈昌清、副会长蔡正海等对石门、临澧、汉寿、鼎城、西湖等县、区进行为期两周的调研，了解以上县、区建设教育强市的工作思路和存在的问题，并形成调查报告。

（二）未成年人思想道德教育

2006年，分会组建由10位老教育工作者（后增至18人）组成的“未成年人思想道德教育报告团”（后更名为“未成年人思想道德教育讲师团”），协同市教育局关工委，深入各会员学校，就“八荣八耻”“如何实现中国梦”“怎样培育和践行社会主义核心价值观”等内容宣讲，至2012年，报告30多场，受众2万余人次。

2010年，配合市教育局推进学校文化建设，举办“市直学校文化建设成果巡展”，14

所学校参加，共制作67块展牌，轮流展出，历时35天，4万多名师生参观。

（三）办校育人

2003年4月，分会筹办“常德鸿志中等职业技术学校”，董事会由赵治政、陈昌清和学校代表陈集中、潘文新等9人组成，陈昌清任董事长（后赵治政接任）。聘请临澧县原职业中专校长陈集中任校长。董事会制定办学章程，日常工作由校长负责，实行经济独立核算，自主办学。开设计算机、电子电器、文秘、旅游服务及管理等专业。首批招生505名，聘请教职员工40余人。华为、三星、技嘉、富士康等知名电子企业及天马、华天等旅游行业都成为合作伙伴。到2012年，在籍学生达1200人，教职工60多人。

1996年，市十一中老科协会员彭杰创办“常德市朗州科技学校”。学校以“黄金素质、钢铁质量”为办学理念，开设计算机、电子电工、模具、文秘等专业。2003年又自筹资金1500万元，征地2万余平方米，建校舍15000平方米，常年招生300~400人，为社会培养了大批有用人才，多次被评为市优秀民办职业学校。2003年，市三中老科协会员唐天顺创办“常德华仪职业技能培训学校”，10年间培训学员3000余名。2008年，又创办“育苗幼儿园”，在园幼儿150余名。市教科院老科协会员刘茂林，2002—2005年举办初中数学“奥数班”10期，培训学生2000余人，先后有5人获“奥赛”全国一等奖。

一批原从事学校行政管理工作的会员，如市一中胡立铭、周华斌、陈运国、熊跃利，市三中李书印，市五中刘贤才，市六中胡桂英，市七中石振亚、滕建英、龙瑞初，市十三中邵凤清，汽车机电学校陈绪初等，分别受聘于有关民办学校担任校长、副校长或中层管理工作。市七中会员陈科致等60多人受聘担任教学工作。各活动小组会员走进课堂听课、评课，帮助青年教师提高教学水平，协助所在学校办“家长学校”。市一中熊焱辉、陈伍祥、刘弟泗等协助学校实施“教改”计划，十年间听课500余节。张国雄、陈运国为“家长学校”作“家庭素质教育”“培养孩子的良好习惯”等辅导报告10多场。市二中燕正保、市三中张业发担任本校“关协”主任和“家长学校”校长。市二中燕正保、唐远猷、周炳章、孙启厚、李忠堂、刘绪魁、李述文、郑云龙等退休教师，听、评本校高中部全部课程，为提高本校教师教育教学水平发挥余热。

（四）科普活动

市三中会员陈一凡，1987年退休后参与国家级星火计划高新技术开发，2001年开始，参加桃源县果树“富硒增甜素”技术研究。经过7年实验，在柑橘、红薯、大米、仙人掌、蔬菜等农作物“富硒”产品实验中取得成功，并获专利。1998—2011年，他举办大型科普知识讲座20余场，撰写讲稿40多万字。其业绩被编入《中国专家名人辞典》《中国专家辞典》。2002年、2012年先后被评为“市优秀老科技工作者”“市优秀老科普工作者”。

市一中会员熊焱辉是学校“观星会”的创建者和指导教师，2001年退休后受聘“观星会”常年顾问，自编《天文知识》培训会员，使“观星会”发展为拥有170多名会员的跨校社团——常德市中学生观星会。创办会刊《启明星》，建立观星会网站，向广大中学生及大众普及天文知识；指导学生发布天象预报，开展天文观测；2003年，指导“观星会”会员参加全国青少年科技创新大赛获优秀科技实践活动一等奖。2012年，该社团被省青年联合会、省学生联合会、共青团省委评为全省首届“明星社团”。

2002年开始，市电教仪器站会员胡辉经10年潜心研究，发明“六区五位”拼音汉字输入法，实现在windows7版上使用。同时，对国家规范的201个部首和“六书”进行深入探讨，形成28万字的《解读汉语部首》一书。

（五）服务社会

市教育局机关会员黄新民2002年创立“湖南省伟华科技有限公司”和“常德市中德招标有限公司”，年营业额达300余万元，利税10余万元。市三中会员严高喜2002年创办养鸡场，引进富硒鸡蛋生产技术，其规模从7000羽发展到16000羽，每年获利10多万元。2008年被评为市“十佳”科技示范户。市六中会员龚梅初、云国祥自筹资金分别创办“夕阳红颐养院”和“福星养老院”。“夕阳红颐养院”投资1500万元，建筑面积4000平方米，300个床位，管理规范，先后被评为全市和全省“孝亲养老之星”。市教育局机关会员万献庭从2007年起，负责全市校方责任保险工作，仅2011年就为43.7万名中小学生代理平安保险，为27012名出险学生赔付保险金1369.4万元。

（六）著书立说

2005年，分会编辑出版《人生又一春》，围绕“拾遗拾遗补阙、老有所为、再做贡献”主题，登载会员论文、感言、经验总结等44篇。2006年，编辑出版《八荣八耻教育参考资料》3000册，全市发行。2009年编辑出版歌颂新中国成立60周年光辉成就的诗词集《尧天颂》，收集会员诗词300首。 2010年，组建“南风诗书画影社”，设诗词、书法、绘画、摄影4个小组，首批入社39人。10年间，教育分会出版团体或个人诗、文、书、画、摄影专集20部。市十一中活动小组2011年编印《中国人民革命史资料汇编》《红色回忆》计50万字，地图50余幅。市一中会员周宇先，市二中会员唐远猷，市三中会员曹玉元，市五中会员雷光球，市六中会员铁本知、周政尚，市七中会员陈章炼、周晖，市电教仪器站会员刘桂枝等出版个人诗词、书画和散文专集。其中，周晖出版四部文学作品，主编一部歌谣集；其散文集《舞动的节拍》、诗集《舞雨》分获第八届、第九届“丁玲文学奖”，小小说《代价》获全国文学艺术大奖赛金奖。市教育局机关会员朱华林2002—2012年担任《湖南教育年鉴·常德篇》《常德年鉴·教育篇》《湖南教育名人名校志·常德篇》编纂工作，2006年、2010年先后被评为全国、全省“教育史志先进工作者”。市工业学校会员傅孝清历时15年绘就水彩画长卷《常德文化六千五百年》，此画卷长365米，宽0.76米，重120公斤，2011年被上海大世界吉尼斯总部授予“大世界吉尼斯之最”证书。2012年，为庆祝分会成立10周年，编印《放歌十年行》纪念册，选载“南风”社会员诗词122首，书法16幅、摄影作品18帧。

（七）自我保健

2008年、2012年，分会两次组织会员听全国著名保健专家祝组襄“312经络锻炼”知识讲座。市三中会员陈一凡多次给会员作“硒与人体健康”“抗氧化、抗衰老”“饮食新观念”“健康教育万里行”等讲座。市六中会员周政尚收集养生保健资料一万多份，计200余万字，撰写保健经验15篇。2002—2012年，分会坚持以“保健康”为重点，为会员订阅省老科协主编的《中老年自我保健》，定期组织旅游，倡导“一人一锻炼项目”，鼓励会员上老年大学，参加各项集体健身活动。2008年、2009年，会员陈一凡、周政尚、陈科致分别被省、市老科协评为“健康老人”，另有15人被评为“自我保健先进个人”。

三、主要荣誉

2002—2012年，分会六次被省、市老科协评为先进单位和自我保健科普工作先进集体，32名会员分获全国、省、市各种荣誉称号。连续三届市教育局长、两位副局长被省、市老科协评为“支持老科协工作的好领导”。

第七节　关心下一代工作委员会

一、组织机构

1997年5月，市教委下发《关于成立市教委关心下一代工作委员会的通知》，明确原市教委副主任李铁如为市教委关工委主任，陈昌清、胡生斌、雷子贵为副主任，李毅华为秘书长。此后各区县（市）教委相继成立关工委，至1999年5月，全市所有区县（市）及农场均成立关工委，市直中小学及各区县（市）乡镇联校均成立“关协”，并建立相关工作章程和管理制度。2000年7月8日，武陵区教育局印发的《武陵区教育局关工委关协工作章程》由省教育厅关工委向全省转发。2004年，根据教育部《关于进一步加强全国教育系统关心下一代工作的意见》和市关工委工作会议精神，市教育局关工委提出要把各级关工委（关协）建设成为“学习型、服务型、调研型、创新型”组织，基层“关协”达到“五有”：有班子、有规划、有阵地、有活动、有效果，同时“逐步向村延伸”，全市村级学校开始建立“关协”小组，至2010年年底，全市关工委组织网络“横向到边，纵向到底”。2010年7月，市教育局对关工委人员进行调整，明确诸戈文、郑大金、王海清、李旺国、庹朝君、施爱国、夏桃清、苏宏元为顾问，李铁如为主任，游进初为副主任。2012年11月，李铁如辞去主任职务，游进初接任。

二、关工委的性质、任务及工作方针

（一）组织性质：关工委是在市教育局党委领导下，以离退休人员为主体，在职人员参加的群众性工作组织。以现职党政领导为主导，提出工作任务，以离退休人员为工作主体，开展工作，是党和政府教育青少年的参谋和助手、联系青少年的桥梁和纽带。其目的是关心、教育、培养青少年健康成长。

（二）主要任务：关工委组织、指导全市教育系统离退休人员，配合教育部门和学校以立德树人为根本任务，全面贯彻党的教育方针，对中小学生以及青年教职工进行思想政治和道德品质教育，全面关心青少年健康成长，为培养德、智、体、美全面发展的中国特色社会主义事业合格建设者和可靠接班人服务。最基本的职能定位为：急教育所急，帮青少年所需，尽关工委所能。

（三）工作方针：围绕中心、配合补充、因地制宜、量力而为、立足基层、注重实效。其工作平台是主题教育活动、家长学校、青蓝工程、课外辅导和帮困助学。

三、主要活动

（一）主题教育活动。1997—2010 年，根据教育部和省教育厅关工委的统一部署，市教育局关工委在全市中小学组织开展了“弘扬真善美，抵制假丑恶”“我是五好小公民”“做诚信人，办诚信事”“激情奥运，阳光校园”“光辉的旗帜”等十二次主题教育活动，关工委先后 8 次被省教育厅关工委评为先进集体或优秀组织单位；全市有 536 名中小学生的作品获奖。为配合主题教育活动的开展，各基层关工委（关协）还组织教育系统“五老”（老干部、老专家、老党员、老教师、老模范）组成未成年人思想道德教育和法制教育讲师团，到各中小学巡回演讲，仅 2008—2010 年全市就举行专题教育报告会 700 余场，听讲师生达 100 万人次。

为深化主题教育活动，自 2007 年开始，市教育局关工委在全市开展“诗词、书法、法制、传统”四进校园活动，有 1000 多名诗词、书法工作者担任青少年义务辅导员。石门县教育局提出“以德立校，以诗育人”的口号，成立诗教领导小组，全县 7100 多名学生参加诗社或诗词兴趣小组，撰写诗词 2 万余首，有 301 首被选入《百童千诗诵中华》诗词集。2007 年 5 月 9 日，市教育局关工委主任李铁如邀请市司法局所属劳教所干警和三名学员到市三中为 3000 余名师生讲法和现身说法，引起轰动。2008—2010 年，这场特殊的报告会在市直学校和部分区县（市）巡回举行。

（二）举办家长学校。2000 年 11 月 15 日，市教委印发《关于同意举办学生家长学校的通知》，对开办家长学校作出具体规定。1.县以上城区初中及以下层次的学校（包括国办和社会力量举办的学校）可以设立学生家长学校。家长学校系社会力量办学性质，纳入当地教育行政部门统一管理。2.以下市直学校可以设立学生家长学校：市二中、三中、四中、五中、六中、七中、十一中、十三中、芷兰实验学校、长怡实验中学、汇文中学、常师附小、桃师附小、市第一幼儿园。3.各区县（市）、德山开发区城区学校和市直农场所属学校经当地教育行政部门审批，可设立学生家长学校。

2004年12月，市教育局印发《关于加强家庭教育讲师团建设的通知》，强调要充分发挥家庭教育讲师团的教学、指导、培训、研究职能，始终坚持家庭教育的科学性、实践性、服务性原则；并要求各区县（市）加强组织领导，建立保障机制，完善讲师团自身建设。讲师团成员一般由5~9人组成，设正、副主任各1人，成员由有一定教育教学水平和实践经验的名老教育工作者组成。市教育局关工委家庭教育讲师团由关工委主任、市教委原副主任李铁如任主任，市老科协教育分会会长、市教委原副主任陈昌清任副主任，成员有李铁如、陈昌清、张国雄、陈运国、康建华、刘忠义、李井岗、谢建英、贺大国、李晓玲、肖家气等11人，主要负责市直中学家长学校，必要时也到各区县（市）家长学校巡回讲课。各区县（市）教育局相继成立相应机构，名单报市教育局备案。据统计，仅澧县教育系统"五老"参加各级关工委、关协工作的就有271人，区县（市）讲师团成员720人，占教育系统离退休人员的42%。

2005年3月1日，市妇联、市教育局联合印发《关于常德市家长学校工作的指导意见》，进一步明确全市家长学校的性质、任务、目标、组织管理及考评办法。是年8月，市教育局、市妇联联合组成专家组，对各区县（市）申报单位进行考核评估，评选出武陵区育英小学等首批24所优秀家长学校。至2010年年底，全市中小学、幼儿园共开办家长学校740所，先后有3所、12所、77所被评为国家、省、市级示范性家长学校（名单见附表）。2009年11月12日，全国妇联、教育部印发《关于命名全国家庭教育工作示范典型的决定》，澧县大堰垱镇中心小学家长学校被命名为"全国示范家长学校"。

（三）帮困助学。2003—2010年，市教育局关工委先后五次向省教育基金会等部门争取资金31.6万元，救助贫困或受灾大中小学生140人。1997年起，根据教育部、中国保监会《关于加强学校保险教育有关工作的指导意见》和省保监局、省教育厅《关于进一步规范和发展我省学生保险业务的通知》精神，市关工委配合保险机构开展学生保险业务，关工委主任李铁如任省育才保险代理公司常德市分公司总经理。2007年，万献庭接替李铁如任总经理。2010年1月13日，市教育局印发《关于协助保险监督管理机构规范学生保险代理业务的通知》，要求各区县（市）教育局、市直教育单位进一步提高思想认识，规范保险行为，加强监督管理，完善工作机制。全市教育系统关工委、关协把这项工作当作"关爱育人"的实事来办，逢会必讲，逢督必查，在不具体承办学生保险代理工作的原则下，在宣传发动、规范收费、安全教育、理赔督办等方面作了大量工作。2010年，全市学平险参保学生449927人，参保率72.7%，代收保险费2531.5万元，理赔41237人，理赔金额1477.5万元，理赔率58%，代理手续费432.1万元。2008—2010全市累计赔付保险金3371万元。

2002年，武陵区教育局关工委主任周孝荣被评为全国教育系统关心下一代工作先进个人，澧县澧阳镇关工委委员文学湘被评为省教育系统关心下一代工作标兵。李铁如2002年被评为湖南省"五好老干部"、2007年被评为全国家庭教育工作先进个人、1999、

2010年被评为全国教育系统关心下一代工作先进个人。2007年，市教育局关工委荣获全国教育系统关心下一代工作先进集体称号，2009年被评为全省教育系统关心下一代工作先进集体。常德市教育系统关工委工作也还存在发展不平衡、缺乏长效机制以及相关配套政策难落实等问题，青蓝工程、课外辅导两项工作尚未实质性开展。

表10-2-3　2000—2010年常德市各区县（市）国家、省、市级示范家长学校名单

区县（市）	国家级（3所）	省级（12所）	市级（77所）
武陵区		芙蓉路小学	育英小学、北正街小学、东升小学、芙蓉路小学、工农小学、金丹实验小学、三岔路小学、卫门口小学、滨湖小学、育才小学(共10所)
鼎城区	石板滩中心小学	武陵中心小学 石板滩中心小学	九中、武陵中心小学、许家桥中心小学、花船庙小学、严家岗完小、灌溪镇中心小学、石板滩中心小学、常沅完小、周家店中心小学、十美堂小学、江南实验中学、镇德桥中心小学(共12所)
临澧县		临澧实验小学	三中、实验小学、新安镇中心小学、四完小、九澧中心小学、一完小、修梅镇中心小学、官亭乡中心小学(共8所)
石门县		澧斓完中	澧斓完中、石磷完小、新世纪实验学校、二完小、三中、子良中心小学、一完小、新关镇中学(共8所)
澧　县	大堰垱中心小学	澧阳镇实验小学	一完小、澧阳镇实验学校、澧东乡中学、火连坡镇中心小学、小渡口镇中心小学、澧阳镇中学、甘溪镇中心小学、复兴厂镇王家中心小学、城关镇中学、九垸中心小学、如东中心小学、大堰垱中心小学(共12所)
津市市		七完小	七完小、一完小(共2所)
安乡县		深柳镇城北小学	城北小学、城东小学、城北中学、安宏乡唐家铺中学(共6所)
桃源县	陬市镇中心小学	陬市镇中心小学 文昌中学	文昌中学、木塘院中心小学、向家桥中学、深水港中心小学、漳江镇中学、陬市镇中心小学、渔父小学、钟家铺乡中学、架桥镇中心小学、漆河镇中心小学(共10所)
汉寿县		南岳路实验小学	毛家滩回维乡中学、詹乐贫中学、南岳路实验小学、酉港镇中学、鸭子港中学、蒋家嘴镇阳南塘中学、周文庙乡陈军堤实验学校(共9所)
市　直		市一中	一中、二中、三中、常师附小(共4所)

第三章　教育队伍建设

第一节　干部队伍建设

一、干部的选拔与任用

按干部管理权限，局机关处级干部任免由市委考察任免，科级干部由教育局党委考察报市委组织部等相关部门备案后任免。学校及其他单位处级干部由市委考察任免，处级单位的科级干部由学校党委考察，报市教育局党委备案后学校任免。干部任用或领导班子调整之前，市教育局配合市委组织部门对拟任用的干部进行全面考察，广泛听取各方面意见，形成考察材料，为上级组织部门决策提供参考。区县（市）教育局领导班子和区县（市）各中小学领导班子的调整，由各区县（市）负责。

二、逐步推行校长负责制

1992 年，市教委根据上级有关文件，出台意见并部署推行校长负责制的试点工作，全市共有 7 个区县（市）结合本地实际进行校长负责制的试点。1996 年上半年，市教委召开全市教育系统人事工作会议，全面部署中小学内部管理体制改革工作。要求全市中小学普遍推行以校长负责制、教师聘任制和绩效挂钩制为主要内容的“三制”改革。同年 8 月，市教委在调查研究的基础上，制定《关于市直中学推行三制改革的意见》，对校长的产生、任期及地位，校长的任职条件、职能、权力、奖励与处罚等都做了明确规定，确立了校长工作的监督机制。截至 1996 年年底，全市中小学全部实行校长负责制。

三、校长持证上岗

1994 年 7 月，根据中组部、国家教委颁发的《关于加强全国中小学校长队伍建设的意见（试行)》精神，市教委要求全市中小学校长从 1994 年下半年开始，推行校长持证上岗制度，并组织校长培训。1997 年，市教委转发省教委《关于实行中小学校长持证上岗制度的暂行规定》，开始全面推行校长持证上岗制度。

四、 推行校长聘任制

2000–2010 年，市教委进一步健全和完善了校长的产生机制和监督体系，校长的产生由委派、任命逐步过渡到公开选拔和民主选举。2002 年下半年，市教育局以市二中为全市教育系统人事制度改革试点校，开展校长聘任制试点工作。在实行教职工聘任上岗的基础上推行校长民选，改校长委任制为聘任制，并实行任期目标管理。

2003年5月，市教育局对市直教育系统独立科级单位的领导班子和班子成员进行全面考察，完成了领导班子换届工作。新一届学校行政领导班子成员全部实行聘任制，校长由市教育局聘任；同年12月12日在市教育局召开聘任大会，局长向校长颁发聘任书，校长向市教育局局长递交任期责任目标书。副校长根据局党委提名，由校长聘任。校长任期一般为三年，每三年校级领导班子换届，调整补充一批班子成员。2003年暑假，在市直各单位领导班子换届工作结束后，参照市二中人事制度改革试点的经验，开展中层骨干竞争上岗的工作。2006年5—7月，市教育局对市直学校和直属事业单位领导班子及成员进行全面考察、考核，完成全部换届工作。新一届学校行政领导班子成员全部实行聘任制，科级正职由市教育局聘任。2010年，市教育局配合市委组织部对常德电大、常德师范、桃源师范、常德工业学校领导班子进行换届调整工作。同时市委面向社会公开选拔常德工业学校校长1名、常德师范、桃源师范副校长各1名。

五、干部的管理与培训

1.完善管理制度　1991年以来，为加强对干部队伍的有效管理，市教委根据市委组织部要求，陆续对市直教育事业单位干部建立"七卡七薄"，即：《干部奖惩登记卡》《文革期间干部问题登记卡》《动乱期间干部问题登记卡》《干部营造私房登记卡》《干部其他问题登记卡》《文革、动乱处理人员登记卡》《干部子女问题呈批卡》《干部现实问题登记簿》《干部信访问题登记簿》《确定和更改干部加工值班时间登记簿》《干部离、退休谈话登记簿》《退休干部登记簿》《离休干部登记簿》《离、退休干部提高待遇登记簿》。

2.加强经济责任审计　为了增强各级各类学校主要负责人的经济责任和廉洁自律意识，从1991年开始，在审计单位财务的工作中，增加了审计单位主要负责人执行财经制度情况的内容。1997年，市教委制定《关于对市直教育单位行政负责人实施离任经济责任审计的暂行规定》。2005年，市教育局制定《关于对中小学校长实行离任经济责任审计的规定》和《关于对中小学校长实行任期内经济责任审计的规定》。1991—2010年，市教育系统对行政主要负责人实施经济责任审计达1215人次。

3.推行校务公开　1999年初，市教委和市教育工会联合下发《关于推行校务公开工作的意见》，要求校长主动接受教代会和教职工的监督，定期向教代会报告学校工作，加强和完善了对全市中小学校长负责制的监督、管理。到2007年，在全市中小学基本形成"校长全面负责、党支部保证监督、教职工民主管理"的运行机制。2000—2001年，各区县（市）健全了教代会和教师大会制度、公开述职制度、校务公开制度、民主评议干部制度及任期审计制度。

4.校长责任目标考核　2004年起，市教育局加强了对校长和班子成员聘任后的监督管理与任期责任目标考核。市教育局、各区县（市）教育行政部门分年度和任期对受聘校长和班子成员履行职责的情况进行考核，组织教职员工听取校长和班子成员的述职报告，对领导班子和班子成员进行无记名评价；并将教职员工的评价作为受聘校长和班子成员届满后续聘或提拔与否的依据。

5.干部的培训　1990年，根据省教委关于开展中小学校长培训的文件精神，市教委向全市教育系统下发常教人字〔1990〕9号文件，明确对校长培训工作的意见。4月，市教委以汉寿县进修学校小学校长岗位培训班为现场召开全市小学校长培训工作座谈会，研讨全市小学校长培训工作的规划、任务及有关政策，总结推广汉寿县小学校长培训工作的经验。会后，全市所有区县（市）都举办小学校长培训班，市教委在常德教育学院开办初中校长培训班。1992年，中小学校长培训工作进入常态化，根据省教委有关文件精神，市教委拟订了“八五”期间对校长普遍进行一次培训的规划；严格审查了教师进修院校校长培训的教学计划，确保培训工作不走过场；并确定市一中、市五中为初中校长培训参观实习基地。1991—1995年，市县两级教师进修院校共培训中小学校长1368人次，完成了对中小学校长的第一轮培训。1996年10月，市教委制定“九五”期间全市中小学校长、幼儿园园长培训规划，并召开全市中小学校长和幼儿园园长培训工作会议，部署“九五”期间培训工作。为保证全市“九五”期间中小学校长、幼儿园园长培训计划的顺利完成，1998年4月，市教委制订《关于进一步加强我市中小学校长培训工作的意见》，召开全市中小学校长培训工作会议，下发《关于进一步搞好“九五”期间中小学校长培训工作的通知》。同年，市教委制定《常德市教育行政干部教育政策法规和管理业务培训规划》，计划用3年时间，对全市教育行政干部普遍进行一次轮训。

根据国家《面向21世纪教育振兴行动计划》，2000年6月，市教委下发《常德市2000—2010年中小学教师队伍建设规划》，2001年12月市教育局制定《常德市“十五”期间中小学校长培训计划》。2002年，经市委、市政府批准成立常德市小学教师培训中心（中心设桃源师范学校），承担全市小学校长、骨干教师、学科教师、班主任、幼儿园园长和幼儿教师等培训工作。1988—2010年，市教育局以常德教育学院（湖南文理学院成教学院）、常德市小学教师培训中心和各区县（市）教师进修学校为培训机构，培训高中校长、完全中学校长、乡镇联校长、初中校长、小学校长、幼儿园园长和教育行政干部5672人次，其中部分中小学校长被推荐参加国家级和省级培训。

第二节　教师队伍建设

一、教师队伍概况

1988年10月，全市（含慈利县）各级各类学校在职教职工66218人（公办教职工

42570 人、民办教职工 21396 人）。其中专任教师 56342 人。另有离退休教职工 7262 人。截至 2010 年年底，全市各级各类学校在职教职工 61795 人，其中专任教师 49274 人，另有离退休教职工 20172 人。

二、教师队伍管理

（一）师德师风建设

1.组织学习《教师法》和《中小学教师职业道德规范》。1994 年 3 月，市委宣传部、市人大教科文卫委员会、市政府法制办、市司法局、市教委、市教育工会联合发出《关于认真组织学习宣传〈中华人民共和国教师法〉的通知》。1996 年 4 月，针对教师职业道德出现滑坡，学校和教师中出现打牌赌博、搞第二职业、乱收费等不良风气，为提高全市教师队伍的职业道德素质，维护人民教师和教育工作者的良好形象，贯彻落实《中小学教师职业道德规范》（以下简称《规范》），市教委针对全市实际，制定《关于实施〈中小学教师职业道德规范〉的若干规定》，设定了违反规定所列条款的处理办法，并对各区县（市）教育行政部门和市直各教育单位贯彻落实规定提出具体要求。同时，市教委下发《关于在全市教育系统开展"学〈规范〉、讲师德、树形象"活动的通知》。通知强调："学规范"就是组织教师反复深入学习《中小学教师职业道德规范》，使教师牢记职业道德的基本要求，并把《规范》作为指导自己行为的准则。"讲师德"就是针对当前教师队伍的实际情况，突出搞好"五讲"，即"讲政治、讲敬业、讲奉献、讲纪律、讲表率"。"树形象"就是在学生中和社会上树立起品德高尚的形象，敬业爱生的形象，为人师表的形象。1997 年 1 月，市教委召开全市教师职业道德教育经验交流会。同年 3 月，在全市教育系统开展"创双职达标，树师德标兵"的活动，要求把学《规范》与学典型相结合，在学习《规范》的同时，开展评选优秀校长、优秀班主任和优秀教师及宣传、学习先进典型活动。

2.把师德师风建设与制度规范相结合。在学习《中小学教师职业道德规范》的同时，认真落实市教委关于加强教师职业道德建设的若干规定（《十七个不准》），并在评先、评优、晋级、评职称、民转公等工作中实行五个一票否决。对违反"十七个不准"的行为，根据其情节轻重，分三种情况进行处理：对一般违反者取消当年年度考核评优、评先、评奖资格；对情节较严重又不及时改正者，除取消当年评优、评先、评奖资格外，晋升专业技术职务比同等条件人员推迟 2~3 年，并调换工作岗位；对情节特别严重或屡教不改者，除按上述意见处理外，对已聘专业技术职务实行高职低聘两年，或取消任职资格，并取消已获荣誉称号，收回证书、奖章和奖金。1998 年国家教委重新颁布《中小学教师职业道德规范》之后，市教委再次下发《关于认真组织中小学教师学习〈中小学教师职业道德规范〉的通知》，并在全市教育系统广泛开展评选表彰"十佳师德标兵"活动。

3.建立职业道德建设考评制度。2002—2010 年，市教育局以继续落实教育部《关于加强中小学教师职业道德建设的若干意见》为重点，在教师中广泛开展以思想政治教育、法制法纪教育、爱岗敬业教育、为人师表教育为主要内容的职业道德教育；并初步建立了教师职业道德建设的考核评价、监督、奖惩制度。从2004年开始，为加强中小学教师队伍的师德师风建设，市教育局在全市教育系统开展“师德师风年”活动，并逐步完善考核评价制度、监督制度、奖惩制度，继续实行教师职业道德“一票否决制度”。凡职业道德考核不合格者取消评先、评职、评特、晋级资格，严重的取消教师资格，学校不得聘用。2007年，针对教育系统存在的体罚学生、办班收费、打牌赌博等现象，市教育局在市直各学校集中开展师德师风教育整顿月活动，有15人因师德问题在当年的职评中被一票否决，有2人因师德问题取消评优资格。1998—2010年，市教委先后在全市开展五次评选“十佳师德标兵”和“优秀德育工作者”活动，91人受到表彰。

（二）奖励优秀教师

为了弘扬尊师重教风尚，让爱岗敬业，积极进取，乐于奉献的教师得到社会的认可。1988—2010年，根据教育部、省教育厅和市政府安排，市教育局在全市教育系统组织开展评选全国劳动模范、全国教育系统劳动模范、省级劳动模范、省级教育系统劳动模范、教育系统“巾帼建功标兵”、全国优秀教师和教育工作者、曾宪梓教育奖、省级优秀教师和教育工作者、省级优秀校长和班主任、徐特立教育奖、喜来登优秀教师奖、市级优秀教师和教育工作者等一系列活动。同时，市委、市政府，市教育局还结合本市实际设立“十佳校长”“十佳青年教师”“十佳班主任”“PICC杯”优秀校长、“华人杯”优秀班主任、“芙蓉杯”优秀青年教师等多种奖项，一大批优秀教师受到表彰（受到国家、省市表彰的优秀人物名录见附录教育人物）。

（三）特级教师评选

1979年10月，省教育局发出评选特级教师的通知，评选特级教师的比例控制在万分之四以内。评选对象主要是中小学、师范学校、盲聋哑学校、教师进修学校、教学研究机构、校外教育机构的教师和幼儿园的教养员。同年10月5日，全省评选出第一批特级教师20名，12月，评选出第二批特级教师45名，1980年3月又评选出第三批特级教师23名；并举行全省中小学特级教师颁发证书大会。此次评选为湖南省第一届特级教师评选，1991年举行湖南省第二届特级教师评选，此后，湖南省特级教师评选进入常态化（每3年评选一次），到2010年，共举行7届特级教师评选。

1980—2010年，根据省教育（局）厅关于评选特级教师的文件精神，市（常德地区）教育局在广泛宣传发动的基础上，在本人申报、述职、本单位集体投票，确认评选对象后，参加教学比武，经市教育局严格考察、综合评定，向省教育厅报送参评人员。1980–2010年，全市有139名［1979—1980年8名、1984年1名（石门县教师覃申媛由于贡献突出，被省政府直接授予特级教师荣誉称号）、1992年11名、1996年16名、1999年19名、2002年22名、2005年32名、2008年28名］中小学教师、中等职业学校教师被省政府授予“湖南省特级教师”荣誉称号（特级教师名单见附录教育人物）；并从2008年1月起每月享受省政府300元的特级教师津贴（此前为每月80元）。

（四）学科带头人评选

根据省教育厅关于在中小学、中等职业学校评选学科带头人的通知，2005年8月，市教育局组织首届市级学科带头人的评选工作，经各区县（市）教育局和市直各学校提名推荐，市教育局组织专家评审组评审，报市教育局局长办公会研究，聘任66名教师为常德市中小学和中等职业学校首届市级学科带头人（聘任期为3年，聘任期满，如考核不合格将落聘）；并制定管理考核办法，学科带头人实行动态管理，三年一选拔，一年一考核，考核合格，给予每人每月200元岗位津贴。2007年，根据需要，又调整补充短缺学科带头人25名，基本形成一支学科门类齐全，结构比较合理的专家团队。2008年12月，按照《常德市中小学市级学科带头人管理办法（试行）》的规定，市教育局在对第一届市级学科带头人全面考核的基础上，对第二届市级学科带头人进行调整补充。经本人申报，学校、区县（市）教育局审核，专家评审，市教育局局长办公会研究，新补充学科带头人44名，加上第一届留任的53人，第二届市级学科带头人共97名，聘任期为2008–2011年。

（五）中小学教师基本功训练

1994—1997年，按照国家教委、省教委的统一部署，市教委在全市中小学教师中开展以普通话、三笔字（毛笔字、粉笔字、钢笔字）简笔画、简易教具制作及使用为主要内容的四项通用基本功训练工作。1995—1996年，市教委先后举办5期普通话辅导员培训班，培训普通话骨干262人。1996年4月，市教委在澧县召开全市小学教师基本功训练现场经验交流会，9月，举行全市小学教师基本功竞赛，经各区县（市）选拔的60名教师参加比赛。同年10月，市教委下发《关于开展教学基本功和学科基本功训练的意见》《关于对中师生基本功训练的意见》以及《在中学教师中开展基本功训练的通知》，对全市中小学教师基本功训练提出更高更具体的要求。1997年，市教委对全市中小学教师基本功训练工作进行了全面考查验收。

（六）教师学历教育与骨干教师培训

1. 中小学教师学历教育

1988年年底，全市小学专任教师32266人，中师、高师毕业及以上的教师11042人，学历合格率为34.2%。初中专任教师13611人，本科毕业的教师220人，专科毕业的教师4312人，学历合格率为33.3%。高中专任教师3158人，本科毕业及以上教师863人，学历合格率仅为27.33%。为了加快学历培训步伐，使在职的各级各类教师尽快达到国家规定的相应学历标准，1992年，根据国家教委和省教委的有关文件精神，结合全市中学教师师资队伍的现状，对学历未达标的中学、中专教师进行了函授、卫星电视教育、自学考试“三沟通”培训。市教委制定了鼓励教师参加学习的优惠政策，建立市、县、乡（镇）三级培训领导机构和主考院校、助学院校、辅导站、自学小组四级教学管理网络。1992年录取培训学员2453人，1993录取2818人，参加中文、数学、政治、英语本科等14个专业的学习。同时继续举办中师函授班、中师脱产班、专业合格补修中师学历培训班及提高学历层次的小学教师函授大专班。1993—1996 年间，共招收上述各类培训班学员 5680 人。2001 年，市教育局确定市小学教师培训中心为常德市小学教师专科学历培训点，2001、2002 年，从全市小学教师中招收函授学员 2026 人。通过几年的努力，全市中小学教师的学历达标率有了大幅度提高。到 2010 年年底，小学教师的学历合格率已达到 99.8%，其中具有本科和专科学历的教师有 14586 人，占总人数的 80.27%。初中教师的学历合格率达到 98.43%；高中教师学历合格率达到 96.25%。

2. 骨干教师培训

1990 年 4 月，湖南省小学教师学历达标后继续教育经验交流研讨会在汉寿县召开，省教委总结推广了常德市开展小学教师学历达标后继续教育的经验和做法。到 1993 年年底，常德市共培训小学骨干教师 1297 人。此后，培训进一步深化，培训范围不断扩大，从小学一级教师的培训扩展至二、三级教师的全面培训；从语、数骨干教师的培训扩展到音、体、美、自然等学科教师的培训。中学教师的骨干教师培训，1993 年起步试点，1993 年 9 月至 1994 年 7 月，市教委聘请一名英籍教师对全市乡、镇初中英语骨干教师进行培训，重点培训口语及听说能力，一年内举办培训班 5 期，培训 123 人，效果显著。

1996 年 11 月，省教委下发《关于选拔中小学青年骨干教师的通知》，同年 12 月，市教委转发省教委通知，要求各区县（市）教育局和市属学校按省教委文件规定的选拔条件和程序做好推荐选拔工作。1997 年 3 月，全市共推荐选拔省级优秀青年骨干教师培养对象 27 名，市级优秀青年骨干教师培养对象 56 名。市教委制定下发《常德市中小学青年骨干教师培训计划》，各区县（市）根据计划分别选拔 50~120 名青年骨干教师进行重点培养。

2001 年，国家全面启动跨世纪园丁工程，市教育局制订《常德市 2000~2010 年中小学教师队伍建设规划》，要求到 2010 年，全市培养市级以上骨干教师 1000 名，县级骨干教师 5000 名。2002 年，为适应骨干教师培训的需要，经市委、市政府批准，成立常德市小学教师培训中心，负责骨干教师省市级培训工作。凡被确定为培养对象的教师，都要经过一定时间的脱产培训（国家级培训 3 个月、省级培训 2 个月、市级培训开始为 2 个月，后缩短到 1 个月），回原单位工作一年后，返校参加论文答辩，论文答辩合格者，发给相应级别的培训合格证书。

2009 年，市教育局制定颁发《常德市市级学科带头人和骨干教师管理办法》，首次组织专家进行市级骨干教师认定，凡参加过国家、省、市级骨干教师培训并取得培训合格证书的教师，均可申报市级骨干教师。通过评委的严格评审，认定 489 名市级中小学骨干教师（高中 72 人，初中 172 人，小学 245 人）。

（七）教师专业技术职务的评审与管理

1. 教师专业技术职务的评审

1988 年常德撤地建市时，全市中小学、中专学校教师中已有 547 人获中学高级教师

（高级讲师）职务，2990人获中学一级教师职务，1427人获小学高级教师职务。1992年起，市教育局对教师专业技术职务的考核和评审进行一系列的调整和改革。1992年组建“常德市中专系列中级评委会”“常德市中学系列中级评委会”“常德市小学系列评委会”。1994年，市教育局出台教师专业职务评审向农村和中老年教师倾斜的政策，凡城区35岁以下的中学教师申报中学一级教师职务时，要求有本科以上学历；城区35岁以下的小学教师申报小学高级教师职务，要求有大专以上学历（农村教师和城市35岁以上的教师不受此限制）。1998年，为充分发挥职称评审工作在教师队伍建设中的作用，实施了三个“从严”：一是学历从严，没有合格学历（除破格外）一律不准申报相应的教师职务；二是论文从严，教师参评的论文，县属中学要在本校交流，乡镇学校要以乡镇为单位进行交流，逐步达到县级交流；三是师德从严，凡师德有问题的一票否决。

1999年，市教委又对职称评审工作方面进行三项重要改革：一是认真进行结构比例控制的试点。即根据各个学校的实际情况，对一所学校的中、高级职称职数规定一个恰当的比例，教师申报，学校聘任都只能按规定的比例进行；并分别在市七中、鼎城区常沅小学和镇德桥中心小学进行结构比例控制的试点。二是全面推行量化评审。为确保职称评审的客观性、公正性和科学性，提高职称的“含金”量，市教育局出台《中小学教师系列中级专业技术职务量化评审细则》。三是对参评对象的论文提出新的要求。凡申报中级职称的教师，必须有县级以上交流或发表的论文；凡申报高级职称的教师，必须有省级以上交流或发表的论文。2007年，经学校推荐，市教育局严格审查，重新组建中高、中一、小高、中专讲师四个系列的专业技术职务评委库，扩大评委库人数。根据上级要求，市教育局对中小学教师职务评审的相关政策进行调整，经与市人事部门协商，对农村教师的职称指标、评审继续给予更大的倾斜，对全市农村教师中具备小学初级职务8年以上，中学初级职务6年以上，在农村工作20年以上的参评对象，单独组织评审，提高其评审通过率。2009年，为确保教师职务评审工作的公平公正。市教育局采取三项措施：一是封闭评审，确保评审质量。评委直接通知到人，当天通知当天集合，集合开会后上缴手机等通信工具，评委进入评审场地后，不准外出，并与职改办签订承诺书。二是规范评审程序，保证评审公平、公正。三是加强监督检查，实行有效监督。严格接受市职改办和市教育局纪委的监督，杜绝违规违纪行为。

2. 教师专业技术职务的管理

1990年2月，市教委下发《关于对教育战线专业技术职务评聘工作进行复查的意见》，对全市教育系统62025名专业技术人员进行全面的职改复查工作。查出并处理不合格专业技术人员123人（其中高级职务1人、中级职务20人、初级职务102人）。1991年，根据国家、省、市人事部门的文件精神，市教委下发常教人字〔1991〕3号文件，对全市教育系统专业技术人员进行全面考核，评出优岗9842人，称职37399人，基本称职1837人，不合格132人。同时建立全市中小学教师业务档案，统一规范教师专业技术职务档案的管理。1992 年，为做好教师专业技术职务考核和管理工作，设置《专业技术人员考核情况登记表》，每年年终，专业技术人员都要填写此表，如实填写自己在为人师表、教学工作和科研方面的情况，接受有关部门的考察，并评出岗位档次，延续至今。

到 2010 年年底，全市中小学教师中（含中专、中师、职中），具有中学高级教师职务（含高级讲师）的教师 3486 名（其中小学 77 人、普通中学 2936 人、中职 473 人），具有中学一级教师职务的教师 11372 名，具有中专讲师职务的 1171 名，具有小学高级教师职务的教师 13833 名。

（八）教师资格认定

1. 在职教师的资格认定

1995 年，国务院颁布《中华人民共和国教师资格条例》，1996 年，依据国家教委有关文件精神和省教委的统一部署，全市教师资格证过渡工作全面铺开，整个过渡工作分为宣传发动、个人申请、审核与认定、检查验收四个阶段。到 1997 年 3 月底，全市 1993 年底前参加教育工作的 46569 名教师通过了教师资格认定，占全市教职工总数的 87.64%；1998 年，市教委为全市已认定的 46569 名教师颁发了“教师资格证书”。2002 年 7 月，市教育局根据《教师资格条例》和省教育厅《关于印发〈湖南省教师资格条例实施细则〉的通知》，对 1994 年 1 月 1 日以后参加教育工作的教师进行资格认定，认定 8698 人具有教师资格。

2. 对师范类和非师范类大学毕业生的教师资格认定

2003 年开始全面实施教师资格认定制度，凡获得师范专业毕业证书的毕业生，均需通过专家组的资格审查、面试和试讲。高中、中等专业学校教师资格需通过市教育局专家组认定，初中以下教师资格需通过各区县（市）专家组认定。从 2004 年起，教师资格认定进入常态化。每年 5 月和 11 月全市开展两次教师资格认定工作。同时允许非师范类大学毕业生申请教师资格认定，但非师范类毕业生必须取得省里组织的教育学、心理学考试并取得合格证、技能培训证、普通话相应等级证，通过严格的面试、试讲，才能取得教师资格。从 2003 年首次认定各类教师资格起至 2010 年年底，全市通过各类教师资格认定并取得教师资格证的人数达 22000 名。

（九）教师的录用

为规范对教师入口的管理，2004 年 4 月，市教育局先后制订《市直中学补充教职工管理办法》《常德市市直学校补充教师实行公开招聘实施方案》两个文件，对补充教职工的原则、条件、程序等作出明确具体的要求和规定，并以此指导全市中小学教师的补充录用工作。2008 年，各区县（市）教育局开始按照教师自然减员人数的 80%补充新教师，（西洞庭和市直实行退一补一）。对所有新进人员进行公开招考，2008 年 6 月 15 日，首次对市直学校新进教师采取教育理论知识和学科专业知识相结合的统一笔试，入围教师由学校组织课堂教学考察和面试，综合笔试和课堂教学考察与面试得分，从高到低择优确定新进教师人选。

第三节　纪检监察工作

一、 组织机构

1983 年 9 月，设立中共常德地区行政公署教育处党组纪检组，1988 年市教委机关设立监察室，同年 11 月建立中共常德市教委纪律检查委员会，1996 年监察室与纪委合署办公。2008 年 3 月，常德市纪委为整合市直教育系统纪检监察力量，开展市直教育系统纪检监察干部集中办公的试点工作。2009 年 10 月，市委办、市政府办下发《常德市纪检监察派驻机构统一管理体制改革试点工作方案》，撤销市监察局派驻的市教育局监察室，保留局纪委，并成立纪委办公室。

1993 年、1998 年、2001 年常德市教（委）育局纪检监察室先后被评为湖南省教育系统纪检监察先进集体；2003 年，市教育局纪委监察室被评为全国纪检监察工作先进单位；2008 年，市教育局纪检监察室被省教育厅评为“执法监察工作”先进单位。

二、主要工作

（一）党风廉政建设

根据党风廉政建设的需要和不同时期形势发展的变化，市教育局纪检部门认真履行党风廉政建设的各项职责，形成了党风廉政建设的责任体系。

1999 年，市教委在全市教育系统广泛开展“厉行节约、廉政兴教”教育活动和乡镇联校财务整顿工作，规范领导干部从政行为。是年，全市教育系统对不该配购的 29 台小汽车全部进行变卖或报废处理，收回资金 1015 万元。到 2000 年，全市乡镇联校实现无小汽车的治理目标。1998–2001 年，纪委重点治理了收受红包礼金和打牌赌博问题，全市教育系统各级领导上交的礼品礼金都在纪检监察部门备案，并进入本人的廉政档案。市教育局还相继建立健全了行之有效的“廉政谈话制度”“领导干部任期经济责任审计制度”等 20 余项制度，建立了领导干部廉政档案。

从 2004 年开始，市教育局每年年终都组织市直教育单位领导班子成员开展述职述廉工作，要求每个班子成员撰写述职报告并公开述职述廉，接受群众监督和评议。2008 年，教育局党委按照“一岗双责”和“谁主管谁负责”的原则，制定下发《2008 年教育局领导班子成员党风廉政建设职责》，建立了“一把手”负总责、班子成员分工负责、各科室负责人具体负责的工作责任体系，加大对市直教育单位党政一把手的监督力度。针对“上级监督远、同级监督软、下级监督难，工作难开展、情面难撕破、素质难提升”等问题，市教育局启动市直教育单位纪检监察干部集中办公试点工作，制定下发《市直教育单位重要事项监督办法（试行）》，开展专项督查，并下发督查通报。2009年，市直、各区县（市）教育系统按照党风廉政建设责任制的要求，开展多种形式的反腐倡廉教育，狠抓领导干部作风建设和廉洁文化进校园工作；加大对重点领域、关键环节的监督检查；做好“四费公开”（接待费、会议费、学习考察费和交通费）、厉行节约工作和“小金库”自清自查工作，教育行政主管部门所辖范围内的行业协会和市场中介组织的清理和规范工作；开展“红色名片”治理工作和市直教育系统工程建设领域突出问题的排查工作。

（二）教育行风建设

2004年，市教育局在全市教育系统开展“正行风、树形象、创满意”主题教育活动。同年2-3月，组织人员对教育系统行风建设出现的问题进行专题调研，制定主题教育活动工作方案，下发《常德市教育局关于进一步加强教育系统行风建设的意见》《常德市教育局关于在全市教育系统开展“正行风树形象创满意”教育活动的通知》，成立活动领导小组，聘请20名市人大代表、政协委员为全市教育系统行风建设监督员；召开有分管教育的区县（市）长参加的全市教育系统“正行风树形象创满意”教育活动动员大会。活动期间，在教育系统开展针对有偿补习、惩戒教育、宴请送礼等焦点问题的大讨论和学生、家长评议老师，社会评议学校，基层评议机关等活动。

2005年，针对部分普通高中办学行为不规范的问题，市教育局决定：对普通高中学校建立办学行为不良记录档案，普通高中凡办学思想不端正，片面追求升学率；违反学籍管理规定，争抢优质生源，扰乱正常招生秩序，单独组织招生考试；在校园内发布高考录取情况“龙虎榜”；举办复读班或接收复读生；不按课程标准开课设节；乱补课、乱收费的行为均被记入不良行为档案；并作为省示范高中评估复查和市级示范学校、特色学校、名优学校及校长评优评先评特的重要依据。同时要求各区县（市）教育局对义务教育阶段的示范学校也建立相应制度。

2009年以来，市教育局在全市教育系统组织开展以规范“机关干部行政行为、学校办学行为、教师从教行为”为主要内容的“教育行为规范年”主题教育活动。制定下发《关于开展“教育行为规范年”主题教育活动的意见》《市直教育单位行风评议工作实施方案》，聘请市人大教科文卫主任赵正乐等18名市直教育系统政风行风建设特邀监督员。组织开展中小学乱办班、乱补课、乱收费和在职教师家教家养、有偿补课等问题的自清自查自纠工作；调研起草《常德市教师违规违纪处分暂行办法》；组织开展专项督查，并下发督查通报。是年，全市进一步落实治理工作责任，层层签订《教育收费治理工作责任书》；制订《各县市区教育收费治理工作考核细则》，强化各教育收费治理成员单位的责任，增强治理合力。市教育、纠风等8部门对全市教育收费工作进行检查，对部分学校存在的不规范问题，下发整改通知书，有效遏制了违规违纪现象的蔓延。高职院、市一中及桃源、汉寿、鼎城、武陵区、澧县、临澧县的有关学校相继接受国家七部委、教育部纪检监察局和省厅七部门教育收费专项督查或调研，获得检查组的充分肯定。

（三）教育收费专项治理

20世纪80年代后期，教育领域乱收费现象严重，群众意见很大。2000年，市委、市政府决定开展中小学收费专项整治，并提出三条思路：1.治理中小学乱收费必须下“猛药”；2.治乱必须整体联动，党委、政府要唱主角，当主帅；3.必须建立长期有效的约束机制，防止反弹。为确保中小学收费专项整治工作顺利进行，市委、市政府成立由主管教育的市委副书记莫道宏、副市长张元英、市纪委书记彭晋镛任正副组长，市政府办、市教育局、物价局、经管局、财政局、纠风办、市委、市政府督察室负责人为成员的整治工作领导小组。是年7月28日，市委办、市政府办联合发出《关于进一步规范中小学收费行为，做好控流保学工作的若干规定》。8月8日—12日，中小学收费专项整治工作领导小组在芷兰实验学校举办全市乡镇联校长（教育办主任）和中学校长培训班，进行教育收费专项整治工作总动员。市委、市政府明确表示：“治理中小学乱收费，政府要带头示范，板子要往自己屁股上打，紧日子要自己带头过。属政府收费的项目一律无条件停止，其他违规收费项目也全部取消。如果继续坚持违规收费，决策者撤职，执行者免职，参与者也一并追究。”自2000年8月开展专项整治以来，全市共派出17个督查组，出动查访人员3700多人次，组织9次大规模的专项督查或明察暗访。全市查处违规案件57起，处理相关责任人78人，其中县级领导1人，乡镇领导7人，学校负责人70人。全市共减少向中小学生直接收费2.7亿元，其中取消教育维持费和集资建校费1.2亿元，禁止教育附加费“随读代征”减少学生缴费1.2亿元，取消向学生收取勤工俭学费3000万元。常德市规范中小学收费整治工作受到教育部的充分肯定，2002年，在全省中小学收费工作目标年度管理考核中，常德市教育局受到省教育厅通报表彰，位列全省第一，教育部也向全国推介常德整治教育收费的基本经验。

2004年，全市教育收费专项治理工作以“制度健全、操作规范、监管有力、查处及时、群众满意”为工作目标，重点解决部分学校自立项目、超标准、超范围收费，违规有偿补课，强制学生在校内消费等问题。市教育局下发《关于进一步做好教育收费专项治理工作的通知》，要求建立教育收费项目备案制度、学生交费登记制度（下半年以后由学生缴费明白卡替代）教育收费项目报告制度。落实四项督查：1.收费行为督查。在春秋两季开学收费的同时进行，就收费公示、收费开具入账、规费自愿项目操作等事项组织同步检查，发现问题，及时整改。2.教育经费投入与使用情况专项督查。5—6月，市教育局配合市财政局对全市教育经费投入与使用情况进行专项清理。3.执行“三限”情况的专项检查。9—10月，对全市公办高中学校招收择校生情况进行专项检查，对个别突破比例招生的学校进行整改督办。4.对办班补课情况给予清查。针对暑假办班补课多、群众意见大的情况，7—8月，对暑假办班补课行为进行重点清查。全年市县两级接待和处理群众对教育收费投诉138起，件件得到核实，共清退违规收费金额343.5万元。严肃查处各类乱收费案件28件，查处的违纪违规人员中，给予通报批评教育的22人，给予党纪政纪处分的

28 人，其中校长 13 人，其他主管部门和涉教单位负责人 9 人。是年，市教育局在省教育厅组织的全省教育收费专项治理工作目标管理考核中，继续被评为优胜单位，荣获“四连冠”。

2007 年，市教育局就教育收费继续加强以下 4 个方面的治理和规范：1.落实经费。把监督落实农村义务教育经费保障机制改革作为教育收费治理的重要举措。2.规范行为。把收取服务费列为重点规范对象，在寄宿费方面，明确在每生每期 80 元的基础上，确定两人一铺的，每人只缴纳 56 元；在伙食方面，对实行包餐制的学校，实行上限控制，早餐不超过 2 元，中晚餐每餐不超过 3 元；并明确伙食费只准按月收取，不准按学期预收。针对农村学校寄宿、搭餐中存在的一些不规范现象，制定下发《关于进一步规范农村中小学学生寄宿和食堂管理工作的意见》，再次强调学生寄宿、就餐必须坚持学生、家长自愿的原则；学校为学生提供餐宿必须坚持安全第一的原则；学生伙食必须坚持保本不盈利的原则；鼓励学校实行学生购票（卡）就餐制度；学生食堂要使用专用账册管理，单独核算等五条规定。对违反上述规定任何一条者，将按教育乱收费严肃处理，并追究校长责任。对其他服务性收费如饮水费、保险费等要与学校收费脱钩，由学生自主选择。据统计，2007 年全市农村义务教育阶段学校通过取消代收费、服务形式收费共减轻学生家庭经济负担达 3313.2 万元。3.落实管理。一是落实制度管理。在实施教育收费公示制度的同时，健全教育收费治理的管理目标和三级责任网络：市教育局与县教育局、县教育局长与校长、校长与教师层层签订规范收费责任状，明确各级责任人，并与校长的考核任用、教师的评职评优挂钩。二是落实收费管理。要求全市各级各类学校收费，必须使用财政部门提供的专用发票，纳入财政专户管理，使用情况要向教代会报告。从 2007 年开始，在教育系统内实施年度审计、校长离任审计、专项经费审计制度。三是加强教辅资料的管理。对义务教育阶段的教辅资料（即基础训练和寒暑假作业），由教育主管部门确定书目，新华书店连同课本一道发行。4.管理监督。2007 年，全市共组织检查组 137 个，检查高中阶段学校 78 所次，义务教育阶段学校 1053 所次；市教育局组织市一级检查和明察暗访 4 次，组成检查组 12 个，共检查高中学校 32 所，义务教育阶段学校 92 所。对检查中发现的问题进行专题督办，下发检查情况通报，对群众举报的突出问题进行专项督查。

2008 年，随着国家进一步加大对农村义务教育的投入，全市教育收费治理重点转移到治理学生在校餐宿、滥订教辅资料、有偿补课及家教家养等问题上。市教育局把推行农村义务教育经费保障机制改革作为教育收费治理的治本之举，积极争取当地党委、政府重视，不断加大对教育的投入，从源头上治理教育乱收费。各地各单位严格执行教育收费公示制度、缴费明白卡制度，切实加强收费票据管理，坚持服务性收费自愿原则，认真组织开展明察暗访活动，积极开展教育收费示范区县（市）创建活动，严肃查处并有效遏制教育乱收费行为。是年，临澧县代表常德市迎接国家七部委教育收费专项检查，顺利通过创建全省“规范教育收费示范县”验收。全市共查处违规收费案件 23 起，清退违规收费

116.9万元，通报批评20人，处分责任人4人，继续保持治理教育乱收费的高压态势。

2009年6月，市教育局牵头召开市教育收费专项治理年度第一次部门（市监察局、市纠风办、市物价局、市教育局、市审计局、市新闻出版局、市减负办）联席会议，讨论通过《2009年教育收费专项治理工作要点》，明确了部门职责分工。继续把推进农村义务教育经费保障机制改革工作作为教育收费治理的治本之举，确保农村义务教育经费保障机制改革工作的稳步推进。坚持教育收费公示制度，加强教育收费政策宣传，积极参加春、秋两季开学时的行风热线活动；严格收费票据和自愿项目管理；加强收费人员业务知识培训。同年10月，市教育局牵头组成三个调研督查组，采取听、看、查、访、谈等方式，就政府投入责任落实情况、教育收费规范情况、教育发展环境优化情况进行专题调研督查。全年查处19起乱收费案件，处分责任人14人。

（四）查办案件

市教育纪检监察系统注重从源头预防和治理腐败，标本兼治，不断加大反腐败工作力度，严肃查处违法违纪案件。1997—2001年，全市教育系统受理纪检监察举报2261件，全部进行初查核实，作了回复或转立案处理。5年共立案查处违纪案件386件，挽回经济损失775万元。2001年11月6日，《中国教育报》在头版显著位置刊登题为《板子要往自己屁股打，紧日子政府要带头过，常德市政府治理中小学乱收费从自己做起》的专题报道。

这一时期，教育局纪检监察部门还积极参与工程建设项目和高校招生工作的监督。1999—2001年，市教育局在全市教育系统开展建筑领域的专项治理工作，规定市直教育单位的所有工程建设项目，都要按规定程序到市建筑招标中心公开招标。市纪委执法监察室和教育局纪委监察室派员全程参加监督，做到公平公正。在高校招生工作中，教育局纪检监察部门对高校招生工作变结果监督为全程监督；并于2001年5月制定《常德市2001年普通高等学校招生考试监察工作实施方案》，成立市普通高校招生考试监察领导小组，依据省教委监察部门的文件规定，相对独立地开展工作，对招生考试工作实行全面监督检查。

2004年，全市教育纪检监察部门共处理各类信访387件次，其中局纪委直接处理172件次。对上级和领导批示、群众举报中涉及较大问题的54件信访，实行交办和跟踪督查，限期上报核实和查处结果。重点查办在各类考试中的违纪舞弊和教育收费中的违纪违规问题，全年全市教育系统共立案58件，结案50件，处分党员干部和教师98人，其中，受党纪处分8人，受政纪处分74人，受党纪政纪双重处分2人，移送司法机关2人，挽回经济损失22万元。2006—2007年，全市教育系统共立案查处违规违纪案件114起，处理和处分责任人116人，其中给予党纪处分的18人，政纪处分96人，党纪政纪双重处分3人，清退违规收费73万元。2008年，各地各单位通过公开信访举报电话，建立局长信访接待日制度，设立信访投诉中心，保证了信访投诉渠道的畅通。全年市教育局办理各类信访件197件，其中上级交办46件，网贴29件，来信来访23件，行风热线18件，电话投诉 71 件。全市共查处各类案件 57 起，处理责任人 68 人，46 名干部教师分别受到党纪政纪处分。2009 年，市教育局纪检监察部门共办理各类信访 119 件，全市共查处案件 29 起，处理责任人 34 人，有 17 名干部教师分别受到党纪政纪处分。

（五）开展行政效能监察

2008 年，市教育局作为全市 48 家效能监察工作试点单位之一，成立由局长、党委书记黎建平任组长的推行行政责任制加强效能监察工作领导小组，制定《常德市教育局推行行政责任制加强效能监察工作实施方案》《常德市教育局行政许可实施程序》和《市教育局网上政务公开实施办法》；健全了岗位责任制、服务承诺制、限时办结制、公示制、首问责任制、一次性告知制、效能考评制、效能告诫与责任追究制等制度；修订完善《机关车辆使用管理规定》《机关会议接待管理规定》《机关办公用品领用规定》和《机关财务管理规定》等内部规章。组织开展专项督查，建立科室行政责任制工作台账和行政效能专项督查工作台账。设立局机关行政效能投诉中心，开通投诉举报电话，制定《市教育局行政责任制工作效果评估办法》《市教育局机关干部岗位责任制及年度考核办法》《市教育局科室职责和干部岗位职责及评分标准》；并把效能考核结果与公务员考核有机结合，作为机关干部评优评先，选拔任用的重要依据。

2009 年，市教育局把加强机关行政效能建设与创建“文明机关”“满意政府”有机结合，先后投入资金 50 多万元，安装电子显示屏，设置科室导向台、干部职责牌，升级教育信息网，及时公开政务信息；积极开展行政效能督查，严格落实“四费公开”制度，健全群众诉求快速处理机制，对市民网上诉求，做到当天受理，当天交办，当天审签，当天回复。全年办理群众网上诉求 715 件，回复率、满意率 100%。

第十一篇　教育行政管理

第一章　教育经费管理

第一节　经费来源

全市教育经费来源主要有四个方面：一是国家财政拨款；二是按相关政策征收的教育税费；三是学校自筹；四是社会募集。随着国家财政对教育投入的逐步增加，财政拨款逐渐成为教育经费的主要来源。

表 11-1-1　　1989—2010 年常德市教育经费收入统计表　　单位：万元

年份	总计	其中	
		预算内收入	预算外收入
1989	23752.3	9494.0	14258.3
1990	19938.7	10359.1	9579.6
1991	23850.1	13499.3	10350.8
1992	28064.9	13747.8	14317.1
1993	34445.2	19171.7	15273.5
1994	48234.0	27113.3	21120.7
1995	66644.7	28240.9	38403.8
1996	75724.5	34351.6	41372.9
1997	85023.0	36523.5	48499.5
1998	91996.2	45107.6	46888.6
1999	100808.4	50849.1	49959.3
2000	99053.6	55010.8	44042.8
2001	106550.7	67805.0	38745.7
2002	129847.2	80040.2	49807.0

续表 11-1-1

年份	总计	其中	
		预算内收入	预算外收入
2003	146043.4	85530.0	60513.4
2004	168002.0	98526.0	69476.0
2005	192023.5	108464.1	83559.4
2006	213948.6	129753.7	84194.9
2007	276174.1	201134.1	75040.0
2008	325932.4	252403.2	73529.2
2009	365108.1	290182.3	74925.8
2010	423379.7	326864.2	96515.5

一、国家财政性教育经费

20 世纪 90 年代，随着国家颁布《中国教育改革与发展规划纲要》《中华人民共和国教育法》，国家在教育投入上逐步加大力度，特别是 2002 年农村税费改革后，财政性教育经费成为常德教育经费的主要来源。财政性教育经费主要包括教育事业费拨款和征收的各种教育税费。

（一）教育事业费拨款

常德撤区建市初期，国家财政拨款有限，中小学基础建设投入严重不足。1995 年颁布的《中华人民共和国教育法》，明确提出“两个比例”和“三个增长”，常德市逐步建立以国家财政拨款为主，多渠道筹措教育经费的体制。2005 年，国务院下发《关于深化农村义务教育经费保障机制改革的通知》。通知规定，按照“明确各级责任，中央地方共担，加大财政投入，提高保障水平，分步组织实施”的基本原则，逐步将农村义务教育全面纳入公共财政保障范围，建立“政府负责、分级管理、以县为主”的管理体制，实行中央和地方分项目、按比例分担的农村义务教育经费保障机制（简称“新机制”）。在国家和地方政府的努力下，常德市教育事业费快速增长。2001—2010 年，全市教育经费总量（含预算外收入）达到 234.7 亿元，年均达 23.47 亿元。

（二）按国家政策征收的教育税费

1.城市教育费附加。1986 年，国务院颁布《征收教育费附加的暂行规定》。按照文件要求，从 1986 年 7 月起，以各单位和个人实际缴纳的增值税、营业税、消费税（简称“三税”）总额的 1%计征教育费附加。1990 年 6 月，国务院第 60 号令将征收比例调整为 2%。1994 年 2 月，国务院《关于教育费附加征收问题的紧急通知》要求，征收标准按

“三税”总额的3%执行。按照国家规定，教育附加费作为专项收入，由教育部门与同级财政部门统筹安排使用，用于改善中小学教学设施和办学条件。

常德市根据国家相关规定，1987年7月起开征城市教育费附加，由于当时全市工商企业总体规模较小，税收总额不多，征收的城市教育费附加数额较少，至1991年，全市征收的城市教育费附加才达到1000万元。从2000年开始，城市教育费附加征收额度开始大幅增长，2001年全市城市教育费附加总额达到5053.5万元，市本级达到3026万元。至2010年，全市教育费附加已达到38144万元，市本级达到24437.2万元。

1989年市城区职能调整，市城区中学上收到市教委管理。城市教育费附加按当时中学生与小学生的公用经费之比进行分配。城区教育费附加按3:7分成：即市教委70%，武陵区教委30%。1997年市政府对分成进行调整：市教育局为66.5%，武陵区教育局为28.5%，德山开发区为5%。

表11-1-2　**1989—2010年常德市城市教育费附加征收情况表**　单位：万元

年份	征收额度（万元）	年份	征收额度（万元）
1989	804	2000	3916.5
1990	903.5	2001	5053.5
1991	1006.7	2002	4571.4
1992	1087	2003	4413.6
1993	1252.6	2004	7173.8
1994	1860.6	2005	11403.87
1995	2502.7	2006	19057.7
1996	2673.3	2007	21953
1997	3549	2008	22091.9
1998	3749.4	2009	26104.9
1999	3972.7	2010	38144.1

2.农村教育事业费附加。1984年，《国务院关于筹措农村学校办学经费的通知》指出，“开辟多渠道筹措农村学校办学经费，除国家拨给的教育事业费外，乡人民政府可以征收教育事业费附加”。1986年，省人民政府下发的《湖南省农村征收教育事业费附加的实施办法》规定了农村教育事业费附加的征收项目和比率：1.对县以下乡、镇、村办企业和个体工商户，按各单位和个人实际缴纳的产品税、增值税、营业税1%征收。2.对县以下乡、镇农户，按纯收入的1%~1.5%征收（其中：乡、镇个体工商户已按三税附加1%缴

纳的金额可以折抵）。贫困户是否减免征收，由乡、镇人民政府根据当年实际情况决定。3.对上述两项以外的其他经营收入，按其收入总额的1%征收。农村教育事业费附加收入属专项资金，专款专用，取之于乡（镇），用之于乡（镇），任何部门和单位都不得平调、挤占或挪用。农村教育事业费附加用于乡、镇、村办中小学民办教师工资福利的集体补助部分和学校公务费、业务费、设备购置费、正常修缮费等公用经费的开支。

表 11-1-3　　1989—2001 年常德市农村教育事业费附加征收情况表　　单位：万元

年份	征收额度（万元）	年份	征收额度（万元）
1989	2407.2	1996	10481.1
1990	2661.2	1997	12622.4
1991	3140.4	1998	12633.9
1992	3626.5	1999	11844.8
1993	4131.3	2000	11094.2
1994	5195.7	2001	11809.8
1995	9442.3	2002	税费改革后不再征收

3.地方教育费附加

根据国家有关文件精神，2007 年 12 月，省人民政府出台《湖南省教育费附加和地方教育附加征收管理办法》，《办法》规定，在本省行政区域内缴纳增值税、营业税、消费税（以下简称“三税”）的单位和个人，应当分别按照实际缴纳“三税”税额的 3%和 1.5%同时缴纳教育费附加和地方教育费附加，常德市从 2008 年开始征收，当年征收 1572 万元。

4.城市维护建设税

1985 年，国务院发布《中华人民共和国城市维护建设税暂行条例》，按照省政府相关文件规定：城市维护建设税收入总额的 15%~20%用于中小学、幼儿园校舍修建，并主要用于城市义务教育设施建设。1989 年，全市用于教育的有 258 万元，其中武陵区 200 万元。由于地方政府主要考虑城市建设，用于教育的部分没有达到规定比例。

二、学校自筹

（一）收取学杂费

1991 年，市教委制定《常德市中小学学杂费收支管理暂行办法》，各中小学按文件所规定的标准收取学杂费，此后结合物价上涨因素进行了调整。20 世纪 90 年代初期，中小学乱办班、乱补课、乱收费和在职教师家教家养、有偿补课的现象呈蔓延趋势，加重了学生家庭经济负担，影响了学校声誉，群众反映强烈。1994年，省教委发出关于进一步加强中小学新学期收费管理的通知，规定以县级为单位统一印制中小学“收费卡”。1997年，省教委下发《义务教育学校收费管理暂行实施办法》等四个收费管理办法和规定，明确各级各类学校收费项目及标准，进一步规范学校收费行为。

1999年、2000年，湖南省相继发出湘价费字第155号、第15号文件，对全省1999年秋季、2000年春季中小学收费项目和标准作出明确具体规定。(1) 义务教育阶段“杂费”收费标准为农村小学每生每期70元，初中每生每期90元，城区小学每生每期90元，初中每生每期110元。(2) “代收费”包括省定项目及标准和省定项目市（州）定标准两部分。省定项目及标准部分为：书籍课本费、科技活动费、预防保健费、校徽费、档案费、帮困保学费等五项。省定项目市（州）定标准部分为：作业本费、班费、寄宿费、搭餐及单车保管费、影票费、计算机课书籍及维护费、英语课书籍资料费等八项。(3)“借读费”：省定最高限额为每生每期小学100元，初中150元。

从2003年开始，教育收费“公示制”和义务教育阶段“一费制”全面推行，教育收费行为逐步规范。2004年秋季，湖南省在全省义务教育阶段学校全面推行“一费制”收费办法，即义务教育阶段中小学收费在开学时一次性收取，开学后不准再以其他名义收取任何费用。为落实“一费制”收费办法，2004年秋季开学前，市物价局、教育局、财政局联合转发省“一费制”收费文件，就贯彻落实提出具体要求；同时制定《2004年秋季常德市义务教育阶段学生缴费明白卡》，将学生缴费项目及缴费标准印发到各区县（市）学校和学生家长，提高了教育收费的透明度。

2005年，市城区中小学开始实行电子信息化收费。按照市人民政府2005年第64次专题会议精神，从2005年秋季开学起，市城区中小学收取学杂费实行电子信息化收费，学校不再向学生收取现金，学生将学杂费存入个人银行账户，学校按照收费标准通过银行统一扣款。在实施过程中，市政府安排专项资金，统一采购电子信息化收费设备，为每个学校配置电脑、打票机等，并实行收费信息与国库集中支付资源共享。学校收费信息进一步公开，收费行为进一步规范。

表 11-1-4　　2007 年秋季常德市义务教育保障机制改革学校收费标准表　　单位：每生每期/元

	年级	“一费制”标准		其中								寄宿费	伙食费
		农村（黑白版）	城镇（彩色版）	课本费			作业本费						
				书籍课本费		音像教材费（录音磁带）	课堂作业本	课程基础训练	寒假作业本	同步教学实践训练	小计		
				黑白	彩色								
小学	一年级	51	57	24	30	7	5	8	3	4	20	在省定限额内按市物价局核定的具体标准执行。	早餐，每人不超过2元，中晚餐每人不超过3元。
	二年级	52	58	25	31	7	5	8	3	4	20		
	三年级	77	85	43	51	7	7	13	3	4	27		
	四年级	77	84	47	54	7	7	13	3		23		
	五年级	99	106	68	75	7	7	14	3		24		
	六年级	99	109	65	75	7	7	17	3		27		
初中	一年级	193	210	138	155	13	10	27	5		42		
	二年级	194	215	135	156	13	10	31	5		46		
	三年级	170	194	99	123	20	10	36	5		51		

说明　1.除列表收费项目外，不得再向学生收取其他任何费用

2.寄宿费继续按上年标准执行，新、改建宿舍收费标准须另报市物价局核准

表 11-1-5　　1989—2010 年常德市基础教育学杂费收入统计表　　单位：万元

年份	收入金额	年份	收入金额	年份	收入金额
1989	2054.1	1997	13191.7	2005	41341.6
1990	1921.7	1998	18353.0	2006	42144.5
1991	2757.9	1999	22154.3	2007	49880.9
1992	3907.2	2000	22156.0	2008	49117.9
1993	5216.9	2001	23682.7	2009	48508.0
1994	5474.9	2002	29033.5	2010	65049.5
1995	7652.6	2003	32802.6		
1996	9019.2	2004	37035.1		

（二）勤工俭学创收

1993 年，省政府在《关于加快普及九年义务教育的决定》中把发展中小学勤工俭学作为筹措普九教育经费的重要措施。勤工俭学创收主要来源有校办工厂、农场利润，学校食堂、商店和临街门面出租收入。全市中小学勤工俭学工作由市教育局勤管办（站）归口管理。

表 11-1-6　　1989—2010 年常德市勤工俭学创收统计表　　单位：万元

年份	收入金额	年份	收入金额	年份	收入金额
1989	674.7	1997	3815.4	2005	4847.1
1990	840.2	1998	4064.4	2006	6006.8
1991	860.6	1999	3740.8	2007	5232.6
1992	991.1	2000	2806.0	2008	3841.6
1993	1577.4	2001	2853.1	2009	5794.3
1994	2011.8	2002	3184.0	2010	7143.9
1995	2432.1	2003	3802.4		
1996	2541.7	2004	4264.4		

（三）社会募集

1988—2010 年，常德市的社会捐（集）资助学大致可分为两个阶段。第一阶段：1989—2001 年，常德市社会各界捐（集）资助学主要用于“两基”验收，改善办学条件，全市捐（集）资办学资金达76253.9万元，有力支持了常德教育事业的发展。第二阶段：2002—2010年，常德市成立学生资助管理中心，负责发动、组织、接受社会各界对中小学校和中小学生的救助、捐赠与管理。

表11-1-7　**1989—2010年常德市教育历年捐（集）资助学收入统计表**　单位：万元

年份	收入金额	年份	收入金额	年份	收入金额
1989	2187.4	1997	10258.7	2005	17840.5
1990	2292.6	1998	9122.9	2006	17472.6
1991	2604.8	1999	6672.3	2007	2410.2
1992	2881.6	2000	5711.5	2008	2709.8
1993	2341.2	2001	6470.2	2009	2515.8
1994	4622.1	2002	5780.4	2010	7085.7
1995	9996.6	2003	8564.3		
1996	11082.1	2004	10142.2		

第二节　经费使用

教育经费主要用于人员经费、公用经费、基本建设支出等方面。

一、人员经费支出

人员经费指发放给教职员工的工资和补贴。2002年税费改革前，全市教育经费大部分用于人员经费支出；由于经费不足，拖欠教师工资特别是农村学校教师工资的现象时有发生。税费改革后，国家和各级政府加大教育投入，全市实行教师工资由财政统一管理，银行打卡按月发放，教师待遇得到基本保障。随着教师工资和补贴的不断提高，人员经费也不断上涨，1989年全市教育系统人员经费开支只有1.015亿元，到2010年，人员经费开支达到26.685亿元。

二、公用经费支出

2006年，财政部、教育部出台的《农村中小学公用经费支出管理暂行办法》重点明确了公用经费开支的范围和支出比例。按照规定，中小学公用经费主要用于教学业务与管理、教师培训、实验实习、文体活动、水电、取暖、交通差旅、邮电、仪器设备及图书资

表 11-1-8　　常德市 1989—2010 年教育人员经费支出统计表　　单位：亿元

年份	支出金额	年份	支出金额	年份	支出金额
1989	1.015	1997	4.170	2005	11.359
1990	1.087	1998	4.893	2006	12.249
1991	1.217	1999	5.415	2007	18.753
1992	1.540	2000	5.734	2008	22.008
1993	1.981	2001	6.622	2009	22.308
1994	2.745	2002	8.317	2010	26.685
1995	3.278	2003	8.975		
1996	3.642	2004	10.257		

料购置、房屋、建筑物及仪器设备的日常维修维护等。中小学公用经费不得用于人员经费、基本建设投资、偿还债务等方面的开支；同时，明确教师培训费按照学校年度公用经费预算总额的 5%安排，用于教师按照学校年度培训计划参加培训所需的差旅费、伙食补助费、资料费和住宿费等开支。

2002 年税费改革前学校公用经费主要靠收取学杂费和学校自筹。税费改革后，取消农村教育事业费附加，取消的经费额度由中央转移支付补齐，特别是实行“两免一补”后，主要靠国家财政拨款来保证农村义务制教育阶段学校的正常运转。

2005 年，国务院下发《关于深化农村义务教育经费保障机制改革的通知》，要求国家和地方采取一系列措施，补助学校公用经费。一是免除学杂费补助公用经费。农村义务教育阶段学生学杂费标准按省定“一费制”收费标准执行，公用经费补助标准为：农村小学每生每年 200 元，农村初中每生每年 275 元；县镇小学每生每年 230 元，县镇初中每生每年 305 元。免学杂费资金由中央和地方按比例分担，常德市按中部地区 6:4 的比例分担。二是为贫困家庭学生免费提供教科书并补助寄宿生生活费。免费提供教科书资金，中西部地区由中央全额承担；补助寄宿生生活费资金由中央、省、市、县共同承担。三是建立农村义务教育阶段中小学校舍维修改造长效机制。对中西部地区，中央根据农村义务教育阶段中小学在校生人数和校舍生均面积、使用年限、单位造价等因素，分省（区、市）测定每年校舍维修改造所需资金，由中央和地方按照 5:5 比例共同承担，每年校舍维修改造所需资金=（农村小学生数×生均校舍面积+农村初中生数×生均校舍面积）×年危房发生率 3.3%×每平方米校舍改造标准。中央核定的农村生均校舍面积为：小学 4.5 平方米，初中 6 平方米，每平方米校舍改造标准为 400 元。

2006 年，《义务教育法》修订稿进一步明确：全部免除农村义务教育阶段学生学杂费，免费提供教科书并补助贫困寄宿生生活费（简称“两免一补”），免除学杂费由中央和地方按比例分担。

2007年，市教育局、财政局根据教育部、财政部及省教育厅、财政厅的有关精神下发《关于调整完善农村义务教育经费保障机制改革有关政策的通知》，通知明确：1.提高农村义务教育阶段家庭经济困难寄宿生生活费补助标准。从2008年起，落实中央出台的农村义务教育阶段家庭经济困难寄宿生生活费基本补助标准。具体标准为：小学生每生每天补助2元，初中生每生每天补助3元，学生每年在校天数均按250天计算。享受寄宿生生活费补助的家庭经济困难学生的比例，按在校寄宿生的1/3确定。中央财政对湖南省落实基本补助标准所需资金按照50%的比例给予奖励性补助，地方财政承担50%，省、市、县按现行免杂费资金分担比例落实。2.向农村义务教育阶段学生免费提供教科书，提高中央财政免费教科书补助标准，推进教科书循环使用工作。3.提高农村义务教育阶段中小学的生均公用经费基本标准，落实基准定额。

2008年，中央出台农村义务教育阶段中小学公用经费基准定额，分两年落实到位，2008年和2009年，每年落实公用经费基本标准与基准定额差额的50%，2008年按农村小学生每生每年250元，县镇小学生每生每年265元，农村初中生每生每年387.5元，县镇初中生每生每年402.5元执行；2009年小学生每生每年达到300元，初中生每生每年达到500元。中央、省、市、县的经费分担比例，仍按《湖南省关于深化农村义务教育经费保障机制改革实施方案》《湖南省财政厅、湖南省教育厅关于进一步做好农村义务教育经费保障机制改革工作的通知》《常德市深化农村义务教育经费保障机制改革实施方案》的规定执行。石门县所需资金由中央、省、市分别负担60%、36%、4%；对享受西部大开发政策的澧县、津市市所需资金由中央与地方按照8:2分担，省、市、县经费分担比例按6:1:3分担。适当提高农村义务教育阶段中小学校舍维修改造测算单价标准。从2007年起，提高农村义务教育阶段中小学校舍维修改造测算单价标准，中部地区每平方米由300元提高到400元。中央、省、市、县的经费分担比例，仍按原规定执行。

从2008年春季学期开始，国家对城市义务教育阶段学生也实行了免杂费政策，同时，对义务教育阶段学校实行了补助公用经费。2008年生均公用经费标准为：小学生每生每年280元，初中生每生每年417.5元，资金由中央和地方（省、市、县按6:1:3负担）各按50%承担。另外，对享受城市居民最低生活保障政策家庭的义务教育阶段学生免费提供教科书；对在民办学校就读的义务教育阶段的学生也实行免杂费政策，农村小学每生每年190元，农村初中每生每年260元，城市（含县镇）小学每生每年220元，城市（含县镇）初中每生每年290元。

2010年国家再次提高农村义务教育阶段学校公用经费标准，小学提高到每生每年400元，初中提高到每生每年600元，并对不足100人的农村小学教学点按100人核定公用经费补助资金。

到2010年，全市教育经费总收入达到42.34亿元，比2005年增加23.14亿元，增长120.5%。其中，预算内教育经费32.68亿元，比2005年增加21.84亿元，增长201.5%。市本级预算内教育拨款达到4.84亿元，比2005年增加3.37亿元，增长229%。

表11-1-9　　常德市1989–2010年教育公用经费支出统计表　　单位：亿元

年份	支出金额	年份	支出金额	年份	支出金额
1989	0.822	1997	2.292	2005	6.842
1990	0.886	1998	3.341	2006	7.071
1991	1.049	1999	3.539	2007	8.595
1992	1.119	2000	3.409	2008	9.530
1993	1.087	2001	3.752	2009	12.692
1994	1.476	2002	3.870	2010	14.207
1995	1.484	2003	5.100		
1996	1.789	2004	5.514		

三、基本建设支出

1989—2010年的基本建设支出主要是下面几个方面：

一是“两基”达标建设。1989—1998年，在“两基”创建工作中，为改善办学条件，加快教育基本建设步伐，顺利实现“两基”达标，在国家财政投入有限的情况下，根据分级办学分级管理的原则，全市各地普遍开展社会集资办学活动，新建扩建部分校舍。1989—1998年，全市社会各界和群众捐（集）资办学资金达57390万元，至1989年，全市累计用于学校建设的资金近15亿元。

二是中小学布局调整。1988年，全市有中小学4596所，其中小学4174所，初中352所，普通高中70所。中小学布局调整大致分为两个阶段，第一阶段：1989—1998年，全市结合“两基”达标建设，实施中小学布局调整，投入改善办学条件的资金近15亿元。第二阶段：2001—2010年。由于人口出生率下降，学龄人口迅速减少，从2001年开始，全市开展新一轮中小学布局调整。这次布局调整与“义教工程”“平垸行洪工程”“危房改造工程”“校安工程”“合格学校建设工程”“初中工程”等进行，在强调学校合理布局的同时，重在改善办学条件。到2010年年底，全市中小学（含教学点）缩减到1154所，其中小学720所，教学点139个，初中 247所，普高48所。

三是危房改造工程。1989年3—5月，市政府先后召开市长办公会、全市电话会，部署改造中小学危房改造工作；并以明传电报下发《加速改造中小学危房的通知》。至5月底，落实危改资金1921.8万元。危房改造主要集中在2001—2005年，全市共投入危改资金2.28亿元，完成危改项目1185个，改造危房面积80.24万平方米。2006年，国务院决定建立农村义务教育保障新机制。常德市中小学校舍维修建设改变了以往危房改造的临时性、应急性措施，把农村中小学校舍维修改造纳入经常性、制度化轨道，建立了中小学危房改造长效机制。

四是初中工程、合格学校建设和校安工程。从2007年开始，国家相继实施农村初中校舍改造工程（即初中工程）、合格学校建设工程、校安工程。旨在进一步改善办学条件，提高中小学校舍防灾能力，工程资金由国家、省、市、县按一定比例承担。至2010年，已累计投入资金5115万元。

五是其他工程建设。1. 救灾保学。1998年，全市遭受历史罕见的特大洪涝灾害，安乡县、澧县、汉寿县、石门县、津市市、临澧县、桃源县损失惨重。据统计，全市受灾学校1130所，全毁重毁学校90所，倒塌校舍16.5万平方米，新增危房28万平方米，倒塌围墙11万米，损坏桌椅7.9万套，损失仪器设备13.78万件，损坏图书58万本。教师家庭受灾4499户，死伤师生9人，直接经济损失2.5亿元。在省教委的支持下，市委、市政府在全市迅速开展救灾保学并启动恢复重建的“百校工程”。省教委对常德灾区学校多次进行核查，确定全市全毁学校57所，列入“百校工程”项目19个，共拨给资金1299万元。同时，省教委对水毁工程还追加安排邵逸夫项目7个，安排资金170万元，香港信善机构用于重建的学校项目3个。全市完成新建扩建学校52所，建筑面积52437平方米。“百校工程”19个，建筑面积3228平方米。修复校舍163所，维修面积175078平方米，共投入配套资金3178万元。通过一年时间，实现了“灾区无危房，新建学校是一流学校”的目标。2. 特教工程。根据省教育厅、省发展改革委、省残疾人联合会《关于编报我省特殊教育学校建设总体规划及“十一五”期间项目建设方案的通知》精神，2008年编制了常德市特殊教育学校建设总体规划及“十一五”期间项目建设方案。全市计划新建和改扩建4所特殊教育学校。2009年9月，投资1.65亿元，启动新建常德市特殊教育学校工程；2010年，投资280万元改建津市市特殊教育学校。桃源县特殊教育学校和安乡县特殊教育学校也纳入改造规划。3. 学前教育推进工程。为加快发展农村学前教育，2010年国家安排资金启动中西部农村学前教育推进工程试点项目，津市市、澧县、桃源县、石门县列入试点范围，2010年津市市被列入首批试点县，获得650万元中央专项资金，新建4所幼儿园。

表 11-1-10　　常德市 1989—2010 年学校基本建设支出情况统计表　　单位：万元

年份	合计	预算内		预算外	
		修缮费	基建费	修缮费	基建费
1989	5122.3	936.8		4185.5	
1990	6070.2	680.5		3985.9	1403.8
1991	6322.4	1999.7		2918.9	1398.6
1992	7265.8	1963.1		5302.7	
1993	5914.1	1964.8		2145.1	1804.2
1994	11452.0	724.2	1683.3		10045.5
1995	13850.0	1677.4			12172.6
1996	17612.2	718.2	3028.1		13865.9
1997	19514.5	1765.6	3084.1		14664.8
1998	16589.1	10473.4	6115.9		
1999	19490.8	11488.0	8002.8		
2000	14522.0	11254.5	3267.5		
2001	15279.7	12506.8	2772.9		
2002	16168.4	12129.1	4039.3		
2003	23434.8	18269.7	5165.1		
2004	26936.0	16807.1	10128.9		
2005	34065.3	24209.5	9855.8		
2006	33172.5	29047.6	4124.9		
2007	8542.7	6163.3	2289.4		
2008	15202.6	6443.2	8759.4		
2009	23664.5	8531.0	15133.5		
2010	22670.0	8704.5	13965.5		

第三节　财务管理

一、财务管理制度

1988 年常德撤区建市，市教委设计划财务科负责全市教育财务管理工作。各区县（市）教育局设计财股，计财科（股）具体负责本县教育财务管理工作。

1988—1995 年间，常德市教育财务管理制度不够健全，县乡政府和学校财务管理常常各自为政；部分区县甚至将教育经费管理权下放到乡镇，由乡镇负责筹措教育经费，给教育经费的落实带来很大困难。有的乡镇不仅学校基本建设无法进行；连教师的工资也无法落实。

1991 年，常德市先后出台会计人员岗位责任制、市教委机关财务制度等教育财务管理制度。同年，常德市教委发常教计字〔1991〕1 号文件《常德市市属学校经费综合定额包干管理试行办法》、常教计字〔1991〕2 号文件《市属中小学基本建设项目暂行管理办法》。

1995 年《中华人民共和国教育法》颁布实施。《中华人民共和国教育法》明确规定，发展基础教育的责任主要在县级政府。

1997 年，财政部、国家教委下发关于中小学校财务制度的通知。同年，湖南省颁布《湖南省义务教育实施办法》规定，《办法》明确义务教育经费由县级以上教育行政部门统一管理，合理分配。省委、省政府要求各地落实教育人、财、物、事四权由县级以上教育行政部门归口管理的管理体制，不能将其下放到乡镇。为了加强教育经费管理，市政府、市财政局、教育局根据财政部、教育部和省政府不同时期出台的财务管理文件的精神，结合常德市具体情况，组织制定、出台了一系列财务管理制度。

1999 年市政府下发《常德市行政事业单位会计人员管理试行办法》。该管理办法对行政事业单位会计机构管理、会计人员及从业资格的管理、会计人员继续教育等方面作出了明确的规定。

2006 年财政部、教育部出台《农村中小学公用经费支出管理暂行办法》后，2008 年市教育局、财政局联合下发《关于印发农村中小学公用经费支出管理暂行办法的通知》，对常德市农村中小学公用经费开支范围进行进一步细化，并提出具体的使用支出比例,其支出比例规定如下：公用经费 35%左右用于教学业务与管理、学生体检、校方责任险、实验实习、文体活动等开支；25%左右用于办公、会议、邮电、水电、报刊、差旅费、接待等开支；5%左右用于教师培训；15%左右用于一般的电教仪器设备、图书资料、文体卫生器材、教学资料及教学软件（课件）的购置；20%左右用于课桌椅、床铺、房屋、建筑物和信息技术教育设备及电教仪器设备的日常维修维护，校园绿化美化和其他开支等。

2008年市教育局、财政局出台《常德市市直教育单位计划内基本项目建设管理办法》。该办法对市直学校项目建设程序和建设资金管理作出明确规定。在建设资金管理方面，单位要设立专账管理，工程项目由建设单位按工程进度提出拨款申请，由市教育局、财政局审核后拨付。建设项目竣工验收，办理决算审计后，其拨款额度不得超过总投资额的90%。各建设单位必须按规定预留质量保证金，待竣工验收一年后结算。项目建设资金必须专款专用，不得挤占、挪用。

2010年市财政局、教育局出台《常德市城区学校建设改造市级奖补资金管理办法》。文件规定，从2010年起到2012年，三年内市本级对市城区所辖区（包括武陵区、德山开发区、柳叶湖度假区）学校建设改造在资金上按照1:1给予奖补。同时对奖补资金管理做出相关规定，包括建设目标、资金使用范围、项目审核程序、补助资金拨付程序等。

二、财务预算管理

“十一五”期间，常德市随着国家惠民政策和教育优先发展政策的实施，用于教育的钱多了，教育财务管理是教育系统常抓不懈的一项工作，而财务预算是财务管理的核心。市本级的中小学校普遍开展财务预算编报工作。每年的下半年，按照教育主管部门和财务部门规定收支标准及定额，结合近几年来的实际收支的综合平均数，编制出学校（单位）的下一年度的财务预算，坚持“以收定支，不编赤字预算”的原则。学校（单位）预算编好后，再送到教育主管部门进行审核，再送财政部门。财政部门将学校（单位）的预算进行审核汇总后，报市人大批准，再以财政局的文件将预算下达市本级学校（单位）和教育主管部门。

市本级的教育费附加预算，由市教育局与市财政局联合编报，下年度的预算数是根据上一年的实际入库数，按一定比例增长后，确定本年度的预算数。支出项目首先由教育部门根据市直学校的发展需要以及各种配套支出初步确定，再送财政部门进行综合平衡，综合平衡后报市政府研究，市政府研究同意后再经市人大批准。市教育局和市财政根据市人大批准的预算，再联合下文预算到校到单位。

三、财务公开

常德市为了进一步规范财务收支行为，加强教育部门的财务管理，增强各级各类学校教职员工对教育部门财务活动的监督，进一步提高教育财务管理的透明度和民主化，保障教育事业健康可持续发展，各级各类学校均制定有财务公开制度。其目的是为了严格执行国家有关法律、法规和财务规章制度，保障收支行为的规范化，量入为出，保证重点，兼顾一般，注重资金的使用效率，厉行节约，制止奢侈浪费，增强教职工民族意识，积极有力地进行财务监督，从源头上预防和遏制不良之风，提高领导干部廉洁自律的自觉性，密切干群关系，促进行业建设。常德市教育部门在财务公开内容有明确要求：学校财务规章制度，上级有关文件和政策性通知，学校各项奖惩制度及绩效工资方案学校财务公开管理制度；学校预算编制及执行情况，尤其是公务接待、会议、用车等费用支出情况及预算外资金的收支情况；公用经费的划拨标准、总额及累计拨款情况；重要财产、物资的采购和处置情况；教职工奖励性绩效工资发放、社会保障费情况；建设工程项目和较大修理项目经费落实及公开招投标情况；其他教职工利益的重大经济事项。要求学校采取设定固定的公开栏、宣传栏；定期召开教职工代表会议；内部资料、校刊、广播、校园网等多种方式进行财务公开。

四、财务监督和检查

为加强资金管理，切实落实农村义务教育阶段学校正常运转的需要，市财政局和市教育局提出如下要求。一是各区县市要严格按照省里明确的经费分担负责足额落实各级财政应承担的公用经费所需资金。二是各区县市要本着向规模较小学校，薄弱学校倾斜的原则合理分配农村中小学公用经费，尽快分解下达补助资金预算。各级财政要加强对农村中小学公用经费使用的管理和监督，各级支出要据实列支，严禁虚列虚支，虚报冒领和挤占挪用，不得以‘白条’以及其他不规范票据充抵支出。严禁私设小金库，公款私存，学校公用经费不得用于人员经费和偿还债务等。三是各区县市财政部门要严格按照规定程序扎实做好中央专项资金的支付管理工作，及时足额拨付资金，严禁滞留缓拨，确保学校用款需要和正常运转。市教育督导、审计和计财等部门负责对教育经费管理使用的监督检查，定期开展教育经费专项检查、专项督导、专项审计，重点检查督导教育经费的筹措、投向、拨付、使用、管理等情况，发现问题及时查处，确保教育经费的合理使用。

1988 年至 2010 年，常德市教育收费经历从收费难到治理乱收费的过程。国家实行优先发展教育战略，一方面国家发展教育力度加大，人民群众对教育的认识逐步增强，另一方面教育乱收费现象也屡禁不止，加重学生家庭经济负担，影响青少年的健康成长，败坏学校声誉，群众反映强烈。市教育局每年春秋季都进行收费检查。纪检部门通过调查核实，查处乱收费责任人，清退收缴违规收费。2001 年至 2004 年，常德市教育局在省教育厅组织的全省教育收费专项治理工作目标管理考核中连续被评为优胜单位，荣获‘四连冠’。“2004 年秋季常德市义务教育阶段学生缴费明白卡”见下。

2004年秋季常德市义务教育阶段学生缴费明白卡

（统收部分）

学校：　　　　　　年级：　　　　　　班级：　　　　　　姓名：

缴费总额：　　　　　　家长签字：　　　　　　单位：元/每生·期

学段	年级	总计				其中								
		非课改地区		课改地区		杂费		课本费				作业本费	其它费	
								普通课本		实验课本				
		农村	城镇	农村	城镇	农村	城镇	农村	城镇	农村	城镇		农村	城镇
小学	一年一期			132	158	70	90			35	39	10	17	19
	二年一期	123	150	130	157	70	90	28	33	35	40	10	15	17
	三年一期	149	175	167	195	70	90	29	33	47	53	10	40	42
	四年一期	155	182			70	90	35	40			10	40	42
	五年一期	159	185			70	90	39	43			10	40	42
	六年一期	160	186			70	90	39	43			10	41	43
初中	一年一期			267	294	90	110			118	123	15	44	46
	二年一期	237	268	253	284	90	110	91	100	107	116	15	41	43
	三年一期	240	262	228	266	90	110	93	93	81	97	15	42	44

注：

1、“其它费” 系指：班费每生每期4元；科技活动费每生每期小学1元、初中2元；帮困保学费每生每期4元；预防体检费每生每期农村3元、城镇4元；影票费每生每期农村3元、城镇4元 ；小学三年级以上（含三年级）学生信息技术教育费每生每期25元，经省以上教育行政部门认定的现代技术实验学校和经批准由社会资金投资有电脑教室的学校信息技术教育费增加15元，相应提高“一费制”标准；小学一年级学生守则、学生证每生2元，初中一年级校徽、学生守则和学生证每生3元，小学六年级和初中三年级毕业证每生1元 。

2、因我市今年“必订课本” 与省定版本不完全一致，各地在确定“一费制”总额时，应以实际征订版本计费，并相应增减“一费制”收费总额。

第四节　内部审计

一、审计机构

1990年5月，国家教委发布《教育系统内部审计工作规定》，要求建立教育系统内部审计机构、配备内审专干，开展审计工作。1991年4月，市教委增设审计科，核定编制2人。1996年4月，审计科改为非独立法人事业单位，更名为常德市教育审计室，核定编制4名。2001年12月，根据《常德市人民政府关于印发〈常德市教育局职能配置、内设机构和人员编制规定〉的通知》精神，审计室由事业性教育审计机构改为行政性教育审计机构，正科级，核定编制4人。各区县（市）教育局均设有教育审计机构，全市共配备审计工作人员113人，其中专职审计人员31人。

二、审计制度

1991年，根据国家教委9号令和省教委审计处制定的《教育系统内审工作实施办法》等有关文件精神，结合全市教育系统实际情况，市教育审计科制定《常德市教育系统内部审计工作规定》《市直教育单位定期审计制度》《审计人员岗位责任制》等相关文件。1997年，为了切实加强对教育经费的审计监督，依据《中华人民共和国教育法》《审计法》和国家教委有关文件精神，结合教育系统实际，市教委制定《教育内部审计工作年度考核奖励暂行办法》《关于对市直教育单位行政负责人实施离任经济责任审计的暂行规定》。为了加大基建修缮项目审计力度，1998年4月，市教育局印发《教育系统基建项目预（决）算审计暂行规定》，同年5月印发《市直学校基本建设管理办法（试行稿）》。为了提高教育审计工作水平，解决教育审计工作的随意性，使全市教育内审工作制度化、规范化、科学化。市教育局制定《审计人员职业道德》《审计人员工作纪律》《教育审计工作制度》《学习、培训制度》《审计人员岗位职责》《教育审计内控制度》《审计工作程序和质量标准》《常德市教育审计工作年度考评奖励制度》等一系列规章制度。为了增强教育行政干部和教职工对教育审计工作的认识，提高全市教育系统专、兼职审计人员政策和法律水平，1999年3月，审计室收集整理国家、教育部、和省、市教育部门颁发的一系列政策法规文件，编印《教育审计法规文件选编》一书，发至全市各级教育行政管理部门、中小学校和专、兼职审计人员。2005年3月，根据教育部《教育系统内部审计工作规定》和省教育厅《湖南省教育系统内部审计实施办法》《湖南省教育系统建设项目审计实施办法》，审计室修订、完善、制定《常德市中小学财务收支审计的规定》《关于对中小学校长实行离任审计的规定》《关于对中小学校长实行任期内经济责任审计的规定》《教育系统建设项目审计实施办法》等一批教育审计规定与办法。

三、审计工作

1991—2010年，全市教育系统共完成审计项目7341个。其中财务收支审计项目2848个，财务预决算审计项目184个，基本建设审计项目1132个，修缮审计项目1477个，经济责任审计项目1215个，经济效益审计项目150个，专项资金审计项目127个，其他审计项目208个。审计金额139.82亿元，通过审计发现并纠正有问题的资金4.02亿元。(见表11-1-11)

1.财务收支（预、决算）审计。1991年以来，全市教育审计机构累计完成财务收支审计项目2848个。为加强对学校、教育单位财务收支全过程的审计监督，促进传统的财务收支审计向学校、教育单位预算编制、执行情况审计的转变；澄清教育单位的财务家底，提高学校、教育单位财务管理水平；增强开源节流、勤俭办学、消赤减债意识；加强对学校、教育单位的财务预算、教育经费和固定资产管理。从2003年开始，市、区县（市）两级教育审计部门拓展对学校单位预算编制及执行情况的审计。2003—2010年，全市完成学校、教育单位预算编制及执行情况审计项目184个。

2.经济责任审计。一是教育单位干部任期经济责任审计。1991—2000年，对学校负责人的经济责任审计与学校财务收支审计在审计方式、内容、对象上相同。2000年9月26日，教育部下发《关于切实做好经济责任审计工作的通知》，市教育审计室开始把经济责任审计工作列入重要议事日程，制定了任期经济责任审计制度，使经济责任审计工作制度化、规范化。二是开展校长经济责任审计，主要是对校长任期内的资产负债、净资产状况、引资办校、固定资产投入情况、完成资金收支计划、遵守财经纪律和落实财务管理制度及校长的廉洁自律等方面进行审计，作出客观、公正的审计评价。2005年以来，全市教育审计机构除了对学校、教育单位离任的主要负责人进行经济责任审计外，还对在同一学校任期较长的主要负责人进行在职经济责任审计，对规模较大学校的分管财务的副校长异动时也进行经济责任审计，实现对教育单位领导经济责任的全程监控。

3.基建修缮审计。1991—2010年，全市完成基建修缮审计项目2609个，送审金额167805万元，共审减基建修缮支出25265.78万元，审减率为15.06%。1997年前，全市教育基建修缮审计工作由教育审计部门与计财部门联合审计，审计人员由教育系统的基建预（决）算人员组成。学校按审计结论支付工程款及相关费用，并办理固定资产登记工作。1997年8月，市教育局决定，教育基建修缮的审计工作由审计部门独立进行审计，并于1998年4月印发《教育系统基建项目预（决）算审计暂行规定》等文件。1999年，对新建的芷兰实验学校第一期建设的基本项目（教学楼、学生宿舍等）造价进行审计，送审额2983万元，审定2439万元，审减544万元，审减率18.2%。

2000年后，区县（市）教育审计部门对小型基建修缮项目采取教育审计部门初审，再送财政部门或审计部门评审的方式；大型基建修缮项目由财政部门或审计部门直接评审。市直教育单位基建修缮项目不论大小，均采取由市教育局审计室初审，再送财政部门或审计部门评审的方式。2005 年 5 月，由市教育局委托湖南银华工程咨询有限公司对市教育局新建的教育服务中心（现凯悦大楼）工程项目的造价进行审计，送审额 3350 万元，审定额 2320 万元，审减 1030 万元，审减率 30.75%。（见表 11-1-12）

4.专项资金审计。2001 年以来，全市教育审计机构加强对中央、省、市下拨的各种专项资金的审计监督。一是开展对农村中小学危房改造工程专项资金的审计，以保证资金的专款专用。2001—2005 年，全市共投入危改资金 2.28 亿元，完成危改项目 1185 个，改造危房面积 80.24 万平方米。二是开展对义务教育经费保障新机制的专项审计。各区县（市）教育审计机构对资金的预算、拨付、管理和使用情况进行了审计监督，重点审计分担经费是否落实；是否将中央、省、市“新机制”资金抵顶本级应分担经费；是否有调剂、截留、挪用经费的现象；是否有一边免一边向学生收费的现象；是否按上级规定的农村中小学公用经费的标准列入年度预算；是否及时拨付到中小学校；使用上是否用于教师的工资、福利、奖金、补贴等人员经费；是否用于偿还基建欠款等。三是对中职学校学生助学金发放情况进行审计。2007 年，对全市中职学生助学金 4339.8 万元的发放情况进行了审计，重点审计了国家助学金受助对象的资格申请审批、资金拨付和发放情况。这些审计项目，保证了国家的惠民政策落到实处。

5.审计调查。1991—2010 年，全市教育系统开展专项审计调查共 20 个。通过审计调查，既看到审计调查对象所取得的成绩，也揭示存在的问题及产生的原因；并提出解决问题的具体意见和办法。如 1992 年，市教委审计科对农村教育事业费附加和城市教育费附加进行了审计调查，保证了这两项费用的足额到位。（见表 11-1-13）

6.审计质量控制。审计质量控制工作从两个方面进行：一是对内部审计工作的质量控制；二是对审计项目的质量控制。为了严格执行各项审计工作规范，保证审计工作质量，1998 年以来，全市每年都开展教育“审计质量年”活动；把审计质量考评纳入全市教育审计工作计划，把质量考评内容、细则及评分标准印发到区县（市），年末组织验收组对区县（市）教育局审计质量进行考核。通过开展教育“审计质量年”活动，全市教育审计工作和项目质量明显提高，达到了规范要求。1999 年，常德市在全省教育审计工作考核中列 B 类第一名。2003 年 11 月，省教育厅组织专家对市教育局、石门县教育局、澧县教育局的教育审计工作和项目质量进行检查，均获一等奖。2007 年 12 月，省教育厅组织专家对市教育局、澧县教育局、临澧县教育局的教育审计工作和项目质量进行检查，得分均在 92 分以上。2010 年，省教育厅组织专家对市教育局、武陵区教育局、汉寿县教育局、桃源县教育局的教育审计工作和项目质量进行检查，得分均为 98 分。

常德市教育审计工作获得上级主管部门的充分肯定，1998 年，常德市教委被省教委评为全省教育审计先进单位；1998—2000 年，常德市教委被市审计部门、市政府、省审计厅评为内部审计先进单位。

表 11-1-11　**1991—2010 年常德市教育审计情况统计表**　单位：万元

年度	审计项目									审计金额（万元）	发现并纠正有问题金额（万元）
	合计	财务收支审计	预算决算	基本建设	修缮项目	经济责任	经济效益	专项资金	其他项目		
1991 年	51	35		7	6	3				9867.54	143.08
1992 年	253	182		10	50	11				12212.63	448.62
1993 年	267	197		13	40	17				14854.68	457.12
1994 年	251	173		23	35	20				15635.43	485.43
1995 年	249	158		31	32	26	2			17521.75	673.69
1996 年	244	132		9	31	66	6			19710.35	1015.75
1997 年	355	234		29	47	30	15			40714.67	2051.37
1998 年	628	423		27	126	46	6			51061.7	3535.36
1999 年	317	175		25	48	61	8			46869.1	2697.4
2000 年	304	72		41	89	95	7			51844.82	2260.15
2001 年	271	50		31	73	109	8			67108.9	2625.3
2002 年	506	195		32	101	142	36			85001	2608.7
2003 年	487	93	27	100	85	161	3	9	9	152242.4	4643.6
2004 年	268	71	23	64	60	32	4	9	5	53061.5	1463.4
2005 年	579	158	0	183	128	68	4	35	3	120080.7	2564.64
2006 年	471	165	5	127	55	96	8	11	4	122136.7	3009.56
2007 年	336	63	20	88	93	55	3	8	6	65747.1	2043
2008 年	477	113	39	118	108	50	3	36	10	125894	2402.14
2009 年	447	50	34	63	163	66	2	5	64	150528	3218.2
2010 年	580	109	36	111	107	61	35	14	107	176176	1885.93
合计	7341	2848	184	1132	1477	1215	150	127	208	1398268.97	40849.46

表 11-1-12　　常德市 1991—2010 年教育基建修缮审计统计表　　单位：万元

年　度	审计项目（项）			基建、修缮项目（万元）		
	合计	基本建设	修缮项目	送审额	审减额	审减率%
1991 年	13	7	6	2515.25	309.36	12.30%
1992 年	60	10	50	2896.27	379.56	13.11%
1993 年	53	13	40	2948.68	398.26	13.51%
1994 年	58	23	35	3612.96	469.21	12.99%
1995 年	63	31	32	4433.21	602.71	13.60%
1996 年	40	9	31	3231.2	435.29	13.47%
1997 年	76	29	47	3893.34	610.05	15.67%
1998 年	153	27	126	9929.68	1173.11	11.81%
1999 年	73	25	48	4723.2	729.4	15.44%
2000 年	130	41	89	6464.2	737.33	11.41%
2001 年	104	31	73	8389	1451.4	17.30%
2002 年	133	32	101	13500	2024	14.99%
2003 年	185	100	85	13400	1848.4	13.79%
2004 年	124	64	60	13491.4	1961.3	14.54%
2005 年	311	183	128	14662.2	3039.03	20.73%
2006 年	182	127	55	6502.5	1139.24	17.52%
2007 年	181	88	93	6683.11	996.48	14.91%
2008 年	226	118	108	11744	1501	12.78%
2009 年	226	63	163	18799.1	3066.3	16.31%
2010 年	218	111	107	15985.7	2394.35	14.98%
总　计	2609	1132	1477	167805	25265.7	15.05%

表 11-1-13　　1991—2010 年常德市教育专项审计调查基本情况

时间		审计内容
1991年	7—8月	全市1990年教育经费落实情况
	11—12月	全市救灾款物发放情况
1992年		农村教育事业费附加与城市教育费附加
1993年	6月	勤工俭学及企业经济效益
	8—9月	中央专项补助款
1997年		安乡、澧县、桃源、鼎城、汉寿5个区、县,西湖、西洞庭、贺家山3个农村及武陵区新划入的四乡一镇1994—1996年的教育经费决算情况
1998年5—6月		桃源县漳江镇、汉寿县株木山乡、安乡县下渔口镇1997年度教育经费筹措、管理、使用情况
1999年5—6月		城乡教育费附加
2000年5月8—20日		全市电教仪器、图书、音像教材专项经费的征收、管理和使用情况
2001年5月8—23日		九个区、县(市)、市直单位30所中小学固定资产购建、管理和使用
2002年4—6月		全市基础教育2000年至2001年电教仪器、图书、体卫、师训、音像教材、计算机维护等六项经费的征收、管理和使用
2003年6月		七个区县(市)60所中小学食堂的管理体制、制度建设、内部监管及财务管理
2004年5月—8月		全市范围内的中小学债权债务
2005年	3月	市直22所学校、教育单位财务收支审计
	6—7月	市直学校债务调查
2006年3—6月		全市2001~2005年国家、省拨农村中小学危房改造工程专项资金
2007年		农村义务教育经费保障机制资金使用情况
2008年		义务教育经费保障新机制
2009年9—10月		全市中小学财务管理体制
2010年		市直学校基建负债

第五节　学生资助

一、学生资助机构

2002年，为了适应教育扶贫工程的需要，根据市委、市政府有关文件精神，在市教育局计财科加挂“常德市教育捐赠中心”的牌子。2004年，根据省委、省政府有关文件及市政府第七次市长办公会会议精神，市编委下发文件，将“常德市教育局捐赠中心”更名为“常德市中小学救助受援捐赠中心”，仍挂靠在教育局计财科，核定全额拨款事业编制2名。2005年11月，市编办批复同意常德市中小学救助受援捐赠中心单独设立，为市教育局管理的正科级事业单位，工作任务不变，另增加全额拨款事业编制1名。2009年6月，常德市中小学救助受援捐赠中心更名为常德市学生资助管理中心，增加全额拨款事业编制1名。调整后，常德市学生资助管理中心相应增加中等职业学校学生国家助学金管理、生源地信用助学贷款管理及贷后管理、资助政策宣传等工作任务。

二、学生资助工作

（一）社会助学　1988—2010年，常德市社会捐资助学可大致分为两个阶段。第一阶段：1989—2001年，常德市社会捐（集）资主要用于“两基”达标建设，改善办学条件。全市捐（集）资办学资金达76253.9万元（根据计财科1989—2001年统计数据），有力支持了常德基础教育事业的发展。20世纪90年代，常德市洪涝灾害频发，全市教育系统为了支援灾区教育，也举办过“手拉手一帮一”教育支灾活动（1995年）、“我为灾区献爱心”募捐活动（1996年）和“手拉手献爱心”教育支灾活动（1998年），动员广大师生和社会各界为灾区教育捐款，募集到爱心捐款达157.97万元[其中1995年18.7万元，1996年25万元，1998年114.27万元（含师生捐款70万元、衡阳市教委捐赠21万元、国家教师奖励基金和原市教委主任刘顺甄所在的上海行政学院各1万元、衡阳裕衡光学仪器公司1.27万元、省教委及省教委关工委0.6万元、省教委纪委书记李丽代表省教委和省教育工会专程前往安乡县教育局送达救灾款20万元]。第二阶段：2002—2010年，学生资助管理的专门机构——学生资助管理中心成立，负责发动、组织、接受社会各界对中小学校和中小学生的救助、捐赠与管理，其工作重心也逐步转移到对贫困学生的资助上来。

1.设立“9·8助教日”　为了帮助贫困学生享受平等教育的权利，在常德形成良好的社会助学氛围，2002年8月29日，市第三届人大常委会第36次会议通过市人民政府提请将每年9月8日确定为全市助教日的议案，在全国率先以人大法定形式设立地方助教日。2002年至2010年，在“9·8助教日”活动的推动下，市学生资助中心通过组织捐资、捐物、设立助学基金、开展万人结对助学行动等形式，共募集帮困助学款达4086.22万元，帮助90所农村薄弱学校建成省、市合格学校，资助特殊困难学校（含受灾学校）262所，共惠及各类学生280018人次，其中大学生3065人次，中职学生2613人次，高中学生9517人次，义务教育阶段学生260591人次，特殊教育学校学生4232人次。

2002年9月4日，市委副书记曹儒国主持召开市各部办委局负责人会议，布置“9·8助教日”助学捐赠工作。9月7日在武陵阁广场组织现场募捐活动。9月8日，市委、市政府在工人文化宫隆重举行全市第一个助教日暨第18个教师节庆祝大会，号召社会各界关注教育扶贫和捐赠助学工作，踊跃为家庭贫困学生捐款、捐物。大会由市长陈君文主持，参加会议的有市直处级以上行政事业单位负责人、区县（市）分管教育的副区县（市）长、教育局长、市直大中专、中小学校长等600余人。市委、市政府主要领导出席大会并带头捐款，现场捐款捐物的单位和个人达267个，共收到捐款384万元（其中常德卷烟厂捐款80万元，洞庭水殖捐款50万元，中国人寿保险公司常德分公司捐款21万元，市自来水公司、常德纺织机械有限公司、恒安纸业集团、向都实业各捐款10万元）。

2003年，为进一步贯彻落实市委、市政府《关于加快教育事业发展的若干意见》的文件精神，切实解决好贫困家庭子女的入学困难，在第二个“9·8助教日”前后，由市教育局牵头，在全市广泛开展以“帮困助学万人大行动”为主题的“9·8助教日”系列活动，活动得到各级党委、政府的大力支持和社会各界的积极响应，市委、市政府对2002年评选出的捐款红旗单位、先进单位进行了通报表彰；并在全市范围内开展单位与学校、个人与学生结对助学活动。全市共结对助学学生10829人，其中市直结对助学3025人；同时，市学生资助管理中心还向社会各界募集助学基金506万元，其中市直募集177万元，资助当年受灾学生1732名。对受灾学校一次性资助80万元，全市18320名家庭困难学生得以顺利入学，其中救助义务教育阶段学生16800人，使全市义务教育阶段适学人口入学率达100%，巩固率达到99.57%，《中国教育报》《湖南日报》《湖南当代商报》《常德日报》《常德晚报》等省、市新闻媒体也先后对此进行报道。

2.逐步建立捐资助学长效机制　2004年，市政府把开展助学行动作为向全市人民公开承诺的“十件实事”之一。市政府在《关于办好2004年十件实事的通知》中进一步明确了助学工作任务；并将其列为各单位年终考核的重要内容。同年7月，市编办根据市长陈君文的批示，同意在原常德教育捐赠中心基础上，成立常德市中小学救助受援捐赠中心。8月，市政府办下发《关于开展经常性助学活动的通知》，通知要求建立由分管副市长牵头的经常性助学活动联席会议制度，确保助学资金以财政投入为主渠道，要求有关职能部门对教育机构的罚没收入上缴同级财政后，由财政全额划拨给同级助学机构。当年全市先后募（筹）集助学资金1873万元，其中财政投入437万元，解决了35895名特困家庭学生入学困难问题。2005年，在全省教育工作会议上，市教育局局长黎建平就常德市开展助学行动的经验作了典型发言，并由省政府向全省推广。到2006年，帮困助学工作纳入到各级政府为民办实事的内容，基本形成了各级政府拨专款助学、企事业单位捐资助学、公民个人结对助学的长效机制。2006 年全市共筹措助学资金 3780 万元，其中市县两级政府共拨助学专款 1000 万元，单位和个人捐款 580 万元，国家、省配套资金 2300 万元，全市共救助学生 22 万人，其中免杂费 7.1 万人，免课本费 13.1 万人，免生活费 1.8 万人，实现了义务教育阶段应助尽助的目标。

3.设立多种助学基金。2005 年 9 月 8 日，市政府在市体育馆举办吴碧霞帮困助学专场音乐会，市长陈君文主持，他在讲话中号召社会各界把关注的目光投向教育事业，把火热的爱心献给贫困学生。现场先后有 13 个单位和个人捐款，其中远大空调集团现场捐款 20 万元，专场音乐会现场捐款及门票收入共 203.3 万元，全部作为吴碧霞资助常德市贫困学生奖学金。同年 10 月 26 日，市委、市政府举行贵联集团（香港）资助常德市贫困学生教育基金会成立暨捐款仪式。贵联集团主席蔡德先生捐款 250 万元（资金从 2005 年起分五年到位，每年 50 万元）。蔡德先生还在现场为 20 名贫困大学生（文理学院 10 名、常德高职院 6 名、同德职院 4 名）发放助学款共 10 万元（每人 5000 元）。2007 年，市委市政府在芷园宾馆召开助学大会，市领导出席，收到社会各界捐款 154 万元。大会向社会发出助学公告，决定设立常德市普通中小学助学金、中等职业学校国家助学金、吴碧霞助学奖学金、贵联集团助学金和中德地产助学金。

（二）国家资助

1.义务教育阶段学生资助

2001 年，国家制定并颁布扶持农村义务教育阶段贫困家庭学生就学的资助政策，其主要内容是“两免一补”，即“免课本费、免杂费、逐步补助寄宿生生活费”。2003 年，国务院在《关于进一步加强农村教育工作的决定》中提出，要建立健全资助家庭经济困难学生就学制度，争取到 2007 年全国农村义务教育阶段家庭经济困难学生都能享受到“两免一补”。2005 年 6 月，常德市出台《常德市义务教育阶段贫困家庭学生“两免一补”政策实施暂行办法》，进一步加快了实施常德市义务教育阶段贫困家庭学生“两免一补”的工作步伐。2007 年 11 月，国务院决定，从 2007 年秋季学期开始，向全国农村义务教育阶段学生免费提供国家课程的教科书，建立部分国家课程教科书循环使用制度；2008 年 8 月，国家决定免除城市义务教育阶段公办学校学生学杂费。至此，全市全面实现城乡免费义务教育。2010 年，国家提高中西部地区农村义务教育阶段家庭经济困难寄宿生生活补助标准，小学每生每天 4 元（一年 1000 元），初中每生每天 5 元（一年 1250 元）。

2.普通高中学生资助　2010 年 9 月 19 日，财政部、教育部出台《关于建立普通高中家庭经济困难学生国家资助制度的意见》，明确从 2010 年秋季学期起，中央与地方共同设立国家助学金，用于资助普通高中在校生中的家庭经济困难学生，平均资助比例为 20%。平均资助标准为每人每年 1500 元，可分 2~3 档。资助内容为国家助学金、校内资助和社会助学。2010 年 12 月 16 日，省财政厅、教育厅制定下发《湖南省财政厅、教育厅关于建立普通高中家庭经济困难学生国家资助制度的意见》，明确从 2010 年秋季学期起，设立普通高中国家助学金，用于资助普通高中在校生中的家庭经济困难学生，优先考虑城乡低保家庭学生、孤残学生、烈士子女、父母丧失劳动能力学生、少数民族贫困学生和家庭遭受重大灾害或变故的学生。普通高中要从事业费收入中提取3%~5%的经费，用于减免学费、设立校内奖助学金和特殊困难补助等。常德市普通高中国家助学金资助政策从2010年秋季学期开始实施，2010年秋季学期全市共为19922名普通高中学生发放助学金1492万元。

3.中等职业教育学生资助

（1）助学金：2007年5月，国务院出台《关于建立健全本科高校高等职业学校和中等职业学校家庭经济困难学生资助政策体系的意见》，明确要逐步建立完善国家助学金制度，资助对象为全日制在校农村学生和城市家庭经济困难学生，资助标准为每生每年1500元，国家资助两年，第三年实行学生工学结合、顶岗实习。2007年10月，省财政厅、教育厅、劳动和社会保障厅联合下发《关于印发〈湖南省中等职业学校国家助学金管理办法（暂行）〉的通知》。2009年1月，省财政厅、教育厅、劳动和社会保障厅下发《关于进一步规范中等职业学校国家助学金发放管理工作的通知》，明确了三条禁令："禁止将中职国家助学金直接拨付到民办中等职业学校和县市区中等职业学校账户，禁止任何中等职业学校将中职国家助学金抵扣学生学费或打入学生饭卡，禁止任何中职学校以现金形式发放中职国家助学金"。为了保证资助资金落实到人，从2010年秋季学期开始，中职国家助学金的发放实行打卡发放，由学校为学生统一办理中职资助卡，该卡的办理工作从2010年秋季入学新生开始实施。享受国家助学金的家庭经济困难学生比例，按全日制正式学籍一、二年级在校学生（扣除政策规定直接纳入资助范围的对象）的15%确定。国家助学金按学年申请和评审，按学期发放，资助标准为每生每学年1500元。全市共为284627名中职学生发放助学金19651.6万元。

（2）免学费：从2009年秋季学期开始，国家开始实施中等职业学校农村家庭经济困难学生和涉农专业学生免学费工作。从2010年秋季学期起，将中等职业学校城市家庭经济困难学生也纳入免学费政策范围。常德市从2009年秋季开始，免学费资金一律采取打卡发放。免学费对象为一、二年级全日制农村家庭经济困难学生和公办学校一、二、三年级、民办学校一、二年级全日制涉农专业学生。涉农专业为中央规定的21个专业和农村医学（中医）专业。具体申报程序为：学生申请、学校评审、学校公示并上报、打卡发放。2009年秋季学期全市共为5888名中职学生免除学费588.8万元；2010年为中职学生免除学费1103.3万元（共12573人次）。

4.生源地信用助学贷款　2007年，财政部、教育部、国家开发银行在江苏、湖北、重庆、陕西、甘肃5省市开展生源地信用助学贷款试点。2008年，湖南省选定15个县进行试点，并于12月制定《湖南省生源地信用助学贷款实施暂行办法》，明确被高校正式录取的或在读的本专科大学生、研究生，可在入学前户籍所在地申请生源地信用助学贷款。贷款人为申请的学生及其家长，二者作为共同借款人，共同承担还款责任。贷款按年度申请、审批、发放。每个借款人每年申请的贷款原则上最高不超过6000元，申请了高校助学贷款的学生不能同时申请生源地贷款。贷款期限确定为全日制本科学制加10年，最长不超过14年，贷款利率执行银行同期公布的同档次基准利率，学生在校期间财政全额贴息。

2009年，省财政厅、教育厅印发《关于扩大生源地信用助学贷款工作范围的通知》，在全省逐步扩大生源地信用助学贷款工作范围。明确具有独立法人资格的学生资助管理中心，安排有专职工作人员、具备办公场地和办公条件的区县（市）可以申报开展生源地信用助学贷款工作，经省财政厅、教育厅和贷款银行考察确认后，各区县（市）政府、资助机构与贷款银行签订三方协议，方能启动生源信用助学贷款工作。石门县2008年参与试点，2009年为4名大学生办理信用助学贷款共2.4万元。

5.中央专项彩票公益金教育助学项目　2008年10月，财政部、教育部印发《中央彩票公益金教育助学项目管理和实施暂行办法》，明确我国中西部地区各省份县镇农村公办普通高中家庭经济困难学生可申请该项资助，资助标准为每生每学年1000元，由中国教育发展基金会直接将资金下拨到各普通高中学校。2008—2009学年度，中央专项彩票公益金教育助学项目资助常德市1654名高中学生共165.4万元。2010年度资助常德市高中学生2835名，资金283.5万元。

第二章 教育督导

第一节 督导机构

1988年9月，国家教委、人事部发出《关于建立教育督导机构的通知》，要求“各县级以上人民政府应在其教育行政部门内建立教育督导机构或配备专职教育督导人员。”1989年10月，省教委和省人事厅联合发出《关于在全省建立教育督导制度的意见》。根据国家教委、省教委、省人事厅精神，1990年2月20日，市编办正式批复，同意市教委内部设立教育督导室，所需人员编制从机关内部调剂解决。各区县（市）教委也相继设立教育督导室，全市配备专职督学和督导工作人员23人。1996年11月，市编办下发《关于常德市教委有关下属机构编制事宜的批复》，同意成立常德市教育督导室，归口市教委管理，属二层事业机构，未确定机构级别，核定机构编制8名，所需人员经费由市财政全额拨款。2000年1月，市人民政府下达批复，同意成立常德市人民政府教育督导室，同时将“常德市教育督导室”更名为“常德市人民政府教育督导室”，履行对下级人民政府教育督导职责。

第二节 督导制度建设

市教育督导室建立以来，根据国家和省教育督导机构关于教育督导的有关文件精神，结合全市教育实际，制定了一系列督导制度、方案和细则。

1990年，市教委组织人员先后两次深入各区县（市）中小学校，对德育队伍、制度措施、常规管理、阵地建设、德育科研及学生状况等12个项目进行调查，掌握了大量第一手材料，制定了《常德市学校德育工作评估方案》，方案包括德育地位、德育队伍、德育措施和德育效果四部分，共34条，每一条内容都有考核重点和评分标准。同时还配套印制了《中学生德育评估守则》和《小学生德育评估守则》。

1992年，市教育督导室为组织开展中小学德育工作督导评估检查，先后制定《中小学学生德育评价方案》和《中小学德育工作督导评估方案》，编印《中小学德育工作法规文件汇编》5000册，分发到全市各中小学和大中专学校，为评估德育工作提供依据。同年，为开展中小学督导评估试点工作，市教委根据省教委安排，参与研究、制定《湖南省普通高级中学和完全中学督导评估方案》《普通初级中学督导评估方案》《普通完全小学督导评估方案》《普通初级小学督导评估方案》。1993年，又先后组织有关区县（市）督导机构根据省颁方案，制定《村级小学和村级教育督导评估方案》《乡镇初级中学督导评估方案》。

2000 年 1 月，市政府出台《常德市教育督导暂行办法》，对市、县两级教育督导机构与职责、教育督导人员配备与职权、督导评估等方面作出明确规定，成为常德市教育督导工作运行的规范文本。2003 年，受省政府教育督导室委托，由市政府教育督导室牵头，对 1997 年下发的《湖南省普通中小学督导评估方案》进行全面修订。市政府教育督导室先后两次召开专门会议，组织市、县两级教育督导机构对原方案逐项进行研讨，完成了修订任务；经省政府教育督导室审定，于同年 6 月以湘政教督〔2003〕2 号文件向全省各市（州）下发。2004 年 5 月，市政府教育督导室制定并下发《常德市民办中小学督导评估实施方案》《常德市示范性幼儿园督导评估实施方案》，为全市民办中小学和幼儿园的发展，规范办学行为，提高办学水平和教育质量提供重要依据。

2008 年，围绕合格学校督导评估，市政府教育督导室制定合格学校建设目标和评估规划。同年 5 月，下发《关于推进义务教育合格学校建设的通知》，通知明确了工作目标，用 5 年左右的时间，全市所有完全小学以上的义务教育学校均达到《湖南省义务教育学校办学标准》的要求。制定了建设规划，合格学校建设以区县（市）为单位，原则上 2008 年完成应建合格学校总数的 20%，2009 年和 2010 年分别完成 30%，2011 年和 2012 年分别完成 10%。突出了工作重点，要求所有纳入合格学校建设规划的学校要按照“缺什么，补什么”的原则，重点在“六改六配套”（即危房、饮水、厕所、食堂、宿舍、通校道路的改造和图书、实验仪器、学生课桌椅、信息技术装备、体卫艺设施和校园文化设施的配套）方面加强建设。同时明确了合格学校督导评估的内容和方法，下发《义务教育合格学校督导评估评分细则》，从学校管理和教育质量、校园建设与装备条件等方面，制定了具体的评估标准。

2009 年 2 月，为促进合格学校评估工作规范化、科学化、程序化，市教育局出台《常德市义务教育合格学校督导评估工作规程》，对评估工作的组织领导、人员分工、方法与程序做了具体规定。同年 6 月，为促进职业教育发展，市教育局出台《常德市示范性职业学校督导评估细则》，标志着全市全面启动市级示范性职业学校创建工作。《细则》从办学思想与办学行为、专业建设与师资队伍、经费投入与办学条件、德育工作与常规管理、办学质量与特色等五个方面提出 36 项评估指标。至此，常德市在义务教育、学前教育、职业教育、民办教育等评估制度上形成了比较完备的体系。

第三节　督导工作

一、教育先进县、先进乡（镇）督导评估

为督促地方政府落实教育经费、增加教育投入，改善办学条件，促进学校标准化建

设，推动农村教育的综合改革，1989 年 4 月，省教委颁发《湖南省县（市）教育督导评估方案（试行）》，全省教育先进县、先进乡（镇）评估开始实施。根据省教委部署，1990 年，市教育督导室先后组织对临澧县、澧县进行督导评估，认为两县均达到省级教育先进县标准。1990 年 3 月，省教委督导团对临澧县进行综合督导评估，以总分 108.01 分的成绩获全省第一名，被省教委授予教育工作先进县称号，并给予 5 万元奖励。1991 年 5 月，省教委督导团对澧县进行综合督导评估，获得督导团高度评价；同年 12 月，被省教委授予教育工作先进县称号，并给予 5 万元奖励。

1991 年 4 月，省教委发出《关于颁发湖南省乡（镇）教育督导评估方案（试行）的通知》，重点督察乡（镇）政府履行教育工作职责和教育事业发展情况。根据省教委部署，1992 年 4 月，市教委教育督导室组织 20 人的评估团，分三组对临澧县望城乡、桃源县三阳港镇、桃源县菖蒲乡、鼎城区洞庭乡、汉寿县围堤湖乡、澧县大坪乡、石门县花薮乡、安乡县安康乡 8 个乡镇的教育工作进行督导评估，考查学校 117 所，幼儿园 114 所，8 个乡镇均达先进等级，其中临澧县望城乡以 97.48 分的成绩名列第一。同时，市教委向省教委申报了 13 个教育工作先进乡镇，并于 1992 年 11 月前全部接受省教委核查。汉寿县罐头嘴镇、围堤湖乡，津市市白衣乡、桃源县三阳港镇、菖蒲乡，石门县花薮乡，鼎城区长茅岭乡、洞庭乡，澧县车溪乡、大坪乡，临澧县望城乡、合口镇被省教委授予乡（镇）教育工作先进乡（镇）称号，每个乡（镇）获得 1 万元的奖励。

二、“两基”评估督导

1993 年 6 月，市教委督导室向各区县（市）印发《湖南省普及九年义务教育县（市、区）和扫除青壮年文盲县（市、区）评估指标说明》，出台《常德市普及九年义务教育和扫除青壮年文盲乡镇评估验收实施意见》。1993 年，全市有 78 个乡、镇、场进入普及期，市委办、市政府办发出常传电〔1993〕94 号明传电报，要求市、县、乡层层实施督查。在县、乡自查的基础上，市人大教工委、市政府科教办、市教委于 1993 年 11 月 8–15 日联合组织重点抽查，对照省《基本普及义务教育、基本扫除青壮年文盲验收标准》，确认 57 个乡镇基本达到普及要求，21 个乡镇未达要求。

1994 年 11 月，市、县两级督导机构完成了 1993 年底进入“两基”验收阶段的 78 个乡镇的复查；同时对 1994 年进入“两基”验收阶段的 56 个乡镇进行全面督查，市教委督导室重点抽查其中的 25 个乡镇，形成督查报告。1994 年 11 月 24—28 日，对鼎城区和安乡县首批按规划完成“两基”任务的 10 个乡镇进行评估验收，有 8 个乡镇基本达到“两基”要求。通过督查和评估验收，区县（市）党政领导对“两基”工作认识明显提高，教育经费投入明显加大，1993 年和 1994 年进入“两基”验收阶段的 134 个乡镇，仅 1994 年用于改善办学条件的经费就达 4000 万元。

1995 年 10 月，武陵区、津市市、临澧县 3 个区县（市）首批通过国家教委和省人民政府的“两基”验收；其中临澧县因其办学条件高标准、学校管理高水平、师资队伍高素质、教育投入高力度而受到李岚清副总理和国家教委的充分肯定，评价结果位居全省第一，先后被评为全省、全国“两基”工作先进单位；临澧县委书记刘春林被省人民政府授予“教育功臣”称号。

三、全省两项督导评估考核

1.两项督导评估考核制度

2004年1月，国务院办公厅转发教育部《关于建立对县级人民政府教育工作进行督导评估制度的意见》。明确指出“建立对县级人民政府教育工作进行督导评估制度，巩固和完善农村义务教育管理体制，对推动基础教育以及县域内各类教育的改革与发展具有重要意义。”2004年4月，省人民政府发出《关于建立对县级人民政府教育工作进行督导评估制度的通知》，同年8月，中共湖南省委组织部、省教育厅联合行文，下发《关于实行县级党政主要领导干部教育工作实绩督导考核制度的通知》，明确督导考核的对象是全省所有县、县级市、市辖区和其他县级行政区划单位党委和政府的主要领导干部。对县级人民政府教育工作督导评估和对县级党政主要领导干部教育实绩考核，统称为“两项督导评估考核”。

2.第一轮两项督导评估考核

2004年6月，省政府教育督导室印发《湖南省县级人民政府教育工作督导评估方案（试行）及评估指标体系（试行）》。同年12月，省政府教育督导室印发《湖南省县级政府教育工作督导评估、县级党政主要领导干部教育实绩督导考核实施办法（试行）》，将对县级政府教育工作督导评估和对县级党政主要领导干部教育实绩督导考核一并进行，第一轮“两项督导评估考核”正式实施。

为迎接省政府教育督导室组织的“两项督导评估考核”，根据省政府和省委组织部、省政府督导室有关文件精神，2004年11月11日，市委组织部、市教育局决定，从2004年起，连续三年对县级政府和县级党政主要领导干部教育工作实绩每年进行一次督导考核。督导考核结果分为优秀、合格、不合格三个等次，作为党政主要领导干部工作政绩考核的主要内容。对于当年督导考核为优秀的区县（市）党政主要领导予以通报表彰，对连续两年考核优秀的予以表彰奖励，对连续两年考核不合格的给予黄牌警告，连续三年不合格的在公务员考核中只能评为不称职等次。

2005年1月23—29日、3月21—25日，按照市“两项督导评估考核”领导小组的统一部署和安排，市人民政府教育督导室先后对九个区县（市）和德山、西湖、西洞庭三个管理区2004年教育工作进行督导评估，在全省率先启动对县级政府和县级党政主要领导干部教育实绩的督导评估和考核，认定2004年度澧县、临澧县、石门县、桃源县和西洞庭管理区的教育工作和党政主要领导干部教育实绩考核为优秀；津市市、鼎城区、汉寿县、安乡县、武陵区和德山开发区的教育工作和党政主要领导干部教育实绩考核为合格；西湖管理区因区财政向区一中统筹学杂费90万元，被一票否决，认定为不合格等次。督导评估考核情况经《常德日报》头版予以报道后，国家教育督导团工作通讯《督导与评估》2005年第7期和《教育督导》杂志第5期也相继予以报道。此后，2005年、2006年，市人民政府教育督导室继续组织对县级政府教育工作和县级党政主要领导干部教育实绩进行督导评估，促进了县一级政府和党政主要领导对教育工作的重视，对巩固和完善全市农村义务教育管理体制，推动基础教育以及县域内各类教育的改革与发展产生了重要影响。

表11-2-1　常德市2004—2006年区县（市）教育工作和党政主要领导教育实绩考核情况统计表

年份	教育工作			党政主要领导教育实绩		
	优秀	合格	不合格	优秀	合格	不合格
2004年	澧县　临澧　石门 桃源　西洞庭	津市　鼎城 汉寿　安乡 武陵　德山	西湖	澧县　临澧　石门 桃源　西洞庭	津市　鼎城 汉寿　安乡 武陵　德山	西湖
2005年	澧县　临澧　石门 武陵　鼎城　安乡	汉寿　桃源 津市　德山 西湖　西洞庭		澧县　临澧　石门 武陵　鼎城　安乡 津市　汉寿　桃源	德山　西湖 西洞庭	
2006年	武陵　澧县　临澧 石门　桃源　津市 鼎城　西洞庭	汉寿　安乡 德山　西湖		武陵　澧县　临澧 石门　桃源　津市 鼎城　西洞庭	汉寿　安乡 德山　西湖	

2006年4—5月，临澧县、石门县、桃源县、澧县接受省第一轮“两项督导评估考核”，获得一致好评。同年12月，省委组织部、省教育厅、省人民政府教育督导室联合发布《关于公布首批县级教育工作“两项督导评估考核”结果的通报》，临澧县人民政府教育工作和党政主要领导干部教育实绩考核被评为优秀等次，桃源县、石门县、澧县人民政府和党政主要领导干部教育实绩考核为合格等次。同年12月17日，省委、省政府召开总结表彰大会，临澧县获得30万元奖励，该县县委书记、县长各获5000元奖励。

2007年5—6月，武陵区、津市市、鼎城区、汉寿县接受省“两项督导评估考核”。武陵区、津市市人民政府教育工作和党政主要领导干部教育实绩考核被评为优秀等次，鼎城区、汉寿县人民政府和党政主要领导干部教育实绩考核为合格等次。2008年5月，安乡县接受省“两项督导评估考核”，其政府教育工作和党政主要领导干部教育实绩考核均被评为优秀。

3.第二轮两项督导评估考核

2008年8月，省政府教育督导室印发《湖南省县级人民政府教育工作第二轮督导评估方案》和《湖南省县级党政主要领导干部教育工作实绩督导考核方案》，湖南省第二轮两项督导评估考核正式启动。第二轮两项督导评估考核与教育强县（市、区）视导、县级人民政府职业教育工作督导评估一并进行，又称“三评合一”考核。同年12月，省政府教育督导室公布第二轮“两项督导评估考核”和教育强县（市、区）视导的评估规划。按照规划要求，武陵区2011年接受省级评估；津市市2012年接受省级评估；鼎城区、汉寿县、临澧县、澧县、桃源县、石门县、安乡县2013年接受省级评估。从2009年起，市政府教育督导室每年都组织区县（市）督导室开展第二轮两项督导评估考核的自查自评工作。至2013年，在第二轮全省两项督导评估考核中，武陵区、澧县、鼎城区、安乡县、临澧县被评为优秀单位，石门县、桃源县被评为“职业教育”先进单位。

四、中小学校办学水平督导评估

根据国家教委《普通中小学教育督导评估工作指导纲要》和省教委《关于颁发<湖南省普通中小学督导评估方案>的通知》要求，1998年开始，常德市全面启动“千百十”工程（即每年评估1000所左右规范化学校，100所左右示范性学校，10所左右名优特色学校），以此推动和促进普通中小学办学水平的提高，巩固发展普九成果。1998—2003年、2004—2007年，市、县两级教育督导部门组织开展了两轮普通中小学校督导评估和复查活动。按照学校申报、县级初评、市级评估的程序，1998年5—6月，市教育督导室对武陵区、鼎城区、汉寿县、桃源县、临澧县、澧县、津市市、安乡县8个区县（市）的中小学进行办学水平评估；同年11—12月，对市直学校和西湖、西洞庭及部分区县（市）的学校进行评估和复查。1998年市县两级共评估学校1074所，认定市级示范性学校116所。1999年全市共评估中小学校918所，认定市级示范性学校75所，规范化学校6所，名优特色学校33所。2001年评估认定示范性学校46所，名优特色学校24所。至此，首轮中小学校办学水平评估工作全面完成。

2002年，市教育督导室开展中小学办学水平评估复查，市、县两级督导部门对全市首轮学校等级评估中已授牌的名优特色学校和示范性学校进行一轮全面评估复查。复查中，对部分学校存在的办学行为不规范、内部管理不落实或出现新的危房等情况，下发了整改通知书，要求限期整改；对整改不到位的实行摘牌。

2003年，市教育局修订完善了中小学督导评估方案，2004年年初，市、县两级教育督导部门制定2004—2007年全市中小学办学水平评估规划。下半年正式启动常德市新一轮办学水平评估，市本级共评估中小学和幼儿园38所，认定市级示范性学校23所，（含民办学校1所）示范性幼儿园1个，特色学校8所，名优学校6所。2005年评估认定市级示范性学校36所，特色学校18所，名优学校14所。2006年评估认定市级示范性高中2所，特色学校1所，表彰义务教育学校5所。2007年，对2004—2006年授牌的学校进行了一次全面复查。

五、市级示范性普通高中督导评估

1989年12月，市教委组成9个检查组，对省属、市属9所重点中学以及拟改为“鼎城区一中”的武陵中学进行教育督导评估。发现多数学校没有按教学大纲开课设节，办学条件有待进一步改善，学校图书仪器不足。检查组将这些问题写成评估报告，呈送市教委和各区县（市），对重点中学建设起到了推动作用。

2008—2010年，市政府教育督导室启动市级示范性普通高中督导评估工作，每三年为一轮，评估对象为2007年底挂牌认定的市级示范性普通高中。2008年9月，市政府教育督导室组织对安乡县五中、澧县二中、六中、临澧县四中、桃源县三中、九中、汉寿县三中7所市级示范性普通高中进行督导评估，澧县六中、安乡县五中被评为优秀单位。2009年9月，市政府教育督导室对鼎城区淮阳中学、临澧县二中、澧县三中、四中、津市市三中、桃源县八中、常德市三中7所市级示范性普通高中进行督导评估，常德市三中、临澧县二中被评为优秀单位。2010年9月，市政府教育督导室对鼎城区二中、六中、石门县五中、六中、石门县瑜远中学、桃源县二中、四中、西洞庭一中8所学校进行督导评估，石门县五中、桃源县四中、西洞庭一中被评为优秀单位。

六、义务教育合格学校督导评估

2008年，省教育厅出台《关于湖南省义务教育合格学校建设的实施意见》，全省义务教育合格学校建设正式启动。同年5月，市教育局印发《关于加快推进义务教育合格学校建设的通知》，要求全市用5年左右的时间，完成完全小学以上义务教育合格学校建设。同年7月，市教育局出台《常德市义务教育合格学校督导评估评分细则（试行）》，并于当年11月由市教育督导室组织对首批49所义务教育合格学校进行评估验收，全部合格。2009年3月对第二批82所义务教育学校进行评估验收，75所合格。2009年11月，对第三批87所义务教育学校进行评估验收，全部合格。2010年3月，对第四批76所义务教育学校进行评估验收，65所合格。2010年11月，对第五批80所义务教育学校进行评估验收，78所合格。通过义务教育合格学校建设，全市义务教育学校办学水平实现跨越式发展，农村薄弱学校基础建设得到明显加强，义务教育学校办学水平逐步均衡。

七、教育强市年度目标督导考核

2007年，市委、市政府出台《关于建设教育强市的决定》，常德市教育强市建设全面启动。为推进教育强市建设，从2008年起，市建设教育强市领导小组每年对区县（市）建设教育强市工作目标进行督导考核，由市政府教育督导室组织实施。2008年，全市建设教育强市先进单位是武陵区人民政府、澧县人民政府、桃源县人民政府、临澧县人民政府和西洞庭管理区委员会；2009年，全市建设教育强市先进单位是武陵区人民政府、安乡县人民政府、石门县人民政府、澧县人民政府和西洞庭管理区委员会。

八、督学责任区建设

2010年，省教育厅印发《关于建立督学责任区制度的通知》，决定从2010年秋季起在全省范围内建立和实施督学责任区制度，以分区域督导的形式实现对学校督导的常态化。同年9月，市教育局下发《常德市督学责任区制度实施方案》，根据常德市区域和学校分布特点，划分五个督学责任区。德山经济技术开发区、柳叶湖旅游度假区、西湖管理区、西洞庭管理区和市直普通中小学为第一督学责任区；市直中等职业学校为第二督学责任区；津市市、澧县、安乡县为第三督学责任区；临澧县、石门县、桃源县为第四督学责任区；武陵区、鼎城区、汉寿县为第五督学责任区，同时要求各区县（市）建立本级督学责任区，覆盖区域内所有学校及幼儿园。11月份，市、县两级共建立督学责任区49个，聘任责任区督学207人。

九、其他督导工作

1992—2010年，市政府教育督导室除了围绕全市教育的中心工作开展督查外，还先后组织或参与了全市中小学勤工俭学情况的专项督查；教育经费落实情况的专项督查；部分“普九”“渡峰”困难乡镇解决“渡峰”问题的督查与调研；学校卫生与安全工作专项督查；农村义务教育经费保障新机制落实情况督查；中小学落实教学常规情况督查；城区中学创办省重点中学工作督查；落实市委、市政府“教育20条”情况督查等活动。同时，市政府教育督导室还积极围绕教育热点焦点问题开展专项督查，2008年9月，市教育督导室组织4个督查组，就开学工作、合格学校建设、示范性幼儿园建设、县级职教中心建设、义务教育课桌椅配套等5项工作进行集中督查，督查普通中小学、职业中学、民办学校和幼儿园110所。先后向市教育局和有关区县（市）呈送了有关情况汇报或督查通报，为领导决策提供参考。

第四节　督导队伍建设

1990年，常德市教委建立督导室，至1993年，先后设正处级督学1人，正科级督学5人（其中兼职3人），副科级督学2人（其中兼职1人）狄云、黄兆南先后担任督导室负责人。此后，各区县（市）教委相继设立教育督导室，共配备专职督学和督导工作人员23人。市教委分三批选派18人参加了省教委举办的教育督导人员培训班，以提高教育督导人员的教育政策、法规水平和业务能力。根据《常德市教育督导暂行办法》，2000年11月，市政府教育督导室聘任市教委原副主任李铁如等24人为首届市督学，任期2年。至2008年，市政府教育督导室共聘任四届市督学。

2008 年 4 月，经市委研究，市政府教育督导室主任高配为副处级，黄锐担任督导室主任。同时积极推荐省督学和省教育督导评估专家。市人大副主任张元英、市教育局正处级督学郑正良、市教委原副主任陈昌清、澧县一中原校长彭湘云被评为第六届省督学。市教育局副处级督学钟吉红、正科级督导员易荣强和周铭初、市仪电站副站长朱德新、市教科院教研员黄明星、市一中原副校长陈运国被聘为首届省教育督导评估专家。2008 年 7 月，对市督学进行换届，聘请 33 名市督学。7 月 24 日，市教育督导室组织全体市督学进行业务培训，学习省市有关“两项督导评估考核”、教育强市区县（市）督导评估、合格学校督导评估方案和细则。副市长万成贞为受聘的市督学颁发聘书。

为了提高教育督导工作实效，市教育督导室在评估活动的组织上，始终坚持三个环节。一是评估规划。坚持规划的严肃性，严格按规划评估，没有列入评估规划的不评估，不搞临时申请临时评估。二是评估检查。严格按评估方案规定的程序、步骤和原则组织评估，严格按照评估细则检查记分，确保评估质量。三是整改反馈。每项检查结束后都下发评估意见，对存在的问题提出整改要求，要求被督导单位上报整改方案和整改落实情况，对问题突出的单位进行评估复查，确保每次评估活动收到实效。同时，市政府督导室还注意营造良好的舆论环境，提高了社会舆论对教育督导工作的关注度。

第三章　教育科研管理

第一节　科研机构

一、市级教研机构

常德市教育科学研究院（简称教科院）隶属市教育局，是具备独立法人资格的副处级事业单位。教科院前身是1958年8月成立的常德地区教研室（1962年撤销，1963年恢复；1971年更名为常德地区教育革命办公室，1978年5月更名为常德地区教学研究室，1985年更名为常德地区教育教学研究室，1988年更名为常德市教育教学研究室，1990年5月更名为常德市教育科学研究所）。1995年，市职业技术教学研究室并入市教研室，1996年7月，市教育科学研究所由市教委内设机构变更为独立法人单位。2007年8月更名为常德市教育科学研究院，升格为副处级事业单位。其办公地点多次变换，1985年在常德地区教育局院内（现常德市六中校园内），1989年上半年搬迁至常德师范学校附属小学，1995年迁入武陵区教育局，1999年迁入百街口3号老八中，2002年迁入常德市盐业公司，2005年迁入凯悦大酒店办公楼五、六两层至今。

教科院内设办公室、中学教研室、小学教研室、职业教育研究室、规划与发展研究室五个二层机构；其中中学教研室有中学语文、数学、英语、物理、化学、生物、思想政治、历史、地理、综合实践活动（兼）、信息技术与通用技术、心理健康教育（兼）教研员12名；小学教研室有小学语文、数学、英语（兼）、品德（社会）与生活、科学、音乐和美术教研员5名；规划与发展研究室、职业教育研究室各有教研员2名。

表11-3-1　**1985—2010年市级教研机构领导班子人员变更情况表**

时间	职务	姓名	职务	姓名	副职	先后任职名单
1985年	主任	黄继诗			副主任	章建华　禹明
1990年	所长	贺家勇			副所长	禹明　何正湘　黄海春
1993年	所长	刘茂林	书记	刘茂林	副所长	何正湘　肖才部
1996年	所长	黄海春	书记	何正湘	副所长	肖才部　高建国 郭环球　黄利华
2008-2010年	院长	黄利华	书记	黄海春 丁春秋	副院长	肖才部　郭环球 傅广生

二、区县（市）及学校教研机构

各区县（市）教育局都设有教育科学研究室（简称教研室），属二层机构。教研室专职教研员人数不等，规模较大的区县如澧县教研室有 16 人，规模较小的 2~3 人，有些教研室还聘请学校在职教师任兼职教研员。中小学校设有学科教研组，教研组下设备课组，隶属于学校教务（教导）处。教研组长和备课组长由学校或教务（教导）处任命，一般由业务能力强、教学经验丰富的教师担任，负责制定学期和年度教学计划、教学进度，一到两周组织开展一次教学研究和备课活动。20 世纪 90 年代后期，省重点中学（后改为省示范性高中）和部分规模较大的中小学相继设立学校教科室，负责制定全校教育科研计划，主持全校教学研究、课程改革和课题的研究、指导、管理工作。

表 11-3-2　　2010 年区县（市）级教研机构专职教研人员情况表　　单位：个

单位	武陵区	鼎城区	桃源县	澧县	石门县	临澧县	津市市
人数	7	11	12	16	9	8	8
主任	左琴	陈元杰	姜胜云	徐跃元	周泽树	符昕	谭晓明
单位	安乡县	汉寿县	经开区	西洞庭	西湖	柳叶湖	
人数	13	13	3	3	4	2	
主任	蒋金平	黄平	陈冠宇	俞洪祥	夏建华	黄明标	

三、学会机构

1980 年成立常德地区教育学会，1982 年成立 15 个专业委员会，1988 年更名为常德市教育学会。2004 年 9 月，全市教育专业委员会增加到 20 个。市教育学会是群众性学术团体，主要任务是组织和开展各种群众性学术活动，编印学术、教学资料等。2003 年起编印《常德市高三教学工作简报》，每年 2~3 期。教育学会下设的专业委员会一般 2–3 年举办一次学会年会，开展教学研讨、教师培训等活动；但个别专业委员会因人员不齐、组织松散，很少开展学术活动。区县（市）的教育学会于 1980 年开始相继成立，到 1986 年，常德地区所有县（市）均成立教育学会。

表 11-3-3　　2010 年市教育学会分支机构情况

专业委员会名称	理事长	秘书长
中学语文专委会	郑正良	梁开喜

续表 11-3-3

专业委员会名称	理事长	秘书长
中学数学专委会	张国平	陈元杰
中小学英语专委会	黄克勤	周文新
中学物理专委会	唐洪波	傅广生
中学化学专委会	黄利华	黄恭福
中学生物专委会	谢荣恒	卢耀军
中学思想政治专委会	唐会荣	刘建德
中学历史专委会	侯明忠	陈廷军
中学地理专委会	肖才部	肖运生
小学语文专委会	汪太平	张　璟
小学数学专委会	郭环球	谭晓明
小学品德课程专委会	诸俪华	胡明浩
小学科学专委会	高德年	饶宏宽
中小学美术专委会	文　军	王　纯
中小学音乐专委会	胡诗宏	王　纯
中小学信息技术专委会	赵树清	肖焕之
中小学心理健康教育专委会	刘忠义	刘忠义
劳动技术教育专委会	何正湘	吴炳桂
中学后勤管理研究专委会	唐会荣	周义成
幼儿教育专委会	杨瑞桥	李高松

第二节　科研活动

一、教学常规管理

1991 年 3 月，市教育局制定《常德市普通中小学教学常规》，对教学过程中的备、教、批、考、辅几个环节进行基本规范，对贯彻基本的教学原则提出具体要求，对执行教学计划和开展经常性教研工作作出明确规定。并以文件形式下发给全市所有中小学教师，要求各校每学期组织教师进行一次对照学习检查。1993 年，市教科所以《常德市普通中小学教学常规》为依据，在全市进行了八次以落实教学常规为主要内容的教学视导，主要采取听课、抽查教案、检查学生作业、同教师座谈等形式开展视导活动，写出视导通报25份；并组织三次较大规模的落实教学常规的检查，表彰了一批先进单位。

此后，为落实教学基本常规，教科所每年都组织以落实教学常规为主要内容的教学视导。1997—2001年，为配合课程教材改革，执行部颁《课程计划》，将素质教育理念落实在课堂教学中，市教科所集体视导学校110所次，听课5300多节，查阅教案6800多本，抽查学生作业30000多本，走访师生5000多人次。2000年，市教委提出全市推进素质教育挺进课堂教学的第二步战略目标后，各科教研员深入教学一线调查研究，针对教学实际尤其是课堂教学存在的突出问题，形成多份调查报告，汇编成《关于课堂教学若干问题的思考》的小册子，下发给各区县（市）教育局，引起很大反响。各区县（市）结合调查报告所反映的教学常规中带有倾向性和代表性的问题，逐项进行落实，或制订实施办法，或做出补充规定。并把落实情况列入单位目标管理和教师岗位考核的重要内容。通过几年的努力，教学的各个环节逐步规范。

1995年市教委出台《常德市职业中学（中专）教学工作常规》，以促进职业学校落实教学常规，规范教学行为。2008年市教科院成立后，中学教研室、小学教研室、职教教研室多次组织对相关学校的学科教学视导活动，每次教学视导活动都做到有主题、有重点、带任务，目标明确。中小学教育教学行为进一步规范，管理进一步落实。

二、科研活动

（一）基础教育研究　乡镇学校的教研活动，2002年前由乡镇联校组织，区县（市）教研室指导。2003年乡镇联校撤销后，教研活动一般由乡镇中心小学或中学根据区县（市）教研室的安排进行组织。基层学校的教研活动，注重校本教研，主要是开展集体备课，组织校内、乡镇（联校）范围内的公开课、示范课、研究课、竞赛课等听课评课活动，一般一个学期每个学科都组织一次；一个学期或一年还组织一次教学经验交流和论文评选。市本级和区县（市）的教研活动由市教科院和区县（市）教研室组织，两级教研机构结合全市和本地区教育教学实际，制定近期和中长期教研活动规划，统筹安排全市和本地区的教研活动。专职教研员不仅要对本学科的教研活动进行规划、组织、选拔教师参加省、国家级的教学竞赛和教学交流活动；还要深入到学校、课堂，参与集体备课和教学研讨，开展各种讲座等学术活动，现场指导公开课、示范课、研讨课的备课、教学与评课。引导教师研修各科教学大纲和课程标准，钻研教材，促进教师在教研活动中成长。

1989年，市教科所组织专职教研员通过深入中小学上“下水课”，与教师座谈，结合部颁教学大纲和先进教学理论，提出了一堂好课的四条标准：即教学目标明确、教学思路清晰、课堂气氛活跃、教学效果明显，这四条标准在相当长的时间里成为各科教师备课、上课、评课的重要依据。为促进教师教学观念的转变，1989—1993年，市教科所组织各学科开展全市性教研活动 36 次，3000 余人参加。

1996 年 5 月，为促进教育部门领导和教研员了解、熟悉、钻研教学，市教科所在澧县一中组织教研活动，活动由教育局分管教学的副局长和教研室主任唱主角，市教育局副局长陈昌清、市教科所所长刘茂林、副所长肖才部、澧县教研室主任吴家驹、临澧教研室主任朱宏志、石门教研室主任周泽树等分别走上讲台给学生上课。参加观摩和研讨的人员有各区县（市）教育局分管教学的副局长、教研室主任和一线教师，活动在全市引起很大反响，省教育厅领导也给予高度评价。

20 世纪 90 年代后期，市教科所还组织了全市“百堂优质课”评选和教学观摩活动，大力推广先进的教学方法，培育教学能手。2002 年起，市教科所决定，不同学科每年要举办一次全市性的大型教研活动，可以请名师上示范课、青年教师上研讨课、说课，也可以请专家讲座、开展新课程培训等。各学科每年都要开展教学论文、课件（后来改为微课）评选活动。

2004 年，市教科所组织举办市级教研活动 78 项次，各科教研员举办业务讲座 70 次，7700 多人次参加；同时承办湖南省高中语文现代教育技术新课堂教学大赛。2007 年市教育局建成常德教育科研网（域名为 http://www.cdjks.com/），作为全市优质教育资源的传播和利用平台，相关教研活动的课件、讲稿、教学设计等教研资源可以上传网站，为更多教师持续参与教学研究提供方便和展示平台。广大教师利用 QQ 群、博客等网络工具开展教研活动，资源共享。2005 年，市教科所举办专题讲座、教学比武、学科竞赛、学术年会等活动，参与活动的教师 4000 多人次；同时还协助省教科院基础教育研究所、桃源县教研室在桃源二中承办中国教育学会化学专业委员会第十一次年会。2006 年，市教科所坚持“强化管理、服务教学、实实在在搞教研，提高质量、讲求效益、扎扎实实抓教学”的工作思路，从教育改革的发展着眼，从教学效益的提高入手，组织参加省级以上教研活动 42 次，市级教研活动 50 多次。

2007 年 8 月，市教科所更名为市教育科学研究院后，全市教研活动开展更加频繁。2008 年初，教科院对教研活动的组织提出了新的要求，一是要求各学科组织的教研活动要克服随意性；二是教研活动在规模上要有一定的限制；三是对参加教研活动的对象要有一定的约束力。全年组织参加省级以上教研活动 38 次，承办省级大型活动 2 次（湖南省高中语文课堂教学观摩研讨活动、湖南省高三物理复习教学研讨会），参与活动的教师 1400 多人次；举办市级教研活动 69 次，7000 多名教师参加。2010 年，各学科组织参加省级以上教研活动 42 次，承办省级大型活动 2 次（湖南省第四届新课程中小学音乐教学竞赛活动、湖南省高中通用技术教学研讨会）1600 多名教师参加。举办市级教研活动如研讨会、教学竞赛 70 次，8000 多名教师参与活动。

表 11-3-4 1992—2010 年常德市承担省级以上教研活动情况统计表

时 间	活动地点	活动内容
1992.11	桃源二中	省中学地理教研会
2000.5	市二中	省教育学专业委员会年会
2001.11	桃源二中	省教育学会信息技术专委会首届年会及教学研讨会
2002.10	桃源一中	省中学历史课题教学大赛
2004.4	市五中、常师附小	省小学品德与生活（社会）实验课教学观摩研讨
2004.11	桃源一中	省高中语文课堂教学大赛
2005.10	桃源二中	中国教育学会化学专业委员会第 11 次学术年会
2006.12	桃源二中	省第六届中小学心理健康教育教学比武暨研讨
2007.4	北正街小学	省小学习作教学观摩与研讨活动
2007.12	市一中	省中学地理教研会和省地理学会年会
2008.10	市一中	省高中信息技术新课程教学研讨会
2008.11	桃源文昌中学	省普通高中化学新课程教学改革研讨会
2008.11	市三中	省中学英语教学研讨会
2009.11	芷兰实验学校	省高中新课程课堂教学观摩暨省中语会第八届年会
2009.3	市一中	省高三物理教学质量评价研讨会
2010.10	市七中	省高三历史教学研讨会
2010.11	市六中	省中小学综合实践活动教学研讨会
2010.9	澧县一中	省教育科学规划课题研究管理经验交流会

此外，市教科所还先后邀请北师大教授、博士生导师刘锡庆、特级教师、扬州大学硕士生导师蒋念祖、首都师大教授饶杰腾、华东师大教授王荣生、福建师大教授孙绍振、华中师大教授王吉庆等教育专家、知名学者、名优教师到常德作学术报告、上示范课。经常性的教研活动的开展，活跃了教研气氛，为广大教师搭建了学习、交流、展示、提高的平台，提升了教师的业务能力，促进了教师的专业化成长。

1989—2010 年，市教科院（教科所）组织指导教师参加省级、国家级教学竞赛，获奖人数与等级居全省前列，600 多人次获省级一等奖，郑华皆等 26 人次获国家级一等奖或特等奖。丰富的教研活动培养了一批又一批教学骨干，有的担任了校长，有的成为市级学科带头人，有的被评为市级骨干老师，还有一批教师成长为学科名师、特级教师、并获得正高级职称（教授）。2010年起，市教科院中学教研室和小学教研室开始组织不同学科的优秀教师到偏远农村学校现场上课、评课，深受广大教师欢迎，“送教下乡活动”常态化，已经成为市教科院的一个教研品牌。

表11-3-5　**1993—2012年常德市教师参加国家级教学竞赛获奖情况**

时间	活动名称	获奖人员	奖　项	组织单位
1993	全国第一届深化小数教学改革观摩交流会	津市二完小 陈晓明	国家级三等奖	中国教育学会小数教学专委会
1994	全国小学数学教师教学比武	桃源漳江小学 郑华皆	国家级一等奖	中国教育学会小数教学专委会
1995	全国生物教师教学大赛	常德市三中 沈凯东	国家级一等奖	中国教育学会生物教学专委会
1997	全国青年教师物理教学大赛	鼎城区一中 陈　坚	国家级一等奖	中国教育学会物理教学专委会
1998	全国青年教师物理教学大赛	市一中 陈继红	国家级一等奖	中国教育学会物理教学专委会
1999	全国小学语文教学竞赛	桃源漳江小学 高　雅	国家级一等奖	中央教科所
1999	全国第四届深化小数教学改革观摩交流会	津市一完小 李　艳	国家级一等奖	中国教育学会小学数学教学专委会
1999	全国小学思品教学比武	桃源县架桥中学 陈新胜	国家级优质课奖	中国教育学会小学思品教学专委会
2000	全国历史课堂教学比赛	芷兰实验学校姚丽君	国家级一等奖	中国教育学会历史专业委员会
2001	全国青年教师物理教学大赛	芷兰实验学校周湘兵	国家级一等奖	中国教育学会物理教学专委会
2001	全国第五届深化小数教改观摩交流会	津市二完小 高　辉	国家级二等奖	中国教育学会小数教学专委会
2002	全国音乐教师第三届基本功大赛	安乡一中 陈伏秋	国家级一等奖	中国教育学会音乐教学专委会
2002	中南六省美术教学比武	常师附小 蔡慧萌	国家级一等奖	中南六省教科院
2002	全国青年教师初中数学说课竞赛	市长怡实验学校 李建军	国家级二等奖	中国教育学会中学数学教学专委会
2002	全国青年教师初中数学说课竞赛	桃源一中初中部 陈元香	国家级三等奖	中国教育学会中学数学教学专委会

续表 11-3-5

时间	活动名称	获奖人员	奖　项	组织单位
2003	全国小学品德与生活(社会)优质课观摩	常师附小 谢爱友	国家级一等奖	中国教育学会小学德育专委会
2005	全国中学语文版教材教学观摩活动	芷兰实验学校 滕昭丽	国家级一等奖	教育部语文出版社
2005	小学语文课堂教学观摩活动	鼎城区武陵小学 张　玲	国家级一等奖	教育部语文出版社
2005	全国美术基本功大赛	市四中 王　斌	国家级二等奖	中国教育学会美术教学专委会
2006	口语交际研讨活动	育英小学 杨小帆	国家级一等奖	教育部语文出版社
2007	第四届全国中学物理教学创新大赛	澧县一中 郑　权	国家级一等奖	中国教育学会中学物理教学专委会
2008	“卡西欧”杯第六届全国青年教师初中数学教学评比	市五中 胡　翔	国家级一等奖	中国教育学会数学专委会
2008	全国小学语文培训研讨活动	鼎城区武陵小学 唐立平	国家级特等奖	教育部语文出版社
2008	全国小数研讨活动	鼎城区武陵小学 唐立平	国家级一等奖	中南、华北及西南九省教育学会小数学专委会
2009	第五届全国中学物理教学创新大赛	市二中 蒋琼琳	国家级一等奖	中国教育学会中学物理教学专委会
2009	全国信息技术优质课展评活动	武陵区南坪中学 肖　中	国家级一等奖	中国教育技术协会信息技术专委会
2009	全国首届新课程小学优秀课例评选	武陵区工农小学 张冬芝 武陵区卫门口小学 马阿妮	国家级三等奖	教育部课程中心
2010	全国历史课堂教学比赛	市十一中学 邓海瑛	国家级一等奖	中国教育学会历史专委会
2010	中南六省美术教学比武	桃源县青林中学 钟新文	国家级一等奖	中南六省省教科院
2010	中南六省教学竞赛	常德市二中 杨　锦	国家级一等奖	广东教育出版社
2010	全国综合实践活动教学研讨	市五中 刘　娟	国家级一等奖	

续表 11-3-5

时间	活动名称	获奖人员	奖　项	组织单位
2010	中南地区生物教师教学大赛	芷兰实验学校张容	国家级一等奖	中国教育学会数学专委会
2010	“卡西欧”杯第五届全国高中青年数学教师优质课评比	安乡一中廖　华	国家级一等奖	中南地区中学生物教研会

（二）中考、高考研究　1999 年初中毕业会考命题权由省下放到地州市，市教科所开始主导常德市初中毕业会考命题工作。为了发挥试题正确的导向作用，市教科所编写《常德市初中毕业考试指导丛书》和《初中毕业会考标准及指导》。2004 年，根据课改精神，开始在初中毕业会考试题中融入三维目标，强调知识的综合性和生活性，完善了试卷结构，调整了试卷的形式和内容。2006 年，继续推进初中毕业学业考试改革，试卷进一步体现课改理念和精神，关注三维目标，强调学科与生活实际、社会实际的联系；丰富了考试形式（地理、生物为开卷），完善了试卷结构，保持评价与教学的一致性。在省教育厅组织的 2006 年全省市州中考试卷评价中，常德市化学、地理、物理、政治四个学科的试题被评为优秀等级。从 2007 年起，省教育厅对全省各市州中考试卷进行评审，常德市中考试卷全部被省教育厅中考试题评价组评为优秀。自湖南省实施中考试题评价以来，市教科院是全省唯一获此殊荣的单位。

2007 年，市教育局加大考试评价与招生考试制度改革力度，市教育局决定，以初中毕业考试成绩等级评价为突破口，加大初中毕业考试成绩评价制度和普通高中招生制度改革：1.在考试形式上，政治、历史、地理、生物实行开卷考试，以促进教师的教和学生学的方式的转变，扭转死记硬背的状况；2.在评价方式上，由毕业考试、综合素质评价和学业考察三部分组成，除语、数、外可以过渡性的用分数形式呈现外，其余学科全部以 A、B、C、D 的等级形式呈现，以减缓唯分数的过度竞争；3.在招生办法上，改变以考试分数作为高中招生，特别是一中招生录取唯一依据的做法。

关注高考动态，监控高三教学动态和教学质量，市教科所的主要工作是：1.组织、协调高三协作考试。每年组织一次高三调研考试和检测考试，一般安排在 1 月或 3 月。2.编印高三工作简报。简报每期 10 版，内容包括上届高考试卷分析，下届高考大纲解读及高考信息和形势预测；全市高三调研考试和检测考试情况通报；各校高考复习经验交流，上届成功学子的学习应考经验介绍等。同时市教科院还利用《常德晚报·教育周刊》传递高考信息，上半年刊载高考各学科的专题指导文章，下半年在“教育周刊”开辟专栏，每期一个学科，针对高考进行专题复习指导。3.组织高三教学研讨会。帮助高三各科任课教师解析上一届高考试卷特点，探讨下届高考复习对策。4.开展高三教学视导。5.主导高三模拟考试命题工作。

从2005年开始，市教科所每年组织一次全市高三教学研讨会和高三年级管理研讨会，以强化对全市高三教学的复习指导。2008年，根据市教育局的统一安排，市教科院于1月组织高三协作考试，3月底与基教科联合组织全市高三毕业会考。同年，为加强对高考的评价研究，市教科院与基教科研究制定《常德市普通高中教育教学质量评价细则》，为全市普通高中教育教学质量提供评价标准。

（三）职业教育研究　1995年常德市职业技术教学研究室并入市教研室，1996年成立常德市职业教育中心教研联组，下设11个专业（学科）联组，各区县（市）教研室也明确职教教研员。2000年以后，常德市职业教育发展迅速，专业繁多，市教科所职教研究室依托各校专业骨干教师成立各专业教研联组，多数教研活动以联组为单位组织开展。职业教育科研以应用性研究为工作重点。职教研究室的主要工作是负责制定相关学科的教学计划、专业设置评估标准和工作常规；开展职业教育教学视导；组织指导学科年组开展教研活动和论文评选；组织中职学生参加专业技能竞赛等。

2006年，职教研究室组织制定全市中等职业教育中11个专业的《实施性专业教学计划（试行）》和10个专业的《专业设置评估标准》；修订《常德市中等职业学校教学工作常规》；组织14场专题研讨会；举办教学比武；组织10个专业、700名师生参赛、观摩的学生专业技能竞赛。推荐2个学科的教师参加全省举行的说课竞赛，均获得一等奖。职教研究室还与市劳动部门合作，根据中等职业技术教育的培养目标和行业技术等级标准，组织中等职业学校学生技术等级和岗位合格考核。

2007年，市教科院组织制定《常德市中等职业学校14个实施性专业教学计划》，对全市中等职业教育的日常教学和专业设置提出规范要求。组织全市中职学生参加省中职学生技能竞赛，团体总分居全省前3名，部分学生被选拔参加全国职业院校学生技能竞赛获二、三等奖。2008年，组织、选拔全市中职学生参加全国中职学生操作技能竞赛，4名选手代表湖南省参加全国竞赛并获奖。2010年，组织参加省职业院校学生技能竞赛，获一个国家级二等奖，5个省一等奖，7个二等奖，9个三等奖。

（四）心理健康教育研究　常德市中小学心理健康教育萌发于20世纪80年代末、90年代初。市城区部分中小学开始自发进行心理健康课题研究，在以湖南师大心理学教授郑和钧为代表的高校专家指导下，开始尝试运用心理学知识指导学校的教育教学行为。

2002年8月，教育部颁布《中小学心理健康教育指导纲要》，省教育科学研究院基础教育研究所开始着手推动中小学心理健康教育研究工作。在市心理学会杨铮传、刘忠义等人努力下，常德市中小学心理健康教育进入探索时期。2003—2006年，市心理学会先后在澧县教师进修学校、武陵区育英小学举办中小学教师心理健康教育培训班；市教科所与市心理学会先后在常德市七中、桃源一中、二中召开学术年会，开展心理健康教育研讨活动；市教科所也明确了心理健康教育教研员，组织10多名教师参与由省教科院与湖南人民出版社联合开发的《中学生心理健康自助读本》和《小学生心理健康教育活动指南》的编写工作；先后选送10多名中小学教师参加6届省中小学心理健康教育教学比武活动。承办在桃花源召开的省第六届中小学心理健康教育教学比武暨研讨活动。

2006年12月，市中小学心理健康教育教学研究专业委员会成立，以此为标志，常德市中小学心理健康教育步入推广时期。2007年9月，市教科学院、市中小学心理健康教育教学研究专业委员会在澧县召开“常德市区域推进心理健康教育现场会”，推介澧县的心理健康教育经验；2008年，市教育局在芷兰实验学校举办一期市直学校心理健康教育教师培训班。培训期间，发放《学校心理健康教育工作考核细则（讨论稿）》，年底对市直学校进行专项检查。2009年上半年，澧县教师进修学校教师杨铮传、市教科院教研员刘忠义、桃源师范学校教师郭铁成等参加由共青团常德市委、市教育局联合组织的全市青少年心理健康状况大型调研活动。从2009年开始，市教育局委托湖南文理学院、桃源师范学校（市小学教师培训中心）举办多期心理健康教师、班主任培训班；在部分学校配备专职或兼职心理健康教育教师，建立心理咨询室，开设心理健康教育活动课。到2010年，虽然区域之间、校际之间发展不平衡；但全市整体推进心理健康教育的态势初步显现。

（五）教育教学研究　1988—2010年，常德市教育教学研究逐步由注重大面积、大幅度提高教育教学质量，注重改进教育教学方式方法转移到着眼于学生素质的全面发展和提高。2000年前，常德市先后制定实施三个教研教改五年规划，举行6届教研成果评选表彰，有298项成果和经验在省市获奖，其中获省级奖76项。1986—2000年，市教科所在全市中小学重点推广“三算教学”“复式教学”“注·提实验”“掌握数学”“中学语文单元整体教学”“初中英语‘三P’活动教学”等试验，以加快教研成果的转化，改进课堂教学，提高教学质量。

1995年开始，国家大力提倡素质教育，常德市以在中小学全面开设活动课为切入点，开展素质教育研究，学生的全面发展出现可喜局面，全市中小学生音体美特长生成倍增加，文学社团蓬勃兴起，音乐、舞蹈、美术、书法、演讲、征文等各类竞赛频频在全省获奖夺魁。1996年，市教委组织开展全市范围内的素质教育大讨论，召开旨在全面推行素质教育的教改经验交流会。临澧、武陵区、津市市大力推行素质教育，把素质教育落实到课堂的每一个教学环节，被省教委确定为全省素质教育示范县（全省20个）。

2001年教育部颁发《基础教育课程改革纲要（试行）》，新一轮课程改革在全国逐步铺开。2002年澧县成为湖南省首批新课程改革实验区；2003年秋季全市小学、初中全面进入新课改；2007年普通高中进入新课改。课程改革带来的新理念、新方法、新教材让人目不暇接，众多家长、教师一时无法适应。市教科所及时派教研员参加国家级、省级新课程培训；并根据市教育局安排，组织开展教育行政领导和教师的通识培训，学科教师的课程标准培训和新教材培训。2002年，市教科所通过学术报告、研讨会、讲座、评课等方式对新课程进行广泛宣传。全所教研员年内应邀作学术报告70多场，听众达3万人次。理论教研员刘忠义为中小学骨干教师省级培训学员、中小学校长、教师作报告达30场。

教研员深入澧县课改试验区体验新课程，通过听课、座谈等形式，了解新课程实施情况，对新教材使用过程中的一些问题与教师进行广泛的对话与交流。2003 年 4 月，省教育厅同意常德市从 2003 年秋季开始整体进入省级课改试验区。全市教研工作以实施基础教育课程改革研究为核心全面展开。

一是主导和参与师资培训。2004 年暑假期间，市教育局在芷兰学校举办义务教育阶段政治、生物、外语、历史、心理健康教育等学科培训，500 多名教师参加，相关教研员参加或主持培训活动。8 月中旬，教育理论教研员、中学语文、数学教研员参与市直中学新教师岗前培训，进行专题辅导。历史教研员陈延军还应人民教育出版社邀请，先后到北京、山西、甘肃、河北、青海、陕西、安徽、福建和省内五市（州）作历史学科培训讲座 70 余场次；教育理论教研员刘忠义应湖南人民出版社和教育部课程研究湖南师范大学中心邀请，到长沙、岳阳、怀化及部分区县（市）作学术报告。此后，在湖南文理学院成教学院、市小学教师培训中心、各区县（市）教研机构、教师进修学校举办的新课程培训、学科培训、班主任和少先队辅导员培训中，市教科所部分教研员均作为主讲教师参与培训。

二是主导课程开发。2004 年，市教科所信息技术教研员王子权参加综合实践活动《信息技术教育教材》的编写；地理教研员肖才部、历史教研员陈延军参加湖南省地方课程《湖南地方文化常识》的编写；理论教研员刘忠义主编湖南省地方课程《心理健康教育》高三年级分册、小学六年级分册。4 月，教科院参与筹办在汉寿召开的全市基础教育课程改革研讨会，起草《市校本教研制度建设指导意见》（征求意见稿）。

三是开展新课程实施研究。2006 年，市教科所从“课程理念的真正落实、教学方式的根本改变，教学评价的努力跟进”三个方面推进全市课改教研向纵深发展。1.继续加强课改调研与指导。教研员深入课堂，与一线教师共同探讨课改中的具体问题，全年累计下校 969 天，人平 46 天。2.加强农村学校的课改指导。市教科所教研员先后到澧县金罗中学、临澧新安中学等 40 多所农村中小学开展课改调研与指导。2006 年起，所有学科的教研活动都注重向农村倾斜，市教科所举办的教研活动地点都尽量安排在农村学校，让更多的农村学校教师参与其中，为他们提供观摩、学习、交流的机会。

四是提前对高中新课程改革开展研究。根据湖南省统一部署，高中起始年级 2007 年进入课改。市教科所要求各区县（市）教研室、高中学校要以学科为单位，组织、督促教师认真研读教育部颁发的《基础教育课程改革纲要（试行）》和《普通高中课程方案（实验）》以及学科课程标准，积极做好普通高中新课程改革的前期准备工作。2007 年 3 月 15 日，市教育局在凯悦酒店召开全市普通高中课程改革动员大会。7 月 9 日至 8 月 4 日，市教育局在芷兰实验学校举办普通高中课程改革学科培训班，14 个学科 2445 名起始年级教师分 9 期参加培训，市教科所相关学科教研员担任主讲教师。

为搞好高中课程改革，市教育局把全市普通高中新课程实验工作的主要任务确定为六项：1.提高课程实验水平，探索学校实施新课程的有效方式和途径，提高普通高中教学质量。2.建立国家、地方和学校三级课程管理制度，提高国家课程的执行能力以及地方课程的建设管理能力，形成开发和共享课程资源的机制。3.开展教育教学改革，促进教师教学方式和学生学习方式的改变。4.建立以校为本的教师培训和教学研究制度，形成与新课程实施相适应的教师专业发展机制，全面提高普通高中教师队伍的整体素质。5.建立与新课程相适应的综合评价体系，充分发挥评价与考试制度改革对于普通高中课程改革的引导和促进作用。为落实高中课程改革，2007 年，市教育局对普通高中办学水平的评价进行了三项改革：第一、在高考升学体制没有大的改变的情况下，仍然把高考的升学率特别是选拔性更强的二本升学率作为评价普通高中办学水平的重要指标。第二、把增值因素作为评价的一个重要依据。就是“看起点、比进步”，把学生在原有基础上的提高作为重要标准，衡量学生的进步，以此衡量办学水平。第三、引入社会评价。请社会各界、家长和学生代表对学校的师德建设、管理水平、校风教风学风、服务意识进行民主测评，进一步完善普通高中办学行为不良记录档案制度和教学质量评价监测制度，形成对普通高中办学水平的综合评价，全面推进素质教育。6.促进普通高中教育的内涵发展，优化教育资源的配置。

2008—2010 年，市教科院继续重视高中教师培训工作，先后推荐并组织高中各学科骨干教师参加全省新课程骨干教师培训；与市教育局基教科、师范科联合组织全市高中新课程起始年级第二、第三次学科培训，参训教师 3000 多人次，教科院中学教研室各科教研员均承担主讲任务。为推进高中新课程改革，市教科院在省规划办立项了《普通高中新课程资源开发和利用的研究与实践》的实验课题，该课题覆盖全市 8 个区县（市），以 12 所省示范性高中为实验基地，近 200 名高中教师投入到该课题的研究中；作为阶段性成果的《高中新课程同步辅导》丛书，已为全市大部分高中课改年级使用。开发适用于新课程高考的一轮复习教学资源《系统集成》丛书和课件（2010 年高考版）。利用常德市教育科研网，积极倡导广大教师利用教育博客进行网络教研，不断丰富网上资源。以普通高中各学科网络教学资源为重点，全面推进中小学学科教学资源的开发与建设。同时不断展示课题的其他研究成果，及时让全市所有高中学校共享。

2010 年起，市教育局陆续启动“高效课堂、快乐课堂、生态课堂”建设，涌现出市一中的“快乐课堂”，市二中的“合作性学习小组”，市四中的“五环节合作学习”，市五中的“和美课堂”，市六中的“‘4+X’双向互动”课堂和市十一中的“博雅课堂”，芷兰实验学校的“生命课堂”，临澧县一中的“一心二用三环节，四高五案六步骤”课堂，鼎城区善卷中学的“145 校本模式”，桃源县八中的“自主互动有效的学案导学课堂”等多种课堂教学模式；市一中的校本课程建设和市二中的“分层走班”教学改革也具有特色，《湖南教育》等媒体对部分学校的课改进行了报道。

（六）课题研究　1990 年，市教委出台教育教学研究课题“分级立项，定期评审”制度。1994 年，市教科所印发《常德市教育科研课题研究管理办法》，对课题的申报、立项、督查、评估、奖励等作出具体规定。1997年，成立市教育科研规划领导小组，负责全市基础教育领域教育科研工作的规划、管理与指导。规划与发展研究室对所有课题实行双轮驱动、市县协同、全程监控、管导并举的管理模式。1997年8月，市教科所设立教育理论教研员岗位，配备教研员1名，各区县（市）教研部门也配备专职或兼职理论教研员。2008年，设立教育规划与发展研究室。为加强教育科研工作的管理，教科院制定并完善了《常德市教育研究立项课题管理规程》，开始在中期检查、结题鉴定中实施现场答辩环节。

1986—2000年，常德市的教育科研与国民经济发展的“七五”“八五”“九五”计划同步，相继出台三个教育教学改革的《指导意见》，提出全市教育教学改革的分阶段目标，对推动全市教研教改发挥了重要作用。

2000—2010年，全市共承担全国规划课题8项，其中包括国家一般课题1项，教育部青年专项课题1项。桃源师范学校郭铁成主持的《学习策略指导与小学生学习方式的转变》被确定为全国教育科学“十五”规划青年教师专项课题；桃源师范学校刘钦林主持的《幼儿教师职业准入标准研究》被确定为全国教育科学规划国家一般课题。常德市一中唐会荣主持的《高中学生思想道德发展状况调查研究》、常德市二中唐洪波主持的《创新中学生社会责任感教育的实践研究》、澧县一中赵绪清主持的《以优良的学校文化基因引领特色学校建设的研究与实践》、常德师范学校顾国荣主持的《农村幼儿教师供给保障机制研究》、武陵区教育局铁明东主持的《以学校文化建设推进县域教育均衡发展的实践研究》、安乡县深柳镇城东小学甘君艳主持的《小学生低碳生活行为习惯养成教育研究》被确定为教育部重点课题。2000年以来，全市共承担省级课题149项，其中省规划课题77项，省学会课题57项，省基教项目15项。

1988—2010年间，市教委（教育局）、市教科所（院）、市教育学会共组织12次基础教育和职业教育教研成果评奖，共评出508项优秀成果。在此期间，全市有121项课题荣获教育部、省教育厅、市委、市政府嘉奖。其中，澧县澧阳镇实验小学雷孝伍主持的课题《快乐体育促进小学生身心健康发展研究》2010年12月获全国基础教育课程改革教学研究成果二等奖。有9项课题获得省级一等奖。澧县二中、常德市一中、常德师范学校三所学校先后在2008年、2012年成为湖南省教育科学研究基地。

表 11-3-6　**1988—2007 年常德市教研课题荣获省级一等奖一览表**

时间	成果名称	获奖集体及个人	评奖活动	组织单位
1990	强化教学常规，深化教学改革，全面提高教学质量	临澧县教研室	省第一届基础教育教研教改成果奖	省教委
1991	寓德育于各科教学之中的初步探索	临澧县教研室	省中小学教研教改成果第二次评奖	省教委
	“语文单元整体教学”实验	桃源县漆河镇中学 胡运华 王赛艳等		
1993	积极采取有效措施，大力加强劳动技术教育	市教委：陈昌清 何正湘 刘小骥 吴炳桂 贵体谦	省中小学教研教改成果第三次评奖	省教委
1998	活动课程建设研究与实践	市教委 市教科所 陈昌清 刘茂林 黄海春 高建国 肖才部 何正湘 尹开源 武建荣 宋育兰 刘忠义 冯德昌 郭环球	省基础教育教研教改成果第五次评奖	省教委
	常德市初中英语“三P”活动教学实验	市教科所 桃源一中 肖坤 刘淑英 王义生 向孟华 刘顺清 蔡志娟		
2002	中小学校园文化建设研究与实践	澧县教育局 徐如社 赵绪清 戴作则 吴家驹 皮振欣 胡宏桥 韩先贵	省基础教育教研教改成果第六次评奖	省教育厅
2006	小学生学习方式的研究	津市市第二小学 严钦生 汤长模 徐凤 肖威 谭晓明 高辉 蔡成菊 王淑英 周晓梅	省教研重点课题成果奖	省教科院基础教育研究所
2007	普通高中自能发展研究	澧县二中 周楠丁 鲁礼坤 杨传向 郭祖生 曹承明 李韶庭 徐如刚 陈克双 杜建国 胡万平 王可成 彭作绪	省教育科学“十五”规划课题研究优秀成果奖	省教育厅 省教育科学规划领导小组

表 11-3-7　　2000—2012 年常德市省级以上课题立项情况汇总表

时间		国家级	省级	说明
十五		1 项	省规划 14 项 省基教 6 项	桃源师范学校郭铁成《学习策略指导与小学生学习方式的转变》全国教育科学十五规划青年专项课题
十一五		教育部 3 项	省规划 33 项 省学会 23 项	常德市一中唐会荣《高中学生思想道德发展状况调查研究》；常德市二中唐洪波《创新中学生社会责任感教育的实践研究》；澧县一中赵绪清《以优良的学校文化基因引领特色学校建设的研究与实践》
十二五	2011	教育部 2 项	省规划 18 项 省学会 28 项 省基教 15 项	桃源师范学校刘钦林《幼儿教师职业准入标准研究》；常德师范学校顾国荣《农村幼儿教师供给保障机制研究》；教育部立项课题数在全省各市州中名列第一
	2012	教育部 2 项	省规划 26 项 省学会 6 项	武陵区教育局铁明东《以学校文化建设推进县域教育均衡发展的实践研究》；安乡县深柳镇城东小学甘君艳《小学生低碳生活行为习惯养成教育研究》；囊括了我省年度中小学（幼）在教育部立项课题的全部

第三节　科研成果

常德市教育科学研究院先后两次（2005—2006、2007—2009）被省教育厅评为“湖南省教育科学规划课题管理先进单位”。2009—2010 年连续两年被省教科院评选为“教育科研工作先进单位”，2010 年被市教育局授予“特别贡献奖”。

1988—2010 年，教科院教研员主编、参编的教材、教辅资料或其他出版物 200 多种，在省级以上报纸和教育核心期刊等媒体上发表论文 600 多篇。1994—1998 年编著的《初中活动课》丛书，由海南出版社出版。1996 年 10 月，市教委副主任陈昌清与市教科所刘茂林、高建国、黄海春、肖才部、何正湘等主编的《小学活动课指导用书》（丛书）被中国教育学会、教育实验研究会授予“优秀成果奖”。由以上人员主编、湖南教育出版社出版发行的《活动课教师指导用书》共 7 本，160 余万字，1996 年春被省教委列入中小学教师用书目录。市教委原副主任陈昌清主编的《活动课程理论与实践》一书，受到国家教委原副主任、教育部总督学柳斌的高度评价，认为该书“在理论上的系统性和实践上的针对性都是比较强的，对当前活动课程的研究和发展具有十分重要的参考指导意义”。由陈昌清、刘忠义等编写的《在探索中迈向新世纪——常德市教育教学改革20年回眸》，2000年6月由长春出版社出版。

2000年以后，教研员参与编写大量教材、专著、教辅资料。教研员刘建德独著出版《关于课堂的思考》，参编《中小学素质教育论》《当代中国市场经济实用大全》等5本专著、理论书籍，主编《高考热点难点分析与训练》《高考密码·思想政治》等近50本教辅资料，参与编写九年级《思想政治》（国标教材）、七年级《生命与健康常识》（湖南省地方教材）、《环境教育、预防毒品与艾滋病专题教育读本》（湖南省地方教材）、八年级上下册《少先队活动》（全国通用教材）。教研员刘忠义主编《中学生心理健康教育自助读本》（高三年级分册）、《小学生心理健康教育活动手册》（六年级分册），参编《研究与发展自我》（中学篇）、《中学生心理健康教育指南》。教研员陈延军编写《中国历史》和《世界历史》教材及教师教学参考书。郭环球编写《小数经典》《数学精彩案例片断集粹》《优学直通车》《小学同步监控优化设计》《课程基础训练》等教辅资料。武建荣编写《小学生作文与口语交际》系列丛书、《小学语文优学直通车》。黄利华院长编写学科《新课程同步辅导丛书》。

2004年，教研员刘忠义被湖南师范大学课程研究中心聘为研究员，2005年教研员陈延军、刘建德、刘忠义、宋育兰、武建荣被评为市级学科带头人，2005年黄利华、陈延军、刘建德、肖才部、傅广生等被省中小学教师继续教育指导中心聘请为新课程培训专家。至2008年，刘茂林、刘建德、陈延军、武建荣先后被评为湖南省特级教师，2010年刘忠义被湖南科技大学聘为硕士生导师，2003年—2012年陈延军被国家课程教材研究所、人民教育出版社聘请为高中和初中历史新教材培训团专家。多数教研员获国家级、省级优秀教研员称号，被省教育厅聘请为湖南省“国培”专家。

表11-3-8　**1988—2010年市教科院教研员主持课题情况一览表**

主持人	课题名称	级别
刘忠义	中学语文课案教学研究	省级1998
刘忠义	常德市特级教师教育教学思想研究	省规划2002
肖焕之	中学生信息技术水平分层评价的研究	省规划2006
黄利华	开发和利用普通高中课程资源的研究与实践	省规划2008
刘建德	初中思想品德课“引领?尝试教学模式”的研究与实践	省学会
刘忠义	常德市青少年心理健康状况调查研究	市委市政府委托2009
刘忠义	常德市县域教育发展水平比较研究	市教育局委托2008
刘建德	主攻课堂，把素质教育落到实处	市级

续表 11-3-8

主持人	课题名称	级别
武建荣	小学生语文素质评价研究	市级
傅广生	中学物理教学中发展性学生评价研究	市级
黄恭福	农村中学化学校本课程的开发、实施与管理研究	市级
肖　坤	高中英语“IPO”活动教学模式实验	市级
章建华	中小学教师教学质量评估研究	市级
禹　明	初中英语程序教学实验	市级
周文新	“高考英语（湖南卷）”复习研究	市级 2010

1988—2010 年，组织指导中小学学生在全国数学、物理、化学、生物和信息学奥林匹克竞赛中，1000 多人次获省级奖，104 人次获国家级奖。

第四章　招生与分配管理

第一节　管理机构

一、招生考试机构

1988年以前，常德地区招生委员会下设的招生办负责普通高校招生。1988年地改市后，普通高校招生机构改称常德市招生委员会（简称市招委）下设的招生办负责。市招委由市委、市政府主管教育的领导和市教育、公安、财政、劳动人事、组织、宣传等部门负责人组成。委员会下设办公室（简称市招生办），负责全市及指导各区县（市）普通高校招生与考试工作。1996年前，市招生办为市教委直属事业机构；1996年机构改革后，市招生办被确定为市教委机关直属机构。2001年8月，市教委更名为市教育局，由原市招生办、市自考办和市教委成人教育科的一部分合并组建成常德市招生考试委员会办公室(简称市招考办)，作为市教育局具有行政管理职能的直属机构，负责全市普通高校、成人高校、中等职业学校、研究生招生考试及高等教育自学考试、选拔飞行学员等相关工作。2003年起，相继增加组织实施全国公共英语水平考试、大学生公共英语考试和大学生计算机水平考试以及设在湖南文理学院的全省高校美术专业招生专业联考考点组考等职能，市属各县（市、区）也相应设立招考办。

二、分配与就业管理机构

1984年7月，经中共常德地委宣传部、常德地区编委批准，常德地区教委成立“常德地区大中专毕业生分配办公室”（简称分配办），与教委人事科合署办公。1989年5月，分配办从人事科分离，定为正科级事业单位，主管全市大中专毕业生调配派遣工作，归口市教委管理。1993年开始，大中专毕业生由计划分配逐步向自主择业过渡。为了适应毕业生就业分配形势，更好地开展就业指导和择业服务工作，同年4月，市分配办加挂“常德市大中专毕业生就业指导服务中心”牌子，与分配办合署办公。2001年后，毕业生就业制度由国家计划分配转为自主择业，为适应毕业生资源市场配置工作，2001年12月，常德市分配办更名为常德市大中专毕业生就业办公室，简称“就业办”，加挂市教育人才交流中心和常德市大中专毕业生就业指导中心两块牌子，正科级。

第二节　招生与考试

一、普通高校招生与考试

（一）报名与志愿信息采集

1.报名与志愿采集逐步信息化。1977年恢复高考，考生报名和志愿填报信息主要由各报名点人工采集，逐级上报。由于报考人数众多，信息采集不仅费时费力；而且环节多，容易出错。1988年10月，省普通高校招生委员会办公室和省自学考试委员会办公室决定启动招生考试信息化工作，目标是考生个人报名、填报志愿和考试成绩信息采集与统计采用计算机和光电阅读机采集方式，用计算机代替以算盘为运算工具的人工数据处理方式，实行计算机管理。为适应计算机信息化管理工作的需要，市高校招生办一方面安排有关人员参加省里组织的培训；一方面抽调专业人才，以提升常德市高校招生信息化水平。1995年10月，为应对全省普通高校招生工作信息服务平台九大系统的全面实施，市招生办委托常德师专举办为期一个月的全市普通高校招生工作系统计算机专业人员应用培训班，提升了全市招生考试信息化水平。2003年开始，市、县两级招考办均配置档次较高的计算机、激光打印机、数码相机和数据传输设备，省、市、县之间开通了电子邮箱，数据传输实现电子化，原始落后的工作方式逐步得到改善。2005年，省教育考试院印发《湖南省2005年普通高等学校招生网上报名信息采集试点工作实施方案》，并于当年开始高考网上报名的试点工作。经省教育考试院批准，常德市网上报名信息采集试点设在常德高职院招生办。2006年，省教育考试院发布《湖南省普通高等学校招生网上报名信息采集工作实施方案》，常德市从当年起，高考报名与志愿信息采集全面实现信息化。

为进一步规范全市招生考试信息管理工作，市招考办根据省教育考试院信息处2009年制定的《湖南省普通高校招生工作管理信息标准》，建立和健全了高考报名信息系统、网上报名系统、电子档案信息系统和信息安全管理制度等，高考信息管理做到了全面、系统、规范。

2.构建“国家教育考试管理与服务平台”。2003年开始，市招考办根据常德市推进高考信息化工作的规划与目标，多方筹措资金，加强高考信息化建设；并利用2006年湖南省实施“网络畅通工程”和2007年湖南省启动“国家教育考试管理与服务平台”建设的契机，在全市高中建立独立的网络系统，通过专线接入互联网，形成以公网（教育网、电信网）为基础，以湖南招生考试信息港和湖南考试院网站为依托，以招考业务处理系统为中心，各单位之间相对独立，层级管理功能明晰的招生考试网络系统平台。2010年，初步建立起操作方便、高效实用、功能完善、信息快捷的招生考试管理与服务平台，基本实现考生档案信息电子化、数据管理集中化、业务操作网络化；高考计划衔接、网上报名、考场编排、网上评卷、成绩处理、志愿填报、网上录取等工作全部依托国家教育考试管理与服务平台在网上完成。

（二）高考招生政策的调整与变化

1.招生计划的变化与招生“并轨”。1985年前，高考招生只有国家指令性计划。1985年开始，湖南省调整招生计划形式，在以国家指令性计划为主的前提下，辅以委托培养和自费生两种调节性计划。《湖南省1985年高等学校接受委托培养生的实施办法》下发后，常德市属高校和招收高中生的中专学校根据上级安排开始招收委托培养学生，1986年开始试招自费生。此后，自费生招生计划逐年上升。根据省招生办的安排，常德市从1988年到1995年共招收委培生、自费生5713人。其中本科1002人，专科4424人。1995年后正式取消委托培养和自费生计划。

1994年，国家教委启动高校招生“并轨”改革，省教委制定招生“并轨”改革方案，将过去在高校实行的招生、收费、毕业生就业的“双轨制”合并为一种制度运行。市招生办按照省教委的改革方案，经过两年的“并轨”改革试点，1997年高考招生全面实行“并轨”制，全市招生计划只有国家任务一种形式。

2. 免试保送生招生。1984年湖南首次实行推荐加统考的办法招收保送生。1988年，湖南省制定关于招收保送生的实施意见，进一步扩大保送比例，在湘的本科院校和师范专科学校均可招收保送生。市招委根据上级有关文件精神，研究确定了一批具有向高等学校保送学生资格的学校。经市教育局推荐申报，省教委批准，1989—1993年，市一中、汉寿县一中、澧县一中、临澧县一中、桃源县一中、石门县一中相继取得向部属重点高校保送学生资格，另有33所学校具有向普通高校保送学生的资格。1989—1993年，常德市共向各高校保送优秀学生315人，1997—2001年共向各高校保送优秀学生137人。

3.高考录取办法改革。1994年开始，湖南高考考生填报志愿时间由文化考试前调整为考试后，为考试发挥好的考生准确填报志愿获得录取机会创造条件。2001年，高考录取全面实行网上录取。2002年，省招考办决定取消全省专科招生计划预分到市州的办法，实行全省统一划线录取；同时对考生志愿填报时间进行调整：即在高考后考生分提前批和重点本科、一般本科、高职专科两类进行志愿填报，同年全面实行招生学校远程网上录取。2003年省招生考试院推出“并列志愿”和“征求志愿”的录取办法：将沿用多年的传统梯度志愿结构改设为三个（第一批）、五个（第二、第四批）或两个（第三批）并列志愿，取消“服从”志愿。采用新的录取办法以后，市招考办与各普通高校招生办积极配合，沟通协调，及时发布录取信息，普通高校录取常德考生人数屡创历史新高。2001年全市16913名考生参加高考，录取10097人，录取率达59.7%，高于全省平均水平2.6个百分点。此后几年，常德市高考录取率一直排在全省前列，到2010年高考录取率达89.1%。

1989—2010年，常德市通过参加高考被录取进入大中专院校学习的人数共计293412

人。统计情况见表 11-4-1、表 11-4-2、表 11-4-3。

表 11-4-1　　**1989—1992 年常德市高考录取情况表**　　单位：个

年份	录取总数	国家任务			委托培养			自费			保送		选飞	电大
		本科	专科	中专	本科	专科	中专	本科	专科	中专	本科	专科	本科	专科
1989	3172	1107	996	453				13	369	109			12	113
1990	2846	1077	1094	435	1	14	25	2	58	8	54	57	19	2
1991	2996	1166	1224	357	7	13	22	7	41		49	54	28	28
1992	3153	1011	1259	273	12	60	37	73	274		41	60	31	22

说明：表中数据均来自《常德市教育年鉴》

表 11-4-2　　**1993—2010 年常德市高考录取情况表**　　单位：个

年份	录取总人数	文科	理科	其他	职高对口	其中	
						本科	专科
1993	3828	1083	2246	381	118	1147	1799
1994	4427	1309	2499	496	123	1728	2091
1995	4935	1408	2927	462	138		
1996	4914	1493	2697	535	189		
1997	5017	1322	2931	484	280	2231	2596
1998	5129	1293	2967	558	311	2518	2515
1999	7216	1945	3808	808	655	3942	3228
2000	8807	2367	4363	1185	892	4432	4363
2001	10097	2419	5485	1063	1130	5365	4685
2002	13992	4368	7347	885	1392	6135	7594
2003	18149	6113	9847	887	1302	6924	10775
2004	22836	8090	11218	1804	1724	8143	14384
2005	26702	9441	12867	2338	2056	9906	16796
2006	25148	9051	11947	2575	1575	11459	13689
2007	27244	9521	12595	3270	1858	12358	14886

续表 11-4-2

年份	录取总人数	文科	理科	其他	职高对口	其中	
						本科	专科
2008	29515	9954	13777	3804	1980	13020	16495
2009	31475	10561	15056	3886	1972	14918	16557
2010	31814	11480	14452	3724	2158	16583	15231

说明：表中数据均来自《常德市教育年鉴》。

表 11-4-3　　2001—2010 年常德市高考报名及录取情况统计表

年份	报名总人数	录取总人数	录取率（%）	与全省平均录取率比较（%）
2001	16913	10097	59.7	+2.6
2002	19978	13992	70.75	+9.11
2003	23353	18149	77.72	+7.28
2004	28974	22836	78.82	+7.42
2005	35869	26702	74.44	+8.43
2006	41027	25148	61.3	+8.3
2007	44571	27244	61.1	+6.2
2008	45688	29515	64.6	
2009	41973	31475	74.9	+7.99
2010	35703	31814	89.1	

说明：表中数据均来自《常德市教育年鉴》。

4.取消预考及考试办法改革。1980 年开始，教育部决定在全国高考统考前举行一次预选考试，湖南省招生办规定全省每年预选考试定在 5 月 25—27 日进行。省招生办将预选指标依据上一年大学、中专初选人数，参照当年高中毕业人数，分文理外三科一次性分配到地州（市），各地州（市）按同样原则再分配到县（区）；预选合格者参加政审、体检，参加高考。到 1988 年，常德市招生办连续组织了 9 年高考预选考试。1989 年考生生源趋于稳定，招生计划体制由单一的国家指令性计划发展到国家任务、委托培养、自费等多种计划形式，省人民政府决定取消预选考试。从当年起，常德市所有符合条件的高中毕业生和社会青年都可直接报名参加高考统考。根据省招生部门的部署，常德市在 1989—1991

年实施标准化分卷考试改革；指派颜洪波参加国家教委学生司和国家考试管理中心在华南师大举办的标准化考试理论与实践培训。1989年政治、英语和化学三科实行标准化分卷考试，使用计算机对客观题进行评卷；1990年增加物理、生物、历史和地理四科。1990年，在全省高考考务工作会议上，常德市招生办制作的《普通高校招生全国统一考试标准化考试考务管理培训音像教材》由省招生办向全省考点推广，作为全省高考考点考务培训教材。

5.高考科目设置改革。1990年前，高考分文科与理科，文科考6科，理科考7科。1991年湖南、海南和云南“三南”实施高考科目分四组、每组考四科的“4×4”高考科目设置改革。按照省里的部署，常德市及时调整教学计划、实施高中毕业会考、全面推行标准化分卷考试，为高考科目设置改革做了充分准备。1993年，国家教委综合文理分科、“三南4×4”和上海“3+1”三套方案，推出全国统一的“2×5”高考科目设置改革方案，由于常德市准备充分，高考科目设置改革得以顺利推进。

6.高考考试时间的变化。自1989年取消高考预选后，统考时间为每年的7月7日至9日三天。2002年调整为7月7日、8日两天。2003年教育部颁布全国高考时间表，规定全国高考统一考试时间为每年的6月7日、8日两天。每年高考，市招考办都严格按照规定组考，市招生委员会成立考务工作领导小组，招考办制定组考方案，组织高考巡视组下派各县市考点巡查指导，组考20多年来没出现大的差错。2003年，高校招生考试遭遇“非典型肺炎疫情”（简称“非典”），全市高考报名人数达到23353人，是常德市有史以来报考人数最多的一年。市招考办精心组织，保证了高考的顺利实施。

（三）考试管理逐步信息化。从1977年恢复高考至20世纪90年代末期，考务信息、考试现场管理与监考完全是人工管理。2000年，湖南发生嘉禾高考集体舞弊事件，省招生办要求各地加大考点规范化建设。从2001年起，市招考办按照国考统筹管理的思路，大力实施科技办考，加快考点电子监控建设，到2003年，常德市18个高考考点中有市一中、六中、七中、汉寿县一中、二中、桃源县一中、西洞庭一中七个考点实行国考电子监控。到2007年，全市23个国考考点全部配备电子监控系统和无线电屏蔽系统；2009年，首次使用金属探测器，所有考场安装摄像头，并进行考试全过程、无死角监控录像。考试期间，巡考人员在考点周边进行巡逻检查，对涉嫌考试作弊的无线电信号进行监控定位、压制打击。至2010年，常德市建成10个高考保密室的网上巡查系统和市招考办考务指挥中心，并于当年高考投入使用。由于高考实行信息化管理，全市高考真正实现了“四杜绝”（即杜绝安全事故、杜绝失泄密、杜绝大面积舞弊、杜绝工作差错）。

二、成人高等教育招生考试

1996年前，常德市成人高考由市成人大中专学校招生办公室负责，1997—2000年，由市教委成人教育科负责。市招考办自2001年2月起，全面负责“成考”的报名及考生信息采集工作。“成考”的报名分为专科起点升本科（简称专升本）、高中起点升专科（简称高起专）和高中起点升本科（简称高起本）三个层次。学习形式包括函授、业余和脱产三种，以前两种形式为主，脱产学习只有极少数成人高校。

2002年，市招考办根据省教育考试院的要求，“成考”报名开始采用现场采集考生图像的办法，考生报名必须本人亲自办理。市招考办为方便考生完成图像和报名信息采集，在市内和各区县（市）统一设立考生图像采集点。2006年，湖南省成考全面实行网上报名，市招考办停止现场图像采集工作，报名者登录湖南省教育考试院网站，凭身份证信息进入“湖南省2006年成人高校招生报名系统”，完成报名信息的填报，在规定时间到确认的地点完成确认手续即可。

从2001年起，市招考办根据省教育考试院的要求，对“成考”招生做了五个方面的改革和政策调整：一是考生档案实行电子化；二是实行网上录取远程化；三是考生资格审查重心前移，即将优惠信息证明、专科毕业证书验证等工作前移到录取之前进行；四是报名时间由原来的3月1日至15日改为3月10日至20日。免试入学的考生一律到所在市、州招生办指定的报名点办理报名手续；五是录取工作在9月份以前一次性完成。

2009年，省“成考”全面实行网上阅卷。2010年，全面实行网上录取。2002—2010年，常德市通过成人高考获得更高层次学历教育机会的有104771人。

表11-4-4　**2002—2010年常德市“成考”情况统计表**　单位：个

年份	专升本	高升本	高职高专	高职班	“3+2”	合计
2002年	3168	1450	7964	407	840	15339 含免试1510
2003年	3340	1514	10885	811	783	17333
2004年	1830	217	7340		427	9814
2005年	1601	8998				10599
2006年	2372	347	9640			12359
2007年	1994	348	10167			12509
2008年	1450	31	9307			10788
2009年	1499	329	6418			8246
2010年	1730（免试3）	222	5832			7784
合计	18984	4458	76551	1218	2050	104771 含免试1510

三、高等教育自学考试

（一）开考专业、学历层次及学位

常德市高等教育自学考试（简称自考）始于1984年。2001年前，自考工作由市高等教育自学考试委员会下设的办公室（简称市自考办）负责，2001年8月起，自考工作由市招考办负责。

1989年，常德市自学考试开考专业16个，此后逐年增加，到2003年，按国家《高等教育自学考试专业目录》与《高等教育自学考试专业基本规范》的分类标准，增加到58个；2008年全省对公共政治理论课进行调整，到2010年增加至190个专业。其中面向社会开考专业77个，面向助学班开考专业113个。常德市自学考试开考的学历层次也随着教育事业的发展不断变化。1988—1992年开考的学历层次有中专、专科（基础科）、本科（包括专科段与本科相衔接的本科及独立本科段）三个层次。1992年以后，只有专科和本科两个层次开考。从2000年开始，本科报考人数逐渐增多。1991年社会型考生本科毕业人数只占6%。到2009年达到69%。根据《国务院学位委员会关于授予成人高等教育本科毕业生学士学位暂行规定》和湖南省《关于授予高等教育自学考试本科毕业生学士学位的暂行规定》，从1989年起符合文件规定的自学考试本科毕业生可以授予学士学位。

（二）考籍管理

按照自学考试各专业计划的安排，专科（基础科）一般为3~4年，本科一般为4~5年。按照专业考试计划的要求，每门课程考试合格者，发给单科合格证书，并按规定计算学分；不及格者，可参加下一次该门课程的考试。考生完成专业考试计划规定的课程全部合格，完成毕业论文或实践性环节考核，思想品德经鉴定合格者准予毕业并取得相应的毕业证书，国家承认其学历。

根据《高等教育自学考试暂行条例》的规定，自学考试应考者取得一门课程单科合格证书后，管理机构应为其建立考籍管理档案。1988—2006年考籍档案的形式为纸质档案，内容主要包括：个人基本信息、考试信息、奖惩记录、转考、免考、实践环节考核、毕业论文成绩、毕业信息等，由市自考办（2001年后由市招考办）统一管理。应考者因户口迁移或工作变动需要转地区或转专业参加考试的，按考籍管理办法办理转考籍等有关手续。

2006年，湖南省高等教育自学考试网上管理信息系统投入应用，实现了档案无纸化、网络化的考籍管理。不再发单科“课程合格证”，不再制作考生的纸质档案。考生的基本信息均实行电子化、网络化管理，所有数据存储在省考试院网络服务器。2008年自考网络系统升级改版，该系统为每个自考生建立一个网上个人空间，在个人空间内可以网上报名报考、查询考试成绩、毕业办证等相关信息。考生不用在本省范围内办理跨地区、跨区县转籍手续，可在省内任一地点报考、查询、办理毕业证等。

（三）考试管理

1.考试收费标准：1988—2005 年，自学考试费用为 28 元/科，2006—2010 年为 38 元/科。面向社会开考专业实践环节考核费每生为 120 元，毕业论文（设计）指导答辩费每生为 300 元。自学考试初次报名参考新生考籍证工本费为 20 元。

2.每年开考次数及每次开考天数：常德市自考每年考试次数因周边省份的变化及自考生报名人数、科数等原因，也经历了几次变化，1984—1993 年每年考两次，每次考 2 天；1993—2007 年每年考 4 次，每次考 2 天；2008 年每年考 3 次，每次考 3 天；2009 年每年考 2 次，每次考 3 天，2010—2012 年每年考 3 次。每年 7 月增加一次点考，4 月、10 月自考每次考 3 天，7 月点考每次考 2 天。

3.开设考点数。1988—2004 年，各区县均有 500 名以上的考生报考，为方便考生，各区县都设有考点。2005 后社会型考生逐渐萎缩，到 2006 年有的区县考生不足 200 人，区县不再设考点，所有社会型考生从 2006 年开始集中到常德市区考点参加考试。

2002 年教育部自学考试办公室发布《关于加强高等教育自学考试管理，建立严格规范的国家考试制度》的通知，对考试工作人员、报名报考、试卷的印制、运送与保管、考试实施等 7 个方面做了详细规定。根据文件要求，常德市高等教育自学考试建立了一套较为完善的规章制度和操作程序。

2006 年湖南省高等教育自学考试管理信息系统投入应用以来。计算机等现代技术广泛应用于考试报名、考场编排，大大提高了工作效率。2007 年开始启用无线屏蔽系统，2009 年首次使用金属探测器，考生入场需接受违禁物品检查。同高考一样，所有考场安装了摄像头，并进行考试全过程、无死角监控录像。2010 年上半年开始全省实行自考网上评卷，减少了组考、评卷、成绩发布的误差，大大提高了工作效率。

（四）助学单位管理

1993 年开始，各主考院校在全市广泛设助学点，称为全日制自考助学点。常德市全日制自考生源主要集中在湖南文理学院和常德职业技术学院，全市助学点最高达 17 个。2009 年，根据《湖南省教育厅关于进一步规范高等学校自学考试社会助学工作的通知》，规范了助学点的管理，到 2010 年全市仅有湖南文理学院、常德职业技术学院、湖南同德职业学院、常德中山外语职业学校、常德女子外语学校、常德工艺美术学校、桃源师范学校获助学许可证。

四、招飞工作

（一）招飞工作概况

1988 年，国家教委、公安部、财政部和总政治部决定：空（海）军招飞工作纳入全国普通高等学校招生序列管理，飞行学员的文化素质选拔纳入全国普通高校招生统一考试。在飞行学员基本飞行素质选拔合格的前提下，由空军招飞机构根据考生文化成绩择优录取。省、市、县三级普通高（中）等学校招生办负责协调和承办地方空（海）军招飞工作。

根据国家教委、公安部、财政部和解放军总政治部联合印发的《关于颁发〈中国人民解放军海军、空军招收飞行学员工作暂行规定〉的通知》精神，常德市积极探索飞行学员早期培养经验，建立飞行学员生源基地学校，加大招飞工作宣传力度，鼓励有志青年报名参加选飞。1988—2010年，常德市向空军输送508名飞行学员（见表11-4-8），在全国市(州)中名列前茅，其招飞工作经验多次被教育部、公安部、财政部、总政治部和空(海)军在全国推广。市招考办连续18次被空军招飞局广州选拔中心和省教育考试院评为“空军招飞工作先进单位”。

(二）招飞工作措施

1.生源基地建设

1996年，市教委把市六中等一批中学确定为空军飞行学员早期培训基地。1999年12月9日，空军招飞局局长白力牛大校代表空军向市六中授予“空军飞行学员早期培养基地”牌匾。1998年5月，国家教委、公安部、财政部和解放军总政治部在葫芦岛市召开全国空（海）军招飞苗子早期培养工作会议，市招生办主任颜洪波、市六中校长张联民、澧县六中校长周乃顺应邀参加会议并在大会上发言。2001年10月、2004年10月，湖南省空军招飞工作会议在常德市召开，市招考办主任施爱国和市六中党委书记赵淑君向大会分别介绍生源基地建设和早期培养经验。1990—2007年，市六中向空军累计输送72名飞行学员，在全国命名的41个飞行学员早期培养基地中排前十名。2007年12月，空军招飞局向常德市六中赠送了一架双座教练机和一套早期培养器材，市教育局也于2008年拨款30万元为教练机建造了“机窝”，成为市六中校园文化的亮点。

2011年10月8日，市招生考试委员会下发《关于表彰输送空军飞行学员先进单位的通报》，授予2008年以来向空军输送飞行学员的汉寿县一中、二中，桃源县一中、四中，石门县一中，鼎城区一中，常德市一中、二中，澧县一中9所中学“先进单位”称号。同年10月25日，市招生考试委员会向汉寿县一中、二中，桃源县一中、四中、九中，鼎城区一中、淮阳中学，石门县一中、五中，澧县一中、四中，临澧县一中、二中，津市市一中，常德市一中、二中、七中和芷兰实验学校等19所省、市级示范学校颁发“空军飞行学员生源基地”牌匾。

2.国防教育宣传

1990年以来，市本级和各区县（市）两级招生机构在招生工作中确定了“广泛深入持久动员，向空军输送优秀飞行学员”的方针，并扎扎实实的做好动员和早期培养工作。最大限度地降低近视等身体不健康因素的影响，为空军选拔飞行学员夯实生源基础；各高中学校让爱国主义教育和国防教育走进课堂，招飞工作开始后又大张旗鼓宣传，激发广大青年学生献身国防的爱国热情。1997年全市向空军输送39名飞行学员，成为招飞体制调整以来中南五省区输送飞行学员最多的（地）市。同年10月，在广州空军招飞中心召开的湘鄂两省招飞工作会议上，市招生办主任颜洪波做了典型发言。

2009年10月4日，《常德日报》以《报考飞行学员，准备起飞》为专栏标题，以《2010年招飞启动》《我的征程》《蓝天骄子》《儿子，展翅飞翔吧》为子标题，宣传选飞新标准，向读者介绍原特级飞行员、现市委统战部副部长李学明和2008级飞行学员张又来、女飞行学员叶诺男等优秀人物。2009年以来，每年初选期间，市招考办都邀请空军招飞局广州选拔中心的专家和领导到有关中学宣讲空军招飞政策，指导立志报考飞行学员的高中生养成飞行基本素质的途径和方法，走访飞行学员家庭，并组织媒体随访报道。

3.飞行学员选拔标准调整

2008年，解放军总政治部调整飞行学员选拔标准，将身体和心理品质选拔标准与国际接轨，并大幅提高文化标准，动员选拔的对象从二本分数线下的考生群转到一本分数线上的考生群，生源学校从一般中学转向省市级示范中学。为进一步广泛宣传选拔飞行学员新标准，常德市采取了两项措施：一是由市政府与空军招飞局联合举行空军飞行学员入学通知书发放仪式；二是由市政府向每个飞行学员家庭颁发“空军飞行学员之家”的牌匾。是年，全市向空军输送21名飞行学员，其中女飞行学员4名（当年空军在全国招收女飞行学员30名，在湖南共招收5名）。汉寿县一中的熊瑶、伍意，汉寿县二中的熊沙，桃源县九中的叶诺男成为湖南首批女飞行学员。

表11-4-5　**1988—2010年常德市各县（市、区）选飞情况统计表**　单位：个

年份	合计	市直	鼎城	汉寿	桃源	安乡	澧县	临澧	津市	石门	西洞庭
合计	508	97	79	87	78	15	68	35	32	16	1
1988	3	1		1			1				
1989	11	4	3		3			1			
1990	17	3	1	5	2		5		1		
1991	28	7	3	3	7	2	3		3		
1992	31	1	6	4	8	3	4		3	2	
1993	27	2	10	3	6		1	4	1		
1994		6	6	4	5	1	8	3	2	2	
1995	39	7	6	4	5	1	8	3	3	2	
1996	28	4	4	9	2		2	3	2	2	
1997	22	5	2	3	1	1	4		6		

表 11-4-5

年份	合计	市直	鼎城	汉寿	桃源	安乡	澧县	临澧	津市	石门	西洞庭
1998	26	4	4	4	3	1	5	1	4		
1999	24	1	3	4	5		2	4	3	2	
2000	24	2	3	5	5		5	3	1		
2001	14	1	1	1	1	2	3	2		3	
2002	23	8	5	2		3	4		1		
2003	17	5	3	4	3		2				
2004	18	5	5	1	3			4			
2005	21	9	1	5	2		4				
2006	34	8	5	7	6	1	3	3			1
2007	19	6	3	4	2		2	2			
2008	21	4	4	5	4		1		1	2	
2009	12	2	1	6	1			1		1	
2010	12	2		3	4		1	1	1		

五、公共英语等级（PETS）考试

（一）考试报名

市招考办为方便考生报考，在各区县（市）招考办、全市各高中学校以及部分中职学校设置报名点，各校在籍学生可以在本校报考，社会考生可在各区县（市）招考办设置的窗口单位报考。

PETS 考试每年组织两次，上半年考试时间为每年 3 月的第三周周末两天，报名时间为上一年的 12 月份；下半年考试时间为每年 9 月的第二周周末两天，报名时间为 6 月份。PETS 各等级各类别报考费用根据湘财综〔2007〕40 号文件规定：一级 B、一级、二级口试为 65 元/人，笔试 70 元/人；三级、四级口试 70 元/人，笔试 85 元/人。

（二）考试组织

2003—2010 年，常德市 PETS 考试市直考点为市七中，各区县（市）均设有考点，考点要求设在高考考点学校。考试分为笔试和口试两部分，口试考官由普通中学、高等学校符合条件的在职英语教师担任，任职前须取得“湖南省 PETS 口试考官证”。2010 年湖南省教育考试院颁布《湖南省全国英语等级考试口试考官管理办法》，对考官的任职条件、工作规范、权利和义务等做了全面规范。2005—2010 年期间，全市先后有 550 名英语教师获得 PETS 口试考官资格。

（三）证书发放

PETS 考试的合格证由常德市招考办统一发放至考生所在学校，社会考生在指定的地点领取。口试及笔试均合格者，可获得由教育部考试中心统一颁发的“全国英语等级考试合格证书”。口试或笔试只有一项合格者，可获得由教育部考试中心统一颁发的“全国英语等级考试笔试成绩合格证”或“全国英语等级考试口试成绩合格证”。全国英语等级考试（PETS）2 级笔试合格者，可以免考自学考试英语（一）；全国英语等级考试（PETS）3 级笔试合格者，可以免考自学考试英语（二）；通过 PETS-2 级以上的（含二级），报考普通高等学校（或对口招生）英语专业（或对英语口语有要求的其他专业），可免于参加高考英语口语考试。

（四）考试规模

2003 年，全市 PETS 首次开考，报名人数只有 157 人，到 2010 年，报名人数达 19647 人，增长了 124 倍。其中 2007 年报名人数曾达 20300 人。2005 年，湖南省教育考试院颁布《湖南省教育考试院关于用全国英语等级考试口试替代普通高考英语口试的通知》，是 PETS 报名人数增长的主要原因。自 2006 年起，单独报考二级口试的高中学生生源一直占总生源人数的 90%以上。2003—2010 年，全市共有 95916 名考生报名参考，75329 名考生获得口试单科合格证，514 名考生获得笔试单科合格证，2167 名考生获得了全科合格证(即全国英语等级考试合格证书)。

表 11-4-6　　2003—2010 年常德市 PETS 考官人数统计表　　单位：个

年份	2005	2006	2007	2009	合计
取证人数	128	138	98	186	550

表 11-4-7　　2003—2010 年 PETS 报名及合格人数统计表　　单位：个

年份	报名人数	口试合格	笔试合格	两项均合格
2003	157	49	18	47
2004	1506	924	42	171
2005	2336	1363	92	213
2006	15528	11181	58	448
2007	20300	15993	63	373
2008	20003	16273	61	266

续表 11-4-7

年份	报名人数	口试合格	笔试合格	两项均合格
2009	16439	13603	54	218
2010	19647	15943	126	431
合计	95916	75329	514	2167

第三节　分配与就业

1988—2010 年，常德市大中专毕业生就业与分配工作经历了三个阶段：即计划分配阶段（1988—1992 年）、计划分配向自主择业过渡阶段（1993—2000 年）、自主择业阶段（自 2001 年起）。

一、计划分配阶段（1988—1992 年）

计划分配阶段，所有大中专毕业生、毕业研究生由国家统一分配。分配工作实行严格的计划分配制度，坚持“统筹安排、合理使用、加强重点、兼顾一般、面向生产、教学第一线”的分配方针，按“生源归口、行业归口、专业对口”“择优分配”的分配原则，分别由计划部门和教育部门制订分配计划和调配计划，实行“统招统分”。政府的计划具有强制性，毕业生必须服从分配，计划起主导作用。这一时期，全市毕业生分配工作统一由各区县（市）人民政府负责、统筹，有关部门齐抓共管，层层建立分配工作领导小组。市分配工作领导小组由市政府办、计委、教委、农委、编委、人事局、劳动局、财政局、粮食局、公安局、监察局等部门负责人组成。各区县（市）、大中专学校也相应成立分配工作领导小组。为切实做好毕业生分配工作，市分配办采取一系列措施，严格实行“择优分配”的分配原则。1989 年 4 月，市教委下发《关于机关廉政建设的十项规定》，要求在毕业生分配工作中，做到毕业生分配去向、分配政策、分配办法公开。同年 5 月，市教委纪委向各区县（市）教委纪检组、市直各学校纪委发出《关于做好招生、分配工作中纪律检查工作的通知》，成立招生、分配工作监察组，制定了分配办工作人员办事规则。1990 年 3 月，市教委下发《关于进一步加强大中专毕业生分配工作廉政建设的意见》，要求贯彻择优分配原则，做到优生优分，优才优用，增强分配工作透明度，坚持“四公开”（分配工作政策、原则公开，分配工作程序、办法公开，分配调配计划公开，分配名单公开）、“一监督”（自觉接受社会监督），规定了“五不准”（不准受贿受礼，拉关系，走后门；不准违反工作程序和工作制度，擅自调改分配方案；不准为自己的亲友、子女谋求私利或特殊照顾；不准利用工作之便，搞变相交换；不准接收、理睬任何人写的条子）。

表 11-4-8

1988—1992 年常德市接收大中专毕业生统计表

单位：个

年份	学历	中央省直	市直单位	市直农场	安乡县	汉寿县	澧县	鼎城区	临澧县	桃源县	石门县	慈利县	津市市	武陵区	小计
1988	本科	55	87	21	55	65	71	68	44	54	36	21	27	44	648
	专科	78	91	27	57	46	81	82	68	74	75	27	35	24	765
	中专	59	122	46	81	45	78	88	53	89	64	51	41	32	849
1989	硕士		1			1									
	本科	87	101	31	54	56	61	77	61	88	57	27	31	45	776
	专科	79	144	19	88	87	101	112	89	144	88	65	33	43	1092
	中专	30	40	35	52	62	84	86	61	87	67	48	52	57	761
1990	硕士		12			2									14
	本科	120	277	6	32	35	59	32	25	39	25		14	8	672
	专科	79	217	24	84	113	133	149	100	96	79		40	20	1134
	中专	105	173	23	136	167	231	266	183	184	158		55	53	1734
1991	硕士		5											1	6
	本科	103	183	10	13	15	19	32	28	13	27		14	8	465
	专科	61	256	29	116	123	191	185	122	246	107		86	61	1583
	中专	103	203	29	199	245	319	319	208	285	271		94	62	2337
1992	硕士	1	2												3
	本科	82	152	5	16	21	23	28	24	23	34		7	18	433
	专科	62	181	17	96	105	148	159	109	145	76		26	17	1141
	中专	109	246	42	221	260	359	306	241	313	209		114	133	2553

二、计划分配向自主择业过渡阶段（1993—2000年）

1993年2月13日，中共中央、国务院颁布《中国教育改革与发展纲要》，提出教育体制改革的目标：建立改革高等学校毕业生“统招统分”的就业制度，逐步实行少数毕业生由国家安排就业，多数由学生“自主择业”的就业制度。毕业生分配工作实行计划指令性分配与“双向选择”并举，按照“老生老办法，新生新办法”（即凡由国家任务统招统分的毕业生仍由国家负责按指令性计划分配就业；定向和委培毕业生回原定向或委培单位就业；联合办学毕业生回联合办学单位或生源地就业；自费毕业生自主择业；毕业研究生在国家规定的服务范围就业；其他毕业生实行在国家宏观指导下，学校与用人单位“供需见面”和一定范围内的“双向选择”）的原则，计划分配向自主择业过渡。在计划管理体制下，引入市场配置毕业生机制，计划起主导作用，市场作用逐步显现，学校在毕业生就业工作中的地位上升，责任明显增强。

为确保毕业生就业制度的改革顺利进行，1993年4月，经市委、市政府批准，市分配办加挂毕业生就业指导服务中心牌子。市分配办开发了毕业生就业分配软件管理系统，为毕业生求职和用人单位选才提供服务；并编辑出版《毕业生就业指南》，作为当时市属大中专院校开设就业指导课和就业系列讲座的辅助教材。自1998年起，常德市将毕业生就业方式改革作为教育内部管理体制改革的重点，本着“公开公平、择优分配”的原则，通过“供需见面，双向选择”的方式，稳步实施由计划分配向自主择业的转轨。大中专毕业生逐渐走向人才市场自主择业，毕业生就业的指令性计划分配制度逐渐淡出历史舞台。

2000年8月，市政府办发出常政办函〔2000〕80号明传电报，确定常德市毕业生就业制度由国家统一分配向毕业生自主择业制度转换；同时下发《关于印发〈常德市鼓励高级人才来常创业和工作办法〉的通知》，该办法把学士、硕士、博士毕业生作为首选引进对象，凡愿来常德发展的高层次学历、学位的毕业生将享受安家补助、工作补贴、科研启动经费、高额分配政策和奖励政策。12月，教育部为常德市颁发“全国普通高等学校毕业生就业工作珍惜人才奖”。

1993—2000 年常德市接收大中专毕业生统计表

表 11-4-9　　　　单位：个

年份	学历	中央省直	市直单位	市直农场	安乡县	汉寿县	澧县	鼎城区	临澧县	桃源县	石门县	津市市	武陵区	小计
1993	本科	75	79	3	14	13	21	25	13	17	15	6	3	284
	专科	107	297	17	114	127	145	151	107	147	115	101	87	1515
	中专	35	113	15	191	226	381	344	277	367	166	24	62	2201
1994	本科	17	64	5	15	20	34	33	25	28	15	11	9	276
	专科	84	318	18	89	105	142	152	121	126	119	69	121	1464
	中专	126	141	34	283	280	497	416	262	377	248	67	48	2779
1995	硕士	2												2
	本科	44	62	12	23	31	22	45	24	21	11	6	14	315
	专科	93	179	17	155	211	240	253	196	200	131	41	101	1817
	中专	98	334	16	267	274	473	383	227	432	179	105	78	2866
1996	硕士	2	1											3
	本科	38	103	4	24	26	28	27	23	28	38	8	14	361
	专科	55	253	8	199	194	286	284	231	263	271	42	68	2154
	中专	7	192	30	370	276	483	450	275	492	314	101	73	3063
1997	硕士	6	16											22
	本科	95	143	2	10	16	32	44	15	19	35	4	3	418
	专科	41	127	27	321	327	409	395	321	380	296	202	155	3001
	中专	75	291	40	475	487	525	496	425	495	381	160	225	4075

续表 11-4-9

年份	学历	中央省直	市直单位	市直农场	安乡县	汉寿县	澧县	鼎城区	临澧县	桃源县	石门县	津市市	武陵区	小计
1998	硕士	2												2
	本科	100	151	2	11	17	34	47	16	20	37	4	3	442
	专科	30	93	20	235	240	300	300	235	278	217	148	104	2200
	中专	122	335	46	547	547	584	570	489	569	439	184	258	4690
1999	本科	11	117	2	21	21	42	37	17	37	29	7	5	346
	专科	2	223	35	217	265	381	360	215	371	205	184	148	2606
	中专	3	325	57	409	408	532	533	483	557	477	180	201	4165
2000	本科	12	111	4	17	13	28	26	23	42	49	17	14	356
	专科	17	97	13	61	29	123	85	31	153	79	27	49	764
	中专	25	133	15	209	121	195	153	99	152	73	85	123	1383

三、自主择业阶段（自2001年起）

从1994年全国普通高校进行招生并轨改革试点，到1997年全面并轨，标志着国家对高校毕业生统一分配工作的制度终结，高校毕业生自主就业制度正式确立。2001年以后，常德市毕业生就业工作全部实行“市场导向、政府调控、学生和用人单位双向选择、自主择业”制度。在这种就业体制下，政府的调控重点放到了构建毕业生资源营销网络和网络的运作上，保证毕业生能及时就业，毕业生按照个人的能力、条件到市场参与竞争，用人单位靠工作条件及待遇吸引毕业生，高等学校主要为毕业生“自主择业”提供服务。毕业生就业转为自主择业后，常德市主动适应制度转变，采取多项政策措施，完成了从行政管理型到管理服务型政府的转换，为毕业生自主择业制度的运行提供了保障。

（一）对毕业生就业工作的领导

1.理顺大中专毕业生就业管理体制。2001年3月，市政府召开市长办公会第三次会议，决定将“大中专毕业生就业管理体制按省政府机构改革中明确的职能予以调整，由市教委主管全市大中专毕业生就业工作，市计委、市人事局协助”，结束了过去多个部门“齐抓共管”的局面，理顺了全市毕业生就业管理体制，并形成毕业生就业管理制度体系的基本框架，为毕业生自主择业制度的运行提供了体制保障。2002年7月，市委、市政府出台《关于加快教育事业发展的若干意见》，明确“市县教育行政部门对民办学校的毕业生就业等方面的工作，应与公办学校一视同仁”；进一步扩大了教育行政部门管理毕业生就业的职能范围。

2.成立大中专毕业生就业工作领导小组。2004年5月，市政府办下发《关于成立常德市经济适用房用地专项清理整治领导小组和常德市大中专毕业生就业工作领导小组的通知》，决定成立常德市大中专毕业生就业工作领导小组，由常务副市长陈文浩任组长，副市长张元英任常务副组长，领导小组办公室设市教育局，市教育局副局长游进初兼任办公室主任。

（二）拓宽毕业生就业渠道

1.支持毕业生到基层和艰苦地区就业，鼓励基层事业单位招聘高校毕业生。2005年11月，为进一步深化中小学人事制度改革，优化中小学教师队伍，解决农村小学专业教师青黄不接的问题，市教育局、人事局、财政局、编办四家单位联合下发《关于农村乡镇中心小学补充英语和信息技术课程专业教师的通知》，规定各区县（市）在上级核定的中小学教师编制总额内解决英语、信息技术课程专业教师不足的问题，这些教师必须从全日制大专以上优秀毕业生中聘用，各区县（市）财政部门按照规定核拨相应经费。2009年，根据《国务院办公厅关于加强普通高等学校毕业生就业工作的通知》精神，市委、市政府出台《常德市关于引导和鼓励高校毕业生面向基层就业的若干意见》，对毕业生到基层就业的学费和助学贷款代偿政策、毕业生自主创业政策、就业见习政策、毕业生失业登记保障政策以及政府岗位补贴政策进行了具体的责任划分，以引导和鼓励高校毕业生面向基层就业。

2.鼓励支持毕业生自主创业和灵活就业。2003 年，为落实普通高等学校毕业生从事个体经营有关收费的优惠政策，鼓励高等学校毕业生自主创业和灵活就业，市教育局转发省教育厅转发的《湖南省财政厅、湖南省物价局关于切实落实 2003 年度普通高等学校毕业生从事个体经营有关收费优惠政策的通知》，对高校毕业生从事个体经营的，除国家限制的行业外，自工商行政管理部门登记注册之日起 1 年内免交登记类和管理类行政事业性收费。

3.选拔高校毕业生到基层锻炼。以组织部门为主选调优秀高校毕业生（简称“选调生”）和以人事部门为主组织选拔优秀高校毕业生（简称“选拔生”）到基层锻炼，选调生和选拔生在基层工作一定时间后，按照干部队伍“四化”方针和德才兼备的原则及有关规定，结合岗位需求，从中择优选拔部分人员到乡镇、街道领导岗位。从 2007 年起，县级以上党政机关补充公务员，优先从已办理公务员录用手续的选调生和选拔生中选用；各区县（市）根据实际需要有计划地选拔大学毕业生到农村和社区工作，实行“一村一名大学生计划”。

（三）毕业生就业指导服务工作

1.培育人才交流市场，加大毕业生就业市场运作。2001 年 12 月，市就业办加挂“市教育人才交流中心”的牌子，为用人单位招聘毕业生、毕业生择业、毕业生托管人事关系、用人单位和毕业生咨询有关信息建立市场服务平台，实现了毕业生就业管理服务与市场配置人力资源机制的对接。2001 年组织了四次大中专毕业生就业供需见面会，前来招聘的用人单位 440 多家，公开招聘计划 2100 多人，5000 多名毕业生应聘，当场签订就业协议书 2070 份。

表 11-4-10　**2001—2010 年常德市毕业生供需见面会情况一览表**　单位：个

年份	日期	地点	用人单位	工作岗位	毕业生	达成录聘意向	当场签约
2001	5.21—30	常德师范学校、常德艺术学校、常德师范学院、常德卫校	440	2100	5000		2070
2002	3.30—3.31	常德师范学院	300	2800	5000	1424	
2003	3.30—3.31	常德师范学院	330	2500	5000	1327	
2004	2.29	文理学院	187	2053	5703	1398	
2004	4.18	常德职业技术学院	72	571	652	297	

续表 11-4-10

年份	日期	地点	用人单位	工作岗位	毕业生	达成录聘意向	当场签约
2005	3.12	文理学院	183	2300	4280	1996	
2005	3.26	常德职业技术学院	98	1300	1100	903	
2006	3.18	常德职业技术学院	111	2016	2000	1123	
2006	3.18	文理学院	231	2500	4200	2010	
2007	3.17	文理学院、常德职业技术学院	264	2912	5100	2500	
2007	3.17	常德职业技术学院	174	2000	2000	1200	
2008	3.29	文理学院	183	2031		1254	281
2008	11.29	文理学院	237	2106	4000		195
2009	4.18	文理学院	325	5229	3378	2764	460
2010	3.27	文理学院	340	6300		2000	

2.建立毕业生就业工作信息化系统。2005 年 5 月，就业办建立常德市毕业生就业信息网站，实现与湖南省毕业生就业网站相关链接工作。通过网络发布毕业生信息和用人单位信息，为毕业生查询档案、政策咨询提供有效服务，为毕业生和用人单位实现网上招聘活动提供网络和信息技术支持。

3.对所有毕业生档案实行集中管理。从 2002 年起，市就业指导服务中心集中为学校、毕业生和用人单位提供档案管理服务，变分散管理为集中管理，各校 2001 年的毕业生档案，按照规定时间移交给市大中专学校毕业生就业指导服务中心，2000 年及其以前的毕业生档案仍按原渠道和办法管理。

表 11-4-11　**2002—2010 年市就业指导服务中心年档案接收转递情况**　单位：份

年　度	接收档案	转递档案
2002	20412	17517
2003	9568	572
2004	3896	470
2005	1676	503
2006	3413	1200

续表 11-4-11

年　度	接收档案	转递档案
2007	3900	7733
2008	3718	602
2009	5152	898
2010	8524	1014

4.建立未就业毕业生登记和社会保障制度。2005 年，市政府办出台《关于进一步加强普通大中专毕业生就业工作的通知》，提出半年以上未能就业的毕业生，可持学校证明到入学前户籍所在地县级以上劳动保障部门办理失业登记，劳动保障部门所属的公共职业介绍机构和街道劳动保障机构免费为其提供就业服务。对于因患病等原因短期无法工作并确无生活来源者，由生源所在地民政部门参照当地城市低保标准，给予临时救助，经费由各级财政列支。

第五章　现代教育技术

第一节　管理机构

1961年成立常德专员公署教学仪器供应站，定编2人，后几次撤销、恢复。1972年5月建立常德地革委教育组教学仪器室，1978年更名为常德地区教学仪器供应站（简称仪器站），各县市教委和规模较大的学校也按要求组建相应的电教工作机构。1986年4月，为了适应电化教育发展的需要，经常德地区编委批准，成立常德地区电化教育馆（简称电教馆），与常德地区教学仪器站合署办公，实际上是“一个班子、二块牌子、一套人马”，均属于常德地区教委的直属机构，核定编制18人。1988年撤地建市，常德地区教学仪器站和电教馆分别更名为常德市教学仪器站和常德市电教馆，人员编制不变。

为满足现代教育技术迅猛发展的需要，2000年10月，经市编委同意，成立常德市教育信息中心，属教育局直属正科级事业单位，定编3人。各区县（市）教育局和规模较大的学校也建立相应机构。市教育信息中心主要负责推进、规范指导区县（市）教育网络、校园网应用系统建设和中小学信息技术课程条件建设等工作。

第二节　教学仪器装备

一、常规实验仪器建设

1988年前，实验仪器装备的主要来源是国家分配，远远不能满足教学的需要。1988年撤地建市后，常规实验仪器建设进入新的发展时期。1992年，市教委根据省教委1991年《关于开展实验仪器普及县工作》的文件精神，制定《常德市普及实验教学发展规划》。是年，临澧县、澧县、安乡县实现实验仪器的普及。1993年4月，省教委以临澧县为现场召开全省普及实验教学工作会议，进一步推动常德市的实验仪器建设，同年，武陵区、鼎城区、汉寿县实现实验仪器普及，普及区县（市）的数量居全省第二，质量为全省一流。1993年年底，常德市有实验用房3511间、比1987年增加2938间，面积145893平方米、比1987年增加79893平方米，仪器设备价值达2397.1万元。凡实现实验仪器普及县的学校的实验室都做到化学实验水电上桌，物理实验水入室电上桌、生物实验灯上桌、水入室或上桌，实验设施上了一个新台阶。1989–1992年，省教委下达给常德市应完成实验仪器装备的中心小学以上学校345所，为完成省教委下达的装备任务，市教委先后制定《常德市1985–1995年中小学和中师实验室发展规划》《关于国拨教学仪器奖励补助经费的分配办法》和《常德市教学仪器自筹经费管理办法》等文件，充分调动了各区县（市）实验室建设的积极性。至1992年，实际完成实验仪器装备学校425所。在全省组织的综合检查评比中，常德市获综合二等奖，两个单项一等奖。1993年，常德市被评为全省创建中小学实验教学普及县先进单位。

2004年上半年，为充分发挥现有仪器装备效益，市教学仪器站组织各区县（市）仪器站采取自考和重点抽考的办法，对全市初中学生实验操作进行了一次全面考核；同时对实验室的管理进行督导。结果表明，80%的学校能严格按照课程标准的要求开设实验课程，学生的实验步骤清晰，过程明了，操作规范，结果达标，全市实验开出率达98%以上，学生实验合格率达95%以上。

2007年，全市中小学实验室省级改造工作全面启动。市本级投入600多万元完成市二中、四中、六中、常师附小和市十三中的常规装备任务，五所学校的理科实验室整体得到升级改造。新建3个高标准的科学探究实验室、2个数字实验室。改变了市直学校教育技术装备落后的状况。

2008年，市仪器站、电教馆继续围绕教育部关于实验室建设的“一个规范两个标准”和省教育厅“两个目录”的贯彻落实开展工作。市县两级教育装备部门依照部颁“一个规范两个标准”和省教育厅“两个目录”以及“六改六配套”（即改危、改水、改厕、改食堂、改宿舍、改通校道路和配套图书、实验仪器、学生课桌椅、信息技术装备、体卫艺设施、校园文化设施）要求，着重强化现有实验室的升级改造和学校内部设施设备配套建设工作。市仪器站完成市一中、五中、三中和桃师附小400多万常规实验仪器设备的采购装备任务，全市全年共投入装备资金3000多万元，升级改造理化生实验室300多间，新装备电脑及其他功能教室100多间，新建数字实验室3间，市直有11所学校教育技术装备达到部颁标准。

2009年，市仪器站、电教馆按照部颁《中小学理科实验室装备规范》、省颁《中小学教学仪器配备目录》和《常德市合格学校建设评估细则》要求，继续开展合格学校理化生实验室、多媒体教室、计算机教室、图书、音体美等多功能教室的建设及其他内部设施的配置工作。全市共投入装备经费近5000万元，其中市直学校投入800万元，全市新建通用技术实验室12间，电脑钢琴室1间，数码显微镜实验室1间。

二、现代教育技术装备建设

21世纪初，实验仪器建设的重点从常规仪器建设逐步转移到现代教育技术装备的发展与应用上来，电脑室、多媒体教室等现代教育技术装备设施建设发展迅速。2001年常德市电教装备投入达2314.8万元，其中电脑装备1424.3万元，新增电脑3694台，新建语音室、音乐教室、多媒体电教室37间。2002年，市教学仪器站、电教馆加大普及中小学信息技术教育和现代教育技术装备的投入，全年投入资金2656万元，其中常规仪器设备

643万元，现代教育技术装备1613万元，教育教学软件装备400万元，新增电脑网络教室97间，电脑3330台，新建多媒体教室97间，新增校园网学校15所，新建卫星教育资源接收平台350个。

2004年，仪器电教工作以发展农村中小学现代远程教育为契机，继续加大现代教育技术装备、音像电子教材的建设和现代教育技术实验学校的创建，及时调整装备工作目标，制定了以完善常规教学仪器装备为基础，加大现代教育技术装备为重点的装备工作思路。全年全市教育技术装备投入达8000万元，其中常规教学仪器装备1300万元，现代教育技术装备6200万元，音像电子教材装备500万元，建立农村中小学现代远程教育站点2192个，新增电脑教室134间，增加电脑6418台，新建多媒体教室125间，校园网7个，新建和改建物理、化学、生物实验室30间。各区县（市）也加大常规仪器和现代教育技术装备的投入，2007年，武陵区投入900多万元对全区中小学现代教育技术装备和常规装备进行补充、完善和更新。澧县投入400多万元进行多媒体、电脑教室的建设和实验室的升级改造。汉寿县投入160多万元新建7间高标准的整体实验室，改造10间实验室。据统计，2007年全市中小学教育技术装备总投入6000多万元，其中现代教育技术装备投入2800多万元，常规仪器装备投入3200多万元。

三、现代教育技术实验学校创建

1996年，湖南省开始现代教育技术实验学校创建工作，市一中和桃源县漳江小学被省教育厅确认为湖南省首批现代教育技术实验学校；1997年，上述两校又被教育部确认为全国现代教育技术实验学校。至2001年，全市先后有市一中、桃源县一中、桃源县漳江小学、澧县澧阳镇一完小被认定为全国现代教育技术实验学校；市六中、汉寿一中、澧县一中、石门一中、鼎城一中、临澧实验小学、津市二完小、武陵区育英小学、金丹实验小学被认定为省级现代教育技术实验学校。

2004年，在总结前四批国家、省级现代教育技术实验学校创建工作经验的基础上，市电教馆通过对全市条件较好的学校的筛选评估，确定石门县五中、桃源县九中两所学校申报第五批省级现代教育技术实验学校，同年11月顺利通过省级评估。是年，全市已有国家级现代教育技术实验学校5所，省级现代教育技术实验学校19所。2006年12月，在省教育厅组织的中小学现代教育技术实验学校的验收评估中，芷兰学校等10所学校成为第六批省级现代教育技术实验学校。2009年，在省教育厅组织的省级现代教育技术实验学校复查评估中，常德市三所迎检学校以优异的成绩顺利通过省专家组的评估，其中，桃源八中、桃源漆河中学被评定为优秀，受到省教育厅表彰。

四、农村中小学现代远程教育

2003年，常德市被确定为全国农村党员干部现代远程教育工程和农村中小学现代远程教育工程试点市，同年，市教育局、市发展计划委员会、市财政局下发关于《常德市农村中小学现代远程教育工程试点工作实施方案》。2005 年，成立由市教育局基教科牵头，市仪电站具体负责，教科所参与的远教工作机构——农村中小学现代远程教育管理办公室（简称远教办）。远教办围绕远教管理和应用开展了三个方面的工作，一是抓培训促应用，首先抓远教观念的更新，通过培训更新教师观念。其次是抓应用技能培训，从方式方法上解决中小学教师应用技术问题。全年全市共开展县级远教师资培训 10 场次。三是抓活动促应用，各区县（市）远教办根据农村中小学现代远程教育实际，先后开展远程教育资源遴选，远教课教法研究、远教课比武等活动。全市利用远教提供的示范课资源，开展教学研究活动 1000 多场次，利用《同步课堂》导教和组织学生现场学习 5000 多场次，利用《教育动态》和《课程改革》对教师进行校本培训 1200 场次。临澧县教育局远教办针对本县实际情况，开展“一教、二练、三反思”的远教应用研究活动。在远教应用活动中，广大教师探索总结出有常德远教特色的“整合式”“辅导式”“发现式”“开发式”等 10 多种教学模式。

2006 年，全市启动农村中小学现代远程教育示范学校建设工程，完成 50 所以模式Ⅲ为主要教学形式的农村中小学远程教育示范学校。建立了以点带面的远程教育应用机制，以县市远教办的业务骨干和示范学校的骨干教师为培训对象，加大远程教育师资培训的力度。同年 4 月、12 月先后举办远程教育师资培训班，系统学习网络教室、资源管理和应用、卫星接收等应用技术；各区县（市）也根据本地区具体情况组织校本培训。同年 11 月，市教育局在汉寿组织常德市农村中小学现代远程教育模式Ⅱ赛课活动，11 堂课进行了现场展示。市仪电站还协同教育局基教科、市教科所承办省远教办和省电教馆在澧县举办的全省农村中小学远程教育经验交流会及应用研究观摩现场会，澧县一完小执教的《盐到哪里去了》等三堂远教示范课在现场进行展示，受到与会的省教育厅有关领导和各市（州）代表的一致好评。

2007 年，在原有 50 所农村中小学现代远程教育模式Ⅲ示范学校基础上，全市再次创建 50 所模式Ⅱ农村中小学现代远程教育示范学校，完成全市 100 所农村中小学现代远程教育示范学校的创建工作。桃源、津市和安乡三所特教学校远教设备配建也全面完成，全市 2000 多个农村中小学远程教育站点卫星接收设备的转星调试工作也按时到位。

为了发挥远教设备在教育教学中的优势，提高广大教师远教设备的运用技能，市电教站和电教馆组织各种远教应用活动，一是开展远教应用开放日活动，由各示范学校向周边单位展示远教管理、应用等方面的经验，共同探讨农村中小学现代远程教育的管理应用模式，以促进本地区的远教应用工作。二是组织各种模式的远教赛课活动，2007 年 5 月，在武陵区育英小学举办“开天杯”城镇小学网络环境下的教学比武活动，10 多堂优质远教课在活动中展示。三是开展农村现代远程教育模式Ⅲ示范校示范课的摄录工作。市远教办摄录 60 多堂远教示范课，供老师们学习。

2008年，农村中小学现代远程教育继续稳步推进，5月12日，在桃源县召开全市农村中小学远程教育经验交流会，各区县（市）分管局长，仪电站长和部分示范校校长参加会议，省教育厅基教处、省电教馆领导参加会议，大会实地参观了桃源县陬市镇中学、中心完小和土地坡村小三个远教工作应用现场，桃源县教育局、澧县教育局等10多个单位和个人进行大会交流。市教育局下发《关于进一步加强农村中小学现代远程教育工作的意见》，对全市远教工作提出新的要求。武陵区三岔路小学等58所学校被认定为常德市第二批农村中小学现代远程教育示范学校。

随着农村现代远程教育学校建设规模不断扩大，农村中小学现代远程教育管理机制也不断完善。市县两级进一步完善了《远教设备管理》《计算机（多媒体）教室管理》《光盘播放教室管理》《卫星资源接收管理》《教育资源使用登记》等规章制度；建立起农村中小学现代远程教育示范校管理档案，落实远教工作考核制度；修订完善区县（市）仪器电教和远程教育工作考核评估细则，构建仪器电教和远程教育工作年度考核评估体系；形成学校管理有序、教师运用规范、考核监督到位、使用效果显著的远教工作管理应用体系。

农村中小学现代远程教育技术服务体系初步建立。市电教馆依托农村中小学现代远程教育工程，组建现代教育技术维护维修队伍，加强设施设备维修维护工作，初步建成农村中小学现代教育技术设备技术支持服务体系。临澧、澧县、桃源和鼎城等区县先后启动这项工作。到2009年，农村中小学现代教育技术支持服务体系不断完善，服务体系已覆盖桃源、临澧、安乡、鼎城、澧县和津市，覆盖率达66%。

五、现代教育技术活动与研究

1.现代教育技术活动

1988-2010年，全市在电化教学竞赛活动、参加国家和省里组织的电化教学比武以及电子教材建设等方面多次获奖。1988年，全省推广“小学听说训练”电化教学，常德市率先试点并迅速在全市推开，开展小学听说训练电化教学活动的学校400多所。1989年10月，省电教馆以临澧县为现场，召开全省小语听说训练电化教学推广应用经验交流会，广东、广西、云南等8省市的代表应邀到现场观摩。1993年，在全省小语听说训练电化教学精英比武赛中，常德市选送的小语听说训练课获一等奖。1988-1993年，市电教馆先后摄制录像电教教材65课时，其中，《小学语文教学》《小学数学教学》系列录像带由省教育音像出版社出版发行，并由省推荐参加全国中小学电教教材展览。云南、内蒙古、湖北等6个省区进行了复制引进。摄制的《小学语文教材教法》系列录像带，通过省电教馆、省教委师训处审定，列入中等师范、教师进修学校语文教材教法的教学参考资料带，在全省发行。

2001年11月，市电教馆组织教师参加在益阳举行的全省小语多媒体教学调教活动，选送的参赛课《趵突泉》获一等奖。2005年，安乡县制作的《皮皮和汪汪》远教课堂实录被选入教育部教育资源库。2006 年，石门一中郑华敦老师执教的《氢氯混合气体见光爆炸的实验改进》和临澧新安中学傅慧梅老师执教的《氧气的性质实验》分别获省级特等奖、一等奖。2007 年，市电教馆开展农村现代远程教育模式Ⅲ示范校示范课的摄录工作，全市 50 所已挂牌示范校推出 60 堂农村现代远程教育示范课，13 堂课参加全省“三优联评”，石门一中教师马勇执教的《世界的人种》等 11 堂课获综合一等奖。

1988—2010 年，全市组织电教教学论文评选 50 次、组织中小学教师、学生软件制作及电脑作品大赛 12 次。向省以上部门推荐优质电化教学课 300 多堂，100 堂获国家级奖项，208 堂获省级奖项；向省以上部门推荐优秀电教实验教学论文 2250 篇，获省级以上奖项的 2148 篇；向省以上部门推荐优秀软件制作和电脑作品 800 多件，33 件获国家级奖项，670 件获省级奖项，鼎城区斗姆湖中学选送的《灭火机器人》获国家级二等奖。在指导学生开展科技创新的同时，广大教师也投入到科技创新活动中，2004 年，德山莲池中学吴昌云、杨丽慧老师利用课余时间潜心研究无线电发射、接收和计算机编码，于 2005 年成功研制出课堂教学遥控器。在 80 米范围内，遥控器能对计算机翻页、前后浏览、控制文本影像和声音，把教师从电脑桌边解脱出来。此发明获 2006 年第六届全国科技教育创新作品一等奖，并同时夺得展评最高奖——“科技创新奖”，这是湖南省获得的科技教育创新作品全国唯一最高奖。

2.电教课题研究

1988 年以来，市电教馆积极组织开展电教课题申报、课题研究指导、组织研究培训，设立课题研究站点，加强立项课题的指导工作。采取“跟踪考察”“积极督促”“反复整改”“成果监测”等方式，实时对课题研究进行全面监控和指导，不断推动全市电教课题研究走向深入，提高了常德市在电教研究领域的知名度。贺大国、刘元禧等一批电教专家声名远扬，形成了电化教学名扬省内外的“漳小效应”（桃源漳江小学）、“育英效应”(武陵区育英小学)。

1989—1993 年，在全省开展的电教科学实验研究中，全市有六个实验课题被纳入全省“中小学课堂电化教学整体优化”总课题中。1992 年，经全国教育规划领导小组批准，武陵区育英小学的课题《小学数学“三三式”电化教学模式的研究》和桃源县漳江小学的课题《小学语文自能作文电教模式研究》被列入国家教委“八五”重点研究教育实验课题《电化教育促进中小学教学优化》的子课题。

1996—2000 年，全市承担 7 个国家级电教研究课题和 9 个省级实验学校研究课题，经国家、省两级课题组的评选，总课题《义务教育音像电子教材建设的理论与实践》中，临澧县电教站、澧县一完小、市一中承担的 3 个子课题被评为国家级优秀奖。总课题《电化教育促进中小学由应试教育转向素质教育的实验研究》中，鼎城区一中的子课题被评为国家级三等奖，澧县一完小的子课题被评为国家级优秀奖。由 11 所实验校承担的 9 个研究课题顺利结题，桃源县漳江小学和石门一中的课题被评为省级一等奖。

2001—2005 年，全市承担国家、省级“十五”规划重点电教研究课题子课题 38 个。2003 年，全市电教课题研究在全省阶段性成果评选活动中，有 48 项电教成果分别获省一、二、三等奖，武陵区北正街小学、市六中、桃源县八中等学校撰写的研究报告、研究方案、研究论文获一等奖。2005 年 11 月，全市承担的《信息技术教育与其他课程整合的研究》和《中小学信息技术教育软件资源开发与建设研究》总课题下的 21 个子课题及《音像电子教学资源的开发与运用》总课题下的 7 个子课题，全部通过省专家组鉴定，顺利结题。武陵区工农小学、育英小学、澧县一完小、汉寿县鸭子港中心小学、市七中、临澧县实验小学、临澧新安镇中心小学和石门县一中的课题被鉴定为优秀子课题。

2006—2010 年，全市共承担 67 个省级教育技术研究课题，其中电教研究课题 52 个，实验教学课题 15 个。为搞好课题研究，市电教馆组建课题研究专家指导小组，采取集中辅导和个别指导相结合的方法，加强全市“十一五”现代教育技术和实验教学研究课题的研究工作。2006 年 5 月，市电教馆举办电教、实验课题研究培训班，聘请省电教馆专家邹淑萍对电教课题研究进行专题辅导，全市 100 多个课题单位的主研人员参加培训。2009 年 5 月，市电教馆再次举办全市现代教育技术“十一五”研究课题培训班，相关电教课题研究人员参加培训。在省教育厅装备处组织的实验研究课题结题评估工作中，全市 12 个实验课题顺利结题。在省电教馆组织的“十一五”电教课题中期评估中，武陵区育英小学黄晓敏主研的《基于提高小学教师信息素养的校本培训研究》等 10 个课题被评为优秀等级。

第三节　教育信息化

一、常德市教育信息化的发展思路与目标

2003 年，根据国家《面向 21 世纪教育振兴行动计划》、教育部《关于在中小学普及信息技术教育的通知》和《关于在中小学实施“校校通”工程的通知》等文件精神，按照省教育厅的统一部署，市委办、市政府办下发《常德市教育信息化建设方案》，提出常德市教育信息化发展的思路和目标：大力推进学校上网和信息化基础建设，争取在 2010 年前 90%以上的中小学实现上网；乡镇中心小学以上学校有电脑教室和多媒体教室；大力推进城区学校“班班通”建设和区域教育骨干网建设，逐步实现区域内学校联网，市、县城区学校 60%以上实现“班班通”；100%的中小学开设信息技术必修课，学校电脑教室基本满足开课需求；推进教育电子政务建设，逐步实现教育政务（校务）网上公开、部分事项网上办理、非涉密文件（资料）网上流转；开通省、市、县教育视频会议系统，按照教育部标准建设管理信息系统，实现教育系统主要业务工作网上管理；加大涵盖各级各类教育的信息资源开发，逐步形成多层次、多功能、交互式的教育资源服务体系；加强信息技术

培训，全面提高教师应用信息技术的水平。

二、常德市教育信息化的发展

（一）萌芽阶段：1986—1999年是常德（地区）市教育信息化的萌芽阶段。1986年，现常德市一中等学校开始建立计算机教室，并在部分高中教学班开设BASIC语言课程；同时，全市教育系统举办BASIC语言培训班，标志着全市教育系统应用信息技术和设备建设的起步。此后，常德市少数条件较好的学校自筹资金陆续装备计算机教室，基础教育、计划财务等业务工作逐步利用计算机进行管理。20世纪90年代初期，全市大中专学校和省属重点高中学校开始开设计算机课程，随后几年，其他高中学校也相继开设计算机课程。

这一时期，国家和省里除对现代教育技术实验学校的信息技术设备和应用有基本要求外，对教育系统的信息化建设和应用没有明确要求，建设任务、目标也不明确。市县财政也没有安排这方面的专项经费，信息化设备基本上由各单位自主采购，应用也比较单一，主要是高中学校用于教学操作实习和部分业务管理。

（二）发展阶段：2000—2010年是常德市教育信息化发展时期。1999年，“实施现代远程教育工程，形成开放式教育网络，构建终身学习体系”写入国家《面向21世纪教育振兴行动计划》。此后，教育部下发《关于进一步加强中等职业学校信息化建设的通知》。2000年，教育部又下发《关于在中小学普及信息技术教育的通知》《关于在中小学实施“校校通”工程的通知》和《关于印发〈中小学信息技术课程指导纲要(试行)〉的通知》等文件，规范教育管理信息化和教育资源建设标准，实施农村中小学现代远程教育工程和教育信息化区域试点建设，大力开展教育信息化课题研究。同年，省教育厅制订《湖南省教育信息化发展规划》，将教育信息化工作纳入教育强省建设和教育督导范围，现代教育技术实验学校和现代教育技术实验县建设大力推进。2000年年底，成立常德市教育信息中心，全市教育信息化工作归口信息中心统筹管理。2001年，市教育局制定《常德市教育信息化建设方案》，对全市教育信息化建设进行指导、规范。

2000年12月，市教委机关局域网和常德教育网建成开通。2001年，市一中、二中校园网、“班班通”建成。此后，条件较好的学校开始筹资建设校园网，少数学校逐步给各教学班配备多媒体教学设备，装备“班班通”。2001年下学期，市、县城区初中全面开设信息技术课；到2005年，全市所有初中和农村中心完小以上学校全部开设信息技术课。

2002年3月1日，教育部下发《关于推进教师教育信息化建设的意见》，明确提出要适应信息化社会的发展要求，以信息化带动教育现代化，促进教师教育跨越式发展，积极推进教师教育信息化建设。同年9月23日，教育部召开新闻发布会，正式发布《教育管理信息化标准》。

2003年，常德市被国家三部委（教育部、发展改革委、财政部）确定为首批全国农村中小学现代远程教育工程建设试点市之一。同年，常德市修改《常德市教育信息化建设方案》。市教育局、市发展计划委员会、市财政局根据国家和省政府的文件精神，下发《常德市农村中小学现代远程教育工程试点工作实施方案》的通知。按照国家三部委试点工作方案规定，试点建设对象为农村乡镇中心校及以下学校和教学点。建设分为三种模式，建设标准分别为：模式Ⅰ：教学光盘播放点。建设对象为农村教学点，配备数字电视机、DVD播放机和教学光盘。模式Ⅱ：卫星教学收视点。建设对象为农村小学（含城市郊区小学），配备卫星接收系统、计算机、电视机、DVD播放机和各年级所需的教学光盘。模式Ⅲ：计算机教室。建设对象为农村初中，配备卫星接收系统、一间30台终端的网络计算机教室、一间多媒体教室、一套教学光盘播放设备及教学光盘，同时要求接入互联网。常德市共有2192所农村中小学（含教学点）纳入试点建设，其中模式Ⅰ290个、模式Ⅱ1647个、模式Ⅲ255个，建设资金由财政负担。常德市站点建设总投资为6547.2万元，中央和省专项补助2811.9万元，市县两级财政落实配套资金3735.3万元。2004年9月底完成站点建设，10月份通过国家三部委验收；同时，教育系统积极参与农村党员干部现代远程教育试点工作，全市有101个站点为农村党员干部现代远程教育和中小学远程教育合一站点，站点在学校，村党支部和学校共同使用。工程实施加快了全市农村学校的信息化建设步伐，改善了学校办学条件。

2004年3月，国务院批转教育部《2003—2007年教育振兴行动计划》，同年7月，《湖南省信息化条例》发布。2005年，市教育局制订了市本级教育信息化“校校通”“班班通”建设实施方案，方案于2006年经市政府批准后实施。

2007年5月，市本级教育城域网建成开通，市直教育单位全部通过光纤接入城域网，并通过城域网统一出口上互联网。市直九年义务教育学校（含完中的初中）实现“班班通”。2008年市直高中实现“班班通”。同时，常德市教育资源网、常德市教育数字图书馆、常德市电子期刊阅览室建成，供市直教育单位免费使用。2009年，省教育厅与市教育局的视频会议系统建成开通。2010年，市教育局与各区县（市）教育局的视频会议系统开通，常德教育城域网通过2兆专线和100兆VPN专网连接到各区县（市）。到2011年年底，全市60%以上的中小学实现上网、近30%的教学班实现“班班通”，乡镇中心小学以上学校配备电脑教室和公共多媒体教室。桃源县成为湖南省现代教育技术试点县，全市教育信息化整体水平处于全省前列。

常德市教育信息化工作受到上级有关部门的充分肯定，2007年，市教育局在全国教育信息化创新与发展论坛会议上作经验介绍，2009、2011年常德市被省教育厅评为教育信息化工作目标管理先进单位；2011年，市四中、鼎城一中、汉寿一中的网站被评为全国中小学优秀网站；市第一幼儿园网站进入全国幼教网站20强，先后两次在全国教育信息化创新与发展论坛上作经验发言。

全市在教育信息化发展进程中，还存在两大主要问题。一是建设与运行维护经费不足。各区县（市）没有建立教育信息化建设维护的财政投入机制，财政对教育信息化建设的投入不多。2006年后，市本级每年都安排了教育信息化建设与运行维护的专项经费，但也很难满足市本级教育信息化建设需求，中小学校自身又没有自筹资金用于信息化建设的能力，经费问题是制约全市教育信息化建设的“瓶颈”。二是人员力量问题。从市本级到大部分的区县（市）教育信息化工作部门的专业技术人员普遍不足，有的区县甚至没有信息技术专业人员；学校普遍缺乏业务水平较高的信息化管理维护人员，人员力量不足严重影响全市教育信息化的建设水平和使用，降低了设备使用效益。

第六章　语言文字及推广普通话

第一节　基本情况与培训测试

一、基本情况

常德市普通话培训测试站于1999年10月经市编委批准设立，为全额拨款正科级事业单位，定编3人，有站长1名、专职工作人员2名，与市语委办（1998年成立市语言文字工作委员会，主任由分管副市长担任，语委办设市教育局）、师范科合署办公，归口市教育局管理。2010年有在聘测试员130人，其中国家级13人，省级117人。测试点29个，其中县级教师进修学校测试点9个、职业学校测试点20个（10所民办、10所公办），基本形成“市、县、校”三级培训测试工作网络，保证普通话培训测试工作规范有序的开展。

2000年以来，市普通话培训测试站贯彻落实《国家通用语言文字法》《湖南省实施〈国家通用语言文字法〉办法》，为提升城市文化品位，促进精神文明建设，构建和谐的语言文字生活发挥了重要作用。至2010年，全市共举办各类普通话培训班、推普专题讲座203期，涉及教育、党政机关、企业、公共服务行业等领域。组织普通话测试500多批次，108171人次参加测试，99118人次获证，获证率为91.6%，基本完成教育系统、公务员系统第一轮普通话培训测试工作。牵头完成二类城市语言文字工作评估、两次承办推普周湖南省开幕式，率先在全省开展测试员第二轮继续教育培训。2004年被评为“全省优秀测试站”，2009年获“首届大中小学规范汉字书写大赛（湖南赛区）优秀组织单位”称号；1人被国家语委表彰，18人次获省语委表彰，4人次获国家级奖项，26人次获省级奖项。

二、培训测试

1.上好提高认识第一课。2000年以来，测试员在培训时以“测试概说”为基础，宣传推普知识，让学员了解政策、明确要求、端正态度，不断完善培训方法。理论讲授部分以讲座形式大班教学，重点选取与常德人学习普通话关系密切的内容，结合方言查找差异，加强辨析、正音、记字方法的指导。口语练习则增加师资力量，分成30人左右小班教学，加强面对面辅导，使每个学员都有接受测试员听音、正音的机会。在时间分配上，讲授与练习的时间比为1:1，充分体现技能培训的特点。在教学内容上，每个区县（市）都有适合本地方言特点的授课计划。在教学方法上，每个区县（市）都有一套体现本地特色的教学模式。如：临澧县采用“一查二学三辨四过五读六说七测八用”模式，带领学员一步一个脚印、扎扎实实地学习，普通话合格率一直走在全市前列。

2.探求培训形式的灵活多样。为解决部分干部职工工学矛盾，测试站结合实际开展灵活多样的培训，如采取集中培训与分散自学相结合，平时边工作边自学，测前集中强化训练。送教下乡与校本培训相结合，测试员下到基层，根据各单位工作特点及普通话实际水平单独设置课程计划。测试员授课与辅导员正音相结合，挑选一批普通话测试成绩在 90 分以上的人员协助测试员在本地（单位）开展培训工作，提高了培训工作的针对性和实效性。开辟了每年 4 月、10 月“教师测试工作月”，5 月、6 月“学生测试工作月”，10 月、11 月“示范校创建测试工作月”的绿色通道，为考生资格认定、教师职评、毕业就业、评估创建提供优质服务。

3.将推普工作纳入城市创建内容。2003 年，市测试站抓住全市创建学习型城市、文明城市以及二类城市语言文字评估等契机，将推普工作纳入城市创建内容。为方便学员学习，测试站组织专家根据西南官话的特点编写《普通话》辅导资料，联合市创学办制定《常德市国家机关工作人员普通话培训测试方案》，对全市 27844 名国家机关工作人员进行培训测试。2008 年，市测试站抓住创建学习型城市、文明城市以及二类语言文字评估等契机，联合市教育局职成科、社管办召开中等职业学校测试工作动员会，将普通话学习纳入学生学分管理范畴，要求中等职业学校积极开展普通话测试工作；同时鼓励已经成为语言文字规范化示范校的学校进行再培训再测试。全市中职生年参测达 6000 人，教师参测稳定在 1000 人左右。此外，通过加大普通话测试宣传力度，吸引更多社会考生、窗口行业部门参与培训测试。市移动、电信系统、市工商局、市妈咪儿童商场等全员进行了普通话培训测试。

第二节　宣传活动与管理措施

一、宣传活动

各级领导和教育部门历来重视推普工作。2003 年第六届推普周活动期间，市语委主任张元英发表专题电视讲话；市电视台每天新闻节目后滚动播出推普公益广告；《常德晚报》开办《趣说常德方言》专栏。2006 年第九届推普周湖南省开幕式在常德举行，省、市相关领导出席，并和市民一道参与街头“推普文艺宣传”“推普知识宣传”“推普志愿者万人签名”“专家答疑”“有奖模拟测试”等活动。推普周期间，测试站还联合工商、城管等部门开展社会用字集中整治行动，共整治不规范用字标牌 150 多块。2009 年承担组织第十二届推普周湖南省开幕式暨“中华诵”经典诵读晚会。该次活动通过中小学生经典诵读节目展演、推普展板等形式，展示全市语言文字工作成果，得到与会领导及社会各界认可。

2008年，组织全国学生规范汉字书写大赛常德赛区活动。通过基层推选，专家评审，300多幅作品送省参评，35名学生入选参加湖南赛区复赛，并取得较好名次。常德师范学校彭永龙获省软笔类特等奖，常德经开区李嘉诚代表湖南赴京参加决赛，获特等奖提名奖（全国仅16人），三位教师获最佳指导奖。

2009年，市教育局下发《关于在全市各级各类学校开展“中华诵”经典诵读活动的通知》，要求各区县（市）、市直学校紧紧围绕“雅言传承文明，经典浸润人生”的主题，与学校文化建设紧密结合，广泛开展经典诵读活动。安乡县在全县范围内开展经典诵读活动；西湖管理区组织教师、学生诵读视频比赛；市二中结合读书节组织师生朗诵会；武陵区北正街小学举行“诗韵北小”经典诗文吟诵活动。市教育局组织“中华诵经典诵读选拔大赛”视频作品评选活动，两届活动共提交视频作品110件，30件获省级奖项，10件获国家级奖项。是年，启动全市语言文字规范化示范校创建活动，活动取得初步成效，在全省2010年普通话培训测试工作会议上，以《争创语言文字规范化示范校，努力构建和谐的语言生活》为题作经验介绍。至2010年年底，全市有语言文字规范化示范校16所，其中市级10所，省级4所，国家级2所。

2010年，开展首批省级“经典诵读特色学校”“规范汉字书写教育特色学校”、国家级“规范汉字书写教育特色学校”创建活动，全市有9所学校被认定为省级经典诵读特色学校，7所省级、6所国家级规范汉字书写教育特色学校。

二、管理措施

（一）建章立制。2000—2010年，测试站建立了一系列规章制度，包括《测试点工作要求》《测试点工作人员职责》《应试人须知》《普通话水平测试规程》《常德市普通话培训测试点管理办法》等，从组织领导、机构建设、宣传氛围、培训测试等方面作出明确规定，做到按制度办事，用制度管人，各项工作有章可循。开展机辅测试试点工作后，制定了“三室”职责和流程、编制了机辅测试组考资料，使测试工作更加系统规范。

（二）规范测试流程。2003年开始实行测试申报制度，利用“常德教育信息网”对外发布。下发《测试通知单》及《关于做好本地考点国家级普通话测试工作的通知》。抓考纪考风，对违纪者进行严肃处理。以书面形式将组考情况反馈给考点；同时依托市普通话测试复听审核小组，加强普通话测试质量监控，规范证书办理。积极探索证书管理的有效途径和方法：对测试点的成绩实行专人输机责任制，进行信息化管理；坚持统一赴省办证，统一缴费、统一领证，减少中间环节，方便测试点。规范财务管理。严格遵守财经纪律，自觉接受财政、物价、审计等部门监督，并按期如数向省测试中心缴纳相关费用。减免部分中职校特困生测试费，保证不因费用问题影响学生受测领证。规范档案管理。音档资料分门别类，保管规范；各类表册一应俱全，数据准确；测试员档案全面真实。

（三）推进信息化进程。2008 年，建立测试员和管理员 QQ 群、语言文字工作邮箱，方便基层与测试站之间的工作交流。新测试员的入门培训、测试申报、工作安排、领证信息等都在这个平台上进行。利用常德教育信息网、世界大学城，开辟网络宣传阵地，面向社会发布工作信息，实现资源共享、信息化办公。

（四）队伍建设。市站成立以来，始终贯彻“培养与培训并举，一年一小训，三年一大训”的工作思路，至 2010 年，组织了两次全市测试员继续教育培训，9 次新测试员入门培训，51 次测试员考务培训。此外，通过测试员 QQ 群，加强网上交流，鼓励测试员多做方言调查、多写教学札记、多出科研成果。组织专家编写教材及辅导资料 3 部，文件汇编 2 本，参与指导省级课题研究 1 项，全市测试员（不包括高校）发表论文 50 多篇。测试员周岩获中央人民广播电台“2007 全国最具有魅力的声音”银奖，2008 年、2009 年又获“经典诵读”比赛湖南赛区教师一等奖并两度参加全国比赛。按照《常德市普通话水平测试员管理办法》要求，保证测试员劳务费不低于全省平均水平，对跨区县（市）测试的予以差旅补贴。在评优评先、骨干教师评选、外出学习考察等方面，向业绩突出者予以倾斜。至 2010 年，市教育局先后表彰 50 位优秀测试员，其中 20 人选派参加省级培训；18 人被评为省语言文字工作先进个人。

第十二篇　区县（市）教育

武陵区

1988 年 6 月常德撤地建市，原常德市改称武陵区，辖 6 乡 1 镇 5 个街道，面积 289 平方公里，区教育局主管辖区内所有中小学及幼儿园。1990 年 3 月，市委常委办公会研究决定，市区教育职能实行调整，将武陵区所辖 7 所中学（市一中至七中）和厂矿子弟学校划归市教委管辖。武陵区只管理城区小学和郊区乡（镇）中小学。至 2010 年年底，人口 620973 人，中小学 40 所，其中初中 7 所（含民办 3 所），城区小学 14 所，郊区小学 19 所，在职教师 1643 人，在校学生 26987 人，社会力量各类培训机构 69 个。中小学校园面积 50.46 万平方米，校舍 18.87 万平方米，幼儿园校园面积 14.83 万平方米，校舍 8.71 万平方米。

一、基本情况

（一）学前教育

1988 年，全区幼儿园 178 所，入园幼儿 8194 人，教职工 1000 人。1991 年，区政府落实市政府《关于幼儿教育事业发展规划》，到 1992 年，城区已基本普及幼儿教育，郊区基本普及一年制学前教育。1995 年，农村学前教育由于生源减少出现萎缩。是年，全区有幼儿园 31 所，入园幼儿 7015 人。2005 年，集体和个人办幼儿园有所增加，全区共有幼儿园 89 所，入园幼儿 8214 人。2006—2010 年，区教育局严格按照《民办教育促进法》《湖南省实施〈中华人民共和国民办教育促进法〉办法》《幼儿园管理条例》《幼儿园工作规程》《幼儿园教育纲要》的要求，规范办园行为，加强管理与服务，全区幼教事业实现由规模发展向内涵发展转变。2010 年，全区幼儿园 89 所，其中公办省级示范园 1 所，企事业单位、个人办园 88 所。88 所民办园中，省级示范园 1 所，市级示范园 12 所。在园幼儿 11468 人，教职工 1214 人。

（二）普通初等教育

1988 年 7 月，区委、区政府召开全区义务教育工作会议，贯彻落实《中华人民共和国义务教育法》，部署普及九年义务教育事宜。是年，全区共有小学 48 所，在校学生 21526 人，教师 897 人。1992 年，设立德山经济开发区，德山乡小学联校、莲花池小学、九中（含小学部）一并划归德山经济开发区管辖。1995年9月，原属鼎城区管辖的河洑乡、芦荻山乡、丹洲乡、南坪乡、河洑镇划入武陵区。是年，全区共有小学84所，在校学生30030人，教师1346人。1998年以后，计划生育的效果开始显现，外出农民工增加，农村小学学生逐年减少，城区小学学生逐年增加。区教育局（1994年10月，区教委更名为区教育局）开始调整农村中小学校布局，至2005年年底，全区有小学49所，其中城区小学15所，郊区小学34所，在校学生26469人，教师1624人。2010年，全区有小学33所，其中城区小学14所，郊区小学19所，在校学生23253人，教师1292人。

（三）普通中学教育

1988年，全区有普通中学23所，其中初级中学16所，学生9443人，完全中学7所，学生3068人。1990年3月16日，市委常委办公会研究决定，将武陵区所辖7所中学（市一中至七中）和厂矿子弟学校划归市教委管辖。全区仅剩初中5所，为市十中（德山街）、九中（原向阳中学）、东郊乡中学、护城乡中学、东江乡中学。在校学生1481人，教师230人。1994年减少为4所。1995年9月，原属鼎城区管辖的河洑乡、芦荻山乡、丹洲乡、南坪乡、河洑镇划入武陵区，武陵区接收中学6所，区辖中学增至10所。初中在校学生4569人，教师482人。1996—2002年，随着进城务工人员的增加，郊区中学生源逐年减少。1996年9月，丹洲乡太平中学并入丹洲乡中学。1997年2月，河洑乡中学和河洑镇中学合并为河洑镇中学。2000年8月，护城乡中学划归市教育局管辖，更名为市第十三中学。2002年9月，因德山街整体搬迁，生源减少，市十中撤销。2003年，华南实验中学厂校剥离，划入武陵区管理。2008年，东郊乡中学拆建，划归市教育局主管，改建特殊教育学校。至此，全区辖初中7所（含民办3所：常英、三闾、沅郡），在校学生3734人，教师351人。

（四）特殊教育

1988年撤市建区时，全区没有特殊教育学校。1990年后，为实现“两基”达标，城区、郊区学校均实行聋哑和弱智儿童少年随班就读。1995年9月，在乔家巷小学附设“特殊教育班”。1997—1998年，残障儿童初等教育入学率为96%。2001年7月，乔家巷小学因办学条件较差，生源较少而停办。此后，武陵区残障儿童与正常儿童同班就读。

（五）职业教育

1983—1990年间，原常德市（现武陵区）先后创办职业中学4所，即常德市一职中、二职中、三职中、四职中。四职中于1989年改为普通初中。1990年2月，有职业学校9所，含6所由武陵区代管的厂矿企业办职中，即七一职中、纺机职中、浦沅职中、华南职中、棉纺职中、农行职工中专。同年3月，市委常委办公会研究决定，将武陵区管辖的3所职中和厂矿企业办职中全部收归市直管。

（六）成人教育

农民教育　1988—1998年，农村成人教育以扫盲为主。1988年国务院颁布《扫除文盲工作条例》。1989-1990 年扫盲教育开始实行规范化管理和扫盲达标活动。1991-1993 年，区、乡、村三级都成立扫盲领导班子，采取“三包”“三教”方式帮助农民识字补课。1992 年，乡、村两级办扫盲继续教育班 14 个，参与扫盲的中小学教师 42 人，学员 721 人。1993 年，武陵区被评为“常德市扫盲工作先进单位”。1994 年，护城乡被省政府授予“扫除青壮年文盲合格单位”。1995 年，各乡镇开始兴建农民文化技术学校，全区有乡级农民文化技术学校 4 所，村级农校 29 所。1996 年，农民教育开始探索“农科教”相结合的路子，全区乡级农校 7 所，村级农校 119 所，专兼职教员 62 人，2207 人参加农广校学习。1997-1998 年，在实现青壮年无文盲的基础上实现农科教相结合。2000 年，扫盲教育转移到农民实用技术培训轨道上来。是年，全区开展农村实用技术培训 12 次，农户培训率达 90%。2004 年，开始实施“湖南省职业院校免费培训农民工百校行动”，全区扫盲教育、农民教育取得阶段性成果。

职工教育 1988 年，全区依托 14 所职工学校和 189 所职工业余学校开办各类专业人员培训班 259 个，11281 人参加培训，培训面达 37.53%，9327 人毕（结）业，占培训人数的 82.7%。1989-1994 年，职工教育重点突出岗位培训，1991 年，全区共举办各种短期培训班 20 个，培训结业人员 1200 余人。1992 年，全区有 25095 名职工参加各种层次的岗位培训，先后有 9368 人获得岗位合格证，占职工总数的 37.3%。

1995—2010 年，区教育局以教师进修学校为基地，加强教师的岗位培训和继续教育。1997 年，小学教师全部参加第一轮岗位培训，培训面 100%。1998 年，全面启动“九五”师训工作，组织全区第二轮教师基本功训练现场观摩活动。1999 年，举办各类岗位培训班 15 期，培训学员 702 人。2000 年，中小学教师参加现代教育技术培训并取得合格证人数达 60%。2001 年，选拔培养骨干教师 255 人。是年，全区完成小学教师学历补偿教育，学历合格率达 99%（中师毕业）。2002-2003 年，先后举办各学科技能培训班和全体教师通识培训。2006—2010 年，区教育局选送 176 名中小学教师参加省、市两级对应学科专业培训，全体小学教师分期分批参加区级对应学科专业培训。区教师进修学校每学期举办两期短期培训，以提高教师适应新课改的能力。

1994—2009 年，全区进行提高中小学教师学历教育。教师进修学校依托湖南师范大学、湖南文理学院、市小学教师培训中心共办专科班 16 个，毕业 828 人，本科班 25 个，毕业 760 人。

干部教育 1988 年，全区干部教育主要是以区委党校为基地，开展干部中等文化教育，是年 6 月，全区 815 名“双下”（年龄 45 岁以下，文化初中毕业以下）干部中，501 人获高中或中专文凭。1992 年，区教育局加强对所属学校基层干部的教育。举办 2 期校长和后备干部培训班。1995 年，对教导主任以上的学校管理人员举办 4 期岗位培训。1996 年，区教育局党委实施“2118”校长、教师两支队伍建设总体工程，即每年集中培训 200 名入党积极分子，每年发展 100 名优秀教师入党，表彰奖励 100 名优秀党员教师，每两年选拔培养80名后备干部。1998年，教育局开展“三讲”教育。2003年，在党员干部中开展十六大精神和“三个代表”重要思想学习教育活动。2005年，在党员干部中开展保持共产党员先进性教育活动。2006年，局党委开展“科学发展观”主题教育宣讲活动。2007年11月和2008年5月，区教育局分别组织两期学校行政、中层管理干部培训。2010年2月，区教育局在教师进修学校举办全区学校政工校长培训班。2006—2010年，共有37名中小学校长到市级专门机构培训，20名中小学校长到省级专门机构培训。五年间印发师德师风建设相关文件、资料3500份，举办专题报告会、演讲会15场。

成人高等教育 1988—2010年，全区举行成人高校招生考试23次，每年参加考试人员逾千人。1988—2005年间，全区组织高等教育自学考试40次，1799人获自考专、本科文凭（2005年后，自考因生源普遍减少，由市招考办归口统一组织自学考试）。

二、主要工作和成绩

（一）全面实现“两基”

大力宣传《义务教育法》。自1986年7月《中华人民共和国义务教育法》颁布实施以来，为使“普九”工作家喻户晓，市、区两级印发《义务教育法宣传资料》《关于实施九年义务教育的法律责任》等宣传资料10万份，下发到有关单位和学校；利用大型永久性标语、咨询服务、专题会议、有线广播、宣传橱窗、专题文艺演出、骨干培训班等形式开展宣传活动，义务教育法深入人心，群众办学热情高涨。

努力改善办学条件。1988—2010年，为改善办学条件，全区一是实施“五校百舍”工程，新建金丹实验学校、紫桥、新兴、东源、聚宝小学及100套教工宿舍；二是修建教学楼，满足全区中小学教学需要；三是添置教学设施，如教学仪器、图书、课桌椅等；四是改造中小学危房。以上措施统称为“一无两有六配套”，即校校无危房，班班有教室，学生人人有课桌凳，图书资料、仪器设备、体育卫生设施、劳动技术教育基地、师生食宿条件、校园绿化美化配套。2006—2010年，全区办学条件得到根本改善，40所中小学有35所装备多功能礼堂，备齐了电脑室、多媒体室、仪器室、实验室、美术室、音乐室，占全区学校总数的87.5%。城区学校全部配齐电脑语音室，9所学校开通“家校通”，城区70%的学校开通“班班通”。

落实控流保学。为确保“两基”顺利达标，区教委采取得力措施，依法组织学龄少年儿童入学。全区各中小学按划定的生源区域，深入街道、居委会、村民小组，并与户籍管理部门联系，逐户摸清少年儿童入学情况，开展劝学运动，确保少年儿童全部入学就读。同时，中小学取消升留级制度，不准开除学生，不搞按分数排队；并对家庭经济困难的学生采取减免学杂费，进行社会救助等，确保每个学生“进得来，留得住，学得好”。从1993年开始，全区小学入学率一直保持100%，初中入学率一直稳定在99.9%以上。在校中小学生年巩固率1993年、1994年、1995年分别为97.5%、98.1%、98.8%。

把“两基”达标建设作为重中之重。1991年，根据市政府制定的《常德市普及九年义务教育规划》。区人大九届三次会议作出《关于加速普及九年义务教育的决定》，区政府制定分步实施九年义务教育的《规划》；同时，针对区属农村教育较薄弱的状况，召开全区农村教育工作会议，作出《关于加速发展农村教育的决定》。1995年，区委、区政府召开全区教育工作会议，部署“两基”迎检工作，并把这一年确定为“教育年”。是年3月，区委区政府成立“两基”工作领导小组，每月召开专题会议，建立区、乡包干责任制，负责“两基”工作的指导、督导和落实。乡镇党政领导下到各村各校包干负责“两基”工作。区教育局领导和各职能股室负责人下到乡镇联校，层层签订责任状。区政府教育督导室组织力量逐乡逐村进行专项督导。1995年10月，武陵区顺利通过国家教委和省政府“两基”工作评估验收，成为全省首批“基本普及九年义务教育，基本扫除青壮年文盲合格县（区）”之一。2002年，市委、市政府授予区教育局“基础教育先进单位”称号。

（二）各项教育改革

郊区中小学管理体制改革。2002年，全省实行农村教育体制改革，乡镇联校被撤销，农村小学由所属乡镇中学管理。这种管理体制在实践中也产生了一些新的问题：主要是常规管理工作不到位；教学、教研脱节；优秀小学教师被拔高到中学任教等。针对这些问题，区教育局在充分调研的基础上，在全省率先大胆改革，从2008年秋季开学起，实行农村小学与中学脱钩，乡镇中心小学和城区小学、农村中学全部由教育局直管，乡镇中心小学代管本乡镇所属农村小学的管理体制。乡镇中心小学直管后，人财物配置进一步优化，教育均衡发展达到全市领先水平。

教师绩效工资改革。2009年，区教育局根据国家和省市有关九年义务教育阶段教师绩效工资指导和绩效考核意见，按照人平18000元的标准，推行义务教育阶段教师绩效工资改革。将70%的基础性绩效工资由财政打入教师银行工资卡，30%的奖励性绩效工资由学校考核，教育行政部门审批后，由财政按期打入教师工资卡。2010年，区委、区政府增设“郊区教师津贴”，按照地域位置，学校分为近、中、远郊三类，分别对其教师按照每月人平100、200、400元的标准发放津贴。这一举措使郊区教师待遇总额超过城区教师，稳定了郊区教师队伍。此外，年底又按人平每年6000元的标准提高了全区教师的津补贴。

干部任免制度改革。2005年8月，武陵区率先在全市范围内实行校长公选。区教育局组织了由局领导、局机关各股室负责人和全区中小学校长参加的竞聘公选大会，从近30名报名竞聘人员中筛选出8名符合条件的竞聘对象公开竞聘。最后公选出两名优秀中青年教师充实到校长岗位。2009年8月，区教育局又明确规定学校机构和领导职数设置方案，对中小学领导班子进行换届。101名正副校长异校交流任职，交流面达95%以上，同时选拔出43名素质高、业务能力强的中青年骨干教师充实到学校领导岗位，新一届学校领导班子成员平均年龄40.8岁。是年，局机关股室负责人按照“公开竞岗”选拔模式进行岗位轮换。

教师队伍建设。一是加强师德师风建设。1996 年以来，区教育局开展“实施党建先锋工程，争当武陵先锋园丁”主题竞赛活动，要求党员教师做到“五带头一争优”。为组织学习和落实《教师职业道德规范》，教育局编印师德师风教育特色读本《师德三字经》，印发给全区教职工。二是加强教师培训。区教育局每年组织教师开展基本功训练，通过教师进修学校举办继续教育培训班、各类岗位培训班和骨干教师培训班，提高教师业务水平。三是做好教师招聘。2000 年，国家不再对师范院校毕业生进行指令性分配，改为根据用人单位需要和毕业生自主择业相结合，组织供需见面、双向选择（简称“双选”）。2001—2005 年间，由教育局牵头组织，区人事、编办、财政、纪检等部门配合，本着公开、公平、公正择优的原则，全区通过“双选”安排到学校任教的师范类大中专毕业生有 80 人。2006—2010 年，从大学毕业生中新招聘教师 144 人，从外区县选招优秀教师 69 人，这些新招和选招的教师主要补充到郊区中小学任教。四是开展城乡结对交流活动。从 2001 年起，为促进城乡教育均衡发展，每年从城区小学选派优秀中青年教师到郊区偏远学校支教，促进薄弱学校师资水平的提高。2006—2010 年，城区 14 所小学与郊区小学两轮结对，实行一对一交流。结对学校每年互派两名优秀教师到对方学校任教，全区有 56 名教师实行结对交流。2010 年 4 月 26—27 日，区长罗少挟在省委、省政府召开的全省推进义务教育均衡发展现场会上，作了《提高教师整体素质，促进教育均衡发展》的典型发言。（全文登载于 2010 年 5 月 12 日《科教新报》）

1988—2010 年，全区有贺大国、谭家耀、杨丕振、肖勋芳、蒋明模、庄桂清、彭德华、王育筑、周友枝、钟广清、褚俪华 11 人获国家级优秀教师称号；贺大国、冯再力、李智敏、周友枝、褚俪华、谭国湘 6 人评为特级教师；贺大国、褚丽华获湖南省徐特立教育奖。

学校管理工作改革。1997 年，区教育局在河洑镇中学试点，进行以“校长负责制、教师聘任制、绩效挂钩制”为主要内容的学校管理体制改革（简称“三制改革”）。是年，在全区各中小学全面推行学校目标管理。区教育局下发《武陵区中小学校目标管理综合评估标准》，开始对学校进行年度目标管理综合评估考核。年初，各中小学校长、局机关股室负责人与局长签订《学校领导任期目标管理责任书》，年底组织目标考核，奖优罚劣，促进了学校和机关股室工作的开展。1998 年，全区中小学第一轮“三制改革”顺利推进，其经验在全市教育人事工作会议上推介。

经费管理工作改革。一是完善各项制度，加大审计力度。2006—2010 年，区教育局先后修订完善《武陵区学校财务管理制度》《武陵区中小学公用经费管理办法》等规章制度，严格执行局长、校长“一支笔”审批权限，杜绝乱开支现象；同时加大审计力度，1992 年 5 月成立教育审计室，每年对全区各中小学、教育局计财办公室的财务收支、中小学校长经济责任、干部离任、经济效益、基建、公用经费等进行审计，形成监督机制。

二是改革收费方式。从2006年春季起，区属各学校实行亮证收费，每学期出示收费公示牌，严禁“搭车收费”。中小学还将“收费明白卡”发给每一位学生家长，接受群众监督。2006—2010年，全区学校收费行为规范，未发生一例违纪违规案例。2008年，区教育局财务管理工作被市教育局评为先进单位。三是改革投入机制。努力构建以政府为主导的多元筹资机制，依法多渠道筹措教育经费。武陵区从2003年起实施捐资助学工程，2003年、2004年、2005年分别募集资金25万、82万、100万元。区领导和区属各部门都定点联系一所学校，实行帮教助学。2004年，区财政局按比例拨足城市教育费附加，此项资金达1193万多元，全额用于教育。四是落实城区学校建设“千万工程”。1999—2010年，市、区两级政府每年拿出1000万（市财政400万元，区财政600万元），用于城区学校扩建改造，新建学校2所，征地拆迁居民158户（建筑面积13200平方米），新征土地54亩，新建教学楼20栋，建筑面积42978平方米。改造危房25栋，建筑面积34515平方米。2006年，区政府成立以区长为组长，一名副区长为副组长的校舍安全建设工程领导小组。2006—2010年，全区投入13806万余元用于中小学基础设施建设，基本满足了教育教学需要。

表12-1　　2006—2010年武陵区教育经费投入及使用情况统计表

年份	投入资金（万元）	新建校舍（平方米）	维修改造（平方米）
2006	2124	11321	12100
2007	904.8	6250	10500
2008	2086.20	3483	28850
2009	3410.25	15080	30875
2010	5280.69	28516	8715

（三）素质教育

教改实验　1994年，根据全国教育工作会议精神，武陵区开始探索由“应试教育”向“素质教育”转轨，以提高全民素质为目标，以促进学生全面发展为宗旨，培养“全面发展+特长”的学生。教育局倡导教师潜心钻研教材，精心设计教法，投入到素质教育教学改革实验中。1995年以来，继育英小学校长、特级教师贺大国设计并主持的《小学数学‘三三式’电化教学结构实验》获省特等奖，国家一等奖之后，又有北正街等学校的《小学语文教学中自我教育能力培养模式》《利用音像教材优化课堂教学》等26项教改实验课题分别获国家和省级一、二、三等奖。

实施新课程　2001年6月，教育部颁发《基础教育课程改革纲要（试行）》。区教育局于2002年5月启动新课程通识培训和新课程学科培训，参加培训的机关干部、中小学校长和中小学教师达3000多人次。2003年，武陵区九年义务教育阶段学校全面进入课改，同年4月，成立基础教育课程改革领导小组，出台《武陵区基础教育课程改革实施方案》。并由区教研室牵头，加大新课程学科培训力度，积极组织力量开发校本教材。2005年，区教育局根据实验实施情况，制定九年义务教育课程计划，并于是年秋季起实施。同时，由区教研室支持研究的课题《区域性推进校本课程建设》获省政府办颁发的教学成果二等奖。2006—2010年，全区有5000余名学生在全国、省、市、区级作文、书法、美术、环保、小发明大赛中获奖。

课堂教学模式　2006—2010年，区教育局要求各校发挥各自的优势，创特色学校，以创新课堂教学模式为重点，重视活动课的教学研究，开展打造“落实常规教学”“构建高效课堂”“构建生本课堂”“构建文化课堂”为主要内容的教学模式改革。区教研室每年组织教学研讨活动，参加教学比武的教师达600多人次。全区有110人次参加省市教学比武，9人次获省级特等奖，31人次获省级一等奖，11人次获省级二等奖，获市级奖的教师200多人次。

合格学校建设　根据省、市教育主管部门的要求，从2008年春季开始，全区全面启动义务教育合格学校创建工作。区教育局成立创建工作领导小组，负责指导协调全区义务教育合格学校创建工作。到2010年年底，有32所中小学通过省、市级验收，占全区中小学的80%。

表12-2　　**2008—2010年义务教育合格学校名单**

年份	学校名称
2008	丹洲中学、三岔路小学
2009	甘露寺小学、胜利路小学、滨湖小学、丹洲夹街中心校、河洑镇青林中心小学、东江浮桥中心小学、金丹实验学校、育才小学、芙蓉路小学、河洑镇中学、芦山中学、华南实验中学、常蒿路小学、紫桥小学、社木铺小学
2010	育英小学、北正街小学、工农小学、卫门口小学、南坪小学、沙港小学、太平小学、南坪中学、东升小学、东风小学、李白溪小学、芦山小学、常英实验学校、汇华聚宝小学、高山街小学

教学研究　一是鼓励教师撰写教学心得。教师结合自身教学实践，采取“回头看”的方式，总结自己一节课、一课书执教后的得与失并形成文字，在自我反思中提高。二是鼓励教师撰写教研论文。2006—2010年，先后有80多篇论文获国家级奖励，400多篇获省、市级奖励。三是鼓励教师开展课题研究。2006—2010年，先后有9项课题在省立项，43项课题在市立项，区本级立项课题128项。四是推广“捆绑式”“草根式”教研方式。“同课异构”“一课多上”互相听课、评课的校本教研模式全面普及。优质课、优秀教案、

优秀课件评选常态化。五是加大校本教材开发力度。区教研室组织各校开发校本教材，实现由一校一本向一校多本转变。2006—2010年，全区中小学开发校本教材100余种。

表12-3　　1988—2010年武陵区教研课题获省级以上奖励情况

研究实验课题	获奖级别	获奖单位	获奖时间
《小学数学‘三三式’电化教学结构实验》	国家一等奖 省特等奖	育英小学	1995
《利用音像教材优化课堂教学》	国家一等奖	育英小学	1998
《小学数学中年级电化教学资料的研制》	省三等奖	育英小学	1998
《小学语文素质研究》	国家二等奖	北正街小学	2003
《小学语文教学中自我教育能力培养模式》	教育部 课题组一等奖	北正街小学	2003
《信息技术与（社会）学科教学整合》	省电教馆一等奖	北正街小学	2003
《开发校本课程，培养自我教育能力》	教育部课题 成果一等奖	育英小学	2003
《鱼和熊掌兼而得之——信息技术与（社会）课程整合教学方法的探讨》	国家创新研究 一等奖	北正街小学	2003
《学会关爱》	教育部 课题成果一等奖	北正街小学	2004
《语言读品积累的整合》	省教科院 优秀课题奖	工农小学	2005
精选本土音乐，丰富小学音乐《课程资源的实践研究》	省第二届教育科研 课题成果三等奖	工农小学	2008
《城区小学营造书香校园的实践研究》	省第二届教育科研 课题成果三等奖	东升小学	2008

校园文化建设　2006—2010年，区教育局把学校文化建设作为全面深化素质教育、促进内涵发展、打造武陵教育品牌的重要内容，制定了《武陵区中小学校文化建设实施方案》，提出了学校文化建设第一阶段“三年三步走”的总体思路，文化立校，文明育人，形成武陵教育“校校有特色，一校一品牌”的文化标识。教育局要求各校结合学校历史、现有资源和发展愿景，精心提炼具有学校特色的精神文化。全区投入资金2000多万元用于学校文化设施建设，各校都建有校园文化墙、文化走廊、永久性标牌、雕像（塑像）等。每所学校都有校训、教风、学风，每个教室都有激励性标语、格言、警句。大型学校开通校园网，各学校都创办校报、校刊、设计校徽、谱写校歌。北正街小学的“快乐五

节”，为孩子的快乐人生奠基；育英小学的走廊文化，“一笔一画写好字，一生一世做真人”；东升小学的书香校园；金丹实验学校的“上善若水”；工农小学的“礼乐”；胜利路小学的“诗礼”；紫桥小学的“乐于交往，善于沟通”；丹洲中学的“立德笃学”；夹街小学的“生活即教育”；社木铺小学的“诚信立校，诚实达人”；李白溪小学的“我坚持，我成功”等各具特色。1988—2005 年，北正街等小学先后 9 次参加全国、全省中小学生艺术节、音乐比赛、美术书法摄影成果展及省教育电视台春节文艺晚会，获一等奖、二等奖、优秀节目、优秀组织奖等奖项。

表 12-4　　1988—2010 年武陵区教育局获省级奖励情况（部分）

获奖名称	发奖单位	获奖时间
湖南省中小学实验教学普及合格县	省教委	1993
湖南省教育工会先进单位	省教育工会	1998
2004 年度全省音像电子教材建设工作先进单位	省教育音像出版社 省教育电子出版社	2005.1
2004 年度现代教育技术工作先进单位	省教育厅省电教馆	2005.1
湖南省教研教改先进单位	省教育厅	2006
规范教育收费示范县（市、区）	省教育厅、物价局、财政、审计等 7 部门	2007.1
湖南省中小学图书馆（室）建设合格单位	省政府教育督导室	2007
县级人民政府教育工作优秀单位	省委组织部、省教育厅、省政府督导室	2008.1
湖南省“教师进修学校示范基地建设”先进单位	省教育厅	2008
湖南省电化教育工作先进单位	省教育厅	2008.12
湖南省“两项督导评估”工作先进单位	省教育厅	2008
湖南省第三届中小学艺术展演活动优秀组织奖	省教育厅	2009.1
湖南省勤工俭学工作先进单位	省教育厅	2009
湖南省校舍安全工程建设工作先进单位	省教育厅	2010.3
湖南省仪器电教现代技术教育工作先进单位	省仪电站、电教馆	2010
湖南省成人教育工作先进单位	省教育考试院	2010
湖南省推进义务教育均衡发展工作先进单位	省委、省政府	2010.4
湖南省创建教育强县（市、区）工作先进单位	省政府	2010.12

三、主要问题

一是义务教育阶段的学校管理有待理顺。按照《义务教育法》相关规定，市、区两级教育管理部门的职能与职责有待进一步理顺，以提高办学效益。二是城区学校班额未达标准。城区扩容，居住人口增加，学校规划布局滞后，学位有限，有待增建学校，扩大学校生均用地。三是学前教育投入不足。全区两所公办幼儿园拆除后，因经费问题，尚未及时新建。

鼎城区

鼎城区位于湘西北洞庭湖腹地，古称朗州，1988 年撤县（常德县）建区。2010 年，辖 32 个乡镇 4 个农林场，常住人口 82.93 万人，总面积 2354 平方公里。有各级各类学校 140 所，学生 65338 人，教师 5741 人。

一、基本情况

（一）学前教育

1988 年，全区有幼儿园 13 所，幼儿班 527 个，其中小学附设学前班 491 个，在园幼儿 10644 人，3~6 岁幼儿入园率为 89%。1993 年，调整幼儿园（班）、学前班布局。是年，有公办幼儿园 15 所，幼儿班 715 个，民办幼儿园 32 所，幼儿班 38 个，在园幼儿 1521 人。2006 年，公办幼儿园减少到 4 所，民办幼儿园达到 41 所，在园幼儿 8311 人。2010 年，区政府加大乡镇中心幼儿园建设力度，强化乡镇政府职责，26 个乡镇建立中心幼儿园，学前三年教育幼儿入园率为 81%。区实验幼儿园园长被评为全国“百佳幼儿园”园长，灌溪明星幼儿园园长被评为全国民办教育先进工作者，草坪阳光幼儿园被评为全国民办教育先进单位。2011 年，区政府制定学前教育三年行动计划，公办幼儿园建设全面启动。至 2012 年，全区有幼儿园 83 所，其中公办 23 所，民办 60 所，教师 1256 人，在园幼儿 14399 人。学前三年教育幼儿入园率为 88.9%，学前一年教育幼儿入园率为 100%。

（二）九年义务教育

普通小学教育　1988 年，全区有小学 676 所，其中城镇小学 19 所，农村小学 657 所，学龄儿童入学率 99.9%。1989—1993 年，小学入学率、巩固率、毕业率均在 99.6%、99.1%、和 99.4%以上，年流失率均在 0.9%以下。1995 年，有普通小学 566 所，教学点 2 个。1997 年后实施中小学布局调整，普通小学 1995 年减少到 543 所，2004 年减少到 222 所。2009 年调整到 105 所，2010 年调整到 88 所。

普通初中教育　1988 年，全区有初中 73 所，教学班 685 个，在校学生 33933 人。

1993年底，有普通初中61所，在校学生24763人。小学毕业生升初中的比例由1988年的80.32%提高到1993年的95.07%，初中毕业生升高中（含职中）的比例由1988年的32.84%提高到1993年的62.15%。2003年以后，受生源影响，初中学校减少到39所。2008年，白鹤山乡划归柳叶湖旅游度假区，整体转出学生477人。2010年，有普通初中33所，教学班427个，在校学生20977人。

（三）普通高中教育

1988年，全区有一中、二中、三中、五中、六中、七中、八中、武陵中学8所普通高中，在校学生7630人。1990年9月，原常德县第一中学从白鹤山迁到武陵镇与武陵中学合并，更名为鼎城区第一中学。1999年该校被评为省重点中学。1992年9月，武陵镇中学开始办高中班，首届招收2个教学班，学生110人。1993年9月，郭家铺中学并入武陵镇中学；次年4月，武陵镇中学更名为鼎城区武陵完全中学。2003年2月，武陵完全中学更名为第九中学。这一时期，启动高中学校办学体制改革，2000年，三中、七中相继由私人领办。2010年，五中、七中、八中相继撤并，全区高中学校由10所调整为6所。是年，区二中、六中被市教育局评为市级示范性高中。

表12-5　　**1988、1998、2010年鼎城区普通高中办学情况统计表**

年份	学校（所）	毕业生（人）	招生（人）	在校生（人）
1988	8	3457	2124	7830
1998	10	1756	2189	6185
2010	6	5189	5868	15961

（四）民办教育

1993年2月，中共中央、国务院颁布《中国教育改革和发展纲要》，明确提出要改革办学体制，鼓励社会力量办学。鼎城区有识之士纷纷自筹资金，创建民办学校。1993年，全市第一所寄宿制私立小学——朗州实验小学诞生。随后，常德淮阳中学、常德电脑技术学校、常德计算机中等专修学校等一批民校相继创办，逐渐形成涵盖各个学段，门类齐全的民办教育格局。淮阳中学还先后创办贵州江口淮阳中学和澧县九澧实验中学，并开设小学部，形成淮阳教育集团，学校被省教委评为“社会力量办学优秀学校”，获全国民办教育先进单位称号。2003年，市委、市政府表彰首届全市十大办学功臣，民办教育占四个，全部为鼎城区民办学校校长。《湖南教育》《湖南民办教育》《常德日报》等多家新闻媒体曾大力推介鼎城的民办教育。2007年，常德鼎城诗琪双语学校举办者周本成、常德计算机职业学校举办者何秉林被评为全省民办教育先进个人。2008年，鼎城区被评为“全省民办教育综合工作先进县（区）”。1991—2003年，全区有各类民办教育机构70多个，经教育主管部门批准的有50个。2010年，全区有各级各类民办教育机构86个，学生15594人，教师1900人，总资产超过4亿元。全区基本形成以政府办学为主体，公办学校与民办学校并举的共同发展格局。

（五）职业技术教育

1988年7月，原常德县一中改制为鼎城区职业中学。至此，全区职业学校达9所，开设专业19个，教学班37个，在校学生1567人，教职工211人，其中专业教师147人。1989年6月，经省教委批准，鼎城区职业中学更名为鼎城区职业中专学校。1990年4月，第一职业中学经省评估验收认定为合格职中。1991年4月，经省教委批准，鼎城区农民中等专业学校更名为鼎城区成人中等专业学校。1992年2月，省政府授牌，认定鼎城区职业中专为省级重点职业中专。至1993年年底，有职业中学（中专）13所，在校学生4158人。1988—1993年，全区职业技术学校共招收新生7930人，为对口大专院校输送新生68人。职业技术学校招生占高中阶段招生总数的比例由1988年的9.1%提高到1993年的56%。1996年12月，经省教委评估认定鼎城区职业中专为省级示范性职业中专。1997年6月，经省教委批准，鼎城区第一职业中学改制为职业中专，更名为常德女子职业中专。1998年，成人中专迁往三中，两所学校合署办公，两块牌子，一套人马。2000年7月，职业中专、女子职业中专、成人中专（鼎城区三中）实行个人领办。2002年9月起，职业中专、成人中专停招新生。是年，全区职业中学（中专）减至4所。2003年，民办职业学校兴起，先后有外事职业学校、科技学校、国贸职业学校、网络信息学校、汽车技术学校、工业电子学校、蓝天职业学校、临江科技学校等职校创办，其计算机、文秘专业成为省级精品专业。

表12-6　1988、2002、2010年鼎城区职业中学（中专）办学情况统计表

年份	学校（所）	毕业生（人）	招生（人）	在校生（人）
1988	9	386	815	1567
2002	4	273	426	821
2010	8	1913	1432	5383

（六）成人教育

农民文化技术教育　1988—1998年，农民文化技术教育以“基本扫除青壮年文盲”为工作重点。1989—1993年，全区扫除文盲7379人，乡农校办各类短训班1637期，培训65000人次。1994—1998年，建农校36所，办各类培训班7017个，培训人员177306人次，推广农业技术成果39项。1998年，全区非文盲率达98.39%，脱盲人员巩固率为99.13%，是年6月，鼎城区被评为全国扫盲工作先进县（区），1999年1月，省政府授予

鼎城区“扫盲工作先进县”称号。

干部职工文化教育 干部职工文化教育以干部职工岗位培训、师资培训为主要形式。1988年全区1455名教师参加专业合格考试，625人取得单科合格证。全区干部职工高中文化补习考试成绩合格，310日取得高中毕业证。1990年，全区有1186名干部和2826名职工参加岗位培训，结业人数分别为870人和2241人。1995—1997年，全区进行第一轮小学教师继续教育培训，6300多人次先后接受各种类型的继续教育。1998年开始进行小学教师第二轮和中学教师第一轮继续教育培训，其重点是计算机应用水平、普通话水平和现代教育技术。1998—2000年，全区共举办各类计算机应用水平等级培训班130期，受训教师4841人次。2001—2002年，全区7860人次参加继续教育培训，2812人次参加新课程培训。2004—2008年，全区21683人次参加各类培训，教师岗位培训小学完成率为98.9%，初高中完成率为98.7%，信息技术培训完成率为96.7%。2010年，启动新一轮继续教育远程培训，培训教师1150人。

成人高等教育 成人高等教育以高等函授、广播电视大学、高等教育自学考试为主要形式。高等函授教育始于20世纪60年代，主要培训中学教师。1985年以前高等函授招生考试由各招生学校单独组织，1986年后参加全国成人招生考试。1992年，参加全国成人招生考试人数为1334人，777人被录取。2002年，参加全国成人高校招生考试人数为1572人，其中专升本223人，本、专科录取率分别是60%、99%。1988年6月，经原常德县政府批准成立电大工作站，当年招收2个半脱产电大班，学员84人。1988—2003年，电大工作站大专部招收学员3379人，毕业3147人；中专部招收学员1752人，全部毕业。2005年电大工作站并入教师进修学校，与江南实验中学合并，构成“三块牌子，一套行政班子”的组合体。1988年，全区有1906人参加自考，报考4484科次，48人获大专毕业证，单科合格率为40.3%。1989—1993年10501人次参加自考，大专及以上毕业216人，结业6133科次。1996—2003年，23680人次参加自考，报考51181科次，获专科以上文凭1902人。

二、主要工作及成果

（一）普及九年义务教育

1.宣传《义务教育法》 1986年《中华人民共和国义务教育法》（以下简称《义务教育法》）颁布后，区委、区政府专门召开全区干部会议，集中学习宣讲《义务教育法》。区教委翻印《义务教育法》1500多份，分发到乡、村和各中小学，并用布告形式翻印200多份，发至各乡镇张贴。区教委和区广播电台联合举办《义务教育法》广播宣传周活动，《义务教育法》深入人心。

2.控流保学 为控制学生流失率，全区各乡镇制订“乡规民约”“村规民约”。规定：社会、学校、家庭必须保障少年儿童接受义务教育的权利。凡年满7周岁的儿童必须入学；凡被录取到初中的学生不准以任何理由阻挠其入学。同时规定：禁止任何组织或个人招用童工，违者吊销营业执照，罚款100~500元。对未入学和未读满规定年限的儿童，取消其今后参军、招生资格，对其父母处以50~200元罚款。建立控流保学责任制，联校成员包片，中小学校长包村，教师包班包组，把控制学生流失、巩固学额同学校领导、教师岗位责任制奖惩挂钩。到1996年，全区初中巩固率98.61%，小学巩固率100%，中小学年巩固率99.35%。全区小学入学率100%，普及率100%，小学升初中100%。

3.顺利通过“两基”验收 从1994开始，全区各乡镇陆续进入“普九”期，1995年，长茅岭乡等基础较好的六个乡镇达标。1996年，“两基”攻关进入关键期。全区投入5900多万元，新建教学楼168栋、风雨体育场10个、乡农校4所，对90%的旧校舍进行改造。1997年，“两基”全面迎检。是年10月，省“两基”评估验收团对全区“两基”进行评估验收，各项指标均达到国家和省定标准，验收合格。2001年，鼎城区被省政府评为“巩固普九成果先进县（区）”。

（二）改善办学条件

1.学校布局调整 1988年，全区有普通小学676所，其中城镇小学19所，属于一村一校的布局。1997—2010年，区委、区政府对全区学校实施三轮布局调整。第一轮：1998年，区委、区人大、区政府、区政协联合组成调查组，对全区36个乡镇场进行调查、评估，经研究、论证，形成《鼎城区中小学布局调整方案》。是年，区教育局对全区中小学进行调整，区一中停招初中生，区七中只招初中生，教师进修学校扩大初中招生比例，撤掉村小17所，合并15所。1999年撤并35所，2000年撤并40所。第二轮：2001年，区政府办发出《关于进一步搞好学校布局调整的通知》，进一步明确了学校布局调整的指导思想、基本原则、实施办法、资金筹措、校产处理、人员分流等相关规定。是年，全区撤并学校168所，学校布局趋于合理。2002年以后，为满足人们对优质教育的需求，出现了联村办学、小学生寄宿学校等模式。是年，全区21所中心小学实行寄宿制。至2003年，全区中小学校由1997年的585所调整到279所，其中撤并初中3所，小学303所。第三轮：2005—2010年，农村小学按照服务半径、覆盖人口数进行调整，平湖区服务半径2公里，人口3000至4000人；丘陵区服务半径3公里，人口2000至3000人；山区服务半径4公里，人口1800至2000人。农村初中原则上每个乡镇办1所，至2009年，中小学调整至160所，撤并初中2所，小学84所，高中1所。2010年，全区有各级中小学校140所。

2.危房改造 1989—1993年，国拨教育经费8694万元，群众集资和征收教育费附加5131.5万元，改造危房8227平方米，新建（改建）校舍10576平方米，实验教学用房和设施配套投资500多万元。1994—1997年，鼎城区以“两基”验收为契机，对90%以上的旧校舍进行改造，维修改造校舍493100平方米。2001年，按照全市统一部署，把中小学危房改造作为落实“科教兴区”战略的一项具体措施，形成“政府宏观调控，部门积极配合，乡镇为主实施”的危改格局。2003—2005年，投入危改资金1491.2万元，完成危改项目103个，改造危房38953平方米。2002年、2003年，鼎城区被市委、市政府评为中小学危房改造先进区。

3.校安工程建设 2009年，国家启动中小学校舍安全工程，计划用3年时间，对地震重点监视防御区和七度以上地震高烈区的中小学校舍进行迁移避险或加固改造。鼎城区也随之启动中小学校舍安全工程，区政府成立领导小组，制定《鼎城区校舍安全工程工作方案》《校舍排查工作方案》《校舍鉴定工作方案》，对全区158所学校1232栋建筑进行排查、鉴定，其中232栋为C级危房，398栋为D级危房。是年，区政府落实专项资金2832.4万元，完成建筑面积10200平方米。2010年，建立“区级领导联点、局级领导包点、校长具体实施”责任制，投入资金4970.1万元，完成新建项目20个，加固维修项目27个。到2011年，全区完成中央资金项目43个，新建教学楼28栋、学生宿舍9栋、三用堂6栋；区级配套资金及自筹资金项目97个，新建教学楼24栋、学生宿舍5栋、食堂9栋、维修加固项目59个。3年共投资19155.4万元，其中地方配套资金12262.8万元。受惠学生3.5万人，新增学位5300个。

4.合格学校建设 2008年，区政府把合格学校建设列为全区“为民办实事”内容，按照“扶持薄弱，分批推进”原则，制定合格学校建设五年规划，即到2012年，全区完小以上学校全部建成合格学校。在合格学校建设中，区教育局把“六改六配套”和功能室建设作为重点，功能室建设全区统一标准，统一配置，统一要求，统一验收，成为创建亮点。2008年，全区27所学校接受省市合格学校验收，其中5所接受省级验收，22所接受市级验收。2009年，区教育局实施干部捆绑包干、定期督查、典型引路、工程进度网上跟踪等制度，投入资金1300多万元用于合格学校建设，12所学校接受市级验收。2010年，投入资金1900多万元，12所学校接受市级验收。2008—2012年，投入5700万元，建成合格学校74所，完小以上学校全部建成合格学校。2009年5月18日，全市合格学校建设工作现场会在鼎城召开。是年，区教育局被市政府评为合格学校建设先进单位。

（三）教育改革

1、“三制”改革 1994年，区教育局在部分学校进行“三制（校长负责制、教师聘任制、绩酬挂钩制）”改革试点。1998年，制定《鼎城区学校管理体制改革方案》，全区中小学推行“三制”改革，7173名教职工参与聘任，受聘6939人，落聘234人，清退代课教师和临时工526人。是年12月，全市教育系统“三制”改革现场会在鼎城区召开。1999年，区教育局制定《学校内部管理体制改革补充意见》，要求建立人员能进能出，待遇能高能低，职务能上能下的良性运行机制。在具体操作上，各校要严格立足三优——优化班子、优化组织、优化职能；坚持“三定”（定编、定岗、定责）；把好“三关”（自愿应聘关、自主选聘关、自省调聘关）的“三步三轮”全员聘任法。是年，全区在职教职工7325人，受聘7047人，落聘278人，清退代课教师和临时工108人。2000年，“三制”改革进一步深化，全区中小学按照“因事设岗、条件公开、公平竞争、择优聘任”的原则评聘教师。是年，全区在职教职工7267人，受聘7141人，落聘126人。

2.乡镇教育管理体制改革 根据湖南省《关于基础教育改革和发展的决定》，从2000年起区教育局着手乡镇联校改革，精简教育行政机构，提高办事效率。2000年，乡镇联校成员由8~10人裁减到4~5人，全区共压减155人。2001年联校成员由5人裁减到4人，共压减34人。2002年，根据市委、市政府“教育20条”的精神，鼎城区在灌溪中学和草坪中学进行乡镇联校与乡镇中学合并试点。2003年6月，依照《中共常德市鼎城区教育局委员会关于乡镇教育管理体制改革的方案意见》，全区32个乡镇联校和中学合并，成立新的乡镇中学，负责乡镇教育教学全面工作。设校长1人、副校长2人（一人管中学、一人管小学）、校长助理1人（负责政工人事工作）、会计1人（同时兼任中学总务处主任），下设教务处和政教处。全区减少90个行政岗位，压缩人员90人。

3.新课程改革 2003年，全区基础教育课程改革全面启动，是年8月，区教育局举办20期学科培训班，对全区各起始年级骨干教师进行集中培训，受训教师3000人次。秋季开学，各起始年级进入新课改。2004年，区教育局制定《鼎城区课堂教学评价标准》，统一课堂考评尺度，确定“以学生发展为本”的发展性评价机制。2007年普通高中高一新生全部进入新课改，高一教师全员接受市级新课程培训。区教研室开展高中新课程专项视导活动。区一中连续开展“青年教师教学基本功比武”“春蕾杯”教学比武、优秀班主任经验交流和论文评选活动，以促进教师主动适应新课改。

4.教育“五项”改革 2010年，区委、区政府启动教育五项改革，即实行校长聘任制、二层骨干公开竞聘制、教师末位淘汰制和绩效工资向一线教师倾斜、与省内外名校联合办学。2010年10月15日，全区教育系统“五项改革”动员大会在区一中举行。是年，区委调整区属学校班子，区教育局调整8所乡镇中学校长。是年10月，区一中与长沙长郡中学举行合作办学签约仪式，两校在学校管理、教学教研、备考策略、师资培训等领域进行全面合作，共享教研资源，提升教育质量。同时，区二中、区九中也分别与省内其他名校开展联合办学。

（四）建设教育强区

2007年，常德市启动教育强市工程，区委、区政府也随之启动教育强区建设，并将其列为区域经济社会发展重点，集中人力、物力、财力重点推进，确保到2015年，全区教育综合实力保持全市领先水平，基本建成教育强区。

1.健全教育发展机制 2007—2010年，区委、区政府制定《鼎城区教育强区实施意见》《关于建立区级领导定点联系学校制度的通知》《关于建立相关部门定点联系学校制度的通知》《教育强区年度实施意见》等文件。38名区级领导、100多个区直部门定点联系100多所学校，区委、区政府要求各部门每年必须为学校办1~2件实事。2007—2010年，区委、区政府先后召开9次区委常委会、13次区长办公会研究教育工作，将教育工作纳入乡镇、部门目标管理考核体系，作为党政主要领导政绩考核、表彰奖励、提拔晋升的重要依据。以“两办”名义出台准入文件，规定职能部门进校检查须报请区纪委行政效能室审批，所有罚没收入全额上缴财政并用于教育。严格落实“三个比例”和“两个增长”，确保区级财政教育投入逐年增长，生均预算内教育事业费、公用经费逐年增长。2010年，区预算内教育经费增长率排全省第32位，预算内教育经费支出占财政支出比例排全省第23位。

2.发展城区教育　2009年，鼎城区累计投入近亿元，在江南城区新建善卷中学，学校占地97亩，总建筑面积3.05万平方米，可容纳60个教学班、3000名学生。2007—2010年，投入850多万元，为武陵镇中心小学修建教学楼2栋，为花船庙小学、常沅小学修建教学楼各1栋，增加小学学位2000个。

3.提升教育质量　2008年，区教育局启动教研年活动，组织开展上好一堂课、写好一篇文章、读好一本书、搞好一个课题研究的“四个一”活动。2009年，区政府建立政府教育奖励基金，筹集奖金50万元，重奖优秀校长、教师和学生。是年教师节前夕，区政府表彰近100名优秀教育工作者。2010年，制定《鼎城区教育奖励方案》，奖励金额增至100万元，覆盖全区各类教育。是年，全区学习江苏省泰兴市洋思中学的教学经验，确立“一年推广，两年见效，三年创出鼎城教育质量模式”的奋斗目标，倡导“没有教不好的学生”和“从最后一名学生抓起”的发展理念。2008—2010年，全区有537篇教师论文获省级以上奖励；在教学比武中，2人获国家级奖，21人获省级奖；14项课题研究在省级立项。三年间，全区为高校输送二本以上学生9996人，其中清华、北大9人。

4.优化师资队伍　从2007年开始，区委、区政府每年为教育系统补充新教师，至2010年，累计解决教师编制204个。2008年，参与免费师范生培养计划，至2009年，共培养21人。2009年，区教育系统组建魏书生、李镇西、陶行知、吴非教育思想读书会，首届会员382人。2010年，区教育局印发《鼎城区教育系统师德师风建设实施方案》，对家教家养、有偿补课、体罚学生、买卖生源等行为进行整治。

（五）主要荣誉

表12-7　**1988—2010年鼎城区教育系统获国家级荣誉者名录（部分）**

姓名	荣誉称号	性别	职称	颁证单位	发证日期
聂双清	全国优秀教师	男	高级	国家教委、人事部	1989
冯家强	全国优秀教师	男	高级	国家教委、人事部	1989
张友文	全国优秀教师	女	高级	国家教委、人事部	1989

续表 12-7

姓名	荣誉称号	性别	职称	颁证单位	发证日期
刘本珍	全国优秀教师	女	初级	国家教委、人事部	1989.9
谈新荣	全国优秀教师	男		国家教委、人事部	1989
张小茅	全国优秀教师	男		国家教委、人事部	1989
崔子新	全国优秀教师	男		国家教委、人事部	1989
肖勋芳	全国优秀教师	男		国家教委、人事部	1989
葛主君	全国优秀教师	女		国家教委、人事部	1989
罗巨生	全国优秀教师	男		国家教委、人事部	1989
曹兴照	全国优秀教师	男		国家教委、人事部	1989
李海涛	全国优秀教师	男	高级	国家教委、人事部	1991.9
潘钧晖	全国优秀教师	男		国家教委、人事部	1993
刘国储	全国优秀教师	男		国家教委、人事部	1993
王爱枝	全国优秀教师 全省教育系统劳动模范	女	中级	国家教委、人事部	1993.9
龙先成	全国优秀教师	男	高级	国家教委、人事部	1995.9
孙圣香	全国优秀教师	女	高级	国家教委、人事部	1995.8
杨仪辉	全国优秀教师	男		国家教委、人事部	1995
伍满枝	全国优秀教师	女	中级	教育部、人事部	1998.9
段德全	全国优秀教育工作者	男		教育部、人事部	2002.9
朱美玲	全国优秀教师	女		教育部、人事部	2002.9
胡代生	劳技教育优秀教研员	男	高级	中央教科所、中国教育学会中小学劳技教育专业委员会	2004.12
周金华	优秀少先队辅导员	男	中级	共青团中央	2005
李小霞	优秀教师	女	高级	人民教育出版社 课程研究所	2006.12
廖冬云	优秀教师	男	高级	教育部、人事部	2007

续表 12-7

姓名	荣誉称号	性别	职称	颁证单位	发证日期
张　琴	小学素质教育模范校长	女	高级	教育部	2008.6
尤先哲	中小学优秀德育课教师	男	高级	教育部	2009

表 12-8　**1988—2010 年鼎城区教育局获得的国家和省级荣誉（部分）**

荣誉称号	授予机关	获奖时间
全国青少年“振兴中华”读书教育活动团体优胜奖	共青团中央、国家教委、红旗出版社	1994.8
幼儿教育先进单位	国家教委	1996.5
幼儿教育先进单位	省教委	1991.6
教育人事档案管理工作先进单位	省教委	1991.10
1991 年度高中毕业会考统计先进单位	省教委	1992.2
湖南省中小学勤工俭学基地面积达标区	省教委	1992.5
全省招飞工作先进单位	省招生办、广州空军招飞办	1992.1
全省中小学实行《国家体育锻炼标准》先进单位	省体委、省教委	1993.12
电教研究、通讯报道先进单位	省电教馆	1995.10
“八五”期间中小学校长培训工作先进单位	省教委	1996.6
扫盲工作先进单位	省委、省政府	1999.1
湖南省第四届中小学幼儿园艺术节先进单位	省教育厅	2001.4
巩固提高普及九年义务教育先进县	省政府	2001.9
教育宣传工作先进单位	省教育厅	2002.7
教育通联工作先进单位	省教育报刊社	2003.8
教育工会工作先进单位	省教育工会	2004.1
教育教学软件资源推广应用工作先进单位	省教育厅电化教育办	2004
教育考试工作先进单位	省教育厅	2005.12
湖南省教育学会系统工作先进单位	省教育学会	2007.12
教育考试工作先进单位	省教育考试院	2009.2

续表 12-8

荣誉称号	授予机关	获奖时间
执法监察工作先进集体	省教育厅纪检组、纪工委、监察室	2010.3
现代教育技术宣传工作先进集体	省电化教育办公室、省电化教育馆	2010.10
学会工作先进单位	省教育学会	2010.12

表 12-9　1988—2010 年鼎城区教育系统省级以上刊物发表或被推介的经验文章

标题	报刊名称或会议名称	时间或期数	备注
《加强管理，提高待遇，充分发挥民师在农村教育工作中的作用》	全省民办教师工作会议	1990.11	邵阳市召开
《统一认识，全面规划，积极稳妥地开展小学教师继续教育》	中南六省区师训协作会	1991.1	常德市召开
《开展复式教学研究，提高复式教学质量》	全国第九次复式教学研讨会	1992.10	宣读，获国家级三等奖。作者：区教委刘文俊
“鼎城区学校法制教育”	湖南新闻	1992.10	省普法办、省司法厅、省教委联合摄像
“鼎城区学校普法教育经验”	省普法工作经验交流会	1992.12	区普法办主任覃昭荣介绍经验
《武陵镇中学在高中部实行奖学金制度》	《湖南日报》	1993.2	作者：武陵镇中学李笃培
《镇德桥镇联校坐镇到基层》	《湖南教育报》	1995.10	作者：镇德桥镇中学宋仁德
《教育行政干部的榜样——田又云》	《湖南教育报》（头版头条）	1997.7	作者：区教委石长林、蒋仁胜、尹长权、杨应忠
“鼎城区职业中专办学经验”	湖南省职业教育为农村经济建设服务现场会	1998.12	邵阳市召开
区政府副区长马慧代表发言“丁家港‘三制’改革经验”	《湖南教育》第 9 期	2000.6	
《长风破浪行大船》	《湖南教育》第 17 期	2003.9	报道同德职业学院院长李少夫的办学事迹

三、主要问题

一是教师队伍结构不合理。2010 年，小学教师中 45 岁以上的有 1310 人，30 岁以下的只有 189 人。学科结构不均衡。艺术体育、信息化、理化生科目教师紧缺，制约了素质教育的推进。二是教育发展不均衡。教育发展速度无法跟上城市扩容步伐，城区小学学位严重不足，农村学校基础设施较差，课桌椅有待更换，各种功能室需完善升级。三是师德师风建设需进一步加强。受不良风气影响，部分教师工作积极性不高。办班补课、家教家养、违规推销教辅资料等现象时有发生。

安乡县

安乡县位于湖南省北部，北与湖北省公安县、石首市接壤，南抵汉寿县，东连南县，西邻鼎城区、澧县、津市市，面积 1087 平方公里，辖 19 个乡镇。2010 年，全县 62.26 万人，各级各类学校 97 所，其中小学 68 所，初中 21 所，普通高中 4 所，中等职业学校 3 所（民办 1 所），特殊教育学校 1 所，在校学生 43206 人，幼儿园 51 所，其中公办 9 所，在园幼儿 6802 人，教职工 433 人。

一、基本情况

（一）学前教育

1988 年，安乡县城关地区有中心幼儿园 1 所、儿童乐园 1 个，学前班 21 个，入园幼儿 2187 人。1992 年制定《安乡县幼儿教育事业发展规划》《安乡县幼儿园登记注册管理办法》。1997 年开始，全县各乡镇均办了一所中心幼儿园。到 2010 年，全县幼儿园 51 所，其中公办 9 所，民办 42 所，在园幼儿 6802 人，教职工 433 人。县城区幼儿园 19 所，县中心幼儿园、城北幼儿园、南区幼儿园为市示范幼儿园。幼儿学前一年入园率 100%，学前三年入园率 75%。

（二）小学教育

1988 年，全县有小学 272 所（含教学点 1 个），在校学生 58584 名，教职工 2984 人，其中专任教师 2741 人。1989 年，县人大通过《安乡县九年义务教育实施规划》，完善县、乡、村三级双向控流保学责任制，开展“阳光助学”活动。1990 年 8 月，全县教育工作会议后，开始实施小学四、六分段（即初小由村办、完小由乡镇办）的办学管理体制。1993 年开始，根据省市政府的部署，全县集中人力、物力、财力，加快普及九年义务教育步伐。1997 年，全县通过国家教委和省政府“两基”验收。随着适龄学童的不断减少，从 2003 年起，开始实施中小学布局调整，撤并了一批生源少、办学条件差、布点不合理的农村小学及教学点。2007 年，制定《安乡县 2008–2012 年学校发展规划》，撤并农村小学及教学点 18 所。到 2010 年，有小学 68 所，在校学生 20032 人，教职工 1582 人，其中专任教师 1566。小学适龄儿童入学率和年巩固率 100%。

（三）初中教育

1988 年，全县有初中 27 所，407 个教学班，在校学生 19110 人，专任教师 1292 人。2003 年，出台《安乡县基础教育课程改革实验推广实施方案》，实施乡镇教育办撤并和中小学布局调整，城区实行大班额学生分流。到 2010 年，有初中 21 所，246 个教学班，在校学生 12492 人，教职工 2512 人。初中毕业学业考试成绩合格率全市第四，初中毕业生本县直升就读率 75.6%。

（四）高中教育

1988 年，全县有普高 5 所，64 个教学班，在校学生 3297 人，专任教师 244 人。1999 年，高中教育实行第一次资源整合，三中（原校址在理兴垱）并入五中。2001 年，在县城东郊原成人中专新办三中，实行两块牌子一套人马，当年招收 6 个班 300 人。2009 年，四中并入三中。2010 年，有普高 4 所，137 个教学班，在校学生 7810 人，教职工 890 人。1988–2010 年，全县共为高等院校输送新生 28598 名，高考录取率由 1988 年的 23%上升到 2010 年的 93.8%。

（五）职业教育

1988 年，全县有一职中、二职中。开设农村家庭经营、养殖、服装、家电、财会、文秘、幼师、美术等专业。1999 年，两校合并为第二职业中学。2000 年，第二职业中学更名为职业中专，经省教育厅验收，认定为国家级合格职业中专。2005 年，创办创维电脑职业技术学校（民办）。2008 年，以职业中专为基地成立县职教中心。2010 年，全县有职高 2 所（含民办 1 所），其他机构（教学点）1 个，在校学生 2390 人，教职工 225 人。

（六）成人教育

1990 年以来，成人教育主要是扫盲、农民文化技术教育、自考、函授以及各种培训。县教师进修学校 1990 年开始担负全县师资培训任务，主要有小学教师中师学历培训、中小学教师继续教育培训、小学教师小学教育专业大专学历培训、新课程培训、新上岗教师培训、小学校长及教育干部职务岗位培训、小学校长提高培训、幼师学历培训、中小学教师专升本培训（湖南师大）、奥鹏远程教育等，累计培训 15000 人次。

（七）特殊教育

县特殊教育学校创办于 1996 年，是一所集学前康复、文化教育、职业培训为一体的综合性学校。学校位于深柳镇书院洲，1998 年因大堤溃决被洪水冲毁，1999 年重建。校园占地 3500 平方米，校舍 2100 平方米。2010 年，有 5 个教学班（2 个聋哑复式班、2 个培智班、1 个语训班），开设思品、语文、数学、常识、律动、美术、计算机等课程。教职工 11 人，学生 68 人。至 2010 年，学生中有 15 人次获全国书画、手工作品竞赛等级奖，1人获全市“自强不息”好少年称号，1人被评为全市“十佳少先队员”。学校排练的节目曾6次在省、市参加演出并获奖。有10人次获国家级教研论文奖、40余人次获省市级教研论文奖，4名教师上省级示范课。学校先后获市“模范残疾人之家”、省“五好关协”等称号。2009年，被市政府残疾人工作委员会确定为“常德市第三聋儿语训部”“常德市智力残疾儿童抢救性康复培训部”。

二、主要工作及成果

（一）办学条件明显改善

1990年，全县有各级各类学校315所，校园占地270万平方米，校舍401839平方米，其中，教学用房228604平方米，生活用房127459平方米。1998年安造垸溃决，全县筹资1600多万元，投工5.2万个，新建学校8所，建筑面积12600平方米；维修校舍19栋，面积32300平方米。由于灾后重建工作出色，1999年12月，全省灾后重建“百校工程”现场总结表彰会在安乡召开。2003年后，根据国家和省、市政府的部署，县政府先后组织实施“中小学布局调整”“中小学危房改造”“寄宿制学校建设”等工程，投入资金1820万元，完成危改项目78个，总面积5.18万平方米；投入资金1590万元，完成寄宿制学校建设5.53万平方米，建成4所九年一贯制寄宿学校和15所寄宿制初中。2007年后，启动以“六改六配套”（即改危、改水、改厕、改食堂、改宿舍、改通校道路和配套图书、实验仪器、学生课桌椅、信息技术装备、体卫艺设施、校园文化设施）为重点的合格学校建设工程。到2009年，完成13所合格学校28个建设项目，累计投入1080万元，维修改造新建校舍23210平方米，添置教学仪器设备、音体美器材、图书等设备6850件，添置课桌椅8400套，完成义务教育阶段起始年级与省、市级合格学校学生课桌椅更新配套工程。8400名新生秋季开学时用上政府免费提供的新课桌椅。2009年，成立县中小学校舍安全工程领导小组，争取资金1700万元，启动校舍安全工程建设项目。

1992年，安乡县成为全省首批18个“实验教学普及县”之一。2004—2010年，全县投入资金642.8万元，建成160个现代远程教育教学站点，其中计算机教室21个，卫星教学收视点135个，光盘教学播放点4个，122所中小学建成“校校通”工程，10所远教站点学校被评为“常德市农村中小学远教示范学校”。2007—2010年，县教育局连续四年被省教育厅评为装备工作先进单位。

（二）教育经费稳步增长

2005年前，全县教育经费投入主要由财政拨款、教育费附加（2002年税费改革后农村教育费附加不再征收）、学杂费收入、勤工俭学收入、个人捐赠、企事业单位赞助等部分组成。2005年后，国家实施义务教育经费保障新机制，公办中小学所需经费及民办学校补助费，概由国家拨款，纳入国家财政预算。义务教育阶段学生不分城镇乡村，公办民办，一律免交学杂费、课本费、寄宿费。学校勤工俭学收入归学校所有，主要用于扩大再生产、改善办学条件，解决教师福利和学生特殊困难。

教育经费支出项目有教职工工资、补助、福利、离退休人员费用、助学金、公务费、设备购置费、师资培训费、修缮费等。2010 年，全县财政教育经费预算为 16924.6 万元。

1988 年，市教委开始在临澧、安乡、桃源三县开展校长负责制和教师聘任制试点工作。全县教师实行聘任制后，小学教师月平均工资 70 元，中学教师 77.4 元。民办教师只有基本工资，没有工龄和教龄津贴。实行结构工资后，专业技术人员职务工资、物价补贴由暗补改明补，离退休人员增加生活费，大中专毕业生提高工资，教师工资提高 10%。1993 年国家机关事业单位实行工资制度改革，教师实行职级工资制。通过套改，教职工月平均工资 294.6 元，各种津补贴 53.8 元。根据湘人发〔1997〕43 号文件精神，从 1997 年 5 月 1 日起，教职员工每月增加生活补贴 210 元，各种津补贴月人均 263.8 元。1999 年 7 月的职务工资调标和 10 月的两年一次的职务工资晋档，教职员工月平均工资 495.1 元，2001 年 1 月和 10 月，教职员工职务工资两次调标及两年一次的职务工资晋档，教职员工月平均工资分别达 603.7 元和 714.1 元。2006 年 7 月，机关事业单位工资收入分配制度改革，教职员工工资由原来职级工资制改为岗位绩效工资制，基本工资由岗位工资和薪级工资组成。到 2010 年，全县教师绩效工资人均 13000 元，比 2009 年提高 1000 元。

（三）教师队伍

1988 年，全县有教职工 4660 人，其中公办 2906 人。教育局采取招聘引进、培养培训、考试考核、调整结构等一系列措施提高教师队伍素质。县编委每年按教师自然减员数（含死亡、退休、调出等）的 80%进行补编，由县教育主管部门自主择优录用具有教师资格的优秀大学毕业生。从 2005 年起，组织实施三年一轮的中小学教师专业知识统考，成绩入档，与评优评先、职称晋级挂钩。教师资格证、普通话等级证、信息技术等级证、继续教育证书等成为教师上岗必备“硬件”。

（四）教育科研

县教研室设中学政治、语文、英语、数学、化学、生物、历史、地理、物理、小学语文、数学等 11 个学科中心联组，中小学美术、音乐和信息技术配有教研员。2006 年 4 月，成立县教育学会，挂靠县教研室，下设 13 个分会，有会员 800 多人。高中建立年级教研组、学科教研组，乡镇建立初中与小学教研联组，各校建立学科教研组。各高中、乡镇中学和中心小学教务校长或教导主任兼任校级教研员。

1991 年，县教委通过对中小学教学常规情况进行调查研究，要求全县教育教学实现“三个转变”，即从重点抓毕业班向各年级转变，从重点评价教学结果向注重教学过程评价的转变，从以“主课”教学为重点向学生的全面发展转变。1996 年，开始在全县推广汨罗素质教育经验，县教育局实行每月一次教育教学抽查制度，并开始评选学科带头人，1997 年评选出 8 名小学学科带头人；1998 年评选出 7 名初中学科带头人。1999 年 2-6 月，在农村中小学普遍推广“说—授—评”教学模式和“四段六环式”课堂教学法。年底，全面开展“一带十、十带百、百带千”系列教学活动。

2003年秋季起，开始实施义务教育新课程改革，县教育局成立课改领导小组办公室；2006年，成立高中课改专家指导组。组织所有进入新课程的教师、学校管理人员、学科教研员和行政管理人员培训。开始评价和考试制度改革。学校根据目标多元、方式多样、注重过程、个体差异的评价原则，增加反映学生参加研究性学习、社会公益活动及日常表现等评价内容；综合运用实践操作、作品展示、自评互评等形式，建立学生综合性动态式成长记录手册，全面反映学生成长历程。

1988—2010年，县教研室共组织课堂教学竞赛（比武）16次，参加活动4000人次以上，有2506人获奖。参加省、市教学竞赛，400人次获奖。县一中廖华执教的高中数学《正态分布》，以全省第一名的成绩代表湖南参加全国第五届“卡西欧”杯青年数学教师比武，获一等奖。县一中物理教师万丽、数学教师张丽，县五中物理教师杨海，县职业中专数学教师周萍、政治教师王春兰，城北中学物理教师邹艳群获省青年教师新课程课堂教学大赛一等奖。

1980年，教研室创办《安乡教研》，全县教育系统内部发行，至2010年年底，累计发行105期，为安乡教学研究发挥了重要的导向作用。为加强课题研究，县教育局先后下发《安乡县教育教学研究实验课题系列及课题管理办法》《安乡县教育科学研究课题管理暂行办法》等文件，就课题申报、审批立项、日常管理、评估验收、奖励推广等做出规定。1988—2010年，有238项课题获国家、省、市、县级奖励。其中国家级6项、省级16项、市级46项、县级170项。城北中学肖春桃主持的课题《初中生上网心理的分析与教育对策》获中国教育学会一等奖，王德斌主持的课题《优化初中思想政治课教学的研究》、杨仁发主持的课题《小学数学“导说启思”课堂教学研究》获省级二等奖，黄山头镇中心小学刘必林主持的课题《新课程背景下学习型组织的建构与研究》、官垱镇中学魏兴隆主持的课题《初中语文教学中构建和谐课堂的研究与实践》、安丰乡中心小学胡凯主持的课题《新课堂小组合作学习策略研究》获省教育学会“十一五”教育科研课题优秀成果奖。

（五）主要荣誉

1988—2010年，安乡县先后被评为“全省灾后学校恢复重建、中小学布局调整、教育统计、职业教育、学校及周边综合治理、现代教育技术工作先进单位”“全市中小学危房改造、平安校园、为民办实事、高考、内审、毕业生就业、勤工俭学管理工作先进单位”，2008年6月，获省市“两项督导评估”双优。

三、主要问题

一是教育结构不合理、发展不均衡。学前教育管理欠规范，农村民办园条件简陋；中学、中心小学与教学点存在差距；高中阶段教育存在结构性问题，职业教育难以适应经济社会发展需要。二是素质教育机制不健全，片面追求升学率，学生课业负担过重。三是一些社会热点问题常常演变为学校热点问题，学校安全形势严峻。

汉寿县

汉寿县地处洞庭湖西，沅澧尾闾，319国道和长常高速、石长铁路横贯县境；境内西南为丘陵山区，东北为湖区平原，面积2034平方公里。1988年，辖8镇24乡，人口72.39万人。在校（园）学生、幼儿130525人。2010年，辖15镇14乡，人口81.45万人。在校（园）学生、幼儿96433人。其中回族、维吾尔族人口近2万。各级各类学校教职工总数10129人，其中幼儿园1117人，小学2615人，普通中学3621人，中等职校299人，其他教育101人，退休人员2328人，离休人员48人。

一、 基本情况

（一）学前教育

1988年，教育部门和集体办幼儿园6所，乡镇小学附设幼儿班533个，在园幼儿11288人，入园率80%以上。1992年，县直机关幼儿园经省教委验收认定为省级示范性幼儿园。1996年，根据省市教委“三定”要求，幼教工作由县教育局普教股管理，乡镇（场）幼教专干（联校业务专干兼）具体分管。1998年，县教育局制定《汉寿县幼教事业“九五”发展规划》，对幼教发展目标、幼师工资待遇、编制等作了具体部署和规定。此后，教育局利用暑假组织对幼师进行强化培训和考核，考核内容为“六个一”，即唱、跳、弹、讲、画、手工制作，幼师素质得到提高。2000年，教育局成立学前办，对学前教育实施规范管理。组织对幼儿园园长进行全员培训，严格幼师任职资格审定制度，加强幼儿园卫生、安全督查。2008年，投资680万元将原城关一小改建成县中心幼儿园，由县政府主办，教育局主管。该园办园理念先进，管理规范，设备、设施齐全，每班配备“两教一保”；教师、保育员持证上岗，学历合格率100%，成为市级示范性幼儿园和县学前教育培训基地。到2010年，全县有幼儿园95所（其中民办90所），在园幼儿15674名。

（二）义务教育

1.小学教育　20世纪80年代，为落实中共中央、国务院《关于普及小学教育若干问题的决定》，全县掀起群众办学热潮，逐步形成村办初小、联村办片小（高小）、乡镇办中心小学的基础教育格局。1988年，有小学547所，教学点67个，在校学生88422人。1991—1997年，为实现“两基”达标，全县掀起新一轮群众捐集资办学热潮，75%以上的村小新建教学楼，完善了配套设施。全县所有村小实现“一无两有”（校校无危房，班班有教室，人人有课桌凳）。鸭子港、酉港、西竺山、毛家滩、岩汪湖5所中心小学被评为省级合格中心小学。1997 年通过国家教委和省政府达标验收。是年，县政府还投资 50 万元，在城关镇建成汉寿县第一所特殊教育学校，招收学生 32 人，后改为城关五小，2000 年 9 月撤销。2000 年，根据学龄儿童逐步减少的趋势，教育局制定《农村小学布局调整“十五”规划》，要求结合危房改造，撤并部分小学，加快完全小学建设步伐，建设寄宿制学校，小学覆盖人口数升至 0.47 万/所。2004 年，南岳路实验小学（原城关三小）征地 9.8 亩，投资 3000 万元建设小学教育龙头学校；乡籍贤达马崇彪领衔捐资 340 余万元兴建周文庙乡陈军堤实验学校。2010 年，全县小学生 40459 人，适龄儿童入学率 100%，小学升初中 100%，有学习能力的三残适龄儿童入学率 69%。

2.初中教育 1988 年，全县有初中 40 所，学生 25610 人。20 世纪 90 年代，“两基”达标建设深入人心，群众捐集资办学热情高涨。1990 年新建詹乐贫中学，解决了县城小学毕业生入学难问题。大部分乡镇中学修建教学楼、宿舍楼、三用堂，建起实验室、仪器室、语音室、图书室、阅览室，办学条件得到改善。1997 年 9 月，全县通过国家教委和省政府的“两基”验收。1989—1997 年，罐头嘴、毛家滩等 8 所中学被评为省级合格初中，12 所中学被评为市级合格初中。到 2010 年，全县有初中 33 所，在校学生 23745 人，初中学生年辍学率 1.7%。

（三）高中教育

1988 年，全县有完全中学 9 所，在校学生 5205 人。1991 年开始调整完中布局，原址在月明潭乡的七中并入三中（蒋家嘴镇）。1994 年 8 月，位于酉港镇的四中与八中并为四中，校址设原八中（坡头镇）。位于朱家铺的六中并入五中（太子庙镇）。1993 年开始，县一中连续三年加大投入，拓展规模，完善设施，1996 年被省教委认定为省重点中学。2009 年，一中校友、中国社会科学院李方教授捐赠 50 万元美金，设“心斋奖学金”。2000 年后，全县迎来高中入学高峰，为扩大办学规模，县一中进行了第二轮改造升级。县五中、二中实行国有民办、校长领办改制，两校各投入建设资金近千万元，学校资产翻番，但也留下了债务。2004 年起，詹乐贫中学招了两届高中生。何圣元主办的生源学校投资 600 多万元，扩大办学规模，招收了三届高中生。2003 年，飞翔民办职校招 2 个高中班。2007 年陈军投资 1.2 亿元，在县城新建龙池实验学校，招收幼儿园到高中学生，在校学生 6000 余人。县四中因师资外流，生源转移，2006 年停招高中新生，改为租赁式民办广惠学校。到 2010 年，全县有完全中学 4 所，高中 1 所，在校高中生 12273 人。

（四）职业教育

1988 年，全县有职业中学 4 所。1989 年，县二职中与城关中学合并为第一职业中学。县农民中专、市供销职业中专、教师进修学校、卫生学校等附设职中班。1995 年，县一职中被省教委认定为省级合格职业高中。1998 年，原址在夹堤原种场的成人农业中专并入一职中，同年，一职中经省教委认定为“湖南省示范性特色职业中学”。2001 年，一职中经省教育厅认定为职业中专。2001 年 12 月，由汪勇主办的“汉寿县计算机学校”更名为“拓潮电脑学校”。2002年3月，科兴电脑学校成立，2003年整体转让于彭咏，更名为“飞翔电脑学校”。湘大职校于2002年由陈新国创办，设县党校院内。2007年，拓潮、世伟2所职校合并为科技职校，由县城迁至太子庙工业园。2008年起，国家实施中职学生补助金制度，全县中职在校生保持在4000人以上。到2010年年底，全县有中职学校6所（其他部门办2所、民办四所）。初中毕业生升入中职的比例与普高为36.5:63.5，巩固率97%。

（五）成人教育

1.扫盲教育 1989年，全县12254人参加扫盲学习，11743人脱盲，全县青壮年无盲率99%，被评为省“扫除文盲先进单位”。1990—1999年，全县扫除青壮年文盲15316人，脱盲率为99.95%。1997年9月通过国家教委和省教育厅组织的“两基”验收。

2.农民教育 1990年，全县开展示范乡镇农校达标活动，到1997年年底，全县乡镇农校经市教委验收均为市示范乡镇农校。1998年3月，罐头嘴乡农校被评为省示范乡镇农校。1999年4月，岩汪湖镇农校被评为省示范乡镇农校。

3.职工教育 至1999年年底，全县有职工业余学校28所，设半年、一年以上文化技术班21个，各种短训班28个。通过市级职工文化统考，5355人获初中毕业合格证，190人获高中毕业合格证；8085人参加技术统考，6908人合格，合格率为85.44%。下岗再就业培训率为30%.

二、主要工作和成就

（一）教师队伍建设

师德师风建设。1990年，县教委开始对教职工从德、勤、能、绩四个方面进行考核，评出优秀、良好、合格、不合格四个等级，并与评先、晋级挂钩。2000年开始，根据市教委部署，在全县开展“师德标兵”“十佳校长”“优秀党员”“优秀班主任”“学科带头人”和“魅力教师”评选。2010年出台“教师行为十不准”。开展“十佳校长”和“十佳骨干”评选表彰活动。

提高教师业务素质。1997—1999年，全县培训教师3463人次，进入21世纪后，每年受训教师达2000余人次。2003年年底，完成最后一届小学教师学历达标培训，小学教师学历合格率由20世纪80年代初的25%上升到95%。同时开展对教师普通话、信息技术、全员远程继续教育、新教师岗前培训。至2010年，小学教师学历合格率100%，初中教师95%，高中教师90%。教师业务素质明显提高。2009年，县师训中心获省“信息技术远程培训先进单位”称号，县教育局获省“推普工作先进单位”称号。2010年起，进一步完善教师继续教育制度，建设教师终身教育体系。以5年为一个周期，在职在岗教师都必须按专业对口的原则，参加相应的岗位培训或学历教育。

促进教育均衡。2004年起，为解决农村中小学急需的师资缺口，县教育局制定《关于鼓励城区教师到农村中小学支教的暂行办法》《关于鼓励新录用教师到农村中小学任教的暂行办法》，规范下乡支教工作。2004 年，公开招聘的 52 名新教师，全部安排到乡镇学校任教。2005 年起，组织城区学校校长、教师到乡镇学校支教。到 2010 年年底，有 198 名城区校长教师下乡支教。为让教师安心支教，县教育局在评先、晋级上予以政策倾斜，并给予交通费补助。2010 年用于支教的交通费补助达 12 万元。

（二）改善办学条件

1.校舍建设。20 世纪 90 年代的“两基”达标，通过集资、募捐、借贷、向学生收取修建费等多种方式，全县中小学办学条件得到较大改善。但由于大部分农村校舍始建于 20 世纪 70 年代，质量较差，经过几十年的风雨侵蚀，主体风化，由于资金短缺，年久失修，形成了相当多的危房。加上 20 世纪 90 年代中后期“两基”验收时，为达标赶建扩建了部分校舍，由于单位工程造价偏低，部分新建和改扩建校舍质量差，形成新的危房。2000 年 4 月，县教育局会同县建设局、房产局对全县中小学校舍进行现场鉴定，全县校舍有 D 级危房 27 栋，面积 11000 平方米，应予立即封闭拆除；有近 40000 平方米校舍存在不同程度的安全隐患，需局部整修后使用。2003 年开始，县委、县政府抓住国家相继启动中小学危房改造工程、寄宿制学校建设工程、校安工程、中西部农村初中工程的机遇，加大学校基建投入，办学条件明星改善。为实施“教育强县、品牌先行”战略，2006、2007 年分别投入 1225 万元、1251 万元进行危房改造和寄宿制学校建设。在农村，每个乡镇集中力量办好一所高标准初中，一所示范完小，一所中心幼儿园；在城区，高中教育以县一中为龙头，初中教育以詹乐贫中学为窗口，小学教育以南岳路实验小学为亮点，职业教育以县职业中专为核心，民办教育以龙池实验中学为特色，学前教育以县中心幼儿园为典范，推动了全县教育事业的发展。2008—2009 年，全县投资 3500 多万元，建设了 30 所合格学校。2009 年启动中小学校舍安全工程，投入资金 3609 万元，完成 36 个建设项目。根据国家落实义务教育“两免一补”政策，2006 年为 19116 名学生免除课本费 236.6 万元、学杂费 299.6 万元。2008—2010 年免费配备课桌椅 63860 套。

县委、县政府还采取多项优惠政策发展民办教育，除大力支持民办职业教育外，还积极支持民办高等教育的发展。2005 年湖南涉外经济学院清水湖校区秋季开始招生，全县形成了从学前教育到高等教育的民办教育办学体系。

2.信息技术建设。2008 年下半年，全县用于信息技术软硬件建设的资金为 1980 万元，其中远程教育设备投入 1670 万元。完中、职业高中（中专）、初中、小学装备电脑室 47 间，配置电脑 1639 台，其中 1304 台电脑连通互联网；装备多媒体教室 176 间，119 间多媒体教室开通互联网；全县完中、职中全部建成校园网，总容量达 2200 兆，建有 5 套智能广播系统。有课件制作室 14 间，电子监控室 3 个，有效监控点 178 个，语音室 24 个。

3.图书馆（室）建设。1989 年，各级各类学校有图书 50 万册。为实施“两基”达标建设，县委、县政府加大投入，中小学图书馆（室）建设初具规模，配备了阅览室、书柜、桌椅等设施。2000年，教育局发布创建中小学图书室建设合格县工作实施方案，发动社会、师生向图书馆（室）捐献图书，图书经费专款专用。2008—2010年投入343万元，用于订购图书和图书管理软件，添置硬件设施。2010年年底，“普图”县创建验收合格。

（三）教育教学质量

1988年以来，全县坚持把德育摆在突出地位，县教育局制定《汉寿县中小学生评价考核细则》和《汉寿县初中毕业生综合素质评价方案》。坚持以《中小学生日常行为规范》、“五讲四美”、“五爱”为内容的思想品德教育和学校、社会、家庭三结合的行为养成教育。采取走出去、请进来的方式，开展法律、道德、理想前途、优秀传统、环境保护和国防、安全意识，远离毒品等专题教育，培养学生正确的人生观、价值观和团队协作精神。聂家桥乡中心学校主持研究的省级德育课题《自我教育与农村小学生良好品德形成》获第二届省基础教育教学成果二等奖。毕业于汉寿二中的武警战士聂学敏，在2003年11月衡阳大火中因抢救人民生命财产牺牲，被公安部追认为革命烈士，追记一等功。

县教育局与体育局配合，建立以县体校为龙头，中小学为资源库的竞技体育人才培养机制，利用课余和假期开展集中训练，培养出第11届全运会摔跤冠军廖蓉、世界搏击冠军杨建平等4名国家健将级运动员。县二中与湖南师范大学美术学院联合办学，成为该院在常德市挂牌的唯一生源培训基地。2009—2010年音体美专业高考录取566人。2008年起，在中小学推行阳光体育运动，开展大课间活动，每天1小时，以提高学生身体素质。2008年7月，县中学生田径代表队在全市中学生田径运动会上获团体亚军。

教学质量稳步上升。中考成绩在全市综合排名稳中有升。2001年高考理科成绩全市第一。2010年高考，4094人参考，二本以上上线1570人，上线率38.35%，其中上清华大学录取线5人。2008年，选送女飞行学员3人（全国仅30人），至2009年，8次获省招飞工作一等奖。2009年、2010年，普通高中学业水平考试合格率分别为61.78%、79.69%。2010年，在全省初中生计算机表演赛中，1人独揽一等奖，1人获二等奖（全省2人），2人获三等奖（全省5人），前2人代表省参加全国决赛。在市“诵读经典”大赛中，获市一等奖，代表常德市参加省决赛并夺魁，代表湖南省参加全国大赛获集体第八名。2010年全市首届中职生核心技能抽考，优秀率、合格率均为全市第一；县五中八年级学生曾纯创作的科幻绘画《希望号——高空水资源转换器》获省一等奖、全国青少年科技创新大赛一等奖。

（四）教学管理

1991年，县委、县政府出台《关于发展汉寿教育的决定》，成立县教育督导室。1993年“两基”工程全面启动，在1995年、1996年连续两年遭遇洪灾的情况下，全县上下总动员，形成“党以重教为先，政以兴教为本，民以支教为荣”的办学热潮，投资5000多万元建设校舍，添置设备，1997年实现“两基”验收合格。2000—2002年，根据上级部署，推行“三制改革（校长负责制、教师聘任制、绩酬挂钩制），精简学校行管人员，乡镇联校、中学、中心小学合并组建乡镇中心学校。

为防止安全事故的发生，全县各级各类学校建立、完善食品卫生安全、道路交通安全、防溺水安全等督导、排查与整改机制；定期开展防震、消防等应急避险演练和校园周边环境集中整治以及校车安全隐患排查。2010 年 9 月，57 所学校配备专业保安，经费由县财政统筹安排。

至 2010 年年底，全县有市级示范性幼儿园 2 所，省级示范性学校 1 所，省级绿色学校 3 所，省级现代教育技术学校 2 所，省级园林单位 6 所，市级名优学校 4 所，市级示范性学校 34 所，市级绿色学校 27 所，市级园林单位 28 所，市级特色学校 12 所，国家级诗教先进单位 1 个。全县 39 所学校开通校园网，2010 年县教育信息网在全国首届教育门户网站评比中获全国“五十佳网站”称号。

主要成绩（荣誉）：

1989 年：县教委获评常德市德育工作、招生工作、扫盲工作先进单位；省高等教育自学考试先进单位；市政府中小学危房改造二等奖；市政府职业技术教育先进单位；省卫生文明单位。

1990 年 12 月 10 日：《湖南日报》以《学农基地建设好，育人创收双丰收——汉寿农村学校开展勤工俭学活动》为题，报道汉寿开展勤工俭学的情况。

1991 年 11 月：省督导评估团对汉寿县罐头嘴乡教育工作进行督导评估，该乡镇进入省“乡镇教育百颗星”先进行列。

1992 年：输送飞行员 4 人，招生办被广州空军招飞办评为先进单位。

1993 年：获“省中小学实验教学普及合格县”铜牌。

1994 年：招生办获评“年度空军招飞工作先进单位一等奖”。

1996 年：招生办被评为“省招飞工作先进单位”。

1998 年：一职中刘建国主持的课题获省第二届职教科研成果二等奖。教育局被常德市政府评为“双文明”单位。

1999 年 4 月：县一职中被省教委评定为“省示范性职业中学”；同年选送飞行员 4 人；在奥林匹克竞赛（中学组）中获国家级奖 8 人，省级奖 12 人，市级奖 46 人，在奥林匹克竞赛（小学组）中获得国家级奖 55 人。

2000 年：汉寿县 5 名优秀考生被空军飞行学院录取，录取人数占全省 6%。县招生办、县二中分别被广空、省教委评为招飞工作一、三等奖。

2001 年：参加市三运会获金牌 94 枚，金牌总数全市第一，团体总分全市第二。

2002 年：在杭州举行的“全国诗词之乡暨诗教工作经验交流大会”上，汉寿县被授予“中华诗词之乡”称号。

2008 年：县教育局获市“优秀组织奖”，2 名教师获市“优秀科技教师奖”，学生获省级奖励 4 项，市级奖励 18 项。科幻绘画《希望号——高空水资源转换器》获国家一等奖。县三中荣获“湖南省优秀文艺学校”称号。

2009 年 2 月 25 日：在全国女子自由式摔跤锦标赛暨全国第十一届全运会摔跤预赛上，一中校友、女子摔跤选手廖蓉获 48 公斤级比赛冠军。

2010 年：汉寿教育信息网站在“首届全国教育门户网站评比”活动中被评为“县级五十佳网站”。

三、存在的问题

一是学校债务难于化解。2008 年国家“两基”债务化解不彻底，创建合格学校及“三评合一”达标验收，又新增不少债务，乡镇学校负债少则几十万元，多则几百万元，县直学校达千万元。二是教育质量有待进一步提升。被清华、北大等名牌大学录取的考生较少，与人民群众的期望有差距。三是均衡教育有待进一步推进。城乡之间办学条件、师资和生源不够均衡，某些学科教师短缺，乡村名优教师留不住。四是中小学布局调整处于两难状况。一方面有的学生随父母务工外出就读，有的择校流向城区，导致部分乡镇中小学生源锐减，浪费了教育资源；另一方面，有的乡镇布局调整后仅有 2~3 所学校，服务半径太大，寄宿、陪读、校车接送，加重了群众负担与学校压力。

临澧县

临澧县位于湘西北，是老一辈无产阶级革命家、开国元勋林伯渠和著名作家丁玲的故乡，总面积 1204.9 平方公里。1988 年，全县辖 17 个乡镇 1 个经济开发区，人口 41.38 万人，在校（园）学生、幼儿 86103 人。2010 年，全县辖 17 个乡镇 1 个经济开发区，人口 45.21 万人，在校（园）学生、幼儿 55425 人。

一、基本情况

（一）学前教育。1988 年，全县有幼儿园（班）326 所（个），在园幼儿 6426 人，教职工 460 人。1991 年 5 月，县政府实施市政府《关于幼儿教育事业发展规划》，鼓励发展民办学前教育，民办园快速发展，但也出现了一些办园不规范的情况；1999 年，县教育局出台《关于清理整顿个体幼儿园的通知》，整顿规范办园行为。2000 年，《人民日报》海外版报道临澧县民办学前教育发展情况。到 2004 年，县城区民办幼儿园发展到 16 所，51 个教学班，在园幼儿 1053 人，教职工 89 人；乡镇民办幼儿园发展到 72 所，123 个教学班，在园幼儿 2842 人，县城区幼儿一年入园率 100%，农村幼儿一年入园率 90%以上。2003 年，县教育局推进公办中心幼儿园建设，到 2010 年建成乡镇中心幼儿园 17 所，其中市级示范性幼儿园 6 所。2010 年，全县有幼儿园 99 所，（公办 63 所、民办 36 所）；在园幼儿 10280 人，（公办园 5474 人，民办园 4804 人）；全县学前一年入园率 100%，学前三年入园率 82.3%。

（二）义务教育。1988 年，全县有义务教育学校 341 所，其中小学 351 所、初中 26 所；在校学生 71737 人，（小学 54368 人、初中 17369 人）。1989 年，临澧县在全省第一批教育综合督导评估中获第一名。1992 年 5 月，县政府颁布《关于依法按期普及九年义务教育的决定》。1993 年 9 月，进入义务教育普及期。1995 年 10 月，顺利通过省政府“两基”督导评估。1994—2000 年，小学由 267 所调整到 180 所。2006 年，临澧县被评为省“两项督导评估”先进单位。2007 年，接受国家“两基”复检，获省政府“迎‘两基’国检特殊贡献奖”。到 2010 年，有义务教育学校 97 所，（小学 78 所、初中 15 所），九年一贯制学校 3 所（丁玲学校、烽火中学、杉板中学），完中 1 所（二中）；有小学生 22455 人、初中生 12605 人；义务教育入学率 100%，小学巩固率 100%，初中巩固率 99.86%。

（三）高中教育。1988 年、1990 年两次调整布局，全县普通高中只设 3 所，即一中、二中、望城中学。1992 年望城中学改为四中。2001 年增设五中，2003 年五中并入一中。2002 年 9 月，一中异地重建，2004 年 8 月落成，当年招收新生 1482 人，在校生首次突破 4000 人。2010 年，有一中、四中 2 所普高、1 所完中（二中），在校学生 8502 人，高中教育入学率 96.8%（含职高），提前实现普及高中教育目标。

（四）特殊教育。1993 年 9 月，县特殊教育学校成立。学校设在实验小学，由县教育局主管，实验小学负责日常管理，当年招生 14 人，教师 3 人。1997 年，在校生 34 人，特教班 8 个，教师 11 人。2000 年，学校并入津市聋哑学校，28 名学生转往该校就读。

（五）民办教育。2000 年，开办武陵源商务信息职业技术学校，2007 年停办。2001 年，开办女子职业技术学校，2008 年在校生 438 人，2010 年在校生 266 人。2004 年，整体出让原临澧一中，兴办股份制民办学校“丁玲学校”，当年招收新生 1068 人，招聘在职教师 105 人。2010 年，全县有民办教育机构 47 个，其中短期培训学校 9 所、幼儿园 36 所、九年一贯制学校 1 所，职业高中 1 所；在校学生及幼儿 9212 人，其中短期培训学校 3187 人、幼儿 2410 人、一至九年级学生 3349 人、职业高中 266 人，教职工 457 人。

（六）职业教育。1988 年，全县有职业技术学校 7 所，即卫校、农机化学校、粮食学校、中等工交职业技术学校、财贸学校、第一职业中学。1988 年，卫校被省教委批准为中等卫生职业技术学校，1997 年停办，培养学生 1107 人。1989 年，农机化学校校舍落成，开设农机职高班，1991 年年底，被省教委确定为全省 38 所县级农机成人中等职业学校之一，共举办培训班 72 期，培训学员 6081 人，1996 年停办。1988 年，粮食学校主要承担全市粮食系统职工业务培训和党员骨干培训任务，至 1989 年，共培训学员 3014 人，1990 年开始招收文化补习班，招生对象主要面向本系统职工子女以及社会青年，1994 年停办。1994 年 2 月，中等工交职业技术学校、财贸学校合并成职业中专学校。1999 年 7

月，第一职业中学并入职业中专学校（简称职业中专），开办专业 10 个，26 个班，在校生 524 人，专任教师 70 人。2001 年，开办民办女子职业技术学校。2003 年 1 月，职业中专服装制作与营销专业被省教育厅确定为重点建设专业。2005 年，职业中专被评为国家级重点职业中专。2010 年，全县有职业高中 2 所，即职业中专和女子职业技术学校，在校学生 1583 人，教师 115 人。

（七）成人教育

初等教育。1986 年，全县青壮年文盲 12058 人，通过村村办扫盲班，当年脱盲 50%。1989 年获省“扫盲工作先进县”称号。1990 年，县政府出台《扫盲工作方案》，1992-1994 年，筹措扫盲经费 401 万元。1995 年，全县有文盲 3758 人，当年脱盲 3705 人，脱盲率 98.6%，实现“无文盲县”目标，被省政府评为“扫盲工作先进县”。

中等教育。1988 年，17 所乡镇农校办学习提高班。主要开设《农民实用技术》课程，开办种植、养殖、家电维修、园林、加工等实用技术培训班。1992—1995 年，全县乡镇农校举办巩固提高班 1645 期，实用技术和法律知识培训 1622 期，培训 12.5 万人次。

高等教育。1988 年，县教师进修学校开办电大教育班，涉及法律、财会、汉语、英语、数学、小学教育等专业，1998—2010 年，共招收学员 1327 人，其中专科毕业 1016 人，本科毕业 283 人。函授教育主要由县教师进修学校承担，1998—2010 年，结业学员 490 人。2001—2010 年，通过成人高考，为高校输送生源 4400 人。1988—2010 年，自考本科毕业 260 人，专科毕业 497 人。

二、主要工作和成就

（一）夯实教育基础

完成“普九”任务。1989 年，县政府出台《关于进一步实施〈中华人民共和国义务教育法〉的决定》。1990 年 3 月，制定《临澧县普及九年义务教育规划》。1992 年 5 月，县政府颁布《关于依法按期普及九年义务教育的决定》。1993 年，发布《关于普及九年义务教育的布告》；印发近万份《致全县小学毕业生家长的一封公开信》；各乡镇成立义务教育执法领导小组，制定乡规民约，开展帮困扶贫活动，全县全面进入九年义务教育普及期。1995 年，县政府规定每年 8~9 月为“劝学助学”活动月。1995 年 10 月，省政府教育督导团用“兴教高起点、投入高强度、建设高标准、管理高层次、师资高素质、执法高力度、教育高水平”评价临澧县“两基”工作。《人民日报》、中央电视台对临澧教育进行了推介。1999 年 1 月 13—16 日，全省“普九”巩固提高工作会议在临澧召开，副省长唐之享在会上肯定临澧“普九”巩固提高工作成绩。《人民教育》以《全面追求农村教育规范化的实践》为题，介绍临澧教育经验。2002 年临澧县被评为全国“两基”工作先进单位。2003 年，全县开展“帮困助学千人大行动”，促进了义务教育均衡发展。

1989 年，全县购置教学仪器 28.5 万台（件），价值 2163 万元，1993 年首批通过全省普及实验教学县验收，全省普及实验教学县工作会议在临澧县召开。是年起，中小学演示实验和分组实验开出率达100%。1994—1999年，全县投资1800万元，用于电教仪器和体卫设施建设。至2004年，中小学仪器设备金额达1062.5万元（不含电教仪器）。

1995年，县教育局印发《关于成立临澧县教育局中小学图书馆工作委员会的通知》《临澧县“九五”期间中小学图书馆（室）建设规划》。1996—1998年，全县添置图书52万册，高中生均32册，初中生均25册，中心小学生均21册，村小生均15册。1996年，临澧县成为全省首批通过图书馆（室）验收的4个区县（市）之一。1998-2010年，每年投入10万元补充图书资料。全县有图书馆4个，图书室34个，阅览室116个，阅览桌3620张，图书管理员42人。

20世纪80年代，群众捐集资办学热情高涨，至2001年，全县群众捐集办学资金累计9580.63万元。1989年，为迎接全省办学水平督导评估，群众集资636.3万元；1995年，为迎接“两基”验收，群众集资1834.13万元。2007年，湖南永通汽车公司总经理蒋宗平倡议成立临澧永通助学基金，每年由公司捐资50万元，资助贫困大学新生，至2010年已捐资200万元，资助500多人。2000-2010年，全县收到各类捐款2000多万元，兴建杨板仙女、杉板青坪、烽火金鹏、九里欣欣等15所希望小学。

推进布局调整。1986年开始学校布局调整。1994年压缩初中2所、完小18所。全县达到14万人1所高中、1.67万人1所初中、近4000人1所完小、1400人1所初小的标准。1994-2000年，小学由267所精简为180所。2001年4月，县教育局印发《临澧县农村小学布局调整的几点意见》《临澧县农村小学布局调整计划》。2004年，义务教育学校基本完成布局调整，全县小学135所，初中20所。2002年，投资1.5亿元，征地580亩，异地新建临澧一中，完成建筑面积111852平方米，2004年8月落成。2003年，五中并入一中。至2004年，县城形成3所高中、2所初中、4所小学的格局。农村小学由2000年的180所精简到2010年的78所，3~4个村1所小学，每个乡镇1所初中，每所小学200人左右，每所初中700人左右。1989年，全县投入812.6万元，改造校舍17364.2平方米，消灭一级危房，被评为全省危房改造先进县。1994—1995年，改造危房9600平方米。2001-2003年，投入4350万元，完成危改项目69个，改造面积85162平方米，连续三年被评为市中小学危房改造先进单位。

建设教育强县。2002年，县委、县政府出台《关于建设教育强县的实施意见》，在全省率先提出“建设教育强县”目标。2007年，省委、省政府，市委、市政府相继作出建设教育强省、教育强市的决定。2007年10月18日，县委、县政府召开建设教育强县动员大会，出台《关于建设教育强县的决定》《关于大力发展职业教育的决定》，明确提出，到2015年，临澧县要建成全面的终身教育体系，基本实现教育现代化，教育综合实力保持全省领先水平，基本建成教育强县。为了建设教育强县，2007—2010年，临澧县实施六大工程：一是职业教育提质工程。按照“三大中心、四个小区、六大目标”的规划，

2007—2010年，筹资2700万元，为县职业中专新建校舍23000平方米，建成实训大楼、学生宿舍、学生食堂和培训中心大楼，改造运动场，配套教育教学设备设施，县职业中专面积由10万平方米增加到12万平方米，学生由500多人增加到1500多人，2009年被评为全省示范性职业技术学校。二是学前教育创优工程。2007—2010年，投资2300万元，新建陈二乡、合口镇、停弦镇、修梅镇、望城乡（诺贝尔幼儿园）等5所乡镇中心幼儿园，改扩建12所乡镇中心幼儿园，创建市级示范性幼儿园6所、县级示范性幼儿园14所，形成“以县中心幼儿园为示范、乡镇中心幼儿园为骨干、公办幼儿园为主体、民办幼儿园为补充”的学前教育格局。2009年，临澧县被评为全市唯一的“湖南省学前三年教育先进县”。三是义务教育均衡发展工程。2007—2010年，全县投资8461万元，新建、维修改造农村中小学校舍93282平方米，其中综合楼18栋、教学楼37栋、学生宿舍13栋、食堂23个，厕所5个，建成合格学校38所，80%以上的学校新建校舍，100%的学校改变面貌。四是教育现代化工程。2007—2010年，投资2000多万元，添置电脑2733台，新建多媒体教室131间、电脑室58间、实验室51间，完成120个现代远程教育终端站点建设，所有中学、中心小学配备电脑室、语音室、多媒体教室、实验室和仪器室，各类设施设备均达国家一类标准。2007—2010年，临澧县连续3年被评为省电化教育先进单位。五是校园文化建设工程。2009年出台《校园文化建设方案》，实施校园文化建设“二十个一”工程，投资300多万元，完善校园文化设施，县一中、县第三完小、第一完小、新安中心小学、烽火中学、新安沙堤小学成为校园文化建设精品学校。六是品牌建设工程。至2010年，有国家重点职业中专1所、省级示范性高中1所，省级现代技术实验学校3所，市级名优学校3所，市级特色学校3所，市级示范性学校20所，市级示范性幼儿园6所，市级明星学校1所，省级绿色学校3所，市级绿色学校15所，省级合格学校38所，基本实现“一校一品牌”。教育总资产由2003年的1.39亿元增加到2010年的4.89亿元。

（二）教育管理改革

机构改革。1994年9月，县教委更名为县教育局，万方泉任局长。2000年，唐汇发任局长。2003年1月，刘开民任局长。1999年8月，撤销党委办归口办公室，法规股并入督导室，成教股和职教股合并为成职股，自考办和招生办合并为招考办。2002年5月机构改革，局机关由73人精简到43人，股室由11个合并为8个，即办公室、教育股、人事股、计财股、督导室、勤管站、招考办、仪电中心。2005年增设机关工会，2008年增设监察室（安全股），2009年增设学前办、职成股、信息中心，2010年增设社管办。

学校管理体制改革。1988—1991年，联校为乡镇教育行政管理机构，设联校长、教学辅导员、工会主席、人事专干、会计、业教专干（成教专干）。1991年，增设普教专干。1993年，乡镇联校改为乡镇教育办，原联校长改为教育办主任。1998年，撤销成教专干，由人事专干兼管成教工作。2000年，将普教专干与小学辅导员合并改称业务专干。2002年8月，撤销乡镇教育办，原教育办的工作由中学管理，原教育办主任任中学校长，下设副校长、业务专干、人事专干、财务专干；学校设政教处、教务处、总务处，全县共裁减学校行管人员 97 人。2006 年，增设主管安全工作的副校长。

教育人事改革。1996 年 10 月，试点推行校长负责制、教师聘任制、绩效挂钩制，即“三制改革”。1997 年 8 月 18 日，印发《临澧县“三制改革”实施方案》，暑假全面铺开，全县清退临时工 89 人，落聘教师 84 人。1998 年，县教育局下发《关于深化“三制改革”做好临时工和幼儿教师清退等工作的几点意见》，改革重点放在对校长的选拔与监督，解决因人设岗、人浮于事、高职低聘问题。县三中、柏枝中学进行由教职工直接选举校长的试点，全县清退临时工 75 人，辞退长期不在岗的公办教师 19 人，精简乡镇教育办行管人员 32 人，落聘教师 159 人。同时对教师工资 30%的部分实行浮动，按月分等级发放。2002 年，实行教师聘用合同制。2004 年，县教育局下发《临澧县普通中小学教职工定岗分流实施意见》《临澧县普通中小学教职工竞聘上岗方案》，竞聘上岗教师 3342 人，到 9 月底，全县分流教职工 1069 人，其中提前离岗 909 人，病休 29 人，脱产进修 49 人。至 2008 年，新《劳动法》实施，学校全面完成临时工清退工作。

2004 年，全县教职工共 4503 人（中学 1842 人、小学 1513 人、职中 120 人、教师进修学校 35 人、服务管理人员 993 人）。2010 年，全县教职工共 4073 人（中学 2096 人、小学 1774 人、职中 112 人、教师进修学校 38 人、服务管理人员 71 人）。1988 年，中小学教师学历合格率为 30.1%，2010 年达 100%，其中研究生 5 人，本科 1289 人，专科 1269 人，中师 236 人。

1988—2010 年，全县有周碧兰、肖德权、金自芳、沈克非、王元栋、李明杰、韩克春、祁怀玉、张金初、杨林峰、朱远清、侯军、杜登高等 13 人被评为全国优秀教师；江从镐、沈克非、胡任远、吴泽凡、周乃恒、苏哲高、周兰英、秦大忠、杨建宇、胡菊香等 10 人被评为特级教师。

新机制改革。2007 年春，根据国家部署，临澧县全面实施农村义务教育经费保障新机制，财政性教育经费逐年增长，“十一五”期间（2006—2010 年），全县教育经费支出总额 11.01 亿元，比“十五”增加 5.75 亿元。“十一五”期间投资 8819 万元，完成中小学校舍维修改造、寄宿制学校建设、校安工程、初中工程、合格学校建设等项目工程 85 个，建设校舍 109932 平方米。2008—2010 年，县财政投资 252.49 万元，免费为义务教育新生提供课桌椅 21169 套。2009 年，化解“普九”债务 4269.36 万元。2006—2010 年发放各类助学金 1641 万元，资助中小学贫困生 46532 人次。

（三）提升教育教学质量

思想政治教育。1988 年 10 月，临澧二中《学校共青团系列化教育的探讨》在北戴河全国共青团工作会议上交流。1990 年，建立起以校长为思想政治工作第一责任人的教育网络。1991 年，团中央授予临澧一中“先进基层团组织”称号。1994 年，课题《寓德于教》获省第三届教研成果一等奖。1994 年，《常德日报》以《浮山魂》为题，报道民办教师于锦村扎根山村教书育人的优秀事迹，市教委号召全市教师“向于锦村同志学习”。1995 年，实验小学少先大队被授予“全国雏鹰少先队”称号。1997 年基础教育股设德育专干。2000 年，临澧一中星光文学社被评为全国百家优秀校园文学社。2001 年，县教育局成立关心下一代工作委员会，创办家长学校。2004 年 12 月，县教育局出台《关于加强学校思想政治工作的若干意见》《关于加强和改革学校德育工作的意见》。2005 年，全市德育工作现场会在临澧县召开。2007 年，第四完小被评为全国留守儿童教育示范学校。2007 年，开展“中华诗词之乡”创建活动，全县师生创作诗词近万首。2008 年，全县师生为汶川地震灾区捐款 170 万元，占全县捐款的三分之二。2009 年，临澧县被评为“中华诗词之乡”“全国保护未成年人先进单位”。

教学教研。1988—1990 年，全县围绕“加强双基（基础知识、基本技能），培养能力”开展课堂教学改革，开展“加强教学常规管理，深化教学改革”专题研究。1988 年 5 月，县教委印发《临澧县中小学教学常规管理》。1992 年，县教研室编写出版《寓德于教》丛书 5 册。1995 年 12 月，县教育局被省教委评为“重视教研教改先进单位”。1996 年，被省教委确定为“素质教育试验县”，出台《临澧县全面推进素质教育工作方案》《学校学科课程教学改革方案》《学校活动课开设与特长培养方案》，全面推进素质教育。1997 年，全省活动课、劳动课建设经验交流会在临澧县举行，主持编写省活动课教材《文艺活动课指导丛书》。2001—2002 年，围绕“面向全体学生，面向学生的各个方面，注意挖掘学生潜能，发展学生健康个性”，开展课堂教学改革研究，构建“主体探索活动型”课堂教学模式。

课题研究取得一系列成果。1990 年结题的《加强教学管理，深化教学改革》，1992 年结题的《寓德于教的初步探索》2 个课题获全省优秀教研成果一等奖。1994 年，课题《综合整体教学改革》获省优秀教研成果二等奖。2006 年，《课堂教学中学生主体探究活动的研究》《构建行为训练模式，培养和发展学生生存能力》2 项课题获省教研成果奖。2009 年，县教研室编辑《小课题研究》发给每位教师，以促进和指导广大教师积极参与校本教研。

教学教研促进了教育教学质量的提高，1989 年，临澧一中学生李云初夺得全省高考理科状元。1999 年，高考报考 1394 人，升入本科 244 人、专科 241 人；2003 年，高考报考 1992 人，升入本科 494 人、专科 178 人，2006—2010 年，有 16 名学生被清华、北大录取。

学生全面发展。扎实开展体育工作。1992 年全县建立以“第一完小—临澧三中—临澧一中”为龙头，从小学到高中的重点体育训练体系，推行体育教学联组制。1992 年 3 月，临澧县被评为全省实施《国家体育锻炼标准》先进单位。1993 年 3 月，县中心业余体校被省教委确定为全省重点业余体校。1993 年 9 月，县教委被评为全国群众体育工作先进单位。1995 年 7 月 15—17 日，省体育传统学校第四届田径运动会在临澧一中召开，临澧一中以 738 分获团体总分第二名。1995 年 11 月，县一中被评为全国优秀体育传统学校。从 1990—1999 年底，全县投资 608.2 万元，建设室内活动场地 18 个、200 米以上运动场 58 个、篮球场 501 个。按省标准配备达一类的学校 59 所、二类 86 所，三类 103 所。1991 年全面实施《中小学生体育合格标准》《国家体育锻炼标准》，至 1998 年年底，全面完成达标任务。2009 年，县一中学生雷诗琪参加在爱沙尼亚举办的世界中学生运动会，获女子 400 米和女子 4×400 接力 2 枚金牌。2004—2010 年，为北京大学、北京体育大学等高校输送体育拔尖学生 76 人，为国家培养运动健将 1 人、一级运动员 10 人、二级运动员 40 多人；参加省以上运动会获金牌 30 枚、银牌 19 枚、铜牌 22 枚，其中世界级金牌 2 枚，国家级金牌 2 枚、银牌 2 枚。

促进文艺特长教育。2000—2005 年，全县共举办音体美等特长班 4030 个。2006 年，《彝风》等 3 个节目获市一等奖。2007 年，县教育局获“全国中小学第二届艺术展演活动优秀组织奖”。2008 年，12 人在省市“三独”比赛中获奖。2009 年，县教育局获教育部红歌会优秀组织奖，第三完小常德丝弦节目获省第三届中小学生艺术展演一等奖。

主要成绩：

2008—2010 年，初中学业水平测试总平均分、合格率、优秀率连续三年全市第一，总平均分分别高出全市总平均分 52 分、62 分、65 分。2010 年，全市 300 所初中评出 40 强，临澧占 11 所，其中前 10 名占 7 所，丁玲学校位居全市第一。

2009—2010 年，高二学业水平考试总平均分、合格率、优秀率连续两年全市第一，总平均分分别高出全市总平均分 29 分、18 分。

2007—2010 年，本科升学率、600 分以上高分率、文理科平均分等多项指标保持全市第一。2010 年，清华、北大录取 5 人，一二本录取 1172 人，本专科录取 2634 人，高考录取率 98.17%，本科升学率等 10 项指标全市第一。

1993—2009 年，参加常德市两年一届的中小学生田径运动会，连续九次夺得团体总分第一名。

1988—2010 年，获国家级荣誉 5 项，省级荣誉 54 项。主要是：

1993 年：全国群众体育工作先进单位；

2002 年：全国“两基”工作先进单位；

2004 年：省招飞、勤工俭学先进单位；

2005 年：省学校及周边治安综合治理、现代教育技术装备、勤工俭学先进单位；

2006 年：省“两项督导评估”、招飞工作先进单位、教育工会基层先进工会；

2007 年：全国中小学第二届艺术展演活动优秀组织奖、省迎“两基”国检特殊贡献奖；

2008 年: 省电化教学、规范教育收费先进县；

2009 年：全国保护未成年人、省学前三年教育、仪电、现代教育技术、招飞工作先进单位；

2010年：省现代教育技术工作先进单位。

1988—2010年临澧县在省级以上报刊推介交流文章一览

表12-10

文章标题	发表报刊	时间
《全面追求农村教育规范化的实践》	《人民教育》	1999年
《别了！危房》	《人民日报》	2003年
《强教再歌动地诗》	《湖南教育》	2005年
《努力探索以人为本的德育之路》	《湖南教育》	2006年
《临澧县：击水中流看云飞》	《湖南教育》	2008年
《实施经验优先战略，着力建设教育强县》	《中国教育督导》	2008年
《坚持优先发展教育强县的思考》	《决策参考》	2009年
《构建远程教育平台，建立科学的服务保障机制》	《教育信息技术》	2009年

三、主要问题

一是教育装备水平不高。教育信息化水平滞后，部分小学功能室缺乏，生均教学设备值达不到省定标准。二是教师队伍结构不优。小学教师年龄老化，初中教师学科结构欠合理，幼儿教师缺乏，职业教育专业课教师不足。三是城乡教育发展不均衡。部分农村学校办学条件、师资水平与县城学校存在差距，城镇学校“挤破门”，个别村小“少人问”的问题一直没有得到根本解决。

澧　县

澧县位于湘西北，因澧水贯穿其境而得名，县城为澧阳镇。1988年，全县辖6区37个乡镇、2个农场，面积2075平方公里，人口83.9万人，中小学506所，在校学生11万人。1995年10月撤区并乡，乡镇减少至32个。2010年，全县人口91万人，中小学183所，在校学生87106人，在编教师6480人。

一、基本情况

（一）学前教育

1991年以来，学前教育以公办幼儿园为主体，每所小学均附设幼儿园（班），形成以县办园为示范、乡办园为中心、村办园为主体、个人办园为补充的格局。1997 年，澧阳镇 14 所幼儿园中，国家办 1 所，集体办 4 所，私人办 9 所。2005 年前后公办园（班）改制，民办园大量兴办，入园率有所提高。2006 年，开始省、市级示范性幼儿园评估申报工作。2009 年，县政府出台《关于加快幼儿教育发展的意见》，实施推进乡镇中心园建设计划，各乡镇采取公办、民办公助和股份合作等形式融资 4000 多万元用于幼儿园建设，办园质量逐步提升。是年，澧州幼儿园成为“省级示范幼儿园”。2010 年，全面启动省“实事项目”幼儿园和公办中心幼儿园等项目建设。当年，有幼儿园 267 所，其中省级示范园 1 所，市级示范园 6 所，乡镇中心幼儿园 30 所。在园幼儿 21093 人，3~6 岁幼儿入园率达 80%以上，城区学龄前儿童入园率 100%。基本形成“省级示范园引领，乡镇办好中心幼儿园，社区和乡村办好一般幼儿园（班）”的学前教育格局。

（二）义务教育

1988 年，根据“减少校数、扩大规模、提高效益”的中小学布局调整原则，小学由 1980 年的 700 多所调整为 450 所，其中中心小学 38 所。此后根据撤区并乡情况进一步调整学校布局。2000 年年底，有小学 279 所，其中中心小学 32 所、完全小学 142 所、初级小学 105 所、教学点 11 个。2010 年，小学 137 所、教学点 4 个，在校学生 39403 人。

1988 年，有乡镇初中 42 所，8 所普通完中均设有初中部，初中教学班 510 多个，学生 27000 多人。1999 年，县七中、八中高中部停止招生成为独立初中；县一中初中部停办，同时经市教育局批准兴办“国有民办”九澧实验中学。2006 年，九澧实验中学停办，各普高初中部停止招生，全县初中调整为 35 所。2009 年，民办九澧实验学校（九年一贯制）开始招生。2010 年，洞市乡中学撤并至七中，新办银谷国际实验学校（九年一贯制）。至此，全县初中 36 所（含 2 所九年一贯制），在校学生 23403 人。

1991 年，澧县被评为“全省基础教育先进县”，车溪乡、大坪乡被评为“全省基础教育先进乡”。1997 年接受国家“两基”验收，省“两基”评估验收团检查了全县 32 个乡镇中的 29 个，重点抽查 13 个。评估报告指出：“澧县县委、县政府和各大家带领全县 87 万人民的三年奋斗，是卓有成效的奋斗；澧县的‘两基’合格，是高标准合格”“澧县的学校建设标准之高，校园规划布局之好，在全省目前尚属少有”。1998 年，澧县被评为全国、省“两基”工作先进县。

（三）普通高中教育

1988 年有完全中学 8 所，县一中、二中位于澧阳镇，四中位于车溪乡，五中位于梦溪镇，六中位于官垸乡，七中位于码头铺镇，八中位于甘溪滩镇，九中位于张公庙乡，均为正科级单位（三中位于新洲镇 1985 年划入津市市）。1989 年秋，六中由官垸迁至小渡口镇。1993 年九中改为三中。1996 年一中升格为副处级单位。1999 年七中、八中停招高中生；2006 年五中撤销，普高调整为 5 所。2010 年，全县 5 所普高，其中省级示范性高中 1 所，市级示范性高中 4 所，在校学生 14155 人。

1994 年，县一中由省教委授牌为“湖南省重点中学”（全省第二批挂牌的 8 所学校之一，2004 年全省统一改称“湖南省示范性普通高级中学”）。该校 1997 年、2009 年两次被评为“全国群众体育先进集体”，2000 年被评为“全国部门造林绿化 400 佳单位”“全国诗教先进单位”，2002 年被评为“全国贯彻《学校体育工作条例》优秀学校”，2006 年被省委、省政府评为省级“文明单位”，2008 年被评为“全国校园文化先进单位”。2003 年省重点中学督导评估，澧县一中是全省受综合表彰的学校之一（全省 5 所），而且是唯一的农村县办学校。2008 年 12 月，县一中当选省教育学会普通高中校长工作研究专业委员会（原省重点中学校长学会）副会长单位，成为全省进入该学会核心层的第一所县办学校。

（四）中等职业教育

1983 年，澧县职业教育开始起步。1988 年，有职业学校 6 所，其中教育部门办 2 所（兰江职业中学，位于澧阳镇；一职中，位于王家厂镇）、其他部门办 4 所，在籍学生 12000 人。是年 5 月，兰江职中被认定为省重点职中（全省 30 所）。1989 年 3 月，经省教委批准兰江职中更名为“湖南省澧县职业中专学校”。1994 年 8 月，一职中并入职业中专。1998 年 3 月，经济中专并入职业中专。此后，职业中专规模迅速扩大，2006 年秋在校生 7400 多人。2008 年，成立县职教中心，桃李经贸学校、计算机学校、城头山职校三所民办职校整合成城头山职业学校，职业高中调整为 7 所。2010 年，全县职业学校 5 所（公办 1 所），在校学生 10145 人。

1995 年，澧县职业中专被认定为“湖南省重点中等职业学校”，1996 年被认定为“湖南省示范性中等职业学校”，2000 年被认定为首批“国家级重点中等职业学校”，2007 年获“湖南省首届黄炎培优秀学校”称号，并被评为“全国教育系统先进集体”，2006—2010 年，成功申报并完成“国家中等职业教育改革发展示范校”等 8 个“十一五”省重点建设项目。

（五）成人教育

1988—2000 年，农村成人教育以扫盲教育为主。1988 年 8 月，国家教委成教司检查扫盲工作，澧县被确定为全国 100 个扫盲先进县之一。同年 11 月，副县长、教委主任马骏以全国扫盲先进县代表身份赴京参加全国扫盲工作会议。1998 年，省教委在湖南宾馆召开“创合格乡镇农校总结表彰大会”，县教委常务副主任宋绪正在会上作典型发言，澧县被评为“全省“乡镇农校建设先进单位”。1989 年，澧澹乡被评为“燎原计划”试点示范先进乡（全国 100 个），县教委成教组负责人戴承树赴兰州参加全国扫盲教育表彰会。1991 年，中武乡农校被评为国家先进乡农校。1998 年，澧县扫盲工作通过国家验收，青壮年无盲率达 99.9%。进入 21 世纪，农村成人教育的重点转移到扫“科盲”和开展农民实用技术培训。2008—2010 年，小渡口镇农校、张公庙镇农校、金罗镇农校先后被评为省级示范性乡镇农民文化技术学校。2009 年，澧县被教育部确定为“新型农民培训工作联系点”。城镇成人教育以职工“双补”教育和岗位培训为主。1989年，县教委被省总工会、省劳动厅、省教委、省经委评为“全省职工教育红旗单位”。至2010年，全县共培训职工50多万人，其中电大生5800人、函大生7892人、高教自考27084人。

（六）管理机构

1986年7月原县教育局撤销，改设县教委，由副县长马骏兼任主任，庹登磊为第一副主任，主持日常工作。1989年初庹登磊任县教委主任、党委书记。1994年初徐如社任县教委主任、党委书记，2000年县教委改为县教育局，徐如社任局长、党委书记。2006年2月，赵传柏接任局长、党委书记。

基层教育管理机构，1988—1995年全县设6个区联校（澧阳、红湖、梦溪、垱市、甘溪、码头铺），区联校长由县教委任命，负责相应区域的学前教育、义务教育和成人教育等方面管理工作。同时设乡镇联校负责相应工作，乡镇联校长、乡镇中学校长由县教委任命。1995年撤区并乡时区联校撤销，保留乡镇联校，乡镇联校长、乡镇中学校长仍由教育局任命。2002年8月撤销乡镇联校，由乡镇中学校长负责该乡镇教育工作。普通高中教育、职业教育由县教育局直接管理，公办高中校级班子由县委任命，1996年后一中校级正职（副处级）由市委任命或提议聘任。

（七）教师队伍

1988年，全县有教师6388名，其中民办2492人。经过清退代课教师、民办转公办，至2002年，有教师7204人。此后，澧县逐步进入教师退休高峰期，经县政府批准，通过公开招聘解决教师缺口。2010年，在编教师6480人，其中高中1388人，初中2370人，小学2682人，幼儿教师40人。全县普教系列有特级教师22人，中学高级教师524人，市级学科带头人5人；职教系列有“双师型”教师112人，省、市级专业带头人19人。1988–2010年，初中专任教师学历合格率由80.3%提高到93.5%，小学专任教师学历合格率由85.8%提高到99.7%，任职条件合格率均达100%。

1980年开办县教师进修学校，该校后被誉为“澧县教育五朵金花”（一中、职业中专、一完小、教师进修学校、机关幼儿园）之一。1989年，澧县被国家教委定为首批远距离师资培训县。1991年，中南六省师训工作协作会议代表参观澧县教师进修学校，对学校给予很高评价。2005年，教师进修学校被省教育厅命名为“湖南省示范性县级教师培训机构”。2006年，教师学习与资源中心被评估为省级示范性学习与资源中心。2007年，教育部授予该校“湖南省澧县教师学习与资源中心”匾牌。2008年被评为全省“万名班主任培训”先进单位。1991年3月，“澧县中小学幼儿教师奖励基金会”成立。1996年全省教育基金会经验交流会在澧县召开，县教育局长徐如社作题为《聚八方财力，兴千秋基业》的典型发言。2010年，县教师奖励基金余额达700多万元。1995年，教师进修学校心理学特级教师杨铮传获全国“曾宪梓教育基金奖”。2007年，一中校长、特级教师赵绪清获省政府“徐特立教育奖”。

（八）教育投入与设施设备

1988 年，县财政教育投入 1142 万元，占当年财政收入的 28.7%。1986—1989 年，各乡镇教育集资 1196.61 万元，新建、维修校舍 13440 平方米，基本消除中小学危房。1989 年，全县校舍 658772 平方米，教学楼 92 栋，教学仪器、图书资料和电化教学设备总值 264.4 万元，图书室 160 个，藏书 224 万册。1992 年，建成省“中小学实验教学普及合格县”。1994 年被确定为全省首批“电教综合实验县”之一（全省 8 个）。1994—1997 年，为迎接国家“两基”验收，全县集资 1 个多亿，所有中小学面貌焕然一新。1998 年被省教委验收为“中小学图书馆（室）建设合格县”。1999 年，澧县一完小成为“国家级现代教育技术实验学校”，县一中成为省“现代教育技术实验学校”。2003 年，县一中被评为“全国教育网站系统示范单位”。2006 年建成教育局信息中心，2007 年开通教育信息网，2009 年实行“校校通”，建成公文传输系统和视频会议系统。2005—2010 年，投入 2.7 亿元为农村中小学新建、改造校舍 20 万平方米，按标准配置图书室、电脑室和多媒体教室、理化生实验室等功能室。2010 年，全县校园面积 332.76 万平方米，校舍 106.38 万平方米。中小学有实验室 304 间，面积 25725 平方米；仪器室 267 间，仪器总价值 3406 万元；计算机教室 167 间，计算机 7631 台；图书室 9984.44 平方米，阅览室 9515.38 平方米，图书 262.647 万册。经省、市评估，创办合格学校 56 所、实现“班班通”学校 11 所，建成校园网站 15 个。

二、成就与特色

（一）办学条件

1998—2007 年，县委、县政府先后出台《关于进一步做好“两基”巩固提高工作的意见》（1998）、《关于进一步加快教育事业发展的若干意见》（2002）、《关于大力推进校企合作平台建设的通知》（2006）、《关于建设教育强县的决定》（2007）等一系列文件，就改善办学条件作出部署。至 2010 年，有初中 35 所、小学 135 所，普通高中 5 所，职业高中 5 所，校均规模保持在小学近 300 人、初中近 700 人、普高近 3000 人、职高近 1500 人。2006—2010 年，在澧阳镇扩建初中 2 所、完小 3 所。2007 年起国家实施西部农村初中校舍改造工程，2008 年起推进合格学校建设，2009 年实施校安工程。澧县抓住机遇争取上级专项资金 3 亿多元，招商引资 3 亿多元，全部用于改善中小学办学条件。2010 年，全县中心小学以上学校基本成为设备设施较为齐全的寄宿制学校，5 所普高全部成为市级以上示范性学校，职业中专、县一中成为国家、省示范性学校。

（二）教育科研与教育质量

20 世纪 80 年代，区、乡镇联校主管业务的负责人称“辅导站长”，1990 年以后改称“业务专干”，具体负责教育教学研究的组织实施。中学设学科教研组，小学设教研联组，每周在固定时间开展教学研究活动。

1995 年，开始尝试比较规范的教研课题研究，大部分高中设置教科室。1998 年被确定为全省素质教育实验县，2002 年被确定为省级基础教育课程改革实验区（全市唯一）。1995—2010 年，全县共承担国家级课题 2 项，省市级课题 38 项，按期结题率达 95%以上。先后获国家级二等奖 1 个、省一等奖 3 个、其他省级奖 12 个。2002—2010 年，全县教师参加教学比武获国家级奖 3 个、省级一等奖 23 个、省级其他奖 13 个、市级一等奖 77 个。县教研室连续两届被评为全省“教育科研先进单位”。由教育局局长徐如社主持、常务副局长赵绪清具体负责的科研课题《中小学校园文化建设研究与实践》1998 年开始研究，2002 年获省第六届教研成果评选一等奖，为全市首个省规划课题最高成果奖。2008 年以来，县教育局每年举办“县域教育发展论坛”，组织干部教师开展教育教学理论研讨。2008 年，县二中由省教育科学规划领导小组批准挂牌建设“湖南省教育科学学科研究基地”。2009 年，由县一中校长赵绪清主持的课题《以优良的文化基因引领特色学校建设的研究与实践》教育部立项为重点课题（为全市中小学立项教育部重点课题首例），后顺利结题并经全国教育科学规划办鉴定为良好等级，在全国已结题同类课题中排第一。2010 年，实验小学《快乐体育促进小学生身心健康发展研究》获教育部基础教育研究成果二等奖，为全市教研成果的最高奖项。2010 年 9 月，“全省市县区教育科学规划课题研究经验交流暨成果观摩会”以澧县为现场召开，125 个区县市的 200 多名代表参会，教育局局长赵传柏和一中校长赵绪清分别以《以国家和省级课题为引领，整体推进我县教育科研上水平》《建设会思考的学校》为题在大会介绍经验，被省教育厅党组成员、省教科院院长姜正国概括为教育科研“澧县经验”。

1988 年，全县学生品德合格率 99%，中考合格率 74%；高考上线率 37.61%，1077 人被大中专院校录取，首次突破“千人大关”。2010 年，全县学生思想品德合格率 100%，中考合格率 83.32%。5424 人参加高考，本、专科上线率 98%，本科录取率 54.24%，超过全省平均水平 15 个百分点。县一中 1708 名高考考生，一、二本上线 1284 人，绝对数居全省之首，上线率居全市第一。600 分以上 199 人，居全省第四、全市第一。全校文科生均分 533 分，超省文科二本线 10 分；理科生均分 538 分，超省理科二本线 44 分。最终录取一本院校 541 人（“211 高校”361 人，其中“985 高校”167 人，清华大学 2 人，北京大学 2 人），二本以上 1314 人。2010 年，在全市普通高中办学水平综合评估中，县一中得分 87.44（满分 100 分），以领先第二名 14.26 分的成绩高居榜首。

1994 年，澧县一完小文艺节目《我们是共产主义接班人》参加“湖南省中小学生艺术节”演出获一等奖，一完小被评为“湖南省艺术教育先进单位”。2002—2010 年，全县中小学生参加各类竞赛，1102 人次获国家级和省级奖，其中国家级 572 项。2007 年，澧县被省政府评为体育工作先进单位。2009 年，县一中文艺节目《团圆鼓舞》被选送赴京演出，获第四届全国校园文艺会演暨第九届全国校园春节晚会金奖。

县职业中专先后开展和参与“‘分合式’教学”“中国中部地区农村职业教育教学模

式的研究与实验”“职高生就业超前指导的实验与探讨”“弹性学制试点”“电子电器专业职业素质教学模式的研究与实验”“对职校生进行德育量化评价的探讨”“黑白电视机演示实验研究”等课题研究。机电设备安装与维修专业被省教育厅确定为“省级重点建设专业”。在市教育局举行的文化课统考、专业课抽考中，综合成绩多次名列全市第一。在市级职业技能比赛中取得优异成绩，被省劳动厅确定为“省特种作业人员培训定点单位”。从 1990 年湖南高考实施职高对口升学政策以来，对口升学成绩多年位居全省之冠。2004 年，1124 人毕业，730 人参加对口高考，上线 728 人，本科录取 206 人，占全省计划的 15%，其余 394 人全部就业，在社会上引起轰动，是年秋季，招生 2603 人。《人民日报》《中国教育报》先后以《职校成了“香饽饽”》《从门庭冷落到红红火火——看一所中职怎样被“转”红》为题报道该校的办学业绩。

（三）学校文化

1990 年以后，一中、一完小、枫林完小的学校文化建设初显特色。1997 年实现“两基”后，县教育局将工作重点转移到学校文化建设上来。1998 年初，县教委副主任赵绪清带领基教、计财、教育电视台负责人前往广州、深圳、上海、无锡等地考察学校文化建设，广泛收集相关资料，形成推进校园文化（后改称学校文化）建设的基本思路。县教委加强领导、培训骨干、保证投入、及时推介、落实管理，三年后取得成效：全县中小学环境更美、校园更活、人心更齐、管理更顺、质量更高。《湖南教育》1998 年第 8 期、2001 年第 3 期分别以《让每面墙壁说话，让一草一木育人——澧县枫林完小优化素质教育校内环境写实》《芝兰之室暗香溢——澧县校园文化建设掠影》为题予以报道。2000 年，在澧县召开全市校园文化建设现场会。2003 年初赵绪清调任一中校长，撰写并主编《澧县一中学校文化建设纲要》《前哲流风，日新其格——澧县一中的源与流》《弦歌悠悠》《学府遗墨》等文化专著。2007 年 10 月，在全省“现代学校文化建设论坛”上，赵传柏、赵绪清分别以《加强现代学校文化建设，促进县域教育水平提升》《学校文化建设的本质是扩充教育内涵》为题作典型发言。

（四）管理机制

20 世纪 80 年代至 90 年代初，全县中小学实行“党支部领导下的校长负责制”。县直中学书记、校长分设，党支部书记是全面“一把手”，校长是行政“一把手”。乡镇联校、中学由联校长兼任支部书记。1992 年全县教育系统实行“两聘一包一挂钩”的管理体制，开展人事、分配制度改革，由县教委聘任联校长和中学校长、联校聘任小学校长，校长聘任教师。

1992 年年底，县教委领导班子调整，新班子力推中小学管理体制机制改革。1993 年秋季起，县直中学全面实行“校长负责制”，校长为学校“一把手”，校长、书记一肩挑。1995 年，撤销区联校，乡镇联校、中学由县教育局直管。1998 年，全面推行“三制”改革，实施校长负责制、教师聘任制、绩酬挂钩制。2002 年，精简教育管理机构，撤销乡镇联校，实行中学校长负责全乡九年义务教育的新体制。1991 年，县教委编发《教育管理手册》，2000 年修订后更名为《澧县教育管理规定》，2006 年再次修订。是年，全市学校管理工作现场会在澧县召开。

（五）扶贫助学

一是建立贫困学生扶助机制。20 世纪 80 年代末至 21 世纪初，主要由学校对少数特困生减免学杂费，对学生中出现天灾人祸、重大疾病等情况，则在师生中组织募捐。2000 年后，政府财政助学机制逐步加强，企业和社会机构、热心人士助学热情升温，中小学助学机制普遍建立。2005—2010 年，全县共发放各类助学金 4698 万元，资助 7.8 万人次；通过基金会募捐、“爱心点燃希望”“金龙玉凤情寄寒门学子”“爱烛行动”等活动，募集资金 1200 多万元资助特困师生。从 2007 年春季起，对农村义务教育阶段学生实行“两免一补”（免杂费、免书本费、逐步补助寄宿生生活费）。2008 年 9 月起，城乡义务教育全部免除学杂费。

二是建立薄弱学校扶助机制。从 2004 年起，县财政对 8 个山区乡镇中小学教师工资上浮一级；实行新招聘的义务教育阶段教师到边远农村学校服务五年制度；建立城镇教师到乡村任教服务制度和城区学校对口支教制度；从 2010 年起，引进一定数量省招特岗教师到农村学校任教。

三是吸引慈善办学。1998 年水灾后，澧南、官垸、道河 3 乡镇由慈善机构和社会各界捐资重建初中 1 所、小学 3 所。2007 年 4 月，“春暖 2007”希望工程升级启动仪式举行，澧南镇宝洁希望小学成为现场之一，迎来副省长徐宪平等领导，韩红、刘璇等明星共襄盛举。至 2010 年，接受捐建希望小学 7 所、教学楼 7 栋。2009 年 8 月，金龙玉凤餐饮有限公司董事长刘清牵头，筹资 200 万元兴建“励志家园”，供养 25 名孤儿和特困生。至 2010 年年底，供养孤儿和特困生 40 人，资助贫困生 200 人。

三、主要问题

一是校安工程压力大。经排查，确定全县需加固校舍 319 栋，面积 37.76 万平方米；需重建校舍 352 栋，拆除重建面积 21.57 平方米，共需建设资金 51767 万元。按照中央、省、县 1:3:6 比例计算，省级需 15530 万元，县级需配套 31060 万元。但省级资金全部用于非七度以上设防地区，七度以上设防地区没有安排。2009—2010 年，中央投入专项资金 4520 万元，改造校舍近 4 万平方米。即使中央专项资金全部到位，4.6 亿元的资金筹措对县级财政来说是不能承受之重。二是城区义务教育学位不足。县城区 2010 年有常住人口 20 万，义务教育在籍学生 1.9 万人，按标准班额计算缺少学位 3700 个。随着津澧融城步伐加快，城区人口增加，城区学龄少年儿童将以每年 1000 人左右的速度递增，就学难题亟待破解。

桃源县

桃源县地处常德市西部，2010年，辖40个乡镇，877个村（居委会），面积4458平方公里，人口97.6万人。中小学179所（含教学点），学生87067人，教职工6343人，校园总面积315.3万平方米，校舍105.5万平方米，教育总资产78628.9万元。

一、基本情况

（一）学前教育

1988年，全县3~6岁幼儿38148人，入园幼儿18481人，入园率48.65%；幼儿园16所，幼儿班792个；教职工893人，其中专职幼师828人，专业合格176人，合格率21%。2010年，3~6岁幼儿23721人，入园19930人，入园率84%；幼儿园207所，幼儿班597个；教职工1138人，其中专职教师748人，保育员283人，专任教师学历合格97.5%。1988年，幼儿园以国家、集体办为主，私人办班仅2个。21世纪初，全县各小学办的幼儿园（班）全部改制成私人办，至2010年，除县机关幼儿园外，其余幼儿园全为民办。

（二）小学教育

1988年，全县小学739所，学生89679人，学龄儿童入学率98.9%；2010年，小学122所（含教学点），学生44972人，入学率100%。

（三）初中教育

1988年，全县有学校60所，学生36792人，普及率93.3%；2010年学校45所，学生24283人，普及率为98.1%。

（四）高中教育

1988年，全县有学校9所，学生5708人；2010年，学校6所，学生13075人。1988–2010年为国家输送大学、中专新生5万多人。

（五）职业教育

桃源县从1984年开始兴办职业教育，1984年将五中改制为一职中。1985年将六中改制为二职中，新建渔父职中。1988年，创办民办职中理鸣学院，有职中7所，学生2300人。2010年，有职中5所，学生6184人。

（六）成人教育

1.农民教育。从1988年开始大规模扫除青壮年文盲，1997年基本扫除青壮年文盲。1997年以后，农民教育转为农业实用技术、农业产业化以及进城农民工培训，每年培训9万人次。

2.职工教育。1988—1995 年，全县有厂矿、企业管理干部 650 人，专业技术人员 8098 人，工人 18017 人，学徒 2574 人。对这些人员，主要是开展岗位培训，举办各类培训班，对文化、技术不合格者进行“双补”。全县先后有 12252 人参加培训，其中初、高中结业 3629 人，岗位资格合格 1338 人，获技术等级 962 人，参加适应性培训 2203 人。1995 年以后，厂、矿企业改制，职工教育转为待业人员及城乡民营企业在岗职工培训，年培训 1 万人次。

3.成人教育。1988 年，成人学校及机构有：农民中专（后改名成人中专）、电大工作站、函授站、教师进修学校。1988 年以后成人中等、高等教育迅速发展，2000 年成人高考考生多达 2749 人。办学形式有全日制中专、广播电视业余大学、函授大学和自考。每年毕业中专生 200 多人、培训教师 200 多人。1997 年有 4000 人参加自考。2004 年以后，普通高校扩招，参加自考的考生大量减少，每年仅 30 余人。至 2010 年，全县通过自考获本专科学历的有 1800 多人。

（七）特殊教育

1997 年以前没有特殊教育学校，1997 年创办特教学校，承担市内沅水流域五县（区）听力、语言残疾儿童教育任务，当年聋教部招生 30 名。2003 年设聋哑儿语训部，建立全市第一个语言康复训练机构——桃源县聋儿语言康复训练中心。2006 年设培智部，招收智力残疾儿童。至 2010 年，有 160 名聋童结业进入高级特教学校就读，60 名聋生就业，38 名语言康复学生和 15 名智残学生进入普通小学。学校被省特教学会评为“特殊教育工作先进单位”，《湖南日报》、湖南经视等媒体对学校办学成果进行了报道。2010 年，学校有教师 26 名，聋教班（小学）3 个，语训班（学前）2 个，培智班 5 个，在校学生 105 人。

（八）民办教育

1988 年，有民办幼儿班 2 个，职业学校 1 所。2010 年，有民办幼儿园 108 所，在园幼儿 17376 人；小学 1 所、初中 1 所、职业学校 4 所，在校学生 5000 人。

二、主要工作及成就

（一）“两基”达标建设

为实现“两基”达标，桃源县开展了五个方面的工作：

一是“普九”宣传。1985 年《中华人民共和国义务教育法》颁布，县政府翻印 12000 多册，发至各乡镇、村民小组和所有中小学教师，要求认真组织学习和进行广泛宣传；“两基”达标建设期间，又将每年的 9 月确定为“义务教育法”宣传月。在县电视台、《桃源报》开办专题节目，在县城开展“义务教育法”宣传一条街活动，制作宣传牌 200 多块，教育和司法部门的人员到现场提供咨询。各乡镇也开展一条街宣传活动，乡、镇司法所还举办《义务教育法》讲座。各中小学还在校内或集镇开辟宣传橱窗。全县 6000 多名教师和1000多名退休教师下到村、组、农户送法上门。10多万名中小学生把宣传资料带回家。

二是领导重视。教育局负责人定期向县委、县政府报告“两基”工作。1995—1997年，县委、县政府每年都把实施“两基”列为重中之重；县委常委每年召开两次议教会，两次乡镇党委书记、乡镇长参加的“两基”工作会议。县委、县政府领导还深入热市镇、漆河镇，检查督导“两基”工作，召开两次现场会。

三是执法督促。1995—1997年每学期开学时，县、乡镇政府及教育行政部门都开展《义务教育法》执法督查。县级领导督查到乡镇，乡镇领导督查到村组，村干部上门到户落实儿童入学。司法、教育部门则负责对违反“义务教育法”的行为进行依法处理。

四是扶贫助学。县几大家领导带头结对扶助贫困学生，各科局部门及企业、个体工商业者也参加扶贫助学活动。1995—1997年，全县每年捐资助学款在100万元左右，救助1000多名贫困儿童。

五是落实责任。县政府建立“两基”达标岗位责任制，各级各部门负责承包乡镇学生的入学率、巩固率，既负责学生进得来，还要保证学生留得住。为基本扫除青壮年文盲，1988年，建成乡镇农校56所，1993年，乡镇农校全部验收合格，建成485所村业余文化技术学校。每年从农村教育事业费附加中提取5%用于扫盲。1988年全县办扫盲班438个、巩固提高班227个、业余小学班319个、科普班413个、实用技术班407个。1993年，从联合国教科文组织北京教育学术交流中心购进2000种科教录像片，经复制后发放到乡镇农校，全县放映1500多场。全县组织13000多名中小学生开展“学雷锋、见行动、扫文盲、尽义务”活动，组织2800多名中小学教师、1000多名退休教师担任兼职教师，深入扫盲学校、田边地头、村组农户扫盲。1993年，全县青壮年文盲18715人，脱盲15692人，非文盲率99.4%，被评为全省扫盲先进县，7名干部被评为省扫盲先进工作者。1995年《湖南教育》第一期刊登《在那桃花盛开的地方》的文章，专题介绍桃源县扫盲的做法和经验。1997年12月，经省政府“两基”评估团验收，桃源县全面实现“两基”目标，并被评为全省“两基”工作先进县。县委书记胡宗清被评为省教育功臣，教育局长佘铭衷被评省和全国“两基”工作先进个人和市教育功臣。

（二）集资办学

一是群众集资。1995年，在“人民教育人民办，办好教育为人民”，的大背景下，桃源县连续三年掀起群众集资办学热潮。1995年，九溪乡板桥村、热市镇向阳村、德武岗村、太平寺村群众集资建起新学校，热市镇新建镇中学，九溪乡新建乡中心小学，县政府为此召开全县群众集资办学现场会。1996年，又涌现出漆河镇、三阳港镇、剪市镇、太平桥乡、寺坪乡、凌津滩镇等集资办学先进典型，县政府再次召开集资办学现场会。这两年，全县群众集资办学金额达9283万元。

二是学校筹资。1995—1996年，全县中小学通过开展勤工俭学、发展校园经济和节省开支，自筹经费 1500 多万元用于学校建设。

三是财政投资。县政府将农村教育事业费附加和城市教育费附加全部用于教育，1988—2010 年，资金总额达 34334 万元。

四是国家注资。从 2001 年开始，国家加大对教育的投入，至 2010 年，共注入资金 25868 万元，其中危房改造工程、校安工程、初中建设工程投入 7537 万元。

（三）调整学校布局

20 世纪 80 年代，全县有高中 6 所、完全中学 6 所、初中 66 所，小学 915 所。1997 年“两基”验收时，小学调整到 492 所，教学点 74 个，初中 54 所。2000 年以后第二次调整，初中调整到 43 所，小学（含教学点）300 所。2009—2010 年第三次调整，全县初中 31 所，九年一贯制学校 14 所，小学 98 所，教学点 24 个。

（四）改善办学条件

1.实验室建设。1993 年，桃源县启动“普及实验县”创建工作，1994 年经省教委验收，全县 8 所完全中学、62 所初中、183 所完小达到国家《中小学实验教学配备目录》二类标准；60 所中心小学达一类标准。同时投入资金 2100 万元，完成标准化理化生实验室和教学仪器室建设；新建、改建理化生实验室 238 间、仪器室 389 间，添置仪器柜 3542 个、实验桌凳 5950 套。2005 年以后，投入资金 1498.5 万元，按国家新的《中小学教育技术配备目录》和《中小学理化生、音体美教学仪器配备目录》一类标准进行装备。到 2010 年，装备合格初中 39 所、小学 65 所，建成成套中学理化生实验室 185 间、小学科学实验室 67 间、高中通用技术实验室 5 间。

2.现代教育技术。20 世纪 90 年代初开始在中心小学以上学校配备“两机一幕”（幻灯机、录音机、银幕）等电化教学设备。20 世纪 90 年代后期，计算机开始进入中小学。到 2003 年，全县有计算机教室 42 间，计算机 2300 余台，占全市各区县（市）装机总量的 1/3。桃源一中、漳江小学建成多媒体教室。2004 年国家实施远程教育工程，桃源进入第一批装备县，建成远程教育接收站 335 个。2009 年，桃源一中、四中、八中、九中、漆河镇中学、漳江小学建成校园网。全县建成多媒体教室 120 间、计算机教室 58 间，教师、学生及办公用机达 3500 台。2010 年，又投入 6000 多万元建标准校园网 41 个、电子白板模式网络班班通教室 48 间、普通投影屏幕式网班班通教室 879 间，DVD 模式简易班班通教室 126 间，计算机教室 142 间，网络多媒体报告厅 129 间，计算机 8570 台，成为“湖南省现代教育技术实验县”。

1998 年，桃源县漳江小学进入首批全国现代教育技术实验学校行列。2010 年 10 月，桃源一中进入全国现代教育技术实验学校行列。漳江小学的《小学自能作文电化教学模式研究》课题 1995 年获省特等奖，《小学几何教学模式》获二等奖。2006 年，该校承担的教育部重点课题《基于现代信息技术环境下学与教的理论与实践研究》之子课题《运用信息技术构建小学生自主探究型学习模式》获全国一等奖。桃源一中《中学英语网上听力资源的开发与应用》获国家电教馆优秀课题三等奖。在全国中小学电脑制作大赛中，2003年桃源一中学生获二等奖。2008年，桃源一中参加第八届全国机器人制作大赛，获二等奖。

（五）教育教学改革

1.教育改革

扶持职业教育。为发展职业教育，桃源县采取了四条措施：一是通过新闻媒体、印发资料、召开会议等宣传职教。二是发展民办职教。引进民间、社会资金兴办武陵职业技术学校、创才职业技术学校、机电职业技术学校、桃花源数控职业技术学校。三是保证职教生源。县教育局每年对职校招生下达硬指标，乡镇初中必须完成向县职业学校输送生源的任务，并纳入教育年度目标管理。四是加大职教投入，城市教育费附加向职校倾斜。1998年，县职业中专开始创建省示范性职校，2003年验收达标，2005年经教育部验收，被确认为“国家级重点职业中专”。2010年，桃源县制定职业教育“十二五”发展规划，采取十条保障措施发展职业教育。

发展民办教育。县委、县政府作出《桃源县关于促进民办教育发展的规定》，出台一系列鼓励支持民办教育发展的措施。不仅有民办职中、幼儿园；还有民办中小学。2000年创办的莲花学校集学前、中小学教育于一体，办学规模50个班，学生2433人。

突出素质教育。1998年，桃源县出台《全力推进素质教育的决定》，要求各中小学突出德育工作，强调学生全面发展，注重学生能力培养。

2.教学改革

课堂教学改革。2006年，全国化学校本课程现场会在桃源召开，全县17所学校提供成果展板，化学教研员作典型发言。是年，全县启动“打造高效课堂”工程，文昌中学提出“突出主题，坚持主导，以学定教，当堂达标”的高效课堂要求；桃源七中、观音寺镇中学提出“给孩子最合适教育”的教学理念；漳江小学创建课堂“授、说、评”的高效课堂教学模式。

教学研究。从20世纪90年代开始，全县中小学每年列出研究课题，向县教研室申报备案。县教研室每两年对已结题的研究课题进行一次评审，促进了课题研究的深入开展。漳江小学《小学自能作文训练》课题获省特等奖，漆河镇中学《语文单元整体教学改革方案》获省一等奖。2000年，桃源一中《单亲家庭中学生的心理研究》列入省“十五”重点科研课题；2002年，由教研室、郑驿中学、漳江镇中学合作研究的课题《初中化学教学中学生思维品质的培养》获省三等奖；2008年，县八中承担的《高中物理感知—协作—建构学生研究》获省二等奖；2009年，县教研室、枫树中学承担的《义务教育化学新课程教学模式研究》获省一等奖。

艺术教育。1995年、1996年桃源县被评为全省艺术教育先进单位，被教育部列为全国农村学校艺术教育试点县。每年5月为歌咏月，10月为艺术月，大部分学校设有艺术节。全县中小学有400多支合唱队、器乐队、舞蹈队、美术书法队。每年组织一次全县文艺会演，举办一次“独唱、独舞、独奏”（三独）比赛和艺术、书法大赛。教师中涌现出刘汉军、李安军、周少剑、郭宏忠、张玲、周海军等省内外知名青年美术家、书法家。刘汉军的《梦里徽州》入选全国首届粉画展，《往事如烟》入选全国第十届美展；张玲、周少剑、周海军的美术作品在“世纪之星”第三、四、六届美展（中国美术馆）中展出。2004年，刘品志等6名学生的作品在中国美术馆展出，《桃李争艳》画集由南方出版社出版。《中国教育报》《中国青年报》《湖南教育》《湖南科技报》对桃源艺术教育进行了专题报道。

（六）教师队伍建设

1.充实教师队伍。1991年，全县对民办教师进行考核整顿，给1437人颁发任用证，辞退155人。1999年，绝大部分民办教师转为公办。2000年开始面向社会公开招聘教师。注重师德师风建设。县教育局出台《关于加强教育系统行风建设的若干规定》《关于对在职教师参与有偿补课问题的处理办法（暂行）》《关于规范中小学办学行为的若干规定》等文件。不断提升师德师风水平。牛车河乡小学教师商建东，1995年被评为全国教育系统劳动模范、获人民教师奖章；1996年获全国第二届“十杰中小学教师”提名奖；2001年被评为“全国师德先进个人”；三次进京参加颁奖大会。漳江镇渔父小学校长吴启珍被评为全国中小学德育先进工作者、全国模范教师、巾帼建功标兵。

2.提升教师专业化水平。通过在职学历教育、短期培训、自考、函授、广播电视大学学习等学习方式获得合格学历，至1997年年底，全县中小学教师学历合格率均达90%。从2006年开始，培训的重点由学历教育改为岗位培训，全员参与。根据国家有关精神，桃源县从21世纪初开始打破教师终身制，推行全员聘任制、绩效挂钩制，竞争上岗，优胜劣汰。

（七）教育管理

1.行政管理。1988—1995年撤区并乡前，实行局管区、镇联校，区镇联校管乡（镇）联校，乡（镇）联校管学校的三级管理体制。撤区并乡后改为局直管乡镇联校、乡镇联校管学校的两级管理体制。1998年，实行依托县属高中设片，局管片，片管乡镇联校，乡镇联校管学校的管理体制。2003年撤销片校，乡镇联校并入乡镇中学，没有乡镇中学的并入中心小学，实行局管乡镇中学或中心校，中学（中心校）管乡镇学校的管理体制。1988-1997年实行县、乡（镇）、村三级办学；“两基”验收后过渡到县、乡（镇）两级办学；2001年财税体制改革后转变为以县为主，中央、省投入办学。

2.教学管理。2008年县教育局出台《中小学教学管理常规管理制度》《桃源县小学教学质量评价方案》《桃源县初中教学质量评价方案》《桃源县高中教学质量评价方案》《桃源县中等职业学校课堂教学评价量表》。2009年，建立“县教研室—县学科联组—学校教研组”三级教研网络。

3.财务管理。1995年以前，全县九区63个乡（镇），实行以乡（镇）切块包干，以校为单位记账，局管区（镇），区（镇）管乡（镇）的格局。1998年，局直接管乡镇。2003年，实行一个乡镇一个财务，中学及中心校以下实行报账制。县局和乡镇中学（中心校）向县财政核算中心报账。2007年，县财政局、教育局出台《桃源县中小学财务管理暂行办法》《桃源县学校财务内部监督管理暂行办法》，实行一所学校一本预算，并严格规定学校公用经费支出范围。

4.安全管理。2006年9月，教育局成立安全股，负责学校安全教育与管理和教育系统综合治理，建立学校食品卫生、治安、消防、疫病防控等管理制度。全县中小学配备专职门卫，有22所学校、幼儿园聘请85名专业保安，45所学校、幼儿园安装电子监控，配备防护器械。设立校园安全警示标志及安全防护设施。至2010年，有6所学校被评为“省、市安全文明校园”。

5.民主管理。一是建立教职工代表大会制度。2010年，全县收到提案769件，立案606件，落实426件，形成决议339件。二是建立校务公开制度。1999年开始，全县100%的学校实行校务公开，满意率达98%。三是评议干部。2000年，县一中被评为全省“学校民主管理先进单位”；四中、八中被评为全市“厂务（校务）公开先进单位”；县教育工会被评为“全国教科文卫体系统先进工会组织”。县教育局《深入推行校务公开，促进学校和谐发展》一文被中国工人出版社《工会工作论文汇编（2010卷）》收录。

（八）勤工俭学

1988年，全县中小学有校办工厂51个，小商店55家，生产基地120万平方米。1989年县常委专题研究勤工俭学，提出“以校建园，以园补校，校园结合，培育新人”的发展思路；县人大作出《关于发展中小学校园经济的决定》；县委、县政府发出《关于动员全社会力量积极发展校园经济的通知》；全县掀起农村学校建基地、县属学校办企业热潮。1990年3月，常德市在桃源召开勤工俭学现场会；同年9月，省教委在桃源召开农村学校勤工俭学现场会及全省勤工俭学工作会议，省财政厅厅长王克英考察桃源的勤工俭学。1997年全县勤工俭学产值达3000万元，常德市在桃源召开全市第二次勤工俭学现场会，郴州、娄底、张家界等地市派人参观，教育部装备司副司长王民栋到桃源考察。至2010年，全县形成北水果、南茶叶、山区种药材、平原种蔬菜、全面发展养殖业，兴办第三产业的格局。

（九）实施教育强县战略

2008年，根据省市政府的部署，县委、县政府启动教育强县战略，先后出台《关于建设教育强县的决定》《建设教育强县工作实施方案》《桃源县“十二五”职业教育发展规划》等文件。至2010年，已形成组织、规划、机制、投入“四大保障”；建立起财政投入、部门支教、社会助学“三大体系”；启动合格学校建设、基础设施配套、示范学校创建、学校环境培育“四大工程”。

三、主要问题

一是社会普遍存在重智育轻德育，视升学率为衡量学校工作唯一标准的风气，素质教育难以实施；二是部分教师违反师德师风，违规办补习班，索要或收受礼品礼金，体罚或变相体罚学生的行为屡禁不止；三是大量农村中小学被撤并，义务教育阶段学生入学路程远、不方便、不安全，加重了群众负担和学校压力。

石门县

石门县位于湘西北，澧水中游。东接临澧、澧县，西毗慈利、桑植，南邻桃源，北抵湖北鹤峰、五峰、松滋，面积3973平方公里。1988年辖7区43个乡镇759个行政村，21个居委会。2010年，辖19个乡镇、7个农林区场712个行政村，44个社区居委会，人口67.94万人；中小学及幼儿园318所，教职工5645人，学生76148人。

一、基本情况

（一）学前教育　1987年，全县农村独立幼儿园转为村小学办班，保留5所城镇独立幼儿园，共416个班，在园幼儿10136人。1988—1990年，贯彻国务院办公厅《关于加强幼儿教育工作的意见》，学前教育在调整中发展，至1991年，独立幼儿园恢复到17所，城乡办班470个，在园幼儿11367人，城镇5~6岁幼儿入园率100%，农村65%。1996年，创办乡镇中心幼儿园5所，农村5~6岁幼儿入园率87.8%。1997年，皂市镇、二都乡示范中心幼儿园达标，1999年，11所乡镇中心幼儿园、24个乡镇中心小学学前班达标，农村5~6岁幼儿入园率96.5%。2002年，幼儿园110所，341个班，在园幼儿6740人，其中民办74所，在园幼儿2460人。2010年，幼儿园81所，其中公办18所，民办63所，教职工612人，在园幼儿9259人。

（二）普通初等教育　1988年，小学778所，学生76813人，入学率99%。1995—2000年，为适应撤区并乡和“普九”需要调整至489所。2004年，为适应学龄人口高峰渐退、农村税费改革的需要，调整为315所（教学点116个），联村办学体制逐步完善，寄宿制学校建设起步。2010年，小学195所（教学点98个），学生32426人，入学率100%。

（三）普通中学教育

初中　1988年，初中52所，学生19934人。1995年撤区并乡，初中调至40所。2001年中小学布局调整，初中32所，九年一贯制学校13所。2010年，初中24所，九年一贯制学校7所，学生18782人。

高中 1988 年，普通高中 9 所，学生 3593 人。1991 年，东山峰农场完中改职高。1992 年五中改办一职中。1994—1995 年七中、八中、四中高中部先后停办。1996 年二中改办湘北职专，普、职并存。1996—1998 年，普高 3 所。1998 年后，恢复五中、二中，一职中、湘北职专增设普高班。2001 年，二职中（原预备役学校）改办普高，更名四中。是年，普高 6 所，学生 7044 人。1999 年，一中评定为省重点中学。2002 年，四中民办，更名“瑜远高级中学”。2010 年，普高 5 所，学生 10546 人。

（四）职业技术教育

1986 年职业高中 4 所，专业班 18 个，学生 1098 人。1991 年东山峰普高改办职高。1992 年五中改办一职中，原一职中改办预备役学校，八中职高班停办，新办“湖南石门职业大学”，职高发展到 9 所。1994 年新办石门外事学校（民办）。1995 年，供销学校、东山峰职高、县委党校职高班停办，二职中与二中合并，职高减至 7 所。1997 年二中更名“湘北职业中专”，新办科技学校（民办），教师进修学校招职高班，职高恢复到 9 所，学生 3038 人。2000 年，湘北职专评定为国家重点职业中专。2002 年，职高调整为 7 所。是年，《中国教育报》以《民办职中：石门教育的亮点》为题报道了石门民办教育。2005 年 10 月，县教育局长鲍传新在全省民办教育经验交流会上作题为《优质服务，依法管理，开创民办教育新格局》的经验介绍。2006 年，制定《石门县中等职业学校教学评价方案》，2010 年，职中 6 所，其中民办 5 所，学生 5135 人。

（五）成人教育

农民文化技术教育 1986 年有乡农校 43 所（其中常德地区合格农校 13 所），学员 1500 余人。1989 年为“国际扫盲年”，全县办村农校 553 所，1439 个班，学员万余人。1995 年，建扫盲档案和双线承包责任制，扫盲工作进一步规范。1998 年达“两基”合格标准，被评为全省扫盲工作先进县。至 2000 年，共扫除青壮年文盲半文盲 7.72 万人，仅剩丧能文盲半文盲 2460 人。2003 年后，农民文化技术教育以职校和乡村农校为依托，以实用技术、就业培训为重点，促脱贫致富。至 2010 年，全县 18.6 万农民工中有 15.9 万参加过培训。

干部职工文化教育 1987—1988 年，石门县连续两年被评为市干部职工文化补课先进单位。1990 年后，除文化补习和岗位培训外，增加大中专学历教育。1994 年有职工学校 8 所，专职教师 121 人，学员 8720 人，其中大中专班 3265 人。是年，县教委出台《石门县小学教师继续教育实施意见》，规定对学历不合格又不参加培训的小学教师，不发教师资格证，学校不得聘用。2008—2010 年，以县职教中心为龙头，统筹全县职工文化教育和技术培训，培训 13180 人次。

成人高等教育 1986—2003 年，石门县成人教育有电视大学、电视中专、函授大学、高等教育自学考试等多种形式。1978—2000 年，中师中函毕业 2628 人。1991—2010 年，函授专、本科毕业 3603 人。高等教育自学考试始于 1984 年，至 2010 年，在籍考生 4114

人，涉60个专业，毕业1256人。

（六）办学条件

2010年，全县校园258.33万平方米，校舍70.22万平方米，其中高中16.98万平方米，生均16.1平方米；初中26.67万平方米，生均14.2平方米；小学26.57万平方米，生均8.19平方米。建校园网学校29所，计算机3649台；图书1516761册，固定资产52533.44万元。

二、主要工作及成果

（一）普及九年义务教育。1991年，县委、县政府根据市委、市政府的部署，初步规划2003年完成“两基”，1993年调整为2000年完成，1996年又调整为1998年完成。通过艰苦努力，1997年通过省检。1998年，小学适龄儿童入学率100%、初中阶段入学率121.5%（含外地转入和小学毕业后未进入初中，经劝学进入初中学习的学生）；学生年巩固率初中98.23%，小学99.87%；残疾少儿入学率73.5%。石门县作为全市最后一个“两基”达标县，顺利通过国检，比原规划提前五年实现目标。1999—2002年，连续四年复检合格。为实现“两基”目标，1991-1998年，县委、县政府召开8次会议，出台决定、决议、通告、通知、通报及会议纪要86个，主要领导发表广播电视讲话14次。投入资金6656万元实施国家贫困地区义务教育工程，新建改建校舍14.34万平方米，1997年10月29日，《常德日报》以《山区教育大变样》为题予以报道。同年10月8日，县委副书记王振华在全省“两基”达标建设隆回现场会上作题为《以义务教育工程为龙头，加快山区教育发展步伐》的发言，并领回奖金100万元。“两基”达标建设期间，县政府和县教育局建立控流保学“双线连环责任制”，开展济贫助学系列活动，仅1997年下学期，就筹资49.73万元，资助学生3841人。1997年12月8日，湖南省部分区县市（场）“普九”工作汇报会在石门召开，参观蒙泉、壶瓶山等乡镇的14所学校。县长覃清香作题为《抓住机遇，突出重点，打好“普九”攻坚战》的工作汇报。2001年，县教育局局长舒一平被教育部、财政部、国家计委授予“全国‘两基’工作先进个人”称号。2002年9月6日，《中国教育报》刊发《“两基”：谱写中国教育新篇章》的长篇通讯，以“舒一平的心情舒展了”为小标题报道石门县实现“两基”的艰辛历程。

（二）人事管理。1989年，全县开始推行学校目标管理岗位责任制。1995年，公开竞选二中校长。1998年，首轮“三制”改革全面推行，乡镇教育办由125人精简到94人；局管干部降免22人；41所中小学实行校长公选，初中校长达专科学历，干部平均年龄从43.5岁下降到37.2岁；清退编外人员338人。2000年，第二轮教职工全员聘任，124名校长公选52人，精简行政人员74人；是年12月，最后一批民办教师全部转为公办。2001年，首次推行局机关二层骨干竞争上岗，所设职位减少19%，新上岗干部年龄平均下降5.3岁。同年，完全中学、职业中学实行二层骨干竞岗和结构工资制改革。2002年4

月，局机关撤并机构2个，分流干部19名。2007—2012年，招聘教师558人，其中义务教育阶段436人，全部充实到西北山区任教，实行农村学校三年服务期制度。2002年和2012年，完全中学及城区学校两次公开考录在编在岗教师83名。2010年，连任两届（6年）局管干部异地交流70人次。

（三）乡镇教育管理。2003年，原乡镇教育办与中学合并，改名乡镇中心学校，实行一块牌子、一套班子、一个法人、一个账户、一个院子。19个乡镇精简行政人员19人。

（四）义务教育经费保障机制。2007年春季始，国家实施农村义务教育经费保障机制，财政性教育经费逐年增长，“十一五”期间全县教育经费支出10.68亿元，比“十五”增加4.75亿元。做到了“四个落实”：一是落实专项建设资金。“十一五”期间完成校舍维修改造、寄宿制学校建设、初中工程、校安工程、合格学校创建等项目工程166个，投资14627万元，新建维修校舍18.44万平方米。2008—2010年，投入423.6万元，为义务教育阶段新生提供课桌椅35411套。2009年，化解8469.7万元“普九”债务。二是落实配套建设资金。2007—2009年，税费改革转移支付8115万元，用于教育5346万元，占转移支付总额的65.88%；新增一般性转移支付2190万元，547.5万元用于教育；征收城市教育费附加和地方教育费附加1575万元，全部用于教育。三是落实扶贫助学资金。2006—2010年，筹集7018万元助学金资助22万人次。四是落实教职工工资。2002年，教师工资实现由县财政打卡发放；2005年，教师政策性津补贴也开始由县财政打卡发放。2008年，按照工资改革后的标准兑现教职工工资，义务教育学校教工临时津补贴与本地公务员均为每人每年7000元。2010年，按每人每年9200元标准落实绩效工资，比公务员高1600元。

（五）建立运行机制。一是研究决策机制。县教育局建立教育质量专题研究制度和完全中学、职业中学校长及乡镇中心学校校长例会制度，每季度就提升教育质量的某一专题进行研究并形成决议；每年完全中学、职业中学校长召开3~4次例会，研究高中阶段的教育教学，形成相应的决策。二是评估激励机制。2002年，在连续12年对初中教育质量进行综合评估的基础上，按照《石门县小学教育质量评价办法》和《石门县高中教学质量评估方案》，开始对小学和高中教育质量进行综合评价，中小学教育教学评价走上规范化、科学化轨道。三是专项督导机制。县政府教育督导室定期和不定期对各中小学常规管理、教育教学进行督导，发现问题限期整改。

（六）教师培训。1988年，全县专任教师5641人，其中中学1645人，小学3996人，小学、初中、高中专任教师学历合格率分别为73.34%、38.31%、22.43%。2010年，专任教师4952人，其中中学2430人，小学2179人，中小学教师资格证持证率100%，小学、初中、高中专任教师学历合格率分别达100%、100%、90.2%，校长持证上岗率100%，培训县级骨干教师230人，160人参加省市级骨干教师和学科带头人培训。

（七）课程改革。2003年，石门县启动基础教育课程改革，义务教育阶段453所学校，一、七年级 15070 名学生开始使用新教材，进入新课程实验。县教育局成立专门领导小组，设宣传报道、师资建设、条件保障、教学指导、评价管理 5 个工作组。一、七年级 16 个学科 1413 名任课教师参加全员培训。同年 9—10 月，课改办深入 32 所学校调研，制定《石门县基础教育课程改革实施方案》《石门县义务教育课程设置实施方案》《石门县新课程教师培训方案》。2004 年，印发《石门县校本教研工作指导意见》，是年，石门县被评为全市基础教育课程改革先进单位。2007 年秋，普高新生进入新课改，实行“学校评价、教师评价、学生评价”的评价改革。全县围绕“轻负担，高质量”，探索高效课堂教学模式，开展校本教研、网络教研、送课下乡、区域教研活动，推进高效课堂建设，至 2010 年，获省级以上成果奖 10 项。

（八）勤工俭学。1982 年，石门派代表出席全省、全国勤工俭学先代会，列为全国先进。1985 年，全省中小学勤工俭学现场经验交流会在石门召开，省财政厅以《勤工俭学，聚财育人》为题总结石门经验。1988 年成立县勤工俭学服务公司，是年，再次列为全国先进单位。1990 年，提出“南橘北茶，宜工则工，宜农则农”发展规划，逐步实施工厂一产、二供、三销，农场一种、二养、三加工、四服务的“两条龙”方案。县教育印刷厂进入全省校办工厂“综合实力 500 强”。1998 年后，以发展第三产业为龙头，带动校办工业、农业发展，学校办小食堂、小商店、小猪场、小基地。2002 年，常德市中小学勤工俭学现场会在石门召开。

（九）高考。1988 年，高考录取 303 人，1998 上升至 575 人。2008 年，5337 人参考，录取 3828 人。2009—2010 年，高中学业水平考试平均分全市第二，高考成绩全市领先。2002—2010 年，高考录取率高于全市平均水平 7 个百分点；石门一中考入清华、北大 56 人。在此基础上，石门县继续扩充普高优质教育资源。在确保五中、六中创建省市级示范性高中的同时，投入 1.7 亿元易址新建一中。新一中占地 31.92 万平方米，建筑面积 10.84 万平方米，可容纳 100 个教学班，2004 年投入使用。校长苏光被评为特级教师、全国优秀教师、中国名优教师、全国首届中小学明星校长、国家级骨干校长、享受政府特殊津贴专家、省劳动模范、“徐特立教育奖”获得者。

表 12-11　　2002—2010 年石门县高考录取统计表

年 份	参考（人）	录 取 情 况				
		本科(人)	专科(人)	合计	录取率%	市录取率%
2002	1801	614	795	1409	78.23	70.70
2003	2505	766	1260	2026	80.88	73.21
2004	3199	941	1784	2725	85.18	78.78

续表 12-11

年份	参考（人）	录取情况				
		本科(人)	专科(人)	合计	录取率%	市录取率%
2005	3714	1156	1859	3015	81.18	74.44
2006	4286	1245	1675	2920	68.13	61.30
2007	4892	1471	1917	3388	69.26	61.12
2008	5337	1706	2122	3828	71.73	64.60
2009	4588	1884	1942	3826	83.39	74.99
2010	3820	1895	1753	3648	95.50	

（十）建设教育强县。根据常德市建设教育强市的部署，2007 年 8 月，县委、县政府召开建设教育强县动员大会，出台《关于建设教育强县的决定》，提出通过 5 年努力，教育发展各项指标显著提高，教育综合实力保持全市先进水平，跨入全省先进行列。一是打造县职教中心。2007 年 3 月成立县职教中心，2008 年立项为省“示范性县级职教中心”，2012 年，被评为为省示范性县级职教中心。2009—2011 年，城市教育费附加、地方教育费附加用于职教比例为 44%、30%。2008--2010 年，投入 1200 万元，新建学生公寓、综合楼；投入 160 万元，扩建 16 个实习实训室，湘北职专建成示范性中等职业学校。二是推进教育均衡发展。“十一五”期间，完成校舍危改工程、国家贫困地区义教工程、寄宿制学校建设、“初中工程”、校安工程等项目 166 个，投入 14627 万元，建筑面积 18.44 万平方米。投资 985 万元添置电脑 1606 台，建实验室 82 间，加强校园网建设和体卫艺器材及图书配备。投入 482 万元，为义务教育阶段新生提供课桌椅 41000 套。

国家级荣誉

1982 年 8 月，教育部、国家计委、经委、财政部联合颁发全国勤工俭学光荣册，石门县列为先进单位。1984 年，县教育局《积极发展勤工俭学，促进农村教育改革》的经验在全国推广。1988 年，石门县再次被国家教委、国家计委、财政部、劳动部评为全国勤工俭学先进单位。1994 年 9 月，被中国教育工会评为“全国农村教师家属扶贫基金管理使用先进单位”。1998 年，获教育部、财政部“全国扫盲工作先进单位”奖牌。1998 年，获教育部“普及九年义务教育和扫除青壮年文盲县”铜盘奖牌。

表 12-12 **1988—2010 年石门县部分在省级以上现场会议交流或刊物上推介的文章一览表**

文章标题	现场会议或刊物	时间
《我们是怎样加强青年教师培养和管理的》	湖南教育导报第 12 期（作者：肖世树）	1991.12

续表 12-12

文章标题	现场会议或刊物	时　间
《强化政府行为、普及实验教学》	省实验教学普及县暨条件装备工作会议(石门)	1996.4
《抓住机遇、突出重点、打好“普九”攻坚战》	省部分县市区“普九”工作汇报会(石门)	1997.12
《以义务教育工程为龙头、加快山区教育发展步伐》	省“义教工程”隆回现场会	1998.11
《调整学校布局、提高办学效益》	省贫困地区与民族地区教育工作现场会(桂东)	1999.1
《加大投入、强化管理、提高学校卫生工作水平》	省中小学卫生管理工作会议	2004.6
《优化环境、依法管理、开创民办教育新格局》	省民办教育经验交流会	2005.10
《改革创新促发展、勤工俭学谱新章》	省勤工俭学工作会议	2005.10
《加大校长培训力度、打造高素质干部队伍》	省中小学教育管理干部培训工作研讨会	2005.10
《抓好“两免一补”、精心打造民心工程》	省教育工作会议	2006.2

三、主要问题

一是教育发展不均衡。义务教育阶段城乡之间发展差距较大，高中教育阶段普教职教比例不够协调，民办教育管理欠规范。二是教师队伍年龄结构不合理、学科分布不平衡，整体素质有待提高。三是素质教育面临困难与压力，未成年人思想道德建设、心理健康教育方式方法需改进创新。

津市市

津市市位于湘西北，澧水中下游，辖 5 镇 2 乡 4 个街道办事处和 1 个工业集中区。面积 558 平方公里，人口 26.6 万人，其中农业人口 15.2 万人。2010 年，有学校 34 所，其中普通高中 2 所，职业学校 1 所，初中 7 所，九年一贯制学校 3 所，特校 1 所，小学 20 所。幼儿园 42 所。中小学在校学生 17723 人，在园幼儿 4859 人；在编教职工 1683 人，离退休教师 1161 人。

一、基本情况

（一）学前教育。1985 年城区小学始办学前班，1990 年，全市幼儿园 104 所，180 个班，在园幼儿4169名，保育保教员283人。1991年火花幼儿园获省“先进集体”荣誉称号。1999年，实施《津市市幼儿园等级评估标准》。2000市商业幼儿园易名为“恒通”幼儿园。2001年成立市幼儿教育协会，投入650万新建火花幼儿园。2010年，全市公办幼儿园6所，民办幼儿园36所，保育保教员288人，在园幼儿4859人。

（二）小学教育。1990年，全市有小学118所，其中市直小学7所，厂矿子弟小学4所。在校学生19233人，教职员工1212人。1991年，市委、市政府制定《津市市普及九年义务教育规划》，下发《关于调整我市中小学布局意见的通知》。1992年，小学减少至105所。1996年，二小搬迁，原址改为三小。1997年六小并入一小。1998年，市委、市政府下发《关于同意湖南汽车车桥厂子弟学校转由社区承办的批复》，由市教育局接管。2000年，教育局接管盐矿子校，将其并入五小迁址盐矿；原湘航和涔澹农场子校撤销。2001年，全市小学79所，教学点9个，在校学生20497人，教职工1142人。至2010年，有小学19所，教职工739人，学生9621人。

（三）中学教育。1990年市办中学5所，乡镇中学9所，厂矿子校（中学部）3所，职中办初中班6个。全市中学在校生10752名，教职工1001名。1992年窑坡中学、阳由中学并入五中，渡口中学并入翊武中学。1993年，一职中停办，重组市五中，恢复初中教学。1995年新洲中学易址重建。1998年湖桥子校中学部并入五中。2000年9月，湘澧盐矿子校中学部并入一中；涔澹农场子校初、高中部撤销。市城区中学由教育局直管，乡镇中学由联校管理。是年，一中初中部改为民办津兰中学（后称车胤中学）。2001年，全市有完全中学3所，初级中学9所，在校生14527人，教职工1104人。2010年投资1.2亿元建成德雅中学。至2010年，全市有完全中学1所，高中2所，初中10所，在校学生8192人，其中高中3540人，初中5652人。

（四）中等职业技术教育。1989年，涔澹农场子校普高部改为“涔澹农场高级职业中学”，津市市二职中更名为津市市职业中专，进入全省重点职中行列。是年，省包装食品机械学校更名为“湖南机电学校”。1990年，全市职中7所，厂矿子校职高部2个，劳动技校1所；设20个专业，34个教学班，在校生1137人。1992年，职业中专聘请日本海外协力队员美香子任教服装设计4年。1993年9月，一职中、三职中停办。1995年，职业中专投资新建教学楼、图书馆，1996年被认定为国家级重点职中。1998年，津市市技校并入电大分校；各厂矿子校职教部停办。2002年，成立津市市职教集团。2007年，成立津市市职教中心，2008年成为“示范性市级职教中心”。至2010年，全市有职业中专3所，在校学生2553人，教职工169人。

（五）中等师范教育。1984年，经省政府批准，常德地区开始在津市市筹建津市师范学校，1988年开始招生，首次招生4个班共188人，学制3年。至1990年，共招生1551人。1989年、1993年、1994年被评为常德市“目标管理先进单位”，1990—1991年，全省31所中等师范统考，成绩名列前茅。1995年，有班级15个，学生700人，教职工90

人。至 1998 年，毕业学生 2172 人。1999 年因全省中师布局调整被撤销。

（六）成人教育。

1.扫盲与文化补习。1988 年全市 6 乡 3 镇 116 村有 15~45 岁的文盲、半文盲 896 人，至 1990 脱盲 819 人。办文化补习班 174 期，400 名学员达高中水平。此后，扫盲和文化补习学校停办。

2.技术培训。1988 年，办各类培训班 600 多期，培训 18376 人次。次年，9 所乡农校验收合格。各乡镇办中央农业广播电视学校教学点，设农业经济和乡镇企业管理等专业。至 1990 年，共招收学员 850 名，210 人获中专文凭。1988—1990 年，市总工会职校办培训班 177 期，培训学员 13000 余人次；1991—1994 年，办培训班 68 期，招收学员 3078 名。校长章南高获“全国优秀教育工作者”“五一劳动奖章”“全国职教先进教师”等称号，该校两次被评为“全国职工教育先进单位”。

3.学历教育。1987 年，省教委批准成立省广播电视大学津市分校，设汉语言文学、企业管理和电子技术等 5 个专业，招生 309 人。1990—1996 年，1000 余人参加成人自考 39 个专业的 13 次考试，154 人获大专毕业文凭，3 人获本科文凭。1991—1994 年，工会职校开办大专班 7 个，158 人获大专文凭。省委党校在市委党校设大专班、本科函授班，市委党校与益阳地委党校合开贵州广播电视大学市场营销大专班，学员 42 人。1999 年，市总工会职校与湖南大学联办远程教育津市站，设本科学历教育班，市委党校与省委党校合办研究生班。此后，电大津市分校与多所院校合办医学、本科学历教育班。1991—2010 年，全市有 35305 人次参加以上各类学历教育，819 人获大专学历，127 人获本科学历。

（七）特殊教育。1989 年，省教委同意重建津市聋哑学校并下拨经费 58 万元。1990 年招生 23 人，学制 9 年。主要是强化学生语言、文艺、书法、绘画、体育训练，1992 年，语训部王静静、饶欣悦进入一完小就读。1994 年，该校《哑童梦幻曲》获省第二届中小学生艺术节一等奖，常德电视台在该校摄制专题片，作为与美国洛杉矶熊猫电视台交流节目。1997 年，该校学生彭琳书画作品获全国“世纪之星少儿书画大展”特别奖，并由《中国世纪之星少儿书画展精品集》收存。1998 年，学生陈梓、高涌参加省聋儿语训成果汇报表演获二等奖。1999 年 8 月，省教育电视台“三湘教育五十年”专题报道该校，中央电视台四套“共和国同龄人”栏目组也抵校拍摄专题片在海外播放。1990-2010 年，该校共招生 5086 人。

（八）高等教育。津市市有湖南广播电视大学津市分校和湖南机电职业技术学院两所高校。湖南广播电视大学津市分校前身为津市市电大工作站，1988 年 2 月，国务院批准津市市为湖南省计划单列市，同年 7 月 2 日，经津市市人民政府和湖南省教育委员会批准成立湖南广播电视大学津市分校。学校隶属于津市市人民政府，业务上接受湖南广播电视大学指导，是一所运用广播、电视、卫星接收系统、文字、音像教材、计算机网络等现代多媒体资源进行远程教育的开放大学。校园占地面积 156 亩，总建筑面积近 40000 平方米，拥有固定资产1600万元。学校有充足的教学教研设施设备及实验实训场所。图书室、计算机室、会计模拟实验室、运动场及后勤服务设施一应俱全。2000年，地处津市市的省机电学校升格为“湖南机电职业技术学院”，设电气、机械、经济管理等20多个专业，2008年迁至长沙。

二、主要工作及成果

（一）师资队伍建设

1990年，全市小学教师1165人，其中本科1人，大专69人，中师543人，高中及以下552人。中学教师981人，其中本科学历124人，大专520人，中师141人，高中及以下196人。进修学校、聋哑学校等教育机构教师34人，其中本科7人，专科9人，中师11人，高中及以下7人。1990年，全市有民办教师497人，至1999年全部转为公办。通过开展学历教育，至2010年，教师学历合格率达99.8%。1991—2010年，一中校长李季益、教师刘一星，二小校长曾昭华、副校长汤长模，市教研室教研员周道俊等跻身特级教师行列。

1991年，成立“津市市中小学幼儿教师奖励基金会”，并颁布《津市教师奖励基金会章程》，年底筹集奖励基金10.86万元，1994年年底突破30万元。1992年教师节，表彰教龄30年以上的教师277名。1993年，表彰十佳青年教师和名优教师。1994年教师节表彰教师100名、优秀党员27名。1985年，津市市实行“结构工资制”，教师工资提高10%。至1990年，中学教师月平均工资147.9元，幼儿教师135.8元。公费医疗，防寒降温等劳保福利及婚假、产假、离退休等待遇依法落实。2001年，教师工资由市财政打卡发放。1989—2010年，解决住房困难教师268户。

（二）教学教研

1988年，成立市教育学会，会员225人，1990年达327人。市教研室先后制定下发《津市教研室工作管理条例（1988年）》《中小学教学常规管理条例（1990年）》《课堂教学评价细则（1996年）》。1996年，二完小成立教科室；1999年，一中成立教科室。2001年各乡镇联校教学辅导站撤销。

1990年，市教研室组织开展多项教学实验，有“现代小学教学实验班”12个，“注音识字提前读写”与“三算数学”同步实验班1个，“三算结合教学”实验班21个。1996年，组织“合格课堂教学评估”，12所学校被评选为市“八五期间教研先进单位”。1998年，承办常德市英语教学复习研讨会。2000年，李家铺中心小学被评为全国“三算”教学先进单位，该校教师杜德梅、二完小谭晓明被评为全国“三算”教学先进个人。2000—2010年，组织实施新课程。

1988—2001年，在常德市课题研究评选中，津市市连续六届获奖。1990年，市教研室被评为常德市“教改课题研究先进单位”。1991年，省电教馆在津市市召开“听说训练”课题研究现场会。1994—1996年，课题申报、立项、管理、成果和表彰等逐步规范化。1998年市教研室、二完小的《三算结合》课题获省二等奖。1996—1999年，电教仪器站、二完小承担的国家级电教活动课研究课题获市一等奖、省二等奖，论文获全国二等奖，1999年，在全国活动课上海交流会上交流，再次获二等奖。1988—2001年，全市课题研究在常德市课题评选中获奖88项。

1990年，全市组织大型教学比武10次，136名教师获奖。同年，参加常德市小学语、数教学比武，湘澧盐矿子校薛小强执教的《小白杨》获语文组第一名；二完小杨国强获数学组第一名；并代表常德市参加全省小学语、数教学观摩赛，薛小强获一等奖。1993年，二完小陈小明执教的《角》获省教学比武一等奖、全国三等奖。1995年，一中张丽娟执教的英语课《Lesson17》获省一等奖。1998年，一完小徐凯执教的《学会保护自己》、二完小马平执教的语文课《三只白鹤》分获省一等奖。1999年，二完小马平执教的语文课《陶罐和铁罐》获一等奖；白衣中学刘云高执教的《海滨仲夏夜》获省语文教学比武特等奖；一完小李燕执教的数学课《相遇问题》获全国一等奖；2000年，张文彪、齐华执教的《地球和地球仪》、三中郭光森执教的物理课《洛伦磁力》分获省二等奖，一中张代琴制作的历史课课件，李斌、黄久胜制作《“友邦惊谈”论》课件分获省一、二等奖，二完小高辉执教的数学课《乘法的整理和复习》获全国二等奖。1991—2010年，中学教师参加教学比武，有4人获省一等奖，1人获省级三等奖，参加常德市教学比武，128人次获一等奖、27人次二等奖，小学教师参加常德市教学比武126人次获一等奖。

1990年以来，小学数学特级教师文德训发表市级以上论文30篇；一中外语教研组长、高级教师陈平涛发表省级论文20多篇。1990年，一中李季益参加人民教育出版社和湖南教育出版社中学历史教学参考书编写，发表论文10余篇。1992年，二中教师雷良钧的《学生实用英语语法讲座与训练》《英语整体教学与训练》，一中教师杨富文的《高中物理知识能力检测与分析》，二完小教师李忠纯的《课堂教学艺术大观》《青少年思想品德修养指导》等6部专著出版，刊发论文31篇。1997年，市教研室教研员撰写论文21篇，分获省、市奖并获“绿叶杯”论文竞赛组织奖。1999年，一中教师张平等5人编著的《高中数学方法导引与解题技巧》由湖南师大出版社出版。1988—2000年，发表省级以上职教论文65篇，8篇获国家级奖，省级研讨会交流21篇。职业中专副校长曾狄青的专著获国家教委职教司首肯。2010年，市教研室谭晓明的《湖南省小学数学教育现状及思考》被收入《2005年湖南省基础教育教学年度报告》，并参与省教科院《新课程数学教师丛书》编写。

（三）教学设施

20世纪80年代，一中、二职中新教学楼竣工，新建市六中、阳由和窑坡中学。新建窑坡渡联校所属村小教学楼和白衣中心学校。1991年，市委、市政府下发《关于加速发展我市教育的决定》和《津市市普及九年义务教育规划》，要求全市1993年基本普及初中教育，校园做到无危房、有教室、课桌，有配套实验仪器、体育、音乐、劳技和卫生室。为了完成既定目标，全市每人每年集资 15~25 元（1996 年调整为每人每年 60 元）。1992 年，投资 150 万元的体艺馆在一中落成。1993 年，市委、市政府下发《关于依法按期普及九年义务教育的决定》，乡、村筹资新建、改建教学用房 21.7 万平方米，消除中心校和中学危房。1996 年，一中、渡口和灵泉中心小学等 6 所学校被评为省级“园林式单位”，职业中专、二中等 10 余所学校被评为常德市“园林式单位”。投资 392 万元和 1200 万元新建七完小和二完小，建成职业中专教学楼、图书馆。1997 年，全市小学校园面积 72.14 万平方米，中学校园面积 50.61 万平方米，生均分别为 33.03 和 50.22 平方米；全市小学校舍 14.85 万平方米，中学 9.34 万平方米，生均分别达 6.80 和 9.36 平方米。1998 年，阳由中心小学、新洲中学逸夫教学楼和一中科技楼、图书馆，三中教学楼、科技楼等竣工。2001 年，启动新一轮危房改造工程，一完小、一中、二中、四中及各乡镇中小学校均新建教学楼。2008—2010 年年底，建成合格学校 13 所。

20 世纪 80 年代中后期，城区各小学和乡镇中心小学录音机、幻灯机、屏幕、自然课实验仪器齐全。1994 年，各校完成实验、仪器室建设改造，仪器入柜及建档工作，同年 10 月，津市市获“省中小学实验教学普及县市”称号。1995 年，全市各校实验室达 67 间，面积 4091 平方米，器材价值 294 万元。8 所学校装备语音和电脑室，二完小、职业中专、一中配闭路电视系统。1997 年，市教育局下发《图书室硬件配套设施与两室布置标准》。全市学生在收费标准上再加 1 元用于购买图书，并从教育费附加和勤工俭学收入中按 8%比例列支，资助一中等 20 余所学校新建图书馆。至 2010 年，全市图书室建设投资 640 万元，建馆（室）4599 平方米、阅览室 7918 平方米，藏书 62.5413 万册，图书管理员 137 人。

（四）经费保障

1.经费筹措。2002 年前，除国家和地方财政拨款外，教育费附加和教育事业费附加、学杂费和代收费、勤工俭学收入、社会及个人捐赠是教育经费的辅助来源。

“五个口子”经费。1986 年，市委、市政府明确了向教育拨款的“五个口子”，一是年初基数加上地方财政增长的 2%，二是机动财力的 20%，三是乡镇财政收入的 50%，四是城市维护建设费的 15%，五是地方财政安排的基建费的 20%。1987 年征教育和教育事业两费附加 43.08 万元，至 2001 年，共征收 1262.5 万元。

学杂费和代收费。学杂费每学期按标准收取。代收费各校不一，1996 年二完小收电脑费每生每期 15 元。1998 年，设电脑课的学校每生每期收 25 元，2000 年调至 40 元。20 世纪 90 年代，部分学校以资料、补课和茶水等项目收费。2000 年开始清理整顿乱收费，市委明令制止并查处有关学校负责人。

勤工俭学。20 世纪 80 年代，三完小、三中、五中、二职中、二中等学校相继开办印刷、汽修、教学用品等校办工厂。20 世纪 90 年代，灵泉中学、职业中专、聋哑学校相继兴办养殖、特种油泵、教学用品等校办工厂。全市各校办起了商店。有效弥补了学校经费的不足。

社会和个人捐助。1982—1990 年全市收到社会捐款 437 万元。1989 年，市政府要求学校代收集资办学费。1991 年市政府下发《关于〈征收办学经费暂行办法〉的通知》，开始征收城乡（每人每年 24 元，1996 年增为 60 元）的群众集资办学款。1995 年开始收取每生 200 元的滚动集资款。1996 开始，二完小以公办民助形式每生收 3000 元集资款。一中对择校和未达录取线的初、高中新生收取 2000~5000 元的集资建校费。1997 年秋季起，全市开始收取教育事业补助费：小学生每期 95 元，中学生每期 110 元，2000 年调整为小学生每期 120 元，中学生 130 元。2001 年，津兰中学对二完小小升初考试名次在 120 名以外的初中新生每人收取 4000 元集资建校费。

2.资金管理。1990 年，教育局成立审计室，设专干 3 人。全市财务专（兼）职人员 95 人。1997 年，教育局制定《津市教育事业财务管理办法》《津市市中小学固定资产管理细则》等财务规章制度。1998 年，农村中学经费由联校管理，村小资金由联校报账管理。

（五）教育人事

1989 年，实施津市市学校目标管理岗位责任制。1995 年，公开竞选一中校长。1998 年，全市推行“校长负责制、教师聘任制、绩酬挂钩制”。1999 年，启动第二轮教职工聘任改革，民办教师全部转为公办。2001—2010 年，教育局机关二层骨干竞岗，所设职位减少 19%，完全中学、职业中专二层骨干竞岗，全市实行结构工资改革。2003 年，撤销乡镇教育办，与乡镇中学合并，改名为乡镇中心学校。

2002 年，教师工资和政策性津补贴由市财政打卡发放。2008 年，按改革标准兑现全市教职工工资，义务教育学校教职工临时津补贴与本地公务员均为每人每年 7000 元。2008—2009 年，向上级争取资金 1194 万元，化解“普九”债务 2081 万元。2010 年，强化农村义务教育经费保障机制，做到“专项建设资金、配套建设资金、扶贫助学资金、教职工工资”的“四落实”。是年，按每人每年 18000 元的标准落实教职工绩效工资。

（六）教育强市建设

1995 年，全市“两基”达标建设通过国家教委和省政府验收。2007 年，根据常德市委、市政府部署，津市市委、市政府印发《关于建设教育强市的决定》，要求通过 5 年左右的努力，全市教育发展指标显著提高，综合实力保持在常德市先进水平，跨入全省先进行列。为了达到目标，主要采取了三项措施：一是突出“抓手”。一抓决策机制。建立校长例会制，每季度专题研究教育教学质量；二抓评估机制。在 2007 年完善初中质量综合评估的基础上，教育局于 2011 年印发《津市中小学质量监控与评价方案》，质量末位单位评先评优一票否决。教师绩效工资、职称晋升、评优评先看质量。三抓督导机制。市政府教育督导室强化督导，督促整改。二是优化队伍。采取校本、脱产、远程培训和业务考试等方式，落实教师和校长培训，启动100名骨干教师和50名学科带头人培养工程，促进教师整体素质和教学技能提升。三是继续积极推进课改。抓紧对高中教师的新课程培训。

（七）教育质量及主要荣誉

2007—2010年，全市初中毕业生合格率由37.6%升至74.6%，列常德市第五，高考录取人数逐年增加。1988年录取201人，2010年，一、二本上线人数328人，上线率27.5%，较上年增长14.6%。一中学生庞人铭以688分全省第22名的成绩被清华大学录取。高二学业水平考试合格率95%以上，较上年增长16%；职教集团高考重本5人、二本10人、高职专科71人，高考升学率98%。

1989—2010年，聋哑学校黄彬英，李家铺联校彭思享、杜德海，三完小王谋、杨正斌，职业中专陈炳玉，一中谭启荣、徐元清等教师获全国优秀教师称号，二完小陈晓明，一中李季益获全国教育系统劳动模范称号，李季益同时获“人民教师”金质奖章。2008年，省委组织部、省教育厅、省政府教育督导室对县级党政领导进行两项督导评估，津市市获“优秀”等次；2010年，教育局被评为常德市招生考试、为民办实事、综治维稳、远程教育、电化教育和保密工作先进单位。

三、主要问题

一是教育发展不均衡，城乡教育差距大，布局不合理，资源零散，普职生比例不协调，民办教育体制机制有待畅通。二是教师队伍老化，学科教师分布结构性矛盾突出，整体素质有待提升。三是未成年人思想道德建设和心理健康教育的途径需改革创新。

常德经济技术开发区

1992年4月，中共常德市委决定创办德山经济科技开发区，规划面积10平方公里。是年5月，省政府批复同意建立德山经济科技开发区，2010年6月升级为国家级常德经济技术开发区（以下简称开发区）。开发区位于市城区东南，沅江下游，东、南、西三面与鼎城区接壤，北与武陵区隔江相望，面积54平方公里，人口近10万人。2010年，有幼儿园15所，义务教育学校7所，学生5165人，教职工352人。

一、基本情况

（一）学前教育

幼儿园按办园主体分为公办和民办两类，均由教育部门管理。公办幼儿园由政府主管部门设立；民办幼儿园由私人设立，教职工由办园者自聘。一般招收3~6岁幼儿，城镇有条件的幼儿园招收2.5岁的幼儿，分小班、中班、大班、学前班。幼儿园均为日托制，每日在园时间 8~12 小时，距离较远的有校车接送。幼儿园供应早、中餐，由家长自由选择，各园均有游乐活动场地和午睡设施。幼儿园执行部颁《幼儿园教育指导纲要》，开设健康、科学、社会、语言、艺术课程，有条件的还开设游戏识字、现代幼儿英语等课程。采取游戏、观察、劳动、娱乐、体育活动等形式，通过观察、讲解、演示、提问、练习等方式学习。2010 年，幼儿园 15 所（新艺幼儿园为市示范幼儿园），在园幼儿 1567 人，教师 156 人，全区幼儿入园率 85%。

（二）义务教育

1992 年，全区辖 3 所全日制公办学校：常德市第九中学、莲花池小学、德山乡联校（包括 1 所初中和 11 所村小）。1995 年“普九”验收，全区只有武陵区原管辖的市九中、莲花池小学、永丰小学、五一小学参与验收，从鼎城区划拨的 11 所村小未参加。面对与开发建设不协调的教育现状，开发区领导提出“开发不忘教育，教育优先发展”的发展思路。是年，市委、市政府决定将鼎城区七星庵和二里岗村划归开发区，2 所村小划入德山乡联校。

1998 年开始学校布局调整、改制。常德棉纺厂职工子弟学校、乾明小学、长征小学从企业剥离交开发区管理。常德棉纺厂职工子弟学校更名为莲池中学，乾明小学更名为乾明完小，长征小学更名为长征完小。1999 年，德山乡联校所属皮家冲小学并入龙潭庵小学。2000 年，德山乡联校更名为德山镇联校。五一小学并入莲池中学分校。2001 年，常德纺织机械厂子弟学校划归开发区，更名为崇德中学。同年 9 月，莲池中学分校（原常德棉纺分厂子弟学校）从莲池中学剥离，更名为桃花山完小。是年，永丰小学并入崇德中学小学部。2002 年，全区小学在校学生 4273 人，学龄儿童入学率和巩固率均达 100%，初中在校学生 1376 人，巩固率 99%。小学毕业生升初中入学率 100%，适龄人口入学率 99.53%，初中三年保学率 92.77%。2003 年，全区中小学全面推行基础教育课程改革。是年，因撤销联校建制，德山镇联校更名为德山镇中学。2004—2005 年，德山镇中学所属株木山小学和二里岗小学并入崇德中学小学部。2006 年，撤并长征小学，学生转入乾明小学和莲池中学小学部。是年，德山镇中学初中部和樟木桥小学撤并，学生转入市九中、崇德中学和桃花山小学。德山镇中学更名为德山镇中心小学。

2008—2009 年，由市九中等 3 所初中、莲花池小学等 4 所完全小学承担全区的义务教育任务。初中毕业生升入高中阶段的比例由建区初期的 41.5%上升到 86.3%，在校学生由 2631 人上升到 6650 人。这期间，河家坪、益阳冲、檀树坪和枫树岗 4 个教学点撤并，学生转入市九中、崇德中学小学部和龙潭庵小学。2010 年，七星庵小学并入市九中。是年，全区有学校 7 所。其中九年一贯制学校 3 所：市九中、莲池中学、崇德中学。完全小学 4 所：莲花池小学、乾明完全小学、桃花山完全小学、德山镇中心小学。在校初中生 1319 人，小学生 3846 人。

二、主要工作及成果

(一) 德育工作

全区学校德育工作围绕小学生日常行为规范、培育“四有”新人、环境保护、崇尚科学、传承民族精神、关爱他人、讲诚信等主题展开，旨在加强未成年人思想道德建设，引导学生建立正确的人生观、价值观。

1992年，围绕《小学生日常行为规范》颁布实施一周年，全区小学组织学生认真学习行为规范，并结合学生日常生活组织开展文明礼貌教育和行为规范训练活动。1993年，围绕培育“四有”（有理想、有道德、有文化、有纪律）新人，各校以少先大队为主，开展“学规范，争做文明少年”等活动。是年，莲花池小学丁李丽被评为市级“十佳少先队员”。1994年，各校组织开展“双学”（学雷锋、学赖宁）活动，全区中小学生评选双学积极分子30人。1995年，组织举办“爱劳动、会自理”现场表演活动，以培养学生的生活自理能力和良好的生活习惯。1996年，组织开展“唱好歌、读好书”“劳动技能表演”和“日常行为规范知识竞赛”等活动。1997年，组织开展“迎香港回归”系列教育活动，引导学生了解历史，增强学生的民族自豪感。1998年，各小学少先大队响应全国少工委号召，开展以“关心地球、净化环境、奉献一颗爱心、捐建环保小学”为宗旨的“手拉手、捡回一个希望”的主题活动。1999年，以澳门回归为契机，举办“迎接澳门手拉手，一起走向新世纪”系列活动。

2001年，通过主题班会、演讲比赛、有奖征文和板报等形式开展“崇尚科学，拒绝邪教”教育活动。2003年，开展“抗击非典”教育活动，通过校园宣传、主题班会，宣传健康和卫生防疫知识；体会关爱他人，珍爱生命的重要意义，促使学生养成自觉保护环境，讲文明、讲卫生的意识和健康文明的生活习惯。2004年，开展“传承民族精神，争做时代能人”知识竞赛活动，莲花池小学少先大队辅导员瞿文秀获全国“优秀组织奖”，同时获团市委、市少工委主办的“金健牛奶”杯暑期学生征文大赛优秀组织奖。是年，全市少先队思想道德建设现场推进会在莲池中学召开。2005年，围绕红领巾示范学校创建，组织学生参加团市委、市希望工程办主办的“汇聚点滴爱心”、读好书暨第二届“爱国百分百寻宝活动”。2006年，开展“讲传统、讲诚信、讲守信，道德实践、创新实践”系列教育活动，莲花池小学被评为全省“红领巾示范学校”。2007年，在开展学习习惯、卫生习惯、文明礼仪教育活动中，莲花池小学谢刘艺璇同学获市“十佳少先队员”称号，瞿文秀老师获市“十佳少先队辅导员”称号。2008年，开展“情系汶川”献爱心活动，全区师生踊跃捐款捐物。是年，举办“同心迎奥运”系列活动，观奥运盛典、写心得日记、绘中国队奖牌统计图。乾明小学开展“书香乾明中华经典诗文诵读”“书香教师、书香学生、书香班级、书香家庭”等读书系列活动。2009年，开展“我爱我的祖国”庆祝新中国成立60周年主题教育系列活动。市九中开展“我爱我的祖国，好山好水好风光”思想品德公开课活动，莲池中学开展“我与祖国共奋进”社会实践活动，桃花山小学开展“长大后我就成为你”英雄人物、道德模范读书征文活动。2010年，围绕上海世界博览会，抗日战争胜利65周年，各校开展爱国主义教育系列活动。莲花池小学开展“百年校庆、经典诵读”活动，高琦浩被评为全省“勤奋学习、追求上进”优秀少先队员，吴斐被评为全省“热爱祖国、理想远大”优秀少先队员。市九中推行“阳光少年”评价模式，学生根据自身特点或特长进行申报，学校平时加强对申报学生的监督，学期末按照一定比例评选出“阳光少年”金奖、银奖。是年，该活动获市第五届未成年人思想道德建设工作创新奖。

（二）教学工作

开发区成立初期，教学研究工作由区教育办工作人员兼任。2008年8月，成立德山开发区教育科学研究室，负责推进学校课程建设、教育科研管理和指导。教研室设主任1人，小学、中学和体卫艺教研员各1名。教育行政的相关工作由教研员分工承担。教研室开展区级教研活动，学校开展本片的教研活动。1992—2010年，通过组织全区教师学习《教学大纲》、全面落实《课程计划》、实施素质教育、学习各科《课程标准》，举行教学比武和教学基本功训练、送教下乡，开展校本教研和课题研究，有效提升了教师的专业化水平，教育教学质量显著提高。

表12-13　　1992—2010年德山开发区大型教学教研活动统计表

时　间	活　　　动
1992年	小学作文、数学教学比武
1993年	青年教师教学比武
1994年	初中政治课教研活动
1995年	送教下乡活动
1996年	初中语文教学比武
1997年	中小学教师教学基本功训练
1998年	探索实施素质教育、制定《全面推行素质教育实施方案》
1999—2001年	开展“三个为主”“三个转变”教学研究活动
2002年	在三年级以上学生中开展“大量读写”活动
2004年	开展新课程培训和教学比武活动
2006年	全区开展大型教研活动12次，吴昌云、杨丽惠获全国科技创新大赛一等奖
2008年	开展送教下乡活动，开展全区性大型教研活动12次
2009年	举办全区音乐教师风采大赛
2010年	组织物理教师说课活动

2000—2010年，全区有30篇教研论文在国家、省级刊物发表，33篇论文获国家级论文奖，80篇论文获省级论文奖，近500篇论文获市级论文奖，8人在省级赛课中获奖，40人在市级赛课中获奖，成功申报1个国家级、1个省级、8个市级立项课题。

三、主要问题

一是城区学校班额大，生均图书仪器不达标、微机配备不足；生均占地面积少。2010年，城区学校面积70184平方米，生均仅14.33平方米，低于国家标准。二是农村学校生源不足，1999—2010年，撤并小学11所，山里孩子因上学路途较远，人身安全及家长负担成为新问题。三是教师队伍平均年龄偏大，部分教师尤其是年龄偏大的教师专业化水平有待提升，各校师资配置也不均衡，个别学校甚至没有音体美和计算机专职教师。

柳叶湖旅游度假区

柳叶湖旅游度假区成立于1994年，辖常德渔业总场和七里桥、戴家岗、渐水三个社区（村）。原有学校3所，由武陵区代管。2008年区划调整，鼎城区白鹤山乡、灌溪镇白石村、武陵区南坪乡5个村、东江乡3个村并入。全区总面积175平方公里，人口5.22万人，有中小学6所，幼儿园10所。

一、基本情况

（一）学前教育

2008年有幼儿园10所，在园幼儿389人。2010年有民办幼儿园6所，公办幼儿园1所。在园幼儿571人，教职工62人。

（二）初等教育

2008年，有小学7所，学生1262人，教师231人。2010年调整学校布局，小学由7所调整为6所（郑家河小学改办幼儿园）。学生1154人。

（三）普通中学教育

2008年有2所九年一贯制学校，即白鹤山中学和猴子巷学校，15个教学班，学生658人。是年9月，猴子巷学校初中部停招。2010年，白鹤山中学13个教学班、学生606人（包括明德学校九年级38人）。

（四）办学条件

2010年，全区校园面积74408.5平方米，校舍14143平方米，其中初中6245平方米，生均17.8平方米；小学7898平方米，生均6.13平方米。计算机113台，图书19563册，有校园网的学校1所，固定资产498万元，危房1099平方米。

二、主要工作和成就

2008年区划调整后，区工委、管委会成立教育工作领导小组，出台《关于加强全区教育工作的意见》，制定《2008—2012年教育发展规划》。通过完善教育机制、加大投入力度、推进重点工作，基本形成“党政重教、部门支教、社会助教、全民兴教”的格局。

（一）经费保障

2008年，成立义务教育经费保障机制改革领导小组，制定新机制实施方案，财政性教育经费逐年增加。2008—2010年教育经费总额8809.3万元，2009年争取上级专项资金350万元，区配套1239.6万元。实现了“两免一补”。2008—2009年，完成校舍安全建设项目5个，合格学校建设项目2个。发放贫困寄宿生补助135.7万元，资助中小学生1235人次，配套课桌椅520套；兑现了教职工工资，津补贴与市直学校标准一致。

（二）学校建设

2009年，区政府投资830.25万元，在原猴子巷中学基地上修建明德小学。白鹤山中学合格学校建设被列为为民办实事指标，投入22万元新建女生宿舍，2010年投入1600.32万元新建科教楼、男生宿舍、塑胶运动场，重建三用堂。投入59万元完成肖伍铺、岩子堰两校的危房改造工程。

（三）巩固“普九”成果

2008年，区宣教局印发《关于坚决制止中小学生流失的通告》，2009年翻印《中华人民共和国义务教育法》1000册发送到学生家庭。2010年，组织135名教师入户劝学，62名辍学儿童重返校园。建立初中、小学双线责任制，确保小学毕业生全部升入初中。

（四）教育管理

一是人事管理。2008开始实行“四定”：定办学规模、定编制、定岗位、定人员，实行优化组合和校长负责制，三年不变，并实行“名优”教师对口支援制度。二是学校管理。从2008年开始，中小学全面推行目标管理，宣教局制定《柳叶湖旅游度假区中小学校目标管理细则》，中小学校长、教育办负责人与局长签订《学校领导任期目标管理责任书》，每年考核一次，奖优罚劣。三是教学管理。2008—2010年，开展教学开放日、教学能手赛、新理念教学比武、科学美术教学研讨等活动。四是创特色学校。七里桥学校的“文明礼仪养成”教育、肖伍铺学校的“绿色环保学校”、明德学校的农林水果校本课程开发、白鹤山中学的“小组交流、合作学习”课堂教学模式及英语特色教育等初见成效。

（五）师资队伍

2008—2010年，开展小学三轮、中学两轮继续教育培训，举办培训班10期，培训教师203人次。2009年举办师德师风教育讲座和骨干教师培训班。2010年，有教师231名，学历达标率100%，其中小学教师146人，本科25人，占18.3%，大专73人，占53.7%，中专38人，占27.9%；中学教师85人，本科55人，占83.3%，大专11人，占16.7%。

三、主要问题

一是教育基础薄弱。除已经实施合格学校建设的白鹤山中学和明德小学外，其他 4 所小学的建筑均系“普九”时村民集资兴建，无电脑室、多媒体室、活动健身室等功能室，办学条件差。市城区七里桥小学与社区居委会同场所办公，没有运动场，学生无法享受公平教育。二是优质资源匮乏。柳叶湖是全市唯一一个没有高中的区县（市）。地处城郊接合部的柳叶湖街道常住人口 4.15 万，适龄儿童 1200 人，仅有一所七里桥小学，因历史原因无法达到合格学校标准，需整体重建。岩子堰、双桥两小学校舍系 C 级危房，无维修加固价值。三是教师队伍年龄结构不合理、学科分布不均衡，整体素质有待提高。

西湖管理区

西湖管理区位于洞庭湖西、汉寿西湖大垸北隅、沅澧尾间。东临澧水洪道与南县隔河相望，西接汉寿，南邻西港河，北抵鼎城，距常德市区 65 公里，面积 70.1 平方公里。1972 年，迁柘溪水库淹没区移民 3 万人，从邵阳、益阳、常德三地区抽调 300 名干部成立西湖农场，为全省十三大国有农场之一，是全省最大的移民集中安置区。1998 年，成立西湖管理区管理委员会，辖 2 乡 1 镇，25 个行政村，1 个渔场，2 个社区居委会，总人口 5.3 万人。到 2010 年，有中小学、幼儿园 16 所，其中完全中学 1 所，完全小学 7 所，幼儿园 8 所，教职员工 340 人，学生 4493 人。

一、基本情况

（一）学前教育 1991—2005 年，小学或教学点办学前班，入园幼儿 1038 人。2006 年，学前班全部停办，学前教育被推向市场。2008 年，区教科文局对幼儿园实行统一管理，颁发《办园许可证》，统一收费标准。2009 年，成立学前办，印发《西湖管理区简易幼儿园督导评估实施细则》，将学前教育纳入年终目标考核。2010 年 4 月，印发《西湖管理区幼儿园办园水平等级评估实施方案》《西湖管理区幼儿园目标管理考核办法》。2010 年，全区有民办幼儿园 8 所，入园幼儿 1222 人，教职工 81 人。

（二）九年义务教育 1991 年，全区有小学 22 所、初中 3 所，在校学生 6934 人，学龄儿童入学率、巩固率达 95%以上。1993—1997 年，实施“两基”达标建设，小学毕业生全部升入初中。初中在校学生年巩固率 96.7%。1997 年底全区顺利通过国家教委和省政府的评估验收。1999 年 1 月，西湖中心小学被市教育局认定为“规范化完全小学”。2000 年 12 月，西湖一中被市教育局认定为“规范化完全中学”。2001 年，停止征收农村教育事业费附加，学校公用经费由区财政按学生人数下拨到各校。学校财务由区教育局统管，实行报账制。2001 年 3 月，全区教师参加第二轮继续教育，是年 9 月，区教研室组织教师参加新课程通识培训。2003 年，全面实行“三制改革”，富余人员多渠道分流。2005 年，中小学普遍建立校园信息网，全区装备多媒体室 1 间、语音室 9 间、电脑室 10 间。从 2007 年春季起，全面实施农村义务教育经费保障机制，对义务教育阶段的学生实行“两免一补”，对贫困家庭的学生免除课本费。2010 年，全区有小学 6 所，在校学生 2673 人；完全中学 1 所，初中部在校学生 1277 人。

（三）普通高中教育　1973 年创办西湖完全中学，称“西湖总场学校”，同时分别在各分场设初级中学 6 所。31 个教学班，其中初中班 29 个，在校学生 780 名。1980 年取消分场高中部，实行“三三”学制（即初中三年、高中三年）。1983 年，原 6 所分场初中并为 3 所。1990—1999 年，西湖一中教育质量稳步提升，周边区县乡镇（西港、文蔚、洲口、黑山咀、黄珠洲）学生流入，在校学生达 2000 余人。1991 年，学校更名为“西湖农场第一中学”，到 2010 年，高中部在校学生 477 人。

二、主要工作及成果

（一）基础设施建设

1.校舍建设。2001 年，有中小学 17 所，校舍 26311 平方米。到 2010 年，有中小学 8 所，校舍 36114 平方米。1997 年，为实现“两基”达标，全区干部职工捐出 1 个月工资，筹措资金 169 万元，新建西湖一中科教楼、西湖小学教学楼。2001—2005 年，实施中小学危房改造工程，全区投入 921.9 万元，改造危房 20195 平方米，新建教学楼 2 栋，学生宿舍 2 栋，多功能礼堂 1 座，建筑面积 7897 平方米。2009 年，启动中小学校舍安全工程，编制《西湖管理区中小学校舍安全工程三年总体规划（2009—2011）》，至 2010 年，投资 2043.2 万元，新建校舍 13 栋，面积 24572 平方米。

2.仪电装备、信息化建设。1995 年，全区普及录音机辅助教学，1999 年普及幻灯教学。西湖一中 1992 年建成化学、生物、物理实验室各 1 间。1997 年，投入 20 余万元为中小学添置仪电设备。1998 年，新建的西湖一中科教楼投入使用。2000 年，西湖一中添置电脑 30 台，2003 年建成多媒体教室。2004 年，全区实施远程教育工程，建成远教基站 9 个，一中和三中建成有 35 台终端的电脑室各 1 间。同年，一中高中部与长沙市长郡中学联合办学，先后投入 30 多万元，为每间教室装备多媒体教学设备。2005 年 10 月，西湖教科文局和湖南傲天公司签订协议，由傲天公司投资 340 万元，对 8 所中小学实施信息化升级改造，添置电脑 400 余台，建成电脑室 8 间，多媒体教室 17 间（含电子白板多媒体教室 13 间），核心机房一间，校园网两个。是年，区教科文局统筹中小学仪电装备专项经费，逐年对各小学的科学实验室进行装备。至 2009 年上学期，除鼎港小学外，其余小学均建成简化版科学实验室 1 间。同时加强图书室建设，2010 年全区中小学藏书 94711 册。

（二）教师培训

1992 年，组织教师参加“三沟通”学历培训，到 1994 年，全区 78 名中小学教师取得相应学历。2001 年，常德广播电视大学在西湖开办“开放教育小学教育班”，32 名小学教师获中师文凭。2002 年，实施新课程改革，按照“先培训，后上岗，不培训，不上岗”的原则，全区 257 名中小学教师参加新课程培训。2006—2010 年，有 304 人次参加暑假新课程培训。2010 年，根据省教育厅《关于“十二五”时期中小学教师培训工作的意见》和《常德市“十二五”中小学教师培训工作指导意见》，87 名中小学教师参加学科骨干教师市级培训。2005—2010 年，选派 287 名教师参加信息技术培训。

（三）主要成绩

1.教育强区建设。2007 年 8 月，根据常德市委、市政府部署，区委、区管委出台《西湖管理区关于建设教育强区的决定》和《西湖管理区建设教育强区实施方案》。2008 年，西湖中心小学合格学校建设项目被列入“湖南省 2008 年为民办八件实事”之一，区财政投入专项资金 162.9 万元，年底接受省市验收，被认定为市级“义务教育合格学校”。2008—2010 年，实施“学生课桌椅配套工程”，投入资金 406.8 万元，其中省市拨款 270 万元，区财政投入 130 万元，学校自筹 6.8 万元，为所有秋季入学新生免费提供课桌椅。

2.“普九”债务化解。为化解“两基”达标建设期间留下的债务，2007 年 12 月，西湖管理区成立“普九”债务化解领导小组。2008 年 3 月，经审计部门对教育部门提供的债务数据进行审计核查，1993—1997 年教育部门形成的“普九”债务为 584.377 万元，至 2010 年年底，已全部偿还。

3.课题研究。为提升教师的教学研究水平，西湖区教研室组织教师扎扎实实地开展校本教研并积极申报省市级教研课题，培养教师的教研意识，提高教师的教研水平，促进了教育教学质量的提高。

2005—2013 年西湖管理区教研课题情况统计表

表 12-14

立项时间	单位	课题	级别	结题时间	获奖情况
2005 年	西湖一中	《引导农村高中学生快乐阅读的方法研究》	市级	2008 年	二等奖
2006 年	西湖一中	《现代信息技术环境下的农村初中作文教学方法的研究》	省级	2010 年	一等奖
2008 年	西湖一中	《利用网络环境提高高中学生科学实验的兴趣》	省级	2010 年	一等奖
2009 年	西湖小学	《提高小学低年级学生词语运用能力的实践研究》	市级	2011 年	
2009 年	下窖小学	《帮助农村小学生消减厌学情绪的实践研究》	市级	2012 年	
2010 年	西湖一中	《农村中学留守学生亲情缺失问题应对方法的研究》	市级	2013 年	

三、存在的问题

一是办学条件较差。教学仪器、图片、图书、语音设施等严重不足。二是教师队伍结构不合理。英语、数学、计算机、音体美等专业教师严重缺乏。初中教师过剩，高中教师不足，小学师资老化。三是贫困寄宿生生活费补助面太窄，仍有部分家庭子女上学困难。四是教师待遇偏低。大部分教师只能领取“裸体工资”，生活补贴、误餐补贴、课时津贴、质量奖励、目标管理奖励等待遇难以落实。

西洞庭管理区

西洞庭管理区因地处洞庭湖西而得名，1955 年 2 月由湖南省政府招工建场，曾是全省十大国有农场之一。2000 年 8 月由国有农场改制为西洞庭管理区，面积 110.54 平方公里。辖 1 镇 3 个办事处 4 个社区 26 个村。2010 年人口 6.5 万人，中小学 6 所，教师 353 人，学生 4995 人。

一、基本情况

（一）学前教育

1988—2006 年，全区有幼儿园 13 所。经过调整，2010 年有幼儿园 6 所 [区中心幼儿园 1 所，办事处（镇）中心幼儿园 5 所]，全部为公办，在园幼儿 632 人，教职员工 54 人，其中本科学历 2 人，大专学历 11 人，中师学历 27 人，学历合格率 74％，在编幼师比例为 46.2％，学前三年毛入园率 100％。

（二）小学教育

1989 年，全区有小学 8 所（中心完小 1 所，分场学校 7 所），教学班 63 个，学生 2039 人，教师 137 人。2003 年，第三、六、七完小撤销，一完小更名为望洲完小，二完小更名为祝丰完小，四完小更名为龙泉完小，五完小更名为金凤完小。2010 年，有完小 5 所，学生 1594 人，教师 147 人。

（三）中学教育

1989 年，全区有中学 6 所，学生 1790 人，教师 160 人。1989—1994 年 8 月，五个分场均办九年一贯制学校，区办 1 所完中。1994 年 9 月，增设二中（设一分场中学），三中（设五分场中学）。1995 年，三中并入一中。1996 年 12 月，二中并入一中（2 个初一班由一完小代管，1997 年 9 月全部并入）。2010 年，一中教学班 54 个，学生 3300 人，其中初中在校学生 1484 人、高中在校学生 1816 人，教师 206 人。1989—2010 年，共为大中专院校输送新生 4144 人。2006 年文理科各项指标居全市非重点中学第一，上线率 51.6％。

二、主要工作和成就

（一）教育经费

1989—1993 年，农场实行企业管理学校模式。1996—1999 年“两基”达标建设期间，全场干部职工、学生家长集资 300 多万元，学校自筹 500 多万元用于学校建设。2001—2010 年，投入 2809.3 万元用于学校设备配套和基础设施建设，其中中心完小 600 万元，望洲完小 192.6 万元，祝丰完小 112.6 万元，龙泉完小 228 万元，金凤完小 76.5 万元，一中 1300 万元，中心幼儿园 300 万元。1989—2010 年，累计投入 19766 万元，其中一中 3166.1 万元。

（二）控流保学

1998 年，区委下发《关于认真做好“两基”验收后控流保学的若干意见》，把劝学责任落实到政府，各办事处、村、居委会向区管委递交控流保学责任状。区教科文卫局规定每学期前三天为“教师家访日”，开学第二周为劝学周，并设立学生巩固率奖。学籍实行网上管理，教科文卫局随时掌握学生信息，避免学生流失。2010 年，小学入学率、残疾儿童入学率、小学生年巩固率均达 100%，初中生巩固率 98.42%，高中阶段入学率 94.97%。

（三）学校文化建设

2008 年 1 月，出台《西洞庭管理区学校文化建设实施方案》和《西洞庭管理区学校文化考核方案》，区教科文卫局成立学校文化建设指导小组。各学校在环境绿化、美化和校风、教风、学风建设方面形成各自特色，文艺、体育、“书香校园”等系列活动成为常态。

（四）实施校安工程

2009 年 7 月，区委印发《西洞庭管理区中小学校舍安全工程实施方案》，完成全区 6 所学校 53 栋校舍的排查鉴定，制定《西洞庭管理区中小学校舍安全工程五年总体规划（2009—2013）》。至 2010 年，实施项目 10 个，建筑面积 18575 平方米，总投资 1536.74 万元，其中中央资金 330 万元，区财政投入 1206.74 万元。

（五）教师继续教育

2001 年，区教科文卫局设师训股，建立区、校两级师训网络、师训档案。2001 年，提出教师学历达标期限，要求在 2005 年年底，小学和初中教师学历达标 100％。2002 年开始转入教师继续教育，对教师进行全员培训，并选送教师参加骨干教师国家、省市级培训。

（六）教育信息化

2007—2010 年、全区投入 200 万元加强学校信息技术建设，全区学生用机达 560 台，生机比率小学 8:1，中学 10:1。建成校园网 6 个、多媒体教室 44 间、电子备课室 7 间、教育网站 2 个、红领巾电视台 1 个。小学每间教师办公室 2~3 台电脑，高中教师人手一台手提电脑，信息技术教育装备超过省定标准。同时实施“中小学教师信息技术教育能力培训工程”，教育信息技术应用水平明显提高。

（七）教学研究

1989—2010 年，全区教师撰写教研论文 1247 篇，其中一中宋安民、中心完小樊碧荣等 20 多名教师的论文获国家级奖；125 篇获省级奖，264 篇获市级奖。教师制作课件参加省市区级比赛，获省级奖 10 个，市级奖 13 个，区级奖 13 个。组织教师参加各级教学比武，获省级奖 5 个，市级奖 13 个，区级奖 13 个。区中心幼儿园 1989 年以来参与省级课题研究（子课题）14 次获奖。

（八）合格学校建设

2003 年，区党委、管委按照“相对集中、方便入学、改善条件、提高效益”的原则，实施新一轮学校布局调整，形成全区 1 所完全中学、1 所中心完小、4 所中心校的格局。2008 年开始合格学校创建，中心完小、一中初中部、望洲完小、龙泉完小相继通过市级合格学校验收。

（九）规范学前教育

2007 年，全区 5 所幼儿园全部公办，望洲、龙泉、金凤、祝丰 4 所幼儿园成为区级示范园，中心幼儿园被评为市级示范园。到 2010 年，已解决 21 名幼师编制，在编幼师比例达 46.2%，所有幼师纳入编制管理，享受医保、社保等待遇，全区学前一年、三年教育入园率均达 100%。

（十）建设教育强区

根据常德市委、市政府的部署，西洞庭管理区 2007 年启动教育强区建设工作，成立领导小组，下发《关于建设教育强区的决定》，制定全区教育事业发展、教师队伍建设、教育经费投入、教育债务化解及优化教育环境等方面的措施，明确了总体目标和年度工作目标：2008 年为形象建设年、2009 年为师德建设年、2010 年为典型示范年、2011 年为巩固提高年、2012 年为教育强区年。2007—2010 年，连续 4 年被市政府评为教育督导评估和教育强区建设先进单位。

三、主要问题

一是绩效工资实施额度小，不足以调动教师积极性；二是职称评定与聘用不配套，没有发挥骨干教师作用。三是青年教师培养缺乏有效手段，少数青年教师不安心农村学校工作。部分教师打牌赌博，有损形象。

人　物

一、人物传记

郑洞国（1903—1991），字桂庭，男，汉族，湖南石门县人。中国民革党员，国民党抗日名将，石门县第一中学创办人之一。

郑洞国幼读私塾，十七岁入石门中学，其间曾考取湖南陆军讲武学堂，讲武堂因故停办，返石门完成中学学业。毕业后，在家乡当了半年教师，又考取湖南商业专门学校。1924 年，受孙中山革命思想的感召，毅然投笔从戎，考入黄埔军校第一期并加入国民党。1925 年 1 月黄埔军校毕业后，参加东征和北伐，历任国民革命军营长、团长、旅长、师长，国民革命军陆军中将。1933 年，郑洞国率部赶赴长城古北口前线，与日军浴血厮杀两个多月，给日军以重创。“七七事变”后，相继率部参加保定保卫战、漳河战役、徐州战役、归德战役、武汉会战、昆仑关大捷、鄂西会战、第二次长沙会战等战役，战功卓著；1943 年春，郑洞国参加中国远征军担任新一军军长，远赴印缅指挥作战，参加收复缅北要地密支那攻坚战，重创日寇，重新打通滇缅国际交通线；1945 年，中国驻印部队反攻缅北战役胜利结束后回国。1948 年辽沈战役中，时任国民政府东北行辕副主任，兼任吉林省政府主席的郑洞国，10 月 19 日率部起义脱离国民党阵营。毛泽东在为中央军委起草致东北局的电文中指出：“郑洞国为黄埔高级军官，此次又率部投降，应给以礼遇。”中华人民共和国成立后，郑洞国历任水利部参事、国防委员会委员；是全国政协第三、四届委员，第五、六、七届常委，黄埔军校同学会副会长。自 1979 年起，任中国国民党革命委员会中央委员会副主席。

郑洞国自幼家境贫寒，深知农民子弟读书成才不易，1941 年，便与乡党友人创办湖南私立九澧中学（石门一中前身），并一度兼任校长。戎马倥偬岁月，始终惦念学校发展，曾购买《四库备要》一套赠予学校。郑洞国 1991 年病逝于北京，享年 88 岁。2008 年 4 月，其长孙、民革中央副主席、全国政协常委郑建邦捐资 20 万元，成立湖南郑洞国教育基金，以继承郑洞国将军热爱家乡、造福桑梓、尊师重教的遗愿，奖励品学兼优的中小学生和优秀教师。

许和钧（1904—1992），男，汉族，湖南澧县人，中共党员。

1922年在省立第二师范学校读书时，就约集进步同学，建立马克思主义研究小组，1923年由共青团员转为共产党员。马日事变前，历任中共常德地委民运部长，地委公开代表，湘西工农干部训练所所长。1943年，为完成辛亥革命共和元勋蒋翊武的遗愿，许和钧受岳父黄贞元重托，经多方筹资，在澧县渡口镇东山创办私立翊武中学，自任校长；并敦请覃振首任董事长，程潜继任董事长。许和钧以学校为阵地，宣传民主抗日，支持中共的地下工作。中华人民共和国成立后，许和钧将学校交给澧县人民政府管理，先被调任澧县文教科长，旋承湖南省人民政府聘为参事。1982年受聘为澧县翊武中学名誉校长，捐赠人民币2000元维修校舍。翊武中学经70余载办学历程，秉承“亲爱精诚”校训，为国家培养各类优秀人才三万余名。

徐福来（1917—1994），男，汉族，湖南桃源县人，中共党员，大学本科，副教授。

1942年9月考入广东中山大学数学系，1944年9月因日寇进攻华南和香港，被迫离校返乡，先后在石门县立中学、石门崇德中学和九澧中学任教员。日军投降后，回中山大学复学，开始接触革命理论，积极参加广州爱国反蒋学生运动。1948年毕业后到常德市白云中学任教导主任，执教数学。同时根据中共湘西工委安排，积极培养进步学生，开展对社会知名人士和地方武装头目的统战工作，迎接解放。1949年7月加入中国共产党。1949年9月，被安排担任省立四师（1953年改湖南省桃源师范学校）副校长兼教务主任，1952年6月任校长，1956年兼任该校党支部书记。1958年8月创办常德师范高等专科学校（湖南文理学院前身之一），徐福来被任命为首任校长。1960年，常德师范高等专科学校因艰苦建校创业成绩突出被评为全国先进单位，徐福来本人被评为全国先进工作者，并代表学校赴京出席了全国群英大会，受到周恩来、刘少奇、邓小平、朱德、李先念等中央领导人的亲切接见。徐福来同志是建国后桃源师范第一任校长，任职期间，他事必躬亲，加强管理，为常德基础教育培养了大批合格师资，学校被评为全国70所优秀师范之一，他也成为当时湖南省四位优秀师范学校校长之一。调到常德师专后，重视教学工作，狠抓师资队伍建设，积极改善办学条件，学校办学质量得到很大提高。1981年由学生自编的常德渔鼓《不改行》获湖南省大学生文艺汇演一等奖、全国大学生文艺汇演一等奖。1981年学校学生获省大学生论文竞赛专科学校唯一的优秀论文奖。1981年学校获省数学分析竞赛总分第一，并囊括个人前三名。为师专的建设和发展作出了重大贡献，受到社会各界的高度评价。1959 年 11 月，常德地区展览馆展出其优秀事迹。1984 年离休后，仍心系教育，主持编写《常德地区教育志》和《常德师范高等专科学校校史》。

庹登磊（1936—1995），男，汉族，湖南澧县人，中共党员，大学本科。

1960 年毕业于华中师大中文系，响应党的号召远赴青海支教。1963 年调回澧县先后在多所中小学任教。1975 年调澧县教研室工作，先后任副主任、主任。1982 年任澧县教育局副局长。1985 年至 1994 年先后任澧县教育局局长、教育委员会主任兼党委书记。主政澧县教育工作十年间，1988 年澧县被评为全国百个无盲县之一，他在全国扫盲先进县表彰会上的发言全文刊登在《中国教育报》；《湖南日报》湖南人民广播电台先后刊播了澧县成人教育的经验与成果。1991 年，主持制订的《教育管理手册》，被省、市视为学校管理工作典范；同年，澧县被湖南省委、省政府评为湖南省基础教育先进县。1992 年澧县被授予湖南省中小学实验教育普及合格县。庹登磊个人 1986 年、1988 年、1990 年 3 次被评为全县教育系统立大功人员；1989 年被评为全国优秀教育工作者、湖南省劳动模范。

沈克家（1911—2003），男，汉族，湖南临澧县人，中共党员，大学本科，研究馆员。

1928 年春考入省立三中（后改为省立四中、常德市一中）。1935 年考入北京大学外语系，学习期间参加“一二·九”爱国学生运动。抗战期间赴昆明，继续在西南联大就读。在中华民族处于危亡的历史关头，以“长啸”“维廉”等笔名，在北京、上海、天津等地报刊发表中、英文书写的抒发远大志向、揭露社会沉疴的文章、小说，以声援前方抗战的将士，抨击卖国的“不抵抗主义”。1941 年大学毕业后回湖南石门县，与同学、同乡创办《新石门》半月刊，痛斥腐朽的县政，并先后参与创办石门县九澧中学和北岳中学。1947 年初在省立十四中学 (临澧) 任教，1948 年下学期在省立四中执教期间参加中共地下党。1949 年 5 月受湘西工委派遣到石门县城领导地下斗争，争取地方武装投诚，发动群众迎接解放。在石门、临澧、常德任教期间，不畏白色恐怖、不顾个人安危，利用教学、谈话、演讲、办刊等，大力抨击黑暗社会，宣传抗战救国的道理；秘密组织学生收听延安广播、阅读进步书刊，引导学生选择正确的人生观；开展“反饥饿、反迫害、反内战”活动。中华人民共和国成立后先后任省立四中副校长、校长。1950年，省立四中更名为常德市第一中学，沈克家即为该校首任校长，直至1978年9月调湖南中医学院（后为湖南中医药大学）工作，先后任学院图书馆副馆长、馆长和学院技术顾问（副厅级）。曾当选湖南省人大代表，兼任省政协委员、省政协文史委员会委员、省文学学会古典文学研究会会员。

担任常德市第一中学校长30年，严格遵循教育规律，全面贯彻教育方针，秉着“铸民族魂，育栋梁材”的根本宗旨，将培养人才、服务社会作为办学目标，常德市第一中学1953年被批准为湖南省首批重点中学， 1958年被评为社会主义建设先进单位并作为先进单位代表参加全国第二次青年社会主义建设积极分子代表大会；1960年，学校荣获国务院嘉奖，出席了全国文教群英会。

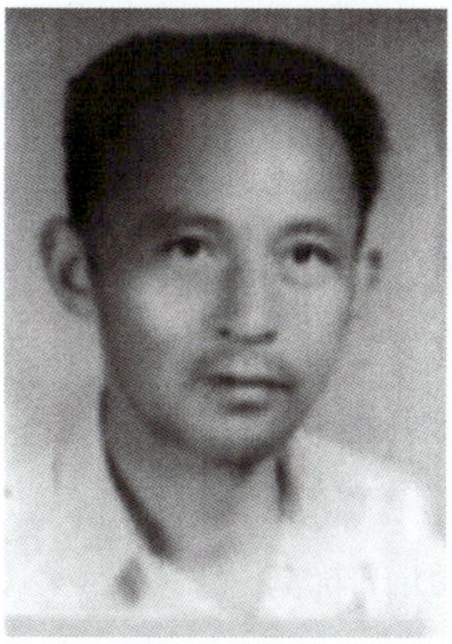

高克威（1932—2003），男，汉族，湖南汉寿县人，中共党员，大学本科，中学高级教师。

1951年于长沙文艺高中毕业后在汉寿县参加教育工作，先后在洲口镇小学、县初级中学、县 “五·.七”干校、县第二中学等校任教，1965年于湖南师院中文系本科毕业后，调汉寿县第一中学任教语文课，担任语文教研组长。从事教育工作42年。1977年高考恢复后，负责编写的《高考语文复习训练习题集》《高考语文模拟试题集》，成为全县各完全中学高考语文复习教材，并被全国许多地区翻印使用。1987年8月，获湖南省人民政府颁发从事教育工作30年荣誉证书；1991年，被评为全国优秀教师，同年获湖南省教育系统劳动模范荣誉称号。

贺大国（1937-2005），男，汉族，湖南南县人，中共党员，中师，中学高级教师。

1955年任民办教师，1959年8月于常德师范学校毕业，被分配到常德市（1988年改为武陵区）育英小学任教，先后任数学教师、教导主任；1970年调常德师范学校任教，1978年9月调常德市育英小学工作，任副校长，1984年2月任城西联校校长兼育英小学校长。1996年至2000年担任常德市武陵区金丹实验学校校长；2002年后任武陵区育英小学、金丹实验学校名誉校长。系常德市电教研究会副理事长、常德市小学数学教学研究会理事长、湖南省电教研究会理事、湖南省小学师资培训中心客座教授。

从教40年，致力于小学数学教学研究和学校管理改革创新，先后主持了《小学数学“三三式”电化教学结构实验》等数十项国家级、省级教学研究课题；出版了《巧思妙解55例》《小学数学幻灯教学法》《小学教学课外读物（1~6年级）》等专著；在全国发行小学数学教学幻灯片2500张，《小学教学课外读物（第八、九两册）》先后两次出版40多万册。担任小学校长18年，其中担任育英小学校长12年，金丹实验学校校长4年，两校名誉校长2年。任育英小学校长期间，学校两次被湖南省教育厅评为先进单位，获得常德市首批名优学校、示范性学校和素质教育实验学校等荣誉称号。1996年受武陵区政府之托，创建武陵区第一所寄宿制小学——金丹实验学校，并在5年时间内，使学校成为常德市示范性学校、常德市名优学校和湖南省现代教育技术实验学校、心理健康教育实验学校。

贺大国1980年被评为湖南省首批小学特级教师；1982年被评为湖南省劳动模范，1983年被评为全国儿童少年先进工作者，1985年和1986年先后被评为湖南省优秀教师、湖南省优秀共产党员；1988年被评为全国德育先进工作者，1989年被评为湖南省特等劳模、全国先进工作者，并在国庆期间光荣参加了全国劳动模范（先进工作者）表彰大会，受到党和国家领导人亲切接见。1991年和1992年分别被评为湖南省优秀中青年专家、湖南省优秀小学校长；1993年被授予湖南省首批徐特立教育奖；1994年起享受国务院专家津贴；1994年9月4日，中共常德市委、市人民政府作出《关于开展向贺大国同志学习的决定》，全市掀起向贺大国同志学习的热潮。1997年被评为常德市十佳人民代表，1998年被评为武陵区优秀共产党员标兵，2003年被授予常德市办学功臣称号。

杜修经（1907—2007），又名杜辉义，化名杜非，湖南慈利县人，中共党员。

1924年下半年考入长沙兑泽中学。是年12月17日，在李维汉、郭亮领导下，参与组织数万人的游行示威，火烧日本趸船；并于是年底加入中国共产党。1927年任中共华容县委书记，“马日事变”后，被组织派往南县，组建中共南（县）华（容）安（乡）特委并任书记；组织“年关暴动”失败后，先后担任中共醴陵县委书记、安源市委秘书、湘东特委委员。1928年4月，毛泽东与朱德在井冈山会师，建立革命根据地，中共湖南省委派杜修经为代表与红军联系；6月，他第四次上井冈山，代宣读了中共湖南省委要求红军向湘南转移的错误决定（这就是毛泽东在后来的著作中几次提到并批评杜修经的原因）。随后，他遵照毛泽东等主持的桂东会议决定，留在湘南重建特委，在安仁等地开展武装斗争。1929

年初任中共湖南省委委员，是年冬与组织失去联系。1937年去香港找到中共地下党组织，1938年3月经项英介绍到八路军驻湘通讯处，在湖南文化界抗敌后援会担任社会救济部总干事；是年夏，第二次加入中国共产党。是年8月，由中共湖南工委派遣打入国民党第七十军，化名杜非。皖南事变后，他再次与党组织失去联系。先后在第七十军、第二十五集团军任过排长、连长、副营长等职，抗战胜利后回乡。

1949年7月，杜修经在慈利中学任教，不久任慈利县人民政府秘书，1950年任慈利县副县长；1957年任中共湖南省委观察员、省委农村工作部工作人员；1962年任常德师专副校长。l985年离休，是年，经本人申请，中共湖南省委组织部批准他第三次加入共产党。曾任湖南省第一、二、三届人大代表、省政协第一、二、三、四届委员和第五、六届常委。

龙先成（1942一2010），男，汉族，湖南常德市人，中共党员，大学本科，中学高级教师。

1963年于常德师专中文科毕业后被分配到常德县第五中学任教，1965年参加湖南省教育学院英语专业脱产学习，1968年毕业回到常德县第五中学工作，先后任团委书记、校长兼党支部书记。1985年调常德县第一中学任校长。1991年调鼎城区教师进修学校任校长兼党支部书记。当选两届区（县）人大代表，一届党代表，一届政协委员。其先进事迹以《痴心不改，再创辉煌》为题载入常德市人大编辑、湖南师范大学出版社出版的《悠悠红烛情》一书中。由于工作成绩突出，被湖南省人民政府记一等功1次，被常德市人民政府记大功4次，记二等功1次，获工资浮动晋级2次，3次越级晋升工资。1995年被授予湖南省劳动模范荣誉称号，同年被评为全国优秀教师。

陈昌清（1944–2010），男，汉族，湖南临澧县人，中共党员，大学本科。

1966年7月于湖南师范学院中文系毕业，被分配到临澧县第一中学任。先后调任临澧县教研室语文教研员、教研室副主任、临澧县教育局教育股长、副局长等；1983年12月任临澧县委常委、组织部长。1984年9月任常德地区教育局副局长，1985年常德地改市后改任常德市教委副主任；1991年5月任正处级督学，2004年退休后被聘为湖南省人民政府督学。长期从事基础教育行政管理工作，先后对常德市所有乡镇中学、中心小学和部分村级小学进行过巡视。1988年后主持《中小学素质教育研究与实验》《活动课程建设研究与实验》两项课题研究，分获湖南省教改成果二等奖和一等奖；所作《中部地区农村基础教育出路何在》一文发表在《中国教育报》获征文一等奖。从1988年开始，先后五次组织全市教改经验、教研成果评选和表彰；主持制定了常德市“七五”“八五”“九五”三个教育教学改革五年规划，为常德基础教育进入全省先进行列做出了贡献。由于工作成绩突出，多次获得国家、省市政府的奖励，1998年被评为“全国‘两基’工作先进个人”。

肖宗荣（1927-2011），男，汉族，湖南临澧县人，中共党员，高中文化。

1948年于湖南省立十四中高中毕业。在校期间加入党的外围组织“民先队”，1949年6月加入中国共产党，先后担任临澧县委办公室主任、县委宣传部长，1953年任临澧县人民政府县长。1956年调常德地委宣传部、地区科委工作。1962年2月调任常德地区文教科长；1973年初任常德师专副校长；1973年9月任常德地区文教局长；1982年6月调任常德地区文教办主任。1983年6月任常德地区行署副专员，主管文教工作；1985年5月任中共常德地区委员会咨询小组成员。从事教育工作和分管教育工作近30年，主持召开全区首次教育系统先进单位和先进个人代表大会，表彰教育工作的先进单位和先进人物；为大批知识分子落实政策，主持起草《关于以普及小学五年教育为重点，切实抓好农村教育的意见》以地革委的文件下发并亲自组织实施；1982年主持制定全区教育目标管理方案，为常德的发展特别是常德教育的发展作出了贡献。

刘崇聆（1932-2011），男，汉族，湖南桃源县人，中共党员，中师，中学高级教师。

1946年6月在桃源简易师范学校学习，1949年12月参加桃源县中小学教师培训班学习，1950年2月被分配在桃源县漳江小学工作，任副校长；1964年7月调入湘西金矿子弟学校任校长；1983年7月调到桃源师范附属小学任校长，主持该校恢复重建工作，1988年任党支部书记。在任桃源师范附属小学校长期间，学校先后获得湖南省文明卫生园林式单位、常德市明星学校、常德市名优学校等荣誉称号。1955年被评为湖南省优秀教师，1957年被团中央授予全国优秀少年儿童工作者称号，同年5月出席中国新民主主义青年团第三次全国代表大会，两次受到毛泽东、周恩来、刘少奇、朱德、邓小平等老一辈无产阶级革命家的接见。1989年被评为全国优秀教师，并荣获湖南省教育系统劳动模范称号。

吴子樵（1927—2012），男，汉族，江西萍乡市人，中共党员，大学专科，中学高级教师。

1949年7月参军，1950年毕业于湖南军政大学，1952年赴朝鲜作战，1954年转业到湖南省文教委员会工作。1961年7月调入桃源县第一中学，任副校长；1982年9月调任桃源县教师进修学校校长；1984年2月调任桃源一中校长。1988年8月退居二线，任桃源一中名誉校长。著有《匪首张老昆落网记》《杨老大爷和三排》《情满军营》《十万雄师会汉江》《山顶削平阵地在》《整修洞庭湖的人们》《大寨花开蔡家岗》《桃源新貌》《劳动模范李光庆》等多部作品。系湖南省诗词协会理事、湖南省作家协会会员；创刊《桃源诗稿》，作品《山顶削平阵地在》等300篇在《光明日报》《人民日报》等报刊发表。在湖南省学术研讨会上作经验介绍17次，《怎样当好校长》等5篇论文获湖南省教育科学研究院一等奖。入选《中国普通教育职业教育系统优秀教师名录》、《当代湘籍著作家大辞典》。1985年被评为湖南省先进教育工作者，1988年被评为全国中、小学德育工作先进工作者，1989年被评为全国优秀教育工作者。

苏　光（1957—2013），男，土家族，湖南慈利县人，中共党员，大学本科，中学高级教师。

1975年7月参加教育工作。1980年于长沙师范学校毕业被分配到株洲市湘氮子弟中学任教，1982年调入石门县第一中学工作。历任教导处主任、教科室主任、党总支书记、副校长等职，1998年任校长，2001年兼任党委书记。当选为中共石门县委第九届候补委员、第十届、十一届县委委员，中共常德市第五次、六次党代会代表，中共湖南省第九次、十次党代会代表。系湖南省高中教育专业委员会副理事长、湖南省中小学心理教育研究专业委员会副理事长、湖南省特级教师专业委员会副理事长、湖南省高级教师和特级教师评审专家、湖南文理学院兼职教授、湖南大学教育科学院研究生导师。

在石门一中从教31年，担任石门一中校长15年，坚持“质量立校、名师兴校、科研强校”的办学理念，大胆实行人事制度改革，学校中层干部竞争上岗，教职工竞聘上岗，推行低职高聘，打破教师职称聘用上的“论资排辈”；改革分配制度，实行结构工资制；带领石门一中创省重点，异地重建，走出湖南，成为全国知名的重点中学。共输送一本以上考生 4191 名，其中清华北大 77 名，使石门县的高中教育在省内外闻名。1984 年以来，他先后荣获县十佳公仆、县突出贡献校长、市优秀青年知识分子、市翦伯赞教师奖、特级教师、省劳动模范、徐特立教育奖、全国优秀教师、全国首届中小学明星校长等荣誉，并享受国务院特殊津贴。其事迹先后在《人民教师》《中华新闻报》《湖南日报》《湖南教育》《现代教育报》《湖南工人日报》《常德日报》等报刊报道，被载入《当代中国改革者风采录》《跨世纪之光》等书。

二、人物名录

1978 年

省模范教师（3 名）

张显峰　临澧县文家公社教师

杜慎英　澧县灵泉公社同心学校民办教师

艾祖信　汉寿县石板滩公社中学党支部书记

1982 年

省劳动模范（2 名）

贺大国　武陵区育英小学

胡大才　临澧县一中

1983 年

全国教育系统优秀教师（1 名）

覃申媛　石门县蛟蛇溪小学

1985 年

全国五一劳动奖章获得者（2 名）

覃申媛　石门县蛟蛇溪小学特级教师

章南高　津市市总工会职工学校校长

1985 年

常德地委、常德行署第一个教师节表彰的优秀教师（263 名）

安乡县	杨陆贵	金行琳	唐先棣	杨腊英	汪时兵	杨大治
	傅义钿	王方群	张学芬	曾文彦	李凤霞	刘如兰
	卜荣贵	向际虎	杨翠安	刘永琼	卢秀英	滕纯清
	陈珍贵					
汉寿县	刘唐仕	廖荣贵	曾友恒	郭道广	李应权	李满初
	徐国清	曾向平	刘超见	刘保初	张学军	马国良
	刘英明	刘隆稳	毛荷舫	夏　斌	刘利根	周绍吾

	李宏杰	童成久	李贤林	符凤英	张宝翠	杨玉枝
	陈焕湘	李菊兰				
澧　县	徐炳霞	张可明	蔡祖运	王靖安	李协生	符承清
	雷良均	李孙炮	周泽炎	任修柏	陈国邦	郝海洲
	田朝才	熊光忠	刘青云	文定轩	程　克	徐兆荣
	王怀珍	黄长大	孙先知	汪雪云	皮修玉	朱玉清
	洪素云	庹登科	骆诗珍	张可丽	沈明良	严钦生
	李金凤	王永菊	樊哲英	彭作绪		
常德县	龙占德	张开基	雷志新	王国海	刘慎之	殷本坚
	余万魁	李承志	罗作方	彭素凡	曾瑞先	余喜林
	王远赍	龚秋群	王爱枝	张以达	何英才	李双清
	梁成君	曾桂林	张圣会	陶方明	李金麒	程度珍
	李冬梅	孙芳玲	贵仁志	潘元芝	樊本焕	姚保国
	黄应祥	陈菊初	罗春元	向秋梅		
临澧县	陈振荣	严家和	江崇书	董兆世	刘军民	刘诗岗
	李征界	鄢革新	林泽生	曹子荣	祁怀玉	陈麦秋
	陈玉霞	金春林	陈清初	黄继荣	汪淑娥	
桃源县	彭茂才	龙鸿志	李方伯	张均林	陈明善	李凤兮
	田斌山	郑忠信	李克祥	刘志坤	李兰秀	鲁祖谦
	周育全	刘华明	陈才胜	朱先林	李维邦	廖汉清
	罗廷清	万云峰	王文浩	周　波	张姣云	刘曼丽
	王小亚	刘月娥	姚国文	莫正桃	刘菊珍	文忠萍
	罗建平	刘金娥	李文国	郭松清	谢应华	廖仁初
石门县	张圣华	唐哲庆	祁梅芳	蒋国佐	刘玉秀	喻德明
	胡　述	冉小友	刘湘顺	陈嘉主	田时洪	熊承书
	李友质	向建明	沈应智	唐志忠	李才武	王道千
	黄冬元	李开平	覃道明	伍仕元	李丽秀	唐汇菊
	陈清善	于忠莲				
慈利县	江正义	张谋权	佘兰英	朱坤池	代金培	艾孝忠
	陈仕奎	熊九源	朱愈环	姚茂树	赵新民	覃建平
	陈远悠	李万金	唐晓春	肖成彬	田有元	陈凡初
	王周政	唐治业	周玉莲	李环玉	杜玉先	方晓云
常德市（现武陵区）		郭　仅	张国雄	何英勇	徐永红	封位安
	李育军	张良玉	王育筑	陈会先	陈士杜	陈　清

	陈朝霞	张建华	黄祖仪	陈经伦		
津市市	王永模	杨富文	沈　扬	李金莲	黄玉坤	唐朝伦
	陈强华	许美兰	章南高			
地　直	徐　行	张文达	雷宏江	曹　菁	魏　怡	陈清泉
	江鸾秀	苏俊波	肖滋兰	黄祖一	卢迪生	李谟康
	陈锦文	周春秀	熊厚斌	陈玉山	高凤兴	吴长敏
	夏　一	吴长宏	李力华	刘崇聆	黄继诗	

1986 年

五一劳动奖章获得者、省劳动模范（2 名）

熊中彬　　汉寿县一中

刘元禧　　桃源县漳江小学

1988 年

全国教育系统先进工作者（1 名）

贺大国　　武陵区育英小学

1989 年

全国劳模（1 名）

潘道荣　　安乡县五中

全省教育系统职工特等劳模（1 名）

贺大国　　武陵区育英小学

全国优秀教师、全国教育系统劳动模范（6 名）

石门县	覃道桃	澧　县	江隆英	安乡县	姚本才
汉寿县	黄子才	鼎城区	张友文	津市市	李季益

全国优秀教师（74 名）

余道蕴	翦碧爱	徐伯均	吴子樵	陈福儒	聂立清	胡运华
燕明镜	李培诚	陈家主	孔先枝	彭声浩	郭云青	王道炎
覃事丕	杨万龙	蔡明德	肖步庄	谭晓华	肖德权	刘顺甄
刘崇聆	李明杰	祁怀玉	庹登磊	钟舜华	王元栋	庹国庆
张金兰	马伯准	陈本腊	鲁礼坤	程克传	廖桂荣	黄百炼

李盈先	郭宗庆	童汉山	董克明	李中泉	张绍荣	冯家强
聂双清	谈新荣	张小茅	葛主君	罗巨生	崔子新	肖勋芳
曹兴照	刘本珍	彭思享	盛振华	黄彬英	徐晓涛	王　渫
陈清泉	胡力文	万云峰	周新中	熊舜英	谭家耀	王育筑
杨丕振	黄国美	杨陆桂	金行琳	梅运秀	黄忠汉	肖晓秋
彭茂才	张均林	袁吉庆	陈明善			

1991 年

全国教育系统劳动模范（2 名）

王赛艳　　桃源县漆河镇中学

罗瑞光　　临澧县一中

全国优秀教师、全省教育系统劳动模范（17 名）

蒋明模	杨正斌	李海涛	胡志昭	蒋国强	高克威
胡白云	任修柏	李子玉	李登玉	孙际清	李桃英
冯晋文	祁梅芳	刘赤符	胡南云	蒯梁材	

全国优秀教育工作者、全省教育系统劳动模范（2 名）

段德全　　覃道槐

省级优秀教师（77 名）

安乡县	张代桂	池宗武	杨其定	孙淑舟	杨金珍	唐树岩
	龚本实	王勋章				
汉寿县	李怡卿	卢甲武	邵信忠	梁季春	傅金莲	周庆冠
	钟祥林	刘天旭	刘寅初			
鼎城区	潘世祥	杨文开	黄明达	李启华	杨树枝	黄伯安
	文　英	甘太岳	唐章政	韩淑玉	李孝政	黄金花
临澧县	刘子尼	鄢革新	裴先菊	卞新荣		
澧　县	张　宏	卢其文	庹进谋	李选荒	赵世华	李世云
	彭湘云	沈学文	李世元			
津市市	刘后英	王业武	谭晓明			
桃源县	郑昭明	陈金翠	朱秀珍	赵志弘	杨金平	梅运新
	雷志坚	张振球	文道金	游绍舟	曾庆祝	江协瑞
石门县	夏远景	胡明合	杨日初	李攸清	孙翠兰	杨生群

	晏惠明	宋进波	于坤云	杨明寿		
武陵区	陈春年	彭琼芝				
市　直	陈立伟	高　渊	谭立铭	杨　欢	李陶英	沈善伟
	徐远萍	陈文斌				

省级优秀教育工作者（11 名）

汉寿县	刘建章	何炳煊		鼎城区	潘均辉	丁建国
临澧县	匡业波	李声望		澧　县	汪国顺	
桃源县	廖汉清	李维帮		市　直	蒋淑萱	梁晶森

市级优秀教师（265 名）

安乡县	许明秋	王卫东	许宏汉	彭桂兰	何发良	熊爱珍
	吴让荣	胡定斌	庞盛明	张海涛	邓长年	梁德湘
	朱柳春	杨雪辉	冷世明	陈国乾	谢玉梅	田承炎
	何学发	彭建安	王霞玲	唐泽先	何才平	汤志才
	岳　进					
汉寿县	陈特夫	曾纪灿	刘鼎高	王忠卿	李行素	黄生大
	盛德生	彭汉卿	邓秋腊	杨黎明	杨立明	李启忠
	陈焕稳	曾贤帮	吴科苏	曾德山	丁兴旺	张连彩
	李映南	罗珍元	席德初	杨云华	曾友光	蔡建明
	张德荣	帅泽兵	肖佳德	代会明	赵静斌	易新民
	叶长发	盛建伟	聂碧初	张光利	李碧珍	李菊兰
	徐双林					
鼎城区	孙盛香	李长满	刘建国	唐友田	华德初	虢全富
	赵艮林	周友福	伍作太	谭笑轩	赵玉麟	杨德义
	刘贤瑾	张开基	黄学平	钱惠敏	贺金城	史子琼
	王国枝	刘元清	曾菊仙	崔秋寒	王爱枝	王永新
	周在福	刘孔新	袁春松	高精华	刘桂云	罗昌西
	孙开明	欧阳范	胡建华	褚丽华		
临澧县	李诗坤	邵云峰	黄泽友	乔光纯	张咏梅	聂学志
	罗玉华	许春玲	黄茂元	贾开太	杨家丙	刘长丙
	熊志敏	段晓兰	刘显泽	黄其宣	万方泉	
澧　县	宋善炎	王东初	沈习云	胡忠习	向　荣	蔡诗英
	张廷南	徐如刚	张儒鑫	曹永厚	刘小杰	陈克菊

	何宗平	汪国文	皮金平	杨翠舫	陈章华	杨耀田
	秦文香	叶贤臣	赵忠琼	刘崇俊	丁家兰	向才元
	李世君	周尚迪	李初炎	胡宇宏	李宽军	叶正武
	黄长大	周乃秀	胡砥如	周文明	朱远华	胡达坤
津市市	胡忠彦	雷立培	樊贞武	侯铃玉	张玉林	覃小丽
	禹　立	张庆勇	易　难	王大凯	李淑珍	贺家模
	毛裕华	刘宝熙	汤光锡			
桃源县	张金桃	孙绍龙	董华初	陈美祥	张业英	宋其彪
	钟克武	袁祖军	袁家贵	陈善之	钟书清	胡美枝
	于虎成	钟光辉	赵美清	曾祚胤	杨江舟	马继超
	彭升溪	黄建亚	邹鲁武	罗方杨	毛光远	孙雪云
	朱岩山	王再春	何国恩	李建平	游金辉	简振荣
	周泽民	李昌明	宋其常	江曙东	杨华山	罗亚林
	徐柱国	吴锦云	周维官	曾伯长		
石门县	贺忠刚	涂福满	史开林	郑丽萍	肖宏井	温超文
	周自远	伍辉支	戴惠明	朱盛球	钟时迪	王伯建
	江世辉	杨希明	苏安春	龙永福	王孝建	宋欣武
	张庆先	张登厚	向绪富	吴家龙	王君彩	朱远龙
	覃若彬	丁传元	唐汇洲	杨仲初	张敬良	陈尚俭
	岳志泉					
武陵区	宋其祥	罗振华	田万洲	石瑞初	李文军	李德秋
	吴里沅	王福斌	蔡隆明			
市　直	高建国	覃世新	江仁成	王光霞	王治安	李青年
	徐鼎新	文元林	符群秀	蒋　谟	李曼纯	刘贞怡
	丁吉荣	吴　捷	徐曼平	赵淑君	邹建华	唐望富
	张志勇	邓大伟	匡安平	谭绍清	申次玉	于锡志
	莫秀忠	任长春				

市级优秀教育工作者（25名）

安乡县	毛乐夫					
汉寿县	李仁才	薛祚云	万成章			
鼎城区	欧阳仁富	孙命皆	沈善仁	帅泽贵	马文善	胡锦春
临澧县	刘德光	刘海清	刘腾波	林莜喜	吴泽凡	夏　琛
	关进初					

桃源县　罗方远　张儒华　罗文龙
石门县　阎有理　董成云
市　直　许成林　余绍军　段华英

1992 年

首届全省优秀中小学校长（2 名）

张国雄　常德市一中
贺大国　武陵区育英小学

1993 年

全国优秀教师、全国教育系统劳动模范（2 名）

彭训安　安乡县一中
陈晓明　津市市二完小

全国优秀教师、全省教育系统劳动模范（16 名）

王运梅　叶荣松　王爱枝　余学帜　钟时迪　刘喜珍　江协瑞
刘国储　韩克春　盛忠望　吴志康　莫国兴　潘均辉　胡炎宏
卜功名　殷永昌

全国优秀教育工作者、全省教育系统劳动模范（5 名）

李怡卿　陈立功　杨永锡　庄桂清　赵昌协

省级优秀教师（77 名）

安乡县　杨成林　黄克勤　李绍东　王英桃　罗先玲　罗尔成
　　　　彭桂湘　雷立顶
汉寿县　童守军　彭映放　熊光春　徐爱珍　钟孟九　徐龙巨
　　　　郭益新　聂小兵　龚爱华
桃源县　陈胜新　陈新祖　刘丙成　孟其宏　兰吉初　覃寿文
　　　　陈金门　魏尤其　薛正友　向谷仙　张联民　李锋箭
鼎城区　肖冬莲　徐晓霞　张正大　刘源湘　李朝清　李柏桢
　　　　陈民主　何美仙　李笃培　聂其仲
临澧县　朱良富　戴雪华　张艺农　熊开宏　匡立波
澧　县　孙圣凤　张小平　张儒林　皮丕琴　黄京安　陈　军
　　　　皮金秀　谭绍友　汪兴茨　周常校

津市市	徐兆林	段玉霞				
石门县	李培鑫	陈春英	侯淑芳	贾珍云	熊君赐	郐光星
	江春元	许万举	覃正运			
武陵区	杨丽华	吕腊芝				
德　山	鄢怡桂					
市　直	周正元	周香华	蒋　谟	刘玉莲	王奇令	
	戴志传	黄继诗	刘贤才	马康湘		

省级优秀教育工作者（6名）

汉寿县	郭有为		桃源县	潘宏文
临澧县	郑传真		津市市	秦自超
市　直	方伟杰	李吉长		

市级优秀教师（264名）

安乡县	邹安民	杨生财	虢东元	张四阳	黄福军	向继章
	李秋英	吴让明	刘长蓉	熊兴秀	卜忠田	王先梅
	王桂兰	高先银	丁友平	熊永红	黄孝美	赵小云
	张廷友	杨瑞清	胡国星	万超华	杨利荣	李银林
	肖恒安					
汉寿县	童德新	易化群	陈彦博	陈焕修	高志斌	陈湘林
	周文菊	刘春晖	朱滕富	罗伯政	李成翠	张兆贵
	周德喜	肖　鄂	程为新	汤建国	徐纪文	刘孝魁
	冷冰心	丁大娥	聂立华	熊坤华	高桂花	施　鹏
	杨保初	王汉琼	张贵保	王绪安	袁新春	廖碧兰
	曾云涛	郭小波	高绪端			
桃源县	钱万华	李　宁	周建亚	燕新民	张继春	罗武圣
	覃本初	刘子书	卢怡堂	胡庆华	彭青科	吴江文
	俞福清	姚志勇	吴杏珍	谢益章	吴桃云	戴金福
	宋林山	周长河	彭淑娥	蔡瑞初	李松林	毛国芳
	李人伟	何腊群	杨文范	黄芳忠	陈廷福	徐柱国
	武声振	文建中	聂仁德	李春初	梁志斌	李朝阳
	杜雪初	文东秀				
鼎城区	杨启惠	蔡正寅	王松山	杨传保	刘振刚	余常生
	肖菊满	陈四秀	吴光国	江年谷	蒋芷良	铁伍娣

	胡冬枝	高汉光	张明元	谭满枝	姜宏元	李桂初
	李金凤	刘立夫	江湘林	聂万桃	娄远华	向光荣
	张以会	王固德	李顺娥	陈永德	后祥秀	熊敬美
	罗明清	李志明				
临澧县	陈长波	高红华	张明树	张上京	祝金树	唐　虹
	吴继承	聂仁泉	沈松秀	薛继材	任茂祥	蒋世龙
	谭德才	肖耀才	印惠芳	马正谊	徐玉萍	
澧　县	王靖安	肖祥华	郭祖生	王　勇	覃正博	廖炎初
	吴业军	田朝财	谢世良	刘金娥	彭大英	王忠良
	金云兰	胡业发	覃世文	郭兵泽	周书清	王友余
	王怀珍	封德秀	孙昌立	张平安	刘登凤	曹传仿
	李远平	余礼智	罗才忠	张业琼	范金兰	段友兴
	佘生根	杨铮传	孙圣海	符知能		
津市市	田　欣	杨德珍	马　瀚	周用镐	傅冠清	卓小莲
	肖本泉	周序景	邓　平	宗树堂	邓银洲	贾宗桂
	叶双秋	李湘生				
石门县	陈集章	覃事君	侯宏泉	刘祖中	向辉初	王先枚
	熊哲海	向延腊	蒋宗琼	戴平安	朱泽林	伍兵初
	覃业银	覃道菊	覃世才	杨玲巧	陈本凤	田秋元
	陈晓源	陈启岭	黄吉太	程学华	唐汇初	田　辉
	贾贤军	易继国	易继炎	李远雪	伍千鹏	伍千维
武陵区	铁明东	王应柱	龚光明	吴昌荣	周丽娟	孙柏清
	何　平	吴里元				
德　山	杨腊英	陈祥范	朱芳禹			
市　直	陈运国	邢业炳	顾燮炎	孙金云	雷锦湘	汤志红
	刘家友	赵　敏	潘建辉	王学杰	钟益林	杨斌文
	钱正喜	李正华	江仁成	夏春波	黄志雄	何七梅
	李功球	李哲念	苏和平	张学龙	李文英	卓伯泉
	张忠燕	陈克满	郑桂荣	赵声权	杨婉华	付长清
	陈孝玉	顾孔纹	曹友智	龚玉仙		

市级优秀教育工作者（28名）

安乡县	黄珍秀	熊雨沁		
汉寿县	罗子华	赵家良	黄正田	李春堂

桃源县　郭　辉　陈祖国
鼎城区　胡代生　肖昌浩　张传贤　聂明星　陈新民　陈文龙
临澧县　黎文新　鄢丙林　陈隆柳　顾国荣　王世卓　廖　英
澧　县　王成林　陈　悦　莫宏禄
津市市　郑明淦
市　直　柳衍权　钱竞业　蔡卫君　高业儒

1995 年

全国优秀教师、全国教育系统模范（2 名）

商建东　桃源县牛车河乡
江崇书　临澧县一中

全国优秀教师、省教育系统模范（21 名）

彭德华　孙圣香　杨仪辉　邓桂秋　陈炳玉　洪丕海　黄克勤
施昌寿　雷方星　熊玉环　王观珍　王回英　张金初　徐碧芬
王义生　章　瑶　苏　光　姚世平　龙先成　彭湘云　张国雄

全国优秀教育工作者、省教育系统劳模（1 名）

许成林

省级优秀教师（107 名）

武陵区　周　琼　罗　洁
鼎城区　鲁碧华　高四平　欧兰波　王喜云　王瑞枝　高北生
　　　　于培忠　陈惠文　颜瑞琪　臧雪梅　卢庚芝　刘庆云
　　　　陶望喜　黄元新　邹菊枝　唐建媛
津市市　裴宏平　田　欣　汪业琼
安乡县　李辉铭　曾繁玖　熊永红　张克宁　熊菊英　万超华
　　　　陈遵文　张兰英　唐汝珍
汉寿县　周运星　曾宪才　李冬雁　童自来　栗宗孝　曾召文
　　　　帅泽刚　彭登高　李枝娥　施冬华　曾德山　周方来
澧　县　彭长川　周宇春　祝秋玲　廖明仁　许晓华　曾庆顺
　　　　李冬成　鲁丙兰　刘平武　高守进　王先球　毛福秀
　　　　杨大香　李泽炳
临澧县　王作玲　许春玲　黄道国　欧菊香　周用富　孙世勤

桃源县	燕立国	刘必铮	罗国富	敖求峰	熊良华	郭述清
	孔大云	孙凤枝	彭青科	邹英姿	冯泽民	黄治波
	肖光宇	孔杏春	宋　箐	高林超		
石门县	李金明	袁　军	黄大顺	丁梅玉	马先辉	李书协
	董国喜	肖建华	张红玉	盛中常	覃若兵	乔传银
德　山	姚文优					
市　直	李吉权	刘迪辉	丁幼清	李中英	曾志高	张可法
	李达轩	王治安	王　燕	余雪桂	符奇才	王不才
	夏春波	胡回熊	王学杰	王小亚		

省级优秀教育工作者（17 名）

武陵区	张美兰			鼎城区	杨建明	
津市市	胡丕旭			安乡县	刘常安	
澧　县	周小凡			临澧县	程方友	关进初
桃源县	谌国君	雷梅香		石门县	曾昭斌	刘山岳
汉寿县	杨国政	熊长安	肖湘萍			
市　直	闵安稳	黄文光	王佑轩			

市级优秀教师（270 名）

武陵区	周兰英	邓亚丽	刘昔君	李志敏	明良珍	
鼎城区	李小英	唐德元	赵元枝	廖秀华	周德歧	罗功达
	陈言礼	李吉武	刘本国	许美秀	熊先云	李　飞
	杨桂枝	林泽芬	高志华	姜开瑛	张松桥	王业勇
	肖万新	廖在金	唐　宁	李建国	熊先锋	余万魁
	旷志新	朱后启	赵跃忠	刘天然	杨丕宏	陈爱中
	张国畅	戴晶本	唐保贵	彭保国	孔祥凯	王和平
津市市	朱雨英	马云英	刘桂珍	罗菊红	雷敬之	黄木生
	向炎武	曾庆悦	刘德智	刘金军	周帮毅	金治平
安乡县	严钦珍	杨　成	杨建军	杨泽建	胡晓平	陈本智
	肖世春	徐安全	宋光明	帅庆庆	王英志	蹇敦霞
	张明月	裴泽鸿	詹万平	刘　璃	侯长安	李绍明
	何发良	彭敏波	李昌庆	杨运年	余青梅	王艳萍
汉寿县	蔡明秋	刘跃进	宋雪清	张良发	刘六平	唐定武
	程恭来	罗先保	范桂枝	代学文	郭旭初	周兴春

	刘菊林	曾凤娥	青先桂	曾建政	符方春	何艳娥
	熊金枝	周永保	张正初	陈贵荣	钟元枝	刘文言
	张德欢	詹麦枝	彭生根	廖习珍	刘世伟	黄保喜
	胡冬秀	王小云	王志甫	何云华	帅承年	赵寿元
澧　县	任振军	宋贻克	夏业文	李学工	杨才萍	资光香
	刘上文	张宏庆	田宗梅	陈家连	王焕群	杨宏先
	胡宏桥	樊霞明	王焕新	马建炎	刘清东	彭晓英
	谢　平	余爱军	孙昌艾	王道国	肖雪林	孙圣寿
	刘兴国	周大海	谢承文	龚道游	罗新春	魏承桃
	万维均	许申兰	杨明化	罗远发	姚正柏	
临澧县	袁继红	丁　勇	蒋祖华	叶四英	汪圣金	王华武
	王明华	王吉楼	杨秋舫	张九妹	朱绪芬	杨海兵
	杨书栋	朱志高	胡达顺	徐娟晖	田爱英	祝淑芳
	李慧君	丁银新	薛开桂	胡家才	黎国喜	
桃源县	邵华文	李克祥	高春枝	张华杰	谭玉珍	丁家主
	刘兴怡	代惠君	许怡兰	余立新	文淑平	钟贵华
	陈锋江	饶小平	魏惠忠	余官清	沈子祥	商腊香
	宋国蓉	江杰之	周先月	刘爱华	李汉生	郭纯洁
	向淑枝	伍国昌	何振兴	朱淑华	龙华新	钟　慧
	万国栋	钱桔霞	杨云安	费祥福	张伍文	黄　斌
	冯兰霞					
石门县	赵夏泉	陈正生	刘祖林	陈泉珍	熊先安	蔡胜忠
	宋道斌	侯克明	夏辉君	辛继春	周方吾	金生辉
	李绍英	陈基铸	文书高	柳北辰	向为民	王作述
	王继先	严日杰	高申祥	覃昔湘	向家春	桑先觉
	晏有德	肖长元	汪文银	廖其法	余泽菊	
德　山	蔡隆明					
市　直	左丽华	戴国枝	车生兵	杨斌文	易荣富	任明慧
	朱党龄	冯毅君	彭兴杭	易新祥	熊炎辉	范元江
	刘秋枝	李世辉	李双清	张珍英	龚彩莲	谭　珊
	葛仙桃	周　跃	黄镇才	翟振才	蔡如文	夏建华
	严其武	陈子文	谢建国	毛远珍	游碧元	上官惠民
	吴莲英	黄学政				

市级优秀教育工作者（27名）

武陵区	陶　霞				
鼎城区	胡卓安	代君和	闵盛荣	杨正夫	
安乡县	吴家林	吴大春	毛乐夫		
汉寿县	彭国恒	周　波	邹昭贵		
澧　县	皮红岩				
临澧县	黄开发				
桃源县	吴昌伯	钟吉红	杨和平	戴临中	蒋太初
石门县	覃事茂	伍荣支	袁世局	余吉朝	覃事成
市　直	郭宏富	陈显龙	文杏华	林　芸	

1996年

市“十佳”校长（10名）

陈祖新　桃源县马鬃岭中学
杨林峰　临澧县一中分校
熊长安　汉寿县西竺山联校
黄克勤　安乡县下渔口镇中学
韩淑玉　鼎城区武陵镇完小
祁梅芳　石门县一中
曾昭华　津市市二完小
谭家耀　武陵区育英小学
章业树　澧县一完小
朱金生　常德市工业学校

市“十佳”班主任（10名）

朱枝元　汉寿县新兴乡中心小学
许春玲　临澧县杉板中学
周雁凌　鼎城区一中
聂紫坤　常德市六中
屠艳霞　武陵区河洑乡中心校
唐玉翠　石门县易家渡永固完小
徐碧云　安乡县北河口中学
陈炳玉　津市市职业中专
沈子祥　桃源县理公港乡中学
丁远才　澧县永丰乡中学

市“十佳”青年教师（10名）

张家明　石门县二中
易古红　汉寿县一中
黄利华　澧县一中
侯卫红　武陵区桥头小学
李兰英　常德市一中
雷敬之　津市市棠华乡中学
周碧兰　临澧县一中
杨双武　安乡县二中
王德华　鼎城区唐家铺中心校
王朗轩　桃源县郝坪中心校

1998年

国家教委表彰的全国教育系统“巾帼建功”标兵（1名）

朱枝元　汉寿县新兴完小

全国模范教师（享受省部级劳模和先进工作者待遇）（2名）

郑传岩　澧县如东乡枫林完小

易华祥　汉寿县一中

全国优秀教师（省政府记一等功奖励）（6名）

郭凌云　常德市一中　　应雨田　常德师专中文系

伍满枝　鼎城谢家铺桂花完小　　周友枝　武陵区育英小学

陈宏政　石门楚江一完小　　李汉生　桃源太平桥跑马岭小学

全国优秀教育工作者（省政府记一等功奖励）（2名）

方伟杰　桃源师范学校　　杨林峰　临澧县一中

省级优秀教师（省政府记二等功奖励）（54名）

黄海春　常德市教科所　　戴正国　武陵区河伏镇中学

张　力　常德师范　　唐洪波　常德市二中

胡亚非　常德市四中　　钱竞业　常德市六中

谭春柏　鼎城港打鼓洲小学　　郭国清　鼎城教师进修学校

施菊香　鼎城蒿子港联校　　刘建春　鼎城石公桥中学

王有学　鼎城周家店中学　　曹晓英　鼎城雷公庙中学

徐跃华　鼎城丁家港联校　　陈会文　鼎城唐家铺联校

李人伟　桃源漳江小学　　文桂香　桃源木塘垸中心小学

李世明　桃源漆河中学　　郑美茸　桃源钟家铺中学

丰庆云　桃源向家桥完小　　肖碧春　桃源游鹿溪教学点

吴启珍　桃源渔父小学　　周华伯　桃源九中

刘淑英　桃源一中　　范新国　安乡出口洲中学

吴贤本　安乡一中　　王英志　安乡城南中学

肖雪萍　安乡三仙咀中学　　李娄茗　安乡安康安心小学

赵明权　津市一中　　汤光玉　津市白衣中学

刘茂云　临澧一职中　　孙波岭　临澧一中

周乃恒 临澧实验小学 王世卓 临澧合口中学
毛善新 澧县一中 丰德秀 澧县澧阳镇联校
李 平 澧县六中 李来祥 澧县二中
马 艳 澧县洞市联校 卢次之 澧县职业中专
彭云安 澧县大堰垱中学 曹继银 澧县教研室
周天庆 澧县道河联校 王乃如 汉寿二中
郭光前 汉寿三中 宁正红 汉寿詹乐贫中学
陈跃华 汉寿毛家滩联校 曾凡利 汉寿毓德铺联校
刘德安 汉寿教师进修学校 赵夏泉 石门一中
熊南松 石门官渡桥小学 邓孝平 石门子良乡水田中学
唐汇清 石门所街三门峪小学 程振重 石门南北镇宋垭小学

省级优秀教育工作者（省政府记二等功奖励）（10名）

谢自强 常德市职业中专 孙启玉 鼎城区一中
田万洲 武陵区教师进修学校 宋光汉 津市市三中
刘建华 汉寿军山铺镇联校 陈泽宗 石门太平街乡教育办
王勋章 安乡成人中专 卢新明 安乡安障乡教育办
裴先文 安乡黄山头教育办 马秋贵 桃源桃花源镇联校

市优秀教师（197名）

潘能芬 安乡安凝乡教育办 李登标 安乡官垱镇教育办
许魁谋 安乡安障乡教育办 丁才生 安乡安福乡
何才可 安乡焦圻中学 王政文 安乡二中
陈仕兵 安乡黄山头镇中学 陈章富 安乡一职中
樊孝年 安乡安裕乡又新小学 李文柱 安乡安全乡刘家完小
丁忠余 安乡陈家嘴中心小学 王大年 安乡二职中
陆 莉 安乡中心幼儿园 沈国安 安乡唐家铺中学
何才平 安乡三中 张文彪 桃源青林乡中学
蒯同和 桃源枫树乡中心小学 童美双 桃源陬市镇中学
覃文忠 桃源盘塘镇中心小学 钟双娥 桃源马鬃岭乡联校
王树盛 桃源双溪口乡中学 何桃玉 桃源黄石镇中学
杨德才 桃源黄甲铺杨家庄完小 杨华艳 桃源理公港中心小学
朱清龙 桃源牛车河中心小学 印遇才 桃源观音寺田坪界小学
游桂平 桃源龙潭镇中学 李建中 桃源三阳港镇中学

张美玲	桃源梧溪河乡中学	黎国华	桃源兴隆街乡中学
刘建初	桃源茶庵铺三元潭完小	颜家海	桃源太平铺乡联校
王治敏	桃源西安镇联校	曾松枝	桃源郑家驿学校
朱光明	桃源沙坪镇农民技校	毛华建	桃源芦花潭中心小学
冯志伟	桃源二中	佘兴国	桃源三中
龚旭波	桃源特教学校	姚先枝	桃源二职中
李建国	桃源教师进修学校	萧淑芬	桃源直属机关幼儿园
文少君	桃源农机职中	陈生稳	汉寿四中
刘德安	汉寿教师进修学校	朱青云	汉寿一职中
黄淑珍	汉寿城关联校	管凤章	汉寿西竺山联校
朱定国	汉寿鸭子港联校	曾继述	汉寿西港联校
帅泽模	汉寿罐头嘴联校	陈运喜	汉寿聂家桥联校
陈业民	汉寿朱家铺联校	徐碧峰	汉寿东岳庙联校
刘福开	汉寿岩嘴联校	施信初	汉寿太子庙联校
曾宪忠	汉寿阳南塘联校	陈依美	汉寿蒋家嘴联校
粟中元	汉寿围堤联校	周太山	汉寿供销职业中专
李大群	汉寿毛家滩联校	王秀梅	汉寿坡头联校
郭立珍	汉寿文蔚联校	熊慧英	汉寿丰家铺联校
黄德林	汉寿龙潭桥联校	蔡则成	汉寿月明潭联校
赵昌升	澧县一中	朱方斌	澧县三中
柳　谊	澧县四中	任泽树	澧县五中
周厚华	澧县八中	雷孝武	澧县澧阳镇联校
颜福珍	澧县澧阳镇联校	陈　斌	澧县澧阳镇联校
陈尊英	澧县码头铺镇联校	刘安玉	澧县方石坪镇联校
曾凡梅	澧县太青乡联校	刘四兰	澧县中武乡联校
龚小平	澧县车溪乡联校	彭述松	澧县雷公塔联校
彭启玉	澧县盐井镇联校	刘年斌	澧县复兴厂镇联校
毛骆平	澧县梦溪镇联校	唐继萍	澧县涔南乡联校
崔先淳	澧县澧东乡联校	赵申春	澧县澧澹乡联校
彭德健	澧县澧南乡联校	温启金	澧县大坪乡联校
辜业珍	澧县教育机关幼儿园	汪松清	澧县七中
李　斌	津市一中	杨友之	津市二中
赵湘君	津市职业中专	何月珍	津市教师进修学校
季　中	湖南电大津市分校	任　艺	津市一小

廖传清　津市二小
曾文先　津市棠华乡教育办
舒亚平　石门教师进修学校
冯仁灵　石门三中
高德已　石门预备役学校
易先之　石门二都乡教育办
孟中文　石门蒙泉镇教育办
李珍英　石门皂市镇教育办
廖其云　石门白云乡教育办
刘玲珑　石门三圣乡教育办
吴建东　石门磨市镇教育办
陈晓原　石门所街乡教育办
张秀梅　石门壶瓶山教育办
刘永翠　临澧进修学校
苏新民　临澧新安教育办
鲁小明　临澧四中
陈桂林　临澧职业中专
梁桂香　临澧柏枝教育办
徐益春　临澧杉板教育办
黎爱军　临澧佘市教育办
张　玲　临澧三中
王承平　临澧县九里教育办
伍本宪　武陵区丹州中学
徐艳芳　武陵区桥头小学
张宏来　武陵区东江驮古堤校
邹桂香　武陵区河伏镇完小
秦昌贵　武陵区南坪岗花山小学
何腊枝　鼎城区三中
杨先立　鼎城区双桥坪联校
陈国保　鼎城区长茅岭联校
陈德美　鼎城区长岭岗乡联校
周友福　鼎城区灌溪联校
唐生凤　鼎城区仙池山学校
高峰银　鼎城区草坪中心小学
邓克俭　津市灵泉乡教育办
唐述教　津市李家铺乡联校
胡仕敬　石门湘北职业中专
王伯建　石门六中
覃业凤　石门易市镇教育办
何玉霞　石门新关镇教育办
贺德云　石门夹山镇教育办
易明信　石门新铺乡教育办
盛克云　石门维新镇教育办
廖复平　石门太平街乡教育办
黄先恒　石门雁池乡教育办
田秋元　石门罗坪乡教育办
杨绪林　临澧太浮教育办
郑明金　临澧二中
胡国庆　临澧陈二教育办
熊昌松　临澧杨板教育办
陈玉兰　临澧城关完小
刘定玉　临澧实验小学
向才柱　临澧一中
浦秀萍　临澧停弦教育办
张载明　临澧县一中
王建湘　武陵区护城中学
伍作太　武陵区芦山中学
查海燕　武陵区东源小学
尹德新　武陵区丹州石灰完小
胡祥标　武陵区芦山社木铺完小
胡友云　鼎城区七中
陈伯林　鼎城区清塘湖小学
王运苏　鼎城区黄土坡完小
周兴达　鼎城区黑山嘴南堤村小
罗先玉　鼎城区石门桥镇中学
陈立英　鼎城区斗姆湖镇中学
张志华　鼎城区教育培训中心
胡元美　鼎城区沧山乡中心小学

许正宏　鼎城区蔡家岗镇中学
李建国　鼎城区韩公渡中学
刘桂香　鼎城区黄珠洲联校
李冬元　德山莲花池小学
罗隆明　常德市卫校
陈　兴　贺家山子弟中学
丁仁杰　东山峰农场子校
王竣伦　常德市技工学校
沈艳丽　华南子校
田晋英　常德师专
桂乃盘　常德高专
牛张莉　常德教育学院
梁　平　常德师范学校
雷志元　津市师范学校
汪冰清　常德市三中
雷明忠　常德市七中
陈大立　常德艺术学校
姚运忠　鼎城区中河口东北完小
唐红欢　鼎城区黄土店中心小学
彭罗香　鼎城区十美堂联校
廖建国　德山樟木桥小学
姚爱华　常德公安干部中专学校
谢建国　常德机电工程学校
汤泽桃　常德市农业学校
陈俊舞　常纺子弟学校
汤明龙　常德市信息工程学校
刘潇潇　常德师专
郭国强　常德高专
麦建忠　常德电大
周明山　桃源师范学校
汤登仲　常德市一中
凌求福　常德市五中
赵彩娥　常德教学仪器站

市优秀教育工作者（30名）

蒋　青　安乡安德乡教育办
潘能均　安乡教师进修学校
颜学锡　安乡安尤教育办
姚志球　桃源郝坪乡联校
莫登哲　桃源十中
盛建伟　汉寿成人中专
钟吉潮　澧县官垸乡联校
吴仲秋　澧县教师进修学校
武湘群　武陵区高山街小学
周春彩　鼎城区二中
杨顺初　鼎城区教委
肖昌浩　鼎城区许家桥乡联校
严仲初　鼎城区镇德桥联校
丁菊兰　西洞庭农场中心完小
杨金娥　常德财经中专学校
王炳球　安乡大鲸港中学
徐国璋　安乡四中
李文德　桃源热市镇联校
刘洪飞　桃源牯牛山乡联校
关中和　桃源一中
陶铁球　汉寿大南湖中学
李建堂　澧县火连坡镇联校
张　建　石门蒙泉镇教育办
陶　霞　武陵区城北联校
丰运清　鼎城区牛鼻滩镇中学
闵胜云　鼎城区职业中专
何木清　鼎城区武陵完中
周芝连　西湖一中
庞贵元　湖南六〇一矿子校
朱金生　常德工业学校

市十佳师德标兵（10 名）

商建东	桃源牛车河商家河小学	陈宏正	石门楚江镇一完小
吴贤本	安乡一中	朱枝元	汉寿新兴完小
马　艳	澧县洞市中心小学	许春林	临澧杉板中学
陈炳玉	津市职业中专	徐跃华	鼎城区丁家港联校
张元甫	武陵区南坪中学	何英勇	常德市四中

1999 年

市优秀青年教师（20 名）

邹怀英	常德市五中	王予权	常德市职业中专
张丽娟	常德市七中	曾元玲	安乡城北小学
李　茜	汉寿城关一小	徐吉鸿	汉寿坡头镇中学
闵安忠	鼎城区二中	何登平	鼎城区教育培训中心
胡菊香	临澧县实验小学	陈双武	澧县一中
郭泽秀	澧县六中	张莉娟	津市市一中
唐基智	石门县三中	赵夏泉	石门县一中
燕立国	桃源县一中	朱先云	桃源县漳江小学
黄沛先	武陵区北正街小学	高丽鹏	武陵区育英小学
刘雪君	常德师范附小	成怡鸿	西洞庭一中

2000 年

教育系统全国劳模（1 名）

王赛艳　桃源县漆河镇中学

教育系统全国先进工作者（1 名）

朱枝元　汉寿县新兴乡联校

市“芙蓉杯优秀青年教师”（20 名）

成　程	常德市一中	杜顺卿	常德市二中
谭国湘	武陵区育英小学	廖冬云	鼎城区一中
娄德华	鼎城长茅岭中心小学	胡圣团	津市职业中专
李　燕	津市一完小	刘业庆	安乡黄山头中学
刘志慧	安乡大鲸港镇中心小学	潘建平	汉寿一中
唐声文	汉寿聂家桥中心小学	张海云	桃源一中

叶纯治　桃源九中
陈　波　澧县二完小
肖耀才　临澧四中
肖建华　石门三完小
任泽贵　澧县六中
刘小彬　临澧一中
徐联勇　石门三中
夏姣桃　西湖一中

市“华人杯优秀班主任”（10名）

向华友　常德市六中
唐双球　鼎城区逆江坪中心小学
吴淦承　安乡一中
樊　杰　桃源桃纺厂中学
杜登高　临澧一中
杨昌政　武陵区工农小学
杨友之　安乡一中
周国文　汉寿五中
马凤娥　澧县一完小
涂小妹　石门易家渡双溪坪中学

市十佳师德标兵（10名）

谢建英　常德市四中
谭春柏　鼎城港二口打鼓洲小学
李娄茗　安乡安康乡安兴小学
刘丙成　桃源双溪口乡中学
张金初　临澧三中
肖勋芳　武陵区常蒿路小学
杨正斌　津市一中
施冬华　汉寿株木山株木小学
陈逢祥　澧县复兴中学
姚世平　石门罗坪乡罗坪完小

2001年

五一劳动奖章获得者（1名）

张金初　临澧县三中

全国优秀教师、全国教育系统劳动模范（2名）

刘金龙　石门县壶瓶山镇夹马小学
胡卫民　安乡县城北小学

全国师德先进个人（1名）

商建东　桃源县牛车河乡商家河小学

全国优秀教师（4名）

杜德梅　津市市李家铺中心学
钟广清　武陵区工农小学
朱美玲　鼎城区长茅岭乡中心校
刘淑英　桃源县一中

全国优秀教育工作者（3名）

章业树　澧县一完小　　胡德长　常德师范学校
朱金生　常德市芷兰实验学校

省委省政府表彰的“两基”工作先进典型（9名）

教育功臣：
胡宗清　桃源县委书记
先进个人：
陈文浩　石门县委书记　　张文富　桃源县副县长
徐兆湘　安乡县安丰乡党委书记　　徐如社　澧县教育局长
龚志权　鼎城区教育局副局长　　蒋祖银　临澧县农经局副局长
熊长安　汉寿县西竺山联校长　　杨智敏　常德卷烟厂副厂长

省优秀教师、优秀教育工作者（32名）

孙柏清　武陵区护城乡联校　　华德初　鼎城石板滩莲花堰完小
伍金泉　鼎城区一中　　廖学杰　鼎城区许家桥中学
张怡斌　鼎城区武陵完全中学　　沈　扬　津市一中
刘　浩　安乡一中　　龚晓梅　安乡官当中学
谭冬梅　临澧黄鳌中学　　杨双英　临澧实验学校
叶明生　临澧三中　　马文贵　汉寿詹乐贫中学
王宗池　汉寿一中　　张爱平　汉寿百禄桥中心小学
张　文　汉寿围堤湖中学　　唐生春　石门一中
覃国安　石门三中　　吴家驹　澧县教育局教研室
任泽艳　澧县小渡口中学　　黄银安　澧县六中
周代俊　澧县一完小　　朱先云　桃源漳江小学
张国秀　桃源佘家坪龙朝寺教学点　　陈才胜　桃源一中
郭富云　桃源九溪乡中学　　张颜平　桃源盘塘镇中学
黄晓平　常德市九中　　成怡鸿　西洞庭一中
熊跃利　常德市一中　　文元林　常德市二中
聂紫坤　常德市六中　　李少夫　常德电脑专修大学

全省中小学德育工作标兵（8名）

康建华　常德市一中　　肖勋芳　武陵区常蒿路小学
陈少栋　鼎城区教育局　　刘业庆　安乡黄山头中学

谢建英	常德市四中	苏哲高	临澧新安镇中心小学
卢次之	澧县职业中专	胡圣团	津市职业中专

市优秀教师、优秀教育工作者（201名）

武陵区	杨艳华	肖奎香	郑招辉	牛双枝	周永利	李惠军
	褚丽华	杨亚莉				
鼎城区	曹新喜	郑志斌	唐生风	牟碧章	李曼利	贺春芳
	彭友才	王运龙	皮兴权	钟如英	文保先	郭仲秋
	丁万鹏	李圣贵	王胜利	陈祥友	王　英	曹美艳
	汤兰卉	许雪华	刘文俊	周德朝	谭代忠	袁志准
	陈国华	朱玉明				
津市市	朱　华	马学品	程跃勇	高　辉	莫　妮	肖　威
	刘　炀	黄　维	刘明华			
安乡县	陈贵荣	罗先文	陈章春	张洪波	刘友艺	王德斌
	熊福华	李泽其	肖远奇	肖桃秀	徐化军	陈　红
	陈雪平	刘业庆	刘　平	胡　祥	毕跃进	钟　彪
汉寿县	曾罗生	黄桂洋	钟自力	谢　健	陆　专	姚仁桂
	张明春	李春年	郑运杰	汤建国	邱志勇	胡正言
	杨伏来	罗先君	熊坤华	朱琼华	游咏兰	曾广平
	孙美莉	余新文	刘叔军	刘献国	伍建波	
桃源县	杜立风	阳志雄	徐兆勋	吴华斌	文建忠	颜金安
	许华斯	尹志刚	郭明秋	刘建平	邓富洲	徐美莲
	何　青	李建军	万学科	王元波	罗光明	佘南云
	肖昕兰	佘建军	敬国强	罗惠珍	黄基文	王振华
	龙朔亚	莫华仙	孙亚丽	徐来君	剪志才	
临澧县	何登喜	郝诗万	刘文锦	颜伯军	胡家华	张惠荣
	廖国勇	吴腊梅	李全英	罗先智	邹荣胜	黄伯群
	谭平阶	周乃航	卢业元	胡伯琴		
澧　县	宋平原	彭世辉	周志平	李志芳	王达观	彭光乔
	杨自爱	任长青	黄毕文	王金海	汤真平	刘敬忠
	刘丛俊	周　文	吕　陈	龚道远	何少君	曾黎平
	戴　明	陈美凤	高　山	许汉林	辛晓明	刘维芳
	谭晖庆	肖训军	傅祖海			
石门县	封生敦	张家明	罗治柏	易先喜	敖仁娥	郑敦年

	杨玉阶	魏　云	涂义初	游文均	覃事岗	唐国平
	刘湘德	张忠恒	梁申元	张光媛	李家银	陈文南
	刘秋娥					
农　场	郭建民	饶道过	艾三喜	刘胜利		
市　直	潘秋珍	肖安丽	李圣新	王丽兰	邢　军	张远贤
	谈文华	赵雪良	何晓明	谭　辉	薛文龙	石振亚
	杨光元	张忠芳	冯筱筱	张春兰	龚华民	潘建辉
	熊永峰	李晓渊	张道才	刘文艳	黎淑华	蔡光斗
	彭治权	王晓慧	陈　刚	黄白红	丁新泉	刘慎茂
	肖健民	张业四				

市“芙蓉杯优秀青年教师”（20名）

舒友忠	常德市一中	方顺才	常德市五中
樊永红	武陵区育英小学	肖晓兰	武陵区东郊中学
许正宏	鼎城蔡家岗中学	文先华	鼎城武陵镇福广小学
游朝晖	津市一中	胡　凯	安乡安丰中心小学
陈金红	安乡芦林铺中学	盛杏桃	汉寿三中
袁新友	汉寿一中	陈胜新	桃源架桥中心小学
许光柔	桃源二中	杨志勇	临澧一中
蒋祖云	临澧佘市联校	邹纯新	澧县垸中心小学
余正保	石门楚江一完小	陕家格	石门一中
盛　平	常德师范附小	彭艳红	西洞庭一中

市“华人杯优秀班主任”（10名）

李井岗	常德市一中	蔡雪枝	武陵区南坪中学
蔡仕华	鼎城长岭岗中学	汪明英	津市五中
石海波	安乡安宏乡唐家铺中学	朱凤敏	汉寿围堤湖中学
孙雪云	桃源青林乡中心小学	胡秋香	临澧三中
周俊平	澧县中武乡中学	覃若彬	石门雁池学校

2002年

市优秀青年教师（20名）

杨继红	常德市五中	贾丕军	常德市三中
熊伟军	汉寿县周文庙中学	王丽君	汉寿县岩汪湖联校

易先芝　安乡官垱镇中心小学
侯巨波　石门夏家港中学
罗　玲　武陵区育英小学
沈成高　鼎城区镇德桥中学
徐美烟　津市市三中
王世华　澧县五中
王本南　西湖区一中
何春珍　常德师范附小
王忠辉　石门县一中
左　琴　武陵区金丹实验学校
宁文辉　鼎城区一中
谭启荣　津市市二中
方　立　桃源县一中
任申珍　澧县一中
刘志宏　临澧县四中
余立云　桃源师范附小

市优秀班主任（10名）

鄢向东　常德市七中
黄美娥　鼎城区江南实验中学
刘玉琪　汉寿坡头联校
汪海蓉　桃源桃花源中心校
赵远林　澧县六中
李柏桢　武陵区南坪中学
张梅涛　津市一中
易新华　安乡一中
程学华　石门易家渡教办
朱福文　临澧一中

市十佳师德标兵（10名）

郑华皆　桃源漳江小学
刘湘德　石门磨市镇中心小学
俞宏志　津市三中
任泽艳　澧县小渡口镇中学
张　文　汉寿围堤湖中学
龚秋贵　鼎城十美堂中心校
熊以华　武陵区芙蓉路小学
刘　平　安乡安福乡一完小
谭冬梅　临澧九里联校
周　琼　常德市十三中

2003年

湖南省农村教师突出贡献奖（5名）

苏哲高　临澧新安镇中心小学
陈集章　石门五中
肖碧春　桃源寺坪乡青同溪教学点
何晓辉　汉寿百禄桥王才坝小学
张柏文　澧县太青中学

市“芙蓉杯”优秀青年教师（20名）

李卫东　常德市二中
周慧宏　常德市五中
龚　进　武陵区北正街小学
余　平　鼎城一中
储　玮　常德市四中
张　璟　常德师范附小
熊卫平　武陵区育英小学
向　英　鼎城武陵中心小学

张方兰　津市李家铺乡中学　　　徐华军　安乡下渔口中学
钟自力　汉寿一中　　　邹远学　汉寿崔家桥中心学校
刘志敏　桃源一中　　　肖曼红　桃源漳江镇渔父中心校
辛书荣　临澧二中　　　李廷华　澧县一中
侯宏泉　石门一中　　　魏　云　石门楚江镇一完小
史彩平　德山桃花山完小　　　帅泽平　西洞庭管理区一中

市“华人杯优秀班主任”（10 名）

张冬芝　武陵区工农小学　　　黄桃仙　鼎城区草坪镇中学
黄伍英　津市市五中　　　李建琼　安乡县二职中
王全清　汉寿聂家桥熊家铺村小　　　谢一彰　桃源三阳港中学
杨习海　临澧一中　　　姜建红　澧县一完小
伍苹芝　石门楚江镇二完小　　　郭　军　桃源师范学校

2004 年

全国模范教师　（享受省部级劳模待遇）（2 名）

高春枝　桃源县九中　　　侯宏泉　石门县一中

全国优秀教师　（省政府记一等功奖励）（6 名）

刘兆云　汉寿县西港镇中心校　　　成　程　常德市一中
李晓渊　常德师范学校　　　侯　军　临澧县一中
褚丽华　武陵区北正街小学　　　彭友林　湖南文理学院

全国优秀教育工作者（省政府记一等功奖励）（1 名）

赵绪清　澧县一中

省人民政府授予的教育功臣（1 名）

程海波　常德市委书记

省级优秀教师（省政府记二等功奖励）（19 名）

朱明瑶　常德职业技术学院　　　朱年生　常德市二中
谢建英　常德市十一中　　　谭国湘　武陵区育英小学
雷光银　鼎城区一中　　　娄德华　鼎城长茅岭中学
叶金明　鼎城中河口中学　　　易求武　石门三中

樊春生　津市一中
杨美慧　津市翊武中学
宋淑军　澧县太青乡中学
周代湘　澧县小渡口中学
卓金华　桃源黄石中学
魏松岩　桃源七中
张　华　德山开发区乾明完小
刘清贵　西洞庭管理区一中
章志平　安乡成人中专
彭汉清　汉寿一中
肖耀海　常德市芷兰实验学校

省级优秀教育工作者（省政府记二等功）（3名）

杨建宇　临澧县四中
易广庆　安乡县一中
彭治权　常德淮阳中学

市优秀教师（169名）

全　闵　武陵区育英小学
张丽萍　武陵区北正街小学
陈广川　武陵区华南实验中学
肖明清　武陵区滨湖小学
苏开国　武陵区芦山中学
杨美道　武陵区丹州中学
陈湘云　武陵区育才小学
李碧涛　鼎城区八中
高丽霞　鼎城区进修学校
胡　红　鼎城区五中
甘兴文　鼎城逆江坪中心小学
潘民安　鼎城牛鼻滩中学
王莉欣　鼎城石门桥中心校
刘云忠　鼎城区十美堂镇中学
覃事乔　鼎城黄珠洲中学
鲍登福　鼎城石公桥中心校
周建成　鼎城周家店中心校
万碧兰　鼎城区韩公渡镇中学
周金华　鼎城灌溪中心校
周惠明　鼎城区斗姆湖镇中学
江小平　鼎城篙子港中学
文晓英　鼎城港二口中学
刘嘉敏　鼎城黄土店红岩完小
田正英　鼎城蔡家岗中学
罗先玉　鼎城许家桥中学
彭　伟　鼎城雷公庙中学
杨建文　鼎城钱家坪中学
匡爱国　鼎城谢家铺中学
刘一新　临澧一中
李修林　临澧二中
文勇军　临澧四中
蔡德军　临澧县新安中学
何宏喜　临澧合口中学
李玉瑛　临澧停弦中学
郑克文　临澧四新岗中学
彭汉初　临澧陈二中学
张业清　临澧城关中学
汪　毅　临澧实验小学
罗振祥　临澧柏枝中学
罗国兵　临澧职业中专
李庆国　临澧杉板中学
陈育红　临澧杨板中学
伍本高　石门二中
周国顺　石门五中

陈志勇　石门进修学校
李湘君　石门新关镇中心校
黄修禹　石门新铺乡完小
吴玉奎　石门三圣中心学校
王尚淑　石门太平中心学校
伍远仙　石门雁池中心校
舒兆恩　石门壶瓶山中心校
徐　风　津市二小
宋星海　津市白衣中学
雷教之　津市棠华中学
陈金国　澧县杨家坊中学
傅智睿　澧县复兴厂中学
钟生平　澧县如东中学
郭祖生　澧县二中
王四清　澧县五中
黄继红　澧县一完小
毛晓平　澧县中武中学
谭本凤　澧县车溪中学
丁运清　澧县道河中学
皮丕琼　澧县涔南中学
徐跃元　澧县教研室
陈德保　安乡三岔河中学
张方元　安乡张九台中学
任吉群　安乡陈家嘴中学
曾元玲　安乡城关中心校
陈建国　安乡安民垸学校
杨　伟　安乡二中
姜正新　安乡五中
葛国清　桃源三阳港中心校
谢丹华　桃源八中
方　辉　桃源漳江中学
周元章　桃源陬市中学
刘辉楣　桃源双溪口中学
于成波　桃源漆河中学
王征文　石门楚江镇一完小
贺中华　石门白云乡中心学校
盛孝华　石门维新中心学校
覃金奎　石门子良中心校
刚代元　石门磨市中心校
胡中俊　石门罗坪乡中心校
沈　松　津市保河堤中学
徐美烟　津市三中
曹新华　津市七小
黄为纲　津市城郊中心校
黄祖东　澧县宜万中学
任其登　澧县梦溪中学
王　培　澧县九垸中学
刘清武　澧县三中
陈本银　澧县六中
车传祥　澧县大堰垱中学
张小兵　澧县闸口中学
覃红云　澧县澧东中学
龚宏杰　澧县大坪中学
韩绍美　澧县张公庙中学
周锋前　安乡官陵湖中学
鄢义刚　安乡大杨树中学
杨　丹　安乡五一中学
李菊花　安乡芦林铺中学
黄海清　安乡大鲸港中学
刘　铁　安乡中心幼儿园
杨和平　安乡四中
蒋林英　安乡长丰实验中学
蒯本书　桃源三中
周维官　桃源职业中专
王立平　桃源深水港中学
徐　颖　桃源盘塘中学
刘　芳　桃源九溪中学
姚　洪　桃源钟家铺中学

张乐云　桃源牛车河中学
敬晚成　桃源观音寺中学
杨晓琴　桃源龙潭中学
曹国泉　桃源佘家坪中学
郭云光　桃源剪市中学
冯中明　桃源兴隆街中学
蔡义新　桃源太平铺中学
罗春翠　桃源牯牛山中学
郭平均　桃源郑家驿中学
彭兆坤　桃源沙坪中学
汪斌泉　桃源芦花潭中学
黄大见　桃源热市中学
肖小梅　桃源西安中学
谢星海　汉寿二中
胡运保　汉寿三中
高义军　汉寿四中
郭新民　汉寿五中
李　茜　汉寿城关中心校
雷畅鹏　汉寿周文庙中心校
陈立明　汉寿岩汪湖中心校
邓振炎　汉寿聂家桥中心校
郭文杰　汉寿朱家铺中心校
李进超　汉寿东岳庙中心校
杨瑞科　汉寿岩嘴中心校
张丽华　汉寿株木山中心校
龚银娥　汉寿太子庙中心校
方先红　汉寿毓德铺中心校
杨再兴　汉寿三和中心校
陈锡周　汉寿军山铺中心校
王运满　汉寿阳南塘中心校
高绪望　汉寿蒋家嘴中心校
刘元梅　汉寿大南湖中心校
刘振球　汉寿洋淘湖中心校
李金华　德山莲花池小学
朱慧平　西洞庭龙泉小学
曾　杰　贺家山原种场子校
张茂美　常德职业技术学院
俞　芳　常德电大
金庆玲　常德师范学校
彭兴杭　桃源师范学校
刘中军　常德市一中
郑淑芬　常德长怡实验学校
陈丽萍　常德市二中
娄长进　常德市三中
贾丕军　常德市三中
李永祥　常德市四中
周梅松　常德市五中
黄煦滋　常德市六中
李元枝　常德市六中
侯明忠　常德市七中
汪　华　常德市七中
毛卫东　常德市芷兰实验学校
戴　明　常德市十三中
刘春晖　常德财经中专
陈蓉晖　常德市职业中专
张国平　常德市教科所
李洪波　湖南同德职业学院

市优秀教育工作者（29名）

龙占清　武陵区河伏镇完小
周春彩　鼎城二中
周泽先　鼎城六中
朱华令　鼎城丁家港中学
袁少华　鼎城草坪中学
裴先银　临澧二中

陈波英	石门蒙泉花薮中学	汪文章	石门瑜远中学
王文汉	津市二中	叶黎祖	津市一中
文定轩	澧县火连坡中学	杨　浩	澧县双龙中学
许　球	澧县王家厂中学	潘能均	安乡进修学校
彭　锋	安乡教研室	陈　茅	桃源教学仪器站
郭　辉	桃源二中	杨　亚	桃源枫树中学
李功平	汉寿教研室	何圣元	汉寿先生源学校
罗玉中	西湖一中	朱发仁	常德职业技术学院
李文英	桃源师范附小	郑　琴	常德市第一幼儿园
肖子义	常德师范附小	卓伯泉	常德工业学校
王振华	常德市教学仪器站	杨奎香	常德女子外语学校
左　平	常德中山外语电脑专修学院		

市“PICC杯”优秀校长（10名）

杨安怡	常德市十一中	武湘群	武陵区东升小学
尹书君	鼎城武陵镇中心校	李雪生	津市李家铺中学
高春华	安乡安障中心校	郭光前	汉寿县三中
徐兆勋	桃源县四中	龙建华	临澧县职业中专
黄士友	澧县金罗中学	袁黎明	石门一中分校

市“芙蓉杯”优秀青年教师（20名）

袁胜军	武陵区东升小学	杨国权	鼎城区白鹤山乡中学
皇红英	鼎城九中	丁桂林	临澧城关完小
罗志柏	石门三圣乡中心学校	王忠辉	石门一中
何少君	澧县方石坪中学	郭晓宏	澧县官垸中学
李　梅	津市二小	鄢忠诚	安乡一中
刘业庆	安乡城关镇中心校	龙韦宏	桃源漳江小学
鲁雪峰	桃源一中	叶秋芬	汉寿三中
谢芳枝	汉寿城关镇中心校	夏晓斌	西洞庭中心完小
杨　珍	常德市五中	雷志元	常德市六中
钟新文	常德工业学校	蔡惠萌	常德师范附小

2005 年

省级劳模（湖南省先进工作者）（2 名）

谢建英　常德市十一中

林长福　鼎城区一中

市“PICC 杯”优秀校长（10 名）

苏　光　石门一中

唐洪波　常德市二中

朱宏清　武陵区丹洲中学

刘道明　鼎城斗姆湖中心校

叶明生　临澧丁玲学校

王友余　澧县如东中学

薛开元　津市三小

周德祥　安乡五中

向启武　桃源三中

陈运喜　汉寿聂家桥中心校

市“芙蓉杯”优秀青年教师（20 名）

席　莉　武陵区育英小学

芮元月　鼎城一中

潘民安　鼎城牛鼻滩中学

向国华　临澧一中

李　音　临澧实验小学

杨　军　石门五中

张自保　石门夏家港中学

汪太平　澧县道河中学

任红梅　澧县澧澹中学

周　华　津市二中

蒋文清　安乡一中

蔡志坚　桃源七中

兰　英　桃源实验幼儿园

聂小英　汉寿龙阳镇中心校

田湘斌　汉寿詹乐贫中学

蔡隆元　德山桃花山完小

黄元华　常德市一中

毛金凤　常德市四中

毛志强　常德工业学校

文　君　桃源师范学校

市优秀班主任（20 名）

高志华　鼎城黄土店中学

黄选册　鼎城二中

全　彦　武陵区金丹实验学校

于克金　临澧一中

侯英勇　石门一中

黄玉仙　石门雁池中心校

胡爱平　澧县五中

胡建军　澧县方石坪中学

蔡丽娟　津市白衣中学

梅祖红　安乡黄山头中学

郑维武　安乡五中

毛飞亚　桃源桃花源镇中心校

陈敏华　桃源漆河镇善溪完小

龚丽萍　汉寿龙池实验中学

彭焕清　汉寿文蔚完小

王柏青　西洞庭一中

曾　杰　贺家山子校

梅文华　常德市三中

曾卫勇 常德市十一中　　唐军柳 常德市十三中

市优秀德育工作者（21名）

王义生	桃源一中	刘涛峰	桃源盘塘镇中学
杨萍兰	武陵区东升小学	肖冬莲	鼎城武陵镇学校
文晓英	鼎城港二口中学	颜　龙	临澧四中
黎望秀	临澧三中	魏海波	石门一中
唐　骏	石门太平镇中心校	徐辉高	澧县一中
熊　猛	澧县一完小	汤协林	津市双济实验学校
钟　彪	安乡安昌三星咀中学	周先平	安乡城东小学
高小潮	汉寿二中	朱琼华	汉寿太子庙镇中心校
罗玉中	西湖区一中	谭福稳	常德市二中
廖汉元	常德市六中	鲁雪初	常德市七中
朱良富	常德英语实验学校		

2006年

省政府2004、2005年全省为民办8件事实给予先进个人记功名单（1人）

杨年琼 常德市教育局

省教育厅、发改委、财政厅、人事厅、劳动和社会保障厅、农业厅、扶贫办授予的省优秀职业教育工作者（11人）

郑　静　谢自强　刘钦林　卢次之　伍秋林　余绍德　左　平
王　俊　李春虎　万小燕　邓正春

省教育厅、教育基金会、工会表彰的“湖南省优秀乡村教师”（12名）

王新明	汉寿罐头嘴盘古完小	杨　芳	桃源兴隆街立新教学点
胡爱萍	临澧烽火中心小学	刘玉科	澧县太青乡中学
谢文华	鼎城黄株洲乡中学	宋星海	津市白衣中学
彭培武	安乡五中	罗治柏	石门三圣乡中心校
金秋英	桃源热市菖蒲垭村小	欧顶岚	武陵区东江浮桥小学
王　培	澧县九垸中学	曹政华	鼎城逆江坪中学

省民办教育协会、教育基金会、教育厅、湖南日报社、湖南电视台授予的“湖南省十佳民办小学举办者”（1名）

彭治权　常德淮阳中学校长

省教育工会授予的“湖南省师德标兵”（1名）

赵绪清　澧县一中

市“PICC杯人保财险杯”优秀校长（20名）

李中英　常德市七中
王　宁　武陵区金丹实验小学
孙启玉　鼎城一中
谢希儒　鼎城谢家铺中学
王有学　鼎城中河口中学
裴先银　临澧二中
胡国庆　临澧停弦渡中学
陈志勇　石门教师进修学校
覃业先　石门雁池乡中心校
章业树　澧县一完小
马文治　澧县澧阳镇澧阳中学
唐志祥　澧县永丰中学
聂　枫　津市七完小
易广庆　安乡一中
辛业刚　安乡安昌三星咀中学
李　宁　桃源七中
聂助平　桃源漳江镇中学
张亚红　桃源龙潭镇中学
张集中　汉寿二中
徐碧峰　汉寿株木山中心校

市“芙蓉杯”优秀青年教师（20名）

杨智慧　常德市一中
李　勇　常德市二中
罗碧琼　常德市五中
匡　敏　常德市六中
王菊芬　桃源师范附小
杜　娟　武陵区护城三岔路小学
马大庆　鼎城教师进修学校
张　玲　鼎城武陵镇学校
张瑞荣　汉寿一中
曾　锐　汉寿坡头中心学校
李新华　桃源漆河中学
谢惠东　桃源钟家铺中学
刘晓群　临澧一中
洪淑华　临澧丁玲学校
向鹏飞　石门三中
盛　炳　石门太平镇中心校
金　玲　澧县澧阳镇实验小学
黄晚春　澧县王家厂中学
高　辉　津市二小
李抗美　安乡一中

市师德标兵（40名）

董道隆　桃源盘塘镇中学
钟立新　桃源四中
郭建军　桃源寺坪乡中学
张志国　桃源佘家坪中学
易华祥　汉寿一中
李进超　汉寿东岳庙乡中心校
龚加友　汉寿五中
陈时华　汉寿岩汪湖中心校

解立平　安乡二中
龚黎春　安乡四中
李泽其　安乡安障黄山岗中学
李志坤　安乡城北小学
孙智勇　津市二中
鲁礼湘　津市新洲中学
胡梅生　澧县一中
周后华　澧县八中
孙甫香　澧县金罗中学
吴红卫　澧县洞市中学
杨芳芝　石门新关中心校
康绍华　石门南北镇中心校
谭　玲　石门楚江镇中心校
蒋金海　石门五中
唐鸿晓　临澧四中
胡良安　临澧官亭中学
孙孝林　鼎城镇德桥中学
唐之一　鼎城灌溪中学
尤先哲　鼎城一中
陈国华　鼎城武陵镇学校
易飞龙　武陵区北正街小学
朱付桂　武陵区芦荻山中学
蔡丽萍　德山莲花池小学
张希宗　西湖下窖小学
闵武强　西洞庭一中
李庆荣　贺家山子校
高仁铁　常德市长怡实验学校
胡建丽　常德市七中
陶方明　常德市十一中
张朝霞　常德市十三中
潘建辉　常德市工业学校
周志伟　湖南同德职业学院

2007年

人事部、教育部授予的全国模范教师（2名）

吴启珍　桃源渔父小学
赵夏泉　石门县一中

全国优秀教师（记一等功）（6名）

董明辉　湖南文理学院
杜登高　临澧一中
廖冬云　鼎城一中
刘建春　汉寿月明潭中心校
谭启荣　津市一中
杨梅芳　武陵区北正街小学

全国优秀教育工作者（记一等功）（1名）

卢次之　澧县职业中专

全国中小学优秀德育课教师（2名）

赵夏泉　石门一中
卢次之　澧县职业中专

全国中小学德育先进工作者（1名）

吴启珍　桃源县漳江镇渔父小学

省级优秀教师（省政府记二等功）（18名）

樊永红 武陵区育英小学
孙孝林 鼎城镇德桥中学
严玉兰 鼎城景新中学
吴立新 安乡一中
何永超 安乡陈家咀中学
郑学劲 澧县如东中学
马秀苇 澧县城关中学
谌志惠 津市二中
简 干 临澧四中
刘达荣 汉寿罐头嘴中心校
龙韦宏 桃源漳江小学
谢归哗 桃源九中
刘家明 石门二中
王忠辉 石门一中
王兰华 西湖一中
尹建初 西洞庭一中
杨春桃 常德师范学校
弈云新 常德市芷兰实验学校

省优秀教育工作者（省政府记二等功）（2名）

陈运喜 汉寿聂家桥中心校
周 俊 常德市九中

省人事厅、教育厅组织评选的民办教育杰出贡献者（1名）

钦时中 常德市民办教育协会

省人事厅、教育厅组织评选的民办教育先进个人（9名）

黎建平 常德市教育局
左 平 中山外语电脑专修学院
王 俊 女子外语职业学校
高方华 剑桥外语培训学校
汤陆明 鸿升实验学校
何秉霖 常德计算机专修学院
周本成 常德诗淇双语学校
何圣元 汉寿生源学校
吴文瑜 石门瑜远中学

市级优秀教师（104名）

姚 勇 武陵区丹洲中学
徐玉兰 武陵区芦山乡中学
彭惠清 武陵区华南实验学校
漆圆圆 武陵区东升小学
陈克均 鼎城中河口中学
彭仁贵 鼎城周家店中学
张小凤 鼎城牛鼻滩中学
冀先桂 鼎城韩公渡中学
孔红军 鼎城石门桥中学
陈 慧 鼎城武陵镇中心校
杨卫斌 鼎城黑山嘴中学
田 芳 鼎城蔡家岗中学
唐 娓 鼎城沧山乡中学
代清源 鼎城尧天坪中学
曾湘峰 鼎城二中
袁文辉 临澧文家中学
唐 云 临澧官亭中学
杨贤富 临澧新安中学

邹明国　临澧烽火中学
邵　娟　临澧一完小
蒋　丽　临澧丁玲学校
颜昌林　临澧三中
唐生梅　石门六中
潘文东　石门五中
覃事锐　石门澧澜中学
卓德刚　石门罗坪完溪完小
肖圆圆　石门蒙泉镇中心校
贺关贤　石门南北镇中心校
杜建军　石门新关镇中心校
杨美霞　石门新铺乡中心校
许开明　石门雁池中心校
雷碧林　石门子良乡完小
叶　勇　澧县一中
范金城　澧县三中
丁原香　澧县澧阳镇中学
皮丕琼　澧县涔南乡中学
石瑞君　澧县道河乡中学
罗丕林　澧县杨家坊中学
陈美凤　澧县洞市乡中学
毛文兵　澧县火连坡中学
周亚敏　澧县王家厂中学
李建珍　澧县中武乡中学
陈逢祥　澧县复兴厂中学
王　业　澧县小渡口中学
吴梅英　津市职业中专
王淑英　津市市二完小
周庆丽　津市聋哑学校
范爱国　津市渡口镇中心校
曹　刚　安乡官陵湖中学
杨　锋　安乡安障黄山岗中学
陈三平　安乡安昌三星咀中学
邱明芳　安乡安凝张九台中学
蔡先斌　安乡安裕乡五一中学
谭珍兰　安乡城北中学
刘树人　安乡三中
李应发　安乡五中
杨仁发　安乡县教研室
雷志坚　桃源陬市中心小学
沙　龙　桃源黄石镇中学
聂秋芬　桃源黄甲铺中学
杜启玉　桃源理公港中心小学
喻福清　桃源钟家铺中学
全习坤　桃源牛车河中心小学
杨兰贵　桃源龙潭中学
邹志君　桃源观音寺中学
罗腊珍　桃源太平铺中学
邱雪球　桃源西安镇中心小学
张为志　桃源杨溪桥中学
高红星　桃源芦花潭中学
胡一方　汉寿毓德铺中心学校
高　进　汉寿朱家铺中心学校
朱双喜　汉寿五中
赵　敏　汉寿詹乐贫中学
杨长喜　汉寿沧港中心学校
郭灰艳　汉寿坡头中心学校
许后玲　汉寿西港中心学校
曾祖杰　汉寿文蔚中心学校
夏凤舞　汉寿百禄桥中心学校
朱建明　汉寿洋淘湖中心学校
陈焕发　汉寿岩汪湖中心学校
戴美宏　德山乾明小学
周　全　西湖鼎港小学
王玉明　贺家山原种场子校
涂　冰　常德职业技术学院
张森林　常德职业技术学院
杨朝娟　常德广播电视大学

蒋毅刚　常德师范附小
李雪云　桃源师范附小
武志勇　常德市职业中专
石子林　常德市一中
胡进清　常德市三中
金万君　常德市五中
吴辉军　常德市七中
黄小艳　常德市十三中
黄利华　常德市教科所
汪时军　桃源师范学校
宋祥弟　常德工业学校
肖　薇　常德财经学校
陈海军　常德长怡实验学校
周学桃　常德市四中
石朝关　常德市六中
周　芳　常德市十一中
黄　琴　常德市一幼儿园
李雪梅　常德工艺美术学校

市优秀教育工作者（16名）

刘安鹏　武陵区南坪万寿小学
赵学武　鼎城黄土店中学
杨耀松　石门易家渡中心校
汤光凡　津市棠华中学
杜兰波　桃源职业中专
戴学文　汉寿洲口中心校
薛开明　常德市二中
尹丹辉　常德汇文中学
彭治安　鼎城教师进修学校
辛书荣　临澧一中
马文治　澧县澧阳镇中学
詹万平　安乡四中
田大兴　桃源兴隆街中学
艾三喜　西洞庭中心完小
余金兰　常德市仪器站
刘纯溪　常德市环球旅游学校

2008年

全国总工会授予的五一劳动奖章获得者（2名）

苏　光　石门一中
马　云　汉寿一中

省政府授予的先进工作者（1名）

马　云　汉寿一中

省教育厅授予的“第三届湖南省普通高校教学名师”（1名）

魏　饴　湖南文理学院

省教育厅、人事厅、教育基金会、工会表彰的湖南省中小学（幼儿园）优秀校（园）长：（8名）

周德祥　安乡五中
苏　光　石门一中
刘国军　常德市七中
尹建初　西洞庭一中

温启金　澧县大堰垱中学　　　　　张亚红　桃源漆河中学
苏哲高　临澧新安中心小学　　　　武湘群　武陵区东升小学

市 PICC 杯人保财险杯优秀校长（10 名）

周春桃　安乡城北中学　　　　　　侯志伟　汉寿新兴乡中心校
周代湘　澧县小渡口中学　　　　　郝兆富　鼎城双桥坪中学
谭平阶　临澧四中　　　　　　　　黄　惠　桃源特教学校
周国顺　石门五中　　　　　　　　宁金明　武陵区工农小学
薛开元　津市一中　　　　　　　　何晓明　常德市五中

市优秀班主任（20 名）

张　霞　安乡城北中学　　　　　　张廷春　汉寿株木山中心校
刘克茂　汉寿月明潭中心校　　　　刘建忠　澧县一中
王　培　澧县九垸中学　　　　　　元晓敏　鼎城石公桥中学
黄桂林　鼎城一中　　　　　　　　刘贤清　临澧一中
向华芬　桃源漳江镇中学　　　　　黄腊桂　桃源郑家驿中学
潘文东　石门五中　　　　　　　　涂碧荣　石门新铺完全小学
丁　丽　武陵区育英小学　　　　　周运泉　津市白衣中学
张友贵　德山开发区崇德中学　　　夏姣桃　西湖管理区一中
刘金双　西洞庭管理区一中　　　　汪　珍　常德市三中
朱理政　常德市七中

市“芙蓉杯”优秀青年教师（20 名）

张洪波　安乡职业中专　　　　　　熊红梅　安乡五中
邹继文　汉寿龙阳镇中心校　　　　贺沐冰　汉寿二中
毛文兵　澧县火连坡中心完小　　　周亚敏　澧县王家厂镇中学
徐跃华　鼎城丁家港中学　　　　　肖胜波　鼎城九中
高长生　临澧四中　　　　　　　　陈　芳　临澧丁玲学校
黄建华　桃源九中　　　　　　　　敖双英　桃源茶庵铺中心小学
喻志军　石门一中　　　　　　　　覃道春　石门三中
曹春芳　武陵区金丹实验学校　　　李文红　津市一中
项　群　常德市四中　　　　　　　孟德鸿　常德市一中
刘春明　常德市二中　　　　　　　欧阳前春　常德师范学校

2009年

全国模范教师（2名）

王忠辉　石门县一中

李远仿　澧县盐井镇中学

全国优秀教师（5名）

谢建英　常德市十一中

唐洪波　常德市二中

尤先哲　鼎城区一中

卓金华　桃源县盘塘镇中学

徐元清　津市市一中

全国教育系统先进工作者（1名）

黎建平　常德市教育局

全国三八红旗手　（1名）

朱明瑶　常德职业技术学院

省级优秀教师（20名）

王　琳　武陵区金丹实验学校

朱宏清　武陵区丹洲中学

施白云　汉寿二中

粟宗权　汉寿西港镇中心校

邹本惠　桃源实验学校

陈龙珍　桃源杨溪桥牯牛山完小

何桃玉　桃源黄石镇中学

曾　云　鼎城谢家铺中学

彭光乔　澧县职业中专

谭绍楚　澧县一中

朱福文　临澧一中

覃业先　石门雁池乡中心校

周国顺　石门五中

毛典华　津市保河堤中学

范新国　安乡出口洲中学

熊爱珍　安乡芦林铺中学

鄢忠诚　安乡一中

侯明忠　常德市七中

李文英　桃源师范附小

黄利华　常德市教科院

省级优秀教育工作者（2名）

雷建国　常德市教育局

刘开民　临澧县教育局

省教育厅、省教育工会表彰的师德先进个人：（4名）

邓　萌　常德师范学校

朱政权　临澧一中

陈尤珍　桃源杨溪桥牯牛山完小

李建珍　澧县中武中心小学

市级优秀教师（82 名）

武陵区	龚予军	文礼刚	姚红梅			
鼎城区	闵安忠	余习勇	沈成高	张　琴	吴勇名	周秋宏
	徐家友	胡　波	吴希云			
临澧县	游靖云	雷光英	胡金城	肖　平	陈志清	熊松枝
石门县	阳洁英	程学党	向鹏飞	伍千华	唐汇元	吴菊荣
	陈振华					
澧　县	杜冬华	黄志霞	曾　静	华文明	黄道双	李世淼
	庹婷娥	廖生仿	戴晖芳			
津市市	孟德胜	鲁二英	贺　军	齐志丹	陈章力	
安乡县	刘一平	郑维武	唐武生	胡丕峰	黄守仁	马晴晴
桃源县	肖漫红	郭红霞	郑美茸	余桂彬	倪贵兰	邓丽君
	郭华兵					
汉寿县	刘元梅	彭艳群	曾志红	戴向阳	郑学均	聂绍清
	刘安益	曾繁华	易丽珍			
德　山	陈俊舞					
西　湖	夏峥嵘					
贺家山	胡　蓉					
市　直	陈佳林	何　曦	陶　莉	杨智慧	欧阳慧	朱金凤
	姚丽平	李　霞	崔明忠	唐军柳	龙文新	李立华
	余智慧	胡蔚蓝	谈立成	陈新颖	赵彩娥	许克明

市级优秀教育工作者（18 名）

武陵区	刘育林	燕菊香	鼎城区	孔红军	
临澧县	李云界		石门县	佘正保	张忠恒
津市市	邓淑华		安乡县	刘常安	陈章春
桃源县	杨国令	邢　晔	汉寿县	张　敏	
西洞庭	张　莉		柳叶湖	谢运英	
市　直	雷　杰	李永生	何晓明	李　军	

2010 年

全国“黄炎培杰出校长奖”（1 名）

李少夫

省人民政府授予的“湖南省教育系统先进工作者”（2名）

唐　静　武陵区东升小学副校长

李忠英　常德市第一中学校长

市“PICC杯”优秀校长（10名）

金乐星　安乡董家垱中学

曾繁平　澧县澧澹中学

杨建宇　临澧一中

邵遐松　石门子良水田中学

周　华　津市五中

邓振炎　汉寿株木山中心校

刘道明　鼎城斗姆湖中心小学

陈文勇　桃源架桥中学

燕菊香　武陵区东升小学

侯明忠　常德市七中

市“御品德山杯”优秀班主任（20名）

张晓菊　安乡深柳镇城关中学

马秀苇　澧县城关中学

李胜群　鼎城景新中学

徐宗芸　临澧四中

罗振明　桃源热市镇菖蒲中学

蒋春芳　石门蒙泉中心学校

张英娥　武陵区育英小学

黄爱荣　柳叶湖郑家河完小

盛芳斌　西洞庭一中

周美霞　常德市十一中

黄忠波　汉寿龙阳镇中心学校

庹建华　澧县杨家坊中学

唐之义　鼎城灌溪镇中学

刘建平　桃源车湖垸中学

舒桂英　石门三中

陈　萍　津市二小

廖治清　常德市九中

刘艳霞　西湖中心小学

刘学瑶　常德市一中

胡　燕　常德市三中

市优秀青年教师（20名）

罗承友　安乡一中

朱文清　汉寿一中

任　勇　澧县六中

刘凌军　鼎城一中

王春华　临澧实验完小

聂爱英　桃源实验学校

夏美艳　武陵区北正街小学

文湘兵　德山莲花池完小

廖斌文　西湖一中

张　敏　常德师范附小

周　霞　安乡大杨树中学

王丽君　汉寿岩汪湖中心校

曾　静　澧县一完小

唐立平　鼎城武陵镇中心小学

黄继华　桃源一中

杨　枫　石门澧澜实验中学

易建华　津市一中

毛彩猛　柳叶湖白鹤山中学

卜玲辉　西洞庭龙泉完小

张淑芳　常德市四中

市扎根农村优秀教师（20名）

王冬香	安乡芦林铺中学	张如琼	安乡焦圻中学
黄照球	汉寿军山铺中心校	徐代进	汉寿聂家桥中心校
万家梅	澧县九垸乡中学	郑昌良	澧县八中
高永铁	澧县七中	李元喜	鼎城十美堂镇中学
高荣华	鼎城唐家铺中学	吴若华	临澧陈二中心小学
杨云华	临澧太浮中学	黄兴元	桃源观音寺燕家坪完小
吴泽书	桃源佘家坪赫曦堉完小	陈瑞翔	桃源西安磨子坪教学点
李小玉	石门维新中心小学	万汉武	石门子良中心小学
高汉春	石门所街乡完小	彭玖妹	武陵区李白溪小学
范爱国	津市渡口镇中心小学	胡代炎	津市灵泉中学

1993–2009年徐特立教育奖获得者（5名）

1993年湖南省政府设立徐特立教育奖，是全省教育系统的最高奖，每三年评选一次，每次10名。

1993年　贺大国　武陵区育英小学
1997年　刘元禧　桃源县漳江小学
2004年　苏　光　石门县第一中学
2007年　赵绪清　澧县第一中学
2009年　褚丽华　武陵区北正街小学

1994—2004省政府表彰的教育功臣（3名）

1994年　李大伦　临澧县委书记
1997年　刘春林　临澧县委书记
2004年　程海波　常德市委书记

1980—2010年常德（地区）市获特级教师荣誉称号的教师（139名）

1980年（8名）

谭国梁	常德市一中	丘武兴	常德市六中
王冬莪	桃源县教师进修学校	刘元禧	桃源县漳江小学
贺大国	武陵区育英小学	陈福儒	石门县二中
文德训	津市教研室	田元炯	澧县教研室

1984年（1名）

覃申媛　石门县罗坪公社蛟蛇溪小学

1992年（11名）

张国雄　常德市一中
叶云崧　桃源县一中
周厚如　安乡县一中
江从镐　临澧县一中
覃道桃　石门县一中
李季益　津市市一中
郑士苞　澧县教研室
童汉山　汉寿县一中
黄凤初　澧县一中
马伯准　澧县一中
冯再力　武陵区育英小学

1996年（18名）

向孟华　桃源县一中
李桃英　桃源县漳江小学
向谷仙　桃源县教研室
钟时迪　石门县二中
谢先荣　安乡县城东小学
李志敏　武陵区北正街小学
胡仁远　临澧县教研室
刘一星　津市市一中
曾昭华　津市市第二小学
彭湘云　澧县一中
叶征明　澧县一中
鲁礼坤　澧县二中
罗约华　汉寿一中
肖家气　汉寿一中
祁梅芳　石门一中
刘茂林　常德市教科所
李培诚　石门县楚江镇一完小
潘世祥　鼎城区一中

1999年（23名）

贺家勇　常德市一中
郭凌云　常德市一中
康建纯　桃源师范学校
董海泉　常德师范学校
武建荣　常德市教科院
朱党龄　常德师范附小
吴泽凡　临澧县教师进修学校
周乃恒　临澧县实验小学
李德明　石门县一中
胡仕敬　石门县二中
周道俊　津市教研室
田隆岗　澧县一中
彭世杏　澧县一中
彭瑞麟　澧县一中
徐永金　澧县一中
皮丕琴　澧县实验小学
杨铮传　澧县进修学校
许华斯　桃源县教师进修学校
钟湘麟　桃源县三中
郑华皆　桃源县漳江小学
王义生　桃源县一中
季安丽　安乡县城东小学
肖子义　常德师范附小

2002年（20名）

郭湖海　常德市一中
李永生　常德市一中
文元林　常德市二中
张道才　桃源师范学校
杨国亮　桃源师范学校
余立云　桃源师范附小
宋祥国　常德师范学校
苏　光　石门县一中
李金明　石门县一中
张家明　石门县二中
陈云汉　石门县五中
林长福　鼎城区一中
伍金泉　鼎城区一中
沈克非　临澧县一中
周兰英　临澧县实验学校
苏哲高　临澧县新安中心小学
周志平　澧县一中
伍维权　桃源县九中
朱先云　桃源县漳江小学
黄芳志　桃源县一中

2005年（32名）

成　程　常德市一中
舒友忠　常德市一中
李兰英　常德市一中
李宏斌　常德市一中
郑正良　常德市一中
汤登仲　常德市一中
彭兴杭　桃源师范学校
龙熙银　桃源师范学校
李文英　桃源师范附小
何春贞　常德师范附小
刘雪君　常德师范附小
盛　平　常德师范附小
刘建德　常德市教科所
黄克勤　常德芷兰实验学校
褚丽华　武陵区北正街学校
周友枝　武陵区育英小学
易广庆　安乡县一中
王德斌　安乡县教研室
廖冬云　鼎城区一中
周运星　汉寿县一中
谢朝国　澧县一中
任振松　澧县一中
赵绪清　澧县一中
秦大忠　临澧县一中
陈国平　石门县二中
侯宏泉　石门县一中
赵夏泉　石门县一中
葛国清　桃源县三阳港中心小学
燕立国　桃源县一中
陈淑萍　桃源县一中
杨美英　桃源县一中
吴启珍　桃源县渔父小学

2008年（28名）

石子林　常德市一中
邓传辉　常德市一中
段家次　常德市二中
万方泉　常德市六中
谭国湘　武陵区甘露寺小学
陈延军　常德市教科所

王菊芬　桃源师范附小　　史彩平　德山桃花山完全小学
李秘秘　常德市芷兰实验学校　　朱金生　常德市芷兰实验学校
马　云　汉寿县一中　　李秉忠　澧县一中
王　卓　澧县一中　　刘坤望　澧县一中
夏开举　澧县一中　　刘镇峰　澧县一中
曾繁平　澧县澧澹中学　　李远仿　澧县盐井中心小学
杨建宇　临澧县一中　　胡菊香　临澧县实验小学
王征文　石门县楚江镇中心小学　　舒基泉　石门县一中
刘宏友　石门县一中　　王忠辉　石门县一中
潘文亮　桃源县一中　　刘淑英　桃源县文昌中学
龙伟宏　桃源县漳江小学　　唐新湘　鼎城区一中

享受国务院特殊津贴专家（1992—2000 年）

1992 年
刘赤符　文理学院　　胡力文　文理学院
陈清泉　文理学院　　胡南云　文理学院

1993 年
刘廉泉　文理学院　　易荣富　文理学院
刘安民　文理学院　　应雨田　文理学院
魏　饴　文理学院

1994 年
贺大国　育英小学　　覃道桃　石门一中

2000 年
谭家耀　育英小学

获得曾宪梓教育基金奖教师：（1994—1999 年）

姓　名	职　称	单　位	获奖等级	获奖时间
刘赤符	教授	常德师专	二等奖	1994.12
刘廉泉	教授	常德师专	三等奖	1994.12
熊辛耕	教授	常德师专	三等奖	1994.12

胡力文	教授	常德师专	三等奖	1994.12
应雨田	教授	常德师专	三等奖	1994.12
戴成森	副教授	常德师专	三等奖	1994.12
汤一春	副教授	常德师专	三等奖	1994.12
仓道沅	高级讲师	常德师范	三等奖	1995.12
韩隆福	教授	常德师专	三等奖	1997.12
钟益林	教授	常德师专	三等奖	1997.12
魏　饴	教授	常德师专	三等奖	1997.12
康建纯	高级讲师	桃源师范	三等奖	1998.12
董海泉	高级讲师	常德师范	三等奖	1998.12
杨铮传	高级讲师	澧县进修学校	三等奖	1998.12
李达轩	教授	常德师专	三等奖	1999.12
雷宏江	副教授	常德师专	三等奖	1999.12

附　录

常德市人民政府文件

常政发〔1991〕12号

印发常德市普及九年义务教育规划实施意见的通知

各区、县（市）人民政府，市直有关单位：

《常德市普及九年义务教育规划》，已经市一届人大第20次常委会审议通过。根据国务院办公厅《转发国家教育委员会等部门关于实施义务教育法若干问题的意见》和市人大常委会《关于〈常德市普及九年义务教育规划〉的决议》精神，市政府制定了普及九年义务教育规划实施意见。现印发给你们，望各地结合实际，认真贯彻执行，确保我市在本世纪末基本完成普及九年义务教育的历史任务。

常德市人民政府

1991年7月20日

《常德市普及九年义务教育规划》
实 施 意 见

为了认真贯彻《中华人民共和国义务教育法》，落实市人大常委会关于《常德市普及九年义务教育规划》的决议精神，特就实施我市九年义务教育规划提出如下意见：

一、实施九年义务教育的指导思想

坚持从本地经济和教育发展的实际出发，因地制宜，分类推进；坚持标准，在保证质量的前提下发展数量，不盲目追求速度；特别重视小学教育这个基础，决不能放松和损害小学教育，制止用小学戴帽形式发展初中，现有戴帽初中应逐步取消。

二、 实施九年义务教育的基本要求

（一）保证学龄儿童、少年全部入学，并受完九年义务教育。九年义务教育的起始入学年龄为6周岁，条件尚不具备的乡村仍可实行7周岁入学，丧失学习能力的儿童，必须经县以上人民医院认可，报乡、镇人民政府批准，方可不列入九年义务教育对象。盲、聋、哑、弱智儿童和不影响正常学习的残疾儿童，均应吸收到特殊学校和普通中小学上学，其入学年龄可定为7~9周岁。

（二）学校布局合理，规模适度。小学设点，应考虑方便儿童就近上学，但也应考虑办学效益。在农村，应推行四、二分段，即村办初小，几村联办高小，学龄不足的村办复式班，人口特别分散、交通不便的可采取办教学点或寄宿制学校等形式。初中设点，应考虑规模效益，原则上每个乡办一所初中，其办学规模按每万人口设9–12个班规划；人口特别多的乡、镇，可以办2所初中。每个区县（市）设一所特殊学校，规模为4–6个班。每个乡镇应设一个特教班，从现在起着手规划，逐步建设。

（三）办学条件要保证做到“一无两有”，逐步实现“六配套”，即按照实施九年义务教育规模，做到校校无危房，班班有教室，学生人人有木制课桌凳，图书资料、仪器设备、体育卫生设施、劳动技术教育基地、师生餐宿、校园绿化美化几个方面配套完善。

（四）教师数量足够，质量合格，结构合理，待遇落实。要按规定的编比配齐配足教职员工。专任教师都能胜任教育教学工作，学历合格率小学达到90%以上，初中达到85%以上。教师学科结构合理，教师的住房、医疗、奖金、政策性补贴及其他福利待遇均逐项落实，民办教师报酬相当于同级公办教师平均工资水平，并按时发放。

（五）全面贯彻国家教育方针，积极进行教育教学改革，教育教学质量达到国家规定的要求。

三、实施九年义务教育的步骤

总的要求是，从1991年开始，用10年左右的时间基本完成普及九年义务教育的任务。根据各地的经济和教育发展现状，全市实施九年义务教育大体按以下几类情况进行。

第一类：武陵区、津市市城区和县城关镇以及经济发达的乡、镇，要求在1991年开始实施初中阶段义务教育。

第二类：经济、教育发展较快的乡、镇，要求在1995年以前开始实施初中阶段义务教育。

第三类：经济、教育发展水平一般的乡、镇，近三四年内要求在办好小学教育的同时，积极做好实施初中阶段义务教育的准备，力争在1995年左右实施初中阶段义务教育。

第四类：经济条件差、基础教育薄弱的乡、镇，要求在1995年以前稳定现有初中规模，努力办好小学教育，1995年以后逐步发展初中教育，1997年开始实施初中阶段义务教育。

第五类：极少数经济贫困、教育落后的边远乡、镇，经区、县（市）人民政府同意，可以在本世纪末开始实施初中阶段义务教育。

四、实施九年义务教育的经费

实施九年义务教育经费由各级负责筹措。中央中发〔1985〕12号文件规定的“两个增长”和省委、省政府湘发〔1985〕31号文件开的“五个口子”，各级各部门要认真落实。要支持群众集资办学，鼓励和指导企事业单位、社会团体办学，鼓励单位、团体和个人捐资助学，多方面解决办学经费问题。各级教育行政部门和学校要建立健全各项财务制度，切实加强教育经费的管理，认真管好、用好教育经费。要发扬勤俭办学精神，积极开展勤工俭学，勤工俭学收入的主要部分用于改善办学条件和补充公用经费。

已经实现九年义务教育目标的乡、镇，小学和初中一律免收学费。有条件的乡镇可以免收杂费，对家庭特别困难的学生可以实行减免。免收杂费的地方，免收的金额应由当地人民政府如数拨款给学校。杂费的收取标准按省、市的统一规定执行。要严禁向学校乱摊派。

五、实施九年义务教育的法律责任

（一）在实施九年义务教育的地方，适龄儿童、少年都应入学，接受规定年限的义务教育。无正当理由不入学或中途辍学的，由乡、镇人民政府（街道办事处）对其父母或监护人进行批评教育，并采取有效措施，责令送子女或被监护人入学。

（二）禁止使用童工。对招用童工的单位和个人，按国务院《禁止使用童工规定》处理。

（三）擅自将校舍出租、出让或移作非教育之用的，由当地教育主管部门追究学校领导及有关人员的责任，按情节轻重，给予批评教育或行政处分，并限期收回校舍、场地，没收非法所得。

（四）侵占、克扣、挪用义务教育经费的，由主管部门对直接责任人给予行政处分并追回款项，情节严重构成犯罪的，依法追究刑事责任。

（五）扰乱学校教学秩序，侮辱殴打教师的，视情节轻重分别给予批评教育、行政处分，对违反社会治安管理的，由公安机关按有关规定处理，情节严重构成犯罪的，依法追究刑事责任。

（六）侵占或损坏学校场地、房屋或设备的，依法承担民事责任。

（七）对教育思想不端正而歧视、排斥、体罚后进学生的，视不同情况，给予批评教育、行政处分；造成严重后果构成犯罪的，依法追究刑事责任。

六、切实加强对实施九年义务教育的领导

实施九年义务教育，是振兴我市经济的奠基工程，各级要确保教育在当地经济和社会发展全局中的战略位置，切实加强领导。要把实施九年义务教育列为考核各级领导工作的重要内容，成绩显著的，要予以表彰、奖励；工作不力的，要给予批评教育。各有关部门和全社会都要关心和支持教育事业，以确保我市九年义务教育规划确定的目标圆满实现。

要建立九年义务教育验收制度。乡、镇（场）实施九年义务教育，由区县（市）人民政府组织验收；区县（市）和市直农场实施九年义务教育，由市人民政府组织验收。

常德市人民政府文件

常政发〔1998〕24号

常德市人民政府
关于进一步发展基础教育的决定

1998年12月18日

各区、县（市）人民政府，市直有关单位：

为了落实教育优先发展的战略地位，大力巩固和发展我市“两基”成果，使教育更好地为全市经济建设和社会发展服务，根据《中国教育改革和发展纲要》和国家有关法律、法规，结合我市实际，特作如下决定：

一、工作目标

从现在起到2002年，我们要抓住世纪之交的历史机遇，负重奋进，开拓进取，在全面实现“两基”的基础上，进一步巩固、扩大成果，努力使常德基础教育的一些主要指标，在全省乃至全国处于领先地位，达到办学条件一流、管理水平一流、教育教学质量一流的目标，为提高国民素质和振兴常德经济打下良好基础。

（一）办学条件一流：所有中小学办学条件全部达到合格标准，并有20%以上的学校办学条件达到全省示范学校水平。

（二）管理水平一流：80%以上学校达到规范化管理学校标准，整体推进素质教育取得突破性进展，并有一批学校成为名优特色学校。

（三）教育教学质量一流：中小学生的入学率、巩固率、合格率全部达到或超过省定上台阶标准，整体办学水平和教育教学质量进入全省前列。

二、具体指标

1.1998年各区、县（市）、场全面实现“两基”；

2.小学正常适龄儿童入学率达100%；

3.小学毕业生升学率达100%；

4.残疾儿童少年入学率达85%以上；

5.小学生年辍学率控制在0.1%以内；

6.初中生年辍学率控制在1.5%以下；

7.青壮年非文盲率和近5年脱盲巩固率达98%以上；

8.小学专任教师学历合格率达97%。其中具有大专以上学历的比例达20%以上。

9.初中专任教师学历合格率达95%以上，其中具有大学本科以上学历的比例达11%。

10.高中专任教师学历合格率全市达70%以上，并有少量教师研究生课程结业或取得硕士学位。

11.民办教师全部转为公办教师，全部清退代课教师。

12.中小学危房比例：小学危房比例要控制在0.3%以下；普通中学危房比例要控制在0.5%以下。

13.中小学校校舍建筑面积：小学生均校舍建筑面积达6平方米；普通中学生均校舍建筑面积达9.5平方米。

14.城镇中小学教师家庭人均居住面积达12平方米，成套率达75%。

15.教学设备设施：全市50%的中学理、化、生和50%的城镇小学、农村中心小学自然两室建设与仪器装备达国家一类标准。中小学图书馆（室）建设在生均藏书量、馆舍建设和馆室工作人员要求等方面，市级以上重点高中、城区（含县城，下同）初中和乡镇中心小学达到同级学校的一类标准；城区一般普通高中、一般农村初中、城乡其他完全小学达到同级学校的二类标准。

城市市区100%的中学和小学装备一间30~60台的电脑室，100%的中学装备有语音实验室；各县均应有60%的完小以上学校装备一间30台以上的电脑室，100%的中学装备有语音实验室。

16.小学毕业生合格率达99%以上；

17.初中毕业生合格率达98%以上；

18.高中毕业生合格率达97%以上；

19.适度发展普通高中教育，城区基本满足升学要求。职业教育招生比例城区达70%，农村达60%左右。

20.依法落实财政性教育经费：

①教育财政拨款的增长应当高于财政经常性收入的增长，并使按在校学生人数平均的教育费用逐步增长，保证学生人均公用经费逐步增长。

②城市教育费附加按“三税”总额的3%，农村教育事业费附加按上年农民人平均收入的2%征足，并全部用于教育。

③教师工资由区、县（市）政府统筹统支，并设立教师工资专户。

21.勤工俭学纯收入保持年平均增长6%的速度。勤工俭学开展面达100%，校办生产基地接纳学生参加劳动和劳技教育面达95%以上。

22.深化教育教学改革，积极推进素质教育。到2002年，各区、县（市）全部达到素质教育实验县的标准。

三、主要措施

（一）进一步落实教育优先发展的战略地位，确保教育投入

各区、县（市）人民政府要进一步提高对教育工作的认识，把发展基础教育摆在教育工作“重中之重”的位置，作为提高民族素质，促进两个文明建设的奠基工程来抓，不断增强责任感和紧迫感，切实保证教育优先发展的战略地位不动摇；要坚持政府定期议教制

度，进一步强化依法治教意识，认真贯彻执行国家有关教育的各项法律、法规，及时研究和解决教育改革和发展中的重大问题；要坚决执行《教育法》有关教育经费的“两个比例”，“三个增长”的规定，确保教育经费主渠道畅通，多渠道筹措资金，不断改善办学条件，加快教育事业的发展。

（二）进一步深化教育改革，努力增强办学活力

要全面推行以“校长负责制、教师聘任制、绩酬挂钩制”为主要内容的中小学内部管理体制改革，努力构建教职员工能进能出、待遇能高能低、职务能上能下的良好的运行机制和有效的激励机制，充分调动广大教职员工的工作积极性，不断增强办学活力，不断提高教学质量和办学效益。要按照国务院《社会力量办学条例》提出的“积极鼓励、大力支持、正确引导、加强管理”的十六字方针，积极管理和大力支持企业事业组织、社会团体及其他社会组织和公民个人捐（助）资办校（学），大力培植社会力量办学这一教育发展的新的增长点。要继续加大对各级各类教育的宏观调控力度，实实在在抓好中小学布局调整工作，进一步盘活教育资源总量，优化教育资源配置，努力提高中小学办学效益。

（三）进一步探索教法学法新路子，大力推进素质教育

要在全市广泛开展素质教育的学习和讨论，层层培训校长和教师，统一思想认识，统一工作要求。并结合本地实际制定实施方案，办好示范点，总结经验，大面积整体推进。要严格执行国家颁布的课程计划，严格按计划开课设节，在重点抓好教法学法改革的同时，抓好活动课、劳动（劳技）课和音体美等课程的开设，切实减轻学生课业负担，维护学校正常教学秩序。要在全市范围内普遍实行素质教育的目标考核，加大监控力度，制定奖惩措施，实行刚性管理。对已有的实施素质教育的有关规定和政策要坚定不移的执行，对违背教育规律和阻碍素质教育落实的现象坚决制止。对实施素质教育做得好的先进单位和个人，予以表彰和奖励。对实施素质教育工作不力，效果不明显的后进单位及其领导者通报批评并限期整改。

（四）抓好教师队伍建设，不断提高教师的政治、业务素质

建设一支高素质的教师队伍是基础教育上台阶、上水平的重点环节。要抓好教师职业道德和行为规范教育，积极开展“创先争优”活动，大力培养教师的爱岗敬业意识和无私奉献精神；要抓好教师学科结构调整，大力加强活动课以及音、体、美、劳等课程教师的培养培训和选聘；要抓好教师的在职培训和提高，在尽快完成学历达标任务的基础上，加强教师的基本功训练，开展形式多样的教研和教学比武及岗位练兵活动，不断提高教师的职业技能和教学水平。同时，还要尽快抓好青年骨干教师和学科带头人的培养，努力造就一批跨世纪的教育教学骨干力量。

（五）加大开展勤工俭学力度，不断提高勤工俭学的育人效益和经济效益。

勤工俭学是全面贯彻党的教育方针，加强素质教育的需要。大力发展校办农业，要按标准切实落实生产基地面积，继续推广农村学校“种养一条龙”的生产经营模式，各区、

县（市）都要办好一批起典型示范作用的重点校办农场。校办工业要加大改革力度，瞄准教育和社会市场，积极开发新产品。要进一步规范校办第三产业，大力推行“学校统管、专业经营、集体创收”的经营管理办法，严禁甩手承包。要继续采取签订目标管理责任书的形式，加强目标管理，兑现奖罚。

（六）加强督导评估，建立健全考核制度

各地要按照本方案提出的基础教育工作目标，从本地实际出发，结合“千百十”工程的实施，制定切实可行的分类实施规划，把教育职责具体分解到政府各有关职能部门，把工作任务和指标分解到乡镇，并把它列入本地经济建设和事业发展的总体规划与年度计划，层层明确工作责任和要求，定期督查和指导，真正狠抓落实。每年年底，各区、县（市）教育督导室都要与基础教育等部门一道进行自查，并向市教委写出自查报告。市教委再根据自查结果进行验收抽查和考核，并向市政府写出情况报告。考评结果及时公布，并作为年终岗位目标考核和评先评优的依据。

四、考核评估的程序与办法

（一）市、县两级根据本方案制定分年度实施计划并组织实施。

（二）本方案采取重点检查与一般检查相结合、定量考核与定性考核相结合、查统计报表与抽样调查相结合、形成性考核与终结性考核相结合的考核评估办法；重点考察区、县（市）一级的基础教育工作，同时抽查一定数量的乡镇和学校；考查时，以各项指标完成情况的定量考核为主，同时进行必要的抽样调查，抽样调查结果如与统计数据有较大的出入，则必须说明原因，如无充足理由，则不予认定。

（三）凡出现下列情况之一者，所在区、县（市）不论其得分多高，均不准进入先进行列（前3名），如总分本来就未进入先进行列者，则在相应项目中以零分计算。

1.教育的财政拨款低于财政经常性收入增长比例和不能及时发放教师工资的；

2.因学校危房未及时消除而造成严重事故的；

3.教育思想不端正，所在区域内出现复读、成建制的补课、不按《课程计划》开课设节及义务教育阶段高收费录取择校生现象的。

常德市人民政府

中 共 常 德 市 委 文 件

常通字〔2000〕12号

中共常德市委　常德市人民政府
关于全面推进素质教育振兴常德教育事业的决定

（2000年8月4日）

为振兴常德教育事业，推动科技兴常战略的实施，根据《中共中央、国务院关于深化教育改革全面推进素质教育的决定》和全省教育科技工作会议精神，结合我市实际情况，特作出如下决定。

一、全面推进素质教育，为科教兴常奠定坚实的人才基础

1.教育是社会主义现代化建设的基础工程。全面推进素质教育，是党中央、国务院为加快实施科教兴国战略作出的重大决策，是教育适应社会主义现代化建设的一场深刻变革，是教育思想和人才培养模式的重大进步；实施科教兴常战略，全面推进素质教育，加快教育事业改革与发展，是提高全体市民素质，为我市可持续发展储备人才，促进社会全面进步的战略举措。

2.实施素质教育，必须全面贯彻党的教育方针，以提高国民素质为根本宗旨，以培养学生的创新精神和实践能力为重点，造就“有理想、有道德、有文化、有纪律”的德、智、体、美等全面发展的社会主义事业建设者和接班人。

3.实施素质教育，必须把德育、智育、体育、美育等有机统一在教育活动的各个环节之中。

——加强德育工作，提高德育工作的社会化程度，注意针对性、讲求实效性，注重养成教育，不断强化受教育者的爱国主义、集体主义、社会主义观念，为学生学会做人奠定坚实的基础。

——突出创新意识、创新精神和创新能力的培养，改进课堂教学，营造崇尚真知、追求真理的氛围。培养学生的自主学习能力和自我发展能力，为学生的禀赋和潜能的开发创造一个宽松的环境。

——树立“健康第一”的思想，加强健康教育，注重学生的身体、心理健康，加强美育、劳动技能教育，增强学生的审美能力，培养学生的实践精神和动手能力。

4.实施素质教育，必须贯穿于幼儿教育、中小学教育、职业教育、成人教育、高等教育等各级各类教育，贯穿于学校教育、家庭教育和社会教育等各个方面，各区县（市）和各学校都要认真总结实施素质教育的经验，加以理论提升，形成各自的特色。

5.实施素质教育，必须继续把普及九年义务教育作为教育工作的“重中之重”。要从实际出发，改造薄弱学校，提高整体办学水平，提高普及程度，提高教育质量。要统筹利用教育资源，顺利渡过初中入学高峰。

二、确立全面推进素质教育的发展目标，积极振兴常德教育

6.我市教育改革与发展的总体目标是：到2010年基本形成各级各类教育结构合理、发展协调、相互衔接和沟通的、开放性的教育体系；不断提高受教育者的思想道德和科技文化素质，基本形成以德育为核心、以创新精神和实践能力为重点的素质教育模式；不断提高各级各类学校的办学效益，进一步深化教育体制改革，基本形成适应社会主义市场经济、符合教育规律的教育体制、发展机制和投资体系；不断增强教育对经济和社会发展的促进作用，基本形成以高等教育为重点的教育与经济、科技紧密结合的教育发展机制。

到2010年各级各类教育发展的基本目标是：

——城区幼儿入园率达95%，农村幼儿入班率达85%。

——小学、初中适龄人口入学率分别保持在99.8%、98%以上，年辍学率分别控制在0.2%和2%以内，特殊教育入学率达90%。

——应届初中毕业生升学率达到95%以上，基本普及高中阶段教育，普通高中教育和中等职业技术教育协调发展。

——同龄人口接受高等教育的比例达到20%左右，全市新增劳动力平均受教育年限达到12年以上，人均受教育年限达到10年以上 ，实现全市无文盲的目标。

7.加快示范性学校建设步伐。到2010年，全市3至5所普通高中进入国家重点示范性普通高中行列，10所以上普通高中达到省级重点标准，全市建成国家级重点职业高中10所以上。建设好50所名优学校和100所特色学校。城区教育要强化一体化管理意识、城区中心意识、质量效益意识，成为全市素质教育的示范园地。

8.提高教育技术手段的现代化水平。各级各类学校都要积极装备现代化教育技术设备。2001年在重点中学开设信息技术教育课，2005年在普通高中和有条件的初中、小学开设信息技术教育课，2010年在全市普及信息技术教育。近3年重点中学要建成校园局域网，配备与学校规模相适应的计算机专用教室和语音室，建立常德市教育信息平台，实现市县网络联通。

三、深化教育改革，为全面推进素质教育创造条件

9.进一步完善基础教育主要由地方负责、分级管理的体制，加大区县（市）政府统筹和管理教育的责任。区县（市）人民政府和教育行政部门要切实加强对教育经费、教师队伍、校长任免等方面的管理。

10.深化办学体制改革，形成以政府办学为主、公办学校与民办学校共同发展的格局。鼓励社会力量以各种方式举办非义务教育。各级政府和教育行政部门要切实加强对民办教育的管理和监督，完善民办学校设置标准，严格按章审批，在招生、收费、考试等重点环节加强管理，定期对民办教育机构进行办学水平评估。民办学校要依法办学，制定长期发展规划，维护师生合法权益。民办学校按省政府湘发〔2000〕2号文件精神享受相应的优惠政策。

11.全面推进城乡教育综合改革。进一步推进农科教结合，促进农村普通教育、成人教育和职业教育的协调发展，使农村教育切实转变到主要为农村经济和社会发展服务上来。要把文化知识教育和实用生产技术培训结合起来，与农民脱贫致富结合起来。进一步开展多种形式的职工岗位培训和转岗培训，努力办好各级各类职工培训中心。

12.加强教育内部管理改革，依法规范办学行为。各级教育行政部门和学校要严格执行党和国家的教育方针、政策、法规，规范学校收费行为，严禁乱收费；规范教育教学行为，严禁加班加点和成建制补课，规范教学用书管理，切实减轻中小学生过重的学业负担和心理负担，促进素质教育沿着正确的方向健康发展。

13.改革教育评价、招生考试和就业制度。建立素质教育质量评价体系。坚持从办学思想、管理水平、育人环境、队伍建设、学生素质、学校特色等方面评估学校，坚持从师德、教育、教学、教研等方面综合评估教师，坚持从思想品德素质、科学文化素质和身心健康状况全面考查学生。鼓励社会各界、家长和学生以适当的方式参与学校实施素质教育评估。继续实行小学毕业生升初中免试就近入学制度，改革初、高中毕业会考和高中阶段教育的招生办法，积极推行劳动预备制度，坚持实行“先培训，后上岗”、学历证书与职业资格证书并重的制度。

14.优化教育资源配置，合理调整学校布局。义务教育阶段按照相对集中办学、照顾就近入学、充分利用资源、提高整体效益的原则制定调整方案，高中阶段教育要打破部门、行业、教育类别的界限统筹规划。职业学校要改变专业设置上小而全的状况，进行资源重组，逐步形成专业特色和优势。高等教育要按照“加强领导、政府统筹、市场运作”的方针，以常德师院为龙头，形成综合性大学、高等职业技术学院及高教自考、成人高校等教育门类齐全的常德高等教育体系。

四、加强队伍建设，为全面推进素质教育提供师资保证

15.各级教育行政部门要加强对学校编制的管理，科学设岗、按岗定员，不得超编用人。坚决清退代课教师，大力精简非教学人员。严格把住教育系统进人的入口关，凡没有取得教师资格的人员，一律不能进学校任教。在机构改革过程中，不得把不符合教师资格的人员分流到各级各类学校。

16.继续推行和完善“三制改革”，建立竞争上岗、优胜劣汰的用人机制。在实行校长负责制的同时，要积极推行校长选举制、持证上岗制和校长职级制。全面推行教职工聘任制，废除专业技术职务终身制。

17.教师队伍建设要以师德师风为重点，不断提高教师的思想政治素质，强化教师的职业道德意识，建立民主和谐的师生关系。教师要树立正确的人生观、价值观和教育观、质量观，增强爱岗敬业的责任感和教书育人、为人师表的社会使命感，对全体学生负责，对学生的全面发展负责。

18.加强教师队伍的业务培训，提高教师实施素质教育的能力和水平。鼓励教师通过成人高考、自学考试等途径取得更高学历。到2010年，专任教师学历实现小学专科化、中学本科化，高中阶段教师接受研究生教育比例达到20%。高度重视和加强教师的继续教育，培训教师的通用基本功、教学基本功、学科基本功、教研基本功。教师要学习现代教育理论，掌握现代教育技术，不断更新、扩展知识，增强综合教学和育人能力，优化课堂教学，投身教育科研，提高教育教学水平。

19.加强骨干教师培训，实施“名师”工程。市县都要制定骨干教师培养规划，确定培养对象，建立专门档案，实行动态管理，重点培养50名名优校长、100名特级教师、5000名骨干教师和学科带头人，造就一批在全省、全国有一定影响的教书育人专家。

五、加强领导，增加投入，加快全面推进素质教育的步伐

20.各级党委、政府要真正把教育摆到优先发展的战略地位，党政“一把手”要切实担负起发展当地教育的责任，把全面推进素质教育纳入经济社会发展规划，列入各级党委政府的重要议事日程，定期听取和研究教育工作，加强对全面推进素质教育工作的领导。

21.多渠道筹措教育经费，依法确保教育投入，逐步实现全市财政性教育经费支出占国民生产总值4%的目标。“十五”期间，市本级财政预算中教育经费支出所占比例每年递增一个百分点，增加的经费主要用于教育技术现代化工程建设。各区县（市）都要相应提高本级财政支出中教育经费所占比重，确保教师工资按时足额发放，确保义务教育阶段学校必要的公用经费。各级财政每年超收部分和财政预算外收入，应按年初确定的教育经费所占财政支出的比例用于教育。

足额征收城乡教育费附加，农村教育费附加按上年农民人均纯收入的2%计征，实行乡征、县管、乡用，确保完全用于教育。

鼓励和支持非义务教育学校通过银行贷款加快学校建设与发展，在非义务教育阶段逐步建立教育成本分担机制，调整学费在教育成本中的比例。

鼓励社会团体、企业和个人投资办学，捐资助学，提倡企事业单位、社会团体和个人在学校设奖学金、困难补助金、鼓励个人贷款上学。

22.加强对教育经费的管理。市、县教育经费实行预算单列，由教育行政部门统一管理，教育行政部门要认真落实收支两条线制度，严格执行教育投入和使用效益的审计监督和监察制度。各级政府教育督导室和财政、审计等部门要加强对教育经费的监控和督查，对挪用、侵占教育经费的要依法查处。严禁向学校乱摊派，严禁由学校收取统筹费等费用。

23. 全社会要关心青少年健康成长，营造健康向上、科学文明的社会文化环境。加大教育执法力度，依法保障师生的合法权益，整治校园内部和周边环境。各类公安、文化、工商行政管理等部门要切实加强文化市场和娱乐场所的整顿和管理，消除不健康的诱导因素，取缔不利于育人的场所。新闻部门要广泛宣传我市各地推进素质教育的经验和成果，引导广大群众积极支持和参与实施素质教育。纪念馆、博物馆、图书馆、电影院、公园、体育中心等校外教育场所，要免费或降低收费标准向中小学生开放。办好家长学校，搞好社区教育，学校、家庭、社会联系，形成全面推进素质教育的良好社会环境。

中共常德市委文件

常发〔2001〕8号

中共常德市委　常德市人民政府
关于基础教育改革与发展的决定

（2001年12月31日）

为贯彻落实《国务院关于基础教育改革与发展的决定》（国发〔2001〕21号）和省委省政府《关于基础教育改革与发展的决定》（湘发〔2001〕16号），进一步推动我市基础教育快速健康发展，更好地为社会主义现代化建设服务，特作如下决定。

一、坚持基础教育适度超前发展

1.基础教育是人才培养的基础，对提高中华民族素质、促进社会主义现代化建设具有全局性、基础性和先导性的作用，在我市教育体系和区域教育结构中处于十分突出的位置。发展基础教育，对开发我市人力资源，推动两个文明建设，促进农业结构调整，加速工业化进程，提高城镇化水平，实现“科教兴常”战略目标具有十分重要的意义。

2.我市基础教育改革与发展必须坚持以邓小平同志“三个面向”和江泽民总书记“三个代表”的重要思想为指导，坚持把基础教育摆在优先地位并作为基础设施建设和教育事业发展的重点领域予以保障，适度超前发展，达到办学条件一流，管理水平一流，教育教学质量一流，实现全市基础教育规模、结构、质量与效益的协调发展。

3.全面普及九年义务教育。继续把“普九”作为教育工作的“重中之重”，进一步改善办学条件，抓紧危房改造，大力完善教学设施和学生生活设施；确保适龄儿童入学率、小学毕业生升学率、小学在校学生年巩固率达到100%，初中在校学生年巩固率达到99%以上，残疾儿童少年入学率达到90%以上。高度关注贫困地区和弱势群体，努力促进教育公平。

4.基本普及高中阶段教育。充分挖掘公办学校潜力，进一步改造薄弱学校，巩固发展名优学校，同时积极鼓励和大力支持社会力量以多种形式参与高中阶段办学，盘活存量资产，优化高中教育资源结构，多途径扩大高中阶段教育规模。“十五”期间，初中毕业生升学率达到80%以上，并保持普通高中与职业高中在校学生的合理比例。

5.积极发展学前教育。以社区为依托，以民办为主体，通过政府资助的形式，在普及学前一年教育的基础上，积极发展学前三年教育，提高义务教育起点。

6.加速教育信息化。按照教育部关于在中小学普及信息技术教育和实施“校校通”工程的要求，“十五”期间全市所有中心小学及以上学校开设信息技术必修课程，城镇中小学能够上网；进一步完善常德教育信息网，建设常德教育资源网，构造市、县教育信息资源平台，实行网上教育资源共享；加强信息技术与其他课程的整合，提高教育信息化水平，攀登现代教育发展的制高点，以信息化带动教育现代化，实现基础教育跨越式发展。

二、改革完善基础教育体制

7.全面落实“在国务院领导下，由地方政府负责、分级管理、以县为主”的基础教育管理体制。各级政府要依法担负起发展基础教育的责任。市政府主要负责制订基础教育改革与发展规划、政策措施，组织协调各方面力量发展基础教育；对贫困地区安排适当的财政转移支付资金和“国家贫困地区义务教育工程”专款的配套资金；将中小学校和青少年校外活动场地建设纳入基础设施建设统一规划，城镇扩建或建新区，按规定配套建设好中小学校。对直管中小学行使县级政府教育管理权限并履行相应责任。

8.县级政府对本地基础教育的管理和发展承担主要责任。负责统筹规划基础教育的发展，加强中小学建设；合理制订学校布局调整方案并组织实施；统一管理基础教育经费，发放教师工资；统一管理中小学校长、教师。要采取过硬措施，确保义务教育巩固提高，积极发展高中阶段教育和幼儿教育，加强示范学校建设，调动各方面力量发展基础教育。

9.乡镇政府承担相应的义务教育办学责任，根据国家规定筹措教育经费，用于乡、村两级中小学改善办学条件，提高教师待遇。乡、村两级应建立“控流保学”责任制，确保义务教育阶段适龄儿童、少年完成九年义务教育；负责划拨新建、扩建校舍和生产劳动实践基地所必须的土地；维护学校的治安和师生的安全。

10.基础教育坚持以政府办学为主，同时稳妥推进办学体制改革。要加强对公办学校办学体制改革试验的领导和管理，按照有利于吸收社会资金、改造薄弱学校、扩大优质教育资源、满足群众教育需求的原则，在保证国有资产保值增值的前提下，可以选择薄弱学校、政府新建学校按民办学校运行机制进行改革实验。积极探索综合高中等办学新模式，促进校校联合、校企联合和集团式办学，摸索中外合作办学。鼓励省级重点高中“名校带民校”。办学体制改革要尊重教育规律，按照有关规定制定《办学章程》，理顺举办者、管理者和领导者之间的法律和经济关系，明确领办者的职责与权力，防止国有资产流失和腐败现象产生。

11.大力发展社会力量办学。市县两级政府应把民办高中阶段的学校列入区域教育布局总体规划，并作为“十五”期间教育总量扩张的重要增长点予以扶持，办起一批上规模、上水平的民办高中；在政府为适龄儿童提供足够学位的前提下，可在县城和市城区举办1至2所有特色的民办初中、小学；鼓励社会力量举办学前班、幼儿园。民办学校在招生、教师职务评聘、教研活动、表彰奖励等方面与公办学校一视同仁。加强对社会力量办学的管理与指导，市县两级设立社会力量办学资格审查委员会，对各种形式的社会力量办学进行资格审查，规范民办学校设置，加大打击非法办学的力度，维护基础教育正常秩序。对有非法私校存在的地方，教育评优评先实行一票否决。

三、确保基础教育经费投入

12.建立“财政保教师工资，以农村教育事业费附加为主保危房改造和改善办学条件，以杂费为主保学校公用经费”的基础教育投入保障机制，市县建立和充实教师奖励基金和扶贫助学基金，县财政设立信息技术专项资金，切实落实国务院国发〔2002〕21号文件中规定的“企事业、社会团体及其他社会组织和公民个人等社会力量通过非营利的社会团体和国家机关向农村义务教育的捐赠，准予在缴纳企业所得税和个人所得税前的所得额中全额扣除”的政策。将教育经费落实情况列入县乡党政主要领导政绩考核内容，作为任用的重要依据。

13.市县政府应调整支出结构，加大财政对教育的投入，依法保障教师工资及时足额发放，并由县级财政按照国家统一规定的工资项目和标准，通过银行打卡到教师个人。建立举报制度，对造成教师工资拖欠的，扣回上级转移支付资金，并追究主要领导的责任。以往拖欠的教师工资，力争在2002年内兑现，并防止发生新的拖欠。

14.加强农村教育事业费附加的征管。农村教育事业费附加由乡镇人民政府按规定足额征收，专户存储，全额用于农村中小学校舍维护、危房改造、布局调整和教育信息化建设。严禁通过学校和教师向学生或家长收取农村教育费附加，严禁以农村教育费附加收入抵顶财政对教育的预算拨款，严禁扣减、挪用农村教育费附加。全市在两年内彻底消除用农村教育费附加发放教师工资的现象，区县（市）根据财力情况分年到位，市财政部门加强预算监督，确保基础教育发展的基本经费来源。完善农村教育事业费附加征管监督机制，建立专项审计制度：对克扣、挪用农村教育事业费附加的乡镇党政主要领导，应追究其行政责任。农村税费改革试点单位，应保证农村义务教育经费投入不低于税费改革前的水平。城市教育费附加足额征收，足额用于改善城镇中小学办学条件，严禁挤占、挪用和截留。

15.切实保证学校正常运转所必需的公用经费。以县为单位核定公用经费标准和定额，学校收取的杂费应全部用于学校的公用经费开支，县、乡两级政府和任何单位不得挤占、挪用、截留、平调农村中小学收费资金，不得征收预算调节基金，不得将学校杂费预算用于教师工资、福利和基建等方面开支，教育部门不得统筹所属学校的杂费用于公务活动。加强收费资金的监管和检查，严格教育财务管理，努力提高经费使用效益。学校公用经费不足部分，由县、乡两级政府在财政预算中安排。

16.抓紧学校危房改造。结合国家实施中小学危房改造工程，全市力争在两年内基本消除2000年底以前的中小学危房。危房改造和新建扩建所需资金，主要在教育费附加中安排。农村税费改革试点单位，在县级财政预算和上级转移支付资金中优先安排。确需向社会集资的，可按规定开展社会集资。社会集资必须由乡镇政府根据当地经济状况和群众承受能力，定项限额提出方案，经乡镇人大审议同意，报县级政府批准后实施，并张榜公布集资款额和使用情况。任何单位和个人不得挤占、挪用、截留群众集资款。提倡农民通过义务劳动支持农村中小学危房改造。实施义务教育阶段学校建设的负债，必须尽快实施债务主体转移和剥离，由县、乡两级政府负担，纳入县、乡消赤减债整体规划。如因建校债务发生影响学校正常秩序事件，追究当地党政负责人的责任。

17.稳步推进学校布局调整。按照小学就近入学，初中相对集中，优化教育资源配置的原则，到2010年，全市学校总数控制在1900所左右，基本形成“小学联村，初中进镇，新设高中进城”的办学布局。学校布局和建设应纳入城镇建设总体规划，优先考虑学校建设用地。城镇新建居民住宅区，必须按规定配置幼儿园、小学和初中，基建经费纳入开发计划。学校布局调整应与消除危房、改造薄弱学校、创办名校、移民搬迁、城镇化发展、旅游开发和校园文化建设有机结合起来，统筹规划，分步实施。调整后的校舍等资产应确保用于发展教育。

18.兴办校办产业，增强教育自身发展能力。校办工业要抓紧改制，争取到2002年完成校办企业的两个置换；要依托教育市场，创办规模工业，发展股份制企业。市县政府要把校办工业纳入区域工业化发展总体规划，加强指导。校办农业要采取政府划拨、租赁、与乡村合办等方式，保证农村学校按省颁标准拥有必要的生产实践基地，在此基础上组建一批农工贸一体化的经济实体，建设一批国家级和省级示范基地，并使其成为全市农业结构调整和高新农业的亮点。校办产业坚持规范化管理，拓宽服务渠道，增加服务项目，逐步形成全方位、多层次、规范化的教育服务网络和体系。各级政府和有关职能部门要制定优惠政策，优化校办产业发展环境；要按教育费附加2%的比例落实周转资金。规范校办产业经营和收益分配，重视校办产业的教育效益。

19.进一步规范教育收费。除法律、法规和省政府明文规定外，各级政府及其所属部门一律不得向学生收取“口子费”统筹费”“教育维持费”等任何行政性、事业性、公益性费用，不得要求学校代其收费，不得向学校乱摊派、乱罚款，学校或教师不得向学生跨学期收费，不得强制或变相强制学生家长捐资助学，不得向符合转学条件的学生收取额外费用，不得利用课外活动、节假日、双休日组织学生进行有偿补课，不得对学生进行经济处罚，不得向学生收钱、收物充当勤工俭学收入。严格控制和减少对学校的各种检查，对学校的各种罚款，归入扶贫助学基金，全额返还给教育。对违规向学校收费的行为，政府应责成有关部门坚决查处。

四、切实加强师资队伍建设

20.优化教师队伍结构。“十五”期间应大力扩充高中教师，合理分流小学教师，调整教师学科结构。市县两级政府及有关职能部门应把引进高中教师列入本级人才引进计划，制定优惠政策，吸引并确保师范本科毕业生和综合大学优秀毕业生能够录用到高中学校任教。调整补充中小学音乐、美术、体育、英语、信息技术和综合课、活动课等薄弱学科和新设课程所需教师。小学可录用少量专科层次毕业生，防止小学教师队伍出现历史断层。教育行政部门要认真做好教师资格认定工作，坚决实行中小学教师持证上岗制度，严禁把没有教师资格和乡镇机构分流人员安排到中小学校。

21.搞活教师任用机制。全面推行教师聘任制，严格执行编制标准，实行编制内由学校聘任，坚决杜绝超编进人。加大教师跨校聘任力度，促进城镇超编教师向边远地区和山区流动，一律清退长期代课教师和临时雇请人员，精简非教学人员，分流富余人员，淘汰不合格教师。政府有关职能部门应尽快制定与行政机关改革政策相衔接的分流办法，并于2002年组织施行。改革和完善教师职务评聘制度、教师工资分配制度，强化绩酬挂钩。努力构建教职员工能进能出、待遇能高能低、职务能上能下的有效机制，充分调动广大教职工的积极性，不断增强教师队伍活力。

22.加强师德师风建设。教育部门和学校应认真贯彻落实《中小学教师职业道德规范》，开展以思想政治教育、法制纪律教育、爱岗敬业教育、为人师表教育为主要内容的职业道德教育；建立教师职业道德评估考核制度，并将考核结果作为衡量教师的重要内容和职务聘任的重要依据，实行教师职业道德“一票否决制”，凡职业道德考核不合格者，取消其教师资格，学校不得聘用。

23.抓紧中小学教师继续教育。按照教育部“园丁工程”和“十五”期间继续教育培训目标，认真开展新任教师培训、校长教师岗位培训、现代教育技术培训、新课程新教材培训、提高学历培训、薄弱学科和紧缺学科师资培训，转变教师观念，增强教师专业技能，提高教师学历合格率和实际教学水平，促使更多的教师成为“一专多能”“双师型”“复合型”教师。县级政府应重视培训条件建设，落实培训经费，健全培训网络，加强乡镇培训和多种形式的校本培训。

24.努力造就一批名教师、名校长。改革和完善中小学校长任用制度，切实加强中小学校长队伍建设与管理。启动名师培养工程，全市重点培养50名名校长、100名特级教师、1000名市级骨干教师和学科带头人。努力使他们成为教育观念先进，职业道德高尚，教学和科研能力较强，学术水平较高的专家型、学者型教师，形成在全省较强，学术水平较高，在全国有影响的常德教育名家群体，带动全市基础教育办学水平提高。各级政府要为名教师、名校长成长创造条件，由财政设立专项经费，实行特别津贴，对其中特别突出的可试行年薪制，努力提高他们的政治、经济待遇，鼓励他们为常德发展建功立业。

25.大力倡导尊师重教的社会风尚，依法落实教师待遇，稳定教师队伍。各级党委、政府及教育行政部门要从政治上关心教师，采取措施不断提高教师社会地位；依法保障教师合法权益，严厉打击各种侵害教师合法权益的行为，教师与党政干部同步建立医疗保险制度，全面实施事业养老保险制度。

五、扎实推进素质教育

26.切实加强和改进德育工作，不断增强德育工作的针对性、实效性和主动性。德育工作要适应新形势，针对不同年龄学生的特点展开。按照德育的总体目标和学生成长规律，小学阶段从行为习惯养成入手，重点进行社会公德教育和“五爱”教育。初中阶段加强国情教育、法纪教育和品德修养。高中阶段注重进行基本政治理论教育和人生观、价值观教育。应坚持正面引导、自我教育为主。加强德育研究，改革“两课”教学，注重学科渗透，紧密结合学生思想实际和社会重大时事，开展丰富多彩的德育教育活动和社会实践活动。加强校园文化建设和校外德育基地建设，“十五”期间，市城区和县城各建好一所青少年宫。加强校园管理和社会环境综合治理，构建以家庭教育为基础、学校教育为主体、社区教育为依托、互相促进、有机整合的大德育体系，形成全社会重视德育工作的良好氛围，增强德育工作的实际效果。

27.积极适应基础教育课程、教材改革。认真实施国家课程计划和课程标准，积极开发地方课程，指导开发校本课程，逐步建立能满足学生不同需要的课程体系。当前要以实施普通高中新课程为重点，抓好中小学综合实践类课程特别是研究性学习课程以及信息技术课程、小学英语课程建设。同时做好义务教育课程改革区域试验工作，努力构建我市基础教育现代教学体系。树立现代课程观，加强体育、艺术等薄弱学科课程，重视隐形课程。形成活动课程特色，积极开展校园体育、文化、艺术和科学技术普及活动，使学生学有所长、多才多艺。

28.大力加强教研教改。以落实素质教育要求、提高课堂教学效率为重点，抓好课题研究，积极推广教研成果。广泛开展课堂达标晋级和创优质课、名牌课活动，鼓励广大教师积极开展创新教育，改革教法，更新教学手段，切实减轻学生过重的课业负担，引导学生积极参加社会实践、科学实验和创新活动，提高课堂质量和效率；并努力使一批学校形成富有特色的学科优势。建立健全教研教改机制，充分发挥各级教研机构的作用，对教育教学中的一些重大问题和实际问题组织协作攻关，最大限度地利用开发校内校外教育教学资源。

29.改革考试评价和招生制度。探索科学的评价办法，发现和发展学生的潜能，帮助学生树立自信心，促进学生积极主动地发展。小学不举行任何形式的统考，全面实行等级评分制；取消义务教育阶段留级制度；小学毕业生升初中一律实行免试就近入学。改革和完善初中会考制度，建立高中教育教学质量评价和监测体系。各级党委、政府及有关部门不得向学校下达升学指标，中小学校不得公布学生考试成绩和按考试结果公开排队。

30.创建一批素质教育示范学校。在加强澧县、临澧县、武陵区、津市市素质教育区域实验工作的同时，继续实施“千百十”工程，启动第二轮办学水平评估，大力进行示范性学校、特色学校和名优学校建设，使其总数达到300所左右。按照改革、实验、示范、高质量、有特色、现代化的办学要求，创建办好10所以上省级重点高中，造就一批在全省乃至全国有影响的名校，打造常德教育品牌，构筑教育高地，提高全市教育发展水平。

六、加强对基础教育的领导

31.各级党委、政府要认真贯彻落实国务院和省政府《关于基础教育改革与发展的决定》，始终将基础教育改革和发展列入重要议事日程，及时研究新情况、新问题，制订促进基础教育发展的措施，努力增加对基础教育的投入。党政主要领导要经常深入中小学校和幼儿园，了解情况，指导工作，解决难题。各级政府每年要向同级人民代表大会报告基础教育改革和发展情况。建立义务教育经费投入年度报告制度和公告制度。将基础教育工作情况作为各级领导任期责任目标和政绩考核的重要内容。

32.各级政府及有关部门要认真贯彻执行教育的有关法律法规，强化依法治教意识，坚持把义务教育实施作为依法治教的重点，落实控流保学责任制，大力扶持贫困学生和残疾儿童，办好特教学校（班），确保普及程度达到国家规定要求，严格履行法律赋予的职责。加强和完善行政执法监督机制，加大执法监督力度，加强学校管理，依法保障学校、教师和学生的合法权益。

33.加强教育督导，完善教育督导机制。坚持“督政”与“督学”相结合，进一步开展专项督导检查，推动基础教育热点、难点问题的解决；建立和完善实施素质教育的督导评估体系，推动素质教育的全面实施。加强教育督导机构和队伍建设，建立健全教育督导工作的报告制度、公报制度、通报制度、奖惩制度，努力提高督导工作的科学性、实效性及权威性。

34.切实加强学校安全和稳定工作。各级政府及有关部门和学校要强化“安全第一”的意识，以对人民高度负责的态度，认真落实各项学校安全措施，确保学校稳定。要建立健全学校安全工作规章制度，坚持预防为主，重点防范危及师生安全的危房倒塌、食物中毒、溺水、火灾和交通事故等。切实加强对师生的安全教育工作。建立和健全学校安全工作责任制和事故责任追究制。切实维护学校周边治安秩序，严厉打击扰乱学校治安的违法犯罪活动。

35 动员和鼓励全社会关心、支持教育事业发展。各级政府及有关部门要推动学校、家庭、社区相互沟通与协作，积极开展多种形式的助学活动，积极鼓励和支持企事业单位、社会团体及其他社会组织和公民利用非财政性教育经费举办学校及其他教育机构。同时，要充分发挥党政机关、企事业单位、社会团体等各方面的优势，动员广大人民群众，共同关心和支持基础教育改革与发展。

中 共 常 德 市 委 文 件

常发〔2002〕5号

中共常德市委常德市人民政府关于加快教育事业发展的若干意见

(2002年7月18日)

教育在推进工业化、农业产业化、城镇化进程和两个文明建设中，起着基础性、先导性和全局性的作用，必须超前发展，优先发展。为了扩大教育规模，优化教育结构，提升教育质量，实现常德教育的跨越式发展，特提出如下意见（简称“教育20条”）：

1.巩固“普九”成果。九年制义务教育是整个教育发展的基础，必须切实抓好。适龄儿童入学率要达到100%，巩固率要保持在99%以上，17周岁人口义务教育完成率要保持在85%以上。各级政府要切实担负起义务教育的责任，家长要依法履行让子女接受九年制义务教育的义务。各地要按照就近入学的原则，解决好流动人口子女的就学问题。

2.扩大教育规模。大力发展高中阶段教育。到“十五”末期，全市应届初中毕业生升入高中阶段学校的比例要达到85%以上，高中阶段在校学生要达到20万人以上。积极办好高等教育，高校在校学生要达到4万人以上。做大做强现有优质教育资源。常德市第一中学、芷兰实验学校、常德电脑专修大学和各区县（市）第一中学等学校在校学生要分别达到5000人左右，常德师范学院和常德高等职业技术学院在校学生要分别达到1.2万人至1.5万人。

3.培育名牌学校。各类学校要坚持质量立校，争创名牌。到2005年，全市要有2至3所高中学校达到国家级重点示范高中的标准，15所中学进入省级重点中学行列，30%的学校成为市级名优学校、示范学校，每个乡镇的中心学校要办成具有一定规模的示范学校。高等教育和职业技术教育要努力办出一批在全国、全省有较大影响的学科和专业。要增强名牌学校的辐射力，支持市内名优学校扩大招生面，逐步实现各区县（市）第一中学面向全市招生，常德市第一中学面向全省招生。

4.加快发展民办教育。按照学前教育全面开放，义务教育以政府办学为主、社会力量办学为补充，高中阶段以上教育积极鼓励社会力量办学的思路，形成多元办学的新格局。到2005年，高中阶段教育民办的比例要达到30%。大力支持企事业单位、社会团体和个人以独资、合资、合作等多种形式办学。提倡名校办民校，常德市第一中学和各区县（市）第一中学都要带民办中学，实行集团化办学。农村的义务阶段教育暂不对民办开放，鼓励在市城区和各县县城发展民办中小学和职业技术学校。积极开展引资办学，鼓励市外企业和投资商来常兴办教育，对引进外来资金办学的有功人员，比照引进工商项目的有关奖励规定，由各级政府按到位投资额 1%的标准予以奖励。吸引和争取国内外大专院校、教育集团来常德市兴办教育，鼓励市内学校与市外名校联合办学。民办学校中按公益事业由政府划拨的土地属国家所有，接纳社会捐助所形成的办学资产属学校所有，举办者对民办学校投资所形成的资产属举办者所有。民办学校存续期间，所有校产归民办学校依法管理和使用，任何组织和个人不得侵占。在留足必须的办学经费后，民办学校投资者可以逐步收回办学投资，并取得合理回报。投资人愿意受让土地使用权办学的，在土地价格、规费收取等方面给予优惠。民办普通高中、职业高中、中等专业学校和非学历民办高等教育机构的收费标准，由市县物价部门制定基准收费标准和浮动幅度，学校在规定幅度内自行确定具体标准。民办学校在征用土地、报建立项、税收减免、用水、用电、环境保护等方面享受公办学校同等的优惠政策。市县教育行政部门对民办学校的师资队伍建设、招生、教学、考试、毕业生就业等方面的工作，应与公办学校一视同仁地进行管理、指导和服务。

5.突出发展职业教育。到 2005 年，全市中等职业技术学校招生人数要达到 3 万人以上，在校学生达到 10 万人以上，初中毕业生升入普通高中和中等职业技术学校的比例达到 1:1，高等职业技术教育在校学生达到 2.5 万人。市级要重点抓好一批骨干职业技术学校建设，每个区县（市）要重点办好一所示范职业技术学校。市县政府要设立职业技术教育专项经费，重点扶持一批与常德经济社会发展密切相关的专业。职业技术学校要逐步实行弹性学制和学分制，允许学生分阶段完成学业。各类企业要积极为职业技术学校学生见习、实习提供场所和条件，优先聘用本市职业技术学校毕业生。职业技术学校要积极为市内企业定向培养、培训员工。凡在城镇各类职业技术学校就读的学生，可在学校所在地办理城镇落户手续。鼓励企业、部门和社会组织兴办各类培训机构，使全市转岗、待岗人员和未能继续升学及就业的初、高中毕业生及大学生都能接受相应的职业技术培训。教育行政部门要加强统筹和管理，有关部门要抓好职业技能考核与鉴定。

6.逐步推动公办学校改制。对办学条件较差和新建的公办学校，支持采用引资、教职工合股、个人领办和资产转让等方式变革产权，搞活机制。要突出抓好公办的职业中学、中等职业学校的办学体制改革。普通高中学校在条件成熟时，也可探索多种办学形式。公办学校改制后，财政拨款三年不变，以后逐年减少。在公办学校改制中，各级政府和部门不得将原有学校财产以承包、租赁等形式获取经济收益，学校举办者必须保证国有资产保值、增值。

7.建立就业准入制度。坚持“先培训、后就业”的原则，逐步建立和完善就业准入和持证上岗制度。初中毕业生和普通高中毕业生，就业前必须接受职业技术培训，取得培训合格证。各职业介绍机构和用人单位在职业介绍和招收录用人员时，应优先推荐和使用经过职业技术培训并取得学历证书或职业资格证书的人员。市县劳动和社会保障部门要加大劳动监察力度，对违反用工制度的单位和组织依法予以处理。

8.不断增加教育投入。各级政府要保教师工资、保危房改造、保正常运转。“十五”期间，教育支出占财政支出的比例，每年要递增1个百分点。城市教育费附加要足额征收，全部用于学校建设。在城镇总体规划范围内进行住宅房地产开发和住宅建设，其规模在4000居民以上的住宅区必须配置小学，8000居民以上的住宅区还必须配置初中学校，学校基建经费要纳入开发计划；新建扩建规模在4000居民以下的住宅区和居民建房，开发商和建房业主也应承担教育成本，具体标准和缴纳办法由教育行政部门与有关部门共同研究。城市建设配套费要加大收取力度，并按规定比例提取教育设施配套经费用于学校建设。中小学校按规定收取的杂费，全部用于学校公用经费开支，严禁挪作他用。教育“两基”达标时形成的债务，在今年内要剥离给县、乡政府和村级组织。

9.实施教育扶贫工程。市县两级建立扶贫助学基金，设立教育捐赠中心，接受社会各界对教育的经常性捐助，并定期将捐赠情况向社会公布。纳税人向中小学捐款，准予在缴纳企业所得税和个人所得税前的所得额中全额扣除。有关职能部门对教育机构的罚没收入上缴财政后，由财政拨入助学基金。扶贫助学基金主要用于资助因贫困而辍学的儿童，义务教育阶段家庭特别困难的在校学生，因经济困难不能上职校、中专和大学的新生，低保户子女在义务教育阶段，由学校免收杂费；在高中阶段的公办学校就读，减半收取杂费；考入国家高等院校的，由县市政府按每生专科2000元、本科3000元的标准提供一次性助学金，经费从低保金中解决。金融部门要按照国务院的要求，实施国家助学贷款计划，各有关院校要主动衔接配合。

10.全面推行校长负责制、教师聘任制和绩酬挂钩制。逐步取消学校行政级别，实行校长职级制，扩大校长民选和公选范围。推行校长任期目标责任制，任期内出现重大工作失误和责任事故的要引咎辞职，任期完不成目标任务的不予续聘。全面实施教师资格制度，面向社会公开认定教师资格。推行教师全员聘任制，实行公开竞争上岗，凡具备教师资格的人员都可参加竞聘。严格按标准配备非教学人员，分流富余人员，落聘人员按照公务员分流的有关政策进行分流。打破分配上的平均主义，拉开收入档次，试行校长和优秀教师年薪制，市级名优学校校长年薪可达3万元左右，省级重点中学和国家级重点职业技术学校校长年薪可达5万元左右，国家级骨干教师年薪可达4万元左右，民办学校的优秀教师可以凭教学技能配股。班主任津贴在现有基础上提高3至5倍。教师30%的活工资部分由学校掌握，实行浮动。

11.大力培养和引进教育人才。不断提高师资队伍水平，到2005年，全市普通高中和职业高中专任教师的学历合格率要分别达到90%和80%，重点中学具有硕士学位的教师比重要达到10%。鼓励教师离岗学习，提高学历层次，其学习费用由单位给予适当补助。要注重培养一批名校长、特级教师、骨干教师和学科带头人。学校要根据自身发展需要，主动到国内各名牌大学挑选一批优秀学生，实行定向培养，增加师资后备资源。要高度重视教育人才的引进，凡来常从事教育工作的名优校长、特级教师、国家级优秀教师、国家级青年骨干教师和具有博士、硕士学位的研究生，不受学校编制、增人计划和职称指标的限制，用人单位提供相应标准的住房和一定数量的安家费。有条件的学校还可以适当引进外籍教师。

12.促进教育人才合理流动。建立教育人才交流中心，实行教育人事代理制度，形成机制健全、运行规范、服务周到的教育人才市场体系。鼓励教师在公办与民办学校之间双向流动，公办学校教师和专科以上毕业生可到民办学校应聘，在民办学校工作的原公办教师和专科以上毕业生也可到公办学校竞聘。民办学校教师在计算工龄教龄、专业技术职务评聘、评优评先、培训、考核等方面与公办学校教师同等对待。鼓励城镇教师和大学毕业生到偏远贫困地区任教，其工资待遇可向上浮动30%。切实加强对落聘教师、民办学校教师及未就业的师范院校毕业生的培训和管理，搞好教育人才储备。

13.完善教育社会保障体系。规范医疗保险，加快实施养老保险。市县两级公办学校从2003年1月起，全面实行养老保险制度，民办学校教职工的养老保险也要与公办学校统一标准，同步进行。养老保险金属单位缴纳部分，民办学校应按照标准及时缴纳。在条件成熟时，实行失业保险。

14.加强教育现代化建设。按照全面规划、分类起步、政府主导、校企合作、市场运作的思路，尽快启动学校教育信息化建设工程。到2005年，在全市中小学普遍开设信息技术教育必修课程，完成中心小学以上校园网和市县两级远程教育基地建设，建立市县两级教育资源库，不断提高学校的现代化装备水平。

15.全面推进素质教育。认真贯彻党和国家的教育方针，以提高国民素质为根本宗旨，以培养学生的创新精神和实践能力为重点，造就有理想、有道德、有文化、有纪律的德智体美全面发展的社会主义事业建设者和接班人。各级各类学校要切实加强和改进德育工作，按照学生成长规律，确定不同年龄阶段的德育内容和要求，把社会公德教育、思想品德教育、法纪观念教育以及爱国主义、集体主义和社会主义教育落到实处。社会各方面要为素质教育创造良好条件，形成学校、家庭、社会紧密配合，全员育人、全程育人、全方位育人的格局。对频发学生犯罪和出现3人以上犯罪团伙的学校，要追究校长和班主任等直接责任人的责任。

16.规范教育行为。坚持依法治教，严格执行国家教育法律、法规和政策。加强教师队伍管理，注重教师职业道德建设，建立教师职业道德评估制度。严格执行教育收费标准，实行教育收费公示制，严禁一切加重学生及家长经济负担的行为。学校和教师不得违规向学生收取任何费用，不得强制或变相强制学生家长捐资助学，不得组织学生有偿补课，不得对学生进行经济处罚。建立社会评教评学制度，对在评教评学中得分低、社会反映不好的，公办学校校长解聘，民办学校限期整改。

17.搞好教育督导评估。加强市县两级督导机构建设，健全督导制度，切实履行职责。完善教育评估体系，定期对各级各类学校实施办学水平评估。凡“普九”年检、评选教育先进单位以及各级政府对教育的投入等情况，都要经过严格的教育督导评估，并定期公布结果。切实加强对民办学校的督导评估工作，督促民办学校不断改善办学条件，全面提高教学质量和办学水平。

18.优化教育发展环境。中小学新建、扩建校舍和生产劳动实践基地所需的土地实行行政划拨，国土部门要按规定及时办理有关手续；规划部门在城镇规划编制和建设项目选址定点时，要按照“先学校用地、后开发用地”的原则，对规划确定的学校建设用地予以控制和预留，保证学校用地不受挤占；编制、人事部门要按照总额控制、动态管理的办法，加强对教师队伍的宏观调控，促进教师队伍结构不断优化；金融部门要积极为城镇各类学校提供贷款支持，允许民办学校以资产作抵押进行贷款；工商、教育、文化、环保等部门要密切配合，强化对校园周边环境的整治，维护正常的教育教学秩序。未经党委、政府分管教育的负责人批准，任何单位和个人不准擅自对学校进行检查、收费、罚款，否则视为“三乱”行为，学校有权拒绝，并可向有关部门举报。对有令不行、有禁不止，向学校搞“三乱”的单位和个人，依照优化经济环境的有关规定，从重处理。

19.开展“双十”评比活动。鼓励各类学校积极争先创优，从今年起，全市每 3 年开展一次“双十”评比活动，评选出 10 名办学功臣和 10 所明星学校，由市委市政府予以重奖。评选对象包括社会力量办学的举办者、投资者、管理者和有一定规模、有较高办学水平的民办学校。新闻舆论部门要加大对教育的宣传力度，开设教育专栏、专题，对办学有功之臣和名优学校进行宣传推介。

20.切实加强对教育的领导。各级党委、政府要落实分级办学责任，建立定期议教制度，经常研究教育发展的重大问题，促进教育事业顺利发展。乡镇在撤并联校以后，乡镇长要切实担负起对教育的领导职责，拿出足够的精力抓好教育工作。广泛开展助教活动，确定每年 9 月 8 日为全市“助教日”，动员社会各界为教育办实事、解难题，努力营造全党重教、全民兴教的浓厚氛围。

常德市人民政府文件

常政发〔2003〕8号

常德市人民政府
关于促进民办教育发展的决定

（2003年5月19日）

为了进一步深化办学体制改革，调动社会力量办学的积极性，满足人民群众日益增长的教育需求，根据现行法律、法规和我市实际，特作如下决定。

一、鼓励多种形式发展民办教育。各级政府和有关部门要把民办教育纳入国民经济和社会发展规划，统筹安排，合理布局。积极鼓励企事业单位、社会团体、其他社会组织及公民个人利用非财政性资金依法独资、合资、合作和与公办学校联合办学。对学前教育、高中阶段教育、高等教育、职业技术教育、社区教育和各种文化、技能培训等在类别、层次和投入体制上完全放开。在保证适龄儿童、少年就近进入公办小学和初中的前提下，允许在义务教育阶段兴办适量民办学校。到2007年，学前教育基本实行民办，高中阶段学生在民办教育机构就读的比例达到50%左右，形成公办教育与民办教育共同发展的格局。

二、推动公办学校改制。各级政府在确保义务阶段教育基础上，今后原则上不投资新办学前教育和高中阶段教育学校。对现有学前教育和高中阶段学校，可采取变更产权、国有民办、民办公助、个人领办等多种形式，逐步实行改制。改制学校政府投入三年不变。原有公办教师保持身份不变，由改制学校进行自主聘用，其中受聘人员由改制学校发放工资，并办理养老保险和医疗保险，落聘人员按照公办学校落聘人员的办法办理。

三、多渠道筹措民办教育发展资金。支持民办学校通过融资加快发展。民办学校可以以股份形式筹措办学资金，可以接纳社会捐赠和赞助，可以以直接投资形成的校产做抵押向银行贷款，也可以实行担保贷款和信用贷款。民办学校的校办企业在税收政策上享受与公办学校校办企业同等待遇。

四、对民办学校给予奖励和资助。市、县两级人民政府设立“民办教育专项发展基金”，主要用于奖励和资助在民办教育事业发展中取得优异成绩的办学单位和个人。对受人民政府委托承担九年制义务教育招生任务的民办学校，比照当地同阶段义务教育年生均公用教育经费标准予以补助。对引资办学有功人员，按资金到位额1%的标准予以奖励，在同级教育附加费中列支。对于新建学校，以个人名义捐资500万元以上助学或投资1000万元以上办学的，拥有学校冠名权。

五、确保民办学校建设用地。各级人民政府要将民办学校建设纳入当地城乡建设规划，在编制用地规划时，要按国家规定的用地标准和学校布局规划，安排一定的土地利用指标，专门用于社会力量办学的建设用地。新建、扩建民办学校，要按照公益事业用地的有关规定予以优惠，教育用地不得改作其他用途。对投资兴办民办学校项目，自立项之日起三个月内，同级政府国土部门要协助完成用地审批手续。

六、支持民办学校跨地区招生。民办学校可以跨地区自主招生。教育行政部门对民办学校的招生要做到与公办学校一视同仁，统一安排，并做好引导和服务工作。对要求就读民办学校的学生，要在考生档案和学籍管理等方面提供方便。对公办学校学生要求转入民办学校学习的，要按学籍管理有关规定给予支持。

七、依法保护民办学校收费自主权。对民办学校主办学历教育的，其收费项目和标准由学校制定后，报有关部门批准并公示；对非学历教育的收费项目和标准由学校制定后，报有关部门备案并公示。民办学校收取的费用应主要用于教育教学活动和改善办学条件。

八、加强民办学校教师队伍建设。教师可在公办学校与民办学校之间流动。支持民办学校自主向社会引进和招聘教职工。民办学校教师在专业技术职务资格评审认定、表彰奖励、教学科研、医疗和养老保险等方面与公办学校教师一视同仁，有关部门要为民办学校教师选聘、培训、奖励、教研、保险等方面提供指导和服务。凡具备教师资格，并与民办学校签有 1 年以上有效聘任合同的教师，可到学校所在地公安部门办理入户手续。民办学校应当加强对教师思想品德教育和业务培训，提高教师队伍的综合素质。

九、依法规范民办教育的办学行为。市、县教育行政部门要建立健全民办教育管理机构，配备专职管理人员，热情服务，加强监管。民办教育机构在招生宣传、收取费用、推介学生，文凭发放等方面要实事求是，不得弄虚作假，不得转让《办学许可证》，出让办学资格。对各类违法办法行为，要依法予以查处。教育督导部门要建立对民办学校的督导制度和等级评估制度，完善评价体系，督促学校全面贯彻国家的教育方针，全面提高教育质量。对管理好、质量高的民办学校可评定为示范学校。

十、维护民办学校的合法权益。公安、工商、教育、文化、环保等部门要密切配合，搞好民办学校校园周边环境的治理，维护民办学校正常的教育教学秩序。计划、建设、财政、物价、税务、国土、规划等部门要竭诚服务，提高工作效率，支持社会力量办学，帮助解决办学中遇到的困难和问题。各级政府要坚决制止针对民办学校的“乱检查、乱收费、乱罚款”及搭车收费行为，为民办教育发展提供良好的发展环境。

本决定从发布之日起施行。

常德市人民政府

2003 年 5 月 19 日

中共常德市委文件

常发〔2007〕6号

中共常德市委常德市人民政府
关于建设教育强市的决定

(2007年6月6日)

为了进一步加快教育事业发展，建设教育强市，推动富裕文明和谐常德建设，根据省第九次党代会关于建设教育强省的精神和我市教育发展实际，作如下决定。

一、建设教育强市的基本原则

(一) 坚持教育优先。建设教育强市，必须进一步落实教育优先发展战略，切实保证经济社会发展规划优先安排教育发展，财政资金优先保障教育投入，公共资源优先满足教育需求，确保教育事业健康快速发展。

(二) 坚持科学发展。统筹城乡教育、区域教育和各级各类教育协调发展，统筹教育发展的规模、结构、质量和效益。全面实施素质教育，促进人的全面发展。满足群众需求，努力促进教育公平，构筑覆盖全社会、充满活力的国民教育体系。

(三) 坚持整体推进。构建以政府为主导、学校为主体、社会广泛参与的教育发展格局，全面改善办学条件，全面提高教育质量，全面推进教育各项工作。实施“强校一强县一强市”推进战略，确保城乡所有学校达到规范化要求，教育强县覆盖面达100%。

二、建设教育强市的总体目标和任务指标

(四) 总体目标。教育发展环境优良，全社会关心支持教育发展的局面基本形成；相互衔接、结构合理、均衡协调、机制灵活、与地方经济社会发展相适应的教育体系基本建立；教育保障能力显著提高；学校布局更加合理，办学条件大幅改善，教育公平得到有效促进；教育质量稳步提升，学生综合素质明显提高。到2015年，基本实现教育现代化，全市教育综合实力保持全省领先水平，基本建成教育强市。

(五) 任务指标。到2010年，全市3~5岁幼儿毛入园率达75%以上，小学、初中适龄人口入学率分别达100%和99%以上，九年义务教育完成率达96%以上，残疾儿童少年入学率达90%左右，高中阶段毛入学率达88%左右，初中毕业生升高中阶段学校的比率达90%以上。中等职业教育和普通高中教育招生规模大体相当。本市高校在校生人数达4.5万人，全市高等教育毛入学率达30%。新增从业人员受教育年限达14年。

到2015年，基本普及学前三年教育，全市学前三年教育毛入园率达80%以上。高标准普及义务教育，义务教育完成率达98%以上。全面普及高中阶段教育，高中阶段毛入学率达90%以上，中等职业学校毕业生专业对口就业率达80%以上。稳步发展高等教育，全市高等教育毛入学率达40%以上。大幅提升市民受教育程度，初步建立多层次、多形式的继续教育网络，全市人均受教育年限超过全省平均水平，新增从业人员受教育年限达15年以上。

三、促进教育均衡协调发展

(六) 实行义务教育均衡发展。按照义务教育公共资源均衡配置原则，重点加强农村教育基础设施建设，将农村学校建设纳入新农村建设范畴，加大对农村学校特别是偏远地区学校的政策支持力度，改善农村中小学办学条件，重点抓好道路、饮水、厕所、学生食堂和课桌椅改造。按照相对集中的原则，打破乡镇行政区划限制，抓好农村中小学寄宿制学校建设和学校布局调整。加快幼儿教育发展步伐，加大幼儿教育管理力度，建立和维护幼儿教育管理秩序。适应城镇化趋势，按照学校建设与城市建设同步的原则，扩大整合城镇教育资源。城镇新建小区规模在4000居民以上的必须配置小学，8000居民以上的必须配置初中，学校基建经费纳入开发计划，由规划、建设、教育部门负责落实。

(七) 大力发展职业教育。根据我市经济发展和产业结构需求，整合职教资源，提升基础能力，强化特色专业建设，形成城乡职教网络，构建职业教育骨干体系。建立稳定的职业教育发展经费筹措机制，将城市教育费附加的30%以上用于发展职业教育；企业按国家规定足额提取职工培训经费；根据职业教育基础能力建设需要，按辖区年人均1元的标准设立职业教育专项资金。实施示范职业院校、县级职教中心和乡镇农校建设计划，市本级办好一所省级示范高等职业院校和三所省级示范中等职业学校，各区县 (市) 办好以示范性中等职业学校为基础的县级职教中心。实施重点专业建设计划，建设20个省级精品专业，15个市级专业实训基地。加强“双师”型教师队伍建设，在职业院校设立专业技能课教师特聘岗位，支持职业院校面向社会聘请专业技能课教师。加强校企合作，职业技术学校要积极为市内企业定向培养、培训员工，各类企业应积极为职业技术学校学生见习、实习提供场所和条件，优先聘用本市职业技术学校毕业生。

(八) 提升高等教育规模和质量。积极支持湖南文理学院做大做强；继续加强常德职业技术学院建设，完善配套设施，引进教育人才，加强重点学科、重点专业和实验室建设，提高办学水平；大力支持湖南同德职业学院进一步发展；积极创办常德高等师范学校。支持高校创建在全国有影响的专业，凝聚创新人才，积极参与我市经济社会发展重大项目和课题的开发研究，加快科技成果转化。

(九) 加快教育信息化建设。制定和完善教育信息化发展规划，加强信息化基础设施建设。所有城区 [含区县（市）城关镇] 学校、乡镇中学、中心小学建立校园网，90%以上农村小学实现上网。提高教师、学生运用信息技术的能力，应用信息技术要改革教育内容和方法，推进信息技术与学科教学的有机结合。加强教育信息资源开发和整合，形成完备的教育信息资源服务体系，教育信息化达到全国先进水平。

四、努力促进教育公平

（十）继续实施助学工程。完善政府主导、学校联动、社会参与的扶困助学机制，坚持开展“9.8助教日”活动，严格落实“两免一补”政策，并逐步扩大到城镇，确保义务教育阶段贫困学生应助尽助。做好贫困大学生助学工作，保证每个考上大学的学生不因贫失学。开展对中等职业学校贫困生的救助工作。鼓励和支持企事业单位、社会团体和个人建立非营利性助学基金或设立各种奖学金。

（十一）满足进城务工人员子女教育需求。把进城务工人员子女义务教育纳入经济社会发展规划，统筹安排，按照以公办学校为主、以流入地为主的原则，保障进城务工人员子女正常就读，享受城镇学生同等待遇。

（十二）认真抓好特殊教育。按照国家有关政策，制定全市特殊教育发展规划，进一步加大经费投入，搞好布局调整。采取特教学校教育与随班就读相结合的方式，最大限度吸纳残疾儿童入学，保证残疾儿童平等的受教育权利。充实特教师资队伍，提高办学水平。

五、扎实推进素质教育

（十三）加强和改进青少年思想道德教育。坚持育人为本、德育为先，实施“德育整体建设工程”，把社会主义核心价值体系融入国民教育全过程，加强学生爱国主义、集体主义和社会主义教育，引导学生树立正确的世界观、人生观、价值观和荣辱观。加强德育队伍建设，改进德育方式方法，把德育贯穿于教育教学的各个环节，着力培养学生良好的品德和行为。社会各方面要为素质教育创造良好条件，形成学校、家庭、社会紧密配合，全员育人、全程育人、全方位育人的格局。

（十四）注重培养学生创新精神和实践能力。以促进学生全面发展为目标，优化课程结构，重视综合实践课程建设，加强教育教学研究，创新教育教学模式，提高课堂教学质量。加强学生用书管理，切实减轻学生过重的课业负担。实行课堂教育与社会实践活动有机结合，注重实践教育、体验教育、养成教育，围绕学习与动手、交流与合作、运动与健康、审美与表现等内容，开展形式多样的实践活动。大力开展校园文化活动，发展各具特色的校园文化社团，营造浓厚的校园文化氛围。充分挖掘社会教育资源，支持中小学生开展丰富多彩的校外教育活动。加强青少年校外活动场所建设，市、区县（市）建设规模适当、功能齐全的青少年宫，体育、文化、艺术、科技场馆在节假日、休息日为中小学生提供免费或优惠服务。尊重学生的个性与特长，鼓励创新，促进学生全面发展。

（十五）大力加强学校体育，增强学生体质。全面贯彻落实《中共中央国务院关于加强青少年体育增强青少年体质的意见》，进一步树立健康第一的指导思想，把增强学生体质作为学校教育的基本任务之一，健全学校体育工作机制，完善学校、社区、家庭相结合的体育工作网络，培养青少年良好的体育锻炼习惯和健康的生活方式。加强体育课程管理和基础设施建设，广泛开展疾病预防、科学营养、卫生安全、禁毒控烟教育和“阳光体育运动”，确保学生每天锻炼一小时，确保学生的休息睡眠时间，降低青少年近视率。建立健全学生体质健康监测制度，定期监测并公告学生体质健康状况。加快体育考试评价制度的改革，逐步加大体育成绩在学生综合素质评价和中考成绩中的分量，逐步在高中阶段学校毕业学业考试中增加体育科目。

(十六) 推行科学的教育评价制度。以素质教育为导向，把教育实效作为评价教育质量的核心指标，建立全面、公正、权威的教育质量评估体系和监控机制。实行中小学教育教学质量年度报告制度，分层次对高中、初中、小学教学常态进行监测，对学生发展状况进行评估，定期向社会公布，引导社会和学校树立正确的教育观和质量观。探索升学考试成绩与综合素质评价相结合的办法，进一步完善公办小学和初中免试就近入学制度。逐步推广将公办优质高中招生指标分配到初中学校的做法，逐步取消普通高中择校费。

六、建设高素质教师队伍

(十七) 提高教师职业道德水平。加强教师职业道德和行为规范教育，大力弘扬爱岗敬业、严谨笃学、厚德载物、诲人不倦的良好风尚，不断增强广大教师教书育人、无私奉献的责任感和使命感。严格执行教师职业行为准则，建立和完善教师职业道德评价、考核和奖惩机制。

(十八) 提高师资队伍专业水平。建立适应各级各类教师专业发展需要的继续教育制度，促进教师转变教育观念，更新专业知识，增强教育教学能力。教师继续教育经费由财政按教师工资总额的1.5%安排。到“十一五”末，全市小学教师专科率达85%以上，初中教师本科率达80%以上，高中教师学历合格率达98%以上。实施人才强教、人才强校战略，完善全市名教师、名校长和学科带头人的培养、评选表彰和管理制度，增加名优校长、特级教师、学科带头人的津补贴。到2010年，全市培养国家级骨干教师50名、省级骨干教师500名、市级骨干教师2000名、县级骨干教师5000名，培养100名在全市乃至全省有影响的名优校长。制定吸引人才的优惠政策，凡来常从事教育工作的名优校长、特级教师、国家级优秀教师、国家级青年骨干教师和具有博士、硕士学位的研究生，不受学校编制、增人计划的限制。加强国际交流与合作，逐步扩大优秀教师赴境外短期培训的规模。

(十九) 提高教师队伍管理水平。严格实行由县级以上教育部门归口管理教师的体制。教师资格认定、招聘录用、职务评聘、培养培训、调配交流、档案管理、考核奖罚均由教育部门负责。进一步深化人事制度改革，实行全员聘任制度，允许跨区域、跨校招聘，逐步实行教师交流制度，促进教师资源合理配置。建立完善教师队伍补充机制，不断优化教师队伍结构。采取优惠政策，鼓励初、高中毕业生报考师范院校，妥善解决教师年龄断层和学科结构不合理的问题。实行城镇教师支援农村学校制度，鼓励城镇教师和优秀大学毕业生到农村学校任教，评先、评优、晋升教师职务向农村一线教师倾斜，到偏远贫困地区任教的教师，由财政给予适当津贴补助。

七、加大教育事业投入

(二十) 全面落实政府对教育的投入责任。按照财政性教育经费增长幅度明显高于财政性收入增长幅度的原则，今后5年，财政预算内教育经费支出占财政支出的比例每年提高

1个百分点，逐年提高财政性教育经费支出占地区生产总值的比例。建立和完善义务教育经费保障机制，按规定落实市、区县（市）应分担的各项资金，并及时拨付到位。确保“两免一补”资金落实，将贫困寄宿生补助经费纳入财政预算。确保工资制度改革后教师工资及时足额打卡发放，政策性津补贴纳入财政预算。确保农村税费改革转移支付资金的65%用于教育基础设施建设、改善办学条件和补充公用经费，确保地方新增一般性转移支付资金的25%用于教育。确保按“三税”总额的3%足额征收城市教育费附加，按规定从城市建设配套费中提取教育设施配套费，全部用于学校建设。学校“两基”达标和建设形成的债务剥离给各级政府，并变更债务主体，确保学校正常运转。

（二十一）积极拓展教育筹资渠道。认真落实国家对从事教育服务的免税政策和鼓励社会对教育事业捐赠的政策，动员和鼓励社会团体、企事业单位和公民个人捐资助学、出资办学。利用金融信贷、教育服务、科技开发等渠道筹措教育经费。城镇公办学校易地建设新校区，其老校区土地依法进入土地市场挂牌上市，所得收益全部返还用于新校区建设。

八、继续推进教育改革

（二十二）完善教育管理体制。基础教育实行以区县（市）为主的管理体制。义务教育经费分级负担，管理以区县（市）为主。职业教育实行“分级负责、以县为主、政府统筹、社会参与”的管理体制。中等职业教育由市级统筹，区县（市）承担发展的具体责任；高等职业院校和成人高校由省、市共建共管，以市为主。进一步理顺乡镇中心学校的管理体制，试行打破乡镇行政区划、对教育划片管理的体制。加强教育行政管理干部队伍建设，选拔有教育工作经历、有较强教育管理工作能力的优秀干部担任教育行政部门主要负责人。

（二十三）积极发展民办教育。进一步落实促进民办教育发展的各种政策，构建多元化办学格局。以发展非义务教育和扩大优质教育资源为重点，积极发展民办学前教育和高中阶段教育，重点发展中等职业教育，全市非义务教育民办学校在校学生人数占非义务教育阶段在校学生总数的50%左右。增加民办教育专项资金基数，加大对民办教育的扶持力度，鼓励民办学校自建校园校舍，改善办学条件。加强民办学校教师队伍建设，促进公办、民办学校教师融通，鼓励示范公办学校在教师交流、学校管理、教学科研上对口支援民办学校发展。在民办学校中推行品牌战略，鼓励和帮助民办学校找准特色定位，形成一校一品。重点扶持民办职业教育，特别是在特色专业建设资金投入上给予大力支持。

（二十四）深化学校内部管理改革。将管理重心放到学校，明确和落实各级各类学校的法律地位，完善学校法人制度，规范和落实学校办学自主权。建立健全学校内部管理制度，端正办学方向，规范办学行为。深化分配制度改革，形成重能力、重实绩、重贡献的激励机制，使分配向关键岗位和优秀教师倾斜。

九、优化教育发展环境

（二十五）大力推进依法治教。落实教育法律法规，加强教育法制队伍建设，加大教育执法力度，坚决查处各种涉及教育的违法事件。全面实行教育政务、校务公开，推进教育决策科学化、民主化和规范化。加强教育督导工作，健全教育督导体系，坚持督政为主、督学为本，逐步建立对教育实施状况的监控体系，努力形成政府依法行政、社会依法参与、学校依法办学、学生依法受教的良好局面。

(二十六) 优化教育社会环境。进一步规范部门行政行为，除法律、法规有明确规定的以外，任何单位和个人不准擅自对学校进行检查、收费、罚款。处罚学校违规的罚没收入，由财政全额拨付给教育捐赠中心，全额用于资助贫困学生。对有令不行、有禁不止、向学校搞“三乱”的单位和个人，依照优化经济环境的有关规定，从重处理。公安、工商、教育、卫生、文化、环保等部门要密切配合，加强对校园周边环境的综合治理，维护正常的教育教学秩序。

(二十七) 营造教育强市的浓厚氛围。全市各级各部门要依据工作职能，积极研究和制定支持建设教育强市的具体措施。国土资源部门要按规定及时办理中小学校新建、扩建校舍和生产劳动实践基地所需土地的划拨手续。规划部门要在城镇规划编制和建设项目选址定点时，按照“先学校用地、后开发用地”的原则，对规划确定的学校建设用地予以控制和预留，保证学校用地不受挤占。编制、人事部门要按照总额控制、动态管理的办法，加强对教师队伍的宏观调控，促进教师队伍结构不断优化。宣传部门要正确把握舆论导向，坚持正面宣传、正面引导，努力营造有利于教育发展的舆论环境。建立部门履行教育职责考核制度，纳入全市年度目标管理量化考核范畴。

十、加强对建设教育强市工作的组织领导

(二十八) 加强对建设教育强市工作的领导。全市各级党委、政府要从落实科学发展观、构建社会主义和谐社会的高度，充分认识建设教育强市的重要性和紧迫性，切实加强对建设教育强市工作的组织领导。市里成立常德市建设教育强市工作领导小组，区县 (市) 也要成立相应的组织机构。

要建立健全建设教育强市的目标责任制度和责任追究制度，坚持党政一把手负总责，分管领导负专责，各部门承担相应的具体责任。继续完善党委、政府定期研究教育工作、党政领导联系学校等制度，及时研究和解决建设教育强市工作中的重大问题。全市每年组织一次建设教育强市工作督查，将各级党委、政府以及相关部门主要领导重视教育、关心教育的情况，纳入领导干部年度考核内容，由市委组织部、市政府教育督导室、市教育局联合进行考评。

(二十九) 开展教育强县 (市、区) 评估活动。各区县 (市) 要结合本地实际，积极制定建设教育强县 (市、区) 工作方案，将目标确定到年，有序推进。实行教育强县 (市、区) 申报、评估制度。经评估认定的教育强县 (市、区)，由市委、市政府给予奖励。凡在规定期限内未能实现教育强县 (市、区) 目标的，追究党政主要领导及相关责任人的责任。

(三十) 充分发挥教育行政部门的主体作用。各级教育行政部门要认真履行职责，切实担负起综合协调责任，加强调查研究，加强政策指导，及时发现并妥善处理建设教育强市过程中出现的新情况、新问题，为各级党委、政府当好参谋。要加强教育内部管理，把握正确办学方向，规范各种教育行为，切实解决好人民群众关心的热点难点问题，不断提高教育教学质量。继续加强教育行风建设，改进工作作风，提高工作效率，维护教育形象，不断提高人民群众对教育的满意程度。

中共常德市委
常德市人民政府
2007 年 6 月 6 日

常德市人民政府文件

常政发〔2010〕18号

常德市人民政府
关于进一步加快中等职业教育发展的意见

2010年10月11日

各县市区人民政府，常德经济技术开发区、柳叶湖旅游度假区、西湖管理区、西洞庭管理区管委会，市直有关单位：

为进一步贯彻落实《国家中长期教育改革和发展规划纲要（2010—2020年）》和《中共湖南省委湖南省人民政府关于大力发展农村中等职业教育的意见》（湘发〔2010〕7号），现就进一步加快我市中等职业教育（含技工教育）发展提出如下意见：

一、进一步调整优化高中阶段教育结构布局

（一）优化教育结构。市、县两级人民政府要根据本行政区域内人口分布、生源现状及发展趋势，按照构建完备的国民教育体系、促进普通高中与中等职业教育协调发展的总体要求，不断调整优化高中阶段教育结构布局。近五年内，高中阶段教育原则上不批准设立新学校。对条件差、规模小、质量低的高中阶段学校和以招收初中毕业生为主的培训机构要有序撤并。按照大职教的理念，稳步推进市、县两级公、民办中等职业学校资源整合工作。到2015年，全市普通高中学校、中等职业学校均控制在40所左右。抓紧规划建设市城区西部新区教育文化科技园区，整合市直公办中等职业学校资源。通过布局调整，市城区逐步形成以高等职业院校、技师学院和示范性中等职业学校为主，各县市区以职教中心为主的职业教育办学格局。

（二）积极扩大中等职业教育规模。按照普通高中教育与中等职业教育规模大体相当，中等职业教育略大于普通高中教育的要求，引导初中毕业生合理分流，报考中等职业学校。各地不得封锁生源，保证学生就读中等职业学校的知情权和选择权，保证区域内与区域外的中等职业学校自主招生享有平等的权利。中等职业学校要拓宽生源渠道，积极招收未升学高中毕业生、返乡农民工、复员退役军人等入学，逐步扩大办学规模。针对我市目前普通高中教育与中等职业教育发展严重失衡的实际，各地要采取有力措施，确保达到1∶1的比例要求。

二、大力加强中等职业教育基础能力建设

（三）加强示范性中等职业学校建设。市本级在支持办好现有3所高职院的基础上，重点办好2至3所示范性中等职业学校。各县市人民政府集中力量办好1所以上示范性中等职业学校。通过3至5年努力，全市要逐步形成15所左右示范性骨干中等职业学校，其中3至5所争取成为国家级示范性中等职业学校。要把示范性中等职业学校摆在与示范性普通高中建设同等重要的位置，在经费投入、基础建设、教师队伍建设、校企合作和管理制度改革等方面给予重点支持。充分发挥优质职教资源的辐射作用，实现城乡职业教育资源、中等和高等职业教育资源共享。要按照对接地方优势产业、特色产业和新兴产业的要求，进一步调整优化中等职校专业结构，避免同质竞争，实行错位互补、差异化发展，形成专业特色和品牌。根据教育部《中等职业学校设置标准》，对不达标的中等职业学校要通过加强建设、资源整合、布局调整等措施，限期整改达标。

（四）努力办好县级职教中心。各地要认真统筹各类职业教育培训资源，充分发挥现有优质职教资源的作用。按照“政府统筹、部门支持、中心实施、群众受惠”的机制，使县级职教中心成为与当地人力资源开发、农村劳动力转移培训、下岗职工再就业培训、返乡农民工技能培训、农村实用技术培训与推广、扶贫开发和普及高中阶段教育的重要基地，为县域经济发展和新农村建设服务。市本级的各类培训要逐步转向主要依靠常德职业培训教育集团组织实施。

（五）认真抓好中等职业学校基础设施建设和师资队伍建设。市、县两级要结合本地实际，不断改善中等职业学校基本办学条件，认真组织实施重点项目建设，特别是要加强实习实训设施设备建设。根据《湖南省中等职业学校机构编制标准（试行）》规定，逐步实行中等职业学校人员编制“总量控制、自主聘用、动态管理”，经费实行包干。建立完善“双师型”教师培养培训机制，积极引进“双师型”教师。建立专业教师定期到企业实践制度，专业教师每两年要有2个月时间到企业或生产服务一线实践。切实加强专业带头人和教学团队建设，鼓励教师积极开展职业教育教学研究。中等职业学校特殊岗位确需引进的专业技能型人才，可适当放宽学历要求，其他新进专任专业课教师必须具有本科及以上学历。完善中等职业学校校长任职办法，建立中等职业学校校长及相关管理人员培训机制，定期开展岗位培训。

三、全面深化中等职业教育各项改革

（六）深化中等职业学校办学和管理体制改革。进一步完善“政府主导、依靠企业、充分发挥行业作用、社会力量积极参与、公办民办共同发展”的多元办学格局和“分级负责、以县为主、政府统筹、社会参与”的管理体制。充分调动本地行业企业在发展中等职业教育中的积极性，建立长效的校企合作机制。在部分企业建立中等职业学校学生实习实训和教师实践基地，在中等职业学校建立企业职工培训基地，促使学校和企业在职工培训、订单培养、实习实训、毕业生就业等方面进行实质性合作。对合作主动、成效显著的企业和学校，给予一定奖励和扶持。稳步推进职业教育集团化办学，鼓励中等职业学校积极参与职业教育集团，实行优质职教资源开放共享。加快发展面向农村的职业教育，支持各级各类学校积极参与培养有文化、懂技术、会经营的新型农民，开展进城务工人员、农村劳动力转移培训。加强涉农专业建设，加大培养适应农业和农村发展需要的专业人才力度。深化公办中等职业学校内部管理体制改革，建立吸引人才、稳定人才、合理流动的机制。深化中等职业学校内部收入分配制度改革，将教职工收入与学校发展、所聘岗位及个人贡献挂钩。

(七) 深化中等职业学校人才培养模式改革。坚持把德育工作放在学校工作首位，针对中等职业学校学生的心理特点，不断提高德育实效。加强中等职业学校精品课程建设和职业教育教学资源库建设，实现优质课程资源共享。大力推进工学结合、校企合作，鼓励中等职业学校与企业合作，共建专业和实习实训基地，共同培养“双师型”教师，共同开展应用技术研究和项目开发。大力开展“订单式”培养，实行学分制等弹性学习制度，为学生半工半读、工学交替、分阶段完成学业创造条件。加强技能型人才培养的针对性，提升职业学校毕业生的就业能力和创业能力。每年做好 1 至 2 次职业院校技能竞赛和技能抽查工作，通过组织学生参加技能竞赛和抽查，促进学校专业教学水平和质量的提高。不断扩大中职毕业生升高职的比例，鼓励部分优秀毕业生进一步深造。

(八) 深化中等职业教育评价制度改革。建立健全中等职业学校督导评估和教育质量评价体系。从 2011 年起，对中等职业学校每年组织一次督导评估和教育质量评价，并向社会公布评价结果，引导学生合理选择就读学校。

(九) 推进学历教育与职业培训相互沟通。积极探索通过工学交替方式不断提升技能型人才的学历层次和技能水平，允许具有初中毕业水平的职业培训学员在修满中等职业学校相关专业规定课程的前提下，取得中等职业学校毕业证书。积极实施毕业证书和职业资格证书“双证书”制度。鼓励普通高中在籍学生和未升学的毕业生进入中等职业学校就读。

四、切实加大对中等职业教育的投入

(十) 继续完善中等职业教育经费保障机制。市、县两级人民政府要严格按照有关政策规定足额落实职业教育经费。县市区财政每年应按本行政区域内人口数人均 1 元以上标准设立职业教育发展专项经费。城市教育费附加的 30%用于职业教育，地方教育费附加安排一定比例用于职业教育。按要求认真落实中职学校学生资助经费地方财政配套部分，以及中职学校教师参加培训、组织职业技能竞赛和专业技能抽查所需工作经费。企业按照国家规定足额提取职工培训经费 (不超过工资薪金总额 2.5%的部分)，主要用于企业职工特别是一线职工的教育和培训。对没有能力开展职工培训的企业，县级以上人民政府可以统筹一定比例的职工培训经费，由人力资源和社会保障部门组织提供职业培训服务。企业据实支付给实习学生的报酬，可以在计算缴纳企业所得税时税前扣除。职业学校收取的学费全部用于教育教学，各地不得收取调节基金，不得冲抵财政拨款，不得截留或挪作他用。鼓励支持企事业单位对口支援各类中等职业学校，鼓励支持个人对中等职业学校捐赠。中等职业学校危房改造等建设项目，享受与普通中小学同等的优惠政策。继续落实现有的中等职业教育助学政策，逐步实行中等职业教育免费制度，实施农村劳动力劳动预备制免费培训。

五、不断优化中等职业教育发展环境

（十一）切实加强领导。各级各有关部门要把发展中等职业教育纳入重要议事日程，统筹协调区域内中等职业教育，定期研究中等职业教育工作，切实解决中等职业教育发展中的实际困难和问题。教育行政部门要加强区域内职业教育管理，建立健全职业教育管理与研究机构，配备专职管理与研究人员，安排必要的工作经费。

（十二）认真做好督导评估工作。从今年起，市人民政府教育督导室将对各县市区职业教育工作进行年度督导评估，并把督导评估结果纳入县级教育工作“两项督导评估考核”和教育强县（市、区）督导评估的重要内容，作为有关项目立项、专项拨款、表彰奖励等方面的重要依据。各地要对照督导评估要求，认真开展自查自评，查找差距，积极整改。

（十三）努力营造良好环境。加强对中等职业学校毕业生就业指导与服务，探索建立中等职业学校毕业生自主创业的扶持与激励机制，逐步提高生产一线技能型人才特别是高技能人才的社会地位和经济收入。大力整治中等职业学校及周边治安环境，为学校教育教学营造良好的社会环境。加大中等职业教育的宣传力度，不断提高全社会对发展中等职业教育的认识，努力形成全社会关心、重视和支持发展中等职业教育的良好氛围。

常德市人民政府

2010 年 10 月 11 日

常德市人民政府文件

常政发〔2010〕17号

常德市人民政府
关于加快学前教育改革和发展的意见

(2010年10月11日)

各县市区人民政府，常德经济技术开发区、柳叶湖旅游度假区、西湖管理区、西洞庭管理区管委会，市直有关单位：

为加快我市学前教育改革和发展步伐，更好地满足人民群众对优质学前教育不断增长的需求，根据《国家中长期教育改革和发展规划纲要（2010—2020年）》，现提出如下意见：

一、加快学前教育改革和发展的指导思想及目标任务

(一) 指导思想。以邓小平理论和“三个代表”重要思想为指导，深入贯彻落实科学发展观，坚持学前教育的公益性质，坚持“政府主导、社会参与、公办民办并举”的原则，坚持改革创新，加强公办示范性幼儿园建设，积极扶持民办幼儿园发展，科学规划，理顺体制，规范管理，着力提高教师队伍素质，全面提升学前教育质量，努力构建现代学前教育体系。

(二) 目标任务。到2015年，全面普及学前一年教育，基本普及学前三年教育，全市学前三年教育毛入园率达80%以上。全市建设省级示范性幼儿园10所左右、市级示范性幼儿园80所左右，县级示范性幼儿园150所左右。每个县市区办好2所以上公办示范性幼儿园，每个乡镇（街道）办好1所公办乡镇中心幼儿园。80%以上的幼儿园达到规范化标准。

二、明确学前教育发展思路

(三) 科学制定发展规划。将学前教育事业发展规划纳入当地经济社会发展和教育事业发展的总体规划，纳入城镇建设和社会主义新农村建设整体规划，与义务教育、高中阶段教育同步规划、同步推行，统筹管理、和谐发展。根据人口出生率、人口流动趋势和社区规模、服务半径，科学预测，合理布局学前教育机构。

(四) 重视农村学前教育发展。充分利用农村中小学布局调整后富余的校舍和其他闲置的公共设施举办幼儿园，努力提高农村学前教育普及程度。发挥乡镇中心幼儿园对村幼儿园的示范指导作用，鼓励公办乡镇中心幼儿园在人口集中的村设立分园或联合办园，实行“六统一”管理模式，即经费统一管理、教师统一调配、教玩具统一配置、教师工资统一发放、教师工作统一考核、保教质量统一评估。确保经济困难家庭子女、流动人口子女、留守儿童学有所教。

(五) 创新城镇建园机制。建立城镇新建住宅小区配套幼儿园的建设和管理制度。新建住宅小区要配套建设与居住人口相适应的幼儿园。配套幼儿园建设要与住宅小区同步规划、同步建设、同步验收，建好后交政府使用。不按要求建设、移交配套幼儿园的住宅小区，规划、住房城乡建设等部门要限期整改到位，否则，不能通过联合验收。幼儿园建成后，任何单位和个人不得擅自改变使用功能。住宅小区配套幼儿园优先招收住宅小区内适龄幼儿入园，并按公办幼儿园标准收费。积极探索国有公办、园长领办、国有民办、民办公助等多种办园形式和集团化办园模式，扩大城镇学前教育资源。

(六) 积极扶持民办幼儿园。各级政府对民办幼儿园与公办幼儿园在审批注册、分等定级、表彰奖励等方面一视同仁，与中小学在建设规划、土地供给、费用减免等方面一视同仁。对投入非财政性资金建设合格的幼儿园，政府给予一定的奖励性补助。对合格民办幼儿园，按办园规模和达标程度给予一定资金支持。教育部门要加强对民办幼儿园保教工作的管理、指导、服务和监督；税务部门对民办幼儿园房屋租赁等税费按有关政策规定给予优惠；公共事业部门按中小学标准收取民办幼儿园水、电、气、房租等费用。

三、.加强学前教育师资队伍建设

(七) 建立幼儿园从业人员培训上岗制度。未经园长岗前培训、幼儿教师培训，保育员未经幼儿保育职业培训和未取得卫生保健合格证，其他从业人员未取得健康证的，幼儿园不得招聘录用到相关工作岗位。现有从业人员，要限期培训或取得相应资格。精神病患者、有精神病史者、患有传染性疾病者不得在幼儿园工作。

(八) 促进幼儿教师专业成长。为幼儿教师业务培训、专业发展、专业技术资格评审、评优评先以及有序流动等方面提供制度保障，培养一批名园长、名教师。将幼儿教师培训纳入当地中小学教师继续教育规划。鼓励幼儿园教师积极参加进修学习，取得高层次学前教育专业学历。健全幼儿教师培养体系，重点扶持市级师范学校办好学前教育专业。在小学富余教师中择优选拔一批具有弹唱跳画等技能技巧的教师，通过培训后充实到幼师队伍。建立健全激励机制，提高幼儿教师队伍的整体素质，建设一支数量充足、结构合理、素质良好、充满活力的专业幼儿教师队伍。

(九) 保障幼儿园教师合法权益。公办幼儿园教师享有公办中小学教师同等待遇。民办幼儿园教师在继续教育、职称评定、评优评先等方面，享有公办幼儿园教师的同等待遇。民办幼儿园要按照《劳动法》、《劳动合同法》、《民办教育促进法》、《中华人民共和国教师法》的有关规定，依法保障教职员工的工资福利待遇，落实基本养老保险、基本医疗保险、失业保险、工伤保险、生育保险和住房公积金待遇。

四、加大学前教育投入和管理力度

(十) 设立学前教育事业经费。市财政从2011年开始，每年预算适当的学前教育发展专项资金，主要用于奖励学前教育先进单位、开展市级幼儿园园长和骨干教师培训等。各县市区也要建立相应的学前教育发展专项经费，把学前教育经费列入同级财政预算，并随着经济社会发展和财政收入增长逐步增加。

(十一) 理顺管理体制。建立和完善政府统筹领导，教育部门主管，有关部门协调配合，幼儿园和家长共同参与的学前教育管理机制。所有学前教育机构由当地教育行政部门统一规划、统一准入、统一监管。各级教育行政部门要设立专门的学前教育管理机构，配备相应的工作人员，加强指导与监督。教育、发改、住房城乡建设、规划、国土资源、财政、编办、卫生、民政、人力资源和社会保障、物价、妇联等部门和单位要按照《国务院办公厅转发教育部等部门 (单位) 〈关于幼儿教育改革与发展的指导意见〉的通知》 (国办发〔2003〕13 号)、《湖南省人民政府办公厅转发省教育厅等单位〈关于加快幼儿教育改革与发展的意见〉的通知》 (湘政办发〔2005〕43 号) 文件要求，各司其职。乡镇政府要积极发展农村学前教育，切实承担乡村幼儿园建设规划、征地、周边环境治理、安全等方面的责任。

(十二) 严格办园资格准入。举办幼儿园必须经县市区教育部门审批，并根据办园性质由编制机构或民间组织管理部门登记注册。未经登记，任何单位和个人不得擅自举办幼儿园。成立由各级政府牵头，教育、工商、卫生、消防、司法、物价、城管执法等部门参与的幼儿园清理整顿领导小组，定期开展联合执法行动，坚决取缔存在严重安全隐患、达不到办园标准的非法办园机构。对拒绝申办相关手续或不符合基本办园标准的，应责令限期整改。对经过整顿基本达到简易幼儿园标准的幼儿园，要通过帮助、扶持，颁证发照，纳入管理。

(十三) 规范收费标准。幼儿园收费属公益服务价格，按照“按质定级、按级定价，分区域定价”的原则，实行规范化管理。各级各类幼儿园要到当地物价部门办理服务价格登记手续，进行收费公示，亮证收费，自觉接受社会监督和物价部门检查。幼儿园收费项目实行全市统一，只能收取保育教育费、食宿费，不得以开办实验班、特色班和兴趣班等名目另外收费，不得收取与入园挂钩的赞助费、捐资助学费、支教费等。公办幼儿园保育教育费标准实行政府指导价管理，经同级财政、教育、物价主管部门审批后执行；民办幼儿园保育教育费标准实行市场调节价管理，报同级财政、教育、物价部门备案后执行。对城乡低保户、社会救助对象、烈士子女入园的，公办幼儿园应适当减免保育教育费。

(十四) 强化安全管理。幼儿园原则上就近招生，严格接送幼儿的车辆管理。加大对接送幼儿车辆超载行为的处罚力度。落实幼儿卫生保健制度，加强幼儿园食品安全管理和消防安全管理。幼儿园要制定消防、地震等应急疏散预案，经常开展应急演练。综合整治幼儿园周边环境，为幼儿创造良好的成长氛围。严禁组织幼儿参加各类庆典活动和集体旅游。

(十五) 提高保育质量。认真贯彻实施《幼儿园工作规程》和《幼儿园教育指导纲要(试行)》，积极推进幼儿园教育改革，全面实施素质教育。要摆脱“保姆式”的教育模式，克服小学化倾向。遵循幼儿身心发展特点，合理安排幼儿“一日活动”，创设良好的育人环境。积极探索适合幼儿成长规律的教育教学方法，着力培养幼儿健全的心智和良好的生活学习习惯。

2010 年 10 月 11 日

中共常德市委文件

常委〔2012〕10号

中共常德市委　常德市人民政府
关于印发《常德市建设教育强市规划纲要（2010—2020）》的通知

各区县（市）委和人民政府，常德经济技术开发区、柳叶湖旅游度假区和西湖、西洞庭管理区、市直和中央、省驻常各单位：

现将《常德市建设教育强市规划纲要（2010—2012）》（以下简称《教育规划纲要》）印发给你们，请结合实际认真贯彻执行。

各级党委、政府要加强对《教育规划纲要》实施的组织领导，进一步增强建设教育强市的使命感和紧迫感，进一步完善教育强市建设工作机制，进一步创新方式方法，以教育的率先现代化为全市经济社会发展的现代化奠定基础。各级各单位要按照“优先发展，育人为本，促进公平，改革创新，提高质量，服务发展”的工作方针和“基本形成完备的现代教育体系和教育发展支撑体系，基本实现教育现代化，基本建成学习型社会和人力资源强市”的战略目标，采取有力措施，把《教育规划纲要》提出的各项任务落到实处。

中共常德市委
常德市人民政府
2012年8月6日

常德市建设教育强市规划纲要（2010—2020年）

百年大计，教育为本。教育是培养人才、开发人力资源、促进人全面发展的根本途径。教育成就未来，强市必先强教育，实现经济社会现代化必须率先实现教育现代化。

改革开放以来，特别是实施教育强市战略以来，我市坚持教育优先，增加教育投入，深化教育改革，完善工作机制，办学条件明显改善，教师队伍更具活力，各类教育蓬勃发展，办学水平再创新高，教育公平保障有力。教育事业的发展为提升我市人口素质和促进经济社会发展做出了重要贡献。

当前和今后一个时期，是我市经济社会发展的重要机遇期，也是建设教育强市的重要机遇期。党中央、国务院把教育作为转变经济发展方式的重要支撑和社会建设的重要内容，大力实施人力资源强国战略，省委、省政府也相继出台了一系列加快教育改革与发展的重大政策措施。全市各级各类教育经过近些年的快速发展，走在全省前列，具备了提升做强的基础条件。全市党政重教、部门支教、社会助教的氛围浓厚，形成了推进教育发展的强大合力。我市教育事业正处于良好的发展时期。

同时，我市教育改革发展还面临不少困难和问题：区域、城乡、校际之间发展不平衡，教育公平还需更好地加强和改进；教师队伍存在结构性矛盾，农村中小学教师素质有待进一步提高；高等教育、职业教育专业结构不尽合理，人才培养模式还跟不上经济社会发展的需要；帮困助学的标准和覆盖面与群众的期望还有较大差距；教育投入相对不足，资源总量相对短缺，等等。总之，教育改革发展还不能完全适应我市经济社会发展和人民群众对教育的需要。

因此，我们必须站在新的历史发展起点，把握机遇、乘势而上，科学谋划、强力推进，进一步完善教育强市建设工作机制，不断创新方式方法，大力推进教育优先发展，为全市经济社会发展奠定坚实基础，以教育超前发展来引领、带动全市经济社会各项事业的新发展。

一、总体战略

（一）指导思想和工作方针

1.指导思想

坚持以邓小平理论和“三个代表”重要思想为指导，深入贯彻落实科学发展观，认真落实全国、全省教育工作会议和《中共中央国务院关于印发〈国家中长期教育改革和发展规划纲要（2010—2020年）〉的通知》（中发〔2010〕12号）、《中共湖南省委湖南省人民政府关于印发〈湖南省建设教育强省规划纲要（2010—2020年）〉的通知》（湘发〔2010〕22号）精神，深入实施教育强市战略，全面推进常德教育事业科学发展，加快实现由教育大市向教育强市转变、人口大市向人力资源强市转变，为建设现代常德、幸福家园提供有力的人才保障和智力支撑。

2.工作方针

优先发展，育人为本，促进公平，改革创新，提高质量，服务发展。

坚持把教育摆在优先发展的战略地位。将建设教育强市、实现教育现代化作为贯彻落实科学发展观的重要内容，确保教育发展优先规划，教育投入优先安排，教育用地优先保障，教育用人优先补充，教师待遇优先落实，教育问题优先解决，充分调动全社会关心支持教育的积极性。

坚持把育人为本作为教育工作的根本要求。以学生为主体，教师为主导，把促进学生健康成长作为学校一切工作的出发点和落脚点。关心每个学生，尊重教育规律和学生身心发展规律，为每个学生提供合适的教育，促进每个学生健康成长。

坚持把促进公平作为教育工作的基本政策。统筹城乡教育协调发展并向农村倾斜，统筹区域内学校协调发展并向薄弱学校倾斜，统筹不同群体教育协调发展并向弱势群体倾斜，确保教育公平政策措施有效实施。取消基础教育阶段的重点校、重点班，逐步减少中小学择校比例。加大帮困助学工作力度，进一步完善政府主导、学校联动、社会参与的贫困家庭学生资助体系，确保所有的适龄儿童都能接受九年义务教育。

坚持把改革创新作为教育发展的强大动力。深化教育管理体制、办学体制、学校内部管理机制改革，探索激发学校办学活力的有效途径和方法，建立和完善现代教育管理制度。深入实施课程改革，完善教育质量评价机制和招生考试制度，适应经济社会发展对高素质人才的需要。扩大教育对外开放，促进教育国际交流。

坚持把提高质量作为教育改革发展的核心任务。树立科学的教育质量观，把促进人的全面发展和适应社会需要作为衡量教育质量的根本标准。树立以提高质量为核心的教育发展观，　全面推进素质教育，全面加强教师队伍建设，大力推进学校文化建设，促进教育内涵发展，建立和完善以提高教育质量为导向的管理制度和工作机制，把教育资源配置和学校工作重点集中到强化教学环节、提高教育质量上来，鼓励学校办出特色、办出水平，出名师、育英才。

坚持以服务经济社会发展为目的。构建并完善以普通教育、职业教育、高等教育、社会教育等为主的终身教育体系，提升人力资源开发水平。建立完善知识创新和知识服务体系，推进教育、科技、经济紧密结合，增强教育服务经济社会发展的能力和文化引领能力，不断提高教育服务经济社会发展的贡献度。

(二) 战略目标和战略主题

1.战略目标

到 2015 年，基本建成教育强市。力争做到事业发展快、保障能力强、队伍素质高、教育质量优、发展环境好。到 2020 年，基本形成完备的现代教育体系和教育发展支撑体系，基本实现教育现代化，基本建成学习型社会和人力资源强市，教育发展水平和综合实力进入全国先进行列。

教育更加普及。到 2015 年，学前三年教育基本普及；到 2020 年，义务教育入学率、巩固率达到 100%，高中阶段教育毛入学率达到 96%以上，高等教育毛入学率达到 45%以上，　主要劳动年龄人口平均受教育年限达到 14 年。

教育更加公平。建成覆盖城乡的基本公共教育服务体系，实现县域内义务教育均衡发展。解决好进城务工人员子女、渔民子女平等接受义务教育问题，保障残疾人受教育权利。

教育更加优质。学校基础设施更加完善，素质教育全面推进，教育质量明显提升，优质教育资源总量不断扩大，人民群众接受高质量教育的需求得到更好满足。

教育更具活力。教育管理日趋规范科学，现代学校制度日益完善，公共财政投入为主、多渠道筹措经费的教育投入机制基本形成，教育对外交流合作层次与水平明显提高。

2.战略主题

坚持以人为本。全面贯彻党的教育方针，面向全体学生，促进学生全面发展。着力提高学生服务国家和人民的社会责任感、勇于探索的创新精神、坚韧不拔的个性品质和善于解决问题的实践能力。切实解决好培养什么人、怎样培养人的重大问题。

坚持德育为先。切实把社会主义核心价值体系融入国民教育全过程，渗透于教育教学的各个环节，贯穿于学校教育、家庭教育和社会教育的各个方面。突出理想信念、公民道德、行为习惯、公民意识、爱国主义和民族团结教育，引导学生形成正确的世界观、人生观、价值观。切实加强和改进未成年人思想道德建设和大学生思想政治教育工作。构建大中小学有效衔接的德育体系和学校、家庭、社会“三结合”的德育网络，创新德育形式，丰富德育内容，完善德育评价机制，不断增强德育工作的针对性和实效性。

坚持能力为重。优化知识结构，丰富社会实践，强化能力培养。着力提高学生的学习能力、实践能力、创新能力，教育学生学会学习，学会动手动脑，学会生存生活，学会做人做事，促进学生主动适应社会，开创人生美好未来。

坚持全面发展。全面加强和改进德育、智育、体育、美育。坚持文化知识学习与思想品德修养相统一、生理发展与心灵成长相统一、理论学习与社会实践相统一、全面发展与个性发展相统一。加强体育，培养学生良好的体育锻炼习惯和健康的生活方式；加强艺术教育和心理健康教育，培养学生良好的审美情趣、人文素养和健康人格；重视劳动教育、安全教育、生命教育、国防教育，提高学生综合素质，培养适应时代发展要求的合格人才。

二、发展任务

(三) 巩固基础教育成果

1.加快发展学前教育

加大政府统筹力度。严格落实《国务院关于当前发展学前教育的若干意见》(国发〔2010〕41号) 和《常德市人民政府关于加快学前教育改革和发展的意见》(常政发〔2010〕17号)，坚持学前教育的公益性和普惠性，把发展学前教育纳入城镇和新农村建设规划，并以县域为单位整体推进，切实加快学前三年教育普及步伐。实施全市学前教育三年行动计划，落实以县为主，县、乡共管的学前教育管理体制，建立政府主导、社会参与、公办民办并举的办园格局，努力构建“广覆盖、保基本”的学前教育公共服务体系。办好一批政府投入为主、成本合理分担、对家庭经济困难幼儿入园给予补助的公办幼儿园。区县 (市) 财政每年预算适当的学前教育发展专项资金，把学前教育经费列入同级财政预算，并随着经济社会发展和财政收入增长逐步增加，用于学前教育先进单位、幼儿园园长奖励和骨干教师、保育员等从业人员培训投入。对投入非财政性资金建设合格的幼儿园，按办学规模和达标程度给予一定资金支持。采取政府购买服务、民办公助、以奖代投、派驻支教幼师等方式，引导和支持民办幼儿园提供普惠性服务，创建普惠性幼儿园。

加强设施建设。加快幼儿园建设，扩大办学规模。在城镇开发一定规模的住宅小区时，根据人口居住数量按规划和标准配套建设幼儿园，并坚持幼儿园和主体工程同步规划、同步建设、同步验收、同步交付使用。充分利用农村中小学布局调整后富余的校舍和其他闲置的公共设施举办幼儿园，努力提高农村学前教育普及程度。发挥乡镇中心幼儿园对村幼儿园 (教学点) 的示范指导作用，鼓励公办乡镇中心幼儿园在人口集中的村设立分园或联合办园。争取每个乡镇建好 1 所公办幼儿园，逐步提高公办幼儿园比例。

提高办园水平。区县 (市) 教育行政部门设立专门的学前教育管理机构，配备相应的工作人员，负责统一规划、审核、监管学前教育机构。加强对幼儿教育活动课程深层次研究以及对幼儿园保教质量的监管，优化课程结构，普及科学保教方法，开展丰富多彩、富有创意的幼儿教育活动，防止小学化倾向，促进幼儿快乐、健康、幸福成长。密切幼儿园与家庭的保教合作，开展早教中心建设，提供多样化的幼儿教育指导与服务。按照学前教育办园标准，到 2015 年，基本普及学前两年教育，学前三年教育毛入园率达 80%以上；到 2020 年，基本普及学前三年教育。依托乡镇 (街道) 并以托幼机构为中心，建立和完善科学育儿指导与服务体系。全面启动 0~3 岁婴幼儿早期教育工作。

2.均衡发展义务教育

健全发展机制。根据城镇发展趋势，科学规划与调整义务教育学校布局，依法将城区义务教育基础设施建设纳入城区建设与开发规划。建立健全义务教育均衡发展保障机制，在财政拨款、学校建设、教师配置等方面向薄弱学校倾斜。建立健全贫困学生资助体系，切实保障弱势群体都能接受良好义务教育。深入开展义务教育优质均衡示范区建设。

实施均衡计划。均衡城乡学校办学条件，按照国家、省颁布的学校建设标准，大力实施合格学校建设、校舍安全工程、课桌椅配套工程等项目建设，缩小办学条件差距。加大学校结对帮扶支教、校长教师对口交流力度，实现县域内校际之间师资基本均衡。逐步将省级示范性高中的招生指标按比例分配到初中学校，缓解择校矛盾，进一步均衡生源。均衡配置教学设备，快速提高学校教育技术装备水平特别是信息化程度，让每所学校共享数字化优质教育资源，以信息化带动教育优质均衡发展。力争到 2015 年，95%的义务教育学校达到合格学校要求；到 2020 年，85%以上的义务教育学校达到标准化学校要求。

提升办学水平。巩固提高义务教育普及成果，因地制宜、分类指导，确保适龄少年儿童接受良好义务教育。逐步推进小班化教学，基本消除“择校”现象；坚持以输入地政府管理为主、以全日制公办中小学为主，确保进城务工人员随迁子女平等接受义务教育。到 2015 年，九年义务教育巩固率达到 99%，初中毕业生升学率达到 97%。2020 年，高质量、高水平普及九年义务教育。县域内基本实现均衡发展，县域间义务教育差距明显缩小，教育均衡发展取得明显成效。

3.普及高中阶段教育

进一步整合教育资源，优化学校布局，实现普通高中教育与中等职业教育协调发展。切实加强普通高中 (职业中专) 内涵建设，着力提高高中整体办学水平和学生综合素质。大力推 进学校办学模式和育人方式的多样化、个性化，深入推进课程改革，积极开展研究性学习、社区服务和社会实践，加快建设教育方式独特、学科优势明显、活动富有创意的特色高中。到2020年，建成1~2所全国一流的高中，1所职业学校进入“全国百强”，1所普通高中跨入“全省十强”行列，高水平普及高中阶段教育。

（四）做大做强职业教育

1.优化教育结构。严格落实《常德市人民政府关于进一步加快中等职业教育发展的意见》（常政发〔2010〕18号），加快市教育文化科技园区建设进度，倾力打造职业教育在园精品项目。按照大职教的理念，稳步推进市、县两级公办和民办中等职业学校资源整合工作。加强示范性职业学校建设，打造职业学校独特的品牌优势。逐步形成市城区以高等职业院校和示范性中等职业学校为主，各区县（市）以职教中心为支撑的职业教育办学格局。积极支持办好现有3所高职院，积极申办湖南幼儿高等师范专科学校和常德技师学院；推进市直职教资源整合，重点办好2~3所示范性中等职业学校。各区县（市）集力量办好1所以上示范性中等职业学校。

2.推进校企合作。以对接本地优势企业、特色产业和新兴产业为主，进一步调整优化中等职业学校专业结构，引导职业院校加强专业建设并主动进行专业结构调整。充分发挥高校学科专业、人才队伍及实验资源等优势，大力推进产学研用紧密结合，引导高校主动适应经济社会需求，不断调整和优化学科专业结构，切实增强人才培养的社会适应性。大力推进工学结合、校企合作，鼓励中等职业学校与企业合作，共建专业和实习实训基地，共同培养“双师型”教师，共同开展应用技术研究和项目开发，形成一批就业岗位指向明确的中、高等职业教育精品专业，实行错位互补、差异化发展，形成专业特色和品牌。大力开展“订单式”培养，实行学分制等弹性学习制度，为学生半工半读、工学交替、分阶段完成学业创造条件。

3.加快设施和队伍建设。市、县两级结合本地实际，不断改善中等职业学校基本办学条件，认真组织实施重点项目建设，特别是要加强实习实训设施设备建设。逐步实行中等职业学校人员编制“总量控制、自主聘用、动态管理”，实行经费包干。切实加强专业带头人和教学团队建设，鼓励教师积极开展职业教育教学研究。完善中等职业学校校长任职办法，建立中等职业学校校长及相关管理人员培训机制，定期开展岗位培训。加强就业创业教育和就业指导服务。创立高校与科研院所、行业、企业联合培养人才的新机制。

4.健全保障机制。市、县两级要按照促进普通高中与中等职业教育协调发展的总体要求，完善普职互通、中等职业教育与高等职业教育衔接、学历教育与职业培训并举、国内教育与国际教育对接的现代职教体系。探索建立政府、行业、企业多方参与的职业教育综合评价体系。扩大农村职业教育培训覆盖面，重点抓好青年农民的培养，建立免试入学制度，增强服务“三农”能力。每年对中等职业学校组织一次督导评估和教育质量评价，并向社会公布评价结果，引导学生合理选择就读职业学校。

（五）健全终身教育发展体系

1.构建灵活开放的终身教育体系。各级各类学校和培训机构主动向社会开放学习场所和教育设施，面向社会公众开展多形式的学习培训活动。建设数字化终身教育资源，发挥广播电视、数字传媒等技术优势，大力发展数字化远程教育，完善综合性学习网站，建成覆盖城乡的数字化终身学习网络。鼓励个人接受继续教育，支持用人单位为从业人员提供教育培训，党政机关、企事业单位实行在职人员带薪学习制度。各级政府成立跨部门的终身教育和学习型社会建设协调机构，加强组织管理与统筹协调。建立多渠道的终身教育经费投入保障机制。加强终身教育示范区县（市）、乡镇（街道）和社区教育中心建设。鼓励中、高等学校实行灵活开放、宽进严出的学习制度，依托有条件的教育机构组建开放大学。建立完善普通教育、职业教育、继续教育相互沟通的体制机制。到2015年，从业人员继续教育年参与率达70%以上，2020年达80%以上。

2.建立社区教育体系。坚持政府主导、统筹规划，整合各种教育资源，建设社区教育资源共享基地，提供广覆盖、多类型、多层次、开放便捷的教育与培训。积极创建国家级、省级社区教育示范区，整合基层党校、市民（村民）学校、人口学校、文化体育中心等教育资源，完善以社区培训学院为龙头、乡镇社区教育中心（青少年校外活动中心）为主体、村（企、社区）教育服务站为基础的三级社区教育网络。到2015年，80%的乡镇达到省级社区教育中心标准，城市居民参与社区教育活动达60%以上，农村居民达40%以上。到2020年，全市所有乡镇达到省级社区教育中心标准，乡镇（街道）、村社区教育基地全面建成，城市居民参与社区教育活动达80%以上，农村居民达60%以上，形成城乡一体的社区教育体系。

3.增强家庭教育辅助功能。建立学校、家庭与社区良性互动的合作机制，充分发挥家长学校和家庭教育指导中心的功能。强化家庭教育责任，增强家长作为监护人的法律意识，注重家长言传身教、传承中华民族传统美德的作用。建立具有较强专业知识的家庭教育教师队伍，积极开展家庭教育各项主题活动，丰富家庭教育内容。开展创建家庭教育示范区县（市）活动。

（六）提升高等教育质量与创新水平

1.全面提升高等教育质量。深入实施“高等学校教学质量与教学改革工程”，以社会需求为导向，着力强化人才培养工作，大力加强学科、专业、课程、教材、教师及团队、基础课实验室、实习实训基地和研究生培养创新基地等基础建设，努力建设一批高水平的特色专业、精品课程、优秀教材、创新团队和现代化的实验教学示范中心、创新基地。

2.加快高等教育体系与学科建设。支持湖南文理学院举办硕士教学点；支持湖南同德职业学院扩大规模，提升办学层次；支持湖南高尔夫旅游职业学院专业建设，形成专业特色与品牌；以文化教育科技园区为依托，进一步整合教育资源，申办常德幼儿高等师范专科学校、常德技师学院和常德财经职业技术学院。

3.着力增强高校服务社会能力。坚持以社会服务为宗旨，充分发挥高校学科专业、人才队伍及实验资源等优势，进一步健全机制，创新模式，大力推进产学研用紧密结合。积极培育跨学科、跨领域的科研与教学相结合的团队，努力建设一批国家和省级重点科技创新基地及成果转化平台，促进高校科技创新与人才培养的有机结合，使高校成为富民强市的科技引擎与人才高地。

（七）加大特殊教育支持力度

1.完善特殊教育体系。加强市中心特殊教育学校和区县（市）特殊教育学校建设，改善特殊教育办学条件，确保适龄残疾儿童少年接受优质教育的机会。因地制宜发展残疾儿童学前教育，开设残疾儿童幼儿教育班，创造条件举办0~3岁残疾儿童早期干预、早期教育和康复训练机构。完善随班就读支持保障体系，提高残疾儿童少年义务教育普及水平。加快发展残疾人高中阶段教育，大力推进残疾人职业教育，重视发展残疾人高等教育。

2.加大特殊教育保障。加强特殊教育师资队伍建设，落实好特殊教育教师各项待遇。深化特殊教育教学改革，提高残疾学生的综合素质。培养残疾学生积极面对人生、全面融入社会的意识和自尊、自信、自立、自强的精神。加大对家庭经济困难残疾学生的资助力度。鼓励和支持接收残疾学生的普通学校为残疾学生改善学习生活条件。提高特殊教育生均公用经费标准，2015年实现残疾儿童少年免费教育，特殊教育学校成为集教育、康复、培训和监测为一体的示范性现代化特殊教育指导中心。

（八）加快推进教育信息化进程

1.加快教育信息化建设。加快市县教育城域网建设，推进数字化校园建设。以“职教新干线”学习平台建设为引领，建设优质共享、交互式的职业与成人教育教学资源库。以普通高等学校数字资源中心建设为重点，大力推进高校优质教育资源的共建共享。建设市、县、校三级互联互通的基础教育资源网络体系，缩小区域之间、学校之间特别是城乡之间的教育信息化差距。创新运行机制和管理模式，构建先进、高效、实用的数字化教育基础设施，全面实现数字化教育教学环境，实现“班班通”工程目标。到2015年，建成教育基础信息数据库和面向公众的“一站式”教育信息化公共服务平台。到2020年，建成门类齐全、内容丰富的学科课程资源和学习资源库，基本建成覆盖城乡各级各类学校的教育信息化体系。

2.加强教育电子政务建设。推进各级教育“数据中心”建设，基本建成市级教育管理信息系统。推进各级各类教育网站发展，重点建设市县级教育门户网站。建立数字图书馆和虚拟实验室，吸引更多青少年参加快捷、灵活、信息量广、互动性强的阅读和创新实践活动。大力开发各类教育的网络学习课程，探索网络环境下的教学模式，形成开放、互动、共享的教育模式，满足学生多元化和个性化的学习需求。

3.提高信息技术应用水平。加强教职工信息技术培训，加强信息技术与学科课程的整合，提高教职工在教学、科研、管理中的信息技术应用能力和水平。到2020年，教师运用信息技术能力明显增强，各级各类学校全面实现多媒体教学，实现教育内容、手段和方法的现代化。

(九) 全面开展学校文化建设

要发展“丰富+出色”的文化，建设“规范+特色”的学校，培养“合格+特长”的学生，办出“优质+特色”的教育。力争通过几年的努力，促进学生“一生双爱好，爱好伴一生”活动的深入开展，达到学校“一校一特色，校校有品牌”的目标，将学校文化建设成为教育强市、文化名城的新亮点。

1.贯彻学校文化建设的总体要求。(1) 突出先进性。要通过一定的物质环境和文化氛围使每名师生在思想观念、价值取向、行为准则等方面对学校文化产生认同，实现对师生的精神、心灵、性格的塑造。(2) 突出主体性。要努力形成全员参与、群策群力、齐抓共建的良好氛围，让师生在参与中建设，在建设中受到熏陶和教育。(3) 突出特色性。要紧密结合学校实际和师生思想实际，坚持科学规划，突出重点，分层推进，量力而行。要凸显学校的办学理念、发展目标和办学特色。(4) 突出实效性。要明确建设目标，逐步推进，确保取得实效。

2.加强对学校文化建设的组织领导。(1) 制定学校文化建设实施方案。各区县 (市) 教育局、各学校要科学筹划、突出重点、注重实效。要在广泛讨论、科学论证的基础上，制定符合学校实际、凸显学校特色、科学合理的学校文化建设实施方案。(2) 加强组织领导和阵地建设。各区县 (市) 教育局、各学校要成立相应的组织机构，具体负责对学校文化建设工作的组织协调和监督检查，确保各项活动落到实处。(3) 加大学校文化建设的投入。各区县 (市) 要把学校文化建设与合格学校建设以及学校其他建设结合起来，把学校文化建设经费纳入财政和学校预算，在人、财、物等方面加大投入，给予物质保障。(4) 加大学校文化建设的指导和评估。要将学校文化建设纳入学校综合性检查评估的重要内容，定期调度、汇总活动情况。要通过现场会和研讨会等形式相互交流，相互借鉴，相互促进。

3.不断丰富学校文化建设内容。要加强学校物质文化建设，做到净化、绿化、美化，体现科学性、教育性、艺术性、整体性。要加强学校活动文化建设，组织师生开展丰富多彩的各类文化活动，体现自主性、实践性、愉悦性、发展性、教育性。要加强学校制度文化建设，体现法规性、组织性、秩序性和教育性、民主性、激励性。要加强学校精神文化建设，创建积极健康、团结向上的教育环境和组织氛围。

三、体制改革

(十) 人才培养体制改革

1.更新人才培养观念。树立全面发展观念，努力造就德智体美劳全面发展的高素质人才。树立人人成才观念，面向全体学生，鼓励个性发展，促进学生成长成才。树立终身学习观念，为持续发展奠定基础。树立系统培养观念，推进小学、中学、大学有机衔接，教学、科研、实践紧密结合，学校、家庭、社会密切配合。树立开放办学观念，加强学校与学校、学校与企业、学校与科研机构合作以及中外合作，形成体系开放、机制灵活、渠道互通、选择多样的人才培养体制。

2.创新人才培养模式。按照学思结合、知行统一、因材施教的原则，深化教育教学改革，创新教育教学方法，探索多种培养方式，形成人才辈出的局面。基础教育要深入推进课程改革，积极倡导启发式、探究式、讨论式、参与式教学，着力培养学生独立思考、自由探索、勇于创新的良好习惯。职业教育要以培养技能型应用型人才为目标，积极整合教育、科技、产业培养资源，加强实践教学环节，强化生产实习实训，努力提高学生综合职业能力。高等教育要以培养高层次、高质量、创新型人才为重点，构建高校与科研院所、企业产学研合作育人的新模式和新机制。

3.改革评价制度。根据培养目标和人才理念，建立科学的教育教学评价标准。完善综合素质评价机制，探索促进学生发展的多种评价方式。开展由政府、学校、家长及社会各方面参与的教育质量评价活动，克服单纯追求学历的社会用人倾向。

(十一) 考试招生制度改革

按照有利于科学选拔人才、促进学生健康发展、维护社会公平的原则，推进招生考试制度改革。完善政府考试招生监督职能，加大信息公开、综合服务、安全保障力度。加强教育考试机构与队伍建设，提高专业化服务水平。坚持义务教育公办学校就近入学和所有义务教育阶段学校免试入学制度，严禁各种形式的选拔考试、测试和面试。改进高中阶段学校考试招生方式，发挥优质普通高中和优质中等职业学校招生名额合理分配的导向作用。完善初中升高中考试招生方法，全面实施初中毕业生学业考试与综合素质评价相结合、按等级分配招录的高中招生制度。建立完善评价机制，完善优秀特长生录取程序和办法。实行中等职业学校自主招生或根据学业考试成绩注册入学，探索普通高中学校与职业学校相互沟通的办法。

(十二) 建立现代学校制度

1.推进政校分开、管办分离。建立依法办学、自主管理、民主监督、社会参与的现代学校制度，构建政府、学校、社会之间的新型关系。明确政府管理权限和职责，明确各级各类学校办学权力和责任。探索适应不同类型教育和人才成长的学校管理体制与办学模式。完善学校目标管理和绩效管理机制。探索建立符合学校特点的管理制度和配套政策，克服行政化倾向。扩大普通高中及中等职业学校在办学模式、育人方式、资源配置、人事管理、合作办学、社区服务等方面的自主权。

2.完善中小学学校管理制度。完善普通中小学和中等职业学校校长负责制。完善校长任职条件和任用办法。健全校务会、教代会等校内民主决策、管理与监督机制，支持组建社区、家长委员会参与学校管理和监督。健全校务公开制度，接受师生员工和社会的监督。推行教职工全员聘用聘任制。规范学校财务和资产管理。

(十三) 办学体制改革

1.深化公办学校体制改革。鼓励行业、企业等社会力量重点参与非义务教育公办学校办学。探索公办学校通过联合办学、委托管理等模式，扶持薄弱学校发展。促进公民个人、企事业单位、行业组织以多种投入方式，以独立举办、共同举办、中外合作举办等形式办学。

2.鼓励支持民办教育。各级政府要把发展民办教育作为重要工作职责，将民办教育依法纳入经济和社会发展规划，鼓励社会力量出资、捐资兴办教育。切实保障和落实民办学校及师生合法权益。依法落实民办学校、学生、教师与公办学校、学生、教师平等法律地位，保障民办学校办学自主权。积极探索促进民办教育发展的政策措施。各级政府要设立民办教育发展专项资金，并随财政收入的增长逐年增加，用于资助民办学校发展。对发展民办教育做出突出贡献的组织、学校和个人给予奖励和表彰。正确引导和依法管理民办教育，建立健全民办学校的审批准入制度，规范民办学校法人登记，规范民办学校办学行为，加强对民办教育的评估。支持民办学校创新体制机制和育人模式，提高质量，办出特色，培育一批特色鲜明的民办学校。

(十四) 管理体制改革

1.健全教育管理体制。以简政放权和转变政府职能为重点，健全各级各类教育分层管理、分级负责的管理体制。进一步明确教育行政部门与其他政府职能部门在教育管理上的职责分工，落实相应责任。强化政府统筹规划、政策引导、监管评估和公共服务职责，维护教育公平，提高服务质量和效益。改变直接管理学校的单一方式，综合运用法律、政策、规划、拨款、信息服务、督导评估和必要的行政措施进行管理，逐步形成政事分开、权责明确、统筹协调、规范有序的教育管理体制。

2.完善社会参与机制。建立中小学家长委员会，引导社区、家长参与学校管理和监督。支持、培育并规范专业教育服务机构，在教育决策咨询、质量评价、考试认证、国际交流、信息化等方面发挥作用。积极发挥行业协会、专业学会、基金会等各类社会组织在教育管理中的作用。

四、保障措施

(十五) 加强教师队伍建设

1.构建现代教师教育体系。发挥常德师范学校、桃源师范学校、常德广播电视大学、常德市教师进修学校等学校在教师培养中的作用，构建以师范院校为主体、培训机构积极参与、开放灵活的教师教育体系。以常德师范学校、桃源师范学校教育资源整合为契机，打造幼儿教师培养培训基地。依托本市具备条件的职业院校，构建中职教育专业教师培养培训体系。做好培养培训规划，优化队伍结构，提高教师专业水平和教学能力。通过举办校长论坛、研修培训、学术交流、项目资助等方式，培养教育教学骨干、“双师型”教师、学科带头人和名优校长，造就一批教学名师和学科领军人才。继续实施“农村义务教育阶段学校教师特设岗位计划”，实施本市“特岗教师计划”。完善代偿机制，鼓励高校毕业生到艰苦边远地区中小学任教。

2.健全教师管理体制。严格教师准入制度和教师调配管理制度。建立教师资格证书定期登记制度，完善教师退出机制。县级教育行政部门按规定履行中小学教师的招聘录用、职务（职称）评聘、档案管理、培养培训和考核等管理职能。全面落实教师编制动态管理制度，每年按照一定的比例补充教师，确保正常教育教学需要。实施统一的城乡中小学教职工编制标准，并适当向农村学校倾斜。制定幼儿园教师配备标准。加强师德师风建设，引导教师教书育人、敬业爱生、遵纪守法、为人师表。制定教师职业行为准则，建立和完善教师职业道德评价、考核、监督、奖惩机制。加大优秀校长、优秀教师、优秀班主任、优秀辅导员、优秀教育工作者等评选表彰力度。完善职业院校专业教师职称评审办法，统一中小学教师专业职务（职称）序列，按照国家统一规定，在中小学和中职学校设置正高级教师职务（职称）。建立教师、管理人员和校长的对口援助、定期交流和定期轮换制度。推行校长职级制。

3.提高教师待遇。采取优惠政策措施，不断改善教师的工作、学习和生活条件，吸引优秀人才乐于从教、终身从教。注重维护教师的身心健康，严格按政策落实教师绩效工资，依法保证教师平均工资水平不低于或者高于当地公务员的平均工资水平，并逐步提高。对长期在农村基层和艰苦边远地区工作的教师，在工资待遇、职务（职称）等方面实行倾斜政策。改善教师居住条件，将教师住房纳入保障性住房体系予以保障。加快农村学校教师周转房建设。落实和完善教师医疗养老等社会保障政策。加大“爱烛”行动推进力度，扩大受助对象的覆盖面。

（十六）加强经费保障

1.完善经费投入体制。健全和完善以政府为主的教育多元投入体制。义务教育全面纳入公共财政保障范围。非义务教育实行以政府投入为主，采取受教育者合理分担办学成本、鼓励社会捐赠、学校开展社会服务等多种渠道筹措办学经费。研究制定全市高等教育、职业教育、特殊教育和普通高中生均经费基本标准和生均财政拨款基本标准，并根据经济社会和教育事业发展需要逐步提高。

2.依法增加政府投入。严格按照教育法律法规规定，年初预算和预算执行中的超收收入分配体现法定增长要求，保证财政教育拨款增长明显高于财政经常性收入增长，保证教师工资和学生人均公用经费逐步增长。依法建立确保财政性教育投入增长的监督、检查机制，研究制定教育投入监督办法，明确政府对教育的投入责任和监督措施。各级政府每年要依法向同级人民代表大会或其常委会报告教育经费预算和决算情况，并建立财政性教育经费统计公告制度，定期向社会公布，接受监督。

3.拓宽经费投入渠道。分别按增值税、营业税、消费税“三税”总额的规定比例足额征收和拨付教育费附加及地方教育附加。逐步落实城市建设维护税、城市基础设施配套费用于城市公办义务教育设施建设的比例。落实按教职工工资总额1.5%的比例用于教师培训的政策。完善财政、税收、金融和土地等优惠政策，鼓励和引导社会力量捐资助学、出资办学。科学合理地确定政府、受教育者分担非义务教育办学成本的比例。完善社会捐赠教育的激励机制，吸引和鼓励企业、社会团体、个人和港澳台同胞、华人华侨捐资办学。开拓教育服务、科技开发等筹措教育经费的途径，鼓励非义务教育学校开展社会服务；对学校和其他教育机构提供的教育劳务，学生勤工俭学提供的劳务，免征营业税。

4.优化经费分配结构。建立公平公开的公共教育经费分配制度，充分发挥公共财政的调控和导向作用。公开政府教育经费分配标准和办法，提高透明度。建立均等化义务教育经费分配机制。建立标准拨款与绩效奖励相结合的非义务教育经费分配制度。优化分配结构，科学确定各级各类教育政府投入比例。突出重点领域和薄弱环节，经费分配向农村和薄弱学校倾斜。加大对提高教育质量、创新人才培养的投入。调整支出结构，提高用于家庭经济困难学生资助和教师培训经费的比例。

5.健全经费管理机制。坚持依法理财，严格执行国家财政资金管理法律制度和财经纪律。加强学校预算管理，严格执行大额经费使用集体决策制。建立经费使用效益和资产管理评价 指标体系，完善考评和问责机制。加强教育财务队伍建设，提高经费使用效率和资产管理水平。加大审计力度，强化重大项目建设、大额经费使用全过程的审计监督，提高经费使用的规范性、安全性、有效性。建立健全对区县 (市) 教育财务建设工作考核评价细则。建立健全学校国有资产配置、使用、处置管理制度，加强学校国有资产管理。规范学校收费行为和收费资金使用管理。坚持勤俭办学，严禁铺张浪费。

（十七）加强教育科学研究

建立以财政拨款为主的教育科研经费保障机制，保证教育科研经费投入逐年增加。把教育科研人员培养培训纳入全市教师继续教育整体规划。加强教育科研队伍建设，强化教育科研为学校、教师的教育教学创新实践提供专业引领和指导服务的职能。完善各级教研组织，设立学校教科室。把教育科研工作作为对学校办学水平评估的重要内容纳入教育督导评估范围。科学总结、积极推广教育改革与发展中的经验。深入推进课程改革，全面落实课程方案，保证学生全面完成国家规定的各门课程的学习。创造条件开设丰富多彩的选修课，提高课程的选择性，促进学生全面而有个性的发展。积极开展研究性学习、社区服务和社会实践。建立科学的教育质量评价体系，全面实施高中学业水平考试和综合素质评价。建立学生发展指导制度，加强对学生的心理维护、学业优化、生涯规划等多方面的指导。

（十八）推进依法治教

1.全面推进依法行政。规范教育规范性文件制定和教育行政裁量行为，健全教育重大行政决策程序，建立和完善教育科学民主决策机制。推进教育政务公开和校务公开，转变教育行政管理模式，努力形成政府依法行政、社会依法参与和监督、学校依法办学的良好局面。

2.大力推进依法治校。积极推进学校章程和制度建设，强化学校依照章程和制度办事的意识，依法办学，从严治校。建立监督检查机制，保证章程和制度的实施。开展普法教育，加大教育法律法规政策宣传力度。

3.完善督导制度和监督问责机制。进一步完善对县级人民政府教育工作督导评估、县级党政主要领导干部教育实绩考核评估和教育强县（市、区）督导评估考核制度。建立督学责任区制度、民办教育督导评估制度、教育质量评估和监测机制。健全督导检查限期整改制度和督导检查结果公布制度。主动接受和积极配合各级人大及其常委会对教育法律法规执行情况的监督检查以及司法机关的司法监督。建立健全层级监督机制。加强监察等专门监督。强化社会监督。

4.加强教育审计工作。提高教育审计工作质量。加大对教育财务收支审计的力度，切实做好各种教育专项资金的审计和教育收费的审计工作，认真开展教育经费的预算和决算审计。继续做好经济责任审计，深入开展基建维修项目的全过程审计，加强教育内部控制审计，探索建立对民办学校、教育系统内的学会、协会、基金会及公司（企业）等团体或组织的审计工作机制。加强审计队伍建设，不断提高教育审计人员的政治素质和业务水平。

（十九）加强组织领导

1.加强和改善对教育工作的领导。各级党委和政府要把推进教育事业优先发展、科学发展作为重要职责，不断健全领导体制和决策机制。明确和坚持由党政主要领导担任教育强县（市、区）领导小组负责人，定期研究教育工作，切实加强组织领导和统筹协调。完善区县（市）教育局局长和学校校长任职条件及任用办法。围绕建设教育强市的总体目标，认真制定和实施本地中长期教育改革与发展规划。建立健全党政领导联系教育点的制度和部门对口援建学校及教育联席会议制度。有关部门要认真履行工作职责，及时研究解决相关的教育改革发展重大问题和群众关心的热点问题。把推进教育事业科学发展作为各级党委和政府政绩考核的重要内容，完善考核机制和问责机制。扩大人民群众对教育事业的知情权和参与度。

2.加强和改进教育系统党的建设。坚持社会主义办学方向，牢牢把握党对学校意识形态工作的主导权。切实加强各级各类学校党的建设和思想政治工作，努力造就一支高素质的学校领导干部队伍，为教育事业改革与发展提供坚强的政治和组织保证。完善校长负责制。加强在优秀教师和优秀大学生中发展党员工作。进一步完善党建工作评估机制，充分发挥基层党组织的战斗堡垒作用和共产党员的先锋模范作用。重视抓好民办学校党的建设，探索符合民办教育特点的党建工作新形式、新路子。按照"标本兼治、综合治理、惩防并举、注重预防"的方针，建立预防和惩治腐败体系，深入推进教育系统党风廉政及行风建设。

3. 进一步优化教育发展环境。各级党委、政府和领导干部要做建设教育强市的积极倡导者、推动者和实践者，充分发挥人民群众尊师重教的积极性，动员和引导全社会重视、关心、支持教育事业发展。有关部门要加快职能转变和体制机制创新，不断提高为教育服务的水平。加强公共文化教育设施建设，免费向青少年学生开放。重视和加强学校及周边治安综合治理，深入开展平安校园创建活动；建立健全学校安全保卫制度和工作机制，完善人防、物防和技防措施，加强师生安全教育和安全管理；建立和完善矛盾纠纷排查化解机制和突发事件应急管理机制，妥善处置各种事端，确保校园安全。坚持正确的舆论方向，在全社会加强对建设教育强市的宣传，积极倡导先进的教育观、科学的人才观，着力营造尊师重教、推动教育优先发展、加快教育现代化建设的良好舆论环境。

中共常德市委办公室

2012年8月14日印发

附件：教育事业发展主要目标

	湖南			常德		
	2009年	2015年	2020年	2009年	2015年	2020年
人力资源开发						
新增劳动力平均受教育年限（年）	12.5	13.5	13.8	9.26	13.6	14
学前教育						
幼儿在园人数（万人）	120.8	220	240	9.6	16	17
学前三年毛入园率（%）	47.7	65	80	69	80	90
义务教育						
在校生（万人）	683.5	790	960	45.6	50	65
初中毕业生升学率（%）	84.09	95	95	90.7	97	97
巩固率（%）	96.5	98	98	98	99	100
高中阶段教育★						
在校生（万人）	200	176	223	16.7	18.5	22
毛入学率（%）	83.2	90	93	92.5	94	96
职业教育						
中等职业教育在校生（万人）	80.9	88	114	6.5	8.5	10
高等职业教育在校生（万人）	50	48	57	2	2.5	3
高等教育★★						
在学总规模（万人）	142	136	158	4.6	4.2	5.5
在校生（万人）	130.2	105	125	3.8	3.6	4
其中：研究生（万人）	5.2	8	10	0	0.05	0.1
毛入学率（%）	20.4	40	45	21	42	46

说明：★含中等职业教育学生数；★★含高等职业教育学生数。

后 记

根据国务院《地方志工作条例》和《湖南省实施〈地方志工作条例〉办法》，市方志办于2010年将常德市教育志列入全市第二轮第一批次47部地方志的编修计划。2012年8月，常德市教育志编纂工作开始启动，市教育局成立以局长诸戈文为主任，副局长郑大金、调研员刘钦林为副主任，局班子成员及部分老领导、各区县（市）教育局局长、市教育局各科室负责人为成员的教育志编纂委员会，委员会下设办公室（以下简称编纂办）。

《常德市教育志（1988—2010）》共12篇44章，由市教育局各科室和各区县（市）教育局指定专人撰写初稿。编纂办责任编辑负责初稿审读修改：陆振清负责第一篇至第三篇，康建纯负责第四篇至第八篇，肖世树负责第九篇、第十篇第二章、第十一篇第六章和第十二篇，彭兴杭负责第十篇第一章和第三章、第十一篇第一章至第五章、大事记（1978—2010年）。另康建纯负责图片搜集编辑和前志勘误、大事记（1949—1977年）的搜集整理及撰写凡例，彭兴杭负责撰写概述、后记和人物、附录的资料搜集整理。全书由刘钦林统稿。

本教育志起止时间为1988—2010年，根据1990年4月完成的《常德地区志-教育志》的内容和本次搜集到的资料，我们对本教育志适当进行了完善和前移后拓，添加大事记，并把时间前移到1949年常德解放时；同时收录新中国成立后常德（地区）市教育（科、组、处、委）局历届行政领导班子名录和历届中共常德（地区）市教育（委）局党（组）委班子成员名录。鉴于前教育志没有人物名录，本教育志添加部分对常德教育发展具有重要影响的人物小传，收录了自1978年起获得国家、省、市荣誉的先进人物名单。

《常德市教育志（1988—2010）》历经前期准备、资料收集及撰写初稿、修改编纂、送审四个阶段。2012年8月编纂办公室成立后，随即组建班子，落实修志人员，明确目标任务，制订工作方案和资料收集要求等前期准备工作，编印了《〈常德市教育志（1988—2010）〉编辑手册》。

2013年6月，市教育局下发《〈常德市教育志（1988—2010）〉编修工作方案的通知》，7月市教育局召开《常德市教育志（1988—2010）》编修工作动员会，接着分别召开科室部门负责人、区县（市）教育局分管局长和市直学校办公室主任会议，明确各单位志稿编写的任务要求。各单位随即组织人员按《〈常德市教育志（1988—2010）〉写作任务分解表》进行资料收集整理和初稿撰写工作；责任编辑负责审读初稿，提出修改建议，所有志稿均经过至少两轮审读和修改。在此基础上，责任编辑深入到省、市档案馆、市图书馆、市教育局资料室、档案室及有关实地进一步收集、考证有关资料，开展志稿修改和编辑工作。为确保志稿内容的全面、准确、真实，编纂办每月组织一次编辑情况会商，及时研究编纂工作中遇到的问题；编委会副主任刘钦林多次主持召开老干部座谈会，广泛听取各方面意见和建议，到2015年底，初稿文字撰写基本完成，编委会随后安排康建纯、彭兴杭对志稿进行第四轮修改。2017年2月，《常德市教育志（1988—2010）》征求意见稿印出，编委会即将征求意见稿送市教育局班子成员、各科室负责人、离退休老同志、市直学校和区县（市）教育局征求意见；3月—5月，编委会多次召开教育系统离退休老同志和各区县（市）教育局、市直学校有关负责人座谈会，广泛听取意见，共收到意见及修改建议1700余条。在此基础上，由康建纯、彭兴杭根据建议进行补充、修改、完善。10月，完成志稿的第五轮修改，编纂印刷送审稿。2018年3月13日，由市方志办主持在市教育局召开专家评审会，会后由康建纯、彭兴杭根据评审意见对送审稿进行修改。送审修改稿报方志出版社审查，根据方志出版社审查意见，由康建纯、彭兴杭进行第七轮修改。第七轮修改稿报市方志办终审，遵市方志办终审验收意见，再予修改后随即印刷。

感谢市方志办的督办与指导，在本书编纂过程中，市方志办领导多次督办、指导编纂工作，对志书的篇目设置、志稿的撰写和修改提出指导性建议；感谢方志出版社、省教科院史志研究所对本志编纂的指导与帮助；感谢省档案馆、市档案馆、市图书馆等单位为编辑人员查阅资料提供宝贵支持；感谢市教育局领导为编纂人员提供工作之便；感谢市教育局各科室部门、各区县（市）教育局及时指定专人撰写初稿，为编辑工作打下良好的基础；感谢各位初稿撰写人员，为搜集资料、撰写并反复修改初稿付出了辛勤的汗水；感谢市教育局部分离退休老领导和各区县（市）教育局、市直各学校相关人员及时提供的资料图片与修改建议。

尽管我们力求全面、客观、真实、系统地反映1988—2010年常德市教育事业的发展历程，也力求在形式上符合志书的体例和行文规范，但由于部分资料缺失，特别是我们的资料搜集与编纂业务水平有限，难免会有这样或那样的不足，敬请各位批评指正。

编　者

2018年4月

《常德地区志·教育志》勘误表

页码	误	更正	备注
扉页总目 20 行	党派群志团	党派群团志	
24 页 11 行标题中	私墙	私塾	
61 页 10 行标题中	教材计划	教学计划	
79 页 10 行	整理	整顿	
99 页倒 12 行	举了	举办了	
103 页 2 行	蓝球架	篮球架	
104 页 4 行表 4 栏	临澧县城	汉寿县城	
294 页 3 行	民国六年	民国元年	